新时代"一带一路"古文明文献萃编

杨共乐 主编

古代中国文明文献萃编
（上）

李 凯 张子青 等◎编译

华夏出版社
HUAXIA PUBLISHING HOUSE

图书在版编目（CIP）数据

古代中国文明文献萃编.上/李凯等编译.--北京：华夏出版社有限公司，2023.4

（新时代"一带一路"古文明文献萃编/杨共乐主编）

ISBN 978-7-5222-0260-0

Ⅰ.①古… Ⅱ.①李… Ⅲ.①文化史—文献—汇编—中国—古代 Ⅳ.①K220.3

中国版本图书馆CIP数据核字（2022）第008268号

古代中国文明文献萃编（全二册）

编　　译	李　凯　张子青　等
选题策划	潘　平
责任编辑	陈学英
责任印制	周　然
美术设计	殷丽云

出版发行	华夏出版社有限公司
经　　销	新华书店
印　　装	北京汇林印务有限公司
版　　次	2023年4月北京第1版　2023年4月北京第1次印刷
开　　本	710×1000　1/16
印　　张	51.5
字　　数	771千字
定　　价	238.00元

华夏出版社有限公司　地址：北京市东直门外香河园北里4号　邮编：100028
网址：www.hxph.com.cn　电话：（010）64663331（转）

若发现本版图书有印装质量问题，请与我社营销中心联系调换。

总　序

2013年秋天，中国国家主席习近平在出访哈萨克斯坦和印度尼西亚期间，先后提出共建丝绸之路经济带（The Silk Road Economic Belt）和21世纪海上丝绸之路（The 21st Century Maritime Silk Road），简称"一带一路"倡议（The Belt and Road Initiative）。"一带一路"倡议的主旨是：世界各参与国，通过全方位的交流合作，携手打造政治互信、经济互惠、文化包容的利益共同体、命运共同体和责任共同体。这一由中国发起的倡议得到了国际社会的高度重视。经过近十年的努力，至今已有一百多个国家和国际组织参与了"一带一路"建设。相关的建设项目也从无到有，由小而大，取得令世人羡慕的成绩。"一带一路"倡议始于中国，但惠及世界，必将有力促进人类文明事业的发展。

"一带一路"倡议有深厚的历史渊源和人文基础。早在两千多年前，我们的先人就开通了陆上和海上丝绸之路。丝绸之路把尼罗河流域、底格里斯河和幼发拉底河流域、印度河和恒河流域、黄河和长江流域连接起来，将埃及文明、两河流域文明、印度文明和中华文明的发祥地连接起来。世界不同的文明经过丝绸之路交流互鉴、紧密相连。通过丝绸之路，中国的丝、漆、瓷器、铁器以及它们的制作技术被传到西方，西方的苜蓿、胡椒和葡萄等也传到了中国。通过丝绸之路，拜占廷的金币、波斯的器皿及阿拉伯的医学等传入中国，中国的造纸术、印刷术、火药和指南针等重大发明也由此传向世界并对世界产生重大影响。[①] 通过丝绸之路，源自印度的佛教、大秦的景教等传入中国。源自中国的儒家文化，也被推介到西方，受到德国莱布尼茨和法国伏尔泰等思想

---

① 参阅杨共乐："人类文明进程中的中华文明"，《光明日报》，2021年12月31日。

家的赞赏。他们推崇儒家的道德与伦理并以此来丰富自己的思想学说。

当今中国首创的"一带一路",既承继历史传统,又立足世界未来,应时代之需,顺全球发展之势,赋丝路以全新之内涵,为人类进步提供极具价值的中国智慧。

当然,要通过"一带一路"与世界建立"互联互通",我们还需加强对世界上主要古文明进行的更为深入的研究。因为产生这些文明的几大古国大多分布于"一带一路"沿线,其文化对后世的影响既广泛又深远。从源头上厘清各文明的发展特点,有助于我们更好地认识"和平发展""开放包容"和"文明互鉴"的重要意义,有助于我们更深刻地理解"一带一路"倡议的重大价值。为此,从2013年年末开始,我们专门组织专家学者编纂了一套《"一带一路"古文明书系》(六卷七册),试图回答下述系列问题:(1)世界古代的文明成果主要体现在哪些方面?(2)多源产生的文明有何特点?(3)各文明区所创造的成果对后世有何影响?(4)各文明古国的国家治理体系如何构建?政治治理如何运行?(5)国家的经济保障主要体现在哪些方面?居民的等级特点与国家政权之间的关系如何?(6)在古代埃及、两河流域有没有像公元前8—前3世纪的中国、印度和希腊那样出现过精神觉醒的时代?(7)各文明古国所实行的文化政策有何特点?其对居民有何影响?(8)古代文明兴起的具体原因以及个别文明消亡的关键因素是什么?(9)中华文明连续不中断的原因究竟在哪里?等等。[①]《"一带一路"古文明书系》得到北京师范大学出版社的大力支持,已由2018年11月出版。出版后,社会反响良好,至今已连续重印两三次。

与此同时,我们又组织相关学者集中精力,协同攻关,对世界上主要文明地区留下的文献资料进行精选、翻译。经过近八年的努力,我们又完成了《"一带一路"古文明书系》的姊妹篇——《新时代"一带一路"古文明文献萃编》(七卷十册)的编译工作。

《新时代"一带一路"古文明文献萃编》以"一带一路"沿途所经且在历

[①] 参见杨共乐总主编:《"一带一路"古文明书系》总序,北京:北京师范大学出版社,2018年版。

史上有重要影响的古文明文献为萃编、译注对象，以中国人特有的视角选择文献资料，展示人类文明的内涵与特色。让文献说话，让文献在当代发挥作用，是我们这套丛书的显著特色。《新时代"一带一路"古文明文献萃编》共七卷十册，分别是《古代美索不达米亚文明文献萃编》《古代埃及文明文献萃编（上、下册）》《古代印度波斯文明文献萃编》《古代希腊文明文献萃编》《古代罗马文明文献萃编（上、下册）》《古代中国文明文献萃编（上、下册）》和《古代丝绸之路文明文献萃编》。范围涉及北非、西亚、南亚、东亚和南欧五大区。我们衷心希望《新时代"一带一路"古文明文献萃编》能为学界提供一种新的、认识古代世界的视角，为我国的"一带一路"建设贡献微薄的力量。

杨共乐

北京师范大学史学理论与史学史研究中心

2022年2月15日

本册主要编译者

（以内容的先后顺序排列）

李　凯　北京师范大学历史学院副教授

张子青　新疆大学历史学院副教授

宣　柳　哥伦比亚大学东亚语言和文化系博士

吴雪飞　山东大学历史文化学院副教授

王　泽　中国人民大学历史学院博士

白　月　北京师范大学历史学院硕士

王　溪　中国国家博物馆副研究馆员

乔　楠　北京师范大学历史学院博士

张　楠　北京师范大学历史学院博士

孙　虎　鲁东大学历史文化学院讲师

刘　惠　天津理工大学马克思主义学院副教授

宋文汐　北京师范大学历史学院博士

目 录

上 册

序 言

夏商西周时期

引 言 ·· 003

五帝始祖/004　茫茫禹迹/017　殷夏革命/026
武丁中兴/033　周人崛起/037　西伯戡黎/046
牧野之战/047　平定"三监"/051　宅兹中国/057
立国宏规/061　肇建官制/073　周召同心/078
成康之治/085　国人暴动/090　宣王中兴/096
幽王亡国/102　尚文之风/106
《诗经·豳风·七月》中周人的生活/114

春秋战国时期

引 言 ·· 121

春秋时期 ·· 122

两周之际/122　郑国初兴/124　齐桓首霸/127

　　　　晋文霸业/131　问鼎中原/136　宋襄秦穆/138
　　　　弭兵会盟/142　吴越争霸/146

　　战国时期 ································· 149
　　　　战国来临/149　东齐西秦/152　合纵连横/154
　　　　远交近攻/157　战国四君子/163　秦扫六合/166

　　春秋战国时期的社会发展 ····················· 170
　　　　王室衰微/170　政出大夫/177　经济发展/180
　　　　变法改革/186　百家争鸣/190　族群融合/195

秦汉时期

　　引　言 ···································· 203

　　秦　朝 ···································· 205
　　　　制度统一/205　秦的信仰体系/208　焚书坑儒/210
　　　　胡亥继位/212　匈奴的兴起/215
　　　　陈胜、吴广起义/218

　　西　汉 ···································· 222
　　　　鸿门宴/222　据秦之地/226　叔孙通定汉家礼仪/230
　　　　官僚制度的承袭/232　文帝之立/238　贵粟政策/241
　　　　汉初形势/245　刑法改革/248　天人三策/250
　　　　财政改革/253　平定西南夷/257　张骞通西域/259
　　　　汉匈战争/262　盐铁会议/265　刘贺之废/269
　　　　傅介子刺楼兰王/272　西域都护/273
　　　　王氏的兴起/275　今古文之争/280

新　莽 ································· 284
　　王莽改制/284

东　汉 ································· 288
　　昆阳之战/288　　退功臣而进文吏/291
　　谶纬与东汉社会/293　　边塞防务/297
　　白虎观会议/299　　班超通西域/302　　燕然勒石/305
　　豪强、官僚、士族/307　　外戚、宦官乱政/310
　　党锢之祸/314

三国两晋南北朝时期

引　言 ································· 321

三　国 ································· 324
　　黄巾起义/324　　董卓专权/327　　官渡之战/331
　　赤壁之战/334　　汉中张鲁政权/337
　　曹操求才三令/339　　曹魏屯田/341　　隆中对策/343
　　夷陵之战/344　　名医华佗/346　　马钧制机械/347
　　文学的"自觉"/349　　玄学的兴起与竹林七贤/351
　　梁习治理并州/356　　仓慈治理敦煌郡/357

西　晋 ································· 359
　　司马炎灭吴/359　　太康之治与户调式的颁布/361
　　九品中正制/362　　贵族斗富/363

十六国 ································· 366
　　吕光出兵西域与高僧鸠摩罗什来华/366
　　淝水之战/369　　少数民族统治者对文教的重视/371

东 晋 ……………………………………… 373
王与马，共天下/373　祖逖北伐/374
法显西行求法/376　书圣王羲之/377
画家顾恺之/378

南 朝 ……………………………………… 380
南方经济的发展/380　南北物产的交流/382
祖冲之的科学成就/383　吐谷浑遣使南朝/384

北 朝 ……………………………………… 386
北魏孝文帝改革/386　西域交通/390
洛阳工商业的繁荣/391　府兵制的创立与发展/393
饮食风俗的交流/394　外国人的杂居和归化/395
玻璃制造工艺的传入/396
南天竺国与北魏朝贡贸易/397

下 册

隋唐时期

引 言 ……………………………………… 401

隋 朝 ……………………………………… 407
大索貌阅与输籍法/407　营建东都洛阳/408
大运河的开凿/410　开皇乐议/411
裴矩经营西域与隋炀帝大会胡客/413
大宛千里马/416

唐　朝 ……………………………… 418

贞观之治 /418　武则天营建洛阳 /421　开元盛世 /423

门阀士族 /424　科举制的发展与进士科的显贵 /426

租庸调制 /429　裴耀卿治理漕运 /430

安史之乱 /432　藩镇割据 /435　翰林学士 /437

使职差遣 /439　刘晏理财 /440　两税法的实行 /443

长安城 /445　扬一益二 /448　曲辕犁 /450

丰富多彩的纺织品 /451　南青北白 /453

饮茶的风行 /454　诗歌的黄金时代 /457

诗仙李白 /459　乐舞百戏 /460

唐太宗与《兰亭序》/464　画圣吴道子 /466

马球运动 /468　安济桥 /470　迎佛骨 /472

景教在中国的流传 /474　文成公主入藏 /476

唐蕃会盟 /478　李泌检括胡客 /479

唐代中外交通要道 /480　玄奘西行求法与长安译经 /482

义净西行求法 /486　高仙芝远征小勃律 /487

入仕唐朝的波斯李素父子 /489　日本遣唐使 /492

国手顾师言对弈日本王子 /493

五代宋代时期

引　言 ……………………………… 497

五代时期 ……………………………… 499

《旧五代史》与《新五代史》之对比 /499

朱温启五代之端 /501　庄宗兴亡之速 /503

名将郭崇韬之陨 /504　明宗有为之世 /506

燕云十六州之失 /507　后晋出帝之掳 /508

耶律德光欲统中原 /510　后汉高祖刘知远之兴 /511

郭威建后周 /513　后周世宗之治 /515

北宋时期 ……………………………………………… 517

陈桥兵变 /517　杯酒释兵权 /519

宋初统一战争 /522　烛影斧声 /532

金匮之盟 /534　王小波、李顺起事 /536

吕端拥立真宗 /537　澶渊之盟 /538

《册府元龟》/543　祥符天书 /545

东封西祀 /547　朱能伪造天书 /549

雷允恭擅易皇堂 /552　益州交子务 /554

议正雅乐 /556　活字印刷术 /559

宋夏和战 /560　范仲淹条奏十事 /563

濮　议 /566　《资治通鉴》/569

熙宁变法 /570　三经新义 /572

元丰官制 /574　元祐更化 /575

哲宗绍述 /577　元祐党籍 /579

平定方腊 /581　海上之盟 /582

靖康之难 /583

南宋时期 ……………………………………………… 586

高宗称帝始末 /586　明受之变 /587

黄天荡大捷 /589　岳飞事迹 /590

顺昌之战 /593　绍兴和议 /597

采石之战 /597　高宗朝军制构建 /599

高宗朝礼制重建 /601　高宗朝法制重建 /602

孝宗即位 /603　符离之战 /604

孝宗隆兴和议 /605　孝宗之治 /607

孝宗时期法制完善 /607　孝宗朝北伐之志 /608

辛弃疾事迹 /610　光宗即位 /612　光宗变故 /613

宁宗即位风波 /615　庆元党禁 /616　开禧北伐 /617

吴曦之叛 /619　史弥远擅废立 /620　雪川之变 /622

李全之乱 /623　联元伐金 /626　端平入洛 /627

孟珙守襄樊 /629　理宗之政 /630　贾似道误国 /631

文天祥事迹 /633　崖山之战 /636　鹅湖之会 /637

中庸章句序 /638　道统十三赞序 /640

会子风波 /642　太学之议 /644

元明清时期

引　言 ·················· 649

元　朝 ·················· 650

国号大元 /650　灭宋实现大一统 /651

元末大起义 /653　元　曲 /655

明　朝 ·················· 657

明太祖建国 /657　修撰《元史》/663

靖难之变 /666　郑和下西洋 /673

土木之变 /676　阳明心学 /680

张居正改革 /683　明末民变 /694

明末农民起义 /697　明末清初启蒙思想 /699

《徐霞客游记》/701

清　朝 ·················· 705

清初复明运动 /705　女真起兵反明 /707

八旗制度 /711　顺治早亡 /715　修撰《明史》/720

三藩之乱 /725　摊丁入亩 /731　军机处 /734
雍正华夷观 /738　扶持黄教 /742
惩办贪官和珅 /750　闭关政策 /756　新疆设省 /760
太平天国 /768　辛酉政变 /771　清末革新 /773
帝制终结 /775　《西域同文志》/777

后　记 ·· 780

序　言

呈现在您面前的这一部书，是《新时代"一带一路"古文明文献绎解丛书》中的古代中国文明文献部分。我们遴选中国历史长河中的若干经典文本，试图以这些经典文本为载体，从不同的角度反映出中华文明生长遂成的面貌。从上古三代到元明清，每个历史时期都有不同的时代特征；但与西方文明相比，中华文明具有鲜明的连续性，这在人类发展历史上是独一无二的。

一

按照传世文献的记载，五帝时代的结束与一场在黄河流域泛滥的大洪水密不可分。与西方诺亚方舟神话不同的是，中华先民并没有向上帝求助挽救灾难，而是自力更生。来自有崇氏的禹肩负起治水的使命，调集民力，不仅治水成功，而且获得了超过尧、舜的权力和威望，最终受禅成为联盟首领。大禹去世后，他的儿子启得到四方首领们的拥戴，继承大位，开创了日后四千年"家天下"的王朝传统。夏王朝共历四百多年。《史记·夏本纪》集解引《汲冢纪年》，说夏朝"有王与无王，用岁四百七十一年"。所谓无王，指的是太康失国之后，东夷族的羿、寒浞先后占据统治地位。后来太康之弟仲康的孙子少康成功复国，延续禹祀，直到桀的统治时期，夏朝被子姓商族的首领成汤所灭，共历十四世十七后。

商族是一支活跃于华北地区的古老部族，从始祖契相传辅佐大禹治水而受封于商，一直到主癸，共历十四代先公。根据考古发现，晋冀交界一线的下七垣文化应为先商时期的殷人文化，表明殷人可能沿太行山东麓南下，进入中原。灭夏之后,殷都五迁,先后于亳、嚣、相、庇、奄等,原因至今不明。到了盘庚将国都迁殷后,商人的核心统治区域大致稳定在今安阳一带。到武丁时期,国势大振,征伐四方,无所不胜,显示出中兴的气象。到帝辛(纣)时期,商朝为周人所灭,共历十七世三十一王,享国约六百年。取代殷商的周同样是一个古老的部族。始祖弃相传为大舜时期的后稷之官,主管农事。子孙则流落至戎狄中间,到公刘时迁徙至豳,重操农业,之后经过九世到古公亶父时,迁徙至周原,如绵绵瓜瓞,发展壮大,到周文王时期,由于文王的文韬武略,已是"三分天下有其二"(《论语·泰伯》)。到武王时期,周人在牧野一战克商,定都镐京,建立西周王朝。此后,周人平三监、征东夷,营洛邑,封邦国,建官制,作礼乐,历经成康之治、昭王南征、穆王巡狩、国人暴动、宣王中兴,至幽王亡国,除去中间十四年的共和行政,共历十二王,约三百年。公元前770年,周平王东迁国都于洛邑,建立东周王朝,为戈矛纵横、纷披灿烂的春秋战国时代拉开了序幕。

夏商西周时期是中国农业文明的定型期。在此之前,东亚大陆上的先民驯化动植物已有长达近六千年的历史,培育出稻、粟、大豆等本土作物,以及鸡、家猪等本土家畜,发明了种桑养蚕技术,积累了丰富的农业经验。三代时期,先民们又陆续驯化了可能来自中原以外的小麦、大麦、马、牛、羊等动植物,不仅丰富了本土的农业文明,也加速了整体文明的进程。与此同时,先民们还继承了前人观测星象物候的知识,制定了夏历、殷历和周历,用以指导农业生产,并利用初步的地理和工程知识,建立起较为发达的水利灌溉系统。但是,总体而言,不论是与后来的战国时期相比,还是与同期的两河、印度、希腊文明相比,三代时期的农业生产力均较落后。从生产工具看,虽然当时已迈入青铜时代,但是农具中的绝大多数以木、石、骨、蚌等材质制成,只有极少数使用青铜,更无治铁;从劳动力看,虽然当时已驯化大型家畜,而且畜牧业已有规模,但是畜力尚未普及,二人耦耕,以及几十上百,甚至"千耦其耘,徂隰徂畛"(《诗经·周颂·载芟》)的集体耕作才是劳动常态。这种生产力状况延续了近两千年乃至更长的时间,深刻地影响了三代时期的家族形态、政治制度、国家形态和思想文化。

就家族形态而言，夏商西周时期是中国家族社会的奠基期。恩格斯曾经指出："劳动愈不发展，劳动产品的数量（愈少），从而社会的财富愈受限制，社会制度就愈是在较大程度上受血族关系的支配。"（《家庭、私有制和国家的起源》）诚如斯言。由于生产力长期处于较低水平，个人及个体家庭无力独立地改造自然、从事生产，因此大型的血缘共同体——家族成为夏商西周时期一直存在的社会基层组织。到了周代，这一组织发展出一套严密的制度，即宗法制。这一制度以"严嫡庶之辨"为原则，实行嫡长子继承制，依靠自然形成的血缘亲疏原则，划定族人的等级，分配相应的财产，防止族人之间围绕地位和资源展开争夺。在宗法制的规约下，家族以父家长权为核心，衍生出庞杂的宗族宗法关系，并且以祖先崇拜为精神纽带，维系家族组织和家族秩序，将个人的权利、义务、命运与家族的兴衰荣辱紧紧绑定。也正因为如此，三代时期，尤其是西周时期，社会总体上呈现出一派温情脉脉的人道色彩。一方面，家族共同体中的自由人构成了国家人口的主体，他们与族人一起集体劳作，耕种家族的土地，创造着绝大多数的社会财富，没有给残酷的奴隶制留下太多的发展空间；另一方面，阶级分化、地域差别长期笼罩在血缘关系中，使得阶级斗争、地域关系在三代时期的国家形成之路上，没有起到像在雅典、罗马那样如此明显的作用。

由三代时期奠定并延续至后世的遗产甚多。可以说，家族形态是解开中西上古文明演进道路差异之谜的关键。从更长的视角看，这种家族形态一直延续至今，构成了几千年来中国政治制度、道德伦理的社会基础。并且，到西周时，一个具有共同地域、共同经济生活、共同心理特征和共同语言的民族——华夏族已然出现。汉字作为一种表意功能强大的符号，在传播信息的时候能够超越方言、语言乃至语系的限制，让各个文化圈的人能够通过共同的文字沟通交流。中国历代能够保持和延续巨大的规模，与汉字的这一特性密不可分。从信仰体系看，虽然三代的文化风貌有本质之别，但是先民们始终没有改变以天或上帝为最高神的泛神信仰以及祖先崇拜。这种具有开放性的信仰体系绵延千年，至今不绝，在思维方式上赋予了中华文明以博大的包容力和顽强的生命力。

二

春秋战国是一个承前启后的时代。东周社会中的种种因素，如血缘宗族社会组织方式、以农业为基础的经济形态、贵族世袭的政治局面、人文精神的发扬，都与前代有着密切关系，体现着商周社会的延续。然而，在激烈的社会鼎革之际，这个时代又孕育出许多新的要素，为早期中国社会历史的演进注入活力，华夏世界的政治、文化传统也由此奠定。

春秋战国时期的政治发展脉络错综复杂。春秋初年，各诸侯国都处于"蓄势"阶段，中原地区尚未产生"一匡天下"的诸侯盟主。尽管如此，郑、宋、鲁等国仍然"蠢蠢欲动"，呈争霸之势。尤其是郑庄公时期的郑国，攻打宋、卫等国，制服陈、蔡，击败戎狄，还在繻葛之战中射中周桓王肩，成为当时的强国。到了春秋中期，各大诸侯国纷纷登上历史舞台，准备好争夺霸主地位。齐国在齐桓公时期走向强大。当时戎狄势力强盛，齐国通过出兵救遭戎狄威胁的邢、卫，赢得"攘夷"美名。在之后的葵丘大会中，齐国更是在周王室的支持下成为诸侯霸主。齐桓公之后，楚、晋成为争霸的主要对手。在城濮之战中，晋遏制了楚北上势头，而在邲之战中，却是楚占得先机，取得了"拉锯战"的优势。晋、楚争霸之外，齐、秦等国也虎视眈眈，都具有争夺诸侯霸主的实力和野心。春秋时期历史发展的第三个阶段是在弭兵会盟之后，这一时期的政治形势虽然相对安定，却依然出现了吴、越争霸的图景。一言以蔽之，春秋时代政治发展的主线是诸侯争霸，学者称之为"霸权迭兴"。

需要指出的是，周王室和各诸侯国的内部在这几百年间也出现了变化：春秋前期，周王室权威逐渐下降，诸侯国成为当时的主导，社会出现了"礼乐征伐自天子出"到"礼乐征伐自诸侯出"的变化；而到了春秋后半期，诸侯国君的权力有所削弱，诸侯国内的公族、卿大夫参与国政，甚至胁迫诸侯，出现了"礼乐征伐自大夫出""陪臣执国命"的局面。无论如何，在这一过程中，西周时期高高在上的宗法王权一去不复返。

卿族擅权，卿权凌驾于君权之上，成为春秋晚期许多诸侯国发生内乱的根本原因，也拉开了战国时代的序幕。进入战国时代，随着"三家分晋"等历史事件的发生，原来的"春秋五霸"一跃变成了七大强国：齐、楚、秦、燕、赵、魏、韩。从政治角度来说，战国历史发展大致分三个阶段：战国初年到"徐州相王"是第一个阶段。这一阶段中，魏国经过改革变法，率先成为诸侯霸主。魏国从原来的晋国分裂而来，战国初期，在魏文侯、魏武侯等君主的带领下，魏国向各个方向扩张（西面和秦国交战、东面大败齐国、南面伐楚），疆土得到扩大，实力大大增强。然而好景不长，魏国扩张的同时，齐、秦等国趁机崛起，逐渐开始和魏国争霸。逢泽之会后，魏国走向衰落，直到"徐州相王"，齐国正式取代魏国成为中原霸主。与之同时，秦国在秦孝公和商鞅的改革下也逐渐强盛。战国历史进入第二阶段——齐秦对峙。这一时期，齐、秦两大国拉拢盟国，开始了旷日持久的"合纵""连横"斗争。这样的局面直到乐毅率五国之师破齐才得到改变。自此之后，齐国虽然一度复国，实力却大打折扣，几乎丧失和秦国争雄的资本。战国历史的第三个阶段起于长平之战前后，终于秦始皇统一天下。在这一阶段中，秦国采取"远交近攻"的战略，逐步征服韩、赵、魏、楚、燕、齐，使中国历史再次回到统一的轨道。

春秋战国时期，是由夏商周早期国家向秦汉统一的多民族国家转变的时期，对后代产生了深远的影响，主要有以下几个方面。

氏族时代向"编户齐民"时代转变。西周时期，血缘关系浓厚，宗族是社会运行的基本组织单位。然而到了春秋战国时期，生产力的进步、私有制的成长以及家族迁徙的频繁，都导致宗族内矛盾加剧，家族间分化增多。这些变化，都加速了宗法体系的瓦解，促使血缘关系向地缘关系转化。在这一时期，"亲亲"宗法观念日趋淡薄，人们逐渐从宗法的藩篱中走出来，在社会生活中更加注重个体的发展。这时候，如何控制因为宗法体系破坏而出现的自由人口，成为各个诸侯国面临的问题。战国时期，随着户籍管理制度和授田制的推行，这些自由民逐渐成为编入国家户籍的民户，国家得以征收赋税，并让这些民户提供劳役。由此，一个新的社会——"编户齐民"时代，便逐渐产生了。

西周中后期，各诸侯国独立性增强，周天子地位受到威胁。东周时期，各诸侯纷纷开拓土地，同时，通过兼并战争获得大量土地。这些土地并未经过周天子分封，而掌握在诸侯国君自己手中。此外，随着宗法制的崩溃，自由人口增加的同时，大量私田也得到开垦。为了更好地管理这些多出来的土地及人口，各国开始实行郡县制，以取代分封制成为新的地方管理制度。一般认为，郡县制在春秋晚期便"初见端倪"，到了战国时期，才逐渐发展为"郡—县"两级的地方行政制度。秦统一天下后，依旧推行郡县制，建立起中央集权国家。

在西周王朝政府中，绝大多数的官职都由贵族（特别是世家大族）世袭担任，这是宗法要素在官制运行中的体现。然而到了春秋战国时期，贵族阶层发生重大变化：原本属于贵族阶层的人下降成"士"，而庶民阶层则通过各种方式上升成为"士"。在这个背景下，一大批富有才干的"士"阶层成为新贵族，参与国家权力运行，原本需要依靠世袭贵族的政府机构也发生改变，开始依赖于这批新贵族。秦统一后，秦始皇更是在此基础上建立了一套中央集权君主专制的政治体系，早期官僚制得到发展。

官学向私学转化，并出现"百家争鸣"的思想文化繁荣时代。西周时期的思想文化"学在官府"，国家牢牢控制着文化的传承。东周时代传道解惑的诸子，其身份也很大程度上源于"王官"。《汉书·艺文志》对诸子起源作过解释，从总体上来看，说诸子起于"王官"，应该是不错的。随着社会的裂变，官学下移已成为大势所趋，到了孔子时代，私学真正开始兴起，"士"阶层承担起古代学术传播的使命，沟通起从先秦文化到汉代统一思想文化体系这一中间的桥梁。春秋战国时代思想文化产生辉煌成就，既是商周以来文化传统的延续，也是现实境遇和时代任务所致。商周时期深厚的思想文化积累，成为诸子时代文化创造的源泉。举例来说，西周初期周人认为"天命"并非一成不变，而是和统治者的"德"有着密切关系。周人在继承商人"天命"观念的基础上，为其注入一丝理性的因素和道德的色彩，有学者称之"周初人文精神的跃动"。而到了孔子时代，人们在社会生活中逐渐摆脱"天道"的束缚，更加关注人事及个体内心的状态，孔子"敬鬼神而远之"（《论语·雍也》）的言论，正反映其重人轻天的思想。由此，从商周社会到春秋战国，"天命"观念的嬗变和人文精神的发展一脉相承。另外，商周时期已形成主体部分的经典，如《尚书》《诗经》等，更是成为诸子（尤其是儒家）阐发自身思想的载体。另外，现实因素是"百家争鸣"局面出现必不可少的条件。东周时期的思想家们，为了实现治理天下的政治抱负，往往致力于解决现实问题。这些思想家们从自身实际及对时代的理解出发，提出各异的政治主张，周游列国，以期迎合各诸侯国君的政治需要。因此，"救世之弊"，可以说是诸子百家异彩纷呈背后的现实诉求。

这一时期各族融合加强。西周时期周王朝就和周边少数族接触不断，较为著名的如昭王南征、穆王伐徐、宣王时期伐猃狁及荆蛮，西周覆亡同样有戎狄势力的参与；到了春秋战国时期，互动则更加频繁。中原地区和周边族群的纷争，贯穿于几百年间。春秋时代，中原地区有诸侯国想要争夺霸主地位，往往打着"尊王"和"攘夷"的旗号。这方面最典型的例子就是齐桓公。齐桓公在称霸过程中很重要的一步便是帮助小国抵抗外来族群的进攻，以此树立政治威信。战争加速了族群融合的进程，秦国和楚国便是如此。秦穆公霸西戎之后，秦国"尚武"之风浓厚；楚国则在与中原大国一次次的博弈中，吸收华夏文明成果，最终"以属诸夏"（《左传·襄公十三年》）。战争之外，中原地区和少数族群之间亦有很多其他的联系。这里举晋文公的例子予以说明。晋文公在即位之前，曾逃至狄。在狄期间，晋文公娶狄女季隗，晋臣赵衰亦娶狄女叔隗。在离开狄的时候，晋文公对季隗说："待我二十五年，不来而后嫁。"（《左传·僖公二十三年》）由此可见，当时人们"蛮夷"观念有所淡薄，并不十分排斥和戎狄的接触甚至生活。

各族群密切的交流、融合，促使华夏族进一步发展。中原地区和少数族相互学习，创造出别具一格的灿烂文化。例如，原属白狄之一的鲜虞族，便吸收华夏文明，建立了中山国。今天的考古资料表明，中山国创造了许多令人叹为观止的文化，如著名的中山王䂝壶铭文便是出自中山国。华夏族在形成过程中，也逐渐锤炼出以"兼容并包"为特色的民族精神。如赵武灵王执政时期的赵国，实行"胡服骑射"的政策，充分吸收北方游牧族的优势，从而使赵国国力大大增强。华夏族与诸少数族原本有着诸多差异，最终却能互相融合，这种民族精神，作为中华文化的重要组成部分，历久弥新，直至今天依然是中华民族的重要内核之一。

三

自公元前221年秦始皇实现统一，到公元220年曹丕代汉，这441年是中国历史上的秦汉时期。包括了秦、汉两朝及两汉之际王莽和更始政权的短暂统治。

秦王朝建立起由皇帝、官僚、郡县组成的政治制度。秦王朝完善制度与交通、发挥思想文化与法律的作用以巩固其统一，并且继续对外进行扩大统一的战争。公元前210年，秦始皇病死，秦王朝的统治也暴露出种种弊病，分崩离析，二世而亡。陈涉以楚为号，项羽称"西楚霸王"，分封诸侯，天下再度走向分裂，直至刘邦取得楚汉战争的胜利。

汉初的政治形势不乏战国时期的分裂余音。在郡国并行、大封同姓的政策影响和区域文化的离心作用之下，文景时期出现了七国之乱的危机。"后战国时代"的真正结束是在汉武帝时期。武帝时期在政治、经济、思想上都有一系列革新之举，对外也采取积极进取的态度，开创了空前的大一统局面。武帝时期的革新与政策维持到了昭宣时代，自元帝以后又出现了新的变化。元帝偏任德教，放宽对工商业和宗族豪强的政策，汉王朝积聚的社会问题不断发展，社会矛盾愈加突出，人们把希望寄托在了新的"改革家"王莽身上。然而，王莽的托古改制最终失败了。

东汉王朝的建立，很大程度上依靠了地方豪强的支持。由此，豪族的地位合法性大大加强，进而通过政治关系网、学术文化网的双重作用，在新建立的东汉王朝中扮演了无可替代的角色。而在中央，也出现了"王权旁落"的局面：章帝身后诸帝多以冲龄即位，母后当权，权力落到了外戚手里；当朝皇帝长大后，又企图通过亲近的宦官重夺权力。循环往复，邓、窦、梁等家族与宦官反复争夺中央权力。为了突破豪族门阀的垄断，出现了品评人才的"清议"。"清议"最终触动了当权宦官的势力，遂发生了迫害士人的党锢之祸，东汉王朝元气大伤。黄巾起义最终爆发，割据势力蜂起，东汉王朝只有依靠割据势力苟延残喘了。

作为典型的大一统王朝，秦汉给后代的影响甚大，留下的制度文化遗产众多。秦汉时期是统一国家的形成时期。秦的统一是中国古代史上划时代的大事，春秋战国时代政治、法律、经济的多元性和交通闭塞的状况得到改变。秦统一后的一系列措施，如行郡县、一统法典、车同轨、书同文、统一货币和度量衡，以及为后世诟病的焚书坑儒，都是为了建立与维护统一国家、完善社会秩序，《泰山刻石》所谓"治道运行，诸产得宜，皆有法式。大义休明，垂于后世，顺承勿革"。汉武帝对外大启疆域，对内改制革新，由秦开创的统一局面，在汉王朝得到有力的巩固。此后的两千多年间，尽管有过许多分裂时期，但统一国家始终是历史的主流。当代中国的地大物博，和统一国家的形成是分不开的。

为了适应治理统一国家的需要，这种任务专一、权限明确、富于工作效率的政治制度应运而生。在中央集权制度之下，权力层层集中，最终聚焦于皇权，并形成了严密的职位品位体系、卓有成效的人才察举制度来配合皇权运转。著名学者严耕望将秦汉政治制度的特点总结为地方官员事权完整、行政制度体系秩然、明简的郡县两级区划、地方长官避籍而佐吏用本籍等十点，并认为"推其究极，惟在折衷霸王，以法治之体制寓儒家之精神故耳"。汉制承袭秦制而来，中央集权愈发完善。这种制度的延续性与影响力在后世不断体现。

秦汉时期是汉文化的形成时期。汉初有"关西出将，关东出相"的谚语，揭示了不同地域文化资质的差异；到了司马迁的时代，各地区仍然保持着文化、民俗上的差异：关中之民"有先王之遗风"、三河之民"任侠为奸、不事农商"、燕赵之民"雕悍少虑"、邹鲁之地"俗好儒，备于礼"、楚越之人"俗剽轻，易发怒"。在统一国家内部，秦、楚、齐、鲁等区域文化因子经过长期融汇，在保留各自特色的同时，形成了具有统一风貌的汉文化。与此同时，国家文教体制不断发展：《书》《诗》《春秋》《易》《礼》陆续被立于学官，各家学派传承"家法"，太学规模不断扩大。经学的昌盛、儒学地位的建立和巩固，成为文化建设的重要标志。

秦汉时期是多民族国家出现和汉民族形成的时期。秦王朝北逐匈奴，南开桂林、象郡，通过移民、行政管理等手段促进了民族融合。汉王朝通西域、伐匈奴、平西羌、征卫氏朝鲜、服西南夷、收南越，以包容的气魄建立了多民族国家。在民族交流与对外交流中，汉民族的自我意识得到发展，甘延寿、陈汤上汉元帝书中"明犯强汉者，虽远必诛"的豪言壮语，我们耳熟能详。"大汉""皇汉""强汉"等自称屡见于史书，以"汉"为标志的民族文化共同体开始形成。

四

三国两晋南北朝时期前后经历近400年，是中国历史上多民族政权并立和民族大融合的时期，也是社会从分裂割据向重新统一发展的时期。这一时期的历史脉络大致如下：东汉灭亡后，形成了魏、蜀、吴三国鼎立的局面（220—280）；司马氏建立的西晋（266—316）实现了全国的短暂统一；西晋衰亡至北魏统一北方之间，北方先后出现了匈奴、鲜卑、羯、氐、羌五个主要的游牧民族建立的十六个割据政权，史称十六国（304—439），大致与此同时，司马氏宗室在淮河以南建立了东晋政权（317—420）；刘宋与北魏分立是南北朝对峙的开始，北魏（386—534）、东魏（534—550）、西魏（535—556）、北齐（550—577）、北周（557—581）五个政权合称北朝，在南方先后出现的宋（420—479）、齐（479—502）、梁（502—557）、陈（557—589）四个政权，合称南朝。581年，外戚杨坚夺取北周政权建立隋朝，589年灭陈，结束了南北朝的对峙，实现了全国的重新统一。

黄巾起义对摧毁东汉政权起到了重要作用。此后的军阀混战中，曹操以黄河中下游地区为据点，通过兴屯田、求贤才、挟汉献帝迁都许昌等举措，积累起强大的经济、政治和军事力量。在官渡之战中，曹操打败北方袁绍集团，为统一黄河中下游地区扫除了障碍。在曹操集团壮大的同时，孙权、刘备也分别在长江下游地区和荆州一带积蓄实力，刘备得谋士诸葛亮，绘就了建立蜀汉政权的蓝图。赤壁之战是奠定三国鼎立局面的标志性战役，十数年后的夷陵之战则使三分天下的格局最终确定。

曹魏后期，军权、政权旁落门阀司马氏之手。266年，司马炎废魏帝，建立晋朝，史称西晋，280年灭孙吴，统一全国。西晋是门阀士族势力迅速发展的时期，户调式的颁布、九品中正制的施行，在经济、政治上保障了门阀士族的利益与特权。"八王之乱"、流民起义和少数民族起义推翻了西晋的统治，西晋宗室琅琊王司马睿在南北门阀士族的拥护下建立东晋，偏安江左。东晋将领祖逖领兵北伐，立志恢复中原，虽然终遭失败，却名垂千古，"闻鸡起舞""中流击楫"也成为激励人们奋发图强的著名典故。在淝水之战中，东晋以少胜多，击溃了北方前秦政权。战后，北方陷入更加严重的分裂和混战中。

鲜卑拓跋部建立的北魏政权初以平城（今山西大同）为都，后不断向黄河流域扩展势力，439年结束十六国的割据局面，统一了北方。北魏孝文帝为巩固政权、适应民族融合趋势而推行的一系列改革，极大地促进了鲜卑贵族的汉化和门阀化。534年，在边镇军人集团的操控下，北魏被分裂为东西两部分，史称东魏、西魏。西魏大将鲜卑族宇文泰创立的府兵制，为关陇军事贵族集团的形成奠定了基础。这一集团起源于代北武川（今内蒙古武川），成长于关中，融合了胡汉民族的精英，是西魏、北周、隋、唐四朝的缔造者，在中国历史上影响深远。

这一时期政治动荡，社会发生巨大变化。虽然中国处在分裂时期，但是分裂中孕育着统一的因素，这些因素为隋唐时代的来临奠定了基础。

东晋十六国及南北朝，人口的大量流动使南北各地区、各民族在物产上互通有无，风俗习惯上互相影响。原本作为经济重心的北方在频繁的战乱中遭到严重破坏，而南方局势相对稳定，人口大量迁入，淮河流域、长江流域先后得到开发，南北差距缩小，趋向平衡，为中国古代经济重心的南移拉开了序幕。

三国两晋南北朝时期，民族融合颇为剧烈，少数民族政权汉化的进程加剧，尤其是北魏孝文帝改革，不仅推动了鲜卑族的汉化，而且推行了均田制、府兵制、三长制等一系列影响后世的制度，给时代输入了鲜活血液，为隋统一做了重要铺垫。

三国两晋南北朝是丝绸之路发展的重要时期。丝路上的中外文化交流有显著发展，中国同西域、南海诸国的关系普遍加强。公元5世纪，通往西域的商路干道已从秦汉时的两条扩展为四条。从欧洲、印度输入中国的物产和技术，丰富着中国的物质文化。宗教是促进中外交流的媒介，典籍记载的这一时期来华传播佛教的知名外国僧侣多达五十余人，中国远赴外域求法巡礼者也为数众多。十六国前秦时期从西域来华的高僧鸠摩罗什、率先赴天竺求法并游历三十多个国家的东晋僧人法显等，都是佛教史上极具影响的人物。

自东汉以来，很多政权都以中原作为统治的核心区域，曹魏、西晋、北魏建都洛阳，正是将丝绸之路古文明向东延伸的关键阶段。北魏后期的洛阳城，寺院林立，市场规模庞大，满是各行各业的经营贸易者以及海内外的奇珍异货。在洛阳暂居或定居的外族人、外国商人、使节、僧侣等不计其数，"自葱岭已西，至于大秦，百国千城，莫不款附"，北魏朝廷专设四夷馆、四夷里予以安置。这些都促进了丝绸之路的畅通与民族间的交流。汉末魏初的汉中张鲁政权，曹魏梁习对并州的有效治理，敦煌太守仓慈倡导德治、善待胡商的举措，都成为历史上的佳话。

三国两晋南北朝是动荡的时代，也是思想活跃、文化成就斐然的时代。以老、庄、易学为主要内容的玄学创立并兴盛起来，超然物外、潇洒倜傥的"魏晋风度"为后世士人所赞赏和向往。曹魏以来，文学不再是隶属儒学"孔门四科"的一部分，逐渐取得独立的地位，"文学的自觉时代"就此来临。东晋南朝时期，注重才能，崇尚文艺成为社会潮流，文学艺术家辈出。王羲之在汲取汉魏书法精华的基础上，开创了书法的新境界，被誉为"书圣"；顾恺之是一位多才多艺的名士，以绘画著称，尤其注重表现人物的神韵，在画学理论方面也堪称先驱。科学技术方面，三国时期的名医华佗、机械制造的能工巧匠马钧，兼通数学、天文历法等多个领域的南朝科学巨匠祖冲之等，都有卓著的成就。

五

隋唐时期，从581年杨坚建立隋朝至907年唐朝灭亡，前后经历三百多年，是中国历史上的强盛阶段，也在世界文明史上书写了辉煌的一页。自西晋末永嘉之乱以来，中国陷入分裂局面近三百年。581年，杨坚以外戚、大丞相身份夺取北周政权，建立隋朝，589年消灭南方陈朝，结束了长期的分裂割据局面，统一了全国。隋唐时期的繁荣昌盛，是以重新实现大一统为基础的。

隋朝建立后，推行了一系列有利于加强中央集权、发展生产、巩固统一的政治、经济措施，如中央实行三省六部制，地方实行州、县（后改为郡、县）两级制，普查户口，整顿户籍，实行租调制等，使政权得以稳定，经济迅速发展起来。隋炀帝杨广即位后，为加强对东南、东北地区的统治，开始大兴土木营建东都洛阳，同时，分段陆续开凿了贯通南北的大运河，南起余杭（今杭州），北到涿郡（今北京），全长两千多公里，对南北交通具有重要意义。运河贯通后，隋炀帝一再巡游江南，奢侈无度。其后，又穷兵黩武，先后三次征讨高丽。在营建洛阳、开凿运河、巡幸江都、三征高丽一系列过程中，国家耗费了大量的人力、物力、财力，对于民众的役使极为残酷，社会生产遭到严重破坏，随之爆发大规模农民起义，使隋朝迅速走向灭亡。

隋朝盛时，疆域东南皆至于海，西至且末（今新疆且末县），北至五原（今内蒙古五原县南）。隋朝很重视与边疆各族的关系，流求（今台湾）、契丹、靺鞨、突厥、吐谷浑及西域诸国都与隋朝有朝贡往来，隋炀帝曾命裴矩进驻河西，主持与西域各国的交往，并邀请西域商胡来到东都洛阳，大摆筵席盛情款待。隋朝通西方的商道有北、中、南三条，丝绸之路在前代经营的基础上进一步发展。

617 年，在隋末战乱中起兵的贵族李渊进占长安，次年自立为帝，建立唐朝。李渊、李世民父子陆续镇压或铲除了各支军事割据势力，于 623 年统一全国。626 年，李世民继皇帝位，是为唐太宗。他注重借鉴隋亡的教训，励精图治，善于用人，君臣共同造就了政治清明、经济复苏、社会安定的局面，史称"贞观之治"。唐前期历朝统治者的政治、经济建设，为国家的富强奠定了深厚的基础。政治方面，在继承隋朝三省六部制、府兵制等制度的基础上有所改进，在隋律的基础上制定唐律，高宗时撰成《唐律疏议》，是中国历史上第一部完整的国家法典，成为后世立法的范本。魏晋南北朝以来显贵的门阀士族势力逐渐被削弱，出现衰亡之势。同时，隋朝创立的科举制得到发展，更多中下层人士得到入仕机会，为国家的统治注入了新鲜血液。经济方面，在北朝和隋代户调制的基础上改革为租庸调制，保证了国家的赋税来源。唐朝重视发展漕运，洛阳含嘉仓被扩建成全国最大的官仓，储粮最盛时接近全国储粮总量的一半。开元年间，裴耀卿改善漕运，实施新法，使东南地区的粮食能更顺畅地运到关中，保证了京城源源不断的粮食供应。唐玄宗开元时期，唐朝达到空前繁荣，史称"开元盛世"。

唐玄宗统治末年，爆发了以边将安禄山、史思明为首的叛乱，史称"安史之乱"。安史之乱严重损耗了唐朝的国力，成为唐朝统治由盛而衰的转折点。此后，地方节度使的权力逐渐膨胀，形成藩镇林立的局面，其中相当一部分藩镇都有割据性质，使朝廷难以控制，中央集权和边疆防御能力均被削弱。翰林学士和使职差遣的发展是唐后期行政权力系统的两个重要变化：作为统治者的内廷顾问，翰林学士权力日重，多为进士出身者担任，成为参预机密的政治中枢角色，有"内相""天子私人"之称；"使"由临时职任向固定化转变，涉及国家事务的各个方面，形成"为使则重，为官则轻"的现象，唐前期建立的中央行政机构的职权逐渐被破坏。以均田制为依托的租庸调制和府兵制都逐渐无法维持，为两税法和募兵制所替代。两税法从以往的主要按丁口征税转向主要按土地和资产征税，是中国古代税法的一次重大变革。隋唐社会表现出一系列鲜明的时代特征，影响后世。

隋唐时期的经济有长足的进步。唐代发明的曲辕犁轻便灵活，既能节省畜力，又利于深耕，提高了耕作效率。它的广泛使用，使我国的耕犁基本定型。茶的栽培显著发展。唐后期，茶叶作为一种新兴商品在市场上大量流通，饮茶习俗风靡全国，茶成为大众日常饮料。手工业生产的规模和水平远超前代，形成官营手工业、民营手工业和家庭手工业并行发展的局面，也形成了诸多专业生产区域。唐代丝织品有绢、绅、绫、锦等很多种类，纹样精致，色彩绚丽，织造技术精湛。瓷器制造业走向兴盛，表现出"南青北白"的特点，南方的青瓷似冰似玉，北方的白瓷如银如雪。长安是隋唐两代的首都，也是当时著名的世界大都会，集中体现着隋唐时期的盛世气象。唐长安城在隋大兴城基础上扩建而成，据考古实测，面积约为汉代长安城的三倍、明清北京城的一点五倍、今天西安旧城的十倍。长安城布局严谨，宫城、皇城、外郭城、东西两市、一百零八坊排列有序，建筑宏伟，街道宽阔整齐。长安城的建筑风格和布局，深深地影响了周边政权和邻国的城市建设，当时及后世不少城市都是对它的复制或效仿。洛阳作为隋唐王朝的东都，也得到统治者的大力营建。唐后期，扬州（今江苏扬州）、益州（今四川成都）工商业繁荣，成为全国经济中心，有"扬一益二"之称。

隋唐是中国古代文化大放异彩的时期。唐代诗坛群星璀璨，涌现出以"初唐四杰"、李白、杜甫、王维、李贺、白居易、杜牧、李商隐、温庭筠等为杰出代表的两千多位诗人，清人编纂的唐代诗歌总集《全唐诗》共收录唐诗近五万首。在中外文化的深入交流下，音乐舞蹈呈现华戎交汇的时代特色，宫廷和民间的乐舞百戏活动丰富多彩。书法和绘画也成就斐然，虞世南、欧阳询、褚遂良、张旭、颜真卿、怀素、柳公权的书法，吴道子、阎立德、阎立本、展子虔、周昉的绘画，都为后世所称道，敦煌壁画、彩塑更是古代艺术的宝藏。科学技术领域，天文、历法、算学、医学等均有成就，隋代建造的安济桥是世界上现存最古老的空腔式石拱桥，在建筑史上占有重要地位。宗教方面，隋统一全国后，重兴佛、道二教，李唐皇室大力发展道教，同时佛教也在中国达到鼎盛，高僧玄奘、义净等不畏艰难险阻西行取经，为佛典的传译和中外文化交流作出了不朽的贡献。新传入的摩尼教、景教、祆教也得到广泛传播。

隋唐五代是民族融合与民族交往的新时代。从种族上讲，融入了胡族血统与文化的汉人开始执掌政权，隋文帝杨坚、唐高祖李渊的家族和统治集团，都属于胡汉混合型，因而造就了"大有胡气"的时代特征。隋唐时期的统治阶级较少有种族歧视，通常采取开明的民族政策，"贵中华，贱夷狄"的狭隘观念有较大程度的改观。虽然隋唐王朝与周边少数民族也有不少摩擦甚至战争，但属于政权之间的征服与被征服，并非种族之间的征服与被征服。唐代开元天宝时，疆域东西各至安东、安西两都护府（治所分别在今辽宁义县东南、新疆库车），南至日南（今越南清化县北），北至单于府（治所在今内蒙古呼和浩特）。如果把各都护府的羁縻州也包括在内，则唐代统辖范围西可至今伊朗境内，东至黑龙江下游，北至今俄罗斯境内叶尼塞河、石勒喀河上游。隋唐王朝的历史影响不仅限于中国本土，也辐射到了广阔的外部世界。由于高度发达的经济、文化，隋唐王朝成为东西交流的中心。以长安为起点，横贯亚洲大陆的丝绸之路空前畅通。唐代，从边地府州通往外国的干道主要有七条，远达今朝鲜半岛、中亚、西亚、印度、东南亚等地区。在中国的物产、文化走向世界的同时，无数来自外国的使节、传教者、商人、艺人等通过这条道路来到唐朝，甚至在唐朝定居、入仕。他们带来了不同地域的物产、文化、习俗、宗教，直接影响到唐人的生活。

隋唐王朝对东亚世界影响尤其深刻。强盛的隋唐王朝的出现，很大程度上改变了东亚的政治格局。隋唐帝国确立起了东亚国家关系中的核心地位。在这种形势下，朝鲜、日本积极与唐朝进行友好交往，开展实质性的政治、经济、文化交流。日本的先进人士渴望直接汲取中国的优秀文化，于是出现了遣隋使、遣唐使。终唐一代，日本共派遣唐使达十九次之多，留学生、学问僧对于中国文化的学习非常深入。朝鲜也派遣大量留学生到唐朝学习，多者一年就达二百余人。唐晚期，有五十余名新罗留学生在唐朝登科入仕，其中最负盛名的崔致远曾进士及第，并用汉文著书立说。日本、朝鲜在学习、模仿隋唐先进文化的基础上，结合本国特点加以消化吸收，创造出自己的新文化，丰富着东亚文化的园地。隋唐时期也是中国历史上丝绸之路极为繁荣昌盛的阶段。

六

五代之时动荡不断，兵祸时有发生，国家的构建与制度的完善均备受影响。五代始自907年唐朝灭亡，止于960年北宋建立，在这54年间，共经历了八姓十四帝，其变更之频繁可想而知。而五代只是一个简称，人们更多地称之为"五代十国"时期，中原正统的王朝之外，诸多割据政权并行而立，直至北宋开国十余年后才结束了这一复杂的局面。因而此时缺乏一个稳定的环境，典章制度往往草创，难以成为后世之典范。而在中原动荡、酣战不休之际，契丹的崛起加重了形势的严峻：后唐末帝李从珂猜忌大臣石敬瑭，欲剪除其势力，不料石敬瑭联合契丹，以燕云十六州相许诺，结果后唐灭亡，石敬瑭称帝建立后晋，期间更是奉契丹耶律德光为父，自称儿皇帝。而时过境迁，待其侄石重贵即位后，契丹与之交恶，相互攻伐，最终后晋兵败，契丹直入汴京，后晋君臣妃嫔遭遇北迁，法器文物所剩无几。五代的动荡，是内部制度与外部势力双重因素共同导致的,是留给北宋的重要问题。汉唐以来多以长安、洛阳为都城,而自朱温建立后梁定都开封后,五代除后唐外均定都于此,商业日益繁盛、水陆交通日益便利,至北宋建立时亦以开封为都城,虽因为开封无险可守而一度争论,但最终未能动摇开封的地位。自后周世宗柴荣严选禁军,裁汰老弱之后,军队战斗力显著增强,高平之战的力挽狂澜,南北征战的连战连捷,给北宋初年提供了重要的借鉴。

五代之后为宋代,尽管因靖康之变划分为北宋和南宋,但一脉相承,从制度到文化具有诸多延续之处。北宋的建立者为赵匡胤,其出生于后唐天成二年（927年）,对五代经历尤多、耳濡目染,但赵匡胤历经陈桥兵变,深知政权更迭之速,于是下决心改变时局,故而采纳了赵普的"稍夺其权,制其钱谷,收其精兵"的建议,强干弱枝的新局面逐渐取代了藩镇割据的旧局面。但政权的初步稳定,并未使王朝走向汉唐般的强盛,继位者太宗属于兄终弟及,且有斧声烛影的传闻,故而君臣猜忌,两次北伐均意在建立不世功勋,却都遭遇惨败,因而太宗由"武功"转向"文治",科举之选拔由此大为兴盛,这一举措对北宋影响深远,"崇文抑武"之风大为盛行。太祖、太宗所建立起的"强干弱枝""崇文抑武"原则贯穿北宋、波及南宋,成为"祖宗之法"的核心所在,奠定了宋代的基本风貌。北宋在仁宗之时承平日久,经济、文化有所发展,但冗官、冗兵、冗费的问题随之凸显,成为神宗时王安石变法的重要着眼点,哲宗、徽宗之时党争不断,君王荒政、权臣误国,终至靖康之变。南宋建立者为赵构,本为徽宗第九子,却适逢乱世延续国祚,当时内有名相辅佐、外有中兴四将,南宋在风雨飘摇间稳住了形势。但伴随着刘锜取得顺昌大捷,南宋新兴将领已能抵御金军主力,高宗便以为高枕无忧,压制名将、无意北伐,南宋亦逐渐呈现"强干弱枝""崇文抑武"的风貌。孝宗时为南宋最盛之时,虽军事上未能有所突破,但此一时期吏治清明、人才涌现,为后人所称道。伴随着蒙古的崛起,南宋至理宗之时政局波澜不断,先是同蒙古联手攻灭金朝,正欲顺势收复汴京故地之时,宋元反目步入对峙。理宗前期颇有作为,但后期无所建树。度宗听信权相,致使朝纲废弛,边防危机四伏,襄樊失守后,大局已定。有宋一代,以防范地方割据为着眼点,大力强化中央,然而矫枉过正;以武事不兴、众将难驭为出发点，大力提倡文治，然而武备松弛。故而宋代有独特的时代特点，亦有无奈的时代困境。

宋代的政治几经曲折，而经济、文化则取得长足发展。就经济而言，租佃制成为社会的主流，在商品经济不断发展、政府政策有力引导之下，农民人身依附关系有所松弛，经济活力大为彰显。两宋之际，新作物（如占城稻）相继引入，南北方之间耕作技术互通有无，农业提升较为迅速。此一时期，贸易品种、商业渠道呈现多元，市场较为活跃。在经济发展的大背景下，宋代的货币形式也在不断改进、创新，金属货币的铸造讲究质与量的把关，纸质货币也从四川地区的试行，走向了广泛的推行。北宋的交子、南宋的会子大大便捷了交易的形式，宋人更从储备金与发行数量中摸索出了经济规律，一度非农业税成为政府的主要收入。

就文化而言，宋代科举极为昌盛，录取人数较唐代有明显增加，宋代朝堂的"崇文"之势与社会的读书入仕风尚成为显著的时代特征。此一时期，王朝注重对典籍的汇总，《太平广记》《太平御览》《文苑英华》《册府元龟》四大类书相继纂成，各地州县也多有修缮、刊印典籍之举。宋代修史、著史蔚然成风，给后人留下了宝贵的资料。两宋历时三百二十年，时间跨度较大，既涉及由五代之乱到北宋之治的转型，又涉及靖康之后南宋重建的艰辛，政权间的纷争、政局间的动荡勾勒出广阔背景，文化上的昌盛、经济上的繁荣呈现出丰富内容。宋代对科举制度的大力提倡，让更多读书人得以涌现，记录下政事、生活的点滴；修史制度的日渐完备，让官方史料规整充实，也使私家著史有所借鉴。

宋代的文化昌盛，推动着新的学术流派，宋学就是突出代表，其思想活跃、自由解经的风格，使宋学独树一帜，与严谨解经的汉学比肩而立；文学形式也有创新发展，宋词脱颖而出，其灵活多变且贴近生活的特征，使得宋词广为流传，"唐诗宋词"成为中国文学的巅峰代表。整个宋代社会繁华，市民化气息浓重，人们生活精致，这可从《清明上河图》《东京梦华录》《梦粱录》《武林旧事》等资料中就能窥其一斑。

七

　　元明清时期处于中国古代史的末尾，其总体历史发展有许多特点，但首先要注意的是元明清这三个朝代都为大一统王朝，因此这是一个国家大一统与民族大融和的时代，而其最初缔造者即元朝。元朝之前的中国长期处于多民族政权并立、南北分裂、战乱频仍的状态中，而大一统的实现也是逐步完成的，先是成吉思汗统一漠北草原建立大蒙古国，此后经历窝阔台、贵由、蒙哥时期，才逐步灭掉了金、西夏统一了北方，到忽必烈1279年灭南宋之后，才真正又一次实现了全国大一统，诸多不同民族在元朝的辽阔疆域内定居并逐渐融合，为此后明清大一统王朝的建立奠定了基础。元朝历史的另一个重要特征是其为北方民族蒙古族建立的王朝，忽必烈1260年即位后将汉蒙制度杂糅而设置了元朝政治制度，所以其政治制度多有特殊之处，如怯薛制度、四等人制等都是元代特有。而政治制度中保留的蒙古因素也对元代历史的发展产生了很大影响，最明显的是元代皇位继承制度受蒙古汗位继承制影响很大，所以皇权之争异常激烈，帝位更换频繁，造成了政治的不稳定以及许多相关问题。到元末则社会阶级矛盾与民族矛盾激化，爆发了农民大起义，最终1368年明军攻破北京，元顺帝逃到上都，元朝灭亡。

　　明朝的建立者朱元璋是在元末动乱中成长起来的农民军领袖，出身低微的他深知民间疾苦，所以在统一全国后，他严厉打击地主与官僚，意在肃清吏治，保障小民权益，此外为巩固自身统治，还屡兴大狱，诛戮功臣。政治制度上，废除宰相，加强皇权。军事制度上，为了巩固在全国的统治，在全国各地设立卫所制度，而且还分封诸王于各要地，为了对抗蒙古，北部边疆的军事实力尤为强大，镇守北方的诸王也拥有军事重权，逐渐形成尾大不掉之势。于是在朱元璋去世后，建文帝即位就实行削藩政策，镇守北京的燕王朱棣以"靖难"为名起兵，最终篡位，建文帝不知所终，是为靖难之变。永乐帝朱棣在位期间，数次北伐蒙古，并派郑和下西洋出使海外各国，彰显国威。政治制度上，内阁制度初具雏形，至仁宗、宣宗即位，三杨任辅政，则基本成形，当时政治清明，天下太平，史称仁宣之治。这种状态一直延续到英宗正统初年，但此后宦官王振逐渐掌权。1449年发生土木之变，虽然当时明朝成功抵御了入侵的瓦剌部，但此后北方边境日渐多事，与蒙古、女真等民族矛盾摩擦不断。到嘉靖年间，南方倭患严重，南倭北虏问题以及明朝内部政治的腐化使得政治经济矛盾加剧，国家财政陷入困境。为解决危机，张居正在万历初年实行了改革，并一度取得很大成效。但张居正去世后，万历皇帝怠政数十年，国家日益衰敝。此时东北女真努尔哈赤逐渐统一女真各部，建立金国，屡次战胜明朝，形成巨大威胁。而明朝内部统治腐朽，民不聊生，遂爆发了明末农民大起义。经过十数年的内外交困，农民军领袖李自成于1644年攻占北京，崇祯帝自杀，明朝灭亡。

清朝是女真族（后称满族）入主中原建立的少数民族政权。清太祖努尔哈赤统一建州三卫，创立军政合一的八旗制度，并于1616年建立后金政权。皇太极即位后，征服了朝鲜和漠南蒙古，1636年改国号为"清"，改族名为"满洲"。1644年清军入关，并消灭南明政权，定鼎中原。经过康、雍、乾三代，清朝戡定回部，平定两金川，大大扩展了地域版图，建立起统一的多民族国家，为今日国家版图奠定了基础。为了加强对这些地区的管理，清朝实行了特色管理制度，如在蒙古地区实行盟旗制度，在新疆实行军府制度、伯克制度，在西藏设置驻藏大臣，为统一多民族国家的巩固和发展奠定了基础。这段时期清朝到达鼎盛，史称康乾盛世。清政府还进行了大型文化工程，修纂了《四库全书》《大清一统志》《西域同文志》等，在文化上彰显大一统，标榜文治武功，但同时也对思想文化进行严格限制。嘉道时期，农民起义接踵而至，政治经济危机涌现。在对外关系上，清政府推行闭关政策，严格限制海外贸易，只允许广州一口通商。至道光二十年（1840年）爆发了鸦片战争，清朝被迫打开国门。太平天国运动打击了清朝政权，为解决内忧外患，各个阶级相继开展了洋务运动、戊戌变法、新政等政治活动，并最终在1911年辛亥革命后，清政府土崩瓦解。1912年，清帝宣布退位，清朝灭亡。

中华文明是一座屹立至今的高楼大厦。上古三代是其奠基，秦汉是其壮大，魏晋南北朝是其嬗变，隋唐是其成熟，五代宋是其发展，元明清是其巩固。中华文明不是停滞不前的，也不是故步自封的，它历经坎坷并成功驾驭了挑战，海纳百川，生生不息，形成了一条独具中国特色的文明发展道路。和以断裂性为特征的西方文明相比，中华文明的延续性略显平静。但是，在看似平静的表面下，农耕的生产生活方式、家族形态、君主政体、贵族官僚制、家国同构的国家模式、人文主义、文教传统、民本思想、历史理性、华夏民族、汉字、敬天法祖的泛神信仰、丝绸之路等文化内涵，从根本上奠定了中华文明的特质；当今中国人的精神家园肇端于此。作为炎黄子孙，我们要继承并弘扬优秀的中华传统文化，实现中华民族的伟大复兴，与世界上的其他文明展开有效的对话和交流。要建设人类命运共同体，就必须追根溯源，知道我们是谁，从何而来，只有这样才能更好地判断我们该向何处去。本书遴选诸多经典文本，加以注释分析，正基于这种思考，希望读者朋友教正。

编　者
2020 年 4 月

夏商西周时期

引 言

　　研究夏商西周时期的史料比较丰富，大致可以分为三类：第一类是传世文献。经书中的《尚书》《诗经》收录了同时期的文诰、诗歌等，涉及政治、军事、经济、思想、社会风俗等领域，是我们研究这段历史最宝贵、权威的一手传世文献。《春秋》三传，尤其是《左传》中保留了许多关于三代时期的历史追述。"三礼"、《论语》、《孟子》中也有不少关于三代时期的信息。《周易》《尔雅》则分别是研究三代时期思想史和语言的重要资料。史书中的《国语》有《周语》，成书于战国，其中涉及穆、共、厉、宣、幽五代周王的记载应采自周的国史，可视为重要史料。《竹书纪年》为春秋战国时期的晋国、魏国史官所作。其中的《五帝纪》《夏纪》《殷纪》《周纪》保存了许多宝贵的历史信息，但是多与其他文献的记载抵牾，需要认真考辨，慎重选择。《逸周书》是一部汇集诰誓辞命的记言性史书，记载了大量西周时期的历史，而且许多内容均可印证，具有较高的可信度，但是文字多舛误，加之后人多屡入删改，需要注意。《史记》为西汉初年司马迁所作，虽成书较晚，且其中涉及三代的内容不乏后世层累、伪造，但仍然保留了大量三代时期的宝贵信息，而且流传深远，深刻地影响了中国人对三代的认识。子书中的《荀子》《老子》《庄子》《墨子》《韩非子》等均是春秋战国时期诸家大师的著作，其中也有不少关于三代的信息，需要与经、史典籍互证后使用。第二类文献是出土文献。首先是甲骨文。甲骨文发现于清末，经过民国和新中国时期的考古，以及民间发现，目前已知近十五万片，四千五百多单字，其中内容以卜辞为主，涉及商代和周初政治、军事、文化、社会习俗。其次是青铜器铭文，即金文。商代的青铜器带有铭文者较少，且字数很少。周代青铜器带有铭文者较多，且篇幅较长，目前有三千多件。周代的许多军国大事都被贵族作为功绩刻在青铜器上，以告慰先祖，显赫门庭，垂训子孙。因此，青铜铭文具有极高的史料价值，受到历代治史者的重视。最后是出土竹简。例如《郭店楚简》、《上海博物馆藏战国楚竹书》（简称"上博简"）、《清华大学藏战国竹简》（简称"清华简"）中均有大量关于三代历史的内容，多数不见于传世文献。尤其是"清华简"重现了许多传世与未传世的《尚书》篇目及类似典籍，澄清了一些学术史上长期争论的疑难，发现了前所未知的周代诗篇。"清华简"中的《系年》记录了从西周初年到战国前期的历史，其中有许多事件不见于传世文献，对传世典籍有订正作用。第三类是考古材料。从民国对殷墟的考古发掘，到新中国时期全面考古的展开，目前关于夏商西周时期的考古材料已相当丰硕。例如对二里头遗址、殷墟、周原的发掘，提供了传世、出土文献无法呈现的历史信息，诸如陵寝制度、聚落形态、建筑布局、生死观念、手工技术等。这些材料多收录于各类考古学报告和文集中，可以参阅。

本章选取的主要为《尚书》《诗经》《史记》及相关金文篇目，原文及注释主要参考了顾颉刚、刘起釪所著的《尚书校释译论》（中华书局，2005年）；程俊英、蒋见元所著的《诗经注析》（中华书局，1999年）；《史记》，二十四史点校本（中华书局，1982年）；韩兆琦所著的《史记笺证》（江西人民出版社，2004年）；王辉所著的《商周金文：中国古文字导读》（文物出版社，2006年）。这些篇目久经历史考验和历代学者的注释，是了解三代时期的核心文献。与此同时，本章还选取了几篇著名的金文，可与传世文献对比参阅，以帮助读者们对三代的历史过程和文明风貌有更全面的认识。

五帝始祖

大凡谈及中华文明的起源，中国人都会首先想起"三皇五帝"。从现存的文献看，在战国时期就已存在大量关于三皇五帝的传说。但是，这些传说由于去古已远，加上后人伪造附益，存在很多矛盾、怪诞之处。到了汉武帝时期，太史公司马迁搜集、审订、整合了诸家观点，以黄帝为血缘始祖，依次叙述了颛顼、帝喾、尧、舜的开创文明之功，诸如部落战争、王位禅让、治理洪水、观测天文、推算历法、谱制乐舞等。太史公的这一文本成为后世中国人关于文明起源的最经典、最重要的历史记述。从史实的角度看，它保存了许多关于上古时期的历史信息，其中有不少内容得到了考古成果的印证；从思想的角度看，它不仅第一次完整、系统地论述了"天下一家"的起源，为大一统国家的合法性奠定了历史理论根基，而且塑造了中国人对"政统"的认同。而这一认同与对自孔子以降的"道统"的认同，共同组成了中华民族历史文化认同的两大支柱。此外，太史公笔下的五帝笼罩着儒家圣王的光芒，寄托了中国人对君主政体下执政者的美好理想，成为历代皇朝统治者追慕效法的榜样。

《史记·五帝本纪》（节选）

黄帝者，少典之子，姓公孙，名曰轩辕[1]。生而神灵，弱而能言，幼而徇齐[2]，长而敦敏，成而聪明。

轩辕之时，神农氏[3]世衰。诸侯相侵伐，暴虐百姓，而神农氏弗能征。于是轩辕乃习用干戈，以征不享[4]，诸侯咸来宾从。而蚩尤[5]最为暴，莫能伐。炎帝[6]欲侵陵诸侯，诸侯咸归轩辕。轩辕乃修德振兵，治五气，艺五种，抚万民，度四方，教熊罴貔貅䝙虎，以与炎帝战于阪泉之野[7]。三战，然后得其志[8]。蚩尤作乱，不用帝命。于是黄帝乃征师诸侯，与蚩尤战于涿鹿之野[9]，遂禽杀蚩尤。而诸侯咸尊轩辕为天子，代神农氏，是为黄帝。天下有不顺者，黄帝从而征之，平者去之[10]，披山通道，未尝宁居。

【注释】[1]黄帝：传说中上古华夏部落联盟领袖，亦称"有熊氏"。目前最早记载黄帝的文献多为战国时期整理成书，诸如《五帝德》《帝系姓》《世本》等。黄帝在历史上是否确有其人，有待进一步的考古与历史研究。 [2]徇齐：徇，疾；齐，速。徇齐意为"思维敏捷"。 [3]神农氏：传说中的古帝王名，因教人耕稼，故被称为"神农"。亦有观点认为神农氏为一氏族名，或者是炎帝。 [4]享：觐见、来朝。 [5]蚩尤：传说中的古代九黎部落领袖，传说发明了各种兵器，以好战著称。 [6]炎帝：传说中的古代部落领袖，姜姓，一说为神农氏。［7］阪泉之野：一说位于旧河北涿鹿境内，今河北省怀来县，一说位于山西省运城盐池。［8］志：旗帜。［9］涿鹿之野：位于河北省怀来县。［10］平者去之：此句意为"对那些归顺者，则率兵离开，不予讨伐"。

东至于海，登丸山[1]，及岱宗[2]。西至于空桐，登鸡头[3]。南至于江，登熊、湘[4]。北逐荤粥[5]，合符釜山[6]，而邑于涿鹿之阿。迁徙往来无常处，以师兵为营卫。官名皆以云命，为云师。置左右大监，监于万国。万国和，而鬼神山川封禅与为多焉。获宝鼎，迎日推策[7]。举风后、力牧、常先、大鸿以治民。顺天地之纪，幽明之占，死生之说，存亡之难。时播百谷草木，淳化[8]鸟兽虫蛾，旁罗日月星辰，水波土石金玉[9]，劳勤心力耳目，节用水火材物。有土德之瑞[10]，故号黄帝。

黄帝二十五子，其得姓者十四人[11]。

【注释】［1］丸山：今山东省临朐县东北，地处渤海之滨。［2］岱宗：泰山。［3］空桐、鸡头：山名，位于今甘肃、宁夏境内的六盘山脉。［4］江、熊、湘："江"指长江，"熊"为今湖南益阳东北的熊耳山，"湘"为洞庭湖中的湘山。［5］荤粥：古代北方的部族名。有学者认为即猃狁和后来的匈奴。［6］釜山：位于今河北省怀来县东。［7］策：占卜用的蓍草。［8］淳化：道德所广及。［9］旁罗、水波：二者应为动词，但具体含义不明，至今尚无定论。［10］土德：战国时期阴阳五行学说认为有五德，分别为金德、木德、水德、火德、土德。《吕氏春秋·应同》中记载"黄帝之时，天先现大螾、大蝼，黄帝曰：'土气盛。'土气盛，故其色尚黄，其事则土。"［11］得姓者十四人：《国语·晋语四》胥臣云："黄帝之子二十五宗，其得姓者十四人，为十二姓，姬、酉、祁、己、滕、葳、任、荀、僖、姞、儇、衣是也。唯青阳与夷鼓同己姓。"

黄帝居于轩辕之丘，而娶于西陵[1]之女，是为嫘祖。嫘祖为黄帝正妃，生二子，其后皆有天下：其一曰玄嚣，是为青阳，青阳降居江水[2]；其二曰昌意，降居若水[3]。昌意娶蜀山氏[4]女，曰昌仆，生高阳，高阳有圣德焉。黄帝崩，葬桥山[5]。其孙昌意之子高阳立，是为帝颛顼也。

帝颛顼高阳者，黄帝之孙而昌意之子也。静渊以有谋，疏通而知事；养材以任地，载时以象天，依鬼神以制义，治气以教化，絜诚以祭祀。北至于幽陵[6]，南至于交阯[7]，西至于流沙[8]，东至于蟠木[9]。动静之物[10]，大小之神，日月所照，莫不砥属[11]。

　　帝颛顼生子曰穷蝉。颛顼崩，而玄嚣之孙高辛立，是为帝喾。

【注释】[1]西陵：古氏族名。 [2]江水：今四川岷江。 [3]若水：今四川雅砻江。 [4]蜀山氏：古部族名，可能居住于今四川省西部。 [5]桥山：位于今陕西省黄陵县。 [6]幽陵：即幽州，今北京一带。 [7]交阯：亦作交趾，今越南北部一带。 [8]流沙：今内蒙古西部一带的沙漠。 [9]蟠木：即扶桑木，代指最东方的古国。 [10]动静之物：分别指动物和植物。 [11]砥属：归属。

　　帝喾高辛者，黄帝之曾孙也。高辛父曰蟜极，蟜极父曰玄嚣，玄嚣父曰黄帝。自玄嚣与蟜极皆不得在位，至高辛即帝位。高辛于颛顼为族子。

　　高辛生而神灵，自言其名。普施利物，不于其身。聪以知远，明以察微。顺天之义[1]，知民之急。仁而威，惠而信，修身而天下服。取地之财[2]而节用之，抚教万民而利诲之，历日月而迎送之，明鬼神而敬事之。其色郁郁[3]，其德嶷嶷[4]。其动也时，其服也士[5]。帝喾溉执中而遍天下[6]，日月所照，风雨所至，莫不从服。

　　帝喾娶陈锋氏女，生放勋[7]。娶娵訾氏女，生挚。帝喾崩，而挚代立。帝挚立，不善，崩，而弟放勋立，是为帝尧。

【注释】[1]顺天之义：义，宜。此句意为"顺应天地自然客观之所宜"。 [2]财：通"材"。 [3]郁郁：庄严肃穆之貌。 [4]嶷嶷：崇高之貌。 [5]其服也士：服，用。此句意为任用有德之人。 [6]溉执中而遍天下：溉，同"概"，量粮食用的斗板，引申为平。遍，通辨，治理。此句意为"实行一种中正平和的政策，治理天下"。 [7]放勋：即后来的尧。

帝尧者，放勋。其仁如天，其知如神。就之如日，望之如云。富而不骄，贵而不舒[1]。黄收纯衣[2]，彤车乘白马。能明驯德，以亲九族。九族既睦，便章百姓[3]。百姓昭明，合和万国。

乃命羲、和，敬顺昊天，数法[4]日月星辰，敬授民时[5]。分命[6]羲仲，居郁夷[7]，曰旸谷[8]。敬道[9]日出，便程东作[10]。日中，星鸟，以殷中春[11]。其民析[12]，鸟兽字微[13]。申命羲叔，居南交[14]。便程南为[15]，敬致[16]。日永，星火，以正中夏[17]。其民因[18]，鸟兽希革[19]。申命和仲，居西土，曰昧谷[20]。敬道日入，便程西成。夜中，星虚，以正中秋[21]。其民夷易[22]，鸟兽毛毨[23]。申命和叔，居北方，曰幽都。便在伏[24]物。日短，星昴[25]，以正中冬。其民燠[26]，鸟兽氄[27]毛。岁三百六十六日，以闰月正四时。信饬[28]百官，众功皆兴。

【注释】[1]舒：放纵。 [2]黄收纯衣：收，一种冠冕。纯，音缁，纯衣即黑衣。 [3]便章百姓：便章，即辨章，辨别章明之意。百姓，指百官。此句意为"让百官各司其职，各就其位"。 [4]数法：遵循、推算。 [5]时：历法。 [6]分命：分派、派遣。 [7]郁夷：古代青州之地，今山东半岛地区。 [8]旸谷：传说中的日出之地。 [9]道：同导，引导。 [10]便程东作：便通"辨"，辨明、分派。程，规定日期，定额。东作，春耕之事，按照阴阳五行学说，东方代表春天。 [11]日中，星鸟，以殷中春：殷，正当、正值。此句意为"根据昼夜平分、朱鸟七宿出现在正南方，确定这一天为春分"。 [12]析：分散，散布在田野上耕种。 [13]鸟兽字微：字，同"孳"，分娩哺乳之意。微，同"尾"，交尾之意。另有观点认为"析"是东方的神名，"鸟兽字微"是东方风名的错写。 [14]南交：交趾。 [15]便程南为：此句意为"分配、督促夏天的农事"。按照阴阳五行的观点，南方代表夏天。 [16]致：一种测定时历的活动。古人以土圭测日影，通过测量影子是否到足够的长度，来测定日月之行、寒暑之候。 [17]日永，星火，以正中夏：此句意为"根据白天的时间最长以及心宿出现在正南方，确定这一天为夏至日"。 [18]因：助耕。 [19]鸟兽希革：希，通"稀"，稀少。革，变化之意。意为"鸟兽的毛开始变少"。另有观点认为"因"是南方神名，"鸟兽希革"是南方神名的错写。 [20]昧谷：传说中的日落之地。 [21]夜中，星虚，以正中秋：

此句意为"根据夜晚与白昼等长,虚星处于正南,确定这一天为秋分"。[22]夷易:平和、快乐的样子。[23]毨:鸟兽之毛更生整理。也有观点认为,夷易是西方神名,鸟兽毛毨是西方风名。[24]伏:收拾、储藏活动。[25]昴:昴星,即北方七宿。[26]燠:暖,穿厚衣取暖。另有观点认为"燠"同"噢",房屋,引申为"入室取暖"之意。[27]氄:细毛。[28]信饬:信,通"申",申明条例。饬,约束、整顿。

尧曰:"谁可顺[1]此事?"放齐曰:"嗣子丹朱开明。"尧曰:"吁!顽凶,不用。"尧又曰:"谁可者?"讙兜曰:"共工旁聚布功[2],可用。"尧曰:"共工善言[3],其用僻[4],似恭漫天[5],不可。"尧又曰:"嗟,四岳[6],汤汤洪水滔天,浩浩怀山襄陵[7],下民其忧,有能使治者?"皆曰鲧可。尧曰:"鲧负命毁族[8],不可。"岳曰:"异哉[9],试不可用而已[10]。"尧于是听岳用鲧。九岁,功用不成。

【注释】[1]顺:循,继承尧的大业。[2]旁聚布功:旁,同"溥""普"。此句意为"广泛地聚集人力,兴办了许多事业"。[3]善言:指共工话说得好听,实则言行不一。[4]其用僻:用,行事。僻,邪僻。[5]似恭漫天:此句意为"看似恭敬,实则怠慢上天"。[6]四岳:四方诸侯之长。[7]怀山襄陵:怀,包围。襄,淹没。[8]负命毁族:负,违背。族,同僚。此句意为"违抗命令,伤害同僚"。[9]异哉:意为"您说的跟我了解的不一样啊"。也有说法认为"异"同"已",意为"已无别人可用了"。还有观点认为"异哉"就是感叹语,无义。[10]试不可用而已:已,终止,停止鲧的职务。此句意为"先让鲧试一试,不行再罢免他"。

尧曰:"嗟!四岳:朕在位七十载,汝能庸[1]命,践朕位?"岳应曰:"鄙德忝帝位[2]。"尧曰:"悉举贵戚及疏远隐匿者。"众皆言于尧曰:"有矜[3]在民间,曰虞舜。"尧曰:"然,朕闻之。其何如?"岳曰:"盲者子。父顽,母嚚,弟傲,能和以孝,烝烝[4]治,不至奸。"尧曰:"吾其试哉。"于是尧妻之二女[5],观其德于二女。舜饬[6]下二女于妫汭[7],如妇礼[8]。尧善之,乃使舜慎和五典[9],五典能从。乃遍入[10]百官,百官时[11]序。宾于四门[12],四门穆穆[13]，诸侯远方宾客皆敬。尧使舜入山林川泽，暴风雷雨，舜行不迷。尧以为圣，召舜曰："女谋事至而言可绩，三年矣。女登帝位。"舜让于德不怿[14]。正月上日[15]，舜受终[16]于文祖[17]。文祖者，尧大祖[18]也。

【注释】［1］庸：用，听从。［2］鄙德忝帝位：鄙德，即"德鄙"，德行鄙陋之人。忝，辱没。［3］矜：同"鳏"，丧妻之人。［4］烝烝：温厚善良之貌。［5］二女：娥皇、女英。［6］饬：命令。［7］妫汭：妫水入黄河的河口处，即舜的老家。［8］如妇礼：此句意为"二女均能按照舜的要求，在舜的老家恪守妇礼"。［9］慎和五典：即谨慎地制定并实施关于父子、君臣、夫妇、长幼、朋友秩序的典则。［10］遍入：全面地考察管理。［11］时：是，因此。［12］宾于四门：让舜主管外交，接待四方来宾。［13］穆穆：心服喜悦的样子。［14］舜让于德不怿：让于德，意为"推说自己的德行不够"。不怿，不乐，因为感到自己的能力尚不足以接替尧的大位。［15］正月上日：初一元旦。［16］受终：本意为受禅，此处指从尧的那里接过摄行天子之政。［17］文祖：文祖之庙。按照推算，此处的文祖庙当为黄帝之庙。［18］大祖：太祖。

于是帝尧老，命舜摄行天子之政，以观天命。舜乃在璇玑玉衡，以齐七政[1]。遂类[2]于上帝，禋于六宗[3]，望[4]于山川，辩[5]于群神。揖五瑞[6]，择吉月日，见四岳诸牧[7]，班瑞[8]。岁[9]二月，东巡狩[10]，至于岱宗，柴[11]，望秩于山川[12]。遂见东方君长，合时月正日[13]，同律度量衡，修五礼五玉三帛二生一死为挚[14]，如五器，卒乃复[15]。五月，南巡狩；八月，西巡狩；十一月，北巡狩：皆如初。归，至于祖祢庙[16]，用特牛礼[17]。五岁一巡狩，群后四朝[18]。遍告以言，明试以功，车服以庸[19]。肇十有二州，决川[20]。象以典刑[21]，流宥五刑[22]，鞭作官刑，扑作教刑，金作赎刑[23]。眚灾过，赦[24]；怙终贼[25]，刑。钦[26]哉，钦哉，惟刑之静哉[27]！

【注释】［1］七政：日、月和金、木、水、火、土五星。［2］类：一种敬天的祭祀。［3］禋于六宗：禋，一种洁净身心以敬神的祭祀。六宗，一说为星、辰、司中、司命、风师、雨师，一说为四时、寒暑、日、月、星、水旱；一说为天、地、春、夏、秋、冬。［4］望：遥望山川而敬神的祭祀。［5］辩：同"遍"，祭祀名。［6］揖五瑞：揖，同"辑"，敛起。五瑞，即"五玉"，公、侯、伯、子、男所持的珪璧。［7］诸牧：各地区的地方长官。［8］班瑞：班，颁布。此句意为"将收敛上来的珪璧分发给各个地区的长官"。［9］岁：汉代经学家马融认为这一年是舜受命后的第五年。［10］巡守：古代统治者视察地方的巡视活动。［11］柴：亦作"柴"，祭祀名，将祭品放在柴上烧。［12］望秩于山川：按照等级秩序，祭祀山川。秩，次序，等级。［13］合时月正日：合、正均为协调、统一之意。［14］五礼五玉三帛二生一死为挚：五礼，吉、凶、宾、军、嘉五种礼。五玉，珪、璧、琮、璜、璋五种玉制礼器。三帛，三种不同颜色的丝织品。二生，两种活物，指大雁和羊羔。一死，一种死物，指死雉。挚，见面礼。［15］如五器，卒乃复：马融认为"五器"即为上文提到的五玉，用完后即归还。［16］祖祢庙：帝王家的宗庙。［17］特牛礼：献上一头成年公牛的祭祀。［18］五岁一巡狩，群后四朝：后，同"王"，指各地诸侯。此句意为"五年之中，舜出巡一次，在外会见诸侯；其余四年，均为各地诸侯进京朝见天子"。［19］遍告以言，明试以功，车服以庸：庸，效用，功绩。此句意为"天子具体、严肃地提出守土治民的要求，公开地考核他们守土治民的成效，以不同的车马服饰来奖励他们守土治民的功绩"。［20］肇十有二州，决川：此句意为"开始将天下划分为十二州：冀州、幽州、并州、青州、营州、兖州、徐州、扬州、豫州、荆州、雍州、梁州，疏通河道"。［21］象以典刑：此四字颇为难解。旧说释读此句为"详其罪罚，依法用其常刑，使罪各当刑，不越法"。近说释读此句为"将五刑用图像画出来，以告百姓"。［22］流宥五刑：宥，宽。此句意为"用流放之法宽五刑"。［23］鞭作官刑，扑作教刑，金作赎刑：此句意为"官员犯错，用鞭刑；学生犯错，用板子打；有些罪可以用贵金属赎免"。［24］眚灾过，赦：眚，过失。栽，同"灾"，犯罪。此句意为"因为过失而犯罪的，赦免之"。［25］怙终贼：怙恶不悛、罪大恶极的犯罪分子。［26］钦：敬业，兢兢业业之貌。［27］惟刑之静哉：静，深思熟虑。此句意为"执法一定要慎重啊"。

谨兜进言共工，尧曰不可而试之工师，共工果淫辟[1]。四岳举鲧治鸿水，尧以为不可，岳强请试之，试之而无功，故百姓不便。三苗[2]在江淮、荆州数为乱。于是舜归而言于帝，请流共工于幽陵，以变[3]北狄；放谨兜于崇山[4]，以变南蛮；迁三苗于三危[5]，以变西戎；殛[6]鲧于羽山，以变东夷：四罪[7]而天下咸服。

尧立七十年得舜，二十年而老，令舜摄行天子之政，荐之于天。尧辟位[8]凡二十八年而崩。百姓悲哀，如丧父母。三年，四方莫举乐，以思尧。尧知子丹朱之不肖，不足授天下，于是乃权[9]授舜。授舜，则天下得其利而丹朱病[10]；授丹朱，则天下病而丹朱得其利。尧曰"终不以天下之病而利一人"，而卒授舜以天下。尧崩，三年之丧毕，舜让辟丹朱于南河之南。诸侯朝觐者不之[11]丹朱而之舜，狱讼者不之丹朱而之舜，讴歌者不讴歌丹朱而讴歌舜。舜曰"天也"，夫而后之中国践天子位焉，是为帝舜。

【注释】[1]淫辟：骄纵，邪恶。 [2]三苗：居住于长江中游一带的古代部族。[3]变：同化，治理。 [4]崇山：具体地望不明，可能位于衡山以南。 [5]三危：三危山，位于今甘肃敦煌。 [6]殛：诛杀，在此意为"流放"。 [7]四罪：意为"四个人都获罪而受到惩罚"。 [8]辟位：让位，退居二线。 [9]权：变通。 [10]病：不满，责备。 [11]之：前往。

虞舜者[1]，名曰重华。重华父曰瞽叟，瞽叟父曰桥牛，桥牛父曰句望，句望父曰敬康，敬康父曰穷蝉，穷蝉父曰帝颛顼，颛顼父曰昌意：以至舜七世矣。自从穷蝉以至帝舜，皆微为庶人。

舜父瞽叟盲，而舜母死，瞽叟更娶妻而生象，象傲。瞽叟爱后妻子，常欲杀舜，舜避逃；及有小过，则受罪。顺事父及后母与弟，日以笃谨，匪有解[2]。

舜，冀州[3]之人也。舜耕历山[4]，渔雷泽[5]，陶河滨[6]，作什器于寿丘[7]，就时于负夏[8]。舜父瞽叟顽，母嚚，弟象傲，皆欲杀舜。舜顺适[9]不失子道，兄弟孝慈。欲杀，不可得；即求，尝在侧。

【注释】[1]虞舜：虞，国名，位于今山西平陆县。舜，谥号。 [2]匪有解：匪，非，没有。解，通"懈"，懈怠。 [3]冀州：今山西地区。 [4]历山：一说位于山西蒲州,一说位于浙江余姚,一说位于山东菏泽。　[5]雷泽:位于今山东省鄄城县东南。[6]河滨:黄河之滨。　[7]作什器于寿丘:什器,各种生活劳动用品。寿丘,位于今山东曲阜。　[8]就时于负夏:就时,指逐时射利之事,即经商。负夏,位于今河南淇县。　[9]顺适:顺从。

舜年二十以孝闻。三十而帝尧问可用者,四岳咸荐虞舜,曰可。于是尧乃以二女妻舜以观其内[1],使九男[2]与处以观其外[3]。舜居妫汭,内行[4]弥谨。尧二女不敢以贵骄事舜亲戚[5],甚有妇道。尧九男皆益笃。舜耕历山,历山之人皆让畔[6];渔雷泽,雷泽上人皆让居[7];陶河滨,河滨器皆不苦窳[8]。一年而所居成聚,二年成邑,三年成都。尧乃赐舜絺衣[9],与琴,为筑仓廪,予牛羊。瞽叟尚复欲杀之,使舜上涂廪[10],瞽叟从下纵火焚廪。舜乃以两笠自扞[11]而下,去[12],得不死。后瞽叟又使舜穿井,舜穿井为匿空[13]旁出。舜既入深,瞽叟与象共下土实井,舜从匿空出,去。瞽叟、象喜,以舜为已死。象曰:"本谋[14]者象。"象与其父母分[15],于是曰:"舜妻尧二女,与琴,象取之。牛羊仓廪予父母。"象乃止舜宫居,鼓其琴。舜往见之。象鄂不怿[16],曰:"我思舜正郁陶[17]!"舜曰:"然,尔其庶矣![18]"舜复事瞽叟爱弟弥谨。于是尧乃试舜五典百官,皆治。

【注释】　[1]以观其内:观察其处理家庭内部的情况。　[2]九男:尧的九个儿子。[3]以观其外:观察其处理外部事务的情况。　[4]内行:在家族内的表现和处理问题的能力。　[5]亲戚:这里指舜的父母。　[6]让畔:在田界问题上互相礼让。　[7]让居:让出房子给别人居住。　[8]苦窳:粗劣、易坏。　[9]絺衣:细葛布做的衣服。[10]涂廪:爬到仓廪顶上涂抹泥浆。　[11]以两笠自扞:扞,同"捍",保护。此句意为"一手拿个斗笠,以保护自己"。　[12]去:逃走。　[13]匿空:密道。　[14]本谋:主谋。　[15]分:瓜分舜的遗产。　[16]鄂不怿:鄂,通"愕",吃惊。不怿,不高兴,尴尬之貌。　[17]郁陶:伤心之貌。　[18]然,尔其庶矣:庶,庶几,可以。此句意为"是的,你对我的兄弟情谊确是不错的"。

昔高阳氏有才子八人，世得其利，谓之"八恺"[1]。高辛氏有才子八人，世谓之"八元"。此十六族者，世济[2]其美，不陨[3]其名。至于尧，尧未能举。舜举八恺，使主后土[4]，以揆百事，莫不时序。举八元，使布五教于四方，父义，母慈，兄友，弟恭，子孝，内平外成。

昔帝鸿氏[5]有不才子，掩义隐贼，好行凶慝，天下谓之浑沌。少暤氏有不才子，毁信恶忠，崇饰恶言，天下谓之穷奇。颛顼氏有不才子，不可教训，不知话言[6]，天下谓之梼杌。此三族世忧之。至于尧，尧未能去。缙云氏[7]有不才子，贪于饮食，冒于货贿，天下谓之饕餮。天下恶之，比之三凶[8]。舜宾于四门，乃流四凶族，迁于四裔，以御螭魅[9]，于是四门辟，言毋凶人也[10]。

【注释】[1]八恺：同"八元"一样，意为"八个和善之人。"[2]世济：世，世世代代。济，达到，成就。[3]陨：陨落，贬损祖先的名望。[4]使主后土：此句意为"让他们管理大地上的诸事（例如农耕、水利之类）"。[5]帝鸿氏：黄帝。[6]话言：善言。[7]缙云氏：姜姓，炎帝苗裔。[8]比之三凶：此句意为"与混沌、穷奇、梼杌类似"。[9]迁于四裔，以御螭魅：此句意为"将他们流放至四方边缘之地，以抵御那里为害中原的妖魔鬼怪"。[10]四门辟，言毋凶人也：辟，大开。此句意为"四门都大开着，而没有穷凶极恶之人"。

舜入于大麓[1]，烈风雷雨不迷，尧乃知舜之足授天下。尧老，使舜摄行天子政，巡狩。舜得举用事二十年，而尧使摄政。摄政八年而尧崩。三年丧毕，让丹朱，天下归舜。而禹、皋陶、契、后稷、伯夷、夔、龙、倕、益、彭祖[2]自尧时而皆举用，未有分职。于是舜乃至于文祖，谋于四岳，辟四门，明通四方耳目，命十二牧论帝德，行厚德，远佞人，则蛮夷率服。舜谓四岳曰："有能奋庸美尧之事[3]者，使居官相事[4]？"皆曰："伯[5]禹为司空[6]，可美帝功。"舜曰："嗟，然！禹，汝平水土，维是勉哉[7]。"禹拜稽首，让于稷、契与皋陶。舜曰："然，往矣。"舜曰："弃，黎民始饥，汝后稷播时百谷。"舜曰："契，百姓不亲，五品不驯，汝为司徒，而敬敷五教，在宽。"舜曰："皋陶，蛮夷猾夏[8]，寇贼奸宄[9]，汝作士[10]，五刑有服[11]，五服三就[12]；五流有度[13]，五度三居[14]：维明能信[15]。"舜曰："谁能驯予工[16]？"皆曰垂可。于是以垂为共工[17]。舜曰："谁能驯予上下草木鸟兽？"皆曰益可。于是以益为朕虞[18]。益拜稽首，让于诸臣朱虎、熊罴。舜曰："往矣，汝谐[19]。"遂以朱虎、熊罴为佐。舜曰："嗟！四岳，有能典朕三礼？"皆曰伯夷可。舜曰："嗟！伯夷，以汝为秩宗[20]，夙夜维敬，直哉维静絜[21]。"伯夷让夔、龙。舜曰："然。以夔为典乐，教稚子[22]，直而温，宽而栗，刚而毋虐，简而毋傲[23]；诗言意，歌长言，声依永，律和声，八音能谐，毋相夺伦，神人以和[24]。"夔曰："於！予击石拊石，百兽率[25]舞。"舜曰："龙，朕畏忌谗说殄伪[26]，振惊[27]朕众，命汝为纳言[28]，夙夜出入朕命[29]，惟信。"舜曰："嗟！女二十有二人[30]，敬哉，惟时相天事。"三岁一考功[31]，三考绌陟[32]，远近众功咸兴。分北三苗[33]。

【注释】[1]大麓：深山。 [2]禹、皋陶、契、后稷、伯夷、夔、龙、倕、益、彭祖：禹，鲧之子，治水有功，事迹详见《夏本纪》。皋陶，执掌刑狱之官。契，执掌教化之官，是殷人祖先。后稷，执掌农事之官，周人祖先。伯夷，执掌礼仪之官，与周初饿死首阳山的伯夷同名。夔，执掌音乐的官。龙，谏官。倕，主管建筑的官。益，也称"伯益""伯翳""大业"，秦人祖先。彭祖，不知何官，战国文献中多称其为长寿之人。[3]奋庸美尧之事：奋庸，努力工作。美，光大。 [4]使居官相事：相，辅佐。此句意为"使其官居首辅，以辅佐我政事"。 [5]伯：对诸侯的尊称。 [6]司空：即司工，主管工程水利之事。 [7]维是勉哉：此句意为"对此可要尽心竭力啊"。 [8]猾夏：猾，侵扰。夏，指相对四夷的中原华夏之地。 [9]寇贼奸宄：四种罪行。寇，群行攻劫。贼，杀人。宄同宄，奸与宄都是犯罪之意，在外曰奸，在内曰宄。 [10]士：司法之官。 [11]五刑有服：五刑，墨（脸上刺字）、劓（割掉鼻子）、刖（砍去小腿）、宫（割去生殖器）、大辟（死刑）之刑。服，从也，意为"量刑合适"。 [12]五服三就：此句意为"对于犯了五种罪行的人，要在合适的地方行刑"。 [13]五流有度：此句意为"五刑如果改为流放，则其远近也要有相应的里程"。 [14]五度三居：此句意为"五种不同程度的流放，流放至远近不同的地区"。 [15]维明能信：此句意为"只有执法严明，才能取信于民"。［16］驯予工：驯，管理。工，工匠。［17］共工：官职名，管理工匠之官。［18］朕虞：朕似为衍字。虞，管理山林畜牧之官。［19］谐：合适。［20］秩宗：官名，主管朝廷的尊卑次序以及郊庙的祭祀之事。［21］直哉维静絜：静，清。絜，明。意为"正直而清明"。［22］稚子：即"胄子"，帝王公侯之长子。［23］直而温，宽而栗，刚而毋虐，简而毋傲：此句意为"正直而色温和，宽厚而又谦敬，性情刚正而不凌人，态度简约而不傲慢"。［24］诗言意，歌长言，声依永，律和声，八音能谐，毋相夺伦，神人以和：此句意为"诗是表达思想情感的，歌声长短高低要根据语句拉长的需要，音调要合乎吟唱的音律，音律要谐和五声。八种乐器的音调能够调和，不失去相互间的次序，让神和人听了都感到和谐"。［25］率：相继，相依。［26］殄伪：即"殄为"，不讲道德信义的行为。［27］振惊：即"震惊"，让百姓耸动，陷入混乱。［28］纳言：官名，负责上言下达，下言上传。［29］出入朕命：此句意为"向我报告群臣的情况，对外传达我的命令"。［30］二十二人：上文从禹到彭祖十人，加上十二牧，共二十二人。［31］考功：考察官员的功绩。［32］三考绌陟：绌，通"黜"，降职，免官。陟，升官。此句意为"通过三次考核，以确定官员的升降"。［33］分北三苗：此句疑为衍文，或错简。

此二十二人咸成厥功：皋陶为大理[1]，平，民各伏得其实；伯夷主礼，上下咸让；垂主工师，百工致功；益主虞，山泽辟；弃主稷，百谷时茂；契主司徒，百姓亲和；龙主宾客，远人至；十二牧行而九州莫敢辟[2]违；唯禹之功为大，披[3]九山，通九泽，决九河，定[4]九州，各以其职来贡，不失厥宜。方五千里，至于荒服[5]。南抚交阯、北发[6]、西戎、析枝、渠廋、氐、羌、北山戎、发、息慎、东长、鸟夷，四海之内咸戴帝舜之功。于是禹乃兴《九招》[7]之乐，致异物，凤皇来翔。天下明德皆自虞帝始。

舜年二十以孝闻，年三十尧举之，年五十摄行天子事，年五十八尧崩，年六十一代尧践帝位。践帝位三十九年，南巡狩，崩于苍梧[8]之野。葬于江南九疑[9]，是为零陵[10]。舜之践帝位，载天子旗，往朝父瞽叟，夔夔[11]唯谨，如子道。封弟象为诸侯。舜子商均亦不肖，舜乃豫[12]荐禹于天。十七年而崩。三年丧毕，禹亦乃让舜子，如舜让尧子。诸侯归之，然后禹践天子位。尧子丹朱，舜子商均，皆有疆土，以奉先祀。服其服，礼乐如之。以客见天子，天子弗臣，示不敢专也[13]。

【注释】[1]大理：官名，执掌司法。 [2]辟：邪恶。 [3]披：同"劈"，劈开。 [4]定：划定。 [5]方五千里，至于荒服：当时的华夏地理范围。荒服，距离国都最远的区域。根据《尚书·禹贡》，以王畿为中心向外辐射，五百里甸服，再向外五百里侯服，再向外五百里绥服，再向外五百里要服，再向外五百里荒服。 [6]北发：即"北户"，指生活于今广东、广西境内北回归线以南地区的人。他们的窗户都是向北开的。 [7]《九招》：即《九韶》之乐。 [8]苍梧：汉代郡名，今广西梧州市。 [9]九疑：即九嶷山，位于湖南省宁远县南。 [10]零陵：汉代郡名，今广西兴安县北。九嶷山位于苍梧郡和零陵郡之间。 [11]夔夔：虔敬之貌。 [12]豫：通"预"，预先。 [13]天子弗臣，示不敢专也：此句意为"天子不敢将他们两家当作臣子看，不敢专行天下之政（深意为不敢管到他们两家）"。

自黄帝至舜、禹，皆同姓而异其国号，以章明德。故黄帝为有熊，帝颛顼为高阳，帝喾为高辛，帝尧为陶唐，帝舜为有虞。帝禹为夏后而别氏，姓姒氏。契为商，姓子氏。弃为周，姓姬氏。

茫茫禹迹

中华文明发源于东亚季风区。季风气候带来雨热同期的优越条件，使得五谷丰饶，生民众多，但也经常造成严重的水旱灾害。因此，兴修水利成为历代统治者高度重视的大事。而大禹治水，正是中国人对这一传统最古老、最深刻、最自豪的历史记忆。面对汹涌滔天、怀山襄陵的洪水，大禹临危受命，开山浚河，以十三年之功，终将其驯服入海。在这过程中，大禹调配天下万民，统一指挥，集中了巨大的权力；巡狩四方，划定九州，奠定了华夏国家的疆域；以身作则，公而忘私，获得了强大的道德感召力。这些都使得大禹具备了成为天下共主的能力和威望，并以此打破传统的禅让制，传位于自己的儿子，奠定了中国第一个王朝——夏王朝的基础，开创了日后四千年的"家天下"传统，也让"夏"这个内涵宏美的汉字成为象征中国人的称谓。此外，华夏先民在面对大洪水时没有匍匐在神意面前，而是挺直脊梁，举起双手，靠人的劳动和智慧战胜自然灾害。这种对人的主体性的肯定和高扬，已内化为中华民族不屈不挠、敢于战胜一切艰难险阻的文明基因，也升华为中华文明区别于世界其他古代文明的重要标识。

本章篇目选自《史记·夏本纪》和《燹公盨》铭文。前者是关于大禹治水最全面、详细的传世文献记载；后者为西周时期的器铭，是关于大禹治水最早的文献记载。二者对证，可以为读者提供一幅更为可靠、翔实的历史图景。

《史记·夏本纪》（节选）

禹为人敏给克勤[1]；其德不违[2]，其仁可亲，其言可信；声为律，身为度，称以出[3]；亹亹穆穆[4]，为纲为纪。

禹乃遂与益[5]、后稷奉帝命，命诸侯百姓兴人徒[6]以傅土[7]，行山表木[8]，定[9]高山大川。禹伤先人父鲧功之不成受诛，乃劳身焦思，居外十三年，过家门不敢入。薄衣食，致孝于鬼神[10]。卑宫室，致费于沟淢[11]。陆行乘车，水行乘船，泥行乘橇，山行乘檋[12]。左准绳[13]，右规矩[14]，载四时[15]，以开九州，通九道，陂[16]九泽，度九山。令益予众庶稻，可种卑湿[17]。命后稷予众庶难得之食[18]。食少，调有余相给，以均诸侯。禹乃行相地宜所有以贡[19]，及山川之便利。

……

【注释】[1]敏给克勤：给，说话办事来得快。敏给，敏捷。克勤：能够勤勉做事。[2]违：邪。[3]声为律，身为度，称以出：称，权衡。出，行为。此句意为"声音合乎音律，行为举止合乎法度，以大禹的行为为标准制定权衡"。[4]亹亹穆穆：亹亹，勤勉之貌。穆穆，肃穆之貌。[5]益：伯益，禹的大臣，掌管山林薮泽。[6]人徒：服徭役之人。[7]傅土：傅，同"付"，分配安排。土，治理大地之事。[8]行山表木：顺着山势砍削树木作为标志。[9]定：确定规划。[10]致孝于鬼神：供奉丰洁的祭品给祖先神明。［11］致费于沟淢：致费，花费大量的钱财精力。沟淢，沟洫。［12］樏：一说为木屐，一说为山轿。［13］准绳：准，测定平面的工具。绳，测定直线的工具。［14］规矩：规，画出或校正圆形的工具。矩，画出或校正方形的工具。［15］载四时：带着测定春分、夏至、秋分、冬至的仪器。［16］陂：修筑堤坝。［17］卑湿：低湿之地。［18］难得之食：包括临时充饥和可以种植的农作物。［19］行相地宜所有以贡：巡视各地的物产以确定各地的贡赋。

于是九州攸[1]同，四奥[2]既居，九山[3]刊旅[4]，九川涤原[5]，九泽既陂，四海会同。六府甚修[6]，众土交正[7]，致慎[8]财赋，咸则三壤成赋[9]。中国赐土姓[10]："祗台德先，不距朕行。"[11]

【注释】［1］攸：语助词，无义。［2］奥：通"墺"，居所。［3］九山：九州之山。［4］刊旅：砍削树木，作为标记，以利人通行。［5］涤原：涤，疏通。原，通"源"，水源。［6］六府甚修：六府，《礼记·曲礼》称"天子之六府曰"司土、司木、司水、司草、司器、司货"，即掌管征收各种赋税的官员。修：治。［7］交正：交，俱。正，同"征"，征收赋税。［8］致慎：谨慎地征收。［9］咸则三壤成赋：咸，都。则，准则，此处活用为动词，按照准则。三壤，上、中、下三等肥力的土壤。成赋，应纳的赋税。［10］中国赐土姓：中国，指九州之内。赐土姓，即在分封诸侯时对各个族邦首领赐土和赐姓。［11］祗台德先，不距朕行：祗，敬。台，读作 yí，我。德，德行。先，放在首位。距，违背。行，行事。

令天子之国[1]以外五百里甸服[2]：百里赋纳总[3]，二百里纳铚[4]，三百里纳秸服[5]，四百里粟，五百里米。甸服外五百里侯服[6]：百里采[7]，二百里任国[8]，三百里诸侯[9]。侯服外五百里绥服[10]：三百里揆[11]文教，二百里奋武卫。绥服外五百里要服[12]：三百里夷[13]，二百里蔡[14]。要服外五百里荒服[15]：三百里蛮[16]，二百里流[17]。

东渐[18]于海，西被[19]于流沙，朔、南暨[20]：声教讫[21]于四海。于是帝锡[22]禹玄圭[23]，以告成功于天下。天下于是太平治。

【注释】[1]天子之国：天子所居的都城。 [2]甸服：从都城向外呈同心圆式辐射，半径五百里内的地区叫甸服。甸，王田。服，原意是指为天子服务中有关的职务、官位之类，后演变为对不同职能地区的称呼。商代时，明确存在过内外服体制。内服指商王邦周边地区，内部包括王朝百僚到基层里君；外服指四方诸侯，分为侯服、甸服、男服。这一体制后来经过演变和后人的改动、增益、想象，变成本文中所见到的理想化的地方行政区划模式。 [3]百里赋纳总：五百里内又可细分为五层，每一百里一层。最靠近都城的那一层缴纳"总"，即包括穗和杆的整株禾苗。 [4]铚：本义为镰刀。此处引申为由镰刀割下来的禾穗。 [5]秸服：秸，去了芒的禾穗。服，疑为衍字。 [6]侯服：诸侯国所在地区，分为三层。 [7]采：事，承受各种差役。 [8]任国：任，男。在《尚书·禹贡》中"任国"亦作"男邦"，具体含义不明。 [9]诸侯：建立诸侯国。 [10]绥服：为天子做安抚四裔之事的地区。 [11]揆：掌管，负责。 [12]要服：要，约定，或通"缴"，边塞。要服，与天子有个约定要服从的地区，或者为边塞之地。 [13]夷：平。意为"守平常之教，服事天子"。 [14]蔡：法度，意为"受王者刑法"。 [15]荒服：政教荒服的地区。 [16]蛮：慢，礼仪怠慢。 [17]流：居无定所，流浪而无城郭。 [18]渐：至。 [19]被：到达。 [20]朔、南暨：似乎有脱字，应为"北至朔方，南暨某地"。朔，北方。 [21]讫：尽。 [22]锡：同"赐"。 [23]玄圭：一种黑色玉制礼器。

皋陶作士[1]以理民。帝舜朝，禹、伯夷、皋陶相与语帝前。皋陶述其谋曰："信其道德，谋明辅和。"[2]禹曰："然，如何？"皋陶曰："於[3]！慎其身修[4]，思长[5]，敦序九族，众明高翼，近可远在已。[6]"禹拜美言，曰："然。"皋陶曰："於！在知人，在安民。"禹曰："吁！皆若是，惟帝其难之[7]。知人则智，能官[8]人；能[9]安民则惠，黎民怀之。能知能惠，何忧乎驩兜，何迁乎[10]有苗，何畏乎巧言善色佞人？"皋陶曰："然，於！亦[11]行有九德，亦言其有德[12]。"乃言曰："始事事[13]，宽而栗，柔而立，愿而共，治而敬，扰而毅，直而温，简而廉，刚而实，强而义[14]，章其有常[15]，吉哉。日宣三德[16]，蚤夜翊明有家[17]。日严振[18]敬六德，亮采[19]有国。翕受普施[20]，九德咸事[21]，俊乂[22]在官，百吏肃谨。毋教邪淫奇谋。非其人居其官，是谓乱天事[23]。天讨有罪，五刑五用哉[24]。吾言厎[25]可行乎？"禹曰："女言致可绩行。"[26]皋陶曰："余未有知，思赞道哉。"[27]

【注释】[1]作士：担任审理刑狱之官。[2]信其道德，谋明辅和：道，施行，旅行。此句意为"诚实地施行德政，就能决策英明，群臣同心协力。"[3]於：叹美之辞。[4]慎其身修：谨慎地修身。[5]思长：长远地考虑。[6]敦序九族，众明高翼，近可远在已：敦，宽厚。明，贤明之人。翼，辅佐。此句意为"以宽厚之态对待族人，让众位贤人作为辅佐，这样的政治可由近及远"。[7]惟帝其难之：连舜也会难以做到。[8]官：任用。[9]能：疑为衍字。[10]迁乎：强制迁徙。[11]亦，发语词，无义。[12]亦言其有德：此句意为"现在就来谈谈这些德行"。[13]始事事：此句意为"开始先从办事来检验"。[14]宽而栗，柔而立，愿而共，治而敬，扰而毅，直而温，简而廉，刚而实，强而义：此句意为"宽厚而又威严，温和而又有主见，随和而又庄重，有才能而又谨慎，和顺而又刚毅，正直而又温和，平易而又有棱角，刚正而又做事牢靠，强力而又讲道义"。[15]章其有常：章，通"彰"，彰显上述九种德行。常，持之以恒。[16]日宣三德：日，每天。宣，显示，表现。三德：九德中的三项。[17]蚤夜翊明有家：蚤夜，即早晚。翊明，即"敬勉"。有家，家族。[18]严振：严，敬。振，通"祗"，也是"敬"的意思。[19]亮采：亮，真的，果真。采，治理。[20]翕受普施：翕受，广泛地吸收采纳。普施，普遍施行。[21]事：做好。[22]俊乂：俊，才德超过千人者。乂，才德超过百人者。[23]天事：上天的安排。[24]五刑五用哉：此句意为"该用五刑中的哪一刑，就用哪一刑"。[25]厎：至，达。[26]女言致可绩行：女，通"汝"，你的。致，得以实现。绩行，得到绩效、成效。[27]余未有知，思赞道哉：赞，助，有助于国。此句是皋陶的自谦之语，意为"我没有什么知识，只是思考如何有助于治理国家的方法"。

帝舜谓禹曰："女亦昌言[1]。"禹拜曰："於，予何言[2]！予思日孳孳[3]。"皋陶难[4]禹曰："何谓孳孳？"禹曰："鸿水滔天，浩浩怀山襄陵，下民皆服于水。予陆行乘车，水行乘舟，泥行乘橇，山行乘檋，行山刊木。与益予众庶稻鲜食。以决九川致四海，浚畎浍[5]致之川。与稷[6]予众庶难得之食。食少，调有余补不足，徙居[7]。众民乃定，万国为治。"皋陶曰："然，此而美也。"

【注释】［1］女亦昌言：女，汝。昌言：好的意见。 ［2］予何言：此句意为"我还有什么可说的"。 ［3］思日孳孳：思，考虑。日，每天。孳孳，同"孜孜"，勤勉之貌。 ［4］难：质问。 ［5］畎浍：田间沟渠。 ［6］稷：后稷。 ［7］徙居：帮助民众迁徙到容易生存的地方。

禹曰："於，帝！慎乃在位[1]，安尔止[2]。辅德[3]，天下大应。清意[4]以昭[5]待上帝命，天其重[6]命用休[7]。"帝曰："吁，臣哉[8]，臣哉！臣作朕股肱耳目。予欲左右有民[9]，女[10]辅之。余欲观古人之象[11]。日月星辰，作文绣服色，女明[12]之。予欲闻六律五声八音[13]，来始滑[14]，以出入五言[15]，女听。予即辟[16]，女匡拂[17]予。女无面谀，退而谤予。敬四辅臣[18]。诸众谗嬖臣，君德诚施皆清[19]矣。"禹曰："然。帝即不时[20]，布同[21]善恶则毋功[22]。"

【注释】［1］慎乃在位：此句意为"身居上位，你可要谨慎啊"。 ［2］安尔止：止，所居之位。此句意为"静居你的位置"。 ［3］辅德：用有德之人辅佐。 ［4］清意：清醒的头脑。 ［5］昭：明白。 ［6］重：重复、再次。 ［7］休：美休，庇佑。 ［8］臣哉：大臣们啊！ ［9］左右有民：左右，引导，管理。有，护持。 ［10］女：通"汝"，你们。 ［11］象：衣服上绘就的花纹。 ［12］明：告诉。 ［13］六律五声八音：六律，古代有十二个确定声音高低的定音管，称十二月律，阴六为"吕"，阳六为"律"。六律指黄钟、太簇、姑洗、蕤宾、夷则、无射。五音，宫、商、角、徵、羽。八音：金、石、丝、竹、匏、土、革、木八类不同的材料制成的乐器。 ［14］来始滑：此三字难以理解，诸家解释不一。刘起釪先生认为此三字应作"七始咏"，解释如下："《尚书大传》云：'定以六律、五声、八音、七始。'郑玄《注》：'七始，黄钟、林钟、太簇、南吕、姑洗、应钟、蕤宾也。'皆有关乐律者，显然此处当作'七始咏'。" ［15］出入五言：出入，对外宣布与对内禀报。五言，五方言语，指各地民众的意见。 ［16］辟：邪辟，犯错误。 ［17］匡拂：匡，匡救。拂，通"弼"，辅佐。 ［18］四辅臣：指身边的辅政大臣们。 ［19］清：清除。 ［20］不时：不这样的话。 ［21］布同：混同。布，敷，普遍。[22]毋功：即"无功"，没有功绩。

帝曰："毋若丹朱傲，维慢游是好[1]，毋水行舟[2]，朋淫于家[3]，用绝其世[4]，予不能顺是[5]。"禹曰："予娶涂山[6]，辛壬癸甲[7]，生启予不子[8]，以故能成水土功。辅成五服，至于五千里，州十二师[9]，外薄[10]四海，咸建五长[11]，各道[12]有功。苗顽不即功，帝其念哉。[13]"帝曰："道[14]吾德，乃女功序之也[15]。"

皋陶于是敬禹之德，令民皆则[16]禹。不如言，刑从之。[17]舜德大明。

【注释】[1]维慢游是好：此句意为"只知道四处游荡而不务正业"。[2]毋水行舟：在陆上行船游乐。[3]朋淫于家：成帮结伙地在封地淫乐。[4]用绝其世：招致其家族的灭亡。[5]顺是：顺着丹朱这么胡来。[6]涂山：涂山氏女子。[7]辛壬癸甲：四天之后。[8]子：抚养。[9]州十二师：含义不明，或曰天下九州，每州设置十二师，一师两千五百人，辅佐州牧。或曰师是地方行政单位，八家为邻，三邻为朋，三朋为里，五里为邑，十邑为都，十都为师，每州共有十二师。[10]薄：迫近。[11]咸建五长：每五个诸侯国立一位贤者为长，或者说建立公、侯、伯、子、男五类诸侯。[12]道：通"导"，领导其所属民众完成自己的事业。[13]苗顽不即功，帝其念哉：此句意为"现在只有冥顽不灵的苗人不奉王命，不完成他们的功业，请您考虑"。[14]道：宣布。[15]乃女功序之也：此句意为"是靠你的努力才逐步做到的"。[16]则：效法。[17]不如言，刑从之：此句意为"谁不听从舜的命令，则用刑法惩罚"。

于是[1]夔行乐，祖考[2]至，群后[3]相让，鸟兽翔舞，《箫韶》九成[4]，凤皇来仪[5]，百兽率舞，百官信谐。帝用此作歌曰："陟[6]天之命，维时维几[7]。"乃歌曰："股肱喜哉，元首[8]起哉，百工熙[9]哉！"皋陶拜手稽首扬言[10]曰："念哉[11]，率为兴事，慎乃宪，敬哉[12]！"乃更为歌："元首明哉，股肱良哉，庶[13]事康哉！"又歌曰："元首丛脞[14]哉，股肱惰哉，万事堕哉！"帝拜曰："然，往钦哉！[15]"于是天下皆宗禹之明度数声乐[16]，为山川神主[17]。

【注释】[1]于是：于时，当时。 [2]祖考：祖先的亡灵。 [3]群后：各地的君长诸侯。 [4]《箫韶》九成：《箫韶》之曲演奏九遍。 [5]仪：有仪态的样子。 [6]陟：通"敕"，敬奉。 [7]维时维几：维，同"惟"，只。时，顺应时势。几，细微，萌芽状态，此处意为"谨小慎微"。 [8]元首：天子。 [9]熙：广大和顺之貌。 [10]扬言：大声说话。 [11]念哉：要记住啊。 [12]率为兴事，慎乃宪，敬哉：率，表率。宪，法度。此句意为"天子要做表率，兴办事功，谨慎地对待立下的法度，对于法度要心存恭敬啊！" [13]庶：诸多。 [14]丛脞：行事细碎而无雄才大略。这句话是虚拟语气，意思是"假如天子胸无大略，则大臣就会懈怠，事业就会衰败"。 [15]往钦哉：钦，敬。此句意为"大家以后都恭敬从事吧！" [16]明度数声乐：明，昌明。度数，有关度量衡的规定。声乐，声音、乐律。 [17]山川神主：祭祀山川之神的主持，即天子，因为只有天子才有资格主持祭祀山川之神。

帝舜荐禹于天，为嗣。十七年而帝舜崩。三年丧毕，禹辞辟[1]舜之子商均于阳城[2]。天下诸侯皆去商均而朝禹。禹于是遂即天子位，南面朝天下，国号曰夏后，姓姒氏。

帝禹立而举皋陶荐之[3]，且[4]授政焉，而皋陶卒。封皋陶之后于英、六，或在许[5]。而后举益，任之政。

十年，帝禹东巡狩，至于会稽而崩。以天下授益。三年之丧毕，益让帝禹之子启，而辟居箕山之阳[6]。禹子启贤，天下属意焉。及禹崩，虽授益，益之佐禹日浅[7]，天下未洽。故诸侯皆去益而朝启，曰："吾君帝禹之子也。"于是启遂即天子之位，是为夏后帝启。

【注释】[1]辞辟：推辞，躲避。 [2]阳城：位于今河南省登封市。 [3]举皋陶荐之：意为将皋陶立为继承人。 [4]且：将要。 [5]英、六、许：英，可能即"蓼"，位于今河南省固始县。六，今安徽六安市。许，今河南省许昌市。 [6]箕山之阳：即箕山之南。箕山，位于河南省登封市东南。 [7]浅：少。

《燹公盨》铭文[1]

天命禹敷[2]土，随山濬川[3]，迺差地设征[4]，降民监德[5]，迺自作配享民，成父母[6]。生我王、作臣[7]，厥贵唯德民[8]，好明德，顾在天下[9]。用厥绍好[10]，益干（？）[11]懿德，康亡不懋[12]。孝友[13]，讦明经齐[14]，好祀无废[15]。心好德，婚媾亦唯协[16]。天厘用考[17]，神复用祓禄[18]，永御[19]于宁。幽公曰：民唯克用兹德，亡侮[20]。

【注释】[1]燹公盨，又名幽公盨、豳公盨，今从李学勤先生考释，作"遂公盨"。西周中期时青铜器，高11.8厘米，口径24.8厘米，重2.5千克，椭方形，直口，圈足，腹微鼓，兽首双耳，耳圈内似原衔有圆环，今已失，盨盖缺失，内底铭文10行98字，于2002年春，由北京保利艺术博物馆专家在海外文物市场上发现，后入藏北京保利艺术博物馆。遂公盨铭文是目前所知年代最早、也最为详实的关于大禹的可靠文字记录。由此可知，大禹治水的功绩在西周中期已经为人所知，亦由此可推知夏朝应存在，并非后人虚构。遂公为遂国君主，其国位于今山东省宁阳、肥城一带，为大舜后裔的封国。本处所引铭文，为李学勤先生根据通行字与假借字改写后的铭文，注释亦参考了李先生的研究成果。参见李学勤：《论遂公盨及其重要意义》，收录于李学勤：《中国古代文明研究》，上海：华东师范大学出版社，2005年，第126—136页。 [2]敷：同"布"，布下，在此引申为划分土地加以治理之意。 [3]随山濬川：浚，同"濬"，疏浚。此句意为"依顺山势，疏浚河道"。 [4]迺差地设征：迺，同"乃"。差地设征，意为"按照各个地区物产的差异设定对它们征收的赋税"。 [5]降民监德：降民，即使洪水退去，让民众从高地上下来。监德，监察世间的德行。 [6]成父母：即大禹有功于民，成为民之父母。 [7]生我王、作臣：意为"天生我天子，以及做臣子的"。 [8]厥贵唯德民：都以有德于民为贵。 [9]好明德，顾在天下：此句意为"民好其明德，则其顾念及于天下"。 [10]用厥绍好：用厥，以之。绍，继承。好，美好。 [11]益干（？）：益，更加。干（？），此字不识，暂释为从"干"从"女"，即玕，读作"干"，意为"求得"。 [12]康亡不懋：康，广大，形容上句懿德。亡不，即无不。懋，勉。 [13]孝友：周人极其看重的美德，孝于父母，友于兄弟。 [14]讦明经齐：讦，大。明，严明。经，常常。齐，整齐而有威严。［15］好祀无废：隆重祭祀而从不废辍。［16］协：协和。［17］天厘用考：厘，赐。用，以。考，寿。［18］复用祓禄：复，报。用，以。祓禄，福禄。［19］御：治。［20］侮：轻慢。

殷夏革命

夏王朝在历经十六位国王的统治后，由于君主桀的暴虐荒淫，导致国力疲敝，君民离心。此时，起源北方幽冥之地（一说来自东夷）的商族，在历经十三代人的发展壮大后，到了汤的时代，具备了取代夏而成为天下共主的能力。汤在伊尹等贤臣的辅佐下，克己修德，建立联盟，剪除夏桀的盟邦葛、韦、顾、昆吾，同时对本族族众严明纪律、确立威权，最终在鸣条一战灭夏，建立商王朝，完成了中国历史上第一次王朝嬗代。在后世儒家眼中，汤伐夏桀是"有道伐无道"的标志性事件，在中国思想史中占有特殊的地位。

本节所选取的《尚书·汤誓》记录了汤伐夏桀的战前宣誓，是具有一手价值的史料；《诗经·商颂》中的《玄鸟》《长发》，是身为殷商后裔的宋国人对先祖开国伟业的追忆和礼赞；《史记·殷本纪》则详细记述了殷夏革命的具体过程。希望这三类文献互见，帮助读者了解这一先秦史上的重大历史事件。

《尚书·汤誓》（节选）

王[1]曰："格尔众庶[2]，悉听朕言，非台小子[3]敢行称[4]乱，有夏[5]多罪，天命殛之！

"今尔有众，汝曰：'我后[6]不恤[7]我众，舍我穑事[8]而割正夏[9]？'予惟闻汝众言，夏氏有罪，予畏上帝，不敢不正。

"今汝其曰：'夏罪其如台[10]？'夏王率[11]遏[12]众力，率割[13]夏邑，有众率怠[14]弗协[15]，曰：'时日曷丧？予及汝皆亡！'[16]夏德若兹[17]，今朕必往。

"尔尚辅予一人[18]，致[19]天之罚，予其大赉[20]汝。尔无[21]不信，朕不食言。尔不从誓言，予则孥戮[22]汝，罔有攸赦[23]。"

【注释】[1]王：成汤，商代的第一位国王。甲骨卜辞和金文中作"唐""成唐"。[2]格尔众庶：格，告。庶，多。此句意为"告诉你们大众"。[3]台小子：台，我。小子，自我谦称。这种称呼与后面《大诰》的"予惟小子"，《洛诰》的"予冲子"，《君奭》的"我冲子"，以及金文中的"余小子"都是同一用法，是典型的周代文字。从中可见，此篇是周人叙述或改写而成。[4]称：当为"偁"，举，举兵。[5]有夏：即夏王邦。古人常在所称名物前加"有"字以为语助。[6]后：君主，指成汤。[7]恤：忧，体恤、关怀疾苦。[8]稽事：农事。[9]割正夏：割，当作"害"，同"曷"，疑问副词，为何。正，通"征"，征伐。此句为殷人的抱怨，认为成汤不顾殷人的疾苦和农事，而去征伐夏王邦。[10]如台：如何。这是典型的商族语言。[11]率：与后面的两个"率"均为助词，无义。[12]遏：通"竭"，竭尽民力。[13]割：害，为害。[14]怠：通"殆"，危困。[15]弗协：不协和，即离心离德。[16]时日曷丧？予及汝皆亡：时，这个。日，太阳，指夏桀。此句意为"这个太阳什么时候灭亡啊？我宁愿与你同归于尽"。[17]夏德若兹：此句意为"夏王的德性败坏到如此地步"。[18]尔尚辅予一人：尚，同"倘"。此句意为"倘若你们辅佐我"。[19]致天之罚：致，极致，彻底地。此句意为"彻底地行上天的惩罚"。[20]赉：赏赐。[21]无：勿，不要。[22]孥戮：孥，即"奴"，罚作奴隶。戮，杀。[23]罔有攸赦：罔，无。攸，所。此句意为"绝不赦免一个"。

《诗经·商颂·玄鸟》（节选）

天命玄鸟[1]，降而生商[2]，宅殷土芒芒[3]。
古帝[4]命武汤[5]，正域彼四方[6]。方[7]命厥后[8]，奄有九有[9]。

【注释】[1]玄鸟：燕子。色黑，故名玄鸟。[2]降而生商：指简狄吞玄鸟蛋生下契。

事见《殷本纪》。　[3]宅殷土芒芒：宅，居住。殷土，殷商的土地。芒芒，远大之貌。[4]古帝：天帝。　[5]武汤：有武功的成汤。　[6]正域彼四方：正，通"征"，征伐。此句意为"征服了别国的封疆而有天下四方"。　[7]方：通"旁"，普遍。　[8]后：指各地诸侯。　[9]九有：九域，九州。

《诗经·商颂·长发》

濬哲维商[1]，长发[2]其祥。洪水芒芒，禹敷下土方[3]，外大国是疆[4]。幅陨[5]既长，有娀方将[6]，帝立子生商[7]。

【注释】[1]濬哲维商：濬，"睿"之假借，睿智。睿哲，明智。维，是。商，指殷人的祖先契。　[2]长发：长，久。发，发现。　[3]敷下土方：敷，治理。下土，天下的土地。方，四方。　[4]外大国是疆：外大国，边疆以外的大国，即诸夏。是，这。疆，动词，划分疆界。此句说的是大禹划定九州。　[5]幅陨：幅员，疆域。　[6]有娀方将：有娀，契之母所属的部落名。方，正。将，壮大。此句意为"有娀氏之女正值壮年"。　[7]帝立子生商：帝，上帝。立子，指上帝立商之子。生商，有娀氏生下契，尧封之于商，之后汤以"商"为天下号。

玄王[1]桓拨[2]，受小国是达，受大国是达[3]。率履[4]不越，遂视既发[5]。相土[6]烈烈[7]，海外有截[8]。

【注释】[1]玄王：后人对契的尊称。　[2]桓拨：桓，勇武貌。拨，即"发"，明。桓拨即"英明"之意。　[3]受小国是达，受大国是达：此句意为"契受尧封于商为小国，在舜的时候增加领土成为大国，都通达顺利"。　[4]率履：率，遵循。履，"礼"之借字。　[5]遂视既发：视，省视，视察。发，执行。此句意为"契于是视察人民，彻底地执行他的教令"。　[6]相土：契的孙子。　[7]烈烈：威武之貌。　[8]海外有截：海外指四海之外。有截，截截，整齐之貌。此句意为"海外诸侯纷纷归附，整齐有秩"。

帝命不违，至于汤齐[1]。汤降不迟[2]，圣敬日跻[3]。昭假迟迟[4]，上帝是祗[5]。帝命式于九围[6]。

【注释】[1]齐：同，一致。 [2]汤降不迟：此句意为"汤的出生恰逢其时"。 [3]圣敬日跻：圣，明智而有创见。敬，恭谨。日跻，与日俱进。 [4]昭假迟迟：昭假，明告，祈祷上帝。迟迟，久久不息。 [5]祗：敬。 [6]帝命式于九围：式，模范。九围，九州。此句意为"上帝命汤做九州的模范"。

受[1]小球大球[2]，为下国[3]缀旒[4]，何[5]天之休[6]。不竞不絿[7]，不刚不柔，敷[8]政优优[9]，百禄是遒[10]。

受小共大共[11]，为下国骏厖[12]，何天之龙[13]。敷奏[14]其勇，不震不动，不戁不竦[15]，百禄是总[16]。

【注释】[1]受：授，授予。 [2]球，圆形的玉。 [3]下国：诸侯。 [4]缀旒：表章。意为汤成为天下诸侯的表率。 [5]何：通"荷"，承受。 [6]休：赐福。 [7]竞、絿："争""求"之意。 [8]敷：同"溥"，普遍地。此处意为"布政于天下"。 [9]优优：宽和之貌。 [10]遒：揪，聚集。 [11]共：法度。 [12]骏厖："恂蒙"之假借，荫庇。 [13]龙：同"宠"。 [14]敷奏：施展。 [15]戁、竦："恐""惧"之意。 [16]总：聚集。

武王载旆[1]，有虔[2]秉钺[3]。如火烈烈，则莫我敢曷[4]。苞有三蘖[5]，莫遂莫达[6]。九有有截[7]，韦顾既伐，昆吾夏桀。

【注释】[1]武王载旆：武王，汤。载，通"哉"，开始。旆，"发"之借字，意为发兵出征。 [2]有虔：虔虔，强武如虎之貌。 [3]钺：兵器，由青铜制成的大斧。 [4]曷：通"遏"，阻止。 [5]苞有三蘖：苞，植物的本株。蘖，分叉的枝丫。此句比喻夏桀为本株，比喻夏桀的三个属国韦、顾、昆吾是分枝。 [6]莫遂莫达：遂，生。达，长。此句意为"三国不能复兴"。 [7]九有有截：九有，九州。此句意为"九州一同"。

昔在中叶[1],有震[2]且业[3]。允也天子[4],降予卿士。实维阿衡[5],实左右[6]商王。

【注释】[1]中叶：中世。殷的后人在回顾祖先的历史时，从契建国开始算，到汤的时候已是中世。 [2]有震：震震，威武之貌。 [3]业：大，强大。 [4]允也天子：允，确实。此句意为"汤确实是上天之子"。 [5]实维阿衡：实，这。维，是。阿衡，即伊尹，商初的著名贤臣，辅佐汤建国。 [6]左右：辅助。

《史记·殷本纪》（节选）

殷契，母曰简狄，有娀氏[1]之女，为帝喾次妃[2]。三人行浴，见玄鸟堕其卵，简狄取吞之，因孕生契。契长而佐禹治水有功。帝舜乃命契曰："百姓[3]不亲，五品不训[4]，汝为司徒而敬敷五教[5]，五教在宽。"封于商[6]，赐姓子氏。契兴于唐、虞[7]、大禹之际，功业著于百姓，百姓以平[8]。

【注释】[1]有娀氏：古代部族名，位于今山西省永济县。 [2]次妃：第二个妻子。帝喾的元妃是周人的先妣姜嫄。 [3]百姓：各个族邦的首领。 [4]五品不训：五品，即父义、母慈、兄友、弟恭、子孝。训，顺。 [5]五教：关于五品的教化。 [6]商：今河南省商丘县东南。 [7]唐、虞：唐尧、虞舜。 [8]平：安定。

契卒，子昭明立。昭明卒，子相土立。相土卒，子昌若立。昌若卒，子曹圉立。曹圉卒，子冥立。冥卒，子振立。振卒，子微立。微卒，子报丁立。报丁卒，子报乙立。报乙卒，子报丙立。报丙卒，子主壬立。主壬卒，子主癸立。主癸卒，子天乙立，是为成汤。

成汤，自契至汤八迁[1]。汤始居亳[2]，从先王居[3]，作《帝诰》[4]。

汤征诸侯。葛伯不祀[5]，汤始伐之。汤曰："予有言：人视水见形，视民知治不[6]。"伊尹曰："明哉！言能听，道乃进。君国子民[7]，为善者皆在王官[8]。勉哉[9]，勉哉！"汤曰："汝不能敬命[10]，予大罚殛[11]之，无有攸[12]

赦。"作《汤征》[13]。

【注释】[1]迁：迁都。 [2]亳：地望不明，根据考古成果推测，可能位于今河南省偃师市。 [3]从先王居：回到先王帝喾的所居之地。 [4]《帝诰》：《尚书》中的一篇，原文已佚。 [5]葛伯不祀：葛伯，葛国君主。葛，位于今河南省宁陵县附近。不祀，不祭祀宗庙和山川鬼神，不守礼法。 [6]不：否。 [7]君国子民：君、子均为动词，均意为"治理"。 [8]王官：国家的官吏。 [9]勉哉：勉，奋勉。用今天的话说就是"加油啊！" [10]敬命：敬，严肃地对待。命，君主的命令。 [11]罚殛：惩罚，杀戮。 [12]攸：所。 [13]《汤征》：《尚书》中的一篇，原文已佚。

伊尹名阿衡。阿衡欲奸[1]汤而无由[2]，乃为有莘氏[3]媵臣[4]，负鼎俎[5]，以滋味说汤[6]，致于王道[7]。或曰，伊尹处士，汤使人聘迎之，五反[8]然后肯往从汤，言素王及九主[9]之事。汤举任以国政。伊尹去汤适夏[10]。既丑有夏[11]，复归于亳。入自北门，遇女鸠、女房[12]，作《女鸠》《女房》[13]。

【注释】[1]奸：通"干"，求见。 [2]由：由头，门路。 [3]有莘氏：部族名，汤妃的母家，位于今山东省曹县附近。 [4]媵臣：陪嫁的奴仆。 [5]负鼎俎：负，背着。鼎，三足或四足的青铜器，用于煮食物。俎，盛放祭品用的器物，或者切肉用的砧板。 [6]以滋味说：此句意为"以烹饪的道理比喻治理国家的学问，告诉商汤"。 [7]致于王道：达到王道之境界。 [8]五反：反，通"返"。五反，即五次不成功而返回。 [9]素王、九主：素王，即上古帝王。由于上古帝王以朴素治天下，所以被称为"素王"。九主，历代注家说法不一，可能指的是九种施政不同、结果不同而足以引以为史鉴的君主。 [10]去汤适夏：此句意为"离开商汤，出使夏都"。 [11]既丑有夏：此句意为"看到夏政的丑恶后"。 [12]女鸠、女房：汤的两位贤臣。 [13]《女鸠》《女房》：《尚书》中的两篇，原文已佚。

汤出，见野[1]张网四面。祝[2]曰："自天下四方皆入吾网。"汤曰："嘻，尽[3]之矣！"乃去其三面，祝曰："欲左，左。欲右，右。不用命，乃入吾网。[4]"

诸侯闻之，曰："汤德至矣，及禽兽。"

当是时，夏桀为虐政淫荒，而诸侯昆吾氏[5]为乱。汤乃兴师率诸侯，伊尹从汤，汤自把钺以伐昆吾，遂伐桀。汤曰："格女众庶，来，女悉听朕言。匪台小子敢行举乱，有夏多罪，予维闻女众言，夏氏有罪。予畏上帝，不敢不正。今夏多罪，天命殛之。今女有众，女曰'我君不恤我众，舍我穑事而割政'。女其曰'有罪，其奈何？'夏王率止众力，率夺夏国。众有率怠不和，曰'是日何时丧？予与女皆亡！'夏德若兹，今朕必往。尔尚及予一人致天之罚，予其大理女。女毋不信，朕不食言。女不从誓言，予则帑僇女，无有攸赦。"[6]以告令师[7]，作《汤誓》。于是汤曰"吾甚武"，号曰武王。

【注释】[1]野：郊外。 [2]祝：男巫。 [3]尽：将野兽赶尽杀绝。 [4]欲左，左。欲右，右。不用命，乃入吾网：此句意为"想往左跑的就往左跑，想向右逃的就向右逃。不听从命令的，就进我的罗网吧"。 [5]昆吾氏：古代部族名，所在地望不明，可能位于今河南省许昌市东。 [6]以上商汤的战前誓词引自《尚书·汤誓》，因此注释参见《汤誓》的注释。 [7]以告令师：告，宣告。令，命令。师，全军。

桀败于有娀之虚[1]，桀奔于鸣条[2]，夏师败绩。汤遂伐三㚇[3]，俘厥宝玉，义伯、仲伯[4]作《典宝》[5]。汤既胜夏，欲迁其社[6]，不可，作《夏社》[7]。伊尹报[8]。于是诸侯毕服，汤乃践天子位，平定海内。

【注释】[1]有娀之虚：虚，通"墟"，居住过的地方，即今山西省永济市。 [2]鸣条：位于今河南省封丘县东，或今山西省运城市。 [3]三㚇：当时的诸侯国，位于今山东省定陶区。 [4]义伯、仲伯：汤的两位贤臣。 [5]《典宝》：《尚书》中的一篇，原文已佚。 [6]欲迁其社：汤灭夏后，想改变夏人的土地神，但没有成功。夏人原先祭祀的土地神是共工之子句龙。 [7]《夏社》：《尚书》中的一篇，原文已佚。 [8]报：汇报各方面的情况。

汤归至于泰卷陶[1]，中虺[2]作诰。既绌夏命，还亳，作《汤诰》："维三月，王自至于东郊[3]。告诸侯群后：'毋不有功于民，勤力乃[4]事。予乃大罚殛女，毋予怨。'曰：'古禹、皋陶久劳于外，其有功乎民，民乃有安。东为江，北为济，西为河，南为淮，四渎[5]已修，万民乃有居。后稷降播，农殖百谷。三公[6]咸有功于民，故后有立[7]。昔蚩尤与其大夫作乱百姓，帝[8]乃弗予[9]，有状[10]。先王言不可不勉[11]。'曰：'不道，毋之在国，女毋我怨[12]。'"以令诸侯。伊尹作《咸有一德》[13]，咎单[14]作《明居》[15]。

汤乃改正朔[16]，易服色[17]，上白[18]，朝会以昼[19]。

【注释】[1]泰卷陶：陶，似为衍字。泰卷，地望不明，可能位于今山东省定陶区附近。[2]中䲨作诰：中䲨即仲虺，汤的贤臣。他所作的诰即伪《古文尚书》中的《仲虺之诰》。[3]自至于东郊：即"至自东郊"，从东郊来到亳。[4]乃：你们的。[5]四渎：上述的四条大河。[6]三公：大禹、皋陶、后稷。[7]后有立：后代都能分封立国。[8]帝：上天。[9]予：与，帮助。[10]有状：证据确凿。[11]勉：勉力，激励。[12]不道，毋之在国，女毋我怨：女毋我怨，应为"汝毋怨我"。此句意为"如果邦君无道，那么我就不能让他在国执政，如果这样的话，你们不要怨我"。[13]《咸有一德》：《尚书》中的一篇。伪《古文尚书》中有一篇《咸有一德》，为后人伪作。[14]咎单：汤时的贤臣。[15]《明居》：《尚书》中的一篇，原文已佚。[16]正朔：新的历法，以现在的阴历十二月为一年之始。[17]易服色：改变衣服的颜色。[18]上白：上，通"尚"。上白，即崇尚白色。[19]朝会以昼：因为尚白，所以大臣觐见天子，举行朝会的时间安排在白天。这句的内容很有可能受阴阳五行学说影响，历史真实情况未必如此。

武丁中兴

武丁是商代第二十三任君主。在统治期间，他大胆起用出身刑徒的傅说，采纳大臣祖己的教诲，对内敬德保民，对外战绩辉煌，成为著名的中兴之主，并得到殷商后人的深切怀念和隆重祭祀。

本节所选取的《诗经·商颂》中的《玄鸟》《殷武》以及《史记·殷本纪》即展现了上述历史过程。

《诗经·商颂·玄鸟》（节选）

商之先后[1]，受命不殆[2]，在武丁孙子。武丁孙子，武王靡不胜[3]。龙旂[4]十乘[5]，大糦是承[6]。邦畿[7]千里，维民所止[8]，肇域彼四海[9]。四海来假[10]，来假祁祁[11]，景员维河[12]。殷受命咸宜，百禄是何。

【注释】[1]后：君主。[2]殆：同"怠"，懈怠。[3]武丁孙子，武王靡不胜：应为"武王孙子，武丁靡不胜"。此句意为"武王汤的子孙武丁在国事上无不胜任"。[4]龙旂：画着绘有交龙图案的旗帜。[5]十乘：兵车十辆。[6]大糦是承：糦，同"饎"，酒食。大糦，盛大的祭祀所用的酒食。承，奉，上贡。[7]邦畿：即"封畿"，疆界。[8]维民所止：维，是。止，居住。此句意为"是民众居住的地方"。[9]肇域彼四海：肇域，即"兆域"，疆域之意。此句意为"疆域广大，至于四海"。[10]假：通"格"，至。[11]祁祁：众多之貌。[12]景员维河：景，山名，商都所在之地。员，亦作"陨"，幅员之意。此句意为"景山四周均是大河"。

《诗经·商颂·殷武》

挞彼殷武[1]，奋伐荆楚[2]。罙[3]入其阻[4]，裒[5]荆之旅。有截其所[6]，汤孙之绪[7]。

维女[8]荆楚，居国南乡[9]。昔有成汤，自彼氐羌[10]，莫敢不来享[11]，莫敢不来王[12]，曰商是常[13]。

天[14]命多辟[15]，设都于禹之绩[16]。岁事[17]来辟[18]，勿予祸适[19]，稼穑匪解。

【注释】[1]挞彼殷武：挞，勇武之貌。殷武，武丁。[2]荆楚：位于今湖南湖北一带的南方部族。[3]罙：同"深"。[4]阻：艰险。[5]裒：同"俘"，意为"聚""取",引申为"俘获"。[6]有截其所:有截,即整齐划一之貌。所,楚地。此句意为"统一楚地"。[7]绪:功业。[8]维女:维,是。女,同"汝",你们。[9]居国南乡:乡,地方。此句意为"你们楚国位于我殷国之南"。[10]自彼氐羌:自,虽然。氐、羌:位于今天青海东部、四川北部、甘肃南部和陕西地区的民族。[11]享:进贡。[12]王:朝觐。[13]曰商是常:曰,同"聿",发语词。常,长。此句意为"商的国祚最永长"。[14]天:指商王。[15]多辟:各地诸侯。[16]绩:通"迹",指大禹治水途径之地,即九州。[17]岁事:诸侯每年朝觐商王之事。[18]来辟:来朝。[19]勿予祸适:予,施加。祸,通"过"。适,通"谪"。祸适,即"过责"。

  天命降监[1],下民有严[2]。不僭不滥[3],不敢怠遑[4]。命于下国[5],封建厥福[6]。

  商邑[7]翼翼[8],四方之极[9]。赫赫厥声[10],濯濯厥灵[11]。寿考且宁,以保我后生[12]。

  陟彼景山,松柏丸丸[13]。是断是迁[14],方[15]斫是虔[16]。松桷有梴[17],旅楹有闲[18]。寝成孔安[19]。

【注释】[1]降监:降,向下。监,监察民众。[2]有严:严,通"俨"。有严,即"俨俨",守法谨严之貌。[3]不僭不滥:僭、滥,过失。此句意为"民众没有过失"。[4]怠遑:怠,懈怠,懒惰。遑,暇逸,懒散。[5]下国:天下诸侯。[6]封建厥福:封,大。建,立。此句意为"大大地建立他的美福"。[7]商邑:商的都城。[8]翼翼:繁盛之貌。[9]极:准则、模范。[10]赫赫厥声:赫赫,显著。厥,此,这个。声,武丁的声誉。[11]濯濯厥灵:濯濯,光明。灵,武丁的神灵。[12]寿考且宁,以保我后生:寿考,长寿。宁,康宁。后生,子孙后代。此句为倒装句,意为"武丁的在天之灵保佑我们商人的子孙后代长寿康宁"。[13]丸丸:笔直的样子。后面几句是讲宋人给武丁建立寝庙之事。[14]是断是迁:是,于是。断,锯断。迁,搬走。[15]方:是,于是。[16]虔:砍伐。[17]松桷有梴:桷,方形的椽子。有梴,即"梴梴",长长的样子。[18]旅楹有闲:旅,同"鑢",磨。楹,堂前的柱子。

有闲，即"闲闲"，粗大。［19］寝成孔安：寝，寝庙，祭祀先王的宗庙。孔，实在，的确。此句意为"高宗武丁的寝庙落成，他的神灵于此安享"。

《史记·殷本纪》（节选）

帝小乙[1]崩，子帝武丁[2]立。帝武丁即位，思复兴殷，而未得其佐[3]。三年不言，政事决定于冢宰[4]，以观国风[5]。武丁夜梦得圣人，名曰说[6]。以梦所见视群臣百吏，皆非也。于是乃使百工[7]营求[8]之野，得说于傅险[9]中。是时说为胥靡[10]，筑于傅险。见于武丁，武丁曰是也。得而与之语，果圣人，举以为相，殷国大治。故遂以傅险姓之，号曰傅说。

【注释】［1］小乙：据《竹书纪年》，小乙名"敛"，商代第二十二位君主。［2］武丁：据《竹书纪年》，武丁名"昭"。［3］佐：辅佐之人。［4］冢宰：太宰，相当于后世的宰相。［5］以观国风：亲自考察国家的风气、民情。［6］说：通"悦"。［7］百工：百官。［8］营求：寻求。［9］傅险：地名，在今山西省平陆县东。［10］胥靡：服苦役的犯人。

帝武丁祭成汤，明日，有飞雉登鼎耳[1]而呴[2]，武丁惧。祖己[3]曰："王勿忧，先修政事。"祖己乃训王曰："唯天监下[4]典厥义[5]，降年有永有不永[6]，非天夭民，中绝其命[7]。民有不若德，不听罪[8]，天既附命正厥德[9]，乃曰其奈何[10]。呜呼！王嗣敬民[11]，罔非天继[12]，常祀毋礼于弃道[13]。"武丁修政行德，天下咸欢[14]，殷道复兴。

【注释】［1］鼎耳：鼎上的两个类似耳朵状的弧形装饰。［2］呴：鸣叫。［3］祖己：武丁时的贤臣。祖己下面训诫武丁的这段话，基本上由司马迁引自《尚书·高宗肜日》。［4］唯天监下：唯，发语词，无义。天监下，上天看着下面的众民。［5］典厥义：典，掌管。义，道理，即凡间运行之理。［6］降年有永有不永：永，长。此句意为"上天降给人的寿命有长的，也有不长的"。［7］非天夭民，中绝其命：夭，早死。这里活用为动词，使早死。民，相对于天而言，此处指帝王。此句意为"不是上天要让某个帝王早死，活了一半就断绝其命"。［8］民有不若德，不听罪：不若，不顺服。不听，不悔改。此句意为"有的帝王不按道德行事，有罪不悔改"。［9］天既附命正厥德：附，同"孚"，真的，确实。此句意为"等到上天真的降下命令，纠正他的德行"。［10］乃曰其奈何：此句意为"然后他才说那该如何为好？"［11］王嗣敬民：嗣，同"司"，管理。敬，认真地对待。［12］罔非天继：继，尚书作"胤"，后代。此句意为"任何人都是天帝的子孙"。［13］弃道：被抛弃的邪门歪道。［14］欢：欢乐。

周人崛起

就在商王朝国势炽盛之时，在它的西方，一支日后将取代其地位的小部族——周人——正在崛起。在周人的早期历史上，有四位先祖具有至关重要的地位：后稷始播五谷，奠定了周人农业民族的特质；公刘将周族从戎狄之地迁徙至豳，恢复农耕的生产生活方式；古公亶父继承后稷、公刘的文明传统，振兴农业，为了躲避戎狄的侵扰而率领族众从豳迁徙至肥沃的岐下周原，并隔代指定了继承人——文王；文王则在前人的基础上，成为西方侯伯之长，并用计谋打消了纣王对他的怀疑，然后用武力征伐立威，以宽仁施政立德，笼络天下人心，最终在去世时成功地将取代殷商的历史使命交托给他的儿子武王。纵观周人的早期发展史，这是一支勤于农事、敬德厚民的文明部族，一支在与异族的残酷斗争中不断壮大繁盛的勇敢部族，一支在政治上沉稳深谋、弘毅致远的智慧部族。

本节所选《诗经·大雅》中的《生民》和《绵》是记述周人历史的著名史诗。前者追忆讴歌了始祖后稷的事迹，后者着重描写了古公亶父率领族人开发周原的火热场景。《史记·周本纪》则完整记述了周人从后稷诞生到文王去世的崛起过程。通过这三篇文献，读者不难遥想周人早期艰苦奋斗的场景，感受其自强不息的精神。

《诗经·大雅·生民》

厥初生民[1]，时维姜嫄[2]。生民如何[3]？克禋克祀[4]，以弗无子[5]。履帝武敏歆[6]，攸介攸止[7]。载震载夙[8]，载生载育，时维后稷。

诞弥厥月[9]，先生如达[10]。不坼不副，无菑无害。以赫厥灵[11]，上帝不宁。不康[12]禋祀，居然[13]生子。

【注释】［1］厥出生民：民，周族民众。此句意为"其初，诞生周族的始祖"。［2］时维姜嫄：时，是，这。维，是。姜嫄，后稷之母，也是周民族的先妣，传说为高辛氏帝喾的妃子。［3］生民如何：此句意为"如何产下先民"？［4］克禋克祀：克，能够。禋，焚烧祭品而让烟和气味传至上天的祭祀。［5］以弗无子：弗，同"祓"，被除灾难的祭祀。无子，不孕之疾。［6］履帝武敏歆：履，践踏。帝，上帝。武，足迹。敏，同"拇"，大脚趾。歆，心有所感。［7］攸介攸止：攸，语助词。介，同"愒"，歇息。止，止息。［8］载震载夙：载，语助词，无义。震，同"娠"，怀孕。夙，同"肃"，生活严肃，不与其他男子交往。［9］诞弥厥月：诞，发语词，无义。弥，满。此句说的是姜嫄怀孕足够了月数。［10］先生如达：先生，第一胎。如，而。达，顺利。［11］不坼不副，无菑无害，以赫厥灵：坼、副，均为产门破裂之意。菑，灾。赫，显示。灵，灵异。此句说的是姜嫄产门未裂，却平安顺产，显示出后稷的灵异。［12］康：安于。［13］居然：徒然。由于姜嫄是感孕而怀上孩子，因此内心感到恐惧，求神不要让孩子出生，但最终还是生了下来。

诞寘[1]之隘巷，牛羊腓字[2]之。诞寘之平林[3]，会[4]伐平林。诞寘之寒冰，鸟覆翼之。鸟乃去矣，后稷呱[5]矣。实覃实訏[6]，厥声载[7]路。

诞实匍匐[8]，克岐克嶷[9]，以就[10]口食。蓺之荏菽[11]，荏菽旆旆[12]。禾役穟穟[13]，麻麦幪幪[14]，瓜瓞唪唪[15]。

【注释】［1］寘：同"置"，弃置。［2］腓字：腓，通"庇"，庇护。字，哺乳。［3］平林：平原上的森林。［4］会：恰逢。［5］呱：啼哭之声。［6］实覃实訏：实，是，这样。覃，长。訏，大。［7］载：满。［8］匍匐：用手足爬行。［9］克岐克嶷：克，能够。岐、嶷，有知识，懂事。［10］就：求。［11］蓺之荏菽：蓺，种植。荏菽，大豆。［12］旆旆：茂盛的样子。［13］禾役穟穟：禾役，即"禾颖"，禾穗之意。穟穟，禾穗沉甸甸下垂的样子。［14］幪幪：茂盛之貌。［15］瓜瓞唪唪：瓞，小瓜。唪唪，同"菶菶"，果实丰硕之貌。

诞后稷之穑[1]，有相[2]之道。茀厥丰草[3]，种之黄茂[4]。实方[5]实苞[6]，实种[7]实褎[8]，实发[9]实秀[10]，实坚[11]实好[12]，实颖[13]实栗[14]。即有邰[15]家室。

【注释】［1］穑：稼穑，种植五谷的活动。［2］相：帮助，在此意为帮助植物生长。［3］茀厥丰草：茀，同"拂"，拔除。丰草，长得很茂盛的野草。［4］黄茂：嘉谷。［5］方：通"放"，萌芽刚出土。［6］苞：庄稼之苗丛生。［7］种：谷种生出短苗。［8］褎：禾苗渐渐长高。［9］发：禾茎舒长拔节。［10］秀：禾初生穗结实。［11］坚：谷粒灌浆饱满。［12］好：谷粒均匀色好。［13］颖：禾穗饱满下垂。［14］栗：收获众多之貌。［15］有邰家室：有，词头，无义。邰，亦作"台"，古代氏族名，位于今陕西省武功县。家室，居住。传说后稷被尧封于邰。

诞降[1]嘉种：维秬[2]维秠[3]，维穈[4]维芑[5]。恒[6]之秬秠，是获[7]是亩[8]；恒之穈芑，是任[9]是负[10]。以归肇[11]祀。

【注释】［1］降：赐予。［2］秬：黑黍。［3］秠：一种黍的名字，壳中含有两粒黍米。［4］穈：一种谷子。［5］芑：一种高粱。［6］恒：同"亘"，普遍地。［7］获：收割。［8］亩：堆在田地里。［9］任：挑。［10］负：背。［11］肇：开始。

诞我祀如何？或舂[1]或揄[2]，或簸[3]或蹂[4]。释之叟叟[5]，烝之浮浮[6]。载谋[7]载惟[8]，取萧[9]祭脂[10]。取羝[11]以軷[12]，载燔[13]载烈[14]。以兴嗣岁[15]。

【注释】[1]舂：用杵在臼里捣米。[2]揄：同"舀"，从臼中将捣好的米浆舀出。[3]簸：扬弃糠皮。[4]蹂：用双手反复搓米粒。[5]释之叟叟：释，淘米。叟叟，淘米声。[6]烝之浮浮：烝，同"蒸"。浮浮，蒸饭时热气升腾之状。[7]谋：计划。[8]惟：考虑。意为在祭祀前对祭祀之事进行商议和卜问。[9]萧：香蒿，艾草。[10]脂：牛肠脂油。古人祭祀时，将油脂涂在艾草上，点燃后让香气飘至上天。[11]羝：公羊。[12]軷：剥羊皮。[13]燔：将肉放在火里烧烤。[14]烈：将肉串起来烤。[15]嗣岁：来年。

卬[1]盛于豆[2]，于豆于登[3]，其香始升。上帝居歆[4]，胡臭亶时[5]。后稷肇祀[6]，庶无罪悔[7]，以迄[8]于今。

【注释】[1]卬："仰"之古字，上。[2]豆：一种高脚器皿，用于盛肉。[3]登：盛汤的祭器。[4]居歆：居，语助词。歆，享受祭祀。[5]胡臭亶时：胡，大。臭，香气。亶，确实。时，美好、善好。[6]肇祀：开创祭祀之礼。[7]庶无罪悔：庶，幸而。此句意为"幸而没有获罪于天，干内心罪悔之事"。[8]迄：至。

《诗经·大雅·绵》

绵绵瓜瓞[1]，民之初生[2]，自土沮漆[3]。古公亶父[4]，陶复陶穴[5]，未有家室[6]。

古公亶父，来朝走马[7]。率西水浒[8]，至于岐[9]下。爰及姜女[10]，聿来胥宇[11]。

周原膴膴[12]，堇荼如饴[13]。爰始爰谋[14]，爰契我龟[15]：曰止[16]曰时[17]，筑室于兹[18]。

【注释】[1]绵绵瓜瓞：绵绵，连绵不绝之貌。瓞，小瓜。这句话形容周族由弱小而发展壮大，如同瓜藤绵绵不绝。[2]初生：周族初始时。[3]自土沮漆：沮，同"徂"，到。此句意为"从土河迁徙到漆河"。这两条河均位于陕西省旬邑西。[4]古公亶父：周文王的祖父，最早定居于豳地，后来为了躲避狄人侵扰，率领族人迁往岐山脚下，定国号为"周"，后被武王尊奉为"太王"。"古公"为号，"亶父"是名。[5]陶复陶穴：陶，用陶冶出的红烧土筑穴，使得屋穴坚固防潮。复，一种贮藏谷物的地窖。[6]家室：房屋。[7]来朝走马：来朝，第二天早晨。走，同"趣"，疾，快。趣马，策马飞驰。[8]率西水浒：率，沿着。西，豳之西。浒，指渭水岸边。[9]岐：岐山，今陕西省岐山县东北。[10]爰及姜女：爰，乃。及，与。姜女，古公亶父之妻，姓姜，亦称"太姜"。[11]聿来胥宇：聿，发语词，无义。胥，视察。宇，居处。[12]周原膴膴：周原，岐山脚下周族所居住的原野，周族发展壮大的根据地。膴膴，肥沃之貌。[13]堇荼如饴：堇荼，一种苦菜。饴，麦芽糖。此句是说周原土地肥沃，即便是苦菜，种出来也如麦芽糖一般甘甜。[14]始、谋：计划、谋划之意。[15]爰契我龟：契，用刀刻。这句话是说古公亶父用刀刻龟甲，然后在火上加以灼烧，看龟甲裂纹以定吉凶。[16]止：居住。[17]时：善，适宜。[18]兹：此地。

乃慰乃止[1]，乃左乃右[2]。乃疆乃理[3]，乃宣乃亩[4]。自西徂东，周爰执事[5]。

乃召司空[6]，乃召司徒[7]，俾立室家[8]。其绳[9]则直，缩版以载[10]，作庙翼翼[11]。

捄之陾陾[12]，度之薨薨[13]。筑之登登[14]，削屡冯冯[15]。百堵皆兴[16]，鼛鼓弗胜[17]。

【注释】[1]慰、止：均为"居住"之意。[2]左、右：划出东西区域之意。[3]疆、理：疆，划定疆界。理，区分田亩的条理。[4]宣、亩：宣，以耒耜耕田。亩，开沟筑垄。[5]周爰执事：周，普遍。爰，语助词。执事，执行工作。[6]司空：即司工，掌管工程事务的官。[7]司徒：掌管劳动力的官。[8]室家：宫室。[9]绳：绳墨，筑墙前用来划正地基经界。[10]缩版以载：缩版，筑墙用的两面直板。以，因而。载，通"栽"，树立之意。[11]作庙翼翼：作，建造。庙，宗庙。翼翼，严正之貌。[12]捄之陾陾：捄，盛土的笼子，此处作为动词"铲土到笼子里"。陾陾，铲土声。[13]度之薨薨：度，将土投进缩版里。薨薨，填土声。[14]筑之登登：筑，夯土使得缩版内的土变得结实。登登，夯土声。［15］削屡冯冯：屡，应为"娄"，土墙隆起之处。冯冯，削平土墙之声。［16］百堵皆兴：百堵，许许多多的土墙。兴，动工。［17］鼛鼓弗胜：鼛鼓，大鼓。此句意为"大鼓之声不能胜过劳动的声音"，形容劳动场面的热烈。

乃立皋门[1]，皋门有伉[2]。乃立应门[3]，应门将将[4]。乃立冢土[5]，戎丑攸行[6]。

肆不殄厥愠[7]，亦不陨厥问[8]。柞棫[9]拔矣，行道兑[10]矣，混夷駾矣[11]，维其喙矣[12]。

虞芮质厥成[13]，文王蹶厥生[14]。予曰有疏附[15]，予曰有先后[16]，予曰有奔奏[17]，予曰有御侮[18]。

【注释】［1］皋门：即城门。［2］有伉：即"伉伉"，高大之貌。［3］应门：宫室的大门。［4］将将：同"锵锵"，庄严正大之貌。［5］冢土：即"大社"，祭祀土地神的大庙。［6］戎丑攸行：戎丑，戎狄丑类。攸，于是，因而。行，去，往。此句意为"那些戎狄丑类因而逃遁到远方"。［7］肆不殄厥愠：肆，故，所以。殄，杜绝，消灭。厥，狄人。愠，愤怒。［8］亦不陨厥问：陨，坠，丧失。厥，周文王。问，名誉。这两句意为"所以文王虽然无法杜绝狄人的愤怒，也并没因为以大事小而丧失了他的好名声"。［9］柞、棫：均为丛生的带刺灌木。［10］兑：道路畅通。［11］混夷駾矣：混夷，西戎中的一支部落。駾，惊骇奔突。［12］维其喙矣：维其，何其。喙，气短困顿之貌。［13］虞芮质厥成：虞，国名，位于今山西省平陆县。芮，国名，位于今山西芮城县。质，评断，平息。成，和平结好。这句话是说虞芮争讼的故事。虞国和芮国因为田界问题争讼，于是二国君主去找周文王评断。二人到了周原后，发现周族人人和睦谦让，君臣和睦，遂自惭形秽，不再争执。事见《史记·周本纪》。［14］蹶厥生：蹶，感动。生，通"性"，即虞芮二君的好争之性。［15］予曰有疏附：予，文王自称。曰，语助词，无义。疏附，亲近君主、团结同僚的臣子。［16］先后：在君主左右参谋政事的臣子。［17］奔奏：为君主奔走效力宣传的臣子。［18］御侮：抵御外侮的武将。

《史记·周本纪》(节选)

周后稷，名弃。其母有邰氏女，曰姜原[1]。姜原为帝喾元妃。姜原出野，见巨人迹[2]，心忻然说[3]，欲践之，践之而身动如孕者。居期[4]而生子，以为不祥，弃之隘巷，马牛过者皆辟[5]不践；徙置之林中，适会山林多人，迁之；而弃渠中冰上，飞鸟以其翼覆荐[6]之。姜原以为神，遂收养长之。初欲弃之，因名曰弃。

弃为儿时，屹[7]如巨人之志。其游戏，好种树[8]麻、菽，麻、菽美。及为成人，遂好耕农，相地之宜[9]，宜谷者稼穑焉，民皆法则之。帝尧闻之，举弃为农师，天下得其利，有功。帝舜曰："弃，黎民始饥，尔后稷播时百谷。"封弃于邰，号曰后稷，别姓姬氏。……

后稷卒，子不窋立。不窋末年，夏后氏政衰，去稷不务[10]，不窋以失其官而奔戎狄之间。不窋卒，子鞠立。鞠卒，子公刘立。公刘虽在戎狄之间，复修后稷之业，务耕种，行地宜，自漆、沮度渭，取材用，行者有资[11]，居者有畜积，民赖其庆[12]。百姓怀之，多徙而保[13]归焉。周道之兴自此始，故诗人歌乐思其德。公刘卒，子庆节立，国[14]于豳。

【注释】[1]姜原：同"姜嫄"。 [2]迹：脚印。 [3]心忻然说：忻，同"欣"，欣喜。说，通"悦"，高兴。 [4]居期：到了足够的时间。 [5]辟：同"避"。 [6]覆荐：覆，盖上。荐：垫着。 [7]屹：同"仡"，高大。 [8]种树：动词，栽种。 [9]相地之宜：考察每块地适合种什么。 [10]去稷不务：稷，农官。此句意为"免除主农之官，不再劝民务农"。 [11]行者有资：出行的人都有资财。 [12]民赖其庆：庆，福。此句意为"百姓得享其福"。 [13]保：投靠，求庇护。 [14]国：建国。

庆节卒，子皇仆立。皇仆卒，子差弗立。差弗卒，子毁隃立。毁隃卒，子公非立。公非卒，子高圉立。高圉卒，子亚圉立。亚圉卒，子公叔祖类立。公叔祖类卒，子古公亶父立。古公亶父复修后稷、公刘之业，积德行义，国人皆戴之。薰育[1]戎狄攻之，欲得财物，予之。已[2]复攻，欲得地与民。民皆怒，欲战。古公曰："有民立君，将以利之。今戎狄所为攻战，以吾地与民。民之在我，与其在彼，何异。民欲以我故战，杀人父子而君之[3]，予不忍为。"乃与私属[4]遂去豳，度漆、沮，逾梁山[5]，止于岐下。豳人举国扶老携弱，尽复归古公于岐下。及他旁国闻古公仁，亦多归之。于是古公乃贬[6]戎狄之俗，而营筑城郭室屋，而邑别居之[7]。作五官有司[8]。民皆歌乐之，颂其德。

古公有长子曰太伯[9]，次曰虞仲。太姜[10]生少子季历，季历娶太任[11]，皆贤妇人，生昌[12]，有圣瑞。古公曰："我世当有兴者，其在昌乎？"长子太伯、虞仲知古公欲立季历以传昌，乃二人亡如[13]荆蛮，文身断发[14]，以让[15]季历。

【注释】［1］薰育：即猃狁。有学者认为薰育、荤粥、猃狁均为匈奴，只不过是同一发音的不同写法。　［2］已：事后不久。　［3］杀人父子而君之：此句意为"让你们牺牲父亲孩子而我当君主"。这几句话都是歌颂古公亶父爱惜民众生命、以民为本的美德。　［4］私属：家人。　［5］梁山：位于今陕西省岐山县、扶风县北部。　［6］贬：废除。　［7］邑别居之：让周族人分别住在各个邑落里。　［8］五官有司：《绵》中讲到"乃召司空，乃召司徒"，并未提及"五官"。这可能是司马迁私自改写增益的结果。　［9］太伯：即吴太伯，吴国的始君。关于太伯、虞仲的事迹见《史记·吴太伯世家》。　［10］太姜：古公亶父之妃。　［11］季历娶太任：季历，文王之父。太任，文王之母。　［12］昌：周文王之名。　［13］亡如：逃出前往。　［14］文身断发：在身上刺青，剪短头发。这是江南荆楚一带的风俗。　［15］让：让位于。

古公卒，季历立，是为公季。公季修古公遗道，笃于行义，诸侯顺之。

公季卒，子昌立，是为西伯[1]。西伯曰文王，遵后稷、公刘之业，则古公、公季之法，笃仁，敬老，慈少。礼下贤者，日中不暇食[2]以待士，士以此多归之。伯夷、叔齐[3]在孤竹，闻西伯善养老，盍[4]往归之。太颠、闳夭、散宜生[5]、鬻子[6]、辛甲大夫[7]之徒皆往归之。

崇侯虎[8]谮[9]西伯于殷纣曰："西伯积善累德，诸侯皆向之，将不利于帝。"帝纣乃囚西伯于羑里[10]。闳夭之徒患[11]之。乃求有莘氏美女，骊戎之文马[12]，有熊九驷[13]，他奇怪物，因殷嬖臣费仲[14]而献之纣。纣大说[15]，曰："此一物足以释西伯，况其多乎！"乃赦西伯，赐之弓矢斧钺，使西伯得征伐。曰："谮西伯者，崇侯虎也。"西伯乃献洛[16]西之地，以请纣去炮格之刑[17]。纣许之。

【注释】[1]西伯：西方的诸侯之长。 [2]不暇食：没有时间吃饭。 [3]伯夷、叔齐：孤竹国国君之子。 [4]盍：一同。 [5]太颠、闳夭、散宜生：周文王时期大臣。 [6]鬻子：又名"粥子"，楚国始祖。 [7]辛甲大夫：纣王的大臣。由于屡次劝谏而不被采纳，于是投奔文王。 [8]崇侯虎：即崇国的君主，名虎。崇，一说位于陕西省长安县沣水西，一说位于河南省嵩县北。 [9]谮：诬陷。 [10]羑里：古地名，又名"牖里"，位于今河南省汤阴县北。 [11]患：担心。 [12]骊戎之文马：骊戎，古部族名，戎族的一支，位于今陕西省临潼区。文马，长有斑纹的马。 [13]有熊九驷：有熊，有熊氏，位于今河南新郑市。驷，四匹马。九驷，即三十六匹马。 [14]嬖臣费仲：嬖臣，男宠。费仲，亦作"费中"。 [15]说：通"悦"，高兴。 [16]洛：洛水，位于今陕西省。 [17]炮格之刑：纣王发明的一种酷刑，令罪犯走在放置于炭火中的铜柱上，犯人因灼痛而跌入炭火中被烧死。

西伯阴[1]行善，诸侯皆来决平[2]。于是虞、芮之人有狱不能决，乃如周。入界，耕者皆让畔，民俗皆让长[3]。虞、芮之人未见西伯，皆惭，相谓曰："吾所争，周人所耻，何往为，祇[4]取辱耳。"遂还，俱让而去。诸侯闻之，曰"西伯盖受命之君"。

明年，伐犬戎[5]。明年，伐密须[6]。明年，败耆国[7]。殷之祖伊闻之，惧，以告帝纣。纣曰："不有天命乎？是何能为！[8]"明年，伐邘[9]。明年，伐崇侯虎。而作丰邑[10]，自岐下而徙都丰。明年，西伯崩，太子发立，是为武王。

【注释】[1]阴：暗自，暗地里。 [2]决平：裁决争端。 [3]让长：谦让长者。 [4]祇：同"只"，只是。 [5]犬戎：戎人的一支，活动于今陕西省西部一带。 [6]密须：古国名，姞姓，位于今甘肃省灵台县西。［7］耆国：即黎国。事见《尚书·西伯戡黎》。［8］不有天命乎？是何能为：此句意为"我不是有天命护佑吗？西伯能干成什么事呢！"［9］邘：古国名，位于今河南省沁阳市。邘国同黎国一样，都是通往殷商统治核心区的必经之路，攻伐这两个国家，实则是为了叩开伐商的大门。［10］丰邑：文王时周邦的都邑，今西安市西南之丰水西侧。

西伯戡黎

商朝末年，周文王开始积极谋划伐商大业，先攻取了殷人的同姓属国黎国（今山西省长治县）。黎国所在地区（上党地区）高峻险要，可俯视并直通殷人统治的核心区域（今豫北平原一带）。因此，此役对殷人造成了巨大的战略威胁和心理震慑。商王朝的大臣祖伊深感情势危急、天命难保，于是劝诫纣王。但是，纣王自恃天命永祜，不思省过，令祖伊发出亡国的悲叹。纣王对待天命的态度及其身死国灭的下场成为后世周人眼中的重大历史教训，不断警醒着周人：上天会改变授命的对象，只有敬德保民、赢得人心，才会保住天命。

本节选取的《尚书·西伯戡黎》是现存的记载上述历史过程的最早文本，也是研究周人天命观念的经典文本。

《尚书·西伯戡黎》

西伯[1]既戡[2]黎，祖伊恐，奔告于王[3]曰："天子！天既[4]讫[5]我殷命，格人元龟，罔敢知吉[6]。非先王不相[7]我后人，惟王淫戏[8]用自绝。故天弃我，不有康食[9]，不虞[10]天性，不迪率典[11]。今我民罔弗欲丧[12]，曰：'天曷不降威！'[13]大命不挚[14]，今王其如台[15]？"

王曰："呜呼！我生不有命在天？[16]"

祖伊反[17]，曰："呜呼！乃罪多参在上[18]，乃能责命于天[19]？殷之即丧，指乃功[20]，不无戮于尔邦[21]？"

【注释】［1］西伯：周文王，姓姬，名昌，周武王之父。周是位于殷商西方的强国，故称周文王为"西伯"。［2］戡：战胜。［3］王：商朝的最后一位国王帝辛，即纣。［4］既：通"其"，将要。［5］讫：终止。［6］格人元龟，罔敢知吉：此句意为"上知天意的大贤和（占卜用的）显明天意的大龟都不敢说有吉兆了"。［7］相：保佑。［8］淫戏：放纵无度的行为。［9］康食：有吃有喝、安然温饱的生活。［10］虞：通"娱"，"安于""乐于"之意。［11］不迪率典："迪"，由，用。"率"，同"律"，典常。此句意为"不用常法"。［12］罔弗欲丧：此句意为"无不希望殷商灭亡"。［13］天曷不降威：此句意为"上天为何不降下惩罚"？［14］大命不挚："挚"当作"埶"，意为"近"。此句意为"天命即将离弃我们"。［15］如台：如何、奈何。［16］我生不有命在天：意为"我难道不是生下来就有天命保佑吗"？［17］反：返回。［18］乃罪多参在上："乃"，你的。祖伊虽然已回去，但仍用第二人称称呼纣王。"参"，当为"累"，积累。此句意为："你已罪行累累，获罪于天。"［19］乃能责命于天：意为"难道你能责成上天授你天命吗"？［20］指乃功："指"，致，意为"发展到极致"。"功"，事。此句意为"你的所作所为再发展下去"。［21］不无戮于尔邦："戮"，通"僇"，侮辱。此句意为"难道不会辱及你的国家吗"？

牧野之战

牧野之战是周人为取得天下而与殷人展开的大决战。历经帝乙、帝辛（纣）两代国王与东夷的战争，以及纣王暴戾恣睢的统治，此时的商王国已是国力疲敝、矛盾丛生。武王抓住时机，奋先祖之余烈，承文王之遗志，在诸贤臣和众友邦的协助下东征灭殷。在商都郊外的牧野，武王举行战前誓师，历数纣王的罪恶，申明军纪，然后一举击溃孤家寡人的纣王和人心涣散的商军，以一日之功，定八百年基业。而此役同殷夏革命一样，成为后世儒家眼中"以有道伐无道"的标志性事件，在中国思想史中具有特殊的地位。

此处选取的《尚书·牧誓》记载了牧野之战前的武王誓师之辞，是研究殷周革命的第一手传世文献史料；《诗经·大雅·大明》是描绘牧野之战的著名史诗，文笔形象生动，气势雄伟堂堂；《利簋》铸于武王伐纣后不久，其铭文是记载武王伐纣及日期的最早出土文献史料，可与《牧誓》对证，价值弥足珍贵。

《尚书·牧誓》

时甲子[1]昧爽[2]，王[3]朝至于商郊牧野[4]，乃誓[5]。

王左杖黄钺[6]，右秉白旄[7]以麾[8]曰："逖矣！西土之人！"[9]

王曰："嗟！我有邦冢君[10]、御事[11]、司徒、司马、司空[12]、亚旅、师氏[13]、千夫长、百夫长，及庸、蜀、羌、髳、微、卢、彭、濮人[14]称尔戈，比尔干，立尔矛，予其誓。[15]"

【注释】[1]时甲子：意味"甲子日这天"。对这一具体日期，学术界尚无最终结论。[2]昧爽："昧"，黯而不明。"爽"，明爽。"昧爽"即早晨天快明的时候。 [3]王：周武王，姓姬，名发，周朝的开国君主。 [4]牧野：地名，位于商都朝歌南郊，今河南省淇县以南、汲县以北一带。 [5]誓：军事行动前申明纪律、约戒所属人员的重要戒辞。 [6]黄钺：黄金装饰的大斧，为象征王权的礼器。 [7]旄：用牦牛尾插在竿头的旗帜，用以发布军令。 [8]麾：用旗指挥。 [9]逖矣，西土之人："逖"，远。"西土之人"，周人发迹于今关中地区，相比居住在东方的殷人而言来自西方，故称"西土之人"。此句意为"远征辛苦了，我居住在西方的族人们"。 [10]有邦冢君："有"，通"友"。"冢"，大。"有邦冢君"意为"友邦的各族首领"。 [11]御事：治事行政之官。 [12]司徒、司马、司空：司徒为管理耕稼、山林、浦泽和畜牧的官员。司马是在王左右、担任赞右王命的官员。司空是管理田地、居处、草料、工司的官员。 [13]亚旅、师氏：均为高级武官，但职位次于司徒、司马、司空。 [14]庸、蜀、羌、髳、微、卢、彭、濮人：周族周围地区的八个部族，是武王伐纣的盟友。庸，今湖北房县以西竹山一带。蜀，今陕南汉中一带。羌，今甘肃西南一带。髳，今山西南部平陆县茅津渡一带。微，今陕西扶风、眉县附近。卢，今湖北南漳县以东、襄阳市以西之地。彭，今湖北房县附近南河流域。濮，今湖北西南及湘西湘北的湖沼地区。［15］称尔戈，比尔干，立尔矛，予其誓：称，举。比，并列。干，盾牌。此句意为："高举你们的戈，列好你们的盾，立直你们的矛，我就要颁誓了！"

王曰："古人有言曰：'牝[1]鸡无晨[2]；牝鸡之晨，惟家之索[3]。'今商王受[4]惟妇言是用，昏弃厥肆祀弗答[5]，昏弃厥遗王父母弟不迪[6]；乃惟四方之多罪逋逃[7]是崇、是长、是信、是使，是以为大夫卿士；俾[8]暴虐于百姓[9]，以奸宄[10]于商邑[11]。今予发惟共行天之罚。[12]今日之事[13]，不愆[14]于六步、七步，乃止，齐焉。夫子勖哉！[15]不愆于四伐[16]、五伐、六伐、七伐，乃止，齐焉。勖哉夫子！尚桓桓如虎、如貔、如熊、如罴[17]，于商郊弗御克奔[18]，以役西土[19]。勖哉夫子！尔所[20]弗勖，其于尔躬[21]有戮！"

【注释】［1］牝：雌性。［2］晨：早晨打鸣。［3］牝鸡之晨，惟家之索：之，倘若。惟，就是。索，空、散尽、萧索颓败。此句意为"谁家母鸡如果打鸣，谁家就要倒霉了"，暗指纣王宠幸妇人妲己。［4］商王受："受"即"纣"。［5］昏弃厥肆祀弗答：昏弃，蔑弃。肆，一种对先王的祭祀。答，报。此句意为"蔑弃祖先而不举行报答祖先的祭祀"。［6］昏弃厥遗王父母弟不迪：迪，用。此句意为"蔑弃父母们遗留给他的兄弟不用"。［7］多罪逋逃：逋，逃亡之人。此句意为"犯罪逃亡的人们"。［8］俾：使。［9］百姓：百官。［10］奸宄：即"奸轨"，奸诈邪恶。［11］商邑：商的都邑。［12］今予发惟共行天之罚：予，我。发，武王之名。共，同"恭"，奉行。此句意为"如今我周王发要对他奉行上天的惩罚"。［13］事：伐纣作战之前为颁誓仪式所举行的武舞。［14］愆：过。［15］夫子勖哉：夫子是对男子的美称和敬称。勖：勉励，努力。［16］伐：刺击。［17］尚桓桓如虎、如貔、如熊、如罴：尚，命令副词，表示希望。桓桓，威武之貌。貔、罴，两种猛兽。［18］弗御克奔：弗御、克奔分别是武舞中舍车、徒步两个动作。［19］以役西土：役，使，发动。此句意为"用舞蹈发动来自西方的战士，让他们勇猛作战"。［20］所：倘若。［21］躬：身体。

《诗经·大雅·大明》（节选）

有命自天，命此文王，于周于京[1]。缵女维莘[2]，长子[3]维行[4]，笃[5]生武王。保右[6]命尔[7]，燮伐[8]大商。

殷商之旅[9]，其会[10]如林。矢[11]于牧野："维予侯兴[12]，上帝临[13]女[14]，无贰尔心。"

牧野洋洋[15]，檀车[16]煌煌，驷騵[17]彭彭[18]。维师尚父[19]，时维鹰扬[20]。凉[21]彼武王，肆伐[22]大商，会朝[23]清明[24]。

【注释】[1]京：周的京师。[2]缵女维莘："缵"为"嫆"之假借，美好之意。缵女指文王之妻、武王之母太姒。维，是。莘，古国名。此句意为"美好的姑娘是莘国人"。[3]长子：长女，指太姒。[4]维行：行，列、齐等之意。"维行"指太姒德行配得上文王。[5]笃：语气助词，无义。[6]保右：保佑。[7]尔：周武王。[8]燮伐："燮"为"袭"之假借。"燮伐"即武力讨伐。[9]旅：军队。[10]会："旝"之假借，军旗。[11]矢：即"誓"，参见《尚书·牧誓》。[12]维予侯兴：维，发语词。予，武王自称。侯，是。兴，兴起。[13]临：监视。[14]女：汝，参加会师的军队。[15]洋洋：广大之貌。[16]檀车：檀木做的战车。[17]驷騵：四匹赤毛白腹的骏马。[18]彭彭：强壮之貌。[19]师尚父：师，太师。尚父，吕尚（即姜太公）的尊称。[20]时维鹰扬：时，是。鹰扬：如雄鹰飞扬，形容姜太公的英武奋勇之貌。[21]凉："亮"之假借，辅佐。[22]肆伐：肆，迅疾。"肆伐"意同"燮伐"。[23]会朝：一个早上。[24]清明：即"净明"，天气晴朗。

《利簋》铭文[1]

珷[2]征商，隹（唯）甲子朝，岁鼎（贞）[3]，克闻（昏）夙，又（有）商[4]。辛未[5]，王才（在）阑师[6]，易又（右）事（史）[7]利[8]金[9]，用乍（作）檀公[10]宝尊彝。

【注释】［1］利簋：又称"武王征商簋"。方座簋，1976年出土于陕西省临潼县，高28厘米，内底铸有4行32字，现藏于中国国家博物馆。武王在伐纣成功之后论功行赏，赐给一位名叫利的贵族许多铜。利用这些铜铸就了这件簋，以告慰、纪念先祖檀公。这件簋的铭文明确记载了武王于甲子日征商，印证了《尚书·牧誓》的内容，成为目前唯一一件记载武王伐纣信息的文物，并于2002年被确定为首批禁止出国（境）展览的文物。［2］珷："武""王"二字合文。［3］岁鼎：岁，岁星，即木星。鼎，同"丁"，意为"当"。此句意为"岁星正当其位，适宜伐商"。［4］克昏夙，有商：昏，昏暮。夙，早，黎明前。"昏夙"意为"从初昏到黎明前"，即一个夜晚。此句意为经过甲子日白天的激战后，周人经过"一夜就得以占据商国"。［5］辛未：甲子之后八日。［6］阑师：地名，位置不详，应位于朝歌附近。［7］右史：官职名。［8］利：作器者的名字。［9］金：制作青铜器所需的铜等金属。［10］檀公：利的先祖。

平定"三监"

创业艰难百战多。武王克商后未久崩殂，留下年幼的成王和一帮顾命大臣。镇守东方的王室宗亲管叔、蔡叔伙同纣子武庚（即"三监"）趁势造反，东国大乱，将新生的周王朝推向了生死存亡的关头。面对时艰，周公、召公等顾命大臣展现出过人的定力和高超的手腕，历经数年平定了叛乱。这一事件给了周人以深刻的教训，让他们认识到必须从战略层面制定更加有力的制度，才能统治在东方根基深厚的殷遗民和诸多部族。

本节所选篇目《尚书·大诰》和《史记·周本纪》，前者是周公的战前动员诰辞，近乎当时的实录，具有珍贵的史料价值，而且言辞真挚、生动，是千古流传的名篇；后者详细地记载了平定"三监"的全过程。

《尚书·大诰》

王若曰[1]：猷大诰[2]尔多邦越尔御事[3]，弗吊天降割[4]于我家，不少延[5]。洪惟[6]我幼冲人[7]，嗣无疆大历服[8]。弗造哲，迪民康，[9]矧曰其有能格知天命[10]！

已[11]！予惟小子[12]若涉渊水，予惟往求朕攸济[13]。敷贲[14]，敷前人受命，兹[15]不忘大功；予不敢于闭[16]。

【注释】[1] 王若曰：意为"王这样说"。根据殷代甲骨文和西周金文的用例，大凡史官或大臣代王宣布命令，或王呼史官册命臣属，都在篇首先说"王若曰"，然后再转述王的讲话。如果接着说王的另一段话，则省去"若"字，简称"王曰"。本篇出现的王均指成王，但王所说的话都是周公借成王之名义发布的。[2] 猷大诰：猷，发语词。大，郑重庄严地，用以加重语气。诰，告，宣告。[3] 尔多邦越尔御事：尔，你们。多邦，各邦之君。越，与，和。御事，指周王朝的百官。[4] 弗吊天降割：弗，不。吊，意为"淑美""善良"。割，同"害"，指灾祸。此句意为"不仁慈的上天给我周家降下灾祸"。[5] 不少延：少，稍。延，延缓。意为"上天降灾祸于周邦不稍延缓"，指武王御崩。[6] 洪惟：发语词，无义。[7] 冲人：童子。统治者的自谦之语，指成王。[8] 大历服：即"大历与大服"。历，历年。大历，王朝国祚的长久。大服，本指朝廷官位、禄命、职务。"大历服"意即"政权大统"。此句意为"继承了千秋万世、广阔无边的洪业"。[9] 弗造哲，迪民康：造，遭。哲，吉祥。迪，导致。康，安康。此句意为"遇时不吉，无法让子民康乐"。[10] 矧曰其有能格知天命：矧，何况。有，又。格，至，到达。[11] 已：叹词。[12] 予惟小子：惟，助词，无义。这句话意为"我小子"，是成王自谦之语。[13] 予惟往求朕攸济：朕，我。在秦代之前，所有人都可自称"朕"。攸，所以。此句意为"我必须寻求怎样才能安全渡过的办法"。[14] 敷贲：敷，陈列，展开。贲，龟。敷贲意为"将占卜的龟兆展示给大家"。[15] 兹：此，这个，这样。[16] 于闭：闭，壅塞。此句意为"我是一定不敢把先王遗留下的大好传统到我这时就停滞下来"。

天降威，用文王遗我大宝[1]龟绍天明[2]，即命曰："有大艰于西土，西土人亦不静，越兹蠢殷小腆[3]，诞敢纪其叙[4]；天降威，知我国有疵，民不康，曰：'予复！'[5] 反鄙我周邦。今蠢今翼日民献有十夫予翼[6]，以于敉文、武图功[7]。我有大事[8]！休[9]？"朕卜并吉[10]。

【注释】[1]宝：通"保"。 [2]绍天明：绍，即"召卜"，卜问之意。明，"命"之假借。此句意为"卜问天命"。 [3]越兹蠢殷小腆：越，同"惟"，发语词。越兹，这个。蠢动，不安分。腆，丰厚。此句意为"这个不老实的殷国稍有振作"。 [4]诞敢纪其叙：诞，发语词，无义。纪，整理。叙，通"绪"，指旧有的法统。此句意为"（殷人）就敢重拾他们原先的法统"。 [5]予复：这是转引纣王之子武庚的话，意为"现在到了我们复国之时"。 [6]今蠢今翼日民献有十夫予翼：今，现在。蠢，虫子蠕动之状，即蠢动。翼，恶鸟飞扑之状。日，近日。民献，亦作"献民"，即被俘的殷人贵族。十夫，字面意为十个人，但实际指一群人。予翼，"翼予"倒文；翼，辅佐。 [7]以于敉文、武图功：以，往。敉，同"弥"，完成。图，大。 [8]大事：指东征平叛之事。 [9]休：美好。此问句意为"好不好"？ [10]卜并吉：殷人和周人占卜时，用三卜人灼三龟。此句意为"这次在三个龟甲上都得到吉兆"。

肆[1]予告我有邦[2]君越尹氏[3]、庶士[4]、御事曰：予得吉卜，予惟以[5]尔庶邦于伐[6]殷逋播臣[7]！尔庶邦君越庶士、御事罔不反曰[8]："艰大，民亦不静，亦惟在王宫，邦君室[9]，越予小子考翼[10]，不可征。王害[11]不违卜？"

【注释】[1]肆：所以现在。 [2]有邦：原作"友邦"，但并非友好邻国之意，而是指附属周邦的诸小国。 [3]尹氏：周王朝的史官，主管书写王命，拥有较大的权力。 [4]庶士：众多的官员。 [5]以：率领。 [6]于伐：征伐。 [7]逋播臣：逋播，逃亡。臣，奴隶、臣属。 [8]罔不反曰：罔，无。反，同"返"，复命，答复。此句意为"没有不回答说"。 [9]亦惟在王宫、邦君室："在王宫、邦君室"指叛乱的管叔、蔡叔之流。由于他们是王亲贵胄，所以不便直接提及。 [10]越予小子考翼：越予小子，即"惟予小子"，是邦君们的自称。考翼，当作"孝友"。此句意为"我们这些人出于孝友父兄的考虑"。 [11]害：通"曷"，为何。

肆予冲人永思艰，曰：乌虖[1]！允蠢[2]，鳏寡[3]哀哉！予造天役遗[4]，大投艰于朕身。越予冲人不卬[5]自恤[6]，义[7]尔邦君越尔多士、尹氏、御事绥^[8]予曰："无毖^[9]于恤，不可不成乃文考^[10]图功！"

已！予惟小子不敢僭^[11]上帝命。天休^[12]于文王，与我小邦周，文王惟卜用^[13]，克绥^[14]受兹命。今天其相民，矧亦惟卜用^[15]。乌虖！天明畏^[16]，弼我丕丕基^[17]！

【注释】［1］乌虖：呜呼。感叹词。［2］允蠢："允"，真的。"蠢"，动乱。此句意为"武庚等人真的作乱了"。［3］鳏寡：指普通老百姓，哀悯他们是丧亲孤苦的人。［4］予造天役遗：造，遭。役，及，抵达。遗，即"谴"。此句意为"我遭到了上天降下的谴责"。［5］卬：我。［6］恤：忧虑。［7］义：宜，应该。［8］绥：劝谏。［9］无毖：无，发语词，无义。毖，谨慎。［10］文考：周文王。［11］僭：不相信。［12］休：庇护。［13］卜用：用占卜。［14］克绥：克，能够。绥，继承。［15］今天其相民，矧亦惟卜用：相，帮助，保佑。矧，又。此句采用倒用句法，意为"今天又同文王一样占卜，上天一定会帮助、护佑我们周人的"。［16］天明畏：明，通"命"。畏，通"威"，威严。［17］弼我丕丕基：弼，辅佐。此句意为"辅佐我伟大的基业"。

王曰：尔惟旧人^[1]，尔丕克远省^[2]？尔知文王若^[3]勤哉！天閟毖我成功所^[4]，予不敢不极卒^[5]文王图事。肆予大化诱^[6]我有邦君：天棐忱辞，其考我民^[7]，予害其不于前文人图功攸终^[8]！天亦惟用勤毖我民^[9]，若有疾^[10]，予害敢不于前文人攸受休毕^[11]！

【注释】［1］尔惟旧人：此句意为"你们都是文王和武王的旧臣"。［2］尔丕克远省：丕，大，很。远省，当作"遹省"，遵循之意。此句意为"你们在遵循文王的遗教上能够做得很好"。［3］若：如此。［4］天閟毖我成功所：閟毖，可能为同义复词，诰教之意。所，所在，原因。此句意为"上天已把成功之道诰教于我"。［5］极卒：极，亟，急速。卒，完成。［6］化诱：教导。［7］天棐忱辞，其考我民：考，成全，安定。此句意为"天并非信我，而是为了安定我们的人民，才来助我的"。［8］予害其不于前文人图功攸终：攸，是。此句意为"我哪敢不为先文王的大功得出一个结果来呢"？［9］天亦惟用勤毖我民：勤，即"劳"，指征伐。毖，操劳。此句意为"上天又要让我们的民众操劳起来，从事征伐"。［10］若有疾：有，与"为"的含义同，治疗之意。此句意为"就像治病"。［11］予曷敢不于前文人攸受休毕：攸，是。毕，攘除疾病之意。此句意为"我怎敢不为了先王所受天之降福，而不去彻底地攘除这疾病"！

　　王曰：若昔朕其逝[1]，朕言艰日思[2]。若考[3]作室，既厎法[4]，厥子乃弗肯堂[5]，矧肯构[6]；厥考翼其[7]曰："予有后，弗弃基？"厥父菑[8]，厥子乃弗肯播，矧肯获；厥考翼其肯曰："予有后，弗弃基？"肆予曷敢不越卬[9]敉文王大命！[10]

　　若兄考[11]，乃有[12]伐厥子，民养[13]其劝[14]弗救？

【注释】［1］若昔朕其逝：若，就像，或者为发语词。昔，过去。其，读为"之"。逝，"誓"之假借，诰教之意。此句意为"就像我前面所说的"。［2］朕言艰日思：言，于。此句意为"我每天都在思考目前的艰难局势"。［3］考：父亲。［4］厎法：厎，定。法，关于营建房屋的构图尺寸规定。"厎法"就是"定法"，意为"搞好造房屋的规划和准备"。［5］乃弗肯堂：乃，尚且。堂，本意为"高出地面的方形土台"，此处做动词，意为"堆土夯实以奠定房基"。此句意为"为房子打地基的事情尚且不肯干"。［6］矧肯构：构，架梁。此句意为"又怎会肯做架起梁椽的工作"？［7］翼其：翼，无义。其，哪里会。［8］菑：除草翻土。［9］越卬："及身"之意，即"趁我这一生"。［10］厥考翼其曰……敉文王大命：此句意为："这时候他老人家看了，难道会说'我有个好后代，不会抛弃我的基业'吗？又好比有位父亲已给田除完了草，做儿子的连播种都不干，更不用说收割了。这时他老人家难道会说'我有个好后代，他不会抛弃我的基业'吗？像这样，所以我才不敢不趁着我这一生，去尽力完成文王所受的大天命。"［11］兄考：即皇考，父亲之意，可能暗指成王之父周武王。［12］有：有人。［13］民养：主人家的仆隶。［14］劝：观望。

　　王曰：呜呼！肆[1]我告尔庶邦君越尔御事：爽邦由哲[2]，亦惟十人[3]迪知上帝命越天棐忱[4]，尔时罔敢易定[5]；矧今天降戾[6]于周邦，惟大艰人[7]诞以邻伐于厥室[8]；尔亦不知天命不易。

【注释】［1］肆：今，现在。 ［2］爽邦由哲：爽，尚且。由哲，古代成语，昌明之意。此句意为"本来，国家已经（在文武二王的治理下）昌明隆盛"。 ［3］十人：十为虚数，表示数量多。"十人"即"很多人"。 ［4］迪知上帝命越天棐忱：此句意为"这些人都明晓上帝的命令以及天之不可信赖"。 ［5］尔时罔敢易定：定，上天命定的天命。此句意为"那时他们都不敢违背上天命定的天命"。 ［6］戾：定，定命。 ［7］大艰人：指"三监"，即武庚、管叔、蔡叔等人。 ［8］诞以胥伐于厥室：诞，无义。以，用。胥，相，互相。厥室，叛周者们的家室。此句意为"这些叛周者互相攻伐彼此的家室"。

予永念曰：天惟丧殷，若穑夫[1]，予害敢不终朕亩[2]！天亦惟休于前文人，予害其极卜[3]？敢弗于从率文人有旨疆土[4]，矧今卜并吉。肆[5]朕诞以尔东征！天命不僭，卜陈惟若兹[6]！

【注释】［1］穑夫：农夫。 ［2］予害敢不终朕亩：由于前面以种田比喻这次出征，所以此句意为"我哪敢不顺从天命，以完成我田地里的农活呢"？ ［3］予害其极卜：极，亟，赶快。此句意为"我为何要赶快去占卜"？ ［4］敢弗于从率文人有旨疆土：于，往。从，遵守。率，语助词，无义。文人，周文王。旨，美好。此句意为"我不敢不前去守护文王传下的大好疆土"。 ［5］肆：所以。 ［6］卜陈惟若兹：陈，陈列，展示。惟，有。若兹，像这样。此句意为"卜兆所显示的已是如此清楚了"。

《史记·周本纪》（节选）

武王病。天下未集，群公惧，穆卜[1]，周公乃袚斋[2]，自为质[3]，欲代武王，武王有瘳[4]。后而崩，太子诵[5]代立，是为成王。

成王少，周初定天下，周公恐诸侯畔周，公乃摄行政当国。管叔、蔡叔群弟疑周公，与武庚作乱，畔周。周公奉成王命，伐诛武庚、管叔，放蔡叔。以微子开[6]代殷后，国于宋。颇收殷余民，以封武王少弟封为卫康叔。晋唐叔[7]得嘉谷[8]，献之成王，成王以归周公于兵所。周公受禾东土，鲁[9]天子之命。

初，管、蔡畔周，周公讨之，三年而毕定，故初作《大诰》，次作《微子之命》，次《归禾》，次《嘉禾》，次《康诰》《酒诰》《梓材》，其事在"周公"之篇。周公行政七年，成王长，周公反[10]政成王，北面就群臣之位。

【注释】［1］穆卜：恭敬地占卜。 ［2］祓斋：祓，除灾求福的祭祀。斋，祭祀前表示虔诚的行为，例如焚香、沐浴、独居等。 ［3］质：指周公甘愿为人质，代武王去死。［4］瘳：治愈。 ［5］诵：周成王之名。 ［6］微子开：纣王之庶兄，名启。司马迁为了避汉景帝刘启的讳，将启改为"开"。 ［7］晋唐叔：名虞，字子于（一说字"叔"），武王之子，成王之弟。 ［8］嘉谷：奇特的谷穗，祥瑞之兆。 ［9］鲁：即"旅"，意为"陈列""称说"。 ［10］反：返，还政。

宅兹中国

从仰韶时代起，洛阳一带就凭借优越的自然环境和地理位置，逐渐发展为整个华夏地区的文明中心，成为人们心目中的"天下之中"。周人崛起于西土，在遥控面积广大、人口邦国众多、文明根基深厚的东方时，如小马拉大车，显得力不从心。尤其是"三监"之乱造成的大震动令周人认识到，在东方建立新的政治中心势在必行。在成王的决策下，周公、召公两位执政大臣肩负起这个使命，选定洛邑作为东都，将其打造成周人融合殷遗、宅兹中国、一统天下的战略工程。这项工程不仅确保了周王朝在东方数百年的稳固统治，而且使得"关中—洛阳"一线成为日后近两千年中原王朝的核心统治区域，奠定了宋代以前中国"东—西"向的政治地理格局。

本节所选篇目为《尚书·洛诰》和《何尊》铭文。前者是一组周公和成王的往返告达之辞，也是关于营建洛邑最早的传世文献，讲的是洛邑营造完毕后，周公请成王到洛邑举行祀典，主持国政；成王则在祀后返回镐京，留周公居洛邑以镇守东方。后者是关于营建洛邑的最早的出土文献，记述的是成王在洛邑对名叫"何"的宗室贵族的训诫。其中的"宅兹中国"一句是目前已知"中国"一词的最早来源。

《尚书·洛诰》（节选）

周公拜手稽首曰："朕复子明辟[1]：王如弗敢及，天基命定命[2]。予乃胤保大相东土，其基作民明辟[3]。予惟乙卯朝至于洛师，我卜河朔黎水[4]。我乃卜涧水东，瀍水西，惟洛食[5]。我又卜瀍水东，亦惟洛食。伻来以图及献卜[6]。"

王拜手稽首曰："公不敢不敬天之休，来相宅，其作周匹休[7]。公既定宅，伻来，来视予卜休恒[8]吉，我二人共贞[9]。公其以[10]予万亿年敬天之休！拜手稽首诲言[11]。"

……

【注释】[1]朕复子明辟：复，复命。子，对成王的亲称。明辟，对成王的尊称。此句意为"我复命给您这位贤君"。[2]王如弗敢及，天基命定命：及，赶得上（文武二王）。基，基始，开始。定，安定天下。此句意为"我王如果自谦不能企及先王，那么其实上天已经开始赐给您安定天下的大命"。[3]予乃胤保大相东土，其基作民明辟：胤，继续。保，辅助。此句意为"我如今继续辅佐您平定东方，我王就已开始作为万民之贤君了"。[4]我卜河朔黎水：河，今黄河。朔，北方。黎水：河名。此句意为"我占卜了大河以北的黎水之地（但未得到吉兆）"。[5]我乃卜涧水东，瀍水西，惟洛食：此句意为"于是我占卜了涧水以东、瀍水以西之地，唯有洛水之地得到吉兆"。[6]伻来以图及献卜：伻，使，派使节。此句意为"特遣使来将（洛邑）地图和占卜的吉兆献上"。[7]公不敢不敬天之休，来相宅，其作周匹休：此句意为"周公您不敢不敬奉上天的美命，特来到洛地视察新都之地，实为我周邦之辅弼股肱，我要褒美您"！[8]恒：恒常。[9]我二人共贞：我二人共同承担这美好的吉兆。[10]以：与。[11]拜手稽首诲言：诲言，谋言，咨言。此句意为"我拜手稽首感谢周公您的建言谋划"。

王若曰："公，明保予冲子[1]。公称丕显德，以予小子扬文武烈[2]，奉答天命，和恒四方民居师[3]。惇宗将礼，称秩元祀，咸秩无文[4]。惟公德明光于上下，勤施于四方，旁作穆穆，迓衡不迷[5]，文武勤教[6]，予冲子夙夜毖[7]祀。"

王曰："公，予小子其退[8]，即辟[9]于周，命公后[10]。四方迪乱[11]，未定于宗礼[12]，亦未克敉[13]公功。迪将其后[14]，监我士师工[15]，诞保文武受民，乱为四辅[16]。"

【注释】[1]明保予冲子：明，勉。冲子，童子，成王自谦之语。此句意为"周公啊，请勉力辅佐我小子"。 [2]公称丕显德，以予小子扬文武烈：此句意为"称举您伟大光明的品德，与我小子弘扬文王武王之光烈"。 [3]和恒四方民居师：恒，长久地。和，和怿。此句意为"要长久地和怿四方之民，所以营建洛邑以为民众聚居的京师"。 [4]惇宗将礼，称秩元祀，咸秩无文：惇，厚。宗，崇。将，大。称，举。秩，次序。文，紊。此句意为"要崇厚大典，举行元祀，全部按照祀典顺序致祭而无紊乱"。 [5]旁作穆穆，迓衡不迷：旁，溥，普遍。迓，御，驾车。此句意为"让穆穆之教化风行四方，如御车而不迷路"。 [6]文武勤教：勤，勤劳地。此句意为"请您不辞辛劳地用文武之道教导我"。 [7]毖：谨慎。 [8]退：退居于镐京。 [9]辟：君主，此处意为"就君位"。 [10]命公后：此句意为"命周公您留后坐镇洛邑"。 [11]迪乱：迪，近。乱，治理。此句意为"近于大治"。 [12]宗礼：即"记功宗，作元祀"之礼。 [13]敉：终结。 [14]迪将其后：迪，语气词。此句意为"（所以）您将留后在洛邑"。 [15]士师工：卿士、师尹、百工。 [16]诞保文武受民，乱为四辅：诞，大。保，安定。乱，治理。此句意为"您要大为安定文王武王所受民众，治为宗周四方之辅"。

王曰："公定，予往已公功肃将祗欢[1]，公无困[2]哉我（当作'我哉'），惟无斁[3]其康（当作'庚'）事[4]。公勿替刑，四方其世享[5]。"

【注释】[1]公定，予往已公功肃将祗欢：已，即"祀"。欢，即"灌"，灌礼，酌酒灌地以祭。此句意为"周公您定下来，我前往祭祀，以公功告庙，谨恪从事，恭敬以行灌礼"。［2］困：使成王陷入困境。［3］斁：松懈。［4］庚事：即"更事"，更习政事。［5］公勿替刑，四方其世享：替，废。刑，典范。此句意为"您不要玷污您的典范，这样四方之民则世代代享用您带来的福祉"。

　　周公拜手稽首曰："王命予来，承保乃文祖受命民，越乃光烈考武王弘朕[1]。恭孺子来相宅，其大惇典殷献民[2]，乱为四方新辟，作周恭先[3]。曰其自时中乂，万邦咸休，惟王有成绩[4]。予旦以多子越御事笃前人成烈，荅其师，作周孚先[5]。考朕昭子刑，乃单文祖德[6]。"

【注释】［1］王命予来，承保乃文祖受命民，越乃光烈考武王弘朕：朕，当作"训"。越，与，以及。此句意为"我王命我来洛邑，承担保有文王所受之民，还有您的光辉的父亲武王的弘训"。［2］恭孺子来相宅，其大惇典殷献民：惇，厚，优待。典，册录，录用。此句意为"供奉我周的好小子来视察定都之地，从厚录用殷之贤人"。［3］乱为四方新辟，作周恭先：辟，法。恭，法。此句意为"以治殷之法撮举其大要，为四方新法，作为周法之先导"。［4］曰其自时中乂，万邦咸休，惟王有成绩：此句意为"将从此以作为四土之中的洛邑为治，万国都披其美盛，如此我王自有成功"。［5］予旦以多子越御事笃前人成烈，荅其师，作周孚先：荅，合，合众之意。周孚，即周郛。郛指包括王城、成周在内的大城区。此句意为"我周公旦以众卿大夫与御事官员，笃行文王武王之成烈，以合天下众心，先筑成王城，以为周郛之始"。［6］考朕昭子刑，乃单文祖德：考朕，应为"朕考"，即"我的父亲"，此处指周文王。昭，示。单，殚，克尽。此句意为"我的父亲文王昭示您以典范，您务必克尽您的祖父文王之德"。

《𣄰尊》铭文[1]

　　隹（唯）王[2]初𨕔（迁）宅于成周[3]，复禀（禀）珷（武）王豊[4]，祼自天[5]。才（在）三（四）月丙戌，王誥（诰）宗小子于京室[6]，曰："昔才（在）尔考公氏，克逑（仇）[7]玟王，肆（肆）[8]文王受兹〔大令（命）〕。隹（唯）珷王既克大邑商，则廷告于天[9]，曰：'余其宅兹中或（国）[10]，自之辥

（乂）[11]民。'乌虖[12]！尔有[13]唯（虽）小子，无戠（识）[14]，睍（视）[15]于公氏，又（有）爵（劳）[16]于天，徹（彻）令（命）[17]。苟（敬）享弐（哉）！"重[18]王龏（恭）德谷（裕）天[19]，顺（训）[20]我不每（敏）[21]。王咸亯（诰）。𠂤易贝卅朋[22]，用乍（作）𣄰（庚）公[23]宝尊彝。隹（唯）王五祀[24]。

【注释】［1］何尊：成王时一位名叫何的西周宗室贵族所作的祭器。1963年出土于陕西省宝鸡市宝鸡县，现藏于宝鸡中国青铜器博物院。尊内底铸有铭文12行、122字铭文，其中"宅兹中国"为"中国"一词最早的文字记载，弥足珍贵。此篇铭文记述的是成王在成周竣工后，在那里的宫中训诫、勉励宗小子何，命其效法先祖，敬天修德。［2］王：周成王。［3］迁宅于成周：迁东都于洛阳，但实际上真正的行政中心和宗庙仍在关中。［4］復禀武王礼：禀，承受。此句意为"沿用武王的典礼"。［5］祼自天：祼，即灌礼，将酒洒在地上以祭祀神灵的礼仪。天，天室山，即嵩山。［6］诰宗小子于京室：诰，上对下命令。宗，同祖为宗。小子，未成年人。京室，成周的京宫大室。［7］仇：配，辅佐。［8］肆：连词，而且。［9］廷告于天：唐兰先生认为"廷"应为"筳"，筳篿之意，即折断竹子占卜。因此，廷告意为"向天下卜告"。［10］中国：即成周地区，为天下之中。［11］乂：治理。［12］乌虖：同"呜呼"，感叹语。［13］有：或许。［14］无识：没有知识。［15］视：效法。［16］劳：功劳。［17］彻命：彻，通达。彻命，通晓命令。［18］重：语气词，通"唯"。［19］恭德裕天：恭，恭敬。裕，祭祀。［20］训：教导。［21］敏：聪敏。［22］朋：古代以贝壳为货币，五贝为一串，两串为一朋。［23］庚公：何的父亲或祖父。［24］唯王五祀：成王执政第五年。

立国宏规

牧野之战后，周从西陲小邦一跃成为统治天下的共主。如何建立起一套新的地方行政体系，以实现对广土众民的有效治理，成为摆在周初统治者面前的重要课题。克商不久，武王即初步分封了一批邦国。但是，随即爆发的"三监"之乱让周人吸取了教训，实施了规模更宏大、制度更严密的分封。从空间看，周人的分封以镐京一带为中心，北至燕山，南至长江下游，犹如一个巨大的扇形，涵盖了当时华夏文明所能辐射的主要区域。从时间看，周人的分封贯穿了整个西周时期，统治者根据形势的需要，不断新增、削减、改迁封国。从分封的族属看，周族宗室占多数，且多封于战略要地，同时兼封姻亲盟邦、殷商遗民、上古帝裔、边境四夷等。从"中央—地方"关系看，周人建立起定期朝觐、述职考核、君王箴历（勉励）、天子巡狩等制度，确立了诸侯协助天子的义务，并宣扬周天子"受天有大命"的神圣形象，以此大大加强了中央对地方诸侯的控制。此外，周人将宗法制度和同姓不婚原则贯穿到分封制度中，以血缘为纽带，将天下邦国结成一个巨大的亲缘关系网，极大地促进了华夏族的融合和华夏文化的发展，并由此开始孕育出统一的历史文化认同，使得古代中国走上了与同期西方帝国模式迥异的大国形成之路。

本节所选传世文献为《史记》中的《周本纪》《吴太伯世家》《齐太公世家》《鲁周公世家》《燕召公世家》《卫康叔世家》《宋微子世家》《晋世家》《楚世家》《秦本纪》《越王句践世家》。这些篇目均记述了日后叱咤风云的春秋大国在周初封邦建国的历史。与此同时，还选取了《宜侯夨簋》铭文和《克罍》铭文两篇出土文献。因为吴国和燕国分别是周朝疆域的南界和北界，而且两国早期开国史由于传世文献记载较少而微茫难求。这两篇铭文正可作为补充，具有珍贵的史料价值。

《史记·周本纪》（节选）

……（武王）封诸侯，班赐宗彝[1]，作《分殷之器物》[2]。武王追思先圣王[3]，乃褒封[4]神农之后于焦[5]，黄帝之后于祝[6]，帝尧之后于蓟[7]，帝舜之后于陈[8]，大禹之后于杞[9]。于是封功臣谋士，而师尚父[10]为首封。封尚父于营丘[11]，曰齐。封弟周公旦于曲阜，曰鲁。封召公奭于燕[12]。封弟叔鲜于管，弟叔度于蔡[13]。余各以次受封。

【注释】[1]宗彝：商朝宗庙中的礼器。 [2]《分殷之器物》：《尚书序》作《分器》，原为《尚书》中的一篇，原文已佚。《左传·定公四年》记载有武王分器之事。 [3]先圣王：上古时期的帝王们。 [4]褒封："褒"，同"褒"，褒奖封赏。 [5]焦：古地名，位于今河南省陕县西。 [6]祝：祝其，又名夹谷，位于今山东省济南市莱芜区东南。 [7]蓟：位于今北京市西南。 [8]陈：古国名，都邑位于今河南省淮阳县西。 [9]杞：位于今河南省杞县，后迁至今山东省安丘市东北地区。 [10]师尚父：姜太公。 [11]营丘：今位于山东省淄博市临淄北。 [12]燕：位于今北京市房山区琉璃河。根据考古发掘，琉璃河燕国墓地墓主名叫"克"，是召公奭之子，第一代燕侯。召公奭留在镐京，继续辅佐周王。 [13]蔡：今上蔡县。

《史记·吴太伯世家》（节选）

吴太伯，太伯弟仲雍，皆周太王之子，而王季历之兄也。季历贤，而有圣子昌，太王欲立季历以及昌，于是太伯、仲雍二人乃奔荆蛮，文身断发，示不可用，以避季历。季历果立，是为王季，而昌为文王。[1]太伯之奔荆蛮，自号句吴[2]。荆蛮义[3]之，从而归之千余家，立为吴太伯。

太伯卒，无子，弟仲雍立，是为吴仲雍。仲雍卒，子季简立。季简卒，子叔达立。叔达卒，子周章立。是时周武王克殷，求太伯、仲雍之后，得周章。周章已君吴，因而封之。乃封周章弟虞仲于周之北故夏虚，是为虞仲，列为诸侯。

【注释】[1]以上故事皆见于《周本纪》。 [2]句吴：句，夷语发音，含义不明。从吴国的出土文物（例如攻吴王夫差鉴、攻吴王光剑等）可以看出，"句吴"经常写为"攻吴"。 [3]义：认为太伯仁义。

《宜侯夨簋》铭文[1]

隹（唯）四月辰[2]才（在）丁未，囗（王？）[3]眚（省）[4]珷（武）

王、成王伐商图[5]，徣（诞）[6]眚（省）东或（国）图。王立（莅）于宜[7]，入土（社），南乡（向）。王令（命）虞侯矢曰："䢔（迁）侯于宜。"易（赐）鬯[8]一卣[9]、商瓒（瓒）[10]一□，彤（彤）[11]弓一，彤（彤）矢百，旅[12]弓十，旅矢千，易（赐）土：厥（厥）川（甽）[13]三百□，厥（厥）□百又□，厥（厥）宅邑卅又五[14]，□〔厥，〕□百又卌（四十）。易（赐）才（在）宜王人[15]□〔十？〕又七生（姓）[16]。易（赐）奠（郑）七白（伯）[17]，厥（厥）𡨄（庐）[18]□〔千？〕又五十夫，易（赐）宜庶人[19]六百又□〔十？〕六夫。宜侯矢扬王休，乍（作）虞公父丁[20]尊彝。

【注释】［1］宜侯矢簋：西周早期青铜器，高15.7厘米，口径22.5厘米，足径17.9厘米，于1954年6月在江苏省镇江市大港镇烟墩山出土，共有铭文120余字，讲述了虞侯被周天子改封在宜，获得封土、受民、礼器之事，现收藏于中国国家博物馆。由于其出土地位于周代吴国境内，因此学者们多认为此簋反映了吴国早期的建国史，十分珍贵。但是，近年来亦有学者提出，此簋出土地点只是一个窖藏，此簋可能是经过流转进入江南，未必证明宜就在江南一带。总之，吴国的建国史仍然有许多未解之谜，有待进一步研究。［2］辰：日辰。［3］王：周康王。［4］省：察看。［5］武王、成王伐商图：即武王、成王征伐殷人的地图。由此可知，周初已有军事地图，反映出当时人们较高的地理知识水平。［6］诞：发语词，无义。［7］莅于宜：莅，临。宜，具体地点不明，应指今江苏省丹徒区一带。［8］鬯：鬯，含义不明，似为地名。鬯，用香草酿成的酒。［9］卣：一种盛酒的容器，口小腹大，有盖和提梁。［10］商瓒：殷人留下来的瓒。瓒，古代行祼礼时用的挹鬯工具。［11］彤：红色的。［12］旅：即"旅"，通"卢"，黑色。［13］川（甽）：一说当读为"甽"，指山间肥沃之地，一说当读为"川"，河流之意。［14］宅邑卅又五：即三十五座聚居之邑，地域相当广大。［15］王人：本义为地位低微的官员，此处应指殷遗民中的贵族。［16］七姓：《左传·定公四年》中子鱼曾说，成王赐给卫康叔的有"殷民七族"，赐给唐叔虞的有"怀姓九宗"，这些都是殷遗民。此处铭文"七姓"应与"殷民七族""怀姓九宗"类似，是七支不同氏族的殷遗民。［17］赐郑七伯：郑，地名，位于今陕西省凤翔县。七伯，七位氏族长。［18］庐：田野中简陋的小房子，引申为住在庐中的奴隶。［19］庶人：

普通的劳动者。　[20]虞公父丁：李学勤先生认为此为两个人。虞公为吴国始封之君周章，父丁是他的儿子熊遂，作器者是熊遂之子柯相。

《史记·齐太公世家》（节选）

　　于是武王已平商而王天下，封师尚父于齐营丘。东就国[1]，道宿行迟[2]。逆旅之人[3]曰："吾闻时[4]难得而易失。客[5]寝甚安，殆[6]非就国者也。"太公闻之，夜衣而行，犁明至国。莱侯[7]来伐，与之争营丘。营丘边[8]莱。莱人，夷也，会纣之乱而周初定，未能集[9]远方，是以与太公争国。

　　太公至国，修政，因[10]其俗，简其礼，通商工之业，便鱼盐之利，而人民多归齐，齐为大国。及周成王少时，管蔡作乱，淮夷畔周，乃使召康公[11]命太公曰："东至海，西至河[12]，南至穆陵[13]，北至无棣[14]，五侯九伯[15]，实得征之。"齐由此得征伐，为大国。都营丘。

【注释】　[1]东就国：到东方的封国上任。　[2]道宿行迟：边走边在途中住宿，行进迟缓。　[3]逆旅之人：逆旅，旅馆。逆旅之人，即旅馆主人。　[4]时：时机。　[5]客：姜太公。　[6]殆：恐怕。　[7]莱侯：即莱夷，位于今山东省烟台市一带。　[8]边：毗邻。　[9]集：通"缉"，安定。　[10]因：顺从。　[11]召康公：召公奭。　[12]河：黄河。　[13]穆陵：要塞之名，今山东省临朐县南大岘山穆陵关。　[14]无棣：河流名，位于今河北省南皮、盐山县南。　[15]五侯九伯：五侯，公、侯、伯、子、男五等爵。九伯，九州诸侯之长。

《史记·鲁周公世家》（节选）

　　……（武王）封周公旦于少昊之虚[1]曲阜，是为鲁公。周公不就封，留佐武王。

　　……

　　周公卒，子伯禽固已前受封，是为鲁公。鲁公伯禽之初受封之鲁，三年而后报政周公。周公曰："何迟也？"伯禽曰："变其俗，革其礼，丧[2]三年然后除之，故迟。"太公亦封于齐，五月而报政周公。周公曰："何疾也？"曰："吾简其君臣礼，从其俗为也。"及后闻伯禽报政迟，乃叹曰："呜呼，鲁后世其北面事齐[3]矣！夫政不简不易，民不有近；平易近民，民必归之。"

伯禽即位之后，有管、蔡等反也，淮夷、徐戎亦并兴反。于是伯禽率师伐之于肸[4]，作《肸誓》，曰："陈[5]尔甲胄，无敢不善[6]。无敢伤牿[7]。马牛其风[8]，臣妾逋逃[9]，勿敢越逐[10]，敬复之[11]。无敢寇攘[12]，逾墙垣。鲁人三郊三隧[13]，峙尔刍茭、糗粮、桢干[14]，无敢不逮[15]。我甲戌筑[16]而征徐戎，无敢不及，有大刑[17]。"作此《肸誓》[18]，遂平徐戎，定鲁。

【注释】［1］少昊之虚：少昊，亦作"少暤"，上古东夷族的帝王，名挚，字青阳，号金天氏。虚，通"墟"，旧址。［2］丧：服丧。［3］北面事齐：向齐国俯首称臣。按照古制，君主坐北朝南，称"南向"，北向是臣子面朝君主的方向。［4］肸：即费，鲁邑名，今山东省费县。［5］陈：陈列，引申为准备。［6］无敢不善：谁也不能不准备好。［7］牿：牛马圈，此处引申为牲畜。［8］马牛其风：风，逃跑。此句意为"如果有谁家的马和牛跑掉了"。［9］臣妾逋逃：臣，男奴仆。妾，女奴仆。逋逃，逃亡。［10］勿敢越逐：越，擅离岗位。此句意为"不得擅离岗位去追"。［11］敬复之：如果发现他们跑回来，要恭敬地给主人还回去。［12］寇攘：掠夺。［13］鲁人三郊三隧：郊，离城邑近的地区。隧，同"遂"，城外远处的地区。三郊三隧，即北、南、西三郊三隧，提供兵源粮草。东郊东隧为留守之用。［14］峙尔刍茭、糗粮、桢干：峙，准备。刍茭，喂牛马的干草。糗粮，干粮。桢干，筑墙用的木桩夹板。［15］逮：及，足够。［16］甲戌筑：甲戌日筑造营垒。［17］无敢不及，有大刑：此句意为"不许到时候有不到的，否则会处以大刑"。［18］《肸誓》：即《尚书·费誓》。

《史记·燕召公世家》（节选）

召公奭与周同姓，姓姬氏。周武王之灭纣，封召公于北燕。

……

自召公已下九世至惠侯。燕惠侯当周厉王奔彘，共和之时。

《克罍》铭文[1]

王[2]曰："大（太）保[3]，隹（唯）乃[4]明乃心[5]，享[6]于乃辟[7]。余[8]大对[9]乃享。令（命）克[10]侯于匽（燕）[11]。旋[12]羌兔敔雩驭微[13]。"克宅[14]匽，入土[15]眔[16]氒（厥）嗣（司）[17]。用乍（作）宝尊彝。

【注释】[1]克罍：西周早期青铜器，1986年于北京市房山区琉璃河燕侯墓地1193号墓出土，通高32.7厘米，口径14厘米，现收藏于首都博物馆。上有铭文6行42字，记述了成王分封燕国第一任实封国君克的历史，是关于燕国开国史的重要史料。[2]王：周成王。[3]太保：官名，召公奭。[4]乃：你。[5]明乃心：彰显、显明你的心。[6]享：祭祀。[7]辟：先王，此处指文王、武王。[8]余：天子自称。[9]对：报答、称颂。[10]克：人名，召公奭的长子，实际上的第一位燕国国君。[11]侯于匽：侯，动词，建立侯国，称侯。匽，通作"燕"，地名，位于今北京市房山区琉璃河。[12]旋：读为"使"，任使。[13]羌兔敔雩驭微：此六字颇为难解。有学者认为这六个字分别代表六个族，是天子分封给燕侯克的，类似于分封给鲁公的殷民六族、分封给卫康叔的殷民七族、分封给唐叔虞的怀姓九宗。也有学者认为雩是连词，羌兔敔（置）、驭、微各是一人，微或释为徵。[14]宅：居住。[15]入土：纳领土封地。[16]眔：以及。[17]厥司：有司，主事官员。

《史记·卫康叔世家》（节选）

……周公旦以成王命兴师伐殷，杀武庚禄父[1]、管叔，放蔡叔，以武庚殷余民封康叔为卫君，居河、淇间故商墟[2]。

周公旦惧康叔齿少[3]，乃申告康叔曰："必求殷之贤人君子长者，问其先殷所以兴，所以亡，而务爱民。"告以纣所以亡者以淫于酒[4]，酒之失[5]，妇人是用[6]，故纣之乱自此始。为《梓材》，示君子可法则。故谓之《康诰》《酒诰》《梓材》[7]以命之。康叔之国，既以此命，能和集[8]其民，民大说[9]。

成王长，用事，举康叔为周司寇[10]，赐卫宝祭器，以章[11]有德。

【注释】[1]武庚禄父：纣王之子，"三监"之一。 [2]河、淇间故商墟：黄河与淇水之间的土地，位于河南北部安阳一带，是殷人的核心统治区，即殷墟。 [3]齿少：年轻。 [4]淫于酒：酗酒。 [5]失：通"佚"，放纵，放任。 [6]妇人是用：听信妇人之言。 [7]《康诰》《酒诰》《梓材》：均为《尚书》篇目，原文尚存。 [8]集：通"辑"，顺服。 [9]说：通"悦"，喜悦。 [10]司寇：主管司法的长官。 [11]章：通"彰"，彰显。

《史记·宋微子世家》（节选）

微子开[1]者，殷帝乙之首子而帝纣之庶兄也。纣既立，不明，淫乱于政，微子数谏，纣不听。及祖伊以周西伯昌之修德，灭阢国，惧祸至，以告纣。……

箕子[2]者，纣亲戚也。纣始为象箸[3]，箕子叹曰："彼为象箸，必为玉杯[4]；为杯，则必思远方珍怪之物而御[5]之矣。舆马宫室之渐自此始，不可振也。"纣为淫泆，箕子谏，不听。人或曰："可以去[6]矣。"箕子曰："为人臣谏不听而去，是彰君之恶而自说[7]于民，吾不忍为也。"乃被[8]发详[9]狂而为奴。遂隐而鼓琴以自悲，故传之曰《箕子操》。

……

于是武王乃封箕子于朝鲜而不臣[10]也。

……

武王崩，成王少，周公旦代行政当国。管、蔡疑之，乃与武庚作乱，欲袭成王、周公。周公既承成王命诛武庚，杀管叔，放蔡叔，乃命微子开代殷后，奉其先祀，作《微子之命》以申之，国于宋[11]。微子故能仁贤，乃代武庚，故殷之余民甚戴爱之。

【注释】[1]微子开：原名"启"，为了避汉景帝刘启的讳，此处改为"开"。微，商代封国名，位于今山西省潞城市东北。　[2]箕子：箕，国名，具体地点，诸家观点不一，有可能位于今北京市昌平区。子，爵位。　[3]象箸：象牙筷子。　[4]桮：同"杯"。[5]御：使用，占有。　[6]去：离开。　[7]说：通"悦"，取悦于。　[8]被：通"披"，披散。　[9]详：通"佯"，假装。　[10]不臣：不需要箕子的国家称臣纳贡。[11]宋：今河南省商丘市。

《史记·晋世家》（节选）

晋唐[1]叔虞者，周武王子而成王弟。初，武王与叔虞母[2]会时，梦[3]天谓武王曰："余命女[4]生子，名虞，余与之唐。"及生子，文[5]在其手曰"虞"，故遂因命之曰虞。

武王崩，成王立，唐有乱，周公诛灭唐。成王与叔虞戏，削桐叶为珪以与叔虞，曰："以此封若[6]。"史佚[7]因请择日立叔虞。成王曰："吾与之戏耳。"史佚曰："天子无戏言。言则史书之，礼成之，乐歌之。"于是遂封叔虞于唐。唐在河、汾之东[8]，方百里，故曰唐叔虞。姓姬氏，字子于。

【注释】　[1]唐：古国名，位于今山西省翼城县西，相传为尧的后代所居，后被周成王所灭，封赐给弟弟叔虞。唐国至燮父担任国君时更国号为"晋"。　[2]叔虞母：名为邑姜，姜太公之女。　[3]梦：邑姜做梦，下面的话也是她说的。　[4]女：通"汝"。[5]文：纹样。　[6]若：你。　[7]史佚：史官，名为佚。《吕氏春秋·重言》作"周公"。　[8]河、汾之东：黄河、汾水以东，今山西省侯马、曲沃、翼城一带。

《史记·楚世家》（节选）

楚之先祖出自帝颛顼高阳。高阳者，黄帝之孙，昌意之子也。高阳生称，称生卷章，卷章生重黎。重黎为帝喾高辛居火正[1]，甚有功，能光融天下，帝喾命曰祝融[2]。共工氏[3]作乱，帝喾使重黎诛之而不尽。帝乃以庚寅日诛重黎，而以其弟吴回为重黎后，复居火正，为祝融。

吴回生陆终。陆终生子六人，坼剖而产[4]焉。其长一曰昆吾；二曰参胡；三曰彭祖；四曰会人；五曰曹姓；六曰季连，芈姓，楚其后也。昆吾氏，夏之时尝为侯伯，桀之时汤灭之。彭祖氏，殷之时尝为侯伯，殷之末世灭彭祖氏。季连生附沮，附沮生穴熊。其后中微[5]，或在中国[6]，或在蛮夷，弗能纪其世。

周文王之时，季连之苗裔曰鬻熊。鬻熊子事[7]文王，蚤[8]卒。其子曰熊丽。熊丽生熊狂，熊狂生熊绎。

熊绎当周成王之时，举文、武勤劳之后嗣[9]，而封熊绎于楚蛮[10]，封以子男[11]之田，姓芈氏，居丹阳[12]。楚子熊绎与鲁公伯禽、卫康叔子牟、晋侯燮、齐太公子吕伋俱事成王。

【注释】[1]火正：上古时期的官职，负责观测祭祀和观测火星，行火政。[2]祝融：火官的封号。祝，大。融，光明。[3]共工氏：传说中的人物，炎帝之后，又名康回，相传在颛顼之时作乱，怒触不周山，导致天柱崩塌。一说为古代水官名。[4]坼剖而产：即剖宫产。坼，分开，裂开。[5]中微：中道衰微。[6]中国：中原。[7]子事：如儿子般侍奉效力。[8]蚤：通"早"。[9]举文、武勤劳之后嗣：举，任用。勤劳，指功臣。此句意为"成王要任用文王、武王功臣的后代"。[10]楚蛮：汉江流域的蛮荒之地。[11]子男：公、侯、伯、子、男五等爵中的最后两个爵位，地位最低。[12]丹阳：一说位于今河南省淅川县，一说位于今湖北省秭归县东。

《史记·秦本纪》（节选）

秦之先，帝颛顼之苗裔孙曰女修。女修织，玄鸟陨卵，女修吞之，生子大业。大业取少典之子[1]，曰女华。女华生大费，与禹平水土。已成，帝锡玄圭。禹受曰："非予能成，亦大费为辅。"帝舜曰："咨[2]尔费，赞[3]禹功，其赐尔皂游[4]。尔后嗣将大出[5]。"乃妻之姚姓[6]之玉女。大费拜受，佐舜调驯鸟兽，鸟兽多驯服，是为柏翳[7]。舜赐姓嬴氏。

大费生子二人：一曰大廉，实[8]鸟俗氏；二曰若木，实费氏。其玄孙曰费昌，子孙或在中国，或在夷狄。费昌当夏桀之时，去夏归商，为汤御[9]，以败桀于鸣条[10]。大廉玄孙曰孟戏、中衍，鸟身人言。帝太戊[11]闻而卜之使御，吉，遂致使御而妻[12]之。自太戊以下，中衍之后，遂世有功，以佐殷国，故嬴姓多显，遂为诸侯。

【注释】[1]少典之子：少典氏之女。 [2]咨：感叹词。 [3]赞：赞助，帮助。 [4]皁游：皁，黑色的。游，同"旒"，旗帜上的垂饰。 [5]大出：大有出息，大为兴旺。 [6]姚姓：舜的家族。 [7]柏翳：即伯益。 [8]实：即，是。 [9]御：驾车。 [10]鸣条：夏邑，今河南省封丘县东，亦有观点认为在山西省运城市安邑镇北。 [11]太戊：商代第九位君主。 [12]妻：将自己的女儿嫁给他。

其[1]玄孙曰中潏，在西戎，保西垂。生蜚廉。蜚廉生恶来。恶来有力，蜚廉[2]善走，父子俱以材力事殷纣。周武王之伐纣，并杀恶来。是时蜚廉为纣石[3]北方，还，无所报[4]，为坛霍太山[5]而报，得石棺，铭曰"帝令处父[6]不与殷乱[7]，赐尔石棺以华氏[8]"。死，遂葬于霍太山。蜚廉复有子曰季胜。季胜生孟增。孟增幸于周成王，是为宅皋狼[9]。皋狼[10]生衡父，衡父生造父。造父以善御幸于周缪王[11]，得骥、温骊、骅駵、騄耳之驷。西巡狩[12]，乐而忘归。徐偃王[13]作乱，造父为缪王御，长驱归周，一日千里以救乱[14]。缪王以赵城[15]封造父，造父族由此为赵氏。自蜚廉生季胜已下五世至造父，别居赵[16]。赵衰[17]其后也。恶来革者，蜚廉子也，蚤[18]死。有子曰女防。女防生旁皋，旁皋生太几，太几生大骆，大骆生非子。以造父之宠，皆蒙赵城，姓赵氏。

【注释】[1]其：中衍。 [2]蜚廉：亦作"飞廉"。 [3]石：当为"使"，出使。 [4]报：复命报告。 [5]为坛霍太山：为坛，修筑土台。霍太山，位于今山西省霍县东南。 [6]处父：飞廉的字。 [7]殷乱：殷商亡国之乱。 [8]华氏：表彰氏族。这句铭文的意思是"飞廉在得知纣王死后，不忘臣节，上天为之感动，故赐予石棺以光华其氏族"。 [9]宅皋狼：孟增的号，因为其居住于皋狼之地。皋狼，位于今山西省吕梁市离石区北。［10］皋狼：应为"宅皋狼"。［11］周缪王：即周穆王，周朝第五位君主。［12］西巡狩：周穆王热衷于各地视察游历，传说曾向西巡游，见到西王母。［13］徐偃王：淮河流域的夷族首领。［14］一日千里以救乱：造父驾车带着周穆王逃离淮夷的追杀，从南方一日千里回到镐京。这一说法的传说色彩太过明显，显然是后人增益杜撰的。［15］赵城：位于今山西省洪洞县北。［16］别居赵：即离开蜚廉后代的聚居之地，居住到赵城。［17］赵衰：晋文公时期的佐命大臣。从赵衰开始，赵氏世世代代执掌晋国国政。［18］蚤：通"早"。

非子居犬丘[1]，好马及畜，善养息之。犬丘人言之周孝王[2]，孝王召使主马于汧渭之间[3]，马大蕃息[4]。孝王欲以为大骆适嗣[5]。申侯[6]之女为大骆妻，生子成为适。申侯乃言孝王曰："昔我先郦山之女[7]，为戎胥轩[8]妻，生中潏，以亲故归周，保西垂，西垂以其故和睦。今我复与大骆妻，生适子成。申骆重婚，西戎皆服，所以为王[9]。王其图之[10]。"于是孝王曰："昔伯翳为舜主畜，畜多息，故有土，赐姓嬴。今其后世亦为朕息马，朕其分土为附庸[11]。"邑之秦[12]，使复续嬴氏祀，号曰秦嬴。亦不废申侯之女子[13]为骆适者[14]，以和[15]西戎。

【注释】［1］犬丘：即上文提到的"西垂"，位于今甘肃省礼县。近年来在礼县大堡子山发现数座早期秦公大墓，确定此处应为犬丘无疑。［2］周孝王：周朝第八位君主，公元前891—886年在位。［3］汧渭之间：汧水与渭水之间的地方，今陕西省宝鸡一带。［4］大蕃息：繁殖得非常兴旺。［5］适嗣：适（適），同"嫡"。适嗣，即让非子成为大骆的嫡长子。［6］申侯：应为西申之侯，其国位于镐京以西。［7］昔我先郦山之女：郦山，即郦山地区的君侯。此句意为"古时，我的祖先是郦山君的女儿"。［8］戎胥轩：仲衍之曾孙。［9］为王：为了天子。［10］王其图之：请天子好好考虑。［11］附庸：附属于周的小邦国。［12］秦：邑名，位于今天的甘肃省张家川回族自治县。［13］申侯之女子：申侯之女所生的孩子，即上文提到的"成"。［14］适者：嫡长子，见前注。［15］和：笼络、和平相处。

《史记·越王句践世家》(节选)

越王句践,其先禹之苗裔,而夏后帝少康[1]之庶子也。封于会稽[2],以奉守禹之祀[3]。文身断发,披草莱而邑焉[4]。后二十余世,至于允常。允常之时,与吴王阖庐战而相怨伐。允常卒,子句践立,是为越王。

【注释】[1]少康:夏朝第六位君主,结束了自太康失国后的乱政局面,复兴夏朝,成为一代中兴之主。 [2]会稽:今浙江省绍兴市。 [3]奉守禹之祀:《夏本纪》中记载大禹东巡狩至会稽而驾崩,葬于会稽。所以越人祖先在会稽奉祀大禹的神灵。 [4]披草莱而邑焉:莱,蒺藜。披草莱,指开辟荒原时的艰苦之状。邑,建立城邑。

肇建官制

在世界各文明古国中,中国是官僚制传统最为悠久、深厚的国家。这一传统有力地塑造了中华文明的政治形态,影响了中华文明的历史进程。而从目前现存的文献来看,《尚书·立政》中记述的周公肇建官制是我们了解、研究这一传统最清晰可靠的历史起点。周人在夺取天下后,迫切需要一套庞大、高效的官僚机器处理政务。在这样的形势下,周公总结了夏商两代的历史教训、文武二王的任官经验,向成王告诫怎样设置、任用高级官员,初步建立起周初的职官系统。在告诫中,周公特别强调了君主不得干预司法官员的事务,以确保司法的公平正义。这一精神不但与西方古代文明中尊重司法、崇尚公义的精神相通,而且对当今中国的政治文明建设,具有宝贵的借鉴意义。

《尚书·立政》

周公若曰:"拜手稽首[1],告嗣天子王[2]矣!用咸戒[3]于王曰[4]王左右常伯、常任[5]、准人[6]、缀衣[7]、虎贲[8]。"

【注释】[1]拜手稽首：自首至手为拜手，自首至地为稽首。周公对成王并行这两种大礼，以示郑重。 [2]嗣天子王：即天子之位的成王。 [3]咸戒：意为"对王和百官均告诫一番"。 [4]曰：应为"越"字，及、并且之意。 [5]常伯、常任：侍中之官，前者主管民事事务，后者主管政务。 [6]准人：亦作"辟人"，执法之官。 [7]缀衣：亦作"赘衣"，职务不明。 [8]虎贲：亦作"虎奔"，高级武官。

周公曰："呜呼！休兹知恤鲜哉[1]！古之人迪惟[2]有夏，乃有室大竞[3]，吁俊[4]尊上帝，迪知[5]忱恂[6]于九德[7]之行。乃敢告教[8]厥后[9]曰：'拜手稽首后矣。'曰[10]：'宅乃事[11]，宅乃牧[12]，宅乃准[13]，兹惟后矣[14]。谋面用丕训德[15]，则乃宅人，兹乃三宅[16]无义民[17]。'桀德惟乃弗作往任[18]，是惟暴德罔后[19]。亦越成汤，陟[20]丕厘[21]上帝之耿[22]命。乃用三有宅，克即[23]宅。曰三有俊[24]，克即俊。严惟丕式[25]，克用三宅三俊。其在商邑，用协于厥邑[26]；其在四方，用丕式见德[27]。

【注释】[1]休兹知恤鲜哉：休，休美，引申为"顺遂美好之时"。恤，忧虑。鲜，少。此句意为"在顺境中知道忧虑的人很少"。 [2]迪惟：语助词，无义。 [3]乃有室大竞：室，夏王室。竞，强盛。 [4]吁俊：求贤。 [5]迪知：践行。这句话的主语是夏王朝的大臣们。 [6]忱恂：诚信而非轻信。 [7]九德：多种德行。 [8]告教：即"诰教"。 [9]后：夏王。 [10]曰：这句话的主语仍旧是夏王朝的大臣们。 [11]宅乃事：宅，亦作"度"，任命好。事，执掌政务的长官，即常任。 [12]牧：即常伯，执掌民事的长官。 [13]准：即准人，执掌司法的长官。 [14]兹惟后矣：后，君主。此句意为"这样就能成为像样的君主"。 [15]谋面用丕训德：谋面，黾勉。丕，奉。训德，俊德。此句意为"黾勉地重用俊德之人"。 [16]三宅：即常任、常伯、准人。 [17]义民：邪恶之人。 [18]桀德，惟乃弗作往任：弗，通"拂"，戾。往，彼，那些。此句意为"夏桀德行昏聩，让那些暴戾之人担任那些职务"。 [19]罔后：不考虑后果。 [20]陟：登，登天子位。 [21]丕厘：丕，大。厘，顺。 [22]耿：光耀。 [23]克即：指商汤能够让三宅实就其位而不旷其职位。 [24]三有俊：有三宅之才者。 [25]严惟丕式：严，严谨。丕，大。式，法。此句意为"商汤严谨地大为取法于贤俊"。［26］用协于厥邑：此句意为"商汤这样做，在其本邦邑之内，能和谐本邦邑"。［27］见德：彰显美德。

"呜呼！其在受[1]德暋[2]，惟羞[3]刑暴德之人，同于厥邦[4]。乃惟庶习逸德[5]之人，同于厥政。帝钦[6]罚之，乃俾我有夏[7]，式[8]商受命，奄甸万姓[9]。

【注释】［1］受：纣。［2］暋：同"昏（左）耳（右）"，冒闻于上帝之意。［3］羞：进用。［4］同于厥邦：此句意为"纣王的恶德冒闻于上帝，他只知道任用那些用刑暴德之徒，跟他的邦国一样邪恶"。［5］庶习逸德：意为"众习恶德"。［6］钦：敬致。［7］俾我有夏：俾，使。我有夏，周人自称夏人之后，故称"我有夏"。［8］式：替代。［9］奄甸万姓：奄，抚。甸，治。万姓，即万民，天下的民众。

"亦越文王、武王，克知三有宅心，灼[1]见三有俊心，以敬事上帝，立民长伯[2]。立政[3]：任人、准夫、牧，作三事[4]；虎贲、缀衣、趣马、小尹、左右携仆、百司、庶府[5]；大都、小伯、艺人、表臣百司、太史、尹伯、庶常吉士[6]；司徒、司马、司空、亚、旅[7]；夷、微、卢烝、三亳、阪尹[8]。

"文王惟克厥宅心[9]，乃克立兹常事、司牧人[10]，以克俊有德[11]。文王罔攸兼于庶言、庶狱、庶慎[12]，惟有司之牧夫，是训用违[13]。庶狱庶慎，文王罔敢知[14]于兹。

"亦越[15]武王，率惟敉功[16]，不敢替[17]厥义德，率惟谋从容德[18]，以并受此丕丕基[19]。

【注释】［1］灼：明。［2］长伯：官长侯伯。［3］立政：即"立正"，设立官长。［4］任人、准夫、牧，作三事：任人，即常任。准夫，即准人。牧，即常伯。作三事，即三事大夫，三公，太师、太傅、太保。［5］趣马、小尹、左右携仆、百司、庶府：趣马，管理马政的官员。小尹，小臣之长。左右携仆，持王的器物或御车的车夫。百司，内廷分管王室事务的官员。庶府，管理王的库藏的官员。［6］大都、小伯、艺人、表臣百司、太史、尹伯、庶常吉士：大都，管理诸侯和王子、王弟们采邑的官员。小伯，负责管理卿、大夫的采邑。艺人，掌管各种技艺的官员，例如卜、祝、乐师、工师。表臣百司，负责在外廷分管政务。太史，记事和册命之官员。尹伯，百官之长。庶常吉士，许多担任常务的士。［7］司徒、司马、司空、亚、旅：司徒、司马、司空为诸侯国的三卿，不同于天子的"三宅"。亚，地位次于卿的大夫。旅，地位次于亚的众大夫。［8］夷、微、卢烝，三亳、阪尹：夷、微、卢是当时的一些支持周的部族，烝是他们的君长。三亳，商朝先前的三座都城（北亳、南亳、西亳）所在。阪，地势险要之地。阪尹，即防守之官。这些都是封疆之官。［9］克厥宅心：克，能够知道、理解。宅心，三宅之心。［10］克立兹常事司牧人：此句意为"能够立常事（常任）、司牧人（常伯）等职位"。［11］克俊有德：此句意为"用那些配得上三宅之职的人为才俊有德之士"。［12］文王罔攸兼于庶言、庶狱、庶慎：攸，语助词，无义。庶言，教诲之官。庶狱，刑狱之官。庶慎，执掌法典审讯的官员。此句意为"文王不兼揽干预庶言、庶狱、庶慎等司法官们的职权"。［13］惟有司之牧夫，是训用违：此句意为"文王只督导那些管理民事的官员，对他们的违命行为加以训斥"。［14］知：了解。［15］亦越：即"亦粤"，而且，还有。［16］率惟敉功：遵循文王安定天下的功勋。［17］替：废除、失坠。［18］率惟谋从容德：率，语助词，无义。谋，同"勉"，黾勉。容，颂。此句意为"惟黾勉遵从以颂美文王之明德"。［19］丕丕基：宏大的基业。

"呜呼！孺子[1]王矣。继自今我其立政[2]：立事、准人、牧夫。我其克灼知厥若[3]，丕[4]乃俾乱[5]，相我受民[6]，和[7]我庶狱庶慎，时则勿有间之[8]，自一话一言，我则末惟成德之彦[9]，以乂[10]我受民。

"呜呼！予旦[11]已受人之徽言[12]，咸告孺子王矣，继自今文子文孙[13]，其勿误于庶狱庶慎，惟正[14]是乂之。

【注释】［1］孺子：年幼的成王。［2］继自今我其立政：我，并指周公和成王。此句意为"从今往后，我们就要设立官长了"。［3］厥若：即上文提到的"三有宅心""三有俊心"。［4］丕：大大地。［5］乱：治理。［6］受民：即上天所授之民。［7］和：协和。［8］时则勿有间之：此句意为"有时候要注意不要让小人杂入其间"。［9］我则末惟成德之彦：末，终。惟，思。彦，美士。此句意为"一话一言，我们最终都要考虑到那些成就德行的才俊美士"。　[10]乂：治理。　[11]予旦：即"我周公旦"。　[12]受人之徽言：徽，美。此句意为"我听到的那些有关大禹、汤、文武二王任用贤者的美谈"。　[13]文子文孙：文王的子子孙孙。　[14]正：正官长。此句是告诫成王不要干预司法之事，要让真正主管司法的正官长管理。

"自古商人，亦越我周文王立政：立事、牧夫、准人，则克宅之[1]；克由绎[2]之，兹乃俾乂。国则罔有立政用憸人[3]，不训[4]于德，是罔显[5]在厥世。继自今立政，其勿以憸人，其惟吉士[6]。用励相[7]我国家。

"今文子文孙孺子王矣，其勿误于庶狱，惟有司之牧夫。

"其克诘[8]尔戎兵，以陟禹之迹[9]。方行[10]天下，至于海表[11]，罔有不服，以觐[12]文王之耿光[13]，以扬武王之大烈[14]。

"呜呼！继自今后王立政，其惟克用常人[15]。"

【注释】[1]克宅之：能任用好，让有德才者居其职。　[2]由绎：由，用。绎，乃为"择"之讹误，意为"择任"。　[3]憸人：奸邪之人。　[4]训：遵守。　[5]显：显耀。　[6]吉士：贤人。　[7]励相：励，勉力。相，辅助。　[8]诘：为"诰"字之误，命令。　[9]陟禹之迹：陟，本义为"升"，此处译为"走遍"更合适。禹之迹，大禹治水所走过的地方。　[10]方行：即"旁行"，向四方而行。　[11]海表：四裔之地。　[12]觐：见，使显现。　[13]耿光：耿，明亮。耿光，大光殊辉。　[14]大烈：烈，功业。大烈，盛功伟业。　[15]常人：有德行的普通贤才。

周公若曰："太史[1]、司寇苏公，式敬尔由狱[2]，以长[3]我王国，兹式有慎[4]，以列用中罚[5]。"

【注释】[1]太史：即下一句中的司寇苏公。苏公，即苏忿生，武王时期的司寇，封国为苏国，都邑在温，今河南省温县。　[2]式敬尔由狱：式，发语词，无义。"敬尔由狱"意为"敬重你所经办的刑狱案件"。　[3]长：有益于。　[4]兹式有慎：式，用。

此句意为"用法律时态度慎重"。[5]列用中罚：列，即"例"。此句意为"按照判例，用其适中的刑罚"。

周召同心

  周人能够取代"大邦殷"，并创造辉煌的政治文明，离不开一支素质卓越的执政团队。周公和召公就是这个团队的核心。武王驾崩后，面对年幼的成王和初生的国家，周公和召公毅然肩负起建国的重任，为周王朝的巩固和发展做出了一系列居功至伟的贡献。在这一过程中，他们怀着高度的责任心和使命感，继承先王的宏愿，效法殷周二族的贤哲，秉承以史为鉴的智慧，施行敬德保民的大政，展现出精诚团结、无私奉献的崇高品格，成为后世中国人心目中政治家的典范。

  本章所选篇目为《尚书》中的《召诰》和《君奭》。前者记录的是周公视察召公营建洛邑时发表的诰辞以及召公的答辞；后者是周公为了团结召公，与召公的一篇谈话，讲述了大臣和衷共济的重要性。两篇文献均情真意切，犹如两位老搭档之间的谆谆长谈。读者从中不难感受到二公作为大政治家的执政智慧和人格魅力。

《尚书·召诰》（节选）

  太保[1]乃以庶邦冢君出取币[2]，乃复入锡[3]周公。【周公】[4]曰："拜手稽首，旅王若公[5]，诰告[6]庶殷越[7]自乃御事[8]：呜呼，皇天上帝改厥元子[9]，兹[10]大国殷之命，惟王受命，无疆惟休，亦无疆惟恤[11]。呜呼，曷其奈何弗敬？[12]

【注释】[1]太保：官名，这里指召公。召公，姓姬，名奭，为文王庶子，封于召地，与吕尚（姜太公）、周公并为周初三大辅政之臣。武王驾崩后，年幼的成王继位。经历"三监之乱"后，周人决定营建东都洛邑，控制东方。某一日，成王命召公先去洛邑，查看和筹划利用殷遗民建设东都的情况，周公也继召公之后到达洛邑，举行郊社祭典，发表命书，命令殷遗民营造洛邑。下面就是周召二公的对话。［2］以庶邦冢君出取币：以，同"与"。币，做赠礼用的珍贵丝帛。此句意为"召公与许多国家的国君去取了珍帛"。［3］入锡：即"入赐"，意为"入赠"。［4］【周公】：传世文献中本无"周公"二字，以致长期以来学者们认为下面的话是召公说的。但是，于省吾、刘起釪先生综合上下文语境和金文定例，认为此处"周公"应有重文，后人在传抄和理解时有误。此处从于、刘二先生的看法。［5］旅王若公：旅，"嘉美"之意。若公，指召公。此句是周公在收到赠礼后，拜手稽首，对成王和召公表示赞美和感激的谢辞。［6］告：转达。［7］越：与。［8］自乃御事：意为"从其治事官员以上"。［9］元子：天子。［10］兹：承上启下之词，意为"于是"。［11］无疆惟休，亦无疆惟恤：无疆，无穷。休，美好。恤，忧。此句意为成王受天命，"既带来无穷的美好，也带来无穷的忧惧"。［12］曷其奈何弗敬：意为"我们怎能不敬慎警惕呢"？

"天既遐终[1]大邦殷之命，兹殷多先哲王[2]在天。越[3]厥后王后民，兹服[4]厥命厥终，智藏瘝在！[5]夫知[6]保抱携持厥妇子以哀吁天：'徂，厥亡出执！'[7]呜呼，天亦哀于四方民，其眷命用懋[8]！王其疾[9]敬德！

"相[10]古先民有夏，天迪从子保[11]；面稽天若[12]，今时既坠厥命。今相有殷，天迪格[13]保；面稽天若，今时既坠厥命。今冲子嗣则无遗寿耇[14]，曰：'其稽我古人之德，矧曰其有能稽谋自天。'[15]

【注释】［1］遐：永远。［2］先哲王：贤明睿智的先王。［3］越：与。［4］服：服从。［5］厥终，智藏瘝在：终，天命终结而亡国。智，智慧之人。瘝：愚病之人。［6］知：语助词，无义。［7］徂，厥亡出执：徂，逃亡。出执，出逃而被追拿。此句意为"我们只有逃亡了，但求不要逃走后还被抓回来"。［8］眷命用懋：懋，勉敬之人。此句意为"上天眷顾四方之民的性命，用勉敬之人统治他们"。［9］疾：抓紧。［10］相：视，看看。［11］天迪从子保：迪，用。从，行。子，通"慈"。此句意为"上天像慈爱儿子一样爱护他们"。［12］面稽天若：面，通"偭"，背离。稽，考问。若，顺、道。此句意为"夏人悖逆而不考问天道"。［13］格：通"假"，嘉美之意。［14］今冲子嗣则无遗寿耇："冲"同"童"，童子指年幼的成王。寿耇，老人。此句意为"如今年幼的王即位，切勿遗弃老年人"。［15］其稽我古人之德，矧曰其有能稽谋自天：矧，亦。谋，询问。此句是周公希望成王说出的话，意为"他们老人不但能认识我们古人的德行，也能寻求天道"。

"呜呼，有王虽小，元子哉！其丕[1]能諴[2]于小民！今休王不敢后[3]。用顾畏于民碞[4]。

"王来绍[5]上帝，自服于土中[6]。且曰：'其作大邑，其自时[7]配皇天。毖祀于上下[8]，其自时中乂[9]。'王厥有成命治民，今休[10]。

【注释】［1］丕：大，很。［2］諴：和，与……和谐相处。［3］今休王不敢后：休，嘉美，赞美"王不敢后"的行为。此句意为"如今我王不把这件事（与民和谐相处）放在后面，是应当赞美的"。［4］用顾畏于民碞：民碞即民言。此句意为"要看到并畏惧民众的言论"。［5］绍：助，襄助。［6］自服于土中：意为成王"于土地中央听从上帝的指示"。［7］自时：自是，从这里。［8］毖祀于上下：毖，谨慎。此句意为"恭谨地祭祀天地"。［9］中乂：乂，治理。中乂意为"治理中土"。［10］休：赞美成王如今有治民的天命。

"王先服殷御事[1]，比介[2]于我有周御事，节性惟日其迈[3]。王敬作所[4]，不可不敬德！

"我不可不监[5]于有夏，亦不可不监于有殷。我不敢知[6]曰有夏服[7]天命惟有历[8]年，我不敢知曰不其延[9]，惟不敬厥德乃早坠厥命。我不敢知曰有殷受天命惟有历年，我不敢知曰不其延，惟不敬厥德乃早坠厥命。今王嗣受厥命，我亦惟[10]兹二国命，嗣若功[11]。

【注释】［1］王先服殷御事：服，任使。殷御事，殷遗民中的御事之臣。［2］比介：使亲近。［3］节性惟日其迈："节"为"人"之误。此句意为"使殷遗民中的御事之臣和周人中的御事之臣彼此亲近融合，使他们的人生每天都在进步"。［4］王敬作所："所"为"匹"之误。匹，配，指"配天之事"。此句意为"我王恭敬地配合上帝"。［5］监：同"鉴"，以……为借鉴。［6］知：语助词，无义。［7］服：受命。［8］历：长久。［9］我不敢知曰不其延：意为"我也不敢说夏人的天命不长久"。［10］惟：思考。［11］嗣若功：意为在反思夏商两国失去天命的教训后，"继承他们成功的经验"。

"王乃初服[1]！呜呼，若生子[2]，罔不在厥初生[3]，自贻哲命[4]！今天其命哲？命吉凶？命历年？知今我初服。宅新邑，肆[5]惟[6]王其疾敬德！王其德[7]之，用祈天永命！

"其惟王勿以小民淫用非彝[8]；亦敢[9]殄戮[10]；用乂民若有功[11]。其惟王位在德元[12]，小民乃惟刑[13]用于天下，越王显[14]。上下勤恤，其曰：'我受天命，丕若有夏历年，式勿替有殷历年[15]！欲[16]王以小民受天永命！'"

【注释】［1］服：受命。［2］若生子：意为"就像生养孩子一般"。［3］罔不在厥初生：意为"其德行无不是在幼时形成"。［4］自贻哲命：意为"只要他肯努力向善，上天必然赐给他圣智的品性"。［5］肆：所以。［6］惟：希望。［7］德：为"省"之误，省察敬之意。［8］淫用非彝：淫，过度。彝，法度。此句意为不要"不合法度地过度"役使民众。［9］敢：意为"不敢"。［10］殄戮：杀戮。此句意为"不敢因为民众犯了过失就妄行杀戮"。［11］用乂民若有功：意为"这样治理民众才会有功效"。［12］王位在德元：位，立于。德元，德行之巅。［13］刑：法，效法。［14］越王显：越，于。意为"使王显赫"。［15］式勿替有殷历年：式，语助词。替，废。此句意为，希望周人受天命后能像夏人那样国祚绵长，"不要像殷国年数虽长却突然废掉了"。［16］欲：希望。

拜手稽首[1]曰："予小臣敢以王之仇民[2]、百君子越友民[3]保受王威命明德！王末有成命，王亦显[4]。我非敢勤[5]，惟恭奉币，用供王能祈天永命！"

【注释】［1］此处是召公行礼，并对周公致以答辞。［2］仇民：殷顽民。［3］百君子越友民：百君子指殷御事之臣和周御事之臣。越，与。友民，周民。［4］王末有成命，王亦显：意为"我王末后颁布的营建东都的成命，使我们感受到王显赫光明的形象"。［5］勤：自称勤苦。

《尚书·君奭》（节选）

公[1]曰："君奭[2]，我闻在昔成汤既受命，时则有若伊尹[3]，格于皇天[4]。在太甲[5]，时则有若保衡[6]。在太戊[7]，时则有若伊陟、臣扈[8]，格于上帝；巫咸乂王家[9]。在祖乙[10]，时则有若巫贤[11]。在武丁[12]，时则有若甘盘[13]。率惟兹有陈，保乂有殷，[14]故殷礼陟配天，多历年所[15]。天维纯佑命[16]，则商实百姓、王人[17]，罔不秉德明恤。小臣、屏侯、甸[18]，矧咸奔走[19]。惟兹惟德称，用乂厥辟[20]，故一人有事于四方，若卜筮，罔不是孚[21]。"

……

【注释】［1］公：周公。这段选文中的"公曰"都是周公对召公所言。以往诸多学者认为周召二公曾因为权力分配产生矛盾，周公为了安抚召公而作《君奭》。但是，通观《君奭》全篇，并无此义，反而洋溢着同僚和衷共济、精诚团结的志向。［2］君奭："奭"是召公之名，"君"为尊称。［3］伊尹：成汤时的贤臣。［4］格于皇天：格，陞。此句意为"成汤得到伊尹辅佐成功，升配于天"。［5］太甲：成汤长子太丁之子，商朝第五位国王。［6］保衡：阿衡，伊尹之名。陈梦家先生认为"衡""黄"古字通，保衡是甲骨文中的"黄尹"，可能为伊尹之子。［7］太戊：太甲之孙，商朝第十位国王。［8］伊陟、臣扈：太戊时的两位贤臣。［9］巫咸乂王家：巫咸，贤臣。乂，治理。［10］祖乙：商朝第十四位国王，甲骨文中称"中宗"。［11］巫贤：祖乙时的贤臣。［12］武丁：商朝第二十三位国王，史称"高宗"。［13］甘盘：武丁时的贤臣。［14］率惟兹有陈，保乂有殷：率，大率、大概。有陈，有位列者。此句意为"大概这些有位列的几位贤臣保治了商朝"。［15］故殷礼陟配天，多历年所：陟配天，意为按照殷礼,上述诸位先王"升遐配祀于天"。多历年,意为"经历了很多年"。所,语助词,无义。[16]天维纯佑命:纯佑,指商代诸位贤臣。此句为倒装句,当为"天维命纯佑",意为"上天唯为商朝命定了这几位贤臣"。[17]商实百姓、王人:实,有,所有。百姓,异姓之人。王人,王族同姓。[18]小臣屏侯、甸:小臣,王的近臣。屏,连词,并。侯、甸,即侯服、甸服的首领。侯服与甸服是古代王城外围,按距离远近划分的区域。按《周礼·夏官·职方氏》,王畿之地向外延伸五百里的区域是侯服,从侯服再向外延伸五百里的区域是甸服。[19]矧咸奔走:矧,亦。咸,都。奔走,为王事奔走效力。[20]惟兹惟德称,用乂厥辟:惟,因。兹,此。称,举。乂,通"艾",辅佐。辟,君王。此句意为"正因为他们崇尚道德,以德行辅佐君王"。[21]故一人有事于四方,若卜筮,罔不是孚:孚,相信。此句意为"所以君王如果向天下颁布命令,就像占卜一样,民众没有不相信的"。

公曰:"君奭,在昔上帝割申劝宁王之德,其集大命于厥躬?[1]惟文王尚克修和我有夏[2],亦惟有若虢叔,有若闳夭,有若散宜生,有若泰颠,有若南宫括。[3]又曰无能往来兹迪彝教,文王蔑德降于国人[4]。亦惟纯佑秉德,迪知天威[5],乃惟时昭文王迪见,冒闻于上帝[6],惟时受有殷命哉!"

……

公曰:"前人敷乃心,乃悉命汝,作汝民极[7]。曰:汝明勖偶王在(哉)[8]!亶乘兹大命[9]。惟文王德,丕承无疆之恤[10]。"

【注释】[1]在昔上帝割申劝宁王之德,其集大命于厥躬:割,即"害",同"曷",意为"为何"。申,重复。劝,劝勉。宁王,周文王。此句意为"过去上帝为何一再劝勉文王的德行,将天命集于他的身上"?[2]惟文王尚克修和我有夏:惟,因为。克,能够。修,治理。和,协和。我有夏,周人自称出于夏族。[3]虢叔,闳夭,散宜生,泰颠,南宫括:这五人均为周初贤臣。[4]无能往来兹迪彝教,文王蔑德降于国人:兹,益,帮助。迪,导。蔑,无。此句意为"如果没有这五位贤臣往来奔走,辅佐、引导文王以常教,文王就不会有德行施与国人"。[5]亦惟纯佑秉德,迪知天威:纯佑,指五位贤臣。此句意为"还因为这五位贤臣秉持明德,通晓上天的威命"。[6]乃惟时昭文王迪见，冒闻于上帝：乃，于是。昭，辅佐。见，显耀。冒，冒出来。此句意为"于是他们辅佐文王，使盛德光耀，使上帝得以知道"。［7］前人敷乃心，乃悉命汝，作汝民极：前人，指武王。敷：布，展现。汝，周公、召公二人。民极，民众的表率。此句意为："武王曾想申明他的心意，于是悉心地命我二人：'你们要作民众的典范。'"［8］汝明勖偶王在（哉）：明勖，即"孟勉"，尽力。偶，通"耦"，配合。此句意为武王说："你们要尽力地辅佐君王啊。"［9］亶乘兹大命：亶，通"单"，读"殚"，尽力之意。乘，承。此句意为"尽力地承担这大天命"。［10］惟文王德，丕承无疆之恤：丕，大。恤，忧，操心。此句意为"惟我文王的盛德，要大加继承，你们要永远将此事放在心上"。

公曰："君！告汝，朕允（兄）保奭［1］，其汝克敬以予监于殷丧大否［2］。肆［3］念我天威。予不允（兄）惟若兹诰［4］。予惟曰：'襄我二人，汝有合哉，'［5］言曰：'在时二人，天休滋至。'［6］惟时二人弗戡［7］。其汝克敬德，明我俊民在（哉）！让后人于丕时［8］。呜呼！笃棐时二人，我式克至于今日休［9］。我咸成文王功于不怠［10］，丕冒海隅出日，罔不率俾［11］。"

【注释】［1］朕允（兄）保奭：朕，周公自称。兄，周公比召公年轻，故称他为"兄"。保，太保，召公奭所任之职。［2］其汝克敬以予监于殷丧大否：克，能够。敬，恭谨严肃。以，与。大否，大祸。此句意为"希望你能以恭谨严肃之心，与我一起以殷人的丧亡大厄为借鉴"。［3］肆：长久地。［4］予不允（兄）惟若兹诰：不兄，即"不皇"，无暇之意。此句意为"我没有时间再说这些了"。［5］襄我二人，汝有合哉：此句意为我只是希望"有人能够襄助我二人，但只有您与我同心合德"。［6］言曰："在时二人，天休兹至"：此句意为"有人说：'有这二人辅佐君王，天赐的福佑会越来越多地降临。'"［7］惟时二人弗戡：戡，堪，承受。此句意为"不过我二人不能独自承受天赐的福佑"。［8］其汝克敬德，明我俊民在（哉），让后人于丕时：明，黾勉。俊民，杰出的子民。让，读作"襄"，襄助。后人，指成王。丕时，即"丕承"，即大承。此句意为"望您能够敬德，以黾勉我们杰出的子民啊，帮助成王大承祖德"。［9］笃棐时二人，我式克至于今日休：笃，诚。棐，非。式，用。休，美好。此句意为"假如真的没有我们二人，我周邦能够有今天这样的美好吗"！　[10]我咸成文王功于不怠：咸，都。此句意为"我们都应该不懈地成就文王之功"。　[11]丕冒海隅出日，罔不率俾：冒，覆盖。率，遵循。俾，从。此句意为"使得文王的功业广布天下，直至海边日出之地，所有子民无不遵循服从我们的德教法度"。

成康之治

　　武王逝世之后，成王在周公、召公等贤臣的辅佐下，历经数十年的艰苦奋斗，巩固了西周国家的根基。在临终前，他将重要臣工召至身边，命他们谨守文武光训，同心辅佐新王。其言辞恳切深致，读之令人动容。在一派正大庄严的氛围中，康王完成了即位大典，宣誓秉承先王遗教，敬天保民。在成王、康王统治的四十余年间，天下太平，刑错不用。而从金文文献来看，康王时期周朝对周边民族的战争接连取得辉煌的胜利，国势达到鼎盛。正因为如此，"成康之治"成为后世中国人心目中王朝盛世的象征，受到历代统治者的憧憬和仰慕。

　　本节所选的《尚书·顾命》讲述了成王的临终遗命和康王的即位仪式；《史记·周本纪》概述了成康时期的历史；《大盂鼎》铭文则记载了康王在宗周训诫宗室贵族盂，命其秉承先王先公的美德，勤劳王事并赐予厚赏之事，是研究西周天命观念、政治制度、奴隶制度的宝贵史料，而铭文本身也因为庄重典雅、雄浑静穆的书法，成为无可争议的"金文之王"。

《尚书·顾命》（节选）

　　惟四月哉生魄[1]，王不怿[2]。甲子，王乃洮颒[3]水，相[4]被冕服[5]，凭玉几[6]。乃同[7]召太保奭、芮伯、彤伯、毕公、卫侯、毛公[8]、师氏、虎臣、百尹、御事[9]。

【注释】［1］哉生魄：每月中月亮开始有光的那一天，一般是每月的初二或初三。［2］不怿：即不悦怿，身体不好。［3］洮颒：洮，洗头发。颒，洗脸。［4］相：侍臣。［5］冕服：即王穿戴的冠冕和衮服。［6］几：一种小矮桌，供人凭靠。［7］同：同时。［8］太保奭、芮伯、彤伯、毕公、卫侯、毛公：均为成王时的重臣。［9］师氏、虎臣、百尹、御事：分别指的是从事征伐的主兵之官、侍卫官、百官之长、为王室执行各种事务的官员。

　　王曰："呜呼！疾大渐[1]，惟几[2]，病日臻，既弥留，恐不获誓言嗣[3]，兹予审[4]训命汝，昔君文王、武王，宣重光[5]，奠丽陈教[6]，则肄肄不违[7]，用克达殷[8]，集[9]大命。在后之侗[10]，敬迓[11]天威，嗣守文武大训，无敢昏逾[12]。今天降疾，殆弗兴弗悟[13]，尔尚明时[14]朕言，用敬保元子钊[15]，弘济于艰难，柔远能迩[16]，安劝[17]小大庶邦，思夫人自乱于威仪[18]，尔无以钊冒贡[19]于非几[20]。"
　　兹既受[21]命，还[22]，出缀衣于庭[23]。越翼日[24]乙丑，王崩。
　　……

【注释】［1］疾大渐：意为"病情大大地加重了"。［2］几：殆，寿数将尽。［3］恐不获誓言嗣：意为"（我在弥留之际）害怕留不下关于嗣位的诰命了"。［4］审：谨慎地。［5］宣重光：宣，显耀。重光，文武二王的光辉。［6］奠丽陈教：奠，奠定。丽，法令。陈，敷陈。教，教化。［7］肄肄不违：肄肄，努力勤奋之貌。这句是说民众努力学习践行文武二王的法令德教而不违背。［8］用克达殷：达，挞。此句意为"于是周人能够打败殷国"。［9］集：就，获得。［10］侗：通"童"，未成器之人。这是成王的自谦之辞。［11］迓：迎迓，迎受。［12］逾：通"渝"，改变。［13］殆弗兴弗悟：殆，将。兴，病情好转。悟，觉，神志清楚。［14］明时：明，同"勉"，尽力。时，同"承"，承受，领会。［15］元子钊：即太子钊。钊，周康王之名。［16］柔远能迩：周代的习用成语，大意为"安抚绥柔远方之人，和谐相善近处之人"。［17］安劝：安，使安定。劝，劝善。［18］思夫人自乱于威仪：思，语助词，无义。夫人，即人人。乱，治，养成。此句意为"人人都知道要养成威仪"。

［19］冒贡：冒，贪。贡，献。 ［20］非几：几，理。这两句是告诫群臣，不要用财物贿赂太子钊，让他陷于非理之地。 ［21］受：授。 ［22］还：回到寝宫。 ［23］出缀衣于庭：缀衣，幄帐，王的坐立之处。此句意为"在朝堂上撤去幄帐"。 ［24］翼日：同"翌日"，第二天。

王麻冕黼裳[1]，由宾阶隮[2]。卿士、邦君，麻冕蚁裳[3]，入即位[4]。太保、太史、太宗[5]皆麻冕彤裳[6]。太保承[7]介圭[8]，上宗[9]奉同瑁[10]，由阼阶[11]隮。太史秉书[12]，由宾阶隮，御[13]王册命。

曰："皇后凭玉几[14]，道扬末命[15]：命汝嗣训[16]，临君周邦，率循大卞[17]，燮和[18]天下，用答扬文武之光训[19]。"王再拜[20]，兴[21]，答[22]曰："眇眇予末小子[23]，其[24]能而乱[25]四方，以敬忌[26]天威。"

【注释】［1］王麻冕黼裳：王，康王。麻冕，用麻布制成的礼冠。黼裳，一种绘有花纹的冕服。麻冕、黼裳均为康王参加即位大典时的礼服，此处均活用为动词。 ［2］由宾阶隮：宾阶，殿堂的西侧台阶。古礼规定，宾客应由西阶升降。隮，升，上去。 ［3］蚁裳：玄色（黑中带红的颜色）的冕服。 ［4］入即位：进入宗庙大殿后各就其位。 ［5］太宗：即宗伯，掌管天子的宗室之事和各种祭礼。 ［6］彤裳：红色的冕服。 ［7］承：捧着。 ［8］介圭：即大圭，是象征天子地位的礼器。 ［9］上宗：即太宗。 ［10］同瑁：一种名为"同"的酒爵。 ［11］阼阶：殿堂的东阶。 ［12］书：写着成王顾命的册命之辞的命书。 ［13］御：迎着，对着。 ［14］皇后凭玉几：皇，光明伟大的。后，君主，指成王。凭玉几，靠着玉几。 ［15］道扬末命：道扬，宣扬，宣说。末命，遗命。 ［16］嗣训：继承遗训。 ［17］大卞：大法，先王的法度。 ［18］燮和：协和。 ［19］答扬文武之光训：答扬，对扬，西周的惯用语例，报答颂扬之意。文武，文王武王。光训，圣明光耀的训明。 ［20］再拜：拜，额头贴着双手跪至地面。再，两次。 ［21］兴：起身。 ［22］答：即"对"，康王对答。 ［23］眇眇予末小子：眇眇，浅微。末，浅末。此句意为"我这微眇浅末的小子"。 ［24］其：岂。 ［25］乱：治理。 ［26］敬忌：敬畏。

《史记·周本纪》(节选)

成王将崩，惧太子钊之不任[1]，乃命召公、毕公率诸侯以相太子而立之。成王既崩，二公率诸侯，以太子钊见于先王庙，申告以文王、武王之所以为王业之不易，务在节俭，毋多欲，以笃信[2]临之，作《顾命》。太子钊遂立，是为康王。康王即位，遍告诸侯，宣告以文武之业以申[3]之，作《康诰》[4]。故成康之际，天下安宁，刑错[5]四十余年不用。康王命作策毕公分居里[6]，成周郊，作《毕命》[7]。

【注释】[1]不任：不能胜任天子之位。 [2]笃信：敦厚，守信。 [3]申：申饬，告诫。 [4]《康诰》：应为《康王之诰》。《尚书》中有另外一篇《康诰》，是册封卫康叔前往建立卫国的诰辞。 [5]刑错：刑，刑法。错，搁置，不使用。 [6]康王命作策毕公分居里，成周郊：此句颇为艰涩，大意为"康王命人作册书以告毕公，让毕公划分殷民所居住的地区，让成周的郊区安定下来"。 [7]《毕命》：《尚书》中的一篇，原文已佚，内容为毕公受康王之命，前往治理成周。现存《毕命》为伪《古文尚书》中的一篇，为后人伪作。

《大盂鼎》铭文[1]

隹（唯）九月，王[2]才（在）宗周[3]，令（命）[4]盂。王若[5]曰："盂！不（丕）显玟（文）王受天有（佑）[6]大令（命）[7]。在[8]珷（武）王嗣玟（文）乍（作）邦[9]，闢[10]氒（厥）匿（慝）[11]。匍（敷）[12]有四方，畯（畯）[13]正氒（厥）民。在雩（于）御事[14]，𢆶[15]酉（酒）无敢酖（酖？）[16]；有柰（祡）[17]蒸（烝）[18]祀，无敢醻（扰）[19]。故天异（翼）临子[20]，灋（废）[21]保先王，□（匍？）有四方。我闻殷述（坠）令（命）[22]，隹（惟）殷边侯[23]、田（甸）[24]，雩（与）殷正百辟[25]，率[26]肄（肆）[27]于酉（酒），古（故）丧自（师）[28]已（矣）！女（汝）妹（昧）辰[29]又（有）大服[30]，余[31]隹（唯）即朕，小学（教）女（汝）。勿飢（廢）余乃辟一人[32]。今我隹（唯）即井（型）[33]廩（禀）[34]于玟（文）王正[35]德，若玟（文）王令（命）二三正[36]。今余隹（唯）令（命）女（汝）盂𨛫（绍）[37]燚（荣）[38]，苟（敬）雝（雍）德𢓊（经）[39]，敏朝夕入谏（谏）[40]，享奔走[41]，畏天畏（威）。"王曰："𠭯（而？）令（命）女（汝）盂井（型）乃嗣且（祖）南公[42]。"王曰："盂！迺（乃）𨛫（诏）夾[43]死（尸）𤔲（司）戎[44]，敏誎罚讼[45]，夙夕𨛫（诏）我一人烝[46]四方。雩（粤）[47]我其遹省[48]先王受民彊（疆）土。易（赐）女（汝）鬯一卣[49]，冂（冕）衣[50]、巿（绂）[51]、舃[52]、车、马。易（赐）乃且（祖）南公旂[53]，用遝（狩）[54]。易（赐）女（汝）邦[55]𤔲（司）[56]四白（伯）[57]，人鬲[58]自驭[59]至于庶人[60]六百又五十又九夫。易（赐）尸（夷）𤔲（司）[61]王臣[62]十又三白（伯），人鬲千又五十夫。徎（极）[63]𥨥[64]䢦（迁）自氒（厥）土。"王曰："盂！若[65]苟（敬）乃正[66]，勿灋（废）朕令（命）。"盂用对王休，用乍（作）且（祖）南公宝鼎。隹（唯）王廿（二十）又三祀[67]。

【注释】［1］大盂鼎：1849年出土于陕西郿县礼村，自出土后命运一波三折，几度易手，现藏于中国国家博物馆。鼎高101.9厘米，口径77.8厘米，重153.5千克。铭文291字，记载了周康王在宗周训诰贵族盂之事，具有极高的史料价值。［2］王：周康王。［3］宗周：镐京。［4］命：册命。［5］若：如此，这样。［6］有：读为"佑"，助。［7］大命：上天赐予的重大使命，即成为天子，治理天下。［8］在：则。［9］嗣文作邦：继承文王的大业，建立周王国。［10］闢：惩罚。［11］厥匿：厥，其，那些。匿，纣王的那些罪臣。［12］敷：遍布。［13］畯：读为"骏"，大。［14］御事：办事。［15］叡：且，感叹词。［16］酤：沉迷。［17］柴：焚烧柴以祭祀天神。［18］烝：冬季祭祀天神。［19］扰：因醉酒而扰乱。［20］故天翼临子：翼，保佑。临，监，监护。慈，慈爱。［21］废：大。［22］坠命：丧失天命。［23］边侯：边远地区的侯伯。［24］甸：即甸人，主管田事之官。［25］正百辟：正，长官。百辟，百官。［26］率：一概，都。［27］肆：沉湎于。［28］丧师：失去了军队，指战败亡国。［29］昧辰：童蒙知识未开化之时，可能暗指盂丧父继承父亲的爵位。一说为"昧爽"，即早晨天蒙蒙亮时。［30］大服：显赫的职务。服，从事政事。［31］余：空余。［32］余乃辟一人：余、乃辟、一人，均为康王自称。［33］型：效法。［34］禀：禀承。［35］正：政。［36］二三正：二三位执政大臣。［37］绍：导。［38］荣：一说为大臣荣伯，一说为"明亮"之意。［39］经：纲纪。［40］谏：进谏规劝。［41］奔走：形容在朝堂上迅速地走，引申为效力、服事。［42］嗣祖南公：嗣祖，嫡系祖先。南公，有学者认为即聃季载，为武王之同母兄弟，年纪最小。［43］夹：辅佐。［44］尸司戎：尸、司，均为"主管"之意，戎，军事征伐。［45］敏谏罚讼：敏，勤勉。谏，通"速"，及时，迅速。罚讼，诉讼案件。［46］烝：治理。［47］粤：发语词。［48］通省：视察，巡视。［49］鬯一卣：一卣鬯酒。鬯酒即混有香草酿制的酒，经常被用作周王的赏赐。［50］冕衣：或指两种物品，即头巾和上衣，或并指一物，即头巾。［51］绂：祭服上的蔽膝。［52］舄：通"屣"，木底鞋。［53］旂：旗帜。［54］狩：狩猎。［55］邦：封国。［56］司：主事官员。［57］四伯，四人，负责管理人鬲。［58］人鬲：战俘奴隶。［59］驭：驾车之人。［60］庶人：普通的步兵。［61］夷司：归王朝管辖的异族官员。［62］王臣：异族之国的大臣。［63］极：远。［64］寏：可能为地名，也可能读为"域"。极域，即"远疆"。［65］若：你。［66］正：政，政事。［67］王廿（二十）又三祀：周康王二十三年。

国人暴动

　　成康之治的盛世结束后，西周国家似乎开始走上了漫长的衰落之路。历经昭、穆、共、懿、孝、夷六代周王的统治，到了厉王时期，周王朝内忧外患不断，尤其是王室为了占有更多的自然资源及经济收益，与贵族产生了激烈的矛盾。从本节采用的《㝬簋》铭文中，我们不难感受到周厉王忧心忡忡地祈求先祖保佑、振兴国家的心情。但是，由于厉王执政的手段过于专制严厉，激起贵族和普通国人的愤怒，最终被一场"国人暴动"所驱逐。厉王被逐是西周历史上的重大事件。它的历史真相以及周王朝陷入危机的原因，还有待更深入的研究。但是，围绕这一事件的各种文本，却成为流传千年的经典。《诗经》中的《国风》《小雅》《大雅》中收录了许多讽刺、哀叹厉王时期周政丧乱的诗歌，例如本节采用的《板》，被视作"变风""变雅"的代表作；《国语》《史记》中"召公谏厉王弭谤"的故事不断警醒后世统治者，要尊重民意舆论；《史记》中所记载的国人暴动、共和行政的年份（公元前841年），则成为中国历史有确切纪年的开始。

《诗经·大雅·板》

上帝板板[1]，下民卒瘅[2]。出话不然[3]，为犹不远[4]。
靡圣管管[5]，不实[6]于亶[7]。犹之未远，是用大谏[8]。
天之方难[9]，无然宪宪[10]。天之方蹶[11]，无然泄泄[12]。
辞之辑矣[13]，民之洽矣。辞之怿[14]矣，民之莫[15]矣。

【注释】[1]上帝板板：上帝，暗讽周厉王。板板，违反正道之貌。[2]卒瘅：卒，同"悴"，又作"瘁"，劳瘁。瘅，义同"悴"。[3]出话不然：话，好话。此句意为"说出的话不像样"。[4]为犹不远：犹，同"猷"，谋略，政策。远，远见。[5]靡圣管管：靡圣，眼里没有圣人。管管，自以为是。[6]实：实行。[7]亶：诚信。[8]是用大谏：此句意为"（正是由于你没有远见），所以用我这深切的谏言"。[9]方难：正在遭受灾难。[10]无然宪宪：无然，不要这样。宪宪，同"欣欣"，喜悦之貌。[11]蹶：动乱。[12]泄泄：多嘴多舌。[13]辞之辑矣：辞，同"辤"，在金文中，"辤"意为"我"。此处"辞"意为"我与同僚"。[14]怿：悦，关系和谐之貌。[15]莫：同"慔"，勉力。

我虽异事[1]，及[2]尔同僚。我即[3]尔谋[4]，听我嚣嚣[5]。
我言维服[6]，勿以为笑。先民有言：询于刍荛[7]。
天之方虐[8]，无然谑谑[9]。老夫灌灌[10]，小子蹻蹻[11]。
匪我言耄[12]，尔用忧谑[13]。多将熇熇[14]，不可救药[15]。

【注释】[1]异事：职务不同。[2]及：与。[3]即：靠近。[4]谋：商议。

[5]嚣嚣：同"警警"，刚愎自用而不听进言之貌。这几句都是形容厉王。 [6]服：合理的建议。 [7]刍荛：刍，草。荛，柴。此二者代指打草砍柴的樵夫。这两句意为"古人有话，要向樵夫征求意见。樵夫如此卑贱，尚且需要统治者去咨询，更何况我身立朝堂之上，与你同朝呢？" [8]虐：暴虐。 [9]谑谑：嬉笑欢乐之貌。 [10]老夫灌灌：老夫，诗人自称。古人七十岁自称"老夫"。灌灌，同"懽懽"，犹"款款"，诚恳之貌。 [11]小子蹻蹻：小子，代指厉王。蹻蹻，傲慢之貌。 [12]匪我言耄：匪，非。言，话语。耄，八十岁的老人，"老糊涂"之意。 [13]忧谑：开玩笑。 [14]多将熇熇：将，用。熇熇，火势炽盛之貌，形容厉王之政如烈火酷烈惨毒。 [15]药：救治。

天之方懠[1]，无为夸毗[2]。威仪卒迷[3]，善人载尸[4]。
民之方殿屎[5]，则莫我敢葵[6]。丧乱蔑资[7]，曾莫惠我师[8]。
天之牖[9]民，如埙如篪[10]，如璋如圭[11]，如取如携[12]。
携无曰益[13]，牖民孔易。民之多辟[14]，无自立辟[15]。

【注释】[1]懠：怒。 [2]夸毗：卑躬诡媚。 [3]威仪卒迷：威仪，君臣之间的严肃仪态。卒，完全，尽。迷：混乱。 [4]善人载尸：载，则。尸，在祭神时由活人扮演的神。由于是扮演神，所以不能说话。此句意为"贤人君子则如尸那样，不说话，以躲避政乱"。 [5]殿屎：同"唸吚"，痛苦呻吟。 [6]莫我敢葵：葵，同"揆"，猜。此句是倒装句，应为"莫敢葵我"，意为"你对我怎敢有别的想法？" [7]蔑资：蔑，无。资，同"济"，停止。 [8]曾莫惠我师：曾，乃。惠，施恩惠。师，民众。此句意为"更别说惠及我们的民众"。 [9]牖：通"诱"，诱导。 [10]埙、篪：分别为陶土和竹子制成的吹奏乐器。 [11]璋、圭：两种玉制礼器。 [12]携：提。 [13]无曰益：曰，语助词，无义。益，同"隘"，阻碍，困难。 [14]辟：邪辟。 [15]无自立辟：无自，无从。辟，法。

价人维藩[1]，大师维垣[2]，大邦维屏[3]，大宗维翰[4]。
怀德[5]维宁，宗子[6]维城。无俾城坏，无独斯畏[7]。
敬[8]天之怒，无敢戏豫[9]。敬天之渝[10]，无敢驰驱[11]。

昊天曰明[12]，及尔出王[13]。昊天曰旦[14]，及尔游衍[15]。

【注释】［1］价人维藩：价，同"介"，善。维，是。藩，藩篱，屏障。［2］大师维垣：大师，民众。垣，墙。［3］屏：屏障。［4］大宗维翰：大宗，周天子的姬姓宗族。翰，栋梁。［5］怀德：以德行团结（贤人、民众、诸侯、宗族）。［6］宗子：周王的嫡子。［7］无独斯畏：独，孤独。斯，这。此句意为"不要让自己成为孤家寡人，这样是很可怕的"。［8］敬：敬畏。［9］戏豫：嬉戏娱乐。［10］渝：上天的灾变。［11］驰驱：自我放纵之态。［12］明：光明。［13］及尔出王：及，与。王，同"往"。出王，来往。［14］旦：同"明"，光明。［15］游衍：游逛。这两句是劝谏周厉王位高权重，与天同行，要时刻敬畏、体察上天的变怒。

《史记·周本纪》（节选）

夷王崩，子厉王胡[1]立。厉王即位三十年，好利，近荣夷公[2]。大夫芮良夫[3]谏厉王曰："王室其将卑[4]乎？夫荣公好专利[5]而不知大难。夫利，百物之所生也，天地之所载[6]也，而有专之，其害多矣。天地百物皆将取焉，何可专也？所怒甚多，而不备大难。以是教王，王其能久乎？夫王人者，将导利[7]而布[8]之上下[9]者也。使神人百物无不得极[10]，犹日怵惕[11]惧怨之来也。故《颂》[12]曰'思[13]文[14]后稷，克配彼天，立[15]我烝民[16]，莫匪尔极[17]'。《大雅》曰'陈锡载周'[18]。是[19]不布利而惧难乎，故能载周以至于今。今王学专利，其可乎？匹夫专利，犹谓之盗，王而行之，其归鲜矣[20]。荣公若用，周必败也。"厉王不听，卒以荣公为卿士，用事[21]。

【注释】［1］胡：周厉王的名。［2］荣夷公：厉王时期的大臣，事迹不详。"荣"应为其国名，"夷"应为其谥号。［3］芮良夫：又称芮伯。"芮"为其国名，"良夫"为其人名。［4］卑：衰微。［5］专利：独享山林薮泽的好处。［6］载：生。［7］导利：引导生产，开发获利。［8］布：布施，给予好处。［9］上下：上天和黎民。［10］极：中，合适、适宜。［11］怵惕：戒惧。［12］《颂》：《诗经·周颂·思文》。［13］思：

思念，或为语助词，无义。［14］文：有文德的。［15］立：同"粒"，活用为动词，养育。［16］烝民：众民。［17］莫匪尔极：莫匪，即"莫非""无非"，全都是。极，至，最大的好处。［18］陈锡载周：见于《大雅·文王》。陈，布施，广布。锡，同"赐"，施恩。载，同"栽"，培育，发展。［19］是：岂不是。［20］其归鲜矣：归，归服周王的人。鲜，少。［21］用事：掌权。

王行暴虐侈傲，国人谤[1]王。召公[2]谏曰："民不堪命[3]矣。"王怒，得卫巫[4]，使监谤者，以告则杀之。其谤鲜矣，诸侯不朝。三十四年[5]，王益严，国人莫敢言，道路以目[6]。厉王喜，告召公曰："吾能弭[7]谤矣，乃不敢言。"召公曰："是鄣[8]之也。防民之口，甚于防水。[9]水壅[10]而溃[11]，伤人必多，民亦如之。是故为水者[12]决之使导，为民者[13]宣之使言。故天子听[14]政，使公卿至于列士[15]献诗，瞽[16]献曲，史[17]献书，师箴，瞍赋，矇诵，百工谏，[18]庶人传语，近臣尽规[19]，亲戚补察[20]，瞽史教诲，耆艾修之[21]，而后王斟酌[22]焉，是以事行而不悖。民之有口也，犹土之有山川也，财用于是乎出；犹其有原隰衍沃[23]也，衣食于是乎生。口之宣言也，善败于是乎兴[24]。行善而备[25]败，所以产财用衣食者也。夫民虑之于心而宣之于口，成而行之[26]。若雍其口，其与能几何？[27]"王不听。于是国莫敢出言，三年[28]，乃相与畔[29]，袭厉王。厉王出奔于彘[30]。

厉王太子静匿召公之家，国人闻之，乃围之。召公曰："昔吾骤[31]谏王，王不从，以及此难也。今杀王太子，王其以我为仇[32]而怼[33]怒乎？夫事君[34]者，险[35]而不雠怼，怨而不怒，况事王乎！"乃以其子代王太子，太子竟得脱。

召公、周公[36]二相行政，号曰"共和"[37]。……

【注释】［1］谤：责备。［2］召公：召穆公，名虎，召公奭的后代。［3］堪命：堪，忍受。命：厉王的政令。［4］卫巫：来自卫国的巫师。［5］三十四年：公元前844年。［6］道路以目：走在路上只以眼神交流。［7］弭：消除。［8］鄣：通"障"，堵塞。［9］防民之口，甚于防水：水，《国语·周语》作"川"。此句意为"堵住民众的嘴，比堵住河水的危险还大"。［10］壅：堵塞。［11］溃：决口。［12］为水者：

治水之人。［13］为民者：治民者。［14］听：听取，治理。［15］列士：官吏阶层中最低级者。［16］瞽：盲人，此处指乐官。在古代，乐官常由盲人担任。［17］史：太史。［18］师箴，瞍赋，矇诵，百工谏：师，乐师。箴，一种寓有劝戒意义的韵文。瞍，无眸子之人。赋，有一定音节腔调的诵读。矇，有眸子而看不见的人。诵，诵读。百工，百官。［19］尽规：尽力规劝。［20］补察：补救王的过失，督查王的行政。［21］耆艾修之：耆，六十岁的老人。艾，五十岁的老人。修之，归纳、总结前述之人的意见。［22］斟酌：参考采纳。［23］衍沃：衍，低下而平坦的土地。沃，有河流灌溉的土地。［24］兴：充分地显现。［25］备：防备。［26］成而行之：考虑成熟后采纳推行。［27］其与能几何：与，语气词。能几何，统治能持续多久呢？［28］三年：公元前841年。［29］相与畔：相与，一起。畔，通"叛"，反叛。［30］彘：地名，今山西省霍州市。［31］骤：屡次。［32］仇：敌对。［33］怼：怨恨。［34］事君：侍奉主公。君，指诸侯和其他有封国的君主。［35］险：通"憸"，恨。［36］周公：周定公，名字不详，为周公旦之后。［37］共和：《竹书纪年》认为"共和"为共伯和执政的年号，而非周公、召公二相行政的年号。共伯和即共地的君主，名和，亦有学者认为是卫武公。近年来新出土的《清华简·纪年》支持了《竹书纪年》的说法。

《㝬簋》铭文

王[1]曰："有（旧）[2]余佳（虽）孛（小子），余亡康[3]昼夜，至（经）雝（雍，拥）[4]先王，用配皇天。簧（横）㣨（宁）[5]朕心，墜（施）[6]于四方。肆（肆）[7]余以餕（义）士、献民[8]，爯（称）[9]盩（盭）[10]先王宗室[11]。"㝬（胡）乍（作）䵼彝[12]宝簋，用康惠朕皇文剌（烈）且（祖）考[13]，其[14]各（格）[15]前文人[16]，其濒（频）[17]才（在）帝廷[18]陟降[19]，龏（申）圂（绍）[20]皇□【上帝】大鲁[21]令（命），用鋶[22]保我家[23]、朕立（位）、㝬（胡）身，阤阤[24]降余多福，害（宪）[25]聋宇（訏）慕（謨）远猷[26]。㝬（胡）其万年，䵼[27]实朕多御[28]，用奉（祷）寿，匄[29]永令（命）[30]，畯[31]才（在）立（位），乍（作）疐[32]才（在）下。佳（唯）王十又二祀[33]。

【注释】［1］王：周厉王。此器铭文中频频出现作器者的名字"㝬"，即"胡"，周厉王之名。［2］有（旧）：有，语气词，或读作"旧"。［3］康：本意为"房屋空荡、虚大"，此处引申义为闲逸。［4］经雍：金文中的常见语。经，常，遵循。雍，拥护。经雍意为"遵循古制，拥护先王遗教"。［5］横置：充盈广大。［6］施：施政。［7］肆：连词，而且。［8］义士、献民：均指周之世族。［9］称：美好。［10］戾：善。［11］宗室：宗庙。［12］鬻彝：烹煮或盛放食物之器。［13］用康惠朕皇文烈祖考：康，安。惠，顺。皇、文、烈均为赞美先祖的形容词，三字并用，实属罕见。此句意为"用来使我的伟大的、有文德、功烈显赫的祖先安乐、和顺"。［14］其：语气词。［15］格：至。［16］前文人：前世文德彰明的祖先。［17］频：并，一起。［18］帝廷：天帝的居所。［19］陟降：升降上下。［20］申绍：重继。［21］鲁：嘉，美。［22］黈：读为"令"，善，美。［23］我家：周王室。［24］匜匜：喜悦的样子。［25］宪：即"宣"。［26］訏谟远猷：訏，大。谟、猷，谋略。［27］鬻：读作"将"，充实。［28］御：读作"禦"，祭祀。［29］匃：祈求。［30］永命：长命。［31］畯：长久。［32］氐：同"柢"，根本。此句意为"作为人间的根本"。［33］唯王十有二祀：周厉王十二年作器。

宣王中兴

厉王出奔后，太子静被大臣召公所保护、抚养，长大后继承天子之位，是为周宣王。在执政期间，宣王励精图治，任用贤臣，南征淮夷、荆楚，北伐猃狁、犬戎，取得了一系列辉煌的战果，大有成康遗风，史称"宣王中兴"。但是，在执政后期，宣王用兵接连失败，尤其在千亩之战中大败于姜戎，尽丧南国之师，显露出国势衰落的征兆。所谓"宣王中兴"也犹如回光返照，预示着西周王朝即将到来的灭亡。

本节所选的《诗经·小雅·六月》和《诗经·大雅·常武》分别讲述了宣王征伐猃狁、淮夷的历史，不仅具有宝贵的史料价值，而且气势撼人，读之如龙吟虎啸，是经典的战争史诗。《史记·周本纪》概述了宣王时期由盛转衰的过程。《虢季子白盘》铭文记述了贵族虢季子白奉宣王之命，讨伐犬戎，取得大捷，受王宴请，荣获封赏，赞美王休的过程，正可与《诗经》《史记》的内容相印证。

《诗经·小雅·六月》

六月栖栖[1]，戎车既饬[2]。四牡骙骙[3]，载是常服[4]。
猃狁孔炽[5]，我是用急[6]。王[7]于[8]出征，以匡[9]王国。
比物四骊[10]，闲之维则[11]。维此六月，既成我服[12]。
我服既成，于三十里[13]。王于出征，以佐天子。

【注释】[1]六月栖栖：六月，古代习惯，六月农忙时节不出兵。但是猃狁犯边，故此时出兵。栖栖：往来不停而匆忙之貌。[2]戎车既饬：戎车，兵车。饬，修理，整治待发。[3]四牡骙骙：四牡，四匹驾车的公马。骙骙，马雄健之貌。[4]载是常服：载，装载。常服，军服。[5]炽：本义为火之热烈，此处引申为"猖狂"。[6]我是用急：是，这。用，因为。是用，应为"用是"，因此。急，紧急出兵。[7]王：周宣王。此处并非王亲自出征，而是命诗人出征。[8]于：同"曰""聿"，语助词，无义。[9]匡：救助。[10]比物四骊：比，读作bì，统一。物，指驾车的四匹马。比物，意为"统一马的气力和毛色"。四骊，四匹纯黑色驾兵车的马。[11]闲之维则：闲，训练。此句意为"将士训马，使之合于作战之规则"。[12]服：戎服，军衣。[13]于三十里：于，往。三十里，古代行军一日的路程。

四牡修广[1]，其大有颙[2]。薄伐猃狁，以奏肤公[3]。
有严有翼[4]，共[5]武之服[6]。共武之服，以定王国。
猃狁匪茹[7]，整居焦获[8]。侵镐及方[9]，至于泾阳[10]。
织文[11]鸟章[12]，白旆央央[13]。元戎[14]十乘[15]，以先启行[16]。

【注释】[1]修广：修，长。广，高大之貌。[2]颙：大头大脑之貌。[3]以奏肤公：奏，为。肤，大。公，功。[4]有严有翼：即"严严翼翼"，威严而谨慎之貌。[5]共，同"恭",认真严肃地对待。［6］服:事。［7］茹:柔弱,好对付。［8］整居焦获:整,整队。居,处,居住。焦获,古代的水泽之名,位于今天的陕西省泾阳县西北。［9］侵镐及方:此句意为"猃狁入侵镐地和朔方"。两地均应位于陕西省西北部。［10］泾阳:泾水北岸。［11］织文:织,同"帜"。织文,标识,指兵士衣服后背缝有红布的徽记。［12］鸟章:将帅之旗,上绘猛禽图案。［13］白旆央央:白,同"帛"。旆,旗帜下的飘带。央央,鲜明之貌。［14］元戎:大战车。［15］十乘:按古制,兵车一乘,甲士十人。十乘,即兵车十辆,甲士百人。［16］启行:启,冲开。行,行伍。

戎车既安[1],如轾如轩[2]。四牡既佶[3],既佶且闲[4]。
薄伐猃狁,至于大原[5]。文武吉甫[6],万邦为宪[7]。
吉甫燕喜[8],既多受祉[9]。来归自镐,我行永久[10]。
饮御诸友,炰鳖脍鲤[11]。侯[12]谁在矣?张仲孝友[13]。

【注释】［1］安:安稳。［2］如轾如轩:轾,车顶前低后高之貌。轩,车顶前高后低之貌。此句是说兵车高低俯仰自如,并未因战争而损坏。［3］佶:整齐之貌。［4］闲:驯良。［5］大原:今甘肃平凉、宁夏固原一带。［6］文武吉甫:文武,能文能武,赞美之词。吉甫,即尹吉甫,周宣王时期的大臣,与南仲一起南征北讨,立下赫赫战功,同时也是诗经的重要采集者。［7］万邦为宪:万邦,形容诸侯国之多。宪,法,榜样。［8］燕喜:参加周王举办的庆功宴会,欢欣快乐。［9］祉:周王的赏赐。［10］我行永久:意为"我走了很长时间"。［11］炰鳖脍鲤:清蒸甲鱼和细切的鲤鱼。［12］侯:发语词,无义。［13］张仲孝友:张仲,周宣王时期的贤臣,尹吉甫之友。孝友,赞美之词,形容他能孝敬父母,与兄弟为友。

《诗经·大雅·常武》

赫赫[1]明明[2],王命卿士[3],南仲大祖[4],大师皇父[5]:"整我六师[6],以修我戎[7]。既敬[8]既戒,惠此南国[9]。"

王谓尹氏[10]，命程伯休父[11]："左右陈行[12]，戒[13]我师旅。率[14]彼淮浦[15]，省[16]此徐土[17]。不留不处[18]，三事[19]就绪。"

【注释】［1］赫赫：显耀盛大之貌。 ［2］明明：明智昭察之貌。这两个词都是用来歌颂周宣王的盛德。 ［3］卿士：西周时期掌管中央官署和地方的高级官员。 ［4］南仲大祖：南仲，周宣王时的大臣。大祖，意为"在太祖庙"。周人称后稷为太祖，所以此处指的是后稷庙。 ［5］大师皇父：大师，即太师，主管军事的执政大臣。皇父，人名，周宣王时期的大臣。 ［6］六师：即"六军"，按古制，12500人为一军。只有周王能拥有六军之规格。 ［7］戎：兵器。 ［8］敬：同"儆"，警戒。 ［9］惠此南国：施恩于南方诸国。 ［10］尹氏：皇父。 ［11］程伯休父：封在程地的伯爵。休父，程伯之名。［12］陈行：列队。 ［13］戒：告诫。 ［14］率：循，沿着。 ［15］淮浦：淮河岸边。［16］省：巡视。 ［17］徐土：徐国的土地。 ［18］处：居住。 ［19］三事：即三公，太师、太傅、太保。上面是宣王对出征将帅的叮嘱，让他们不要长久地驻扎在徐国的土地上，代徐国将三卿的官安排就绪即可。

赫赫业业[1]，有严[2]天子。王舒保作[3]，匪绍[4]匪游[5]。徐方绎骚[6]，震惊徐方，如雷如霆[7]，徐方震惊。
王奋厥武[8]，如震如怒。进厥虎臣[9]，阚如虓虎[10]。铺敦淮濆[11]，仍执丑虏[12]。截[13]彼淮浦，王师之所[14]。

【注释】［1］业业：举止有威仪之貌。 ［2］有严：即"严严"，威严之貌。 ［3］王舒保作：舒，徐缓。保作，安稳地行进，指起兵。 ［4］绍：徐缓。 ［5］游：游逛。［6］徐方绎骚：徐方，徐国。绎，军队。骚，因为听到天子军队来而受惊骚动。 ［7］如雷如霆：形容天子军队的攻势如雷霆般猛烈。 ［8］王奋厥武：奋，奋发。武，勇武。［9］进厥虎臣：进，进攻。虎臣，古代战争时的冲锋兵车，如同敢死队。 ［10］阚如虓虎：阚如，即"阚阚"，虎怒之貌。虓，亦作"哮"，虎吼。 ［11］铺敦淮濆：铺，同"敷"，布阵之意。敦，同"顿"，整顿。濆：河边高地。 ［12］仍执丑虏：仍，频仍，频繁。执，执获。丑虏，对淮夷俘虏的蔑称。 ［13］截：断绝敌人的通路。 ［14］王师之所：将淮浦作为王师驻守之处。

王旅啴啴[1]，如飞如翰[2]，如江如汉，如山之苞[3]，如水之流。绵绵翼翼[4]，不测不克[5]，濯[6]征徐国。

王犹允塞[7]，徐方既来[8]。徐方既同[9]，天子之功。四方既平，徐方来庭[10]。徐方不回[11]，王曰还归[12]。

【注释】[1]王旅啴啴：旅，军旅，军队。啴啴，众多之貌。[2]翰：高飞。[3]苞：本义为"茂盛"，此处引申为"聚集"。[4]绵绵翼翼：军队连绵不断而壮盛。[5]不测不克：指天子的军队不可测度，亦不可战胜。[6]濯：大。[7]王犹允塞：犹，同"猷"，谋略。允，诚信。塞，踏实可靠。[8]徐方既来：指徐方有感于周天子谋略的诚信允实，于是归服。[9]同：会合，一统。[10]庭：朝。[11]回：违背，违抗。[12]还归：凯旋还朝。

《史记·周本纪》（节选）

……共和十四年[1]，厉王死于彘[2]。太子静[3]长于召公家，二相[4]乃共立之为王，是为宣王。宣王即位，二相辅之，修政，法文、武、成、康之遗风，诸侯复宗周。

宣王不修籍于千亩[5]，虢文公[6]谏曰不可，王弗听。三十九年[7]，战于千亩，王师败绩[8]于姜氏之戎。

宣王既亡南国之师[9]，乃料民[10]于太原[11]。仲山甫[12]谏曰："民不可料也。[13]"宣王不听，卒料民。

【注释】[1]共和十四年：公元前828年。[2]彘：地名，今山西省霍州市。[3]太子静：即日后的周宣王，名静。[4]二相：周公、召公。[5]不修籍于千亩：修，继续遵循。籍，籍田之礼，即天子在春耕前亲自耕田的仪式，以示对农业的重视。千亩：天子征用民力耕种的田，位于今山西省介休市。古制规定，天子的籍田有千亩。[6]虢文公：虢国君主，周文王同母弟虢仲的后裔，其领地位于今陕西省宝鸡市。［7］三十九年：公元前789年。［8］败绩：大败。这似乎是暗指宣王不修籍礼的报应。［9］南国之师：从江汉一带诸侯国征调的军队。［10］料民：料，数。料民，调查户口。［11］太原：一说位于今山西省西南部，一说位于今宁夏回族自治区固原市。［12］仲山甫：宣王时期的名臣，又名"樊穆仲""樊仲山甫"，谥"穆仲"。［13］民不可料也：有数种解释。许倬云的《西周史》认为"大约实际人口与官府记录，已有了差距，宣王始不得不'料民'；很可能仲山父也预见'料民'的后果是人口太少，于是遂有'何必示人以弱'的议论。"也有可能是当时周王朝还未发展出后世的编户齐民制度，民众都由所属的族邦和血缘共同体管辖，中央政权无权将其纳入国家的直接控制，仲山甫认为"料民"破坏了体制惯例，因此反对。

《虢季子白盘》铭文[1]

隹（唯）十又二年[2]正月初吉丁亥，虢季子白[3]乍（作）宝盘。不（丕）显子白，壮（壮）武[4]于戎工（功）[5]，经缦（维）[6]四方。搏（搏）伐厰（猃）狁（狁），于洛之阳[7]。折首[8]五百，执讯[9]五十，是以先行[10]。超超（桓桓）[11]子白，献聝[12]于王。王孔加（嘉）[13]子白义，王各（格）[14]周庙宣廊（榭）[15]爰乡（飨）[16]。王曰："伯父[17]孔䵼（显）有光。"王赐（赐）乘马，是用左（佐）王；赐（赐）用弓，彤矢其央[18]；赐（赐）用戉（钺），用政（征）蛮（蛮）方[19]。子子孙孙，万年无彊（疆）。

【注释】［1］虢季子白盘：西周后期青铜器，盛水器，晚清时期出土于陕西省宝鸡市，现收藏于中国国家博物馆。盘内底部有铭文111字，讲述虢国的子白奉命出战，荣立战功，周王为其设宴庆功，并赐弓马之物，虢季子白因而作盘以为纪念。此物铭文能够与《诗经·小雅·六月》等征伐狎狁（亦作猃狁）的传世文献对证，反映了宣王时对外战争的战绩。［2］十又二年：周宣王十二年，公元前816年。［3］虢季子白：或说为虢宣公子白。虢季，姓氏，为虢国氏族的一支。子白，人名。［4］壮武：雄壮威武。［5］戎功：军事功绩。［6］经维：治理。［7］洛之阳：洛，河名，指渭河支流北洛水。阳，河的北岸。［8］折首：斩首。［9］执讯：俘虏。［10］先行：全军的先驱。［11］桓桓：威武之貌。［12］聝：割下的敌人的左耳。［13］孔嘉：大大地嘉奖。孔，副词，实在，非常。［14］格：来到。［15］周庙宣榭：周庙，即成周大庙，周王常于此举行献俘礼。宣榭，建筑名，周王常于此宣扬武威，大宴群臣。［16］爰飨：爰，语气词，无义。飨，举行宴会。［17］伯父：周天子称子白为伯父，是因为子白与周王同宗，且辈分高于周王，由此可见子白地位之高。［18］央：颜色鲜明。［19］蛮方：泛指南北少数民族的方国。

幽王亡国

　　周幽王是西周的最后一位国君。在他统治时期，京畿之地遭受地震重创；朝堂党派之争日趋激烈；褒姒及其子伯服受宠，申后和太子宜臼被黜，招致申后的母国申国的怨恨。天灾加上内斗，给了犬戎以可乘之机。在申国、缯国的联合下，犬戎攻破镐京，杀死幽王，灭了西周。关于西周灭亡的原因，两千年来，人们多采信《史记》中关于褒姒的传说和"烽火戏诸侯"的故事。但《史记》的记载显然吸收了后人虚构的说法，以便将周幽王塑造成听信妇言、昏聩无能的亡国之君，满足儒家道德训诫的要求。西周的亡国使得关中地区经历了一场巨大的浩劫：镐京化作废墟，贵族四散逃离，华夏化进程近乎中断。周天子更是放弃了祖居之地，在诸侯们的护送下将统治中心东迁至洛邑，从此实力大减，威望日衰。中国历史开始进入新的阶段——春秋战国。

　　本节所选篇目为《诗经·大雅·召旻》和《史记·周本纪》。前者是幽王时期"变风""变雅"的代表作，讲述一位老臣怒斥幽王任用奸佞，混乱朝纲，以致外患频仍，国土日蹙。其悲愤之情溢于言表，读之令人忧从中来，心情沉痛。后者则是幽王亡国最为经典的记述和解释，前已言及，此不赘述。相信读者读后会有自己的判断。

《诗经·大雅·召旻》

旻天疾威[1]，天笃[2]降丧[3]。瘨[4]我饥馑，民卒[5]流亡。我居圉卒荒[6]。天降罪罟[7]，蟊贼[8]内讧。昏椓靡共[9]，溃溃回遹[10]，实靖夷我邦[11]。

【注释】[1]旻天疾威：旻天，上天，暗指幽王。疾威，暴虐。 [2]笃：严重，狠狠地。 [3]丧：灾难。 [4]瘨：祸害，降灾。 [5]卒：尽，完全。下句的"卒"同义。 [6]我居圉卒荒：居，语助词，无义。圉，边疆。荒，荒年。 [7]罪罟：法网。 [8]蟊贼：吃庄稼的害虫，比喻朝中的奸佞。 [9]昏椓靡共：昏，乱。椓，通"诼"，谗言伤害别人。共，通"供"，供职。 [10]溃溃回遹：溃溃，同"愦愦"，昏乱。回遹，邪辟。 [11]实靖夷我邦：实，是。靖，图谋。夷，消灭。我邦，周邦。

皋皋[1]訿訿[2]，曾不知其玷[3]。兢兢业业[4]，孔填不宁[5]，我位孔贬[6]。如彼岁旱，草不溃茂[7]，如彼栖苴[8]。我相[9]此邦，无不溃止[10]。

【注释】[1]皋皋：同"谮谮"，互相欺骗之貌。 [2]訿訿：毁谤。 [3]曾不知其玷：曾，乃。玷，玉上的斑点，比喻人的污点。 [4]兢兢业业：戒慎恐惧之貌。 [5]孔填不宁：孔，实在。填，久。不宁，不敢贪图安逸。 [6]我位孔贬：此句意为"（对我这样小心谨慎、长久以来不敢贪图安逸的人来说），很有可能会被贬官"。 [7]溃茂：繁茂。 [8]苴：同"柤"，枯草。 [9]相：看。 [10]止：语气助词，无义。

维[1]昔之富不如时[2]，维今之疚[3]不如兹[4]。彼疏斯粺，胡不自替[5]？职兄斯引[6]。

池之竭矣，不云自频[7]？泉之竭矣，不云自中[8]？溥[9]斯[10]害矣，职兄斯弘，不烖我躬[11]？

【注释】[1]维：发语词，无义。 [2]时：指今时。 [3]疚：同"疢"，贫病。 [4]兹：此，指"此地"。 [5]彼疏斯粺，胡不自替：彼，弄权祸国的小人。疏，稷，即高粱，一种粗粮。斯，此时。稗，精米。替，辞职。此句意为"本该吃粗粮的小人，如今得到了高官厚禄，吃着精米，为何不自己退官，免得为害国家"。［6］职兄斯引：职，这。兄，同"况"，情况。引，延续。［7］池之竭矣，不云自频：云，语助词。频，滨，水边。此句意为"水池如果干涸，不是从边缘开始的吗？"此句比喻王政丧乱，始自外部群臣的腐化堕落。［8］泉之竭矣，不云自中：此句比喻国家的衰亡，是从朝廷中开始的。［9］溥：普遍。［10］斯：这，指代上面的丧乱之状。［11］不烖我躬：烖，同"灾"。此句意为"这灾难难道不会落到我身上吗？"

昔先王[1]受命，有如召公，日辟国百里，今也日蹙[2]国百里。於乎哀哉！维今之人[3]，不尚有旧[4]？

【注释】［1］先王：文王、武王。［2］蹙：缩减。由于犬戎入侵，诸侯外畔，导致国土日减。［3］今之人：指当时在朝而不被重用的人。［4］不尚有旧：此句意为"不是还有像召公那样有旧德的贤人吗？"

《史记·周本纪》（节选）

四十六年[1]，宣王崩，子幽王宫湦立。幽王二年[2]，西周三川[3]皆震。伯阳甫[4]曰："周将亡矣。夫天地之气，不失[5]其序；若过[6]其序，民乱之也。阳伏而不能出，阴迫而不能蒸[7]，于是有地震。今三川实震，是阳失其所而填阴[8]也。阳失而在阴[9]，原[10]必塞；原塞，国必亡。夫水土演[11]而民用也。土无所演，民乏财用，不亡何待！昔伊、洛[12]竭而夏亡，河[13]竭而商亡。今周德若二代之季[14]矣，其川原又塞，塞必竭。夫国必依山川，山崩川竭，亡国之征也。川竭必山崩。若国亡不过十年，数之纪[15]也。天之所弃，不过其纪。"是岁[16]也，三川竭，岐山崩。

【注释】［1］四十六年：公元前782年。［2］幽王二年：公元前780年。［3］西周三川：西周，镐京之地。三川，泾水、渭水、洛水。［4］伯阳甫：《国语》作"伯阳父"，当时的大臣。［5］失：紊乱。［6］过：失，乱。［7］阳伏而不能出，阴迫而不能蒸：蒸，蒸腾。此句意为"阳气滞伏在下而无法冒出，阴气压迫阳气使其不能升腾"。［8］填阴：填，通"镇"，镇压。镇阴，被阴气所镇住。［9］阳失而在阴：此句意为"阳气失去其位，而跑到阴气的下面"。［10］原：通"源"，水源。［11］演：水土通气。［12］伊、洛：伊水、洛水。［13］河：黄河。［14］若二代之季：像夏、商两代的末季一样。［15］纪：周期。［16］是岁：幽王二年，公元前780年。

三年，幽王嬖[1]爱褒姒[2]，褒姒生子伯服，幽王欲废太子。太子母申侯[3]女，而为后。后幽王得褒姒，爱之，欲废申后，并去太子宜臼[4]，以褒姒为后，以伯服为太子。周太史伯阳读史记[5]曰："周亡矣。"昔自夏后氏之衰也，有二神龙止于夏帝庭而言曰："余[6]，褒之二君。"夏帝卜杀之与去之与止[7]之，莫吉[8]。卜请其漦[9]而藏之，乃吉。于是布币[10]而策告之[11]，龙亡[12]而漦在，椟而去[13]之。夏亡，传此器殷。殷亡，又传此器周。比[14]三代，莫敢发[15]之。至厉王之末，发而观之。漦流于庭，不可除。厉王使妇人裸而噪之。漦化为玄鼋[16]，以入王后宫。后宫之童妾[17]既龀[18]而遭之，既笄[19]而孕，无夫而生子，惧而弃[20]之。宣王之时童女谣曰："檿弧箕服[21]，实亡周国。"于是宣王闻之，有夫妇卖是器者，宣王使执而戮之。逃于道[22]，而见乡者[23]后宫童妾所弃妖子出于路者，闻其夜啼，哀而收之，夫妇遂亡，奔于褒。褒人有罪[24]，请入童妾所弃女子者于王以赎罪。弃女子出于褒，是为褒姒。当幽王三年，王之后宫见而爱之，生子伯服，竟废申后及太子，以褒姒为后，伯服为太子。太史伯阳曰："祸成矣，无可奈何！"

褒姒不好笑，幽王欲其笑万方[25]，故[26]不笑。幽王为烽燧大鼓[27]，有寇至则举烽火。诸侯悉至，至而无寇，褒姒乃大笑。幽王说[28]之，为数[29]举烽火。其后不信，诸侯益亦不至。

幽王以虢石父为卿，用事，国人皆怨。石父为人佞[30]巧善谀好利，王用之。又废申后，去太子也。申侯怒，与缯[31]、西夷犬戎攻幽王。幽王举烽火征兵，兵莫至。遂杀幽王骊山下，虏褒姒，尽取周赂[32]而去。于是诸侯乃即申侯而共立故幽王太子宜臼，是为平王，以奉周祀。

105

【注释】［1］嬖：宠爱。［2］褒姒：来自褒国的姒姓女子。褒，古国名，位于今陕西省勉县东南。［3］申侯：西周有两个申国，一为西申，位于镐京以西，一为南申，位于今河南省南阳市。从后来申国为了保护太子而和犬戎联合攻破镐京来看，申后来自的申国应为西申，而非南申。［4］宜臼：即日后的周平王。［5］史记：对各国史书的泛称。［6］余：我们。［7］止：活捉。［8］莫吉：三种占卜方法，结果都不吉利。［9］漦：口水，含有龙之精气。［10］布币：布，摆上。币，礼品、贡品。［11］策告之：向两条龙宣读策文。［12］亡：飞走。［13］椟而去：椟，木盒子，此处活用为动词，用盒子装。去，读作jǔ，藏起来。［14］比：相并，连续。［15］发：打开。［16］玄鼋：黑色蜥蜴。［17］童妾：小婢女。［18］既龀：刚到换牙的年龄，一般为七八岁。［19］既笄：十五岁。笄，簪子。［20］弃：把与龙涎感孕而生的孩子扔掉。［21］檿弧箕服：檿，山桑木。弧，弓。箕服，箕木做的箭袋。［22］逃于道：主语为因为卖檿弧箕服而被捕杀的夫妇。［23］乡者：即"向者"，此前。［24］褒人有罪：褒人，即褒国之君，因为受到周幽王讨伐而获罪。［25］万方：千方百计。［26］故：通"固"，就是。［27］烽燧大鼓：本义为两种边境报警工具，发现外敌入侵，就点燃烽火，擂响大鼓。这里活用为动词。钱穆先生认为周代尚无烽燧制度，因此"烽火戏诸侯"的故事可能是汉代人根据秦汉时期的烽燧制度创作的故事。太史公信以为真，收于《周本纪》中。［28］说：通"悦"，喜悦。［29］数：屡次。［30］佞：巧言谄媚。［31］缯：国名，位于今河南省方城县。［32］周赂：周王室的财宝。

尚文之风

"周监于二代，郁郁乎文哉"，这是孔子对周文化的概括和礼赞。周人在夏商两代文明积累的基础上，在认知方面对人与自然鬼神的关系、人与人的关系、人性自身的反省都达到了新的高度，发展出一种理性的人文主义精神，并以这种精神规范人间的秩序，美化人的言辞、服饰、仪态、举止，陶冶人的道德修养，升华人的气质，在煌煌礼乐中将整个社会带入既有差别又彼此敬爱的和谐之境，在风雅诗文中将华夏诸国熏陶为尚文重教、崇德爱美的文明世界。可以说，周人的尚文之风塑造了华夏民族典雅裕如、敦厚中和的性格，奠定了中华文明的人文主义特质和文教传统，决定了其相较于其他具有强烈宗教情结的文明独具特色的发展道路。

本节选取的文献为《诗经》中的八首作品。《周南·关雎》讲的是贵族青年男女从恋爱走向婚姻的过程，反映了周人的爱情观念。此诗风格深情而含蓄，既是"诗三百"之首，更是传唱千年的不朽情歌。《小雅·常棣》以常棣之花朵朵相依作喻，歌颂兄弟感情亲密不移，反映了周代家族形态下的兄弟伦常。《大雅·行苇》是一首写周族领袖与族人宴会、比射以及敬老的诗，从中我们可以看到周人尊卑分明而又其乐融融的家族秩序以及尊老敬老的习俗。《小雅·鹿鸣》《周颂·访落》《周颂·有客》分别讲的是贵族宴请宾客、成王请群臣商议国政、周天子款待宋国国君微子，反映了周人在处理朋友、君臣、君侯这些超越血缘的关系时所秉持的礼敬有加而心存仁爱的准则。《周颂·清庙》《周颂·载芟》分别描绘了天子祭祀文王之灵和土地之神的场景，风格虔诚庄重，净洁光明，而鲜有殷人祭神祀鬼的狞厉幽冥之气，彰显了以人为本、温存和谐的人神秩序。这些诗篇既是周人尚文之风的生动写照，反过来又成为规范、教育周代贵族乃至一代代中国读书人的经典，传诵至今而风雅依然。

《诗经·周南·关雎》

关关雎鸠[1]，在河之洲[2]。窈窕[3]淑女，君子好逑[4]。
参差荇菜[5]，左右流之[6]。窈窕淑女，寤寐求之[7]。
求之不得，寤寐思服[8]。悠哉悠哉[9]，辗转反侧。
参差荇菜，左右采之。窈窕淑女，琴瑟友[10]之。
参差荇菜，左右芼[11]之。窈窕淑女，钟鼓乐[12]之。

【注释】［1］关关雎鸠：关关，水鸟雌雄相和时的叫声。雎鸠，一种水鸟，情感专一，象征女子。［2］洲：河中的陆地。［3］窈窕淑女：窈，心地美善。窕，外表姣好。淑女，善良的女子。［4］逑：同"仇"，配偶。［5］参差荇菜：参差，长短不齐。荇菜，亦作"荇菜"，一种水生植物，可食用。　［6］左右流之：左右，女子的左手右手。流，同"摎"，摘取。　［7］寤寐：寤，同"晤"，觉醒。寐，同"昧"，入寝。意为日日夜夜。　［8］思服：思，语助词。服，思念。　［9］悠哉：思念深长的样子。　［10］友：亲爱。　［11］芼：摘取。　［12］乐：使快乐。

《诗经·小雅·常棣》

常棣之华[1]，鄂不韡韡[2]。凡今之人，莫如兄弟。
死丧之威，兄弟孔怀[3]。原隰裒矣，兄弟求矣[4]。
脊令[5]在原，兄弟急[6]难。每[7]有良朋，况也永叹[8]。
兄弟阋于墙[9]，外御其务[10]。每有良朋，烝也无戎[11]。
丧乱既平，既安且宁。虽有兄弟，不如友生[12]。

【注释】［1］常棣之华：常棣，亦作"棠棣"，即郁李。华，同"花"。　［2］鄂不韡韡：鄂，茂盛。不，语助词，无义。韡韡，鲜明之貌。　［3］死丧之威，兄弟孔怀：威，通"畏"。此句意为"死亡诚可畏，但兄弟彼此最关爱"。　［4］原隰裒矣，兄弟求矣：原，高地。隰，低湿之地。裒，同"抔"，聚集。求，求找。此句意为"人们遇到灾难，聚在原隰，只有兄弟才会在患难中互相找寻"。　［5］脊令在原：脊令，一种水鸟，又名鹡鸰、雝渠。水鸟在高出的平地，不是其应在之地，形容兄弟有难。　［6］急：拯救。　［7］每：虽然。　［8］况也永叹：况，本作"兄"，后作"况"，增益。此句意为"人陷入困难之中时，虽有好友，但只不过增加他们一声长叹罢了"。　［9］阋于墙：在墙内争吵。　［10］务：同"侮"，入侵。　［11］烝也无戎：烝，终究。戎，帮助。此句意为"虽然有好友，终究没有用"。　［12］友生：友人。此句意思是患难时候方见兄弟真情，到了太平时候，兄弟之情反倒不如朋友。

傧尔笾豆[1]，饮酒之饫[2]。兄弟既具[3]，和乐且孺[4]。
妻子好合[5]，如鼓瑟琴。兄弟既翕[6]，和乐且湛。
宜尔室家[7]，乐尔妻帑[8]。是究是图[9]，亶其然乎[10]？

【注释】[1]俟尔笾豆：俟，陈列。笾，祭祀、宴会时用来盛果品、干肉的竹制器皿。 [2]饮酒之饫：之，是。饫，同"醧"，指宗族内一种比较不拘礼节的燕饮。 [3]具：通"俱"，都。 [4]孺：相亲相爱。 [5]好合：好，意为和妻子相亲相爱，情投意合。 [6]翕：合，和睦、和谐。 [7]宜：动词，让……变得美善。尔，兄弟。室家，夫妇。 [8]帑：同"孥"，子女。 [9]究、图：深思，考虑。 [10]亶其然乎：亶，确实。其，指"宜室家，乐妻帑"。此句意为"好好想想是不是这样"？

《诗经·大雅·行苇》

敦彼行苇[1]，牛羊勿践履[2]。方苞方体[3]，维叶泥泥[4]。
戚戚[5]兄弟，莫远具尔[6]。或肆[7]之筵，或授之几[8]。
肆筵设席[9]，授几有缉御[10]。或献或酢[11]，洗爵[12]奠斝[13]。
醓醢以荐[14]，或燔或炙。嘉肴脾臄[15]，或歌或咢[16]。

【注释】[1]敦彼行苇：敦彼，即"敦敦"，草木丛生之貌。行苇，长在路边的芦苇。 [2]践履：践踏。 [3]方苞方体：方，方才，开始。苞，芦苇初生之苞。体，芦苇长出的绿茎。 [4]维叶泥泥：维，发语词。泥泥，同"苨苨"，苇叶柔嫩茂盛之貌。 [5]戚戚：亲热。 [6]莫远具尔：远，疏远。具，通"俱"。尔，同"迩"，亲近。此句意为"王之亲族不论血缘多么疏远，都彼此亲爱"。 [7]肆：陈设。 [8]几：一种矮腿小木桌，老人可以凭靠在上面。 [9]设席：即在老人的席地座位的席子上多加一层或几层席子，以示尊老。 [10]缉御：缉，相继，不断。御，侍者。此句意为"侍者不断地侍奉老人"。 [11]或献或酢：献，主人向客人敬酒。酢，客人回敬。 [12]洗爵：爵，一种酒器，如今日之酒杯。主客来回敬过一轮酒后，主人再向客人敬酒叫"酬"，在酬之前，主人需要将爵洗一下。这个过程叫"洗爵"。 [13]奠斝：斝，一种贮酒器。奠，置，指客人饮酒后将酒杯放置在筵席上。 [14]醓醢以荐：醓，拌着肉酱、盐、酒等汁水。醢，肉酱。以，用。荐，进献。 [15]嘉肴脾臄：嘉肴，肉菜。脾，同"膍"，牛胃。臄，牛舌。 [16]咢：只击鼓，不歌唱。

敦弓既坚[1]，四镞[2]既钧[3]，舍矢既均[4]，序宾以贤[5]。
敦弓既句[6]，既挟[7]四镞。四镞如树[8]，序宾以不侮[9]。
曾孙维主[10]，酒醴维醹[11]。酌以大斗[12]，以祈黄耇[13]。
黄耇台背[14]，以引以翼[15]。寿考维祺[16]，以介景福[17]。

【注释】[1]敦弓既坚：敦弓，绘有五彩花纹的弓。既，完全。坚，坚硬。[2]镞：一种箭。[3]钧：箭的箭头和箭尾重量调和相等。[4]舍矢既均：舍矢，发箭。既，已经。均，射中。[5]序宾以贤：贤，指射箭能手。此句意为"按照射箭能力高低排列宾客的座次"。[6]句：同"彀"，张弓拉满。[7]挟：接，指箭与弓弦相接。[8]树：同"竖"，弓箭射中后立在靶子上。[9]序宾以不侮：侮，怠慢。此句意为"对射不中的人也恭敬有加"。[10]曾孙维主：曾孙，对主人的尊称。主，主人。[11]酒醴维醹：酒醴，即酒，类似今日的醪糟。醹，味道醇厚。[12]酌以大斗：酌，斟酒。斗，同"枓"，斟酒用的长柄大勺。[13]黄耇：黄，由白发变成的黄头发。耇，脸上生出的黑色老皮。这两者都是长寿之兆。此处代指长寿。[14]台背：台，同"鲐"，一种背上长有黑色花纹的鱼。由于老人因气衰而背部皮肤发黑，因此老人也被称为"鲐背"。[15]以引以翼：引，引导。翼，扶持。此句意为"宴会结束后，有人为老人引路，有人扶着老人"。[16]寿考维祺：寿考，长寿。祺，吉祥。[17]以介景福：介，祈求。景，大。

《诗经·小雅·鹿鸣》

呦呦鹿鸣，食野之苹[1]。我有嘉宾，鼓[2]瑟吹笙。
吹笙鼓簧[3]，承筐是将[4]。人[5]之好[6]我，示我周行[7]。
呦呦鹿鸣，食野之蒿[8]。我有嘉宾，德音孔昭[9]。
视[10]民不恌[11]，君子是则是效[12]。我有旨酒[13]，嘉宾式燕以敖[14]。
呦呦鹿鸣，食野之芩[15]。我有嘉宾，鼓瑟鼓琴。
鼓瑟鼓琴，和乐且湛[16]。我有旨酒，以燕乐嘉宾之心。

【注释】[1]苹:藾蒿。 [2]鼓:弹奏,演奏。 [3]簧:笙,一种吹奏乐器。 [4]承筐是将:承,捧上。筐,盛币帛的竹器。将,送(给宾客)。 [5]人:客人。 [6]好:爱,友爱,敬爱。 [7]周行:为人处世应遵循的正道。 [8]蒿:青蒿。 [9]德音孔昭:德音,即"德言",指人内在的德性与外在的言语。孔,很,多么。昭,光明。 [10]视:示。 [11]恌:轻薄,不厚道。 [12]是则是效:意为嘉宾德行光明,是君子们(周代的贵族)效法的榜样。 [13]旨酒:美酒。 [14]式燕以敖:式,语助词,无义。燕,安适。敖,舒畅快乐。 [15]芩:一种蒿草。 [16]湛:同"媅",快乐尽兴。

《诗经·周颂·访落》

访予落止[1],率时昭考[2]。於乎悠哉[3],朕未有艾[4]。
将[5]予就[6]之,继犹判涣[7]。维予小子,未堪家多难[8]。
绍庭上下[9],陟降厥家[10]。休[11]矣皇考[12],以保明其身[13]。

【注释】[1]访予落止:访,咨询、商议。落,始,开始执政。止,语气词。此句意为"与群臣商议我开始执政之事"。 [2]率时昭考:率,遵循。时,这。昭考,光明显赫的先父,指武王。 [3]於乎悠哉:於乎,即"呜呼",感叹词。悠,悠长,形容武王之道高宏深远。 [4]艾:阅历。 [5]将:扶助。 [6]就:本义为"成就",此处引申为"因袭武王之道"。 [7]继犹判涣:继,继续。犹,亦作猷,图谋计划。判涣,叠韵词,意为"大",引申为"建国之大业"。 [8]维予小子,未堪家多难:难,指"三监"之乱。本句意为"我这个年幼的小子,无法承受国家这诸多的灾难"。 [9]绍庭上下:绍,继承,即继承文武之风。庭,公正。上下,即升降官吏。 [10]陟降厥家:陟,上升。此句意为"正确地任免升降官吏,以安定我邦家"。 [11]休:美。 [12]皇考:含义同"昭考",指武王的神灵。 [13]保明其身:保,保佑。明,同"勉",勉力。其身,指成王自己。

《诗经·周颂·有客》

有客[1]有客,亦白其马[2]。有萋有且[3],敦琢[4]其旅[5]。
有客宿宿[6],有客信信[7]。言[8]授之絷[9],以絷其马。
薄言追之[10],左右绥之[11]。既有淫威[12],降福孔夷[13]。

【注释】[1]有客:有,词头,无义。客,指宋代开国之君宋微子。 [2]亦白其马:亦,发语词。由于殷人尚白色,所以宋微子骑白马来觐见周天子,以示不忘故国之意。 [3]有萋有且:即"萋萋且且",随从众多盛大之貌。 [4]敦琢:即"雕琢",本义为"治玉",此处引申为精心选择之意。 [5]旅:通"侣",伴侣,指宋微子的随从众臣。 [6]宿宿:宿,住一夜。宿宿,即住了一夜又一夜。 [7]信信:信,"再宿"之意。信信,同"宿宿"一样,表示客人住了很久。 [8]言:发语词。 [9]絷:绳索,用来绊住马足,表示挽留客人。 [10]薄言追之:薄言,发语词。追,饯别送客。之,宋微子。 [11]左右绥之:左右,指送行的周朝公卿大夫们。绥,安抚。 [12]既有淫威:既,终。淫,大。威,德。 [13]孔夷:孔,实在,非常。夷,大。

《诗经·周颂·清庙》

於穆清庙[1],肃雍显相[2]。济济多士[3],秉文[4]之德。
对越在天[5],骏[6]奔走在庙。不显不承[7],无射于人斯[8]!

【注释】[1]於穆清庙:於,赞叹词,抒发赞美感叹之意。穆,美好。清,清静。庙,文王的宗庙。 [2]肃雍显相:肃,恭敬。雍,雍容。显,明,有明德。相,助祭者。 [3]济济多士:济济,有威仪而整齐貌。多士,参加祭祀的官吏。 [4]文:周文王。 [5]对越在天:对,报答。越,宣扬。在天,文王的在天之灵。 [6]骏:快速。 [7]不显不承:不,同"丕",发语词。显,光明。承,继承。此句意为"文王之德,光明于天,为人们所继承"。 [8]无射于人斯:射,同"斁",厌弃。斯,语气词。此句意为"文王之德不要被人们所厌弃啊"。

《诗经·周颂·载芟》

载芟载柞[1],其耕泽泽[2]。千耦[3]其耘[4],徂隰徂畛[5]。
侯主侯伯,侯亚侯旅,侯彊侯以[6]。
有嗿[7]其馌[8],思媚其妇[9],有依[10]其士。
有略[11]其耜,俶载南亩[12]。播厥百谷,实函斯活[13]。

【注释】[1] 载芟载柞:载,开始。芟,除草。柞,通"斮",砍伐树木。 [2] 泽泽:同"释释",土地松散润泽之貌。 [3] 耦:两人并耕。 [4] 耘:本义为"除草",在此为"耕耘"之意。 [5] 徂隰徂畛:徂,往。隰,低湿之地。畛,田边小路。 [6] 侯主侯伯,侯亚侯旅,侯彊侯以:侯,发语词,无义。主,家长。伯,长子。亚,次,指长子以下诸子。旅,众,晚辈。彊,身体强壮有余力来助耕之人。以,雇用的劳动力。 [7] 有嗿:即"嗿嗿",同"啖啖",众人饮食之声。 [8] 馌:送到田间的饭菜。 [9] 思媚:思,发语词,无义。媚,美盛。 [10] 有依:即"依依",同"殷殷",壮盛之貌。 [11] 有略,即"略略",同"翏翏",耜刃锋利之貌。 [12] 俶载南亩:俶,起土。载,翻草。南亩,泛指田野。 [13] 实函斯活:实,种子。函,通"含"。斯活,即"活活",有生气之貌。

驿驿其达[1],有厌其杰[2]。厌厌[3]其苗,绵绵其麃[4]。
载获济济[5],有实其积[6],万亿及秭[7]。
为[8]酒为醴,烝畀祖妣[9],以洽百礼[10]。
有飶[11]其香。邦家之光[12]。有椒[13]其馨,胡考之宁[14]。
匪且有且,匪今斯今[15],振古[16]如兹。

【注释】[1] 驿驿其达:驿驿,同"绎绎",连接不断之貌,指禾苗接连萌发之盛状。达,破土长出。 [2] 有厌其杰:有厌,即"厌厌",美好之状。杰,最早长出的禾苗。 [3] 厌厌:同"稹稹",禾苗整齐茂盛之状。 [4] 绵绵其麃:绵绵,连绵不断之貌。麃,同"穮",禾谷之穗。 [5] 载获济济:载,发语词,无义。获,收货。济济,

113

众多之貌。［6］有实其积：有实，即"实实"，广大之貌。积，露天的圆仓。［7］万亿及秭：万，一万。亿，周代人称十万为"亿"。秭，周代人称十亿，即一百万为"秭"。［8］为：酿造。［9］烝畀祖妣：烝，进献。畀，给予。祖妣，男祖先及其配偶。［10］以洽百礼：洽：配合。百礼，指牺牲、玉、币、帛等祭品。［11］有飶：即"飶飶"，同"馥馥"，形容祭品味道香美。［12］邦家之光：此句意为"粮食丰收，是国家之荣光"。［13］有椒：即"椒椒"，同"馥馥"，形容酒味香气浓郁。［14］胡考之宁：胡，长寿。胡考，老人。此句意为"用酒食祭祀，神赐福祉，老人安宁"。［15］匪且有且，匪今斯今：匪，同"非"。且，此。第一个"且"意为"此时"，第二个意为"耕种之事"。第一个"今"意为"今时"，第二个意为"耕种之事"。这两句意思相同，都是说"并非今日才有这耕种丰收之事"。［16］振古：自古。

《诗经・豳风・七月》中周人的生活

《豳风・七月》是中国现存最古老的农事诗。诗人以一名豳地农民的口吻，按照自然的时序，讲述了春耕、秋收、冬藏、采桑、染绩、缝衣、狩猎、建房、酿酒、劳役、宴飨之事，堪称一幅描绘周代农业风俗的长卷。有旧说认为诗人是奴隶，该诗风格哀怨凄苦，是周代奴隶社会的写照。但是通览全篇，可以发现诗中的农民虽然终年劳苦，但有资格前往公堂，参加集体宴会，应该是处于家族共同体下层的一般国人。而且全诗风格总体上自然平和，虽然言及农事之艰辛、生活之不易，却没有怨天尤人的戾气，而更多地流露出一种顺天知命、平常豁达的心境。

七月流火[1]，九月授衣[2]。一之日觱发[3]，二之日栗烈[4]。无衣无褐[5]，何以卒岁[6]？三之日于耜[7]，四之日举趾[8]。同我妇子[9]，馌彼南亩[10]，田畯至喜[11]。

【注释】［1］七月流火：七月，夏历七月。流，行星在天空的位置向下移动。火，即心宿二，又名"大火"。在夏历五月的傍晚，大火星出现在天空正南，位置最高。六月以后，就向西方下降运行。［2］九月授衣：九月，夏历九月。授衣，把裁制冬衣的工作交给妇女们去做。［3］一之日觱发：一之日，周历正月的日子，即夏历十一月。后文的二之日、三之日、四之日，都是指周历，分别是夏历的十二月、正月和二月。觱发，寒风吹打东西的声音。［4］栗烈：即"凛冽"，寒风刺骨之貌。［5］褐：平民穿的粗布衣服。［6］卒岁：结束这一年，度过寒冬。［7］于耜：修理犁头。［8］举趾：抬脚入田，开始耕作。［9］同我妇子：同，会合，邀约。我，农夫自称。妇子，妻子和孩子。［10］馌彼南亩：馌，送饭。南亩，田地。［11］田畯至喜：田畯，管理田地的官员。喜，通"饎"，吃饭菜。

七月流火，九月授衣。春日载阳[1]，有鸣仓庚[2]。女执懿[3]筐，遵彼微行[4]，爰求柔桑[5]。春日迟迟[6]，采蘩祁祁[7]。女心伤悲，殆及公子同归[8]。

【注释】［1］春日载阳：春日，夏历三月。载，则，或意为"开始"。阳，天气变暖。［2］仓庚：黄莺。［3］懿：深。［4］遵彼微行：此句意为"沿着那条小路"。［5］爰求柔桑：爰，于是。求，同"捄"，摘取。柔桑，嫩桑叶。［6］迟迟：形容春天舒长。［7］采蘩祁祁：蘩，白蒿，用于养蚕。祁祁，形容采蘩女子众多。［8］殆及公子同归：此句意为"害怕被公子（豳公之子）带回家去"，或者"害怕与豳公之女（陪嫁）一同出嫁"。

七月流火，八月萑苇[1]。蚕月条桑[2]，取彼斧斨[3]，以伐远扬[4]，猗彼女桑[5]。七月鸣鵙[6]，八月载绩[7]。载玄载黄[8]，我朱孔阳[9]，为公子裳。

【注释】［1］萑苇：割取荻草和芦苇。这两种草都可制成蚕箔。［2］蚕月条桑：蚕月，夏历三月。条，同"挑"，修建。［3］斨：一种柄孔为方形的斧头。［4］远扬：过高过长的桑树枝。［5］猗彼女桑：猗，同"掎"，牵拉。女，小，柔弱之貌。女桑，嫩桑叶。［6］鵙：伯劳。［7］绩：纺织。［8］载玄载黄：载，语助词，无义。玄，黑中带红的颜色。此句意为"衣服所染的颜色有玄有黄"。［9］我朱孔阳：朱，深红色。孔，非常。阳，颜色鲜明。

四月秀葽[1],五月鸣蜩[2]。八月其获[3],十月陨萚[4]。一之日于貉[5],取彼狐狸,为公子裘。二之日其同[6],载缵武功[7],言私其豵[8],献豜于公[9]。

【注释】[1]秀葽:秀,不开花而结果实。葽,一种草本植物,又名远志。 [2]蜩:蝉。 [3]其获:其,将要。获,收获农作物。 [4]陨萚:陨,坠落。萚,落叶。 [5]于貉:于,前往。貉,一种野兽,俗称"狸猫",此处活用为动词"狩猎打貉"。 [6]同:会合。 [7]载缵武功:缵,继续。武功,指田猎之事。 [8]言私其豵:言,语首助词,无义。私,动词,私人占有。豵,本义为一岁大的小猪,此处泛指小野兽。 [9]献豜于公:豜,三岁大的猪,泛指大野兽。公,公家。

五月斯螽动股[1],六月莎鸡振羽[2]。七月在野[3],八月在宇[4],九月在户,十月蟋蟀入我床下。穹窒熏鼠[5],塞向墐户[6]。嗟[7]我妇子,曰[8]为改岁[9],入此室处[10]。

【注释】[1]斯螽动股:斯螽,蚱蜢。动股,摩擦大腿。古人误认为蚱蜢鸣叫是因为摩擦大腿。 [2]莎鸡振羽:莎鸡,一种昆虫,俗称"纺织娘"。振羽,用翅膀摩擦发声。 [3]七月在野:在野,在田野。这句和后面三句都是说蟋蟀。 [4]宇:屋檐。此处指屋檐下。 [5]穹窒熏鼠:穹,打扫。窒,堵塞,此处指堵塞在房屋角落里的垃圾。熏鼠,用烟熏走老鼠。 [6]塞向墐户:向,朝北的窗户,冬季要把它塞住。墐,用泥涂抹。户,用柴竹编织的门,用泥将其缝隙塞住,防止漏风。 [7]嗟:感叹词,无义。 [8]曰:发语词,无义。 [9]改岁:更改年岁,过年。 [10]处:居住。

六月食郁[1]及薁[2],七月亨葵及菽[3]。八月剥[4]枣,十月获稻,为此春酒[5],以介眉寿[6]。七月食瓜,八月断壶[7],九月叔苴[8],采荼薪樗[9],食[10]我农夫。

【注释】[1]郁:即棠棣,李子。 [2]薁:野葡萄。 [3]亨葵及菽:亨,同"烹",煮。葵,一种蔬菜,俗称"苋菜"。菽,大豆。 [4]剥:同"扑",打。 [5]春酒:

冬天始酿,来年春天酿成的酒。[6]以介眉寿:介,助。眉寿,由于人老后眉毛会变长,故称长寿为"眉寿"。[7]断壶:断,采摘。壶,葫芦。[8]叔苴:叔,拾取。苴,麻籽。[9]采荼薪樗:荼,一种苦菜。薪,烧。樗,臭椿。[10]食:养活。

九月筑场圃[1],十月纳[2]禾稼。黍稷重穋[3],禾麻菽麦,嗟我农夫,我稼既同[4],上入执宫功[5],昼尔于茅[6],宵尔索绹[7]。亟其乘屋[8],其始[9]播百谷。

【注释】[1]场圃:一片地,春夏为圃,即菜园;秋冬为场,即打谷场。[2]纳:收藏。[3]重穋:重,同"种",一种先种后熟的谷子。穋,一种后种早熟的谷子。[4]同:收获聚拢。[5]上入执宫功:上,同"尚",还要。执,服役。功,事。宫功,指为贵族修建宫室。[6]昼尔于茅:昼,白天。尔,语助词,无义。于,拾取。茅,茅草。[7]宵尔索绹:宵,夜晚。索,搓。绹,绳子。[8]亟其乘屋:亟,同"急",赶快。乘,登上。[9]其始:将要开始。此句意为"赶紧登上屋顶去修理,一到春天又要开始播种各种谷物了"。

二之日凿冰冲冲[1],三之日纳于凌阴[2]。四之日其蚤[3],献羔祭韭[4]。九月肃霜[5],十月涤场[6]。朋酒斯飨[7],曰杀羔羊。跻彼公堂[8],称彼兕觥[9],万寿无疆[10]。

【注释】[1]冲冲:凿冰之声。[2]凌阴:冰窖。冬天将冰存入地窖,以便来年夏天消暑。[3]蚤:同"早",早朝,一种祭祀仪式。[4]献羔祭韭:献上羔羊和韭菜祭祖。[5]肃霜:即"肃爽",形容秋天气候清明。[6]涤场:即"涤荡",形容秋天树木萧瑟之状。[7]朋酒斯飨:朋酒,两壶酒。斯,句中助词。飨,在一起饮酒。[8]跻彼公堂:跻,登。公堂,古时的学校。那时的学校不仅用于教育,还是公众集会、举行仪式的场所。[9]称彼兕觥:称,同"偁",举起。兕觥,犀牛角做的酒杯。[10]万寿无疆:这是祝酒词,祝福乡人长寿多福。

春秋战国时期

引 言

　　研究春秋战国时代的史料,较为丰富。经书方面,《春秋》《左传》记载春秋社会的方方面面,是研究春秋史最重要的典籍。《论语》《孟子》是儒家学派的经典作品。《尚书》《诗经》亦有部分篇章涉及东周社会。《周礼》等礼书,虽然成书年代较晚,部分内容亦能和其他文献互相参照。史书方面,《史记》等传统史书,系统性、综合性强,是研究这个时代不可或缺的重要材料,另外还有《竹书纪年》等主体部分已经亡佚的史书,也需要参考。子书方面,《老子》《庄子》《墨子》《韩非子》等书,对于了解"轴心时代"思想文化大有裨益。集部方面,《楚辞》对于了解南方社会有所帮助。此外,研究这一阶段的历史,《国语》《战国策》也不可或缺。

　　需要强调的是,近年来公布的考古资料及出土文献,成为推动春秋战国史研究的新动力。青铜器方面,传世及出土有大量青铜器资料,为我们了解这一时期的社会风貌提供了当时的记录。简帛方面,二十世纪轰动一时的睡虎地秦简、马王堆帛书,近年来公布的郭店楚简、上博简、清华简等简帛资料中,出现大量前所未见的记载,填补了许多"空白"。此外,一些考古遗址,如晋侯墓地、曾侯墓地等遗址的发掘,极大地丰富了我们对当时的认知。

　　本章所选篇目,主要出自《左传》《国语》《战国策》《史记》等传世文献,亦收录部分出土文献,如清华简《系年》《战国纵横家书》等,以期让读者更全面地了解春秋战国社会,把握时代脉络。

春秋时期

两周之际

春秋历史发展阶段的大幕是在激烈的社会矛盾中徐徐拉开的。从西周后期开始,煊赫一时的宗周王朝便在源源不断的内、外危机中风雨飘摇,颓势尽显。周厉王时期就发生过"国人暴动"事件,一代君王客死他乡;到了幽王时期,社会危机加重。最终,幽王倒,宗周灭。在一片混乱之中,幽王之子宜臼在晋、郑等诸侯国的拥护下即位为君,随即将王都从镐京迁至成周洛邑。平王东迁,是一个历史发展阶段的结束,更是一个波澜壮阔的时代的来临。

两周之际的史事错综复杂,十分重要,然因为种种因素,传世典籍对此却语焉不详,有所缺漏。清代学者崔述就曾言:"大抵西周之亡,载籍缺略,其流传失实,以致沿讹踵谬者,盖亦有之。"(崔述:《崔东壁遗书·丰镐考信录》)幸运的是,近年来清华大学所藏战国简《系年》,其所记相关内容甚为丰富,可与《国语》《史记》《竹书纪年》等典籍记载相参照,甚至补传世文献之阙。本节所选《系年》部分内容,主要展现平王东迁前后的史影,以期对两周之际的社会面貌作一概览。

清华简《系年》(节选)

昔周武王监观商人之不恭上帝[1],禋祀不寅[2],乃作帝籍[3],以登祀上帝天神[4],名之曰千亩[5],以克反商邑[6],敷政天下[7]。至于厉王,厉王大虐于周[8],卿士、诸正[9]、万民弗忍于厥心[10],乃归厉王于彘[11]。共伯和[12]

立。十又四年,厉王生宣王,宣王即位,共伯和归于宋[13]。宣王是始弃帝籍弗田[14],立三十又九年,戎乃大败周师于千亩[15]。

【注释】[1]昔:时间副词,表示事情发生于过去,多用于句首。监:视。上帝:商人所崇拜的神灵。 [2]禋祀:祭名,升烟以祭天。寅:敬。 [3]帝籍:指周人行籍田以供祭祀上帝之祭品。古代君主于每年春耕之时行籍田礼,示范耕种。籍,借,《国语·周语》:"借民力以为之。" [4]登:进,一说指烝祭。 [5]千亩:地名,在王都近郊。 [6]反:颠覆。商邑:指殷商。 [7]敷政:布政。 [8]虐:残暴。 [9]正:长。 [10]厥:代词,其。 [11]归:流放。彘:在山西省霍州市一带。 [12]共伯和:人名。"共和行政"之事,文献说法各异,一说是召公、周公等卿士共同执政,一说共伯和行政,一说共伯和即卫武公行政。 [13]宋:"宗"之讹,指宗国,即卫。 [14]田:指行籍田礼。 [15]戎:姜戎。

周幽王取妻于西申[1],生平王[2]。王或取褒人之女[3],是褒姒,生伯盘[4]。褒姒嬖于王[5],王与伯盘逐平王,平王走西申[6]。幽王起师[7],围平王于西申,申人弗畀[8],缯人乃降西戎[9],以攻幽王,幽王及伯盘乃灭,周乃亡。邦君诸正乃立幽王之弟余臣于虢[10],是携惠王[11]。立二十又一年[12],晋文侯仇乃杀惠王于虢[13]。周亡王九年[14],邦君诸侯焉始不朝于周,晋文侯乃逆平王于少鄂[15],立之于京师[16]。三年,乃东徙,止于成周[17],晋人焉始启于京师[18],郑武公亦正东方之诸侯[19]。

【注释】[1]取:同"娶"。西申:又称为"申戎",或说在今陕西省北部。 [2]平王:即周平王,名宜臼。 [3]或:又。褒:姒姓诸侯国,在今陕西省勉县附近。 [4]伯盘:褒姒之子。盘,《国语》《史记》等传世文献均作"服"。 [5]嬖:宠。《史记·周本纪》:"三年,幽王嬖爱褒姒。褒姒生子伯服,幽王欲废太子。太子母申侯女,而为后。后幽王得褒姒,爱之,欲废申后,并去太子宜臼,以褒姒为后,以伯服为太子。" [6]走:逃。 [7]起师:发兵。 [8]畀:予。《国语·郑语》:"王欲杀太子以成伯服,必求之申,申人弗畀,必伐之。若伐申,而缯与西戎会以伐周,周不守矣!缯与西戎方将德

123

申,申、吕方强,其隩爱太子亦必可知也,王师若在,其救之亦必然矣。"[9]缯:姒姓诸侯国,是申之盟国,其地望近申。[10]邦君:诸侯。正:长。虢:姬姓诸侯国,或在今河南省三门峡市一带,由西虢东迁而来。[11]携惠王:指幽王弟余臣。《竹书纪年》:"申侯、鲁侯、许男、郑子立宜臼于申,虢公翰立王子余臣,周二王並立。"携,地名,一说"离,贰"之义。惠,谥号。[12]立二十又一年:指携惠王在位年数。[13]晋文侯:晋国君主,晋穆侯之子。[14]周亡王九年:指携惠王被杀后周有九年时间没有王,一说指幽王被杀后九年。[15]逆:迎。少鄂:或说在今山西省乡宁县一带。[16]京师:指宗周镐京,在今陕西省西安市附近。[17]成周:指雒邑,在今河南省洛阳市附近。[18]启:指开辟疆土。[19]郑武公:郑桓公之子。正:定,一说同"征",一说"长"之义。

郑国初兴

平王东迁后,周王室声望一落千丈,西周时期以宗法和分封为纽带的政治秩序轰然坍塌,中原地区的权力出现短暂真空。此时,齐、晋、楚等大国未兴,原本名不见经传的郑国一跃成为强国。郑国在西周末年宣王时期受封,幽王时移至今河南省中部一带。在平王东迁过程中,郑国发挥了巨大作用,正所谓"我周之东迁,晋、郑焉依"(《左传·隐公六年》)。春秋初年,郑国在庄公的精心谋划下,凭借其独特的地理位置、发达的商业及外交政策,挟天子而号令诸侯,挑战周王权威,论者称之"郑庄小霸"。(童书业:《春秋左传研究》)

本节篇目《郑伯克段》选自《左传·隐公元年》,展现郑庄公即位之初铲除异己、巩固自身权力的过程,读者从中能窥见春秋时期诸侯国君的政治手腕和激烈的政治斗争。

《左传·隐公元年》(节选)

初,郑武公娶于申[1],曰武姜[2],生庄公及共叔段[3]。庄公寤生[4],惊姜氏[5]，故名曰寤生，遂恶之。爱共叔段，欲立之[6]。亟请于武公[7]，公弗许。

及庄公即位[8]，为之请制[9]。公曰："制，岩邑也[10]，虢叔死焉[11]。佗邑唯命[12]。"请京[13]，使居之，谓之京城大叔[14]。

【注释】[1]初：副词，表示追述前事。郑武公：郑国国君，名掘突，郑桓公之子，武是谥号。申：国名，姜姓，其地在今河南省南阳市一带，春秋时期被楚国所灭。[2]武姜：郑武公之妻，郑庄公之母。武是其丈夫谥号，姜是其母家之姓。[3]共：下文段出奔之地，一说为谥号。叔：排行名。[4]寤生：逆生，指出生时足先出。寤，同"牾"，逆。[5]姜氏：即武姜。[6]欲立之：武姜欲立段为太子。[7]亟：屡。[8]及：介词，等到。[9]制：在今河南省荥阳市一带，又名虎牢关。[10]严邑：险邑。[11]虢叔：东虢国君。《国语·郑语》："虢叔恃势。"[12]佗邑唯命：指佗邑唯命是听。[13]京：在今河南省荥阳市附近。[14]京城大叔：《史记·郑世家》："庄公元年，封弟段于京，号太叔。"大，同"太"。

祭仲曰[1]："都，城过百雉[2]，国之害也。先王之制：大都，不过参国之一[3]；中，五之一；小，九之一。今京不度[4]，非制也，君将不堪[5]。"公曰："姜氏欲之，焉辟害[6]？"对曰："姜氏何厌之有[7]？不如早为之所[8]，无使滋蔓[9]！蔓，难图也[10]。蔓草犹不可除，况君之宠弟乎？"公曰："多行不义，必自毙[11]，子姑待之。"

【注释】[1]祭仲：郑大夫。祭是其食邑，在今河南省中牟县一带。[2]都：都邑。城：城墙。雉：城墙高一丈、长三丈。[3]参国之一：国都的三分之一。参，同"三"。国，国都。[4]不度：不合法度。[5]堪：任。[6]焉：代词，表示疑问，相当于"哪里"。辟：逃避。[7]何厌之有：有何厌。厌，满足。[8]为之所：意为及早处置。之，代词，指大叔。所，处所。[9]滋：长。蔓：蔓延。[10]图：设法对付，谋取。[11]毙：扑倒，这里指失败。

既而大叔命西鄙、北鄙贰于己[1]。公子吕曰[2]:"国不堪贰,君将若之何[3]?欲与大叔[4],臣请事之;若弗与,则请除之,无生民心。"公曰:"无庸[5],将自及[6]。"大叔又收贰以为己邑[7],至于廪延[8]。子封曰:"可矣。厚将得众[9]。"公曰:"不义不暱[10],厚将崩。"

大叔完、聚[11],缮甲、兵[12],具卒、乘[13],将袭郑[14],夫人将启之[15]。公闻其期,曰:"可矣。"命子封帅车二百乘以伐京[16]。京叛大叔段[17]。段入于鄢[18],公伐诸鄢[19]。五月辛丑[20],大叔出奔共[21]。

【注释】[1]既而:不久。鄙:边邑。贰:有二心。 [2]公子吕:字子封,郑大夫。 [3]若之何:怎么办。 [4]欲与大叔:指将君位让给大叔。 [5]无庸:用不着。庸:用。 [6]将自及:指祸将自及。 [7]收贰以为己邑:占取西鄙、北鄙作为自己的属邑。收,占取。 [8]廪延:在今河南省延津县附近,一说在滑县一带。 [9]厚:指实力雄厚。 [10]不义不暱:不义则不能团结其众。一说不义于君,不亲于兄。 [11]完:坚牢,指完城郭。聚:指聚粮食。 [12]缮:修补。甲兵:指武器。 [13]具:备。卒:步兵。乘:战车。 [14]袭:偷袭。《左传·庄公二十九年》:"凡师,有钟鼓曰伐,无曰侵,轻曰袭。" [15]启:指开城门。 [16]乘:车一辆谓一乘,兵车还配有一定数量兵士。杜预注:"古者兵车一乘,甲士三人,步卒七十二人。"杨伯峻谓一车用甲士十人。 [17]京:指京邑人。 [18]鄢:在今河南省鄢陵县附近。 [19]诸:相当于"之于"。 [20]五月辛丑:五月二十三日。辛丑,干支名。 [21]共:在今河南省辉县一带。

书曰[1]:"郑伯克段于鄢[2]。"段不弟[3],故不言弟;如二君[4],故曰克[5];称郑伯,讥失教也[6];谓之郑志[7]。不言出奔,难之也[8]。

【注释】[1]书:指《春秋》,以下几句解释经文何以这样记述。 [2]郑伯:指郑庄公。 [3]不弟:不像兄弟。 [4]如二君:指郑庄公和段如同两国国君一样对立。 [5]克:战胜。 [6]讥失教也:讥讽郑庄公未尽教诲兄弟之责。 [7]郑志:郑庄公之意志。指纵容段而后杀之是郑庄公本意。 [8]难之也:杨伯峻谓:"此若书段出奔共,则有专罪叔段之嫌；其实庄公亦有罪，若言出奔，则难于下笔，故云难之也。"一说责难庄公。

遂置姜氏于城颍[1]，而誓之曰："不及黄泉[2]，无相见也！"既而悔之。颍考叔为颍谷封人[3]，闻之，有献于公。公赐之食。食舍肉[4]。公问之。对曰："小人有母，皆尝小人之食矣，未尝君之羹[5]，请以遗之[6]。"公曰："尔有母遗，繄我独无[7]！"颍考叔曰："敢问何谓也[8]？"公语之故，且告之悔。对曰："君何患焉？若阙地及泉[9]，隧而相见[10]，其谁曰不然[11]？"公从之。公入而赋[12]："大隧之中，其乐也融融[13]。"姜出而赋："大隧之外，其乐也洩洩[14]。"遂为母子如初。

君子曰[15]："颍考叔，纯孝也[16]，爱其母，施及庄公[17]。《诗》[18]曰：'孝子不匮[19]，永锡尔类[20]。'其是之谓乎[21]！"

【注释】[1]城颍：在今河南省临颍县附近。[2]黄泉：地下之泉，指死后埋于地下。[3]颍谷：在今河南省登封市附近。封人：管理土地疆界的官吏。[4]食舍肉：食时将肉另置一边。舍，同"捨"，置。[5]羹：肉汁。[6]遗：给予。[7]繄：句首语气词。[8]敢：谦词。[9]阙：掘。[10]隧：掘作隧道。[11]其：副词，表示疑问语气。[12]赋：赋诗。[13]融融：和乐的样子。[14]洩洩：舒畅和乐的样子。[15]君子曰：可能指作者对所记事件的评论。[16]纯：笃厚。[17]施及。[18]诗：《诗经》，此诗句出自《诗·大雅·既醉》。[19]匮：竭尽。[20]永：长，久。锡：赐。类：善，一说族类。[21]其是之谓乎：大概说的就是这种情况吧。其，语气词。是，这。

齐桓首霸

郑国的辉煌并未持续太久，郑庄公死后，郑国内耗外患不断，从此一蹶不振。随之而来的是齐桓公的霸业。齐桓公名小白，在经过一系列政治斗争即位后，终成为春秋时期的一代霸主。在大政治家管仲的辅佐下，齐桓公实行经济、政治和军事等各方面改革，使齐国国力大大增强。更为重要的是，打着"尊王"和"攘夷"的旗号，齐桓公组织大规模盟会，存邢救卫，遏制强楚，"九合诸侯"，稳定中原局势，为保存华夏文明的火种做出卓越贡献。正如孔子所言："微管仲，吾其被发左衽矣！"（《论语·宪问》）

本节两篇文献《管仲相齐》和《召陵之盟》，分别选自《国语·齐语》和《左传·僖公四年》。《管仲相齐》说的是鲍叔牙向桓公力荐管仲的故事，读者从中能感受到春秋时期大政治家的风度和气魄；《召陵之盟》则记叙齐桓公率中原各国和南方强楚对峙的情景，反映出当时的政治格局和不同文化之间的碰撞。

《国语·齐语》（节选）

桓公自莒反于齐[1]，使鲍叔为宰[2]，辞曰："臣，君之庸臣也[3]。君加惠于臣，使不冻馁[4]，则是君之赐也。若必治国家者，则非臣之所能也。若必治国家者，则其管夷吾乎[5]。臣之所不若夷吾者五[6]：宽惠柔民[7]，弗若也[8]；治国家不失其柄[9]，弗若也；忠信可结于百姓，弗若也；制礼义可法于四方[10]，弗若也；执枹鼓立于军门[11]，使百姓皆加勇焉[12]，弗若也。"桓公曰："夫管夷吾射寡人中钩[13]，是以滨于死[14]。"鲍叔对曰："夫为其君勤也[15]。君若宥而反之[16]，夫犹是也[17]。"桓公曰："若何[18]？"鲍子对曰[19]："请诸鲁[20]。"桓公曰："施伯[21]，鲁君之谋臣也[22]，夫知吾将用之，必不予我矣。若之何[23]？"鲍子对曰："使人请诸鲁曰：'寡君有不令之臣在君之国[24]，欲以戮于群臣，故请之。'则予我矣。"桓公使请诸鲁，如鲍叔之言。

【注释】［1］桓公：指齐桓公，姜姓，名小白。莒：指莒国，据说为己姓，旧都介根，在今山东省胶县附近，后迁莒，在今山东省莒县一带，后被楚国所灭。 ［2］鲍叔：指鲍叔牙，齐大夫，桓公即位前为其傅。宰：太宰，辅佐国君治理国政之官。 ［3］庸：不高明。 ［4］馁：饥饿。 ［5］管夷吾：指管仲，仲是字，夷吾是名。管仲之前是公子纠之傅，夺权失败后在鲁。［6］不若：比不上。［7］宽惠柔民：韦昭注："宽则得众，惠则足以使民。"柔，安。［8］弗若：不如。［9］柄：本。［10］法于四方：使四方效法。［11］枹：鼓槌。军门：韦昭注："军门，立旌为门，若今牙门矣。"［12］加：益。［13］夫管夷吾射寡人中钩：指之前公子纠派管仲率兵截击返齐的公子小白，管仲射中小白衣带钩。［14］滨：近。［15］君：指公子纠。［16］宥：赦免。［17］犹是：指管仲会像对公子纠那样对桓公。［18］若何：指如何能使管仲回齐国。［19］鲍子：指鲍叔牙。［20］请诸鲁：把管仲从鲁国请回来。［21］施伯：鲁大夫。［22］鲁君：指鲁庄公。［23］若之何：怎么办。［24］寡君：谦词，指自己国君。

　　庄公以问施伯，施伯对曰："此非欲戮之也，欲用其政也[1]。夫管子，天下之才也。所在之国，则必得志于天下。令彼在齐，则必长为鲁国忧矣[2]。"庄公曰："若何？"对曰："杀而以其尸授之[3]。"庄公将杀管仲，齐使者请曰："寡君欲亲以为戮，若不生得以戮于群臣，犹未得请也[4]。请生之。"于是庄公使束缚以予齐使，齐使受之而退[5]。

【注释】［1］用其政：任用管仲为政。［2］长：久。［3］授：交还。［4］犹未得请：如同我们没有提出请求。［5］退：返回。

《左传·僖公四年》（节选）

　　四年春[1]，齐侯以诸侯之师侵蔡[2]。蔡溃[3]，遂伐楚[4]。楚子使与师言曰[5]："君处北海，寡人处南海[6]，唯是风马牛不相及也[7]，不虞君之涉吾地也[8]，何故？"管仲对曰："昔召康公命我先君大公曰[9]：'五侯九伯[10]，女实征之[11]，以夹辅周室[12]！'赐我先君履[13]，东至于海[14]，西至于河[15]，南至于穆陵[16]，北至于无棣[17]。尔贡苞茅不入[18]，王祭不共[19]，无以缩酒[20]，寡人是徵[21]。昭王南征而不复[22]，寡人是问。"对曰："贡之不入，寡君之罪也，敢不共给？昭王之不复，君其问诸水滨[23]！"师进，次于陉[24]。

【注释】[1] 四年：指鲁僖公四年，公元前656年。[2] 齐侯：指齐桓公。蔡：诸侯国，姬姓，西周初年所封，都城在今河南省上蔡县附近，后多次迁都。[3] 溃：溃败。[4] 楚：春秋时期南方大国，芈姓。[5] 楚子：指楚成王。使与师言：派使者到诸侯国联军中去和齐桓公谈判。[6] 北海、南海：古人以中国之四周皆为海，此处泛指极北、极南。寡人：谦词，王侯自称。[7] 风牛马不相及：牛马发情相诱，也不会到达对方。比喻齐国和楚国相距遥远，不致互相侵入边界。风，牛马牝牡相诱而相逐。[8] 虞：度。涉：进入。[9] 召康公：指召公奭，周初太保。先君：后代君臣对本国已故君主的称呼。大公：指太公望，是齐国之始封君。[10] 五侯九伯：泛指天下诸侯。[11] 女：同"汝"。实：语气词，用于句中，加强句意。[12] 夹辅：辅佐。[13] 履：所践履之界，指得以征伐之范围。[14] 海：指大海。[15] 河：指黄河。[16] 穆陵：指今湖北省麻城市附近之穆陵关，一说是今山东省临朐县附近之穆陵关。[17] 无棣：在今河北省卢龙县一带，一说是今河北省南皮、盐山及山东省庆云诸县一带之无棣沟。[18] 尔：指楚王。苞：他本作"包"，裹束。茅：菁茅，是一种有刺的草。楚王应向周王室进贡苞茅。[19] 共：同"供"，供应。[20] 缩酒：杨伯峻谓："缩酒者，一则用所束之茅漉去滓；一则当祭神之时，束茅立之，以酒自上浇下，其糟则留在茅中，酒汁渐渐渗透下流，像神饮之也。"[21] 徵：问罪。[22] 昭王：指周昭王。相传昭王南征渡汉水时溺亡。复：返。[23] 君其问诸水滨：你还是到水边去问吧！诸，相当于"之于"。水滨，水边。[24] 次：军队驻扎。《左传·庄公三年》："凡师，一宿为舍，再宿为信，过信为次。"陉：地名，据说在今河南省漯河市一带。

夏，楚子使屈完如师[1]。师退，次于召陵[2]。

齐侯陈诸侯之师[3]，与屈完乘而观之[4]。齐侯曰："岂不穀是为[5]？先君之好是继。与不穀同好，如何？"对曰："君惠徼福于敝邑之社稷[6]，辱收寡君[7]，寡君之愿也。"齐侯曰："以此众战，谁能御之[8]？以此攻城，何城不克？"对曰："君若以德绥诸侯[9]，谁敢不服？君若以力，楚国方城以为城[10]，汉水以为池[11]，虽众，无所用之。"

屈完及诸侯盟[12]。

【注释】［1］屈完：楚大夫，屈是其氏。如：往。 ［2］召陵：据说在今河南省漯河市附近。 ［3］陈：即"阵"，指摆开诸侯之军。 ［4］乘：共载。 ［5］岂不穀是为：这难道是为了我？此句和下句均宾语前置。不穀，谦词，用于国君自称。 ［6］惠：敬词。徼：求。敝邑：谦词，指自己国家。社稷：土神和谷神，借指国家。 ［7］辱：谦词，承蒙。收：接纳。 ［8］御：抵御。 ［9］绥：安抚。 ［10］方城：解释众多，一说是山名，在今河南省南阳市一带。 ［11］汉水：长江支流。池：护城河。 ［12］盟：结盟。

晋文霸业

《孟子·梁惠王上》载："齐宣王问曰：'齐桓、晋文之事可得闻乎？'孟子对曰：'仲尼之徒无道桓文之事者，是以后世无传焉，臣未之闻也。无以，则王乎？'"齐桓、晋文史迹在战国时期的流传情况，我们已无从知晓，可是这里齐宣王将"晋文"与"齐桓"并举，反映出春秋时期诸侯争霸的真实图景。晋文公是齐桓公之后的又一位霸主，他在即位以前，曾多次浮沉于诸侯国间。公元前636年，已过耳顺的晋文公返回晋国，继任君位，开创一代霸业。晋文公在位期间，晋国赢得"尊王"美誉，并牢牢压制住同样有争霸之心的楚国。晋文公如此卓越，难怪战国时期的诸侯要"迹嗣桓文，朝问诸侯"（《陈侯因齐敦》），将晋文公当作效法对象！本节所选篇目《城濮之战》（出自《左传》）就是这一恢弘历史图景下绚丽的一幕。

《左传·僖公二十八年》（节选）

二十八年春，晋侯将伐曹，假道于卫[1]。卫人弗许。还，自南河济[2]，侵曹、伐卫。正月戊申[3]，取五鹿[4]。二月，晋郤縠卒[5]。原轸将中军[6]，胥臣佐下军[7]，上德也[8]。晋侯、齐侯盟于敛盂[9]。卫侯请盟[10]，晋人弗许。卫侯欲与楚[11]，国人不欲，故出其君，以说于晋[12]。卫侯出居于襄牛[13]。

公子买戍卫[14]，楚人救卫，不克。公惧于晋[15]，杀子丛以说焉。谓楚人曰："不卒戍也[16]。"

【注释】［1］晋侯：指晋文公。曹、卫：均诸侯国名。曹都在今山东省菏泽市一带，卫都在今河南省滑县一带。假：借。［2］南河：指南津，在今河南省淇县之南，延津市之北。［3］戊申：九日。［4］五鹿：卫地，在今河南省濮阳市附近。［5］郤縠：晋臣，鲁僖公二十七年担任晋中军统帅。［6］原轸：晋臣，又称"先轸"，原是其氏名，本为食邑名。中军：晋军分上、中、下三军，三军各置将、佐，中军主将为元帅。［7］胥臣：晋臣，又称"司空季子""臼季"。胥是其氏名，臣是其名，司空是其官，臼是其食邑名。［8］上：同"尚"。杨伯峻谓："先轸以下军佐跃为中军帅，故云尚德。上即尚。胥臣佐下军，补先轸之空缺。"［9］齐侯：指齐昭公。敛盂：卫地，在今河南省濮阳市一带。［10］卫侯：指卫成公。［11］与楚：指投靠楚国。［12］说：同"悦"，讨好。［13］出：离其国都。襄牛：杨伯峻说为卫地。［14］公子买：鲁大夫，子丛是其字。［15］公：指鲁僖公。［16］不卒戍：指子丛未尽职完成驻防任务，所以杀他。

晋侯围曹，门焉[1]，多死。曹人尸诸城上[2]，晋侯患之。听舆人之谋[3]，称"舍于墓[4]"。师迁焉。曹人凶惧[5]，为其所得者，棺而出之。因其凶也而攻之。三月丙午[6]，入曹，数之以其不用僖负羁[7]，而乘轩者三百人也[8]，且曰"献状[9]。"令无入僖负羁之宫，而免其族，报施也[10]。魏犨、颠颉怒[11]，曰："劳之不图[12]，报于何有？"爇僖负羁氏[13]。魏犨伤于胸。公欲杀之，而爱其材[14]。使问[15]，且视之[16]。病，将杀之。魏犨束胸见使者，曰："以君之灵，不有宁也[17]！"距跃三百[18]，曲踊三百[19]。乃舍之。杀颠颉以徇于师[20]，立舟之侨以为戎右[21]。

【注释】［1］门：攻城。［2］尸诸城上：陈晋军死尸于城上。［3］舆人：军中役夫。［4］称：言。舍于墓：晋军驻扎在曹人墓地。［5］凶惧：恐惧。［6］丙午：指三月初八。［7］数：数其罪。不用僖负羁：事见《左传·鲁僖公二十三年》："（公子重耳——编者注）及曹，曹公闻其骈胁，欲观其裸。浴，薄而观之。僖负羁之妻曰：'吾观晋公子之从者，皆足以相国。若以相，夫子必反其国。反其国，必得志于诸侯。得志于诸侯，而诛无礼，曹其首也。子盍蚤自贰焉！'乃馈盘飨。寘璧焉。公子受飧反璧。"[8]乘轩者：杨伯峻谓："大夫以上乘轩车。"[9]献状：解释众多。或以为即"观状"，指先前曹共公在重耳洗浴时观其"骈胁"（《左传·鲁僖公二十三年》）。[10]报施：指晋文公报答先前僖负羁馈盘飨寘璧之惠。[11]魏犨、颠颉：皆先前跟随晋文公逃亡的晋臣。此二人在晋文公即位后官职不高，故心有不忿，言"劳之不图"。[12]劳：功劳。图：考虑。[13]爇：烧。氏：家。[14]爱：惜。[15]问：慰问。[16]视之：视察病情。[17]以君之灵，不有宁也：杜预注："言不以病故自安宁。"灵，威灵。[18]距跃：向上跳。[19]曲踊：向前跳。三百：解释众多，或以为虚数，泛指跳跃次数之多。[20]徇：示众。[21]舟之侨：虢旧臣，后奔晋。戎右：晋官，《周礼·夏官·戎右》："戎右掌戎车之兵革使。"

宋人使门尹般如晋告师急[1]。公曰："宋人告急，舍之则绝[2]，告楚不许[3]。我欲战矣，齐、秦未可，若之何？"先轸曰："使宋舍我而赂齐、秦，藉之告楚[4]。我执曹君，而分曹、卫之田以赐宋人。楚爱曹、卫，必不许也。喜赂、怒顽[5]，能无战乎？"公说，执曹伯，分曹、卫之田以畀宋人[6]。

楚子入居于申，使申叔去穀[7]，使子玉去宋[8]，曰："无从晋师[9]！晋侯在外，十九年矣，而果得晋国[10]。险阻艰难，备尝之矣；民之情伪[11]，尽知之矣。天假之年[12]，而除其害[13]，天之所置，其可废乎[14]？《军志》[15]曰：'允当则归[16]。'又曰：'知难而退。'又曰：'有德不可敌。'此三志者，晋之谓矣。"子玉使伯棼请战[17]，曰："非敢必有功也，愿以间执谗慝之口[18]。"王怒，少与之师，唯西广、东宫与若敖之六卒实从之[19]。

【注释】[1]门尹般：宋大夫。告师急：指楚围宋，宋派人前往晋国求援。[2]舍之则绝：指晋不救宋，则宋将会与晋绝交。[3]告楚不许：指晋请楚退兵，楚又不肯。[4]藉之告楚：指晋通过齐、秦请楚释围。藉，假借。[5]喜赂、怒顽：杨伯峻谓："齐、秦喜得宋之赂，而怒楚之顽固。"[6]畀：予。[7]申叔：指申公叔侯。穀：在今山东省东阿县一带。《左传·鲁僖公二十六年》："楚申公叔侯戍之。"[8]子玉：楚大夫，成氏，名得臣，楚君若敖后裔。[9]从：追逼。[10]果：终于。[11]情实。[12]之:犹"其"。[13]除其害:杨伯峻谓:"惠公死,怀公及吕、郤被杀。"[14]其:同"岂"。[15]军志:古之兵书。[16]允当则归:适可而止。[17]伯棼:楚臣。斗氏,名椒,一字子越。[18]执:杜塞。谗慝之口:指说人坏话,先前為贾对子玉的评价:"子玉刚而无礼,不可以治民,过三百乘,其不能以入矣。"(《左传·鲁僖公二十七年》)慝,恶。[19]广:兵车名。东宫:指太子所属的军队。若敖之六卒:指子玉同族兄弟组成的族兵。若敖,楚之先君,子玉之祖。

子玉使宛春告于晋师曰[1]:"请复卫侯而封曹,臣亦释宋之围。"子犯曰:"子玉无礼哉!君取一[2],臣取二[3],不可失矣[4]。"先轸曰:"子与之[5]!定人之谓礼,楚一言而定三国[6],我一言而亡之。我则无礼,何以战乎?不许楚言,是弃宋也;救而弃之,谓诸侯何[7]?楚有三施[8],我有三怨[9],怨仇已多[10],将何以战?不如私许复曹、卫以携之[11],执宛春以怒楚,既战而后图之。"公说,乃拘宛春于卫,且私许复曹、卫,曹、卫告绝于楚。

【注释】[1]宛春:楚大夫。[2]君:指晋文公。一:指释宋围。[3]臣:指子玉。二:指复卫、封曹。[4]不可失:指晋国不可失去发动战争的理由。[5]与:许。[6]三国:指宋、曹、卫三国。[7]诸侯:指秦、齐等国。[8]三施:指楚国对曹、卫、宋都有恩惠。[9]三怨:指晋若不答应子玉,三国都会对晋有怨恨。[10]已:副词,表示程度,相当于"太"。[11]携:离间。

子玉怒,从晋师。晋师退。军吏曰:"以君辟臣[1],辱也;且楚师老矣[2],何故退?"子犯曰[3]:"师直为壮[4],曲为老。岂在久乎?微楚之惠不及此[5],退三舍辟之[6],所以报也[7]。背惠食言,以亢其仇[8],我曲楚直,其众素饱[9],不可谓老。我退而楚还,我将何求?若其不退,君退、臣犯,曲在彼矣。"退三舍。楚众欲止,子玉不可。

【注释】[1]辟:躲避。[2]老:疲惫。[3]子犯:晋臣,又称"狐偃",晋文公舅父,子犯是其字。[4]直:正。[5]微:没有。[6]三舍:九十里。[7]报:

指晋文公在外时对楚成王的承诺。事见《左传·鲁僖公二十三年》。　[8]亢：庇护。其仇：指楚敌国宋。　[9]素：向来。饱：指士气饱满。

夏四月戊辰[1]，晋侯、宋公、齐国归父、崔夭、秦小子憖次于城濮[2]。楚师背酅而舍[3]，晋侯患之。听舆人之诵曰："原田每每[4]，舍其旧而新是谋[5]。"公疑焉。子犯曰："战也！战而捷，必得诸侯。若其不捷，表里山河[6]，必无害也。"公曰："若楚惠何？"栾贞子曰[7]："汉阳诸姬[8]，楚实尽之。思小惠而忘大耻，不如战也。"晋侯梦与楚子搏，楚子伏己而盬其脑[9]，是以惧。子犯曰："吉。我得天[10]，楚伏其罪，吾且柔之矣[11]。"

【注释】　[1]戊辰：朔日。　[2]宋公：指宋成公。归父、崔夭：均为齐大夫。小子憖：秦臣，秦穆公子。城濮：卫地，或说在今山东省鄄城县一带。　[3]酅：或说是丘陵险阻之地。　[4]原田：休耕地。每每：草盛的样子。　[5]舍其旧而新是谋：舍弃去年已耕种的地，而用新的休耕地。　[6]表里山河：指晋国背山面河。　[7]栾贞子：楚大夫，即下文的"栾枝"。　[8]汉阳诸姬：指汉水北边的诸多周、晋同姓之国。　[9]盬：吸饮。　[10]得天：指晋侯仰面向上，面朝天。　[11]柔：或说脑髓象征阴柔，比喻晋将要柔服楚。

子玉使鬬勃请战[1]，曰："请与君之士戏[2]，君冯轼而观之[3]，得臣与寓目焉[4]。"晋侯使栾枝对曰："寡君闻命矣。楚君之惠，未之敢忘，是以在此。为大夫退[5]，其敢当君乎？既不获命矣，敢烦大夫[6]，谓二三子[7]：'戒尔车乘，敬尔君事，诘朝将见[8]。'"

【注释】　[1]鬬勃：楚大夫，字子上。鬬是其氏名，勃是其名。　[2]戏：角力。　[3]冯：同"凭"，靠。轼：古代车前横木。　[4]寓：寄。　[5]为：同"谓"。大夫：指子玉。　[6]大夫：指鬬勃。　[7]二三子：指楚国诸将士。　[8]诘：明天。

晋军七百乘，韅、靷、鞅、靽[1]。晋侯登有莘之虚以观师[2]，曰："少长

135

有礼[3],其可用也。"遂伐其木,以益其兵[4]。

己巳[5],晋师陈于莘北,胥臣以下军之佐当陈、蔡[6]。子玉以若敖之六卒将中军,曰:"今日必无晋矣。"子西将左[7],子上将右。胥臣蒙马以虎皮,先犯陈、蔡。陈、蔡奔,楚右师溃。狐毛设二旆而退之[8]。栾枝使舆曳柴而伪遁,楚师驰之,原轸、郤溱以中军公族横击之[9]。狐毛、狐偃以上军夹攻子西,楚左师溃。楚师败绩。子玉收其卒而止,故不败。

晋师三日馆、谷[10],及癸酉而还[11]。甲午[12],至于衡雍[13],作王宫于践土[14]。

【注释】[1]鞯、靷、鞅、靽:均是战马装备的各种皮件,形容晋军车马装备齐整。[2]有莘之虚:或说在今山东省曹县附近。莘,古国名。虚,同"墟"。[3]少长:指军士之长幼。[4]兵:兵器。[5]己巳:指四月初四。[6]陈、蔡:指陈、蔡之师,属于楚右师。[7]子西:楚大夫鬬宜申。[8]狐毛:晋臣,狐偃之兄。旆:大旗。军中唯军中主帅设二旆。狐毛是上军主将,故意设二旆战退,以迷惑楚军。[9]郤溱:晋臣郤縠之弟。中军公族:指由晋国贵族子弟组成的中军。[10]馆:舍。谷:指食楚军所积之粮。[11]癸酉:指四月初六。[12]甲午:指四月二十九日。[13]衡雍:郑地,在今河南省原阳县一带。[14]作王宫:杜预注:"襄王闻晋战胜,自往劳之,故为作宫。"

问鼎中原

春秋中期历史发展的主线是:晋楚争锋。中原豪强晋国和南方霸主楚国联合其他诸侯国,或会盟,或征伐,力量此消彼长,共同"导演"了春秋霸主政治进程中的高潮。上一节主要展现晋国霸业,本节则将目光聚焦于楚国。楚国据说是祝融之后,商周时期已见诸文献,却始终保持着独特的文化传统和发展道路。春秋时期,楚国通过对外兼并江汉流域小国,对内完善自身制度,逐渐融入中原文化圈,活跃于历史的舞台。春秋中期,楚国虽已十分强盛，并多次涉足中原各国政事，却始终没有成为春秋霸主。楚庄王的横空出世，终于使楚国从历史的幕后走向台前，凭借深厚的积累"厚积薄发"，为各中原诸侯所侧目。晋楚邲之战，更使楚在诸侯争霸中占得先机。

本节所选的两篇文献《一鸣惊人》和《问鼎中原》，分别选自《韩非子·喻老》和《左传·宣公三年》，透过后世诸子文本展现楚庄王的个人风采，并管窥春秋楚国争霸的野心。

《韩非子·喻老》（节选）

楚庄王莅政三年[1]，无令发，无政为也。右司马御座而与王隐曰[2]："有鸟止南方之阜[3]，三年不翅，不飞不鸣，嘿然无声[4]，此为何名？"王曰："三年不翅[5]，将以长羽翼；不飞不鸣，将以观民则[6]。虽无飞，飞必冲天；虽无鸣，鸣必惊人。子释之，不穀知之矣。"处半年，乃自听政。所废者十，所起者九，诛大臣五，举处士六[7]，而邦大治。举兵诛齐，败之徐州[8]；胜晋于河雍[9]，合诸侯于宋[10]，遂霸天下。庄王不为小害善[11]，故有大名；不蚤见示[12]，故有大功。故曰："大器晚成，大音希声[13]。"

【注释】[1]莅：临。 [2]右司马：楚国掌管军政的副官。御座：侍坐。隐：说隐语。 [3]阜：土丘。 [4]嘿：同"默"。 [5]不翅：不动翅膀。 [6]则：法。 [7]处士：有才能而未仕者。 [8]徐州：解释众多，或以为指舒州，在今山东省滕州市一带。徐，或说同"俆"。 [9]河雍：指黄河与衡雍之间。 [10]合：会盟。 [11]害：衍文。 [12]蚤：同"早"。见：显现。 [13]大器晚成，大音希声：此句见于今本《老子》第四十一章。

《左传·宣公三年》（节选）

楚子伐陆浑之戎[1]，遂至于雒[2]，观兵于周疆[3]。定王使王孙满劳楚子[4]。楚子问鼎之大小[5]、轻重焉。对曰："在德不在鼎。昔夏之方有德也，远方图物[6]，贡金九牧[7]，铸鼎象物[8]，百物而为之备[9]，使民知神、奸。故民入川泽、山林，不逢不若[10]。螭魅罔两[11]，莫能逢之。用能协于上下[12]，以承天休[13]。桀有昏德[14]，鼎迁于商，载祀六百[15]。商纣暴虐，鼎迁于周。德之休明[16]，虽小，重也。其奸回昏乱[17]，虽大，轻也。天祚明德[18]，有所厎止[19]。成王定鼎于郏鄏[20]，卜世三十[21]，卜年七百，天所命也。周德虽衰，天命未改。鼎之轻重，未可问也。"

【注释】［1］楚子：指楚庄王。陆浑之戎：戎族之一，在今河南省嵩县及尹川县一带。［2］雒：指洛水。［3］观兵：陈兵示威。周疆：周王室之境界内。［4］定王：指周定王。王孙满：周大夫。劳：慰劳。［5］鼎：指九鼎。先秦时期鼎是王权的象征。楚王问鼎，有取代周王的意图。［6］图物：图画远方各种物象。图，画。［7］贡金九牧：使各地长官进贡铸鼎用的铜。九州，占将中国分成九州。牧，九州之长。金，铜。［8］象物：把所绘图物铸于鼎上。［9］百物：万物。［10］逢：遇。不若：不顺，指不利于己之物。［11］螭魅：又作"魑魅"，指山之鬼怪。罔两：又作"魍魉""蛧蜽"，指木石之怪。［12］用：因。［13］休：福禄。［14］桀：指夏君桀。［15］载、祀：均为纪年之称 ［16］休明：美善光明。［17］奸回：奸邪。［18］祚：赐福。［19］厎止：指最终年限。厎，至。［20］成王：指周成王。郏鄏：周地，在今河南省洛阳市一带。［21］卜：指占卜。世：代。

宋襄秦穆

　　除晋文公、楚庄王之外，本节还要向读者介绍另外两位很有个性的诸侯国君——宋襄公和秦穆公。宋襄公主政时，中原地区正处于齐国称霸的尾端。齐桓公去世后，宋襄公一心想填补霸权空白状态，争做诸侯盟主。公元前639年的一天，宋襄公、楚成王和其他诸侯在盂地会盟，谁曾料想，在会盟时楚国暗藏祸心，竟拘捕了宋襄公。后来费尽一番周折，宋襄公才回到宋国。经过这次磨难，宋襄公依然不听劝阻，后来在和楚军作战中执意坚持"古法",最终铩羽而归,备受国人指责。宋襄公虽重信誉,却为人迂腐,不知变通。从宋襄公的故事中,我们能窥见传统观念和时代变迁的矛盾。

秦穆公名任好,在他统治期间,秦国扫除境内戎狄势力的威胁,开始独霸西戎。他先是使用计谋,使戎狄中的贤人由余投奔秦国,接着又送能歌善舞的美女给戎王,使其沉湎女色,最后发动突然袭击,一举击溃西戎。秦穆公对秦国崛起的贡献是巨大的,秦霸西戎,使得秦国稳定了后方,加速了民族融合,也促进了秦国自身的发展,"为战国末年整个中国的统一奠定了基础"。(林剑鸣《秦史稿》)本节节选的两篇文献,主要讲述的便是这两位命运迥异的诸侯国君的故事。

《左传·僖公二十二年》(节选)

楚人伐宋以救郑[1]。宋公将战[2],大司马固谏曰[3]:"天之弃商久矣[4],君将兴之,弗可赦也已[5]。"弗听。

冬十一月己巳朔,宋公及楚人战于泓[6]。宋人既成列,楚人未既济[7]。司马曰[8]:"彼众我寡,及其未既济也,请击之。"公曰:"不可。"既济而未成列,又以告。公曰:"未可。"既陈而后击之,宋师败绩[9]。公伤股[10]。门官歼焉[11]。

【注释】[1]救郑:指该年夏,宋因郑亲楚而伐郑,楚救之。(见于《左传·鲁僖公二十二年》)[2]宋公:指宋襄公。 [3]大司马固:指宋卿公孙固。大司马,宋官名。 [4]商:指宋。 [5]赦:赦免。已:语气词,表示肯定语气。 [6]泓:水名,在今河南省柘城县一带。 [7]既:尽。 [8]司马:大司马之简称。 [9]败绩:指宋军溃败。 [10]股:大腿。 [11]门官:解释众多,杜预注:"门官者,守门者,师行则在君左右。"一说军队统帅,一说即"门子",指卿大夫子弟。歼:尽灭。

国人皆咎公[1]。公曰:"君子不重伤[2],不禽二毛[3]。古之为军也[4],不以阻隘也[5]。寡人虽亡国之余[6],不鼓不成列[7]。"子鱼曰[8]:"君未知战。

勍敌之人[9]，隘而不列，天赞我也[10]。阻而鼓之，不亦可乎？犹有惧焉[11]。且今之勍者，皆吾敌也。虽及胡耇[12]，获则取之，何有于二毛[13]？明耻、教战[14]，求杀敌也。伤未及死，如何勿重？若爱重伤，则如勿伤；爱其二毛，则如服焉[15]。三军以利用也，金鼓以声气也[16]。利而用之，阻隘可也；声盛致志[17]，鼓儳可也[18]。"

【注释】［１］咎：追究罪过。［２］重伤：指对已受伤的敌人不再加以伤害。［３］禽：同"擒"。二毛：指有白发间于黑发者。［４］为军：指行军之道。［５］不以阻隘：或说不扼敌于险隘之地。［６］亡国之余：宋国是殷商之后，商被周所灭，故称"亡国之余"。［７］不鼓：不进攻。鼓是进攻的信号。［８］子鱼：指宋国大夫目夷，子鱼是其字。［９］勍：强。［10］赞：佐助。［11］犹有惧焉：指即使"阻而鼓之"，犹恐惧不能取胜。［12］胡耇：指老年人。胡、耇，寿。［13］何有于二毛：哪里需要顾及老年人？［14］教战：教之以战术。［15］爱：惜。如：应当。［16］金鼓以声气：指金鼓以声音鼓舞士气。金、鼓，乐器名。［17］声盛致志：指鼓声大作而士气高昂。［18］儳：阵列不整。

《左传·僖公三十三年》(节选)

晋原轸曰："秦违蹇叔[1]，而以贪勤民[2]，天奉我也[3]。奉不可失，敌不可纵。纵敌，患生；违天，不祥。必伐秦师！"栾枝曰："未报秦施，而伐其师，其为死君乎[4]？"先轸曰："秦不哀吾丧，而伐吾同姓[5]，秦则无礼，何施之为[6]？吾闻之：'一日纵敌，数世之患也。'谋及子孙，可谓死君乎[7]！"遂发命[8]，遽兴姜戎[9]。子墨衰绖[10]，梁弘御戎[11]，莱驹为右[12]。

【注释】［１］秦违蹇叔：指先前秦穆公不听蹇叔劝告伐郑。（见《左传·鲁僖公三十二年》）蹇叔，秦大夫。［２］勤：劳。［３］奉：杜预注："与也。"［４］其：相当于"岂"。为：有。死君：指晋文公。晋文公先前受秦恩惠，此时晋文公已去世，晋反伐秦，故栾枝疑此举目无先君。［５］同姓，或指被灭的滑国。［６］何施之为：王念孙云：

"言何施之有。"[7]可谓死君：指可以有辞以对先君。 [8]发命：指发起兵之令。[9]遽：紧急。姜戎：即姜氏之戎，姜戎杂处，部分处于晋国境内。 [10]子：指晋襄公，其父晋文公未葬，故称"子"。墨：染成黑色，黑色为戎服之色。衰：亦作"缞"，麻布做的丧服。绖：服丧期间戴于头部或系于腰部的葛麻布带。丧服白色，不宜从戎，故染成黑色。 [11]梁弘：晋大夫。 [12]莱驹：晋大夫。

夏四月辛巳[1]，败秦师于殽[2]，获百里孟明视、西乞术、白乙丙以归[3]。遂墨以葬文公，晋于是始墨[4]。

文嬴请三帅[5]，曰："彼实构吾二君[6]，寡君若得而食之，不厌[7]，君何辱讨焉？使归就戮于秦，以逞寡君之志[8]，若何？"公许之。先轸朝，问秦囚。公曰："夫人请之，吾舍之矣。"先轸怒，曰："武夫力而拘诸原[9]，妇人暂而免诸国[10]，堕军实而长寇雠[11]，亡无日矣！"不顾而唾[12]。公使阳处父追之[13]，及诸河，则在舟中矣。释左骖[14]，以公命赠孟明。孟明稽首曰[15]："君之惠，不以累臣衅鼓[16]，使归就戮于秦，寡君之以为戮[17]，死且不朽。若从君惠而免之，三年将拜君赐。"

秦伯素服郊次[18]，乡师而哭[19]，曰："孤违蹇叔，以辱二三子，孤之罪也。"不替孟明[20]，曰："孤之过也，大夫何罪？且吾不以一眚掩大德[21]。"

【注释】 [1]辛巳：指十三日。 [2]殽：指崤山，在今河南省洛宁县一带。关于此战，《史记·秦本纪》云："遂墨衰绖，发兵遮秦兵于殽，击之，大破秦军，无一人得脱者。" [3]百里孟明视、西乞术、白乙丙：皆为秦大夫。百里孟明视，百里是其氏；孟明是其字，视是其名。 [4]晋于是始墨：指晋此后沿用黑色衰绖为常。 [5]文嬴：晋文公夫人，秦国人。三帅：指百里孟明视、西乞术、白乙丙。 [6]构：挑拨。二君：指晋襄公和秦穆公。 [7]不厌：不足。 [8]逞志：快意。逞，快。 [9]原：指战场。[10]暂：或说读为"渐"，欺诈。 [11]堕：毁弃。军实：指秦囚。 [12]唾：吐痰。杨伯峻云："先轸不但唾于朝廷，且面向襄公，唾且不旋转其头，此极言气忿。" [13]阳处父：晋大夫。 [14]左骖：指驾车最左边的马。 [15]稽首：古代一种跪拜礼仪，叩头至地。 [16]累臣：孟明自称。累，拘囚。衅鼓：以血涂鼓，这里指处死。 [17]之以为戮：杨伯峻云：“此为假设分句，犹言若以为戮也。”［18］秦伯：指秦穆公。素服：凶服。郊次：来到郊外。［19］乡：同"向"。［20］不替孟明：此为《左传》中记事之词。替，废。［21］眚：过。

弭兵会盟

弭兵会盟是春秋中后期的重大事件。弭兵会盟有两次：第一次发生于公元前579年，由宋国的华元发起，晋、楚两国参加。由于此后不久双方又陷入战火之中，所以这次大会并不成功。第二次发生于公元前546年，宋国的向戌是主要中介人，以晋、楚为首的十四个国家参会。本次大会的直接后果是"晋楚之从交相见"，即晋之盟国朝楚，楚之盟国朝晋。学者指出，弭兵会盟的实质在于晋、楚两大国分享霸权。（晁福林：《霸权迭兴——春秋霸主论》）

一般认为，弭兵会盟的发生，标志着春秋时期历史进程进入新的阶段。但是，我们应该如何充分理解弭兵会盟的重大意义：它对于春秋时期国际格局的深远影响是什么？它对于春秋时期社会面貌和政治权力结构又有着哪些改变？这些问题，仍然需要进一步探讨、挖掘。本节选取的文献出自《左传·襄公二十七年》，主要记叙了第二次弭兵会盟的前后过程。读者在阅读文段的过程中，亦可以对上述问题作出自己的思考和理解。

《左传·襄公二十七年》（节选）

宋向戌善于赵文子[1]，又善于令尹子木[2]，欲弭诸侯之兵以为名[3]。如晋，告赵孟[4]。赵孟谋于诸大夫。韩宣子曰[5]："兵，民之残也[6]，财用之蠹[7]，小国之大菑也[8]。将或弭之，虽曰不可[9]，必将许之。弗许，楚将许之，以召诸侯，则我失为盟主矣。"晋人许之。如楚，楚亦许之。如齐，齐人难之[10]。陈文子曰[11]："晋、楚许之，我焉得已[12]？且人曰'弭兵'，而我弗许，则固携吾民矣[13]，将焉用之？"齐人许之。告于秦，秦亦许之。皆告于小国，为会于宋。

【注释】［1］向戌：宋大夫。赵文子：即晋执政大夫赵武。［2］令尹子木：即楚执政大夫屈建。［3］弭：止。以为名：取得名声。［4］赵孟：指赵文子。［5］韩宣子：晋大夫。［6］民之残也：指战争残害人民。［7］蠹：蛀虫，这里指战争耗费财用。［8］眚：同"灾"。［9］虽曰不可：虽知不能成功。［10］难之：指齐不欲许弭兵之事。［11］陈文子：齐大夫。［12］我焉得已：我们怎么能够阻止弭兵之事。［13］携吾民：使民携二心。

五月甲辰[1]，晋赵武至于宋。丙午[2]，郑良霄至[3]。六月丁未朔，宋人享赵文子，叔向为介[4]。司马置折俎[5]，礼也[6]。仲尼使举是礼也[7]，以为多文辞。戊申[8]，叔孙豹[9]、齐庆封[10]、陈须无[11]、卫石恶至[12]。甲寅[13]，晋荀盈从赵武至[14]。丙辰[15]，邾悼公至。壬戌[16]，楚公子黑肱先至[17]，成言于晋[18]。丁卯[19]，宋向戌如陈，从子木成言于楚。戊辰[20]，滕成公至[21]。子木谓向戌，请晋、楚之从交相见也[22]。庚午[23]，向戌复于赵孟。赵孟曰："晋、楚、齐、秦，匹也[24]，晋之不能于齐，犹楚之不能于秦也[25]。楚君若能使秦君辱于敝邑[26]，寡君敢不固请于齐？"壬申[27]，左师复言于子木[28]，子木使驲谒诸王[29]。王曰："释齐[30]、秦，他国请相见也。"秋七月戊寅[31]，左师至。是夜也，赵孟及子晳盟，以齐言[32]。庚辰[33]，子木至自陈。陈孔奂[34]、蔡公孙归生至[35]。曹[36]、许之大夫皆至[37]。以藩为军[38]。

【注释】［1］甲辰：指二十七日。［2］丙午：指二十九日。［3］良霄：郑大夫。［4］叔向：晋大夫，羊舌氏，名肸，叔向是其字。介：副，这里指叔向作为主宾赵文子之副。［5］折俎：将牲体解成一节一段，置于俎中。俎，古代祭祀或宴会时盛放牲体的礼器。［6］礼也：指"司马置折俎"符合诸侯享卿的礼节。［7］举：记录。［8］戊申：指二日。［9］叔孙豹：鲁大夫。［10］庆封：齐大夫。［11］陈须无：齐大夫。［12］石恶：卫大夫。［13］甲寅：指八日。［14］荀盈：晋大夫，智氏（荀氏旁支），盈是其名。［15］丙辰：指十日。［16］壬戌：指十六日。［17］公子黑肱：楚大夫，

143

字子皙，黑肱是其名。先至：指公子黑肱先于令尹子木而至。　[18]成言：与晋相约。[19]丁卯：指二十一日。　[20]戊辰：指二十二日。　[21]滕成公：滕国国君。滕，姬姓诸侯国，在今山东省滕州市一带。　[22]请晋、楚之从交相见也：杨伯峻谓："晋、楚各有盟国，楚请晋之盟国朝楚，楚之盟国朝晋。"　[23]庚午：指二十四日。　[24]匹：匹配，这里指四国地位相对等。　[25]不能于齐、不能于秦：指不能指挥齐、不能指挥秦。　[26]使秦君辱于敝邑：指让秦朝于晋。　[27]壬申：指二十六日。　[28]左师：指向戌，左师是其官。　[29]驲：传车。谒：告。　[30]释：免除。　[31]戊寅：指二日。　[32]以齐言：指统一盟辞，至盟时不得反悔争讼。　[33]庚辰：指四日。[34]孔奂：陈大夫。　[35]公孙归生：蔡宗室。　[36]曹：姬姓诸侯国，在今山东省荷泽市定陶区附近。　[37]许：姜姓诸侯国，在今河南省许昌市附近。　[38]藩：藩篱，指诸侯军队不筑营垒，以藩篱为营墙，互相不表示敌意。

晋、楚各处其偏[1]。伯夙谓赵孟曰[2]："楚氛甚恶[3]，惧难[4]。"赵孟曰："吾左还[5]，入于宋，若我何？"辛巳[6]，将盟于宋西门之外。楚人衷甲[7]。伯州犁曰[8]："合诸侯之师，以为不信，无乃不可乎？夫诸侯望信于楚，是以来服。若不信，是弃其所以服诸侯也。"固请释甲。子木曰："晋、楚无信久矣，事利而已[9]。苟得志焉，焉用有信？"大宰退[10]，告人曰："令尹将死矣，不及三年[11]。求逞志而弃信，志将逞乎？志以发言[12]，言以出信[13]，信以立志。参以定之[14]。信亡，何以及三？"赵孟患楚衷甲，以告叔向。叔向曰："何害也？匹夫一为不信，犹不可，单毙其死[15]。若合诸侯之卿，以为不信，必不捷矣[16]。食言者不病[17]，非子之患也。夫以信召人，而以僭济之[18]，必莫之与也[19]，安能害我？且吾因宋以守病[20]，则夫能致死[21]。与宋致死[22]，虽倍楚可也[23]，子何惧焉？又不及是[24]。曰弭兵以召诸侯，而称兵以害我[25]，吾庸多矣[26]，非所患也。"

【注释】[1]晋、楚各处其偏：杜预注："晋处北，楚处南。"　[2]伯夙：晋大夫，或以为即荀盈。　[3]氛：气氛。　[4]难：患难。《国语·晋语》："诸侯之大夫盟于宋。楚令尹子木欲袭晋军，曰：'若尽晋师而杀赵武，则晋可弱也。'"　[5]左还：向左转而行。

还，同"旋"。［6］辛巳：指第五日。［7］衷甲：穿铠甲于衣中。［8］伯州犁：本为晋臣，后奔楚，时任楚大宰。［9］事利而已：指事情有利于己方即可。［10］大宰：指伯州犁。［11］不及三年：杨伯峻谓："谓三年之内必死。"［12］志：意志，思想。［13］出信：产生信用。［14］参以定之：指言、信、志三者互相联系、统一，然后能定。参，同"三"，指言、信、志三者。［15］单毙其死：指无信的人必定不会善终。单，同"殚"，尽。毙，踣，向前扑倒。［16］捷：成功。［17］食言者：不守信之人，指楚国。不病：不能害人。［18］僭：诈伪。济：利用。［19］莫之与：无人支持。［20］守病：杨伯峻谓："守御楚之病我。"［21］则夫能致死：这样晋军人人都能拼命。夫，人人，指晋军。［22］与宋致死：指宋军也能拼命。［23］倍楚：指楚军增加一倍。［24］又不及是：杨伯峻谓："叔向估计楚不敢攻晋，故云。"或以为该句言楚兵力不及晋宋。［25］称：举。［26］庸：用。

季武子使谓叔孙以公命曰[1]："视邾、滕。"[2]既而齐人请邾，宋人请滕[3]，皆不与盟[4]。叔孙曰："邾、滕，人之私也[5]；我，列国也，何故视之？宋、卫，吾匹也。"乃盟。故不书其族[6]，言违命也。

晋、楚争先[7]。晋人曰："晋固为诸侯盟主，未有先晋者也。"楚人曰："子言晋、楚匹也，若晋常先，是楚弱也。且晋、楚狎主诸侯之盟也久矣[8]，岂专在晋？"叔向谓赵孟曰："诸侯归晋之德只[9]，非归其尸盟也[10]。子务德，无争先。且诸侯盟，小国固必有尸盟者[11]，楚为晋细[12]，不亦可乎？"乃先楚人。书先晋，晋有信也。

【注释】［1］季武子：鲁执政大夫。叔孙：指叔孙豹。公命：指鲁襄公之命。［2］视邾、滕：指将鲁国等同于邾、滕小国，以求减轻贡赋。［3］齐人请邾、宋人请滕：指齐、宋请求邾、滕作为属国。［4］皆不与盟：指邾、滕作为属国不参与盟会。［5］私：指私属之国。［6］不书其族：指《春秋》不记载叔孙豹之氏名。经文云："豹及诸侯之大夫盟于宋。"［7］争先：杜预注："争先歃血。"［8］狎：交替。［9］只：语末助词，无义。［10］尸：主。［11］小国固必有尸盟者：指小国主持会盟的琐碎事务。固必，当然。［12］细：指歃血等会盟中的琐碎事务。

吴越争霸

春秋后期历史的大幕是在两个南方大国——吴、越的争霸中徐徐拉开的。吴国相传是周文王之子太伯、仲雍之后。春秋中期开始，吴国在晋国的帮助下逐渐壮大，成为一支威胁楚国的重要力量。吴王阖庐在位期间，吴国真正走向强盛。在伍子胥、孙武等贤臣武将的辅佐下，阖庐励精图治，竟然战胜强楚，称霸南方。然而好景不长，阖庐最后死于越王勾践的智谋之下。尽管夫差继位后一度复仇成功并企图争霸中原，吴国却依然被苦心经营的勾践所灭。吴越争霸的历史，可谓其兴也勃焉，其亡也忽焉！

吴越争霸的历史波澜壮阔，留下种种史迹和故事——"干将莫邪""螳螂捕蝉，黄雀在后""卧薪尝胆"……直到今天，依然让人遐思神往。本节选取的文段《季札观乐》，并非那些惊心动魄的争霸故事，而是春秋时期吴公子季札前往鲁国观乐的史事，试图展现这段历史背后的脉脉温情。另外，值得注意的是，"季札观乐"开"评诗"之先河，在中国文化史上亦占据着重要地位。

《左传·襄公二十九年》(节选)

吴公子札来聘[1]，见叔孙穆子[2]，说之[3]。谓穆子曰："子其不得死乎[4]！好善而不能择人。吾闻君子务在择人。吾子为鲁宗卿，而任其大政，不慎举，何以堪之？祸必及子！"

【注释】[1]公子札：指季札，吴王寿梦第四子。 [2]叔孙穆子：指叔孙豹，鲁大夫。 [3]说：同"悦"。 [4]不得死：指不得善终。

请观于周乐[1]。使工为之歌《周南[2]》《召南》，曰："美哉！始基之矣[3]，犹未也，然勤而不怨矣[4]。"为之歌《邶[5]》《鄘[6]》《卫》，曰："美哉渊乎[7]！忧而不困者也[8]。吾闻卫康叔[9]、武公之德如是[10]，是其《卫风》乎！"为之歌《王》[11],曰:"美哉!思而不惧[12],其周之东乎[13]!"为之歌《郑》,曰:"美哉!其细已甚[14],民弗堪也[15]。是其先亡乎!"为之歌《齐》,曰:"美哉,泱泱乎[16]!大风也哉[17]!表东海者[18],其大公乎[19]!国未可量也。"为之歌《豳》[20],曰:"美哉,荡乎[21]!乐而不淫,其周公之东乎[22]!"为之歌《秦》,曰:"此之谓夏声[23]。夫能夏则大,大之至也,其周之旧乎[24]!"为之歌《魏》[25],曰:"美哉,沨沨乎[26]!大而婉[27],险而易行[28],以德辅此,则明主也。"为之歌《唐》[29],曰:"思深哉!其有陶唐氏之遗民乎[30]!不然,何其忧之远也?非令德之后[31],谁能若是?"为之歌《陈》[32],曰:"国无主,其能久乎!"自《郐》[33]以下无讥焉[34]。为之歌《小雅》,曰:"美哉!思而不贰[35],怨而不言,其周德之衰乎?犹有先王之遗民焉[36]。"为之歌《大雅》,曰:"广哉,熙熙乎[37]!曲而有直体[38],其文王之德乎!"为之歌《颂》,曰:"至矣哉!直而不倨[39],曲而不屈,迩而不偪[40],远而不携[41],迁而不淫[42],复而不厌[43],哀而不愁,乐而不荒,用而不匮,广而不宣,施而不费[44],取而不贪,处而不底[45],行而不流[46]。五声和[47],八风平[48]。节有度,守有序,盛德之所同也。"

【注释】[1]请观于周乐:杨伯峻谓:"鲁受周室虞、夏、商、周之乐舞,故季札请观之。" [2]周南:《诗经》中的一篇。以下所歌诗篇均是《诗经》篇目。 [3]始基之:指为王奠定基业。 [4]勤:劳。 [5]邶:诸侯国,在今河南省汤阴县附近。 [6]鄘:诸侯国,在今河南省新乡市附近。 [7]渊:深。 [8]困:窘迫。 [9]卫康叔:卫国始封君,周文王子。 [10]武公:西周末年卫国国君。 [11]王:指东周王城之乐曲。 [12]思而不惧:杜预注:"宗周陨灭,故忧思。犹有先王之遗风,故不惧。" [13]周之东:指周之东迁。 [14]细:琐碎。已:太。 [15]弗堪:受不了。 [16]泱泱乎:气势宏大貌。 [17]大风:或指宏大声调。 [18]表:做……表率。 [19]大公:指姜太公,齐始封君。 [20]豳:周先祖公刘时期的都城,在今陕西省彬县附近。今本《豳风》在《诗经》中的顺序与此不同。 [21]荡乎:博大貌。 [22]周公之东:指周公东征。 [23]夏:指西方。 [24]其周之旧:指秦为西周故地。 [25]魏:姬姓诸侯国,在今山西省芮城县附近。 [26]沨沨:形容婉转悠扬的乐歌。 [27]大:粗。

147

[28]险：艰难，一说为"俭"之误。　[29]唐：唐叔虞之初封地，在今山西省太原市一带。　[30]陶唐氏：指古圣王尧。　[31]令：善。　[32]陈：诸侯国，在今河南省开封市附近。　[33]郐：亦作"桧"，诸侯国，相传为祝融之后，在今河南省郑州市附近。　[34]讥：评论。　[35]思：哀思。贰：有二心。　[36]先王：指周初文王、武王、成王、康王等先王。　[37]熙熙：和乐貌。　[38]曲而有直体：杨伯峻谓："言其乐曲有抑扬顿挫高下之妙，而本体则直。"　[39]直：无私。倨：傲慢。　[40]迩：近。偪：同"逼"，侵迫。　[41]携：离。　[42]淫：乱。　[43]厌：厌倦。　[44]施：施惠。　[45]处：不动。底：停滞。　[46]流：流荡。　[47]五声：指宫、商、角、徵、羽五声。　[48]八风：八方之风。"八平风"指乐曲协调。

见舞《象箾[1]》《南籥[2]》者，曰："美哉！犹有憾。"见舞《大武[3]》者，曰："美哉！周之盛也，其若此乎！"见舞《韶濩[4]》者，曰："圣人之弘也，而犹有惭德，圣人之难也。"见舞《大夏[5]》者，曰："美哉！勤而不德[6]，非禹，其谁能修之？"见舞《韶箾[7]》者，曰："德至矣哉，大矣！如天之无不帱[8]，如地之无不载也。虽甚盛德[9]，其蔑以加于此矣[10]，观止矣[11]。若有他乐，吾不敢请已。"

【注释】[1]象箾：指奏箾而为象舞。箾，同"箫"。　[2]南籥：指奏南乐以配籥舞。籥，乐器，形似笛。　[3]大武：周武王舞。　[4]韶濩：成汤舞。　[5]大夏：禹之舞。　[6]不德：不自以为德。　[7]韶箾：虞舜之乐舞。　[8]帱：覆盖。　[9]虽：同"唯"。　[10]蔑：无。　[11]观止：指尽善尽美至于最大限度。

战国时期

战国来临

春秋大国争霸的硝烟还未完全散去，战国时代的号角便已吹响。关于战国时代的历史特征，司马光曾指出："君臣之礼既坏矣，则天下以智力相雄长，遂使圣贤之后为诸侯者，社稷无不泯绝，生民之害糜灭几尽，岂不哀哉？"(《资治通鉴·周纪》)可见，和春秋时代相比，战国社会风气已大不相同。

战国起于何时？诸家说法各不相同。"三家分晋""田氏代齐"等事件的发生，使得韩、赵、魏三国出现并活跃于战国政治舞台，也使得齐国"改弦更张"，焕然一新。这些事件一起构成战国历史的"推动剂"。本文便从《史记》中选取了和"三家分晋""田氏代齐"相关的文段，供读者参考。另外，在这些事件中，韩、赵、魏和田氏在取得政权后依然需要周王朝的准许才得以正式"列于诸侯"，这似乎反映了战国初期周王室权威并未完全消解，春秋时期的政治传统尚未消失，这是我们需要注意的。

《史记·晋世家》(节选)

出公十七年[1]，知伯与赵、韩、魏共分范、中行地以为邑[2]。出公怒，告齐、鲁，欲以伐四卿[3]。四卿恐，遂反攻出公。出公奔齐，道死。故知伯乃立昭公曾孙骄为晋君[4]，是为哀公。

哀公大父雍[5]，晋昭公少子也，号为戴子。戴子生忌。忌善知伯，蚤死[6]，故知伯欲尽并晋，未敢，乃立忌子骄为君。当是时，晋国政皆决知伯，晋哀公不得有所制[7]。知伯遂有范、中行地，最强。

【注释】［1］出公：指晋出公凿。　［2］知、赵、韩、魏、范、中行：皆晋国大族。此六族被称为"六卿"。　［3］四卿：指知、赵、韩、魏四卿。　［4］知伯：指晋卿荀瑶，又称"知襄子"。昭公：指晋昭公夷。　［5］大父：祖父。　［6］蚤：同"早"。　［7］制：约束。

哀公四年，赵襄子、韩康子、魏桓子共杀知伯[1]，尽并其地。十八年，哀公卒，子幽公柳立。

幽公之时，晋畏[2]，反朝赵、韩、魏之君。独有绛[3]、曲沃，余皆入三晋[4]。十五年，魏文侯初立。十八年，幽公淫妇人，夜窃出邑中[5]，盗杀幽公。魏文侯以兵诛晋乱，立幽公子止，是为烈公。

烈公十九年，周威烈王赐赵、韩、魏皆命为诸侯。二十七年，烈公卒，子孝公颀立。孝公九年，魏武侯初立，袭邯郸[6]，不胜而去。十七年，孝公卒，子静公俱酒立。是岁，齐威王元年也。静公二年，魏武侯、韩哀侯、赵敬侯灭晋后而三分其地。静公迁为家人[7]，晋绝不祀。

【注释】［1］赵襄子：晋卿，名无恤（毋恤）。韩康子：晋卿，名虎。魏桓子：晋卿，名驹。　［2］畏：惧。　［3］绛：在今山西省侯马市一带。　［4］三晋：指赵、韩、魏。　［5］窃：私自。　［6］邯郸：在今河北省邯郸市一带。　［7］迁为家人：降为平民。家人，平民。

《史记·田敬仲完世家》（节选）

田常既杀简公[1]，惧诸侯共诛己，乃尽归鲁、卫侵地[2]，西约晋、韩、魏、赵氏，南通吴、越之使，修功行赏，亲于百姓，以故齐复定[3]。

田常言于齐平公曰[4]："德施，人之所欲，君其行之；刑罚，人之所恶，臣请行之。"行之五年，齐国之政皆归田常。田常于是尽诛鲍、晏、监止及公族之强者[5]，而割齐自安平以东至琅邪[6]，自为封邑。封邑大于平公之所食。

田常乃选齐国中女子长七尺以上为后宫[7]，后宫以百数，而使宾客[8]、舍人出入后宫者不禁[9]。及田常卒，有七十余男。

田常卒，子襄子盘代立，相齐。常谥为成子。

田襄子既相齐宣公，三晋杀知伯，分其地。襄子使其兄弟宗人尽为齐都邑大夫[10]，与三晋通使，且以有齐国[11]。

【注释】［1］田常：齐卿，又称"田成子"。简公：指齐简公壬。［2］乃尽归鲁、卫侵地：指将齐国以前所侵占的鲁、卫的地盘退还给两国。［3］以故：因此。［4］齐平公：齐简公弟骜。［5］鲍、晏：齐大族。监止：齐卿，又作"阚止"。公族：指国君的宗族。［6］安平：在今山东省淄博市一带。琅邪：在今山东省青岛市一带。［7］七尺：约今之1.6米。当时的一尺约今之0.23米。［8］宾客：依附于权贵之门的清客、食客等。［9］舍人：权贵门下的亲信用人。［10］宗人：族人。［11］且：将。以：以之。有：占有。

襄子卒，子庄子白立。田庄子相齐宣公[1]。宣公四十三年，伐晋，毁黄城[2]，围阳狐[3]。明年，伐鲁、葛及安陵[4]。明年，取鲁之一城。

庄子卒，子太公和立。田太公相齐宣公。宣公四十八年，取鲁之郕[5]。明年，宣公与郑人会西城[6]。伐卫，取毌丘[7]。宣公五十一年卒，田会自廪丘反[8]。

宣公卒，子康公贷立。贷立十四年，淫于酒、妇人，不听政。太公乃迁康公于海上，食一城，以奉其先祀[9]。明年，鲁败齐平陆[10]。

三年，太公与魏文侯会浊泽[11]，求为诸侯。魏文侯乃使使言周天子及诸侯，请立齐相田和为诸侯。周天子许之。康公之十九年，田和立为齐侯，列于周室，纪元年。

【注释】［1］齐宣公：齐平公之子积。［2］黄城：在今山东省冠县附近。［3］阳狐：或说在今河北省大名县附近。［4］葛：或说在今河南省长葛市一带。或说当作"莒"。

安陵：在今河南省鄢陵县附近，当时为附属魏国的一个小封君所在地。［5］郕：在今山东省宁阳县附近。［6］郑人：指郑缪公。西城：地名。［7］毋丘：在今山东省曹县附近。［8］田会：田和族人，又称"公孙会"。廪丘：在今河南省范县和山东省郓城县附近。反：反叛。［9］奉其先祀：指继续对其祖先的祭祀。［10］平陆：在今山东省汶上县附近。［11］浊泽：或说在今河南省临颍县附近。

东齐西秦

战国初期，魏国是最先强盛的国家。魏国在魏文侯、武侯时期，任用贤士，实行变法，极大地增强了自身国力。魏惠王继位后，将魏都由安邑迁至大梁，并至迟在十四年称王。这是魏国强盛的顶峰。这之后，魏国进一步开疆扩土，一度威风凛凛。然而好景不长，一国的扩张必然引起其他国家的不满，因此，魏国面临着齐国、秦国、赵国等国家的竞争。桂陵之战，魏军大败。安邑之役，秦兵凯旋。马陵之战，魏军更是损失惨重，国力迅速衰弱，历史发展的主线变为齐国和秦国的对峙。

本节所选文段，便是介绍著名的桂陵之战和马陵之战，带读者回到那惊心动魄的历史场景中。

《史记·孙子吴起列传》（节选）

魏伐赵，赵急，请救于齐。齐威王欲将孙膑，膑辞谢曰："刑余之人[1]不可。"于是乃以田忌为将[2]，而孙子为师[3]，居辎车中[4]，坐为计谋[5]。田忌欲引兵之赵，孙子曰："夫解杂乱纷纠者不控捲[6]，救斗者不搏撠[7]，批亢捣虚[8]，形格势禁，则自为解耳。今梁赵相攻，轻兵锐卒必竭于外，老弱罢于内[9]。君不若引兵疾走大梁[10]，据其街路[11]，冲其方虚[12]，彼必释赵而自救。是我一举解赵之围而收弊于魏也[13]。"田忌从之，魏果去邯郸[14]，与齐战于桂陵[15]，大破梁军。

【注释】［1］刑余之人：孙膑之前在魏国遭庞涓陷害而入狱。《史记·孙子吴起列传》："孙膑尝与庞涓俱学兵法。庞涓既事魏，得为惠王将军，而自以为能不及孙膑，乃阴使召孙膑。膑至，庞涓恐其贤于己，疾之，则以法刑断其两足而黥之，欲隐勿见。齐使者如梁，孙膑以刑徒阴见，说齐使。"［2］田忌：齐将领。［3］为师：为军师。［4］辎车：有帷盖的车，又称"衣车"。［5］坐：或以为作"主"。［6］夫解杂乱纷纠不控捲：《索隐》："谓解杂乱纷纠者，当善以手解之，不可控捲而击之。捲即拳也。"控，握，一说引。捲，同"拳"。［7］救斗者不搏撠：《索隐》："谓救斗者当善撝解之，无以手助相搏撠，则其怒益炽矣。"撠，击。［8］批亢捣虚：义同"避实就虚"。谈允厚云："批之为言'撇'也，谓撇而避亢满之处，捣其虚空无备之所。"捣，击。虚，空。［9］老弱罢于内：指国内空虚。［10］大梁：魏都，在今河南省开封市附近。［11］街路：交通要道。［12］冲其方虚：指攻击其薄弱之处。［13］收弊：收拾疲敝之敌。［14］邯郸：赵都，在今河北省邯郸市一带。［15］桂陵：在今河南省长垣县附近，或说在今山东省菏泽市一带。

后十三岁，魏与赵攻韩，韩告急于齐。齐使田忌将而往，直走大梁。魏将庞涓闻之，去韩而归，齐军既已过而西矣[1]。孙子谓田忌曰："彼三晋之兵素悍勇而轻齐，齐号为怯，善战者因其势而利导之。兵法，百里而趣利者蹶上将[2]，五十里而趣利者军半至[3]。使齐军入魏地为十万灶，明日为五万灶，又明日为三万灶。"庞涓行三日，大喜，曰："我固知齐军怯，入吾地三日，士卒亡者过半矣。"乃弃其步军，与其轻锐倍日并行逐之[4]。孙子度其行[5]，暮当至马陵[6]。马陵道陕[7]，而旁多阻隘，可伏兵，乃斫大树白而书之曰[8]"庞涓死于此树之下"。于是令齐军善射者万弩，夹道而伏，期曰"暮见火举而俱发"[9]。庞涓果夜至斫木下，见白书，乃钻火烛之。读其书未毕，齐军万弩俱发，魏军大乱相失[10]。庞涓自知智穷兵败，乃自刭，曰："遂成竖子之名[11]！"齐因乘胜尽破其军，虏魏太子申以归[12]。孙膑以此名显天下，世传其兵法[13]。

【注释】［1］齐军既过而西矣：钱大昕云："齐扬言走大梁，非真抵大梁，及庞涓弃韩而归,齐军始入魏地。齐在魏东,'过而西'者,过齐境而西也。"或说齐至魏不战而退。[2]趣:同"趋"。蹶:毙。[3]军半至:军队人数只有一半能到达,言其损失重大。[4]倍日并行:指一日变作两日用,两日之路并为一日行。[5]度:忖度。[6]马陵:在今河北省大名县一带,或说在今河南省范县一带。[7]陕:同"狭"。[8]斫:用刀斧等砍削。[9]期:约定。[10]魏军大乱相失:指魏军彼此乱奔乱跑。[11]遂:相当于"竟然"。竖:庞涓对孙膑的贱称、蔑称。[12]太子申:梁惠王之子。[13]兵法:指《孙膑兵法》,六朝以来不见于世,近年来银雀山汉墓出土《孙膑兵法》,可补文献之阙。

合纵连横

马陵之战后,齐秦继续互相对峙,三晋虎视眈眈,诸侯国之间展开了旷日持久的"合纵"和"连横"战争。所谓"合纵",就是"合众弱以攻一强";所谓"连横",就是"事一强以攻众弱"(《韩非子·五蠹》)。纵横家,就是在这样的政治环境中产生的。这些纵横家大多具有雄辩口才,他们奔波于各国之间,鼓吹自己的主张,依靠"合纵"或"连横"活动来达到政治目的。学者指出:"纵横家的缺点是,他们重视依靠外力,不是像法家那样从改革政治、经济和谋求富国强兵入手;还过分夸大计谋策略的作用,把它看作国家强盛的关键。"(杨宽:《战国史》)这样的认识是合理的。

一般认为,战国纵横家的代表人物是苏秦和张仪。然而关于他们的生平事迹,史籍却语焉不详,争论极大。本节所选的两篇文段,一篇出自马王堆帛书《战国纵横家书》,主要内容是苏秦对齐王的游说之辞,读者能从相关语辞中感受纵横家风采;另一篇则出自《史记·乐毅列传》,旨在展现纵横学说下的政治实践。

《战国纵横家书·苏秦谓齐王》

谓齐王曰[1]:"薛公相齐也[2],伐楚九岁[3],攻秦三年[4]。欲以残宋[5],

取淮北，宋不残，淮北不得。以齐封奉阳君[6]，使梁、韩皆效地[7]，欲以取赵，赵氏不得。身率梁王与成阳君北面而朝奉阳君于邯郸[8]，而赵氏不得。王弃薛公，身断事[9]。立帝，帝立[10]。伐秦，秦伐。谋取赵，得。攻宋，宋残[11]。是则王之明也。虽然，愿王之察之也，是无它故，臣之以燕事王循也[12]。

【注释】［1］齐王：指齐闵王。　［2］薛公：指孟尝君田文。　［3］九岁：或为五岁之讹。　［4］攻秦三年：马王堆汉墓帛书整理小组："公元前二九九年薛公入秦为相，第二年，赵国派楼缓相秦，孟尝君免相，逃回齐国作相，就联合魏、韩击秦。到前二九六年，齐、魏、韩三国击秦，入函谷关。秦国给魏国西河外及封陵，给韩国河外及武遂，与两国讲和。前后共三年。"　［5］残：灭。　［6］奉阳君：指赵相李兑。　［7］效：献。　［8］成阳君：韩相。　［9］身断事：指齐闵王自己执政。　［10］帝立：指齐闵王称帝。　［11］残：残破。　［12］循：后置状语，谨。

"贒谓臣曰[1]：'伤齐者，必赵也。秦虽强，终不敢出塞流河[2]，绝中国而攻齐[3]。楚、越远，宋、鲁弱，燕人承[4]，韩、梁有秦患，伤齐者必赵。赵氏终不可得已，为之若何？'臣谓贒曰：'请劫之[5]。子以齐大重秦，秦将以燕事齐[6]。齐燕为一，韩、梁必从。赵悍则伐之，愿则挚而攻宋[7]'。贒以为善。臣以车百五十乘入齐，贒逆于高间[8]，身御臣以入[9]。事曲当臣之言，是则王之教也[10]。然臣亦见其必可也。犹贒不知变事以攻宋也[11]，不然，贒之所与臣前约者善矣。今三晋之敢据薛公与不敢据[12]，臣未之识。虽使据之，臣保燕而事王，三晋必不敢变。齐燕为一，三晋有变，事乃时为也[13]。是故当今之时，臣之为王守燕，百它日之节[14]。虽然，成臣之事者，在王之循甘燕也[15]。王虽疑燕，亦甘之；不疑，亦甘之。王明示天下以有燕，而臣不能使王得志于三晋，臣亦不足事也[16]。"

【注释】［1］贒：指韩贒，《战国策》作韩珉，一作韩眠。《史记》作韩聂。曾任齐相。　［2］塞：指殽塞，即函谷关。流河：犹"流于河"，顺河而下。　［3］绝：横越。中国：指中部地域。　［4］承：奉。　［5］劫：用力强迫。　［6］秦：苏秦自称。　［7］愿：老实。挚：同"执"，拘执。一说同"质"，指要求赵送质子。　［8］高间：指齐都城门。［9］身御臣以入：马王堆汉墓帛书整理小组："韩貇亲自为苏秦驾车入临淄。"　［10］曲：细微曲折。或说此字当释为"畾"字，从曲，玉声。当：符合。　［11］变事：指变更策略。　［12］据：支持，还有"依靠""任"等解释。　［13］时：指时势。　［14］百它日之节：百倍于其他时候。或以为"节"字应理解为苏秦为齐王"守燕"的节操。［15］甘：马王堆汉墓帛书整理小组："美，也可以当满足讲。"　［16］事：委事，任事。

《史记·乐毅列传》（节选）

当是时，齐湣王强[1]，南败楚相唐眜于重丘[2]，西摧三晋于观津[3]，遂与三晋击秦，助赵灭中山[4]，破宋，广地千余里。与秦昭王争重为帝[5]，已而复归之。诸侯皆欲背秦而服于齐。湣王自矜[6]，百姓弗堪。于是燕昭王问伐齐之事[7]。乐毅对曰："齐，霸国之余业也[8]，地大人众，未易独攻也。王必欲伐之，莫如与赵及楚、魏。"于是使乐毅约赵惠文王[9]，别使连楚、魏，令赵嚪说秦以伐齐之利[10]。

【注释】［1］齐湣王：齐宣王之子。　［2］重丘：或在今河南省沁阳市附近。《史记·楚世家》："秦乃与齐、韩、魏共攻楚，杀楚将唐眜。"　［3］观津：或在今河北省武邑县附近。或以为应依《六国年表》作"观泽"，在今河南省清丰县附近。　［4］中山：鲜虞所建国家。　［5］秦昭王：名则，秦惠文王之子。争重为帝：指公元前288年秦昭王称"西帝"，齐湣王称"东帝"（"齐秦互帝"）。　［6］自矜：自夸。　［7］燕昭王：名职。［8］余业：遗留的业绩，这里指齐是昔日做过霸主的大国后代。　［9］赵惠文王：名何，赵武灵王之子。　［10］嚪：同"啖"，利诱。

诸侯害齐湣王之骄暴[1]，皆争合从与燕伐齐。乐毅还报，燕昭王悉起兵，使乐毅为上将军，赵惠文王以相国印授乐毅。乐毅于是并护赵、楚、韩、魏、燕之兵以伐齐[2]，破齐之济西[3]。诸侯兵罢归，而燕军乐毅独追，至于临菑。齐湣王之败济西，亡走[4]，保于莒[5]。乐毅独留徇齐[6]，齐皆城守。乐毅攻入临菑,尽取齐宝财物祭器输之燕[7]。燕昭王大说[8],亲至济上劳军,行赏飨士[9],封乐毅于昌国[10],号为昌国君。于是燕昭王收齐卤获以归[11],而使乐毅复以兵平齐城之不下者。

【注释】[1]害:以之为病。 [2]护:总领。 [3]济:指济水。 [4]亡走:逃跑。 [5]保:占据。 [6]徇:巡。 [7]输:运送。 [8]说:同"悦"。 [9]飨士:犒赏士兵。 [10]昌国:在今山东省淄博市附近。 [11]卤获:指齐虏掠收获的东西。卤,同"虏",房掠。

乐毅留徇齐五岁,下齐七十余城,皆为郡县以属燕,唯独莒、即墨未服[1]。会燕昭王死,子立为燕惠王。惠王自为太子时尝不快于乐毅,及即位,齐之田单闻之[2],乃纵反间于燕[3],曰:"齐城不下者两城耳。然所以不早拔者,闻乐毅与燕新王有隙,欲连兵且留齐[4],南面而王齐。齐之所患,唯恐他将之来。"于是燕惠王固已疑乐毅[5],得齐反间,乃使骑劫代将,而召乐毅。乐毅知燕惠王之不善代之,畏诛,遂西降赵。赵封乐毅于观津,号曰望诸君。尊宠乐毅以警动于燕、齐[6]。

【注释】[1]即墨:在今山东省青岛市附近。 [2]田单:齐将,后复齐国。 [3]反间:《孙子兵法》:"反间者,因其敌间而用之。" [4]连兵:指建立军事联盟。 [5]于是:此时。固:本来。 [6]警动:指赵意欲凭乐毅威慑燕、齐。

远交近攻

"合纵""连横"使得战国中期的社会政治形势极其复杂,各国关系波诡云谲,不可捉摸。白起破郢、齐秦互帝、五国伐秦、乐毅破齐……一次次大战不断改变着战国群雄的实力格局,也不断体现着刀光剑影的惨烈。这时候,秦国率先把握住契机,在统一大业的进程中占得先机。公元前266年，秦昭王任用客卿范雎为相，对外实行"远交近攻"的战略。范雎提出："王不如远交而近攻，得寸则王之寸，得尺亦王之尺也。"（《战国策·秦策》）这一战略使得秦国能够巩固已经攻取的土地，步步为营，是十分有见地的。在"远交近攻"战略的推行下，秦国首先大举进攻韩国，迫使韩国割地予秦。公元前262年，秦军攻取野王（今河南沁阳），切断韩上党郡和其本土的联系。之后韩献上党郡于赵，赵王听取平原君赵胜的建议，发兵取上党，由此秦赵之间爆发了争夺上党的长平之战。赵王使名将廉颇驻守长平（今山西高平附近），抵御来势汹汹的秦军。廉颇坚持壁垒，秦军一度无可奈何。两国在长平陈兵百万，对峙三年。后赵王中秦反间计，听信谣言，起用夸夸其谈的赵括代替廉颇为将。赵括为将后全线出击，秦将白起诈败后退，布置奇兵切断包围赵军。最后赵军大败，全军四十多万人被俘后全部活埋。

长平之战是战国时期最大、最惨烈的战争，对战国中后期的政治走向有着决定性的影响。长平之战后，赵国元气大伤，虽在之后的邯郸战役中"扳回一局"，却依旧无法挽回颓势。而这一战后，秦国基本扫除了赵国这一强劲的对手，统一的道路即将铺平。本章所收文段，选自《史记·廉颇蔺相如列传》，旨在通过几则引人入胜的故事，展现相关历史人物的面貌。

《史记·廉颇蔺相如列传》（节选）

廉颇者，赵之良将也。赵惠文王十六年[1]，廉颇为赵将伐齐，大破之，取阳晋[2]，拜为上卿，以勇气闻于诸侯。蔺相如者，赵人也，为赵宦者令缪贤舍人[3]。

赵惠文王时，得楚和氏璧[4]。秦昭王闻之[5]，使人遗赵王书[6]，愿以十五城请易璧。赵王与大将军廉颇诸大臣谋：欲予秦，秦城恐不可得，徒见欺[7]；欲勿予，即患秦兵之来。计未定，求人可使报秦者[8]，未得。宦官令缪贤曰："臣舍人蔺相如可使。"王问："何以知之？"对曰："臣尝有罪，窃计欲亡走燕[9]，臣舍人相如止臣，曰：'君何以知燕王？'臣语曰：'臣尝从大王与燕王会境上，燕王私握臣手，曰愿结友[10]。以此知之，故欲往。'相如谓臣曰：'夫赵强而燕弱，而君幸于赵王，故燕王欲结于君。今君乃亡赵走燕，燕畏赵，其势必不敢留君，而束君归赵矣。君不如肉袒伏斧质请罪[11]，则幸得脱矣。'臣从其计，大王亦幸赦臣。臣窃以为其人勇士，有智谋，宜可使。"于是王召见，问蔺相如曰："秦王以十五城请易寡人之璧，可予不？"相如曰："秦强而赵弱，不可不许。"王曰："取吾璧，不予我城，奈何？"相如曰："秦以城求璧而赵不许，曲在赵。赵予璧而秦不予赵城，曲在秦。均之二策[12]，宁许以负秦曲[13]。"王曰："谁可使者？"相如曰："王必无人，臣愿奉璧往使。城入赵而璧留秦；城不入，臣请完璧归赵[14]。"赵王于是遂遣相如奉璧西入秦。

【注释】[1]赵惠文王：名何，赵武灵王之子。 [2]阳晋：在今山东省菏泽市附近。《索隐》："阳晋，卫地，后属齐，今赵取之。" [3]宦者令：宦官长官。舍人：寄食于官僚贵族门下的亲信用人。 [4]和氏璧：《韩非子·和氏》："楚人和氏得玉璞山中，奉而献之厉王。厉王使玉人相之，玉人曰：'石也。'王以和为诳，而刖其左足。及厉王薨，武王即位，和又奉其璞而献之武王。武王使玉人相之，又曰：'石也。'王又以和为诳，而刖其右足。武王薨，文王即位，和乃抱其璞而哭于楚山之下，三日三夜，泣尽而继之以血。王闻之，使人问其故，曰：'天下之刖者多矣，子奚哭之悲？'和曰：'吾非悲刖也，悲夫宝玉而题之以"石"，贞士而名之以"诳"，此吾所以悲也。'王乃使玉人理其璞而得宝焉，遂命曰'和氏之璧'。" [5]秦昭王：名则，秦惠王之子。 [6]遗：给。 [7]徒见欺：白白受骗。 [8]报秦：指出使秦国。 [9]亡：逃跑。 [10]友：或说是"交"之误。 [11]斧质：古代一种腰斩刑具，将人放在质上，用斧砍断。质，古代刑具，杀人所用的椹垫。 [12]均：比较，衡量。 [13]负：背。 [14]完璧归赵：指将完好无损的和氏璧带回赵国。

秦王坐章台见相如[1]，相如奉璧奏秦王[2]。秦王大喜，传以示美人及左右，左右皆呼万岁。相如视秦王无意偿赵城，乃前曰："璧有瑕，请指示王。"王授璧，相如因持璧却立[3]，倚柱，怒发上冲冠，谓秦王曰："大王欲得璧，使人发书至赵王，赵王悉召群臣议，皆曰：'秦贪，负其强，以空言求璧，偿城恐不可得。'议不欲予秦璧。臣以为布衣之交尚不相欺[4]，况大国乎！且以一璧之故逆强秦之欢[5]，不可。于是赵王乃斋戒五日[6]，使臣奉璧，拜送书于庭。何者？严大国之威以修敬也[7]。今臣至，大王见臣列观[8]，礼节甚倨；得璧，传之美人，以戏弄臣。臣观大王无意偿赵王城邑，故臣复取璧。大王必欲急臣[9]，臣头今与璧俱碎于柱矣！"相如持其璧睨柱[10]，欲以击柱。秦王恐其破璧，乃辞谢固请，召有司案图[11]，指从此以往十五都予赵。相如度秦王特以诈详为予赵城[12]，实不可得，乃谓秦王曰："和氏璧，天下所共传宝也，赵王恐，不敢不献。赵王送璧时，斋戒五日，今大王亦宜斋戒五日，设九宾于廷[13]，臣乃敢上璧。"秦王度之，终不可强夺，遂许斋五日，舍相如广成传[14]。相如度秦王虽斋，决负约不偿城，乃使其从者衣褐[15]，怀其璧，从径道亡[16]，归璧于赵。

【注释】[1]章台：秦离宫中的台观。[2]奏：进，奉献。[3]却：退。[4]布衣：指平民。[5]逆：不顺从。[6]斋戒：古人在祭祀或举行重要典礼之前，需沐浴更衣，不饮酒，不吃荤，独居，以示虔诚庄敬。[7]严：敬。修敬：表示敬意。[8]列观：指一般的台观。[9]急：逼迫。[10]睨：斜视。[11]案图：查看地图。[12]特：只不过。详：同"佯"，假装。[13]设九宾：泷川资言："设九宾，犹言'具大礼'。"[14]传：驿舍。[15]褐：粗衣。[16]径道：小路。

秦王斋五日后，乃设九宾礼于廷，引赵使者蔺相如。相如至，谓秦王曰："秦自缪公以来二十余君[1]，未尝有坚明约束者也[2]。臣诚恐见欺于王而负赵，故令人持璧归，间至赵矣。且秦强而赵弱，大王遣一介之使至赵[3]，赵立奉璧来。今以秦之强而先割十五都予赵，赵岂敢留璧而得罪于大王乎？臣知欺大王之罪当诛，臣请就汤镬[4]，唯大王与群臣孰计议之[5]。"秦王与群臣相视而嘻[6]。左右或欲引相如去，秦王因曰："今杀相如，终不能得璧也，而绝秦赵之欢，不如因而厚遇之，使归赵，赵王岂以一璧之故欺秦邪！"卒廷见相如，毕礼而归之。

相如既归，赵王以为贤大夫使不辱于诸侯，拜相如为上大夫，秦亦不以城予赵，赵亦终不予秦璧。

……

秦伐韩，军于阏与[7]。王召廉颇而问曰："可救不？"对曰："道远险狭，难救。"又召乐乘而问焉，乐乘对如廉颇言[8]。又召问赵奢[9]，奢对曰："其道远险狭，譬之犹两鼠斗于穴中，将勇者胜。"王乃令赵奢将，救之。

兵去邯郸三十里，而令军中曰："有以军事谏者死。"秦军军武安西[10]，秦军鼓噪勒兵[11]，武安屋瓦尽振。军中侯有一人言急救武安[12]，赵奢立斩之。坚壁[13]，留二十八日不行，复益增垒[14]。秦间来入，赵奢善食而遣之。间以报秦将，秦将大喜曰："夫去国三十里而军不行，乃增垒，阏与非赵地也。"赵奢既已遣秦间，乃卷甲而趋之[15]，二日一夜至，令善射者去阏与五十里而军。军垒成，秦人闻之，悉甲而至。军士许历请以军事谏，赵奢曰："内之。"许历曰："秦人不意赵师至此，其来气盛，将军必厚集其阵以待之。不然，必败。"赵奢曰："请受令。"许历曰："请就鈇质之诛[16]。"赵奢曰："胥后令邯郸[17]。"许历复请谏，曰："先据北山上者胜，后至者败。"赵奢许诺，即发万人趋之。秦兵后至，争山不得上，赵奢纵兵击之[18]，大破秦军。秦军解而走，遂解阏与之围而归。

【注释】[1]缪公：指秦穆公。 [2]坚明约束：指信守条约。 [3]一介之使：极言使者身份之低和派出使者所使用礼数之简。 [4]汤镬：古代烹人刑具。 [5]唯：句首发语词。孰，同"熟"。 [6]嘻：正义："乃惊而怒之辞也。" [7]阏与：今山西省和顺县一带。 [8]乐乘：赵将。 [9]赵奢：赵将，之前为"赵之田部吏"。（《史记·廉颇蔺相如列传》）[10]武安：在今河北省武安市附近。 [11]勒：整饬。 [12]军中候：军职名。 [13]坚：加固。 [14]垒：军营中用作御敌的墙壁。 [15]卷甲而趋之：指卷持铠甲并快速奔向敌人。 [16]鈇质：即"斧质"。 [17]胥后令邯郸：指等待日后邯郸来的命令，即暂时不杀许历。胥，同"须"，等待。 [18]纵：指展开部队向敌进击。

161

赵惠文王赐奢号为马服君，以许历为国尉。赵奢于是与廉颇、蔺相如同位。

后四年，赵惠文王卒，子孝成王立。七年，秦与赵兵相距长平[1]，时赵奢已死，而蔺相如病笃[2]，赵使廉颇将攻秦，秦数败赵军，赵军固壁不战。秦数挑战，廉颇不肯。赵王信秦之间。秦之间言曰："秦之所恶，独畏马服君赵奢之子赵括为将军耳。"赵王因以括为将，代廉颇。蔺相如曰："王以名使括，若胶柱而鼓瑟耳[3]。括徒能读其父书传，不知合变也。"赵王不听，遂将之。

赵括自少时学兵法，言兵事，以天下莫能当。尝与其父奢言兵事，奢不能难[4]，然不谓善。括母问奢其故，奢曰："兵，死地也[5]，而括易言之。使赵不将括即已，若必将之，破赵军者必括也。"及括将行，其母上书言于王曰："括不可使将。"王曰："何以？"对曰："始妾事其父，时为将，身所奉饭饮而进食者以十数，所友者以百数，大王及宗室所赏赐者尽以予军吏士大夫，受命之日，不问家事。今括一旦为将，东向而朝[6]，军吏无敢仰视之者，王所赐金帛，归藏于家，而日视便利田宅可买者买之。王以为何如其父？父子异心[7]，愿王勿遣。"王曰："母置之，吾已决矣。"括母因曰："王终遣之，即有如不称，妾得无随坐乎[8]？"王许诺。

赵括既代廉颇，悉更约束，易置军史。秦将白起闻之，纵奇兵，详败走，而绝其粮道，分断其军为二，士卒离心。四十余日，军饿，赵括出锐卒自搏战，秦军射杀赵括。括军败，数十万之众遂降秦，秦悉坑之。赵前后所亡凡四十五万。明年，秦兵遂围邯郸，岁余，几不得脱。赖楚、魏诸侯来救，乃得解邯郸之围。赵王亦以括母先言，竟不诛也。

【注释】[1]距：同"拒"。长平：在今山西省高平市附近。 [2]笃：指病势沉重。[3]胶柱：指把柱胶死，不能再调整弦的松紧。柱：指琴瑟上面系弦的木块。胶柱鼓瑟，喻拘泥而不知变通。 [4]不能难：指争辩不过。 [5]死地：关系人生死的地方。[6]东向而朝：指赵括面朝东坐着接受部下的参见，表现其妄自尊大。 [7]异心：指思想作风不同。 [8]随坐：指罪及他人，牵连涉罪。

战国四君子

战国中后期，一大批富有谋略、胆识不凡的卓越人物涌现出来，活跃于当时的政治舞台上。他们运用智慧，一次又一次斡旋于大国之间，为自己及国家的命运出谋划策。这其中就有"战国四君子"。所谓"战国四君子"，包括魏国的信陵君魏无忌、赵国的平原君赵胜、齐国的孟尝君田文以及楚国的春申君黄歇。这四位政治活动家礼贤下士，广收宾客，在当时可谓"风云人物"；更为重要的是，他们都属于本国贵族，自身实力强大，其活动往往能影响本国决策和各国之间的关系。"战国四君子"的传奇事迹，在后世广为流传。

本节文段选自《战国策·齐策四》，主要记叙孟尝君及其门下宾客的事迹。读者阅读此章，能深入体会以孟尝君为代表的战国时期"士"阶层的兴起及其状况。

《战国策·齐策四》（节选）

齐人有冯谖者，贫乏不能自存，使人属孟尝君[1]，愿寄食门下。孟尝君曰："客何好？"曰："客无好也。"曰："客何能？"曰："客无能也。"孟尝君笑而受之，曰："诺。"左右以君贱之也[2]，食以草具[3]。

居有顷[4]，倚柱弹其剑，歌曰："长铗归来乎[5]！食无鱼。"左右以告。孟尝君曰："食之，比门下之客[6]。"居有顷，复弹其铗，歌曰："长铗归来乎！出无车。"左右皆笑之，以告。孟尝君曰："为之驾，比门下之车客[7]。"于是乘其车，揭其剑[8]，过其友曰："孟尝君客我[9]。"后有顷，复弹其剑铗，歌曰："长铗归来乎！无以为家[10]。"左右皆恶之，以为贪而不知足。孟尝君问："冯公有亲乎[11]？"对曰："有老母。"孟尝君使人给其食用，无使乏[12]。于是冯谖不复歌。

【注释】[1]属：托。 [2]贱：轻视。 [3]食：供养。草具：指粗劣的酒食。草，不精。具，馔具。 [4]有顷：不久。 [5]铗：剑把，一说"剑"的别名。来：语助词。

[6]客：指孟尝君门下中等之客。一说他本"客"前有"鱼"字。孟尝君门客分为三等，上客食肉，中客食鱼，下客食菜。 [7]车客：指乘车之客，在门客中地位显贵。 [8]揭：高举。 [9]客我：指以客礼待我。 [10]无以为家：指不能养家。 [11]冯公：指冯谖。 [12]乏：缺少。

后孟尝君出记[1]，问门下诸客："谁习计会[2]，能为文收责于薛乎[3]？"冯谖署曰[4]："能。"孟尝君怪之，曰："此谁也？"左右曰："乃歌夫长铗归来者也。"孟尝君笑曰："客果有能也，吾负之，未尝见也。"请而见之，谢曰[5]："文倦于事[6]，愦于忧[7]，而性懧愚[8]，沉于国家之事，开罪于先生[9]。先生不羞，乃有意欲为收责于薛乎？"冯谖曰："愿之。"于是约车治装[10]，载券契而行[11]。辞曰："责毕收[12]，以何市而反[13]？"孟尝君曰："视吾家所寡有者。"

【注释】[1]记：指账簿，一说告启之类。 [2]计会：即"会计"。会，计算。 [3]责：同"债"。薛：今山东省滕州市附近，孟尝君之父田婴封于此。 [4]署：指写于计。 [5]谢：道歉。 [6]倦：疲。 [7]愦：混乱。 [8]懧：同"懦"，弱。 [9]开罪：得罪。 [10]约车治装：准备车马，整理行装。 [11]契：犹"券"。何建章："古之'券契'如今之'契约''债券'。古时分为两半，各有齿，双方执其一，齿合作为凭证。" [12]毕：全。 [13]市：买。

驱而之薛，使吏召诸民当偿者，悉来合券。券遍合，起矫命[1]，以责赐诸民，因烧其券，民称万岁[2]。

长驱到齐[3]，晨而求见。孟尝君怪其疾也，衣冠而见之[4]，曰："责毕收乎？来何疾也！"曰："收毕矣。""以何市而反？"冯谖曰："君云'视吾家所寡有者'。臣窃计，君宫中积珍宝，狗马实外厩，美人充下陈[5]。君家所寡有者以义耳[6]！窃以为君市义。"孟尝君曰："市义奈何？"曰："今君有区区之薛[7]，不拊爱子其民[8]，因而贾利之[9]。臣窃矫君命，以责赐诸民，因烧其券，民称万岁。乃臣所以为君市义也。"孟尝君不说[10]，曰："诺，先生休矣[11]！"

【注释】［1］矫：托。［2］万岁：祝颂之词，指薛民希望孟尝君长寿。［3］长驱：指途中没有停留。［4］衣冠而见之：指孟尝君正其衣冠来见冯谖，表现孟尝君郑重。［5］充：实。陈：列。［6］以：犹"乃"。［7］区区：小貌。［8］拊：安抚，慰勉。子：像对子女一样地爱护。［9］因而：表转折关系。贾利：指像商人一样以取利。［10］说：同"悦"。［11］休矣：犹言"算了吧"。

后期年，齐王谓孟尝君曰[1]："寡人不敢以先王之臣为臣[2]。"孟尝君就国于薛[3]，未至百里，民扶老携幼，迎君道中。孟尝君顾谓冯谖："先生所为文市义者，乃今日见之。"冯谖曰："狡兔有三窟，仅得免其死耳[4]。今君有一窟，未得高枕而卧也[5]。请为君复凿二窟。"孟尝君予车五十乘，金五百斤，西游于梁，谓惠王曰："齐放其大臣孟尝君于诸侯[6]，诸侯先迎之者，富而兵强。"于是，梁王虚上位[7]，以故相为上将军[8]，遣使者，黄金千斤，车百乘，往聘孟尝君。冯谖先驱，诫孟尝君曰[9]："千金，重币也；百乘，显使也[10]。齐其闻之矣。"梁使三反[11]，孟尝君固辞不往也。齐王闻之，君臣恐惧，遣太傅赍黄金千斤[12]，文车二驷[13]，服剑一[14]，封书谢孟尝君曰[15]："寡人不祥[16]，被于宗庙之祟[17]，沉于谄谀之臣[18]，开罪于君，寡人不足为也[19]。愿君顾先王之宗庙，姑反国统万人乎[20]？"冯谖诫孟尝君曰："愿请先王之祭器[21]，立宗庙于薛。"庙成，还报孟尝君曰："三窟已就，君姑高枕为乐矣。"

孟尝君为相数十年，无纤介之祸者[22]，冯谖之计也。

【注释】［1］齐王：指齐闵王。［2］先王：指齐宣王。此句是齐闵王罢免孟尝君之借口。［3］就：犹"归"。［4］仅得：才能。［5］高枕：指安心。［6］放：逐。［7］虚上位：指让出相国的位置以待孟尝君。上，高。［8］上将军：地位极高的武官。［9］诫：告。［10］显使：指高级的使节。［11］反：同"返"。［12］太傅：齐大臣，本周官。［13］文车：饰有文采的高级车。［14］服剑：佩剑。［15］封书：指加封泥于信。［16］详：善。［17］祟：《说文》："神祸也。"［18］沉：迷。［19］寡人不足为也：指寡人不足以使君为之奔走效劳。［20］统：治理。［21］祭器：指祭祀用器。请先王祭器，并立宗庙于薛，则齐王必定派兵保护，此所谓第三窟。[22] 纤介：微小。

秦扫六合

秦国早在商鞅变法时期就已经初具实力，为统一天下奠定了坚实基础。历经孝公、惠公、武王及昭王时期，秦国更是实力大增，具备统一的条件。长平之战后，秦国加快统一步伐，发动兼并战争，依次灭韩、赵、魏、楚、燕、齐各国。公元前221年，秦终于兼并各国，基本完成了统一大业。

秦王扫六合，虎视何雄哉！秦统一六国，不但是中国历史上长达几百年的分裂局面的结束，更是一次社会大变革。中国社会从商周时期的早期国家形态，终于跨入成熟国家的门槛。值得一提的是，在这一伟大的历史进程中，民族融合的趋势得到加强，以汉民族为主体的华夏民族逐渐形成，"多元一体"的华夏化趋势不断加强。

本节文段《荆轲刺秦王》选自《战国策·燕策三》，讲述的是大家耳熟能详的故事。不知读者阅读此选段，能否感受到"壮士一去不复返"的那份历史悲壮，亦或如滔滔江水般的历史洪流？

《战国策·燕策三》（节选）

秦将王翦破赵，虏赵王，尽收其地，进兵北略地，至燕南界。太子丹恐惧，乃请荆卿曰[1]："秦兵旦暮渡易水[2]，则虽欲长侍足下[3]，岂可得哉！"荆卿曰："微太子言，臣愿得谒之[4]。今行而无信[5]，则秦未可亲也。夫今樊将军[6]，秦王购之金千斤，邑万家。诚能得樊将军首，与燕督亢之地图献秦王[7]，秦王必说见臣[8]，臣乃得有以报太子。"太子曰："樊将军以穷困来归丹，丹不忍以己之私而伤长者之意。愿足下更虑之[9]。"

【注释】［1］荆卿：指荆轲。［2］易水：源出今河北省易县附近。［3］足下：指荆轲。［4］谒：指请求行动。［5］信：指信物。［6］樊将军：指秦将樊於期，因得罪秦王而逃至燕国。［7］督亢：在今河北省涿州市附近。［8］说：同"悦"。［9］更：改。

荆轲知太子不忍，乃遂私见樊於期曰："秦之遇将军[1]，可谓深矣，父母宗族皆为戮没[2]。今闻购将军之首，金千斤，邑万家，将奈何？"樊将军仰天太息流涕曰："吾每念，常痛于骨髓，顾计不知所出耳[3]。"轲曰："今有一言，可以解燕国之患，而报将军之仇者，何如？"樊於期乃前曰："为之奈何？"荆轲曰："愿得将军之首以献秦，秦王必喜而善见臣，臣左手把其袖，而右手揕其胸[4]，然则将军之仇报，而燕国见陵之耻除矣。将军岂有意乎？"樊於期偏袒扼腕而进曰[5]："此臣日夜切齿拊心也[6]，乃今得闻教。"遂自刎。太子闻之，驰往伏尸而哭，极哀。既已，无可奈何，乃遂收盛樊於期之首，函封之[7]。

【注释】［1］遇：对待。［2］没：没收，这里指收为奴婢。［3］顾：连词，表示转折，相当于"但是"。［4］揕：用刀剑等刺。［5］偏袒：指解衣袒露一臂。扼：握住。［6］拊：拍。［7］函封之：用匣子封装起来。

于是，太子预求天下之利匕首，得赵人徐夫人之匕首，取之百金，使工以药淬之[1]，以试人，血濡缕，人无不立死者[2]。乃为装，遣荆轲[3]。燕国有勇士秦武阳，年十二杀人，人不敢忤视[4]，乃令秦武阳为副。

荆轲有所待，欲与俱，其人居远，未来，而为留待。顷之，未发。太子迟之[5]，疑其改悔，乃复请之曰："日以尽矣，荆卿岂无意哉？丹请先遣秦武阳。"荆轲怒，叱太子曰："今日往而不反者[6]，竖子也[7]！今提一匕首，入不测之强秦[8]，仆所以留者，待吾客与俱。今太子迟之，请辞决矣[9]！"遂发。

太子及宾客知其事者，皆白衣冠以送之。至易水上，既祖[10]，取道。高渐离击筑[11]，荆轲和而歌，为变徵之声[12]，士皆垂泪涕泣。又前而为歌曰："风萧萧兮易水寒，壮士一去兮不复还！"复为慷慨羽声，士皆瞋目，发尽上指冠。于是荆轲遂就车而去，终已不顾[13]。

【注释】［1］淬：以毒物染锷而淬之。 ［2］濡：沾。 ［3］为装：指整理行装。 ［4］忤视：正眼相视。忤，逆。 ［5］迟之：指太子嫌荆轲出发迟缓。 ［6］反：同"返"。 ［7］竖子：古时对人的蔑称。 ［8］不测：难以预料，指。 ［9］辞决：辞别。 ［10］祖：指出行时祭祀路神。 ［11］高渐离：荆轲友人。筑：古击弦乐器，大体形似筝，颈细而肩圆。 ［12］变徵：徵音的变调，适于悲歌。 ［13］终已不顾：指始终没回一下头，形容意志坚决。

既至秦，持千金之资币物[1]，厚遗秦王宠臣中庶子蒙嘉[2]。嘉为先言于秦王曰："燕王诚振畏慕大王之威[3]，不敢兴兵以拒大王，愿举国为内臣，比诸侯之列[4]，给贡职如郡县[5]，而得奉守先王之宗庙。恐惧不敢自陈，谨斩樊於期头，及献燕之督亢之地图，函封，燕王拜送于庭，使使以闻大王。唯大王命之[6]。"

秦王闻之，大喜。乃朝服，设九宾，见燕使者咸阳宫。荆轲奉樊於期头函，而秦武阳奉地图匣以次进。至陛下[7]，秦武阳色变振恐，群臣怪之，荆轲顾笑武阳[8]，前为谢曰："北蛮夷之鄙人，未尝见天子，故振慴，愿大王少假借之[9]，使得毕使于前[10]。"

【注释】［1］币物：泛指礼品。 ［2］遗：送。中庶子：官名，指秦王身边的侍从之臣。蒙嘉：蒙恬之弟。 ［3］振怖：指惧怕。 ［4］比：并列。 ［5］给：供。贡职：贡赋。 ［6］唯：副词，表示希望。 ［7］陛：帝王宫殿的台阶。 ［8］顾：回头看。 ［9］慴：惧。少：同"稍"。假借：宽容。 ［10］毕使：完成使命。

秦王谓轲曰："起，取武阳所持图。"轲既取图奉之，发图[1]，图穷而匕首见。因左手把秦王之袖，而右手持匕首揕之。未至身，秦王惊，自引而起[2]，绝袖[3]。拔剑，剑长，摻其室[4]。时怨急，剑坚，故不可立拔。荆轲逐秦王，秦王还柱而走[5]。群臣惊愕，卒起不意[6]，尽失其度[7]。而秦法：群臣侍殿上者，不得持尺寸之兵；诸郎中执兵者皆陈殿下[8]，非有诏不得上。方急时，不及召下兵，以故荆轲逐秦王。而卒惶急，无以击轲，而乃以手共搏之。是时侍医夏无且以其所奉药囊提轲[9]。秦王之方还柱走,卒惶急,不知所为。左右乃曰:"王负剑[10]!王负剑!"遂拔,以击荆轲,断其左股。

荆轲废[11],乃引其匕首提秦王[12],不中,中柱。秦王复击轲,被八创[13]。轲自知事不就,倚柱而笑,箕踞以骂曰[14]:"事所以不成者,乃欲以生劫之[15],必得约契以报太子也。"左右既前斩荆轲,秦王目眩良久。而论功赏群臣及当坐者,各有差。而赐夏无且黄金二百镒[16],曰:"无且爱我,乃以药囊提轲也。"

【注释】[1]发:打开。 [2]自引而起:指秦王自己从座位上跳起来。 [3]绝:断。 [4]摻:操,握持。室:剑鞘。 [5]还:环绕。 [6]卒:同"猝",突然。 [7]尽失其度:指群臣吓得都失去常态。 [8]郎中:秦王身边的侍卫之臣。 [9]提:击。 [10]负剑:指负剑于背。 [11]废:倒下。 [12]引:举起。 [13]被:受。创:伤。提:掷。 [14]箕踞:指叉开两腿坐在地上。 [15]劫:威逼。 [16]镒:古代重量单位,合二十两,一说为二十四两。

于是,秦大怒燕,益发兵诣赵,诏王翦军以伐燕,十月而拔燕蓟城[1]。燕王喜、太子丹等皆率其精兵东保于辽东[2]。秦将李信追击燕王。王急,用代王嘉计[3],杀太子丹,欲献之秦。秦复进兵攻之。五岁而卒灭燕国,而虏燕王喜。秦兼天下。

其后荆轲客高渐离以击筑见秦皇帝,而以筑击秦皇帝,为燕报仇,不中而死。

【注释】[1]蓟城:燕都,在今北京市一带。 [2]辽东:辽水以东,在今辽宁省东南部。 [3]代王嘉:秦灭赵后公子嘉自立为代王,故称"公子嘉"。

春秋战国时期的社会发展

王室衰微

  春秋之时，社会政治方面最显著的变化就是宗法王权的衰微。如果说西周中后期的社会危机还只是让周王室的权威出现了裂缝，那么西周的灭亡便是给了高高在上的宗法王权沉重一击。周平王东迁、东周王朝的开创，亦是在各个诸侯国的支持下进行的。因此，尽管春秋时期诸侯国一度打着"尊王"的旗号维护王室，东周王室一开始也并未孱弱不堪，但不可否认的是，西周时期统一的宗法王权时代已经一去不复返了。

  本节所选的文段出自《国语·郑语》，主要展现郑桓公和史伯的对话。尽管史伯的言论很大程度上是"预言"，未必是当时人的实录，但这并不妨碍我们透过史伯的言论去窥探西周晚期至春秋早期的社会状况及政治力量对比。同时，通过史伯的分析，我们也能对西周覆亡和周王室衰微这一经典的课题作出自己的思考。

《国语·郑语》

  桓公为司徒[1]，甚得周众与东土之人[2]，问于史伯曰[3]："王室多故[4]，余惧及焉，其何所可以逃死？"史伯对曰："王室将卑，戎狄必昌[5]，不可偪也。当成周者[6]，南有荆蛮、申、吕、应、邓、陈、蔡、随、唐[7]；北有卫、燕、狄、鲜虞、潞、洛、泉、徐蒲[8]；西有虞、虢、晋、隗、霍、杨、魏、芮[9]；东有齐、鲁、曹、宋、滕、薛、邹、莒[10]；是非王之支子母弟甥舅也，则皆蛮夷戎狄之人也。非亲则顽[11]，不可入也。其济、洛、河、颖之间乎[12]！是其子男之国[13]，虢、郐为大[14]，虢叔恃势[15]，郐仲恃险，是皆有骄侈怠慢之心，而加之以贪冒[16]。君若以周难之故，寄孥与贿焉[17]，不敢不许。周乱而弊，是骄而贪，必将背君，君若以成周之众奉辞伐罪，无不克矣。若克二邑[18]，邬、弊、补、丹、依、畤、历、华[19]，君之土也。若前颖后河，右洛左济，主芣、騩而食溱、洧[20]，修典刑以守之，是可以少固[21]。

【注释】[1]桓公：指郑桓公，名友，据说为周厉王少子，郑国始封君。[2]得：指得民心。周众：西周之民。东土之人：陕以东的民众。[3]史伯：周太史。[4]故：难。[5]昌：盛。偪：迫。[6]成周：东都雒邑，在今河南省洛阳市附近。[7]荆蛮：指楚。申、吕：姜姓诸侯国。应、蔡、随、唐：皆姬姓诸侯国。邓：曼姓诸侯国。陈：妫姓诸侯国。[8]卫：姬姓诸侯国。燕：姬姓诸侯国，或说为南燕，姞姓诸侯国。狄：指北狄。鲜虞：姬姓在狄者。潞、洛、泉、徐蒲：皆为赤狄，隗姓。[9]虞、虢、晋、隗、霍、杨、魏、芮：皆姬姓诸侯国。虢，指西虢东迁后的虢国，在今河南省三门峡市一带。[10]齐：姜姓诸侯国。鲁、曹、滕：姬姓诸侯国。宋：子姓诸侯国。薛：任姓诸侯国。邹：即邾国，曹姓诸侯国。莒：己姓诸侯国。[11]亲：指王之支子母弟甥舅。顽：指蛮夷戎狄之人。[12]济、洛、河、颖之间：韦昭："言此四水之间可逃，谓左济、右洛、前颖、后河。"济，指济水。洛，指洛水。河，指黄河。颖，指颖水。[13]子、男：爵名。[14]虢：指东虢，姬姓诸侯国，虢叔之后。郐：妘姓诸侯国。[15]势：指地势险要坚固。[16]冒：贪。[17]孥：妻子儿女。贿：财物。[18]二邑：指虢、郐。[19]邬、弊、补、丹、依、畤、历、华：八邑之名。邬，妘姓。依：姬姓。弊、畤、历：商侯伯国。丹：丹朱之封国，在今河南省内乡县一带。华：华阳，据说为管叔封邑。[20]主：为之神主。芣：山名，或在今河南省巩义市附近。騩：即大騩山，在今河南省新密市附近。食：饮其水。溱：溱水。洧：洧水。[21]少：稍微。

公曰："南方不可乎[1]？"对曰："夫荆子熊严生子四人[2]：伯霜、仲雪、叔熊、季紃[3]。叔熊逃难于濮而蛮[4]，季紃是立，薳氏将起之[5]，祸又不克。是天启之心也[6]，又甚聪明和协，盖其先王[7]。臣闻之，天之所启，十世不替[8]。夫其子孙必光启土[9]，不可偪也。且重、黎之后也[10]，夫黎为高辛氏火正[11]，以淳耀敦大[12]，天明地德，光照四海，故命之曰'祝融'[13]，其功大矣。

【注释】[1]南方：指成周之南，申、邓之间。[2]荆：楚。[3]伯霜、仲雪、叔熊、季紃：皆熊严之子。伯霜，楚子熊霜。仲雪，熊严次子。叔熊，熊严三子。季紃：楚子熊紃。[4]濮：百濮，蛮邑。[5]蓬氏：楚宗族。起，指欲立叔熊为君。[6]启：开。[7]盖：超过。[8]替：废。[9]光：大。[10]重、黎：官名，楚之先。《国语·楚语》："颛顼乃命南正重司天，北正黎司地。"[11]高辛氏：帝喾。火正：掌管火的官员。[12]淳：大，一说明。耀：明。敦：厚。[13]祝融：官职名。

"夫成天地之大功者，其子孙未尝不章[1]，虞、夏、商、周是也。虞幕能听协风[2]，以成物乐生者也。夏禹能单平水土[3]，以品处庶类者也[4]。商契能和合五教[5]，以保于百姓者也[6]。周弃能播殖百谷蔬[7]，以衣食民人者也，其后皆为王公侯伯。祝融亦能昭显天地之光明，以生柔嘉材者也[8]，其后八姓[9]，于周未有侯伯[10]。

【注释】[1]章：显。[2]虞幕：虞舜之先祖，一说虞舜之后。协：和。[3]单：同"殚"，尽。[4]品：区分高下。庶：众。[5]契：商人始祖。五教：父义，母慈，兄友，弟恭，子孝。[6]保：养。[7]弃：后稷，周人始祖。播：布。殖：长。[8]柔：润。嘉材：五谷材木。嘉，善。[9]八姓：即己、董、彭、秃、妘、曹、斟、芈八姓。[10]侯伯：诸侯之长。

"佐制物于前代者[1]，昆吾为夏伯矣[2]，大彭、豕韦为商伯矣[3]，当周未有。己姓昆吾、苏、顾、温、董[4]，董姓鬷夷、豢龙[5]，则夏灭之矣。彭姓彭祖、豕韦、诸、稽[6]，则商灭之矣。秃姓舟人[7]，则周灭之矣。妘姓邬、郐、路、偪阳[8]，曹姓邹、莒[9]，皆为采卫[10]，或在王室，或在夷狄，莫之数也，而又无令闻，必不兴矣。斟姓无后。融之兴者，其在芈姓乎？芈姓夔越[11]，不足命也。闽芈蛮矣，唯荆实有昭德[12]，若周衰，其必兴矣。姜、嬴、荆芈[13]，实与诸姬代相干也[14]。姜，伯夷之后也[15]，嬴，伯翳之后也[16]。伯夷能礼于神以佐尧者也，伯翳能议百物以佐舜者也[17]。其后皆不失祀而未有兴者[18]，周衰其将至矣。"

【注释】［1］佐：助。物：事。前代：指夏、商两代。［2］昆吾：陆终第一子，名樊，己姓，封于昆吾。［3］大彭：陆终第三子，名䥽，彭姓，封于大彭。豕韦：彭姓，封于豕韦。［4］苏、顾、温、董：皆昆吾之后别封者。［5］鄢夷、豢龙：国（氏）名。［6］彭祖：大彭。豕韦、诸、稽：皆大彭之后别封者。［7］舟人：国名。［8］郐：陆终第三子求言封于郐。郐、路、偪阳：皆郐之后别封者。［9］邹：陆终第五子安封于邹。［10］采：采服。卫：卫服。［11］夔：夔国，熊挚后代所封。越：越章国，［12］昭：明。［13］姜：齐姓。嬴，秦姓。芈：荆楚之姓。［14］代：更。干：犯。［15］伯夷：或说炎帝之后，尧时礼官。［16］伯翳：或说少皞之后，舜时虞官。［17］议：使各得其宜，或说同"仪"。百物：草木鸟兽之类。［18］兴：指为侯伯。

公曰："谢西之九州[1]，何如？"对曰："其民沓贪而忍[2]，不可因也[3]。唯谢、郏之间[4]，其冢君侈骄[5]，其民怠沓其君[6]，而未及周德[7]，若更君而训之，是易取也，且可长用也[8]。"

【注释】［1］谢：宣王封申伯之国，在今河南省南阳市一带。九州：九个州邑。州，韦昭说两千五百家曰州。［2］沓：贪婪。忍：残忍。［3］因：就。［4］谢、郏之间：指郏南谢北的虢、郐地区。郏，在今河南省郏县一带。［5］冢：大。［6］怠：慢。［7］周：忠信。［8］长用：久处。

公曰："周其弊乎[1]？"对曰："殆于必弊者也[2]。《泰誓》[3]曰：'民之所欲，天必从之。'今王弃高明昭显[4]，而好谗慝暗昧[5]，恶角犀丰盈[6]，而近顽童穷固[7]，去和而取同[8]。夫和实生物，同则不继。以他平他谓之和，故能丰长而物归之，若以同裨同[9]，尽乃弃矣。故先王以土与金木水火杂[10]，

173

以成百物。是以和五味以调口[11]，刚四支以卫体[12]，和六律以聪耳[13]，正七体以役心[14]，平八索以成人[15]，建九纪以立纯德[16]，合十数以训百体[17]。出千品，具万方，计亿事[18]，材兆物[19]，收经入[20]，行姟极[21]。故王者居九畡之田[22]，收经入以食兆民，周训而能用之，和乐如一。夫如是，和之至也。于是乎先王聘后于异姓，求财于有方，择臣取谏工，而讲以多物[23]，务和同也。声一无听，物一无文[24]，味一无果[25]，物一不讲[26]。王将弃是类也，而与剸同[27]。天夺之明，欲无弊，得乎？

【注释】[1]弊：衰败。 [2]殆：近。 [3]泰誓：《尚书·周书》中的一篇。 [4]王：指周幽王。高明昭显：指明德之臣。 [5]暗昧：韦昭："幽冥不见光明之德也。" [6]角犀丰盈：指贤明之相。角犀，额角处有伏犀。丰盈：面颊丰满。 [7]顽童：愚顽昏昧。固：陋。 [8]和：多样性统一。同：无差别的相同。《论语·子路》："子曰：'君子和而不同，小人同而不和。'" [9]裨：益。 [10]杂：合。 [11]五味：酸、甜、苦、辣、咸。 [12]刚：强。支：同"肢"。 [13]六律：黄钟、太簇、姑洗、蕤宾、夷则、无射。 [14]七体：七窍。役：营。 [15]平：正。八索：八体，首、腹、足、股、目、口、耳、手。八索以应八卦，乾为首，坤为腹，震为足，巽为股，离为目，兑为口，坎为耳，艮为手。 [16]立：建。九纪：九脏，心、肝、脾、肾、肺、胃、膀胱、肠、胆。 [17]十数：王、公、大夫、士、皂、舆、隶、僚、仆、台。百体：指百官体制。 [18]计：算。亿：万万为亿，一说十万为亿。 [19]材：裁。兆：万亿为兆，一说十亿为兆。 [20]经：常，一说十兆为经。 [21]姟：韦昭："备也，数极于姟。"一说十经为姟。 [22]九畡：九州之极数。 [23]工：官。讲：比较。多：众。物：事。 [24]文：文采。 [25]果：美，一说成。 [26]讲：论校，一说同"构"，合集。 [27]剸：同"专"，专断。

"夫虢石父[1]，谗谄巧从之人也[2]，而立以为卿士，与剸同也。弃聘后而立内妾[3]，好穷固也。侏儒戚施[4]，实御在侧[5]，近顽童也。周法不昭，而妇言是行，用谗慝也。不建立卿士，而妖试幸措[6]，行暗昧也。是物不可以久。且宣王之时有童谣。曰：'檿弧箕服[7]，实亡周国。'于是宣王闻之，有夫妇鬻是器者[8]，王使执而戮之[9]。府之小妾生女而非王子也，惧而弃之。此人也收以奔褒[10]。天之命此久矣，其又何可为乎[11]？《训语》[12]有之曰：'夏之衰也，褒人之神化为二龙[13]，以同于王庭[14]，而言曰："余，褒之二君也。"夏后卜杀之与去之与止之[15]，莫吉。卜请其漦而藏之[16]，吉。乃布币焉，而策告之[17]，龙亡而漦在，椟而藏之[18]，传郊之[19]。'及历殷、周，莫之发也。及厉王之末，发而观之，漦流于庭，不可除也。王使妇人不帏而噪之[20]，化为玄鼋[21]，以入于王府。府之童妾未既龀而遭之[22]，既笄而孕[23]，当宣王时而生。不夫而育，故惧而弃之。为弧服者方戮在路，夫妇哀其夜号也，而取之以逸[24]，逃于褒。褒人褒姁有狱[25]，而以为入于王，王遂置之[26]，而嬖是女也[27]，使至于为后，而生伯服。天之生此久矣，其为毒也大矣，将俟淫德而加之焉[28]。毒之酋腊者[29]，其杀也滋速[30]。申、缯、西戎方强，王室方骚[31]，将以纵欲，不亦难乎？王欲杀大子以成伯服，必求之申，申人弗畀[32]，必伐之。若伐申，而缯[33]与西戎会以伐周，周不守矣！缯与西戎方将德申[34]，申、吕方强[35]，其隩爱太子，亦必可知也[36]，王师若在，其救之亦必然矣。王心怒矣，虢公从矣，凡周存亡，不三稔矣[37]！君若欲避其难，其速归所矣，时至而求用[38]，恐无及也！"

【注释】［1］虢石父：虢国君主。［2］巧从：巧于媚从。［3］聘后：指申后。内妾：指褒姒。［4］侏儒戚施：指宫廷优伶。［5］御：侍。［6］试：用。幸：宠臣。措：置。［7］檿：山桑。弧：弓。箕：木名。服：箭袋。［8］鬻：卖。［9］戮：杀，一说责。［10］此人：指卖檿弧箕服者。收：取。［11］为：治。［12］训语：周代典籍。［13］褒人：指褒君。［14］同：共处。［15］后：指先君。止：留。［16］漦：龙的涎沫。［17］布：陈。币：玉帛。策告之：指以简策之书告龙而请其漦。［18］椟：放入椟（柜一类的收藏用具）中收藏。［19］传郊之：传祭之于郊。［20］帏：裙的正面一幅。噪：欢呼。［21］鼋：同"蚖"，蜥蜴一类的动物。［22］既龀：换牙。遭：遇。［23］既笄：指女子十五岁成年。［24］逸：逃逸。［25］褒姁：褒君。狱：罪。［26］置之：指赦免褒姁。［27］嬖：宠爱。［28］加：施加。［29］酋：精熟。腊：极。［30］滋：更加。［31］骚：扰。［32］畀：予。［33］缯：姒姓诸侯国。［34］德：以申为有德。［35］吕：姜姓诸侯国。［36］隩：隐。［37］稔：年。［38］时：难。用：备。

公曰："若周衰，诸姬其谁兴[1]？"对曰："臣闻之，武实昭文之功[2]，文之胙尽[3]，武其嗣乎[4]！武王之子，应、韩不在，其在晋乎！距险而邻于小[5]，若加之以德，可以大启[6]。"公曰："姜、嬴其孰兴？"对曰："夫国大而有德者近兴，秦仲、齐侯[7]，姜、嬴之俊也，且大，其将兴乎？"公说[8]，乃东寄帑与赂，虢、郐受之，十邑皆有寄地[9]。

【注释】［1］诸姬：指各姬姓诸侯国。［2］武：指周武王。昭：彰显。文：指周文王。［3］文：指文王子孙封国，如鲁、卫等。胙尽：指福运衰退。［4］嗣：继。［5］距险：指拒守之地险要。小：指虞、虢、霍、杨、韩、魏、芮等国。［6］大启：指大开疆土。［7］秦仲：周宣王时大夫，秦庄公之父，秦襄公之祖。齐侯：指齐庄公。［8］说：同"悦"。［9］十邑：指虢、郐、邬、弊、补、丹、依、𫗧、历、华。寄地：指郑桓公之子郑武公夺取十邑之地而居之。

幽王八年而桓公为司徒，九年而王室始骚，十一年而毙[1]。及平王末[2]，而秦、晋、齐、楚代兴[3]，秦景[4]、襄于是乎取周土[5]，晋文侯于是乎定天子[6]，齐庄、僖于是乎小伯[7]，楚蚡冒于是乎始启濮[8]。

【注释】［1］毙：韦昭："幽王伐申，申、缯召西戎以伐周，杀幽王于骊山戏下，桓公死之。"［2］平王：即宜臼。［3］代：更。［4］景：应为"庄"。秦庄公为秦仲之子，秦襄公之父。［5］取周土：指秦庄公有功于周，周赐之土。秦襄公辅佐周平王东迁，得岐西之地，始命为诸侯。［6］晋文侯：名仇。定天子：指晋文侯迎平王于洛邑。［7］齐庄、僖：指齐庄公、齐僖公。小伯：小主诸侯盟会。［8］蚡冒：楚先君。濮：百濮。

政出大夫

如果说春秋前期的社会特征还只是统一王权衰微，诸侯开展争霸活动，那么从春秋后期开始，"礼乐征伐自诸侯出"便已向"礼乐征伐自大夫出"乃至"陪臣执国命"转变了。这一时期虽然依旧有大国争霸的影子，但是各诸侯国内部面临着权力的"洗牌"。各国公室分化，不少强宗大族走上历史舞台，卿大夫左右着一国的政事和外交。鲁国的"三桓"、郑国的"七穆"、晋国的"六卿"，都是这一时代的产物。政出大夫的同时，一些卿大夫的家臣权力也随着增大，甚至出现权倾朝野的情况，鲁国的"阳虎之乱"便由此而来。

值得一说的是，"田氏代齐""三家分晋"等事件既是卿权干预君权的产物，又是卿权向新君权转变的一大标志。战国时代，这批新君主逐渐摆脱宗法国家的藩篱，逐渐建立起中央集权和君主专制的新型国家。

本节所选"崔杼弑其君"便是春秋时代"政出大夫"的典型事件。

《左传·襄公二十五年》（节选）

齐棠公之妻[1]，东郭偃之姊也。东郭偃臣崔武子[2]。棠公死，偃御武子以吊焉[3]，见棠姜而美之，使偃取之[4]。偃曰："男女辨姓[5]，今君出自丁[6]，臣出自桓[7]，不可。"武子筮之，遇困☷之大过☰[8]。史皆曰"吉[9]"。示陈文子[10]，文子曰："夫从风[11]，风陨妻[12]，不可娶也。且其繇曰[13]：'困于石，据于蒺藜[14]，入于其宫，不见其妻，凶。'困于石，往不济也[15]；据于蒺藜，所恃伤也；入于其宫，不见其妻，凶，无所归也[16]。"崔子曰："嫠也[17]，何害？先夫当之矣[18]。"遂取之。

【注释】[1]齐棠公：齐棠邑大夫。 [2]崔武子：即崔杼，齐大夫。 [3]吊：追悼死者。 [4]使偃取之：指崔杼使东郭偃为己娶棠姜。取，同"娶"。 [5]男女辨姓：指同姓不婚。辨，别。 [6]丁：指齐丁公，西周初期齐国君主。 [7]桓：指齐桓公。崔氏出自丁公，东郭氏出自桓公，同为姜姓，故不可嫁娶。 [8]困：坎下兑上为困卦。

大过：巽下兑上为大过。［9］吉：杨伯峻："史仅就困卦言之，兑为少女，坎为中男，以少女配中男，故吉。"［10］陈文子：齐大夫。［11］夫从风：指坎变为巽。［12］风陨妻：指兑仍在上。［13］繇：此困六三爻辞。［14］蒺藜：即蒺藜，草本植物，果皮有尖刺，故下文言"所恃伤也"。［15］往不济也：杨伯峻："以困卦言之，坎又为险，为水，而为石所困，虽往而不济。"［16］无所归也：杨伯峻："陈文子又就变卦及繇辞言之。"［17］嫠：寡妇，指东郭偃。［18］先夫当之矣：指棠公已受其凶而死。先夫：指齐棠公。

庄公通焉[1]，骤如崔氏[2]，以崔子之冠赐人。侍者曰："不可。"公曰："不为崔子[3]，其无冠乎[4]？"崔子因是[5]。又以其间伐晋也[6]，曰："晋必将报。"欲弑公以说于晋[7]，而不获间[8]。公鞭侍人贾举，而又近之，乃为崔子间公。

【注释】［1］庄公：齐庄公。通：通奸。［2］骤：屡次。［3］不为：不是。［4］其无冠乎：指不用崔子之冠，岂无他冠可用。意谓崔子之冠与他冠无异。其，犹"岂"。［5］崔子因是：指崔子因为这件事而怨恨庄公。［6］间：指晋国内乱。［7］说：同"悦"。［8］间：机会。

夏五月，莒为且于之役故[1]，莒子朝于齐。甲戌[2]，飨诸北郭[3]。崔子称疾，不视事。乙亥[4]，公问崔子[5]，遂从姜氏。姜入于室，与崔子自侧户出。公拊楹而歌[6]。侍人贾举止众从者而入，闭门。甲兴[7]，公登台而请[8]，弗许；请盟，弗许；请自刃于庙，弗许。皆曰："君之臣杼疾病，不能听命。近于公宫[9]，陪臣干掫有淫者[10]，不知二命[11]。"公逾墙[12]，又射之，中股，反队[13]，遂弑之。贾举、州绰、邴师、公孙敖、封具、铎父、襄伊、偻堙皆死[14]。祝佗父祭于高唐[15]，至，复命，不说弁而死于崔氏[16]。申蒯[17]，侍渔者[18]，退，谓其宰曰："尔以帑免[19]，我将死。"其宰曰："免，是反子之义也。"与之皆死。崔氏杀鬷蔑于平阴[20]。

【注释】［1］且于之役：指鲁襄公二十三年齐袭莒。且于，莒邑，在今山东省莒县一带。［2］甲戌：十六日。［3］飨：设宴。［4］乙亥：十七日。［5］问：问病。［6］拊：轻击。楹：柱。［7］甲兴：指崔子之兵士起而攻庄公。［8］请：指请免于死。［9］近于公宫：崔子之居近于庄公之宫。［10］陪臣：崔子之臣对国君的自称。干掫：巡夜捕击。［11］不知二命：指只知执行崔子之命，不知有他命。［12］逾：越过。［13］对：同"坠"。［14］贾举、州绰、邴师、公孙敖、封具、铎父、襄伊、偻堙皆死：杜预："八子皆齐勇力之臣为公所嬖者，与公共死于崔子之宫。"［15］祝佗父：齐臣。高唐：在今山东省高唐县附近。［16］说：同"脱"。弁：爵弁，祭礼所戴冕。［17］申蒯：齐臣。［18］侍渔者：监收鱼税之官，或说主取鱼之官。［19］尔以帑免：指托其宰保护妻子儿女。帑，同"孥"，指蒯之妻子儿女。［20］甗蔑：或为齐庄公之母党。平阴：在今山东省平阴县附近。

晏子立于崔氏之门外[1]，其人曰[2]："死乎？"曰："独吾君也乎哉，吾死也？"曰："行乎？"曰："吾罪也乎哉，吾亡也？"曰："归乎？"曰："君死，安归[3]？君民者[4]，岂以陵民[5]？社稷是主，臣君者[6]，岂为其口实[7]，社稷是养。故君为社稷死，则死之；为社稷亡，则亡之。若为己死，而为己亡，非其私昵[8]，谁敢任之？且人有君而弑之[9]，吾焉得死之[10]？而焉得亡之？将庸何归[11]？"门启而入，枕尸股而哭。兴[12]，三踊而出[13]。人谓崔子："必杀之！"崔子曰："民之望也[14]，舍之，得民。"

【注释】［1］晏子：即晏婴，齐国政治家。［2］其人：指晏子之随从。［3］安归：归于何处。［4］君民者：指为民之君者。［5］陵：凌驾。［6］臣君者：指臣于君者。［7］口实：指俸禄。［8］昵：亲近。［9］人：指崔杼。［10］焉得：何能。［11］庸：何。［12］兴：指哭毕而起。［13］三踊：向死者跳脚号哭，以示哀痛。踊：跳跃。［14］望：民心所望。

卢蒲癸奔晋，王何奔莒[1]。
叔孙宣伯之在齐也[2]，叔孙还纳其女于灵公[3]，嬖[4]，生景公。丁丑[5]，崔杼立而相之，庆封为左相[6]，盟国人于大宫[7]，曰："所不与崔、庆者。"晏子仰天叹曰[8]："婴所不唯忠于君、利社稷者是与[9]，有如上帝[10]！"乃歃。辛巳[11]，公与大夫及莒子盟。

【注释】[1]卢蒲癸、王何：皆齐庄公党羽。 [2]叔孙宣伯：鲁卿，又称"叔孙侨伯"。 [3]叔孙还：齐公族。灵公，指齐灵公，齐庄公之父。 [4]嬖：宠爱。 [5]丁丑：十九日。 [6]庆封：齐臣。 [7]大宫：姜太公庙。 [8]晏子仰天叹曰：这里盟辞未毕，晏子插言改词。 [9]与：支持。 [10]有如上帝：犹"上帝明证！"有如，加强语气。 [11]辛巳：二十三日。

大史书曰："崔杼弑其君[1]。"崔子杀之。其弟嗣书，而死者二人。其弟又书，乃舍之。南史氏闻大史尽死，执简以往[2]。闻既书矣，乃还。

【注释】[1]崔杼弑其君：这是史观实录。 [2]简：古时史官记载史事于竹简之上。

经济发展

春秋战国时期，社会生产力得到了极大的发展。铁农具的制作、牛耕的使用以及郑国渠等水利事业的发展，促使农业技术水平提高，耕作效率增强。在农业进步的同时，手工业也不断发展，手工业生产技术得到改进，生产部门繁复，分工日趋精细，冶金、纺织、盐业……各种手工业都在这一时期蓬勃发展。此外，春秋战国时期商业也得到发展，尤其是城市的发展，使得交换经济活动明显增多，出现了地域性的经济中心。这一时期流行的各种货币（如布币、刀币）就是商业发展的最好体现。

关于春秋时期社会经济的发展状况，不单在传世典籍中有史迹可寻，近年来的考古发掘资料更是显示出这一时期生产力技术的进步和商业的发展。本节所选文段出自《史记·货殖列传》，旨在以商业发展为例，对春秋战国时期的社会经济状况做一概览。

《史记·货殖列传》（节选）

《老子》曰："至治之极，邻国相望，鸡狗之声相闻，民各甘其食，美其服，安其俗，乐其业。至老死不相往来。"必用此为务，挽近世涂民耳目[1]，则几无行矣。

太史公曰：夫神农以前，吾不知已。至若《诗》《书》所述虞夏以来[2]，耳目欲极声色之好[3]，口欲穷刍豢之味[4]，身安逸乐，而心夸矜埶能之荣使[5]。俗之渐民久矣[6]，虽户说以眇论[7]，终不能化。故善者因之[8]，其次利道之[9]，其次教诲之，其次整齐之[10]，最下者与之争。

【注释】[1]挽：同"晚"。涂，堵塞。 [2]虞：指帝舜时代。 [3]声色：指音乐和女色。 [4]刍豢：指供食用的家畜。刍，指吃草的牲畜。豢，指食谷的牲畜。 [5]夸矜：夸耀。埶能：权势。埶，同"势"。 [6]渐：浸染。 [7]户说：挨户劝说。眇论：精妙的言论。 [8]因：顺着。 [9]道：同"导"。 [10]整齐：指整顿使之齐一。

夫山西饶材[1]、竹、榖[2]、纻[3]、旄[4]、玉石；山东多鱼、盐、漆、丝、声色；江南出楠[5]、梓[6]、姜[7]、桂、金、锡、连[8]、丹沙[9]、犀、玳瑁[10]、珠玑[11]、齿革[12]；龙门[13]、碣石北多马[14]、牛、羊、旃裘[15]、筋角[16]；铜、铁则千里往往山出棋置[17]：此其大较也[18]。皆中国人民所喜好，谣俗被服饮食奉生送死之具也[19]。故待农而食之，虞而出之[20]，工而成之，商而通之。此宁有政教发征期会哉[21]？人各任其能，竭其力，以得所欲。故物贱之征贵，贵之征贱，各劝其业[22]，乐其事，若水之趋下，日夜无休时，不召而自来，不求而民出之。岂非道之所符，而自然之验邪？

【注释】[1]山西：指崤山或华山以西。材，指木料。 [2]榖：一种乔木，树皮可用来造纸。 [3]纻：纻麻一类植物，可以用来织布。 [4]旄：牦牛。 [5]楠：指楠木。 [6]梓：指梓木。 [7]姜：姜科植物。 [8]连：未炼的铅。 [9]丹沙：即朱砂。［10］玳瑁：一种爬行动物，形似龟，可作装饰品。［11］玑：不圆的珠，或指小珠。［12］齿革：指象牙及各种野兽的皮革。［13］龙门：指龙门山，在今山西省河津市西北和陕西省韩城市东北的黄河两岸。［14］碣石：指碣石山，在今河北省昌黎县附近。［15］旃：同"毡"，毛织物。裘：皮衣。［16］筋角：指兽筋、兽角，用于制作弓弩。［17］棋置：如同棋子布置在棋盘上。［18］大较：大略。［19］谣俗：指民间习俗。奉生：养生。［20］虞：指在山泽中以采伐渔猎为生的人。［21］征，求取。期会：约期会集。［22］劝：勉。

《周书》曰："农不出则乏其食，工不出则乏其事[1]，商不出则三宝绝[2]，虞不出则财匮少[3]。"财匮少而山泽不辟矣[4]。此四者，民所衣食之原也[5]。原大则饶，原小则鲜。上则富国，下则富家。贫富之道，莫之夺予，而巧者有余，拙者不足。故太公望封于营丘，地潟卤[6]，人民寡，于是太公劝其女功[7]，极技巧，通鱼盐，则人物归之，襁至而辐凑[8]。故齐冠带衣履天下，海岱之间敛袂而往朝焉[9]。其后齐中衰，管子修之，设轻重九府[10]，则桓公以霸，九合诸侯，一匡天下；而管氏亦有三归[11]，位在陪臣，富于列国之君。是以齐富强至于威[12]、宣也[13]。

【注释】［1］事：指从事生产、生活的各种器具。［2］三宝：指"食""事""财"三项。［3］匮：缺乏。［4］辟：开发。［5］原：本源。［6］潟卤：盐碱地。［7］女功：指妇女工作，如纺织、刺绣、缝纫等。［8］襁：绳索。辐凑：指人、物归于一处。辐，指连接车毂和车辋的直条。凑，聚集。［9］海：指东海。岱：指泰山。敛袂：整理衣袖，表示恭敬。［10］轻重：指轻重不等、币值各异的钱币。九府：指九种掌管财货钱币的官，见于《周礼》。［11］三归：众多，指官府对市场上商人所征收的常例租税。或说管仲所筑台观名。又说指管仲娶"三姓之女"。［12］威：指齐威王因齐。［13］宣：指齐宣王辟疆。

故曰："仓廪实而知礼节，衣食足而知荣辱[1]。"礼生于有而废于无[2]。故君子富，好行其德；小人富，以适其力[3]。渊深而鱼生之，山深而兽往之，人富而仁义附焉。富者得势益彰，失势则客无所之，以而不乐[4]。夷狄益甚[5]。谚曰："千金之子[6]，不死于市[7]。"此非空言也。故曰："天下熙熙[8]，皆为利来；天下壤壤[9]，皆为利往。"夫千乘之王，万家之侯，百室之君，尚犹患贫，而况匹夫编户之民乎[10]！

【注释】[1]仓廪实而知礼节，衣食足而知荣辱：这两句话见于《管子·牧民》。[2]有：指有财富。无：指无财富。[3]适：适当。[4]以而：因而。[5]夷狄：泛指少数民族。[6]千金：指黄金千斤，泛指富人。[7]不死于市：指富人之子不会在市场上处死。市，市场，古代死刑多在市场上执行。[8]熙熙：喧嚷嘈杂的样子。[9]壤壤：往来纷乱的样子。壤，同"攘"。[10]编户：指编入户籍要承担租税徭役的平民之家。

昔者越王句践困于会稽之上，乃用范蠡[1]、计然[2]。计然曰："知斗则修备[3]，时用则知物[4]，二者形则万货之情可得而观已[5]。故岁在金[6]，穰[7]；水，毁[8]；木，饥；火，旱。旱则资舟[9]，水则资车，物之理也。六岁穰，六岁旱，十二岁一大饥。夫粜[10]，二十病农[11]，九十病末[12]。末病则财不出，农病则草不辟矣[13]。上不过八十，下不减三十[14]，则农末俱利。平粜齐物[15]，关市不乏，治国之道也。积著之理[16]，务完物，无息币[17]。以物相贸易，腐败而食之货勿留[18]，无敢居贵[19]。论其有余不足，则知贵贱。贵上极则反贱，贱下极则反贵。贵出如粪土，贱取如珠玉。财币欲其行如流水。"修之十年，国富，厚赂战士，士赴矢石[20]，如渴得饮，遂报强吴[21]，观兵中国，称号"五霸"。

【注释】[1]范蠡：楚人，越大夫。[2]计然：晋公室之后，曾收范蠡为徒。[3]斗：指战争。修备：指军备修整。[4]时用：指符合当时需求。[5]形：对照。[6]岁：指太岁，古代天文学中假设的星名，与岁星对应。岁星即木星，大致十二年一周天，其运行方向是自西向东。太岁被假设成自东向西运行，其在黄道上的轨迹分为十二等分，以每年太岁所在之区纪年。金：指金星。下文的"水""木""火"分别指水星、木星和火星。［7］穰：丰收。［8］毁：指歉收。［9］资：积蓄。［10］粜：卖出粮食。［11］二十：指一斗米价格二十钱。病：损害。［12］末：指从事工商业者，与"本"（农）相对。［13］辟：开辟。［14］减：少于。［15］平粜：指政府在丰收时买进粮食以待荒年平价出售。籴，买入粮食。［16］著：同"贮"。［17］无息币：指使货币周转不息。［18］食：同"蚀"。［19］居贵：指囤积货物高价出售。［20］矢石：指战场。［21］报：报复。

范蠡既雪会稽之耻，乃喟然而叹曰："计然之策七，越用其五而得意。既已施于国，吾欲用之家。"乃乘扁舟浮于江湖[1]，变名易姓，适齐为鸱夷子皮[2]，之陶为朱公[3]。朱公以为陶天下之中，诸侯四通，货物所交易也。乃治产积居，与时逐而不责于人[4]。故善治生者[5]，能择人而任时。十九年之中三致千金，再分散与贫交疏昆弟[6]。此所谓富好行其德者也。后年衰老而听子孙，子孙修业而息之，遂至巨万。故言富者皆称陶朱公。

子赣既学于仲尼[7]，退而仕于卫，废著鬻财于曹[8]、鲁之间，七十子之徒，赐最为饶益。原宪不厌糟糠[9]，匿于穷巷。子贡结驷连骑，束帛之币以聘享诸侯[10]，所至，国君无不分庭与之抗礼[11]。夫使孔子名布扬于天下者，子贡先后之也[12]。此所谓得势而益彰者乎？

【注释】［1］扁舟：小舟。［2］鸱夷：本指盛酒器。［3］陶：在今山东省菏泽市一带。［4］责：要求。［5］治生：指经营家业。［6］再：两次。与：给予。疏昆弟：远方兄弟。［7］子赣：孔子弟子，姓端木，名赐，字子贡，亦作子赣。［8］废著：指贱买贵卖。鬻财：指做生意。［9］原宪：孔子弟子，字子思。厌，饱。糟糠：泛指粗劣食物。糟，酒渣。糠，谷皮。［10］束帛之币：指使者聘问的礼物。束，帛五匹。币，本指帛，此处作为聘享之物的通称。聘享：指聘问诸侯。［11］分庭与之抗礼：指诸侯以平等的礼节与子贡相见。抗，对等。［12］先后：指凭借力量，左右其事。

白圭，周人也[1]。当魏文侯时，李克务尽地力[2]，而白圭乐观时变，故人弃我取，人取我与。夫岁孰取谷[3]，予之丝漆；茧出取帛絮，予之食。太阴在卯[4]，穰；明岁衰恶。至午，旱；明岁美。至酉，穰；明岁衰恶。至子，大旱；明岁美，有水。至卯，积著率岁倍[5]。欲长钱，取下谷；长石斗[6]，取上种。能薄饮食[7]，忍嗜欲，节衣服，与用事僮仆同苦乐[8]，趋时若猛兽挚鸟之发[9]。故曰："吾治生产，犹伊尹[10]、吕尚之谋[11]，孙吴用兵[12]，商鞅行法是也。是故其智不足与权变，勇不足以决断，仁不能以取予，强不能有所守，虽欲学吾术，终不告之矣。"盖天下言治生祖白圭。白圭其有所试矣，能试有所长，非苟而已也。

猗顿用盬盐起[13]。而邯郸郭纵以铁冶成业，与王者埒富[14]。

【注释】[1]周：指成周，在今河南省洛阳市附近。[2]李克：即李悝，魏文侯时期的改革家。[3]孰：后作"熟"。[4]太阴在卯：指太岁运行到了属卯那个星次的一年。太阴，太岁的别称。下文"至午""至酉""至子"，均指太岁运行的方位。[5]率：大概。岁倍：每年增长一倍。[6]石斗：本为计算粮食数量的容器，此处即指粮食。[7]薄：轻视。[8]僮仆：奴仆。[9]挚：同"鸷"。[10]伊尹：汤时谋臣。[11]吕尚：即太公望。[12]孙吴：或指孙武和吴起。[13]盬：未经炼制的颗盐。[14]埒：等同。

乌氏倮畜牧[1]，及众，斥卖[2]，求奇缯物[3]，间献遗戎王[4]。戎王什倍其偿，与之畜，畜至用谷量马牛。秦始皇帝令倮比封君，以时与列臣朝请[5]。而巴寡妇清[6]，其先得丹穴[7]，而擅其利数世，家亦不訾[8]。清，寡妇也，能守其业，用财自卫，不见侵犯。秦皇帝以为贞妇而客之[9]，为筑女怀清台。夫倮鄙人牧长[10]，清穷乡寡妇，礼抗万乘，名显天下，岂非以富邪？

【注释】[1]乌氏：古县名，本乌氏戎地，战国秦惠王置县，故治在今甘肃省平凉市附近。[2]斥卖：变卖。[3]缯：帛。[4]间：暗地里。遗：赠送。[5]以时：按规定时间。朝请：泛指诸侯封君朝见君主。[6]巴：指巴郡，在今四川省东部。[7]丹穴：指出产朱砂的矿穴。丹，指朱砂。[8]訾：计量。[9]秦皇帝：指秦始皇。[10]鄙人：指居于边鄙地区之人。

变法改革

春秋战国时期，随着经济、政治与社会结构的变化，各国政治家纷纷审时度势，通过变法、改革达到强国、争霸的目的。这些变法、改革并非如流星般匆匆闪过，只是短时间内的个别现象；而是像浪花一样，不断汇集，推动着社会形态的演进。春秋时期的改革，大多是诸侯国君主为了争夺霸权而改变原有的制度、组织结构，其中，打破井田制，实行田制和税制的变革成为大势所趋。而到了战国时期，诸侯国君则更多的是为了加强自身权力、统一天下而实行改革，因此这样的变法更加彻底，对社会变革的影响更加显著。李悝变法、吴起变法和商鞅变法，便是这一场战国变法运动中的突出代表。

本节内容选自《史记·商君列传》，展现商鞅变法的前后过程。商鞅变法，在上述所举的几个战国变法中最为成功，也极大地增强了秦国的实力，奠定统一基础。读者阅读此章，能了解商鞅变法的具体内容，能感受到任何时代变法、改革的艰难，同时，也一定会为商鞅改革的魄力和勇气所折服。

《史记·商君列传》（节选）

商君者，卫之诸庶孽公子也[1]。名鞅，姓公孙氏，其祖本姬姓也。鞅少好刑名之学[2]，事魏相公叔痤为中庶子[3]。公叔痤知其贤，未及进[4]。会痤病，魏惠王亲往问病，曰："公叔病有如不可讳[5]，将奈社稷何？"公叔曰："痤之中庶子公孙鞅年虽少，有奇才，愿王举国而听之。"王嘿然[6]。王且去[7]，痤屏人言曰[8]："王即不听用鞅[9]，必杀之，无令出境。"王许诺而去。公叔痤召鞅，谢曰[10]："今者王问可以为相者，我言若[11]。王色不许我，我方先君后臣，因谓王即弗用鞅，当杀之。王许我。汝可疾去矣，且见禽[12]。"鞅曰："彼王不能用君之言任臣，又安能用君之言杀臣乎？"卒不去。惠王既去，而谓左右曰："公叔病甚，悲乎，欲令寡人以国听公孙鞅也，岂不悖哉[13]！"

【注释】［1］孽：庶子。 ［2］刑名之学：指战国时期法家理论，主张循名责实，慎赏明罚。 ［3］中庶子：战国时期国君、太子、相国等贵族的侍从之臣。 ［4］进：举荐。 ［5］有如：如果。不可讳：不能避忌，是死的委婉说法。 ［6］嘿：同"默"。 ［7］且：将。 ［8］屏：退避。 ［9］即：如果。 ［10］谢：告。 ［11］若：你。 ［12］禽：同"擒"。 ［13］悖：荒谬。

公叔既死，公孙鞅闻秦孝公下令国中求贤者[1]，将修缪公之业[2]，东复侵地[3]，乃遂西入秦，因孝公宠臣景监以求见孝公。孝公既见卫鞅，语事良久，孝公时时睡，弗听。罢而孝公怒景监曰："子之客妄人耳，安足用邪！"景监以让卫鞅[4]。卫鞅曰："吾说公以帝道[5]，其志不开悟矣[6]。"后五日，复求见鞅。鞅复见孝公，益愈，然而未中旨。罢而孝公复让景监，景监亦让鞅。鞅曰："吾说公以王道而未入也[7]。请复见鞅。"鞅复见孝公，孝公善之而未用也。罢而去。孝公谓景监曰："汝客善，可与语矣。"鞅曰："吾说公以霸道[8]，其意欲用之矣。诚复见我[9]，我知之矣。"卫鞅复见孝公。公与语，不自知膝之前于席也[10]。语数日不厌。景监曰："子何以中吾君？吾君之欢甚也。"鞅曰："吾说君以帝王之道比三代[11]，而君曰：'久远，吾不能待。且贤君者，各及其身显名天下，安能邑邑待数十百年以成帝王乎[12]？'故吾以强国之术说君，君大说之耳[13]。然亦难以比德于殷周矣。"

【注释】［1］秦孝公：秦献公之子，名渠梁。 ［2］缪公：指秦缪（穆）公。 ［3］东复侵地：指收复秦国东部被别国攻取的河西之地。 ［4］让：责备。 ［5］说：劝说。帝道：指黄帝、颛顼、帝喾、尧、舜等五帝之道。 ［6］开悟：领悟。 ［7］王道：指夏禹、商汤、周文武等三王之道。 ［8］霸道：指春秋五霸之道。 ［9］诚：如果。 ［10］席：座位，席位。 ［11］比：及。三代：指夏、商、周三代。 ［12］邑邑：愁闷不乐貌。邑，同"悒"。 ［13］说：同"悦"。

孝公既用卫鞅，鞅欲变法，恐天下议己。卫鞅曰："疑行无名[1]，疑事无功。且夫有高人之行者[2]，固见非于世[3]；有独知之虑者，必见敖于民[4]。

愚者闇于成事[5]，知者见于未萌[6]。民不可与虑始而可与乐成。论至德者不和于俗[7]，成大功者不谋于众。是以圣人苟可以强国[8]，不法其故[9]；苟可以利民，不循其礼。"孝公曰："善。"甘龙曰[10]："不然。圣人不易民而教[11]，知者不变法而治。因民而教，不劳而成功；缘法而治者[12]，吏习而民安之。"卫鞅曰："龙之所言，世俗之言也。常人安于故俗，学者溺于所闻。以此两者居官守法可也[13]，非所与论于法之外也。三代不同礼而王，五伯不同法而霸[14]。智者作法，愚者制焉[15]；贤者更礼，不肖者拘焉[16]。"杜挚曰[17]："利不百，不变法；功不十，不易器。法古无过，循礼无邪。"卫鞅曰："治世不一道，便国不法古。故汤武不循古而王[18]，夏殷不易礼而亡[19]。反古者不可非，而循礼者不足多[20]。"孝公曰："善。"以卫鞅为左庶长[21]，卒定变法之令。

【注释】[1]疑：迟疑。 [2]高人：指超出一般人。 [3]见非：被非难。 [4]敖：同"謷"，诋毁。 [5]闇：糊涂。 [6]知：同"智"。 [7]论：探论。和：附和。 [8]苟：如果。 [9]法：效法。故：指从前的旧法。 [10]甘龙：秦大夫。 [11]易：更改。民：指民俗。 [12]缘：循，沿。 [13]居：当。 [14]五伯：指春秋五霸。 [15]制：受制约。 [16]肖：似。拘：拘泥。 [17]杜挚：秦大夫。 [18]汤武：指商汤、周武王。 [19]夏殷：指夏桀、殷纣。 [20]多：赞美。 [21]左庶长：秦职官名。

令民为什伍[1]，而相牧司连坐[2]。不告奸者腰斩，告奸者与斩敌首同赏，匿奸者与降敌同罚。民有二男以上不分异者[3]，倍其赋[4]。有军功者，各以率受上爵[5]；为私斗者，各以轻重被刑大小[6]。僇力本业[7]，耕织致粟帛多者复其身[8]。事末利及怠而贫者[9]，举以为收孥[10]。宗室非有军功论[11]，不得为属籍[12]。明尊卑爵秩等级[13]，各以差次名田宅[14]，臣妾衣服以家次。有功者显荣，无功者虽富无所芬华[15]。

【注释】[1]什伍：十家为什，五家为伍。 [2]牧司：互相检举纠发。连坐：连罪，指一家犯罪，同什、伍的其余人家要株连获罪。坐，罪。 [3]分异：指分家。 [4]赋：

指按人头征收的口赋。 ［5］率：同"律"，标准。 ［6］被：加。 ［7］僇：同"勠"，合力。本业：指农业。 ［8］复：指免除赋税徭役。 ［9］末利：指工商业之利。怠：懈怠。 ［10］举：全。收孥：指没收犯人妻子儿女为官府奴婢。孥，同"奴"。 ［11］宗室：指国君同族。论：评定。 ［12］属籍：指宗室名册。 ［13］秩：指官员俸禄。 ［14］差：等。名：占有。 ［15］芬华：指炫耀夸示。

令既具，未布，恐民之不信，已乃立三丈之木于国都市南门[1]，募民有能徙置北门者予十金。民怪之，莫敢徙。复曰"能徙者予五十金"。有一人徙之，辄予五十金[2]，以明不欺。卒下令。

令行于民期年[3]，秦民之国都言初令之不便者以千数[4]。于是太子犯法[5]。卫鞅曰："法之不行，自上犯之。"将法太子[6]。太子，君嗣也，不可施刑，刑其傅公子虔[7]，黥其师公孙贾[8]。明日，秦人皆趋令[9]。行之十年，秦民大说[10]，道不拾遗，山无盗贼，家给人足[11]。民勇于公战，怯于私斗，乡邑大治。秦民初言令不便者有来言令便者，卫鞅曰"此皆乱化之民也"，尽迁之于边城。其后民莫敢议令。

【注释】 ［1］已乃：不久。 ［2］辄：既，就。 ［3］期年：一整年。 ［4］之国都：前往国度。初令：指首次颁布的法令。 ［5］于是：在这时候。太子：指公子驷。 ［6］法：以法惩处。 ［7］傅：负责太子教育之官。 ［8］黥：墨刑，刻字于犯人面、额、颈、臂等处，以墨染之。 ［9］趋：归附。 ［10］说：同"悦"。 ［11］给：丰足。

于是以鞅为大良造[1]。将兵围魏安邑[2]，降之。居三年，作为筑冀阙宫庭于咸阳[3]，秦自雍徙都之[4]。而令民父子兄弟同室内息者为禁[5]。而集小都乡邑聚为县[6]，置令、丞，凡三十一县。为田开阡陌封疆[7]，而赋税平[8]。平斗桶权衡丈尺[9]。行之四年，公子虔复犯约，劓之[10]。居五年，秦人富强，天子致胙于孝公[11]，诸侯毕贺。

其明年，齐败魏兵于马陵，虏其太子申，杀将军庞涓。其明年，卫鞅说孝公曰："秦之与魏，譬若人之有腹心疾，非魏并秦，秦即并魏。何者？魏居岭阨之西[12]，都安邑，与秦界河而独擅山东之利[13]。利则西侵秦，病则东收地。今以君之贤圣，国赖以盛。而魏往年大破于齐，诸侯畔之[14]，可因此时伐魏。魏不支秦[15]，必东徙。东徙，秦据河山之固，东乡以制诸侯[16]，此帝王之业也。"孝公以为然，使卫鞅将而伐魏。魏使公子卬将而击之。军既相距，卫鞅遗魏将公子卬书曰[17]："吾始与公子欢，今俱为两国将，不忍相攻，可与公子面相见，盟，乐饮而罢兵，以安秦魏。"魏公子卬以为然。会盟已，饮，而卫鞅伏甲士而袭虏魏公子卬，因攻其军，尽破之以归秦。魏惠王兵数破于齐秦，国内空，日以削，恐，乃使使割河西之地献于秦以和。而魏遂去安邑，徙都大梁[18]。梁惠王曰："寡人恨不用公叔痤之言也。"卫鞅既破魏还，秦封之於[19]、商十五邑[20]，号为商君。

【注释】［1］大良造：秦爵名，二十等爵制中的第十六级。［2］安邑：在今山西省夏县一带，为魏国早期都城。［3］作为：兴作营造。冀阙：指宫廷外的门阙，教令记于此门阙。冀，同"记"。咸阳：在今陕西省咸阳市附近。［4］雍：在今陕西省凤翔县附近。［5］息：养育。［6］都乡邑聚：皆为百姓集居场所。《史记·五帝本纪》："一年而所居成聚，二年成邑，三年成都。"［7］为田：整治田地。开：设置。阡陌：田间纵横之道。阡，田间南北向小路。陌，田间东西向小路。封：堆土植树为界。疆：界。［8］赋税平：指赋税统一。［9］斗：量器名，十升为一斗。桶：量器名，《说文》："桶，木方，受六升。"权衡：泛指秤。权，指秤锤。衡，秤杆。丈：长度单位，十尺为一丈。［10］劓：古代割掉鼻子的刑罚。［11］胙：祭祀用的肉。［12］岭阨：指山岭险阨之地。阨，同"隘"，险要处。［13］河：指黄河。［14］畔：同"叛"。［15］支：抵抗。［16］乡：同"向"。［17］遗：送。［18］大梁：在今河南省开封市附近。［19］於：在今河南省西峡县附近。［20］商：在河南省淅川县一带。

百家争鸣

历史哲学家雅斯贝斯曾经提出过"轴心期"理论。雅斯贝斯指出，公元前800—前200年,是人类文明的轴心时代。这段时间在北纬30度左右的地区里,人类文明发生重大突破。在轴心时代,各个文明都出现了许多伟大的精神导师,古希腊有苏格拉底、柏拉图、亚里士多德,以色列有犹太教的先知们,古印度有释迦牟尼,中国有老子、孔子,他们提出的思想原则塑造了不同的文化传统。

这一阶段的中国,正处在春秋战国的历史时期中。在这个变革的时代里,随着社会经济、政治的激荡变化,中国的文化教育不再由官方垄断,而下移到新兴崛起的"士"阶层中,与此同时,西周时期形成的礼乐文明也开始不断调整、创新,孕育出思想文化的"黄金之花"。中华文明在思想文化上迎来了前所未有的大发展时期。以孔子、孟子、荀子为代表的儒家学派,以老子、庄子为代表的道家学派,以墨子为代表的墨家学派,以及以商鞅、韩非子为代表的法家学派等,都是历史积累和时代创造的宝贵文化宝藏,这一笔宝藏,直到今天,依然熠熠生辉。

本节所选的三篇文段,分别反映了儒家学派、道家学派和墨家学派的主张。

《论语·先进》(节选)

子路[1]、曾皙[2]、冉有[3]、公西华侍坐[4]。子曰:"以吾一日长乎尔[5],毋吾以也[6]。居则曰[7]:'不吾知也[8]。'如或知尔,则何以哉?"子路率尔而对[9],曰:"千乘之国,摄乎大国之间[10],加之以师旅,因之以饥馑[11],由也为之,比及三年[12],可使有勇,且知方也[13]。"

【注释】[1]子路:孔子弟子仲由,又字季路。 [2]曾皙:孔子弟子曾点,曾参之父。 [3]冉有:孔子弟子冉求,字子有。 [4]公西华:孔子弟子公西赤,字子华。 [5]长:指孔子比四子年长。尔:汝,指四子。 [6]毋吾以也:指不要因为我年长而难言,一说指因为我老而不用我。 [7]居:平日。 [8]不吾知:即"不知吾"。 [9]率尔:指子路先三人对,一说轻遽之貌。 [10]摄:迫。 [11]饥馑:灾荒。饥,谷不熟。馑,菜不熟。 [12]比:等到。 [13]方:道理。

夫子哂之[1]。

"求，尔何如？"

对曰："方六七十，如五六十[2]，求也为之，比及三年，可使足民[3]。如其礼乐，以俟君子[4]。"

"赤，尔何如？"

对曰："非曰能之，愿学焉。宗庙之事[5]，如会同[6]，端章甫[7]，愿为小相焉。"

"点，尔何如？"

鼓瑟希，铿尔[8]，舍瑟而作[9]，对曰："异乎三子者之撰[10]。"子曰："何伤乎？亦各言其志也。"曰："莫春者[11]，春服既成[12]，冠者五六人[13]，童子六七人，浴乎沂[14]，风乎舞雩[15]，咏而归。"夫子喟然叹曰："吾与点也！"

【注释】[1]哂：笑。[2]如：或。[3]足民：使民富足。[4]俟：等待。[5]宗庙之事：指祭祀之事。[6]会同：指盟会朝聘之事。[7]端：古代礼服之名。章甫：古代礼帽之名。[8]铿尔：置瑟之声。[9]作：起。[10]撰：具，指志向。[11]莫：同"暮"。[12]成：定。[13]冠者：指成年人。[14]沂：沂水，源出今山东省邹城市附近，西流经曲阜与洙水合，入于泗水。[15]风：乘凉。舞雩：祭天祷雨之处，在今山东省曲阜市一带。

三子者出，曾皙后。曾皙曰："夫三子者之言何如？"子曰："亦各言其志也已矣。"曰："夫子何哂由也？"曰："为国以礼，其言不让，是故哂之。""唯求则非邦也与？""安见方六七十如五六十而非邦也者？""唯赤则非邦也与？""宗庙会同，非诸侯而何？赤也为之小，孰能为之大？"

《庄子·逍遥游》（节选）

惠子谓庄子曰[1]："魏王贻我大瓠之种[2]，我树之成，而实五石[3]，以盛水浆，其坚不能自举也。剖之以为瓢，则瓠落无所容[4]。非不呺然大也[5]，吾为其无用而掊之[6]。"

【注释】［1］惠子：名施，战国时人，曾仕于梁。　［2］魏王：指梁惠王。贻：送。瓠：匏，葫芦的一种。　［3］实：充实，一说瓠之子。　［4］瓠落：平浅。　［5］呺然：虚大貌。　［6］掊：打破。

庄子曰："夫子固拙于用大矣。宋人有善为不龟手之药者[1]，世世以洴澼絖为事[2]。客闻之，请买其方百金。聚族而谋曰：'我世世为洴澼絖，不过数金；今一朝而鬻技百金[3]，请与之。'客得之，以说吴王[4]。越有难[5]，吴王使之将。冬与越人水战，大败越人，裂地而封之[6]。能不龟手，一也。或以封；或不免于洴澼絖，则所用之异也！今子有五石之瓠，何不虑以为大樽而浮乎江湖[7]？而忧其瓠落无所容，则夫子犹有蓬之心也夫[8]！"

惠子谓庄子曰："吾有大树，人谓之樗[9]。其大本拥肿而不中绳墨[10]，其小枝卷曲而不中规矩。立之涂[11]，匠者不顾。今子之言，大而无用，众所同去也。"

【注释】［1］龟：手坼裂。　［2］洴澼絖：漂絮于水上。洴：浮。澼：漂，一说于水中击絮。絖：絮。　［3］鬻：卖。　［4］说：游说。　［5］越有难：指越侵吴。有，为。　［6］裂：分割。　［7］虑：同"摅"，结缀。樽：一种酒器。　［8］蓬之心：指心茅塞不通。　［9］樗：恶木，臭椿树。　［10］拥肿：指木瘤盘结。　［11］立：植，立。之：于。

庄子曰："子独不见狸狌乎[1]？卑身而伏，以候敖者[2]。东西跳梁[3]，不避高下[4]，中于机辟[5]，死于罔罟[6]。今夫斄牛[7]，其大若垂天之云[8]。此能为大矣[9]，而不能执鼠。今子有大树，患其无用，何不树之于无何有之乡[10]，广莫之野[11]，彷徨乎无为其侧[12]，逍遥乎寝卧其下[13]，不夭斤斧，物无害者，无所可用，安所困苦哉！"

【注释】［1］狸：同"貍"，貓。狌：同"鼬，黄鼠狼。　［2］敖者：翱翔之物，指鹰鸟之属。　［3］跳梁：成玄英："犹走踯也。"　［4］辟：同"避"。　［5］机辟：指机关。　［6］罔罟：网罗。罔，同"网"。　［7］斄牛：牦牛。斄，同"犛"。　[8] 垂：边。

[9]能为：可谓。 [10]无何有：成玄英："犹无有也。" [11]莫：大。 [12]彷徨：纵任。 [13]逍遥：自得。

《墨子·公输》

公输盘为楚造云梯之械[1]，成，将以攻宋。子墨子闻之，起于齐，行十日十夜而至于郢[2]，见公输盘。

公输盘曰："夫子何命焉为[3]？"子墨子曰："北方有侮臣，愿藉子杀之[4]。"公输盘不说[5]。子墨子曰："请献十金。"公输盘曰："吾义固不杀人[6]。"子墨子起，再拜曰："请说之。吾从北方闻子为梯，将以攻宋。宋何罪之有？荆国有余于地[7]，而不足于民，杀所不足，而争所有余，不可谓智。宋无罪而攻之，不可谓仁。知而不争，不可谓忠。争而不得，不可谓强。义不杀少而杀众，不可谓知类[8]。"公输盘服。子墨子曰："然乎不已乎[9]？"公输盘曰："不可，吾既已言之王矣。"子墨子曰："胡不见我于王[10]？"公输盘曰："诺。"

子墨子见王，曰："今有人于此，舍其文轩[11]，邻有敝舆[12]，而欲窃之；舍其锦绣，邻有短褐[13]，而欲窃之；舍其粱肉[14]，邻有糠糟，而欲窃之。此为何若人[15]？"王曰："必为窃疾矣。"子墨子曰："荆之地，方五千里，宋之地，方五百里，此犹文轩之与敝舆也；荆有云梦[16]，犀兕麋鹿满之[17]，江汉之鱼鳖鼋鼍为天下富[18]，宋所为无雉兔狐狸者也[19]，此犹粱肉之与糠糟也；荆有长松、文梓[20]、楩楠[21]、豫章[22]，宋无长木，此犹锦绣之与短褐也。臣以三事之攻宋也[23]，为与此同类。臣见大王之必伤义而不得。"王曰："善哉！虽然[24]，公输盘为我为云梯，必取宋。"

【注释】 [1]公输盘：即鲁班，战国时期鲁国巧匠，"公输"是其号。云：言其升高入云。械：器。 [2]郢：在今湖北省江陵县附近。 [3]夫子何命焉为：犹"夫子何为命焉"，先生有何见教。为，以。 [4]藉：凭借。 [5]说：同"悦"。 [6]义：崇尚仁义。 [7]荆国：即楚国。 [8]类：事理。 [9]乎不：何不。乎，犹"胡"，何。 [10]见：引荐。 [11]文轩：有文饰之车。 [12]舆：同"舆"。 [13]褐：粗布

194

衣。［14］粱肉：指精美的饭食。［15］何若人：什么样的人。［16］云梦：楚大泽名，在今湖北省境内。［17］兕：雌性犀牛。麋：鹿的一种，雄麋鹿有角。［18］鼋：大鳖，俗称"癞头鳖"。鼍：即扬子鳄。［19］雉：野鸡。［20］文梓：梓树，其文理细。［21］楩：黄楩木。楠：楠木。［22］豫章：樟树。［23］三事：当作"王吏"，指公输盘，或说当作"三吏"，三卿。［24］虽然：即使这样。

于是见公输盘。子墨子解带为城，以牒为械[1]，公输盘九设攻城之机变[2]，子墨子九距之[3]。公输盘之攻械尽，子墨子之守圉有余[4]。公输盘诎[5]，而曰："吾知所以距子矣，吾不言。"子墨子亦曰："吾知子之所以距我，吾不言。"楚王问其故，子墨子曰："公输子之意，不过欲杀臣，杀臣，宋莫能守，可攻也。然臣之弟子禽滑釐等三百人[6]，已持臣守圉之器，在宋城上而待楚寇矣。虽杀臣，不能绝也。"楚王曰："善哉！吾请无攻宋矣。"

子墨子归，过宋。天雨，庇其闾中[7]，守闾者不内[8]也。故曰："治于神者[9]，众人不知其功；争于明者，众人知之。"

【注释】［1］牒：小木片。［2］九：虚指，极言其多。设：设计。［3］距：同"拒"。［4］圉：同"御"，抵御。［5］诎：屈。［6］禽滑釐：墨子弟子，曾学于子夏，后转投墨子。［7］庇：指避雨。闾：里门。［8］内：同"纳"，接纳。［9］神：指事物正在酝酿的隐微阶段。

族群融合

春秋战国时期还有一个醒目的特点和趋势是：华夏族与周边少数民族的交流大大增强，族群融合趋势明显。尽管交流的方式多种多样，既有和平交流也有征伐战争，既有"自觉"也有"自发"，但是都促进了华夏族的形成。晁福林先生指出："在春秋战国时期，华夏族与诸少数族加快了相互融合的速度，各族间频繁往来，经济发展上相互补充，文化上相互吸收精华，在政治上许多少数族的国家并入泱泱大国的版图，使得相互影响、相互融合有了更便利的条件。经过春秋战国时期社会的剧烈动荡和迅速发展，诸少数族或多或少地在社会生活的各个方面，都在向华夏族靠近，创造出辉煌灿烂的诸少数族的经济与文化。"（见晁福林：《春秋战国的社会变迁》）

这一时期的少数族，分布范围广泛，既有北方的戎狄诸族，又有南方的所谓蛮夷各部。本节所选的两个文段分别出自《史记·匈奴列传》和《史记·西南夷列传》，介绍了北方少数族和西南地区诸族与华夏族互动的情况，在这样的互动中，这些部族逐渐融入华夏地区，并创造出具有当地特色的繁荣文明。

《史记·匈奴列传》(节选)

……穆王之后二百有余年[1]，周幽王用宠姬褒姒之故，与申侯有郤[2]。申侯怒而与犬戎共攻杀周幽王于骊山之下[3]，遂取周之焦穫[4]，而居于泾渭之间[5]，侵暴中国。秦襄公救周，于是周平王去酆鄗而东徙雒邑。当是之时，秦襄公伐戎至岐，始列为诸侯。是后六十有五年[6]，而山戎越燕而伐齐，齐釐公与战于齐郊。其后四十四年，而山戎伐燕。燕告急于齐，齐桓公北伐山戎，山戎走。其后二十有余年，而戎狄至洛邑，伐周襄王，襄王奔于郑之氾邑[7]。初，周襄王欲伐郑，故娶戎狄女为后，与戎狄兵共伐郑。已而黜狄后，狄后怨，而襄王后母曰惠后[8]，有子子带，欲立之，于是惠后与狄后、子带为内应，开戎狄，戎狄以故得入，破逐周襄王，而立子带为天子。于是戎狄或居于陆浑[9]，东至于卫，侵盗暴虐中国。中国疾之，故诗人歌之曰"戎狄是膺[10]"，"薄伐猃狁，至于大原[11]"，"出舆彭彭，城彼朔方[12]"。周襄王既居外四年，乃使使告急于晋。晋文公初立，欲修霸业，乃兴师伐逐戎翟[13]，诛子带，迎内周襄王，居于雒邑。

【注释】[1]穆王：指周穆王。 [2]郤：同"隙"，嫌隙。 [3]骊山：在今陕西省西安市一带。 [4]焦穫：水泽名，在今陕西省泾阳县附近。 [5]泾渭：指泾水、渭水。［6］有：同"又"。［7］氾邑：在今河南省襄城县一带。［8］惠后：周襄王父周惠王之王后。［9］陆浑：在今河南省嵩县一带。［10］戎狄是应：见《诗·鲁颂·閟宫》，原诗作"戎狄是膺，荆蛮是惩"。应（膺），击。［11］薄伐猃狁，至于大原：见《诗·小雅·六月》。薄：同"搏"，伐。大原，在今山西省运城市附近，或说在今宁夏回族自治区固原市一带。［12］出舆彭彭，城彼朔方：见《诗·小雅·出车》，原诗作"出车彭彭，祈旐央央。天子命我，城彼朔方。"彭彭：马强盛的样子。城：筑城。朔：指北方。［13］翟：同"狄"。

当是之时，秦、晋为强国。晋文公攘戎翟，居于河西圁[1]、洛之间，号曰赤翟、白翟。秦穆公得由余[2]，西戎八国服于秦，故自陇以西有緜诸、绲戎、翟、䝠之戎[3]，岐、梁山、泾、漆之北有义渠、大荔、乌氏、朐衍之戎[4]。而晋北有林胡、楼烦之戎[5]，燕北有东胡、山戎[6]。各分散居谿谷，自有君长，往往而聚者百有余戎，然莫能相一。

【注释】［1］圁：圁水，上流即今乌兰木伦河，下游即今窟野河。［2］由余：戎贤臣，后归于秦。［3］陇：陇山，在今陕西省陇县附近。緜诸、绲戎、翟、䝠：皆戎翟部落。［4］梁山：在今陕西省韩城市附近。泾、漆：指泾水、漆水。义渠、大荔、乌氏、朐衍：皆戎翟部落。［5］林胡、楼烦：戎翟部落。林胡，在今山西省、内蒙古自治区交界地区。楼烦，在今山西西北部。［6］东胡、山戎：戎翟部落。东胡：在今内蒙古自治区东部一带。

自是之后百有余年，晋悼公使魏绛和戎翟[1]，戎翟朝晋。后百有余年，赵襄子逾句注而破并代以临胡貉[2]。其后既与韩、魏共灭智伯，分晋地而有之，则赵有代、句注之北，魏有河西[3]、上郡[4]，以与戎界边。其后义渠之戎筑城郭以自守，而秦稍蚕食，至于惠王，遂拔义渠二十五城。惠王击魏，魏尽入西河及上郡于秦。秦昭王时，义渠戎王与宣太后乱[5]，有二子。宣太后诈而杀义渠戎王于甘泉[6]，遂起兵伐残义渠[7]。于是秦有陇西[8]、北地[9]、上郡[10]，筑长城以拒胡。而赵武灵王亦变俗胡服，习骑射，北破林胡、楼烦。筑长城，自代并阴山下[11]，至高阙为塞[12]。而置云中[13]、雁门[14]、代郡。其后燕有贤将秦开，为质于胡，胡甚信之。归而袭破走东胡，东胡却千余里。与荆轲刺秦王秦舞阳者，开之孙也。燕亦筑长城，自造阳至襄平[15]，置上谷、渔阳、右北平、辽西、辽东郡以拒胡[16]。当是之时，冠带战国七[17]，而三国边于匈奴[18]。其后赵将李牧时[19]，匈奴不敢入赵边。……

【注释】[1]魏绛：晋臣。[2]赵襄子：晋大夫。句注：山名，在今山西省代县附近。代：国名，在今河北省蔚县附近。胡貉：北方戎翟。[3]河西：在今陕西省东部的韩城市、合阳县、大荔县一带。[4]上郡：在今陕西省东北部的延安市一带。[5]宣太后：秦昭王之母。[6]甘泉：山名，在今陕西省淳化县附近。[7]残：灭。[8]陇西：秦郡，郡治狄道（今甘肃省临洮县一带）。[9]北地：秦郡，郡治义渠（今甘肃省宁县附近）。[10]上郡：秦郡，郡治肤施（今陕西省榆林市附近）。[11]阴山：在今内蒙古自治区中部。[12]高阙：在今内蒙古自治区杭锦后旗附近。[13]云中：赵郡，郡治在今内蒙古自治区托克托县附近。[14]雁门：赵郡，郡治善无（今山西省左云县附近）。[15]造阳：在今河北省独石口镇附近。襄平：在今辽宁省辽阳市一带。[16]上谷：燕郡，郡治沮阳（今河北省怀来县附近）。渔阳：燕郡，郡治在今北京市密云区附近。右北平：燕郡，郡治无终（今天津市蓟州区一带）。辽西：燕郡，郡治阳乐（今辽宁省义县附近）。辽东：燕郡，郡治襄平（今辽宁省辽阳市一带）。[17]冠带：戴帽子，系腰带，指华夏诸国。[18]三国：指秦、赵、燕三国。[19]李牧：赵将。

《史记·西南夷列传》（节选）

西南夷君长以什数[1]，夜郎最大[2]。其西靡莫之属以什数[3]，滇最大[4]；自滇以北君长以什数，邛都最大[5]：此皆魋结[6]，耕田，有邑聚[7]。其外，西自同师以东[8]，北至楪榆[9]，名为嶲[10]、昆明[11]，皆编发[12]，随畜迁徙，毋常处，毋君长，地方可数千里。自嶲以东北，君长以什数，徙[13]、筰都最大[14]。自筰以东北[15]，君长以什数，冄[16]、駹最大[17]。其俗或土著[18]，或移徙，在蜀之西[19]。自冄駹以东北，君长以什数，白马最大[20]，皆氐类也[21]。此皆巴蜀西南外蛮夷也。

【注释】［1］什：同"十"。［2］夜郎：少数民族部落，在今贵州省西部、云南省东南部、广西西北部一带。［3］靡莫：少数民族部落，在今云南省昆明市附近。［4］滇：少数民族部落，在今云南省昆明市附近。［5］邛都：少数民族部落，在今四川省西南部一带。［6］魋结：指盘发如椎。魋：同"椎"。［7］邑聚：村落。［8］同师：在今云南省西部。［9］楪榆：在今云南省大理市附近。［10］嶲：少数民族部落，在今云南省保山市附近。［11］昆明：少数民族部落，在今云南省楚雄市附近。［12］编发：指梳着发辫。［13］徙：少数民族部落，在今四川省雅安市一带。［14］筰都：少数民族部落，在今四川省汉源县一带。［15］筰：即筰都。［16］冉：少数民族部落，在今四川省松潘县附近。［17］駹：少数民族部落，在今四川省阿坝藏族自治州茂汶羌族自治县和汶川县、理县一带。［18］土著：固定于土地，有固定居所。［19］蜀：蜀郡，司马迁这里用汉郡名。［20］白马：少数民族部落，在今甘肃省东南部。［21］氐：少数民族，氐羌族群的一支，分布在今陕西省、四川省及甘肃省一带。

始楚威王时[1]，使将军庄蹻将兵循江上[2]，略巴[3]、蜀、黔中以西[4]。庄蹻者，故楚庄王苗裔也。至滇池，方三百里，旁平地，肥饶数千里，以兵威定属楚。欲归报，会秦击夺楚巴、黔中郡，道塞不通，因还，以其众王滇[5]，变服，从其俗以长之[6]。

【注释】［1］楚威王：战国中期楚国君主，名商。一说在楚顷襄王时期。［2］循：沿。江：长江。［3］略：攻取。巴：西南古国，后被秦所灭，设巴郡。［4］黔中：在今湖南省西部、贵州东北部及重庆东南部一带。秦时设黔中郡。［5］王：称王。［6］长：成为君长。

秦汉时期

引　言

　　秦汉时期的历史，已经留下了不少有系统的记录。最有名的巨著，是西汉时天才史学家司马迁的《史记》，其次是东汉班固的《汉书》与南朝宋范晔的《后汉书》。西晋初陈寿创作的《三国志》也保留了一些汉末史料。纪传体形式的"前四史"是了解秦汉历史的基本材料。东汉荀悦的《汉纪》补充了一些臣僚的奏疏，东晋袁宏的《后汉纪》也保存了丰富的史料。北宋司马光《资治通鉴》的《秦纪》与《汉纪》部分，也以编年形式画清了历史脉络。

　　此外，还有一些偏重于哲学和政治思想的私家著作，即诸子书。西汉初贾谊的《新书》，所收以政论为主。淮南王刘安组织撰写的《淮南子》，是一部以道家思想总结先秦诸子学说的著作。武帝时大儒董仲舒的《春秋繁露》，阐发了杂糅天人感应的儒家思想。宣帝时，桓宽所撰的《盐铁论》对盐铁会议作了总结，保存了丰富的经济思想材料。班固整理的《白虎通》，总结了"讨论五经异同"的白虎观会议。王充的《论衡》则对官方谶纬神学与天人感应作了毫不留情的批判。

　　许多文本在历史长河中散佚了，其中一小部分依赖后人的搜辑得以恢复部分面貌。如《东观汉记》、诸家《后汉书》、东汉桓谭的《新论》等。

　　考古学的发展为秦汉史开拓了新的空间。首先要提到的是简牍帛书。重要的秦简，有南方出土的睡虎地秦简、龙岗秦简、里耶秦简，保存了大量的法律、政令、文书材料。汉代的简牍，边塞出土的敦煌汉简、居延汉简、悬泉汉简等，为我们了解汉代边塞社会的方方面面提供了可能；墓葬中出土的银雀山汉简、马王堆简帛、张家山汉简等，是研究汉代社会、风俗、历史不可多得的第一手材料。考古发现提供的帮助远不止此，汉碑、画像石等文字图像材料，墓葬形制、随葬品等实物材料，都有助于我们更进一步地接近历史真相。2015年发掘的江西南昌海昏侯墓，以其出土的精美的随葬品而具有广泛社会影响。陆续整理的随葬简牍更是学术研究的宝贵资料。考古材料的发现与整理长期处于进行时。

秦　朝

制度统一

秦始皇二十六年，"秦初并天下"。秦始皇灭六国后，为适应统一的需要，建立了以皇帝为核心的官僚制度；根据战国时流行的五德终始说，为改制称帝确立了理论依据。为了统治"地东至海暨朝鲜，西至临洮羌中，南至北向户，北据河为塞，并阴山至辽东"的帝国，秦朝用郡县制代替了分封制，统一货币、文字、度量衡，完善交通制度，为大一统的秦汉国家奠定了基础。

《史记·秦始皇本纪》（节选）

秦初并天下，令丞相、御史曰："……寡人以眇眇之身[1]，兴兵诛暴乱，赖宗庙之灵[2]，六王咸伏其辜[3]，天下大定。今名号不更，无以称成功[4]，传后世。其议帝号[5]。"丞相绾、御史大夫劫、廷尉斯等皆曰[6]："昔者五帝地方千里，其外侯服夷服[7]，诸侯或朝或否[8]，天子不能制。今陛下兴义兵，诛残贼，平定天下，海内为郡县，法令由一统，自上古以来未尝有，五帝所不及。臣等谨与博士议曰[9]：'古有天皇，有地皇，有泰皇[10]，泰皇最贵。'臣等昧死上尊号[11]，王为'泰皇'。命为'制'，令为'诏'，天子自称曰'朕'。"王曰："去'泰'，著'皇'，采上古'帝'位号，号曰'皇帝'。他如议。"制曰："可。"追尊庄襄王为太上皇[12]。制曰："朕闻太古有号毋谥[13]，中古有号，死而以行为谥。如此，则子议父，臣议君也，甚无谓[14]，朕弗取焉。自今已来[15]，除谥法。朕为始皇帝。后世以计数，二世三世至于万世，传之无穷。"

【注释】［1］眇眇：微小。［2］宗庙之灵：祖先神灵的保佑。［3］辜：罪过。［4］称：与……相称，配得上。［5］其：助词，表命令。［6］绾、劫、斯：丞相王绾、御史大夫冯劫、廷尉李斯。廷尉，九卿之一，掌刑狱。［7］侯服夷服：据夏制，天子管辖的一千里为王畿，此外有侯、甸、男、采、卫、蛮、夷、镇、藩九服，每五百里为一区划；文中"侯服"指离王畿较近的地区，"夷服"则指较远的地区。［8］朝：臣见君，朝见。［9］博士：学官名，始于战国，掌典籍、备顾问、议政事、授生徒。［10］天皇、地皇、泰皇：即"三皇"，泰皇又作"人皇"。［11］昧死：冒昧犯死罪。臣僚上书常用的谦词，以表敬畏。［12］庄襄王：即秦庄襄王，本名异人，后改名楚，秦始皇之父。［13］毋：通"无"。谥：帝王、官僚等死后被评给的称号。［14］无谓：没有意义。［15］已来：同"以来"，即"以后"。

始皇推终始五德之传[1]，以为周得火德，秦代周德，从所不胜[2]。方今水德之始，改年始[3]，朝贺皆自十月朔[4]。衣服旄旌节旗皆上黑[5]。数以六为纪[6]，符、法冠皆六寸[7]，而舆六尺[8]，六尺为步[9]，乘六马[10]。更名河曰德水[11]，以为水德之始。刚毅戾深，事皆决于法，刻削毋仁恩和义[12]，然后合五德之数[13]。于是急法，久者不赦。

【注释】［1］终始五德之传：战国时期齐国人邹衍一派所创立的、解释历史发展的循环理论。将金、木、水、火、土五行看成五德，认为历代王朝各代表一德，按照五行相克或相生的顺序，交互更替，周而复始。传，依次轮转。［2］从所不胜：五行中水克火，周为火德，因此秦为水德。从：采取某种理论。胜，胜过，意为"克"。［3］改年始：改岁首正月，周以建子之月（农历十一月）为正，秦以建亥之月（农历十月）为正。［4］朔：每月的初一。［5］衣服旄旌节旗：指各种服饰、旗帜和符节装饰物。上黑：崇尚黑色。上，通"尚"，尊崇。按五行说，与水德对应的颜色是黑色，秦为水德，故尚黑。［6］数以六为纪：计量单位以六为准，水克火序数为六，故尊六。纪，法度。［7］符：传达命令或调兵遣将的凭证。法冠：古代冠名。本为楚王冠，从秦汉起，御史、使节和执法官皆戴此冠。[8]舆六尺：车宽六尺。舆，车。[9]六尺为步：两次举足为步，以其长短为计量单位。秦制，一步约合今1.4米。[10]乘六马：天子车架用六匹马。[11]河：黄河。[12]刻削：苛刻，严酷，削，通"峭"。[13]合五德之数：秦为水德，水德主阴，阴主刑杀，因此严刑峻法符合五德的规律。数，规律。

丞相绾等言："诸侯初破，燕、齐、荆地远[1]，不为置王，毋以填之[2]。请立诸子，唯上幸许[3]。"始皇下其议于群臣，群臣皆以为便。廷尉李斯议曰："周文武所封子弟同姓甚众[4]，然后属疏远，相攻击如仇雠[5]，诸侯更相诛伐，周天子弗能禁止。今海内赖陛下神灵一统，皆为郡县，诸子功臣以公赋税重赏赐之，甚足易制。天下无异意[6]，则安宁之术也。置诸侯不便。"始皇曰："天下共苦战斗不休，以有侯王。赖宗庙，天下初定，又复立国，是树兵也[7]，而求其宁息，岂不难哉！廷尉议是。"

【注释】[1]荆：楚国旧称，指楚地。[2]填：通"镇"，安定。[3]唯：表希望、祈请。[4]周文武所封子弟同姓：指周文王、武王所封同姓诸侯国。[5]仇雠：相互敌对仇视。[6]无异意：无二心，指没有诸侯反叛之事。[7]树兵：培植军事势力。

分天下以为三十六郡[1]，郡置守、尉、监[2]。更名民曰"黔首"[3]。大酺[4]。收天下兵，聚之咸阳，销以为钟鐻[5]，金人十二，重各千石，置廷宫中。一法度衡石丈尺[6]，车同轨[7]，书同文字。地东至海暨朝鲜[8]，西至临洮羌中[9]，南至北向户[10]，北据河为塞，并阴山至辽东[11]。徙天下豪富于咸阳十二万户。诸庙及章台、上林皆在渭南[12]。秦每破诸侯，写放其宫室[13]，作之咸阳北阪上[14]，南临渭，自雍门以东至泾、渭[15]，殿屋复道周阁相属[16]。所得诸侯美人钟鼓，以充入之。

【注释】[1]三十六郡：根据唐代裴骃所作《史记集解》，三十六郡为三川、河东、南阳、南郡、九江、鄣郡、会稽、颍川、砀郡、泗水、薛郡、东郡、琅邪、齐郡、上谷、

207

渔阳、右北平、辽西、辽东、代郡、巨鹿、邯郸、上党、太原、云中、九原、雁门、上郡、陇西、北地、汉中、巴郡、蜀郡、黔中、长沙、内史。[2]守、尉、监：郡一级的长官。郡守为最高行政长官；郡尉其副，掌军事；郡监负责监察。[3]黔首：黑布包头，此处指平民。黔，黑色。[4]大酺：聚会饮酒。[5]鐻：编钟架的立柱。或以为"金人十二"就是十二个巨大的人形钟鐻。[6]一法度：统一度量衡制度。[7]车同轨：车的轮距相等。[8]暨：到，至。[9]临洮羌中：地名，皆羌族聚居地，今青海东部、甘肃西南部、四川西北部。[10]北向户：向北开窗户，指今五岭以南地区。[11]并：通"傍"，沿着。[12]诸庙：秦先世宗庙。章台：秦宫殿名，在今长安古城西南。上林：秦苑名，在今长安区、周至县、鄠邑区界。渭南：渭水以南。[13]写放：模仿。[14]阪：山坡。[15]雍门：地名，在今陕西高陵西部。[16]复道：楼阁间架空的通道。周阁相属：四围阁楼互相连通。

秦的信仰体系

"国之大事，唯祀与戎。"古代的祭祀可谓头等大事，精神信仰、政治文化、社会生活三者交互产生影响。秦代国家的精神信仰，建立在分布全国的神祠之上，"岁时奉祠之"。秦统一后，原六国山川祭祀和齐地八神祠也纳入了中央祠官——太祝的管辖之下。本节记述了秦始皇在齐地举行祭祀活动的情况，我们可以从中窥见秦代信仰体系的包容性。

《史记·封禅书》（节选）

（始皇）即帝位三年[1]，东巡郡县，祠驺峄山[2]，颂秦功业[3]。于是征从齐鲁之儒生博士七十人[4]，至乎泰山下。诸儒生或议曰："古者封禅为蒲车[5]，恶伤山之土石草木；埽地而祭[6]，席用葅秸[7]，言其易遵也。"始皇闻此议各乖异，难施用，由此绌儒生[8]。而遂除车道[9]，上自泰山阳至巅，立石颂秦始皇帝德[10]，明其得封也[11]。从阴道下，禅于梁父[12]。其礼颇采太祝之祀雍上帝所用[13]，而封藏皆秘之[14]，世不得而记也。

【注释】［1］即皇帝位第3年，即前219年。［2］驺：通"邹"，地名，战国时邾国地，在今山东邹城市东南。峄山：山名，在今山东邹城市东南。［3］颂秦功业：即秦峄山刻石，见《秦始皇本纪》二十八年。［4］征从：召来，使跟着。［5］蒲车：用蒲裹轮的车。［6］埽地：同"扫地"，在祭坛下扫地设祭。［7］菹稭：同"菹秸"，枯草和秸秆。［8］绌：通"黜"，贬退、排斥。［9］除：开拓。［10］立石颂始皇帝德：即秦泰山刻石，见《秦始皇本纪》二十八年。［11］明其得封：意为说明秦始皇封泰山的理由。［12］梁父：泰山下的一座小山，在今山东省新泰市西。［13］太祝：官名，掌祭祀，上属太常。祀雍上帝：在雍县诸畤祭祀上帝。［14］封藏：埋藏的祭品与告祭的文字等。

始皇之上泰山，中阪遇暴风雨，休于大树下。诸儒生既绌，不得与用于封事之礼，闻始皇遇风雨，则讥之。

于是始皇遂东游海上，行礼祠名山大川及八神[1]，求仙人羡门之属[2]。八神将自古而有之，或曰太公以来作之。齐所以为齐，以天齐也[3]。其祀绝，莫知起时。八神：一曰天主，祠天齐[4]。天齐渊水[5]，居临菑南郊山下者。二曰地主，祠泰山梁父。盖天好阴，祠之必于高山之下，小山之上，命曰"畤"[6]；地贵阳，祭之必于泽中圜丘云[7]。三曰兵主，祠蚩尤。蚩尤在东平陆监乡[8]，齐之西境也。四曰阴主，祠三山[9]。五曰阳主，祠之罘[10]。六曰月主，祠之莱山[11]。皆在齐北，并勃海。七曰日主，祠成山[12]。成山斗入海，最居齐东北隅，以迎日出云。八曰四时主，祠琅邪[13]。琅邪在齐东方，盖岁之所始。皆各用一牢具祠[14]，而巫祝所损益，珪币杂异焉[15]。

【注释】［1］八神：下文所述天主、地主、兵主、阴主、阳主、月主、日主、四时主。［2］羡门：仙人名，传为燕人羡门子高。［3］齐所以为齐，以天齐也：齐国之所以称为"齐"，是因为它对着天的肚脐眼。齐：通"脐"。［4］祠天齐：祭祀天的肚脐。［5］天齐渊水：据司马贞《史记索隐》所言，临菑城南有天齐泉。临菑：今山东淄博市东北旧临淄。［6］畤：在小山上修的祭台，所以称"畤"者，谓神灵所栖止。［7］泽中圜丘：在低湿的水草地上修的圆台。［8］蚩尤在东平陆监乡：指蚩尤墓所在地。东平陆，地名，古平陆县，在今山东东平县南。［9］三山：地名，东莱曲成的参山。［10］之罘：岛中山名，在今山东烟台市北海中。［11］莱山：山名，在今山东黄县东南。［12］成山：地名，在今山东荣成县东北。［13］琅邪：地名，琅琊台，在今山东黄岛区东南海边。［14］一牢：一太牢，牛、羊、猪各一头。［15］巫祝所损益，珪币杂异焉：意为祭祀规律略有不同。巫祝，主管祭祀的人员。珪币，祭祀用的玉帛。

焚书坑儒

"百家争鸣"的思想盛况产生于战乱频仍的社会环境中，秦的统一在政治上结束了"战国时期"。"焚书坑儒"则是秦朝尝试在思想文化上结束"战国时期"所迈出的一步。读者从本节选段可知，焚书起于周青臣与李斯的辩论，坑儒则源于秦始皇对方士的不满。李开元先生就斥责方士与坑杀儒生之间的差异对"坑儒"提出了质疑，不失为有益的思考方向。

《史记·秦始皇本纪》（节选）

（三十四年）始皇置酒咸阳宫，博士七十人前为寿。仆射周青臣进颂曰[1]："他时秦地不过千里，赖陛下神灵明圣，平定海内，放逐蛮夷，日月所照，莫不宾服。以诸侯为郡县，人人自安乐，无战争之患，传之万世。自上古不及陛下威德。"始皇悦。博士齐人淳于越进曰："臣闻殷周之王千余岁，封子弟功臣，自为枝辅[2]。今陛下有海内，而子弟为匹夫[3]，卒有田常、六卿之臣[4]，无辅拂[5]，何以相救哉？事不师古而能长久者，非所闻也。今青臣又面谀以重陛下之过，非忠臣。"始皇下其议。丞相李斯曰："五帝不相复，三代不相袭，各以治，非其相反，时变异也。今陛下创大业，建万世之功，固非愚儒所知。且越言乃三代之事，何足法也[6]？异时诸侯并争，厚招游学[7]。今天下已定，法令出一，百姓当家则力农工，士则学习法令辟禁[8]。今诸生不师今而学古，以非当世，惑乱黔首。丞相臣斯昧死言：古者天下散乱，莫之能一，是以诸侯并作[9],语皆道古以害今,饰虚言以乱实,人善其所私学,以非上之所建立。今皇帝并有天下,别黑白而定一尊。私学而相与非法教,人闻令下,则各以其学议之,入则心非,出则巷议,夸主以为名[10],异取以为高[11],率群下以造谤。如此弗禁,则主势降乎上,党与成乎下。禁之便。臣请史官非秦记皆烧之[12]。非博士官所职[13],天下敢有藏《诗》、《书》、百家语者[14],悉诣守、尉杂烧之[15]。有敢偶语《诗》《书》者弃市[16]。以古非今者族[17]。吏见知不举者与同罪[18]。令下三十日不烧,黥为城旦[19]。所不去者,医药卜筮种树之书[20]。若欲有学法令,以吏为师。"制曰:"可。"

【注释】[1]仆射:官名,主射,进而有主管事务之意,秦汉时常置,称诸官之长。[2]自为枝辅:使各自为枝条辅佐主干。 [3]匹夫:平民。 [4]卒:通"猝",突然。田常:田恒,春秋末齐国大夫,杀齐简公。六卿:春秋时晋国范、中行、知、赵、韩、魏六氏,各自发展势力,削弱晋公室。[5]拂:通"弼",辅佐。 [6]法:效仿。[7]游学:以自己的学说游说诸侯的人。 [8]辟禁:刑法禁令。辟,法度,亦特指刑法。[9]作:兴起。 [10]夸主以为名:意为借助人主之令,出其夸诞之词,哗众取宠以获得名誉。 [11]异取以为高:标新立异拔高身价。取,同"趣"。[12]秦记:泛指秦国的国史。[13]职:掌管。 [14]《诗》《书》:《诗经》《尚书》,指儒家典籍。百家语:指先秦诸子之书。 [15]杂:共同。 [16]偶语:相聚议论。弃市:本指受刑罚的人皆在街头示众,民众共同鄙弃之,后专指死刑。 [17]族:灭族。 [18]见知不举:秦汉法律,吏知他人犯罪而不揭发,也是犯罪。 [19]黥:在犯人脸颊上刺字的惩罚。城旦:从事筑城四年的劳役。 [20]卜筮:用龟甲称卜,用蓍草称筮,指预测吉凶之事。

……

(三十五年)侯生、卢生相与谋曰:"始皇为人,天性刚戾自用[1],起诸侯,并天下,意得欲从[2],以为自古莫及己。专任狱吏,狱吏得亲幸。博士虽七十人,特备员弗用[3]。丞相诸大臣皆受成事,倚辨于上[4]。上乐以刑杀为威,天下畏罪持禄,莫敢尽忠。上不闻过而日骄,下慑伏谩欺以取容[5]。秦法,不得兼方[6],不验辄死。然候星气者至三百人[7],皆良士,畏忌讳谀,不敢端言其过[8]。天下之事无小大皆决于上，上至以衡石量书[9]，日夜有呈[10]，不中呈不得休息。贪于权势至如此，未可为求仙药。"于是乃亡去[11]。始皇闻亡，乃大怒曰："吾前收天下书不中用者尽去之，悉召文学方术士甚众，欲以兴太平，方士欲练以求奇药，今闻韩众去不报，徐市等费以巨万计[12]，终不得药，徒奸利相告日闻[13]。卢生等吾尊赐之甚厚，今乃诽谤我，以重吾不德也。诸生在咸阳者，吾使人廉问[14]，或为訞言以乱黔首[15]。"于是使御史悉案问诸生[16]，诸生传相告引[17]，乃自除[18]。犯禁者四百六十余人，皆坑之咸阳，使天下知之，以惩后。益发谪徙边。始皇长子扶苏谏曰："天下初定，远方黔首未集，诸生皆诵法孔子，今上皆重法绳之[19]，臣恐天下不安。唯上察之。"始皇怒，使扶苏北监蒙恬于上郡[20]。

【注释】[1]刚戾自用：强毅凶暴，自以为是。 [2]从：同"纵"，放纵。 [3]特：只是。备员：充数挂名。 [4]倚辨于上：听凭秦始皇的命令办事。辨：通"办"。 [5]慑伏：畏罪屈服。谩欺：说假话。 [6]兼方：兼用两种及以上的方术。 [7]候星气者：观测天文历象的方士。 [8]端言：正言，直言。 [9]以衡石量书：以石为重量单位称取待批阅的文件。石：重量单位，一石为一百二十斤。 [10]呈：通"程"，定量。下文中呈即完成定量。 [11]亡：逃跑。 [12]韩众、徐市：人名，秦始皇往日近幸方士。 [13]徒：白白地。奸利：指方士空耗财物为自身获利。 [14]廉问：察访查问。 [15]訞言：同"妖言"，惑乱人心的话。 [16]案问：审问。 [17]告引：告发检举。 [18]自除：告发他人以免除己罪。 [19]绳：衡量、纠正。 [20]监：监军。上郡：秦郡名，辖地约今陕西省中北部。

胡亥继位

秦始皇在出巡中突然病死，帝位的继承由此失去了稳定。读者能从本节选文中了解到，秦始皇少子胡亥的继位，缘于宦者赵高与丞相李斯共同策划的一场阴谋。近年公布的北大汉简《赵正书》却记载胡亥被立为"代后"（继承人）经过秦始皇的认可：丞相臣斯、御史臣去疾昧死顿首言曰："今道远而诏期群臣，恐大臣之有谋，请立子胡亥为代后。"王曰："可。"历史真相尚不得而知。从本节选文中我们可以看到，胡亥承继了秦始皇的一系列政策，"用法益刻深"。如果秦始皇的确传位于胡亥，这或许是他的"加分项"吧。

《史记·秦始皇本纪》（节选）

三十七年十月癸丑，始皇出游。左丞相斯从，右丞相去疾守。少子胡亥爱慕请从，上许之。十一月，行至云梦[1]，望祀虞舜于九疑山[2]。浮江下，观籍柯，渡海渚[3]。过丹阳[4]，至钱唐[5]。临浙江[6]，水波恶，乃西百二十里从狭中渡。上会稽[7]，祭大禹，望于南海，而立石刻颂秦德[8]。……

【注释】［1］云梦：地名，今湖北孝感市云梦县。 ［2］望祀：祭名，遥祭山川地祇之礼。九疑山：山名，在今湖南省蓝山县西南，相传虞舜葬于此。 ［3］浮江下：顺长江而下。籍柯：或说为地名，或说为瀑布。 ［4］丹阳：地名，今江苏镇江市丹阳市。 ［5］钱唐：地名，今浙江杭州市。 ［6］浙江：即今钱塘江。 ［7］会稽：山名，在今浙江绍兴市南部。 ［8］即秦会稽刻石，见《秦始皇本纪》三十七年。

（始皇）至平原津而病。始皇恶言死，群臣莫敢言死事。上病益甚，乃为玺书赐公子扶苏曰："与丧会咸阳而葬[1]。"书已封，在中车府令赵高行符玺事所[2]，未授使者。七月丙寅，始皇崩于沙丘平台[3]。丞相斯为上崩在外，恐诸公子及天下有变，乃秘之，不发丧。棺载辒凉车中[4]，故幸宦者参乘[5]，所至上食、百官奏事如故，宦者辄从辒凉车中可其奏事。独子胡亥、赵高及所幸宦者五六人知上死。赵高故尝教胡亥书及狱律令法事[6]，胡亥私幸之。高乃与公子胡亥、丞相斯阴谋破去始皇所封书赐公子扶苏者，而更诈为丞相斯受始皇遗诏沙丘，立子胡亥为太子。更为书赐公子扶苏、蒙恬，数以罪[7]，赐死。语具在《李斯传》中。行，遂从井陉抵九原[8]。会暑，上辒车臭，乃诏从官令车载一石鲍鱼[9]，以乱其臭。

【注释】［1］丧：丧车。［2］中车府令：官名，掌皇帝车辆。行符玺事：兼管符节印章之事。［3］沙丘平台：沙丘行宫的平台，在今河北平乡县东北。［4］辒凉车：也作"辒辌"，卧车。［5］参乘：居车右为警卫。［6］狱律令法事：法律方面的知识，或以为即《爰历篇》等。［7］数：列举过错。［8］井陉：关口名，在今河北井陉县。九原：地名，在今内蒙古包头市九原区。［9］鲍鱼：盐渍鱼，其气腥臭。

行从直道至咸阳[1]，发丧。太子胡亥袭位，为二世皇帝。九月，葬始皇郦山[2]。始皇初即位，穿治郦山，及并天下，天下徒送诣七十余万人[3]，穿三泉[4]，下铜而致椁[5]，宫观百官奇器珍怪徙臧满之[6]。令匠作机弩矢[7]，有所穿近者，辄射之。以水银为百川江河大海，机相灌输[8]，上具天文，下具地理[9]。以人鱼膏为烛[10]，度不灭者久之。二世曰："先帝后宫非有子者，出焉不宜。"皆令从死，死者甚众。葬既已下，或言工匠为机，臧皆知之，臧重即泄[11]。大事毕，已臧，闭中羡，下外羡门[12]，尽闭工匠臧者，无复出者。树草木以象山。

二世皇帝元年，年二十一。赵高为郎中令[13]，任用事。……

四月，二世还至咸阳，曰："先帝为咸阳朝廷小，故营阿房宫[14]。为室堂未就[15]，会上崩，罢其作者，复土郦山。郦山事大毕，今释阿房宫弗就，则是章先帝举事过也[16]。"复作阿房宫。外抚四夷，如始皇计。尽征其材士五万人为屯卫咸阳[17]，令教射，狗马禽兽当食者多，度不足，下调郡县转输菽粟刍藁[18]，皆令自赍粮食[19]，咸阳三百里内不得食其谷。用法益刻深。

【注释】［1］直道：道路名，北起九原，南至云阳，是联结关中平原与河套地区的军事要道。［2］郦山：山名，在今陕西西安市临潼区。［3］诣：到，往。［4］三泉：三重泉，即地下深处。［5］下铜而致椁：灌注铜水，使严密坚固，再放外棺。椁，外棺。［6］宫观百官：陪葬的陶制房屋、人俑等。臧：通"藏"。［7］机弩矢：机械控制的弩矢。［8］机相灌输：用机械使水银流动。［9］天文、地理：指墓室内的星辰分布模型与地形模型。［10］人鱼膏：鲵油。［11］重：丰厚。［12］羡：墓道，有内、中、外三道门。［13］郎中令：官名，九卿之一，掌守卫宫殿门户。［14］阿房宫：

宫殿名，在今陕西省西安市西郊。［15］室堂：房舍，堂在前，室在后。［16］章：通"彰"，彰明。［17］材士：勇武之士。［18］菽粟刍藁：豆和小米、饲养牲畜的干草。［19］赍：携带。

匈奴的兴起

匈奴是居住在我国北方边境的一个强大的少数民族，战国时期已经和中原国家有了密切的接触。秦统一后，采取武力驱逐、修筑长城、移民屯边等方法迫使匈奴北退。读者可以从本节中了解到秦末匈奴的兴起与其国家制度。冒顿单于东灭东胡、西破月氏、南服楼烦白羊、北并诸部族，初步统一了游牧地区，形成了南北对峙的状况。匈奴民族的兴起，拉开了长达数个世纪的汉匈民族交流史的序幕。

《史记·匈奴列传》（节选）

……后秦灭六国，而始皇帝使蒙恬将十万之众北击胡，悉收河南地[1]。因河为塞，筑四十四县城临河，徙适戍以充之[2]。而通直道，自九原至云阳[3]，因边山险堑溪谷可缮者治之，起临洮至辽东万余里。又度河据阳山北假中[4]。

当是之时，东胡强而月氏盛[5]。匈奴单于曰头曼[6]，头曼不胜秦，北徙。十余年而蒙恬死，诸侯畔秦[7]，中国扰乱，诸秦所徙适戍边者皆复去，于是匈奴得宽，复稍度河南与中国界于故塞[8]。

……

【注释】［1］河南地：河套以南地区。［2］适：通"谪"，犯罪被放逐。［3］云阳：地名，今陕西咸阳市淳化县西北。［4］阳山：山名，即今内蒙古河套北面的狼山，因其在黄河之阳，故名。北假：地名，秦汉称今内蒙古河套以北、阴山以南夹山带河地区为北假。［5］东胡：少数民族名，因居于匈奴之东，故名。战国时为燕所破，迁于今西辽河上游一带。月氏：少数民族名，游牧于敦煌、祁连间。［6］单于：匈奴君长的

215

称号，"广大"义。［7］畔：通"叛"，反叛。［8］稍：渐渐。度河南：渡过黄河南下。

冒顿既立[1]，是时东胡强盛，闻冒顿杀父自立，乃使使谓冒顿，欲得头曼时有千里马。冒顿问群臣，群臣皆曰："千里马，匈奴宝马也，勿与。"冒顿曰："奈何与人邻国而爱一马乎[2]？"遂与之千里马。居顷之，东胡以为冒顿畏之，乃使使谓冒顿，欲得单于一阏氏[3]。冒顿复问左右，左右皆怒曰："东胡无道，乃求阏氏！请击之。"冒顿曰："奈何与人邻国爱一女子乎？"遂取所爱阏氏予东胡。东胡王愈益骄，西侵。与匈奴间，中有弃地，莫居，千余里，各居其边为瓯脱[4]。东胡使使谓冒顿曰："匈奴所与我界瓯脱外弃地，匈奴非能至也，吾欲有之。"冒顿问群臣，群臣或曰："此弃地，予之亦可，勿予亦可。"于是冒顿大怒曰："地者，国之本也，奈何予之！"诸言予之者，皆斩之。冒顿上马，令国中有后者斩，遂东袭击东胡。东胡初轻冒顿，不为备。及冒顿以兵至，击，大破灭东胡王，而虏其民人及畜产。既归，西击走月氏，南并楼烦、白羊河南王[5]。悉复收秦所使蒙恬所夺匈奴地者，与汉关故河南塞[6]，至朝那、肤施[7]，遂侵燕、代[8]。是时汉兵与项羽相距，中国罢于兵革[9]，以故冒顿得自强，控弦之士三十余万[10]。

自淳维以至头曼千有余岁[11]，时大时小，别散分离，尚矣[12]，其世传不可得而次云[13]。然至冒顿而匈奴最强大，尽服从北夷[14]，而南与中国为敌国，其世传国官号乃可得而记云[15]。

【注释】［1］冒顿：人名，头曼单于太子，杀父继位。［2］爱：吝惜。［3］阏氏：单于妻子的称号。［4］瓯脱：在边界上的土穴，即哨卡。瓯脱之间的弃地为边界缓冲地。［5］楼烦：部族名，当时所居约在今内蒙古伊克昭盟东部、山西西北部一带。白羊：部族名，当时所居约在今伊克昭盟西部，白羊王居河南，一说"河南王"三字为衍文。［6］关：连界，接壤。［7］朝那：县名，在今宁夏固原东南。肤施：县名，上郡治所，在今陕西榆林东南。［8］燕、代：指秦楚之际的燕王臧荼和代王陈余。［9］罢：通"疲"，疲惫。［10］控弦之士：能拉弓的战士。［11］淳维：匈奴始祖名，本传前文曰，"匈奴，其先祖夏后氏之苗裔也，曰淳维"。［12］尚矣：十分久远。尚，通

"上"。［13］次：编列顺序。［14］服从北夷：使北部民族服从。［15］世传国官号：一说"国"字为衍文，《汉书》无。

置左右贤王[1]，左右谷蠡王[2]，左右大将，左右大都尉，左右大当户，左右骨都侯[3]。匈奴谓贤曰"屠耆"，故常以太子为左屠耆王[4]。自如左右贤王以下至当户，大者万骑，小者数千，凡二十四长，立号曰"万骑"。诸大臣皆世官[5]。呼衍氏，兰氏，其后有须卜氏[6]，此三姓其贵种也。诸左方王将居东方，直上谷以往者[7]，东接秽貉[8]、朝鲜；右方王将居西方，直上郡以西，接月氏、氐、羌[9]；而单于之庭直代、云中[10]：各有分地，逐水草移徙。而左右贤王、左右谷蠡王最为大国，左右骨都侯辅政。诸二十四长亦各自置千长、百长、什长、裨小王、相封[11]、都尉、当户、且渠之属。

【注释】［1］左右贤王：匈奴俗尚左，左贤王尊。［2］谷蠡王：官名，掌军事和行政。［3］骨都侯：官名，辅佐单于的异姓大臣。［4］左屠耆王：即上述之左贤王。［5］世官：官职、兵众世袭。［6］呼衍氏、兰氏、须卜氏：呼衍氏居左，兰氏、须卜氏居右，三姓为骨都侯。［7］直：通"值"，正对，相接。上谷：郡名，约今河北张家口、小五台山以东，赤城、北京市延庆以西，及内长城和昌平以北地。［8］秽貉：部族名，约居于今朝鲜东北部。［9］氐、羌：部族名，氐族约居于今甘肃东南部，羌族约居于今青海东北部。［10］单于之庭：单于的王庭。代：郡名，郡治在今河北省蔚县东北。云中：郡名，郡治在今内蒙古呼和浩特西南。［11］相封：官名，即相邦，避汉高祖讳。

岁正月[1]，诸长小会单于庭，祠。五月，大会茏城[2]，祭其先、天地、鬼神。秋，马肥，大会蹛林[3]，课校人畜计[4]。其法[5]，拔刃尺者死[6]，坐盗者没入其家[7]；有罪，小者轧[8]，大者死。狱久者不过十日[9]，一国之囚不过数人。而单于朝出营，拜日之始生，夕拜月[10]。其坐，长左而北乡[11]。日上戊己[12]。其送死，有棺椁金银衣裘，而无封树丧服[13]；近幸臣妾从死者[14]，多至数千百人。举事而候星月[15]，月盛壮则攻战，月亏则退兵。其攻战，斩首虏赐一卮酒[16]，而所得卤获因以予之[17]，得人以为奴婢。故其战，人人自为趣利，善为诱兵以冒敌[18]。故其见敌则逐利，如鸟之集；其困败，则瓦解云散矣。战而扶舆死者[19]，尽得死者家财。

【注释】［1］岁：每年。［2］茏城：《汉书》作龙城，单于五月大会诸王祭天处，在今蒙古国鄂尔浑河上游右岸。［3］蹛林：地名，匈奴八月秋祭之地，一说为绕林木之祭。［4］课校：清点，检查。［5］其法：约定俗成的习惯法。［6］拔刃尺者死：拔刀伤人、伤处及尺为死罪，一说拔刀出鞘一尺为死罪。［7］没入其家：家属为奴，财产充公。［8］轧：用刀刺面。［9］狱：关押。［10］拜日之始生，夕拜月：匈奴的自然崇拜习俗，朝拜日、夕拜月。［11］长左而北乡：长者居于左，北向而坐。乡，通"向"。一说断句为"长左，而北乡日"，意为匈奴以左为尊，左为东方，面南而坐以向日。［12］日上戊己：即尚戊己，以戊己为吉日。［13］封树：指坟墓。封，堆土为坟。树，在墓旁植树。［14］从死：随葬。［15］举事而候星月：观测月相举行军事活动，一说"星"字为衍文。［16］一卮酒：一杯酒。［17］卤获：掳掠所获。卤，通"虏"。［18］诱兵以冒敌：小股部队诱敌深入，再以大部队包围敌人的战术。［19］扶舆死者：运载战死者归葬。

陈胜、吴广起义

秦二世元年七月，被征发赴渔阳戍守的九百名士兵在大泽乡遇大雨，道路不通，不能按时抵达地点，而按秦法规定，"失期当斩"。在戍卒中担任屯长的陈胜、吴广商议举兵反抗。本节选自《史记·陈涉世家》，记录了陈胜、吴广鼓动戍卒起义并建立张楚政权的经过。"非张楚不能灭秦"（田余庆语），陈胜首事之后，反秦之势如燎原之火，迅疾展开。张楚一时成为关东地区武力反秦的重心。此后六个月中，楚、赵、燕、齐、魏均已称王，遍置诸侯为秦树敌的策略取得了极大成效。

《史记·陈涉世家》（节选）

陈胜者，阳城人也[1]，字涉。吴广者，阳夏人也[2]，字叔。陈涉少时，尝与人佣耕[3]，辍耕之垄上[4]，怅恨久之，曰："苟富贵，无相忘[5]。"庸者笑而应曰[6]："若为庸耕，何富贵也？"陈涉太息曰："嗟乎！燕雀安知鸿鹄之志哉！"

【注释】［1］阳城：地名，在今河南登封市东南。［2］阳夏：地名，在今河南太康县。［3］佣耕：被雇佣耕作。［4］辍耕：停止耕作。之：动词，去、到。垄：田界，田埂。［5］无：通"勿"，不要。［6］庸：通"佣"。

二世元年七月，发闾左適戍渔阳九百人[1]，屯大泽乡[2]。陈胜、吴广皆次当行[3]，为屯长[4]。会天大雨[5]，道不通，度已失期[6]。失期，法皆斩。陈胜、吴广乃谋曰："今亡亦死[7]，举大计亦死[8]，等死[9]，死国可乎[10]？"陈胜曰："天下苦秦久矣[11]。吾闻二世少子也，不当立，当立者乃公子扶苏[12]。扶苏以数谏故[13]，上使外将兵[14]。今或闻无罪，二世杀之。百姓多闻其贤，未知其死也。项燕为楚将[15]，数有功，爱士卒，楚人怜之[16]。或以为死，或以为亡。今诚以吾众诈自称公子扶苏、项燕，为天下唱[17]，宜多应者。"吴广以为然。乃行卜。卜者知其指意，曰："足下事皆成[18]，有功。然足下卜之鬼乎[19]！"陈胜、吴广喜，念鬼[20]，曰："此教我先威众耳。"乃丹书帛曰"陈胜王"，置人所罾鱼腹中[21]。卒买鱼烹食，得鱼腹中书，固以怪之矣[22]。又间令吴广之次所旁丛祠中[23]，夜篝火，狐鸣呼曰："大楚兴，陈胜王。"卒皆夜惊恐。旦日，卒中往往语，皆指目陈胜。

【注释】［1］闾左：住在闾门左边的居民，代指贫民。闾，里巷的大门。適戍：发配戍守。適，通"谪"。渔阳：在今北京密云区西南。［2］屯：停驻。大泽乡：乡名，在今安徽宿县东南。［3］皆次当行：都是按照户籍编次在征发之列。［4］屯长：下级军吏，戍边途中被指派的队长。［5］会：恰逢，正赶上。［6］度：估计。［7］亡：逃跑。［8］举大计：发动起义。［9］等：同样。［10］死国：为国事而死。［11］苦秦：苦于秦的统治。［12］扶苏：秦始皇的长子。［13］数：屡次，多次。谏：劝谏。古代下级对上级提意见或建议，进行劝诫，称之为"谏"。［14］将：带领。［15］项燕：战国末年楚国著名将领，项羽的祖父。被秦将王翦所败。［16］怜：爱。［17］唱：通"倡"，倡导，发端。［18］足下：古人对别人的尊称。［19］卜之鬼：意为向鬼神卜问。［20］念：思量，考虑。［21］罾：原意渔网。用作动词，意为用渔网捕捞。［22］以：同"已"，已经。［23］间令：暗中命令。次：旅行所居止之处所。丛祠：树木荫蔽的祭祀之所。

　　吴广素爱人，士卒多为用者。将尉醉[1]，广故数言欲亡，忿恚尉[2]，令辱之，以激怒其众。尉果笞广[3]。尉剑挺[4]，广起，夺而杀尉。陈胜佐之，并杀两尉。召令徒属曰："公等遇雨，皆已失期，失期当斩。藉弟令毋斩[5]，而戍死者固十六七[6]。且壮士不死即已[7]，死即举大名耳，王侯将相宁有种乎[8]！"徒属皆曰："敬受命[9]。"乃诈称公子扶苏、项燕，从民欲也。袒右[10]，称大楚。为坛而盟，祭以尉首。陈胜自立为将军，吴广为都尉。攻大泽乡，收而攻蕲[11]。蕲下，乃令符离人葛婴将兵徇蕲以东[12]。攻铚、酂、苦、柘、谯皆下之[13]。行收兵。比至陈[14]，车六七百乘，骑千余，卒数万人。攻陈，陈守令皆不在[15]，独守丞与战谯门中[16]。弗胜，守丞死，乃入据陈[17]。数日，号令召三老、豪杰与皆来会计事[18]。三老、豪杰皆曰："将军身被坚执锐[19]，伐无道，诛暴秦，复立楚国之社稷，功宜为王。"陈涉乃立为王，号为张楚。

　　当此时，诸郡县苦秦吏者，皆刑其长吏[20]，杀之以应陈涉。乃以吴叔为假王[21]，监诸将以西击荥阳[22]。令陈人武臣、张耳、陈余徇赵地[23]，令汝阴人邓宗徇九江郡[24]。当此时，楚兵数千人为聚者，不可胜数。

【注释】［1］将尉：统领戍卒的县尉。［2］忿恚尉：使将尉愤怒。［3］笞：动词，用鞭、杖或竹板打。［4］剑挺：拔剑出鞘。［5］藉弟令：即使，即便。［6］十六七：十分之六七。［7］即：同"则"。［8］宁：岂，难道。［9］受命：听从（你的）命令。［10］袒右：袒露右臂。一种宣誓结盟的姿态。［11］蕲：秦县名，今安徽宿州南。［12］符离：在今安徽宿州东北。徇：巡视、巡行。［13］铚：秦县名，在今安徽宿州西南。酂：秦县名，在今河南永城西。苦：秦县名，在今河南鹿邑。柘：秦县名，在今河南柘城西北。谯：秦县名，在今安徽亳县。［14］比：及，等到。陈：秦县名，今河南淮阳。秦时，陈县属于砀郡，是郡府、县府所在地，所以有守有令。［15］守令：郡守和县令。［16］守丞：郡守的行政助理官。谯门：建有瞭望楼的城门。［17］据：占据，占领。［18］三老：乡官，掌教化。豪杰：当地有名望有势力的人。［19］被坚执锐：披着铠甲，拿着兵器。被，同"披"。［20］刑：动词，杀。［21］假王：代王。［22］荥阳：秦县名，在今河南荥阳市东北。［23］赵地：战国时赵国地域，在今河北南部地区。［24］九江郡：秦郡，郡治寿春，在今安徽寿县。

西 汉

鸿门宴

秦二世三年八月，刘邦率军攻入武关。十月，刘邦军至霸上，子婴投降。进入咸阳城后，刘邦与秦民"约法三章"，并派兵驻守函谷关。项羽在巨鹿之战中大胜，消灭了秦军主力，随即率军入关。到达函谷关后，得知刘邦已攻陷关中，项羽一怒之下攻打关隘，并推进至戏水之西。当时，项羽拥兵四十万，刘邦军队不过十万，力量悬殊。本节选自《史记·项羽本纪》，刘邦听从谋士张良的意见，亲赴项羽驻地鸿门，向项羽陈情，卑辞言好。但亚父范增仍然抱怀疑之情，命项庄以舞剑为机刺杀刘邦，项伯亦舞剑以护刘邦。顷刻间，鸿门宴上剑拔弩张。张良召来樊哙，樊哙的言行动摇了项羽杀刘邦的决心。气氛稍有缓和，刘邦借口"如厕"离席，赶回军营。这一次刀光剑影的鸿门宴预示着项羽和刘邦之间的争夺是不可避免的，也显示了楚汉之争的紧张局势。

《史记·项羽本纪》（节选）

（楚军）行略定秦地[1]。函谷关有兵守关[2]，不得入。又闻沛公已破咸阳[3]，项羽大怒，使当阳君等击关[4]。项羽遂入，至于戏西[5]。沛公军霸上[6]，未得与项羽相见。沛公左司马曹无伤使人言于项羽曰[7]："沛公欲王关中[8]，使子婴为相[9]，珍宝尽有之。"项羽大怒，曰："旦日飨士卒[10]，为击破沛公军！"当是时，项羽兵四十万，在新丰鸿门[11]，沛公兵十万，在霸上。范增说项羽曰："沛公居山东时[12]，贪于财货，好美姬。今入关，财物无所取,妇女无所幸[13],此其志不在小。吾令人望其气,皆为龙虎,成五采[14],此天子气也。急击勿失。"

【注释】[1]略:夺取。 [2]函谷关:在今河南灵宝市北。 [3]沛公已破咸阳:秦二世三年十月,刘邦由武关攻入关中,进入咸阳。项羽军比沛公军晚两个月入关。 [4]当阳君:指英布。参见《史记·黥布列传》。 [5]戏西:即戏水之西。戏水源出骊山,流经今陕西临潼东,注入渭水。 [6]军:驻扎,驻军。霸上:亦作灞上,即霸水之西的白鹿原,当时的咸阳城东南,今陕西西安市东南。 [7]左司马:掌军中法纪,设左右二人。 [8]王:动词,称王。 [9]子婴:据《史记·秦始皇本纪》载,子婴是秦二世之兄子。二世三年八月,赵高杀了秦二世胡亥,另立子婴为秦王。子婴与其子二人杀了赵高。为帝四十六天,刘邦入关,子婴即献玺符投降。 [10]旦日:第二天。飨:犒劳,犒赏。 [11]新丰:汉县名,秦时名郦邑,刘邦称帝后将其更名为新丰,见于《史记·高祖本纪》。今陕西雍州新丰县西南四里。鸿门:今西安临潼市东,东接戏水,南靠高原,北临渭河,是当时通往新丰的大道,北端出口形似门,是谓"鸿门"。 [12]山东:崤山以东。 [13]幸:亲近。 [14]五采:即五彩。

楚左尹项伯者[1],项羽季父也,素善留侯张良[2]。张良是时从沛公,项伯乃夜驰之沛公军,私见张良,具告以事,欲呼张良与俱去。曰:"毋从俱死也。"张良曰:"臣为韩王送沛公,沛公今事有急,亡去不义,不可不语。"良乃入,具告沛公。沛公大惊,曰:"为之奈何?"张良曰:"谁为大王为此计者?"曰:"鲰生说我曰'距关,毋内诸侯,秦地可尽王也[3]'。故听之。"良曰:"料大王士卒足以当项王乎[4]?"沛公默然,曰:"固不如也,且为之奈何?"张良曰:"请往谓项伯,言沛公不敢背项王也。"沛公曰:"君安与项伯有故?"张良曰:"秦时与臣游,项伯杀人,臣活之[5]。今事有急,故幸来告良[6]。"沛公曰:"孰与君少长?[7]"良曰:"长于臣。"沛公曰:"君为我呼入,吾得兄事之[8]。"张良出,要项伯[9]。项伯即入见沛公。沛公奉卮酒为寿[10],约为婚姻[11],曰:"吾入关,秋豪不敢有所近[12],籍吏民[13],封府库,而待将军。所以遣将守关者,备他盗之出入与非常也[14]。日夜望将军至,岂敢反乎!愿伯具言臣之不敢倍德也[15]。"项伯许诺。谓沛公曰："旦日不可不蚤自来谢项王[16]。"沛公曰："诺。"于是项伯复夜去,至军中,具以沛公言报项王。因言曰："沛公不先破关中,公岂敢入乎？今人有大功而击之,不义也,不如因善遇之。"项王许诺。

【注释】［1］左尹:楚国称丞相为令尹,职同左相。［2］善:与……交好。张良:祖、父相韩五王。反秦起义后,张良为韩王韩成司徒,随刘邦西征入关,为刘邦谋士,封留侯。见于《史记·留侯世家》。［3］鲰生:浅薄愚陋的人。距:通"拒",据守。内:通"纳",放入。［4］料:估计。足:能够。当:相当,相称。［5］活:使动用法,使……活。［6］幸:特意。［7］孰:谁。［8］吾得兄事之:指刘邦要用对待兄长的礼仪对待项伯。［9］要:同"邀",邀请。［10］卮:酒杯。［11］婚姻:儿女亲家,有婚姻关系的亲戚。［12］秋豪:秋天动物身上新长出的茸毛,用以比喻事物极微末细小。豪,同"毫"。［13］籍:登记。［14］非常:突如其来的意外或事变。［15］倍德:背弃恩德。倍,同"背",背叛,背弃。［16］蚤:同"早"。谢:道歉,认错。

沛公旦日从百余骑来见项王[1],至鸿门,谢曰："臣与将军戮力而攻秦[2],将军战河北,臣战河南,然不自意能先入关破秦,得复见将军于此。今者有小人之言,令将军与臣有郤[3]。"项王曰："此沛公左司马曹无伤言之;不然,籍何以至此。"项王即日因留沛公与饮[4]。项王、项伯东向坐[5]。亚父南向坐。亚父者,范增也[6]。沛公北向坐,张良西向侍。范增数目项王[7],举所佩玉玦以示之者三[8],项王默然不应。范增起,出召项庄[9],谓曰:"君王为人不忍[10],若入前为寿[11],寿毕,请以剑舞,因击沛公于坐,杀之。不者,若属皆且为所虏。"庄则入为寿,寿毕,曰:"君王与沛公饮,军中无以为乐,请以剑舞。"项王曰:"诺。"项庄拔剑起舞,项伯亦拔剑起舞,常以身翼蔽沛公[12],庄不得击。于是张良至军门,见樊哙。樊哙曰:"今日之事何如？"良曰:"甚急。今者项庄拔剑舞,其意常在沛公也。"哙曰:"此迫矣,臣请入,与之同命。"哙即带剑拥盾入军门。交戟之卫士欲止不内,樊哙侧其盾以撞,卫士仆地[13],哙遂入,披帷西向立[14],瞋目视项王[15],头发上指,目眦尽裂[16]。

项王按剑而跽曰[17]:"客何为者?"张良曰:"沛公之参乘樊哙者也。"项王曰:"壮士,赐之卮酒。"则与斗卮酒[18]。哙拜谢,起,立而饮之。项王曰:"赐之彘肩[19]。"则与一生彘肩。樊哙覆其盾于地,加彘肩上,拔剑切而啖之[20]。项王曰:"壮士,能复饮乎?"樊哙曰:"臣死且不避,卮酒安足辞!夫秦王有虎狼之心,杀人如不能举,刑人如恐不胜,天下皆叛之。怀王与诸将约曰'先破秦入咸阳者王之'。今沛公先破秦入咸阳,豪毛不敢有所近,封闭宫室,还军霸上,以待大王来。故遣将守关者,备他盗出入与非常也。劳苦而功高如此,未有封侯之赏,而听细说[21],欲诛有功之人。此亡秦之续耳,窃为大王不取也。"项王未有以应,曰:"坐。"樊哙从良坐。坐须臾,沛公起如厕,因招樊哙出。

【注释】[1]从:使……跟从。[2]戮力:勉力,并力。[3]郤:同"隙",嫌隙。[4]因:趁机,顺势。[5]东向坐:古人之坐,以东向为尊,之后是南向、北向、西向。在朝堂上,以南向为尊。[6]亚父:是对范增的敬称,意指对其侍奉的礼数仅次于父亲。[7]目:动词,以目示意。[8]玉玦:一种佩戴在身上的半圆形玉器,玦又喻指决断。[9]项庄:项羽的堂兄弟。[10]忍:残忍,狠心。[11]若:你。为寿:席间向尊长敬酒或赠送礼物,并祝其长寿。[12]翼蔽:遮挡,掩护。翼,名词用作状语,像张开翅膀一样。[13]仆:跌倒。[14]披帷:打开帐幕。披,打开。帷,围在四周的帐幕。[15]瞋目:睁大眼睛,瞪着眼睛。表示生气的状态。[16]目眦:亦作"目眥",指眼眶。[17]跽:跪起。双膝着地,屁股离开小腿,上身直起的跪坐姿势。此处"按剑而跽"表示一种警戒状态。[18]斗卮酒:容量为一斗的酒。斗,古代的容量单位,十升为一斗。[19]彘肩:猪腿。[20]啖:吃。[21]细说:小人的谗言。

沛公已出,项王使都尉陈平召沛公。沛公曰:"今者出,未辞也,为之奈何?"樊哙曰:"大行不顾细谨,大礼不辞小让[1]。如今人方为刀俎[2],我为鱼肉,何辞为。"于是遂去[3]。乃令张良留谢。良问曰:"大王来何操?"曰:"我持白璧一双,欲献项王,玉斗一双[4],欲与亚父,会其怒,不敢献。公为

225

我献之。"张良曰："谨诺。"当是时，项王军在鸿门下，沛公军在霸上，相去四十里。沛公则置车骑[5]，脱身独骑，与樊哙、夏侯婴、靳彊、纪信等四人持剑盾步走[6]，从郦山下[7]，道芷阳间行[8]。沛公谓张良曰："从此道至吾军，不过二十里耳。度我至军中，公乃入。"沛公已去，间至军中，张良入谢，曰："沛公不胜杯杓[9]，不能辞。谨使臣良奉白璧一双，再拜献大王足下；玉斗一双，再拜奉大将军足下。"项王曰："沛公安在？"良曰："闻大王有意督过之，脱身独去，已至军矣。"项王则受璧，置之坐上。亚父受玉斗，置之地，拔剑撞而破之，曰："唉！竖子不足与谋[10]。夺项王天下者，必沛公也，吾属今为之虏矣[11]。"沛公至军，立诛杀曹无伤。

【注释】[1]细谨：细节。辞：躲避，推托。让：责备，谴责。[2]俎：砧板。[3]去：离开。[4]玉斗：玉制酒器。[5]置：抛弃，留下。[6]夏侯婴：刘邦的部将、车夫，曾任滕县县令，也称"滕婴"或者"滕公"。见于《史记·樊郦滕灌列传》。靳彊：刘邦部将，后封汾阳侯。参见《史记·高祖功臣侯者年表》。纪信：刘邦部将，代替刘邦诈降于项羽而死。[7]郦山：在今陕西临潼区东。[8]道芷阳间行：取道经过芷阳的小路走。芷阳，秦县名，郦山西侧，在今陕西西安市东。[9]杯杓：均为酒器，这里代指酒。[10]竖子：小子。范增明骂项庄，实为斥责项羽。[11]吾属：我们这些人。今：将。

据秦之地

本节前半部分选自《史记·货殖列传》，记述了关中地区的形势险要，农业、副业、畜牧业发达，和关东各地相比具有一定优势。秦灭六国，所依托的便是这一优势，刘邦在楚汉之争中取胜，靠的也是这一优势。本节后半部分选自《史记·刘敬叔孙通列传》，记述了齐人刘敬劝说同样是关东人出身的刘邦定都于"秦之故地"的经过。刘敬与张良的意见不谋而合，并最终促成了刘邦克服"群臣皆山东人"的阻力，定都于"秦之故地"。

汉初数十年，中央政权之所以能平定异姓诸侯国，牵制日益强大的同姓诸侯国并平定吴楚七国之乱，也是依托了关中地区的地理优势。

《史记·货殖列传》（节选）

关中自汧、雍以东至河、华[1]，膏壤沃野千里，自虞夏之贡以为上田，而公刘适邠，大王、王季在岐[2]，文王作丰[3]，武王治镐[4]，故其民犹有先王之遗风，好稼穑，殖五谷，地重[5]，重为邪[6]。及秦文、（德）、缪居雍，隙陇蜀之货物而多贾[7]。献公徙栎邑[8]，栎邑北却戎翟，东通三晋，亦多大贾。（孝）、昭治咸阳[9]，因以汉都，长安诸陵，四方辐凑并至而会，地小人众，故其民益玩巧而事末也[10]。南则巴蜀。巴蜀亦沃野，地饶卮、姜、丹沙、石、铜、铁、竹、木之器[11]，南御滇僰[12]，僰僮[13]。西近邛笮，笮马、旄牛。然四塞，栈道千里，无所不通，唯褒斜绾毂其口[14]，以所多易所鲜。天水、陇西、北地、上郡与关中同俗[15]，然西有羌中之利[16]，北有戎翟之畜，畜牧为天下饶。然地亦穷险，唯京师要其道[17]。故关中之地，于天下三分之一，而人众不过什三；然量其富，什居其六。

【注释】　[1]汧：即汧水，源起六盘山南麓，在宝鸡汇入渭河。雍：即雍山，在秦国旧都雍城西北，今陕西凤翔县。河、华：指黄河和华山。　[2]大王：即古公亶父。王季：姬姓，名历，尊称王季，周文王之父。　[3]丰：旧都名，在今陕西西安市西南古丰水西侧。　[4]镐：旧都名，在今陕西西安市西南东侧，丰都东北方向。　[5]地重：重视耕作。　[6]重为邪：不敢为奸邪。　[7]隙：连接。　[8]栎邑：故秦都，亦称栎阳，故县治在今陕西省西安市阎良区。　[9]咸阳：故秦都，在今陕西咸阳市东北。[10]玩巧：玩弄机巧。事末：从事工商业。　[11]卮：作染料用的野生植物，可制胭脂。　[12]滇：古国名，在今云南晋宁区东北。僰：邑名，在今四川宜宾市西。[13]僰僮：僰族的奴隶。　[14]褒斜：古栈道名，沿褒斜二水行，贯穿褒斜二谷，故称。古代巴蜀通往关中的重要通道之一。绾毂：交通要冲。绾，控制。　[15]天水：郡名，故郡治在今甘肃通渭县西北。北地：郡名，故郡治在今甘肃庆阳西北。上郡：郡名，故郡治在今陕西绥德县。　[16]羌中：地名，在今青海、西藏及四川西北部、甘肃西南

227

部。[17]要:控制。

《史记·刘敬叔孙通列传》(节选)

刘敬者[1],齐人也[2]。汉五年,戍陇西,过洛阳,高帝在焉。娄敬脱挽辂[3],衣其羊裘,见齐人虞将军曰:"臣愿见上言便事[4]。"虞将军欲与之鲜衣,娄敬曰:"臣衣帛,衣帛见;衣褐,衣褐见。终不敢易衣。"于是虞将军入言上。上召入见,赐食。

【注释】[1]刘敬:原名"娄敬",因议定都的进言颇得高祖刘邦喜欢,因而得赐姓"刘"。[2]齐:诸侯国名,都临淄,在今山东淄博市临淄区西北。[3]脱:取下,除去。挽辂:指车上供牵引用的横木。挽:牵引,拉。[4]便事:利国之事。

已而问娄敬,娄敬说曰:"陛下都洛阳,岂欲与周室比隆哉?"上曰:"然。"娄敬曰:"陛下取天下与周室异。周之先自后稷,尧封之邰[1],积德累善十有余世。公刘避桀居豳[2]。太王以狄伐故[3],去豳,杖马箠居岐[4],国人争随之。及文王为西伯,断虞芮之讼[5],始受命,吕望、伯夷自海滨来归之[6]。武王伐纣,不期而会孟津之上八百诸侯[7],皆曰纣可伐矣,遂灭殷。成王即位[8],周公之属傅相焉[9],乃营成周洛邑[10],以此为天下之中也,诸侯四方纳贡职[11],道里均矣[12],有德则易以王,无德则易以亡。凡居此者,欲令周务以德致人,不欲依阻险,令后世骄奢以虐民也。及周之盛时,天下和洽[13],四夷乡风慕义,怀德附离,而并事天子,不屯一卒,不战一士,八夷大国之民莫不宾服,效其贡职[14]。及周之衰也,分而为两,天下莫朝,周不能制也。非其德薄也,而形势弱也。今陛下起丰沛[15],收卒三千人,以之径往而卷蜀汉[16],定三秦,与项羽战荥阳,争成皋之口[17],大战七十,小战四十,使天下之民肝脑涂地,父子暴骨中野[18],不可胜数,哭泣之声未绝,伤痍者未起[19],而欲比隆于成康之时,臣窃以为不侔也[20]。且夫秦地被山带河,四塞以为固,卒然有急[21],百万之众可具也。因秦之故,资甚美膏腴之地[22]，此所谓天府者也。陛下入关而都之，山东虽乱，秦之故地可全而有也。夫与人斗，不搤其亢[23]，拊其背，未能全其胜也。今陛下入关而都，案秦之故地[24]，此亦搤天下之亢而拊其背也。"

高帝问群臣，群臣皆山东人，争言周王数百年，秦二世即亡，不如都周。上疑未能决。及留侯明言入关便，即日车驾西都关中。

【注释】[1]邰：地名，在今陕西武功县西南。 [2]公刘：周朝人的祖先。豳：地名，在今陕西栒县、旬邑县一带。 [3]太王：指古公亶父，相传为周文王祖父。以狄伐故：为了躲避戎狄侵犯而离开豳地，南迁到岐山。 [4]杖马棰：执马鞭。 [5]断：判定，断决。虞芮之讼：相传两国有人曾因争地兴讼，到周求西伯姬昌平断。 [6]吕望：即姜尚，吕氏，号太公。据《齐太公世家》称吕望是"东海上人"。伯夷：孤竹君长子。商朝末年，孤竹君去世，伯夷与其弟互相让位，后投奔于周朝。经考古发掘，孤竹国约在今河北省东北部地区。 [7]期：约定。孟津：古黄河渡口，在今河南孟津县东北。 [8]成王：姓姬名诵，武王之子，即位时尚年幼，由周公旦辅佐。 [9]周公：即周公旦，周文王之子。傅相：古称辅导国君、诸侯王之官。 [10]成周洛邑：周公平三监之乱后，即着手在洛邑营建东都成周，在今河南洛阳东汉魏故城一带。在瀍水东、西筑了两座城，总称洛邑。西面是王城（在今洛阳市区），为宫寝所在；东面成周（在今洛阳市东北郊），为宗庙所在。涧水、瀍水之间是周人聚居区，瀍水以东是殷人聚居区，方便管理。 [11]纳贡职：向朝廷交纳贡品。贡职，亦称"职贡"，贡赋，贡品。 [12]道里均：指路程远近。均，等，同。 [13]和洽：和睦，融洽。 [14]效：献出。 [15]丰：邑名，在今江苏丰县。沛：县名，在今江苏沛县。 [16]卷蜀汉：指前206年10月，刘邦入关灭秦，同年被项羽封为汉王，统辖巴、蜀、汉中三郡。蜀，郡名，故郡治在今四川成都市。汉中，郡名，故郡治在今陕西汉中市。 [17]荥阳：县名，故县治在今河南荥阳市东北。成皋：地名，在今荥阳市西北大邳山上。古军事要地。 [18]暴：通"曝"。 [19]痍：伤，创伤。 [20]侔：齐，相等。 [21]卒：通"猝"。 [22]资：资用，利用。膏腴：喻田地之肥沃。 [23]搤：通"扼"，掌握，把持。亢：颈项，咽喉。 [24]案：通"按"。

叔孙通定汉家礼仪

在古人心目中,自从周公制礼作乐以来,礼仪制度在政治生活、社会生活中就具有了无可比拟的重要性。草创的汉王朝也必须完成礼仪制度的建设。但是,汉初的大臣多是通过军功起家的"布衣将相",定礼仪的责任就当仁不让地落在了鲁地儒生叔孙通的肩上。叔孙通所定的礼仪,包括朝会礼、宗庙之乐、宗庙礼、婚礼、衣服制度等。这些在汉初发挥了重要作用、使刘邦感慨"吾乃今日知为皇帝之贵也"的礼仪,很大一部分是承秦而来的。《汉书·礼乐志》记载,"叔孙通因秦乐人定宗庙乐"。本节所选的《史记·刘敬叔孙通列传》,也记载了叔孙通"颇采古礼与秦仪杂就之",以成朝会礼仪的过程。秦汉之际,战火频仍,古礼或泯灭难存;而叔孙通本人也曾仕秦为博士,对秦仪有切身体会。可想而知,叔孙通所定朝仪是因袭秦仪而来的。这种状况与汉承秦制的大势是密切相关的。

《史记·刘敬叔孙通列传》(节选)

叔孙通者,薛人也[1]。秦时以文学征[2],待诏博士。……

汉五年,已并天下,诸侯共尊汉王为皇帝于定陶,叔孙通就其仪号[3]。高帝悉去秦苛仪法[4],为简易。群臣饮酒争功,醉或妄呼,拔剑击柱,高帝患之。叔孙通知上益厌之也,说上曰:"夫儒者难与进取,可与守成。臣愿征鲁诸生[5],与臣弟子共起朝仪[6]。"高帝曰:"得无难乎?"叔孙通曰:"五帝异乐,三王不同礼。礼者,因时世人情为之节文者也[7]。故夏、殷、周之礼所因损益可知者[8],谓不相复也。臣愿颇采古礼与秦仪杂就之。"上曰:"可试为之,令易知,度吾所能行为之。"

于是叔孙通使征鲁诸生三十余人。鲁有两生不肯行,曰:"公所事者且十主[9],皆面谀以得亲贵。今天下初定,死者未葬,伤者未起,又欲起礼乐。礼乐所由起,积德百年而后可兴也。吾不忍为公所为[10]。公所为不合古,吾不行。公往矣,无污我!"叔孙通笑曰:"若真鄙儒也[11],不知时变。"遂与所征三十人西,及上左右为学者与其弟子百余人为绵蕞野外[12]。习之月余,叔孙通曰：“上可试观。”上既观，使行礼，曰：“吾能为此。”乃令群臣习肄[13]，会十月。

【注释】［1］薛：郡名，故郡治在今山东曲阜。　［2］文学：学术。　［3］就：完成。仪号：礼仪制度。　［4］仪法：礼仪法度。　［5］鲁：地名，指先秦时鲁国之地，在今山东西南部。　［6］朝仪：朝会的礼仪。　［7］节文：制定礼仪，使行之有度。　［8］因：继承，承袭。　［9］事：侍奉。且：将近。　［10］忍：愿意。　［11］若：你。鄙儒：拘执、不达事理的儒生。　［12］为学者：有学术素养的人。绵蕞：演习朝会的礼仪。绵，用绳索圈出一块演习的区域。蕞，用茅草插排出尊卑位。　［13］习肄：练习。

汉七年，长乐宫成[1]，诸侯群臣皆朝十月[2]。仪：先平明[3]，谒者治礼[4]，引以次入殿门，廷中陈车骑步卒卫宫[5]，设兵张旗志[6]。传言"趋"。殿下郎中侠陛[7]，陛数百人。功臣列侯诸将军军吏以次陈西方，东乡；文官丞相以下陈东方，西乡。大行设九宾[8]，胪传[9]。于是皇帝辇出房[10]，百官执职传警[11]，引诸侯王以下至吏六百石以次奉贺。自诸侯王以下莫不振恐肃敬[12]。至礼毕，复置法酒[13]。诸侍坐殿上皆伏抑首，以尊卑次起上寿[14]。觞九行，谒者言"罢酒"。御史执法举不如仪者辄引去[15]。竟朝置酒，无敢欢哗失礼者。于是高帝曰：“吾乃今日知为皇帝之贵也。”

【注释】［1］长乐宫：原为秦兴乐宫，汉高帝五年（前202年）迁都长安后改建。汉初，高帝在此听朝。　［2］诸侯群臣皆朝十月：汉初，以十月为岁首，群臣皆在岁首之时入朝拜见皇帝。　［3］先平明：天亮之前。　［4］谒者：官名，掌宾赞受事。　［5］陈：排列。　［6］兵：兵器。旗志：即旗帜。　［7］郎中：皇帝的侍卫人员。侠陛：侍立在台阶两侧。侠，通"夹"，在两旁。　［8］九宾：九个传达人员。　［9］胪传：向下传达。　［10］辇：天子乘坐的车。　［11］职：通"帜"，旗帜。　［12］振：通"震"。　［13］法酒：古代朝廷举行大礼时的酒宴。因进酒有礼，故称。　［14］上寿：向皇帝敬酒，祝颂长寿。　［15］不如仪：不按照礼仪。如，依照，顺从。

官僚制度的承袭

尽管汉初并天下，汉代史书、官牍把秦帝国描绘得一片黑暗，但仍然承袭了大秦帝国创立的一套以大一统为标志的政治模式，正所谓"汉初政局，大抵因袭旧秦，未能多所改革"（钱穆：《秦汉史》）。其中尤为典型的便是对秦朝以丞相为核心的文官体制的继承，东汉班固称其为"汉迪于秦，有革有因，粗举僚职，并列其人"（《汉书·叙传》）。本节选自《汉书·百官公卿表》，主要记述了汉代对秦朝三公九卿制的继承，官职名称和司职略有改变，体现了秦汉在官制上的继承性以及三公九卿制的发展与完善。

《汉书·百官公卿表》（节选）

……秦兼天下，建皇帝之号，立百官之职。汉因循而不革[1]，明简易，随时宜也。其后颇有所改。……

相国、丞相[2]，皆秦官[3]，金印紫绶[4]，掌丞天子助理万机[5]。秦有左右[6]，高帝即位，置一丞相，十一年更名相国，绿绶。孝惠、高后置左右丞相，文帝二年复置一丞相。有两长史[7]，秩千石[8]。哀帝元寿二年更名大司徒[9]。武帝元狩五年初置司直[10]，秩比二千石[11]，掌佐丞相举不法。

【注释】[1] 革：改变。 [2] 相国、丞相：官名，三公之一，是百官之长。秦丞相、相国并置，用于对加尊之大臣的称号。 [3] 秦官：秦统一六国之前的官制。 [4] 金印紫绶：黄金印章和系印的紫色绶带。 [5] 丞：通"承"，辅佐，辅助。 [6] 左右：此处指左、右二相。 [7] 长史：秦官，官府、军府属吏之长，丞相、太尉、御史大夫诸府和边郡太守府均置长史。丞相有事，多委托长史办理，长史也可以代表丞相参与政事或奉诏过问地方事务。 [8] 秩：按官阶高低给予官吏的报酬，以粮食为俸禄单位。石：粮食称量单位，汉官制中，若干石的秩级是定等级的虚名，与实际发放的粮食不严格对应。 [9] 大司徒：周礼之官，主管民事，改名有复古之意。 [10] 司直：监察官，助理丞相检举不法。 [11] 比二千石：西汉时，二千石官根据秩级高低有中二千石、二千石、比二千石。比秩略低于正秩，多授予侍从、文学、军官等非行政官。

太尉[1]，秦官，金印紫绶，掌武事。武帝建元二年省[2]。元狩四年初置大司马[3]，以冠将军之号[4]。宣帝地节三年置大司马，不冠将军，亦无印绶官属。成帝绥和元年初赐大司马金印紫绶，置官属，禄比丞相[5]，去将军。哀帝建平二年复去大司马印绶、官属，冠将军如故。元寿二年复赐大司马印绶，置官属，去将军，位在司徒上。有长史，秩千石。

御史大夫[6]，秦官，位上卿[7]，银印青绶，掌副丞相。有两丞，秩千石。一曰中丞，在殿中兰台[8]，掌图籍秘书，外督部刺史[9]，内领侍御史员十五人[10]，受公卿奏事，举劾按章[11]。成帝绥和元年更名大司空[12]，金印紫绶，禄比丞相，置长史如中丞，官职如故。哀帝建平二年复为御史大夫，元寿二年复为大司空，御史中丞更名御史长史。侍御史有绣衣直指[13]，出讨奸猾，治大狱，武帝所制，不常置。

……

【注释】［1］太尉：官名，三公之一，掌军政，在西汉时置时废。 ［2］省：简易，减免。 ［3］大司马：周礼之官，掌军政。 ［4］冠：加，加在前面。 ［5］比：和……相等。 ［6］御史大夫：官名，三公之一，掌监察、执法。 ［7］上卿：周官称，汉官上卿相当于丞相（三公）与九卿之间的秩级。 ［8］兰台：宫内收藏典籍之处。 ［9］部刺史：武帝元封五年开始设置部刺史，奉皇帝诏令观察各地情况。汉初不常设，由丞相派官吏到各郡行其职责。 ［10］侍御史：官名，御史大夫属官，或举劾非法，或督察郡县，或奉使出外执行任务，若专作某事，则称某侍御史，如下文的绣衣直指也称绣衣御史。员：人员的数额。 ［11］按章：根据奏章进行查处。 ［12］大司空：周官之名，掌土地、水利、建设，先秦时性质与汉官不同。 ［13］绣衣直指：汉武帝时，朝廷特派往各地的使者，穿绣衣，持斧杖节，执行特殊使命，故称。

奉常[1]，秦官，掌宗庙礼仪，有丞。景帝中六年更名太常。属官有太乐、太祝、太宰、太史、太卜、太医六令丞[2]，又均官、都水两长丞[3]，又诸庙寝园食官令长丞[4]，有雍太宰、太祝令丞[5]，五畤各一尉[6]。又博士及诸陵县皆属焉。景帝中六年更名太祝为祠祀，武帝太初元年更曰庙祀，初置太卜。

博士[7]，秦官，掌通古今，秩比六百石，员多至数十人。武帝建元五年初置五经博士[8]，宣帝黄龙元年稍增员十二人。元帝永光元年分诸陵邑属三辅[9]。王莽改太常曰秩宗。

【注释】［1］奉常：官名，九卿之一，掌管宗庙礼乐与文化教育。［2］太乐：掌音乐。太祝：掌祭祀。太宰：掌膳食。太史：掌天时星历。太卜：掌占卜。太医：掌医药。［3］均官：均输官的简称，将山陵上稿草输送入官，太常所属陵寝宗庙隙地最多，因此下属于太常。都水：掌管水利，太常、少府、三辅、郡国皆置。［4］诸庙寝园食官令长丞：指诸庙之寝令、园令、食官令、园长丞、食官长丞等官职。［5］雍太宰：祭祀天地五帝的畤在雍，故置，下雍太祝同。雍：地名，在今陕西凤翔县南。［6］五畤：五帝之畤。［7］博士：学官名，始于战国，掌典籍、备顾问、议政事、授生徒。［8］五经博士：学官名，掌教授五经。［9］三辅：西汉治理京畿地区的三个职官，左、右内史与主爵中尉，这里指三辅所辖地区。

郎中令[1]，秦官，掌宫殿掖门户，有丞。武帝太初元年更名光禄勋。属官有大夫、郎、谒者，皆秦官。又期门、羽林皆属焉。大夫掌论议，有太中大夫、中大夫、谏大夫，皆无员，多至数十人。武帝元狩五年初置谏大夫[2]，秩比八百石，太初元年更名中大夫为光禄大夫[3]，秩比二千石，太中大夫秩比千石如故。郎掌守门户，出充车骑，有议郎、中郎、侍郎、郎中[4]，皆无员，多至千人。议郎、中郎秩比六百石，侍郎比四百石，郎中比三百石。中郎有五官、左、右三将，秩皆比二千石。郎中有车、户、骑三将[5]，秩皆比千石。谒者掌宾赞受事[6]，员七十人，秩比六百石，有仆射，秩比千石。期门掌执兵送从[7]，武帝建元三年初置，比郎，无员，多至千人，有仆射，秩比千石。平帝元始元年更名虎贲郎，置中郎将，秩比二千石。羽林掌送从[8]，次期门，武帝太初元年初置，名曰建章营骑，后更名羽林骑。又取从军死事之子孙养羽林，官教以五兵[9]，号曰羽林孤儿。羽林有令丞。宣帝令中郎将、骑都尉监羽林[10]，秩比二千石。仆射[11]，秦官，自侍中、尚书、博士、郎皆有。古者重武官，有主射以督课之，军屯吏、驺、宰、永巷宫人皆有[12]，取其领事之号。

【注释】［1］郎中令：官名，九卿之一，掌顾问参议，宿卫侍从及传达招待。［2］谏大夫：官名，掌顾问应对、议论政事，没有固定的事务和员额。［3］中大夫：职能略同谏大夫，没有固定的事务和员额。［4］议郎、中郎、侍郎、郎中：宫廷诸郎，得名于其侍卫、议论、居于内廷等特征。［5］车、户、骑三将：分别掌御车、守卫宫廷门户、骑。［6］谒者：官名，掌引见、赞导、传谕等。［7］期门：皇帝身边的武卫人员，武帝时选拔禁军中的良家子执兵跟随皇帝出行。［8］羽林：原宿卫建章宫的建章营骑，取"为国羽翼，如林之盛"而改名。［9］五兵：指弓矢、殳、矛、戈、戟五种兵器。［10］骑都尉：监羽林骑，与奉车、驸马并为三都尉。［11］仆射：官名，主射，进而有主管事务之意，秦汉时常置，称诸官之长。［12］驺：养马的人。永巷宫人：宫婢。

卫尉[1]，秦官，掌宫门卫屯兵，有丞。景帝初更名中大夫令，后元年复为卫尉。属官有公车司马、卫士、旅贲三令丞[2]。卫士三丞[3]。又诸屯卫候、司马二十二官皆属焉。长乐、建章、甘泉卫尉皆掌其宫，职略同，不常置。

【注释】［1］卫尉：官名，九卿之一，掌宫门屯卫。［2］公车司马：官名，未央宫有公车司马门，由此得名，负责接受臣僚呈报皇帝的文书。旅贲：统领卫士中特别骁勇的人，以备非常。［3］卫士三丞：长乐、建章、甘泉三宫中各驻一丞。

太仆[1]，秦官，掌舆马，有两丞。属官有大厩、未央、家马三令[2]，各五丞一尉。又车府、路軨、骑马、骏马四令丞[3]。又龙马、闲驹、橐泉、騊駼、承华五监长丞[4]。又边郡六牧师菀令[5]，各三丞。又牧橐、昆蹄令丞皆属焉[6]。中太仆掌皇太后舆马，不常置也。武帝太初元年更名家马为挏马[7]，初置路軨。

廷尉[8]，秦官，掌刑辟[9]，有正、左右监[10]，秩皆千石。景帝中六年更名大理，武帝建元四年复为廷尉。宣帝地节三年初置左右平[11]，秩皆六百石。哀帝元寿二年复为大理。王莽改曰作士。

典客[12]，秦官，掌诸归义蛮夷，有丞。景帝中六年更名大行令，武帝太初元年更名大鸿胪。属官有行人、译官、别火三令丞及郡邸长丞[13]。武帝太初元年更名行人为大行令，初置别火。王莽改大鸿胪曰典乐。初，置郡国邸属少府，中属中尉，后属大鸿胪。

【注释】[1]太仆：官名，九卿之一，掌舆马和畜牧。[2]大厩：负责公家的乘舆和养马事务。厩，通"廄"。未央：负责未央宫中乘舆和养马事务。家马：负责天子的乘舆和养马事务。[3]车府、路軨、骑马、骏马：均为马厩名，各有官吏掌管。[4]龙马、闲驹、橐泉、騊駼、承华：均为马厩名，各有官吏掌管。橐，通"驼"。騊駼，古代良马名。[5]边郡六牧师苑：指陇西、天水、安定、北地、上郡、西河六郡的畜牧之所，以养马为主。[6]牧橐：牧养骆驼。昆蹄：好马的名字，此处指厩名。[7]挏马：本义或为治马乳之官。[8]廷尉：官名，九卿之一，掌刑狱。[9]刑辟：刑法，法律。[10]正：廷尉正，相当于副廷尉，杂治诏狱、决疑狱。左右监：掌管逮捕，次于廷尉正。[11]左右平：掌平决诏狱。[12]典客：官名，九卿之一，掌接待少数民族等事。[13]行人：掌管朝觐聘问。别火：掌管少数民族膳食。郡邸长丞：掌管郡国之邸在京的事务。

宗正[1]，秦官，掌亲属[2]，有丞。平帝元始四年更名宗伯。属官有都司空令丞[3]，内官长丞[4]。又诸公主家令、门尉皆属焉。王莽并其官于秩宗。初，内官属少府，中属主爵，后属宗正。

治粟内史[5]，秦官，掌谷货[6]，有两丞。景帝后元年更名大农令，武帝太初元年更名大司农。属官有太仓、均输、平准、都内、籍田五令丞[7]，斡官、铁市两长丞[8]。又郡国诸仓农监、都水六十五官长丞皆属焉。搜粟都尉[9]，武帝军官，不常置。王莽改大司农曰羲和，后更为纳言。初，斡官属少府，中属主爵，后属大司农。

【注释】[1]宗正：官名，九卿之一，掌管王室亲族的事务。[2]亲属：刘氏宗族亲属。[3]都司空：有诏狱，或以为督造砖瓦，署中徒隶众多。[4]内官：掌分寸尺丈等计量活动。[5]治粟内史：官名，九卿之一，掌租税钱谷盐铁和国家的财政收支。［6］谷货：粮食、货币。［7］太仓：京师储备粮食的大仓。均输：统一征收、买卖和运输货物，以调剂各地供求。各郡国均设均输令。大司农之均输令，总管全国均输事宜。平准：官府转输物资，平抑物价，由平准令掌管。都内：主管贡献方物及货币。籍田：初为帝王亲耕，并设仓，后因仓设官。［8］斡官：掌盐铁之税、均输、酒专卖和铸钱。［9］骏粟都尉：掌征收军粮，在屯田中推行代田法。骏，通"搜"，搜索，搜集。

少府[1]，秦官，掌山海池泽之税，以给共养[2]，有六丞。属官有尚书、符节、太医、太官、汤官、导官、乐府、若卢、考工室、左弋、居室、甘泉居室、左右司空、东织、西织、东园匠十六官令丞[3]，又胞人、都水、均官三长丞[4]，又上林中十池监[5]，又中书谒者、黄门、钩盾、尚方、御府、永巷、内者、宦者八官令丞[6]。诸仆射、署长、中黄门皆属焉。武帝太初元年更名考工室为考工[7]，左弋为佽飞[8]，居室为保宫，甘泉居室为昆台，永巷为掖廷。佽飞掌弋射，有九丞两尉，太官七丞，昆台五丞，乐府三丞，掖廷八丞，宦者七丞，钩盾五丞两尉。成帝建始四年更名中书谒者令为中谒者令，初置尚书，员五人，有四丞。河平元年省东织，更名西织为织室。绥和二年，哀帝省乐府。王莽改少府曰共工。

【注释】［1］少府：官名，九卿之一，掌皇室财政。［2］共：通"供"。［3］尚书：初掌殿内文书传递，西汉后期掌群臣章奏。符节：掌符节之事。太医：太常、少府皆有此官。太常之太医，主治百官之病；少府之太医，主治宫廷人员之病，但其经验与良方，亦可传布于各郡国。太官：掌膳食，兼掌四时进献果实。汤官：负责供应面条、糕饼。导官：掌御用粮食。乐府：主管宫廷、巡行、祭祀之音乐，兼采民歌及配曲。若卢：主治库兵及诏狱。考工室：主作兵器弓弩及织绶诸杂工。左弋："左"乃"佐"之省，掌助弋射之事，兼造兵器。居室：拘禁犯人的处所。左右司空：主造陶瓦，兼石刻工艺。东织、西织：即东织室、西织室，掌皇家丝帛织造，在未央宫。东园：掌管陵墓内器物的制造和供应。［4］胞人：主掌宰割事宜。胞，通"庖"。都水：掌陂泽。均官：即少府均输官，所掌为少府均输事。［5］上林十池：据《三辅黄图》，有初池、麋池、牛首池、蒯池、积草池、东陂池、西陂池、当路池、犬台池、郎池等。［6］中书谒者令：掌机要，由宦者充任，下皆同。黄门令：主省中诸宦者。钩盾令：掌管诸近池苑囿游观之处。尚方令：掌管供应制造帝王所用器物。御府令：掌管缝制、补洗衣物的官婢。永巷令：掌管侍奉驱使的官婢。内者令：掌管宫中陈设与各类洗沐用具。宦者令：管内廷宦者。［7］考工：考工之属吏，今可考者有护、佐、啬夫、掾、右丞、护工卒史、船长、仓丞等（陈直说）。［8］佽：顺次。

文帝之立

汉高祖死后，子刘盈继位，是为汉惠帝。在吕后威慑之下，惠帝"日饮为淫乐，不听政"（《史记·吕太后本纪》），形成了吕后临朝称制的局面。吕后一死，太尉周勃、丞相陈平等大臣诛诸吕，遵高祖"立嗣必子"之约，迎立高祖庶子代王刘恒为帝。本节选自《史记·孝文本纪》，记述了文帝即位的经过。从代国臣僚的谨慎、文帝的谦逊中，足以感受到宫廷权力斗争的惊险，感受到高祖群臣诛诸吕之杀伐决断给诸侯王带来的不安。文帝即位后励精图治，使"吏安其官，民乐其业，畜积岁增，户口寖息"，为盛世奠定了雄厚的物质基础，开创了历史上著名的"文景之治"。

《史记·孝文本纪》（节选）

孝文皇帝，高祖中子也[1]。高祖十一年春，已破陈豨军[2]，定代地[3]，立为代王，都中都[4]。太后薄氏子。即位十七年，高后八年七月，高后崩。九月，诸吕吕产等欲为乱，以危刘氏，大臣共诛之，谋召立代王，事在《吕后》语中。

【注释】［1］中子：古代兄弟排行按伯仲叔季的次序，长子称伯，其余均可称为中子。高祖有八子，汉文帝刘恒为第四子，故称之为中子。［2］陈豨：汉开国功臣。高祖七年被任为代相国，十年八月谋反于代地，十一年春被讨伐平定。［3］代地：今山西省北部及与之临近的河北省西北部一带地区。［4］都：动词，建都。中都：县名，在今山西平遥西。

丞相陈平、太尉周勃等使人迎代王[1]。代王问左右郎中令张武等[2]。张武等议曰："汉大臣皆故高帝时大将，习兵，多谋诈，此其属意非止此也[3]，特畏高帝、吕太后威耳[4]。今已诛诸吕，新喋血京师[5]，此以迎大王为名，实不可信。愿大王称疾毋往，以观其变。"中尉宋昌进曰："群臣之议皆非也，夫秦失其政，诸侯豪杰并起，人人自以为得之者以万数，然卒践天子之位者[6]，刘氏也，天下绝望，一矣。高帝封王子弟[7]，地犬牙相制[8]，此所谓盘石之宗也[9]，天下服其强，二矣。汉兴，除秦苛政，约法令[10]，施德惠，人人自安，难动摇，三矣。夫以吕太后之严，立诸吕为三王[11]，擅权专制，然而太尉以一节入北军[12]，一呼士皆左袒[13]，为刘氏，叛诸吕，卒以灭之。此乃天授，非人力也。今大臣虽欲为变，百姓弗为使，其党宁能专一邪[14]？方今内有朱虚、东牟之亲[15]，外畏吴、楚、淮南、琅邪、齐、代之强。方今高帝子独淮南王与大王[16]，大王又长，贤圣仁孝，闻于天下，故大臣因天下之心而欲迎立大王[17]，大王勿疑也。"代王报太后计之，犹与未定[18]。卜之龟[19]，卦兆得大横[20]。占曰[21]："大横庚庚，余为天王，夏启以光[22]。"代王曰："寡人固已为王矣，又何王？"卜人曰[23]："所谓天王者乃天子。"于是代王乃遣太后弟薄昭往见绛侯[24]，绛侯等具为昭言所以迎立王意。薄昭还报曰："信矣，毋可疑者。"代王乃笑谓宋昌曰："果如公言。"乃命宋昌参乘[25]，张武等六人乘六乘传诣长安[26]。至高陵休止[27]，而使宋昌先驰之长安观变。

【注释】[1]太尉：秦官，掌武事。 [2]左右：附近、两旁，此处即指郎中令张武。郎中令：汉廷九卿之一，掌卫皇宫、统属诸郎，诸侯国亦置，职相近。 [3]属意：用意。 [4]特：只是。 [5]喋血：亦作喋血。喋，用脚踩。意为杀人多，踏血行走。此处指汉朝廷平定诸吕之变。 [6]践：登基。 [7]封王子弟：封子弟为王。 [8]地犬牙相制：分封子弟领土交接，好像犬牙相互交错衔接。 [9]盘石之宗：盘，通"磐"，意为像磐石一样稳固的宗法统治。 [10]约：减、省。 [11]三王：指梁王吕产、赵王吕禄、燕王吕通。 [12]太尉以一节入北军：节，天子所持符节。北军：南、北军是护卫京城的两支部队，以北军为重。此处指周勃拿着纪通所矫符节进入北军。 [13]左袒：

祖露左臂。［14］专一：同一，一致。［15］朱虚：指朱虚侯刘章，齐悼惠王刘肥的次子，汉高祖刘邦的孙子。东牟：指东牟侯刘兴居，刘章的胞弟。［16］淮南王：淮南王刘长，汉高祖刘邦的儿子，汉文帝刘恒的异母弟。［17］因：顺从。［18］犹与：同"犹豫"。［19］卜之龟：用龟甲占卜。［20］大横：龟卜卦兆名。龟文呈横形，故称。［21］占：本指占卜时观察龟甲上的裂纹以判断凶吉，这里指卜辞。［22］庚庚：纹理横布的样子。夏启以光：启继承禹的位置，并且光大其事业。［23］卜人：太常属官太卜令。汉朝王国设官皆如汉朝，非一般占卜之人。［24］绛侯：指绛侯周勃。［25］参乘：亦作"骖乘"。坐在车右边陪乘，担任护卫。［26］传：驿车。诣：到……去。古代到朝廷或上级、尊长处去之称。［27］高陵：县名，位于长安城东北，即今陕西高陵区。

　　昌至渭桥[1]，丞相以下皆迎。宋昌还报。代王驰至渭桥，群臣拜谒称臣。代王下车拜。太尉勃进曰："愿请间言[2]。"宋昌曰："所言公，公言之。所言私，王者不受私。"太尉乃跪上天子玺符[3]。代王谢曰[4]："至代邸而议之[5]。"遂驰入代邸。群臣从至。丞相陈平、太尉周勃、大将军陈武、御史大夫张苍、宗正刘郢、朱虚侯刘章、东牟侯刘兴居、典客刘揭皆再拜言曰[6]："子弘等皆非孝惠帝子，不当奉宗庙。臣谨请阴安侯列侯顷王后与琅邪王、宗室、大臣、列侯、吏二千石议曰[7]：'大王高帝长子，宜为高帝嗣[8]。'愿大王即天子位。"代王曰："奉高帝宗庙，重事也。寡人不佞[9]，不足以称宗庙。愿请楚王计宜者[10]，寡人不敢当。"群臣皆伏固请[11]。代王西乡让者三[12]，南乡让者再。丞相平等皆曰："臣伏计之，大王奉高帝宗庙最宜称，虽天下诸侯万民以为宜。臣等为宗庙社稷计，不敢忽。愿大王幸听臣等。臣谨奉天子玺符再拜上。"代王曰："宗室将相王列侯以为莫宜寡人，寡人不敢辞。"遂即天子位。

【注释】［1］渭桥：当时长安北三里，即今西安市西北。［2］间言：私下进言。［3］玺符：皇帝玺印。［4］谢：推辞。［5］邸：诸侯国在京城设置的居所。［6］御史大夫：三公之一，位同副丞相，掌监察。宗正：九卿之一，掌管皇帝宗族内部事务。［7］阴安侯：刘邦之嫂，文帝的大伯母。顷王后：刘邦次嫂，是文帝的二伯母。二千石：指年俸二千石的官员。汉代,内自九卿郎将,外至郡守尉的俸禄等级,都是年俸二千石。[8]嗣:继承人。 [9]不佞:不材,无才。佞,才智。 [10]楚王:刘邦少弟刘交。[11]固:坚定。 [12]乡:通"向",面向。

贵粟政策

汉初,尽管推行了休养生息的政策,但粮食生产仍然不足,地主商人兼并土地,农民破产流亡,农业生产出现危机。鉴于这种时况,晁错向汉文帝送呈奏议,从历史与当世的不同角度分析、论证了发展农业与粮食生产的重要性。一方面提出奖励耕织、打击商人的投机活动,改变政府急征暴敛的政策;另一方面提出了"重农贵粟"的主张,实行纳粟授爵或除罪的办法,劝民务农。本节选自《汉书·食货志上》,前一部分即为晁错奏议内容,立论精辟,逻辑谨严,言简意赅;后一部分为文帝采纳晁错建议并予以推行,国家府库盈余,人民家给富足,逐步实现了"天下为富以安"的局面。

《汉书·食货志上》(节选)

圣王在上而民不冻饥者,非能耕而食之[1],织而衣之也[2],为开其资财之道也。故尧、禹有九年之水,汤有七年之旱,而国亡捐瘠者[3],以畜积多而备先具也[4]。今海内为一,土地人民之众不避汤、禹[5],加以亡天灾数年之水旱,而畜积未及者,何也?地有遗利[6],民有余力,生谷之土未尽垦[7],山泽之利未尽出也,游食之民未尽归农也[8]。民贫,则奸邪生。贫生于不足,不足生于不农,不农则不地著[9],不地著则离乡轻家,民如鸟兽,虽有高城深池[10],严法重刑,犹不能禁也。

夫寒之于衣,不待轻暖[11];饥之于食,不待甘旨[12];饥寒至身,不顾廉耻。人情,一日不再食则饥[13],终岁不制衣则寒。夫腹饥不得食,肤寒不得衣,虽慈母不能保其子,君安能以有其民哉!明主知其然也,故务民于农桑[14]，薄赋敛[15]，广畜积，以实仓廪，备水旱，故民可得而有也。

【注释】［1］食：拿东西给人吃。［2］衣：穿戴。［3］亡：同"无"，没有。捐瘠：指饥饿而死的人。［4］畜：同"蓄"。［5］不避：不让，不亚于。［6］遗利：尚未充分利用。［7］生谷：生产谷物。［8］游食：游手好闲，不劳而食。游，流动，不固定。［9］地著：定居于一地。［10］池：护城河。［11］待：必须，需要。轻煖：轻软而暖和。煖，同"暖"。［12］甘旨：美味。［13］再：两次。［14］务：必须，一定，有劝勉之意。［15］薄：减轻。

民者，在上所以牧之[1]，趋利如水走下[2]，四方亡择也[3]。夫珠玉金银，饥不可食，寒不可衣，然而众贵之者[4]，以上用之故也。其为物轻微易藏[5]，在于把握[6]，可以周海内而亡饥寒之患[7]。此令臣轻背其主，而民易去其乡，盗贼有所劝[8]，亡逃者得轻资也[9]。粟米布帛生于地，长于时，聚于力[10]，非可一日成也；数石之重[11]，中人弗胜[12]，不为奸邪所利，一日弗得而饥寒至。是故明君贵五谷而贱金玉。

【注释】［1］牧：统治，治理。［2］趋：追求，追逐。［3］四方亡择：天下各处的人没有区别。择，选择，引申为区别。［4］贵：以……为贵。［5］臧：同"藏"，隐藏，收存。［6］把握：拿在手里。［7］周：周游。［8］劝：勉励，鼓励。［9］亡逃：逃亡。轻资：便于携带。［10］聚于力：一作"聚于市"。聚，聚合，聚集。［11］石：重量单位。汉制三十斤为均，四均为石。［12］中人：一般体力的人。胜：能承担，能承受。

今农夫五口之家，其服役者不下二人，其能耕者不过百晦[1]，百晦之收不过百石。春耕夏耘，秋获冬臧，伐薪樵，治官府[2]，给徭役；春不得避风尘，夏不得避暑热，秋不得避阴雨，冬不得避寒冻，四时之间亡日休息；又私自送往迎来，吊死问疾，养孤长幼在其中[3]。勤苦如此，尚复被水旱之灾[4]，急政暴赋[5]，赋敛不时，朝令而暮改[6]。当具有者半贾而卖[7]，亡者取倍称之息[8]，于是有卖田宅鬻子孙以偿责者矣[9]。而商贾大者积贮倍息[10]，小者坐列贩卖，操其奇赢[11]，日游都市，乘上之急，所卖必倍。故其男不耕耘，女不蚕织，衣必文采[12]，食必粱肉[13]；亡农夫之苦，有仟伯之得[14]。因其富厚，交通王侯[15]，力过吏势，以利相倾；千里游敖，冠盖相望[16]，乘坚策肥[17]，履丝曳缟[18]。此商人所以兼并农人，农人所以流亡者也。

【注释】［1］畮：通"亩"。［2］治官府：为官府修理房屋。治，修治，修理。［3］长：养育。［4］被：遭遇，遭受。［5］政：通"征"。［6］改：一作"得"。［7］贾：通"价"，价格，价值。［8］倍称：取一偿二，即两倍。称，举。［9］责：同"债"。［10］商贾：行卖为商，坐贩为贾。积贮倍息：囤积居奇，取成倍利润。贮，贮藏，囤积。［11］奇赢：用余钱集聚的稀罕物品。［12］文采：华美的纺织品或衣服。［13］粱肉：以粱为饭，以肉为肴。指精美的膳食。粱，精美的饭食。［14］仟伯：千钱与百钱，借指盈余、利息。一说"仟伯"通"阡陌"。［15］交通：勾结串通。［16］冠盖：泛指官员的冠服和车乘。冠，礼帽。盖，车盖。［17］乘坚策肥：乘坐好车，驱使良马。坚，好车。策，驾驭，驱使。［18］履丝曳缟：脚穿丝鞋，身披绸衣。曳，穿着。缟，精细的白色丝织品。

今法律贱商人，商人已富贵矣；尊农夫，农夫已贫贱矣。故俗之所贵，主之所贱也；吏之所卑，法之所尊也。上下相反，好恶乖迕[1]，而欲国富法立，不可得也。方今之务，莫若使民务农而已矣。欲民务农，在于贵粟；贵粟之道，在于使民以粟为赏罚。今募天下入粟县官，得以拜爵，得以除罪。如此，富人有爵，农民有钱，粟有所渫[2]。夫能入粟以受爵，皆有余者也；取于有余，以供上用，则贫民之赋可损[3]，所谓损有余补不足，令出而民利者也。顺于民心，所补者三：一曰主用足，二曰民赋少，三曰劝农功。今令民有车骑马一匹者[4]，复卒三人[5]。车骑者[6]，天下武备也，故为复卒。神农之教曰："有石城十仞[7]，汤池百步[8]，带甲百万[9]，而亡粟，弗能守也。"以是观之，粟者，王者大用，政之本务。令民入粟受爵至五大夫以上[10]，乃复一人耳，此其与骑马之功相去远矣。爵者，上之所擅[11]，出于口而亡穷；粟者，民之所种，生于地而不乏。夫得高爵与免罪，人之所甚欲也。使天下人入粟于边，以受爵免罪，不过三岁，塞下之粟必多矣。

于是文帝从错之言，令民入粟边，六百石爵上造[12]，稍增至四千石为五大夫，万二千石为大庶长[13]，各以多少级数为差[14]。错复奏言："陛下幸使天下入粟塞下以拜爵[15]，甚大惠也。窃恐塞卒之食不足用大渫天下粟。边食足以支五岁，可令入粟郡县矣；足支一岁以上，可时赦[16]，勿收农民租。如此，德泽加于万民，民俞勤农[17]。时有军役，若遭水旱，民不困乏，天下安宁。岁孰且美，则民大富乐矣。"上复从其言，乃下诏赐民十二年租税之半。明年，遂除民田之租税。

【注释】[1]乖迕：违反，违背。[2]渫：分散，流通。[3]损：减少。[4]车骑马：战马，军马。[5]复：当服兵役者免除之，不当服兵役者免除赋税。也就是抵偿。[6]车骑：战车战马。[7]仞：古代的长度单位。汉制七尺为一仞，一尺约为0.23米。[8]汤：热水，沸水。[9]带甲：指披着铠甲的将士。[10]五大夫：爵位，第九等。[11]擅：专有。[12]上造：爵位，二十等爵的第二等。[13]大庶长：爵位，第十八等。[14]差：差别，区别。[15]入粟：纳粟。[16]时赦：及时减免租赋。[17]俞：通"愈"，更加。

后十三岁，孝景二年，令民半出田租，三十而税一也[1]。……至武帝之初七十年间，国家亡事，非遇水旱，则民人给家足，都鄙廪庾尽满[2]，而府库余财。京师之钱累百巨万[3]，贯朽而不可校[4]。太仓之粟陈陈相因[5]，充溢露积于外，腐败不可食[6]。众庶街巷有马，仟伯之间成群，乘牸牝者摈而不得会聚[7]。守闾阎者食粱肉；为吏者长子孙[8]；居官者以为姓号[9]。人人自爱而重犯法[10]，先行谊而黜愧辱焉[11]。于是罔疏而民富[12]，役财骄溢[13]，或至并兼豪党之徒以武断于乡曲[14]。宗室有土，公卿大夫以下争于奢侈，室庐车服僭上亡限[15]，物盛而衰，固其变也。

【注释】[1]三十而税一：税率为三十征一。[2]鄙：边邑，边远的地方。廪：粮仓。

庾：露天的谷仓。［3］累百巨万：积累达数百万万。［4］贯朽：穿钱的绳索已经腐烂。贯，古代穿钱的绳索。校：计数。［5］太仓：古代京师储备谷物的粮仓。陈陈相因：陈旧的谷物年年累积增加。［6］腐败：腐烂。［7］牸牝：皆为雌性动物，此处指母马。摈：排斥，排除。［8］为吏者长子孙：做官的人长期任职，子孙长大后，仍在官任上。［9］居官者以为姓号：做官的人以官职为姓，如掌仓库之吏，曰仓氏、库氏。［10］重：慎重，谨慎。［11］谊：正确的道理，合理的原则。黜：摈弃。愧辱：耻辱的行为。［12］罔：通"网"。［13］役财骄溢：仗着自己财产富足，擅自使用威罚。［14］武断：以威势妄断是非。［15］僭：僭越。

汉初形势

文景时代，国家安定，但匈奴对汉地侵扰日益频繁，一些诸侯王与朝廷分庭抗礼的倾向也越来越明显。文帝时，贾谊即上疏分析国家"未安且未治"的形势，建议"众建诸侯而少其力"，并抗击匈奴侵扰。本节选自《汉书·贾谊传》，主要记录了贾谊奏疏，分析了诸侯国形势。景帝前三年，七国之乱爆发。景帝命周亚夫率三十六将军平定叛乱，并趁机削减了诸侯国的权力："汉为置二千石，去'丞相'曰'相'，银印。诸侯独得食租税，夺之权。"（《史记·五宗世家》）诸侯强大难制的局面由此得到了缓和。

《汉书·贾谊传》（节选）

是时，匈奴强，侵边。天下初定，制度疏阔[1]。诸侯王僭拟[2]，地过古制，淮南、济北王皆为逆诛[3]。谊数上疏陈政事，多所欲匡建[4]，其大略曰：

臣窃惟事势[5]，可为痛哭者一，可为流涕者二，可为长太息者六[6]，若其它背理而伤道者，难遍以疏举[7]。进言者皆曰天下已安已治矣，臣独以为未也。曰安且治者，非愚则谀，皆非事实知治乱之体者也[8]。夫抱火厝之积薪之下而寝其上[9]，火未及燃，因谓之安，方今之势，何以异此！本末舛逆[10]，首尾衡决[11]，国制抢攘[12]，非甚有纪[13]，胡可谓治！陛下何不壹令臣得孰数之于前，因陈治安之策，试详择焉！

夫射猎之娱，与安危之机孰急？使为治劳智虑，苦身体，乏钟鼓之乐，勿为可也。乐与今同，而加之诸侯轨道[14]，兵革不动，民保首领[15]，匈奴宾服，四荒乡风[16]，百姓素朴，狱讼衰息，大数既得[17]，则天下顺治，海内之气，清和咸理，生为明帝，没为明神[18]，名誉之美，垂于无穷。……

【注释】[1]疏阔：粗略，不周密。[2]拟：比拟。[3]淮南、济北王：淮南王刘长，济北王刘兴居。[4]匡建：匡正建立（制度）。[5]惟：想，思考。[6]太息：叹息。[7]疏举：逐条列举。[8]事实：动词，干实事。体：根本。[9]厝：放置。积薪：柴草堆。[10]舛逆：错乱颠倒。[11]衡决：横裂，不衔接，引申为混乱，纷杂。衡，通"横"，违逆，对抗。决，通"缺"，破裂。[12]抢攘：纷乱的样子。[13]纪：条理，秩序。[14]轨道：遵循法制。[15]首领：头与颈，喻指生命。[16]四荒：四方边远昏荒地区。乡，同"向"，下皆同。乡风：顺从教化，表示政治上归顺之意。[17]大数：大计，大略。此处指治理天下的道术。[18]没：通"殁"，死。

夫树国固必相疑之势[1]，下数被其殃[2]，上数爽其忧[3]，甚非所以安上而全下也。今或亲弟谋为东帝[4]，亲兄之子西乡而击[5]，今吴又见告矣[6]。天子春秋鼎盛，行义未过[7]，德泽有加焉，犹尚如是，况莫大诸侯[8]，权力且十此者乎！

然而天下少安[9]，何也？大国之王幼弱未壮，汉之所置傅相方握其事[10]。数年之后，诸侯之王大抵皆冠[11]，血气方刚，汉之傅相称病而赐罢[12]，彼自丞尉以上偏置私人[13]，如此，有异淮南、济北之为邪！此时而欲为治安，虽尧舜不治。

……

【注释】[1]国：诸侯国。固：险固。疑：通"拟"，比拟。[2]下：指人民百姓。

[3]上：帝王。爽：损伤。 [4]亲弟：指淮南王刘长。 [5]亲兄之子：指文帝的侄子济北王刘兴居。 [6]吴：指吴王刘濞。汉高祖刘邦之侄，代顷王刘仲之子，西汉宗室、诸侯王。见：用在动词"告"之前，表示被动。 [7]过：过失。 [8]莫大：无有大于其国者，意为最大。 [9]少：稍微。 [10]傅相：指诸侯国的太傅和丞相由朝廷指派，以辅佐诸侯。 [11]大抵：大概，大约。冠：古时男子成年时举行的加冠礼称为冠。此处表示成年。 [12]赐罢：下令罢免官职。 [13]丞尉：皆官名，此处泛指中级文武官员。偏：通"遍"，全。

　　臣窃迹前事[1]，大抵强者先反。淮阴王楚最强[2]，则最先反；韩信倚胡[3]，则又反；贯高因赵资[4]，则又反；陈豨兵精，则又反；彭越用梁[5]，则又反；黥布用淮南[6]，则又反；卢绾最弱[7]，最后反。长沙乃在二万五千户耳[8]，功少而最完，势疏而最忠，非独性异人也，亦形势然也。曩令樊、郦、绛、灌据数十城而王[9]，今虽以残亡可也；令信、越之伦列为彻侯而居[10]，虽至今存可也。然则天下之大计可知已。欲诸王之皆忠附，则莫若令如长沙王；欲臣子之勿菹醢[11]，则莫若令如樊、郦等；欲天下之治安，莫若众建诸侯而少其力[12]。力少则易使以义[13]，国小则亡邪心。令海内之势如身之使臂，臂之使指，莫不制从，诸侯之君不敢有异心，辐凑并进而归命天子[14]，虽在细民[15]，且知其安，故天下咸知陛下之明。割地定制，令齐、赵、楚各为若干国，使悼惠王、幽王、元王之子孙毕以次各受祖之分地[16]，地尽而止，及燕、梁它国皆然。其分地众而子孙少者，建以为国，空而置之，须其子孙生者[17]，举使君之。诸侯之地其削颇入汉者，为徙其侯国及封其子孙也，所以数偿之[18]；一寸之地，一人之众，天子亡所利焉，诚以定治而已，故天下咸知陛下之廉。地制壹定，宗室子孙莫虑不王[19]，下无倍畔之心[20]，上无诛伐之志，故天下咸知陛下之仁。法立而不犯，令行而不逆，贯高、利几之谋不生[21]，柴奇、开章之计不萌[22]，细民乡善，大臣致顺，故天下咸知陛下之义。卧赤子天下之上而安[23]，植遗腹[24]，朝委裘[25]，而天下不乱，当时大治，后世诵圣。壹动而五业附[26]，陛下谁惮而久不为此[27]？

【注释】［1］迹：追踪，寻迹。 ［2］淮阴王：淮阴侯韩信。 ［3］韩信：指韩王信。胡：匈奴。 ［4］贯高：秦末汉初赵国国相，曾建议赵王张敖谋反。 ［5］彭越：西汉开国功臣，封为梁王，后因被告谋反而家族被诛。 ［6］黥布：原名英布，因于秦朝受黥刑而称之。陈胜吴广起义以后，黥布也带兵起义。陈胜兵败，黥布投靠项羽，后又归附于刘邦，受封九江王。后因谋反罪被诛杀。 ［7］卢绾：西汉初年受封燕王，后因私通陈豨与匈奴事发招致攻击，被迫逃亡匈奴，死于该地。 ［8］长沙：指长沙王吴芮。吴芮，秦汉之际百越部落领袖，项羽分封诸侯，受封为衡山王。汉朝建立后，改封为长沙王。 ［9］曩：过去，从前。樊、郦、绛、灌：樊哙、郦商、绛侯周勃、灌婴，四人在西汉时期均被封为侯而非封王。 ［10］伦：辈，类。彻侯：爵位名。秦统一后所建立的二十级军功爵中的最高级。汉初因袭，多授予有功的异姓大臣，受爵者还能以县立国。［11］菹醢：古代把人剁成肉酱的酷刑，也可泛指处死。 ［12］少：减少，削弱。［13］使以义：使之遵守礼义。 ［14］辐：车轮上聚集于中轴的直木。凑：聚集。 ［15］细民：平民。 ［16］毕：全部。次：长幼等级差别。分地：分封所得到的土地。 ［17］须：等待，等到。 ［18］偿：补偿。 ［19］虑：计划，谋划。 ［20］倍畔：背叛。倍，通"背"，背弃，背叛。畔，通"叛"。 ［21］利几：原为项羽部将，归汉后封为颍川侯，后因谋反被诛杀。 ［22］柴奇、开章：两人均参与淮南王谋反。 ［23］卧：睡，眠。赤子：婴儿。 ［24］植：后作"置"，搁置，放置。 ［25］朝委裘：指年幼的君主在位，礼服偏大，衣裘委地。 ［26］壹动：代指"众建诸侯而少其力"政策的贯彻实施。五业：代指上述内容中提及的"明""廉""仁""义""圣"。 ［27］惮：畏惧，害怕。

刑法改革

高祖入关，与秦民"约法三章"，废除苛法；初定天下，"三章之法不足以御奸"，萧相国遂借鉴秦法作九章律，轻刑慎罚。文帝即位后对刑法进行改革，"平狱缓刑"，并且完善了法律制度。这一时期也逐步形成了"刑轻于它时而犯法者寡"的局面。不可否认的是，汉初"约法省禁"的记载，与实际执行情况有一定距离。本节选自《汉书·刑法志》，前一段选文概述了高祖至文帝时期不断废除苛法、大省刑罚的刑法改革，后一段则讲述了文帝因淳于意案而躬身自省、废除肉刑的故事。

《汉书·刑法志》（节选）

汉兴，高祖初入关，约法三章曰："杀人者死，伤人及盗抵罪[1]。"蠲削烦苛[2]，兆民大说[3]。其后四夷未附[4]，兵革未息，三章之法不足以御奸[5]，于是相国萧何攈摭秦法[6]，取其宜于时者，作律九章。

当孝惠、高后时，百姓新免毒蠚[7]，人欲长幼养老[8]。萧、曹为相，填以无为[9]，从民之欲，而不扰乱，是以衣食滋殖，刑罚用稀。

及孝文即位，躬修玄默[10]，劝趣农桑[11]，减省租赋。而将相皆旧功臣，少文多质[12]，惩恶亡秦之政，论议务在宽厚，耻言人之过失。化行天下，告讦之俗易[13]。吏安其官，民乐其业，畜积岁增，户口寖息[14]。风流笃厚[15]，禁罔疏阔。选张释之为廷尉[16]，罪疑者予民，是以刑罚大省，至于断狱四百[17]，有刑错之风[18]。

【注释】[1]抵罪：按罪行轻重大小给予惩罚。[2]蠲：减免，除去。烦苛：繁琐苛细的刑法。[3]说：通"悦"。[4]四夷：周边各民族。[5]御：制约。[6]攈摭：摘取，搜集。攈，通"捃"，拾取。摭，拾取，摘取。[7]毒蠚：毒害。蠚，螫痛。[8]长幼养老：抚育幼小，赡养老人。[9]填：通"镇"。[10]玄默：清静无为。[11]趣：通"促"，催促，急促。[12]少文多质：不讲究形式而注重实效。[13]讦：揭发别人的隐私或攻击别人的短处。易：改变。[14]寖：同"浸"，逐渐。息：繁殖，滋生。[15]风流：此处指风俗。[16]张释之：文帝时廷尉，执法平。[17]至于：连词。提出突出事例，表示达到某种程度。断狱四百：指每年判案的数量。断狱，判案。[18]刑错：刑法搁置不用。错，通"措"，搁置。

即位十三年，齐太仓令淳于公有罪当刑[1]，诏狱逮系长安[2]。淳于公无男，有五女，当行会逮，骂其女曰："生子不生男[3]，缓急非有益[4]！其少女缇萦[5]，自伤悲泣，乃随其父至长安，上书曰："妾父为吏[6]，齐中皆称其廉平，今坐法当刑。妾伤夫死者不可复生，刑者不可复属[7]，虽后欲改过自新，其道亡繇也[8]。妾愿没入为官婢，以赎父刑罪，使得自新。"书奏天子，天子怜悲其意，遂下令曰："制诏御史[9]：盖闻有虞氏之时，画衣冠异章服以为戮[10]，而民弗犯，何治之至也！今法有肉刑三[11]，而奸不止，其咎安在？非乃朕德之薄，而教不明与！吾甚自愧。故夫训道不纯而愚民陷焉[12]，《诗》曰：'恺弟君子，民之父母[13]。'今人有过，教未施而刑已加焉，或欲改行为善，而道亡繇至，朕甚怜之。夫刑至断支体[14]，刻肌肤，终身不息[15]，何其刑之痛而不德也！岂称为民父母之意哉？其除肉刑。"

【注释】[1] 齐太仓令：齐国掌管太仓的官员。淳于公：姓淳于名意。[2] 诏狱：奉皇帝诏令而设的监狱。逮：及，到。[3] 子：此处指女儿。[4] 缓急：偏义副词，意为急难。[5] 缇萦：淳于意的小女儿。[6] 妾：古时女子自称。[7] 复属：恢复原状。[8] 繇：通"由"，办法。[9] 御史：即御史大夫，掌副丞相。[10] 画衣冠：在罪犯衣服上画图。异章服：给罪犯穿异于常人的衣服。两种象征性的惩罚。戮：羞辱。[11] 肉刑三：即黥、劓、刖三种肉刑。[12] 道：通"导"，引导，劝导。陷：落入，坠入，此处指落入法网。[13] 恺弟君子，民之父母：出自《诗·大雅·洞酌》。恺弟，亦作"恺悌"，和乐平易。[14] 支：通"肢"。[15] 息：生长。

天人三策

建元六年，喜好黄老之术的窦太后去世。儒、法、道三种思想潮流与政治主张的地位，由此发生变化。我们通常把董仲舒对策视作汉武帝"罢黜百家，独尊儒术"、实行大一统政策的标志。为什么要"大一统"？刘家和先生言，"'统'是许多根丝的头，把这许多根丝的头抓到一起，这一团丝也就能理出头绪来了"。(《论汉代春秋公羊学的大一统思想》)董仲舒作《春秋繁露》，对大一统思想作了系统的阐述。

"天人三策"是董仲舒将其思想高度凝练后回答汉武帝的"对策"。本节前半段选自《史记·封禅书》，记载了武帝初期董仲舒对策的背景；后半段选自《汉书·董仲舒传》，包括了董仲舒第二策的论求贤、第三策中的论汉之道。

《史记·封禅书》（节选）

今天子初即位[1]，尤敬鬼神之祀。

元年，汉兴已六十余岁矣，天下艾安[2]，搢绅之属皆望天子封禅改正度也[3]，而上乡儒术，招贤良，赵绾、王臧等以文学为公卿，欲议古立明堂城南[4]，以朝诸侯。草巡狩封禅改历服色事未就[5]。会窦太后治黄老言[6]，不好儒术，使人微伺得赵绾等奸利事[7]，召案绾、臧[8]，绾、臧自杀，诸所兴为皆废。

【注释】[1]今天子：即汉武帝。 [2]艾安：民生安定，宇内承平。艾，通"乂"，治理，安定。 [3]搢绅：官宦或儒者的代称。原指插笏于绅。绅，古代仕宦者和儒者围于腰际的大带。正度：正朔与服色度量。 [4]议：比拟。明堂：古代帝王宣明政教的地方。凡朝会、祭祀、庆赏、选士、养老、教学等大典，都在此举行。 [5]草：开始兴办。 [6]窦太后：武帝祖母。 [7]微伺：暗中伺察。 [8]案：通"按"，查办。

《汉书·董仲舒传》（节选）

董仲舒，广川人也[1]。少治《春秋》[2]，孝景时为博士。下帷讲诵，弟子传以久次相授业[3]，或莫见其面。盖三年不窥园，其精如此。进退容止[4]，非礼不行，学士皆师尊之。

武帝即位，举贤良文学之士前后百数，而仲舒以贤良对策焉。

……

仲舒对曰：

……陛下亲耕藉田以为农先[5]，夙寤晨兴[6]，忧劳万民，思惟往古[7]，而务以求贤，此亦尧舜之用心也，然而未云获者，士素不厉也[8]。夫不素养士而欲求贤，譬犹不琢玉而求文采也[9]。故养士之大者，莫大乎太学[10]；太学者，贤士之所关也[11]，教化之本原也。今以一郡一国之众，对亡应书者[12]，是王道往往而绝也[13]。臣愿陛下兴太学，置明师，以养天下之士，数考问以尽其材，则英俊宜可得矣。今之郡守、县令，民之师帅[14]，所使承流而宣化也；故师帅不贤，则主德不宣，恩泽不流。今吏既亡教训于下，或不承用主上之法，暴虐百姓，与奸为市，贫穷孤弱，冤苦失职[15]，甚不称陛下之意。是以阴阳错缪，氛气充塞[16]，群生寡遂[17]，黎民未济，皆长吏不明，使至于此也。

【注释】［1］广川：县名，在今河北枣强县东。［2］少治《春秋》：指《公羊春秋》。［3］传以久次相授业：指弟子们根据入门先后互相授业。［4］容止：仪容举止。［5］藉田：天子征用民力耕种的田。［6］寤：醒来。［7］思惟：思量。［8］厉：劝勉。［9］文采：艳丽而错杂的色彩。［10］太学：古代设于京城的最高学府，汉代自武帝始设。［11］关：关系，涉及。［12］对亡应书：指别的对策者都不应经义。［13］往往：到处。［14］师帅：表率。［15］失职：失业。［16］氛气：恶气。［17］寡遂：不顺遂。

夫长吏多出于郎中、中郎，吏二千石子弟选郎吏，又以富訾[1]，未必贤也。且古所谓功者，以任官称职为差，非谓积日累久也。故小材虽累日，不离于小官；贤材虽未久，不害为辅佐。是以有司竭力尽知，务治其业而以赴功[2]。今则不然。（累）日以取贵，积久以致官，是以廉耻贸乱[3]，贤不肖浑殽，未得其真。臣愚以为使诸列侯、郡守、二千石各择其吏民之贤者，岁贡各二人以给宿卫，且以观大臣之能；所贡贤者有赏，所贡不肖者有罚。夫如是，诸侯、吏二千石皆尽心于求贤，天下之士可得而官使也[4]。遍得天下之贤人，则三王之盛易为，而尧舜之名可及也。毋以日月为功，实试贤能为上，量材而授官，录德而定位，则廉耻殊路，贤不肖异处矣。陛下加惠，宽臣之罪，令勿牵制于文[5]，使得切磋究之，臣敢不尽愚！

……

册曰:"三王之教所祖不同[6],而皆有失,或谓久而不易者道也,意岂异哉?"臣闻夫乐而不乱复而不厌者谓之道[7];道者万世亡弊,弊者道之失也。先王之道必有偏而不起之处,故政有眊而不行[8],举其偏者以补其弊而已矣。三王之道所祖不同,非其相反,将以救溢扶衰[9],所遭之变然也。故孔子曰:"亡为而治者,其舜乎!"改正朔,易服色,以顺天命而已;其余尽循尧道,何更为哉!故王者有改制之名,亡变道之实。然夏上忠,殷上敬,周上文者,所继之救,当用此也。孔子曰:"殷因于夏礼,所损益可知也;周因于殷礼,所损益可知也;其或继周者,虽百世可知也。"此言百王之用,以此三者矣。夏因于虞,而独不言所损益者,其道如一而所上同也。道之大原出于天,天不变,道亦不变,是以禹继舜,舜继尧,三圣相受而守一道,亡救弊之政也,故不言其所损益也。由是观之,继治世者其道同,继乱世者其道变。今汉继大乱之后,若宜少损周之文致,用夏之忠者。

【注释】[1]訾:钱财。[2]赴功:建立功业。[3]贸乱:混乱。[4]官使:任职使用。[5]牵制:拘泥。[6]祖:尚。[7]乐而不乱:乐意为之而不过度。[8]眊:不明。[9]救溢扶衰:补救原先过度的,加强原先不及的。

财政改革

汉武帝即位以后,内兴礼乐,外勤征伐,费用浩繁,高惠文景近七十年的积累几近耗竭。为此,武帝推行了一系列改革措施以增加财政收入。元狩三年,武帝任用大盐商东郭咸阳和大冶铁商孔仅为大农丞,专管盐铁之事,实行政府专卖;元封元年,在治粟都尉桑弘羊的建议下,武帝颁行均输平准政策,"尽笼天下之货物",平抑市场物价;此外,还积极推行货币官铸、算缗、增口赋、鬻爵等政策。作为汉代工商业变革的重要组成部分,这一系列政策对社会影响之大不言而喻。它使国家财政需要得到了满足,国家统治得以稳定,但另一方面也出现了与民争利、骄奢纵肆等弊端。

本节选自《汉书·食货志下》，主要记述了汉武帝推行盐铁官营和均输平准政策的过程。钱穆先生对其财政改革一事评价道："汉武虽雄才大略，亦有飘转于时代潮流之鼓荡中而有其所不自知。"（《秦汉史》）其中深意耐人寻味。

《汉书·食货志下》（节选）

于是以东郭咸阳、孔仅为大农丞[1]，领盐铁事[2]，而桑弘羊贵幸[3]。咸阳，齐之大煮盐[4]；孔仅，南阳大冶[5]，皆致产累千金，故郑当时进言之[6]。弘羊，洛阳贾人之子，以心计[7]，年十三侍中[8]。故三人言利事析秋豪矣[9]。

法既益严，吏多废免。兵革数动，民多买复及五大夫、千夫[10]，征发之士益鲜[11]。于是除千夫、五大夫为吏[12]，不欲者出马；故吏皆适令伐棘上林[13]，作昆明池。

【注释】[1]东郭咸阳：姓东郭名咸阳。孔仅：姓孔名仅。大农丞：官名，景帝后元年（前143年）改治粟内史为大农令，下设两丞，辅佐大农令掌钱谷财货等财政收支。[2]领：以地位较高的官员兼理较低的职务称"领"。大农丞为大农令之副，而管理盐铁之事是大农令的职务之一。[3]桑弘羊：西汉著名的财政官员，历任侍中、治粟都尉、大司农、御史大夫等职。始元六年（前81年）盐铁会议上坚持盐铁官营等政策，提出"以轻重御民""建本抑末"等经济观点。次年，被指谋反而诛。贵幸：地位尊贵且受君王宠信。[4]齐：西汉封国。大煮盐：此处指代大盐商。[5]南阳：地名，在河南省西南部、豫鄂陕三省交界地带。大冶：此处指代大铁商。[6]郑当时：字庄，西汉大臣。景帝时为太子舍人；武帝时历任鲁中尉、济南郡太守等职。[7]心计：心算，一种计算的才能。[8]侍中：加官名，侍卫皇帝，出入宫廷。[9]秋豪：鸟兽在秋天新长出来的细毛，喻指细微之物。豪，通"毫"。[10]买复：以财入官，以获取免除徭役赋税的优待。复，免除徭役或赋税。千夫：爵位，十一等武功爵位之第七等。[11]鲜：少。[12]除：任命。[13]上林：即上林苑。地名，在今西安市西南。

秦汉时期

其明年[1]，大将军、票骑大出击胡[2]，赏赐五十万金，军马死者十余万匹，转漕车甲之费不与焉。是时财匮[3]，战士颇不得禄矣。

……

大农上盐铁丞孔仅、咸阳言[4]："山海，天地之臧[5]，宜属少府[6]，陛下弗私[7]，以属大农佐赋。愿募民自给费，因官器作煮盐，官与牢盆[8]。浮食奇民欲擅斡山海之货[9]，以致富羡[10]，役利细民[11]。其沮事之议[12]，不可胜听[13]。敢私铸铁器煮盐者，釱左趾[14]，没入其器物。郡不出铁者，置小铁官[15]，使属在所县[16]。"使仅、咸阳乘传举行天下盐铁[17]，作官府，除故盐铁家富者为吏。吏益多贾人矣。

……

【注释】[1]明年：第二年，即指元狩四年（前119年）。[2]大将军：指大将军卫青。票骑：即"骠骑"，指骠骑将军霍去病。[3]匮：缺乏。[4]大农：即大农令。官名，原为治粟内史，掌谷货。景帝后元年（前143年）更名大农令。上：向皇帝奏言。[5]臧：通"藏"。[6]少府：官名，九卿之一，掌山海池泽之税，以给皇室供养。[7]私：贪爱，占有。[8]与：通"予"。牢盆：煮盐用的大铁盆。[9]浮食：不从事农业耕作而食。奇民：不亲自从事生产的人，此处指代豪强。擅：独揽。斡：通"管"，主管，掌管。[10]富羡：非常富饶。羡，丰裕，多。[11]役利细民：役使平民百姓（做苦工）来谋求利益。[12]沮事：阻止反对盐铁官营一事。沮，阻止，终止。[13]胜：尽。[14]釱左趾：左足戴脚镣。[15]小铁官：官名，汉武帝时在产铁的郡县设置铁官，在不产铁的地方设置小铁官，铸旧铁。[16]使：让，令。属：统属。[17]乘传：乘坐驿站的马车，到各地传令。举行天下盐、铁：意为全国都施行盐铁官营。举，全。

……孔仅使天下铸作器，三年中至大司农[1]，列于九卿。而桑弘羊为大司农中丞[2]，管诸会计事，稍稍置均输以通货物[3]。始令吏得入谷补官[4]，郎至六百石。

……

255

其明年，元封元年，卜式贬为太子太傅[5]。而桑弘羊为治粟都尉，领大农，尽代仅斡天下盐铁[6]。弘羊以诸官各自市相争，物以故腾跃[7]，而天下赋输或不偿其僦费[8]，乃请置大农部丞数十人[9]，分部主郡国[10]，各往往置均输盐铁官，令远方各以其物如异时商贾所转贩者为赋[11]，而相灌输[12]。置平准于京师[13]，都受天下委输[14]。召工官治车诸器[15]，皆仰给大农。大农诸官尽笼天下之货物，贵则卖之，贱则买之。如此，富商大贾亡所牟大利[16]，则反本[17]，而万物不得腾跃。故抑天下之物，名曰"平准"。天子以为然而许之。于是天子北至朔方，东封泰山，巡海上，旁北边以归[18]。所过赏赐，用帛百余万匹，钱金以巨万计，皆取足大农。

【注释】[1]大司农：官名。原治粟内史更名大农令，汉武帝太初元年（前104年）更名为大司农。[2]大司农中丞：官名。西汉武帝时置数十员，掌财用收支，均输漕运事。[3]稍稍：逐渐。[4]补官：补授官职。[5]卜式：汉武帝时因出钱资助边事，拜为中郎，赐爵左庶长。后历任齐王太傅、齐相、御史大夫、太子太傅等官职。太子太傅：职掌辅导太子，不领官属。[6]代仅：代替孔仅。[7]以故：因此。腾跃：此处指物价上涨。[8]赋输：交纳上来的赋物运输。僦费：雇佣的费用。[9]大农部丞：官名，大农令的属官。[10]主：掌管，主持。[11]如：像。异时：往时，从前。[12]灌输：流通、运输。[13]平准：此处指平准令丞，官名。大司农的属官。[14]都受天下委输：总管天下货物运输。都，总。委输，货物转运。[15]治车诸器：制造车辆等器物。[16]牟：牟取，谋求。[17]反本：复归农业，以农为本。反，通"返"。[18]天子北至朔方，东封泰山，巡海上，旁北边以归：其事可参见《汉书·武帝纪》。旁，通"傍"，沿着。

弘羊又请令民得入粟补吏，及罪以赎。令民入粟甘泉各有差[1]，以复终身，不复告缗[2]。它郡各输急处。而诸农各致粟，山东漕益岁六百万石[3]。一岁之中，太仓、甘泉仓满。边余谷[4]，诸均输帛五百万匹。民不益赋而天下用饶。于是弘羊赐爵左庶长[5]，黄金者再百焉。

是岁小旱，上令百官求雨。卜式言曰："县官当食租衣税而已，今弘羊令吏坐市列[6]，贩物求利。亨弘羊[7]，天乃雨。"久之，武帝疾病，拜弘羊为御史大夫。

【注释】[1]甘泉：指甘泉仓，中央直接管理的粮仓之一。 [2]不复告缗：不再被告缗。告缗，指告发富户隐匿财产，逃漏算缗钱。 [3]益：增加。 [4]边余谷：指边塞上也有剩余的粮食。 [5]左庶长：爵位，汉二十等爵之第十级。 [6]坐市列：指经商。 [7]亨：通"烹"。

平定西南夷

西南夷的分布，以汉王朝的西部边郡巴、蜀为中心，包括今云南以及贵州、四川两省西部地区。汉初，民生凋敝，百废待兴，北方匈奴侵扰不断，中央政府暂时放弃了对西南夷的统辖，但该地区对于国家大一统尤为重要。由于西南部落众多，民族复杂，西南夷不是作为一个整体与汉王朝发生关系，自建元六年（前135年）至元封二年（前109年），武帝屡次派遣使者或发兵出击，西南夷又数反，其过程复杂艰难。

司马迁在《史记》中专门列传，用极简练的笔法记述了西南各民族的地理分布、社会风俗、与汉朝的关系以及汉武帝开拓西南地区的全过程。本节选自《史记·西南夷列传》，记述了自元狩元年（前122年）汉王朝派使者求道到派兵平定西南夷的过程。其中记载的史实具体详实，亦展现了司马迁出色的叙事才能，值得品读。

《史记·西南夷列传》（节选）

及元狩元年，博望侯张骞使大夏来[1]，言居大夏时见蜀布、邛竹杖[2]，使问所从来，曰"从东南身毒国[3]，可数千里，得蜀贾人市。"或闻邛西可二千里有身毒国[4]。骞因盛言大夏在汉西南[5]，慕中国[6]，患匈奴隔其道，诚通蜀[7]，身毒国道便近，有利无害。于是天子乃令王然于、柏始昌、吕越人等，使间出西夷西[8]，指求身毒国[9]。至滇，滇王尝羌乃留[10]，为求道西十余辈。岁余，皆闭昆明[11]，莫能通身毒国。

【注释】［1］大夏：古西域国名，约在今阿富汗北部地区。［2］蜀布：蜀郡所产的布。邛竹杖：邛都所产的手制竹杖。邛，即指邛都，地名，在今四川西昌市东南。［3］身毒：亦称"天竺"，即今印度。［4］可：大约。［5］盛言：极力盛说。［6］慕：向往。［7］诚：连词，相当于"如果"，表示假设关系。［8］王然于、柏始昌、吕越人：此三人均为汉武帝时期使者。其中，王然于、吕越人二人于元光六年（前129年）作为司马相如的副使出使西南夷，并在邛都一带设县，设都尉。见于《史记·司马相如列传》。［9］指：指向。［10］尝羌：《汉书》作当羌，滇王名。［11］闭昆明：指被昆明所阻隔。

滇王与汉使者言曰："汉孰与我大？"及夜郎侯亦然。以道不通故，各自以为一州主，不知汉广大。使者还，因盛言滇大国，足事亲附[1]。天子注意焉。

及至南越反[2]，上使驰义侯因犍为发南夷兵[3]。且兰君恐远行[4]，旁国虏其老弱，乃与其众反，杀使者及犍为太守[5]。汉乃发巴蜀罪人尝击南越者八校尉击之[6]。会越已破，汉八校尉不下，即引兵还，行诛头兰[7]。头兰，常隔滇道者也。已平头兰，遂平南夷为牂柯郡[8]。夜郎侯始倚南越，南越已灭，会还诛反者，夜郎遂入朝，上以为夜郎王。

【注释】［1］足：值得。亲附：使……亲近归附。［2］南越反：指南越丞相吕嘉作乱之事。见于《史记·南越列传》。［3］驰义侯：原为南越人，名遗，归附汉朝，受封为驰义侯。因：借助。犍为：地名，汉武帝建元六年（前135年）设郡。即今四川乐山市犍为县。［4］且兰：西南小国国名，在今贵州中部地区。［5］太守：即郡守，官名，掌治郡县。［6］尝：曾经。八校尉：有说即城门、中垒、屯骑、步兵、越骑、长水、射声、虎贲八校尉，名为护卫京师，亦可派兵远征。［7］头兰：即且兰。［8］牂柯郡：地名，在今贵州贵阳市附近。

南越破后，及汉诛且兰、邛君，并杀筰侯[1]，冉駹皆震恐[2]，请臣置吏，乃以邛都为越巂郡，筰都为沈犁郡，冉駹为汶山郡，广汉西白马为武都郡。

上使王然于以越破及诛南夷兵威风喻滇王入朝[3]。滇王者，其众数万人，其旁东北有劳浸、靡莫，皆同姓相扶[4]，未肯听。劳浸、靡莫数侵犯使者吏卒。元封二年，天子发巴蜀兵击灭劳浸、靡莫，以兵临滇。滇王始首善[5]，以故弗诛。滇王离难西南夷[6]，举国降，请置吏入朝，于是以为益州郡，赐滇王王印，复长其民[7]。

西南夷君长以百数，独夜郎、滇受王印。滇小邑，最宠焉。

【注释】[1]筰侯：筰都一带氐羌族系君主。筰，即指筰都，地名，在今四川汉源县东北。[2]冉駹：西南两个少数民族，亦指国名。[3]风喻：亦作"风谕"，指以委婉言辞劝告开导。[4]劳浸：少数民族部落，有说其地在云南宜良县东。靡莫：少数民族部落，有说在今云南曲靖市一带。[5]首善：第一个归顺从善。[6]离难：或以为滇王之名，或以为从《汉书》作"滇王离西南夷"，即离开。[7]复长其民：使他继续做臣民之君长。长，做首领。

张骞通西域

汉王朝建立之初，匈奴南下侵扰愈益骄横。迫于政权尚未稳固，经济尚处于凋敝时期，因而以和亲政策换取边境的暂时安宁。经过六十余年的休养生息，国家府库充溢，汉武帝调整了对外政策，积极进行反击匈奴的战争准备。建元三年（前138年）和元狩四年（前119年），武帝先后两次派张骞出使西域，以联络大月氏、乌孙等游牧部落抗击匈奴。

本节选自《汉书·张骞李广利传》，记述了张骞"持汉节"出使西域二十年的所见所闻及与西域各民族交好的事迹，司马迁冠之以"凿空"之功。以张骞"凿空西域"为标志，开通了以丝绸为媒介进行中西交往的陆路交通线——丝绸之路，对世界文明与历史有着重大影响。

《汉书·张骞李广利传》（节选）

张骞，汉中人也[1]，建元中为郎。时匈奴降者言匈奴破月氏王，以其头为饮器，月氏遁而怨匈奴，无与共击之。汉方欲事灭胡，闻此言，欲通使，道必更匈奴中[2]，乃募能使者。骞以郎应募，使月氏，与堂邑氏奴甘父俱出陇西[3]。径匈奴，匈奴得之，传诣单于。单于曰："月氏在吾北，汉何以得往使？吾欲使越，汉肯听我乎？"留骞十余岁，予妻，有子，然骞持汉节不失。

居匈奴西，骞因与其属亡乡月氏[4]，西走数十日至大宛[5]。大宛闻汉之饶财，欲通不得，见骞，喜，问欲何之。骞曰："为汉使月氏而为匈奴所闭道，今亡，唯王使人道送我。诚得至，反汉，汉之赂遗王财物不可胜言。"大宛以为然，遣骞，为发译道，抵康居[6]。康居传致大月氏。大月氏王已为胡所杀，立其夫人为王。既臣大夏而君之，地肥饶，少寇，志安乐，又自以远远汉，殊无报胡之心。骞从月氏至大夏，竟不能得月氏要领[7]。

……

骞身所至者，大宛、大月氏、大夏、康居，而传闻其旁大国五六，具为天子言其地形，所有。语皆在《西域传》。

【注释】[1]汉中：郡名，故郡治在今陕西汉中东。 [2]更：经过。 [3]堂邑氏奴甘父：姓堂邑，名甘父。陇西：郡名，故郡治在今甘肃临洮县。 [4]其属：指同行属官。 [5]大宛：西域古国名，北通康居，南面和西南面与大月氏接。产汗血宝马。[6]康居：中亚古游牧民族，其游牧范围大致在今哈萨克斯坦南部及锡尔河中下游。[7]要领：喻指张骞不能得月氏意趣，无以持归于汉。

骞曰："臣在大夏时，见邛竹杖、蜀布，问安得此，大夏国人曰：'吾贾人往市之身毒国。身毒国在大夏东南可数千里。其俗土著[1]，与大夏同，而卑湿暑热。其民乘象以战。其国临大水焉。'以骞度之，大夏去汉万二千里，居西南。今身毒又居大夏东南数千里，有蜀物，此其去蜀不远矣。今使大夏，从羌中，险，羌人恶之；少北，则为匈奴所得；从蜀，宜径，又无寇。"……

骞以校尉从大将军击匈奴，知水草处，军得以不乏，乃封骞为博望侯。是岁元朔六年也。后二年，骞为卫尉[2]，与李广俱出右北平击匈奴。匈奴围李将军，军失亡多，而骞后期当斩[3]，赎为庶人。是岁骠骑将军破匈奴西边，杀数万人，至祁连山[4]。其秋，浑邪王率众降汉，而金城、河西并南山至盐泽[5]，空无匈奴。匈奴时有候者到，而希矣。后二年，汉击走单于于幕北。

【注释】[1]土著：世代定居一地。 [2]卫尉：官名，九卿之一，掌宫门屯卫。 [3]后期：军队晚于约定的时间才到。 [4]祁连山：地名，在今甘肃张掖县西南、祁连山脉中部地区。 [5]南山：地名，在今甘肃古浪县西南。盐泽：地名，又称蒲昌海，即今新疆罗布泊。

天子数问骞大夏之属。骞既失侯，因曰："……时，月氏已为匈奴所破，西击塞王[1]，塞王南走远徙，月氏居其地。昆莫既健[2]，自请单于报父怨，遂西攻破大月氏。大月氏复西走，徙大夏地。昆莫略其众，因留居，兵稍强，会单于死，不肯复朝事匈奴。匈奴遣兵击之，不胜，益以为神而远之。今单于新困于汉，而昆莫地空。蛮夷恋故地，又贪汉物，诚以此时厚赂乌孙，招以东居故地，汉遣公主为夫人，结昆弟。其势宜听，则是断匈奴右臂也。既连乌孙，自其西大夏之属皆可招来而为外臣。"天子以为然，拜骞为中郎将，将三百人，马各二匹，牛羊以万数，赍金币帛直数千巨万[3]，多持节副使，道可便遣之旁国。骞既至乌孙，致赐谕指[4]，未能得其决。语在《西域传》。骞即分遣副使使大宛、康居、月氏、大夏。乌孙发译道送骞，与乌孙使数十人，马数十匹，报谢，因令窥汉，知其广大。

骞还，拜为大行[5]。岁余，骞卒。后岁余，其所遣副使通大夏之属者皆颇与其人俱来，于是西北国始通于汉矣。然骞凿空，诸后使往者皆称博望侯，以为质于外国，外国由是信之。其后，乌孙竟与汉结婚。

【注释】[1]塞：西域国名，约在今伊犁河流域及伊塞克湖附近，西北与大月氏相接。

[2] 昆莫：即昆弥，汉时乌孙王的名号。 [3] 直：通"值"。 [4] 谕指：以天子旨意告之。指：通"旨"。 [5] 大行：官名，大行令之省称，掌宾客之礼。

汉匈战争

汉武帝时代，汉帝国以军事成功为条件实现了疆域的扩张。其最重要的成就，是北边对匈奴军事形势的改变。元光二年，汉武帝引诱匈奴进占马邑，企图一举歼灭匈奴主力，因计谋泄露而败。自此之后，汉匈战争全面爆发。在卫青、霍去病等杰出将领的统率下，汉军先后收复河南地、设置河西四郡，解除了西北边境的威胁。本节选自《史记·卫将军骠骑列传》，记述了元狩四年，武帝发动的远征匈奴的规模空前的战略大决战。卫青率军从定襄出发，向北直进一千余里，战胜匈奴伊稚斜单于的主力，推进到窴颜山赵信城；霍去病率军从代郡出发，轻装疾进，长驱两千里，在大漠击溃匈奴左贤王的主力，封狼居胥而还。这一战形成了漠南无王庭的形势，匈奴已无力向汉朝发动大规模的军事进攻，汉匈军事冲突的重点地域也由东向西转移到了西域方向。

《史记·卫将军骠骑列传》（节选）

元狩四年春，上令大将军青、骠骑将军去病将各五万骑，步兵转者踵军数十万[1]，而敢力战深入之士皆属骠骑。骠骑始为出定襄[2]，当单于。捕虏言单于东，乃更令骠骑出代郡[3]，令大将军出定襄。郎中令为前将军[4]，太仆为左将军[5]，主爵赵食其为右将军[6]，平阳侯襄为后将军[7]，皆属大将军[8]。兵即度幕[9]，人马凡五万骑，与骠骑等咸击匈奴单于。赵信为单于谋曰[10]："汉兵既度幕，人马罢[11]，匈奴可坐收虏耳。"乃悉远北其辎重，皆以精兵待幕北。而适值大将军军出塞千余里，见单于兵陈而待[12]，于是大将军令武刚车自环为营[13]，而纵五千骑往当匈奴。匈奴亦纵可万骑。会日且入，大风起，沙砾击面，两军不相见，汉益纵左右翼绕单于。单于视汉兵多，而士马尚强，战而匈奴不利,薄莫[14],单于遂乘六骡[15],壮骑可数百,直冒汉围西北驰去[16]。时已昏,汉匈奴相纷挐[17],杀伤大当。汉军左校捕虏,言单于未昏而去,汉军因发轻骑夜追之,大将军军因随其后。匈奴兵亦散走。迟明[18],行二百余里,不得单于,颇捕斩首虏万余级,遂至寘颜山赵信城[19],得匈奴积粟食军[20]。军留一日而还,悉烧其城余粟以归。

大将军之与单于会也[21],而前将军广、右将军食其军别从东道,或失道[22],后击单于。大将军引还,过幕南,乃得前将军、右将军。大将军欲使使归报,令长史簿责前将军广[23],广自杀。右将军至,下吏,赎为庶人。大将军军入塞,凡斩捕首虏万九千级。

【注释】[1]转者:此处指辎重运输部队。踵军:后续部队。[2]为:副词,将。定襄:郡名,郡治成乐,在今内蒙古和林格尔西北土城子。[3]更令:更改命令。代郡:郡名,郡治代县,在今河北蔚县东北代王城。[4]郎中令:官名,指代李广。[5]太仆:官名,指代公孙贺。[6]主爵:即主爵都尉,官名,掌封爵。[7]平阳侯襄:即平阳侯曹襄,曹参的曾孙,袭先人爵位。[8]大将军:汉代高级武官名。西汉初年,大将军即统兵军帅之号,非固定官职。其后平定吴楚七国之乱、出击匈奴时皆置。元朔五年(前124年),以卫青征伐匈奴有功,封大将军。[9]幕:通"漠",沙漠。[10]赵信:原为匈奴将领,后降汉,封翕侯。元朔六年(前123年),以"前将军"的身份从卫青出征失利,复归匈奴。单于以姊妻之,遂为匈奴伊稚斜单于谋划。[11]罢:通"疲"。[12]陈:通"阵"。[13]武刚车:古代一种战车,有巾有盖,既可用于防守,也可用于进攻。[14]薄莫:傍晚。薄,迫近。莫,通"暮"。[15]六骡:即六匹骡子拉着的快车。[16]冒:冲破。[17]相纷挐:相互混杂在一起。[18]迟明:到天亮时。迟,及,至。[19]寘颜山:约即今蒙古国杭爱山,在今乌兰巴托市西南。[20]食:拿东西给人吃。[21]会:会战,交战。[22]或:通"惑"。[23]长史:大将军手下的属官,秩千石。簿责:用书面文件去查问。责,查问。

是时匈奴众失单于十余日,右谷蠡王闻之,自立为单于。单于后得其众,右王乃去单于之号。

骠骑将军亦将五万骑，车重与大将军军等[1]，而无裨将。悉以李敢等为大校[2]，当裨将，出代、右北平千余里[3]，直左方兵[4]，所斩捕功已多大将军。军既还，天子曰："骠骑将军去病率师，躬将所获荤粥之士[5]，约轻赍，绝大幕，涉获章渠[6]，以诛比车耆[7]，转击左大将，斩获旗鼓，历涉离侯[8]。济弓闾[9]，获屯头王、韩王等三人，将军、相国、当户、都尉八十三人，封狼居胥山[10]，禅于姑衍[11]，登临翰海[12]。执卤获丑七万有四百四十三级[13]，师率减什三，取食于敌，逴行殊远而粮不绝[14]，以五千八百户益封骠骑将军。"……

两军之出塞，塞阅官及私马凡十四万匹[15]，而复入塞者不满三万匹。……

【注释】[1]车重：指车辆辎重。 [2]李敢：李广之子。大校：军队中次于将军的将领。 [3]右北平：郡名，郡治平刚，在今辽宁凌源西南。 [4]直：遇到，碰见。左方兵：指称匈奴左贤王所带领的部队，即其东部地区军队。 [5]荤粥：亦作"猃狁"，对匈奴民族的别称。 [6]涉：进入。章渠：单于之近臣。 [7]比车耆：匈奴王号。 [8]离侯：亦称"难侯"，山名。 [9]济弓闾：渡过弓闾水。弓闾，亦作"弓卢"，水名。即今克鲁伦河，在蒙古国乌兰巴托市东。 [10]封狼居胥山：在狼居胥山头筑台祭天。封，古代祭天之礼。狼居胥山，在今蒙古国乌兰巴托市东。 [11]禅：祭地之礼。姑衍：地名，在今乌兰巴托市东南，与狼居胥山相距不远。 [12]瀚海：指沙漠。 [13]卤：通"虏"。丑：众。 [14]逴：远。 [15]塞阅：出塞时的统计。阅，查点，计算。

骠骑将军为人少言不泄[1]，有气敢任。天子尝欲教之孙吴兵法，对曰："顾方略何如耳，不至学古兵法[2]。"天子为治第[3]，令骠骑视之，对曰："匈奴未灭，无以家为也。"由此上益重爱之。然少而侍中，贵，不省士[4]。其从军，天子为遣太官赍数十乘[5]，既还，重车余弃粱肉，而士有饥者。其在塞外，卒乏粮，或不能自振，而骠骑尚穿域蹋鞠[6]。事多此类。大将军为人仁善退让，以和柔自媚于上，然天下未有称也。

【注释】　[1]少言不泄：沉默寡言，不露声色。　[2]不至：不必。　[3]治第：修建府第。　[4]省：探望，问候。　[5]太官：官名，属少府，掌宫廷饮食。　[6]穿域：穿地为营域。蹴鞠：古代一种踢球游戏，用以习武健身。

盐铁会议

昭帝始元六年召开的盐铁会议，由宣帝时人桓宽的《盐铁论》得以存其大概。盐铁会议的重要性，可以从多个角度看待。现实因素上，霍光为了打击在外朝实际施政的田千秋和桑弘羊而举办了这次会议；政治政策上，来自全国各地的贤良、文学，猛烈抨击了汉武帝时期的国政；经济政策上，会议辩论了盐铁专卖、均输政策的得失；学术思想上，贤良、文学与兴利之臣的矛盾可归结为王道与霸道之论。本节为《盐铁论》第一篇《本议》，读者通过进一步阅读《盐铁论》，能加深对上述问题的理解。

《盐铁论·本议》

惟始元六年[1]，有诏书使丞相、御史与所举贤良、文学语[2]，问民间所疾苦。

文学对曰："窃闻治人之道[3]，防淫佚之原[4]，广道德之端[5]，抑末利而开仁义[6]，毋示以利[7]，然后教化可兴，而风俗可移也。今郡国有盐、铁、酒榷[8]、均输[9]，与民争利。散敦厚之朴[10]，成贪鄙之化[11]。是以百姓就本者寡[12]，趋末者众[13]。夫文繁则质衰[14]，末盛则本亏。末修则民淫[15]，本修则民悫[16]。民悫则财用足，民侈则饥寒生。愿罢盐、铁、酒榷、均输[17]，所以进本退末[18]，广利农业，便也[19]。"

【注释】　[1]惟：句首发语词。　[2]丞相：指田千秋。御史：即御史大夫桑弘羊，汉人习称之为"御史"或"大夫"。贤良、文学：贤良、文学是汉代选拔人才的科目，其中贤良是有功名的，文学是专门研究儒家经典的。语：交谈，实际上是辩论，当时参加辩论的贤良、文学有六十多人。［3］窃闻：谦辞，私下听说。［4］淫：过度。佚：同"逸"，奢侈腐化。［5］广：多作。［6］末利：工、商业。古代以农为本业，以工商为末业。开：宣扬。［7］示：展示，诱导。［8］郡国：郡县与封国的合称，泛指地方政府。盐、铁：负责盐铁专卖的盐官、铁官。酒榷：酒的酿造与贩卖均由官方经营。［9］均输：即均输法，商品的运输和贸易由官方经营，从武帝元狩二年开始实行。具体做法是在全国各地设均输官，掌管收购、运输物资，调剂有无，防止私人囤积投机。［10］散：破坏。［11］贪：贪婪。鄙：吝啬。化：社会风气。［12］本：农业。［13］末：工商业。［14］文：外表的纹饰。质：实质。［15］修：治。［16］悫：诚实，谨慎。［17］罢：废止。［18］进本退末：促进农业生产，限制工商业。［19］便：便利，适宜。

大夫曰[1]："匈奴背叛不臣，数为寇暴于边鄙[2]，备之则劳中国之士，不备则侵盗不止。先帝哀边人之久患[3]，苦为虏所系获也[4]，故修障塞[5]，饬烽燧[6]，屯戍以备之[7]。边用度不足，故兴盐、铁，设酒榷，置均输，蕃货长财[8]，以佐助边费。今议者欲罢之，内空府库之藏[9]，外乏执备之用[10]，使备塞乘城之士饥寒于边[11]，将何以赡之[12]？罢之，不便也。"

【注释】［1］大夫：即御史大夫桑弘羊。［2］数：屡次。边：边境。鄙：邑。［3］先帝：指汉武帝。［4］系获：俘获。［5］障：边塞上作防御用的城堡。塞：险要的防御据点。合称即指边塞的防御设备。［6］饬：整顿。烽燧：边防报警的信号，白天放烟叫烽，夜间举火叫燧。代指边塞的防御措施。［7］屯戍：屯田驻军戍守。［8］蕃：增加。［9］府库：国家贮藏财物、兵甲的处所。［10］执备：守备。［11］乘城：登城，泛指守城。［12］赡：供给。

文学曰："孔子曰：'有国有家者，不患贫而患不均，不患寡而患不安[1]。'故天子不言多少，诸侯不言利害，大夫不言得丧[2]。畜仁义以风之[3]，广德行以怀之[4]。是以近者亲附而远者悦服。故善克者不战，善战者不师[5]，善师者不阵[6]。修之于庙堂[7]，而折冲还师[8]。王者行仁政，无敌于天下，恶用费哉[9]？"

【注释】［1］有国有家者，不患贫而患不均，不患寡而患不安：语出《论语·季氏》。［2］天子不言多少，诸侯不言利害，大夫不言得丧：语出《荀子·大略》，多少、利害、得丧在本文中都是就财物而言。［3］风：教化。［4］怀：安抚。［5］师：运用军队。［6］阵：排兵布阵。善克者不战，善战者不师，善师者不阵：语本《穀梁传·庄公八年》："善为国者不师，善师者不阵，善阵者不战。"［7］修之于庙堂：修明德政于朝廷。庙堂，指朝廷。［8］折冲：摧毁敌人的战车。［9］恶：通"乌"，哪里。

大夫曰："匈奴桀黠[1]，擅恣入塞[2]，犯厉中国[3]，杀伐郡、县、朔方都尉[4]，甚悖逆不轨，宜诛讨之日久矣。陛下垂大惠，哀元元之未赡[5]，不忍暴士大夫于原野；纵难被坚执锐[6]，有北面复匈奴之志，又欲罢盐、铁、均输，扰边用[7]，损武略[8]，无忧边之心，于其义未便也。"

文学曰："古者，贵以德而贱用兵。孔子曰：'远人不服，则修文德以来之。既来之，则安之[9]。'今废道德而任兵革[10]，兴师而伐之，屯戍而备之，暴兵露师，以支久长，转输粮食无已[11]，使边境之士饥寒于外，百姓劳苦于内。立盐、铁，始张利官以给之[12]，非长策也。故以罢之为便也。"

【注释】［1］桀黠：凶悍狡黠。［2］恣：放纵，无拘束。［3］犯厉：侵害。［4］朔方都尉：朔方郡设三都尉。匈奴侵扰边区，经常杀害汉朝所置都尉。［5］元元：平民百姓。［6］被坚执锐：即披坚执锐。［7］扰：扰乱。［8］武略：备战方策。［9］远人不服……既来之，则安之：语出《论语·季氏》，此处的"远人"指匈奴。［10］任：使用。［11］转输：辗转运输。［12］张：设置。

大夫曰："古之立国家者，开本末之途，通有无之用，市朝以一其求[1]，致士民[2]，聚万货，农商工师各得所欲，交易而退。《易》曰：'通其变，使民不倦[3]。'故工不出，则农用乏[4]；商不出，则宝货绝[5]。农用乏，则谷不殖；宝货绝，则财用匮[6]。故盐、铁、均输，所以通委财而调缓急[7]。罢之，不便也。"

文学曰："夫导民以德[8]，则民归厚[9]；示民以利，则民俗薄[10]。俗薄则背义而趋利，趋利则百姓交于道而接于市。老子曰：'贫国若有余，非多财也，嗜欲众而民躁也。'是以王者崇本退末，以礼义防民欲，实菽粟货财[11]。市、商不通无用之物，工不作无用之器。故商所以通郁滞[12]，工所以备器械，非治国之本务也。"

【注释】［1］市朝：集市。一其求：统一解决需求。［2］致：招致，吸引。［3］通其变，使民不倦：语出《周易·系辞》，指使货物流通，生产发展，民众就会努力而不懈怠。［4］农用：农业用具。［5］绝：断绝，停止流通。［6］匮：缺乏。［7］委财：积压的货物。缓急：宽舒或急迫，引申为需求。［8］导：引导。［9］厚：敦厚，淳朴。［10］薄：浇薄，不正。［11］菽粟：豆和小米，泛指粮食。［12］郁滞：积压不通的货物。

大夫曰："管子云：'国有沃野之饶而民不足于食者，器械不备也。有山海之货而民不足于财者，商工不备也[1]。'陇、蜀之丹漆旄羽[2]，荆、扬之皮革骨象[3]，江南之楠梓竹箭[4]，燕、齐之鱼盐旃裘[5]，兖、豫之漆丝絺纻[6]，养生送终之具也，待商而通，待工而成。故圣人作为舟楫之用[7]，以通川谷；服牛驾马[8]，以达陵陆[9]；致远穷深[10]，所以交庶物而便百姓[11]。是以先帝建铁官以赡农用，开均输以足民财；盐、铁、均输，万民所载仰而取给者[12]，罢之，不便也。"

【注释】［1］国有沃野……商工不备也：语出《管子·国蓄》。［2］丹漆：丹砂和漆。旄羽：牦牛尾和雉羽。［3］象：象牙。［4］竹箭：细竹。［5］旃裘：用兽毛等制成的衣服。［6］絺纻：细葛布和麻布。［7］楫：船桨。［8］服：乘，驾。［9］陵陆：山区和平原。［10］致远穷深：到达遥远偏僻的地方。［11］庶物：众物，万物。［12］载仰：一作"戴仰"，即爱戴拥护。取给：取得物力或人力以供需用。

文学曰："国有沃野之饶而民不足于食者，工商盛而本业荒也；有山海之货而民不足于财者，不务民用而淫巧众也[1]。故川源不能实漏卮[2]，山海不能赡溪壑。是以盘庚萃居[3]，舜藏黄金[4]，高帝禁商贾不得仕宦，所以遏贪鄙之俗，而醇至诚之风也。排困市井[5]，防塞利门[6]，而民犹为非也，况上之为利乎？《传》曰[7]：'诸侯好利则大夫鄙，大夫鄙则士贪，士贪则庶人盗。'是开利孔为民罪梯也[8]。"

【注释】[1]淫巧：过于精巧而无益的技艺与制品。[2]漏卮：漏了的酒杯。此句意为漏了的酒杯不能被装满。[3]萃居：住茅草屋。此句意为盘庚住在茅草屋里，来引导节俭的风气形成。[4]舜藏黄金：舜为了防止人们贪财，把金属藏在深山里。事见《淮南子·泰族训》。[5]排困：排斥困辱。市井：商人做买卖的地方，代指商人。[6]利门：求利的道路。[7]《传》：指《公羊传》。[8]罪梯：犯罪的阶梯。

大夫曰："往者，郡国诸侯各以其方物贡输[1]，往来烦杂，物多苦恶[2]，或不偿其费[3]。故郡国置输官以相给运，而便远方之贡，故曰均输。开委府于京师[4]，以笼货物。贱即买，贵则卖。是以县官不失实[5]，商贾无所贸利[6]，故曰平准。平准则民不失职[7]，均输则民齐劳逸[8]。故平准、均输，所以平万物而便百姓，非开利孔而为民罪梯者也。"

【注释】[1]方物：本地产物，土产。贡输：进贡输送到京师。[2]苦恶：质量差。[3]不偿其费：货物的价值抵不了运费。[4]委府：储积物资的官署。[5]县官：朝廷，官府。实：财货。[6]贸利：牟利。[7]失职：失业。[8]齐：平均。

刘贺之废

江西南昌西汉海昏侯墓是2015年度全国十大考古发现之一，社会影响极大。其精美的随葬品令人惊叹不已，墓主刘贺的经历更是传奇。汉昭帝英年早逝，没有子嗣，年轻的昌邑王刘贺得以继承帝位。而他又在短短二十七天后被权臣霍光废除，为出身贫寒、更易控制的武帝皇曾孙刘询

（即汉宣帝）"让道"。本节选自《汉书·霍光金日䃅传》，记述了霍光发动政变的经过，读来令人感到寒气逼人。霍光在回忆这震动朝廷的场景时，也感慨道："使我至今病悸。"

《汉书·霍光金日䃅传》（节选）

贺者，武帝孙，昌邑哀王子也[1]。既至，即位，行淫乱。光忧懑[2]，独以问所亲故吏大司农田延年[3]。延年曰："将军为国柱石[4]，审此人不可[5]，何不建白太后[6]，更选贤而立之？"光曰："今欲如是，于古尝有此否？"延年曰："伊尹相殷，废太甲以安宗庙[7]，后世称其忠。将军若能行此，亦汉之伊尹也。"光乃引延年给事中[8]，阴与车骑将军张安世图计[9]，遂召丞相、御史、将军、列侯、中二千石、大夫、博士会议未央宫[10]。光曰："昌邑王行昏乱，恐危社稷，如何？"群臣皆惊鄂失色[11]，莫敢发言，但唯唯而已[12]。田延年前，离席按剑，曰："先帝属将军以幼孤，寄将军以天下，以将军忠贤能安刘氏也。今群下鼎沸[13]，社稷将倾，且汉之传谥常为孝者[14]，以长有天下，令宗庙血食也[15]。如令汉家绝祀，将军虽死，何面目见先帝于地下乎？今日之议，不得旋踵[16]。群臣后应者，臣请剑斩之。"光谢曰："九卿责光是也。天下匈匈不安[17]，光当受难[18]。"于是议者皆叩头，曰："万姓之命在于将军，唯大将军令[19]。"

【注释】[1]昌邑哀王：刘贺之父刘髆，武帝第五子，李夫人所生。 [2]懑：愁闷。 [3]故吏：田延年原在霍光幕府中任事，故称"故吏"。大司农：官名，九卿之一，掌国家财政收支。 [4]柱石：顶梁的柱子和垫柱的础石，指担当重任的人。 [5]审：观察，考察。 [6]建白：指对国事有所建议及陈述。白，告诉。太后：指霍光的外孙女上官氏，昭帝的皇后。 [7]伊尹相殷，废太甲以安宗庙：伊尹为商汤之相，汤死后，掌朝政，专废立，曾放逐太甲于桐宫。宗庙，祭祀祖宗的庙宇，指朝廷和国家政权。 [8]引：荐举。给事中：加官名，侍从皇帝左右，备顾问应对，参议政事，因执事于殿中，故名。 [9]车骑将军：官名，掌征伐背叛，多以亲近之臣、外戚担任。图计：谋划，措置。 [10]中二千石：官秩名，九卿秩皆中二千石，故又用为九卿的代称。未央宫：宫殿名，故址在今陕西西安市西北长安故城内西南隅。［11］惊鄂：同"惊愕"。［12］唯唯：不置可否的样子。［13］鼎沸：比喻形势纷扰动乱。［14］汉之传谥常为孝：指汉帝的谥号常加"孝"。［15］血食：受享祭品。古代杀牲取血以祭，故称。［16］旋踵：转身。指畏避退缩。［17］匈匈：骚乱不安的样子。［18］光当受难：霍光应该受群臣的责难，指上文的"九卿责光是也"。［19］唯：副词，表听任，任随。

光即与群臣俱见白太后，具陈昌邑王不可以承宗庙状。皇太后乃车驾幸未央承明殿[1]，诏诸禁门毋内昌邑群臣[2]。王入朝太后还，乘辇欲归温室[3]，中黄门宦者各持门扇[4]，王入，门闭，昌邑群臣不得入。王曰："何为？"大将军跪曰："有皇太后诏，毋内昌邑群臣。"王曰："徐之[5]，何乃惊人如是！"光使尽驱出昌邑群臣，置金马门外[6]。车骑将军安世将羽林骑收缚二百余人[7]，皆送廷尉诏狱。令故昭帝侍中中臣侍守王[8]。光敕左右："谨宿卫，卒有物故自裁[9]，令我负天下，有杀主名。"王尚未自知当废，谓左右："我故群臣从官安得罪，而大将军尽系之乎。"顷之，有太后诏召王，王闻召，意恐，乃曰："我安得罪而召我哉！"太后被珠襦[10]，盛服坐武帐中[11]，侍御数百人皆持兵，期门武士陛戟[12]，陈列殿下。群臣以次上殿，召昌邑王伏前听诏。……

【注释】［1］幸：指皇族亲临某地。［2］禁门：宫门。内：通"纳"，放进。［3］辇：专指帝王后妃乘坐的车。温室：殿名。冬日避寒之处，这里指未央宫温室殿。［4］中黄门：在宫中黄门之内任事的宦官。［5］徐之：慢慢来。［6］金马门：未央宫正门，门外有铜马，故名。［7］羽林骑：禁卫军名，汉武帝时选西北六郡良家子弟宿卫建章宫，称建章营骑，后改名羽林骑。［8］中臣：或以为是"中官"之讹，中官是宦者的统称。侍守：名侍而实守，指软禁，以防发生意外事故。［9］物故：死亡。自裁：自杀。［10］珠襦：用珍珠穿成的短上衣，帝后的正式服装，指太后召见昌邑王是在正式的场合，要做出重要决定。［11］武帐：置有兵器和卫士的帷帐。［12］期门：皇帝的一种护卫，武帝时置。陛戟：持戟侍卫于殿阶两侧。

傅介子刺楼兰王

昭帝初年，西域诸国的态度摇摆不定。龟兹、楼兰苦于迎送汉使，"复为匈奴反间，数遮杀汉使"。本节选自《汉书·傅常郑甘陈段传》，元凤四年，霍光派傅介子前往刺杀楼兰王安归，汉朝另立安归之弟在汉者为王，改国名为鄯善。这一举动不仅维护了西域道路的畅通，还加强了汉朝对南道诸国的控制。

《汉书·傅常郑甘陈段传》（节选）

傅介子，北地人也[1]，以从军为官。先是，龟兹、楼兰皆尝杀汉使者[2]，语在《西域传》。至元凤中[3]，介子以骏马监求使大宛[4]，因诏令责楼兰、龟兹国。

介子至楼兰，责其王教匈奴遮杀汉使[5]："大兵方至，王苟不教匈奴[6]，匈奴使过至诸国，何为不言？"王谢服[7]，言"匈奴使属过[8]，当至乌孙[9]，道过龟兹。"介子至龟兹，复责其王，王亦服罪。介子从大宛还到龟兹，龟兹言"匈奴使从乌孙还，在此。"介子因率其吏士共诛斩匈奴使者。还奏事，诏拜介子为中郎[10]，迁平乐监[11]。

【注释】[1]北地：郡名，故郡治在今甘肃庆阳西北。[2]龟兹：西域古国名，居于天山南麓，当汉通西域北道交通线上，在今新疆喀什一带。楼兰：西域古国名，在今新疆罗布泊西南。[3]元凤：汉昭帝年号，前80年至前75年使用。[4]骏马监：太仆骏马令的属官。大宛：西域古国名，以产汗血马著称，在今中亚费尔干纳盆地。[5]教：怂恿。遮杀：截击。[6]苟：如果。[7]谢：道歉。[8]属：刚刚。[9]乌孙：西域古国名，在今新疆伊犁河谷。[10]中郎：官名，为近侍官，属郎中令。[11]平乐监：《汉书·功臣表》作"平乐厩监"。

介子谓大将军霍光曰："楼兰、龟兹数反复而不诛[1]，无所惩艾[2]。介子过龟兹时，其王近就人[3]，易得也，愿往刺之，以威示诸国。"大将军曰："龟兹道远，且验之于楼兰。"于是白遣之。

　　介子与士卒俱赍金币[4]，扬言以赐外国为名。至楼兰，楼兰王意不亲介子，介子阳引去[5]，至其西界，使译谓曰："汉使者持黄金锦绣行赐诸国，王不来受，我去之西国矣。"即出金币以示译。译还报王，王贪汉物，来见使者。介子与坐饮，陈物示之。饮酒皆醉，介子谓王曰："天子使我私报王[6]。"王起随介子入帐中，屏语[7]，壮士二人从后刺之，刃交胸[8]，立死。其贵人左右皆散走。介子告谕以"王负汉罪，天子遣我来诛王，当更立前太子质在汉者。汉兵方至[9]，毋敢动，动，灭国矣！"遂持王首还诣阙，公卿将军议者咸嘉其功。上乃下诏曰："楼兰王安归尝为匈奴间[10]，候遮汉使者，发兵杀略卫司马安乐、光禄大夫忠、期门郎遂成等三辈[11]，及安息、大宛使，盗取节印献物[12]，甚逆天理。平乐监傅介子持节使诛斩楼兰王安归首，县之北阙[13]，以直报怨，不烦师众[14]。其封介子为义阳侯，食邑七百户。士刺王者皆补侍郎。"

【注释】［1］数：屡次。　［2］惩艾：惩治。艾，通"乂"，治。　［3］近就：亲近。　［4］赍：携带。金币：钱财与车马玉帛等聘享之物。　［5］阳：通"佯"，假装。　［6］私：不公开的，暗地里。　［7］屏语：屏退他人密语。　［8］交胸：指刀刃在胸前相交。　［9］方：将要。　［10］安归：楼兰王名，《汉书·西域传》作"尝归"。间：间谍。　［11］卫司马：官名，掌管西域屯田的军队。　［12］节印：指汉使的符节与印。　［13］县：通"悬"。　［14］烦：动用。

西域都护

　　昭宣时期的对外政策也是积极的。元凤三年，范明友出辽东；本始二年，汉兵五路出击，"匈奴遂衰耗"；本始三年，常惠攻降龟兹；神爵二年，匈奴日逐王降汉；甘露三年，呼韩邪单于来朝。一系列事件后，匈奴在西域的影响大大削弱，汉朝对西域及葱岭以西各国的威慑力相对加强，武昭宣三世的开边事业可谓大功告成。本节选自《汉书·傅常郑甘陈段传》与《汉书·西域传上》，记述了西域都护的设立过程，这是中央政权管理西域的开始。

《汉书·傅常郑甘陈段传》（节选）

郑吉，会稽人也[1]，以卒伍从军，数出西域，由是为郎。吉为人强执[2]，习外国事。自张骞通西域，李广利征伐之后[3]，初置校尉[4]，屯田渠黎[5]。至宣帝时，吉以侍郎田渠黎[6]，积谷，因发诸国兵攻破车师[7]，迁卫司马，使护鄯善以西南道[8]。

【注释】[1]会稽：郡名，故郡治在吴县（今江苏苏州）。东汉永建四年（129年）移山阴县（今浙江绍兴）。 [2]强执：坚强执着。 [3]李广利征伐：指武帝朝中后期李广利征伐大宛、匈奴。 [4]初置校尉：指李广利征伐大宛后汉朝所设的使者校尉，代表中央处理西域事务，并负责统领、保护轮台、渠犁等地的屯田，为使者提供给养。[5]渠黎：即渠犁，西域古国名，在今新疆轮台县东南。 [6]田：即屯田。 [7]攻破车师：指宣帝地节二年（前68年），郑吉与校尉司马喜共同攻破车师之事，事见《汉书·西域传·车师后国传》。 [8]护：监视，领导。南道：出西域有两条道，从鄯善西行，到达莎车，称南道；从车师西行，到达疏勒，称北道。

神爵中，匈奴乖乱，日逐王先贤掸欲降汉，使人与吉相闻[1]。吉发渠黎、龟兹诸国五万人迎日逐王，口万二千人、小王将十二人随吉至河曲[2]，颇有亡者，吉追斩之，遂将诣京师。汉封日逐王为归德侯。

吉既破车师，降日逐，威震西域，遂并护车师以西北道，故号都护[3]。都护之置自吉始焉。

上嘉其功效，乃下诏曰："都护西域骑都尉郑吉，拊循外蛮[4]，宣明威信，迎匈奴单于从兄日逐王众，击破车师兜訾城[5]，功效茂著。其封吉为安远侯，食邑千户。"吉于是中西域而立莫府[6]，治乌垒城[7]，镇抚诸国，诛伐怀集之[8]。汉之号令班西域矣[9]，始自张骞而成于郑吉。语在《西域传》。

【注释】[1]相闻：互通消息。 [2]河曲：指今甘肃境内河流迂曲之处。 [3]都护：

郑吉既护鄯善以西的南道,又护车师以西的北道,因此称为都护。都,总。　[4]拊循:安抚,抚慰。　[5]兜訾:西域古地名,或以为即交河城,《汉书·西域传·车师后国传》称"郑吉……攻破交河城",在今新疆吐鲁番西北。　[6]中西域:位于西域的中央。莫府:即幕府,军政大吏的府署。　[7]治:治所,地方长官的官署。乌垒:西域古地名,《汉书·西域传·乌垒传》载:"乌垒,户百一十,口千二百,胜兵三百……其南三百三十里至渠犁。"地理位置难以详考,一般认为在今新疆中部巴音郭楞蒙古自治州轮台县境内。　[8]怀集:怀柔安集。　[9]班:同"颁",颁布。

《汉书·西域传上》（节选）

……都护之起,自（郑）吉置矣。僮仆都尉由此罢[1],匈奴益弱,不得近西域。于是徙屯田,田于北胥鞬[2],披莎车之地[3],屯田校尉始属都护[4]。都护督察乌孙、康居诸外国动静,有变以闻。可安辑,安辑之;可击,击之[5]。都护治乌垒城,去阳关二千七百三十八里,与渠犁田官相近[6],土地肥饶,于西域为中,故都护治焉。

【注释】　[1]僮仆都尉:匈奴所置官名,常居焉耆、危须、尉黎等地之间,向西域各国征收赋税。　[2]北胥鞬:西域古地名,悬泉汉简等作"比胥健",或认为其在西域南道莎车国境内,或认为其在车师前部,今鄯善一带。　[3]披:分开。　[4]屯田校尉:官名,主管屯田。　[5]可安辑,安辑之;可击,击之:此句意为西域都护有便宜从事的权力。安辑,安抚。　[6]田官:农务官署,武帝时因保障战争供给需要在西北屯田,昭帝后,逐步嬗变为管理郡国公田。

王氏的兴起

本节选自《汉书·元后传》与《汉书·王莽传》。西汉后期的改革运动遭遇了外戚跋扈专权这一绊脚石。汉成帝即位后,元帝后族王氏势力臻于鼎盛，"家凡十侯，五大司马，外戚莫盛焉"（《汉书·外戚传》）。改革大潮不可阻挡，外戚专权难以逆转，历史再次表现出它的创造性——创造出王莽这一历史人物。正如余英时先生所说，王莽"是当时两种矛盾的社会势力的综合产物"，一方面，"他乃是外戚，属于王室势力的系统"，但"从其行事及所推行的政策看，则他又代表了汉代士人的共同政治理想"。王莽的出现为两种对立的社会势力找到了相互结合的方式，也使两种对立的发展趋势交叉汇合在一起。

《汉书·元后传》（节选）

元帝崩，太子立，是为孝成帝。尊皇后为皇太后[1]，以凤为大司马大将军领尚书事[2]，益封五千户[3]。王氏之兴自凤始。又封太后同母弟崇为安成侯，食邑万户。凤庶弟谭等皆赐爵关内侯[4]，食邑。

……

后五年[5]，诸吏散骑安成侯崇薨[6]，谥曰共侯。有遗腹子奉世嗣侯[7]，太后甚哀之。明年，河平二年，上悉封舅谭为平阿侯，商成都侯，立红阳侯，根曲阳侯，逢时高平侯。五人同日封，故世谓之"五侯"。太后同产唯曼蚤卒[8]，余毕侯矣。……

【注释】[1] 皇后：指元帝皇后王氏，成帝之母。 [2] 凤：即王太后的同母兄弟王凤。大司马大将军：汉武帝时始置，以大司马之号冠于大将军之上，外掌军权，统理军事行政事务，代行汉初太尉的职权，又内秉枢机，领衔内朝参与决策。领尚书事：兼领尚书事务。西汉之制，均以内朝官领尚书事。领，以地位较高的官员兼理较低的职务，称"领"。 [3] 益封五千户：指再增加五千户的食邑。 [4] 庶弟：庶出的弟弟。关内侯：爵位名。秦汉时置，为二十等爵的第十九级，位在彻侯之下。 [5] 后五年：指成帝河平元年。 [6] 诸吏散骑：诸吏、散骑都是加官之名，加官指本职外兼受的其他官职，以示尊崇。 [7] 遗腹子：指怀孕妇人于丈夫死后所生的孩子。 [8] 同产：原指同母所生，或认为同父所生也可称为同产，据《汉书·元后传》，只有王凤、王崇与王太后是同母所生。曼：即王莽之父王曼。

大将军凤用事[1],上遂谦让无所颛[2]。左右常荐光禄大夫刘向少子歆通达有异材[3]。上召见歆,诵读诗赋,甚说之,欲以为中常侍[4],召取衣冠[5]。临当拜,左右皆曰:"未晓大将军[6]。"上曰:"此小事,何须关大将军[7]?"左右叩头争之。上于是语凤,凤以为不可,乃止。其见惮如此。

……

自是公卿见凤,侧目而视[8],郡国守相刺史皆出其门[9]。又以侍中太仆音为御史大夫[10],列于三公。而五侯群弟,争为奢侈,赂遗珍宝,四面而至;后庭姬妾,各数十人,僮奴以千百数,罗钟磬,舞郑女[11],作倡优[12],狗马驰逐;大治第室,起土山渐台[13],洞门高廊阁道[14],连属弥望[15]。百姓歌之曰:"五侯初起,曲阳最怒[16],坏决高都,连竟外杜[17],土山渐台西白虎[18]。"其奢僭如此。然皆通敏人事[19],好士养贤,倾财施予,以相高尚。

……

久之,平阿侯谭薨,谥曰安侯,子仁嗣侯。太后怜弟曼蚤死,独不封,曼寡妇渠供养东宫[20],子莽幼孤不及等比[21],常以为语。平阿侯谭、成都侯商及在位多称莽者。久之,上复下诏追封曼为新都哀侯,而子莽嗣爵为新都侯。……

【注释】[1]用事:执政,当权。 [2]无所颛:指元帝行事都会问王凤的意见。颛,通"专",专擅。 [3]通达:通晓,洞达。 [4]中常侍:官名,出入朝廷,常为列侯至郎中的加官,西汉时由士人担任,东汉则专用宦官担任。 [5]衣冠:指授官时的正式着装。 [6]晓:白,告诉。 [7]关:白,告诉。 [8]侧目而视:斜着眼睛看人,形容憎恨或又怕又愤恨。 [9]郡国守相、刺史皆出其门:指曾担任王凤家僚属的人都当上了大官。 [10]侍中:加官名,侍卫皇帝,出入宫廷。太仆:官名,九卿之一,掌舆马畜牧。 [11]郑女:指舞女。 [12]倡优:以音乐歌舞或杂技戏谑娱人的艺人。 [13]渐台:太液池中高台之名,或说台在池中为水所浸而称渐台。 [14]洞门:重重相对而相通的门。 [15]弥望:满目。弥,满。 [16]怒:气势盛。 [17]坏决高都,连竟外杜:长安之西有高都水、外杜里,王氏大治池宅,引高都水入长安城,影响到了外杜里。　［18］西白虎：一作"象西白虎"，指土山渐台仿效天子的白虎殿而建。［19］通敏：通达聪慧。　［20］渠：王曼寡妻之名。东宫：汉代指太后所居之宫。因太后的长乐宫在未央宫东，故称。　［21］等比：同辈，同列。

《汉书·王莽传上》（节选）

……莽群兄弟皆将军五侯子[1]，乘时侈靡，以舆马声色佚游相高[2]，莽独孤贫，因折节为恭俭[3]。受《礼经》，师事沛郡陈参[4]，勤身博学，被服如儒生。事母及寡嫂，养孤兄子，行甚敕备[5]。又外交英俊[6]，内事诸父，曲有礼意[7]。阳朔中[8]，世父大将军凤病[9]，莽侍疾，亲尝药，乱首垢面，不解衣带连月[10]。凤且死，以托太后及帝，拜为黄门郎[11]，迁射声校尉[12]。

【注释】［1］群兄弟：指叔伯兄弟。　［2］相高：互相竞争。　［3］折节：屈己下人。［4］沛郡：地名，故郡治在今安徽淮北市西北。　［5］敕备：谨慎周备，检点。敕，通"饬"，谨慎。　［6］英俊：才智出众的人。　［7］曲：委婉周道。　［8］阳朔中：汉成帝年号。　［9］世父：伯父。　［10］不解衣带：没有正常睡觉。　［11］黄门：宫中官署名，设有黄门侍郎、给事中黄门侍郎等官。　［12］射声校尉：武官名，掌管待诏射声之士。

……（王莽）迁骑都尉光禄大夫侍中[1]。宿卫谨敕，爵位益尊，节操愈谦。散舆马衣裘，振施宾客[2]，家无所余。收赡名士[3]，交结将相卿大夫甚众。故在位更推荐之[4]，游者为之谈说，虚誉隆洽[5]，倾其诸父矣[6]。敢为激发之行[7]，处之不惭恶[8]。

……

是时，太后姊子淳于长以材能为九卿，先进在莽右[9]。莽阴求其罪过，因大司马曲阳侯根白之，长伏诛，莽以获忠直，语在《长传》[10]。根因乞骸骨[11]，荐莽自代，上遂擢为大司马。是岁，绥和元年也，年三十八矣。莽既拔出同列，继四父而辅政[12]，欲令名誉过前人，遂克己不倦[13]，聘诸贤良以为掾史[14]，赏赐邑钱悉以享士[15]，愈为俭约。母病，公卿列侯遣夫人问疾，莽妻迎之，衣不曳地[16]，布蔽膝[17]。见之者以为僮使，问知其夫人，皆惊。

【注释】［1］骑都尉：官名，掌管皇帝的卫队。［2］振：通"赈"，赈济。［3］收赡：接纳，供养。［4］在位：指担任高官者。［5］虚誉：虚假的名声。［6］倾：超过。［7］激发：矫揉造作。［8］恶：惭愧。［9］先进：指出仕较早。右：前，以右为尊。［10］《长传》：指《汉书·佞幸传·淳于长传》。［11］乞骸骨：使骸骨得归葬故乡，指官吏自请退职。［12］四父：指王莽父辈的王凤、王音、王商、王根，都以大司马辅政。［13］克：约束。［14］聘诸：一作"聘请"。掾史：官署属员。［15］邑钱：指封邑的赋税收入。［16］曳：拖。［17］蔽膝：围于衣服前面的大巾。王莽之妻作为侯一级的夫人不应该用布制的蔽膝。

辅政岁余，成帝崩，哀帝即位，尊皇太后为太皇太后。太后诏莽就第[1]，避帝外家[2]。莽上疏乞骸骨，哀帝遣尚书令诏莽曰[3]："先帝委政于君而弃群臣，朕得奉宗庙，诚嘉与君同心合意。今君移病求退[4]，以著朕之不能奉顺先帝之意[5]，朕甚悲伤焉。已诏尚书待君奏事。"又遣丞相孔光、大司空何武、左将军师丹、卫尉傅喜白太后曰："皇帝闻太后诏，甚悲。大司马即不起，皇帝即不敢听政。"太后复令莽视事[6]。

【注释】［1］就第：指免职回家。［2］帝外家：指哀帝的祖母家傅氏和母家丁氏。［3］尚书令：官名，掌文书机要，自武帝后尚书令的职权渐重。［4］移病：移书称病。［5］著：显明，显出。［6］视事：就职治事。

今古文之争

今文经，指的是秦汉以来经师们口授耳闻、用汉代通行的隶书写就的儒家经典；与之相对的古文经，则是用篆文写就的、因机缘巧合免于秦火的经典。汉惠帝废除挟书律之后，古文经渐出。今古文两派在学术、政治思想上各持一端、互相攻诋。哀帝时，为了适应王莽改制的需要，刘歆掀起了今古文之争的第一次高潮，即本节选自《汉书·楚元王传》的《移让太常博士书》。在这篇文章中，刘歆回顾了周秦汉以来经学的概况，并指出今文经学有"烦言碎辞""专己守残"诸多弊端。因为这篇言辞激烈的上疏，刘歆"为众儒所讪，惧诛，求出补吏，为河内太守"，仓皇避祸。到了王莽秉政时期，刘歆被擢为"国师"，古文经也被立为官学。

《汉书·楚元王传》（节选）

（刘）歆及向始皆治《易》，宣帝时，诏向受《穀梁春秋》[1]，十余年，大明习。及歆校秘书[2]，见古文《春秋左氏传》，歆大好之。时丞相史尹咸以能治《左氏》，与歆共校经传。歆略从咸及丞相翟方进受，质问大义[3]。初《左氏传》多古字古言，学者传训故而已[4]，及歆治《左氏》，引传文以解经[5]，转相发明[6]，由是章句义理备焉[7]。歆亦湛靖有谋[8]，父子俱好古，博见强志[9]，过绝于人。歆以为左丘明好恶与圣人同，亲见夫子[10]，而公羊、穀梁在七十子后[11]，传闻之与亲见之，其详略不同。歆数以难向，向不能非间也[12]，然犹自持其《穀梁》义。及歆亲近[13]，欲建立《左氏春秋》及《毛诗》《逸礼》《古文尚书》皆列于学官[14]。哀帝令歆与《五经》博士讲论其义，诸博士或不肯置对[15]，歆因移书太常博士，责让之曰：

【注释】[1]《穀梁春秋》：即《春秋穀梁传》，相传是战国时鲁人谷梁赤所作，在西汉时成书。《左氏传》《公羊传》《穀梁传》并称"春秋三传"。[2]校：校勘。秘书：宫禁秘藏之书。[3]质：正。[4]训故：即训诂，解释古书中的字、词句的意义。[5]引传文以解经：指用《左传》解释《春秋》。[6]发明：阐述，阐发。

[7]章：章节。句：句读。义：经义。理：名理。　[8]湛靖：沉着冷静。　[9]志：记。[10]左丘明好恶与圣人同，亲见夫子：指左丘明跟孔子有过接触，因此《左传》更加可据。　[11]七十子：指孔子的弟子。　[12]非间：责难。　[13]亲近：指被王莽重用。　[14]《毛诗》：西汉时，鲁国毛亨和赵国毛苌所辑和注的古文《诗》。《逸礼》：《仪礼》十七篇以外的古文礼经，相传有三十九篇，今亡佚。《古文尚书》：汉代鲁恭王坏孔子宅得到的古文《尚书》五十篇。列于学官：指由博士讲授，传授弟子。　[15]置对：对问，答辩。

昔唐虞既衰[1]，而三代迭兴[2]，圣帝明王，累起相袭，其道甚著。周室既微而礼乐不正，道之难全也如此。是故孔子忧道之不行，历国应聘。自卫反鲁，然后乐正，《雅》《颂》乃得其所；修《易》，序《书》[3]，制作《春秋》，以纪帝王之道。及夫子没而微言绝[4]，七十子终而大义乖[5]。重遭战国[6]，弃笾豆之礼[7]，理军旅之陈，孔氏之道抑，而孙吴之术兴[8]。陵夷至于暴秦[9]，燔经书，杀儒士，设挟书之法[10]，行是古之罪，道术由是遂灭。汉兴，去圣帝明王遐远，仲尼之道又绝，法度无所因袭。时独有一叔孙通略定礼仪[11]，天下唯有《易》卜，未有它书。至孝惠之世，乃除挟书之律，然公卿大臣绛、灌之属咸介胄武夫[12]，莫以为意。至孝文皇帝，始使掌故朝错从伏生受《尚书》[13]。《尚书》初出于屋壁，朽折散绝，今其书见在，时师传读而已[14]。《诗》始萌牙[15]。天下众书往往颇出，皆诸子传说，犹广立于学官，为置博士。在汉朝之儒，唯贾生而已[16]。至孝武皇帝，然后邹、鲁、梁、赵颇有《诗》《礼》《春秋》先师，皆起于建元之间。当此之时，一人不能独尽其经，或为《雅》或为《颂》，相合而成。《泰誓》后得[17]，博士集而读之。故诏书称曰："礼坏乐崩，书缺简脱，朕甚闵焉。"时汉兴已七八十年，离于全经，固已远矣。

【注释】[1]唐、虞：唐尧与虞舜的并称。　[2]迭：屡次，连着。　[3]序：依次序排列。　[4]微言：精深微妙的言辞。　[5]乖：不顺，不和谐。　[6]重：再。　[7]笾豆：笾和豆，古代祭祀及宴会时常用的两种礼器，竹制为笾，木制为豆。［8］孙吴：孙武、吴起，古代兵家的代表。［9］陵夷：衰颓，衰落。［10］挟书：私藏书籍。［11］叔孙通：汉初的儒者，曾辅助汉高祖制定朝会的礼仪。［12］介胄：铠甲和头盔。［13］掌故：官名，下属于太常。［14］时师传读：指私下传习，没有立于学官。［15］《诗》始萌牙：指《诗》学刚刚发展。［16］贾生：指贾谊。贾谊是汉朝传习《左传》著名的先师。［17］《泰誓》后得：指武帝末期，民间有人进献《尚书·泰誓》。

及鲁恭王坏孔子宅，欲以为宫，而得古文于坏壁之中，《逸礼》有三十九，《书》十六篇。天汉之后[1]，孔安国献之，遭巫蛊仓卒之难[2]，未及施行。及《春秋》左氏丘明所修，皆古文旧书，多者二十余通[3]，臧于秘府[4]，伏而未发。孝成皇帝闵学残文缺，稍离其真，乃陈发秘臧，校理旧文，得此三事[5]，以考学官所传，经或脱简，传或间编[6]。传问民间，则有鲁国桓公、赵国贯公、胶东庸生之遗学与此同，抑而未施。此乃有识者之所惜闵，士君子之所嗟痛也。往者缀学之士不思废绝之阙[7]，苟因陋就寡，分文析字，烦言碎辞，学者罢老且不能究其一艺[8]。信口说而背传记[9]，是末师而非往古[10]，至于国家将有大事，若立辟雍、封禅、巡狩之仪[11]，则幽冥而莫知其原[12]。犹欲保残守缺，挟恐见破之私意，而无从善服义之公心，或怀妒嫉，不考情实，雷同相从，随声是非，抑此三学[13]，以《尚书》为备[14]，谓左氏为不传《春秋》[15]，岂不哀哉！

【注释】［1］天汉：汉武帝年号。［2］巫蛊仓卒之难：指武帝晚年因更换储君而引起的宫廷政变。［3］通：部。［4］秘府：宫禁中藏图书秘记的地方。［5］三事：指《古文尚书》《逸礼》和《左传》。［6］间编：指旧编绳腐朽，竹简散开，重新编次时有脱漏。［7］缀学：编辑前人旧文之学问。［8］罢：通"疲"。［9］口说：指口耳相授的今文。传记：指古文。［10］末师：指传习今文的经师。［11］辟雍：行乡饮、大射或祭祀之礼的地方。［12］幽冥：暗昧，昏庸。［13］三学：指《古文尚书》《逸礼》和《左传》。［14］以《尚书》为备：指以为《尚书》二十八篇是完备而无缺的。［15］左氏为不传《春秋》：指太常博士们认为《左传》是左丘明自己的著述，而非阐发

《春秋》所作。

　　今圣上德通神明，继统扬业，亦闵文学错乱，学士若兹，虽昭其情，犹依违谦让[1]，乐与士君子同之。故下明诏，试《左氏》可立不，遣近臣奉指衔命，将以辅弱扶微，与二三君子比意同力[2]，冀得废遗[3]。今则不然，深闭固距[4]，而不肯试，猥以不诵绝之[5]，欲以杜塞余道，绝灭微学。夫可与乐成，难与虑始，此乃众庶之所为耳，非所望士君子也。且此数家之事，皆先帝所亲论，今上所考视，其古文旧书，皆有征验，外内相应[6]，岂苟而已哉！

　　夫礼失求之于野，古文不犹愈于野乎[7]？往者博士《书》有欧阳，《春秋》公羊，《易》则施、孟，然孝宣皇帝犹复广立《穀梁春秋》《梁丘易》，大小《夏侯尚书》，义虽相反，犹并置之。何则？与其过而废之也，宁过而立之。传曰："文武之道未坠于地，在人；贤者志其大者，不贤者志其小者[8]。"今此数家之言所以兼包大小之义，岂可偏绝哉！若必专己守残，党同门，妒道真，违明诏，失圣意，以陷于文吏之议，甚为二三君子不取也。

【注释】［1］依违：模棱两可。［2］比：合。［3］冀得废遗：指希望将废而不传的经典继续传授下去。［4］深闭固距：指坚决不接受别人的意见。［5］猥以不诵绝之：指以苟且的态度不加诵习，意欲绝灭此学。［6］外内相应：外指民间桓公、贯公、庸生所传，内指秘府藏书。［7］愈：胜过。［8］文武之道未坠于地，在人；贤者志其大者，不贤者志其小者：语出《论语·子张》。

新 莽

王莽改制

本节选自《汉书·王莽传》，前两个选段记述了诱使西羌内属、王莽即位的经过，以期读者对王莽的对外政策、政权构成有一定了解。第三个选段即著名的"王田私属"令。这道要求土地国有、禁止奴婢买卖的命令几乎形同废纸，颁布三年后不得不废除。正如钱穆先生所言："社会经济，有其自然生长之过程，亦有其相当合理之背景。今欲以在上者之一纸诏令，一旦为之改弦更张，其势有所不能。"（《秦汉史》）王莽时期在学术文化、对外政策、社会制度等各方面有一系列的改制措施，最终都烟消火灭。

《汉书·王莽传上》（节选）

莽既致太平，北化匈奴，东致海外，南怀黄支[1]，唯西方未有加。乃遣中郎将平宪等多持金币诱塞外羌，使献地，愿内属。宪等奏言："羌豪良愿等种，人口可万二千人，愿为内臣，献鲜水海、允谷盐池[2]，平地美草皆予汉民，自居险阻处为藩蔽。问良愿降意，对曰：'太皇太后圣明，安汉公至仁，天下太平，五谷成孰，或禾长丈余，或一粟三米，或不种自生，或茧不蚕自成，甘露从天下，醴泉自地出[3]，凤皇来仪，神爵降集[4]。从四岁以来，羌人无所疾苦，故思乐内属。'宜以时处业，置属国领护[5]。"事下莽，莽复奏曰："太后秉统数年，恩泽洋溢，和气四塞，绝域殊俗，靡不慕义。越裳氏重译献白雉[6]，黄支自三万里贡生犀，东夷王度大海奉国珍，匈奴单于顺制作，去二名[7]，今西域良愿等复举地为臣妾,昔唐尧横被四表[8],亦亡以加之。今谨案已有东海、南海、北海郡,未有西海郡,请受良愿等所献地为西海郡。臣又闻圣王序天文,定地理,因山川民俗以制州界。汉家地广二帝三王,凡十二州,州名及界多不应经。《尧典》十有二州[9],后定为九州[10]。汉家廓地辽远,州牧行部[11],远者三万余里,不可为九。谨以经义正十二州名分界,以应正始。"奏可。又增法五十条,犯者徙之西海。徙者以千万数,民始怨矣。

【注释】[1]黄支:古国名。一般以为在今印度马德拉斯邦附近。 [2]鲜水海:一称西海,即青海湖。允谷:地名,在青海湖西南。 [3]醴泉:甘泉。 [4]神爵:神雀。 [5]属国:附属国。 [6]越裳氏:亦作"越常",古南海国名。重译:辗转翻译,指路途遥远,语言不通。 [7]去二名:不用两个字的名字,指王莽令匈奴单于囊知牙斯改名为知一事。 [8]横:光。 [9]《尧典》:《尚书》中的篇名。 [10]九州:指《尚书·禹贡》冀、兖、青、徐、扬、荆、豫、梁、雍九州。 [11]行部:巡行所属部域,考核政绩。

梓潼人哀章学问长安[1],素无行[2],好为大言。见莽居摄[3],即作铜匮[4],为两检[5],署其一曰"天帝行玺金匮图[6]",其一署曰"赤帝行玺某传予黄帝金策书[7]"。某者,高皇帝名也。书言王莽为真天子,皇太后如天命。图书皆书莽大臣八人,又取令名王兴、王盛[8],章因自窜姓名[9],凡为十一人,皆署官爵,为辅佐。章闻齐井、石牛事下[10],即日昏时,衣黄衣,持匮至高庙[11],以付仆射。仆射以闻。戊辰,莽至高庙拜受金匮神嬗[12]。御王冠[13],谒太后,还坐未央宫前殿,下书曰:"予以不德,托于皇初祖考黄帝之后,皇始祖考虞帝之苗裔[14],而太皇太后之末属。皇天上帝隆显大佑,成命统序[15],符契图文,金匮策书,神明诏告,属予以天下兆民[16]。赤帝汉氏高皇帝之灵,承天命,传国金策之书,予甚祗畏[17],敢不钦受!以戊辰直定[18],御王冠,即真天子位,定有天下之号曰新。其改正朔[19],易服色,变牺牲,殊徽帜,异器制。以十二月朔癸酉为建国元年正月之朔,以鸡鸣为时[20]。服色配德上黄,牺牲应正用白[21],使节之旄幡皆纯黄[22],其署曰'新使五威节^[23]，以承皇天上帝威命也。"

【注释】［1］梓潼：县名，故县治在今四川梓潼。［2］无行：品行不端。［3］居摄：王莽代居皇帝位处理政务。［4］匮：同"柜"。［5］检：题签。［6］署：题字。［7］赤帝：汉初传说多以刘邦为赤帝子。［8］令名王兴、王盛：王氏兴盛。令名，美好的名字。［9］窜：修改文字。［10］齐井、石牛：指刘京进言齐郡有新井，扈云进言巴郡有石牛两事。齐井、石牛都被视为王莽即位的符命。［11］高庙：高祖刘邦之庙。［12］嬗：同"禅"，指神意使汉帝禅位于王莽。［13］御：进。［14］苗裔：后代。［15］成命：既定的天命。［16］属：委托。［17］祗畏：敬畏。［18］戊辰直定：戊辰为吉日。［19］正朔：一年的第一天，指历法。［20］鸡鸣为时：以丑时为十二时之始。［21］应正用白：王莽以阴历十二月为正月，建丑，丑色白，因此牺牲用白。［22］旄幡：用牦牛尾装饰的旗帜。［23］五威：指秉五帝之威。

莽曰："古者，设庐井八家^[1]，一夫一妇田百亩，什一而税，则国给民富而颂声作。此唐、虞之道，三代所遵行也。秦为无道，厚赋税以自供奉，罢民力以极欲，坏圣制，废井田，是以兼并起，贪鄙生，强者规田以千数^[2]，弱者曾无立锥之居^[3]。又置奴婢之市，与牛马同兰^[4]，制于民臣，颛断其命^[5]。奸虐之人因缘为利^[6]，至略卖人妻子^[7]，逆天心，悖人伦，缪于'天地之性人为贵'之义^[8]。《书》曰'予则奴戮女^[9]'，唯不用命者，然后被此辜矣。汉氏减轻田租，三十而税一，常有更赋^[10]，罢癃咸出^[11]，而豪民侵陵，分田劫假^[12]。厥名三十税一，实什税五也。父子夫妇终年耕芸^[13]，所得不足以自存。故富者犬马余菽粟，骄而为邪；贫者不厌糟糠^[14]，穷而为奸。俱陷于辜，刑用不错。予前在大麓^[15]，始令天下公田口井^[16]，时则有嘉禾之祥，遭反虏逆贼且止。今更名天下田曰'王田^[17]'，奴婢曰'私属'，皆不得卖买。其男口不盈八，而田过一井者，分余田予九族邻里乡党。故无田，今当受田者，如制度。敢有非井田圣制，无法惑众者^[18]，投诸四裔^[19]，以御魑魅^[20]，如皇始祖考虞帝故事。"

【注释】［1］设庐井八家：周代实行井田制，八家为一井，每家庐舍在井田中，分田而耕作。［2］规：划分，占有。［3］曾：竟。［4］兰：通"栏"。［5］颛：通"专"。［6］缘：凭借。［7］略卖：劫掠贩卖。［8］天地之性人为贵：语出《孝经·圣治》。［9］予则奴戮女：语出《尚书·甘誓》。［10］更赋：代役税。成年男子要轮流服兵役，不愿赋役的人可以出钱由官府雇人代替。［11］罢癃：老病残疾，不能任事的人。［12］分田：分取田地的产物。劫假：穷人租赁富人的田地，富人占有穷人之税。［13］耕芸：即耕耘。［14］厌：满足。［15］大麓：总领，领录天子之事。［16］口井：统计人口设立井田。［17］王田：国有土地制。［18］无法：无视法令。［19］四裔：四方边远之地。［20］魑魅：传说中山泽的鬼怪，比喻坏人。

东 汉

昆阳之战

昆阳之战是历史上著名的以少胜多的战役,得到后世史论家的高度评价,明末大儒王夫之在《读通鉴论》中点评道:"昆阳之战,光武威震天下,王业之兴肇此矣。"可见此役的重要性。昆阳一战,京师震动,"三辅豪杰共诛王莽,传首诣宛",两年后,刘秀即帝位。此后,刘秀收降赤眉军,平定陇右隗氏、蜀地公孙氏,逐步实现政治统一。本节选自《后汉书·光武帝纪》,选段文笔紧凑生动,深入刻画了刘秀的性格细节,值得一读。

《后汉书·光武帝纪上》(节选)

世祖光武皇帝讳秀[1],字文叔,南阳蔡阳人[2],高祖九世之孙也,出自景帝生长沙定王发[3]。……

(更始元年)三月,光武别与诸将徇昆阳、定陵、郾[4],皆下之。多得牛马财物,谷数十万斛[5],转以馈宛下。莽闻阜、赐死[6],汉帝立,大惧,遣大司徒王寻、大司空王邑将兵百万,其甲士四十二万人,五月,到颍川[7],复与严尤、陈茂合。……

……诸将见寻、邑兵盛,反走,驰入昆阳,皆惶怖,忧念妻孥[8],欲散归诸城。光武议曰:"今兵谷既少,而外寇强大,并力御之,功庶可立[9];如欲分散,势无俱全。且宛城未拔,不能相救,昆阳即破,一日之间,诸部亦灭矣。今不同心胆共举功名,反欲守妻子财物邪?"诸将怒曰:"刘将军何敢如是！"光武笑而起。会候骑还[10]，言大兵且至城北，军陈数百里[11]，不见其后。诸将遽相谓曰[12]："更请刘将军计之。"光武复为图画成败[13]。诸将忧迫，皆曰"诺"[14]。时城中唯有八九千人，光武乃使成国上公王凤、廷尉大将军王常留守，夜自与骠骑大将军宗佻、五威将军李轶等十三骑[15]，出城南门，于外收兵。时莽军到城下者且十万，光武几不得出。既至郾、定陵，悉发诸营兵，而诸将贪惜财货，欲分留守之。光武曰："今若破敌，珍珤万倍[16]，大功可成；如为所败，首领无余[17]，何财物之有！"众乃从。

……

【注释】［1］世祖：刘秀的庙号。光武：刘秀的谥号。讳：古代对帝王和尊长不能直呼其名，而须避讳，故称其名为讳。　［2］南阳：故郡治在今河南南阳市。蔡阳：故县治在今湖北枣阳市西南。　［3］长沙定王发：汉景帝第十子，封于长沙国。　［4］徇：攻取。昆阳：故县治在今河南南阳市南。定陵：故县治在今河南舞阳县北。郾：故县治在今河南漯河市郾城区。　［5］斛：计量单位，十斗为一斛。　［6］阜、赐：王莽的将领甄阜、梁丘赐。　［7］颍川：故郡治在今河南禹州市。　［8］妻孥：妻子和儿女。　［9］庶：表推测，差不多。　［10］候骑：担任侦察巡逻任务的骑兵。　［11］陈：通"阵"。　［12］遽：慌忙。　［13］图画：策划。画，通"划"。　［14］诺：表示同意。　［15］五威将军：王莽所置将军名，李轶初起兵，故以此为号。　［16］珤：古"宝"字。　［17］首领：首级。

……（王邑）遂围之数十重，列营百数，云车十余丈[1]，瞰临城中[2]，旗帜蔽野，埃尘连天，钲鼓之声闻数百里[3]。或为地道，冲輣橦城[4]。积弩乱发，矢下如雨，城中负户而汲[5]。王凤等乞降，不许。寻、邑自以为功在漏刻[6]，意气甚逸。夜有流星坠营中，昼有云如坏山[7]，当营而陨，不及地尺而散，吏士皆厌伏[8]。

【注释】［1］云车：即楼车，攻城器，称"云"形容其高。　［2］瞰临：居高俯视。　［3］钲：军中乐器，用以节止军队行进步伐。　［4］冲：冲锋用的战车。輣：上有望楼的战车。橦：通"幢"，陷阵车。　［5］负户而汲：背着门取水。　［6］漏刻：很短的时间，古代以铜壶滴漏计时，一昼夜为一百刻，漏刻即滴漏一刻的时间。　［7］坏山：山崩，军营中星坠云陨，是不祥的征兆。　［8］厌伏：倾倒伏地。

六月己卯，光武遂与营部俱进，自将步骑千余，前去大军四五里而陈。寻、邑亦遣兵数千合战。光武奔之，斩首数十级。诸部喜曰："刘将军平生见小敌怯，今见大敌勇，甚可怪也，且复居前。请助将军！"光武复进，寻、邑兵却，诸部共乘之[1]，斩首数百千级。连胜，遂前。时伯升拔宛已三日[2]，而光武尚未知。乃伪使持书报城中，云"宛下兵到"，而阳堕其书[3]。寻、邑得之，不喜。诸将既经累捷，胆气益壮，无不一当百。光武乃与敢死者三千人，从城西水上冲其中坚[4]，寻、邑陈乱，乘锐崩之，遂杀王寻。城中亦鼓噪而出[5]，中外合势，震呼动天地，莽兵大溃，走者相腾践，奔殪百余里间[6]。会大雷风，屋瓦皆飞，雨下如注，滍川盛溢[7]，虎豹皆股战[8]，士卒争赴，溺死者以万数，水为不流。王邑、严尤、陈茂轻骑乘死人度水逃去[9]。尽获其军实辎重，车甲珍宝，不可胜算，举之连月不尽[10]，或燔烧其余[11]。

光武因复徇下颍阳[12]。会伯升为更始所害[13]，光武自父城驰诣宛谢[14]。司徒官属迎吊光武[15]，光武难交私语，深引过而已。未尝自伐昆阳之功[16]，又不敢为伯升服丧，饮食言笑如平常。更始以是惭，拜光武为破虏大将军，封武信侯。

【注释】［1］乘：追击。　［2］伯升：刘秀之兄刘縯的字，更始元年正月以来，刘縯一直在围攻宛城。　［3］阳：通"佯"，假装。堕：同"墮"，掉落。　［4］中坚：中军帅营。作战时主帅居中，统坚锐士卒，故称中坚。　［5］鼓噪：击鼓呐喊。　［6］殪：跌倒。　［7］滍川：即今源出河南鲁山县的沙河。　［8］股战：腿发抖。　［9］轻骑：轻装的骑兵。度：通"渡"。　［10］举：搬运。　［11］燔烧：焚烧。　［12］颍阳：故县治在今河南许昌市。　［13］更始：刘玄称帝的年号。刘玄是刘秀族兄，王莽末年被新市、平林兵拥立为帝。　［14］父城：故县治在今河南宝丰县东。　［15］司徒官属：指刘縯的属官。　［16］伐：夸耀。

退功臣而进文吏

光武帝后期，出于强化皇权、制御功臣、调整权力结构的需要，形成了"退功臣而进文吏"的局面。"退功臣"的同时，东汉政权也引进了大批通经的"文吏"。这些"文吏"普遍具有儒学背景。从深层次来说，清代史学家赵翼也发现"东汉功臣多近儒"的状况。事实上，整个东汉一代，其官僚政治的基础，已经大体是儒生了。这对后世的政治体制、文官制度影响深远。本节选自《资治通鉴·汉纪·建武十三年》与《后汉书·朱景王杜马刘傅坚马列传》。前一选段概述了"退功臣而进文吏"的政策，后一选段则是范晔的评价。

《资治通鉴·汉纪三十五》（节选）

（建武十三年）帝在兵间久，厌武事，且知天下疲耗，思乐息肩[1]，自陇、蜀平后，非警急，未尝复言军旅。皇太子尝问攻战之事，帝曰："昔卫灵公问陈，孔子不对[2]。此非尔所及。"邓禹、贾复知帝偃干戈[3]，修文德，不欲功臣拥众京师[4]，乃去甲兵，敦儒学[5]。帝亦思念，欲完功臣爵土，不令以吏职为过，遂罢左、右将军官。耿弇等亦上大将军、将军印绶，皆以列侯就第[6]，加位特进[7]，奉朝请[8]。

邓禹内行淳备[9]，有子十三人，各使守一艺，修整闺门，教养子孙，皆可以为后世法，资用国邑，不修产利。

贾复为人刚毅方直，多大节，既还私第，阖门养威重[10]。朱祐等荐复宜为宰相，帝方以吏事责三公，故功臣并不用。是时，列侯唯高密、固始、胶东三侯与公卿参议国家大事[11]，恩遇甚厚。帝虽制御功臣[12]，而每能回容[13]，宥其小失[14]。远方贡珍甘，必先遍赐诸侯，而太官无余[15]，故皆保其福禄，无诛谴者。

【注释】[1]息肩：卸下负担。语出《左传·襄公二年》。　[2]卫灵公问陈，孔子不对："卫灵公问陈于孔子，孔子曰：'俎豆之事，则尝闻之矣；军旅之事，未之学也。'"语出《论语·卫灵公》。［3］偃干戈：形容停止战争。偃，放倒。［4］拥众：拥有众多兵员。［5］敦：崇尚，注重。［6］就第：前往封地。［7］特进：褒美之称，授予列侯中有特殊地位的人。［8］奉朝请：褒美之称，多授予退职大臣，使之以奉朝请名义参加朝会。［9］淳备：朴质完美。［10］阖门：关上门。威重：威严和声望。［11］高密：指高密侯邓禹。固始：指固始侯李通。胶东：指胶东侯贾复。［12］制御：控制。［13］回容：变通（法律）以宽容小罪。回，曲，变通。［14］宥：原谅。［15］太官：官名，掌御膳饮食。

《后汉书·朱景王杜马刘傅坚马列传》（节选）

论曰：中兴二十八将，前世以为上应二十八宿，未之详也。然咸能感会风云[1]，奋其智勇，称为佐命，亦各志能之士也。议者多非光武不以功臣任职，至使英姿茂绩，委而勿用。然原夫深图远算，固将有以焉尔。若乃王道既衰，降及霸德，犹能授受惟庸[2]，勋贤皆序，如管、隰之迭升桓世，先、赵之同列文朝[3]，可谓兼通矣。降自秦、汉，世资战力，至于翼扶王运，皆武人屈起[4]。亦有鬻缯屠狗轻猾之徒[5]，或崇以连城之赏，或任以阿衡之地，故势疑则隙生，力侔则乱起。萧、樊且犹缧绁[6]，信、越终见葅戮[7]，不其然乎！自兹以降，迄于孝武，宰辅五世，莫非公侯。遂使缙绅道塞，贤能蔽壅[8]，朝有世及之私，下多抱关之怨[9]。其怀道无闻，委身草莽者，亦何可胜言。故光武鉴前事之违，存矫枉之志，虽寇、邓之高勋，耿、贾之鸿烈，分土不过大县数四，所加特进、朝请而已。观其治平临政，课职责咎，将所谓"导之以政，齐之以刑"者乎！若格之功臣[10]，其伤已甚。何者？直绳则亏丧恩旧，桡情则违废禁典[11]，选德则功不必厚，举劳则人或未贤，参任则群心难塞，并列则其敝未远[12]。不得不校其胜否，即以事相权。故高秩厚礼，允答元功，峻文深宪，责成吏职。建武之世，侯者百余，若夫数公者，则与参国议，分均休咎，其余并优以宽科，完其封禄，莫不终以功名延庆于后。昔留侯以为高祖悉用萧、曹故人，而郭伋亦讥南阳多显，郑兴又戒功臣专任[13]。夫崇恩偏授，易启私溺之失，至公均被，必广招贤之路，意者不其然乎！

【注释】［1］风云：语出《易·乾》："云从龙，风从虎，圣人作而万物睹。"［2］庸：功劳。［3］管、隰之迭升桓世：齐桓公之臣管仲、隰朋，管仲建议齐桓公重用隰朋。先、赵之同列文朝：晋文公之臣先轸、赵衰，赵衰辞让，建议晋文公以先轸为将。［4］屈起：崛起。［5］鬻缯屠狗：指汉初功臣灌婴、樊哙，灌婴曾贩缯，樊哙以屠狗为业。［6］萧、樊且犹缧绁：指汉初功臣萧何、樊哙，刘邦曾将萧何下廷尉狱，陈平曾用囚车载樊哙。［7］信、越终见菹戮：指汉初功臣韩信、彭越，两人被告发谋反，被夷三族。［8］缙绅道塞，贤能蔽壅：指汉初随刘邦建国的军功集团几乎占据了重要官职，这一情况延续到汉武帝朝。［9］抱关：守门，比喻卑微的职位。［10］格：按标准要求（功臣）。［11］桡情：碍于情分，宽容对待。［12］参任：杂用功臣与文吏。并列：一并任用功臣。［13］郭伋、郑兴：东汉初名臣，两人对过多任用功臣提出了批评。

谶纬与东汉社会

谶纬包括天官星历、灾异感应、谶语符命，也有对经学的解释，旁及天文地理、自然知识、神仙方术等，极其庞杂。它是今文经政治化和神学迷信结合的产物，泛滥于哀、平时期，在两汉之际产生了巨大影响。政权更替时，用谶记证明天命在己，成了一些政治人物扩大影响、争取民心的手段；社会稳定时，谶纬也得到尊崇，成为文化统治的重要工具。本节内容包括：刘秀以图谶即位的经过，选自《后汉书·光武帝纪》；刘秀对公孙述妄引谶纬的驳斥，选自《华阳国志》；汉顺帝时张衡所上"禁绝图谶"疏。希望读者对谶纬的形成与影响有基本了解。

《后汉书·光武帝纪》（节选）

行至鄗[1]，光武先在长安时同舍生强华自关中奉《赤伏符》[2]，曰"刘秀发兵捕不道，四夷云集龙斗野，四七之际火为主[3]"。群臣因复奏曰："受命之符，人应为大[4]，万里合信，不议同情，周之白鱼[5]，曷足比焉？今上无天子，海内淆乱，符瑞之应，昭然著闻，宜答天神，以塞群望。"光武于是命有司设坛场于鄗南千秋亭五成陌[6]。

六月己未,即皇帝位。燔燎告天[7],禋于六宗[8],望于群神[9]。其祝文曰[10]:"皇天上帝,后土神祇[11],眷顾降命[12],属秀黎元[13],为人父母,秀不敢当。群下百辟[14],不谋同辞,咸曰:'王莽篡位,秀发愤兴兵,破王寻、王邑于昆阳,诛王郎、铜马于河北,平定天下,海内蒙恩。上当天地之心,下为元元所归[15]。'谶记曰:'刘秀发兵捕不道,卯金修德为天子[16]。'秀犹固辞,至于再,至于三。群下佥曰[17]:'皇天大命,不可稽留[18]。'敢不敬承。"于是建元为建武,大赦天下,改鄗为高邑。

【注释】[1]鄗:故县治在今河北柏乡县北。[2]《赤伏符》:新莽末年谶纬家所造符箓,谓刘秀上应天命,当继汉统为帝。[3]四七之际:二十八之数,指从西汉建立到刘秀起兵一共二百二十八年,一说指刘秀起兵时二十八岁。火为主:火德者为主宰,汉属火德。[4]人应:指强华献上《赤伏符》。[5]周之白鱼:周武王伐纣,渡孟津时,有白鱼跃入船中,鱼上有讨伐纣王的文字。语出纬书《尚书中候》。[6]坛场:古代设坛举行祭祀、继位、盟会、拜将等大典的场所。[7]燔燎:两字均表焚烧。古代祭天时烧柴升烟,认为这样可以使自己的意愿达于天。[8]禋:祭名,烧柴升烟以祭天的仪式。六宗:祭祀的六位神,说法众多。西汉末刘歆谓易卦六子之气:水、火、雷、风、山、泽。东汉贾逵谓天宗三:日、月、星;地宗三:河、海、岱。东汉郑玄谓星、辰、司中、司命、风师、雨师。[9]望:祭名,遥望以祭祀山川的仪式。[10]祝文:告神祈福之文。[11]后土:地神。神祇:天地之神,"神"指天神,"祇"指地神。[12]眷顾:垂爱关注。[13]属:嘱托。黎元:黎民百姓。[14]百辟:百僚。[15]元元:庶民,众民。[16]卯金修德为天子:"卯金"合为"刘"的部分。亦见于纬书《春秋演孔图》:"卯金刀,名为刘;"《孝经援神契》:"玄丘制命帝卯行。"[17]佥:都。[18]稽留:延迟停留。

《华阳国志·公孙述刘二牧志》(节选)

建武元年,世祖光武皇帝即位河北。述梦人谓己曰:"八厶子系[1],

十二为期。"述以语妇,妇曰:"朝闻道,夕死尚可[2],何况十二乎!"会夏四月龙出府殿前,以为瑞应,述遂称皇帝,号大成[3],建元龙兴。以莽尚黄,乃服色尚白;自以兴西方,为金行也[4]。……蜀中童谣曰:"黄牛白腹,五铢当复。"谓莽黄牛,述为白腹;五铢,汉钱,言汉当复也。故主簿李隆[5]、常少数谏述归帝称藩[6],述不纳。天水隗嚣亦据陇,连述[7]。蜀土清晏[8]。述乃移檄中国[9],称引图纬以惑众。世祖报曰:"《西狩获麟谶》曰:'乙子卯金',即乙未岁授刘氏,非西方之守也[10]。'光废昌帝,立子公孙',即霍光废昌邑王立孝宣帝也[11]。黄帝姓公孙,自以土德[12],君所知也。'汉家九百二十岁,以蒙孙亡,受以丞相,其名当涂高',高岂君身耶[13]?吾自继祖而兴,不称受命[14]。求汉之断,莫过王莽[15]。近张满作恶[16],兵围得之,叹曰:为天文所误!恐君复误也。"……

【注释】 [1]八厶:合为"公"字。子系:合为"孙"字。 [2]朝闻道,夕死尚可:早上知道真理,即使傍晚死也可以。语出《论语·里仁》。 [3]大成:公孙述起事于成都,故以"成"为号。《后汉书》作"成家"。 [4]为金行:公孙述根据五行相生说来确定德运。王莽自以为土德,公孙述自以为金德,土生金,金德接续土德。 [5]主簿李隆:《后汉书》作"张隆",为公孙述太常。 [6]称藩:向大国承认自己的附庸地位。 [7]隗嚣:两汉之际割据天水、武都、金城等郡的军阀,建武八年被刘秀打败,病死,《后汉书》有传。 [8]清晏:清平安宁。 [9]移檄:"移"是古代文书的一种,用于不相统属的官员之间,用文告的形式便称"移檄"。 [10]乙未岁授刘氏,非西方之守:据《后汉书·公孙述传》,公孙述曾引《孝经援神契》说:"西太守,乙卯金",将之解释为碾死"卯金"(即将"乙"释作"轧")。因此刘秀反驳之。 [11]霍光废昌邑王,立孝宣帝:公孙述曾引《河图篆运法》说:"废昌帝,立公孙",将之解释为公孙氏代替汉帝。因此刘秀引"光废昌帝,立子公孙",将此句解释为霍光废除昌邑王,立武帝之孙为帝,以此反驳之。 [12]黄帝姓公孙,自以土德:公孙述曾引《河图括地象》说:"帝轩辕受命,公孙氏握",将"公孙氏"解释为自己。刘秀认为公孙是黄帝轩辕氏之姓,不是指公孙述。 [13]高岂君身:公孙述曾引《春秋谶》说:"代汉当涂高",认为这是自己得以代汉的象征。"当涂高"有许多解释,刘秀认为公孙述不是"高"这个人。 [14]继祖而兴，不称受命：公孙述曾称引谶记说汉朝历数已尽，"一姓不得再受命"。刘秀反驳说，他是继祖而起，并非再受命。 [15]求汉之断，莫过王莽：王莽曾经制造大量谶纬来说明汉朝气数已尽，企图取而代之。 [16]张满：王莽末兴起的武装部队的首领，建武初年为刘秀将领祭遵俘虏。事见《后汉书·祭遵传》。

《后汉书·张衡列传》（节选）

初，光武善谶，及显宗、肃宗因祖述焉[1]。自中兴之后，儒者争学图纬，兼复附以訞言。衡以图纬虚妄，非圣人之法，乃上疏曰："臣闻圣人明审律历以定吉凶[2]，重之以卜筮，杂之以九宫[3]，经天验道[4]，本尽于此。或观星辰逆顺，寒燠所由[5]，或察龟策之占[6]，巫觋之言[7]，其所因者[8]，非一术也。立言于前，有征于后，故智者贵焉，谓之谶书。谶书始出，盖知之者寡。自汉取秦，用兵力战，功成业遂，可谓大事，当此之时，莫或称谶[9]。若夏侯胜、眭孟之徒[10]，以道术立名[11]，其所述著，无谶一言。刘向父子领校秘书，阅定九流，亦无谶录。成、哀之后，乃始闻之。《尚书》尧使鲧理洪水[12]，九载绩用不成，鲧则殛死，禹乃嗣兴。而《春秋谶》云'共工理水'。凡谶皆云黄帝伐蚩尤，而《诗谶》独以为'蚩尤败，然后尧受命'。《春秋元命包》中有公输班与墨翟，事见战国，非春秋时也。又言"别有益州"。益州之置，在于汉世。其名三辅诸陵，世数可知[13]。至于图中讫于成帝。一卷之书，互异数事，圣人之言，势无若是，殆必虚伪之徒，以要世取资[14]。往者侍中贾逵摘谶互异三十余事，诸言谶者皆不能说。至于王莽篡位，汉世大祸，八十篇何为不戒[15]？则知图谶成于哀平之际也。……"

【注释】 [1]显宗：汉明帝刘庄的庙号。肃宗：汉章帝刘烜的庙号。 [2]律历：各代立在乐律和历法的篇章。 [3]九宫：《易》纬家的说法。离、艮、兑、乾、坤、坎、震、巽八卦之宫，加上中央宫。 [4]经天验道：以天为"经"，以道为"验"。经，法则。 [5]寒燠：冷暖。 [6]龟策：即上文"卜筮"所用的占卜工具，卜用龟甲，筮用蓍草。 [7]巫觋：女巫为巫，男巫为觋，泛指这一类人。 [8]因：依靠，凭借。 [9]莫或：

没有。［10］夏侯胜：西汉今文经学家，治《尚书》。眭孟：一作"眭弘"，西汉今文经学家，治《公羊》。［11］道术：学术。［12］鲧：禹之父，治水无功而死。下文语出《尚书·尧典》。［13］三辅诸陵，世数可知：三辅诸陵指西汉以来的帝陵。此句意指谶纬中出现了西汉诸陵的名称，谶纬的形成时间并不早。［14］要世：邀信于世。要，同"邀"。［15］八十篇：指《河洛》四十五篇与《六艺》三十六篇。

边塞防务

东汉初，因匈奴力量的增长和王莽时期错误的民族政策，汉匈关系趋于恶化。建武二十五年，匈奴分裂为南北两部，南匈奴内附于汉王朝，北匈奴与汉朝之间则处于时战时和的关系，光武帝也倾向于采取保守的对外政策，放任匈奴控制西域。在这种情况下，河西四郡是阻止匈奴势力扩张的有力屏障。本节内容选自甲渠候官遗址出土的居延新简，展示了光武帝初期窦融治理河西的一系列政策。选段内容包括稳定河西社会治安、正确处理民族关系、要求甲渠候官塞加强警戒。

《居延新简》（节选）

建武六年七月戊戌朔乙卯[1]，甲渠鄣守候　敢言之[2]。府移大将军莫府书曰[3]：奸黠吏民，作使宾客私铸作钱[4]，薄小不如法度，及盗发冢[5]，公卖衣物于都市，虽知莫谴苛[6]，百姓患苦之。书到自今以来，独令县官铸作钱，令应法度，禁吏民毋得铸作钱及挟不行钱[7]，辄行法；诸贩卖发冢衣物于都市，辄收没入县官，四时言犯者名状。·谨案[8]：部吏毋犯者[9]。敢言之。

建武六年七月戊戌朔乙卯，甲渠鄣守候　敢言之。府移大将军莫府书曰：属国秦胡、卢水士民[10]，从兵起以来□□困愁苦[11]，多流亡在郡县，吏以……匿之[12]，明告吏民，诸作使秦胡卢水士民畜牧、田作不遣[13]，有无四时言。·谨案：部吏毋作使属国秦胡卢水士民者。敢言之。

【注释】［1］建武六年七月戊戌朔乙卯：该月的朔日为戊戌日，文书发出当日为乙卯日，即公元30年七月十八日（公历9月4日）。［2］甲渠鄣守候：甲渠鄣候即甲渠候，是甲渠候官之长，因驻鄣城，亦称"鄣候"。甲渠，关塞名，下辖于居延都尉府，与其他关塞烽燧共同组成防御匈奴入侵的边塞屏障，在今内蒙古额济纳旗达来呼布镇南二十五公里的破城子遗址。鄣守候，试守或者摄守的鄣候。试守，汉制，官吏试职一年为"守"，满一年为"真"，试守时只领取一部分的俸禄。摄守，低阶的官吏署理较高级别的职位。鄣，通"障"，边塞上防御用的城堡。敢言之：官府文书用语，常用于给上级的文书中，表示自谦；文末亦有"敢言之"，两个"敢言之"之间是甲渠鄣守候上报的内容。简牍在"甲渠鄣守候"和"敢言之"间留有空白，推测是预留给当时的甲渠鄣守候署名。［3］府：官署的统称，居延汉简中的"府"多指张掖太守府或居延、肩水都尉府。移：移送，发送。大将军：指窦融，新莽政权覆亡后，窦融保据河西，"行河西五郡大将军事"。臬府：即幕府，军政大史的府署。［4］宾客：客人，此处指依附于上文"奸黠吏民"的人口。［5］发冢：发掘坟墓。［6］苛：同"诃"，责问。［7］不行钱：指新莽时期推行币制改革发行的各种货币，当地政府禁止使用、私挟。［8］·谨案：官府文书用语，常用于下级部门按要求回复有关情节的文书中。简牍在"谨案"前有墨点，是区别来函的标识，即墨点前为转抄大将军幕府发出的文书，"谨案"后是甲渠鄣守候对甲渠候官部吏执行文书情况的汇报。［9］部吏：居延边塞系统分都尉、候官、部、隧四级，每部设候长、候史各一人。［10］属国秦胡卢水士民：指安置在属国内的秦胡、卢水族民众；秦胡、卢水的族属仍有争议。属国：指张掖属国，专门安置降汉的异民族的地区。［11］从兵起以来□□困愁苦："□□"表示该简牍有两字模糊不能释读，该句大意为秦胡、卢水民众在战乱中生活贫困愁苦。［12］吏以……匿之：省略号表示该简牍有部分残损，不能确定字数。［13］作使：役使。

建武七年六月庚午［1］，领甲渠候职门下督盗贼凤［2］，谓第四守候长恭等［3］，将军令［4］：月生，民皆布在田野，以塞候望为耳目［5］。檄到［6］，恭等令隧长旦、蚤迹［7］，士吏、候长，常以日中迹［8］。加慎，务如将军令，方循行考察，不以为意者，必举白［9］，毋忽，如律令［10］。

【注释】［1］建武七年六月庚午：文书发出当日为庚午日，即公元31年六月初八日（公历7月14日）。［2］领甲渠侯职门下督盗贼凤：暂代甲渠侯的门下督盗贼凤。领，一般指以地位较高的官员兼理较低的职务，此处称"领"似不规范。门下督盗贼，郡属吏，掌郡之兵卫，防非常，居则巡查，出则导从。凤，人名。［3］候长恭：部的长官，掌一部之巡查候望。恭，人名。［4］将军令：指窦融幕府所下的命令。［5］候望：用于观测的哨所。耳目：耳朵和眼睛，引申为视听所需的工具。［6］檄：文书名称，多用于紧急和重要事情的通报。［7］隧：居延边塞系统中最小的候望单位，每隧设隧长一人，下辖戍卒三四人。蚤：同"早"。迹：在侦查设施上观察是否有人马出入的痕迹。［8］日中：正午。［9］举白：揭发，报告。［10］如律令：官府文书用语，常用于给下级的文书中，意为按照律令办理。

白虎观会议

东汉初，正统经学大儒反对作为"国宪"的谶纬；经学内部，各派对经典的解释也有不同的家法。今文、古文、谶纬三者既互相排斥，又互相妥协，需要形成统一的新经学。在这种背景下，汉章帝出面统一经义。建初四年，章帝下诏大会诸儒于洛阳白虎观，讨论五经异同。这次会议"考详同异，连月乃罢，肃宗亲临称制，如石渠故事"（《后汉书·儒林传》），讨论结果由班固整理成《白虎通》。

本节内容由《后汉书·章帝纪》中的诏令与《后汉书·班彪列传》中班固所作"叙述汉德"的《典引篇》选段组成。侯外庐先生将《典引篇》视作《白虎通》的序言，认为白虎观会议是"谋求谶纬经学国教化"（《中国思想通史》）。《后汉书·班固传赞》评价班固"迷世纷"，也许源自他对谶纬经学的笃信。

《后汉书·章帝纪》（节选）

（建初四年）十一月壬戌，诏曰："盖三代导人，教学为本[1]。汉承暴秦，褒显儒术，建立五经[2]，为置博士[3]。其后学者精进，虽曰承师，亦别名家[4]。孝宣皇帝以为去圣久远，学不厌博，故遂立大、小夏侯《尚书》[5]，后又立京氏《易》[6]。至建武中，复置颜氏、严氏《春秋》[7]，大、小戴《礼》博士[8]。此皆所以扶进微学，尊广道艺也。中元元年诏书[9]，五经章句烦多，议欲减省。至永平元年，长水校尉修奏言[10]，先帝大业[11]，当以时施行。欲使诸儒共正经义，颇令学者得以自助。孔子曰：'学之不讲，是吾忧也[12]。'又曰：'博学而笃志，切问而近思，仁在其中矣[13]。'於戏[14]，其勉之哉！"于是下太常、将、大夫、博士、议郎、郎官及诸生、诸儒会白虎观，讲议五经同异，使五官中郎将魏应承制问[15]，侍中淳于恭奏[16]，帝亲称制临决，如孝宣甘露石渠故事[17]，作《白虎议奏》。

【注释】[1]三代导人，教学为本：意为夏商周三代都重视教育。即《汉书·儒林传》所谓："三代之道，乡里有教，夏曰校，殷曰庠，周曰序。" [2]五经：《诗经》《尚书》《礼记》《周易》《春秋》五种儒家经典的合称。 [3]置博士：指武帝建元五年置五经博士。 [4]别名家：另成一家之学。 [5]大、小夏侯《尚书》：指西汉今文经学家夏侯胜所传《尚书》和他的侄子夏侯建所传《尚书》，在宣帝甘露三年的石渠阁会议后立于学官。 [6]京氏《易》：指西汉今文经学家京房所传《易》，在汉元帝时立于学官。 [7]颜氏、严氏《春秋》：指西汉今文经学家颜安乐与严彭祖所传《公羊春秋》。 [8]大、小戴《礼》：指西汉今文经学家戴德所传《礼》和他的侄子戴圣所传《礼》。 [9]中元元年：光武帝建武之后所用年号。 [10]长水校尉：长水河在今陕西蓝田西北，流经长安，以其位在西北门户，汉武帝时置校尉府以率领胡骑。修：即樊修，其父樊宏为刘秀之舅，樊修治严氏《春秋》。 [11]先帝大业：指上文"中元元年诏书"所称"议欲减省"一事。 [12]学之不讲，是吾忧也：语出《论语·述而》，原作"德之不修，学之不讲，闻义不能徙，不善不能改，是吾忧也"。 [13]博学……仁在其中矣：语出《论语·子张》，《论语》中，此三句是"子夏曰"；文中的"又曰"则上承"孔子曰"。 [14]於戏：读同感叹词"呜呼"。 [15]五官中郎将：光禄勋属官，执掌郎官的人事安排。魏应：东汉初大儒，治鲁《诗》，《后汉书·儒林传》有传。承制问：奉皇帝之命负责问难。 [16]侍中：少府属官，从事皇帝左右，负责顾问应对。淳于恭：东汉初学者，有令名，治《老子》。［17］孝宣甘露石渠故事：汉宣帝甘露二年，诏诸儒讲五经异同，汉宣帝"亲制临决"。

《后汉书·班彪列传》（节选）

夫图书亮章[1]，天哲也[2]；孔猷先命[3]，圣孚也[4]；体行德本[5]，正性也[6]；逢吉丁辰[7]，景命也[8]。顺命以创制[9]，定性以和神，答三灵之繁祉[10]，展放唐之明文[11]……

是时圣上固已垂精游神[12]，包举艺文[13]，屡访群儒，谕咨故老[14]，与之乎斟酌道德之渊源[15]，肴核仁义之林薮[16]，以望元符之臻焉[17]。既成群后之谠辞[18]，又悉经五繇之硕虑矣[19]。将绋万嗣[20]，扬洪晖[21]，奋景炎[22]，扇遗风，播芳烈，久而愈新，用而不竭，汪汪乎丕天之大律[23]，其畴能亘之哉[24]？唐哉皇哉[25]，皇哉唐哉！

【注释】［1］图书：指《河图》与《洛书》。亮：确实可信。章：明显，显著。［2］天哲：天子之智。此句意为"《河图》《洛书》，至信至明，为天子所知"。［3］孔：孔子。猷：谋划。［4］圣孚：圣人之信。此句意为"孔子预先谋划了汉朝要封禅，这是圣人的孚信"。［5］体行：亲自实行。德本：道德的根本，即孝。语出《孝经》："夫孝，德之本也。"［6］正性：本性。此句意为"亲自遵循孝道，是君王的本性"。［7］逢吉丁辰：遇上、正当吉祥的时代。丁：当。［8］景命：大命。此句意为"遇上吉祥美好的时代，封禅是天子的大命"。［9］命：指符瑞。［10］三灵：天、地、人。繁祉：繁多的福祉。［11］展放唐之明文：意为"效仿唐尧而封禅"。语本《尚书璇玑钤》："平制礼乐，于唐之文。"放：仿效。［12］圣上：指汉章帝。［13］包举：总括，包含。艺文：六艺群书的概称。［14］谕咨：征求意见。［15］渊源：与下文"林薮"同表示深邃之义。［16］肴核：肉为"肴"，果为"核"，与上文"斟酌"同表示饮食，引申为品味之义。［17］元符：上天的符瑞。臻：至，到。［18］群后：泛指群臣。谠辞：正直之言。［19］五繇：五卜，古代帝王巡狩，预卜五年，以占吉凶。语出《左传·襄公十三年》："先王卜征五年而岁习其祥。"硕虑：深远的思虑。［20］绋：继续。［21］扬：

照耀。［22］景炎：盛大的火德。［23］汪汪乎：深远的样子。丕天之大律：弘大上天的大法，语出《尚书·泰誓》。［24］畴：谁。亘：竟，终。［25］唐哉皇哉：唐指尧，皇指汉，意为"只有尧和汉才能永垂世则"。

班超通西域

明章时期，随着国力的恢复，解决匈奴问题被提上了东汉政府的日程。在对北匈奴展开军事行动的同时，东汉政府也加强了同西域诸国的政治联系，以巩固和扩大军事活动的成果。在这方面，班超建立了卓越的功勋，留下了"不入虎穴，不得虎子"等诸多佳话。本节选自《后汉书·班梁列传》，记述了班超以三十六人降服鄯善王的故事和平定焉耆、打通西域北道的经过。班超在西域活动三十年，恢复了国家统一和中西交通，具有重要的历史意义。

《后汉书·班梁列传》（节选）

（永平）十六年，奉车都尉窦固出击匈奴[1]，以超为假司马[2]，将兵别击伊吾[3]，战于蒲类海[4]，多斩首虏而还。固以为能，遣与从事郭恂俱使西域[5]。超到鄯善[6]，鄯善王广奉超礼敬甚备[7]，后忽更疏懈[8]。超谓其官属曰："宁觉广礼意薄乎[9]？此必有北虏使来[10]，狐疑未知所从故也。明者睹未萌[11]，况已著邪。"乃召侍胡诈之曰："匈奴使来数日，今安在乎？"侍胡惶恐，具服其状[12]。超乃闭侍胡[13]，悉会其吏士三十六人，与共饮，酒酣，因激怒之曰："卿曹与我俱在绝域[14]，欲立大功，以求富贵。今虏使到裁数日[15]，而王广礼敬即废；如令鄯善收吾属送匈奴[16]，骸骨长为豺狼食矣。为之奈何？"官属皆曰："今在危亡之地，死生从司马。"超曰："不入虎穴，不得虎子。当今之计，独有因夜以火攻虏，使彼不知我多少，必大震怖，可殄尽也[17]。灭此虏，则鄯善破胆，功成事立矣。"众曰："当与从事议之。"超怒曰："吉凶决于今日。从事文俗吏[18]，闻此必恐而谋泄，死无所名，非壮士也！"

众曰:"善。"初夜,遂将吏士往奔虏营。会天大风,超令十人持鼓藏虏舍后,约曰:"见火然[19],皆当鸣鼓大呼。"余人悉持兵弩夹门而伏[20]。超乃顺风纵火,前后鼓噪。虏众惊乱,超手格杀三人[21],吏兵斩其使及从士三十余级,余众百许人悉烧死。明日乃还告郭恂,恂大惊,既而色动。超知其意,举手曰:"掾虽不行[22],班超何心独擅之乎[23]?"恂乃悦。超于是召鄯善王广,以虏使首示之,一国震怖。超晓告抚慰[24],遂纳子为质。还奏于窦固,固大喜,具上超功效[25],并求更选使使西域,帝壮超节,诏固曰:"吏如班超,何故不遣而更选乎?今以超为军司马[26],令遂前功。"超复受使,固欲益其兵,超曰:"愿将本所从三十余人足矣。如有不虞[27],多益为累[28]。"

……

【注释】 [1]奉车都尉:官名,汉武帝设奉车、驸马、骑三都尉,奉车都尉掌管御乘舆马。 [2]假司马:代理司马。 [3]别:分途。伊吾:地名,在今新疆哈密市西。 [4]蒲类海:湖名,今新疆巴里坤哈萨克自治县的巴里坤湖。 [5]从事:副使,佐吏。 [6]鄯善:西域古国名,汉昭帝时,霍光派傅介子刺楼兰王,后改国名为鄯善。 [7]奉:供养,招待。 [8]更:变得。 [9]宁:难道不。 [10]北虏:指北匈奴。 [11]睹:了解,预见。萌:比喻事物刚刚显露的趋势。 [12]服:招认。状:情况。 [13]闭:禁闭。 [14]卿曹:你们。曹,辈。绝域:极远之地。 [15]裁:通"才"。 [16]吾属:我们。 [17]殄:消灭。 [18]文俗吏:平庸的文官。 [19]然:通"燃"。 [20]夹门:在门的两边。 [21]格杀:击杀。 [22]掾:副官佐或官署属员的通称。 [23]擅:专。 [24]晓告:晓谕。 [25]具上:填报清楚详细地上书。 [26]军司马:官名,汉大将军营五部,部校尉一人,军司马一人。 [27]不虞:意想不到的事情。 [28]累:累赘。

初,月氏尝助汉击车师有功[1],是岁贡奉珍宝、符拔、师子[2],因求汉公主。超拒还其使,由是怨恨。永元二年,月氏遣其副王谢将兵七万攻超。超众少,皆大恐。超譬军士曰[3]:"月氏兵虽多,然数千里逾葱领来[4],非有运输,何足忧邪?但当收谷坚守[5],彼饥穷自降,不过数十日决矣[6]。"谢遂前攻超，不下，又钞掠无所得。超度其粮将尽，必从龟兹求救[7]，乃遣兵数百于东界要之[8]。谢果遣骑赍金银珠玉以赂龟兹[9]。超伏兵遮击[10]，尽杀之，持其使首以示谢。谢大惊，即遣使请罪，愿得生归。超纵遣之。月氏由是大震，岁奉贡献。

明年，龟兹、姑墨、温宿皆降[11]，乃以超为都护，徐干为长史[12]。……西域唯焉耆、危须、尉犁以前没都护[13]，怀二心，其余悉定。

【注释】[1]月氏：西域古国名，其族先居于今甘肃敦煌市与青海祁连县之间，后遭匈奴攻击，迁至今伊犁河上游。击败大夏后，占领大夏故地。[2]符拔：兽名，外形像麟但没有角。一说符拔像鹿，长尾，有独角或两只角。师子：即狮子。[3]譬：晓谕。[4]葱领：即葱岭，今帕米尔高原及昆仑山、喀喇昆仑山西部诸山的统称。[5]收谷：收藏粮食。[6]决：决出胜败。[7]龟兹：西域古国名，居于天山南麓，当汉通西域北道交通线上，在今新疆喀什一带。[8]要：通"邀"，中途拦截。[9]赍：带着。赂：用财物买通人。[10]遮击：截击。[11]姑墨：西域古国名，在今新疆沙雅县内。温宿：西域古国名，在今新疆温宿县。[12]长史：都护的属官，掌兵马。[13]焉耆：西域古国名，在今新疆焉耆县。危须：西域古国名，在今新疆和硕县。尉犁：西域古国名，在今新疆尉犁县。前没都护：指永平末年，焉耆与龟兹攻杀都护陈睦、副校尉郭恂，杀吏民二千余人一事，事见《后汉书·西域传·焉耆传》。没，攻杀。

六年秋，超遂发龟兹、鄯善等八国兵合七万人，及吏士贾客千四百人讨焉耆[1]。兵到尉犁界，而遣晓说焉耆、尉犁、危须曰："都护来者，欲镇抚三国。即欲改过向善，宜遣大人来迎[2]，当赏赐王侯已下[3]，事毕即还。今赐王彩五百匹[4]。"焉耆王广遣其左将北鞬支奉牛酒迎超。超诘鞬支曰[5]："汝虽匈奴侍子，而今秉国之权[6]。都护自来，王不以时迎，皆汝罪也。"或谓超可便杀之。超曰："非汝所及。此人权重于王，今未入其国而杀之，遂令自疑，设备守险，岂得到其城下哉！"于是赐而遣之。广乃与大人迎超于尉犁，奉献珍物。

焉耆国有苇桥之险，广乃绝桥[7]，不欲令汉军入国。超更从它道厉度[8]。

七月晦，到焉耆，去城二十里，营大泽中。广出不意，大恐，乃欲悉驱其人共入山保。焉耆左候元孟先尝质京师，密遣使以事告超，超即斩之，示不信用。乃期大会诸国王，因扬声当重加赏赐，于是焉耆王广，尉犁王汎及北鞬支等三十人相率诣超。其国相腹久等十七人惧诛，皆亡入海[9]，而危须王亦不至。坐定，超怒诘广曰："危须王何故不到？腹久等所缘逃亡？"遂叱吏士收广、汎等于陈睦故城斩之[10]，传首京师。因纵兵钞掠，斩首五千余级，获生口万五千人，马畜牛羊三十余万头，更立元孟为焉耆王。超留焉耆半岁，慰抚之。于是西域五十余国悉皆纳质内属焉。

【注释】[1]贾客：商人。指征发商人从军。 [2]大人：掌管部族事务的领袖、酋豪。 [3]已下：同"以下"。 [4]彩：彩色的丝织品。 [5]诘：问罪。 [6]汝虽匈奴侍子，而今秉国之权：此句意为"北鞬支虽然是匈奴在焉耆的质子，却掌握了焉耆国的大权"。 [7]绝：断绝，此处引申为封锁。 [8]厉度：涉水而过。厉，原指河水深及腰部，引申为涉水。 [9]海：今博斯腾湖，位于新疆库尔勒市东北。 [10]陈睦故城：焉耆等国攻杀的前任都护陈睦所驻守的故地。

燕然勒石

章、和之际，北匈奴遭到鲜卑的攻击，又遇饥蝗，内部大乱。南匈奴乘机与汉合力北伐。和帝永元元年，窦宪、耿秉率军出击北匈奴，北匈奴降者二十余万人。汉军出塞三千余里，直至燕然山，刻石记功而还。这一事件，被看作汉文化扩张史上一个醒目的标志。此后，匈奴东面的鲜卑族逐步西进，占据了匈奴故地。本节选自《后汉书·窦融列传》，记述了窦宪刻石记功、驱逐北匈奴的经过。

《后汉书·窦融列传》（节选）

宪惧诛，自求击匈奴以赎死。会南单于请兵北伐，乃拜宪车骑将军[1]，金印紫绶[2]，官属依司空[3]，以执金吾耿秉为副[4]，发北军五校[5]、黎阳、雍营、缘边十二郡骑士[6]，及羌胡兵出塞。明年，宪与秉各将四千骑及南匈奴左谷蠡王师子万骑出朔方鸡鹿塞[7]，南单于屯屠河[8]，将万余骑出满夷谷，度辽将军邓鸿及缘边义从羌胡八千骑[9]，与左贤王安国万骑出稠阳塞，皆会涿邪山[10]。宪分遣副校尉阎盘[11]、司马耿夔[12]、耿谭将左谷蠡王师子、右呼衍王须訾等，精骑万余，与北单于战于稽落山[13]，大破之，虏众崩溃，单于遁走[14]，追击诸部，遂临私渠比鞮海[15]。斩名王已下万三千级，获生口马牛羊橐驼百余万头[16]。于是温犊须、日逐、温吾、夫渠王柳鞮等八十一部率众降者[17]，前后二十余万人。宪、秉遂登燕然山[18]，去塞三千余里，刻石勒功[19]，纪汉威德……

……宪以北虏微弱，遂欲灭之。明年，复遣右校尉耿夔、司马任尚、赵博等将兵击北虏于金微山[20]，大破之，克获甚众[21]。北单于逃走，不知所在。

【注释】［1］车骑将军：将军名号，章帝、和帝、安帝都以舅氏为车骑将军。［2］金印紫绶：以金为印，印柄系紫色丝带。［3］依：按照……的标准。司空：官名，掌兴建，三公之一，东汉时地位尊贵而无实权。［4］执金吾：官名，主要担任宫殿之外、京城之内的警卫工作。［5］校：军队编制单位。汉有南北军，北军有五营，即屯骑、越骑、步兵、长水、射声五校尉掌管的宿卫兵。每校兵员少则七百，多则一千二。［6］黎阳：指黎阳营，汉光武帝以幽州、冀州、并州骑兵定天下，因此在黎阳立营，有谒者监护。雍营：扶风都尉部在雍县，凉州接近羌人，屡屡遭受进犯，因此派遣兵力保护三辅陵园，因此俗称为雍营。营：营兵，由东汉朝廷直接掌握的军队。［7］左谷蠡王：南匈奴左部王，仅次于左右贤王。师子：人名。朔方：汉以河南地为朔方郡，在今内蒙古自治区境内。［8］屯屠河：南单于之名。［9］义从：胡羌丁壮组成的军队。［10］涿邪山：地名，在今蒙古国境内。［11］校尉：官名，各随其职务冠以各种名号，掌管少数民族地区事务的长官，亦有称校尉者。［12］司马：官名，大将军营有五部，每部置军司马一人。［13］稽落山：地名，在今蒙古国车车尔勒格南。［14］遁走：逃跑。［15］私渠比鞮海：在涿邪山北。［16］橐驼：骆驼。［17］温犊须、日逐、温吾、夫渠：皆为北匈奴统治下的部落。［18］燕然山：地名，在今蒙古国境内的杭爱山脉。［19］勒功：记功。勒：雕刻。　［20］金微山：地名，即今中蒙西部边界的阿尔泰山。　［21］克获：俘获。

豪强、官僚、士族

东汉时期，拥有大田庄、大宗族和大量依附民的豪强世家不断发展，其子弟往往在本地任官；有的家族世代居官，由此建立了族望，形成官僚世家；累世传经的士林学门，学生动辄"不下万人"（《后汉书·儒林传》），形成经学世族。豪强世家、官僚世家、经学世族的三位一体，在汉末的社会与政治中产生了重要影响。

本节所选《太尉杨震碑》，是杨震死后四十余年，杨震之孙杨统的门生所立。墓碑的背面，刻有杨统的门生一百九十余人的姓名。弘农杨氏世传欧阳《尚书》，家族的现实影响力则通过"四世三公""门生故吏"来扩大。王子今先生言其"一方面形成了学术的垄断，一方面把握着政治的强权"。（《秦汉史》）

《太尉杨震碑》

□□□[1]，字伯起，□□□□□□□□□□□□□□□□□氏焉。圣汉龙兴，杨喜佐命，克项于垓[2]，锡□□□□。公侯之胄[3]，必复其始。是以神祇降祚[4]，乃生于公。实履忠贞[5]，恂美且仁[6]。博学甄微[7]，靡道不该[8]。又明欧阳《尚书》[9]，河洛纬度[10]。穷神知变，与圣同符[11]。鸿渐衡门[12]，群英云集。咸共饮酌其流者[13]，有逾三千[14]。至德通洞[15]，天爵不应[16]。贻我三鱼[17]，以章懿德[18]。远近由是知为，亦世继明而出者矣。

【注释】［1］□：表示缺字。此处缺三字，按照行文习惯，缺字当是"君（公）讳震"；下文缺二十字，当是叙述杨震的乡里籍贯，如"弘农华阴人"之类。文已残，不能确知。　［2］杨喜佐命，克项于垓：指杨震的八世祖杨喜，在垓下之战中追杀项羽，并且

307

争得项羽的肢体，被刘邦封为赤泉侯。　[3]胄：帝王或贵族的后代。　[4]降祚：赐福。　[5]履：执行，实行。　[6]恂美且仁：语出《诗·国风·叔于田》，亦作"洵美且仁"。恂，诚。　[7]甄：考察，识别。　[8]靡：没有。该：具备。　[9]欧阳《尚书》：一作"尚书欧阳"。指杨震学习欧阳《尚书》，事见《后汉书·杨震传》："父宝，习欧阳《尚书》……震少好学，受欧阳《尚书》于太常桓郁。明经博览，无不穷究。"　[10]河洛：指《河图》《洛书》。　[11]同苻：相合。苻，通"符"。　[12]鸿渐：比喻仕进于朝的贤人。　[13]流：品类。　[14]逾：超过。三千：指孔子所授弟子之数，杨震曾被称为"关西孔子杨伯起"。　[15]通洞：通晓明察。　[16]天爵不应：指杨震逃避州郡征辟数十年。天爵：天子所封的爵位，指朝廷官爵。　[17]贻我三鱼：事见《后汉书·杨震传》："后有冠雀衔三鳣鱼，飞集讲堂前，都讲取鱼进曰：'蛇鳣者，卿大夫服之象也。数三者，法三台也。先生自此升矣。'"三鱼是杨震仕官的吉兆。　[18]章：同"彰"，彰明。

　　州郡虚己[1]，竞以礼招。大将军辟举茂才[2]，除襄城令[3]，迁荆州刺史，东莱、涿郡太守。所在先阳春以布化[4]，后秋霜以宣威[5]。宽猛惟中[6]，五教时序[7]。功洽三邦[8]，闻于帝京。征旋本朝[9]，历太仆、太常，遂究司徒、太尉，立朝正色[10]，恪勤竭忠[11]。无德不旌[12]，靡恶不形[13]。将训品物[14]，以济太清[15]。

【注释】[1]州郡：指地方长官。虚己：自我谦虚。　[2]大将军：指大将军邓骘。辟举：征召荐举，三公每年可举茂才一人、廉吏二人。茂才：举荐人才的科目之一。　[3]除：授。　[4]阳春：温暖的春天，比喻为政温和。　[5]秋霜：秋日的霜，比喻为政严厉。　[6]宽猛惟中：在宽大和严厉的行政中取其适中。　[7]五教：五常之教，指父义、母慈、兄友、弟恭、子孝五种伦理道德的教育。时：按时。　[8]洽：普遍，遍彻。三邦：指杨震曾担任长官的各州郡。　[9]旋：回，归。本朝：朝廷，指杨震将要担任中央官职。　[10]正色：神色庄重、态度严肃。　[11]恪：恭敬。　[12]旌：表彰。　[13]形：通"刑"，惩罚。　[14]训：教导，教诲。品物：万物。　[15]济：补益。太清：天道，指国家的治道。

而青蝇嫉正[1]，丑直实繁[2]。横共构谮[3]，慷慨暴薨[4]。于时群后卿士[5]，凡百黎萌[6]，靡不欷歔垂涕[7]，悼其为忠获罪。乾监孔昭[8]，神鸟送葬[9]。王室感悟[10]，奸佞伏辜[11]。公功乃伸，追录元勋[12]，荣书慰劳[13]，赗赠有加[14]。除二子郎中，长子牧，富波侯相；次让，赵常山相；次秉，寔能缵修[15]，复登上司[16]，陪陵京师[17]；次奉，黄门侍郎。牧子统，金城太守、沛相；让子著，高阳令，皆以宰府为官[18]，奉遵先训，易世不替。天钟嘉祚[19]，永世罔极[20]。统之门人汝南陈炽等，缘在三义一[21]，颂有清庙，故敢慕奚斯之追述[22]，树玄石于坟道。其辞曰：穆穆杨公[23]，命世而生[24]。乃台吐燿[25]，乃岳降精。明明天子，实公是匡；冥冥六合[26]，实公是光。謇謇其直[27]，皦皦其清[28]。懿矣盛德，万世垂荣。勒勋金石，日月同炯[29]。

【注释】[1]青蝇：苍蝇，比喻谗佞小人。[2]丑：憎恨，嫉恨。直：正，指正直之人。[3]横共构谮：指大鸿胪耿宝、中常侍李闰、樊丰等人。构谮，进谗言陷害人。[4]慷慨暴薨：指杨震因奸臣中伤而饮鸩自杀。慷慨，悲叹。[5]群后：群臣。[6]凡百：一切，一说指君子。黎萌：即黎氓，黎民百姓。[7]欷歔：叹息，抽咽。[8]乾：指上天。监：通"鉴"，明鉴。孔：很。[9]神鸟送葬：指本传所载"有大鸟高丈余，集震丧前"一事。[10]王室：指皇帝。[11]奸佞伏辜：指顺帝即位后，诛杀樊丰等人。[12]元勋：大功劳。[13]荣书：策书，诏书。荣，同"策"。[14]赗赠：指送给死者的布帛、车马等财物。[15]寔：同"置"，放置。缵修：继续学习。[16]复登上司：指杨秉仕官至太尉。上司：对三公的称呼。[17]陪陵京师：指桓帝在皇陵附近特赐墓地来安葬杨秉。陪陵，大臣埋葬在皇帝陵墓附近。[18]宰府：丞相办公之所。指杨氏子都曾被三公征辟。[19]天钟：上天钟秀，上天所赋予。[20]罔：无。[21]在三义一：语出《国语·晋语一》："民生于三，事之如一。""三"指父、师、君之恩，"一"指对待三者的态度一致。[22]奚斯：春秋时鲁国宗室公子鱼，字奚斯，曾作宗庙。[23]穆穆：端庄恭敬。[24]命世：顺应天命。[25]台：三台星，三台星和人间的三公对应。燿：光明。[26]六合：人世间。[27]謇謇：正直的样子。[28]皦皦：洁白的样子。[29]炯：光明，明亮。

外戚、宦官乱政

从汉和帝开始，皇帝多是幼年即位。在这种情况下，皇太后的亲族纷纷登上朝廷，形成外戚专政的局面。皇帝要夺回皇权，只能依靠自己身边的亲信——宦官。宦官帮助皇帝消灭外戚、夺回权力后，权力便落到宦官手中。这个过程的循环，导致东汉后期外戚、宦官交替专政的混乱场面。

历经顺、冲、质、桓四朝的梁冀，将外戚势力的专横跋扈发挥得淋漓尽致。本节从《后汉书·梁统列传》选取了梁冀上犯于君、下凌于民的典型事例，从《后汉书·宦者列传》中选取了梁氏被宦官扑灭的经过。宦官佞谄、外戚骄横，汉末的思想家仲长统对此有最直观的感受，本节从其著作《昌言》中选取了他对外戚、宦官乱政现象的分析与批评。

《后汉书·梁统列传》（节选）

及帝崩[1]，冲帝始在襁褓[2]，太后临朝，诏冀与太傅赵峻、太尉李固参录尚书事[3]。冀虽辞不肯当，而侈暴滋甚。

冲帝又崩，冀立质帝。帝少而聪慧，知冀骄横，尝朝群臣，目冀曰[4]："此跋扈将军也[5]。"冀闻，深恶之[6]，遂令左右进鸩加煮饼[7]，帝即日崩。

【注释】[1] 帝崩：指汉冲帝之父汉顺帝于建康元年崩。[2] 襁褓：背负小儿所用的东西，冲帝即位时才两岁。襁，布幅，用以络负。褓，小儿的被，用以裹覆。[3] 太傅：东汉每一帝即位，必置太傅，录尚书事，参与朝政。太尉：东汉时，太尉与司徒、司空并称三公。李固：东汉名臣，后遭梁冀诬告杀害。参录：参与总领。录，总领。东汉时，尚书之权超过三公，自安帝、顺帝后，大将军及三公执政的都加录尚书事。[4] 目：看着，盯住。[5] 跋扈：专横暴戾。[6] 深恶：特别讨厌。[7] 鸩：毒酒。煮饼：即汤面，用汤煮的切面面片。

……（梁冀）又起菟苑于河南城西[1]，经亘数十里[2]，发属县卒徒[3]，缮修楼观，数年乃成。移檄所在[4]，调发生菟，刻其毛以为识[5]，人有犯者，罪至刑死。尝有西域贾胡[6]，不知禁忌，误杀一兔，转相告言[7]，坐死者十余人[8]。冀二弟尝私遣人出猎上党[9]，冀闻而捕其宾客，一时杀三十余人，无生还者。冀又起别第于城西[10]，以纳奸亡。或取良人[11]，悉为奴婢，至数千人，名曰"自卖人"。

……

……诸梁及孙氏中外宗亲送诏狱[12]，无长少皆弃市[13]。……是时事卒从中发[14]，使者交驰[15]，公卿失其度，官府市里鼎沸，数日乃定，百姓莫不称庆。

收冀财货，县官斥卖[16]，合三十余万万，以充王府，用减天下税租之半。……

【注释】［1］菟：同"兔"。河南：指河南尹。 ［2］亘：从此端直达彼端，横贯。 ［3］发：征调。 ［4］所在：指梁冀菟苑所属的地方政府。 ［5］识：标记。 ［6］贾胡：域外商人。 ［7］告言：揭露，告发。 ［8］坐：定罪。 ［9］上党：地名，故郡治在今山西长子。 ［10］别第：正宅以外的宅邸。 ［11］良人：平民百姓。 ［12］诏狱：奉皇帝诏令拘禁犯人的监狱。 ［13］弃市：本指受刑罚的人皆在街头示众，民众共同鄙弃之，后以"弃市"专指死刑。 ［14］卒：突然。 ［15］交驰：交错奔跑。 ［16］县官：朝廷、官府。斥卖：出卖。

《后汉书·宦者列传》（节选）

……（延熹二年）于是帝呼超、悁入室[1]，谓曰："梁将军兄弟专固国朝，迫胁外内，公卿以下从其风旨[2]。今欲诛之，于常侍意何如？"超等对曰："诚国奸贼，当诛日久。臣等弱劣，未知圣意何如耳。"帝曰："审然者[3]，常侍密图之。"对曰："图之不难，但恐陛下复中狐疑。"帝曰："奸臣胁国，当伏其罪，何疑乎！"于是更召瑗、瑗等五人[4]，遂定其议，帝啮超臂出血为盟，于是诏收冀及宗亲党与悉诛之。……

（单超、具瑗、唐衡、左悺、徐璜）五人同日封，故世谓之"五侯"。又封小黄门刘普、赵忠等八人为乡侯。自是权归宦官，朝廷日乱矣。

【注释】［1］超、悺：指宦官单超、左悺。［2］风旨：意旨，意图。［3］审然：明白无误。［4］璜、瑗：指宦官徐璜、具瑗。

《昌言》（节选）

汉兴以来[1]，皆引母、妻之党为上将[2]，谓之辅政[3]。而所赖以治理者甚少，而所坐以危乱者甚众[4]。妙采于万夫之望[5]，其良犹未可得而遇也，况欲求之妃妾之党，取之于骄盈之家[6]，徼天幸以自获其人者哉[7]？夫以丈夫之智[8]，犹不能久处公正，长思利害[9]，耽荣乐宠[10]，死而后已。又况妇人之愚[11]，而望其遵巡正路[12]，谦虚节俭，深图远虑，为国家校计者乎[13]？故其欲关豫朝政[14]，慊快私愿[15]，是乃理之自然也。

【注释】［1］汉兴：东汉中兴。［2］引：推举，提拔。母妻之党：外戚。上将：指大将军。［3］辅政：大将军地位与三公相等，本职掌管军事，但常常加上"录尚书事"的头衔，则得以总领朝政，因此称作"辅政"。［4］坐以：因此。［5］妙采：精心挑选。万夫之望：万众敬仰的人。［6］骄盈之家：骄傲自是的家族，指外戚之家。盈，自满。［7］徼天幸：有幸，侥幸。徼，通"邀"。［8］丈夫：男子，与上文"妃妾"相对，指皇帝。［9］长思：思虑长远。［10］耽荣乐宠：沉溺于荣华而享乐于宠爱之中。耽，沉湎。乐，享受快乐。宠，指对妃妾的宠爱。［11］妇人：指妃妾。［12］遵巡正路：顺着正道走。［13］校计：衡量计算。［14］关豫：参与，介入。豫，通"与"，参与。［15］慊快私愿：快意于满足私欲。

昔赵绾不奏事于太后，而受不测之罪[1]；王章陈日蚀之变，而取背叛之诛[2]。夫二后不甚名为无道之妇人，犹尚若此，又况吕后、飞燕、傅昭仪之等乎[3]？夫母之于我尊且亲，于其私亲[4]，亦若我父之欲厚其父兄子弟也；妻之于我爱且嫘[5]，于其私亲，亦若我之欲厚我父兄子弟也。我之欲尽孝顺于慈母，无所择事矣[6]；我之欲效恩情于爱妻妾[7]，亦无所择力矣。而所求于我者，非使我有四体之劳苦[8]，肌肤之疾病也。夫以此咳唾盼睇之间[9]，至易也，谁能违此者乎？唯不世之主[10]，抱独断绝异之明[11]，有坚刚不移之气，然后可庶几其不陷没流沦耳[12]。

【注释】［1］赵绾不奏事于太后，而受不测之罪：武帝初年，窦太后与窦氏宗亲权力很大，时任御史大夫赵绾上书说"无奏事东宫"，结果被罢官下狱，后自尽。［2］王章陈日蚀之变，而取背叛之诛：汉成帝时，王太后及王氏宗亲权力很大，当时出现日食，京兆尹王章上书说应该罢免王太后母兄大将军王凤，结果以大逆罪下狱，死于狱中。［3］吕后：汉高祖皇后吕氏，在高祖死后临朝听政。飞燕：汉成帝皇后赵氏，姐妹专宠后宫但无子嗣，因此杀害其他有孕的妃子。傅昭仪：汉哀帝祖母傅太后，傅氏宗亲有六人封侯。［4］私亲：自己的亲人。［5］嫘：亲昵。［6］无所择事：不区别事情是否是应该做的。择，选择，引申为区别。［7］效：报效。［8］四体：四肢。［9］咳唾：咳嗽吐唾沫。盼睇：转目向左右看。形容不费力气转瞬即能完成的事。［10］不世：不世出。［11］独断绝异：独自决断，超乎寻常。［12］庶几其：庶几、其都表示或许，大概。陷没流沦：陷入亲戚的束缚。

宦竖者[1]，传言给使之臣也[2]。拚扫是为[3]，超走是供[4]，傅近房卧之内[5]，交错妇人之间，又亦实刑者之所宜也。……孝宣之世，则以弘恭为中书令，石显为仆射[6]。中宗严明[7]，二竖不敢容错其奸心也[8]。后暨孝元，常抱病而留好于音乐[9]，悉以枢机委之石显，则昏迷雾乱之政起[10]，而仇忠害正之祸成矣。呜呼！父子之间，相监至近[11]，而明暗之分若此，岂不良足悲耶！孝桓皇帝起自蠡吾[12]，而登至尊。侯览、张让之等，以乱承乱，政令多门，权利并作[13]，迷荒帝主[14]，浊乱海内。高命士恶其如此[15]，直言正谕，与相摩切[16]，被诬见陷，谓之党人。灵皇帝登自解犊[17]，以继孝桓。中常侍曹节、侯览等造为维纲[18]，帝终不寤，宠之日隆，唯其所言，无求不得。凡贪淫放纵、僭凌横恣[19]、挠乱内外、螫噬民化[20]，隆自顺、桓之时，盛极孝灵之世，前后五十余年，天下亦何缘得不破坏耶[21]！古之圣人，立礼垂典[22]，使子孙少在师保[23]，不令处于妇女小人之间，盖犹见此之良审也[24]。

【注释】[1]宦竖：宦官，"竖"是身份底下者的卑称。[2]给使：供人役使。[3]拚扫：打扫。[4]超走：奔跑。[5]傅近：接近。房卧：指妇人的卧室。[6]弘恭为中书令，石显为仆射：宣帝为加强皇权，任用宦者掌机要。中书令、仆射是尚书台的长官与副长官。[7]中宗：汉宣帝的庙号。[8]容错：施用。错，通"措"，放置，引申为用。[9]留好：留恋。[10]雾乱：指政治混乱。雾，通"蒙"。[11]相监：相互查看对比。[12]起自蠡吾：桓帝即位前为蠡吾侯。蠡吾，县名，故县治在今河南博野县西南。[13]权利：权力和财势。[14]迷荒：迷惑。[15]高命士：高明之士。[16]与相：共同。摩切：砥砺，引申为规谏。[17]登自解渎：灵帝即位前为解渎侯。[18]维纲：张网的大绳，引申为法网。[19]僭凌：越分逼主。[20]螫噬民化：毒害民政。螫噬，毒虫叮咬，引申为毒害。[21]何缘得：怎么能。[22]垂：传下。[23]师保：师氏和保氏，周代教育王室与贵族子弟的官。[24]良审：很清楚。

党锢之祸

东汉中晚期，士人结成群体与当权的宦官抗争，这些志同道合者被称为"党人"；政府对他们的迫害，包括禁止出任官职、限制活动等，被称为"党锢"。范晔在《后汉书·党锢列传序》的前半部分指出了"党锢之祸"发生的原因：任侠之风和重名节大义的传统培养了东汉士人的气节，这和"主荒政缪，国命委于阉寺，士子羞与为伍"的政治环境产生了冲突。本节选自《后汉书·党锢列传序》后半部分，记述了"党锢之祸"的始末，及其对东汉政权的影响。

《后汉书·党锢列传序》(节选)

初,桓帝为蠡吾侯,受学于甘陵周福[1],及即帝位,擢福为尚书[2]。时同郡河南尹房植有名当朝,乡人为之谣曰:"天下规矩房伯武[3],因师获印周仲进[4]。"二家宾客,互相讥揣[5],遂各树朋徒[6],渐成尤隙[7],由是甘陵有南北部[8],党人之议,自此始矣。后汝南太守宗资任功曹范滂[9],南阳太守成瑨亦委功曹岑晊,二郡又为谣曰:"汝南太守范孟博,南阳宗资主画诺[10]。南阳太守岑公孝,弘农成瑨但坐啸[11]。"因此流言转入太学[12],诸生三万余人,郭林宗、贾伟节为其冠[13],并与李膺、陈蕃、王畅更相褒重[14]。学中语曰:"天下模楷李元礼,不畏强御陈仲举,天下俊秀王叔茂。"又渤海公族进阶[15]、扶风魏齐卿,并危言深论[16],不隐豪强。自公卿以下,莫不畏其贬议,屣履到门[17]。

【注释】[1]甘陵:在今山东聊城市临清区东。[2]尚书:起初仅是皇帝左右掌管文书传达诏令的小官,东汉以后,逐渐发展为政府的重要官职,使得三公的权力削弱。[3]房伯武:房植,字伯武。[4]周仲进:周福,字仲进。[5]讥揣:猜度对方的能力并加以讥评。[6]朋徒:朋党,党徒。[7]尤:怨恨。隙:间隔。[8]南北部:即南北党。部,通"培",小山头。[9]功曹:郡官名,功曹史,简称功曹,除掌人事外,得以参与一郡的政务。[10]画诺:主管官员在文书上签字,表示同意照办。此句谣意为"功曹范滂掌握了汝南郡的实际权力,太守宗资仅仅起形式上的作用"。下句"南阳太守岑公孝,弘农成瑨但坐啸"意略同。[11]坐啸:闲坐吟啸,引申为不管事务。[12]太学:古代设于京城的国学,东汉时的太学大为发展。[13]郭林宗:郭泰,字林宗,太原人,游学于京师洛阳,不应官府征召,被太学生拥为首领。贾伟节:贾彪,字伟节,颍川人。[14]更相:相互。褒重:褒扬尊崇。[15]公族进阶:人名,姓公族,名进阶。[16]危言:正直的言论。[17]屣履:拖着鞋子走路,多形容急忙的样子。

时河内张成善说风角[1],推占当赦[2],遂教子杀人。李膺为河南尹,督促收捕，既而逢宥获免，膺愈怀愤疾，竟案杀之[3]。初，成以方伎交通宦官[4]，帝亦颇谇其占[5]。成弟子牢修因上书诬告膺等养太学游士，交结诸郡生徒，更相驱驰，共为部党，诽讪朝廷[6]，疑乱风俗。于是天子震怒，班下郡国，逮捕党人，布告天下，使同忿疾[7]，遂收执膺等[8]。其辞所连及陈寔之徒二百余人，或有逃遁不获，皆悬金购募[9]。使者四出，相望于道。明年，尚书霍谞、城门校尉窦武并表为请[10]，帝意稍解，乃皆赦归田里，禁锢终身[11]。而党人之名，犹书王府[12]。

【注释】[1]风角：古代占卜的一种方法，按节令观察四方四隅风向，以五音占卜，以定吉凶。 [2]推占：推算占候，依据天气变化以测吉凶。 [3]案：通"按"，查实。 [4]方伎：古代对医、卜、星、相之类的统称。 [5]谇：问询。 [6]诽讪：诽谤非议。 [7]忿疾：忿怒憎恶。 [8]收执：捉拿。 [9]购募：悬赏缉捕。 [10]城门校尉：官名，掌京师城门的屯兵。窦武：扶风人，其女为桓帝皇后，灵帝时任大将军，后与陈蕃谋诛宦官，事败而死。表：臣子给君主的奏章。 [11]禁锢：禁止做官或参与政治活动。 [12]犹书王府：《通鉴》作"书名三府"，可从。三府即太尉、司徒、司空三公的官府。

　　自是正直废放[1]，邪枉炽结[2]，海内希风之流[3]，遂共相标榜[4]，指天下名士，为之称号。上曰"三君"[5]，次曰"八俊"[6]，次曰"八顾"[7]，次曰"八及"[8]，次曰"八厨"[9]，犹古之"八元"、"八凯"[10]也。……

【注释】[1]废放：废弃。 [2]炽结：互相勾结势力很盛。 [3]希风：仰慕党人的风节。 [4]标榜：夸耀。 [5]三君：指窦武、刘淑、陈蕃。 [6]八俊：指李膺、荀翌、杜密、王畅、刘佑、魏朗、赵典、朱寓。俊，英才。 [7]八顾：指郭林宗、宗慈、巴肃、夏馥、范滂、尹勋、蔡衍、羊陟。顾，能以德行引导人。 [8]八及：指张俭、岑晊、刘表、陈翔、孔昱、苑康、檀敷、翟超。及，能引导人追及前人。 [9]八厨：指度尚、张邈、王考、刘儒、胡母班、秦周、蕃向、王章。厨，能以财物救济他人。 [10]八元：传说中高辛氏的后代才子八人。语出《左传·文公十八年》："高辛氏有才子八人：伯奋……季狸，忠肃共懿，宣慈惠和，天下之民，谓之'八元'。"八凯：传说中高阳氏的后代才子八人。语出《左传·文公十八年》："昔高阳氏有才子八人：苍舒……叔达，齐圣广渊，明允笃诚，天下之民谓之'八恺'。"

又张俭乡人朱并，承望中常侍侯览意旨[1]，上书告俭与同乡二十四人别相署号，共为部党，图危社稷。以俭及檀彬、褚凤、张肃、薛兰、冯禧、魏玄、徐乾为"八俊"，田林、张隐、刘表、薛郁、王访、刘祗、宣靖、公绪恭为"八顾"，朱楷、田槃、疎耽、薛敦、宋布、唐龙、嬴咨、宣褒为"八及"，刻石立埠[2]，共为部党，而俭为之魁。灵帝诏刊章捕俭等[3]。大长秋曹节因此讽有司奏捕前党故司空虞放……等百余人[4]，皆死狱中。余或先殁不及，或亡命获免。自此诸为怨隙者，因相陷害，睚眦之忿[5]，滥入党中。又州郡承旨，或有未尝交关[6]，亦离祸毒。其死徙废禁者，六七百人。

熹平五年[7]，永昌太守曹鸾上书大讼党人[8]，言甚方切。帝省奏大怒，即诏司隶、益州槛车收鸾[9]，送槐里狱掠杀之[10]。于是又诏州郡更考党人门生故吏父子兄弟[11]，其在位者，免官禁锢，爰及五属[12]。

【注释】[1]中常侍：宦者官名，为皇帝侍从，负责传达诏令与管理文书。[2]埠：供祭祀用的经过清扫的场地。可能是"僤"字之误，僤是汉代的民间契约组织。[3]刊章：删去告发人姓名的捕人文书。[4]大长秋：官名，侍奉皇后，传达皇后旨意，管理宫中事宜，多由宦官充任。[5]睚眦：怒目而视，引申为极微小的怨恨。[6]交关：往来。[7]熹平五年：汉灵帝年号。[8]永昌：郡名，故郡治在今云南保山市东北。讼：为人辩冤。[9]司隶：指司隶校尉，掌监察。益州：指益州刺史，永昌郡属益州。槛车：用栅栏封闭的车，用于囚禁犯人。[10]掠杀：拷打而死。[11]考：查核。[12]五属：五服内的亲属。

光和二年，上禄长和海上言[1]："礼，从祖兄弟别居异财[2]，恩义已轻，服属疎末[3]。而今党人锢及五族[4]，既乖典训之文，有谬经常之法。"帝览而悟之，党锢自从祖以下，皆得解释[5]。

中平元年，黄巾贼起，中常侍吕强言于帝曰："党锢久积，人情多怨。若久不赦宥，轻与张角合谋，为变滋大[6]，悔之无救。"帝惧其言，乃大赦党人，诛徙之家皆归故郡。其后黄巾遂盛，朝野崩离，纲纪文章荡然矣[7]。

【注释】［1］上禄：地名，东汉时下辖于武都郡，在今甘肃成县。［2］从祖兄弟：同曾祖的兄弟。［3］疎末：即疏末，疏远。疎，通"疏"。［4］五族：即五属。［5］解释：释放。［6］滋：更加。［7］纲纪：法度与纲常。文章：指礼乐制度。

三国两晋南北朝时期

引　言

　　研究三国两晋南北朝时期的史料以正史为核心，"二十四史"中关于这一时期的史书就多达十二部。南朝宋范晔的《后汉书》是记载东汉史和曹魏集团早期发展史的重要资料。西晋陈寿的《三国志》以曹魏为正统，将魏、蜀、吴历史分别记述，南朝宋裴松之为其作注。南朝梁沈约的《宋书》记述刘宋一朝的历史，为门阀士族列传篇幅极大。记录萧齐一朝历史的《南齐书》由南朝梁萧子显著，他是齐高帝萧道成之孙，撰此书属于为其本家写史。北齐魏收的《魏书》记述北魏一朝的历史，虽然多有曲笔，但仍然保存了很多珍贵的原始资料。唐贞观初期，太宗设馆修史，姚思廉的《梁书》《陈书》、李百药的《北齐书》、令狐德棻等的《周书》都成书于这一时期。房玄龄等的《晋书》成书于贞观后期，记述自三国时期司马懿当权至刘裕以宋代晋的历史，并以"载记"形式记述了十六国政权的状况。《南史》《北史》是唐高宗时李延寿秉承家学所著，前者包括宋、齐、梁、陈一百七十年史事，主要根据《宋书》《南齐书》《梁书》《陈书》并参考其他史籍删补移易；后者包括魏、齐、周、隋二百三十三年史事，是汇合《魏书》《北齐书》《周书》《隋书》并删补而成的。

　　北宋司马光的《资治通鉴》中，三国两晋南北朝内容的初稿由刘恕负责，司马光精心定稿，史料选取和考校功力深厚。这部分约有五分之一内容不见于现存其他史书，因而具有较高的史料价值。唐杜佑《通典》对南朝史事的记载，比较清晰地反映出九品中正制、户籍制度等在当时的发展状况，可补其他史籍之缺。

　　除纪传体、编年体、典制体史书之外，研究这一时期的史料还包括地志、农书、宗教、笔记小说、文学总集、石刻碑志等。

在地志类史料中，东晋十六国常璩的《华阳国志》集中记述了从远古到东晋初年西南地区巴、蜀、汉中、南中的历史、地理、人物等。北魏郦道元的《水经注》以水道为纲，共记述大小河流一千三百八十九条，对每个流域内的山川景物也有详细描写。东晋高僧法显所著的《佛国记》，根据其西行求法见闻，记述了当时三十多个国家的地理、风俗。

北魏贾思勰的《齐民要术》是我国现存最早最完整的农业技术书籍，主要记载 6 世纪末及其以前黄、淮地区的农牧业生产经验，对研究三国两晋南北朝时期的经济发展和生产情况很有参考价值。

由于佛教、道教在三国两晋南北朝时期的广泛流传，有关这一时期的宗教类史书不胜枚举。洛阳在西晋时即有多处佛寺，北魏迁都于此后，城中寺院达一千余所，北魏杨衒之《洛阳伽蓝记》一书的问世即以此为背景。该书以记述寺院建筑和遗闻轶事为主，留下了关于北魏时期城市地理、佛教传播、社会生活、中西交通等方面的大量珍贵资料。南朝梁慧皎的《高僧传》分译经、义解、神异等十类，记载东汉至南朝梁二百五十七位著名僧人的事迹，附见二百余人，是现存最早的一部佛教传记书，后世编写的僧传多以此书体例为本。唐代初期，道宣认为《高僧传》中记载的梁代高僧过少，需要补辑，遂著成《续高僧传》一书，内容从梁初开始，到唐贞观十九年（645）止。

南朝宋刘义庆的笔记小说《世说新语》，分德行、言语、政事等三十六门，记载了东汉后期至东晋、南朝宋间很多人物的言行和轶事，以三国、两晋名士为主，是研究魏晋士人思想与生活不可缺少的资料。

魏晋以来，随着文学社会功能的进一步发挥，文学创作愈发活跃，选编文人代表作品的总集也日益增多，南朝梁萧统编纂的《昭明文选》是中国现存最早的文学总集，收录自先秦至南朝梁以前一百三十余人的诗文七百余篇。南宋郭茂倩编纂的《乐府诗集》收录先秦至五代时期的乐府诗，南北朝时期的民歌占较大篇幅。清代严可均编纂的《全上古三代秦汉三国六朝文》、现代逯钦立编纂的《先秦汉魏晋南北朝诗》两部大型诗文集，都以三国两晋南北朝作品为主体。

在考古发现中，碑志是重要的文本资料。赵万里的《汉魏南北朝墓志集释》、赵超的《汉魏南北朝墓志汇编》是较早汇集三国两晋南北朝时期墓志资料的著作。罗新、叶炜的《新出魏晋南北朝墓志疏证》收录20世纪50年代至2003年底新发表的魏晋南北朝墓志，均为赵万里、赵超两书所未收者。《中国碑刻全集》《中国佛教金石文献·塔铭墓志部》等书也收录了三国两晋南北朝时期的大量碑刻、墓志。

本部分所选篇章以正史记载为主，并从《资治通鉴》《通典》《洛阳伽蓝记》《高僧传》《世说新语》等书中选取了一些经典篇章，以期体现三国两晋南北朝时期的历史发展脉络和重要的制度、事件、人物。

三 国

黄巾起义

东汉灵帝时，政治黑暗，天灾严重。"太平道"首领张角秘密进行宗教宣传，组织起义，十余年间发展徒众数十万，遍布今河北、山东、河南、江苏、安徽等省。张角带领起义军，号召在甲子年（中平元年，184）摧毁东汉王朝，建立政权。黄巾起义形势发展迅速，得到四方响应，震动京师洛阳。东汉朝廷派朱儁、皇甫嵩、卢植等军进行镇压。黄巾军虽然给官军以沉重打击，但由于力量悬殊，终告失败。黄巾起义是中国历史上第一次利用宗教组织形式的农民运动，极大地动摇了东汉末年的统治秩序。

《后汉书·皇甫嵩传》（节选）

初，钜鹿[1]张角自称"大贤良师"，奉事黄老道[2]，畜养弟子，跪拜首过[3]，符水[4]咒说以疗病，病者颇愈，百姓信向之。角因遣弟子八人使于四方，以善道教化天下，转相诳惑。十余年间，众徒数十万，连结郡国，自青、徐、幽、冀、荆、杨、兖、豫八州之人，莫不毕应。遂置三十六方。方犹将军号也。大方万余人，小方六七千，各立渠帅[5]。讹言"苍天已死，黄天当立，岁在甲子，天下大吉"。以白土书京城寺门及州郡官府，皆作"甲子"字。中平元年，大方马元义等先收荆、杨数万人，期会发于邺[6]。元义数往来京师，以中常侍[7]封谞、徐奉等为内应，约以三月五日内外俱起。未及作乱，而张角弟子济南唐周上书告之，于是车裂[8]元义于洛阳。灵帝以周章下三公、司隶[9]，使钩盾令周斌将三府掾属[10]，案验宫省直卫[11]及百姓有事角道者，诛杀千余人，推考冀州[12]，逐捕角等。角等知事已露，晨夜驰敕诸方，一时俱起。皆著黄巾为标帜，时人谓之"黄巾"，亦名为"蛾贼"。杀人以祠天。角称"天公将军"，角弟宝称"地公将军"，宝弟梁称"人公将军"。所在燔烧官府，劫略聚邑，州郡失据，长吏多逃亡。旬日之间，天下响应，京师震动。

【注释】[1]钜鹿：即巨鹿，今属河北邢台。[2]黄老道：道家以黄帝与老子为祖，因此亦称道家为黄老。[3]首过：自己陈述所犯过失。[4]符水：道家用以治病的所谓神水，即将符箓烧成灰溶于水中。[5]渠帅：魁首。[6]邺：位于今河北邯郸临漳县西一带。[7]中常侍：官名，出入宫廷，随侍皇帝，东汉由宦官专任，传达诏令，掌管文书，权力很大。[8]车裂：古代酷刑之一，以车撕裂人体。[9]三公：辅助国君掌握军政大权的最高官员。东汉以太尉、司徒、司空为三公。司隶：东汉称司隶校尉，领七郡，治河南洛阳。[10]钩盾令：官名，汉少府属官，主近池苑囿游观之处。三府：汉代太尉、司徒、司空设置的府属。掾属：佐治的官吏。汉代自三公至郡县都有掾属，人员由主官自选，不由朝廷任命，故长官与属吏有君臣的名分。魏晋以后，改为吏部任免。[11]案验：查讯证实。宫省：设于皇宫内的官署，也代指宫禁。直卫：担任卫护防守之职的人。[12]冀州：《禹贡》所描述的九州之一。汉代包括今河北、北京、天津、辽宁、山西地区。

诏敕州郡修理攻守，简练器械，自函谷、大谷、广城、伊阙、辕辕、旋门、孟津、小平津诸关，并置都尉。召群臣会议。嵩以为宜解党禁[1]，益出中藏钱[2]、西园[3]厩马，以班军士。帝从之。于是发天下精兵，博选将帅，以嵩为左中郎将[4]，持节[5]，与右中郎将朱儁，共发五校、三河[6]骑士及募精勇，合四万余人，嵩、儁各统一军，共讨颍川[7]黄巾。

【注释】[1]党禁：东汉桓帝、灵帝时，部分官僚士大夫和太学生联合反抗宦官专权，因此被禁止仕宦或参与政治活动，时称"党锢"。党禁即指党锢事件发生后对党人的禁限。黄巾起义的爆发使党人得到赦免。[2]中藏：汉代皇宫的府库称中藏府，简称中藏。[3]西园：汉上林苑的别称。在今河南洛阳市东汉魏洛阳故城西。[4]中郎将：官名，掌宫禁宿卫，随行护驾。　［5］持节：古代使臣出使，必持符节作为凭证。　［6］五校：东汉以屯骑、步兵、越骑、长水、射声为北军五校，以五校尉领之。三河：汉称河东、河内、河南三郡为三河，与三辅、弘农同为畿辅之地。　［7］颍川：汉颍川郡，治所先后位于阳翟（今河南禹州）、许（今河南许昌）。

儁前与贼波才战，战败，嵩因进保长社[1]。波才引大众围城，嵩兵少，军中皆恐，乃召军吏谓曰："兵有奇变，不在众寡。今贼依草结营，易为风火。若因夜纵烧，必大惊乱。吾出兵击之，四面俱合，田单[2]之功可成也。"其夕遂大风，嵩乃约敕军士皆束苣[3]乘城，使锐士间出围外，纵火大呼，城上举燎应之，嵩因鼓而奔其阵，贼惊乱奔走。会帝遣骑都尉[4]曹操将兵适至，嵩、操与朱儁合兵更战，大破之，斩首数万级。封嵩都乡侯[5]。嵩、儁乘胜进讨汝南、陈国黄巾，追波才于阳翟，击彭脱于西华[6]，并破之。余贼降散，三郡悉平。

又进击东郡黄巾卜己于仓亭，生禽卜己，斩首七千余级。时北中郎将卢植及东中郎将董卓讨张角，并无功而还，乃诏嵩进兵讨之。嵩与角弟梁战于广宗[7]。梁众精勇，嵩不能克。明日，乃闭营休士，以观其变。知贼意稍懈，乃潜夜勒兵，鸡鸣驰赴其阵，战至晡[8]时，大破之，斩梁，获首三万级，赴河死者五万许人，焚烧车重[9]三万余两，悉虏其妇子，系获甚众。角先已病死，乃剖棺戮尸，传首京师。

【注释】［1］长社：今河南长葛市东北。　［2］田单：战国时齐国名将，曾以火牛阵大败燕军。　［3］苣：用苇秆扎成的火炬。　［4］骑都尉：官名。统领骑兵之武职，东汉名义上隶光禄勋，秩比二千石。　［5］都乡侯：爵名。东汉置，凡封邑位于都乡（靠近城郊之乡）者，称都乡侯，位次于县侯。　［6］阳翟：今河南禹州。西华：东汉属汝南郡，今属河南周口。　［7］广宗：今属河北邢台。　［8］晡：申时，即下午三点至五点。也泛指晚间。　［9］车重：辎重车。

嵩复与钜鹿太守冯翊郭典攻角弟宝于下曲阳[1]，又斩之。首获十余万人，筑京观[2]于城南。即拜嵩为左车骑将军，领冀州牧，封槐里侯，食槐里、美阳两县，合八千户[3]。

【注释】［1］下曲阳：今河北晋县西北。［2］京观：古代战争中的胜者为炫耀战功，堆积敌人尸首，封土于其上，称为京观。［3］食：即食邑，又称采邑，古代诸侯封赐所属卿、大夫作为世禄之田邑（包括土地上的劳动者），形成于西周。秦汉时期实行郡县制，受封爵者在封邑内无统治权，只能征收封邑内民户赋税充食禄。槐里：位于今陕西兴平东南。美阳：位于今陕西武功西北。

董卓专权

东汉末年的权臣董卓，本为凉州豪强，在镇压黄巾起义的过程中率凉州兵至中原，驻扎于河东（今山西南部）。袁绍为扫除宦官势力，召董卓带兵入京城洛阳。董卓进京后，很快掌握了朝政，废少帝，立献帝，迁太尉，封郿侯，又自为相国。董卓残忍暴虐，使东汉末年的朝政极度混乱，经济、社会秩序也遭到严重破坏。这里选取了《三国志》对董卓专权的记述。

《三国志·魏书六·董卓传》（节选）

董卓字仲颖，陇西临洮[1]人也。……卓有才武，旅力[2]少比，双带两鞬[3]，左右驰射。……时[4]六军[5]上陇西，五军败绩，卓独全众而还，屯住扶风。拜前将军，封斄乡侯，徵为并州牧[6]。

【注释】［1］陇西：泛指陇山以西（今甘肃陇山、六盘山以西，黄河以东地区），或特指陇西郡。临洮：今甘肃省岷县。［2］旅力：即膂力，指四肢有力。［3］鞬：盛弓箭的袋。［4］时：汉灵帝中平（184—189）年间。［5］六军：《周礼》载周代军制为"王六军，大国三军，次国二军，小国一军"，后遂以六军为朝廷军队的代称。［6］斄乡侯：鄠县，位于今陕西武功县；乡侯，东汉爵位名。并州：约今山西汾水中游地区。

灵帝崩，少帝即位。大将军何进与司隶校尉袁绍[1]谋诛诸阉官，太后不从。进乃召卓使将兵诣京师，并密令上书曰："中常侍张让等窃幸乘宠，浊乱海内。昔赵鞅兴晋阳之甲，以逐君侧之恶[2]。臣辄鸣钟鼓如洛阳，即讨让等。"欲以胁迫太后。卓未至，进败。中常侍段珪等劫帝走小平津[3]，卓遂将其众迎帝于北芒[4]，还宫。时进弟车骑将军苗为进众所杀，进、苗部曲无所属，皆诣卓。卓又使吕布杀执金吾[5]丁原，并其众，故京都兵权唯在卓。

【注释】[1]袁绍：汝南汝阳（今河南商水西北）人，出身世家大族。汉灵帝死后，劝何进召董卓率兵进京诛灭宦官。董卓进京废少帝后，因不满董卓专横，出奔冀州。后起兵讨伐董卓，又击败公孙瓒，占冀、青、幽、并四州。建安五年（200）与曹操决战于官渡（今河南中牟东北），大败，后病死。[2]赵鞅兴晋阳之甲，以逐君侧之恶：赵鞅，春秋末晋国大夫，因朝政矛盾重重，他举晋阳之兵，打着"清君侧"的旗号驱逐了晋王身边的宠臣荀寅、士吉射等。[3]小平津：古津渡名，在今河南孟津东北，是古代黄河重要渡口。[4]北芒：又名邙山，横卧于洛阳北侧，是洛阳北面的天然屏障，也是军事战略要地。[5]执金吾：官名，东汉时专掌巡查宫外、主中央武库、担任皇帝出行的先导与警卫。

先是，进遣骑都尉太山鲍信所在募兵，适至，信谓绍曰："卓拥强兵，有异志，今不早图，将为所制；及其初至疲劳，袭之可禽也。"绍畏卓，不敢发，信遂还乡里。

于是以久不雨，策免司空刘弘而卓代之，俄迁太尉，假节钺虎贲[1]。遂废帝为弘农王。寻又杀王及何太后。立灵帝少子陈留王，是为献帝。卓迁相国，封郿侯，赞拜不名，剑履上殿[2]，又封卓母为池阳君，置家令、丞。卓既率精兵来，适值帝室大乱，得专废立，据有武库甲兵，国家珍宝，威震天下。卓性残忍不仁，遂以严刑胁众，睚眦之隙必报，人不自保。尝遣军到阳城。时适二月社，民各在其社下[3]，悉就断其男子头，驾其车牛，载其妇女财物，以所断头系车辕轴，连轸[4]而还洛，云攻贼大获，称万岁。入开阳城门，焚烧其头，以妇女与甲兵为婢妾。至于奸乱宫人公主。其凶逆如此。

【注释】［1］假节钺虎贲：节钺，符节与斧钺，古代将其授予官员或将帅，作为加重权力的标志，称为"假节钺"，历代沿用。虎贲：官名，掌宿卫之事，言如猛虎之奔走，喻其勇猛。亦为勇士的通称。　［2］赞拜不名，剑履上殿：董卓在朝中所享有的特殊待遇。赞拜不名，指臣子朝见君王，司仪宣读行礼时不直呼其姓名，只称官职。剑履上殿：汉高祖赐予萧何的特殊待遇，可以佩剑穿履朝见皇帝。　［3］时适二月社，民各在其社下：社本指土地之神。这里前一个"社"指社日，即古代祭社神之日，汉以前只有春社，汉以后有春秋二社，一般以立春后第五个戊日为春社，立秋后第五个戊日为秋社，适当春分、秋分前后。后一个"社"指祭土地之神的场所，即社宫、社庙。　［4］连轸：轸为车厢底部后面的横木，连轸即车后横木相接，形容车多。

初，卓信任尚书周毖，城门校尉伍琼等，用其所举韩馥、刘岱、孔伷、张咨、张邈等出宰州郡。而馥等至官，皆合兵将以讨卓。卓闻之，以为毖、琼等通情卖己，皆斩之。

河内太守王匡，遣泰山兵屯河阳津[1]，将以图卓。卓遣疑兵若将于平阴渡者，潜遣锐众从小平北渡，绕击其后，大破之津北，死者略尽。卓以山东豪杰并起，恐惧不宁。初平元年二月，乃徙天子都长安。焚烧洛阳宫室，悉发掘陵墓，取宝物。卓至西京，为太师[2]，号曰尚父[3]。乘青盖金华车，爪画两轓[4]，时人号曰竿摩车[5]。卓弟旻为左将军，封鄠侯；兄子璜为侍中中军校尉典兵；宗族内外并列朝廷。公卿见卓，谒拜车下，卓不为礼。召呼三台[6]尚书以下自诣卓府启事。筑郿坞[7]，高与长安城埒，积谷为三十年储，云事成，雄据天下，不成，守此足以毕老。尝至郿行坞，公卿已下祖道[8]于横门外。卓豫施帐幔饮，诱降北地反者数百人，于坐中先断其舌，或斩手足，或凿眼，或镬煮之，未死，偃转[9]杯案间，会者皆战栗亡失匕箸，而卓饮食自若。太史望气[10]，言当有大臣戮死者。故太尉张温时为卫尉，素不善卓，卓心怨之，因天有变，欲以塞咎，使人言温与袁术交关，遂笞杀之。法令苛酷，爱憎淫刑，更相被诬，冤死者千数。百姓嗷嗷，道路以目。悉椎破铜人、钟虡，及坏五铢钱[11]。更铸为小钱，大五分，无文章，肉好无轮郭，不磨鑢[12]。于是货轻而物贵，谷一斛[13]至数十万。自是后钱货不行。

【注释】[1]河阳津：今河南省孟津县西部的黄河渡口。[2]太师：官名，西周始置，为辅弼君王的重要大臣。西汉以来为尊荣之官，无实际职掌。东汉仅董卓自为此官，位在诸侯王上。[3]尚父：周武王称吕尚为尚父，意谓可尊尚的父辈。后世皇帝尊礼大臣，也有加"尚父"尊号的。[4]幡：车的障蔽。[5]竿摩车：竿摩为相逼近之意，东汉称以事干人者为"相竿摩"。因董卓"青盖金华车，爪画两幡"的车制近天子，时人称其车为"竿摩车"。[6]三台：官署合称，汉晋指尚书台、御史台、谒者台。[7]郿坞：因地属郿县，故名，位于今陕西眉县东渭河北岸。坞中广聚金银珍宝、锦绣奇玩。[8]祖道：古人出行前祭祀路神，后引申为饯行之意。[9]偃转：倒仆而转动。[10]太史望气：太史，官名，秦汉设太史令，属太常，东汉太史令专掌天时、星历之事。望气，古代迷信占卜法，望云气附会人事，预言吉凶。[11]悉椎破铜人、钟虡，及坏五铢钱：董卓破坏朝政和经济秩序的一系列举动。椎，用椎打击。铜人，亦称金人，古代多置于宫庙间，或铭文其上。虡，悬挂编钟编磬的木架，横木曰簨，直木曰虡。五铢钱，汉代铸币，铜质，始铸于汉武帝元狩五年（118），钱文为"五铢"。五铢钱是汉代通行时间最久、质地最好、数量最多的官铸货币，东汉以后各朝仍有延用，至唐武德四年（621）废。[12]大五分，无文章，肉好无轮郭，不磨鑢：董卓新铸货币的形态。大五分，指直径大小。文章，文字，这里指钱文。肉好，有孔圆形物的边称"肉"，孔称"好"。轮郭，又作"轮廓"，物体的外缘。磨鑢，磨治平整。[13]斛：古代量器，亦为容量单位，以十斗为一斛，后改为五斗为一斛。

三年四月，司徒王允、尚书仆射士孙瑞、卓将吕布共谋诛卓。是时，天子有疾新愈，大会未央殿。布使同郡骑都尉李肃等，将亲兵十余人，伪著卫士服守掖门[1]。布怀诏书。卓至，肃等格[2]卓。卓惊呼布所在。布曰"有诏"，遂杀卓，夷三族[3]。主簿田景前趋卓尸，布又杀之；凡所杀三人，余莫敢动。长安士庶咸相庆贺，诸阿附卓者皆下狱死。

【注释】　[1]掖门：宫中的旁门。　[2]格：打击。　[3]夷三族：夷，铲除，消灭。三族：有不同说法：父母、兄弟、妻子；父族、母族、妻族；父昆弟、己昆弟、子昆弟；父、子、孙等。

官渡之战

官渡，位于今河南省中牟县东北，以临古官渡水而得名。东汉建安五年（200），北方两大势力集团曹操与袁绍在此决战。当时袁绍占有冀、青、幽、并四州，兵广粮足；曹操虽以汉献帝名义发号施令，但势力范围较小，兵力也较弱。曹操采用荀彧、荀攸之策，最终以弱胜强，大败袁绍，为统一北方奠定了基础。

《三国志·魏书一·武帝纪》

（建安四年）是时[1]袁绍既并公孙瓒，兼四州[2]之地，众十余万，将进军攻许[3]。诸将以为不可敌，公曰："吾知绍之为人，志大而智小，色厉而胆薄，忌克而少威，兵多而分画不明，将骄而政令不一，土地虽广，粮食虽丰，适足以为吾奉也。"秋八月，公进军黎阳，使臧霸等入青州破齐、北海、东安，留于禁屯河上。九月，公还许，分兵守官渡。冬十一月，张绣率众降，封列侯。十二月，公军官渡。

……

五年春正月，董承等谋泄，皆伏诛。公将自东征备，诸将皆曰："与公争天下者，袁绍也。今绍方来而弃之东，绍乘人后，若何？"公曰："夫刘备，人杰也，今不击，必为后患。袁绍虽有大志，而见事迟，必不动也。"郭嘉亦劝公，遂东击备，破之，生禽其将夏侯博。备走奔绍，获其妻子。备将关羽屯下邳，复进攻之，羽降。昌豨[4]叛为备，又攻破之。公还官渡，绍卒不出。

【注释】　[1]是时：汉献帝建安四年（199）。　[2]四州：指冀州（约今河北中南部、山东西端及河南北端）、青州（约今山东西部及河北吴桥一带）、幽州（约今河北中部、北部及辽宁西部）、并州（约今山西汾水中游地区）。［3］许：今河南许昌。［4］昌豨：一名昌霸，东海郡（约今山东南部及江苏北部）反曹势力。

二月，绍遣郭图、淳于琼、颜良攻东郡太守刘延于白马，绍引兵至黎阳[1]，将渡河。夏四月，公北救延。荀攸[2]说公曰："今兵少不敌，分其势乃可。公到延津[3]，若将渡兵向其后者，绍必西应之，然后轻兵袭白马，掩其不备，颜良可禽也。"公从之。绍闻兵渡，即分兵西应之。公乃引军兼行趣[4]白马，未至十余里，良大惊，来逆战[5]。使张辽、关羽前登[6]，击破，斩良。遂解白马围，徙其民，循河而西。绍于是渡河追公军，至延津南。公勒兵驻营南阪下，使登垒望之，曰："可五六百骑。"有顷，复白："骑稍多，步兵不可胜数。"公曰："勿复白。"乃令骑解鞍放马。是时，白马辎重就道。诸将以为敌骑多，不如还保营。荀攸曰："此所以饵敌，如何去之！"绍骑将文丑与刘备将五六千骑前后至。诸将复白："可上马。"公曰："未也。"有顷，骑至稍多，或分趣辎重。公曰："可矣。"乃皆上马。时骑不满六百，遂纵兵击，大破之，斩丑。良、丑皆绍名将也，再战，悉禽，绍军大震。公还军官渡。绍进保阳武[7]。关羽亡归刘备。

【注释】［1］白马：今河南滑县东。黎阳：今河南浚县东北。［2］荀攸：颍川颍阴（今河南许昌）人，被曹操用为军师，官渡之战中斩袁绍部将颜良、焚袁绍辎重，均赖其谋划。［3］延津：古黄河流经河南延津县，又东北至滑县，通称为延津。［4］趣：通"趋"，趋向、趋附。［5］逆战：迎战。［6］前登：打头阵。［7］阳武：今河南原阳东南。

八月，绍连营稍前，依沙塠[1]为屯，东西数十里。公亦分营与相当，合战不利。时公兵不满万，伤者十二三。绍复进临官渡，起土山地道。公亦于内作之，以相应。绍射营中，矢如雨下，行者皆蒙楯[2]，众大惧。时公粮少，与荀彧[3]书，议欲还许。或以为"绍悉众聚官渡，欲与公决胜败。公以至弱当至强，若不能制，必为所乘，是天下之大机也。且绍，布衣之雄耳，能聚人而不能用。夫以公之神武明哲而辅以大顺[4]，何向而不济！"公从之。

孙策闻公与绍相持，乃谋袭许，未发，为刺客所杀。

汝南降贼刘辟等叛应绍，略许下。绍使刘备助辟，公使曹仁击破之。备走，遂破辟屯。

袁绍运谷车数千乘至，公用荀攸计，遣徐晃、史涣邀击，大破之，尽烧其车。公与绍相拒连月，虽比战斩将，然众少粮尽，士卒疲乏。公谓运者曰："却十五日为汝破绍，不复劳汝矣。"冬十月，绍遣车运谷，使淳于琼等五人将兵万余人送之，宿绍营北四十里。绍谋臣许攸贪财，绍不能足，来奔，因说公击琼等。左右疑之，荀攸、贾诩劝公。公乃留曹洪守，自将步骑五千人夜往，会明至。琼等望见公兵少，出阵门外。公急击之，琼退保营，遂攻之。绍遣骑救琼。左右或言"贼骑稍近，请分兵拒之"。公怒曰："贼在背后，乃白！"士卒皆殊死战，大破琼等，皆斩之。绍初闻公之击琼，谓长子谭曰："就彼攻琼等，吾攻拔其营，彼固无所归矣！"乃使张郃、高览攻曹洪。郃等闻琼破，遂来降。绍众大溃，绍及谭弃军走，渡河。追之不及，尽收其辎重图书珍宝，虏其众。公收绍书中，得许下及军中人书，皆焚之。冀州诸郡多举城邑降者。

初，桓帝时有黄星见于楚、宋之分[5]，辽东殷馗，善天文，言后五十岁当有真人起于梁、沛之间，其锋不可当。至是凡五十年，而公破绍，天下莫敌矣。

【注释】［1］沙塠：沙墩，小沙丘。［2］楯：通"盾"，即盾牌。［3］荀彧：颍川颍阴（今河南许昌）人，曹操的重要谋士，建议曹操迎献帝建都于许，帮助曹操擒吕布、定徐州，并于官渡之战击败袁绍。［4］大顺：《礼记·礼运》："天子以德为车，以乐为御，诸侯以礼相与，大夫以法相序，天下之肥也，是谓大顺。"指根据礼教法治的准则而达到的安定境界。［5］分：即分野，古代天文学把十二星辰的位置与地上州、国的位置相对应，就天文而言称分星，就地理而言称分野。古人常用天象的变异比附州、国的吉凶。

赤壁之战

曹操在官渡之战消灭袁绍势力后举兵南下，意欲统一全国。孙权派周瑜率军三万，与刘备联合起来共同抗曹，在赤壁展开决战，用火攻大败正逢疾疫且不习水战的曹军，以弱胜强，取得胜利。战后曹操退守中原，孙权据有江东，刘备占领荆州、益州，奠定了三国鼎立的局面。

《资治通鉴·汉纪五十七》

（献帝建安十三年冬十月）曹操自江陵[1]将顺江东下。诸葛亮谓刘备曰："事急矣，请奉命求救于孙将军。"遂与鲁肃俱诣孙权。亮见权于柴桑[2]，说权曰："海内大乱，将军起兵江东，刘豫州[3]收众汉南，与曹操共争天下。今操芟夷大难，略已平矣，遂破荆州，威震四海。英雄无用武之地，故豫州遁逃至此，愿将军量力而处之！若能以吴、越之众与中国抗衡，不如早与之绝；若不能，何不按兵束甲，北面而事之！今将军外托服从之名而内怀犹豫之计，事急而不断，祸至无日矣。"权曰："苟如君言，刘豫州何不遂事之乎？"亮曰："田横，齐之壮士耳，犹守义不辱[4]；况刘豫州王室之胄，英才盖世，众士慕仰，若水之归海。若事之不济，此乃天也，安能复为之下乎！"权勃然曰："吾不能举全吴之地，十万之众，受制于人。吾计决矣！非刘豫州莫可以当曹操者；然豫州新败之后，安能抗此难乎？"亮曰："豫州军虽败于长坂[5]，今战士还者及关羽水军精甲万人，刘琦合江夏[6]战士亦不下万人。曹操之众，远来疲敝，闻追豫州，轻骑一日一夜行三百余里，此所谓'强弩之末势不能穿鲁缟'者也。故《兵法》忌之，曰'必蹶上将军'。且北方之人，不习水战；又，荆州之民附操者，逼兵势耳，非心服也。今将军诚能命猛将统兵数万，与豫州协规同力，破操军必矣。操军破，必北还；如此，则荆、吴之势强，鼎足之形[7]成矣。成败之机，在于今日！"权大悦，与其群下谋之。

【注释】[1]江陵：县名，位于今湖北荆州市，南临长江，是长江中游水陆交通枢纽，也是军事要地。[2]柴桑：县名，位于今江西九江市西南，三国吴属江夏郡。[3]刘豫州：刘备曾任豫州牧，故又称刘豫州。豫州，三国魏治安城（今河南汝南县东南）。〔4〕田横守义不辱：田横是战国时齐国贵族，陈胜吴广起义后曾起兵反秦，自立为王。汉高祖刘邦统一天下后，诏田横来洛阳，许诺封其王侯，田横不肯向汉称臣，在赴洛阳途中自杀。 〔5〕长坂：地名，在今湖北当阳市东北。 〔6〕江夏：三国时魏、吴各置江夏郡，魏治上昶城（今湖北云梦县西南），吴置武昌县（今湖北鄂州市），各属荆州。〔7〕鼎足之形：即三方面并立、三分天下之势。

是时，曹操遗权书曰："近者奉辞伐罪，旄麾南指，刘琮束手。今治水军八十万众，方与将军会猎于吴。"权以示臣下，莫不响震失色。长史张昭等曰："曹公，豺虎也，挟天子以征四方，动以朝廷为辞；今日拒之，事更不顺。且将军大势可以拒操者，长江也；今操得荆州，奄有其地，刘表治水军，蒙冲斗舰[1]乃以千数，操悉浮以沿江，兼有步兵，水陆俱下，此为长江之险已与我共之矣，而势力众寡又不可论。愚谓大计不如迎之。"鲁肃独不言。权起更衣，肃追于宇下[2]。权知其意，执肃手曰："卿欲何言？"肃曰："向察众人之议，专欲误将军，不足与图大事。今肃可迎操耳，如将军不可也。何以言之？今肃迎操，操当以肃还付乡党[3]，品其名位，犹不失下曹从事[4]，乘犊车[5]，从吏卒，交游士林，累官故不失州郡也。将军迎操，欲安所归乎？愿早定大计，莫用众人之议也！"权叹息曰："诸人持议，甚失孤望。今卿廓开大计，正与孤同。"

【注释】 [1]蒙冲斗舰：古代战船。蒙冲以生牛皮蒙船覆背，两厢开掣棹孔，左右前后有弩窗矛穴，使敌不得近，矢石不能败。斗舰上设三尺女墙，墙下开掣棹孔，船内建棚与女墙齐，棚上又建女墙，重列战敌，上无覆背，前后左右树牙旗、幡帜、金鼓。[2]宇：屋檐。 [3]乡党：即乡里。周礼以二十五家为闾，四闾为族，五族为党，五党为州，五州为乡，故名。 [4]下曹从事：诸曹从事之最下者。 [5]犊车："犊"为小牛，即牛车，汉初诸侯贫者乘之，后贵者乘之。

时周瑜受使至番阳，肃劝权召瑜还。瑜至，谓权曰："操虽托名汉相，其实汉贼也。将军以神武雄才，兼仗父兄之烈，割据江东，地方数千里，兵精足用，英雄乐业，当横行天下，为汉家除残去秽；况操自送死，而可迎之邪！请为将军筹之：今北土未平，马超、韩遂尚在关西，为操后患；而操舍鞍马，仗舟楫，与吴、越争衡；今又盛寒，马无藁草，驱中国士众远涉江湖之间，不习水土，必生疾病。此数者用兵之患也，而操皆冒行之，将军禽操，宜在今日。瑜请得精兵数万人，进住夏口，保为将军破之！"权曰："老贼欲废汉自立久矣，徒忌二袁、吕布、刘表与孤耳；今数雄已灭，惟孤尚存。孤与老贼势不两立，君言当击，甚与孤合，此天以君授孤也。"因拔刀斫前奏案[1]曰："诸将吏敢复有言当迎操者，与此案同！"乃罢会。

是夜，瑜复见权曰："诸人徒见操书言水步八十万而各恐慑，不复料其虚实，便开此议，甚无谓也。今以实校之，彼所将中国人不过十五六万，且已久疲；所得表众亦极七八万耳，尚怀狐疑。夫以疲病之卒御狐疑之众，众数虽多，甚未足畏。瑜得精兵五万，自足制之，愿将军勿虑！"权抚其背曰："公瑾，卿言至此，甚合孤心。子布、元表诸人，各顾妻子，挟持私虑，深失所望；独卿与子敬与孤同耳，此天以卿二人赞孤也。五万兵难卒合，已选三万人，船粮战具俱办。卿与子敬、程公便在前发，孤当续发人众，多载资粮，为卿后援。卿能办之者诚决，邂逅不如意，便还就孤，孤当与孟德决之。"遂以周瑜、程普为左右督，将兵与备并力逆操；以鲁肃为赞军校尉，助画方略。

……

进，与操遇于赤壁。

时操军众，已有疾疫。初一交战，操军不利，引次江北。瑜等在南岸，瑜部将黄盖曰："今寇众我寡，难与持久。操军方连船舰，首尾相接，可烧而走也。"乃取蒙冲斗舰十艘，载燥荻、枯柴，灌油其中，裹以帷幕，上建旌旗，预备走舸[2]，系于其尾。先以书遗操，诈云欲降。时东南风急，盖以十舰最著前，中江举帆，余船以次俱进。操军吏士皆出营立观，指言盖降。去北军二里余，同时发火，火烈风猛，船往如箭，烧尽北船，延及岸上营落。顷之，烟炎张天，人马烧溺死者甚众。瑜等率轻锐继其后，雷鼓大震，北军大坏。操引军从华容道步走，遇泥泞，道不通，天又大风，悉使羸兵负草填之，骑乃得过。

羸兵为人马所蹈藉，陷泥中，死者甚众。刘备、周瑜水陆并进，追操至南郡。时操军兼以饥疫，死者太半。操乃留征南将军曹仁、横野将军徐晃守江陵，折冲将军乐进守襄阳，引军北还。

【注释】［1］奏案：批阅章奏的几案。 ［2］走舸：轻便快速的战船。

汉中张鲁政权

汉献帝初平二年（191），任益州牧刘焉督义司马的张鲁率徒众攻取汉中，194年脱离继位的刘焉之子刘璋自立，建立起政教合一的地区性政权。汉中自古富庶，是关中通往蜀中的必经之地，具有重要的战略地位。地理结构的相对封闭，使张鲁势力能够在此立足。张鲁在汉中的三十年里，以"五斗米道"进行统治，设义舍、义米肉，禁杀、禁酒，实行较为宽松的法治，得到了民众的拥护，积累了可观的人力、物力和财力，成为汉魏之际纷乱时局中一个独具特色的政权。

《三国志·魏书八·张鲁传》

张鲁字公祺，沛国丰人也[1]。祖父陵，客蜀，学道鹄鸣山[2]中，造作道书以惑百姓，从受道者出五斗米，故世号米贼。陵死，子衡行其道。衡死，鲁复行之。益州牧刘焉以鲁为督义司马，与别部司马张脩将兵击汉中太守苏固，鲁遂袭脩杀之，夺其众。焉死，子璋代立，以鲁不顺，尽杀鲁母家室。鲁遂据汉中，以鬼道[3]教民，自号"师君"。其来学道者，初皆名"鬼卒"。受本道已信，号"祭酒"[4]。各领部众，多者为治头大祭酒。皆教以诚信不欺诈，有病自首其过，大都与黄巾相似。诸祭酒皆作义舍，如今之亭传[5]。又置义米肉，县于义舍，行路者量腹取足；若过多，鬼道辄病之。犯法者，三原[6]，然后乃行刑。不置长吏，皆以祭酒为治，民夷便乐之。雄据巴、汉[7]垂三十年。汉末，力不能征，遂就宠鲁为镇民中郎将，领汉宁太守，通贡献而已。民有地中得玉印者，群下欲尊鲁为汉宁王。鲁功曹巴西阎圃谏鲁曰："汉川之民，户出十万，财富土沃，四面险固；上匡天子，则为桓、文[8]，次及窦融[9]，不失富贵。今承制署置[10]，势足斩断，不烦于王。愿且不称，勿为祸先。"鲁从之。韩遂、马超之乱[11]，关西民从子午谷[12]奔之者数万家。

【注释】［1］沛国丰：今江苏丰县。 ［2］鹄鸣山：又称鹤鸣山，在今四川省崇庆县西北，与道教圣地青城山相近。 ［3］鬼道：鬼神邪说。 ［4］祭酒：本义为酹酒祭神，汉平帝时置六经祭酒、博士祭酒，始为官名。汉末五斗米道以此为教徒的一种称号。［5］义舍：不收取费用的住宿之所。亭传：驿站。 ［6］三原：宽恕三次，又称三宥。［7］巴、汉：巴蜀郡和汉中郡，是古代巴国所设的两个郡。巴国为战国时秦惠文王所灭，此处应是借用古称。 ［8］桓、文：齐桓公、晋文公，均为春秋时期称霸的诸侯。［9］窦融：东汉大将，为光武帝所重，子孙多封列侯，以家门显贵著称。 ［10］承制署置：秉承皇帝旨意设置官职、任用官吏。 ［11］韩遂、马超之乱：建安十六年（211），韩遂联合马超叛曹操，败于渭南，逃据金城（今甘肃永靖西北）。 ［12］子午谷：位于今陕西长安区南，是关中通汉中的一条谷道，长300余公里。

建安二十年，太祖乃自散关出武都征之，至阳平关[1]。鲁欲举汉中降，其弟卫不肯，率众数万人拒关坚守。太祖攻破之，遂入蜀。鲁闻阳平已陷，将稽颡[2]归降，圃又曰："今以迫往，功必轻；不如依杜濩赴朴胡[3]相拒，然后委质[4]，功必多。"于是乃奔南山入巴中。左右欲悉烧宝货仓库，鲁曰："本欲归命国家，而意未达。今之走，避锐锋，非有恶意。宝货仓库，国家之有。"遂封藏而去。太祖入南郑[5]，甚嘉之。又以鲁本有善意，遣人慰喻。鲁尽将家出，太祖逆拜[6]鲁镇南将军，待以客礼，封阆中侯，邑万户[7]。封鲁五子及阎圃等皆为列侯[8]。为子彭祖取[9]鲁女。鲁薨，谥[10]之曰原侯。子富嗣。

【注释】［1］散关：即大散关，又称崤谷，位于今陕西宝鸡西南，是秦蜀往来的要道。武都：县名，汉武都郡治所，位于今甘肃成县西。阳平关：古关口，位于今陕西勉县西。［2］稽颡：古丧礼，居父母之丧时跪拜宾客之礼，以额触地，表示极度悲痛，后亦用于请罪。［3］朴胡：东汉末年巴郡七姓夷王。［4］委质：古人相见，必执贽（见尊长时所送的礼品）为礼，称为委质。一说质为形体，委质即人臣拜见人君时，屈膝而委体于地，后也用来表示归顺之意。这里即指归顺。［5］南郑：今陕西汉中市。［6］逆拜：迎接并授官。［7］阆中：今四川阆中市西。邑万户：西周以来，卿大夫的封地称食邑，又称采邑，大小按封爵等级而定。［8］列侯：秦制，爵分十二级，彻侯位最高。汉承秦制，为避汉武帝刘彻讳，改彻侯为通侯，或称列侯。［9］取：通"娶"。［10］谥：谥号，帝王、贵族、大臣、士大夫死后，依其生前事迹给予的称号。

曹操求才三令

魏国的奠基人曹操是一位杰出的政治家，他用人不拘一格，唯才是举，这种思想集中体现在他先后三次颁布的求才令上。东汉时期的用人政策强调儒家的仁、义、孝、廉之"德"，官场的腐败使真正有才能的人仕进无门。而曹操开辟了一个重才、求才的时代，其意义正如陈寅恪先生所言："孟德三令，非仅一时求才之旨意，实标明其政策所在，而为一政治社会道德思想上之大变革。"

《三国志·魏书一·武帝纪》

（建安）十五年春，下令曰："自古受命及中兴[1]之君，曷尝不得贤人君子与之共治天下者乎！及其得贤也，曾不出闾巷[2]，岂幸相遇哉？上之人不求之耳。今天下尚未定，此特求贤之急时也。'孟公绰为赵、魏老则优，不可以为滕、薛大夫'[3]。若必廉士而后可用，则齐桓其何以霸世！今天下得无有被褐怀玉而钓于渭滨[4]者乎？又得无盗嫂受金而未遇无知[5]者乎？二三子其佐我明扬仄陋，唯才是举，吾得而用之。"……

【注释】［1］中兴：由衰落而重新兴盛。［2］闾巷：即里巷，泛指民间。［3］孟公绰为赵、魏老则优，不可以为滕、薛大夫：语出《论语》，意为孟公绰要是做晋国赵氏、魏氏的家臣很合适，但没有能力做滕、薛这样小国的大夫。孟公绰是春秋时鲁国大夫，清廉寡欲，但短于才智。孔子认为赵氏、魏氏贪权，家臣清闲，所以孟公绰去做才力有余；滕、薛（鲁国附近的小国）等小国政务繁多，大夫责任重大，孟公绰才智不足，难以胜任。曹操在这里引用此语，表达了渴求各类人才的意愿。 [4]被褐怀玉而钓于渭滨：怀才不遇之义。《道德经》云"圣人被褐怀玉"，即身上穿着粗布衣服，却怀揣美玉。相传姜太公吕尚垂钓于渭水之滨，周文王出猎相遇，同载而归，立为师。吕尚辅佐武王灭商有功，封于齐，是齐国的开国之君。 [5]盗嫂受金而未遇无知：指人才未能受到正确对待。楚汉相争之时，魏无知向汉王刘邦引荐陈平，周勃、灌婴进谗言称陈平品德败坏，在家时曾与其嫂私通，为官后又利用职权收受贿赂，引起了汉王的疑虑。魏无知保举陈平，称用人不可求全责备，应重视才能，终使陈平助汉王成就大业。

（建安十九年）十二月，公至孟津。……乙未，令曰："夫有行之士未必能进取，进取之士未必能有行也。陈平[1]岂笃行，苏秦[2]岂守信邪？而陈平定汉业，苏秦济弱燕。由此言之，士有偏短，庸可废乎！有司明思此义，则士无遗滞，官无废业矣。"又曰："夫刑，百姓之命也，而军中典狱[3]者或非其人，而任以三军死生之事，吾甚惧之。其选明达法理者，使持典刑。"……

【注释】[1]陈平：秦末汉初人，曾事项羽入关破秦，后投奔汉王刘邦，是刘邦的重要谋士，屡建奇功。 [2]苏秦：战国时人。早年游说诸侯，后为燕昭王亲信，受命使齐，从事反间活动，使齐疲于对外战争，以造成"弱燕敌强齐"的形势。后燕将乐毅大举攻齐，其反间活动暴露，被车裂而死。 [3]典狱：掌管刑狱之事。

《三国志·魏书一·武帝纪》裴注引《魏书》

（建安二十二年）秋八月，令曰："昔伊挚、傅说[1]出于贱人，管仲，桓公贼也，皆用之以兴。萧何、曹参，县吏也，韩信、陈平负汙辱之名，有见笑之耻，卒能成就王业，声著千载。吴起[2]贪将，杀妻自信，散金求官，母死不归，然在魏，秦人不敢东向，在楚则三晋不敢南谋。今天下得无有至德之人放在民间，及果勇不顾，临敌力战；若文俗之吏，高才异质，或堪为将守；负汙辱之名，见笑之行，或不仁不孝而有治国用兵之术：其各举所知，勿有所遗。"

【注释】［1］伊挚、傅说：伊挚即伊尹，商代名臣，本为商汤妻陪嫁的奴隶；傅说，殷相，本为筑墙的奴隶。 ［2］吴起：战国时卫国人，初仕鲁，后仕魏。吴起为将与士卒同甘苦，为相明法令，捐不急之官，务在富国强兵，故而遭到楚国贵戚大臣的怨恨，后被杀害。

曹魏屯田

汉魏之际，农业生产遭到严重破坏，粮食匮乏成为各军事集团的要害。曹操迎献帝迁都许昌后，采取各种方式恢复和发展农业经济，建安元年（196）起实行的屯田就是其中一项重要内容。屯田，即有组织地开垦田地，以供应军需，充实国库，主要有军事组织形式的军屯和以民户为主体的民屯。曹操采纳部下枣祗等人的建议，利用攻破黄巾所缴获的物资在许昌募民屯田，当年即大见成效。其后，任峻按照曹操的旨意和枣祗的办法，在各州郡例置田官，使仓廪丰实，军需得到了很好的解决，壮大了曹操集团的实力。

《三国志·魏书一·武帝纪》及裴注

（建安元年冬十月）是岁[1]用枣祗[2]、韩浩等议，始兴屯田。（注引《魏书》曰：自遭荒乱，率乏粮谷。诸军并起，无终岁之计，饥则寇略[3]，饱则弃余，瓦解流离，无敌自破者不可胜数。袁绍之在河北，军人仰食桑椹。袁术在江、淮，取给蒲蠃[4]。民人相食，州里萧条。公曰："夫定国之术，在于强兵足食，秦人以急农兼天下，孝武[5]以屯田定西域，此先代之良式也。"是岁乃募民屯田许下[6]，得谷百万斛。于是州郡例置田官，所在积谷。征伐四方，无运粮之劳，遂兼灭群贼，克平天下。）

【注释】［1］是岁：建安元年（196）。［2］枣祗：颍川阳翟（今河南禹州）人，东汉末年曾随曹操起兵讨伐董卓，定都许昌后倡议屯田，被任命为屯田都尉，为解决军需作出了重要贡献，死后追封为陈留太守。［3］寇略：抢劫掠夺。［4］蒲蠃：蛤蚌一类的动物。［5］孝武：即汉武帝刘彻。［6］许下：今河南省许昌市。

《三国志·魏书十六·任峻传》及裴注

太祖每征伐，峻[1]常居守以给军。是时岁饥旱，军食不足，羽林监[2]颍川[3]枣祗建置屯田，太祖以峻为典农中郎将，募百姓屯田于许下，得谷百万斛，郡国列置田官，数年中所在积粟，仓廪皆满。……军国之饶，起于枣祗而成于峻。……（注引《魏武故事》载令曰：故陈留[4]太守枣祗，天性忠能。……及破黄巾定许，得贼资业[5]。当兴立屯田，时议者皆言当计牛输谷[6]，佃科[7]以定。施行后，祗白以为僦牛输谷，大收不增谷，有水旱灾除，大不便。反覆来说，孤犹以为当如故，大收不可复改易。祗犹执之，孤不知所从，使与荀令君议之。时故军祭酒侯声云："科取官牛，为官田计。如祗议，于官便，于客不便[8]。"声怀此云云，以疑令君。祗犹自信，据计画还白，执分田之术[9]。孤乃然之，使为屯田都尉，施设田业。其时岁则大收，后遂因此大田，丰足军用，摧灭群逆，克定天下，以隆王室。……）

【注释】［1］峻：任峻，河南中牟（今河南中牟东）人，东汉末率宗族、宾客、家兵数百人从曹操，任骑都尉。常协助曹操处理军需，对屯田制的实行和推广很有贡献。官渡之战中负责军器粮运，以功封都亭侯。［2］羽林监：官名，始置于东汉，三国曹魏时掌宿卫送从。［3］颍川：郡名，始设于秦王政时期，辖境约在今河南省中、南部。治所始在阳翟（今河南禹州），三国时移至许昌（今河南许昌东）。［4］陈留：郡名，在今河南开封东南。［5］得贼资业：从黄巾起义军手中夺取了耕牛、农具等生产资料，成为兴办屯田事业的物资。［6］计牛输谷：屯田农民按照租用官府的耕牛数目，向政府缴纳租粮。［7］佃科：向农民征收租粮的法令、条律。［8］官、客：官指属于国家或朝廷的一方，客指屯田农民。汉以后寄食于豪门贵族之人称为客。魏晋时分官、私两种，地位低于良人，高于奴婢，身份卑微，普遍用于农业生产。［9］分田之术：按产量分成收租的方法。

隆中对策

官渡之战时，袁绍命刘备与刘表联合夹击曹操，战后曹操亲自征讨刘备，刘备南奔荆州依附刘表。徐庶等人向刘备推荐"卧龙"诸葛亮。其时诸葛亮隐居隆中（今湖北襄阳西）。建安十二年（207），刘备三顾茅庐见诸葛亮，表明自己的心志。诸葛亮分析了天下形势，提出占据荆、益两州，安抚西南各族，联合孙权，整顿内政，俟机从荆、益两路北伐曹操的策略，以图成就霸业，复兴汉室。刘备心悦诚服，从此以诸葛亮为得力助手。后来刘备大体根据诸葛亮的计划建立了蜀汉政权。

《三国志·蜀书五·诸葛亮传》

时先主[1]屯新野。徐庶[2]见先主，先主器之，谓先主曰："诸葛孔明者，卧龙[3]也，将军岂愿见之乎？"先主曰："君与俱来。"庶曰："此人可就见，不可屈致也。将军宜枉驾顾之。"由是先主遂诣亮，凡三往，乃见。因屏人曰："汉室倾颓，奸臣窃命，主上蒙尘。孤不度德量力，欲信大义于天下，而智术浅短，遂用猖蹶[4]，至于今日。然志犹未已，君谓计将安出？"亮答曰："自董卓已来，豪杰并起，跨州连郡者不可胜数。曹操比于袁绍，则名微而众寡，然操遂能克绍，以弱为强者，非惟天时，抑亦人谋也。今操已拥百万之众，挟天子而令诸侯，此诚不可与争锋。孙权据有江东，已历三世，国险而民附，贤能为之用，此可以为援而不可图也。荆州北据汉、沔[5]，利尽南海，东连吴会[6]，西通巴、蜀，此用武之国，而其主不能守，此殆天所以资将军，将军岂有意乎？益州[7]险塞，沃野千里，天府之土，高祖因之以成帝业。刘璋[8]暗弱，张鲁在北，民殷国富而不知存恤，智能之士思得明君。将军既帝室之胄，信义著于四海，总揽英雄，思贤如渴，若跨有荆、益，保其岩阻[9]，西和诸戎，南抚夷越，外结好孙权，内修政理；天下有变，则命一上将将荆州之军以向宛、洛，将军身率益州之众出于秦川，百姓孰敢不箪食壶浆以迎将军者乎？诚如是，则霸业可成，汉室可兴矣。"先主曰："善！"于是与亮情好日密。关羽、张飞等不悦，先主解之曰："孤之有孔明，犹鱼之有水也。愿诸君勿复言。"羽、飞乃止。

【注释】[1]先主：即蜀汉开国皇帝刘备。 [2]徐庶：颍川（今河南许昌东）人，曾客居荆州，与诸葛亮等友善，建安中投刘备，向刘备推荐诸葛亮。曹操征荆州后被迫归曹。 [3]卧龙：诸葛亮深谋远虑，才识过人，如卧龙一样随时准备腾空而起，故得号卧龙。 [4]猖蹶：颠覆，失败。 [5]汉、沔：汉水，长江最大支流，源出今陕西宁强，至武汉汉阳入长江。沔水，在今陕西勉县境内，是汉水流经这一地带的名称。 [6]吴会：秦汉时会稽郡郡治在吴县，郡县连称为吴会，即今苏州市。 [7]益州：始置于汉武帝时，三国蜀于益州分置梓潼等五郡，故地大多在今四川省境内。 [8]刘璋：江夏竟陵（今湖北潜江西北）人，益州牧刘焉子，继父位，懦弱寡断，因张鲁在汉中不顺从，杀其母弟，张鲁遂自据汉中。 [9]岩阻：险阻之处。

夷陵之战

赤壁之战后，联合抗曹的孙、刘之间因为荆州问题发生了争斗。蜀汉章武元年（221），刘备率师伐吴，与孙权争夺荆州。两军相持数月，最后，陆逊以火攻烧刘军营，连破四十余营，大败刘军，刘备夜遁至白帝城，史称夷陵之战。夷陵之战最终确定了三国的领土，荆州为孙吴占领，蜀不再与之争夺。次年，刘备病逝于白帝城。

《三国志·吴书十三·陆逊传》

黄武元年[1]，刘备率大众来向西界[2]，权命逊[3]为大都督、假节，督朱然、潘璋、宋谦、韩当、徐盛、鲜于丹、孙桓等五万人拒之。备从巫峡、建平连围至夷陵[4]界，立数十屯[5]，以金锦爵赏诱动诸夷，使将军冯习为大督，张南为前部，辅匡、赵融、廖淳、傅肜等各为别督，先遣吴班将数千人于平地立营，欲以挑战。诸将皆欲击之，逊曰："此必有谲，且观之。"备知其计不可，乃引伏兵八千，从谷中出。逊曰："所以不听诸君击班[6]者，揣之必有巧故也。"逊上疏曰："夷陵要害，国之关限，虽为易得，亦复易失。失之非徒损一郡之地，荆州可忧。今日争之，当令必谐。备干天常[7]，不守窟穴，而敢自送。臣虽不材，凭奉威灵[8]，以顺讨逆，破坏在近。寻备前后行军，多败少成，推此论之，不足为戚。臣初嫌之，水陆俱进，今反舍船就步，处处结营，察其布置，必无他变。伏愿至尊高枕，不以为念也。"诸将并曰："攻备当在初，今乃令入五六百里，相衔持经七八月，其诸要害皆以固守，击之必无利矣。"逊曰："备是猾虏，更尝事多，其军始集，思虑精专，未可干也。今住已久，不得我便，兵疲意沮，计不复生，掎角此寇，正在今日。"乃先攻一营，不利。诸将皆曰："空杀兵耳。"逊曰："吾已晓破之之术。"乃敕各持一把茅，以火攻拔之。一尔势成，通率诸军同时俱攻，斩张南、冯习及胡王沙摩柯等首，破其四十余营。备将杜路、刘宁等穷逼请降。备升马鞍山[9]，陈兵自绕。逊督促诸军四面蹙之，土崩瓦解，死者万数。备因夜遁，驿人自担，烧铙铠[10]断后，仅得入白帝城[11]。其舟船器械，水步军资，一时略尽，尸骸漂流，塞江而下。备大惭恚，曰："吾乃为逊所折辱，岂非天邪！"

【注释】[1]黄武：孙吴年号。黄武元年为公元222年。　[2]西界：吴国西部边界。　[3]逊：陆逊，吴郡吴县（今江苏苏州）人，出身江南士族，早年入孙权幕，屡有战功。黄武元年刘备攻吴时，任大都督，率军在猇亭（今湖北枝城北）用火攻大破蜀军四十余营。　[4]巫峡：长江三峡之一，在湖北巴东县西，与四川巫山县接界，因巫山得名。建平：三国吴置，今属四川省。夷陵：古邑名，战国楚地，在今湖北宜昌市东南。　[5]屯：

驻守。［6］班：吴班，兖州陈留郡（今河南省开封市）人，蜀汉将领。曾随刘备伐吴，后又随诸葛亮北伐曹魏，并于建兴九年（231）北伐中大破司马懿。［7］干天常：违背天的常道。［8］威灵：这里指孙权的声威。［9］马鞍山：位于今湖北宜昌西北。［10］铙铠：铙为行军用的乐器，如铃而大，中空，下有短柄，用时执柄或将柄安插于座上，口朝上，以槌敲击。铠是古代战士用以护身的铠甲。［11］白帝城：在今重庆奉节县东白帝山上，东汉初公孙述建，述自号白帝，故以为名。因居于高山，形势险要，蜀汉以此为防吴重镇。

名医华佗

华佗生活在公元二世纪中叶至三世纪初，医术精湛，尤擅外科，并通晓养生之术。他曾发明麻醉剂"麻沸散"，为病人切除腐脏疾秽；模拟虎、鹿、熊、猿、鸟的动作创造"五禽戏"，帮助人体血脉流通、避免疾病。史书中关于华佗治病的事例很多，这里选取了华佗配药、针灸、以麻沸散行外科手术、创五禽戏及保健药材的记载。

《三国志·魏书二十九·华佗传》

华佗字元化，沛国谯[1]人也，一名旉。游学徐土，兼通数经。沛相陈珪举孝廉[2]，太尉黄琬辟[3]，皆不就。晓养性之术，时人以为年且百岁而貌有壮容。又精方药，其疗疾，合汤不过数种，心解分剂，不复称量，煮熟便饮，语其节度，舍去辄愈。若当灸[4]，不过一两处，每处不过七八壮，病亦应除。若当针，亦不过一两处，下针言"当引某许，若至，语人"。病者言"已到"，应便拔针，病亦行差。若病结积在内，针药所不能及，当须刳割者，便饮其麻沸散，须臾便如醉死无所知，因破取。病若在肠中，便断肠湔洗，缝腹膏摩，四五日差，不痛，人亦不自寤[5]，一月之间，即平复矣。

……

【注释】［1］沛国谯：今安徽亳州。　［2］举孝廉：汉代选官实行察举制，由公卿、列侯、刺史及郡国守相等推举人才，由朝廷考核后任以官职，后世仍有沿用。孝廉为察举科目之一，孝指孝子，廉指廉洁之士。始为二科，汉武帝采纳董仲舒建议，令郡国举孝、廉各一人，后来多混同为一科，郡国每年向中央推举一至两人。　［3］辟：征召。　［4］灸：中医的一种医疗方法，用艾叶等制成艾炷或艾卷，按穴位烧灼，与针法合称针灸。　［5］自寤：自己觉得。

广陵吴普、彭城樊阿皆从佗学。普依准佗治，多所全济。佗语普曰："人体欲得劳动，但不当使极尔。动摇则谷气[1]得消，血脉流通，病不得生，譬犹户枢不朽是也。是以古之仙者为导引[2]之事，熊颈鸱顾，引挽[3]腰体，动诸关节，以求难老。吾有一术，名五禽之戏，一曰虎，二曰鹿，三曰熊，四曰猿，五曰鸟，亦以除疾，并利蹄足，以当导引。体中不快，起作一禽之戏，沾濡汗出，因上著粉，身体轻便，腹中欲食。"普施行之，年九十余，耳目聪明，齿牙完坚。……阿从佗求可服食益于人者，佗授以漆叶青黏[4]散。漆叶屑一升，青黏屑十四两，以是为率，言久服去三虫[5]，利五藏[6]，轻体，使人头不白。阿从其言，寿百余岁。……

【注释】［1］谷气：饮食的精气，指食物的营养成分。　［2］导引：古医家的一种养生术，指呼吸俯仰，屈伸手足，使血气流通，促进身体健康。　［3］引挽：牵引、牵拉。　［4］漆叶：漆树之叶。青黏：药草的一种，黄精的别名。　［5］三虫：人体内的寄生虫。　［6］五藏：中医"藏象"理论的一部分，指隐藏在脉络中的五个人体机能器官，配合周身脉络，完成机体的正常活动。

马钧制机械

马钧，曹魏时任博士、给事中，是著名的能工巧匠，有很多发明创造，曾改进绫机、重造指南车、发明灌溉提水机械翻车、制成水转百戏、改进连弩及发石车等。这里选取了《三国志·方技传》中杜夔传的注中对马钧工艺造诣的记载。

《三国志·魏书二十九·杜夔传》注引

时有扶风马钧，巧思绝世。傅玄序之曰："马先生，天下之名巧也，少而游豫，不自知其为巧也。当此之时，言不及巧，焉可以言知乎？为博士[1]居贫，乃思绫机[2]之变，不言而世人知其巧矣。旧绫机五十综者五十蹑[3]，六十综者六十蹑，先生患其丧功费日，乃皆易以十二蹑。其奇文异变，因感而作者，犹自然之成形，阴阳之无穷，此轮扁之对不可以言言[4]者，又焉可以言校也。先生为给事中[5]，与常侍高堂隆、骁骑将军秦朗争论于朝，言及指南车[6]，二子谓古无指南车，记言之虚也。先生曰：'古有之，未之思耳，夫何远之有！'二子哂之曰：'先生名钧字德衡，钧者器之模，而衡者所以定物之轻重；轻重无准而莫不模哉！'先生曰：'虚争空言，不如试之易效也。'于是二子遂以白明帝，诏先生作之，而指南车成。此一异也，又不可以言者也，从是天下服其巧矣。居京都，城内有地，可以为园，患无水以灌之，乃作翻车[7]，令童儿转之，而灌水自覆，更入更出，其巧百倍于常。此二异也。其后人有上百戏[8]者，能设而不能动也。帝以问先生：'可动否？'对曰：'可动。'帝曰：'其巧可益否？'对曰：'可益。'受诏作之。以大木彫构，使其形若轮，平地施之，潜以水发焉。设为女乐舞象，至令木人击鼓吹箫；作山岳，使木人跳丸[9]掷剑，缘絙[10]倒立，出入自在；百官行署，舂磨斗鸡，变巧百端。此三异也。先生见诸葛亮连弩[11]，曰：'巧则巧矣，未尽善也。'言作之可令加五倍。又患发石车[12]，敌人之于楼边县[13]湿牛皮，中之则堕，石不能连属而至。欲作一轮，县大石数十，以机鼓轮为常，则以断县石飞击敌城，使首尾电至。尝试以车轮县瓴甓[14]数十，飞之数百步矣。……

【注释】[1]博士：六国时有博士，秦汉相承，诸子、诗赋、术数、方技，都立博士，通常是学有专长的顾问性质的官员。 [2]绫机：丝织品的提花机。 [3]综、蹑：<u>丝缕经线与纬线交织称综，战国时期出现了多综多蹑织机，机上有多少综片，就有多少蹑</u>

（踏板）与之相应，一蹑控制一综。［4］轮扁之对不可以言言：春秋时期齐国有制轮高手名扁，《庄子·天道篇》载轮扁曾对齐桓公说真正的精妙之处是难以用语言表达的。［5］给事中：官名，始置于秦，汉代因之，为加官，无定员。［6］指南车：又名司南车，相传为黄帝战蚩尤时始作，东汉张衡复造，汉末战乱，其器不存。三国魏明帝时，令博士马钧复制之，车驾四马，上置木人，依靠齿轮的作用，无论车厢向哪个方向转，木人举起的手常指南方。［7］翻车：一种木制灌溉提水机械，由人力、畜力或水力驱动大轮轴旋转，带动木链板叶上移，刮水上岸。［8］百戏：汉代对各种乐舞杂技的总称，包括角力竞赛、杂技、幻术、驯兽表演、化装歌舞等。汉以后历代都有"百戏"，从南北朝起称"散乐"，元以后各种杂技歌舞有其专称，"百戏"之名遂废置不用。［9］跳丸：古代百戏之一，抛弄弹丸。［10］缘絙：古代百戏之一，爬绳。［11］连弩：装有机括，可以连发数矢的弓。［12］发石车：战争中用来投石的车。曹操在官渡之战中曾用发石车轰击袁绍的射箭台。［13］县：通"悬"，吊起。［14］瓴甓：砖。

文学的"自觉"

汉魏之际被认为是中国文学走向"自觉"的时代。文学从广义的学术中分化出来，取得了独立的地位，时人对文学的体裁、审美都有了新的认识和追求。曹丕的《典论·论文》是中国古代最早的一篇文学专论，表达了"文以气为主"的独到见解，提出"盖文章，经国之大业，不朽之盛事"，把文学的价值提到了空前的高度。

《典论·论文》

文人相轻，自古而然。傅毅[1]之于班固，伯仲之间耳，而固小之，与弟超书："武仲以能属文，为兰台令史[2]，下笔不能自休。"夫人善于自见，而文非一体，鲜能备善，是以各以所长，相轻所短。里语曰："家有弊帚，享之千金。"斯不自见之患也。

今之文人，鲁国孔融文举、广陵陈琳孔璋、山阳王粲仲宣、北海徐干伟长、陈留阮瑀元瑜、汝南应玚德琏、东平刘桢公干[3]。斯七子者，于学无所遗，于辞无所假，咸自以骋骥騄于千里，仰齐足而并驰。以此相服，亦良难矣。盖君子审己以度人，故能免于斯累而作论文。

王粲长于辞赋，徐干时有齐气[4]，然粲之匹也。如粲之《初征》《登楼》《槐赋》《征思》，干之《玄猿》《漏卮》《圆扇》《桔赋》，虽张、蔡[5]不过也。然于他文，未能称是。琳、瑀之章表书记，今之隽也。应玚和而不壮，刘桢壮而不密。孔融体气高妙，有过人者，然不能持论，理不胜辞，以至乎杂以嘲戏，及其所善，扬、班俦也。

【注释】[1]傅毅：东汉茂陵（今陕西兴平东北）人，擅属文，章帝时为兰台令史，与班固等共同主持整理图书。[2]兰台令史：兰台是汉代宫廷藏书之处，最初由御史中丞掌管，后设兰台令史专门主持整理书籍、办理书奏。[3]鲁国孔融文举、广陵陈琳孔璋、山阳王粲仲宣、北海徐干伟长、陈留阮瑀元瑜、汝南应玚德琏、东平刘桢公干：汉末建安年间的七位著名文学家，合称"建安七子"。孔融，字文举，鲁国（今山东曲阜）人，有《孔少府集》；陈琳，字孔璋，广陵射阳（今江苏淮安）人，有《陈记室集》；王粲，字仲宣，山阳高平（今山东邹城西南）人，有《王侍中集》；徐干，字伟长，北海剧县（今山东潍坊西北）人，著《中论》，有《徐伟长集》；阮瑀，字元瑜，陈留尉氏（今河南开封）人，有《阮元瑜集》；应玚，字德琏，汝南郡南顿县（今河南项城）人，有《应德琏集》；刘桢，字公干，东平宁阳（今山东宁阳）人，擅作五言诗。[4]齐气：指文风舒缓。[5]张、蔡：指擅长辞赋的东汉文学家张衡和蔡邕。

常人贵远贱近，向声背实[1]，又患暗于自己，谓己为贤。夫文本同而末异[2]。盖奏议宜雅，书论宜理，铭诔尚实，诗赋欲丽。此四科不同，故能之者偏也，唯通才能备其体。

文以气为主[3]，气之清浊有体，不可力强而致。譬诸音乐，曲度虽均，节奏同检，至于引气不齐，巧拙有素[4]。虽在父兄，不能以移子弟。

盖文章，经国之大业，不朽之盛事[5]。年寿有时而尽，荣乐止乎其身，二者必至之常期，未若文章之无穷。是以古之作者，寄身于翰墨，见意于篇籍，不假良史之辞，不托飞驰之势，而声名自传于后。故西伯幽而演《易》，周旦显而制《礼》[6]，不以隐约而弗务，不以康乐而加思[7]。夫然，则古人贱尺璧而重寸阴，惧乎时之过已。而人多不强力，贫贱则慑于饥寒，富贵则流于逸乐，遂营目前之务，而遗千载之功。日月逝于上，体貌衰于下，忽然与万物迁化[8]，斯志士之大痛也。

融等已逝，唯干著论，成一家言[9]。

【注释】[1]向声背实：崇尚虚名而背弃实际。[2]本同而末异：指文章的根本相同而表现形式各异。[3]文以气为主：文章体现的主要是作者的气质。[4]引气不齐，巧拙有素：由于气质的不同而表现出巧与拙的区别。[5]不朽之盛事：《左传》载："太上有立德，其次有立功，其次有立言，虽久不废，此谓之不朽。"写文章属于立言，所以说是"不朽之盛事"。[6]西伯幽而演《易》，周旦显而制《礼》：周文王被商纣王囚禁时，推演易象，作卦辞，成为《周易》的基础；周公旦摄政显达之时，制礼作乐。[7]弗务：不从事写作。加思：转移写作的思想。[8]迁化：指死亡。[9]唯干著论，成一家言：指徐干著《中论》。

玄学的兴起与竹林七贤

东汉后期时局动荡，士人对政治的态度转向消极，逃避现实。因而，以老、庄、易学为主要内容的玄学兴盛起来，成为魏晋时期思想文化领域的一个重要现象。何晏、王弼是玄学的奠基人，他们提倡"无"是万物之本，崇尚老庄思想，也以新的视角解读儒家经义。魏晋之间的阮籍、嵇康、山涛、向秀、刘伶、王戎、阮咸七位名士寄情于竹林，崇尚老庄，高谈玄理，他们的思想、作品和言行在当时独领风骚，是"魏晋风度"的代表人物。这里选取了《晋书》和《世说新语》中对何晏、王弼与"竹林七贤"的记述。

《晋书·王衍传》（节选）

魏正始[1]中，何晏、王弼[2]等祖述《老》《庄》，立论以为："天地万物皆以无为本。无也者，开物成务[3]，无往不存者也。阴阳恃以化生，万物恃以成形，贤者恃以成德，不肖[4]恃以免身[5]。故无之为用，无爵而贵矣。"衍[6]甚重之。……衍既有盛才美貌，明悟若神，常自比子贡[7]。兼声名藉甚，倾动当世。妙善玄言，唯谈《老》《庄》为事。每捉玉柄麈尾[8]，与手同色。义理[9]有所不安，随即改更，世号"口中雌黄"[10]。朝野翕然，谓之"一世龙门"[11]矣。累居显职，后进之士，莫不景慕放效。选举登朝，皆以为称首。矜高浮诞，遂成风俗焉。……

【注释】[1]正始：齐王曹芳年号（240—249）。[2]何晏：三国魏南阳宛（今河南南阳）人，汉外戚何进之孙，以才辩显于贵戚之间，能诗赋。认为天地万物皆以无为本，把儒家的名教和道家的自然无为学说相糅合，是玄学的代表人物之一。王弼：三国魏山阳高平（今山东邹城西南）人，出身于经学世家，有才辩，与何晏、夏侯玄等同开玄学清谈风气，史称"正始之音"，是玄学的代表人物之一。[3]开物成务：揭露事物真象，使人事各得其宜。[4]不肖：子不似父。[5]免身：脱身免祸。[6]衍：王衍，西晋琅邪临沂（今山东临沂北）人，王戎从弟，为元城令，终日清谈，推重何晏、王弼，唯谈老庄。[7]子贡：春秋时卫国人，姓端木，名赐，字子贡。孔子弟子，列于言语之科，善辞令。经商于曹、鲁间，富累千金。历仕鲁、卫，出使各国时与诸侯分庭抗礼。[8]麈尾：两晋、南朝时，清谈家显示身份以助谈锋之物。麈，又名驼鹿，相传经常摇尾以指挥鹿群前行方向。[9]义理：经义名理。[10]雌黄：古人以黄纸书字，有误则以雌黄涂之，因称改易文字为雌黄，引申为评论之义。[11]一世龙门：王衍有美貌亦有盛才，成为当时名士的领袖。获得王衍的欣赏品评就相当于获得了登朝入仕的最佳资本，如鲤鱼跳龙门一般。因此在朝在野的读书人争先恐后投靠王衍，故王衍得"一世龙门"之称。

《晋书·嵇康传》(节选)

嵇康字叔夜,谯国铚[1]人也。……

康早孤,有奇才,远迈不群。身长七尺八寸,美词气,有风仪,而土木形骸,不自藻饰,人以为龙章凤姿,天质自然。恬静寡欲,含垢匿瑕,宽简有大量。学不师受,博览无不该通,长好《老》《庄》。与魏宗室婚,拜中散大夫[2]。常修养性服食[3]之事,弹琴咏诗,自足于怀。以为神仙禀之自然,非积学所得,至于导养得理,则安期、彭祖[4]之伦可及,乃著《养生论》。又以为君子无私,……盖其胸怀所寄,以高契难期,每思郢质[5]。所与神交者惟陈留阮籍、河内[6]山涛,豫其流者河内向秀、沛国刘伶、籍兄子咸、琅邪[7]王戎,遂为竹林之游,世所谓"竹林七贤"也。戎自言与康居山阳[8]二十年,未尝见其喜愠之色。

……

【注释】[1]谯国铚:今安徽宿州西南。 [2]中散大夫:官名,西汉后期置,备顾问应对,无常事,唯诏令所使。魏晋时多为养老疾,无职事,官居七品。 [3]服食:道家养生法,指服食丹药。 [4]安期:又称安期生,蓬莱山仙系的仙人,相传卖药于东海边,时人皆言千岁翁。彭祖:又称铿或彭翦,颛顼的后裔,为尧臣,善养性,以寿长著称于世。 [5]高契、郢质:志趣相合的知己朋友。 [6]河内:河内郡,西晋时治野王县(今河南沁阳市)。 [7]琅邪:郡名,又作琅琊、琅玡,位于今山东胶南诸城一带。 [8]山阳:汉代属河内郡,曹丕废汉献帝为山阳公,即指此地。位于今河南省修武县西北。

初,康居贫,尝与向秀共锻于大树之下,以自赡给。颍川钟会,贵公子也,精练有才辩,故往造焉。康不为之礼,而锻不辍。良久会去,康谓曰:"何所闻而来?何所见而去?"会曰:"闻所闻而来,见所见而去。"会以此憾之。及是,言于文帝曰:"嵇康,卧龙也,不可起。公无忧天下,顾以康为虑耳。"因谮"康欲助毋丘俭[1],赖山涛不听。昔齐戮华士,鲁诛少正卯[2],诚以害时乱教,故圣贤去之。康、安等言论放荡,非毁典谟,帝王者所不宜容。宜因衅除之,以淳风俗。"帝既昵听信会,遂并害之。

康将刑东市[3],太学生三千人请以为师,弗许。康顾视日影,索琴弹之,曰:"昔袁孝尼尝从吾学《广陵散》,吾每靳固[4]之,《广陵散》于今绝矣!"时年四十。海内之士,莫不痛之。帝寻悟而恨焉。初,康尝游于洛西,暮宿华阳亭,引琴而弹。夜分,忽有客诣之,称是古人,与康共谈音律,辞致清辩,因索琴弹之,而为《广陵散》,声调绝伦,遂以授康,仍誓不传人,亦不言其姓字。

康善谈理,又能属文,其高情远趣,率然玄远。撰上古以来高士为之传赞,欲友其人于千载也。又作《太师箴》,亦足以明帝王之道焉。复作《声无哀乐论》,甚有条理。

【注释】[1]毋丘俭:河东闻喜(今属山西)人,曾从司马懿平辽东,攻高句丽,以功历任镇南、镇东将军。后与扬州刺史文钦举兵反司马师,战败被杀。 [2]齐戮华士,鲁诛少正卯:西周初,太公吕尚治齐国,有一人华士,既不向天子称臣,又不与诸侯结交,人们称赞他贤明。太公召华士三次,不来,命人杀之。回答周公疑问时,太公指出华士是"弃民""逆民",不应使国人效法。少正卯是鲁国大夫,与孔子同时聚众讲学,多次把孔子的学生吸引过去听讲。孔子任鲁国大司寇后,诛杀了少正卯,回答弟子疑问时称少正卯有"心达而险、行僻而坚、言伪而辩、记丑而博、顺非而泽"五种恶劣品性,是"小人之桀雄"。 [3]东市:洛阳东市。 [4]靳固:吝惜而固守。

《世说新语·任诞》(节选)

陈留阮籍、谯国嵇康、河内山涛三人年皆相比,康年少亚之。预此契者,沛国刘伶、陈留阮咸、河内向秀、琅邪王戎。七人常集于竹林之下,肆意酣畅,故世谓"竹林七贤"。

阮籍遭母丧,在晋文王坐进酒肉。司隶何曾亦在坐,曰:"明公[1]方以孝治天下,而阮籍以重丧显于公坐饮酒食肉,宜流之海外,以正风教。"文王曰:

"嗣宗毁顿[2]如此，君不能共忧之，何谓？且有疾而饮酒食肉，固丧礼也。"籍饮噉不辍，神色自若。

刘伶病酒，渴甚，从妇求酒。妇捐酒毁器，涕泣谏曰："君饮太过，非摄生之道，必宜断之！"伶曰："甚善。我不能自禁，唯当祝鬼神自誓断之耳。便可具酒肉。"妇曰："敬闻命。"供酒肉于神前，请伶祝誓。伶跪而祝曰："天生刘伶，以酒为名，一饮一斛，五斗解酲。妇人之言，慎不可听！"便引酒进肉，隗然已醉矣。

……

【注释】[1]明公：对有名位者的尊称。 [2]嗣宗：阮籍字嗣宗。毁顿：因居丧过于哀痛而精神萎靡。

步兵校尉缺，厨中有贮酒数百斛，阮籍乃求为步兵校尉。

刘伶恒纵酒放达，或脱衣裸形在屋中。人见讥之，伶曰："我以天地为栋宇，屋室为裈衣[1]，诸君何为入我裈中？"

阮籍嫂尝还家，籍见与别。或讥之。籍曰："礼岂为我辈设也！"

阮公邻家妇有美色，当垆酤酒[2]。阮与王安丰常从妇饮酒，阮醉，便眠其妇侧。夫始殊疑之，伺察，终无他意。

阮籍当葬母，蒸一肥豚[3]，饮酒二斗，然后临诀，直言："穷矣！"都得一号[4]，因吐血，废顿良久。

阮仲容步兵居道南，诸阮居道北；北阮皆富，南阮贫。七月七日，北阮盛晒衣，皆纱罗锦绮。仲容以竿挂大布犊鼻裈[5]于中庭。人或怪之，答曰："未能免俗，聊复尔耳。"

阮步兵丧母，裴令公往吊之。阮方醉，散发坐床，箕踞[6]不哭。裴至，下席于地，哭，吊唁毕便去。或问裴："凡吊，主人哭，客乃为礼。阮既不哭，君何为哭？"裴曰："阮方外之人，故不崇礼制。我辈俗中人，故以仪轨自居。"时人叹为两得其中。

诸阮皆能饮酒，仲容至宗人间共集，不复用常杯斟酌，以大瓮盛酒，围坐相向大酌。时有群猪来饮，直接去上，便共饮之。

阮浑长成，风气韵度似父，亦欲作达[7]。步兵曰："仲容[8]已预之，卿不得复尔！"

裴成公妇，王戎女。王戎晨往裴许，不通径前。裴从床南下，女从北下，相对作宾主，了无异色。

阮仲容先幸姑家鲜卑婢。及居母丧，姑当远移，初云当留婢，既发，定将去。仲容借客驴，着重服，自追之，累骑而返，曰："人种不可失！"即遥集之母也。

【注释】[1]裈衣：满裆裤。[2]当垆酤酒：垆是酒店安放酒瓮、酒坛的土台子，也借指酒店。酤酒即卖酒。[3]豚：小猪。[4]号：大哭。[5]大布犊鼻裈：大布，粗布。犊鼻裈，做杂活时穿的裤子，形如小牛鼻子。又说，膝上三寸为犊鼻穴，指裈长至此。[6]箕踞：伸足而坐。[7]作达：行为放达。[8]步兵：指阮籍曾任步兵校尉，也称"阮步兵"。仲容：指阮咸。

梁习治理并州

梁习是曹魏时期一名廉洁善治的官员，受曹操器重，任并州（今山西汾水中游地区）刺史。上任之时，处于边境之地的并州历经战乱，政务荒废，北方民族势力飞扬跋扈、侵扰百姓。梁习诱导、招纳其中的豪强大族到官署任职，征调壮丁服役，迁徙其家室入邺都（今河北临漳县西），并对不服调迁者进行讨伐。梁习的治理措施使边境安定，法令严明，百姓安居乐业。梁习在并州二十余年，政绩斐然，史称"政治常为天下最"。

《三国志·魏书十五·梁习传》（节选）

梁习字子虞，陈郡柘[1]人也，为郡纲纪[2]。太祖为司空，辟召为漳长，累转乘氏、海西、下邳令，所在有治名。还为西曹令史，迁为属。并土新附，习以别部司马领并州刺史。时承高干荒乱[3]之余，胡狄在界，张雄跋扈。吏民亡叛，入其部落，兵家拥众，作为寇害，更相扇动，往往棋跱[4]。习到官，诱谕招纳，皆礼召其豪右[5]，稍稍荐举，使诣幕府；豪右已尽，乃次发诸丁强以为义从；又因大军出征，分请以为勇力。吏兵已去之后，稍移其家，前后送邺，凡数万口；其不从命者，兴兵致讨，斩首千数，降附者万计。单于恭顺，名王稽颡，部曲服事供职，同于编户。边境肃清，百姓布野，勤劝农桑，令行禁止。贡达名士，咸显于世，语在《常林传》。太祖嘉之，赐爵关内侯，更拜为真[6]。长老称咏，以为自所闻识，刺史未有及习者。建安十八年，州并属冀州，更拜议郎、西部都督从事，统属冀州总故部曲[7]。又使于上党取大材供邺宫室。习表置屯田都尉二人，领客六百夫，于道次耕种菽粟[8]，以给人牛之费。后单于入侍，西北无虞，习之绩也。文帝践阼，复置并州，复为刺史，进封申门亭侯，邑百户；政治常为天下最。太和二年，征拜大司农。习在州二十余年，而居处贫穷，无方面珍物，明帝异之，礼赐甚厚。

【注释】[1]陈郡柘：今河南商丘柘城。 [2]纲纪：这里指主簿，汉以后中央各机构及地方郡、县官府的一类职官，负责文书簿籍，掌管印鉴。 [3]高干荒乱：建安十一年（206）并州刺史高干与曹操在壶关决战。 [4]棋跱：又作"棋峙"，相持之势，如下棋时对峙。 [5]豪右：豪强大族。 [6]拜为真：授予实职。 [7]部曲：本为军事建制，汉末魏晋时期成为豪强大族的家兵，且逐渐发展为兵农合一的生产者。 [8]菽粟：豆类和小米的总称，泛指粮食。

仓慈治理敦煌郡

曹魏太和年间，淮南人仓慈出任敦煌太守。面对当时敦煌郡豪强横行、贫富差距悬殊的局面，他改革田制，使贫苦百姓有田可耕；他倡导德治，不滥用刑罚；他善待前来贸易的西域商人，不仅禁止豪强欺侮，还派遣吏民沿途协助、护送。仓慈的治理措施得到百姓的衷心拥戴，对于敦煌地区丝绸之路的畅通、中西交流的深化起到了积极作用。

《三国志·魏书十六·仓慈传》(节选)

仓慈字孝仁，淮南人也。始为郡吏。建安中，太祖开募屯田于淮南，以慈为绥集都尉。黄初末，为长安令，清约有方，吏民畏而爱之。太和中，迁敦煌太守。郡在西陲，以丧乱隔绝，旷无太守二十岁，大姓雄张，遂以为俗。前太守尹奉等，循故而已，无所匡革。慈到，抑挫权右，抚恤贫羸，甚得其理。旧大族田地有余，而小民无立锥之土；慈皆随口割赋，稍稍使毕其本直[1]。先是属城[2]狱讼众猥，县不能决，多集治下；慈躬往省阅，料简轻重，自非殊死[3]，但鞭杖遣之，一岁决刑曾不满十人。又常日西域杂胡欲来贡献，而诸豪族多逆断绝；既与贸迁，欺诈侮易，多不得分明。胡常怨望，慈皆劳之。欲诣洛者，为封过所[4]，欲从郡还者，官为平取，辄以府见物与共交市[5]，使吏民护送道路，由是民夷翕然称其德惠。数年卒官[6]，吏民悲感如丧亲戚，图画其形，思其遗像。及西域诸胡闻慈死，悉共会聚于戊己校尉及长吏治下发哀，或有以刀画面，以明血诚，又为立祠，遥共祠之。

【注释】［1］随口割赋，稍稍使毕其本直：按人口分割豪强的土地给贫民耕种，使贫民慢慢归还豪强的田价。 ［2］属城：敦煌郡所属各县。 ［3］殊死：这里指死罪。 ［4］过所：古代用于关卡通行证明的官文书，东汉时已有此名，唐代广泛使用并有严格制度。 ［5］平取：公平交换。府见物：本郡府库中现存的货物。"见"通"现"。 ［6］卒官：死在任上。

西 晋

司马炎灭吴

三国曹魏后期，政权落入门阀贵族司马氏手中。公元263年，司马昭灭蜀。266年，司马炎废魏帝，建立晋朝，建都洛阳，史称西晋。280年，西晋发动了对吴国的进攻，迅速攻下吴国都城建业（今南京），迫使孙皓投降。司马炎灭吴，标志着东汉末年以来几十年分裂割据局面的结束，中国得到了重新统一。

《晋书·武帝纪》（节选）

（咸宁五年）十一月[1]，大举伐吴，遣镇军将军、琅邪王伷出涂中，安东将军王浑出江西，建威将军王戎出武昌，平南将军胡奋出夏口，镇南大将军杜预出江陵，龙骧将军王濬、广武将军唐彬率巴蜀之卒浮江而下，东西凡二十余万[2]。以太尉贾充为大都督，行冠军将军杨济为副，总统众军。

……

太康元年春正月己丑朔，五色气冠日。癸丑，王浑克吴寻阳濑乡诸城[3]，获吴武威将军周兴。

二月戊午，王濬、唐彬等克丹杨城[4]。庚申，又克西陵[5]，杀西陵都督、镇军将军留宪，征南将军成璩，西陵监郑广。壬戌，濬又克夷道乐乡城[6]，杀夷道监陆晏、水军都督陆景。甲戌，杜预克江陵，斩吴江陵督伍延；平南将军胡奋克江安[7]。于是诸军并进，乐乡、荆门诸戍相次来降。乙亥，以濬为都督益、梁二州[8]诸军事，复下诏曰："濬、彬东下，扫除巴丘，与胡奋、王戎共平夏口、武昌，顺流长骛，直造秣陵，与奋、戎审量其宜。杜预当镇静零、桂，怀辑衡阳。大兵既过，荆州南境固当传檄而定，预当分万人给濬，七千给彬。夏口既平，奋宜以七千人给濬。武昌既了，戎当以六千人增彬。太尉充移屯项，总督诸方。"[9]濬进破夏口、武昌，遂泛舟东下，所至皆平。王浑、周浚与吴丞相张悌战于版桥[10]，大破之，斩悌及其将孙震、沈莹，传首洛阳。孙皓[11]穷蹙请降，送玺绶[12]于琅邪王伷。

【注释】[1]十一月：晋武帝司马炎咸宁五年（279）十一月。[2]涂中：今安徽滁州。夏口：今湖北汉口。江陵：今湖北江陵。[3]寻阳：今湖北广济东北、黄梅西南。赖乡：相传在今河南鹿邑以东。[4]丹杨城：今湖北秭归西南。[5]西陵：今湖北宜昌西北。[6]夷道：今湖北宜都。乐乡：今湖北松滋市东。[7]江安：今四川江安县东。[8]益、梁二州：益州故地大多在今四川省境内，梁州在今陕西省汉中市南郑区东。[9]巴丘：在今湖南岳阳县湘水右岸。秣陵：在今江苏南京江宁区。零、桂：指零陵、桂阳两郡，在今湖南南部。[10]版桥：即板桥，今江苏南京江宁区西长江东岸。[11]孙皓：三国时吴国皇帝，孙权之孙，孙和之子，公元264—280年在位。[12]玺绶：古代印玺上系有彩色丝带，称玺绶，用来代指印玺。

　　三月壬寅，王濬以舟师至于建邺之石头[1]，孙皓大惧，面缚舆榇[2]，降于军门。濬杖节解缚焚榇，送至京都。收其图籍，克州四，郡四十三，县三百一十三，户五十二万三千，吏三万二千，兵二十三万，男女口二百三十万。其牧守已下皆因吴所置，除其苛政，示之简易，吴人大悦。乙酉，大赦，改元，大酺[3]五日，恤孤老困穷。

【注释】[1]建邺之石头：孙权定都建业（今南京）后，为巩固城防，在秦淮河的入江口修建了石头城。西晋太康三年（282）改建业为建邺。[2]面缚：两手反绑在身后，脸向前。舆榇：载棺以随，表示决死。[3]大酺：国家有吉庆之事时，诏赐臣民大规模宴饮。

太康之治与户调式的颁布

晋武帝太康年间是西晋政权安定繁荣的阶段，农业得到了较好的恢复和发展，人口大量增长。西晋于太康元年（280）颁布了户调式，内容包括占田课田制、赋税制、荫族荫客制。这些制度促进了土地开荒与农业生产，同时也用法律形式肯定了门阀贵族占有大量土地和劳动人口的权利以及佃客卑微的地位、极强的人身依附关系，从而保障了门阀贵族的经济特权。

《晋书·食货志》（节选）

世祖武皇帝太康元年[1]，既平孙皓，纳百万而罄三吴之资，接千年而总西蜀之用，韬干戈于府库，破舟船于江壑，河滨海岸，三丘八薮，耒耨[2]之所不至者，人皆受焉。农祥晨正，平秩东作，荷锸赢粮，有同云布[3]。若夫因天而资五纬，因地而兴五材[4]，世属升平，物流仓府，宫闱增饰，服玩相辉。于是王君夫、武子、石崇等更相夸尚，舆服鼎俎之盛，连衡帝室，布金埒之泉，粉珊瑚之树[5]。物盛则衰，固其宜也。永宁之初，洛中尚有锦帛四百万，珠宝金银百余斛。

……

【注释】[1]世祖武皇帝太康元年：太康为晋武帝司马炎年号，太康元年是公元280年。[2]耒耨：耒是翻土的农具，耨是除草的农具。这里泛指农业。[3]农祥晨正：农祥是房星，房星正月中晨见南方，指立春之日。平秩东作：分次序耕作。荷锸赢粮：扛着锹，负担着粮食。[4]五纬：金、木、水、火、土的总称。五材：金、木、水、火、土，一说勇、智、仁、信、忠。[5]舆服鼎俎：车舆冠服、各种仪仗，烹调用锅以及割牲肉用的砧板。连衡：形容很多。金埒：用钱铺成的界沟。

又制户调[1]之式：丁男[2]之户，岁输绢三匹，绵三斤，女及次丁男为户者半输。其诸边郡或三分之二，远者三分之一。夷人输賨布[3]，户一匹，远者或一丈。男子一人占田七十亩，女子三十亩。其外丁男课田[4]五十亩，丁女二十亩，次丁男半之，女则不课。男女年十六已上至六十为正丁，十五已下至十三、六十一已上至六十五为次丁，十二已下六十六已上为老小，不事。远夷不课田者输义米，户三斛，远者五斗，极远者输算钱，人二十八文。其官品第一至于第九，各以贵贱占田，品第一者占五十顷，第二品四十五顷，第三品四十顷，第四品三十五顷，第五品三十顷，第六品二十五顷，第七品二十顷，第八品十五顷，第九品十顷。而又各以品之高卑荫其亲属，多者及九族，少者三世。宗室、国宾、先贤之后及士人子孙亦如之。而又得荫人以为衣食客及佃客[5]，品第六已上得衣食客三人，第七第八品二人，第九品及举辇、迹禽、前驱、由基、强弩、司马、羽林郎、殿中冗从武贲、殿中武贲、持椎斧武骑武贲、持鈒冗从武贲、命中武贲武骑一人[6]。其应有佃客者，官品第一第二者佃客无过五十户，第三品十户，第四品七户，第五品五户，第六品三户，第七品二户，第八品第九品一户。

是时天下无事，赋税平均，人咸安其业而乐其事。……

【注释】　［1］户调：按户征收的一种赋税。　［2］丁男：成年男子。　［3］賨布：古代巴人充赋税的布。　［4］课田：征收田赋。　［5］衣食客：魏、晋、南朝时的依附人户，由主人供给衣食，充当随从或驱使杂役。佃客：世家豪强荫庇下的一种依附农民，户调式明确规定了客的私属身份。　［6］举辇、迹禽、……命中武贲武骑：均为武官名。

九品中正制

东汉延康元年（220），曹丕采纳礼部尚书陈群建议，立"九品官人之法"。此法在各州郡任用"中正"，将当地人士分为九等（九品），根据所定之品选任官吏。此法形成制度，又称九品中正制。初行时，还能起到褒贬劝勉的作用，但中正由任朝官的高门大姓担任，久而久之，使世家大族更容易垄断官位，形成"唯能知其阀阅，非复辨其贤愚""下品无高门，上品无寒士"的局面，加速了门阀士族的形成，实际上使门阀士族特权合法化、制度化。

《通典·选举》（节选）

魏文帝为魏王时，三方鼎立，士流播迁，四人[1]错杂，详核无所。延康元年，吏部尚书陈群以天朝选用不尽人才，乃立"九品官人之法"，州郡皆置中正，以定其选，择州郡之贤有识鉴者为之，区别人物，第其高下。……（按，九品之制，初因后汉建安中天下兵兴，衣冠士族多离本土，欲徵源流，虑难委悉，魏氏革命，州郡县俱置大小中正，各取本处人任诸府公卿及台省郎吏有德充才盛者为之，区别所管人物，定为九等。其有言行修著，则升进之，或以五升四，以六升五；倘或道义亏阙，则降下之，或自五退六，自六退七矣。是以吏部不能审定核天下人才士庶，故委中正铨第等级，凭之授受，谓免乖失及法弊也。唯能知其阀阅[2]，非复辨其贤愚，所以刘毅云："下品无高门，上品无寒士。"[3]南朝至于梁、陈，北朝至于周、隋，选举之法，虽互相损益，而九品及中正至开皇中方罢。)

【注释】[1]四人：即四民，士、农、工、商。唐代避太宗李世民讳，改称"四民"为"四人"。　[2]阀阅：仕宦门前旌表功绩的柱子，指功绩和经历，也代指世家门第。[3]原作"上品无寒门，下品无势族"。依北宋本等改。

贵族斗富

西晋石崇为荆州刺史时，劫客商以致富，生活极为奢侈。王恺是晋武帝司马炎的舅父，地位显赫，而石崇自恃豪富，不把皇室贵戚放在眼里，与王恺比富、斗宝，武帝每每帮助王恺，却也不能取胜。《世说新语·汰侈》中对石崇、王恺、王武子等贵族奢华生活的描写，非常形象。

《世说新语·汰侈》(节选)

石崇[1]厕，常有十余婢侍列，皆丽服藻饰。置甲煎粉、沉香汁[2]之属，无不毕备。又与新衣着令出，客多羞不能如厕。王大将军往，脱故衣，着新衣，神色傲然。群婢相谓曰："此客必能作贼！"

武帝尝降王武子家，武子供馔，并用琉璃器。婢子百余人，皆绫罗裤攡，以手擎饮食。烝㹠[3]肥美，异于常味。帝怪而问之。答曰："以人乳饮㹠。"帝甚不平，食未毕，便去。王、石所未知作。

王君夫[4]以饴糒澳釜[5]，石季伦用蜡烛作炊。君夫作紫丝布步障[6]碧绫裹四十里，石崇作锦步障五十里以敌之。石以椒为泥，王以赤石脂泥壁[7]。

【注释】[1]石崇：字季伦，西晋官员，以豪富著名，在洛阳置别馆金谷园，有水碓三十余区，苍头八百余人，珍宝田宅无数。[2]甲煎：香料名，以甲香和沉麝诸药花物制成，可作口脂及焚蓺，也可入药。沉香：沉香木植物树心分泌的带有浓郁香味的树脂，是名贵的香料。[3]烝㹠：以人乳喂养小猪并蒸制的菜肴。[4]王君夫：即王恺，字君夫。[5]饴糒澳釜：用饧糖和饭擦锅。[6]步障：用来遮蔽风尘或障蔽内外的屏幕。[7]椒：花椒，汉代皇后常用椒和泥涂壁。赤石脂：硅酸盐类矿物多水高岭石。

石崇为客作豆粥，咄嗟便办[1]。恒冬天得韭萍虀[2]。又牛形状气力不胜王恺牛，而与恺出游，极晚发，争入洛城，崇牛数十步后迅若飞禽，恺牛绝走不能及。每以此三事为搤腕。乃密货[3]崇帐下都督及御车人，问所以。都督曰："豆至难煮，唯豫作熟末，客至，作白粥以投之。韭萍虀是捣韭根，杂以麦苗尔。"复问驭人牛所以驶。驭人云："牛本不迟，由将车人不及，制之尔。急时听偏辕，则驶矣。"恺悉从之，遂争长。石崇后闻，皆杀告者。

……

石崇与王恺争豪，并穷绮丽以饰舆服。武帝，恺之甥也，每助恺。尝以一珊瑚树高二尺许赐恺，枝柯扶疏，世罕其比。恺以示崇；崇视讫，以铁如意击之，应手而碎。恺既惋惜，又以为疾己之宝，声色甚厉。崇曰："不足恨，今还卿。"乃命左右悉取珊瑚树，有三尺、四尺，条干绝世，光彩溢目者六七枚，如恺许比甚众。恺惘然自失。

【注释】［1］咄嗟便办：形容时间短，很快就办到。 ［2］韭萍齑：把韭菜根捣碎，搀上麦苗。 ［3］密货：秘密贿赂。

十六国

吕光出兵西域与高僧鸠摩罗什来华

鸠摩罗什，祖籍天竺，生于龟兹。七岁出家，曾游学天竺诸国。博通佛学，驰名西域。前秦苻坚素闻其名，建元十八年（382）遣吕光出兵伐西域，劫持鸠摩罗什入凉州，滞留十八年。后秦弘始三年（401），姚兴遣使迎鸠摩罗什入长安，待以国师之礼。鸠摩罗什在长安潜心译经近百部，其佛学成就在中国佛教史上具有重要地位。这里选取了《高僧传》对鸠摩罗什入华经历及其佛学造诣的记载。

《高僧传·晋长安鸠摩罗什》（节选）

什既道流西域，名被东川。时苻坚僭号关中[1]，有外国前部[2]王及龟兹[3]王弟并来朝坚，坚引见，二王说坚云，西域多产珍奇，请兵往定，以求内附。至苻坚建元十三年岁次丁丑正月，太史[4]奏云："有星见于外国分野[5]，当有大德智人，入辅中国。"坚曰："朕闻西域有鸠摩罗什，襄阳有沙门释道安[6]，将非此耶。"即遣使求之。至十七年二月，善善[7]王、前部王等，又说坚请兵西伐。十八年九月，坚遣骁骑将军吕光[8]、陵江将军姜飞，将前部王及车师王等，率兵七万，西伐龟兹及乌耆诸国。临发，坚饯光于建章宫，谓光曰："夫帝王应天而治，以子爱苍生为本，岂贪其他而伐之乎，正以怀道之人故也。朕闻西国有鸠摩罗什，深解法相[9]，善闲阴阳，为后学之宗，朕甚思之。贤哲者，国之大宝，若克龟兹，即驰驿[10]送什。"光军未至，什谓龟兹王白纯曰："国运衰矣，当有勍敌。日下人从东方来，宜恭承之，勿抗其锋。"

纯不从而战，光遂破龟兹，杀纯，立纯弟震为主。光既获什，未测其智量，见年齿尚少，乃凡人戏之。强妻以龟兹王女，什距而不受，辞甚苦到。光曰："道士之操，不逾先父[11]，何可固辞。"乃饮以醇酒，同闭密室。什被逼既至，遂亏其节。或令骑牛及乘恶马，欲使堕落。什常怀忍辱，曾无异色，光惭愧而止。光还中路，置军于山下，将士已休，什曰："不可在此，必见狼狈，宜徙军陇上。"光不纳。至夜果大雨，洪潦暴起，水深数丈，死者数千，光始密而异之。什谓光曰："此凶亡之地，不宜淹留。推运揆数，应速言归，中路必有福地可居。"光从之。至凉州，闻苻坚已为姚苌所害，光三军缟素，大临城南，于是窃号关外，称年太安。

【注释】［1］苻坚：十六国时前秦国君，氐族。寿光三年（357）自立为大秦天王。在位期间重用汉族士人王猛，发展关中生产，统一北方，与东晋形成南北对峙之势。建元十九年（383）派吕光出兵西域，西域三十余国归服。同年在淝水之战中败于东晋，后被羌人姚苌杀害。僭号：即僭号，指与统治王朝对立而自己称王称帝。［2］前部：车师前部。车师，一作姑师，西域古族名，汉宣帝时分前后两部。前部亦称车师前国，治所位于今新疆吐鲁番西北交河故城遗址；后部亦称车师后国，治所位于今新疆吉木萨尔。晋以后车师仅见前部。［3］龟兹：古西域国名，位于今新疆库车一带，魏晋隋唐时期佛教盛行。［4］太史：官名。魏晋时太史专掌天文历法。［5］分野：古代天文学把十二星辰的位置与地上州、国的位置相对应，就天文而言称分星，就地上而言称分野。古人常用天象的变异比附州、国的吉凶。［6］释道安：东晋高僧，早年师事佛图澄，中晚年在襄阳和长安整理、翻译、撰述大量佛教论著，提倡僧侣以"释"为姓。［7］鄯善：即鄯善，古西域国名，治所位于今新疆若羌。［8］吕光：十六国时人，氐族。初仕前秦，曾受苻坚之命经略西域。淝水之战后据凉州（今甘肃武威），建立后凉政权。［9］法相：佛教用语，泛指事物的相状、性质、名词、概念及其含义等。佛教各派往往通过对法相的定义和分析，表达其特有的教义。［10］驰驿：古代官员因急事奉诏入京或外出，由沿途驿站供给夫马粮食，兼程而进。［11］先父：这里指鸠摩罗什之父龟兹国师鸠摩罗室列，又作鸠摩罗炎。

什停凉积年，吕光父子既不弘道，故蕴其深解，无所宣化，苻坚已亡，竟不相见。及姚苌僭有关中[1]，亦挹其高名，虚心要请，诸吕以什智计多解，恐为姚谋，不许东入。及苌卒，子兴袭位，复遣敦请。兴弘始三年三月，有树连理，生于广庭，逍遥园葱变为茞[2]，以为美瑞，谓智人应入。至五月，兴遣陇西公硕德西伐吕隆，隆军大破。至九月，隆上表归降，方得迎什入关，以其年十二月二十日至于长安。兴待以国师[3]之礼，甚见优宠。晤言相对，则淹留终日，研微造尽，则穷年忘倦。

自大法东被，始于汉明[4]，涉历魏晋，经论渐多，而支竺[5]所出，多滞文格义。兴少达崇三宝[6]，锐志讲集。什既至止，仍请入西明阁及逍遥园，译出众经。什既率多谙诵，无不究尽，转能汉言，音译流便。既览旧经，义多纰僻，皆由先度失旨，不与梵本相应，于是兴使沙门僧䂮、僧迁、法钦、道流、道恒、道标、僧叡、僧肇等八百余人，谘受什旨，更令出《大品》[7]。什持梵本，兴执旧经，以相雠校[8]，其新文异旧者，义皆圆通，众心惬伏，莫不欣赞。兴以佛道冲邃，其行为善，信为出苦之良津，御世之洪则。故托意九经，游心十二[9]，乃著《通三世论》，以晡示因果。王公已下，并钦赞厥风。大将军常山公显，左军将军安城侯嵩，并笃信缘业，屡请什于长安大寺讲说新经……于时四方义士，万里必集，盛业久大，于今咸仰。

【注释】[1]姚苌僭有关中：羌族首领姚苌擒杀苻坚，于386年称帝，建都长安（今陕西西安），史称后秦。 [2]茞：通"芷"，香草。 [3]国师：帝王对宗教徒中学德兼备高人给予的称号。自北齐起，国师成为帝王赐给高僧的尊号。 [4]大法东被，始于汉明：《后汉书》载东汉明帝刘庄夜梦金人，臣下对曰西方有神名佛，明帝遂遣使者赴天竺（印度的古称）求法，并在洛阳建立中国第一座佛教寺院，佛教自此东传中国。 [5]支竺：一般指东晋高僧支遁和竺潜。一说为天竺和月支（古西域国名，又作月氏）的合称。 [6]三宝：佛教以佛、法、僧为三宝。 [7]《大品》：佛经名，即《大品般若经》，具名《摩诃般若波罗蜜经》。 [8]雠校：核对书籍，纠正其误。二人对校为雠，一人独校为校。 [9]十二：应指十二因缘，是佛教说明"三世轮回"的基本理论，包括无明、行、识、名色、六处、触、受、爱、取、有、生、老死等十二个部分。

淝水之战

前秦苻坚统一中原后,自恃兵力强大,不顾群臣谏阻,于公元383年大举南下征伐东晋,企图统一南北。晋相谢安以谢石为征讨大都督,以北府兵为主力抗击秦军。在淝水一战中,东晋以少胜多,击败前秦。秦军仓皇奔逃,溃不成军,苻坚只带领少数人退回淮北。淝水之战后,东晋乘胜收复河南地区,前秦土崩瓦解,北方再度陷入大分裂的局面。

《资治通鉴·晋纪二十七》(节选)

(孝武帝太元八年)秦王坚下诏大举入寇,民每十丁遣一兵;其良家子[1]年二十已下,有材勇者,皆拜羽林郎。又曰:"其以司马昌明为尚书左仆射,谢安为吏部尚书,桓冲为侍中;势还不远[2],可先为起第。"良家子至者三万余骑,拜秦州主簿赵盛之为少年都统[3]。是时,朝臣皆不欲坚行,独慕容垂、姚苌及良家子劝之。阳平公融言于坚曰:"鲜卑、羌虏,我之仇雠,常思风尘之变以逞其志,所陈策画,何可从也!良家少年皆富饶子弟,不闲军旅,苟为谄谀之言以会陛下之意。今陛下信而用之,轻举大事,臣恐功既不成,仍有后患,悔无及也!"坚不听。

八月,戊午,坚遣阳平公融督张蚝、慕容垂等步骑二十五万为前锋;以兖州刺史姚苌为龙骧将军,督益、梁州诸军事。坚谓苌曰:"昔朕以龙骧建业[4],未尝轻以授人,卿其勉之!"左将军窦冲曰:"王者无戏言,此不祥之征也!"坚默然。

慕容楷、慕容绍言于慕容垂曰:"主上骄矜已甚,叔父建中兴之业,在此行也!"垂曰:"然。非汝,谁与成之!"

甲子,坚发长安,戎卒六十余万,骑二十七万,旗鼓相望,前后千里。九月,坚至项城,凉州之兵始达咸阳,蜀、汉之兵方顺流而下,幽、冀之兵至于彭城,东西万里,水陆齐进,运漕万艘。阳平公融等兵三十万,先至颍口[5]。

……

【注释】［1］良家子：清白人家的子女。汉制，指从军不在七科谪（征发到边疆服兵役的七种人）内者或非医、巫、商贾、百工之子女为良家子。［2］势还不远：根据情势看，很快就能克晋班师。还，通"旋"。［3］都统：古代武职官名，都统官名起于此。［4］以龙骧建业：苻坚以龙骧将军杀苻生，得秦国。［5］颍口：颍水入淮之口，今安徽颍上县东南。

秦兵逼肥水[1]而陈，晋兵不得渡。谢玄遣使谓阳平公融曰："君悬军深入，而置陈逼水，此乃持久之计，非欲速战者也。若移陈少却，使晋兵得渡，以决胜负，不亦善乎！"秦诸将皆曰："我众彼寡，不如遏之，使不得上，可以万全。"坚曰："但引兵少却，使之半渡，我以铁骑蹙而杀之，蔑不胜矣！"融亦以为然，遂麾兵使却。秦兵遂退，不可复止。谢玄、谢琰、桓伊等引兵渡水击之。融驰骑略陈，欲以帅退者，马倒，为晋兵所杀，秦兵遂溃。玄等乘胜追击，至于青冈[2]；秦兵大败，自相蹈藉而死者，蔽野塞川。其走者闻风声鹤唳，皆以为晋兵且至，昼夜不敢息，草行[3]露宿，重以饥冻，死者什七、八。初，秦兵少却，朱序在陈后呼曰："秦兵败矣！"众遂大奔。序因与张天锡、徐元喜皆来奔。获秦王坚所乘云母车[4]。复取寿阳，执其淮南太守郭褒。

坚中流矢，单骑走至淮北，饥甚，民有进壶飧、豚髀[5]者，坚食之，赐帛十匹，绵十斤。辞曰："陛下厌苦安乐，自取危困。臣为陛下子，陛下为臣父，安有子饲其父而求报乎！"弗顾而去。坚谓张夫人曰："吾今复何面目治天下乎！"潸然流涕。

【注释】［1］肥水：即淝水，源出安徽合肥西北，北流二十里，分为两支：一支名施水，东南流入巢湖；一支西北流至寿县，又西北经八公山入淮河。［2］青冈：今安徽寿县西北。［3］草行：涉草而行。［4］云母车：晋制，用云母装饰犊车，一说用云母代替车上的窗纱，四望透明，用于赏赐王公。［5］豚髀：猪腿肉。

少数民族统治者对文教的重视

十六国时期，各族统治者的混战使北方的社会经济和文化遭到严重破坏，然而少数民族政权进入中原以后，也接受和学习汉族的先进文化，一些汉化程度较深的少数民族首领重视发展文教，培养人才。这里选取了史籍对前燕创建者鲜卑族慕容皝、前秦国君氐族苻坚、后秦国君羌族姚兴重视文教的记载。

《晋书·慕容皝载记》（节选）

（慕容皝）赐其大臣子弟为官学生者号高门生，立东庠于旧宫，以行乡射之礼[1]，每月临观，考试优劣。皝雅好文籍，勤于讲授，学徒甚盛，至千余人。亲造《太上章》以代《急就》，又著《典诫》十五篇，以教胄子。

【注释】 [1] 乡射之礼：古代以射选士，有两种制度：一是州长在春秋两季以礼会民，射于州之学校；二是乡大夫三年大比，献贤能之士于王，行乡射之礼。

《晋书·苻坚载记上》（节选）

坚广修学官，召郡国学生通一经以上充之，公卿已下子孙并遣受业。其有学为通儒、才堪干事、清修廉直、孝悌力田者，皆旌表之。于是人思劝励，号称多士，盗贼止息，请托路绝，田畴修辟，帑藏充盈，典章法物靡不悉备。坚亲临太学，考学生经义优劣，品而第之。问难五经，博士多不能对。坚谓博士王寔曰："朕一月三临太学，黜陟幽明[1]，躬亲奖励，罔敢倦违，庶几周孔微言[2]不由朕而坠，汉之二武[3]其可追乎！"寔对曰："自刘石扰覆华畿[4]，二都鞠为茂草，儒生罕有或存，坟籍灭而莫纪，经沦学废，奄若秦皇。陛下神武拨乱，道隆虞夏，开庠序之美，弘儒教之风，化盛隆周，垂馨千祀，汉之二武焉足论哉！"坚自是每月一临太学，诸生竞劝焉。

【注释】［1］黜陟幽明：进退人才，辨别贤愚善恶。　［2］周孔微言：周公、孔子的精微之言。　［3］汉之二武：汉武帝刘彻、汉光武帝刘秀。　［4］刘石扰覆华畿：即刘渊与石勒在西晋末年八王之乱后起兵反叛。

《晋书·姚兴载记》(节选)

兴留心政事，苞容广纳，一言之善，咸见礼异。……天水姜龛、东平淳于岐、冯翊郭高等皆耆儒硕德，经明行修，各门徒数百，教授长安，诸生自远而至者万数千人。兴每于听政之暇，引龛等于东堂，讲论道艺，错综名理。凉州胡辩，苻坚之末，东徙洛阳，讲授弟子千有余人，关中后进多赴之请业。兴敕关尉曰："诸生谘访道艺，修己厉身，往来出入，勿拘常限。"于是学者咸劝，儒风盛焉。

东　晋

王与马，共天下

西晋末年，宗室琅邪王司马睿集合了北方很多门阀士族以及要求与北方门阀联合的江南士族。公元307年，司马睿渡过长江，在南北门阀的拥护下称帝，是为晋元帝，政权史称东晋。在这一过程中，王导、王敦兄弟利用所处的特殊位置辅佐司马睿建立并巩固政权，得到很高的礼遇，形成士族高门与东晋皇室的特殊关系，时人称为"王与马，共天下"。

《晋书·王导传》（节选）

时元帝为琅邪王[1]，与导素相亲善。导知天下已乱，遂倾心推奉，潜有兴复之志。帝亦雅相器重，契同友执。帝之在洛阳也，导每劝令之国。会帝出镇下邳[2]，请导为安东司马，军谋密策，知无不为。及徙镇建康，吴人不附，居月余，士庶莫有至者，导患之。会敦来朝，导谓之曰："琅邪王仁德虽厚，而名论犹轻。兄威风已振，宜有以匡济者。"会三月上巳，帝亲观禊[3]，乘肩舆，具威仪，敦、导及诸名胜皆骑从。……

俄而洛京倾覆，中州士女避乱江左者十六七，导劝帝收其贤人君子，与之图事。时荆扬晏安，户口殷实，导为政务在清静，每劝帝克己励节，匡主宁邦。于是尤见委杖，情好日隆，朝野倾心，号为"仲父"。帝尝从容谓导曰："卿，吾之萧何也。"……

【注释】[1]琅邪王：司马睿曾避于安徽滁州琅邪山，故名。　[2]下邳：位于今江苏宿迁。［3］禊：古代民俗，三月上旬巳日于水滨洗濯，袚除不祥，清去宿垢。

《晋书·王敦传》（节选）

帝初镇江东，威名未著，敦与从弟导等同心翼戴，以隆中兴，时人为之语曰："王与马，共天下。"

祖逖北伐

东晋初期，统治阶层内部争权夺利，矛盾尖锐，错过了收复北方失地的机会。祖逖虽然出身门阀士族，但"常怀振复之志"，坚决主张北伐，自请领兵。祖逖的北伐主张没有完全得到东晋朝廷的支持，于是他带领自己的部曲毅然北上，立下了恢复中原的坚定誓愿。祖逖军抗击石勒战绩斐然，使"黄河以南尽为晋土"，得到中原百姓的衷心支持。然而，北伐终究因为东晋统治者的阻碍而失败，祖逖忧愤而亡。祖逖北伐之后，还有桓温的三次北伐，虽然有一定成绩，但终遭失败。

《晋书·祖逖传》（节选）

祖逖字士稚，范阳遒[1]人也。……后乃博览书记，该涉古今，往来京师，见者谓逖有赞世才具。侨居阳平[2]。年二十四，阳平辟察孝廉，司隶再辟举秀才，皆不行。与司空刘琨俱为司州主簿，情好绸缪，共被同寝。中夜闻荒鸡鸣，蹴琨觉曰："此非恶声也。"因起舞。……

逖以社稷倾覆，常怀振复之志。……时帝[3]方拓定江南，未遑北伐，逖进说曰："晋室之乱，非上无道而下怨叛也。由藩王争权，自相诛灭，遂使戎狄乘隙，毒流中原。今遗黎[4]既被残酷，人有奋击之志。大王诚能发威命将，使若逖等为之统主，则郡国豪杰必因风向赴，沉溺之士欣于来苏，庶几国耻可雪，愿大王图之。"帝乃以逖为奋威将军、豫州刺史，给千人廪，布三千匹，不给铠仗，使自招募。仍将本流徙部曲百余家渡江，中流击楫[5]而誓曰："祖逖不能清中原而复济者，有如大江！"辞色壮烈，众皆慨叹。屯于江阴，起冶铸兵器，得二千余人而后进。

……

【注释】[1]范阳遒：今河北涞水县。 [2]阳平：今河北馆陶、大名县东部，山东冠县、莘县等地。 [3]帝：晋元帝司马睿。 [4]遗黎：亡国之民。 [5]击楫：拍击船桨，表示志向。

……逖率众伐川，石季龙[1]领兵五万救川，逖设奇以击之，季龙大败，收兵掠豫州，徙陈川还襄国，留桃豹[2]等守川故城，住西台。逖遣将韩潜等镇东台。同一大城，贼从南门出入放牧，逖军开东门，相守四旬。逖以布囊盛土如米状，使千余人运上台，又令数人担米，伪为疲极而息于道，贼果逐之，皆弃担而走。贼既获米，谓逖士众丰饱，而胡戍饥久，益惧，无复胆气。石勒将刘夜堂以驴千头运粮以馈桃豹，逖遣韩潜、冯铁等追击于汴水，尽获之。豹宵遁，退据东燕城，逖使潜进屯封丘以逼之。冯铁据二台，逖镇雍丘[3]，数遣军要截石勒，勒屯戍渐蹙。候骑常获濮阳人，逖厚待遣归。咸感逖恩德，率乡里五百家降逖。勒又遣精骑万人距逖，复为逖所破，勒镇戍归附者甚多。时赵固、上官巳、李矩、郭默等各以诈力相攻击，逖遣使和解之，示以祸福，遂受逖节度。逖爱人下士，虽疏交贱隶，皆恩礼遇之，由是黄河以南尽为晋土。……躬自俭约，劝督农桑，克己务施，不畜资产，子弟耕耘，负担樵薪，又收葬枯骨，为之祭醊[4]，百姓感悦。尝置酒大会，耆老中坐流涕曰："吾等老矣！更得父母，死将何恨！"乃歌曰："幸哉遗黎免俘虏，三辰既朗遇慈父，玄酒忘劳甘瓠脯，何以咏恩歌且舞。"其得人心如此。……

……逖虽内怀忧愤，而图进取不辍，营缮武牢城，城北临黄河，西接成皋[5]，四望甚远。逖恐南无坚垒，必为贼所袭，乃使从子汝南太守济率汝阳太守张敞、新蔡内史周闳率众筑垒。未成，而逖病甚。……俄卒于雍丘，时年五十六。豫州士女若丧考妣，谯梁百姓为之立祠。

【注释】［1］石季龙：后赵武帝石虎。　［2］桃豹：后赵石勒部将。　［3］雍丘：今河南杞县。　［4］祭酹：祭祀时把酒洒在地上。　［5］成皋：在今河南荥阳市汜水镇西。

法显西行求法

东晋法显是中国第一位到古印度求法的僧人。他于晋安帝隆安三年（399）与同学慧景等数人从长安出发，遍历艰险到达天竺，后来泛海到师子国（今斯里兰卡），过印度尼西亚地区的岛屿，经南海、东海，只身回国，前后历经十四年，游历三十多个国家。法显将旅行见闻撰成《佛国记》一书，为我们研究南亚、东南亚各国历史地理提供了重要资料。

《高僧传·宋江陵辛寺释法显》（节选）

释法显，姓龚，平阳武阳[1]人。……以晋隆安三年，与同学慧景、道整、慧应、慧嵬等，发自长安。西渡流沙，上无飞鸟，下无走兽，四顾茫茫，莫测所之。唯视日以准东西，望人骨以标行路耳。屡有热风恶鬼，遇之必死。显任缘委命，直过险难。有顷，至葱岭[2]，岭冬夏积雪，有恶龙吐毒，风雨沙砾，山路艰危，壁立千仞，昔有人凿石通路，傍施梯道，凡度七百余所。又蹑悬緪过河数十余处，皆汉之张骞、甘英所不至也。次度小雪山，遇寒风暴起，慧景噤战不能前，语显曰："吾其死矣，卿可前去，勿得俱殒。"言绝而卒。显抚之泣曰："本图不果，命也奈何。"复自力孤行，遂过山险，凡所经历三十余国。

……

后至中天竺[3]……显留三年，学梵语梵书，方躬自书写，于是持经像，寄附商客，到师子国[4]。显同旅十余，或留或亡，顾影唯己，常怀悲慨……既而附商人舶，循海而还……南造京师，就外国禅师佛驮跋陀，于道场寺译出《摩诃僧祇律》《方等泥洹经》《杂阿毗昙心》，垂百余万言。

【注释】　[1] 平阳武阳：今山西襄垣。　[2] 葱岭：古代对今帕米尔高原及昆仑山、喀喇昆仑山西部诸山的统称，是古代东西方陆路交通的必经之地。　[3] 中天竺：古代印度划为五区，称为五天竺，中天竺指的是中古时期印度全域的中央部分诸国。　[4] 师子国：斯里兰卡的古称。

书圣王羲之

王羲之是东晋琅邪临沂（今山东临沂北）人，起家秘书郎，官至右军将军、会稽内史，世称"王右军"。中年辞官，定居会稽，常与诸名士游宴。永和九年（353），与谢安等人会于会稽山阴兰亭，作《兰亭序》，流传千古。王羲之尤以书法著称，兼擅隶、正、行各体，博采众长，一改汉魏质朴书风，具有平和自然、遒美健秀的风格，为后代学书者所崇尚，尊为"书圣"。

《晋书·王羲之传》（节选）

王羲之字逸少，司徒导之从子也。……及长，辩赡，以骨鲠[1]称，尤善隶书，为古今之冠，论者称其笔势，以为飘若浮云，矫若惊龙。深为从伯[2]敦、导所器重。……

性爱鹅，会稽有孤居姥养一鹅，善鸣，求市未能得，遂携亲友命驾[3]就观。姥闻羲之将至，烹以待之，羲之叹惜弥日。又山阴有一道士，养好鹅，羲之往观焉，意甚悦，固求市之。道士云："为写《道德经》，当举群相赠耳。"羲之欣然写毕，笼鹅而归，甚以为乐。其任率如此。尝诣门生家，见棐几滑净，因书之，真草相半。后为其父误刮去之，门生惊懊者累日。又尝在蕺山[4]见一老姥，持六角竹扇卖之。羲之书其扇，各为五字。姥初有愠色。因谓姥曰："但言是王右军[5]书，以求百钱邪。"姥如其言，人竞买之。他日，姥又持扇来，羲之笑而不答。其书为世所重，皆此类也。每自称"我书比钟繇，当抗行；比张芝草，犹当雁行也"[6]。曾与人书云："张芝临池学书，池水尽黑，使人耽之若是，未必后之也。"羲之书初不胜庾翼、郗愔[7]，及其暮年方妙。尝以章草[8]答庾亮[9]，而翼深叹伏，因与羲之书云："吾昔有伯英[10]章草十纸，过江颠狈，遂乃亡失，常叹妙迹永绝。忽见足下答家兄书，焕若神明，顿还旧观。"

【注释】［1］辩赡：能言善辩。骨鲠：比喻正直。［2］从伯：父亲的堂兄。［3］命驾：命令御者驾驶车马。［4］蕺山：位于今浙江绍兴。［5］王右军：王羲之官至右军将军，故有此称。［6］抗行：并行抗衡，不相上下。雁行：相次而行。［7］庾翼：东晋将领，晋明帝皇后庾文君之弟，善书。郗愔：王羲之妻弟，曾任临海太守，善章草、隶、草书。［8］章草：流行于东汉时的一种草书，解散隶体，而保留隶体的波磔，字不连写，可以用于章奏，故称章草。［9］庾亮：东晋外戚、名士。［10］伯英：张芝，字伯英，擅章草，后省减章草点画、波桀，成为今草。

画家顾恺之

顾恺之是中国绘画史上的重要人物。他生活在东晋时期，出身江南士族，博学多才，擅长诗赋、书法，尤其精通绘画，是至今能够见到画迹的中国最早的知名画家。顾恺之的创作题材很广，包括人物肖像、神仙故事、山水、鸟兽等，主张画人物要传神，表现出人物的气度和性格。顾恺之的画风和绘画理论对后世的影响都很深远。时人称赞顾恺之有三绝——痴绝、才绝和画绝，通过《晋书》本传中的记载可见一斑。

《晋书·顾恺之传》（节选）

顾恺之字长康，晋陵无锡人也。……

尤善丹青，图写特妙，谢安[1]深重之，以为有苍生以来未之有也。恺之每画人成，或数年不点目精。人问其故，答曰："四体妍蚩，本无阙少于妙处，传神写照，正在阿堵[2]中。"尝悦一邻女，挑之弗从，乃图其形于壁，以棘针钉其心，女遂患心痛。恺之因致其情，女从之，遂密去针而愈。恺之每重嵇康四言诗，因为之图，恒云："手挥五弦易，目送归鸿难。"每写起人形，妙绝于时。尝图裴楷[3]象，颊上加三毛，观者觉神明殊胜。又为谢鲲[4]象，在石岩里，云："此子宜置丘壑中。"欲图殷仲堪[5]，仲堪有目病，固辞。恺之曰："明府[6]正为眼耳，若明点瞳子，飞白拂上，使如轻云之蔽月，岂不美乎！"仲堪乃从之。恺之尝以一厨画糊题其前，寄桓玄[7]，皆其深所珍惜者。玄乃发其厨后，窃取画，而缄闭如旧以还之，绐云未开。恺之见封题如初，但失其画，直云妙画通灵，变化而去，亦犹人之登仙，了无怪色。

【注释】[1] 谢安：东晋梁国阳夏（今河南太康）人，出身北方高门，永嘉之乱南渡，曾受命为征讨大都督，在淝水之战中战胜苻坚，后又命谢玄等乘胜北伐。[2] 阿堵：这个，此处。[3] 裴楷：三国曹魏及西晋时名士，河东闻喜（今山西闻喜）人，出身著名世家大族河东裴氏，东汉尚书令裴茂之孙，曹魏冀州刺史裴徽之子，司空裴秀的堂弟。[4] 谢鲲：东晋梁国阳夏（今河南太康）人，谢安的伯父。能歌，善鼓琴，任达不拘。[5] 殷仲堪：陈郡长平（今河南西华）人，东晋末年名将、重臣，官至荆州刺史。[6] 明府：汉魏以来对太守牧尹，皆称府君或明府君，省称明府。殷仲堪官居荆州刺史，故有此称。[7] 桓玄：东晋谯国龙亢（今安徽怀远西北龙亢集）人，桓温之子，东晋将领、权臣，博综艺术，善属文。

南　朝

南方经济的发展

曹操统一北方之后，放弃黄河流域的旧经济区，选择在江淮地区广兴屯田，于是曹魏政权的经济中心从黄河流域南移到淮河流域。淮河流域自然条件优越，是农业发展的理想区域，对这一地区的开发拉开了中国古代经济重心南移的序幕。两晋南北朝时期，北方的社会经济在战乱中遭到严重破坏，而长江以南地区得到了不同程度的开发，并迅速发展起来，全国的经济重心逐渐从北方古老的关中和山东经济区转移到长江以南，到隋唐时期遂成定局。以下所选篇目——伏滔的《正淮论》和《宋书》，记述了这一时期南方地区的发展情况。

《正淮论》（节选）

淮南[1]者，三代扬州之分也。当春秋时，吴、楚、陈、蔡之与地。战国之末，楚全有之，而考烈王[2]都焉。秦并天下，建立郡县，是为九江。刘项之际，号曰东楚。……彼寿阳者，南引荆、汝之利，东连三吴[3]之富；北接梁、宋，平涂[4]不过七日；西援陈、许，水陆不出千里；外有江湖之阻，内保淮肥之固。龙泉之陂[5]，良畴万顷，舒、六之贡，利尽蛮越，金石皮革之具萃焉，苞木箭竹之族生焉，山湖薮泽之隈，水旱之所不害，土产草滋之实，荒年之所取给。此则系乎地利者也。

【注释】[1]淮南：淮南郡，晋属扬州，治寿春县（今安徽寿县）。　[2]烈王：楚考烈王，名元，芈姓，熊氏，战国时期楚国君主，公元前262年至前238年在位，共25年。［3］三吴：吴兴、吴郡、会稽。一说吴郡、吴兴、丹阳，或苏州、润州、湖州。［4］平涂：平坦的道路。［5］龙泉之陂：即芍陂，中国古代淮河流域著名的陂塘灌溉工程，由春秋时楚相孙叔敖主持修建，与都江堰、漳河渠、郑国渠并称为我国古代四大水利工程。

《宋书·孔季恭、羊玄保、沈昙庆列传》（节选）

史臣曰：江南之为国盛矣，虽南包象浦[1]，西括邛山[2]，至于外奉贡赋，内充府实，止于荆、扬二州。自汉氏以来，民户凋耗，荆楚四战之地，五达之郊，井邑残亡，万不余一也。自义熙十一年司马休之外奔[3]，至于元嘉[4]末，三十有九载，兵车勿用，民不外劳，役宽务简，氓庶繁息，至余粮栖亩，户不夜扃，盖东西之极盛也。既扬部分析，境极江南，考之汉域，惟丹阳会稽而已。自晋氏迁流，迄于太元之世，百许年中，无风尘之警，区域之内，晏如也。及孙恩寇乱[5]，歼亡事极，自此以至大明之季，年逾六纪，民户繁育，将曩时一矣。地广野丰，民勤本业，一岁或稔，则数郡忘饥。会土带海傍湖，良畴亦数十万顷，膏腴上地，亩直一金，鄠、杜[6]之间，不能比也。荆城跨南楚之富，扬部有全吴之沃，鱼盐杞梓之利，充仞八方，丝绵布帛之饶，覆衣天下。……

【注释】［1］象浦：林邑郡治所，约在今越南中部地区。［2］邛山：位于今四川西昌。［3］义熙十一年司马休之外奔：司马休之是晋司马氏宗室，晋末群雄之一。义熙十一年（415）正月，刘裕收捕了司马休之在京城建康的次子司马文宝及侄子司马文祖，并将二人赐死，又亲自率军讨伐司马休之。司马休之出奔后秦。［4］元嘉：南朝宋文帝刘义隆年号（424—453）。［5］孙恩寇乱：东晋隆安三年（399），孙恩起兵反晋，余众由孙恩妹夫卢循领导，史称"孙恩卢循之乱"。［6］鄠、杜：指鄠县与杜陵，靠近长安，为胜地。

南北物产的交流

刘宋与北魏对峙时期，双方屡屡交战，但也在物质方面互有所求。北人对柑橘、甘蔗等南方物产非常喜爱，而南人对骆驼、毛毡、马匹等北地物产也很需要，因此双方即使在两军对阵之时也互通有无。《宋书》中对北魏太武帝与南朝宋孝武帝双方互赠特产的记载，使我们看到南北朝时期南北物产的交流。

《宋书·张畅传》（节选）

……元嘉二十七年[1]，魏主拓跋焘[2]南征，太尉江夏王义恭统诸军出镇彭城[3]。虏众近城数十里，彭城众力虽多，而军食不足，义恭欲弃彭城南归，计议弥日不定。……

魏主既至，登城南亚父冢[4]，于戏马台[5]立毡屋。先是，队主蒯应见执，其日晡时，遣送应至小市门，致意求甘蔗及酒。孝武遣送酒二器，甘蔗百挺。求骆驼。明日，魏主又自上戏马台，复遣使至小市门，求与孝武相见，遣送骆驼，并致杂物，使于南门受之。……魏主又求酒及甘橘，孝武又致螺杯杂物，南土所珍。……又求博具[6]，俄送与。魏主又遣送毡及九种盐并胡豉，云："此诸盐，各有宜。白盐是魏主所食。黑者疗腹胀气满，刮取六铢，以酒服之。胡盐疗目痛。柔盐不用食，疗马脊创。赤盐、驳盐、臭盐、马齿盐四种，并不中食。胡豉亦中啖。"又求黄甘[7]……又云："魏主恨向所送马殊不称意，安北若须大马，当送之，脱须蜀马，亦有佳者。"畅曰："安北不乏良驷，送在彼意，此非所求。"义恭又送炬烛十挺，孝武亦致锦一匹。……魏主又遣就二王借箜篌、琵琶等器及棋子。

【注释】[1]元嘉二十七年：公元450年。 [2]拓跋焘：北魏太武帝，鲜卑族，字佛狸，423—452年在位。曾击破柔然、灭夏、北燕、北凉，统一北方。崇奉道教，曾下诏灭佛。 [3]彭城：今江苏徐州铜山。 [4]亚父冢：项羽谋士范增之墓。 [5]戏马台：公元前206年，项羽灭秦后自立为西楚霸王，定都彭城，在城南山上构筑崇台，以观戏马，故名戏马台。［6］博具：玩六博所用的器具。六博是古代的一种博戏，共十二棋，六黑六白，两人相博，每人六棋。［7］黄甘：一种珍贵的海鱼。

祖冲之的科学成就

祖冲之生活在南北朝时期，在多个科学领域作出了历史性贡献：数学方面，他在魏晋刘徽开创的探索圆周率的精确方法的基础上，首次把圆周率精确计算到小数点后第七位，即3.1415926和3.1415927之间，而国外数学家直到16世纪才达到这一水平；天文历法方面，他经长期研究、观测和推算，指出朝廷颁行的《元嘉历》之误，编制更为精准的《大明历》；他善于构思，曾制造指南车、欹器、千里船、水碓磨等先进机械；他通晓音律，在经学方面也有造诣，堪称一位多才多艺的科学巨匠。

《南齐书·祖冲之传》（节选）

祖冲之字文远，范阳蓟[1]人也。……

冲之少稽古，有机思。宋孝武使直华林学省，赐宅宇车服。解褐[2]南徐州迎从事，公府参军。

宋元嘉中，用何承天所制历，比古十一家为密，冲之以为尚疏，乃更造新法。……

初，宋武平关中，得姚兴指南车[3]，有外形而无机巧，每行，使人于内转之。升明中，太祖辅政，使冲之追修古法。冲之改造铜机，圆转不穷，而司方如一，马钧[4]以来未有也。时有北人索驭驎者，亦云能造指南车，太祖使与冲之各造，使于乐游苑对共校试，而颇有差僻，乃毁焚之。永明中，竟陵王子良好古，冲之造欹器[5]献之。

……

【注释】［1］范阳蓟：史籍通常记载祖冲之是范阳郡遒县（今河北保定涞水）人。

[2]解褐：脱去粗布衣服，指入仕。 [3]指南车：又名司南车，相传为黄帝战蚩尤时始作，东汉张衡复造，三国时马钧复制。后石虎使解飞、姚兴使令狐生又造成此车。[4]马钧：三国魏时人，极富巧思，发明水转百戏、转轮式抛石车，重造指南车，改进织绫机。 [5]欹器：一种古老的计时器。有双耳可穿绳悬挂，底厚而收尖，空时能向下垂直；口薄而敞开，盛满大量的水时能够倾倒；其上有匀速滴水装置。器物运转时，周期性自动滴入水、倾倒水、空瓶立正，循环往复。

冲之解钟律，博塞[1]当时独绝，莫能对者。以诸葛亮有木牛流马[2]，乃造一器，不因风水，施机自运，不劳人力。又造千里船，于新亭江试之，日行百余里。于乐游苑造水碓磨，世祖亲自临视。又特善算。……著《易老庄义释》，《论语孝经注》，《九章》造《缀述》数十篇。

【注释】 [1]博塞：六博、格五等博戏。 [2]木牛流马：运输工具，三国蜀诸葛亮伐魏，曾发明木牛、流马运粮。

吐谷浑遣使南朝

吐谷浑原为鲜卑慕容部的一支，游牧于今辽宁西部一带，三世纪末以后，迁徙至今甘肃南部、青海等地，并征服了当地的羌、氐等族。阿豺是四至五世纪吐谷浑政权君主视罴之子，树洛干之弟，417年即兄位。他在西强山观望垫江源头时，萌生了联系南朝的意图，遂遣使与宋朝贡，开创了吐谷浑与中原王朝通好的先河。阿豺临终时，以折箭的方式教诲诸子勠力同心，阿豺折箭也成为寓意"团结就是力量"的著名典故。

《魏书·吐谷浑传》(节选)

……是岁晋义熙[1]初也。树洛干死，弟阿豺立，自号骠骑将军、沙州刺史。部内有黄沙，周回数百里，不生草木，因号"沙州"。

阿豺兼并羌氏[2]，地方数千里，号为强国。田于西强山[3]，观垫江源，问于群臣曰："此水东流，有何名？由何郡国入何水也？"其长史曾和曰："此水经仇池，过晋寿，出宕渠，号垫江，至巴郡入江，度广陵会于海。"[4]阿豺曰："水尚知有归，吾虽塞表小国，而独无所归乎？"遣使通刘义符[5]，献其方物，义符封为浇河公。未及拜受，刘义隆元嘉三年又加除命。又将遣使朝贡，会暴病，临死召诸子弟告之曰："先公车骑舍其子虔以大业属吾，吾岂敢忘先公之举而私于纬代，其以慕璝继事。"阿豺有子二十人，纬代，长子也。阿豺又谓曰："汝等各奉吾一只箭，折之地下。"俄而命母弟慕利延曰："汝取一只箭折之。"慕利延折之。又曰："汝取十九只箭折之。"延不能折。阿豺曰："汝曹知否？单者易折，众则难摧，戮力一心，然后社稷可固。"言终而死。兄子慕璝立。

先是阿豺时，刘义隆命竟未至而死，慕璝又奉表通义隆，义隆又授陇西公。慕璝招集秦凉亡业之人及羌戎杂夷众至五六百落，南通蜀汉，北交凉州、赫连，部众转盛。

【注释】[1]义熙：东晋安帝年号。 [2]羌氐：中国古代西部的两个民族。 [3]西强山：又称西倾山，位于青海省东南部，青藏高原东南部边缘处。 [4]仇池：氐族杨氏建立的政权名称，因立国之时政治中心在仇池山（位于今甘肃陇南）而得名。宕渠：位于今四川渠县东。巴郡：辖今天重庆及四川的部分区域。广陵：今江苏扬州。 [5]刘义符：南朝宋少帝，423—424年在位。

北 朝

北魏孝文帝改革

北魏孝文帝本名拓跋宏，鲜卑族，471—499年在位。孝文帝是一位雄才大略的君主，为巩固北魏政权、发展经济、缓和民族矛盾，他大力推行改革，主要内容包括整顿吏治，实行均田制和三长制，迁都洛阳，改革鲜卑旧俗，实行汉化政策等。这里选取了北魏孝文帝颁布均田令，迁都洛阳，崇尚汉族文化，改鲜卑姓氏为汉姓，禁鲜卑语、推行汉语，禁鲜卑服饰、推行汉族服饰的相关记载。

《魏书·食货志》（节选）

九年[1]，下诏均给天下民田：

诸男夫十五以上，受露田[2]四十亩，妇人二十亩，奴婢依良。丁牛一头受田三十亩，限四牛。所授之田率倍之，三易之田再倍之，以供耕作及还受之盈缩。

诸民年及课则受田，老免及身没则还田。奴婢、牛随有无以还受。

诸桑田不在还受之限，但通入倍田分。于分虽盈，没则还田，不得以充露田之数。不足者以露田充倍。

诸初受田者，男夫一人给田二十亩，课莳余，种桑五十树，枣五株，榆三根。非桑之土，夫给一亩，依法课莳榆、枣。奴各依良。限三年种毕，不毕，夺其不毕之地。于桑榆地分杂莳余果及多种桑榆者不禁。

诸应还之田，不得种桑榆枣果，种者以违令论，地入还分。

诸桑田皆为世业，身终不还，恒从见口。有盈者无受无还，不足者受种如法。盈者得卖其盈，不足者得买所不足。不得卖其分，亦不得买过所足。

诸麻布之土，男夫及课，别给麻田十亩，妇人五亩，奴婢依良。皆从还受之法。

诸有举户老小瘨[3]残无授田者，年十一已上及瘨者各授以半夫田，年逾七十者不还所受，寡妇守志者虽免课亦授妇田。

诸还受民田，恒以正月。若始受田而身亡，及卖买奴婢牛者，皆至明年正月乃得还受。

诸土广民稀之处，随力所及，官借民种莳。役有土居者，依法封授。

诸地狭之处，有进丁受田而不乐迁者，则以其家桑田为正田分，又不足不给倍田，又不足家内人别减分。无桑之乡准此为法。乐迁者听逐空荒，不限异州他郡，唯不听避劳就逸。其地足之处，不得无故而移。

诸民有新居者，三口给地一亩，以为居室，奴婢五口给一亩。男女十五以上，因其地分，口课种菜五分亩之一。

诸一人之分，正从正，倍从倍，不得隔越他畔。进丁受田者恒从所近。若同时俱受，先贫后富。再倍之田，放此为法。

诸远流配谪、无子孙、及户绝者，墟宅、桑榆尽为公田，以供授受。授受之次，给其所亲；未给之间，亦借其所亲。

诸宰民之官，各随地给公田，刺史十五顷，太守十顷，治中别驾各八顷，县令、郡丞六顷。更代相付。卖者坐如律。

【注释】［1］九年：北魏孝文帝太和九年（485）。　［2］露田：北魏田制，有露田、桑田、麻田之分，种谷物的田称为露田。　［3］瘨：跛，腿瘸。指残疾人。

《资治通鉴·齐纪四》（节选）

（武帝永明十一年）魏主自发平城[1]至洛阳，霖雨不止。丙子，诏诸军前发。丁丑，帝戎服，执鞭乘马而出。群臣稽颡于马前。帝曰："庙算[2]已定，大军将进，诸公更欲何云？"尚书李冲等曰："今者之举，天下所不愿，唯陛下欲之；臣不知陛下独行，竟何之也！臣等有其意而无其辞，敢以死请！"帝大怒曰："吾方经营天下，期于混壹，而卿等儒生，屡疑大计；斧钺有常，卿勿复言！"策马将出。于是安定王休等并殷勤泣谏。帝乃谕群臣曰："今者兴发不小，动而无成，何以示后！朕世居幽朔，欲南迁中土；苟不南伐，当迁都于此，王公以为何如？欲迁者左，不欲者右。"南安王桢进曰："'成大功者不谋于众。'[3]今陛下苟辍南伐之谋，迁都洛邑，此臣等之愿，苍生之幸也。"群臣皆呼万岁。时旧人虽不愿内徙，而惮于南伐，无敢言者；遂定迁都之计。

……

冬，十月，戊寅朔，魏主如金墉城[4]，征穆亮，使与尚书李冲、将作大匠董尔经营洛都。己卯，如河南城；乙酉，如豫州；癸巳，舍于石济。乙未，魏解严，设坛于滑台[5]城东，告行庙以迁都之意。大赦。起滑台宫。任城王澄至平城，众始闻迁都，莫不惊骇。澄援引古今，徐以晓之，众乃开伏。澄还报于滑台。魏主喜曰："非任城，朕事不成。"

【注释】［1］平城：今山西大同，398—494年曾为北魏都城。 ［2］庙算：由朝廷指定的克敌谋略。 ［3］成大功者不谋于众：出自《史记·商君列传》，为商鞅对秦孝公所言。 ［4］金墉城：三国魏明帝时在洛阳城西北角修筑的一个小城。 ［5］滑台：今河南滑县。

《魏书·高祖纪下》（节选）

（孝文帝）雅好读书，手不释卷。五经[1]之义，览之便讲，学不师受，探其精奥。史传百家，无不该涉。善谈庄老，尤精释义。才藻富赡，好为文章，诗赋铭颂，任兴而作。有大文笔，马上口授，及其成也，不改一字。自太和十年已后诏册，皆帝之文也。自余文章，百有余篇。爱奇好士，情如饥渴。待纳朝贤，随才轻重，常寄以布素之意。悠然玄迈，不以世务婴心。……

【注释】［1］五经：指《诗》《书》《礼》《易》《春秋》五部儒家经典。

《资治通鉴·齐纪六》（节选）

（明帝建武三年）魏主下诏，以为："北人谓土为拓，后为跋。魏之先出于黄帝，以土德王[1]，故为拓跋氏。夫土者，黄中之色，万物之元也；宜改姓元氏。诸功臣旧族自代来者，姓或重复，皆改之。"于是始改拔拔氏为长孙氏，达奚氏为奚氏，乙旃氏为叔孙氏，丘穆陵氏为穆氏，步六孤氏为陆氏，贺赖氏为贺氏，独孤氏为刘氏，贺楼氏为楼氏，勿忸于氏为于氏，尉迟氏为尉氏；其余所改，不可胜纪。

【注释】［1］以土德王：古代以五行相生相克原理解释王朝的兴废更替，称为五德终始或五德转移。历代王朝各占一德，每一王朝兴起时克服代表前一德的王朝，衰落时被代表后一德的王朝取代。鲜卑拓跋氏统治者改造利用这一学说，认为北魏政权是土德。

《魏书·献文六王列传上》（节选）

高祖引见朝臣，诏之曰："卿等欲令魏朝齐美于殷周，为令汉晋独擅于上代？"禧曰："陛下圣明御运，实愿迈迹前王。"高祖曰："若然，将以何事致之？为欲修身改俗，为欲仍染前事？"禧对曰："宜应改旧，以成日新之美。"高祖曰："为欲止在一身，为欲传之子孙？"禧对曰："既卜世灵长，愿欲传之来叶。"高祖曰："若然，必须改作，卿等当各从之，不得违也。"禧对曰："上命下从，如风靡草。"高祖曰："自上古以来及诸经籍，焉有不先正名，而得行礼乎？今欲断诸北语，一从正音。年三十以上，习性已久，容或不可卒革；三十以下，见在朝廷之人，语音不听仍旧。若有故为，当降爵黜官。各宜深戒。如此渐习，风化可新。若仍旧俗，恐数世之后，伊洛之下复成被发之人。王公卿士，咸以然不？"禧对曰："实如圣旨，宜应改易。"高祖曰："朕尝与李冲论此，冲言：'四方之语，竟知谁是？帝者言之，即为正矣，何必改旧从新。'

冲之此言，应合死罪。"乃谓冲曰："卿实负社稷，合令御史牵下。"冲免冠陈谢。又引见王公卿士，责留京之官曰："昨望见妇女之服，仍为夹领小袖[1]。我徂东山[2]，虽不三年，既离寒暑，卿等何为而违前诏？"禧对曰："陛下圣过尧舜，光化中原，臣虽仰禀明规，每事乖互，将何以宣布皇经，敷赞帝则。舛违之罪，实合刑宪。"高祖曰："若朕言非，卿等当须庭论，如何入则顺旨，退有不从。昔舜语禹：汝无面从，退有后言。其卿等之谓乎？"

【注释】［1］夹领小袖：北方少数民族服装特点。　［2］徂东山：《诗·豳风·东山》："我徂东山，慆慆不归。"徂，往、到。东山位于今山东省境内，指所征或远行之地。

西域交通

　　汉代通西域的商路主要有两条。435年，北魏派董琬等出使西域，董琬归来后指出通西域的道路已变为四条。《魏书·西域传》的记载较为简略，郑天挺先生将其考证推测为："第一道出玉门向西到鄯善，相当于汉代南道的东段；第二道出玉门向北到车师，相当于三国时的新北道；第三道从莎车向西越葱岭，再向西到今阿富汗，相当于汉南北道会合后的西段；第四道从莎车向西南越葱岭再向西南到今克什米尔，相当于汉南道西段进向印巴次大陆的线路。"（《关于丝绸之路》，收入氏著《探微集》，中华书局1980年版）吕思勉先生对西域"四域"的概念也有所阐释（《吕思勉全集》第9册《读史札记上》，上海古籍出版社2015年版）。

《魏书·西域传》（节选）

　　太延[1]中，魏德益以远闻，西域龟兹、疏勒、乌孙、悦般、渴槃陀、鄯善、焉耆、车师、粟特诸国王始遣使来献[2]。……又遣散骑侍郎董琬、高明等多赍锦帛，出鄯善，招抚九国，厚赐之。初，琬等受诏，便道之国可往赴之。……

始琬等使还京师，具言凡所经见及传闻傍国，云：西域自汉武时五十余国，后稍相并。至太延中，为十六国，分其地为四域。自葱岭以东，流沙以西为一域[3]；葱岭以西，海曲以东为一域[4]；者舌以南，月氏以北为一域[5]；两海之间，水泽以南为一域[6]。内诸小渠长[7]盖以百数。其出西域本有二道，后更为四：出自玉门，渡流沙，西行二千里至鄯善为一道；自玉门渡流沙，北行二千二百里至车师为一道；从莎车西行一百里至葱岭，葱岭西一千三百里至伽倍[8]为一道；自莎车西南五百里葱岭，西南一千三百里至波路[9]为一道焉。……

【注释】　[1]太延：北魏太武帝拓跋焘年号（435—440）。[2]龟兹：位于今新疆库车地区。疏勒：位于今新疆喀什地区。乌孙：位于今伊犁河到天山地区。悦般：东汉永元元年（89）北匈奴西迁后，老小羸弱留在龟兹以北的后裔。渴槃陀：约位于今新疆塔什库尔干地区。鄯善：位于今新疆罗布泊及孔雀河下游至阿尔金山山脉北麓地区。焉耆：位于今新疆焉耆。车师：位于今新疆吐鲁番盆地一带。粟特：位于今中亚阿姆河与锡尔河之间的泽拉夫尚河流域。[3]葱岭以东，流沙以西为一域：相当于今天的新疆地区。[4]葱岭以西，海曲以东为一域：今伊朗高原地区。[5]者舌以南，月氏以北为一域：今吉尔吉斯斯坦地区。者舌：康居国留居中国后的姓氏。康居国约在今中亚巴尔喀什湖和咸海之间。月氏：古族名，秦至汉初游牧于河西走廊一带，称为月氏；西汉文帝初年遭匈奴攻击，被迫西迁，在今中亚阿姆河流域建立政权，称为大月氏。[6]两海之间，水泽以南为一域：今土耳其地区。[7]渠长：魁首。[8]伽倍：今阿富汗东北境的瓦汉。[9]波路：今克什米尔巴勒提斯坦。

洛阳工商业的繁荣

北魏后期，都城洛阳的工商业非常繁荣。城中有"大市"，是专门的贸易场所，市中有名目不同的十里，汇集了乐器制作、酿酒、丧葬等多个行业的"工商货殖之民"，各有其经营管理的高明手段。洛阳大市中还出现了像刘宝这样的富商巨贾，经营活动遍及各州郡都会，对各地区的物价高低、供需状况等都很了解，能使"海内之货，咸萃其庭"，过着"产匹铜山，家藏金穴""拟于王者"的生活。

《洛阳伽蓝记·城西·法云寺》（节选）

出西阳门外四里御道南，有洛阳大市，周回八里。……市东有通商、达货二里。里内之人尽皆工巧屠贩为生，资财巨万。有刘宝者，最为富室。州郡都会之处皆立一宅，各养马十匹。至于盐粟贵贱，市价高下，所在一例。舟车所通，足迹所履，莫不商贩焉。是以海内之货，咸萃其庭，产匹铜山，家藏金穴。宅宇逾制，楼观出云，车马服饰，拟于王者。

市南有调音、乐律二里。里内之人，丝竹讴歌，天下妙伎出焉。……

市西有延酤、治觞二里，里内之人多酝酒为业。河东人刘白堕善能酿酒。季夏六月，时暑赫晞[1]，以罂贮酒，暴于日中，经一旬，其酒味不动。饮之香美，醉而经月不醒。京师朝贵多出郡登藩，远相饷馈，逾于千里。以其远至，号曰"鹤觞"，亦名"骑驴酒"。永熙[2]年中南青州刺史毛鸿宾赍酒之藩，路逢贼盗，饮之即醉，皆被擒获，因此复命"擒奸酒"。游侠语曰："不畏张弓拔刀，唯畏白堕春醪。"

市北慈孝、奉终二里，里内之人以卖棺椁为业，赁辒车[3]为事。……

别有阜财、金肆二里，富人在焉。凡此十里，多诸工商货殖[4]之民。千金比屋，层楼对出，重门启扇，阁道交通，迭相临望。金银锦绣，奴婢缇衣[5]；五味八珍，仆隶毕口。神龟[6]年中，以工商上僭，议不听衣金银锦绣。虽立此制，竟不施行。

【注释】[1]赫晞：又作赫戏，光明炎盛貌。 [2]永熙：北魏孝武帝年号（532—534）。 [3]辒车：丧车。 [4]货殖：经商，居积财货，经营生利。 [5]缇衣：武士的服装，这里代指武士。 [6]神龟：北魏孝明帝年号（518—520）。

府兵制的创立与发展

宇文泰是西魏政权的实际执掌者，是鲜卑化的匈奴后裔。他在军事方面进行重大改革，创立了府兵制。府兵制从西魏大统年间一直沿用到唐中期，在中国历史上影响深远。府兵制初创时，效仿鲜卑拓跋部落早期由酋长统兵的制度，设八柱国统领全部军队，一个军事单位中将领与兵士成为同姓一家，既能团结训练，又提高了士兵的身份地位和生活待遇。府兵最初来自鲜卑，后为扩充军事力量，宇文泰开始招募汉人充兵。鲜卑将领和汉族大姓结合，为关陇军事贵族集团的形成奠定了基础。

《北史·王雄传》（节选）

初，魏孝庄帝以尔朱荣有翊戴之功[1]，拜荣柱国大将军，位在丞相上。荣败后，此官遂废。大统[2]三年，魏文帝复以周文帝建中兴之业[3]，始命为之。其后功参佐命，望实俱重者亦居此职。自大统十六年已前，任者凡有八人。周文帝位总百揆[4]，都督中外军事。魏广陵王欣，元氏懿戚，从容禁闼[5]而已。此外六人，各督二大将军，分掌禁旅，当爪牙御侮之寄。当时荣盛，莫与为比。故今之称门阀者，咸推八柱国家。今并十二大将军录之于左。

……

是为十二大将军。每大将军督二开府[6]，凡为二十四员，分团统领，是二十四军。每一团，仪同二人。自相督率，不编户贯。都十二大将军。十五日上，则门栏陛戟，警昼巡夜；十五日下，则教旗习战。无他赋役。每兵唯办弓刀一具，月简阅之。甲槊戈弩，并资官给。

【注释】[1]尔朱荣有翊戴之功：尔朱荣本为契胡族部落酋长，孝明帝时官至车骑将军、大都督。528年，胡太后毒杀孝明帝，尔朱荣拥立元子攸为帝，是为北魏孝庄帝。翊戴，即拥戴。[2]大统：西魏文帝年号（535—551）。[3]周文帝建中兴之业：西魏初年，将领宇文泰锐意改革，上三十六条新制，禁贪污，裁减官员，实行屯田等，以为"中兴永式"。宇文泰在西魏执政二十余年，奠定了北周基业，追谥文皇帝。[4]百揆：

总领国政的长官。［5］禁闼：宫禁之中。［6］开府：开建府署，辟置僚属。汉代只有三公可以开府，汉末有将军开府之例。魏晋以后，开府者益多，始有开府仪同三司之名。

饮食风俗的交流

中国南方、北方由于气候、物产、习俗等因素的不同，自古以来在饮食上就有比较明显的差异。南北朝时期，饮茶在南朝已渐成风俗。王肃本为南朝齐人，后投奔北魏。他刚到北方时，吃不惯北地游牧民族喜食的羊肉、酪浆等，但几年之后，已能适应食肉饮酪的生活，并称南北饮食各有所长，南人北人各有所好。在南朝士人的影响下，北魏宴会也开始设茶饮，但北人不惯此俗，戏称茶为"酪奴"，饮茶为"水厄"。尽管如此，魏晋南北朝时期，随着人口的大迁徙，饮食风俗的交流与融合是一种历史趋势。

《洛阳伽蓝记·城南·报德寺》（节选）

……肃[1]字恭懿，琅琊人也，伪齐雍州刺史奂之子也。赡学多通，才辞美茂，为齐秘书丞，太和十八年背逆归顺。时高祖新营洛邑，多所造制，肃博识旧事，大有裨益，高祖甚重之，常呼王生。延贤之名，因肃立之。……肃初入国，不食羊肉及酪浆[2]等物，常饭鲫鱼羹，渴饮茗汁[3]。京师士子道肃一饮一斗，号为漏卮[4]。经数年已后，肃与高祖殿会，食羊肉酪粥甚多。高祖怪之，谓肃曰："卿中国之味也，羊肉何如鱼羹？茗饮何如酪浆？"肃对曰："羊者是陆产之最，鱼者乃水族之长。所好不同，并各称珍。以味言之，甚是优劣。羊比齐鲁大邦，鱼比邾莒[5]小国，唯茗不中与酪作奴。"高祖大笑。……彭城王谓肃曰："卿不重齐鲁大邦，而爱邾莒小国。"肃对曰："乡曲[6]所美，不得不好。"彭城王重谓曰："卿明日顾我，为卿设邾莒之食，亦有酪奴。"因此复号茗饮为酪奴。

时给事中刘缟慕肃之风，专习茗饮。彭城王谓缟曰："卿不慕王侯八珍，好苍头水厄[7]。海上有逐臭之夫，里内有学颦之妇，以卿言之，即是也。"其彭城王家有吴奴，以此言戏之。自是朝贵宴会虽设茗饮，皆耻不复食，唯江表残民远来降者好之。后萧衍子西丰侯萧正德归降，时元义欲为之设茗，先问卿于水厄多少。正德不晓义意，答曰："下官生于水乡，而立身以来，未遭阳侯之难[8]。"元义与举坐之客皆笑焉。

【注释】[1]肃：王肃，北魏名臣，父兄为齐武帝萧赜所杀后，自建业投奔北魏。[2]酪浆：牲畜的乳汁。[3]茗汁：茶。茗指茶芽，一说指晚采的茶。[4]漏厄：比喻饮量大，无止境。[5]邾莒：春秋时期两个较小的诸侯国，在今山东邹县、莒县一带。[6]乡曲：乡下。以其偏处一隅，故称乡曲。[7]苍头水厄：苍头，指奴仆。水厄原指溺水之灾，茶饮刚成风习之时，不惯饮茶者戏称为"水厄"。[8]阳侯之难：阳侯是传说中的波神，能作大波涛，造成伤害，故称阳侯之难。

外国人的杂居和归化

洛阳地处中原，历史悠久，北魏孝文帝改革后，更成为四方辐辏的都邑，很多外族、外国商人、使节、僧侣等聚集在这里。为适应对外交往的需要，北魏朝廷在洛阳南郊建立四夷馆、四夷里，专门用来安置来访或归附北魏的各族、各国人，形成了近起葱岭、远至大秦"百国千城，莫不款附"的局面，洛阳城也因之更加繁华。史书《洛阳伽蓝记》对此有详细记载。

《洛阳伽蓝记·城南·龙华寺》（节选）

永桥以南，圜丘[1]以北，伊洛[2]之间，夹御道，东有四夷馆，一曰金陵，二曰燕然，三曰扶桑，四曰崦嵫[3]。道西有四夷里，一曰归正，二曰归德，三曰慕化，四曰慕义。吴人投国者，处金陵馆。三年以后，赐宅归正里。……北夷来附者处燕然馆。三年以后，赐宅归德里。……北夷酋长遣子入侍者，常秋来春去，避中国之热，时人谓之雁臣。东夷来附者，处扶桑馆，赐宅慕化里。西夷来附者，处崦嵫馆，赐宅慕义里。自葱岭已西，至于大秦[4]，百国千城，莫不款附[5]。商胡贩客，日奔塞下。所谓尽天地之区已。乐中国土风因而宅者，不可胜数。是以附化之民，万有余家。门巷修整，阊阖[6]填列。青槐荫陌，绿柳垂庭。天下难得之货，咸悉在焉。……

【注释】[1]圜丘：古时祭天的圆形高坛。 [2]伊洛：伊水和洛水，都流经洛阳。[3]金陵：南京的古称。燕然：山名，今蒙古国境内的杭爱山。扶桑：传说中的日出之地，后成为日本的代称。崦嵫：山名，上古神话中的日落之处。 [4]大秦：中国对罗马帝国的古称。 [5]款附：诚心归附。 [6]阊阖：天门，又指宫之正门。

《洛阳伽蓝记·城西·永明寺》（节选）

永明寺，宣武皇帝所立也，在大觉寺东。时佛法经像盛于洛阳，异国沙门，咸来辐辏，负锡[1]持经，适兹乐土。世宗故立此寺以憩之。房庑连亘，一千余间。庭列修竹，檐拂高松，奇花异草，骈阗阶砌。百国沙门，三千余人。西域远者，乃至大秦国。尽天地之西垂，耕耘绩纺，百姓野居，邑屋相望，衣服车马，拟仪中国。

【注释】[1]锡：锡杖，僧人所持之杖，又称禅杖。

玻璃制造工艺的传入

《魏书·西域传》记载有大月氏商人在北魏平城铸五色琉璃一事。通常认为，这里所说的"琉璃"就是古代的玻璃。中国很早就有玻璃，可能是工匠在冶铸青铜器时发现的副产品，考古工作者曾在距今三千多年的西周墓葬中发现玻璃珠、玻璃管。西方的玻璃也起源甚早，距今三四千年前两河流域就制造出了玻璃器，公元1世纪的罗马帝国时期，玻璃制造水平较高。西方玻璃器及其工艺通过丝绸之路传入中国，对中国古代的玻璃制造产生了重要影响。

《魏书·西域传》（节选）

大月氏[1]国，都卢监氏城，在弗敌沙[2]西，去代[3]一万四千五百里。北与蠕蠕[4]接，数为所侵，遂西徙都薄罗城，去弗敌沙二千一百里。其王寄多罗勇武，遂兴师越大山，南侵北天竺，自乾陀罗[5]以北五国尽役属之。世祖时，其国人商贩京师，自云能铸石为五色琉璃[6]，于是采矿山中，于京师铸之。既成，光泽乃美于西方来者。乃诏为行殿，容百余人，光色映彻，观者见之，莫不惊骇，以为神明所作。自此中国琉璃遂贱，人不复珍之。

【注释】[1]大月氏：古族名，秦至汉初游牧于河西走廊一带，西汉文帝初年遭匈奴攻击，被迫西迁，在今中亚阿姆河流域建立政权。[2]弗敌沙：在今阿富汗的巴尔赫（古之蓝氏城）以东。[3]代：十六国时期鲜卑拓跋部所建政权，在今内蒙古和林格尔一带。[4]蠕蠕：即柔然，古族名，4世纪中叶游牧于漠北，附属于代国。北魏南迁平城后，进居阴山一带。与北魏时战时和，又通使南朝，受到中原汉族文化的影响。[5]乾陀罗：即犍陀罗，古印度西北部的古国。位于今巴基斯坦东北部和阿富汗东部一带。[6]琉璃：此处应指玻璃。

南天竺国与北魏朝贡贸易

北魏时，南天竺国曾经遣使贡献骏马，《通典·边防典》中记载了该国的物产、风俗等。北魏对外交往范围较广，和朝鲜半岛诸国、日本、中亚、西亚、南亚、地中海沿岸诸国都有商业往来。

《通典·边防·天竺》（节选）

后魏宣武帝[1]时，南天竺国遣使献骏马云。其国出师子、貂、豹、犎[2]、橐驼[3]、犀、象。有火齐[4]，如云母而色紫，裂之则薄如蝉翼，积之则如纱縠之重沓。有金刚，似紫石英，百炼不销，可以切玉、瑇瑁[5]、金、铜、铁、铅、锡。金缕织成金罽，白叠、氍毹[6]。又有旃檀、郁金等香，甘蔗诸果，石蜜、胡椒、姜、黑盐。西与大秦、安息交市海中，或至扶南、交趾贸易[7]。多珊瑚、珠玑、琅玕[8]。俗无簿籍。以齿贝为货。尤工幻化。丈夫致敬，极者舐足摩踵而致其辞。家有奇乐、倡伎。其王与大臣多服锦罽。王为螺髻于顶，余发翦之使短。丈夫剪发，穿耳垂珰。俗皆徒跣[9]，衣重白色。怯于斗战，有弓、箭、甲、矟[10]，亦有飞梯、地道、木牛、流马之法。有文字，善天文算历之术。其人皆学《悉昙章》[11]。书于贝多树叶以记事。

【注释】[1]后魏宣武帝：元恪，鲜卑族，500—515年在位。[2]猓：又称山猓，猿的一种。[3]橐驼：骆驼。[4]火齐：玫瑰珠石。[5]瑇瑁：即玳瑁，一种似龟的动物，背面呈褐色和淡黄色相间的花纹，甲片可做装饰品，也可入药。[6]金罽：金线毯。白叠：用棉纱织成的布。氍毹：毛布。[7]安息：伊朗古国名，是汉代张骞首次出使西域所传闻的大国之一。扶南：古国名，在今柬埔寨及老挝南部、越南南部、泰国东南部一带。交趾：越南中部、北部一带。[8]琅玕：美石。[9]徒跣：赤足。[10]矟：长矛。[11]《悉昙章》：古代印度人学习拼写梵语的一种初级教程。

新时代"一带一路"古文明文献萃编

杨共乐 主编

古代中国文明文献萃编
（下）

李 凯 张子青 等◎编译

华夏出版社
HUAXIA PUBLISHING HOUSE

图书在版编目（CIP）数据

古代中国文明文献萃编. 下 / 李凯等编译. -- 北京：华夏出版社有限公司，2023.4

（新时代"一带一路"古文明文献萃编 / 杨共乐主编）

ISBN 978-7-5222-0260-0

Ⅰ.①古… Ⅱ.①李… Ⅲ.①文化史—文献—汇编—中国—古代 Ⅳ.① K220.3

中国版本图书馆 CIP 数据核字（2022）第 008269 号

目　录

隋唐时期

引　言 ……………………………………… 401

隋　朝 ……………………………………… 407
　　大索貌阅与输籍法 /407　　营建东都洛阳 /408
　　大运河的开凿 /410　　开皇乐议 /411
　　裴矩经营西域与隋炀帝大会胡客 /413
　　大宛千里马 /416

唐　朝 ……………………………………… 418
　　贞观之治 /418　　武则天营建洛阳 /421　　开元盛世 /423
　　门阀士族 /424　　科举制的发展与进士科的显贵 /426
　　租庸调制 /429　　裴耀卿治理漕运 /430
　　安史之乱 /432　　藩镇割据 /435　　翰林学士 /437
　　使职差遣 /439　　刘晏理财 /440　　两税法的实行 /443
　　长安城 /445　　扬一益二 /448　　曲辕犁 /450
　　丰富多彩的纺织品 /451　　南青北白 /453
　　饮茶的风行 /454　　诗歌的黄金时代 /457

诗仙李白 /459　乐舞百戏 /460

唐太宗与《兰亭序》/464　画圣吴道子 /466

马球运动 /468　安济桥 /470　迎佛骨 /472

景教在中国的流传 /474　文成公主入藏 /476

唐蕃会盟 /478　李泌检括胡客 /479

唐代中外交通要道 /480　玄奘西行求法与长安译经 /482

义净西行求法 /486　高仙芝远征小勃律 /487

入仕唐朝的波斯李素父子 /489　日本遣唐使 /492

国手顾师言对弈日本王子 /493

五代宋代时期

引　言 …………………………………… 497

五代时期 …………………………………… 499

《旧五代史》与《新五代史》之对比 /499

朱温启五代之端 /501　庄宗兴亡之速 /503

名将郭崇韬之陨 /504　明宗有为之世 /506

燕云十六州之失 /507　后晋出帝之掳 /508

耶律德光欲统中原 /510　后汉高祖刘知远之兴 /511

郭威建后周 /513　后周世宗之治 /515

北宋时期 …………………………………… 517

陈桥兵变 /517　杯酒释兵权 /519

宋初统一战争 /522　烛影斧声 /532

金匮之盟 /534　王小波、李顺起事 /536

吕端拥立真宗 /537　澶渊之盟 /538

《册府元龟》/543　祥符天书 /545

东封西祀 /547　朱能伪造天书 /549

雷允恭擅易皇堂 /552　益州交子务 /554

议正雅乐 /556　活字印刷术 /559

宋夏和战 /560　范仲淹条奏十事 /563

濮　议 /566　《资治通鉴》/569

熙宁变法 /570　三经新义 /572

元丰官制 /574　元祐更化 /575

哲宗绍述 /577　元祐党籍 /579

平定方腊 /581　海上之盟 /582

靖康之难 /583

南宋时期 ·················· 586

高宗称帝始末 /586　明受之变 /587

黄天荡大捷 /589　岳飞事迹 /590

顺昌之战 /593　绍兴和议 /597

采石之战 /597　高宗朝军制构建 /599

高宗朝礼制重建 /601　高宗朝法制重建 /602

孝宗即位 /603　符离之战 /604

孝宗隆兴和议 /605　孝宗之治 /607

孝宗时期法制完善 /607　孝宗朝北伐之志 /608

辛弃疾事迹 /610　光宗即位 /612　光宗变故 /613

宁宗即位风波 /615　庆元党禁 /616　开禧北伐 /617

吴曦之叛 /619　史弥远擅废立 /620　雪川之变 /622

李全之乱 /623　联元伐金 /626　端平入洛 /627

孟珙守襄樊 /629　理宗之政 /630　贾似道误国 /631

文天祥事迹 /633　崖山之战 /636　鹅湖之会 /637

中庸章句序 /638　道统十三赞序 /640

会子风波 /642　太学之议 /644

元明清时期

引　言 ·· 649

元　朝 ·· 650
　　国号大元 /650　　灭宋实现大一统 /651
　　元末大起义 /653　　元　曲 /655

明　朝 ·· 657
　　明太祖建国 /657　　修撰《元史》/663
　　靖难之变 /666　　郑和下西洋 /673
　　土木之变 /676　　阳明心学 /680
　　张居正改革 /683　　明末民变 /694
　　明末农民起义 /697　　明末清初启蒙思想 /699
　　《徐霞客游记》/701

清　朝 ·· 705
　　清初复明运动 /705　　女真起兵反明 /707
　　八旗制度 /711　　顺治早亡 /715　　修撰《明史》/720
　　三藩之乱 /725　　摊丁入亩 /731　　军机处 /734
　　雍正华夷观 /738　　扶持黄教 /742
　　惩办贪官和珅 /750　　闭关政策 /756　　新疆设省 /760
　　太平天国 /768　　辛酉政变 /771　　清末革新 /773
　　帝制终结 /775　　《西域同文志》/777

后　记 ·· 780

隋唐时期

引 言

隋唐时期的史料相比以往时代更为丰富，除占据主要地位的官修史书外，记述典章制度的专著、收录异闻琐谈的杂史笔记以及地理地志、文人别集、佛道经典、碑志等各类史料都兴盛起来。本部分的篇目就来自多种类型的三四十种典籍文献及石刻碑志，以下按类对这些史料进行简要介绍。

"二十四史"中的《隋书》《旧唐书》《新唐书》，是记载隋唐两朝历史的纪传体正史。

《隋书》八十五卷，唐魏徵等撰。唐武德四年（621），令狐德棻建议重修梁、陈、北齐、北周、隋五朝史。贞观三年（629），朝廷开始着手重修，由魏徵总负责。《隋书》是当时多位才学之士共同编撰的，从草创到全部修成历时三十五年。《隋书》的编撰距隋亡时间较近，很多隋朝典籍、隋朝遗老仍存于世，可资查访，修《隋书》的士人也多在隋朝生活过，因而隋书的记载较为详实、准确，能够据实直书，也贯穿着以史为鉴的思想。《隋书》保留了大量典章制度资料，有的甚至追溯到汉魏，对后人研究中古制度源流很有帮助。

《旧唐书》二百卷，后晋刘昫、张昭远、赵莹等撰。原名《唐书》，宋修《新唐书》后，始有《旧唐书》之称。唐朝从高祖到武宗历代修有实录，并有在实录基础上撰修国史的传统。然而由于唐后期屡次战乱，很多第一手资料亡佚，五代梁、唐二朝为编纂唐史，曾大力搜集资料，后晋贾纬根据所搜集的遗文和故旧传说，编成《唐年补录》六十五卷。《旧唐书》正是在唐末资料奇缺的情况下，在过去国史的基础上整合补编而成，历时四年多。此书虽然记载较为芜杂，但保存了唐代的很多原始史料，对史事的记述忠于唐人的思想认识，因而能真实地反映出唐代不同时期的风貌。

《新唐书》二百二十五卷，宋欧阳修、宋祁等撰。宋仁宗对后晋所修《唐书》不满，设立书局重修唐史。《新唐书》编撰历时十七年，由多位士人合作完成，实际负责人是欧阳修与宋祁。与《旧唐书》相比，《新唐书》的总体特点是"其事则增于前，其文则省于旧"。本纪部分大量删减繁文，使文笔更加简洁，但也在一定程度上破坏了原始资料。列传部分补充了不少史事，新创诸夷蕃将、宗室宰相、藩镇、奸臣、卓行、方技等诸类。志是全书中最为后人所称道的部分，大多比《旧唐书》详尽、系统，并在正史中第一次出现《兵志》和《仪卫志》，为《宋史》以后诸史所沿袭。

《资治通鉴》二百九十四卷，宋司马光撰。相比三国两晋南北朝，此书对隋唐时期的记载更富史料价值，约有半数不见于其他史料。《资治通鉴》成书在两《唐书》之后，经过司马光等修撰者精心、慎重的编订，取材"能考诸史之异而裁正之"，严谨可信。贯彻全书的"资治"思想在隋唐部分也有鲜明体现，书中最长的一篇撰者评论"臣光曰"，就出现于卷二六三记述唐代宦官的篇章中。宋元之际，胡三省对《资治通鉴》进行注释，不仅便于读者理解，而且校正了原书存在的一些错误和不妥之处。

《通典》《唐会要》《文献通考》是记述典章制度的专书。《通典》二百卷，唐杜佑撰，全书共分九门，叙述历代典章制度，以唐代内容最为详尽、可贵。《唐会要》一百卷，宋王溥撰。"会要"首创于唐代，是记述一朝典章制度的专书，王溥根据唐德宗、武宗时修撰的《会要》和宣宗以后的史事著成《唐会要》，所记内容有不少与《通典》相同，但也有很多是特有的。《文献通考》三百四十八卷，宋末元初马端临撰。马端临推崇"会通因仍之道"和"变通张弛之故"，《文献通考》就是体现他历史观点的一部记述上古至南宋宁宗时期典章制度的著作。全书共分二十四门，包括古代社会的各个方面，有继承《通典》者，也有新创者。关于宋代的内容占全书篇幅一半以上，宋以前的内容虽非重点，但记述较为系统，可资参考。

《初学记》和《册府元龟》是两部类书。《初学记》三十卷，唐徐坚等撰，成书于玄宗时。全书分二十四部，三百一十三个子目，每个子目分为叙事、事对和诗文，保留了关于唐代制度、君臣唱和、诏敕等资料以及名物考证等。

《册府元龟》一千卷，宋王钦若、杨亿等奉敕撰，是北宋所编四部大书中规模最大的一部。此书在宋真宗亲自统筹下编成，所选资料都出自常见的经、史、子书，对异端小说弃而不取。记载内容上起秦代，下迄五代末，以唐、五代史实最为丰富，不少资料是旧书、旧史所没有的。

《唐六典》和《唐大诏令集》是两部政书。《唐六典》三十卷，唐玄宗御撰，李林甫奉敕注，是记载唐代官制的专著，具有国家行政法典性质。此书编写体例大致模仿《周礼·六官》，对唐初至开元中央和地方国家机关的机构、编制、职责、人员、品位、待遇等进行详细记载，注中还叙述了官制的历史沿革。《唐大诏令集》一百三十卷（今本缺二十三卷），宋代宋敏求编。宋敏求是研究唐代文献的专家，他根据父亲宋绶选录的唐代诏令编辑成此书，保存了较多珍贵的政治文书和社会史料，但所录诏令不少篇章有删节。

《元和郡县图志》四十卷，唐李吉甫撰，成书于元和八年（813），是中国现存最早而又比较完整的全国性地理著作。此书以唐元和时全国行政区划为准，根据十道分卷，四十七镇分篇，篇首各冠地图。分叙以府州为单位，包括户口、沿革、辖境、贡赋、山川、城邑、名胜、事件等内容，有很高的史料价值。

《两京新记》和《长安志》是关于唐长安地理、史实的两部书。《两京新记》五卷，唐玄宗时史官韦述撰，记述唐东西两京史实，是关于唐两京最早的著作，现仅存第三卷残卷，记载长安县所领五十坊及西市，以坊内的重要寺观、官舍、府宅为主。《长安志》二十卷，宋代宋敏求撰。此书博采群籍，考证长安古迹，对城市制度、功能分布、水陆交通、物产、风俗、宫室、官府、寺院、坊市、宅第等记述甚详，很多资料为其他唐代文献所不载，可作为第一手资料引用。

除纪传、编年、典制、地理等类别史书之外，本部分还使用了多种杂史、笔记、小说。

《大业杂记》，唐杜宝撰，记载隋仁寿四年（604）炀帝即位至越王侗皇泰三年（621）王世充降唐间的历史事件。原有十卷，今仅存一卷，叙隋大业三年（607）至十二年（616）事，对隋炀帝大兴土木、巡幸江都有详细记载。

《贞观政要》十卷，唐吴兢撰。吴兢是武周、玄宗时的史官，中宗时撰成此书，开元年间修订进上。此书主要收录太宗和群臣的言论，其中颇多不见于两《唐书》和《资治通鉴》。此书是歌颂祖德以资训戒的官书，有隐恶扬善色彩，不能表现贞观时政治的全貌。

《朝野佥载》六卷，唐张鷟撰。记述唐代故事，以武周史实为主，多为作者耳闻目见。对酷吏、大臣言行事迹的记载、评价以及对当时社会风尚的阐述，都很有史料价值。

《明皇杂录》《松窗杂录》《开天传信记》是主要记述玄宗朝史实的书籍。《明皇杂录》二卷，补遗一卷，唐郑处诲撰，通过记载玄宗朝琐事轶闻，生动地展现出玄宗君臣的生活以及当时的政治风貌、社会习尚。《松窗杂录》一卷，唐李濬撰。作者根据童年时"历闻公卿间叙国朝故事"编撰而成，记载不少轶闻秘事，以玄宗时为多。《开天传信记》一卷，唐郑綮撰。作者认为"国朝故事，莫盛于开元、天宝之际"，因而任官之暇搜求逸事而成。书中收录了唐晚期关于玄宗的传说，但所记多涉神异。

《封氏闻见记》十卷，唐封演撰。所记唐代掌故、古迹、杂论、士大夫轶事都很翔实，编排也极有条理，共一百门，均以两字为题，涉及政治制度、官场习俗、社会生活、名物缘起等。

《唐国史补》三卷，唐李肇撰。全书共三百零八条，每条以五字为标题，前两卷大体按时间顺序记事，第三卷则杂记各类典故制度。对于官场中的制度、习俗、轶闻、社会风俗、各地物产、工商业情况等均有记载。

《杜阳杂编》三卷，唐苏鹗撰。苏鹗为唐僖宗时进士。《杜阳杂编》所记史实，上起代宗广德元年（763），下迄懿宗咸通十四年（873），共历十朝。书中所记政治轶闻多为正史所选取，关于杂技、珍宝、奇物的记载，有助于研究唐代文化艺术和中外交通。

《唐摭言》十五卷，五代王定保撰，是记述唐代科举制度掌故的唯一专著。前三卷汇录科举制度掌故，其余按类记载科举士人言行，叙述详尽可信，对于研究唐代科举、文学、士人生活很有帮助。

《北梦琐言》二十卷，五代孙光宪撰，收录唐武宗以后及五代的政治轶闻、士大夫言行、社会风俗民情等。

《唐语林》八卷，宋王谠撰。此书分门别类记述唐代史实，以人物言论为主，兼及政治史迹、名物制度、宫廷杂事、民间习俗。此书所参考的书籍有的今已失传或残缺脱漏，虽选引均未注明出处，但仍有很高的史料价值。

《续世说》十二卷，宋孔平仲撰，旨在增广《世说新语》，内容多记述南朝宋至五代后周历代君臣的言行，兼及神仙鬼怪之事。

《近事会元》五卷，宋李上交撰。此书专记唐、五代史实及制度，杂采唐人记述，比较有系统，保留了不少今已散佚的资料，且注明出处。

《太平广记》五百卷，宋李昉等奉敕编撰。此书是一部小说总集，因成书于宋太平兴国年间，故名。全书有目录十卷，将内容区分为九十二类，采录从汉代至宋初的小说、笔记、稗史等四百多种，保存了大量的古小说资料。书中所录绝大部分是唐、五代事，除若干神怪荒诞者外，很多都具有重要的史料价值。

《容斋随笔》，宋洪迈撰，有《随笔》《续笔》《三笔》《四笔》各十六卷，《五笔》十卷，共七十四卷。作者博览群书，经史诸子、文学艺术、医卜星算凡有所得，即随手札记，前后撰写近四十年，故此书内容非常广泛，尤详于宋代。

《大慈恩寺三藏法师传》和《宋高僧传》是两部佛教类典籍。《大慈恩寺三藏法师传》十卷，唐慧立撰原本，彦悰整理增补写定。此书是唐代高僧玄奘的传记，前五卷记玄奘西行前情况和西行十九年的经历，也可以作为地理行记来读，与玄奘所著《大唐西域记》互相证补；后五卷记玄奘回长安后到逝世在佛学上所作的贡献，有助于了解唐初的宗教政策和京城的佛教活动。《宋高僧传》三十卷，宋赞宁奉敕撰。此书继唐代《续高僧传》之后，集录唐太宗贞观至宋太宗端拱元年（988）三百多年间的高僧传记，正传531人，附见125人；内容依据梁《高僧传》体例分为十科，书中收录不少碑铭和野史，独具特色。

《唐诗品汇》和《全唐文》是两部诗文集。《唐诗品汇》一百卷，是明高棅编辑的唐诗选集，收681家诗6725首，历十数年编成。此书明确将唐诗分为初唐、盛唐、中唐、晚唐四期，每种诗体内分为九格。此书崇尚盛唐、区分流变的观念，对后人学习和研究唐诗影响深远。《全唐文》一千卷，清嘉庆时由董诰领衔，一百余人奉敕集体修撰，是一部大型唐代（含五代）文章总集。全书收作者3042人，文章18484篇。此书改变《昭明文选》《文苑英华》按文体编辑的方法，改以作者为序，每个人的作品分类和次序安排仍按《文苑英华》之例。书中为每位作者编写了小传，置于该作者全部文章之前。

《茶经》三卷，唐陆羽撰，是中国现存最早、最完备的关于茶的专著，对茶的源流、产地、生产技术、器具、饮茶方法、古今故事等进行了全面介绍。此书自成书时起就被时人竞相传抄，影响深远，陆羽也被后人奉为"茶神"。

《法书要录》十卷，唐张彦远撰。张彦远家世藏法书名画，有鉴识之长。《法书要录》汇集古人论书的言辞，上起东汉，下迄唐元和年间（806—820），以唐代书家为主。

石刻碑志是纸本文献外值得关注的史料，本部分也有所选用，如记载景教在唐代流行情况的《大秦景教流行中国碑》、记载入仕唐朝的波斯人李素生平事迹的《大唐故李府君墓志铭》等。

隋　朝

大索貌阅与输籍法

隋朝建立之初，面对户籍制度松弛、逃避赋役者众多的现象，采取了一系列检括户口的措施。隋文帝令各州县"大索貌阅"，清查户口，鼓励居民互相检举，打击弄虚作假的行为；规定堂兄弟以下分立户籍，防止户口容隐；采纳高颎建议实行"输籍定样"，明确了户等及征税标准。从文帝开皇年间至炀帝大业年间，短短二十年左右，户口增长极为迅速，这主要是因为整顿户籍制度很见成效，把大量隐漏的户口检括了出来。

《隋书·食货志》（节选）

（开皇三年）是时山东尚承齐俗，机巧奸伪，避役惰游者十六七。四方疲人，或诈老诈小[1]，规免租赋。高祖令州县大索貌阅[2]，户口不实者，正长远配，而又开相纠之科。大功[3]已下，兼令析籍[4]，各为户头，以防容隐。于是计帐进四十四万三千丁，新附一百六十四万一千五百口。

高颎[5]又以人间课输，虽有定分，年常征纳，除注[6]恒多，长吏肆情，文帐出没，复无定簿，难以推校，乃为输籍定样[7]，请遍下诸州。每年正月五日，县令巡人，各随便近，五党三党，共为一团，依样定户上下。帝从之。自是奸无所容矣。

【注释】［1］诈老诈小：在年龄上弄虚作假，以丁壮之年诈称老小。［2］大索貌阅：官府按户籍上登记的年龄、相貌与本人核对。［3］大功：丧服五服之一，堂兄弟、未婚堂姊妹、已婚姑姊妹以及已婚女为伯叔父、兄弟都服大功。［4］析籍：分立户籍。［5］高颎：渤海蓨县（今河北景县）人，初仕北周，被杨坚委为心腹。入隋为宰相，秉政近二十年。曾修订刑律、整顿户籍、献平陈之计并参与灭陈。［6］除注：特别免除的注记。［7］输籍定样：由朝廷制定统一的税务登记格式，将各户所输课税，根据家产定额，写入册籍。

《隋书·裴蕴传》（节选）

于时犹承高祖和平之后，禁网疏阔，户口多漏。或年及成丁，犹诈为小，未至于老，已免租赋。蕴历为刺史，素知其情，因是条奏，皆令貌阅。若一人不实，则官司解职，乡正里长皆远流配。又许民相告，若纠得一丁者，令被纠之家代输赋役。是岁大业五年[1]也。诸郡计帐，进丁二十四万三千，新附口六十四万一千五百。……

营建东都洛阳

隋炀帝杨广于仁寿四年（604）即位，旋即东赴洛阳，下诏营建东都。从长远的历史发展看，东都的营建起到了将政治中心东移，减轻长安经济和交通压力的作用。虽然隋炀帝在诏书中说营建要"务从简约"，但事实几乎完全相反，耗费了大量的人力、物力和财力，反映出炀帝贪婪暴虐的一面。

《元和郡县图志》（节选）

初，炀帝尝登邙山[1]，观伊阙[2]，顾曰："此非龙门耶？自古何因不建都于此？"仆射苏威[3]对曰："自古非不知，以俟陛下。"帝大悦，遂议都焉。

其宫室台殿，皆宇文恺[4]所创也。恺巧思绝伦，因此制造颇穷奢丽，前代都邑莫之比焉。又改洛州为豫州，置牧。三年，罢州为河南郡，置尹。四年，改东京为东都。

【注释】[1]邙山：位于今河南洛阳城北，黄河南岸。 [2]伊阙：即今河南省洛阳城南的龙门。此处两山对峙，伊水从中流过，如天然门阙，故称伊阙。 [3]苏威：京兆武功（今陕西武功西北）人，西魏臣苏绰之子，北周袭爵，入隋为重臣，与高颎参掌朝政。 [4]宇文恺：朔方（今陕西靖边白城子）人，出身武将世家，初仕北周，入隋任营新都副监、将作大匠，官至工部尚书，规划设计隋大兴城、洛阳城，是中国古代著名的城市规划和建筑工程专家。

《隋书·食货志》（节选）

炀帝即位，是时户口益多，府库盈溢，乃除妇人及奴婢部曲之课。男子以二十二成丁。始建东都，以尚书令杨素为营作大监，每月役丁二百万人。徙洛州郭[1]内人及天下诸州富商大贾数万家，以实之。新置兴洛及回洛仓。又于皂涧营显仁宫，苑囿连接，北至新安，南及飞山，西至渑池，周围数百里。课天下诸州，各贡草木花果，奇禽异兽于其中。开渠，引谷、洛水，自苑西入，而东注于洛。又自板渚[2]引河，达于淮海，谓之御河。河畔筑御道，树以柳。又命黄门侍郎王弘、上仪同於士澄，往江南诸州采大木，引至东都。所经州县，递送往返，首尾相属，不绝者千里。而东都役使促迫，僵仆而毙者，十四五焉。每月载死丁，东至城皋，北至河阳，车相望于道。……

【注释】[1]郭：外城。 [2]板渚：古津渡名，板城渚口的简称，在今河南荥阳汜水镇东北黄河边。

大运河的开凿

隋代，中央朝廷为加强对东方和南方的统治，便于从南方漕运粮食、对东北用兵，分段开凿了贯通南北的大运河，工程历时五年。大运河以洛阳为中心，由北向南分为永济渠、通济渠、邗沟、江南河，南起余杭（今杭州），北到涿郡（今北京），全长两千多公里。大运河的修建严重地消耗了隋朝的国力，但也是一项利在千秋的伟大工程，一千多年来，对中国南北的经济、文化交流起到了非常重要的作用。

《隋书·食货志》（节选）

开皇三年，朝廷以京师仓廪[1]尚虚，议为水旱之备……四年，诏曰：

京邑所居，五方辐凑，重关四塞，水陆艰难。大河之流，波澜东注，百川海渎，万里交通。虽三门[2]之下，或有危虑，但发自小平[3]，陆运至陕，还从河水，入于渭川，兼及上流，控引汾、晋，舟车来去，为益殊广。而渭川水力，大小无常，流浅沙深，即成阻阂。计其途路，数百而已，动移气序，不能往复，泛舟之役，人亦劳止。朕君临区宇，兴利除害，公私之弊，情实愍之。故东发潼关[4]，西引渭水，因藉人力，开通漕渠，量事计功，易可成就。已令工匠，巡历渠道，观地理之宜，审终久之义，一得开凿，万代无毁。可使官及私家，方舟[5]巨舫，晨昏漕运，沿溯不停，旬日之功，堪省亿万。诚知时当炎暑，动致疲勤，然不有暂劳，安能永逸。宣告人庶，知朕意焉。

于是命宇文恺率水工凿渠，引渭水，自大兴城东至潼关，三百余里，名曰广通渠。转运通利，关内赖之。诸州水旱凶饥之处，亦便开仓赈给。

……

（大业）四年，发河北诸郡百余万众，引沁水，南达于河[6]，北通涿郡[7]。自是以丁男不供，始以妇人从役。……

【注释】[1]仓廪：储藏粮食的仓库。藏谷者为仓，藏米者为廪。 [2]三门：山名，又称砥柱山，在今山西平陆东。 [3]小平：即小平津，在今河南孟津北，是古代黄河重要渡口。［4］潼关：在今陕西渭南潼关县北，北临黄河，南踞山腰，是关中的东大门。［5］方舟：两船相并。［6］引沁水，南达于河：沁水在今河南武陟县。将沁水引流入黄河。［7］涿郡：今北京。

《大业杂记》（节选）

大业元年，敕有司于洛阳故王城东营建东京……即日车驾往洛阳，改洛州为豫州。自豫州至京师八百余里，置一十四顿[1]。顿别有宫，宫有正殿。发河南道诸州郡兵夫五十余万，开通津渠，自河起荥泽入淮，千余里。又发淮南诸州郡兵夫十余万，开邗沟，自山阳渎[2]至于扬子，入江三百余里。水面阔四十步，通龙舟。两岸为大道，种榆柳，自东都至江都二千余里，树荫相交。每两驿置一宫，为停顿之所，自京师至江都，离宫[3]四十余所。

……

（六年）十二月，敕开江南河，自京口至余杭郡[4]，八百余里，水面阔十余丈。又拟通龙舟，并置驿宫，草顿并足，欲东巡会稽。

【注释】［1］顿：停留、止息处。［2］山阳渎：古邗沟，公元587年隋文帝开凿的江淮间运河，起山阳（今江苏淮安），南至扬州入江。［3］离宫：古代帝王在正式宫殿之外别筑宫室，以便随时游处，称为离宫。［4］余杭郡：治所在今浙江杭州。

开皇乐议

音乐关乎礼仪与政治，为历朝历代所重视。隋统一全国后，既继承了北朝的音乐，又获得了南朝的乐曲、乐工和乐器，因此呈现出"太常雅乐，并用胡声"的面貌，统治者认为不妥，下令议定雅乐，但由于正统乐制崩坏已久，难以查考，一直无法议定。郑译向隋文帝介绍了龟兹音乐家苏祇婆的"五旦七声"理论，即五种不同的调高上各按七声音阶构成七种调式。郑译受此启发，推算出八十四调，应用于乐制。苏祗婆的音乐理论奠定了隋唐燕乐的基础，对中原音乐的发展变革有深远影响。

《隋书·音乐志中》（节选）

开皇二年，齐黄门侍郎颜之推上言："礼崩乐坏，其来自久。今太常雅乐，并用胡声，请冯梁国旧事[1]，考寻古典。"高祖不从，曰："梁乐亡国之音，奈何遣我用邪？"是时尚因周乐，命工人齐树提检校乐府[2]，改换声律，益不能通。……然沦谬既久，音律多乖，积年议不定。……

又诏求知音之士，集尚书，参定音乐。译[3]云："考寻乐府钟石律吕[4]，皆有宫、商、角、徵、羽、变宫、变徵之名。七声之内，三声乖应，每恒求访，终莫能通。先是周武帝时，有龟兹人曰苏祗婆，从突厥皇后入国，善胡琵琶[5]。听其所奏，一均[6]之中间有七声。因而问之，答云：'父在西域，称为知音。代相传习，调有七种。'以其七调，勘校七声，冥若合符。"……（郑）译因习而弹之，始得七声之正。然其就此七调，又有五旦之名，旦作七调。以华言译之，旦者则谓"均"也。其声亦应黄钟、太簇、林钟、南吕、姑洗[7]五均，已外七律，更无调声。译遂因其所捻琵琶，弦柱相饮为均，推演其声，更立七均。合成十二，以应十二律。律有七音，音立一调，故成七调十二律，合八十四调，旋转相交，尽皆和合。……

【注释】 [1]梁国旧事：南朝梁的音乐制度。 [2]乐府：主管音乐的官署。 [3]译：郑译，荥阳开封（今河南开封西南）人，北周时任内史上大夫等，封沛国公。后助杨坚为大丞相，参预机密，入隋，授上柱国，曾任隆州、岐州刺史等职。 [4]钟石：金石之乐，雅乐的代表。律吕：乐律的统称。 [5]胡琵琶：通常认为是四弦曲项琵琶。 [6]均：古乐器的调律器。 [7]黄钟、太簇、林钟、南吕、姑洗：阴阳六律中的部分。古代乐律有阳律、阴律各六，合为十二律。阳六曰律，为黄钟、太簇、姑洗、蕤宾、夷则、无射；阴六曰吕，为大吕、夹钟、仲吕、林钟、南吕、应钟，合称律吕。

裴矩经营西域与隋炀帝大会胡客

　　隋代，西域诸国常在张掖（今甘肃张掖）与隋互市。隋炀帝命裴矩掌管与西域各国交往之事。裴矩通过客商访察各国地理、风俗，撰成《西域图记》，使炀帝更加了解西域形势。隋炀帝西巡，西域各国皆来朝贡。在裴矩的策划下，炀帝于东都洛阳大设百戏表演与美酒珍馐，款待诸国客商，以夸示隋朝之盛，并成为一年一度的常例。《隋书》的记载，反映出隋与西域各国的密切往来，从中亦可见隋代物质生活的丰富、乐舞杂戏的多彩以及炀帝的穷奢极侈。

《隋书·裴矩传》（节选）

　　炀帝即位，营建东都[1]，矩职修府省[2]，九旬[3]而就。时西域诸蕃，多至张掖，与中国交市[4]。帝令矩掌其事。矩知帝方勤远略，诸商胡至者，矩诱令言其国俗山川险易，撰《西域图记》三卷[5]，入朝奏之。……帝大悦，赐物五百段[6]。每日引矩至御坐，亲问西方之事。矩盛言胡中多诸宝物，吐谷浑易可并吞。帝由是甘心，将通西域，四夷经略，咸以委之。

【注释】[1]东都：今洛阳。隋炀帝于仁寿四年（604）下诏营建东都。[2]府省：官署的通称。[3]九旬：九十天。十日为一旬。[4]交市：互市，往来通商。[5]《西域图记》：成书于大业元年至三年（605—607）。原书已佚，但其主要内容可见《隋书·西域传》和《隋书·裴矩传》。[6]段：布帛等的一截。隋唐时期布帛可作为货币流通，与铜钱兼用。

　　转民部[1]侍郎，未视事，迁黄门侍郎[2]。帝复令矩往张掖，引致西蕃，至者十余国。大业三年，帝有事于恒岳，咸来助祭。帝将巡河右[3]，复令矩往敦煌。矩遣使说高昌王麴伯雅及伊吾吐屯设等[4]，啖以厚利，导使入朝。及帝西巡，次燕支山[5]，高昌王、伊吾设等，及西蕃胡二十七国，谒于道左。皆令佩金玉，被锦罽[6]，焚香奏乐，歌舞喧噪。复令武威、张掖士女盛饰纵观，骑乘填咽[7]，周亘数十里，以示中国[8]之盛。帝见而大悦。竟破吐谷浑[9]，拓地数千里，并遣兵戍之。每岁委输[10]巨亿万计，诸蕃慑惧，朝贡相续。帝谓矩有绥怀[11]之略，进位银青光禄大夫[12]。其冬，帝至东都，矩以蛮夷朝贡者多，讽帝令都下大戏。征四方奇技异艺，陈于端门街[13]，衣锦绮、珥金翠者，以十数万。又勒百官及民士女列坐棚阁而纵观焉。皆被服鲜丽，终月乃罢。又令三市店肆皆设帷帐，盛列酒食，遣掌蕃率蛮夷与民贸易，所至之处，悉令邀延就坐，醉饱而散。蛮夷嗟叹，谓中国为神仙。帝称其至诚，顾谓宇文述、牛弘[14]曰："裴矩大识朕意，凡所陈奏，皆朕之成算。未发之顷，矩辄以闻。自非奉国用心，孰能若是！"

【注释】［1］民部：官署名。始于西魏，隋为尚书省六部之一，掌财赋户籍。唐初沿置，唐高宗即位后避太宗李世民讳，改为户部，此后历代相沿。 ［2］黄门侍郎：官名。始于秦汉，为侍从皇帝、充当顾问的内朝官员。隋大业年间为门下省次官，正四品上。 ［3］河右：即河西，指黄河以西，今宁夏、甘肃一带。 ［4］高昌：古西域地名，位于今新疆吐鲁番东南。5世纪中叶建立高昌国，5世纪末至7世纪中叶为麴氏王朝所统治，唐贞观十四年（640）为唐朝所灭，设西州。伊吾：古西域地名，位于今新疆哈密一带。 ［5］燕支山：又作焉支山、焉耆山，在今甘肃永昌县西、山丹县东南，水草丰美。西汉霍去病击匈奴，使匈奴失此地。 ［6］锦罽：精美的毛织品。 ［7］填咽：堵塞，拥挤。 ［8］中国：上古时代，我国华夏族建国于黄河流域一带，以为居天下之中，故称中国，而把周围其他地区称为四方，从此成为我国的专称。 ［9］吐谷浑：古族名，亦指其所建政权。原为鲜卑慕容部的一支，4世纪初建国，活动于今甘肃、青海一带，以游牧为主，兼营农业，在中西交通史上占有重要地位。7世纪后半叶为吐蕃所灭。 ［10］委输：运送。将物置于舟车上叫委，转运到他处交卸叫输。 ［11］绥怀：安抚关切。 ［12］银青光禄大夫：官名。始设于东晋，隋炀帝时为从三品散官。 ［13］端门街：皇城正南门外的主干道。 ［14］宇文述：隋代名将，与杨素等合谋助晋王广（炀帝）夺太子位，善奉迎聚敛，深得炀帝宠信。牛弘：隋代任礼部、吏部尚书，炀帝时议定舆服、仪卫制度，受命主撰《大业律》。

《隋书·音乐志下》（节选）

始齐武平中，有鱼龙烂漫、俳优、朱儒、山车、巨象、拔井、种瓜、杀马、剥驴等，奇怪异端，百有余物，名为百戏[1]。周时，郑译有宠于宣帝，奏征齐散乐人，并会京师为之。盖秦角抵[2]之流者也。开皇初，并放遣之。及大业二年，突厥染干[3]来朝，炀帝欲夸之，总追四方散乐，大集东都。初于芳华苑积翠池侧，帝帷宫女观之。有舍利[4]先来，戏于场内，须臾跳跃，激水满衢，鼋鼍龟鳖，水人虫鱼，遍覆于地。又有大鲸鱼，喷雾翳日，倏忽化成黄龙，长七八丈，耸踊而出，名曰"黄龙变"。又以绳系两柱，相去十丈，遣二倡女[5]，对舞绳上，相逢切肩而过，歌舞不辍。又为夏育[6]扛鼎，取车轮石臼大瓮器[7]等，各于掌上而跳弄之。并二人戴竿，其上有舞，忽然腾透而换易之。又有神鳌负山，幻人吐火，千变万化，旷古莫俦。染干大骇之。自是皆于太常[8]教习。每岁正月，万国来朝，留至十五日，于端门外，建国门内，绵亘八里，列为戏场。百官起棚夹路，从昏达旦，以纵观之。至晦而罢。伎人皆衣锦绣缯彩。其歌舞者，多为妇人服，鸣环佩[9]，饰以花毦[10]者，殆三万人。初课京兆、河南[11]制此衣服，而两京缯锦[12]，为之中虚。三年，驾幸榆林，突厥启民，朝于行宫，帝又设以示之。六年，诸夷大献方物。突厥启民以下，皆国主亲来朝贺。乃于天津街[13]盛陈百戏，自海内凡有奇伎，无不总萃。崇侈器玩，盛饰衣服，皆用珠翠金银，锦罽绨绣。其营费钜亿万。关西以安德王雄总之，东都以齐王暕总之，金石匏革[14]之声，闻数十里外。弹弦擪管[15]以上，一万八千人。大列炬火[16]，光烛天地，百戏之盛，振古无比。自是每年以为常焉。

【注释】[1]百戏：古代各种舞乐杂技的总称，包括角力竞赛、杂技、幻术、驯兽、化装歌舞等。始于先秦，盛于汉代，自南北朝起又称散乐。 [2]角抵：又作角觚，古代的一种技艺表演，类似今天的摔跤，相传起源于战国时期。亦可作为百戏的总名。 [3]染干：即启民可汗，隋时东突厥可汗，名染干。沙钵略可汗之子，与隋宗室女安义公主通婚。［4］舍利：此处指舍利兽。［5］倡女：女伎，古代以歌舞为业的女艺人。［6］夏育：周时卫国勇士，相传力能拔牛尾。［7］甕器：陶制盛器。［8］太常：太常寺，官署名。始于北齐，掌宗庙陵寝祭祀、礼乐仪制、天文术数、衣冠等，历代沿置。［9］环佩：佩玉，后多指女性佩戴的饰物。［10］花毦：用彩色羽毛制成的装饰物。［11］京兆、河南：指京兆郡、河南郡，隋两都所在地。［12］缯：丝织品的总称。锦：用彩色经纬丝织出各种图案花纹的丝织品，是丝织品中最贵重者。［13］天津街：端门街的别称。［14］金石匏革：泛指各种乐器。《周礼》载金、石、土、革、丝、木、匏、竹为八音。金指钟镈；石指磬；匏指笙竽之类，用匏做座，上置簧管；革指鼓类。［15］撩管：吹奏管类乐器。撩，用手指按捺。［16］炬火：火把。

大宛千里马

　　大宛是古代西域的一个国家，位于今天乌兹别克斯坦、塔吉克斯坦和吉尔吉斯斯坦三国交界地区的费尔干纳盆地一带，在中西交通史上占有重要地位。大宛物产丰富，汗血马最为著名，汉代统治者为得到汗血马不惜发兵征讨大宛。《朝野佥载》记载，隋文帝时大宛曾向隋贡献"千里马"，矫健异常，能"朝发西京，暮至东洛"。千里马因隋末战乱而消失，唐代曾重现于世，为太宗所得，精心喂养。可见汉唐时期，统治者对大宛良马的向往和追求始终没有停止。

《朝野佥载》（节选）

　　隋文皇帝时，大宛国献千里马，鬃[1]曳地，号曰"师子骢"。上置之马群，陆梁[2]人莫能制。上令并群驱来，谓左右曰："谁能驭之？"郎将裴仁基曰："臣能制之。"遂攘袂向前，去十余步，踊身腾上，一手撮耳，一手抠目，马战不敢动，乃鞴[3]乘之。朝发西京，暮至东洛。后隋末，不知所在。唐文武圣皇帝敕天下访之，同州刺史宇文士及访得其马，老于朝邑市面家挽硙，鬃尾焦秃，皮肉穿穴，及见之悲泣。帝自出长乐坡，马到新丰，向西鸣跃。帝得之甚喜，齿口并平，饲以钟乳[4]，仍生五驹，皆千里足也。后不知所在矣。

【注释】［1］鬣：马、猪等畜类颈上的长毛。 ［2］陆梁：跳跃、嚣张、猖獗貌。 ［3］鞴：车具。 ［4］钟乳：石灰岩洞顶部下垂的檐冰状物，可入药。

唐　朝

贞观之治

唐贞观（627—649）年间，太宗君臣以隋亡为鉴，改革完善职官制度，轻徭薄赋，疏缓刑罚，以开明的政策处理民族关系，造成了政治清明、经济复苏、社会安定的局面，史称"贞观之治"。太宗善于用人，虚心纳谏；诸名臣各尽所长，悉心辅佐。君臣议政常有精辟的见解，如"为政之要，惟在得人""水能载舟，亦能覆舟""自古皆贵中华，贱夷、狄，朕独爱之如一"等，成为千古明训。这里选取了《贞观政要》《资治通鉴》中太宗君臣议政、太宗品评诸臣的有代表性的部分内容。

《贞观政要·崇儒学》（节选）

贞观二年，太宗谓侍臣曰："为政之要，惟在得人，用非其才，必难致治。今所任用，必须以德行、学识为本。"谏议大夫王珪曰："人臣若无学业，不能识前言往行，岂堪大任。汉昭帝[1]时，有人诈称卫太子[2]，聚观者数万人，众皆致惑。隽不疑断以蒯聩之事[3]。昭帝曰：'公卿大臣，当用经术明于古义者，此则固非刀笔俗吏所可比拟。'"上曰："信如卿言。"

【注释】［1］汉昭帝：刘弗陵，汉武帝幼子，公元前86—前74年在位。　［2］卫太子：刘据，汉武帝嫡长子，立为太子，卫皇后所生，故称卫太子。　［3］隽不疑断以蒯聩之事：隽不疑，汉武帝时为京兆尹。蒯聩，春秋时卫灵公世子，出奔到宋国，后来又回卫国争位，卫出公拒绝接纳他。《春秋》中说卫出公的做法是对的。隽不疑根据《春秋》经断定这个男子果然是冒充卫太子。

《贞观政要·政体》（节选）

贞观六年，太宗谓侍臣曰："看古之帝王，有兴有衰，犹朝之有暮。皆为蔽其耳目，不知时政得失，忠正者不言，邪谄者日进，既不见过，所以至于灭亡。朕既在九重[1]，不能尽见天下事，故布之卿等，以为朕之耳目。莫以天下无事，四海安宁，便不存意。'可爱非君？可畏非民？'[2]天子者，有道则人推而为主，无道则人弃而不用，诚可畏也。"魏徵[3]对曰："自古失国之主，皆为居安忘危，处治忘乱，所以不能长久。今陛下富有四海，内外清晏，能留心治道，常临深履薄，国家历数，自然灵长。臣又闻古语云：'君，舟也；人，水也。水能载舟，亦能覆舟。'陛下以为可畏，诚如圣旨。"

【注释】[1]九重：古制，天子所居有九门，即路门、应门、雉门、库门、皋门、城门、近郊门、远郊门、关门。后以九重指君门深邃，常人不可到达。[2]可爱非君，可畏非民：语出《尚书·大禹谟》，是舜告诫禹要谨慎从事的话，意为"民所爱者不是君吗？君所畏者不是民吗？"[3]魏徵：生于邢州钜鹿郡（今邢台市巨鹿县），太宗朝宰相。善议政，多次直言进谏，是贞观一代名相。贞观十七年（643），太宗命阎立本于凌烟阁绘制二十四位功臣的画像，魏徵是其中之一。

《资治通鉴·唐纪十三》（节选）

（贞观十八年）八月，壬子，上谓司徒无忌等曰："人苦不自知其过，卿可为朕明言之。"对曰："陛下武功文德，臣等将顺之不暇，又何过之可言！"上曰："朕问公以己过，公等乃曲相谀悦，朕欲面举公等得失以相戒而改之，何如？"皆拜谢。上曰："长孙无忌[1]善避嫌疑，应物敏速，决断事理，古人不过；而总兵攻战，非其所长。高士廉[2]涉猎古今，心术明达，临难不改节，当官无朋党；所乏者骨鲠规谏耳。唐俭[3]言辞辩捷，善和解人；事朕三十年，遂无言及于献替。杨师道[4]性行纯和，自无愆违；而情实怯懦，缓急不可得力。岑文本[5]性质敦厚，文章华赡；而持论恒据经远，自当不负于物。刘洎[6]性最坚贞，有利益；然其意尚然诺，私于朋友。马周[7]见事敏速，性甚贞正，论量人物，直道而言，朕比任使，多能称意。褚遂良[8]学问稍长，性亦坚正，每写忠诚，亲附于朕，譬如飞鸟依人，人自怜之。"

【注释】［1］长孙无忌：唐河南洛阳人，先世出于北魏皇族。太宗皇帝长孙皇后兄。曾随太宗征战，策划发动玄武门之变，助太宗夺取帝位。太宗凌烟阁二十四功臣之首。［2］高士廉：唐渤海蓚县（今河北景县）人。北齐宗室，太宗长孙皇后之舅，太宗凌烟阁二十四功臣之一。曾参与玄武门之变，修《氏族志》。官至尚书右仆射，摄太子太傅。［3］唐俭：唐并州晋阳（今山西太原）人，太宗凌烟阁二十四功臣之一。曾助太宗破突厥。［4］杨师道：唐弘农华阴（今陕西华阴）人，曾任宰相。［5］岑文本：唐邓州棘阳（今河南新野县）人，官至中书令。［6］刘洎：荆州江陵（今湖北江陵）人，曾任宰相，以直谏著称。［7］马周：清河茌平（今山东茌平县茌平镇）人，曾任宰相，善谏言。［8］褚遂良：杭州钱塘（今浙江杭州市）人，祖籍阳翟（今河南禹州）。太宗朝官至尚书右仆射，封河南郡公。博学多才，尤以书法著称。

《资治通鉴·唐纪十四》（节选）

（贞观二十一年五月）庚辰，上御翠微殿，问侍臣曰："自古帝王虽平定中夏，不能服戎、狄。朕才不逮古人而成功过之，自不谕其故，诸公各率意以实言之。"群臣皆称："陛下功德如天地，万物不得而名言。"上曰："不然。朕所以能及此者，止由五事耳。自古帝王多疾胜己者，朕见人之善，若己有之。人之行能，不能兼备，朕常弃其所短，取其所长。人主往往进贤则欲置诸怀，退不肖则欲推诸壑，朕见贤者则敬之，不肖者则怜之，贤不肖各得其所。人主多恶正直，阴诛显戮，无代无之，朕践阼[1]以来，正直之士，比肩于朝，未尝黜责一人。自古皆贵中华，贱夷、狄，朕独爱之如一，故其种落皆依朕如父母。此五者,朕所以成今日之功也。"顾谓褚遂良曰:"公尝为史官[2],如朕言,得其实乎?"对曰:"陛下盛德不可胜载,独以此五者自与,盖谦谦之志耳。"

【注释】[1]践阼:指天子新即位,升宗庙东阶以主祭。阼是王位前之阶。 [2]史官:主管文书、典籍之官。周礼六官所属诸职司皆有史,诸侯列国也有史,后世继之。唐代常以他官兼典史职。

武则天营建洛阳

武则天喜欢居住在洛阳,改称洛阳为神都。垂拱四年(688),武则天毁洛阳皇宫正殿,营建明堂,一年之内建成,金碧辉煌,奢华靡费。后又在其北建设更高的天堂,当中供奉巨型夹纻佛像,"其小指中犹容数十人"。天堂失火后,武则天命令重新营建,后又铸九州铜鼎。这些工程无疑是武则天改制称帝前后宣示政治权力之举,耗费人力物力无数,使"府藏为之耗竭"。

《资治通鉴·唐纪二〇》(节选)

(则天后垂拱四年)太宗、高宗之世,屡欲立明堂[1],诸儒议其制度,不决而止。及太后称制,独与北门学士[2]议其制,不问诸儒。诸儒以为明堂当在国阳丙巳之地[3],三里之外,七里之内。太后以为去宫太远。二月,庚午,毁乾元殿[4],于其地作明堂,以僧怀义为之使,凡役数万人。

……

(十二月)辛亥,明堂成,高二百九十四尺,方三百尺。凡三层:下层法四时,各随方色[5];中层法十二辰;上为圆盖,九龙捧之。上施铁凤,高一丈,饰以黄金。中有巨木十围,上下通贯,栭栌橝棖[6]藉以为本。下施铁渠,为辟雍[7]之象。号曰万象神宫。宴赐君臣,赦天下,纵民入观。……又于明堂北起天堂五级以贮大像；至三级，则俯视明堂矣。僧怀义以功拜左威卫大将军、梁国公。

【注释】［1］明堂：古代帝王宣明政教的地方，凡朝会、祭祀、庆赏、选士、养老、教学等大典，均在此举行。［2］北门学士：武则天征召的一批参预机密、分宰相之权的文士，可以不经外朝机关（南衙）直接出入宫禁（北门），故称。［3］国阳丙巳之地：京师皇宫南三里之外、七里之内的光明之地。［4］乾元殿：唐东都洛阳皇宫紫微宫的正殿，唐高宗显庆元年（656）在隋朝乾阳殿的基础上建成。［5］方色：古代帝王祭五方之神，以一方为一色，称方色。［6］栭：梁上柱。栌：柱上的横木。樽：斜柱。橑：屋檐。［7］辟雍：周王朝为贵族子弟所设的大学，取四周有水、形如璧环为名。大学有五，南为成均，北为上庠，东为东序，西为瞽宗，中为辟雍。

《资治通鉴·唐纪二十一》（节选）

（则天后天册万岁元年）初，明堂既成，太后命僧怀义作夹纻[1]大像，其小指中犹容数十人，于明堂北构天堂以贮之。堂始构，为风所摧，更构之，日役万人，采木江岭，数年之间，所费以万亿计，府藏[2]为之耗竭。怀义用财如粪土，太后一听之，无所问。每作无遮会[3]，用钱万缗；士女云集，又散钱十车，使之争拾，相蹈践有死者。……

乙未，作无遮会于明堂，凿地为坑，深五丈，结彩为宫殿，佛像皆于坑中引出之，云自地涌出。又杀牛取血，画大像，首高二百尺，云怀义刺膝血为之。丙申，张像于天津桥[4]南，设斋。时御医沈南璆亦得幸于太后，怀义心愠，是夕，密烧天堂，延及明堂。火照城中如昼，比明皆尽，暴风裂血像为数百段。太后耻而讳之，但云内作工徒误烧麻主，遂涉明堂。时方酺宴[5]，左拾遗刘承庆请辍朝停酺以答天谴，太后将从之。姚璹[6]曰："昔成周宣榭，卜代愈隆；汉武建章，盛德弥永[7]。今明堂布政之所，非宗庙也，不应自贬损。"太后乃御端门[8]，观酺如平日。命更造明堂、天堂，仍以怀义充使。又铸铜为九州鼎及十二神[9]，皆高一丈，各置其方。

【注释】[1]夹纻：一种漆塑像的方法。先用泥塑成胎，再用漆把麻布贴在泥胎外面，漆干后反复再涂多次，最后把泥胎取空。用这种方法，塑像不但柔和逼真，而且很轻。[2]府藏：官府储存货物之所。[3]无遮会：佛教名词，意为贤圣道俗上下贵贱无遮，平等行财施和法施的法会。源于古印度，中国的无遮会始于南朝梁武帝。[4]天津桥：位于唐东都皇城正南门端门外，横跨在穿城而过的洛河上，是连接洛河两岸的交通要道。[5]酺宴：古代皇帝诏赐臣民聚饮。[6]姚璹：湖州武康（今浙江德清）人。武周时期宰相，唐初史学家姚思廉之孙。[7]成周宣榭，卜代愈隆；汉武建章，盛德弥永：周代成周的宣榭失火，占卜的结果是朝代会更加兴盛；汉孝武帝时柏梁台失火后再造建章宫，汉朝的盛德更加久远。[8]端门：唐东都皇城正南门。[9]九州鼎及十二神：九州鼎为神都鼎豫州、冀州鼎武兴、雍州鼎长安、兖州鼎日观、青州鼎少阳、徐州鼎车源、扬州鼎江都、荆州鼎江陵、梁州鼎咸都，其中神都鼎形制最大。十二神即十二生肖。

《资治通鉴·唐纪二十二》（节选）

（则天后神功元年）夏，四月，铸九鼎成，徙置通天宫。豫州鼎高丈八尺，受千八百石；余州高丈四尺，受千二百石；各图山川物产于其上，共用铜五十六万七百余斤。太后欲以黄金千两涂之，姚璹曰："九鼎神器，贵于天质自然。且臣观其五采焕炳相杂，不待金色以为炫耀。"太后从之。自玄武门曳入，令宰相、诸王帅南北牙宿卫兵十余万人并仗内大牛、白象共曳之。

开元盛世

唐初历朝统治者的政治、经济建设为国家的富强积累了深厚的基础。开元（713—741）年间，玄宗李隆基励精图治，重用贤才，提倡节俭，发展农业生产，大兴文教，使唐朝达到了空前的繁荣，史称"开元盛世"。史书中对盛世景象多有记载，描绘出一个轻徭薄赋、物价平稳、社会安定、人口大增、财力雄厚的黄金时代。

《开天传信记》（节选）

开元初，上励精理道，铲革讹弊。不六七年，天下大治，河清海晏，物殷俗阜。安西[1]诸国，悉平为郡县。自开远门[2]西行，亘地万余里，入河隍[3]之赋税。左右藏库，财物山积，不可胜较。四方丰稔，百姓殷富，管户一千余万，米一斗三四文，丁壮之人，不识兵器。路不拾遗，行者不囊粮。其瑞叠应，重译麋至，人情欣欣然。

【注释】[1]安西：唐方镇，治安西都护府（今新疆库车），统辖龟兹、于阗、疏勒、焉耆四镇。 [2]开远门：隋大兴、唐长安外郭城西城墙最北的一座城门，是对外交通的重要关节点。 [3]河隍：又作河湟，今青海和甘肃境内的黄河和湟水流域。

《通典·食货·历代盛衰户口》（节选）

至十三年封泰山，米斗至十三文，青、齐谷[1]斗至五文。自后天下无贵物，两京米斗不至二十文，面三十二文，绢一疋二百一十二文。东至宋、汴，西至岐州[2]，夹路列店肆待客，酒馔丰溢。每店皆有驴赁客乘，倏忽数十里，谓之驿驴。南诣荆、襄，北至太原、范阳，西至蜀川、凉府[3]，皆有店肆，以供商旅。远适数千里，不持寸刃。二十年，户七百八十六万一千二百三十六，口四千五百四十三万一千二百六十五。

【注释】[1]青、齐：位于今山东地区。谷：粮食作物的总称。 [2]宋、汴：位于今河南地区。岐州：治今陕西凤翔。 [3]凉府：辖今甘肃永昌以东、天祝以西一带，治今甘肃武威。

门阀士族

《新唐书·柳冲传》记载了唐谱牒学家柳冲对魏晋至唐前期姓族的一

段论述（后由柳芳概括提要）。自曹魏时期创立九品中正制以后，门阀士族势力不断壮大，门第观念浓厚，影响深远。唐朝建立后，门阀士族仍然活跃在历史舞台上。高祖李渊颇重门第，太宗用人重才能，使门阀士族势力有所削弱。出身寒门的武则天在打击敌对势力、进行政治改革的过程中，严重地削弱了门阀士族势力。同时，科举制的发展使更多中下层人士得到入仕的机会。到唐后期，虽然豪族大姓仍以门第自居，但门阀士族总体上呈现衰落的趋势。

《新唐书·柳冲传》（节选）

魏氏立九品，置中正，尊世胄，卑寒士，权归右姓[1]已。其州大中正、主簿，郡中正、功曹，皆取著姓士族为之，以定门胄，品藻人物。晋、宋因之，始尚姓已。然其别贵贱，分士庶，不可易也。于时有司选举，必稽谱籍[2]，而考其真伪。故官有世胄，谱有世官，贾氏、王氏谱学出焉。由是有谱局，令史职皆具。过江则为"侨姓"，王、谢、袁、萧为大；东南则为"吴姓"，朱、张、顾、陆为大；山东则为"郡姓"，王、崔、卢、李、郑为大；关中亦号"郡姓"，韦、裴、柳、薛、杨、杜首之；代北则为"虏姓"，元、长孙、宇文、于、陆、源、窦首之。"虏姓"者，魏孝文帝迁洛，有八氏十姓，三十六族九十二姓。八氏十姓，出于帝宗属，或诸国从魏者；三十六族九十二姓，世为部落大人。并号河南洛阳人。"郡姓"者，以中国士人差第阀阅为之制，凡三世有三公者曰"膏粱"，有令、仆者曰"华腴"，尚书、领、护而上者为"甲姓"，九卿若方伯者为"乙姓"，散骑常侍、太中大夫者为"丙姓"，吏部正员郎为"丁姓"。凡得入者，谓之"四姓"。又诏代人诸胄，初无族姓，其穆、陆、奚、于，下吏部勿充猥官[3]，得视"四姓"。北齐因仍，举秀才、州主簿、郡功曹，非"四姓"不在选。故江左定氏族，凡郡上姓第一，则为右姓；太和以郡四姓为右姓；齐浮屠昙刚《类例》凡甲门为右姓；周建德氏族以四海通望为右姓；隋开皇氏族以上品、茂姓则为右姓；唐《贞观氏族志》[4]凡第一等则为右姓；路氏著《姓略》，以盛门为右姓；柳冲《姓族系录》凡四海望族则为右姓。不通历代之说，不可与言谱也。今流俗独以崔、卢、李、郑为四姓，加太原王氏号五姓，盖不经也。

【注释】［1］右姓：豪族大姓。古以右为尊，故称所重者为右。［2］谱籍：记述宗族、氏族世系的书，有帝王、士族家谱、姓谱等。［3］猥官：低级杂吏。［4］《贞观氏族志》：亦称《氏族志》或《大唐氏族志》，一百卷（一作一百三十卷），唐高士廉、韦挺、岑文本、令狐德棻等撰，成书于贞观十二年（638），是一部记录唐初贵族姓氏渊源与门第的谱牒。

科举制的发展与进士科的显贵

科举是隋代创立的以考试选拔官吏的制度，为此后历代所沿用。科举制打破了以门第取士的九品中正制的桎梏，扩大了选取人才的范围，也提高了行政官员的素质。唐代是科举制发展形成的重要阶段，科举分为贡举和制举。贡举有秀才、明经、进士等多个科目，进士名额少、录取率低，故当时有"三十老明经，五十少进士"之说。进士科在经义之外重诗赋，更符合当时统治者延揽人才的需求，所以进士科日趋贵重，成为"士林华选"，社会上围绕举子应试进士科也产生了很多例行活动和风俗习称。

《通典·选举典·历代志下·大唐》（节选）

按令文，科第秀才与明经同为四等，进士与明法同为二等[1]。然秀才之科久废，而明经虽有甲乙丙丁四科，进士有甲乙二科，自武德以来，明经唯有丁第，进士唯乙科而已。先试之期，命举人谒于先师，有司卜日，宿张于国学，宰辅以下皆会而观焉。博集群议讲论，而退之礼部[2]。阅试之日，皆严设兵卫，荐棘围之，搜索衣服，讥诃出入，以防假滥焉。其进士，大抵千人得第者百一二；明经倍之，得第者十一二。其制诏举人，不有常科[3]，皆标其目而搜扬之。试之日，或在殿廷，天子亲临观之。试已，糊其名于中[4]考之，文策[5]高者特授以美官，其次与出身[6]。开元以后，四海晏清，士无贤不肖，耻不以文章达，其应诏而举者，多则二千人，少犹不减千人，所收百才有一。

礼部员外郎沈既济曰："初，国家自显庆以来，高宗圣躬多不康，而武太后任事，参决大政，与天子并。太后颇涉文史，好雕虫之艺[7]，永隆中始以文章选士。及永淳之后，太后君临天下二十余年，当时公卿百辟无不以文章达，因循浸久，寖以成风。以至于开元、天宝之中，上承高祖、太宗之遗烈，下继四圣治平之化，贤人在朝，良将在边，家给户足，人无苦窳，四夷来同，海内晏然。虽有宏猷上略无所措，奇谋雄武无所奋。百余年间，生育长养，不知金鼓之声，爟燧之光，以至于老。故太平君子唯门调户选，征文射策，以取禄位，此行己立身之美者也。父教其子，兄教其弟，无所易业，大者登台阁[8]，小者仕郡县，资身奉家，各得其足，五尺童子，耻不言文墨焉。是以进士为士林华选，四方观听，希其风采，每岁得第之人，不浃辰[9]而周闻天下。故忠贤隽彦韫才毓行者，咸出于是，而桀奸无良者或有焉。故是非相陵，毁称相腾，或扇结钩党，私为盟歃，以取科第，而声名动天下；或钩摭隐匿，嘲为篇咏，以列于道路，迭相谈訾，无所不至焉。"

【注释】[1]秀才、明经、进士、明法：均为唐代科举科目名。 [2]礼部：始于北魏，隋以后为中央行政机构六部之一，长官为礼部尚书。唐代礼部承隋制，设四司分掌礼乐、学校、宗教、民族及外交之政，开元二十四年（736）以后，兼掌贡举，历代沿之。 [3]常科：唐代科举通常分为常科（或称贡举）和制举（临时设置的特科）。常科科目有五十多种，其中最主要的是进士、明经。 [4]糊其名于中：唐代开始命参加考试者在试卷上自糊姓名，称为"糊名"。宋代由贡院糊卷头姓名、乡贯等。 [5]文策：策问，应试文体的一种，就政事、经义等设问，由应试者对答，自汉起作为取士考试的一种形式。 [6]出身：科举考试为考中录选者所规定的身份、资格。 [7]雕虫之艺：对文人雕琢词句的讥称。 [8]台阁：尚书省的别称。 [9]浃辰：古代用天干、地支相配纪日，自甲至癸，十日为一周匝，称浃日。从子至亥为一日十二辰，故浃辰为十二日。

《唐摭言·散序进士》（节选）

进士科始于隋大业中，盛于贞观、永徽之际；缙绅[1]虽位极人臣，不由进士者，终不为美，以至岁贡[2]常不减八九百人。其推重谓之"白衣公卿"，又曰"一品白衫"；其艰难谓之"三十老明经，五十少进士"[3]；其负倜傥之才，变通之术，苏、张之辨说，荆、聂之胆气，仲由之武勇，子房之筹画，宏羊之书计，方朔之诙谐[4]，咸以是而晦之。修身慎行，虽处子之不若；其有老死于文场者，亦所无恨。故有诗云："太宗皇帝真长策，赚得英雄尽白头！"

【注释】[1] 缙绅：古代仕者垂绅（束在腰间，一头垂下的大带）插笏（朝会时所执的手板），故称士大夫为缙绅。缙，意为插笏于绅。 [2] 岁贡：古代诸侯郡国每年向中央政权推选人才的制度。 [3] 三十老明经，五十少进士：三十岁的人考取明经，年龄就算比较大的；五十岁的人考中进士，还算比较年轻的。意为明经较易考，进士很难考。 [4] 苏、张之辨说：苏秦、张仪，战国时期纵横家的代表人物，善游说。荆、聂之胆气：荆轲、聂政，都是战国时期有名的刺客。仲由之武勇：仲由，字子路，孔子的弟子，以政事见称，好勇力。子房之筹画：张良，字子房，秦末汉初著名谋士。宏羊之书计：桑弘羊，西汉政治家，善理财。方朔之诙谐：东方朔，汉武帝侍臣，善辞赋，性格诙谐，言词敏捷。

《唐语林·文学》(节选)

进士为时所尚久矣，俊义实在其中。由此者为闻人，争名常切，为俗亦弊。其都会谓之"举场"；通称谓之"秀才"；投刺[1]谓之"乡贡"；得第谓之"前辈"；相推敬谓之"先辈"；俱捷谓之"同年"；有司谓之"座主"；京兆[2]考而升之，谓之"等第"；外府不试而贡，谓之"拔解"；各相保任，谓之"合保"；群居而试，谓之"私试"；造请权要，谓之"关节"；激扬声问，谓之"往还"；既捷，列其姓名慈恩寺，谓之"题名"；会醵为乐于曲江亭，谓之"曲江宴"；籍而入选，谓之"春关"；不捷而醉饱，谓之"打毷氉"[3]；飞书造谤，谓之"无名子"；退而肄习，谓之"过夏"；执业[4]以出，谓之"秋卷"；挟藏入试，谓之"书策"：此其大略。其风俗系于先进，其制置存于有司。虽然，贤者得其大者，故位极人臣常十有二三，登显列常有六七，而元鲁山、张睢阳有焉，刘闢、元翰有焉[5]。

【注释】［1］投刺：递名帖求见。［2］京兆：本为汉代京畿的行政区划名，为三辅之一，故后世称京都为京兆。［3］氓氓：烦闷。［4］执业：持书诵习。［5］元鲁山、张睢阳为进士出身之贤者，刘闢、元翰为进士出身之奸者，这里寓意因科举而显要的人鱼龙混杂。

租庸调制

租庸调制是唐前期主要的赋税制度，它从北朝和隋代的户调制演变而来，以均田制为依托，以人丁为本。"租""调"分别规定了每丁每年向国家缴纳租粟和绢、绵等丝织物的要求；"庸"则是把唐初开始推行的以庸（纳绢或布）代役的政策制度化，这是租庸调制相比前代主要的不同之处。在均田制正常施行的情况下，租庸调制保证了国家的赋税来源。唐后期，陆贽在《均节赋税恤百姓六条》中对租庸调制的阐述比较概要。

《均节赋税恤百姓六条》（节选）

国朝著令，赋役之法有三：一曰租，二曰调，三曰庸。古者一井之地，九夫共之，公田在中，藉而不税[1]。私田不善则非吏，公田不善则非民。事颇纤微，难于防检，春秋之际，已不能行。故国家袭其要而去其烦，丁男一人，授田百亩，但岁纳租税二石而已。言以公田假人，而收其租入，故谓之租。古者任土之宜，以奠赋法。国家就因往制，简而一之，每丁各随乡土所出，岁输若绢若绫若𫄧，共二丈，绵三两[2]。其无蚕桑之处，则输布二丈五尺，麻三斤，以其据丁户，调而取之，故谓之调。古者用人之力，岁不过三日，后代多事，其增十之。国家斟酌物宜，立为中制，每丁一岁定役二旬，若不役则收其庸，日准三尺，以其出绢而当庸直，故谓之庸。……有田则有租，有家则有调，有身则有庸。

【注释】［1］一井之地，九夫共之，公田在中，藉而不税：西周井田制，一般是以每一方块作为一个耕作单位，称为一田，是当时一个劳动力所能耕种的标准。纵横相连的九田合为一井。在井田制下，卿大夫以下的贵族所分得的土地不经王室或公室的特许，不得随意买卖转让。［2］绢：一种比较细的丝织品。绫：一种在斜纹底上起斜纹花的织物。绝：粗绸。绵：丝绵，一种蚕丝制成的棉絮，用茧表面的乱丝加工而成。

裴耀卿治理漕运

漕运，即古代政府将所征粮食等物资运往京师或其他指定地点的运输，是关乎国计民生的大事。唐代京城长安所需要的粮食，相当一部分须由东南地区供给。开元以前，江淮漕船多通过汴渠、黄河、洛水抵达东都洛阳，再由黄河西运关中。由于汛期及江南人不熟悉黄河水情等因素，漕运花费较多且效率较低。开元十八年（730），时任宣州刺史的裴耀卿向玄宗建议增置粮仓、"节级转运"，三年后任京兆尹时再次提出改善漕运建议，玄宗采纳并命其负责漕运事宜。漕运新法施行以来，起到了良好的作用。

《新唐书·食货志三》（节选）

唐都长安，而关中[1]号称沃野，然其土地狭，所出不足以给京师、备水旱，故常转漕东南之粟。高祖、太宗之时，用物有节而易赡，水陆漕运，岁不过二十万石，故漕事简。自高宗已后，岁益增多，而功利繁兴，民亦罹其弊矣。

初，江淮漕租米至东都输含嘉仓[2]，以车或驮陆运至陕。而水行来远，多风波覆溺之患，其失常十七八，故其率一斛得八斗[3]为成劳。而陆运至陕，才三百里，率两斛计佣钱千。民送租者，皆有水陆之直，而河有三门底柱[4]

之险。显庆元年，苑西监褚朗议凿三门山为梁，可通陆运。乃发卒六千凿之，功不成。其后，将作大匠杨务廉又凿为栈[5]，以挽[6]漕舟。挽夫系二鉥[7]于胸，而绳多绝，挽夫辄坠死，则以逃亡报，因系其父母妻子，人以为苦。

开元十八年，宣州刺史裴耀卿[8]朝集京师，玄宗访以漕事，耀卿条上便宜曰："江南户口多，而无征防之役。然送租、庸、调物，以岁二月至扬州入斗门[9]，四月已后，始渡淮入汴，常苦水浅，六七月乃至河口[10]，而河水方涨，须八九月水落始得上河入洛，而漕路多梗，船樯阻隘。江南之人，不习河事，转雇河师水手，重为劳费。其得行日少，阻滞日多。今汉、隋漕路，濒河仓廪，遗迹可寻。可于河口置武牢仓，巩县置洛口仓，使江南之舟不入黄河，黄河之舟不入洛口。而河阳、柏崖、太原、永丰、渭南诸仓，节级转运，水通则舟行，水浅则寓于仓以待，则舟无停留，而物不耗失。此甚利也。"玄宗初不省。二十一年，耀卿为京兆尹[11]，京师雨水，谷踊贵，玄宗将幸东都，复问耀卿漕事，耀卿因请："罢陕陆运，而置仓河口，使江南漕舟至河口者，输粟于仓而去，县官雇舟以分入河、洛。置仓三门东西，漕舟输其东仓，而陆运以输西仓，复以舟漕，以避三门之水险。"玄宗以为然。乃于河阴置河阴仓，河清置柏崖仓；三门东置集津仓，西置盐仓；凿山十八里以陆运。自江、淮漕者，皆输河阴仓，自河阴西至太原仓，谓之北运，自太原仓浮渭以实关中。……凡三岁，漕七百万石，省陆运佣钱三十万缗。

【注释】[1]关中：今陕西省中部的西安、宝鸡、咸阳、渭南、铜川、杨凌地区。因古代处"四关"，即东潼关（函谷关）、西散关（大震关）、南武关（蓝关）、北萧关（金锁关）之内而得名。[2]含嘉仓：位于今洛阳老城区北部，始建于隋大业年间，唐代扩建。唐前期东部漕粮多储藏于此，是全国最大的官仓，天宝年间储粮约相当于全国总量的一半。1969年发现了仓址遗迹，考古发掘已探测出约287个仓窖，根据仓城内布局推测应有400个左右。[3]斛、斗：古代以十斗为一斛。[4]三门底柱：三门山，在今河南三门峡市东北黄河中，河水至此分流，包山而过，是非常险急的一段，舟行至此往往舟覆人亡。因山倒映在水中如柱，故名底柱（一作砥柱）。[5]栈：在山岩上架木为路。[6]挽：拉车、牵引。[7]鉥：系纤绳的用具。[8]裴耀卿：唐绛州稷山

（今山西）人，字焕之。睿宗时任国子主簿，开元初累迁长安令，历任济、宣、冀等州刺史，皆有善政，后又任户部侍郎、京兆尹、江淮河南转运使等，官至尚书右仆射。［9］斗门：堤堰所设置的宣泄暴涨洪水的闸门。［10］河口：汴河与黄河的交汇处。［11］京兆尹：唐开元元年（713）升雍州为京兆府，治长安、万年二县（今西安市），京兆尹为京兆府长官。

安史之乱

　　唐玄宗统治后期，在盛世繁荣的局面下，社会危机也在潜滋暗长。玄宗安于太平，沉溺声色，宠信李林甫、杨国忠等投其所好的权臣；由于边防战事频繁和兵制的变化，军事力量外重内轻，地方节度使权力膨胀，朝廷难以控制。身兼范阳、平卢、河东三镇节度使的安禄山起兵反唐，使两京陷落，举国动荡，唐廷历时八年才彻底平定了这场叛乱。安史之乱严重损耗了唐朝的国力，奠定了藩镇割据的局面，成为唐朝政治由盛而衰的转折点。

《旧唐书·玄宗本纪下》（节选）

　　（天宝）十五载[1]春正月乙卯……禄山僭号于东京[2]。庚申，以李光弼[3]为云中太守、河东节度使。壬戌，贼将蔡希德陷常山郡[4]，执太守颜杲卿、长史袁履谦，杀民吏万余，城中流血。甲子，哥舒翰[5]进位尚书左仆射、同中书门下平章事。乙丑，贼将安庆绪[6]犯潼关，哥舒翰击退之。乙巳，加平原太守颜真卿户部侍郎，奖守城也。

【注释】［1］十五载：天宝十五载（756）。天宝三年起改"年"为"载"。［2］禄山僭号于东京：安禄山，唐营州柳城（今辽宁朝阳）胡人，本姓康，名轧荦山。通九蕃语，骁勇善战，后以军功授营州都督、平卢军使，厚赂往来朝官，得玄宗宠信，擢平卢、范阳节度使，河北采访使，后又兼河东节度使。秘密筹划叛乱，天宝十四载（755）

在范阳起兵，十五载正月在洛阳称雄武皇帝，国号燕。［3］李光弼：唐营州柳城（今辽宁朝阳）人，契丹族。有勇谋，善骑射，安史之乱爆发时任河东节度副使、河北采访使。［4］常山郡：治真定（今河北正定县南）。地处太行山东麓，北控燕蓟，南通河洛，西有井陉之险，为河北重镇。［5］哥舒翰：唐突厥族突骑施哥舒部人，世居安西，四十岁后从军河西，有勇有谋，曾屡破吐蕃。后任河西节度使，安禄山反后任兵马副元帅，统二十万军守潼关。杨国忠说玄宗促使出战，哥舒翰被迫出关，大败，被安禄山所囚，后自杀。［6］安庆绪：安禄山次子，从安禄山起兵反唐，至德二载（757）杀父自立，后为史思明所杀。

二月丙戌，李光弼、郭子仪[1]将兵东出井陉[2]，与贼将史思明[3]战，大破之，进取郡县十余。丙辰，诛工部尚书安思顺[4]。

三月壬午朔，以河东节度使李光弼为御史大夫、范阳节度使。乙酉，以平原太守颜真卿为河北采访使。己亥，改常山郡为平山郡，房山县为平山县，鹿泉县为获鹿县，鹿成县为束鹿县。

夏四月丙午，以赞善大夫来瑱为颍川太守、招讨使。

五月戊午，南阳太守鲁炅与贼将武令珣战于滍水[5]上，官军大败，为贼所虏，进寇我南阳。诏嗣虢王巨自蓝田出师救南阳。

六月癸未朔，颜真卿破贼将袁知泰于堂邑，北海太守贺兰进明收信都。庚寅，哥舒翰将兵八万与贼将崔乾祐战于灵宝西原，官军大败，死者十六七。其日，李光弼与贼将史思明战于常山东嘉山，大破之，斩获数万计。辛卯，哥舒翰至潼关，为其帐下火拔归仁以左右数十骑执之降贼，关门不守，京师大骇，河东、华阴、上洛等郡皆委城而走。

甲午，将谋幸蜀，乃下诏亲征，仗下后，士庶恐骇，奔走于路。乙未，凌晨，自延秋门[6]出，微雨沾湿，扈从惟宰相杨国忠、韦见素、内侍高力士[7]及太子、亲王、妃主、皇孙已下多从之不及。平明渡便桥，国忠欲断桥。上曰："后来者何以能济？"命缓之。辰时，至咸阳望贤驿置顿，官吏骇散，无复储供。上憩于宫门之树下，亭午未进食。俄有父老献麨[8]，上谓之曰："如何得饭？"于是百姓献食相继。俄又尚食持御膳至，上颁给从官而后食。是夕次金城县，官吏已逃，令魏方进男允招诱，俄得智藏寺僧进台粟，行从方给。

【注释】[1]郭子仪：唐华州郑县（今陕西华县）人，安禄山反后为灵武太守、朔方节度使、御史大夫，天宝十五载与李光弼大败史思明，肃宗召至灵武，进兵部尚书、同平章事，旋充关内、河东副元帅，为收复两京立下了功勋。 [2]井陉：古关隘名，在今河北井陉北井陉山上，是太行山区进入华北平原的重要隘口。 [3]史思明：唐营州宁夷州突厥杂胡，玄宗赐名思明。通六蕃语，曾与安禄山同为互市牙郎。骁勇善战，天宝中以军功擢为将军、知平卢军，安禄山反后使其经略河北。 [4]安思顺：唐朝蕃将，历任河西节度使、朔方节度使，安禄山反后朝廷罢其节度使职。 [5]滍水：今称沙河，发源于河南省中西部的鲁山县，流经河南平顶山、漯河、周口，汇入沙颍河干流。 [6]延秋门：唐都长安禁苑西门。 [7]杨国忠：唐蒲州永乐（今山西永济东南）人，杨贵妃从祖兄。天宝初，因贵妃得宠，权势日重，谄媚玄宗，结党营私。韦见素：唐京兆万年（今陕西西安）人，进士出身，曾附杨国忠。曾向玄宗陈禄山反迹，玄宗不听。高力士：唐高州良德（今广东高州东北）人，入宫初为武则天宦官，又附临淄王李隆基（玄宗），辅佐玄宗平乱登基，授三品将军，深得玄宗信任。 [8]麨：将米、麦等炒熟后磨成粉的干粮。

丙辰，次马嵬驿[1]，诸卫顿军不进。龙武大将军陈玄礼奏曰："逆胡指阙，以诛国忠为名，然中外群情，不无嫌怨。今国步艰阻，乘舆震荡，陛下宜徇群情，为社稷大计，国忠之徒，可置之于法。"会吐蕃使二十一人遮国忠告诉于驿门，众呼曰："杨国忠连蕃人谋逆！"兵士围驿四合。及诛杨国忠、魏方进一族，兵犹未解。上令高力士诘之，回奏曰："诸将既诛国忠，以贵妃在宫，人情恐惧。"上即命力士赐贵妃自尽。玄礼等见上请罪，命释之。

丁酉，将发马嵬驿，朝臣唯韦见素一人，乃命见素子京兆府司录谔为御史中丞，充置顿使。议其所向，军士或言河、陇，或言灵武[2]、太原，或言还京为便。韦谔曰："还京，须有捍贼之备，兵马未集，恐非万全，不如且幸扶风[3]，徐图所向。"上询于众，咸以为然。及行，百姓遮路乞留皇太子，愿戮力破贼，收复京城，因留太子。

戊戌，次扶风县。己亥，次扶风郡。军士各怀去就，咸出丑言，陈玄礼不能制。会益州[4]贡春彩十万匹，上悉命置于庭，召诸将谕之曰："卿等国家功臣，陈力久矣，朕之优奖，常亦不轻。逆胡背恩，事须回避。甚知卿等不得别父母妻子，朕亦不及亲辞九庙[5]。"言发涕流。又曰："朕须幸蜀，路险狭，人若多往，恐难供承。今有此彩，卿等即宜分取，各图去就。朕自有子弟中官相随，便与卿等诀别。"众咸俯伏涕泣曰："死生愿从陛下。"上曰："去住任卿。"自此悖乱之言稍息。

……

明年九月，郭子仪收复两京。十月，肃宗遣中使啖廷瑶入蜀奉迎。丁卯，上皇发蜀郡。……十二月丙午，肃宗[6]具法驾至咸阳望贤驿迎奉。上皇御宫之南楼，肃宗拜庆楼下，呜咽流涕不自胜，为上皇徒步控辔[7]，上皇抚背止之，即骑马前导。丁未，至京师，文武百僚、京城士庶夹道欢呼，靡不流涕。即日御大明宫之含元殿[8]，见百僚，上皇亲自抚问。人人感咽。时太庙为贼所焚，权移神主于大内长安殿，上皇谒庙请罪，遂幸兴庆宫[9]。

【注释】[1]马嵬驿：在今陕西兴平市西。 [2]灵武：位于今宁夏灵武市西北。 [3]扶风：今陕西扶风。 [4]益州：在今四川成都地区。 [5]九庙：古代帝王立七庙以祭祀祖先，至王莽增建黄帝太初祖庙和帝虞始祖昭庙，共九庙。 [6]肃宗：李亨，玄宗第三子，开元二十六年（738）立为太子。天宝十五载（756）七月在灵武即位，改元至德，756—762年在位。 [7]辔：马的缰绳。 [8]大明宫：位于唐长安禁苑东南，南接京城北面。贞观八年（634），太宗李世民为太上皇李渊避暑需要，取城北龙首原高地修建。龙朔三年（663）起，高宗移居此宫，后唐朝诸帝多在此听政。含元殿是大明宫前正殿，高宗以后诸帝凡元正、冬至，则临此殿听政。含元殿与丹凤门一带也是唐朝举行国家大典的外朝之地。 [9]兴庆宫：位于长安城外郭东垣隆庆坊，原为李隆基（玄宗）藩邸，开元二年（714）置宫，因坊为名，避李隆基讳称为兴庆宫。从开元十六年（728）直到天宝十五载（756）避乱逃离长安时，玄宗一直在此听政。

藩镇割据

藩镇，或曰方镇，指的是节度使及其统率的镇兵。安史之乱过程中及平定战乱后，唐朝军将几乎都被授以节度使之名，内地也先后建立军区，形成了"方镇相望于内地，大者连州十余，小者犹兼三四"的局面，其中相当一部分藩镇具有不同程度的割据性，最严重的是魏博、成德、卢龙"河朔三镇"。藩镇割据削弱了唐朝的中央集权，使唐廷难以控制地方，失去了边疆的防御能力。唐廷无力自卫，也无力消灭藩镇，又离不开藩镇在军事上、经济上的支持，只能对藩镇采取笼络政策，这使得唐政权在安史之乱后又延续了一百多年。

《新唐书·兵志》(节选)

夫所谓方镇[1]者，节度使之兵也。原其始，起于边将之屯防者。唐初，兵之戍边者，大曰军，小曰守捉，曰城，曰镇，而总之者曰道。……

其军、城、镇、守捉皆有使，而道有大将一人，曰大总管，已而更曰大都督。至太宗时，行军征讨曰大总管，在其本道曰大都督。自高宗永徽以后，都督带使持节者，始谓之节度使，然犹未以名官。景云二年，以贺拔延嗣为凉州都督、河西节度使。自此而后，接乎开元，朔方、陇右、河东、河西诸镇，皆置节度使[2]。

及范阳节度使安禄山反，犯京师，天子之兵弱不能抗，遂陷两京。肃宗起灵武，而诸镇之兵共起诛贼。其后禄山子庆绪及史思明父子继起，中国大乱，肃宗命李光弼等讨之，号"九节度之师"。久之，大盗既灭，而武夫战卒以功起行阵，列为侯王者，皆除节度使。由是方镇相望于内地，大者连州十余，小者犹兼三四。故兵骄则逐帅，帅强则叛上。或父死子握其兵而不肯代；或取舍由于士卒，往往自择将吏，号为"留后"，以邀命于朝。天子顾力不能制，则忍耻含垢，因而抚之，谓之姑息之政。盖姑息起于兵骄，兵骄由于方镇，姑息愈甚，而兵将愈俱骄。由是号令自出，以相侵击，虏其将帅，并其土地，天子熟视不知所为，反为和解之，莫肯听命。

始时为朝廷患者，号"河朔三镇"[3]。及其末，朱全忠以梁兵、李克用以晋兵更犯京师，而李茂贞、韩建近据岐、华[4]，妄一喜怒，兵已至于国门，天子为杀大臣、罪己悔过，然后去。及昭宗用崔胤召梁兵以诛宦官，劫天子奔岐[5]，梁兵围之逾年。当此之时，天下之兵无复勤王者。向之所谓三镇者，徒能始祸而已。其他大镇，南则吴、浙、荆、湖、闽、广，西则岐、蜀，北则燕、晋，而梁盗据其中，自国门以外，皆分裂于方镇矣。

　　故兵之始重于外也，土地、民赋非天子有；既其盛也，号令、征伐非其有；又其甚也，至无尺土，而不能庇其妻子宗族，遂以亡灭。语曰："兵犹火也，弗戢将自焚。"[6]夫恶危乱而欲安全者，庸君常主之能知，至于措置之失，则所谓困天下以养乱也。唐之置兵，既外柄以授人，而末大本小，方区区自为捍卫之计，可不哀哉！

【注释】［1］方镇：指镇守一方的军事区域和军事长官。［2］节度使：天宝元年（742），唐玄宗设平卢、范阳、河东、朔方、河西、陇右、安西、北庭、剑南、岭南十节度使。［3］河朔三镇：又称河北三镇，安史之乱后黄河以北魏博（治魏州，今河北大名县东北）、成德（治恒州，今河北正定县）、卢龙（治幽州，今北京城区西南）三个藩镇的合称。今天的北京市、河北省大部、天津海河以北地区都在三镇辖区之内。［4］朱全忠（朱温）、李克用、李茂贞、韩建：均为唐末藩镇节度使。［5］岐：岐州，在今陕西凤翔县南。［6］兵犹火也，弗戢将自焚：战争像火一样，如果不加控制，就连自己也会被烧死。语出《左传·隐公四年》："夫兵犹火也；弗戢，将自焚也。"

翰林学士

　　翰林本义为"文翰之多若林"，自唐中期起成为一种制度，世代延续。魏晋南北朝时期，统治者就有选召士人草拟制诏、充当顾问的传统，唐初太宗选召弘文馆学士、武则天选召北门学士、玄宗选召集贤院学士，都是翰林学士的先声。翰林学士最初是玄宗从翰林院中遴选出的文学之士，唐后期起多为进士出身者担任，有"内相""天子私人"之称，是举足轻重的政治中枢角色。翰林制度特别是翰林学士的产生，反映着唐代文治的发展，也体现出君主专制的加强以及科举制对于培养造就新兴政治力量的作用。

《翰林院故事》(节选)

翰林院者，在银台门内麟德殿西重廊之后[1]，盖天下以艺能伎术[2]见召者之所处也。学士院者，开元二十六年之所置，在翰林院之南，别户东向，考视前代，即无旧名。

贞观中，秘书监虞世南等十八人，或秦府[3]故寮，或当时才彦，皆以弘文馆学士[4]会于禁中，内参谋猷，延引讲习，出侍舆辇，入陪宴私，十数年间，多至公辅，当时号为十八学士。其后永徽中，黄门侍郎顾琮复有丽正之称。开元初，中书令张说等又有集仙之目，皆用讨论，未有典司。

玄宗以四隩大同，万枢委积，诏敕文诰，悉由中书[5]，或虑当剧而不周，务速而时滞，宜有偏掌，列于宫中，承导迩言，以通密命。由是始选朝官有词艺学识者，入居翰林，供奉别旨。于是中书舍人吕向、谏议大夫尹愔首充焉。虽有密近之殊，然亦未定名，制诏书敕，犹或分在集贤[6]。时中书舍人张九龄、中书侍郎徐安贞等，迭居其职，皆被恩遇。至二十六年，始以翰林供奉改称学士，由是遂建学士，俾专内命，太常少卿张垍、起居舍人刘光谦等首居之，而集贤所掌于是罢息。自后给事中张埱、中书舍人张渐、窦华等相继而入焉。其外有韩洸、阎伯玙、孟匡朝、陈兼、蒋镇、李白等在旧翰林中，但假其名，而无所职[7]。

【注释】[1]银台门：唐大明宫内有左、右银台门，麟德殿、翰林院位于右银台门以北。[2]艺能伎术：唐代供奉翰林院的艺能伎术主要有书、画、琴、棋、天文、医学、方术等。[3]秦府：唐太宗李世民即帝位前为秦王，故称其藩邸为秦府。[4]弘文馆学士：唐初，统治者曾征召官员、文士待诏于门下省。唐太宗即位后，在先前秦府文学馆的基础上设弘文馆，隶属门下省，弘文馆学士充当皇帝的政治、学术顾问，是唐初门下省待诏制度的延续和发展。[5]诏敕文诰，悉由中书：中书省是秉承君主意旨，掌管机要，发布皇帝诏书、中央政令的最高机构。[6]集贤：唐玄宗即位之初，置丽正殿书院，开元十三年（725）改称集贤殿书院，亦草书诏，分割了中书省的一部分职权。[7]在旧翰林中，但假其名，而无所职：在玄宗选拔学士、另建学士院的同时，旧的翰林院中还留有李白这类地位比艺能伎术者高，但未入学士院、未就学士之职的翰林供奉。因此古代典籍中屡有称李白为"翰林学士"者，是冒名。

至德[1]以后，军国务殷，其入直者，并以文词共掌诰敕，自此北翰林院始无学士之名，其后又置东翰林院于金銮殿之西，随上所在而迁，取其便稳。大抵召入者一二人，或三四人，或五六人，出于所命，盖无定数。亦有鸿生硕学，经术优长，访对质疑，主之所礼者，颇列其中，崇儒也。初自德宗建置以来，秩序未立，廷觐之际，各趋本列。暨贞元元年九月，始有别敕，令明预班列[2]，与诸司官知制诰同列。故事中书以黄白二麻为纶命[3]重轻之辨，近者所出，独得用黄麻，其白麻皆在此院，自非国之重事，拜授将相，德音赦宥[4]，则不得由于斯。

……此院之置，尤为近切，左接寝殿，右瞻彤楼[5]，晨趋琐闼[6]，夕宿严卫，密之至也。骖镳得御厩之骏，出入有内使之导，丰肴洁膳，取给大官，衾裯服御，资于中库，恩之厚也。备侍顾问，辨驳是非，典持缣牍[7]，受遣群务，凡一得失，动为臧否，职之重也。若非谨恪而有立，秉贞而通理，俾乂枢要，简于帝心，言不及温树之名[8]，慎不遗辕马之数，处是职者，不亦难乎？至于强学修词，刀笔应用，或久洽通儒之望，或早升文墨之科，虽必有之，乃余事也。

【注释】[1]至德：唐肃宗李亨年号（756—758）。[2]班列：即位次。[3]纶命：皇帝的命令。[4]德音：唐宋时的一种恩诏。赦宥：免罪的文书。[5]彤楼：汉代以来，宫殿建筑常涂朱红色，故名。[6]琐闼：宫殿门上镂刻连琐图，故称宫门为琐闼。[7]缣牍：供书写用的细绢和木简，代指文书。[8]温树之名：西汉孔光官至御史大夫，谨慎守法度，对家人亦绝口不言朝政，有家人问宫内温室种的是什么树木，他也不回答。后人遂以"温树"作为居官谨慎的赞语。

使职差遣

"使"原本是临时差遣的职官名号。唐中期，随着官僚机构扩大、军费日益增加，唐王朝需要扩大财政来源，遂设置了一些用来检括户口、催征租税的使职，其中以户部、度支、盐铁三司使最为重要，往往由宰相、高官兼任。唐后期，"使"由临时职任向固定化转变，名号极广，涉及经济、社会、军事、民族、外交的方方面面，形成"为使则重，为官则轻"的局面。使职差遣制的形成，使唐前期建立的中央行政机构的职权逐渐遭到破坏，产生了新的权力系统。

《唐国史补·内外诸史名》

开元已前，有事于外，则命使臣，否则止。自置八节度、十采访，始有坐而为使，其后名号益广。大抵生于置兵，盛于兴利，普于衔命，于是为使则重，为官则轻。故天宝末，佩印有至四十者；大历中，请俸有至千贯者。今在朝有太清宫使、太微宫使、度支使、盐铁使、转运使、知匦使、宫苑使、闲厩使、左右巡使、分察使、监察使、馆驿使、监仓使、左右街使，外任则有节度使、观察使、诸军使、押蕃使、防御使、经略使、镇遏使、招讨使、榷盐使、水陆运使、营田使、给纳使、监牧使、长春宫使、团练司使、黜陟使、抚巡使、宣慰使、推覆使、选补使、会盟使、册立使、吊祭使、供军使、粮料使、知籴使，此是大略，经置而废者不录。宦官内外悉属之使。旧为权臣所管，州县所理，今属中人[1]者有之。

【注释】[1] 中人：这里指宦官。

刘晏理财

安史之乱后，潼关、洛阳一带受阻，漕运遭到严重破坏。代宗擢刘晏为御史大夫，命其主持东都、河南、江淮等道转运、租庸、盐铁、粮价等事宜。刘晏通过在漕运沿线进行详细的实地考察，理清了漕运的利弊，既参考裴耀卿分段漕运的办法，又加以革新，并大量制造专用漕船，训练相关人员。经过刘晏的整顿，荒废的东路漕运得以恢复，江淮财赋源源不断运进关中。刘晏还改革了榷盐法、常平法，大大增加了国家的财赋收入，堪称唐代杰出的理财家。

《旧唐书·刘晏传》(节选)

……(刘晏)寻授御史大夫,领东都、河南、江淮、山南等道转运租庸盐铁使如故。

时[1]新承兵戈之后,中外艰食,京师米价斗至一千,官厨无兼时之积,禁军[2]乏食,畿县[3]百姓乃揉[4]穗以供之。晏[5]受命后,以转运为己任,凡所经历,必究利病之由。至江淮,以书遗元载[6]曰:

浮于淮、泗[7],达于汴,入于河,西循底柱、硖石、少华[8],楚帆越客,直抵建章、长乐[9],此安社稷之奇策也。……驱马陕郊,见三门渠津遗迹。到河阴、巩、洛,见宇文恺置梁公堰,分黄河水入通济渠;大夫李杰新堤故事,饰像河庙,凛然如生。涉荥郊、浚泽,遥瞻淮甸,步步探讨,知昔人用心,则潭、衡、桂阳[10]必多积谷,关辅汲汲,只缘兵粮。漕引潇、湘、洞庭[11],万里几日,沧波挂席[12],西指长安。三秦之人,待此而饱;六军之众,待此而强。天子无侧席之忧,都人见泛舟之役;四方旅拒[13]者可以破胆,三河流离者于兹请命。相公匡戴明主,为富人侯,此今之切务,不可失也。使仆湔洗瑕秽,率罄愚懦,当凭经义,请护河堤,冥勤在官,不辞水死。

【注释】[1]时:唐肃宗宝应年间(762—763)。 [2]禁军:警卫皇帝及皇宫的军队。 [3]畿县:唐代京兆、河南、太原三府所辖诸县称为畿县。 [4]揉:揉搓。 [5]晏:刘晏,字士安,曹州南华(今山东东明)人。曾任户部侍郎、吏部尚书、度支盐铁租庸使、转运租庸盐铁使等职。 [6]元载:字公辅,凤翔岐山(今陕西岐山)人,出身寒微,精通道学。始与权臣李辅国交好,大历年间助代宗铲除李辅国、鱼朝恩,后独揽朝政,终被代宗赐死。 [7]泗:泗河,发源于今山东泗水县,流入淮河。 [8]硖石:在今河南孟津县西。少华:在今陕西华县南。 [9]建章:建章宫,在今陕西长安区上林苑中。长乐:长乐宫,在今长安区西。 [10]潭、衡、桂阳:均为地名,位于今湖南省。 [11]潇、湘、洞庭:均为水名,位于今湖南省。 [12]沧波挂席:宽阔的河面上扬帆行舟,掀起波浪。 [13]旅拒:一作旅距,聚众抗拒。

然运之利病,各有四五焉。晏自尹京入为计相[1],共五年矣。京师三辅[2]百姓，唯苦税亩伤多，若使江、湖米来每年三二十万，即顿减徭赋，歌舞皇泽，其利一也。东都残毁，百无一存。若米运流通，则饥人皆附，村落邑廛，从此滋多。受命之日，引海陵[3]之仓以食巩、洛，是计之得者，其利二也。诸将有在边者，诸戎有侵败王略者，或闻三江、五湖，贡输红粒[4]，云帆桂楫，输纳帝乡，军志曰："先声后实，可以震耀夷夏。"其利三也。自古帝王之盛，皆云书同文，车同轨，日月所照，莫不率俾。今舟车既通，商贾往来，百货杂集，航海梯山，圣神辉光，渐近贞观、永徽之盛，其利四也。

所可疑者，函、陕凋残，东周尤甚。过宜阳、熊耳，至武牢、成皋[5]，五百里中，编户千余而已。居无尺椽，人无烟爨，萧条凄惨，兽游鬼哭。牛必羸角，舆必说輹[6]，栈车挽漕，亦不易求。今于无人之境，兴此劳人之运，固难就矣，其病一也。河、汴有初，不修则毁淀，故每年正月发近县丁男，塞长茭[7]，决沮洳，清明桃花已后，远水自然安流，阳侯、宓妃[8]，不复太息。顷因寇难，总不掏拓，泽灭水，岸石崩，役夫需于沙，津吏旋于泞，千里洄上，罔水舟行，其病二也。东垣、底柱，渑池、二陵，北河运处五六百里，戍卒久绝，县吏空拳。夺攘奸宄，窟穴囊橐。夹河为薮，豺狼猎猎，舟行所经，寇亦能往，其病三也。东自淮阴，西临蒲坂[9]，亘三千里，屯戍相望。中军皆鼎司元侯，贱卒仪同青紫[10]，每云食半菽，又云无挟纩[11]，挽漕所至，船到便留，即非单车使折简书[12]所能制矣，其病四也。惟小子毕其虑奔走之，惟中书详其利病裁成之。……

自此每岁运米数十万石以济关中。

【注释】[1]计相：唐代后期分置盐铁使与判户部、判度支，掌管统筹国家财政，五代、宋代沿置，号称计相，为最高财政长官。[2]三辅：原指西汉治理京畿地区的三个职官，后也代指京城周边地区。[3]海陵：今江苏泰州。[4]红粒：指贡粮。[5]宜阳、熊耳、武牢、成皋：位于今河南省境内。[6]羸角：《易经·大壮》曰"羝羊触藩，羸角"，意为羝羊触藩篱，其角挂在藩篱之上，因而进退两难。舆说輹：易象名，指车輗（垫在车厢和车轴之间的木块）与车轴脱开，不能前进。说，通"脱"。［7］长茭：用竹篾或芦苇编成的长绳。［8］阳侯：古代传说中的波涛之神。宓妃：古代传说中的洛水女神。［9］蒲坂：今山西永济。［10］中军皆鼎司元侯，贱卒仪同青紫：指屯戍军将领封大侯，贱卒享受三品官待遇。［11］半菽：半菜半粮，指粗劣的饭食。挟纩：披着棉衣。［12］单车使折简书：不是派人送封信去所能约束的。折简又作"折柬"。

又至德初，为国用不足，令第五琦[1]于诸道榷盐[2]以助军用，及晏代其任，法益精密，官无遗利。初，岁入钱六十万贯，季年所入逾十倍，而人无厌苦。大历末，通计一岁征赋所入总一千二百万贯，而盐利且过半。累迁吏部尚书。……

十三年十二月，为尚书左仆射。……食货之重轻，尽权在掌握，朝廷获美利而天下无甚贵甚贱之忧，得其术矣。……

【注释】［1］第五琦：字禹珪，唐京兆长安（今陕西西安）人，擅富国强兵之术，安史之乱中曾征调江淮财赋以济军需，肃宗时立榷盐法，铸新钱，代宗时仍专财赋之职。［2］榷盐：官府对食盐专卖，征收盐税。

两税法的实行

唐中期以后，土地买卖、兼并加剧，政府支配的土地逐渐减少，均田制名存实亡。农民无法忍受沉重的租庸调和繁重的差役，采用逃亡等手段反抗唐朝廷。由于租庸调制无法维持，朝廷收入锐减，出现财政危机。建中元年（780），唐德宗采纳宰相杨炎的建议，实行两税法，取消租庸调和一切杂税、杂役，居民一律以当时居住地为准登入户籍，每户按资产交纳户税，按田亩交纳地税，每年夏、秋两季纳税。两税法由以往的主要按丁口征税转向主要按土地和资产征税，是中国古代税法的一次重大变革。

《唐会要·租税》(节选)

其年[1]八月，宰相杨炎[2]上疏奏曰："国家初定令式。有租赋庸调之法。至开元中，玄宗修道德，以宽仁为治本，故不为版籍之书，人户寖溢，堤防不禁。丁口转死，非旧名矣；田亩移换，非旧额矣；贫富升降，非旧第矣。户部徒以空文总其故书，盖非得当时之实。旧制，人丁戍边者蠲其租庸，六岁免归。玄宗方事夷狄，戍者多死不返，边将怙宠而讳败，不以死申，故其贯籍之名不除。至天宝中，王鉷[3]为户口使，方务聚敛，以丁籍且存，则丁身焉往，是隐课而不出耳。遂按旧籍，计除六年之外，积征其家三十年租庸。天下之人苦而无告，则租庸之法弊久矣。迨至德之后，天下兵起，始以兵役，因之饥疠，征求运输，百役并作，人户凋耗，版图空虚。军国之用，仰给于度支、转运二使；四方大镇，又自给于节度、团练使；赋敛之司增数而莫相统摄。于是纲目大坏，朝廷不能覆诸使，诸使不能覆诸州。四方贡献，悉入内库。权臣猾吏，缘以为奸，或公托进献、私为赃盗者，动以万计。有重兵处，皆厚自奉养，正赋所入无几。吏之职名，随人署置；俸给厚薄，由其增损。故科敛之名凡数百，废者不削，重者不去，新旧仍积，不知其涯。百姓受命而供之，旬输月送，无有休息。吏因其苛，蚕食于人。凡富人多丁，率为官为僧，以色役[4]免；贫人无所入则丁存，故课免于上而赋增于下。是以天下残瘁，荡为浮人，乡居地著者百不四五，如是者迨三十年。"

炎遂请作两税法，以一其名，曰："凡百役之费，一钱之敛，先度其数而赋于人，量出以制入。户无土客，以见居为簿；人无丁中，以贫富为差。不居处而行商者，在所州县税三十之一，度所取与居者均，使无侥幸。居人之税，秋夏两征之，俗有不便者正之。其租庸杂徭悉省，而丁额不废，申报出入如旧式。其田亩之税，率以大历十四年垦田之数为准而均征之。夏税无过六月，秋税无过十一月。逾岁之后，有户增而税减轻及人散而失均者，进退长吏，而以度支总统之。"德宗善而行之。

【注释】[1]其年：唐德宗建中元年（780）。 [2]杨炎：字公南，唐凤翔天兴（今陕西凤翔）人。德宗朝任门下侍郎、同平章事，曾奏请勿以租赋入大盈内库为天子私有，应入左藏归户部管领；废除租庸调制，改行两税法。 [3]王鉷：唐太原祁县（今属山西）人，开元天宝中为权相李林甫爪牙，掌和市和籴、户口色役等事，玄宗以其有富国之术，甚为宠遇。［4］色役：唐代不同身份的人负担的各种不同种类的役，常见的有三四十种，一般以货币代役，称资课，成为政府的特种税收。

长安城

唐朝首都长安城，始建于隋文帝开皇二年（582），唐朝不断扩建。全城面积84平方公里，由宫城、皇城、外郭城组成，街道呈棋盘式纵横交错，布局严谨，气势恢宏。城中有宏伟壮丽的宫殿、衙署，整齐划一的居民区——坊，热闹繁荣的商业区——市，还有风景优美的园林、寺观等。长安城不仅是大唐的政治中心，也是人才云集的文化中心，更是海纳百川的国际大都会，集中体现着唐朝国力的强盛。以下前三篇选自历史地图集《长安志图》，最后一篇选自康骈的传奇小说集《剧谈录》。

《城市制度》（节选）

宫城，东西四里，南北二里二百七十步，周十三里一百八十步。其崇三丈五尺。掖庭宫[1]，广一里。（隋开皇三年六月，诏规建制度，先筑宫城，次筑皇城，次筑外郭城[2]。）

皇城，（亦曰子城。）东西五里一百一十五步，南北三里一百四十步。南北七街，东西五街，其间并列台省寺卫[3]。承天门[4]外有东西大街，南北广三百步。（限隔二城也。）横街之南，有南北大街，东西广百步，（即朱雀门街[5]。）自两汉以后，都城并有人家在宫阙之间，隋文帝以为不便于事，于是皇城之内，惟列府寺，不使杂居。公私有辨，风俗齐整，实隋文之新意也。

外郭城，东西一十八里一百一十五步，南北一十五里一百七十五步，周六十七里，其崇一丈八尺。（唐外郭城东西南面各二门，直十一街，横十四街。当皇城朱雀门，曰朱雀街，亦曰天门街。南直明德门，南北九里一百七十五步，纵十二街，各广百步许。城之南，横街十，各广四十七步。皇城左右，各横街四，三街各广六十步，一街直安福、延喜门[6]，广百步。）

夹城[7]，玄宗以隆庆坊为兴庆宫，附外郭为复道，自大明宫潜通此宫及曲江芙蓉园。又十宅皇子，令中官[8]押之于夹城起居，西外郭庑。（后宣宗于夹城南头开便门，自芙蓉园北入青龙寺，俗号新开门。杜牧之诗"六龙南幸芙蓉苑，十里飘香入夹城"，谓此。）

坊市，总一百一十区。万年、长安以朱雀街为界，街东五十四坊及东市，万年领之；街西五十四坊及西市，长安领之。皇城之东尽东郭，东西三坊；皇城之西尽西郭，东西三坊。南北街一十四坊，象一年并闰，每坊皆开四门，中有十字街四出趣门。皇城之南，东西四坊，以象四时。南北九坊，取周礼王城九逵[9]之制，其九坊但开东、西二门，中有横街而已。盖以在宫城正南，不欲开北街泄气以冲城阙。棋布栉比，街衢绳直，自古帝京未之比也。

【注释】[1]掖庭宫：皇宫中妃嫔居住的处所。 [2]外郭城：长安城为宫城、皇城、外郭城"三重城"布局。宫城位于城内北部中央，是皇帝起居和处理政务的地方；皇城位于城内偏北的中部，宫城之南，是众多官署的所在地；外郭城围绕在宫城、皇城的东、西、南三面，分为居住区（始为108坊，高宗龙朔以后为110坊，玄宗开元以后为109坊）和商业区（东、西两市）。 [3]台省寺卫：泛指中央行政机构。唐代主要的中央行政机构有三省（中书省、门下省、尚书省），六部（吏部、户部、礼部、兵部、刑部、工部），一台（御史台），九寺（太常寺、光禄寺、卫尉寺、宗正寺、太仆寺、大理寺、鸿胪寺、司农寺、太府寺），五监（少府监、军器监、将作监、都水监、国子监），十六卫（睿宗景云元年定为左右卫、左右骁卫、左右武卫、左右威卫、左右领军卫、左右金吾卫、左右监门卫、左右千牛卫）。 [4]承天门：位于宫城南面正中。 [5]朱雀门街：从皇城南面正中朱雀门到外郭城南面正中明德门的南北向中轴线大街。 [6]安福、延喜门：分别位于皇城西面、东面。 [7]夹城：沿城壁所修的复道。 [8]中官：这里指宦官。 [9]九逵：又称九衢，指四通八达的道路。

《东市》（节选）

次南，东市。（隋曰都会市。）

南北居二坊之地。（东西南北各六百步，四面各开一门，定四面街，各广百步。北街当皇城南之大街，东出春明门[1]，广狭不易于旧。东西及南面三街向内开，壮广于旧街。市内货财二百二十行[2]，四面立邸[3]，四方珍奇，皆所积集。万年县户口减于长安。又公卿以下，居止多在朱雀街东，第宅所占勋贵，由是商贾所凑，多归西市。西市有口焉止号行，自此之外，繁杂稍劣于西市矣。）当中，东市局，次东，平准局。（并隶太府寺。）东北隅有放生池。（分浐水渠，自道政坊东入城西，流注此池，俗号为海池。）

【注释】[1]春明门：位于外郭城东面偏北。 [2]行：东西两市出售同类商品的商店总称，有行首（或称行头、行老）进行管理。 [3]邸：邸店，唐代长安为客商寄存和出售货物的店铺，东西两市均有设置。

《西市》（节选）

次南，西市。（隋曰利人市。）

南北尽两坊之地。市内有西市局。（隶太府寺。市内店肆如东市之制。长安县所领四万余户，比万年为多。浮寄流寓[1]，不可胜计。市西北有池，长安中，沙门法成所穿，支分永安渠以注之，以为放生池。）放生池，平准局，独柳。（刑人之所。）

【注释】[1]浮寄流寓：指流动人口或外来人口。

《曲江》（节选）

曲江池本秦世陷洲，开元中疏凿[1]，遂为胜境。其南有紫云楼、芙蓉苑[2]，其西有杏园、慈恩寺[3]。花卉环周，烟水明媚。都人游玩，盛于中和、上巳之节[4]。彩幄翠帱，匝于堤岸；鲜车健马，比肩击毂。上巳即赐宴臣僚，京兆府大陈筵席。长安、万年两县以雄盛相较，锦绣珍玩无所不施。百辟[5]会于山亭。恩赐太常及教坊[6]声乐，池中备彩舟数只，唯宰相、三使、北省官[7]与翰林学士登焉。每岁倾动皇州，以为盛观。入夏则菰蒲葱翠，柳阴四合；碧波红蕖，湛然可爱。好事者赏芳辰，玩清景，联骑携觞，亹亹不绝。

【注释】［1］疏凿：破除阻塞，使之通畅。［2］紫云楼、芙蓉苑：芙蓉苑，又作芙蓉园，位于都城东南隅，曲江池之东，园内景色十分优美。紫云楼为芙蓉园内建筑，初建于开元年间，安史之乱中毁于兵火，文宗大和年间重建。［3］杏园、慈恩寺：杏园位于都城东南通善坊，北接大慈恩寺，东临曲江池，以盛植杏林而著称，唐代新进士在此举办"杏林宴"。慈恩寺，即大慈恩寺，位于长安城东南隅晋昌坊东部，贞观二十二年（648）太子李治为追念亡母文德皇后而建，寺院风景秀丽，建筑宏伟，是长安胜景和佛教圣地。［4］中和上巳之节：中和节，唐贞元五年（789）置，在二月初一，时文武百官进农书、献农种，王公戚里上春服，士庶间互赠刀尺，村社作中和酒，祭句芒神，祈年谷。上巳节，上巳为农历每月上旬的巳日，三月上巳为节日，魏晋以后通常在三月初三。［5］百辟：指诸侯，后也泛指公卿大官。［6］教坊：唐代设置的掌管承应宫廷宴会、祭祀声乐歌舞的机构，隶太常寺。［7］三使：应指户部使、度支使、盐铁使。北省官：唐代指中书、门下两省官员。此两省设在宫禁内北面，合称北省。

扬一益二

"扬一益二"是唐后期社会上流行的说法，意为繁荣程度扬州（今江苏扬州）排在首位，益州（今四川成都）居于第二。扬州地处大运河与长江的汇合处，自然条件优越，交通发达，垄断盐铁转运之利，并且是对外贸易的重要口岸；益州位于长江上游，自古有"天府"之誉，工商业繁荣。这两座城市也都是风景秀丽、人文荟萃的地方。长安、洛阳是唐代的政治都会，而扬州、益州则是唐后期的经济都会。以下所选篇目出自南宋洪迈的笔记小说《容斋随笔》和唐卢求的《成都记》。

《容斋随笔·唐扬州之盛》

唐世盐铁转运使[1]在扬州,尽斡利权,判官[2]多至数十人,商贾如织。故谚称"扬一益二",谓天下之盛,扬为一而蜀次之也。杜牧之有"春风十里珠帘"之句[3],张祜诗云:"十里长街市井连,月明桥上看神仙。人生只合扬州死,禅智山光好墓田。"[4]王建诗云:"夜市千灯照碧云,高楼红袖客纷纷。如今不似时平日,犹自笙歌彻晓闻。"[5]徐凝诗云:"天下三分明月夜,二分无赖是扬州。"[6]其盛可知矣。自毕师铎、孙儒之乱[7],荡为丘墟。杨行密复葺之,稍成壮藩,又毁于显德[8]。本朝承平百七十年,尚不能及唐之什一,今日真可酸鼻也。

【注释】 [1]盐铁转运使:盐铁使、转运使的合职。盐铁使是唐后期主管盐、铁、茶专卖和征税的使职,肃宗乾元元年(758)第五琦以度支郎中兼御史中丞为诸道盐铁使,是为盐铁使始置。宝应元年(762)刘晏为盐铁使时又兼任转运使,使盐利与漕运经费相结合,此后二使常由一人兼任,盐铁使、转运使变为一职。 [2]判官:唐代使职根据事务繁剧程度配置判官一至两人。 [3]"春风十里珠帘"之句:杜牧《赠别二首》之一:"娉娉袅袅十三余,豆蔻梢头二月初。春风十里扬州路,卷上珠帘总不如。" [4]张祜诗《纵游淮南》。禅智山,指江都县西的蜀冈(一名昆冈),所产茶很像四川有名的蒙顶茶。有禅智寺,是隋炀帝故宫。 [5]王建诗《夜看扬州市》。红袖,代指妇女。 [6]徐凝诗《忆扬州》。 [7]毕师铎、孙儒之乱:唐末,秦彦、毕师铎、孙儒、杨行密等藩将进行拉锯战,先后两次抢夺扬州,对扬州造成了严重破坏。 [8]显德:后周太祖郭威、世宗柴荣、恭帝柴宗训年号(954—960)。

《成都记·序》(节选)

……今之推名镇为天下第一者,曰扬益以为首,盖声势也。人物繁盛,悉皆土著,江山之秀,罗锦之丽,管弦歌舞之多,伎巧百工之富,其人勇且让,其地腴以善,熟较其要妙,扬不足以侔其半,况赤府[1]畿县,与秦洛并。……

【注释】［1］赤府：唐代以西京长安所辖长安县、万年县，东都洛阳所辖河南县、洛阳县、北都太原所辖太原县、晋阳县为赤县。

曲辕犁

曲辕犁最早出现于唐后期江南地区，又称江东犁。此前，人们普遍使用的是较为笨重的长直辕犁。曲辕犁把长直辕改为短而弯的曲辕，体积减小，构造更加复杂精巧，能灵活地调头转弯，也能调节耕地深浅，适应不同的耕作要求。曲辕犁通常为木质或铁质，经济实用，在民间得到普遍推广。曲辕犁的发明是唐代农具改革的突出成就，使中国传统的犁基本定型，在当时的世界上处于领先地位。以下篇目选自陆龟蒙的《耒耜经》。

《耒耜经》(节选)

……耒耜农书之言也，民之习通谓之犁。冶金而为之者，曰犁镵，曰犁壁[1]。斫木而为之者，曰犁底，曰压镵，曰策额，曰犁箭，曰犁辕，曰犁梢，曰犁评，曰犁建，曰犁盘。木与金凡十有一事，耕之土曰墢，墢犹块也，起其墢者镵也，覆其墢者壁也。草之生，必布于墢，不覆之，则无以绝其本根。故镵卧而居下，壁偃而居上。镵表上利，壁形下圆。负镵者曰底，底初实于镵中，工谓之鳖肉。底之次曰压镵，背有二孔，系于压镵之两旁。镵之次曰策额，言其可以捍其壁也。皆貤然[2]相戴，自策额达于犁底，纵而贯之曰箭。前如桯而樛[3]者曰辕，后如柄而乔者曰梢。辕有越加箭，可弛张焉。辕之上又有如槽形，亦如箭焉，刻为级，前高而后卑，所以进退曰评。进之则箭下入土也浅，以其上下类激射，故曰箭。以其浅深类可否，故曰评。评之上，曲而衡之者曰建。建，犍也。所以柅[4]其辕与评。无是，则二物跃而出，箭不能止。横于辕之前末曰盘，言可转也。左右系，以樫乎轭[5]也。辕之后末曰梢，中在手所执以耕者也。辕取车之胸，梢取舟之尾，止乎此乎。镵长一尺四寸，广六寸。壁广长皆尺，微椭。底长四尺，广四寸。评底过压镵二尺，策减压镵四寸，广狭与底同。箭高三尺，评尺有三寸。盘增评尺七焉，建惟称绝，辕修九尺，梢得其半。辕至梢中间掩四尺，犁之终始丈有二。耕而后有爬，渠疏之义也，散垡去芟[6]者焉。爬而后有礰礋焉，有碌碡[7]焉。自爬至礰礋皆有齿，碌碡觚棱而已，咸以木为之，坚而重者良，江东之田器尽于是。……

【注释】[1]犁镵：犁的铁刃，用来起土垡。与犁铧类似，但镵狭而厚，适合开生地；铧宽而薄，适合耕熟地。犁璧：一般作"犁壁"，安装在犁铧上方的凹拱形斜口金属部件，用来翻转犁起的土块。[2]虵然：挨次叠起的样子。[3]桯：古时车盖柄下较粗的一段。檋：向下弯曲的树木。[4]柅：遏止，阻塞。[5]軏：车的部件，軏首系在车辕前脚横木，軏脚架于马头。[6]芟：除草。[7]碌碡：平地碾谷脱粒的农具，用石磙和枢架构成，以牛马或人力牵引。

丰富多彩的纺织品

唐代纺织业水平远远超过前代，官府织染机构、城市民营手工业作坊和农村家庭手工业都很发达，丝织业最为盛行，棉织业也开始发展。织物种类很多，据《唐六典》记载，有布、绢、𫄧、纱、绫、罗、锦、绮、绸、褐十种，以锦最为贵重，"其价如金"。唐代的锦色彩绚丽，有各种各样的纹饰主题，极为奢华。丝绸印花工艺——染缬，在唐代也走向成熟，主要有绞缬、蜡缬、夹缬三种印染法，前两者分别类似于今天所说的扎染、蜡染，后者则是用镂空花板把织物夹住再染色的工艺。

《唐六典·少府监·织染署》（节选）

凡织纴之作有十，（一曰布，二曰绢，三曰𫄧，四曰纱，五曰绫，六曰罗，七曰锦，八曰绮，九曰绸，十曰褐[1]。）组绶之作有五，（一曰组，二曰绶，三曰绦，四曰绳，五曰缨[2]。）紬线之作有四，（一曰紬，二曰线，三曰弦，四曰纲[3]。）练染之作有六。（一曰青，二曰绛[4]，三曰黄，四曰白，五曰皂[5]，六曰紫。）凡染大抵以草木而成，有以花、叶，有以茎、实，有以根、皮，出有方土，采以时月，皆率其属而修其职焉。

【注释】［1］布：麻、苎、葛、棉织物的通称。绢：对平纹类素织物的统称，未经精炼脱胶的平纹织物称为生绢，反之称为熟绢。绌：一种比较粗厚的平纹丝织物，织造时通过两梭细纬与一梭粗纬相互交替投梭织成，具有纬丝粗细不一的横条畦纹效果。纱：纬线相互平行排列，用两根经线相互绞转并与每一根纬线绞转一次的组织结构。绫：一种平纹底的暗花织物。罗：纬线相互平行排列，以四经绞组织作底，其上以二经绞组织显花，纹样以几何图案为主。锦：用精练染色的彩色丝线或金银线作经、纬线，用多重或多层组织织成的高级提花织物。绮：一种平纹底的暗花织物。绸：一种采用单层组织甚至平纹组织的锦，主要靠丝线的横向色彩排列变化，改变丝线纵向的色彩。褐：粗毛或粗麻织物。［2］组：丝带。绶：用来系帷幕或印环的丝带。绦：丝带、丝绳。缨：结冠的带子。［3］紃：粗绸绳。弦：琴瑟等乐器的丝弦。纲：提网的绳。［4］绛：深红色。［5］皂：黑色。

《初学记·宝器部·锦第六》（节选）

刘熙《释名》[1]曰：锦，金也。作之用功重，其价如金，故制字帛与金也。《丹阳记》曰：历代尚未有锦，而成都独称妙。故三国时，魏则市于蜀，吴亦资西蜀，至是始乃有之。《益州记》曰：锦城在益州南笮桥东流江南岸，蜀时故锦宫也。其处号锦里，城墉[2]犹在。《邺中记》曰：锦有大登高、小登高、大明光、小明光、大博山[3]、小博山、大茱萸、小茱萸、大交龙、小交龙、蒲桃文锦、斑文锦、凤皇朱雀锦、韬文锦、桃核文锦，或青绨[4]，或白绨，或黄绨，或绿绨，或紫绨，或蜀绨，工巧百数，不可尽名也。

【注释】［1］《释名》：东汉刘熙撰，八卷，是一部专门探求事物名源的著作。［2］墉：城墙。［3］博山：古器物表面雕刻成重叠山形的装饰。［4］绨：一种质地粗厚、平滑而有光泽的丝织品。

《唐大诏令集·禁大花绫锦等敕》（节选）

（大历六年四月）在外所织造大张锦、硬软瑞锦、透背及大䌽锦、竭凿六破以上锦、独窠[1]文纱四尺幅及独窠吴绫、独窠司马绫等，并宜禁断。其长行高丽白锦，杂色锦，及常行小文字绫锦等，任依旧例造。其绫锦花文，所织盘龙、对凤、麒麟、狮子、天马、辟邪[2]、孔雀、仙鹤、芝草、万字、双胜及诸织造差样文字等，亦宜禁断。

【注释】[1]独窠：窠即团花，独窠应指一个团花占满整幅丝织物。[2]辟邪：古代传说中的一种神兽，形象似狮，长有双翼，有避御妖邪的意义，常出现在织物、军旗、带钩、印纽、钟纽等物品上。

南青北白

唐代是中国古代制瓷业走向兴盛的时期，瓷器制造基本表现为"南青北白"的局面：南方以青瓷为主，浙江越窑的青瓷质地细腻，釉色晶莹，如冰似玉，窑址主要分布在今浙江上虞、余姚、慈溪一带；北方盛产白瓷，河北邢窑的白瓷如银似雪，在各阶层中广泛使用，产地主要分布在今河北内丘一带。陆羽在《茶经》中对不同窑址瓷器是否宜茶的对比和品评，反映出当时瓷窑众多，产品各具特色。

《唐国史补·货贿通用物》（节选）

凡货贿[1]之物，侈于用者，不可胜纪。……内邱白瓷瓯[2]，端溪[3]紫石砚，天下无贵贱通用之。

【注释】[1]货贿：金玉为货，布帛为贿。[2]内邱：今河北省内丘县一带。瓯：盆盂类器物。[3]端溪：在今广东省肇庆市高要区东南。

《茶经·四之器》(节选)

碗,越州上,鼎州次,婺州次,岳州次,寿州、洪州次[1]。或者以邢州[2]次越州上,殊为不然。若邢瓷类银,越瓷类玉,邢不如越一也;若邢瓷类雪,则越瓷类冰,邢不如越二也;邢瓷白而茶色丹,越瓷青而茶色绿,邢不如越三也。晋杜毓《荈[3]赋》所谓"器择陶拣,出自东瓯"。瓯,越也。瓯,越州上。口唇不卷,底卷而浅,受半升已下。越州瓷、岳瓷皆青,青则益茶,茶作白红之色。邢州瓷白,茶色红;寿州瓷黄,茶色紫;洪州瓷褐,茶色黑,悉不宜茶。

【注释】[1]越州:在今浙江绍兴。鼎州:在今陕西泾阳。岳州:在今湖南岳阳。寿州:在今安徽寿县。洪州:在今江西南昌。 [2]邢州:在今河北邢台境内。 [3]荈:采摘时间较晚的茶。

饮茶的风行

唐中期以后,茶成为风靡大江南北的日常饮料,饮茶"穷日尽夜,殆成风俗。始自中地,流于塞外"。唐人陆羽是茶文化的代表人物,著成了中国第一部有关茶的专著《茶经》,他也被后人奉为"茶神"。据《茶经》记载,全国产茶的有31个州,多数分布在长江流域,而长江上游的蜀中就有7个州。茶叶作为一种新兴的商品在市场上大量流通,唐廷也从德宗建中三年(782)开始征收茶税。

《封氏闻见记·饮茶》

茶早采者为茶,晚采者为茗。《本草》云:"止渴,令人不眠。"南人好饮之,北人初不多饮。

开元中,泰山灵岩寺有降魔师大兴禅教,学禅务于不寐,又不夕食,皆许其饮茶。人自怀挟,到处煮饮。从此转相仿效,遂成风俗。自邹、齐、沧、棣[1],渐至京邑。城市多开店铺煎茶卖之,不问道俗,投钱取饮。其茶自江、淮而来,舟车相继,所在山积,色额甚多。

楚人陆鸿渐[2]为《茶论》,说茶之功效并煎茶炙茶之法,造茶具二十四事,以"都统笼"贮之。远近倾慕,好事者家藏一副。有常伯熊者,又因鸿渐之论广润色之。于是茶道大行,王公朝士无不饮者。

御史大夫李季卿宣慰[3]江南,至临淮县馆,或言伯熊善茶者,李公请为之。伯熊著黄被衫、乌纱帽,手执茶器,口通茶名,区分指点,左右刮目。茶熟,李公为歠[4]两杯而止。既到江外,又言鸿渐能茶者,李公复请为之。鸿渐身衣野服,随茶具而入,既坐,教摊如伯熊故事。李公心鄙之。茶毕,命奴子取钱三十文酬煎茶博士[5]。鸿渐游江介[6],通狎胜流,及此羞愧,复著《毁茶论》。伯熊饮茶过度,遂患风气,晚节亦不劝人多饮也。

吴主孙皓每宴群臣,皆令尽醉。韦昭饮酒不多,皓密使茶茗以自代。晋时谢安诣陆纳,纳无所供办,设茶果而已。

按,此古人亦饮茶耳,但不如今人溺之甚。穷日尽夜,殆成风俗。始自中地,流于塞外。往年回鹘[7]入朝,大驱名马市茶而归,亦足怪焉。

《续搜神记》[8]云:"有人因病能饮茗一斛二斗,有客劝饮过五升,遂吐一物,形如牛胰。置桦[9]中以茗浇之,容一斛二斗。客云:'此名茗瘕[10]。'"

【注释】[1]邹、齐、沧、棣:在今山东地区及河北东南部。 [2]陆鸿渐:陆羽,唐复州竟陵(今湖北天门)人,字鸿渐,以嗜茶著名,旧时被称为茶神,著有《茶经》三卷,论述了茶的生长、采摘、加工、品尝、典故、产地等,是中国第一部关于茶的专著。 [3]宣慰:安抚。 [4]歠:饮,喝。 [5]博士:春秋战国时已有,初泛指学者,后置为职官。秦汉时充当皇帝顾问,是具有专门知识或技能的人才,随时代发展地位渐低。唐代以后,民间也将一些手艺人称为博士。 [6]江介:江左,长江以东之地。 [7]回鹘:古族名,源出丁零,唐前期称回纥,贞元四年(788)自请改称回鹘,是今天维吾尔族的祖先。 [8]《续搜神记》:又称《搜神后记》,东晋志怪小说集,陶潜撰。　［9］柈：古同"盘"。　［10］瘕：古代称腹中结块、长寄生虫的病。

《唐国史补·陆羽得姓氏》

竟陵[1]僧有于水滨得婴儿者，育为弟子。稍长，自筮，得《蹇》之《渐》，繇曰[2]："鸿渐于陆，其羽可用为仪[3]。"乃令姓陆名羽，字鸿渐。羽有文学，多意思，耻一物不尽其妙，茶术尤著。巩县陶者多为瓷偶人，号陆鸿渐，买数十茶器得一鸿渐，市人沽茗不利，辄灌注之。羽于江湖称竟陵子，于南越[4]称桑苎翁。与颜鲁公[5]厚善，及玄真子张志和[6]为友。羽少事竟陵禅师智积，异日在他处闻禅师去世，哭之甚哀，乃作诗寄情，其略云："不羡白玉盏，不羡黄金罍[7]。亦不羡朝入省，亦不羡暮入台。千羡万羡西江水，曾向竟陵城下来。"贞元末卒。

【注释】［1］竟陵：今湖北钟祥、天门一带。　［2］筮：占卜。得《蹇》之《渐》：指占卜结果是从《周易》的《蹇》卦演变到《渐》卦。繇：卜辞。　［3］鸿渐于陆，其羽可用为仪：《渐》卦最上的阳爻卦辞，意为飞鸿渐进于高位，其羽毛可以用作文舞的道具，是吉兆。　［4］南越：又作南粤，今广东广西一带。　［5］颜鲁公：颜真卿，唐京兆万年（今陕西西安）人，祖籍琅琊临沂（今山东临沂）。开元进士，曾参与平定安史之乱，代宗时官至尚书左丞，封鲁郡公，故有颜鲁公之称。书法端庄浑厚，人称"颜体"。　［6］张志和：唐婺州金华（今浙江金华）人，曾待诏翰林，授左金吾卫录事参军，后被贬不复仕，放浪江湖而终，自号烟波钓徒。多才多艺，能绘画、击鼓、吹笛，善歌词。　［7］罍：古代的一种大型盛酒器和酒礼器。

《唐国史补·叙诸茶品目》

风俗贵茶，茶之名品益众。剑南[1]有蒙顶石花，或小方，或散牙，号为第一。湖州有顾渚之紫笋，东川[2]有神泉、小团、昌明、兽目，峡州[3]有碧涧、明月、芳蕊、茱萸簝，福州有方山之露牙，夔州[4]有香山，江陵有南木，湖南有衡山，岳州[5]有溈湖之含膏，常州有义兴之紫笋，婺州有东白，睦州[6]有鸠坑，洪州[7]有西山之白露，寿州有霍山之黄牙，蕲州有蕲门团黄，而浮梁[8]之商货不在焉。

【注释】[1]剑南：唐方镇名，玄宗时边防十节度经略使之一，治益州（今四川成都），辖地约相当于今天四川中部一带。 [2]东川：剑南东川，唐方镇，至德二载（757）分剑南节度使东部地为剑南东川节度使，简称东川节度使，治梓州（今四川三台）。 [3]峡州：辖境在今湖北省西部，治夷陵县（今宜昌西北），因扼三峡之口得名。 [4]夔州：辖境在今重庆奉节、巫山一带，治人复县（今奉节县东）。 [5]岳州：辖境在今湖南省东北部，治巴陵县（今岳阳市）。 [6]睦州：辖境在今浙江省西部，治新安县（今淳安县西）。 [7]洪州：辖境在今江西省北部，治豫章县（今南昌）。 [8]浮梁：在今江西景德镇东北浮梁旧县。

诗歌的黄金时代

唐代是中国古代诗歌的黄金时代，经济的繁荣、社会的开放、帝王的倡导以及科举考试以诗赋取士的制度，都促进了诗歌的兴盛。唐诗流传至今的有五万多首，涉及诗人两千余位，许多名家名作众口传诵，流芳千古。古今学者在学习和研究唐诗的过程中，往往对唐诗的发展历程进行分期，存在各种学说，其中，初唐、盛唐、中唐、晚唐"四唐分期"说至今仍为主流，这一学说是明人高棅在其编选的《唐诗品汇》中确立的。该书《总叙》概述了唐诗不同时期的特点和具有代表性的诗人。

《唐诗品汇·总叙》（节选）

有唐三百年诗，众体备矣。故有往体、近体、长短篇、五七言律句绝句等制。莫不兴于始，成于中，流于变，而陊之于终。至于声律兴象，文词理致，各有品格高下之不同。略而言之，则有初唐、盛唐、中唐、晚唐之不同。

详而分之，贞观、永徽之时，虞、魏诸公稍离旧习，王、杨、卢、骆因加美丽，刘希夷有闺帷之作，上官仪有婉媚之体，此初唐之始制也[1]。神龙以还，洎开元初，陈子昂古风雅正，李巨山文章宿老，沈、宋之新声，苏、张之大手笔，此初唐之渐盛也[2]。开元、天宝间，则有李翰林之飘逸，杜工部之沈郁，孟襄阳之清雅，王右丞之精致，储光羲之真率，王昌龄之声俊，高适、岑参之悲壮，李颀、常建之超凡，此盛唐之盛者也[3]。大历、贞元中，则有韦苏州之雅澹，刘随州之闲旷，钱、郎之清赡，皇甫之冲秀，秦公绪之山林，李从一之台阁，此中唐之再盛也[4]。下暨元和之际，则有柳愚溪之超然复古，韩昌黎之博大其词，张、王乐府得其故实，元、白序事务在分明，与夫李贺、卢仝之鬼怪，孟郊、贾岛之饥寒，此晚唐之变也[5]。降而开成以后，则有杜牧之之豪纵，温飞卿之绮靡，李义山之隐僻，许用晦之偶对，他若刘沧、马戴、李频、李群玉辈，尚能黾勉气格，将迈时流，此晚唐变态之极，而遗风余韵犹有存者焉[6]。……

【注释】[1]虞、魏：虞世南、魏徵。王、杨、卢、骆：王勃、杨炯、卢照邻、骆宾王，有"初唐四杰"之称。 [2]李巨山：李峤，字巨山。沈、宋：沈佺期、宋之问。苏、张：苏味道、张九龄。 [3]李翰林：李白，曾待诏翰林。杜工部：杜甫，曾任检校工部员外郎。孟襄阳：孟浩然，襄州襄阳（今湖北襄阳）人。王右丞：王维，曾任尚书右丞。 [4]韦苏州：韦应物，曾任苏州刺史。刘随州：刘长卿，曾任随州刺史。钱、郎：钱起、郎士元。皇甫：皇甫冉。秦公绪：秦系，字公绪。李从一：李嘉佑，别名从一。 [5]柳愚溪：柳宗元，曾谪居于愚溪（今湖南永州西南）。韩昌黎：韩愈，自称郡望昌黎（今河北昌黎）。张、王：张籍、王建。元、白：元稹、白居易。 [6]杜牧之：杜牧，字牧之。温飞卿：温庭筠，字飞卿。李义山：李商隐，字义山。许用晦：许浑，字用晦。黾勉：勉强、尽力。

诗仙李白

李白,字太白,自称陇西成纪(今甘肃秦安)人。自幼随父流寓蜀中,青年时代出蜀游历东南,中年奉诏入京,待诏翰林,一年后辞职远游,求仙学道。安史之乱后曾入永王幕府,永王兵败后被捕入狱,又被长流夜郎(今贵州桐梓附近)。遇赦后沿长江东还,宝应元年(762)病逝于当涂(今安徽当涂)。李白一生虽很有政治抱负,但由于唐朝由盛而衰的时势变易和自身好任侠、多幻想的性格,终未能建功立业。李白诗作雄奇豪迈,浪漫飘逸,充满想象力,加之性格狂放不羁,被称为"天上谪仙人""诗仙"。

《松窗杂录》(节选)

开元中,禁中初重木芍药,即今牡丹也。得四本,红、紫、浅红、通白者,上因移植于兴庆池东沉香亭前。会花方繁开,上乘月夜召太真妃[1],以步辇从。诏特选梨园子弟[2]中尤者,得乐十六色。李龟年以歌擅一时之名,手捧檀板,押众乐前,欲歌之。上曰:"赏名花,对妃子,焉用旧乐词为?"遂命龟年持金花笺,宣赐翰林学士李白,进《清平调》词三章。白欣承诏旨,犹苦宿醒未解,因援笔赋之:"云想衣裳花想容,春风拂槛露华浓。若非群玉山头见,会向瑶台月下逢。""一枝红艳露凝香,云雨巫山枉断肠。借问汉宫谁得似,可怜飞燕[3]倚新妆。""名花倾国两相欢,长得君王带笑看。解释春风无限恨,沉香亭北倚栏杆。"龟年遽以词进,上命梨园子弟约略调抚丝竹,遂促龟年以歌。太真妃持颇梨[4]七宝杯,酌西凉州蒲萄酒[5],笑领歌,意甚厚。上因调玉笛以倚曲,每曲遍将换,则迟其声以媚之。太真饮罢,饰绣巾重拜上意。龟年常话于五王[6],独忆以歌得自胜者无出于此,抑亦一时之极致耳。上自是顾李翰林尤异于他学士。会高力士终以脱乌皮六缝[7]为深耻,异日太真妃重吟前词,力士戏曰:"始谓妃子怨李白深入骨髓,何拳拳如是?"太真妃因惊曰:"何翰林学士能辱人如斯?"力士曰:"以飞燕指妃子,是贱之甚矣。"太真颇深然之。上尝欲命李白官,卒为宫中所捍而止。

【注释】［1］太真妃：杨贵妃，唐蒲州永乐（今山西永济东）人，小字玉环，又号太真。姿质丰艳，善歌舞，通音律。初为玄宗子寿王李瑁妃，后入宫，深得玄宗宠爱，天宝四载（745），封贵妃。家族均受恩荣，势倾天下。安禄山起兵叛乱次年，随玄宗逃往蜀地，至马嵬驿，禁军大将陈玄礼兵变，被缢死。［2］梨园子弟：梨园是唐朝宫廷设置的教练歌舞艺人的场所，玄宗开元二年（714），选坐部伎子弟三百人教法曲于梨园，号皇帝梨园弟子，专习歌、舞及乐器演奏。又选宫女数百人，亦为梨园弟子。［3］飞燕：汉成帝皇后，原为阳阿公主家歌女，因善舞体轻，故号"飞燕"。［4］颇梨：又作"颇黎"，如同水晶的玉石。［5］蒲萄酒：即葡萄酒。［6］五王：李隆基的五位兄弟宁王宪、歧王范、申王㧑、薛王业、隋王隆悌，以和睦而著称。五王曾居住于长安隆庆坊，李隆基登基之后将这里改造为兴庆宫，建花萼相辉楼，象征兄弟同心，并在周边建设五王宅邸。［7］乌皮六缝：一种靴子，起源于北周，又称"六合靴""合骅"，是用六块面料制成的长勒靴。

《续世说》（节选）

李白待诏翰林，日与饮徒醉于酒肆。玄宗有感，欲造乐府新词，亟召白，白已卧于肆中矣。召入，以水洗面，即令秉笔，顷之成十余首，帝颇嘉之。尝沉醉，令高力士脱靴，由是斥去。乃浪迹江湖，终日沉饮。侍御史崔宗之谪官金陵，与白诗酒相欢。尝月夜，乘舟采石[1]，达金陵，白衣宫锦袍，于舟中顾瞻笑傲，旁若无人。初贺知章[2]见白，赏之曰："天上谪仙人也。"

【注释】［1］采石：即采石矶，在今安徽马鞍山长江东岸。［2］贺知章：唐越州永兴（今浙江萧山）人，字季真。少以文辞知名，性旷达奔放，嗜饮酒，善谈笑，与李白等友善。官至秘书监。工草隶，诗作清新通俗。

乐舞百戏

唐代是各地区、各民族乐舞文化大融合的时代，宫廷制燕乐、清商乐、西凉乐、高丽乐、天竺乐、高昌乐、龟兹乐、疏勒乐、康国乐、安国乐十部乐，又分为坐立两部，其中西域音乐的地位远比"华夏正声"雅乐的地位高。唐玄宗好艺术，通音律，又设立宫廷音乐机构梨园。舞蹈与音乐密不可分，也展现出华戎交汇的特点，热烈而优美。百戏类似今天的杂技和马戏，唐代宫廷大型宴会往往有"山车旱船，寻橦走索，丸剑角抵，戏马斗鸡"之类的百戏表演，而又以训练有素的舞马最具传奇色彩。

《近事会元·七德舞 破阵乐》（节选）

唐太宗贞观元年，宴日奏《秦王破阵》之曲，盖太宗在藩为秦王时，士庶军人相与作之，被甲持戟[1]象战事。上叹曰："岂意今日登于雅乐。朕虽以武功定天下，终以文德绥海内。"遂令虞世南等改制歌词，更名《七德舞》，舞者至一百二十人。……

【注释】[1]戟：古兵器名，合戈、矛为一体，可以直刺和横击。

《文献通考·乐考·历代乐制》（节选）

玄宗初，赐第隆庆坊，坊南之地变为池。帝即位，作《龙池乐》，又作《圣寿乐》，又作《小破阵乐》，又作《光圣乐》。又分乐为二部：堂下立奏，谓之立部伎；堂上坐奏，谓之坐部伎。太常阅坐部，不可教者隶立部，又不可教者，乃习雅乐。时民间以帝自潞州[1]还京师，举兵夜半诛韦后[2]，制《夜半》《还京乐》二曲。帝又作《文成曲》，与《小破阵乐》更奏之。其后，河西节度使杨敬忠献《霓裳羽衣曲》十二遍，凡曲终必遽，唯《霓裳羽衣曲》将毕，引声益缓。帝浸喜神仙之事，诏道士司马承祯制《玄真道曲》，又制《大罗天曲》《紫清上圣道曲》。

初，隋有法曲，其音清而近雅。其器有铙、钹、钟、磬、幢箫、琵琶[3]。琵琶圆体修颈而小，号曰"秦汉子"，盖弦鼗[4]之遗制，出于胡中，传为秦、汉所作。其声金、石、丝、竹[5]以次作，隋炀帝厌其声澹，曲终复加解音。

玄宗既知音律，又酷爱法曲，选坐部伎子弟三百教于梨园，声有误者，帝必觉而正之，号"皇帝梨园弟子"。宫女数百，亦为梨园弟子，居宜春北院。梨园法部，更置小部音声三十余人。帝幸骊山[6]，杨贵妃生日，命小部张乐长生殿[7]，因奏新曲，未有名，会南方进荔枝，因名曰《荔枝香》。

帝又好羯鼓[8]，而宁王[9]善吹横笛，达官大臣慕之，皆善言音律。帝常言："羯鼓，八音之领袖，诸乐不可方也。"盖本戎羯之乐，其音太蔟一均，龟兹、高昌、疏勒、天竺部皆用之，其声焦杀，特异众乐。

开元二十四年，升胡部于堂上，而天宝乐曲，皆以边地名，若《凉州》《伊州》《甘州》之类。后又诏道调、法曲与胡部新声合作。明年，安禄山反，凉州、伊州、甘州皆陷吐蕃。

【注释】[1]潞州：今山西长治。 [2]举兵夜半诛韦后：李隆基青年时代目睹中宗韦皇后、武三思集团的专横，并察觉其篡夺皇位的阴谋。景云元年（710）六月，当韦武集团毒死中宗时，李隆基发动宫廷政变，将韦武集团一网打尽，其后恢复了睿宗的帝位。李隆基因功被封为平王，政治地位和实力都有很大提高，被立为太子。 [3]铙：打击乐器，形似铃而大，中空，有短柄，用时执柄，口朝上，以槌敲击作响，多用于军旅。钹：打击乐器，两片中部隆起为半球形的圆铜片，穿孔以绳相连，两片合击发声。钟：打击乐器，铜制，中空，用槌敲击作响，古代多用于祭祀、宴飨。磬：打击乐器，以玉、石或金属制成，形状如曲尺。幢箫：吹奏乐器，竹制，编排竹管制成，后以单管直吹为主。琵琶：弹拨乐器。历史上广义的琵琶是多种弹拨乐器的总称，"琵""琶"分别是两种弹奏手法的名称。狭义的琵琶是南北朝以来从西域传入中原的，木制，曲项，呈半梨形，四弦（也有五弦），初为横抱用拨子弹奏，后世逐渐演变成竖抱用手指弹奏。 [4]弦鼗：弹拨乐器，流行于秦汉，是三弦、秦琴、阮、月琴一类乐器的前身。 [5]金、石、丝、竹：《周礼》把乐器按材质分为金、石、土、革、丝、木、匏、竹"八音"，金主要指钟、镈、铙，石指磬，丝主要指琴、瑟，竹主要指箫、篪。 [6]骊山：在今陕西临潼东南，唐代环山建造宫殿，是皇室避暑胜地。 [7]长生殿：唐天宝元年（742）在骊山半山腰修建的帝后寝殿，一说为祭祀神灵的斋殿。 [8]羯鼓：古羯族乐器，腰部细，两头宽，两面蒙有公羊皮做的鼓皮。 [9]王：唐睿宗长子，玄宗李隆基的异母兄。本当被立为太子，自愿让给弟弟李隆基。玄宗即位后，封其为宁王，死后追谥让皇帝。

《明皇杂录》（节选）

唐玄宗在东洛，大酺于五凤楼下，命三百里内县令、刺史率其声乐来赴阙者，或谓令较其胜负而赏罚焉。时河内郡守令乐工数百人于车上，皆衣以锦绣，伏厢之牛，蒙以虎皮，及为犀象形状，观者骇目。时元鲁山遣乐工数十人联袂歌《于蔿》。于蔿，鲁山文也。玄宗闻而异之，征其词，乃叹曰："贤人之言也。"其后上谓宰臣曰："河内之人，其在涂炭乎？"促命征还，而授以散秩[1]。每赐宴设酺会，则上御勤政楼[2]。金吾[3]及四军兵士未明陈仗，盛列旗帜，皆被黄金甲，衣短后绣袍。太常陈乐，卫尉[4]张幕后，诸蕃酋长就食。府县教坊，大陈山车旱船、寻橦走索、丸剑角抵[5]、戏马斗鸡。又令宫女数百，饰以珠翠，衣以锦绣，自帷中出，击雷鼓为《破阵乐》《太平乐》《上元乐》。又引大象、犀牛入场，或拜舞，动中音律。每正月望[6]夜，又御勤政楼，观作乐。贵臣戚里，官设看楼，夜阑，即遣宫女于楼前歌舞以娱之。

【注释】[1]散秩：闲散而没有一定职守的官职。[2]勤政楼：兴庆宫内建筑，全名为勤政务本楼。[3]金吾：仪仗棒，用于治安。[4]卫尉：官名，掌管宫门警卫、军器仪仗帐幕之事。[5]山车：扎有山林状棚阁的彩车。旱船：用竹、秫秸、纸、布扎成的围在表演者腰间或肩上的彩船，下端用表示波浪的蓝布遮住脚。寻橦：一人手持或头顶长竿，另有数人缘竿而上，进行表演。走索：相当于现在的走钢丝。丸剑：用手抛接多个小球或剑，往复不绝。角抵：类似现在的摔跤。[6]望：月圆之时，通常指农历每月十五日。

《明皇杂录》补遗（节选）

玄宗尝命教舞马，四百蹄各为左右，分为部，目为某家宠，某家骄。时塞外亦有善马来贡者，上俾之教习，无不曲尽其妙。因命衣以文绣，络以金银，饰其鬃鬣，间杂珠玉。其曲谓之《倾杯乐》者数十回，奋首鼓尾，纵横应节。又施三层板床，乘马而上，旋转如飞。或命壮士举一榻，马舞于榻上，乐工数人立左右前后，皆衣淡黄衫，文玉带，必求少年而姿貌美秀者。每千秋节[1]，命舞于勤政楼下。其后上既幸蜀，舞马亦散在人间。禄山常观其舞而心爱之，自是因以数匹置于范阳。其后转为田承嗣[2]所得，不之知也，杂之战马，置之外栈[3]。忽一日，军中享士，乐作，马舞不能已。厮养皆谓其为妖，拥篲[4]以击之。马谓其舞不中节，抑扬顿挫，犹存故态。厩吏遽以马怪白承嗣，命棰之甚酷。马舞甚整，而鞭挞愈加，竟毙于枥下。时人亦有知其舞马者，惧暴而终不敢言。

【注释】[1]千秋节：开元十七年（729）起，唐廷将玄宗生日（八月初五）设为千秋节，每年是日，赐天下大酺，玄宗与百官宴饮并互赠礼品。天宝七载（748）改称天长节。 [2]田承嗣：唐平州卢龙（今属河北）人，初为安禄山部将，安史之乱后降唐，任魏博节度使。势力强大，拥有贝、魏、博、相、卫、磁、洺七州，是河北一大割据势力，朝廷不能控制。 [3]外栈：存放货物、转交货物的场所。 [4]篲：扫帚。

唐太宗与《兰亭序》

《兰亭序》，又称《兰亭集序》，是中国历史上著名的行书法帖，为东晋永和九年（353）王羲之在会稽山阴（今浙江绍兴）参与修禊活动时所作。王羲之历代后人珍藏此书，唐太宗钟爱王羲之书法，命人巧取，奉为至宝，曾命供奉赵模、冯承素等人勾摹数本，当朝书法名家褚遂良、欧阳询、虞世南亦曾勾摹。相传太宗临终遗命以《兰亭序》真迹随葬，故而后人无缘目睹。今天流传于世的《兰亭序》的最佳摹本是冯承素所作，卷首有唐中宗李显"神龙"年号小印，称为"神龙本"，藏于故宫博物院。此处所选篇目出自唐代张彦远编撰的书法学论著《法书要录》。

《法书要录·唐何延之〈兰亭记〉》（节选）

《兰亭》者，晋右将军会稽内史琅琊王羲之字逸少所书之诗序也。右军[1]蝉联美胄，萧散名贤，雅好山水，尤善草隶。以晋穆帝永和九年暮春三月三日宦游[2]山阴，与太原孙统承公、孙绰兴公、广汉王彬之道生、陈郡谢安安石、高平郄昙重熙、太原王蕴叔仁、释支遁道林，并逸少子凝、徽、操之等四十有一人，修被禊[3]之礼，挥毫制序，兴乐而书，用蚕茧纸、鼠须笔，遒媚劲健，绝代更无。凡二十八行，三百二十四字，有重者皆构别体。就中"之"字最多，乃有二十许个，变转悉异，遂无同者，其时乃有神助。及醒后，他日更书数十百本，无如被禊所书之者。右军亦自珍爱，宝重此书，留付子孙传掌。至七代孙智永[4]。

……禅师克嗣良裘，精勤此艺……禅师年近百岁乃终，其遗书并付弟子辩才。辩才俗姓袁氏，梁司空昂之玄孙。辩才博学工文，琴棋书画皆得其妙。每临禅师之书，逼真乱本。辩才尝于所寝方丈[5]梁上凿其暗槛，以贮《兰亭》，宝惜贵重，甚于禅师在日。

至贞观中，太宗以德政之暇，锐志玩书，临写右军真草书帖，购募备尽，唯未得《兰亭》。寻讨此书，知在辩才之所，乃降敕追师入内道场供养，恩赉优洽。数日后，因言次乃问及《兰亭》，方便善诱，无所不至。……如此者三度，竟靳固不出。上谓侍臣曰："右军之书，朕所偏宝。就中逸少之迹，莫如《兰亭》。求见此书，劳于寤寐。此僧耆年，又无所用，若为得一智略之士，以设谋计取之。"尚书右仆射房玄龄奏曰："臣闻监察御史萧翼者，梁元帝之曾孙。今贯魏州莘县，负才艺，多权谋，可充此使，必当见获。"太宗遂诏见翼。……

……（翼）至都奏御，太宗大悦。……

帝命供奉拓书人赵模、韩道政、冯承素、诸葛贞等四人各拓数本，以赐皇太子、诸王近臣。贞观二十三年，圣躬不豫，幸玉华宫[6]含风殿，临崩，谓高宗曰："吾欲从汝求一物，汝诚孝也，岂能违吾心耶？汝意如何？"高宗哽咽流涕，引耳而听，受制命。太宗曰："吾所欲得《兰亭》，可与我将去。"及弓剑不遗,同轨[7]毕至,随仙驾入玄宫矣。今赵模等所拓,在者,一本尚直钱数万也。人间本亦稀少,代之珍宝,难可再见。

【注释】[1]右军:王羲之官至右军将军,故有此称。[2]宦游:外出求官、做官。[3]祓禊:中国古代风俗,每年于春季上巳日在水边举行祭礼,洗去污垢,消除不祥。[4]智永:陈隋之际会稽(今浙江绍兴)人,俗姓王,王羲之七世孙。工正、草书,妙传家法,有《正草千字文》墨迹及石刻本传世。[5]方丈:佛寺长老及住持说法之处。[6]玉华宫:唐代离宫、佛寺。位于陕西铜川西北郊玉华山,始建于唐高祖武德七年(624),太宗贞观二十一年(647)扩建完成,次年太宗前往巡游并在此召见玄奘。唐高宗永徽二年(651)改宫为寺,称"玉华寺"。显庆四年(659),玄奘从长安慈恩寺移居至此译经,后圆寂于此。[7]同轨:指华夏同文之国。

画圣吴道子

吴道玄,字道子,唐玄宗时人,唐代最著名的画家,有"画圣"的美誉。吴道子青年时代即驰名画坛,被唐玄宗召入内廷供奉。他远师张僧繇,画风洗练传神,不拘一格,善于革新,开创了"兰叶描"笔法和"吴带当风"的人物画风格。他在两京寺观中创作了大量壁画,一气呵成的神妙技艺使无数人为之倾倒。《太平广记》所载吴道子事迹,集中体现出"画圣"的杰出造诣和开元盛世的艺术氛围。

《太平广记·画三·吴道玄》(节选)

唐吴道玄字道子,阳翟[1]人也。少孤贫,天授之性,年未弱冠[2],穷丹青之妙。浪迹东洛,玄宗知其名,召入供奉。大略宗师张僧繇[3]千变万状,纵横[4]过之。两都寺观,图画墙壁四十余间,变像[5]即同,人相诡状[6],无一同者。其见在为人所睹之妙者,上都[7]兴唐寺御注[8]金刚经院,兼自题经文，慈恩寺塔[9]前面文殊普贤，西面降魔盘龙等。又小殿前门菩萨、景公寺地狱帝释龙神、永寿寺中三门两神，皆妙绝当时。朱景玄[10]云："有旧家人尹老八十余，尝云：'见吴生画中门内神，圆光[11]最在后，一笔成。当时坊市[12]老幼，日数百人，竞候观之。缚阑[13]，施钱帛与之齐。及下笔之时，望者如堵。风落电转，规成月圆，喧呼之声，惊动坊邑，或谓之神也。'"又景公寺老僧玄纵云："吴生画此地狱变成之后，都人咸观，皆惧罪修善。两市屠沽[14]，鱼肉不售。"又开元中驾幸东洛，吴生与裴旻、张旭[15]相遇，各陈所能。裴剑舞一曲，张书一壁，吴画一壁。都邑人士，一日之中，获睹三绝。又画玄元庙《五圣千官》，宫殿冠冕，势倾云龙，心若造化。故杜员外甫诗云"妙绝动宫墙"也。又玄宗天宝中，忽思蜀中嘉陵江山水，遂假吴生驿递[16]，令往写貌。及回日，帝问其状，奏云："臣无粉本[17]，并记在心。"遣于大同殿图之，嘉陵江三百里山水，一日而毕。时有李将军山水擅名，亦画大同殿壁，数月方毕。玄宗云："李思训[18]数月之功，吴道玄一日之迹，皆极其妙也。"又画殿内五龙，鳞甲飞动，每欲大雨，即生烟雾。……其画人物、佛像、鬼神、禽兽、山水、台殿、草木，皆神妙也，国朝第一。张怀瓘[19]云："吴生画，张僧繇后身，斯言当矣。"

又开元中，将军裴旻居母丧，诣道子，请于东都天宫寺画神鬼数壁，以资冥助。道子答曰："废画已久。若将军有意，为吾缠结[20]，舞剑一曲，庶因猛励，获通幽冥。"旻于是脱去缞服[21]，若常时装饰，走马如飞，左旋右抽，掷剑入云，高数十丈，若电光下射。旻引手执鞘承之，剑透室[22]而入。观者数千百人，无不惊慄。道子于是援毫图壁，飒然风起，为天下之壮观。道子平生所画，得意无出于此。

【注释】[1]阳翟：今河南禹州。 [2]弱冠：古时男子二十岁成人，初加冠，体还未壮，故称弱。后以弱冠泛指男子二十岁左右的年纪。 [3]张僧繇：南朝梁画家，擅长人物和宗教画，笔法洗练传神。所绘佛像自成一格，有"张家样"之称。 [4]纵横：奔放，无拘束。 [5]变像：或同"变相"，指以佛经内容为题材的绘画，是一种通俗解释佛经、传播教义的形式。［6］诡：奇异。［7］上都：这里指唐代的首都长安。［8］御注：指帝王为典籍作注释。［9］慈恩寺塔：即大雁塔。慈恩寺是唐高宗为太子时为追念其母文德皇后所建，故名慈恩。永徽三年（652）玄奘为贮藏从印度取回的经像，造大雁塔。因塔在慈恩寺内，唐人诗文中又称慈恩寺塔。［10］朱景玄：晚唐人，元和初进士，曾任翰林学士。编撰有断代画史《唐朝名画录》，开创以分品列传体编写断代画史的先例，对后世画学论著有深远影响。［11］圆光：佛、菩萨头部放出的轮光。［12］坊市：隋唐时期，两京及州县郭城内住宅区称为坊，商业区称为市，二者严格分开。这里泛指长安街市。［13］缚阑：绑起栏杆。［14］屠沽：又作屠酤，屠户和卖酒者。［15］裴旻、张旭：均为开元时人，前者擅舞剑，后者以草书著称。［16］假：给予。驿递：驿站及驿马。［17］粉本：画稿。［18］李思训：唐宗室，官至右武卫大将军（一说左武卫大将军），擅画，尤长于山水，誉为盛唐第一。［19］张怀瓘：唐玄宗时人，擅书，曾任翰林供奉。所著《书断》是中国古代书学理论的重要著作。［20］缠结：因裴旻居丧着缞服，此处应是相对"披麻"而言。［21］缞：披于胸前的麻布条，服三年之丧者（臣为君、子为父、妻为夫）用之。［22］室：刀剑的鞘。

马球运动

　　马球，又称"击鞠""波罗球"，是一种骑在马上以杖击球的竞技运动，深受唐人喜爱，尤其盛行于宫廷和军队。唐中宗、玄宗、宣宗、僖宗等都是马球高手，不仅积极提倡这项运动，也亲身参与。唐朝皇室和吐蕃使者曾各自组队，在唐皇宫中的球场进行激烈较量。文人学士也喜欢打马球，荣登金榜的新科进士通常要到浐河西岸的月灯阁举行球赛以示庆祝，"月灯阁打球"成为科举史上别样的一笔。打马球的风尚也渗透在地方各州及百姓的生活中。马球运动需要高超的马术、充沛的体力和智慧，体现出唐人英勇、奋进的精神。

《封氏闻见记·打毬》

打毬，古之蹙鞠[1]也。《汉书·艺文志》："《蹙鞠》二十五篇。"颜注云："鞠以韦[2]为之，实以物，蹙蹋为戏。蹙鞠陈力之事，故附于兵法。蹙音子六反[3]，鞠音钜六反。"近俗声讹，谓"鞠"为"毬"，字亦从而变焉，非古也。

太宗常御安福门[4]，谓侍臣曰："闻西蕃[5]人好为打毬，比亦令习，曾一度观之。昨升仙楼有群胡街里打毬，欲令朕见。此胡疑朕爱此，骋为之。以此思量，帝王举动，岂宜容易，朕已焚此毬以自诫。"

景云[6]中，吐蕃遣使迎金城公主[7]，中宗于梨园亭子赐观打毬。吐蕃赞咄[8]奏言："臣部曲有善毬者，请与汉敌。"上令仗内试之。决数都，吐蕃皆胜。时玄宗为临淄王，中宗又令与嗣虢王邕、驸马杨慎交、武秀等四人，敌吐蕃十人。玄宗东西驱突，风回电激，所向无前。吐蕃功不获施，其都满赞咄犹此仆射也。中宗甚悦，赐强明绢数百段，学士沈佺期、武平一等皆献诗。

开元、天宝中，玄宗数御楼观打毬为事，能者左萦右拂，盘旋宛转，殊可观。然马或奔逸，时致伤毙。

永泰中，苏门山人刘钢于邺下上书于刑部尚书薛公云："打毬一则损人，二则损马，为乐之方甚众，何必乘兹至危，以邀晷刻之欢邪！"薛公悦其言，图钢之形置于座右，命掌记陆长源为赞美之。

然打毬乃军中常戏，虽不能废，时复为耳。

今乐人又有蹋毬之戏，彩画木毬，高一二尺，妓女登蹋，毬转而行，萦回去来，无不如意，盖古蹙鞠之遗事也。

【注释】［1］蹙鞠：即蹴鞠，古代军中习武之戏，类似今天的足球赛。［2］韦：柔皮，去毛熟治的皮革。［3］反：反切，汉语的一种传统注音方法。以二字相切合，取上一字的声母与下一字的韵母和声调，拼合成一个字的音，称为"××切"或"××反"。［4］安福门：长安皇城西面北门，紧邻太极宫南墙。［5］西蕃：即吐蕃，是今天藏族的祖先，也是公元7—9世纪该族在西藏地区建立的政权名。［6］景云：唐睿宗李旦年号（710—711）。此处当为景龙。　［7］金城公主：唐雍王李守礼之女。神龙三年（707）吐蕃赞普遣使请婚，中宗许以金城公主嫁尺带珠丹，景龙四年（710）入藏，为促进唐蕃和盟作出了贡献。　［8］赞咄：即尚赞咄，吐蕃赞普派遣的使者，也是金城公主入藏的护送者。

《唐摭言》（节选）

乾符四年，诸先辈月灯阁[1]打毬之会，时同年[2]悉集。无何，为两军打毬，军将数辈，私较于是。新人排比既盛，勉强迟留，用抑其锐。刘覃谓同年曰："仆能为群公小挫彼骄，必令解去，如何？"状元已下应声请之。覃因跨马执杖，跃而揖之曰："新进士刘覃拟陪奉，可乎？"诸辈皆喜。覃驰骤击拂，风驱电逝，彼皆愕视。俄策得毬子，向空磔[3]之，莫知所在。数辈惭沮，俛俛而去。时阁下数千人因之大呼笑，久而方止。

【注释】［1］月灯阁：在今西安市东南部，浐河西岸。　［2］同年：科举考试中，同榜录取的人称为同年。　［3］磔：分裂。

安济桥

位于今河北赵县的安济桥，又称赵州桥，是世界上现存最古老的空腹式单孔石拱桥，建于隋代，由工匠李春主持建造。此桥全长50.83米，桥面宽9米，跨度大，坡度平缓，两肩设有四个小拱，不仅节省工料、使桥身更加美观，还能起到分洪的作用。由于此桥设计符合结构力学理论，建筑工艺精良，经过一千四百年洪水、地震、重压的考验，仍巍然屹立在洨河之上。此桥造型优美，如"初日出云，长虹饮涧"，桥上的栏板雕塑栩栩如生，"若飞若动"。安济桥体现出当时人们不但掌握了高超的建筑技术，对建筑的艺术性也有很高的追求。

《全唐文·石桥铭序》（节选）

赵郡洨河[1]石桥，隋匠李春之迹也，制造奇特，人不知其所以为。试观乎用石之妙，楞平碪[2]，斗方版，促郁纁[3]，穹隆崇，豁然无楹[4]，吁可怪也。又详乎义插骈垒[5]，磨砻致密，甃[6]百象一，仍糊灰璺[7]，腰纤铁，蹙两涯，嵌四穴，盖以杀怒水之荡突，虽怀山而固护焉。非夫深智远虑，莫能创是。其栏槛华柱，锤斫龙兽之状，蟠绕翚踞，睢盱翕欻[8]，若飞若动，又足畏乎！夫通济利涉，三才一致，故辰象昭回，天河临乎析木；鬼神幽助，海石到乎扶桑。亦有停杯渡河，羽毛填塞，引弓击水，鳞甲攒会者，徒闻于耳，不观于目。目所观者，工所难者，比于是者，莫之与京[9]。

【注释】[1]赵郡：辖境相当于今河北省南部赵县、元氏、高邑、柏乡、内丘、赞皇等地。洨河：源出今河北获鹿井陉山，东流至今河北宁晋。 [2]碪：砧板。 [3]纁：绘饰。 [4]楹：柱。 [5]骈垒：比肩相连。 [6]甃：用砖石修葺。 [7]璺：裂缝。 [8]睢盱：睁眼仰视。翕欻：闪动的样子。 [9]京：相比。

《朝野佥载》（节选）

赵州石桥甚工，磨礲密致如削焉。望之如初日出云，长虹饮涧。上有勾栏[1]，皆石也，勾栏并有石狮子。龙朔年中，高丽谍者盗二狮子去，后复募匠修之，莫能相类者。至天后大足年，默啜[2]破赵、定州，贼欲南过，至石桥，马跪地不进，但见一青龙卧桥上，奋迅而怒，贼乃遁去。

【注释】[1]勾栏：栏杆。 [2]默啜：唐时后突厥第二代可汗。

迎佛骨

唐皇室虽然尊崇道教，但佛教的流行程度更为可观，僧尼不计其数，佛寺遍及全国，甚至达到"十分天下之财，而佛有其七八"的程度。时人传说，法门寺护国真身塔内藏有佛祖释迦牟尼的指骨，三十年开塔一次，则能岁丰人泰。自唐太宗命令开启法门寺地宫瞻礼佛骨以来，迎送佛骨成为唐皇室常例。元和年间，宪宗为迎佛骨，将直言极谏的朝官韩愈贬往潮州。会昌法难虽然对佛教予以打击，但朝野上下的狂热信奉很快卷土重来。懿宗咸通年间的迎佛骨活动声势更加浩大，不仅皇室一掷千金，百姓也十分踊跃，更有甚者自残以示虔诚。通过史籍对迎佛骨活动的记载，不难看出佛教在唐代社会各阶层中的影响力。

《资治通鉴·唐纪五十六》（节选）

（宪宗元和十四年）中使[1]迎佛骨至京师，上留禁中三日，乃历送诸寺，王公士民瞻奉舍施，惟恐弗及，有竭产充施者，有然香臂顶供养者。

刑部侍郎韩愈[2]上表切谏，以为："佛者，夷狄之一法耳。自黄帝以至禹、汤、文、武[3]，皆享寿考，百姓安乐，当是时，未有佛也。汉明帝[4]时，始有佛法。其后乱亡相继，运祚不长。宋、齐、梁、陈、元魏[5]已下，事佛渐谨，年代尤促。惟梁武帝[6]在位四十八年，前后三舍身为寺家奴，竟为侯景所逼，饿死台城[7]，国亦寻灭。事佛求福，乃更得祸。由此观之，佛不足信亦可知矣！百姓愚冥，易惑难晓，苟见陛下如此，皆云'天子犹一心敬信，百姓微贱，于佛岂可更惜身命。'佛本夷狄之人，口不言先王之法言，身不服先王之法服，不知君臣之义，父子之恩。假如其身尚在，奉国命来朝京师，陛下容而接之，不过宣政一见，礼宾一设，赐衣一袭，卫而出之于境，不令惑众也。况其身死已久，枯朽之骨，岂宜以入宫禁！古之诸侯行吊于国，尚先以桃茢[8]祓除不祥。今无故取朽秽之物亲视之，巫祝[9]不先，桃茢不用，群臣不言其非，御史不举其罪，臣实耻之！乞以此骨付有司，投诸水火，永绝根本，断天下之疑，绝后代之惑，使天下之人知大圣人之所作为，出于寻常万万也，岂不盛哉！佛如有灵，能作祸福，凡有殃咎，宜加臣身。"

上得表，大怒，出示宰相，将加愈极刑。裴度、崔群为言："愈虽狂，发于忠恳，宜宽容以开言路。"癸巳，贬愈为潮州刺史。

【注释】[1]中使：帝王宫廷中派出的使者，多由宦官充任。[2]韩愈：唐怀周修武南阳（今河南修武东北）人，一说河南河阳（今河南孟州南）人，字退之。因韩氏郡望昌黎，世称韩昌黎。贞元进士，精于儒学，提出自尧至孟轲一脉相承的"道统说"，宣扬"仁""义"学说。倡导古文运动，被后世列为唐宋八大家之首。[3]禹：又称大禹、崇禹等，因治水之功继舜位，成为夏朝第一代王。汤：又称成汤、武汤等，商朝第一位王。文、武：周文王、周武王，周朝的奠基者和建立者。[4]汉明帝：刘庄，东汉皇帝，公元57—75年在位。[5]元魏：即北魏，因皇室改鲜卑本姓"拓跋"为汉姓"元"，故有此称。[6]梁武帝：萧衍，南朝梁创建者，公元502—549年在位。以笃信佛法著称。[7]为侯景所逼，饿死台城：548年，东魏降将侯景举兵谋反，攻占建康（今南京），软禁梁武帝。梁武帝饿死后，侯景立太子萧纲。侯景之乱历时五年，使南朝梁的社会经济遭到严重破坏。南朝认为朝廷为台，故称宫城为台城。[8]桃茢：古人认为鬼畏桃木，桃茢是用桃枝编的扫帚，用以扫除不祥。[9]巫祝：古代从事通鬼神的迷信职业者。

《杜阳杂编》（节选）

十四年[1]春，诏大德僧数十辈于凤翔法门寺[2]迎佛骨。百官上疏谏，有言宪宗故事[3]者。上曰："但生得见，殁而无恨也。"遂以金银为宝刹，以珠玉为宝帐香舁[4]，仍用孔雀氄毛[5]饰其宝刹……又悉珊瑚、马瑙、真珠、瑟瑟[6]，缀为幡幢[7]，计用珍宝不啻百斛。其剪彩为幡为伞，约以万队。四月八日，佛骨入长安，自开远门安福楼[8]，夹道佛声震地，士女瞻礼，僧徒道从。上御安福寺亲自顶礼，泣下沾臆。即召两街供奉僧赐金帛各有差。而京师耆老元和迎真体者，悉赐银椀[9]锦彩。长安豪家竞饰车服，驾肩弥路，四方挈老扶幼来观者，莫不蔬素以待恩福。时有军卒断左臂于佛前，以手执之，一步一礼，血流洒地。至于肘行膝步，啮指截发，不可算数。又有僧以艾覆顶上，谓之炼顶，火发痛作，即掉其首呼叫。坊市少年擒之不令动摇，而痛不可忍，乃号哭卧于道上。头顶焦烂，举止苍迫，凡见者无不大哂焉。……僖宗皇帝即位，诏归佛骨于法门。其道从威仪十无其一，具体而已。然京城耆蠹士女争为送别，执手相谓曰："六十年一度迎真身，不知再见复在何时！"即伏首于前，呜咽流涕。所在香刹诏悉铲除，近甸百无一二焉。

【注释】［1］十四年：唐懿宗咸通十四年（873）。 ［2］法门寺：位于今陕西宝鸡扶风县北，始建于东汉末年，北朝时称阿育王寺，隋文帝时改称成实道场，唐高祖时改名法门寺，是唐朝皇家寺院。皇家在此供养佛祖真身舍利，对寺院、寺塔和地宫进行了大规模修建。1987年，法门寺地宫出土了四枚佛指舍利和唐皇室用于供奉的大量稀世珍宝，印证着法门寺在唐代的崇高地位。 ［3］宪宗故事：唐宪宗李纯中年笃信仙佛，企求长生不老。819年曾举行大规模的迎佛骨活动，并将上书谏诫的韩愈贬官。次年，宪宗因过量服食长生药而性情日益暴躁，被宦官所杀，终年43岁。 ［4］香舁：华美的车。舁，通"舆"。 ［5］氄毛：鸟兽贴近皮肤的细软绒毛。 ［6］瑟瑟：一种珠宝。 ［7］幡幢：佛寺常在高竿上悬挂旗旛，是为幡；在长筒圆形绸伞上写经，称经幢，刻经于石柱上，称石幢。 ［8］开远门：唐长安外郭城西面偏北的一门。安福楼：安福门为唐长安皇城西面偏北的一门，上有楼观。 ［9］银椀：即银碗。

景教在中国的流传

景教是基督教聂斯托利派（Nestorian）的汉译名称，"景"取《新约全书》光明之意。此教派被东罗马皇帝视为异端，而此后在波斯（今伊朗）等地广泛发展起来，并由波斯传入中国。唐太宗贞观九年（635），景教传教士阿罗本来华，太宗命其翻译景教经典，后又在长安义宁坊建寺度僧，是为景教在中国传播之始。德宗建中二年（781）于大秦寺立《大秦景教流行中国碑》，内容包括景教的教义、唐朝几代皇帝对景教的优待等。

此碑现存西安碑林博物馆，是研究景教在中国流传情况的重要资料。这里节选了其中部分内容。

《大秦景教流行中国碑》（节选）

太宗文皇帝光华启运，明圣临人。大秦国有上德[1]，曰阿罗本，占青云而载真经，望风律以驰艰险。贞观九祀，至于长安。帝使宰臣房公玄龄总仗西郊，宾迎入内。翻经书殿，问道禁闱。深知正真，特令传授。贞观十有二年秋七月诏曰：道无常名，圣无常体，随方设教，密济群生。大秦国大德阿罗本远将经像，来献上京。详其教旨，玄妙无为。观其元宗，生成立要。词无繁说，理有忘筌。济物利人，宜行天下。所司即于京义宁坊[2]造大秦寺[3]一所，度僧廿一人。宗周[4]德丧，青驾西升。巨唐道光，景风东扇。旋令有司，将帝写真，转模寺壁。天姿泛彩，英朗景门。圣迹腾祥，永辉法界。案《西域图记》及汉魏史策，大秦国南统珊瑚之海[5]，北极众宝之山，西望仙境花林，东接长风弱水。其土出火浣布、返魂香、明月珠、夜光璧。俗无寇盗，人有乐康。法非景不行，主非德不立。土宇广阔，文物昌明。高宗大帝克恭缵祖，润色真宗。而于诸州各置景寺，仍崇阿罗本为镇国大法主。法流十道，国富元休。寺满百城，家殷景福。圣历年释子用壮，腾口于东周。先天末下士大笑，讪谤于西镐[6]。有若僧首罗含，大德及烈，并金方贵绪，物外高僧，共振玄网，俱维绝纽。玄宗至道皇帝令宁国等五王[7]，亲临福宇，建立坛场。法栋暂桡而更崇，道石时倾而复正。天宝初，令大将军高力士送五圣写真[8]寺内安置。赐绢百匹，奉庆睿图。龙髯虽远，弓剑可攀。日角舒光，天颜咫尺。三载，大秦国有僧佶和，瞻星向化，望日朝尊。诏僧罗含，僧普论等一七人，与大德佶和于兴庆宫修功德。于是天题寺榜，额载龙书。宝装璀翠，灼烁丹霞。睿札宏空，腾凌激日。宠赍比南山峻极，沛泽与东海齐深。道无不可，所可可名。圣无不作，所作可述。肃宗文明皇帝于灵武[9]等五郡，重立景寺。元善资而福祚开，大庆临而皇业建。代宗文武皇帝恢张圣运，从事无为。每于降诞之辰，锡天香以告成功，颁御馔以光景众。且乾以美利，故能广生。圣以体元，故能亨毒。我建中圣神文武皇帝，披八政[10]以黜陟幽明，阐九畴[11]以惟新景命。化通玄理，祝无愧心。

【注释】[1] 上德：即大德，本为佛教对僧人的尊称，阿罗本是景教传教士，这里借用。 [2] 义宁坊：唐长安外郭城朱雀街之西第五街街西从北第三坊。 [3] 大秦寺：因景教出自东罗马，时称大秦，唐玄宗天宝以后，将景教寺院称为大秦寺。 [4] 宗周：西周都邑，即镐京，今陕西西安。 [5] 珊瑚之海：指地中海或红海。 [6] 西镐：与前面的"东周"应分别代指长安、洛阳。 [7] 五王：玄宗的五位兄弟宁王宪、歧王范、申王㧑、薛王业、隋王隆悌。 [8] 五圣写真：高祖、太宗、高宗、中宗、睿宗五位皇帝的画像。 [9] 灵武：灵武郡，辖境在今贺兰山东麓，宁夏中卫、中宁县以北，盐池县以西地区。 [10] 八政，古代国家施政的八个方面，说法不一，多指《尚书·洪范》所载食、货、祀、司空、司徒、司寇、宾、师。 [11] 九畴：传说禹治理天下的九类大法。

文成公主入藏

吐蕃是今天藏族的祖先，也是公元七至九世纪在西藏地区建立的政权名。七世纪上半叶，松赞干布统一了西藏高原，定都逻些城（今拉萨）。松赞干布仰慕国力强盛的唐朝，遣使朝贡，为迎娶唐朝公主，与吐谷浑及唐朝进行战争，最终降服于唐。贞观十四年（640），松赞干布派大相禄东赞到长安请婚，唐太宗以宗室女文成公主许之。次年，公主由礼部尚书、江夏王李道宗护送入藏。文成公主把唐朝的诸多物产和工艺带到吐蕃，推动了吐蕃的经济文化发展和汉藏间的交流。

《旧唐书·吐蕃传上》（节选）

贞观八年，其赞普[1]弃宗弄赞[2]始遣使朝贡。弄赞弱冠嗣位，性骁武，多英略，其邻国羊同及诸羌[3]并宾伏之。太宗遣行人冯德遐往抚慰之。见德遐，大悦。闻突厥及吐谷浑[4]皆尚公主，乃遣使随德遐入朝，多赍金宝，奉表求婚，太宗未之许。使者既返，言于弄赞曰："初至大国，待我甚厚，许嫁公主。会吐谷浑王入朝，有相离间，由是礼薄，遂不许嫁。"弄赞遂与羊同连，发兵以击吐谷浑。吐谷浑不能支，遁于青海之上，以避其锋，其国人畜并为吐蕃所掠。于是进兵攻破党项及白兰诸羌[5]，率其众二十余万，顿于松州[6]西境。遣使贡金帛，云来迎公主。又谓其属曰："若大国不嫁公主与我，即当入寇。"遂进攻松州，都督韩威轻骑觇贼，反为所败，边人大扰。太宗遣吏部尚书侯君集为当弥道行营大总管，右领军大将军执失思力为白兰道行军总管，左武卫将军牛进达为阔水道行军总管，右领军将军刘兰为洮河道行军总管，率步骑五万以击之。进达先锋自松州夜袭其营，斩千余级。弄赞大惧，引兵而退，遣使谢罪。因复请婚，太宗许之。弄赞乃遣其相禄东赞致礼，献金五千两，自余宝玩数百事。

贞观十五年，太宗以文成公主妻之，令礼部尚书、江夏郡王道宗主婚，持节[7]送公主于吐蕃。弄赞率其部兵次柏海，亲迎于河源[8]。见道宗，执子婿之礼甚恭。既而叹大国服饰礼仪之美，俯仰有愧沮之色。及与公主归国，谓所亲曰："我父祖未有通婚上国者，今我得尚大唐公主，为幸实多。当为公主筑一城，以夸示后代。"遂筑城邑，立栋宇以居处焉。公主恶其人赭面[9]，弄赞令国中权且罢之，自亦释毡裘，袭纨绮，渐慕华风。仍遣酋豪子弟，请入国学以习《诗》《书》。又请中国识文之人典其表疏[10]。

【注释】[1]赞普：藏语音译，意为雄强的男子，从6世纪起成为吐蕃君长的称号。 [2]弃宗弄赞：即松赞干布。唐时吐蕃赞普，13岁即位，先后平定叛乱，定都逻些城（今西藏拉萨），建立官制、军制，制定法律，统一度量衡和课税制度。重视发展农牧生产，善于学习唐朝文化，在位期间极大地促进了吐蕃社会经济和文化的发展。 [3]羊同：古部落名，分布在今西藏西北部，有大小羊同之分。大羊同为松赞干布所讨平，置于吐蕃管辖之下。诸羌：古羌族诸部，居住于今黄河上游地区。 [4]突厥：古族名，6世纪时游牧于今阿尔泰山以南，6世纪中叶建立突厥汗国，全盛时疆域东起辽海，西抵西海（今咸海，一说里海），南至阿姆河以南，北过贝加尔湖，控制中西交通及丝绸之路，与中原的北齐、北周相抗衡。隋时分裂为东突厥与西突厥两汗国。吐谷浑：古族名，亦指其所建政权。原为鲜卑慕容部的一支，4世纪初建国，活动于今甘肃、青海一带，以游牧为主，兼营农业，在中西交通史上占有重要地位。7世纪后半叶为吐蕃所灭。［5］党项及白兰诸羌：党项羌原居住于今青海河曲和四川松潘以西山谷地带，唐时受吐蕃压迫，迁居今甘肃、宁夏及陕北地区，是隋唐之际诸羌部落中较为强大的一支，唐赐其首领姓李。白兰羌辖境东至四川以西，西至青海湖西南。［6］松州：唐武德元年（618）置，辖境相当于今四川松潘、黑水等县地。［7］持节：古代使臣出使，必持符节作为凭证。［8］柏海：一作柏梁，今青海内黄河上源的鄂陵湖、扎陵湖。河源：黄河上源。［9］赭面：吐蕃有以赭色涂面之俗。［10］典其表疏：典，掌管。表，古代给皇帝上的启奏文体。疏，条陈，也专指书面向皇帝陈述政见。

唐蕃会盟

吐蕃在与唐通好、接受唐朝册封的同时，仍在继续向外扩张，入侵唐朝边州和羁縻府州，进行了长期的掠夺财富及人口的战争，成为唐王朝一大边患。唐与吐蕃时战时和，从705年至822年共会盟八次，第八次是在穆宗长庆元年（821），史称"长庆会盟"。唐蕃双方派出使节，先在唐长安盟誓，次年又在吐蕃逻些（今拉萨）重盟。这次会盟后，吐蕃赞普在拉萨大昭寺前树立唐蕃会盟碑以志纪念，碑文为藏汉双语，表达了唐蕃世代友好的决心，反映出双方经过长时间的和战，意识到安定和平的珍贵，要重续唐初以来结下的舅甥之好。

《册府元龟·外臣部·盟誓》（节选）

穆宗长庆元年九月，吐蕃请盟，帝许之。……是年十月，命宰臣崔植、王播、杜元颖并赴与吐蕃誓坛所。……其誓辞曰："……越岁在癸丑冬十月癸酉，文武孝德皇帝诏丞相臣植、臣播、臣元颖等，与大蕃和使礼部尚书论纳罗等，会盟于京师，坛于城之西郊，坎[1]于坛北。凡读誓、刑牲、加书、复壤、陟降[2]、周旋之礼，动无违者，盖所以偃兵息人，崇姻继好，懋建远略，规恢长利故也。原夫昊穹上临，黄祇[3]下载，茫茫蠢蠢之类，必资官司，为厥宰臣，苟无统纪，则相灭绝。中夏见管，维唐是君；西裔一方，大蕃为主。自今而后，屏去兵革，宿忿旧恶，廓然消除。追崇舅甥，曩昔系援，边候撤警，戍烽韬烟。患难相恤，暴掠不作，亭障瓯脱，绝其交侵。襟带要害，谨守如故，彼无此诈，此无彼虞。呜呼！爱人为仁，保境为信，畏天为智，事神为礼，有一不至，遘灾于躬。塞山崇崇，河水汤汤，日吉辰良，奠其两疆。西为大蕃，东实巨唐。文臣执简，播告狄方。"大蕃赞普及宰相钵阐布、尚绮心儿等，先寄盟文要节云："蕃汉二邦，各守见管本界，彼此不得征讨，不得相为寇仇，不得侵谋境土。若有所疑，或要捉生问事，优给衣粮放还。"今并依从，更无添改。预盟之官十七人，皆列名焉。是月，刘元鼎等与论纳罗同赴吐蕃本国就盟。……繇是，太和已来，陇外稍安。

【注释】［1］坎：古时祭祀用的坑穴。 ［2］陟降：升降。 ［3］黄祇：地神，此处泛指大地。

李泌检括胡客

唐代，有很多少数民族和外国人在京城长安居住、学习、经商，而又以来自西域的使节、商贩居多。吐蕃攻陷河西、陇右地区后，大批外来人口的归途受到阻滞，他们留居长安，仰靠鸿胪寺供给，给唐朝廷造成了很大负担。贞元年间，时任中书侍郎的李泌查出在长安有田宅财产的胡人四千人，一概停止对他们的供给。经过李泌的处理，大部分胡客被纳入神策军，从此由鸿胪寺供给的胡客数量大大减少。李泌的这一举措，不但充实了唐朝的军事力量，而且为国家节省了大量开支，从长远的历史发展看，也加速了杂居内地的少数民族的封建化。

《资治通鉴·唐纪四十八》(节选)

（德宗贞元三年）初，河、陇[1]既没于吐蕃，自天宝以来，安西、北庭奏事及西域使人在长安者，归路既绝，人马皆仰给于鸿胪，礼宾委府、县[2]供之，于度支[3]受直。度支不时付直，长安市肆不胜其弊。李泌[4]知胡客留长安久者，或四十余年，皆有妻子，买田宅，举质[5]取利，安居不欲归，命检括[6]胡客有田宅者停其给。凡得四千人，将停其给。胡客皆诣政府诉之，泌曰："此皆从来宰相之过，岂有外国朝贡使者留京师数十年不听归乎！今当假道于回纥，或自海道各遣归国。有不愿归，当于鸿胪自陈，授以职位，给俸禄为唐臣。人生当乘时展用，岂可终身客死邪！"于是胡客无一人愿归者，泌皆分隶神策两军[7]，王子、使者为散兵马使或押牙[8]，余皆为卒，禁旅益壮。鸿胪所给胡客才十余人，岁省度支钱五十万缗，市人皆喜。

【注释】[1]河、陇：河西与陇右，今河西走廊地区。　[2]府、县：指京兆府及其所属赤县、畿县。　[3]度支：即户部，尚书省六部之一，掌管天下土田户籍、财税钱谷、仓廪库藏之政令。　[4]李泌：唐京兆（今陕西西安）人，自幼聪颖，七岁能文。天宝中待诏翰林，供奉东宫，因讽议时政被贬，出宫隐居。至德年间为肃宗谋士，权逾宰相。代宗召为翰林学士，因政治斗争又两度外出任官。德宗时再次入相，官至中书侍郎、同平章事。　[5]举：举贷以取倍称之利。质：以物质钱，计月取其利。　[6]检括：考查。　[7]神策两军：神策军，唐代后期主要禁军，德宗兴元元年（784）分为左右厢，后为宦官所控制。神策军不仅宿卫，还担负出征、戍防任务，衣粮赏赐优于诸军，但唐晚期逐渐腐化，长安富家子贿赂宦官挂名军籍，使战斗力日益衰败。　[8]押牙：又作押衙，唐宋时官名，管领仪仗侍卫。

唐代中外交通要道

唐代是中国古代对外往来高度发达的时期，从道路交通可见一斑。唐德宗贞元（785—805）年间，宰相贾耽曾考察全国疆域的路程情况，并记载从边地府州通往"四夷"的道路。根据贾耽所记，最重要的道路有七条，《新唐书·地理志》保留了这一资料。七条干道涵盖东西南北各个方向，远达今朝鲜半岛、中亚、西亚、印度、东南亚等地区，可以看出唐代通往外域的道路分布相当广泛。

《新唐书·地理志七下》（节选）

唐置羁縻诸州[1]，皆傍塞外，或寓名于夷落。而四夷之与中国通者甚众，若将臣之所征讨，敕使之所慰赐，宜有以记其所从出。天宝中，玄宗问诸蕃国远近，鸿胪卿[2]王忠嗣以《西域图》对，才十数国。其后贞元宰相贾耽考方域道里[3]之数最详，从边州入四夷，通译于鸿胪者，莫不毕纪。其入四夷之路与关戍走集[4]最要者七：一曰营州入安东道[5]，二曰登州海行入高丽渤海道[6]，三曰夏州塞外通大同云中道[7]，四曰中受降城[8]入回鹘道，五曰安西[9]入西域道，六曰安南[10]通天竺道，七曰广州通海夷[11]道。其山川聚落，封略[12]远近，皆概举其目。州县有名而前所不录者，或夷狄所自名云。

【注释】[1]羁縻诸州：唐宋时在周边少数民族内附部落中设置羁縻府州。唐代有羁縻都护府、都督府、州、县四级，共八百多个。首领由中央任命，世袭，受都护府、边州都督府或节镇统辖。羁縻府州户籍一般不上报户部，也不承担赋税。[2]鸿胪卿：鸿胪寺长官，掌外国、少数民族宾客接待、朝会及吉凶礼仪，兼管佛教、祆教寺庙，从三品。[3]方域：四方疆域，全国。道里：泛指长度距离。[4]走集：边境之壁垒。[5]营州：辖境在今辽宁西南部及河北东北部，治龙城县（隋更名柳城县，今辽宁朝阳）。安东：安东都护府，唐六都护府之一，总章元年（668）置。辖境约相当于今辽宁辽河以东、吉林松花江和头道江西南以及朝鲜北部和西部地区。[6]登州：在今山东龙口、栖霞、乳山及其以东，是通往辽东、高丽、新罗、百济和日本的港口。高丽：即高句丽，故地在今朝鲜半岛北部。隋末唐初与中国时战时和，总章元年为唐所灭，置安东都护府统之，不久并于新罗。渤海：唐代粟末靺鞨等族所建立的政权，学习唐朝制度，与唐代来往密切，经济文化发达，有"海东盛国"之称。最盛时辖境西至今辽宁东北部，东临今日本海，南达朝鲜半岛北部，北到黑龙江南。［7］夏州：在今陕西北端及内蒙古杭锦旗、乌审旗等地区。塞外：古代指长城以北的地区，也称塞北。云中：辖境在今山西北端的大同、浑源、右玉一带。［8］中受降城：唐景龙二年（708）张仁愿在黄河以北筑三座受降城，首尾呼应，用来防御突厥的侵扰。中受降城在今内蒙古包头市西。［9］安西：安西都护府，唐六都护府之一，贞观十四年（640）置。辖境东起阿尔泰山，西达西海（今咸海，一说里海），包括葱岭东西和阿姆河两岸诸城国。［10］安南：安南都护府，唐六都护府之一，调露元年（679）置。辖境约相当于今云南东南部、广西西南部及越南、老挝的部分地区。［11］海夷：应指今东南亚诸国。［12］封略：即封疆。

玄奘西行求法与长安译经

　　玄奘是中国历史上杰出的高僧、法相宗的创始人，被尊称为三藏法师。他于唐贞观元年（627）从长安出发，不畏艰难，独行五万里，到达古印度佛教中心那烂陀寺学习和研究佛教经义。贞观十九年（645）初，玄奘携佛经六百余部回到长安，著就《大唐西域记》一书，在弘福寺、慈恩寺等处译经七十余部、一千余卷，为中外文化交流作出了巨大贡献。《大慈恩寺三藏法师传》是一部记述玄奘生平事迹的史籍，这里选取了其中关于玄奘西域跋涉历尽艰辛、那烂陀寺佛学氛围、太宗迎玄奘入居慈恩寺的片段。

《大慈恩寺三藏法师传》卷一（节选）

　　从此已去，即莫贺延碛[1]，长八百余里，古曰沙河，上无飞鸟，下无走兽，复无水草。是时顾影唯一，心但念观音菩萨及《般若心经》[2]。初，法师在蜀，见一病人，身疮臭秽，衣服破污，愍将向寺施与衣服饮食之直。病者惭愧，乃授法师此《经》，因常诵习。至沙河间，逢诸恶鬼，奇状异类，绕人前后，虽念观音不得全去，及诵此《经》，发声皆散，在危获济，实所凭焉。

时行百余里，失道，觅野马泉不得。下水欲饮，袋重，失手覆之，千里之资一朝斯罄。又路盘回不知所趣，乃欲东归还第四烽。行十余里，自念我先发愿，若不至天竺终不东归一步，今何故来？宁可就西而死，岂归东而生！于是旋辔，专念观音，西北而进。是时四顾茫然，人鸟俱绝。夜则妖魑举火，烂若繁星，昼则惊风拥沙，散如时雨。虽遇如是，心无所惧，但苦水尽，渴不能前。是时四夜五日无一滴沾喉，口腹干燋，几将殒绝，不复能进，遂卧沙中默念观音，虽困不舍。启菩萨曰："玄奘此行不求财利，无冀名誉，但为无上正法来耳。仰惟菩萨慈念群生，以救苦为务。此为苦矣，宁不知耶？"如是告时，心心无辍。至第五夜半，忽有凉风触身，冷快如沐寒水。遂得目明，马亦能起。体既苏息，得少睡眠。即于睡中梦一大神长数丈，执戟麾[3]曰："何不强行，而更卧也！"法师惊寤进发，行可十里，马忽异路制之不回。经数里，忽见青草数亩，下马恣食。去草十步欲回转，又到一池，水甘澄镜澈，下而就饮，身命重全，人马俱得苏息。计此应非旧水草，固是菩萨慈悲为生，其志诚通神，皆此类也。即就草池一日停息，后日盛水取草进发，更经两日，方出流沙到伊吾[4]矣。此等危难，百千不能备叙。

【注释】［1］莫贺延碛：位于罗布泊和玉门关之间，现称哈顺戈壁。［2］《般若心经》：即《般若波罗蜜多心经》，佛经名，被认为是《般若经》类的提要，仅二百余字，便于持诵，在佛教中极其流行。［3］戟麾：戟，古兵器名，合戈、矛于一体，既可横击又可直刺。麾：用于指挥的旌旗。［4］伊吾：古西域地名，是内地通往西域的门户，今属新疆维吾尔自治区哈密市。

《大慈恩寺三藏法师传》卷三（节选）

那烂陀寺[1]者，此云施无厌寺。耆旧相传，此伽蓝[2]南庵没罗园中有池，池有龙名那烂陀，傍建伽蓝，故以为号。……庭序别开，中分八院。宝台星列，琼楼岳峙，观竦烟中，殿飞霞上，生风云于户牖，交日月于轩檐，加以渌水逶迤，青莲菡萏，羯尼花树晖焕其间，菴没罗林[3]森竦其外。诸院僧室皆有四重重阁，虬栋虹梁，绿栌朱柱，雕楹镂槛，玉础文㮰[4]，薨接摇晖，檐连绳彩[5]。印度伽蓝数乃千万，状丽崇高，此为其极。僧徒主客常有万人，并学大乘兼十八部[6]，爰至俗典《吠陀》[7]等书，因明、声明、医方、术数[8]亦俱研习。凡解经、论[9]二十部者一千余人，三十部者五百余人，五十部者并法师[10]十人。唯戒贤法师一切穷览，德秀年耆，为众宗匠。寺内讲座日百余所，学徒修习，无弃寸阴。德众所居，自然严肃。建立以来七百余载，未有一人犯讥过者。国王钦重，舍百余邑充其供养，邑二百户，日进秔米、酥乳[11]数百石。由是学人端拱无求而四事自足，艺业成就，斯其力焉。

【注释】[1]那烂陀寺：意译"施无厌"，古印度摩揭陀国王舍城东的著名寺院，是古印度规模宏大、水平最高的学府，尤以其中的佛教寺院和佛学研究著称于世。[2]伽蓝：僧伽蓝的略称，佛教寺院的梵文音译，原指修建僧舍的基地，转而为包括土地、建筑物在内寺院的总称。[3]菴没罗林：菴没罗，树名，又作庵摩罗树、庵婆罗树、庵罗树，产于印度各地。[4]玉础文㮰：础，柱下石墩。文，华美。㮰，屋檐前板。[5]薨：屋脊。檐：椽子，放在檩上架屋瓦的木条。[6]大乘：即大乘佛教，1世纪左右形成的佛教派别，自称能运载无量众生从生死大河之此岸到达菩提涅槃之彼岸，成就佛果，而贬称原始佛教和部派佛教为"小乘"。十八部：应指佛教各部派学说。[7]《吠陀》：古印度婆罗门（古印度四个种姓中的最高级，掌握神权）经典的总称，主要内容为赞颂和祈祷神明的诗歌、巫术咒语，记述宗教仪式的散文。[8]因明、声明、医方、术数：大乘佛教称声明、工巧明、医方明、因明、内明为五明，即佛教教授学徒的五种学问。因明：思想辩论规则之学，相当于逻辑学。声明：语言、文字之学。医方明：药石、针灸、禁咒等治疗之学。术数：中国古代用阴阳五行推断人事吉凶的数理，如占候、卜筮、星命等，这里应是借此概念类比佛教的相关学问。[9]经、论：佛教指三藏中的经藏与论藏。藏本指盛放东西的箱箧，三藏是佛教典籍的总称，包括经藏、律藏、论藏。[10]法师：佛教指通晓佛法并善于讲解以及致力修行传法的僧人。[11]秔米：即粳米，不黏的稻米。酥乳：乳制品。

《大慈恩寺三藏法师传》卷七（节选）

戊申，皇太子又宣令曰："营慈恩寺[1]渐向毕功，轮奂[2]将成，僧徒尚阙，伏奉敕旨度三百僧，别请五十大德同奉神居降临行道。其新营道场宜名大慈恩寺，别造翻经院，虹梁藻井，丹青云气，琼础铜沓，金环华铺，并加殊丽，令法师移就翻译，仍纲维寺任。"法师既奉令旨，令充上座。

……

十二月戊辰，又敕太常卿江夏王道宗将九部乐[3]，万年令宋行质、长安令裴方彦各率县内音声，及诸寺幢帐[4]，并使务极庄严。己巳，旦集安福门街，迎像送僧入大慈恩寺。至是陈列于通衢，其锦彩轩槛，鱼龙幢戏，凡一千五百余乘，帐盖三百余事。先是内出绣画等像二百余躯，金银像两躯，金缕绫罗幡[5]五百口，宿于弘福寺，并法师西国所将经、像、舍利等，爰自弘福引出，安置于帐座及诸车上，处中而进。又于像前两边各丽大车，车上竖长竿悬幡，幡后布师子神王等为前引仪。又庄宝车五十乘坐诸大德，次京城僧众执持香华，呗赞[6]随后，次文武百官各将侍卫部列陪从，太常九部乐挟两边，二县音声继其后，而幢幡钟鼓訇磕缤纷，眩日浮空，震耀都邑，望之极目不知其前后。皇太子遣率尉迟绍宗、副率王文训领东宫兵千余人充手力，敕遣御史大夫李乾祐为大使，与武侯相知检校。帝将皇太子、后宫等于安福门楼执香炉目而送之，甚悦。衢路观者数亿万人。经像至寺门，敕赵公、英公、中书褚令执香炉引入，安置殿内，奏九部乐、破阵舞[7]及诸戏于庭，讫而还。

【注释】[1]慈恩寺：唐代佛寺，位于长安城南晋昌坊，贞观二十二年（648）太子李治追念长孙皇后而建，故名。寺内别造译经院，迎玄奘入住译经达八年。[2]轮奂：高大，华美，多形容建筑。[3]太常卿：官名，唐为太常寺长官，正三品，掌宗庙陵寝祭祀、礼乐仪制、天文术数、学校等。九部乐：隋唐宫廷音乐。隋炀帝大业中设，唐初承隋制并略有损益，包括燕乐、清商、西凉、扶南、高丽、龟兹、安国、疏勒、康国九部。唐高宗伐高昌后，增高昌一部，为十部乐。[4]幢帐：佛教用物，在佛像前立竿为柱，顶安宝珠，上面用丝帛装饰，表示佛统率众生制伏魔众之意。[5]幡：又作旛，旌旗的总称。佛教用来与盖、幢一起供奉和装饰佛菩萨像等。［6］呗赞：佛教僧徒赞颂佛的功德。［7］破阵舞：唐宫廷乐舞名，又名七德舞。太宗李世民即位后为赞颂自己征伐四方、以武功定天下的伟业而创作，亲自绘《破阵乐舞图》，吕才谱曲，魏徵等制歌辞。音乐声韵慷慨，舞蹈模拟战阵之形，披银甲执戟而舞，场面壮观。

义净西行求法

义净是唐代继玄奘后又一位西行求法的著名高僧。俗姓张，生于635年，7岁起随法师学习，掌握了扎实的佛学基础和文化知识，13岁正式出家为僧，曾赴洛阳、长安修习。15岁时便萌生了去天竺取经的想法，但到37岁才正式成行。唐高宗咸亨二年（671）从广州出发，经东南亚，遍游五天竺，历三十余国，于证圣元年（695）回到洛阳。回国后，义净致力于佛经翻译，十几年中译经56部，230卷，还著有《大唐西域求法高僧传》《南海寄归内法传》，为后人研究佛教史和中外交通史提供了宝贵资料。以下所选篇目出自宋赞宁撰写的《宋高僧传》。

《宋高僧传·唐京兆大荐福寺义净传》（节选）

释义净字文明，姓张氏，范阳人也。髫龀[1]之时，辞亲落发，遍询名匠，广探群籍，内外闲习，今古博通。年十有五，便萌其志，欲游西域，仰法显之雅操，慕玄奘之高风。加以勤无弃时，手不释卷，弱冠登具，愈坚贞志。咸亨二年，年三十有七，方遂发足。初至番禺，得同志数十人，及将登舶，余皆退罢。净奋励孤行，备历艰险。所至之境，皆洞言音。凡遇酋长，俱加礼重。鹫峰、鸡足[2]，咸遂周游；鹿苑、祇林[3]，并谐瞻瞩。诸有圣迹，毕得追寻。经二十五年，历三十余国，以天后证圣元年乙未仲夏，还至河洛，得梵本经律论近四百部，合五十万颂，金刚座真容一铺、舍利[4]三百粒。天后亲迎于上东门[5]外，诸寺缁伍具旛盖歌乐前导，敕于佛授记寺安置焉。

初与于阗三藏[6]实叉难陀翻《华严经》。久视之后,乃自专译。……自天后久视迄睿宗景云,都翻出五十六部,二百三十卷。又别撰《大唐西域求法高僧传》《南海寄归传内法传》。……净虽遍翻三藏,而偏攻律部,译缀之暇,曲授学徒。凡所行事皆尚急护。漉囊[7]涤秽,特异常伦。学侣传行,遍于京、洛,美哉,亦遗法之盛事也。

【注释】[1]髫龀:童年。 [2]鹫峰:又名耆阇崛山,是佛教的圣山,在中印度摩揭陀国王舍城之东北,是释迦牟尼说法之地。鸡足:鸡足山,在今大理白族自治州东部宾川县境内,是佛教圣地,迦叶菩萨的道场。 [3]鹿苑、祇林:均为释迦牟尼说法处,位于今印度境内。 [4]舍利:佛骨,又称舍利子。 [5]上东门:唐东都洛阳外郭城东墙偏北的城门。 [6]三藏:佛教以经(佛所自说)、律(戒规)、论(经义的解释)为三藏。后把通晓三藏的僧人称为三藏法师,简称三藏。 [7]漉囊:又称漉水袋,佛教比丘衣具六物之一,用来滤去水中的小虫。

高仙芝远征小勃律

小勃律(今克什米尔吉尔吉特)原为唐朝属国,是吐蕃通往安西四镇的必经之地,由于与吐蕃通好,归附于吐蕃。吐蕃进而控制了西北二十余国,中断了其对唐朝的贡献。天宝六年(747),唐玄宗命将领高仙芝率步骑一万征讨小勃律。高仙芝行军百余日,至帕米尔高原兵分三路,在小勃律西北部的吐蕃连云堡会师。高仙芝大破连云堡后,又率军南行至坦驹岭和阿弩越城(均位于今克什米尔地区),以智谋平定小勃律。从此西域拂菻、大食等72国都被唐军威慑,归降唐朝。

《旧唐书·高仙芝传》(节选)

小勃律[1]国王为吐蕃所招,妻以公主,西北二十余国皆为吐蕃所制,贡献不通。后节度使田仁琬、盖嘉运并灵詧累讨之,不捷,玄宗特敕仙芝[2]以马步万人为行营节度使往讨之。时步军皆有私马,自安西行十五日至拨换城[3],又十余日至握瑟德,又十余日至疏勒,又二十余日至葱岭守捉,又行二十余日至播密川,又二十余日至特勒满川,即五识匿国[4]也。仙芝乃分为三军:使疏勒守捉使赵崇玼统三千骑趣吐蕃连云堡[5],自北谷入;使拨换守捉使贾崇瓘自赤佛堂路入;仙芝与中使边令诚自护密国[6]入,约七月十三日辰时会于吐蕃连云堡。堡中有兵千人,又城南十五里因山为栅,有兵八九千人。城下有婆勒川,水涨不可渡。仙芝以三牲祭河,命诸将选兵马,人赍三日干粮,早集河次。水既难渡,将士皆以为狂。既至,人不湿旗,马不湿鞯[7],已济而成列矣。仙芝喜谓令诚曰:"向吾半渡贼来,吾属败矣,今既济成列,是天以此贼赐我也。"遂登山挑击,从辰至巳,大破之。至夜奔逐,杀五千人,生擒千人,余并走散。得马千余匹,军资器械不可胜数。

玄宗使术士[8]韩履冰往视日,惧不欲行,边令诚亦惧。仙芝留令诚等以羸病尪弱三千余人守其城,仙芝遂进。三日,至坦驹岭[9],直下峭峻四十余里,仙芝料之曰:"阿弩越胡若速迎,即是好心。"又恐兵士不下,乃先令二十余骑诈作阿弩越城胡服上岭来迎。既至坦驹岭,兵士果不肯下,云:"大使将我欲何处去?"言未毕,其先使二十人来迎,云:"阿弩越城胡并好心奉迎,娑夷河藤桥已斫讫。"仙芝阳喜以号令,兵士尽下。娑夷河,即古之弱水[10]也,不胜草芥毛发。下岭三日,越胡果来迎。明日,至阿弩越城,当日令将军席元庆、贺娄馀润先修桥路。仙芝明日进军,又令元庆以一千骑先谓小勃律王曰:"不取汝城,亦不斫汝桥,但借汝路过,向大勃律[11]去。"城中有首领五六人,皆赤心为吐蕃。仙芝先约元庆云:"军到,首领百姓必走入山谷,招呼取以敕命赐彩物等,首领至,齐缚之以待我。"元庆既至,一如仙芝之所教,缚诸首领。王及公主走入石窟,取不可得。仙芝至,斩其为吐蕃者五六人。急令元庆斫藤桥,去勃律犹六十里,及暮,才斫了,吐蕃兵马大至,已无及矣。藤桥阔一箭道,修之一年方成。勃律先为吐蕃所诈借路,遂成此桥。至是,仙芝徐自招谕勃律及公主出降,并平其国。

【注释】[1]小勃律：位于今克什米尔西北部吉尔吉特。 [2]仙芝：高仙芝，高句丽人，青年时代从军安西，天宝六载（747）平大小勃律、拂菻、大食等七十二国皆通于唐。后奉诏平定安史之乱，拜天下兵马副元帅，东京失守后退屯潼关以保长安。受边令诚诬陷，被斩于军中。 [3]拨换城：位于今新疆阿克苏。 [4]握瑟德：位于今新疆巴楚东北。疏勒：位于今新疆喀什。守捉、播密川：位于今阿姆河上游。特勒满川、五识匿国：位于今帕米尔高原盖茨河一带。 [5]连云堡：在今阿富汗东北部喷赤河南源附近。 [6]护密国：位于今阿富汗瓦汗地区。 [7]鞯：马鞍下面的垫子。 [8]术士：有技艺的人，特指巫祝占卜之人。 [9]坦驹岭：今克什米尔北部德尔果德山口。 [10]弱水：凡水道由于水浅或当地人只用皮筏交通的，古人往往认为是水弱不能胜舟，故称"弱水"。古籍所载弱水很多。 [11]大勃律：在吐蕃以西，今拉达克西南端与克什米尔交界处。

入仕唐朝的波斯李素父子

李素，波斯人，生于天宝二年（741）。出身波斯贵族，其祖、父均在唐朝任官，受赐李姓。李素自幼成长于唐朝，因具有天文历算方面的才能，大历（766—779）年间被召入宫廷，任翰林待诏，官至司天监，是唐代天文历算最高机构的长官。李素供奉四朝达五十余年，恪尽职守。其子李景亮继承父学，李素去世之后被唐宪宗起用，其他诸子也都在长安及周边任职。西安出土的李素墓志，为我们认识这个入仕唐朝的波斯家族提供了宝贵的资料。

《大唐故李府君墓志铭》

公讳素，字文贞，西国波斯人也[1]。累缵贵胄，代袭弓裘[2]，是谓深根固蒂，枝叶繁茂。公则本国王之甥也，荣贵相承，宠光照灼。祖益，初，天宝中，衔自君命，来通国好，承我帝泽，纳充质子[3]，止卫中国，列在戎行。拜银青光禄大夫检校[4]左散骑常侍兼右武卫将军赐紫金鱼袋[5]，特赐姓李，封陇西郡，因以得姓也。父志，皇任朝散大夫守广州别驾[6]上柱国。公即别驾之长子也。公天假秀气，涧生奇质，得褉窆之天文，究巫咸之艺业[7]。握算枢密，审量权衡，四时不忒，二仪无忒[8]。大历中，特奉诏旨，追赴阙庭[9]，考试既多，人莫能测。三年在内，累授恩荣，蒙敕赐妻王氏，封太原郡夫人，兼赐庄宅、店铺，遂放还私第，与夫人同归于宅，仍令高品四人监临奏对[10]，除翰林待诏[11]。四朝供奉，五十余年，退食[12]自公，恪勤无替。夫人有子三人，女一人。长子及女早岁沦亡。至贞元六年，不幸夫人倾逝。仲子景佽，朝请大夫试[13]太常卿上柱国守河中府散兵马使；季子景伏，朝散大夫试光禄卿晋州防御押衙。时遭祸罹，咸悉幼稚，涟涟泣血，不绝哀声，同顾悌之绝浆，得干褒之孝道[14]。公熙念偏露[15]，爱育无人，丧礼既终，再议婚娶。以贞元八年，礼聘卑失氏，帝封为陇西郡夫人。有子四人，女二人。长子景亮，袭先君之艺业，能博学而攻文，身没之后，此乃继体。次子景弘，朝议郎试韩王府司马；少子景文，前太庙斋郎；幼子景度，前丰陵挽郎[16]；长女礼适罗氏，更岁而丧；在室之女，因疾而亡。呜呼！公往日历司天监[17]，转汾、晋二州长史，出入丹墀，栖翔凤馆，曾无疾疢，暴起祸飞，天灾流行，掩钟斯莘，国丧其宝，人之云亡。时元和十二年岁次丁酉十二月十七日终于静恭里也，享年七十有四。虽身没之后，盛德犹归，上命宣传，赈赉缯帛。帝泽不易，恩渥弥深，遂召子景亮，诘问玄微，对扬无玷，擢升禄秩[18]，以续阙如，起服[19]拜翰林待诏襄州南漳县尉。再立门庭之贵，复登禁掖[20]之荣，冠盖联绵，形影相吊。陇西郡夫人与长子景佽等每议安厝[21]，无不流涕呜咽。告子卜择，龟筮叶从[22]，罄家有无，以营迁殡。今于万年县浐川乡尚傅村观台里，用置茔垄。时元和十四年己亥岁五月戊寅朔十七日甲午迁葬于此，礼也。故刻石为纪，显彰厥德。铭曰：

　　卓哉李公，天降其聪。涧生秀才，人莫之同。家本西域，身荣汉宗。恪勤荐职，惟公奉忠。其一。鉴烛非怨，辩明不忒。二仪道远，三光[23]莫测。人岂知之，公为自得。四朝供奉，一门授职。荣贵及时，用光家国。其二。魂归圹宅，魄散青天。丘坟映日，松槚生烟。设陈尸位，号诉于筵。玄堂既掩，刊石留年。其三。

【注释】［1］波斯：古国名，汉代称安息，隋唐称波斯，今伊朗。唐与波斯往来频繁，许多波斯人在唐任官或经商。［2］弓裘：比喻家传的事业。［3］质子：人质。古代派往别国作抵押的人，多为王子或世子，故名质子。［4］检校：官制用语，最初指未实授某官而代理其职。唐中后期凡检校之官均为散官或加官，仅用于寄衔，表示官品高下，不实际任职。［5］鱼袋：官员章服所佩之物。唐制，朝中五品以上官员随身佩带鱼符，用袋盛之，故名鱼袋，三品以上饰以金，五品以上饰以银。开元以后，百官赐绯、紫者必兼鱼袋，故有"赐绯（银）鱼袋""赐紫金鱼袋"之说。［6］守：官制用语，指官阶低而所署官高。别驾：州刺史的佐吏，因随刺史出巡时另乘一车，故得名。［7］裨竈：春秋时郑国大夫，善观星象。巫咸：古代传说神巫名，善筮。［8］四时：一年四时指春、夏、秋、冬，一日四时指朝、昼、夕、夜。二仪：即两仪，指天、地。［9］阙庭：指宫廷，皇帝所居之处。［10］高品：这里应指有相关才能的高手。监临：监督临视，即实际考察。［11］翰林待诏：唐开元年间设置的以艺能伎术供奉宫廷的差遣职，隶翰林院，盛于唐宋时期。［12］退食：减膳以示节约。［13］试：官制用语，指试用待录之官。［14］顾悌之绝浆：顾悌，三国吴国人，孝敬父亲，父亲去世后五天没有喝水。王褒之孝道：应为王裒，西晋人，父为司马昭所杀，故不仕晋，隐居教书。其母在世时怕雷，死后葬于山林，每到打雷时，他就奔至母亲坟前跪拜安慰。［15］偏露：父亡称偏露，又称孤露，孤单无所荫庇之意。这里指李素之子丧母。［16］斋郎：处理祭祀事务的小吏。挽郎：牵引灵柩唱挽歌的少年。［17］司天监：司天台长官。司天台原名太史局，隶秘书省，后独立，改称司天台，掌天文历数之事。［18］禄秩：俸禄和品级。［19］起服：又作起复。古时官吏有丧，服未满而复起用。［20］禁掖：宫中旁殿，泛指帝王居所。［21］安厝：安葬。厝，停柩待葬。［22］龟筮叶从：古时占卜，用龟甲称卜，用蓍草称筮。叶从，和合之义。［23］三光：日、月、星，一说日、月、五星。

日本遣唐使

日本自汉代起就与中国有经济、文化上的交流，自魏晋至隋，多次派遣使节来到中国。唐代，中日间的联系更加密切，日本先后共派遣十九次聘唐使节来中国访问，史称"遣唐使"。使团包括各类官员及随员，同时有大批留学生、学问僧，规模大的使团一次可达六百余人。遣唐官员有屡次来华并在唐任官者，留学生和学问僧居留时间较长，深入学习中国先进的文化和技术，并介绍到日本，极大地促进了日本社会的发展，使唐朝文化在日本深入人心，影响久远。

《新唐书·东夷传·日本》（节选）

长安元年，其王文武立，改元曰太宝，遣朝臣真人粟田贡方物。朝臣真人者，犹唐尚书也。冠进德冠[1]，顶有华蔓四披，紫袍帛带。真人好学，能属文，进止有容。武后宴之麟德殿[2]，授司膳卿，还之。……开元初，粟田复朝，请从诸儒受经，诏四门助教赵玄默即鸿胪寺为师，献大幅布为贽[3]，悉赏物贸书以归。其副朝臣仲满慕华不肯去，易姓名曰朝衡，历左补阙，仪王友[4]，多所该识，久乃还。……天宝十二载，朝衡复入朝。上元中，擢左散骑常侍、安南都护。

【注释】［1］进德冠：唐代皇太子及贵臣所戴的一种冠，取"进德修行"之意。［2］麟德殿：位于唐长安大明宫太液池西侧高地上，因建于高宗麟德（664—665）年间而得名。凡宫廷内宴、藩臣来朝、宰臣奏事、命妇朝参，多在此殿举行。［3］贽：聘享的礼物。［4］左补阙：唐武则天时置左右补阙各二员，左隶门下，右隶中书，掌供奉讽谏，从七品上，为士人清选。仪王友："友"为王府官之一，有辅佐、规谏亲王的职责，唐前期地位较高，后期逐渐降低，多为虚职。

国手顾师言对弈日本王子

围棋历史悠久，相传为尧教其子丹朱而造。唐代，围棋形制逐渐发展成熟，帝王的喜爱和提倡使围棋成为社会各阶层一项重要的文娱活动，日本、新罗等邻国也盛行围棋。唐代宫廷设有棋待诏，是历史上较早的专职棋手，在外交活动中，他们往往承担"国手"的重任。孙光宪的《北梦琐言》记载了唐宣宗时待诏顾师言与日本王子对弈之事。日本王子展示"楸玉棋局"和"冷暖玉棋子"，带有炫耀和挑战的意味；顾师言在交锋中表现谨慎，终以"大国之三"胜过"小国第一"。此事体现出唐朝国手技艺之高超，而礼宾与王子的对话更是充溢着唐朝作为"大国"的优越感。

《北梦琐言·日本国王子棋》（节选）

唐宣宗朝，日本国王子入贡，善围棋。帝令待诏[1]顾师言与之对手。王子出本国如楸玉局、冷暖玉棋子。盖玉之苍者，如楸玉色，其冷暖者，言冬暖夏凉，人或过说，非也。王子至三十三下，师言惧辱君命，汗手死心，始敢落指。王子亦凝目缩臂数四，竟伏不胜，回谓礼宾曰："此第几手？"答曰："其第三手也。"王子愿见第一手，礼宾曰："胜第三，可见第二；胜第二，可见第一。"王子抚局叹曰："小国之一，不及大国之三！"

【注释】[1]待诏：本意为待皇帝之诏，自汉代起成为一种以才艺供奉宫廷的差遣职，唐代翰林院有"翰林待诏"，任职者主要是以琴、棋、书、画、天文、医学、占卜等一技之长供奉宫廷的人员。

五代宋代时期

近代名著選

引　言

　　由五代而及宋代，承中唐以降变化之余绪，而呈现由地方割据、政权更迭直至崇文抑武、国祚相沿的局面。① 五代之时，因时局动荡，修史之事颇受影响，总体来看数量较少，不少政事、典章难以呈现，但在后世的搜集整理中，五代十国的面貌仍能有所体现。就基本史料而言，主要有《旧五代史》《新五代史》和《五代会要》，《资治通鉴》亦有所涉及；② 就其他史料而言，主要有《九国志》《南唐书》《吴越备史》《南汉书》及《十国春秋》等。③

　　宋代修史、著史蔚然成风，给后人留下了宝贵的资料。两宋历时 320 年，时间跨度较大，既涉及由五代之乱到北宋之治的转型，又涉及靖康之后南宋重建的艰辛，政权间的纷争、政局间的动荡勾勒出广阔背景，文化上的昌盛、经济上的繁荣呈现出丰富内容。科举制度的大力提倡，让更多读书人得以涌现，记录下政事、生活的点滴；修史制度的日渐完备，让官方史料规整充实，也使私家著史有所借鉴。就基本史料而言，主要有《宋史》《文献通考》《续资治通鉴长编》《建炎以来系年要录》《建炎以来朝野杂记》《宋会要辑稿》《宋史

---

① 即使北宋末年遭遇靖康之变，一时受到重创，南宋仍能延续北宋的制度特点，稳定王朝、凸显"崇文抑武"之风。

② ［宋］薛居正：《旧五代史》，北京：中华书局，2011 年。［宋］欧阳修：《新五代史》，北京：中华书局，2011 年。［宋］王溥：《五代会要》，北京：中华书局，1998 年。［宋］司马光：《资治通鉴》，北京：中华书局，2009 年。

③ ［宋］路振：《九国志》，《五代史书汇编》，杭州：杭州出版社，2004 年。［宋］陆游：《南唐书》，《五代史书汇编》，杭州：杭州出版社，2004 年。［宋］范垌：《吴越备史》，《五代史书汇编》，杭州：杭州出版社，2004 年。［清］梁廷柟：《南汉书》，广州：广东人民出版社，1981 年。［清］吴任臣：《十国春秋》，北京：中华书局，1983 年。

全文》等；① 就其他史料而言，主要有《宋朝事实》《宋朝事实类苑》《三朝北盟会编》《宋大诏令集》《金佗粹编》《诸臣奏议》《历代名臣奏议》等。② 而宋代广阔的社会风貌，更被为数众多的文集、笔记小说加以记载，此处不再一一列举。

---

① ［元］脱脱：《宋史》，北京：中华书局，1977年。［宋］马端临：《文献通考》，北京：中华书局，1986年。［宋］李焘：《续资治通鉴长编》，北京：中华书局，2004年。［宋］李心传：《建炎以来系年要录》，北京：中华书局，1988年。［宋］李心传：《建炎以来朝野杂记》，北京：中华书局，2006年。［清］徐松辑：《宋会要辑稿》，北京：中华书局，1957年。［宋］佚名：《宋史全文》，北京：中华书局，2016年。

② ［宋］李攸：《宋朝事实》，北京：中华书局，1985年。［宋］江少虞：《宋朝事实类苑》，上海：上海古籍出版社，1981年。［宋］徐梦莘：《三朝北盟会编》，上海：上海古籍出版社，1987年。［宋］佚名：《宋大诏令集》，北京：中华书局，1962年。［宋］岳珂：《金佗粹编》，北京：中华书局，1988年。［宋］赵汝愚编：《诸臣奏议》，上海：上海古籍出版社，1999年。［宋］黄淮、杨士奇编：《历代名臣奏议》，上海：上海古籍出版社，2012年。

五代时期

《旧五代史》与《新五代史》之对比

五代战乱频仍，史料记载相对匮乏，后人汇编成《旧五代史》《新五代史》等，以窥其貌。《旧五代史》为名臣薛居正领衔所编，薛居正历经后晋、后汉、后周、北宋初，对于五代历史有切实的感受，编纂过程中，其以详实为主要特点，故《旧五代史》具有较高的史料价值；而《新五代史》为名臣欧阳修领衔所编，欧阳修主要入仕于仁宗朝，其被视为北宋中期一代文宗，在编纂史书过程中，融入不少个人的见解，因而《新五代史》内容有所削减，评议有所增多。

《新五代史·一行传序》（节选）

呜呼，五代之乱极矣，传[1]所谓"天地闭，贤人隐"之时欤！当此之时，臣弑其君，子弑其父，而搢绅之士安其禄而立其朝，充然无复廉耻之色者皆是也。[2]吾以谓自古忠臣义士多出于乱世，而怪当时可道者何少也，岂果无其人哉？虽曰干戈兴，学校废，而礼义衰，风俗隳坏，至于如此，然自古天下未尝无人也，吾意必有洁身自负之士，嫉世远去而不可见者。自古材贤有韫[3]于中而不见于外，或穷居陋巷，委身草莽，虽颜子之行，不遇仲尼而名不彰，况世变多故，而君子道消之时乎！吾又以谓必有负材能，修节义，而沉沦于下，泯没而无闻者。求之传记，而乱世崩离，文字残缺，不可复得，然仅得者四五人而已。

处乎山林而群麋鹿，虽不足以为中道，然与其食人之禄，俯首而包羞，孰若无愧于心，放身而自得？吾得二人焉，曰郑遨、张荐明。势利不屈其心，去就不违其义，吾得一人焉，曰石昂。苟利于君，以忠获罪，而何必自明，有至死而不言者，此古之义士也，吾得一人焉，曰程福赟。五代之乱，君不君，臣不臣，父不父，子不子，至于兄弟、夫妇人伦之际，无不大坏，而天理几乎其灭矣。于此之时，能以孝悌自修于一乡，而风行于天下者，犹或有之，然其事迹不著，而无可纪次，独其名氏或因见于书者，吾亦不敢没，而其略可录者，吾得一人焉，曰李自伦。作《一行传》。

【注释】［1］传：解说经义的文字。此处特指《易》中的《文言传》。［2］当时之时……皆是也：五代之时战乱不断，政权更迭时有发生，因而武将往往拥兵自重，文臣也多有自保之念，政局混乱一言难尽。唐末宫廷礼乐、法器几经散落，后晋时契丹攻入都城，这些更是所剩无几，礼乐传承岌岌可危。［3］韫：蕴藏、包含。

《进旧五代史表》（节选）

臣等伏案薛居正等所修《五代史》，原由官撰，成自宋初，以一百五十卷之书，括八姓十三主之事，具有本末，可为鉴观。虽值一时风会[1]之衰，体格[2]尚沿于冗弱；而垂千古废兴之迹，异同足备夫参稽。故以杨大年之淹通，司马光之精确，无不资其赅贯，据以编摩，求诸列朝正史之间，实亦刘昫《旧书》之比。乃征唐事者并传天福[3]之本，而考五代者惟行欧阳之书，致此逸文，浸成坠简。阅沉沦之已久，信显晦之有时。

……

窃惟五季虽属闰朝[4]，文献足征，治忽宜监。有《薛史》以综事迹之备，有《欧史》以昭笔削之严，相辅而行，偏废不可。幸遭逢乎盛际，得焕发其幽光，所裨实多，先睹为快。……

【注释】［1］风会：风气、时势。［2］体格：文章的体裁格调。［3］天福：后晋高祖石敬瑭开始使用的年号，出帝石重贵沿用至九年改元。　[4]闰朝：伪朝。

朱温启五代之端

黄巢起义中，朱温本为义军将领，能征善战，但面对唐军大举围攻，朱温转而投降，此后便成为独霸一方的节度使。唐朝末年宦官专权，昭宗与宰相崔胤共谋斩杀宦官，不料韩全诲等先发制人，将昭宗掳至凤翔，朱温受命发兵，后宦官威胁虽解除，但朝野大权为朱温所攫取。907年，唐朝灭亡、后梁建立，朱温开启了一个五代纷争的乱世。

《新五代史·梁本纪》（节选）

唐僖宗乾符四年，黄巢起曹、濮，（朱）存、（朱）温亡入贼中。巢攻岭南，存战死。巢陷京师，以温为东南面行营先锋使。攻陷同州，以为同州防御使。是时，天子在蜀，诸镇会兵讨贼。温数为河中王重荣所败，屡请益兵于巢，巢中尉孟楷抑而不通。温客谢瞳说温曰："黄家起于草莽，幸唐衰乱，直投其隙而取之尔，非有功德兴王之业也，此岂足与共成事哉！今天子在蜀，诸镇之兵日集以谋兴复，是唐德未厌于人也。且将军力战于外，而庸人制之于内，此章邯所以背秦而归楚也。"温以为然，乃杀其监军严实，自归于河中，因王重荣以降。都统王铎承制拜温左金吾卫大将军、河中行营招讨副使，天子赐温名全忠。

……

唐宦者刘季述作乱，天子幽于东宫。天复元年正月，护驾都头孙德昭诛季述，天子复位。封王为梁王。……

自刘季述等已诛，宰相崔胤外与梁交，欲假梁兵尽诛宦者。而凤翔李茂贞、邠宁王行瑜等皆遣子弟以精兵宿卫天子，宦官韩全诲等亦因恃以为助。天子与胤计事，宦者属耳，颇闻之。乃选美女，内之宫中，阴令伺察其实。久之，果得胤奏谋所以诛宦者之说，全诲等大惧，日夜相与涕泣，思图胤以求全。胤知谋泄，事急，即矫为制，召梁兵入诛宦者。……全诲等闻梁王兵且至，即以岐、邠宿卫兵劫天子奔于凤翔。……是时，岐兵屡败，而围久，城中食尽，自天子至后宫，皆冻馁。三年正月，茂贞杀韩全诲等二十人，囊其首，示梁军，约出天子以为解。……

天祐元年正月，王如河中，遣牙将寇彦卿如京师，请迁都洛阳，并徙长安居人以东。天子行至陕州，王朝于行在，先如东都。是时，六军诸卫兵已散亡，其从以东者，小黄门十数人，打球供奉、内园小儿[1]等二百余人。行至谷水，王教医官许昭远告其谋乱，悉杀而代之，然后以闻。由是，天子左右皆梁人矣。……（卷一）

开平元年春正月壬寅，天子使御史大夫薛贻矩来劳军。宰相张文蔚率百官来劝进。夏四月壬戌，更名晃。甲子，皇帝即位。戊辰，大赦，改元，国号梁。封唐主为济阴王。升汴州为开封府，建为东都，以唐东都为西都。废京兆府为雍州。赐东都酺[2]一日。……（卷二）

【注释】[1]内园小儿：唐代禁苑中供使唤的杂役。 [2]酺：本义为欢聚饮酒，此处指国有喜庆，皇帝赐臣民聚会饮酒。

《旧五代史·梁书·太祖纪第七》（节选）

臣谨案：梁祖以天复三年迎唐昭宗于岐下，岁在甲子，其年改天祐，至国初建隆庚申岁，才五十六年矣，然则乾德七十岁人皆目睹其事。盖唐室自懿宗失政，天下乱离，故武宗以下实录，不传于世。昭宗一朝，全无记注。梁祖在位止及六年，均王朝诏史臣修《梁祖实录》，岐下系鞋之事，耻而不书。晋天福中，史臣张昭重修《唐史》，始有《昭宗本纪》，但云即位之始，有会昌之风，岐阳[1]事迹，不能追补。此亦明唐昭宗有英睿之气，而衰运不振；又明左右无忠义奋发之臣，致梁祖得行其志。有所警诫，不可不书。

【注释】[1]岐阳：岐山之南。此处与岐下均指凤翔。

庄宗兴亡之速

李克用盘踞河东，以复兴唐朝为旗号，同朱温连年征战。后弥留之际，李克用交待其子李存勖三件遗愿，一是报燕地刘仁恭父子之仇，二是报汴梁朱温之仇，三是报契丹叛盟之仇。李存勖励精图治，大仇得报，昭告太庙。但战功的显赫带来的是骄奢，李存勖逐渐猜忌诸将、启用群小，时局急转直下，短短数年便兵败身死。欧阳修在《伶官传序》中，以辛辣的文笔批判了庄宗李存勖由兴速亡的状况。

《新五代史·唐本纪第五》（节选）

存勖，克用长子也。初，克用破孟方立于邢州，还军上党，置酒三垂岗，伶人奏《百年歌》，至于衰老之际，声甚悲，坐上皆凄怆。时存勖在侧，方五岁，克用慨然捋须，指而笑曰："吾行老矣，此奇儿也，后二十年，其能代我战于此乎！"存勖年十一，从克用破王行瑜，遣献捷于京师，昭宗异其状貌，赐以鹨鹅卮[1]、翡翠盘，而抚其背曰："儿有奇表，后当富贵，无忘予家。"及长，善骑射，胆勇过人，稍习《春秋》，通大义，尤喜音声歌舞俳优之戏。

【注释】[1]鹨鹅：水鸟名。卮：盛酒的器皿。

《新五代史·伶官传》（节选）

呜呼！盛衰之理，虽曰天命，岂非人事哉！原庄宗之所以得天下，与其所以失之者，可以知之矣。世言晋王之将终也，以三矢赐庄宗而告之曰："梁，吾仇也；燕王吾所立，契丹与吾约为兄弟，而皆背晋以归梁。此三者，吾遗恨也。与尔三矢，尔其无忘乃父之志！"庄宗受而藏之于庙。其后用兵，则遣从事以一少牢[1]告庙，请其矢，盛以锦囊，负而前驱，及凯旋而纳之。方其系燕父子以组，函梁君臣之首，入于太庙，还矢先王而告以成功，其意气之盛，可谓壮哉！及仇雠已灭，天下已定，一夫夜呼，乱者四应，仓皇东出，未及见贼而士卒离散，君臣相顾，不知所归，至于誓天断发，泣下沾襟，何其衰也！岂得之难而失之易欤？抑本其成败之迹而皆自于人欤？《书》曰："满招损，谦得益。"忧劳可以兴国，逸豫可以亡身，自然之理也。故方其盛也，举天下豪杰莫能与之争；及其衰也，数十伶人困之，而身死国灭，为天下笑。夫祸患常积于忽微，而智勇多困于所溺，岂独伶人也哉！作《伶官传》。

【注释】[1] 少牢：古时祭礼的牺牲，牛、羊、豕俱用叫太牢，只用羊、豕二牲叫少牢。

名将郭崇韬之陨

郭崇韬为后唐庄宗征战南北的名将，建立了不世功勋，其见解多有过人之处，对时局颇有帮助。但带兵破蜀后，郭崇韬与宦官监军大为不合，以致为其所谗害。郭崇韬立有大功，但最终难免获罪，反映出的是后唐庄宗志得意满后猜忌诸将的现象，郭崇韬的悲剧不是一个人的悲剧，而是后唐庄宗朝由盛而衰的真实写照。

《新五代史·唐臣传第十二》（节选）

郭崇韬，代州雁门人也，为河东教练使。为人明敏，能应对，以材干见称。

庄宗为晋王，孟知祥为中门使，崇韬为副使。中门之职，参管机要。先时，吴珙、张虔厚等皆以中门使相继获罪，知祥惧，求外任，庄宗曰："公欲避事，当举可代公者。"知祥乃荐崇韬为中门使，甚见亲信。

……

……崇韬曰："陛下兴兵仗义,将士疲战争、生民苦转饷[1]者,十余年矣。况今大号已建,自河以北,人皆引首以望成功而思休息。今得一郓州,不能守而弃之,虽欲指河为界,谁为陛下守之?且唐未失德胜时,四方商贾、征输必集,薪刍粮饷,其积如山。自失南城,保杨刘,道路转徙,耗亡太半。而魏、博五州,秋稼不稔[2],竭民而敛,不支数月,此岂按兵持久之时乎?臣自康延孝来,尽得梁之虚实,此真天亡之时也。愿陛下分兵守魏,固杨刘,而自郓长驱捣其巢穴,不出半月,天下定矣!"……

崇韬素嫉宦官,尝谓继岌曰："王有破蜀功,师旋,必为太子,俟主上千秋万岁[3]后,当尽去宦官,至于扇马[4],亦不可骑。"继岌监军李从袭等见崇韬专任军事,心已不平,及闻此言,遂皆切齿,思有以图之。庄宗闻破蜀,遣宦官向延嗣劳军,崇韬不郊迎,延嗣大怒,因与从袭等共构之。延嗣还,上蜀簿,得兵三十万,马九千五百匹,兵器七百万,粮二百五十三万石,钱一百九十二万缗,金银二十二万两,珠玉犀象二万,文锦绫罗五十万匹。庄宗曰："人言蜀天下之富国也,所得止于此邪?"延嗣因言蜀之宝货皆入崇韬,且诬其有异志,将危魏王。庄宗怒,遣宦官马彦珪至蜀,视崇韬去就。彦珪以告刘皇后,刘皇后教彦珪矫诏魏王杀之。

……

当崇韬用事,自宰相豆卢革、韦悦等皆倾附之。崇韬父讳弘,革等即因佗事,奏改弘文馆为崇文馆。以其姓郭,因以为子仪之后,崇韬遂以为然。其伐蜀也,过子仪墓,下马号恸而去,闻者颇以为笑。然崇韬尽忠国家,有大略。其已破蜀,因遣使者以唐威德风谕南诏诸蛮,欲因以绥来之,可谓有志矣!

【注释】[1]转饷:运输军事物资。 [2]稔:庄稼成熟。 [3]千秋万岁:婉言帝王之死。 [4]扇马:扇,通"骟",阉割牲畜。骟马:阉割过的马。

明宗有为之世

唐朝末年北方沙陀族异军突起，李克用及其所部多为沙陀族人，作战骁勇世所共睹。但得天下易，守天下难，庄宗李存勖兴衰之速就是借鉴。明宗李嗣源同出沙陀族，于勇猛之外更注重吏治清明，其当政之时出现了少有的安定居面，为史家所称道。

《新五代史·唐本纪第六》（节选）

呜呼，自古治世少而乱世多！三代之王有天下者，皆数百年，其可道者，数君而已，况于后世邪！况于五代邪！

予闻长老为予言："明宗虽出夷狄，而为人纯质，宽仁爱人。"于五代之君，有足称也。尝夜焚香，仰天而祝曰："臣本蕃人，岂足治天下！世乱久矣，愿天早生圣人。"自初即位，减罢宫人、伶官[1]；废内藏库，四方所上物，悉归之有司。广寿殿火灾，有司理之，请加丹腹[2]，喟然叹曰："天以火戒我，岂宜增以侈邪！"岁尝旱，已而雪，暴出庭中，诏武德司[3]宫中无得扫雪，曰："此天所以赐我也。"数问宰相冯道等民间疾苦，闻道等言谷帛贱，民无疾疫，则欣然曰："吾何以堪之，当与公等作好事，以报上天。"吏有犯赃，辄置之死，曰："此民之蠹[4]也！"以诏书褒廉吏孙岳等，以风示天下。其爱人恤物，盖亦有意于治矣。

其即位时，春秋已高，不迩声色，不乐游畋。在位七年，于五代之君，最为长世，兵革粗息，年屡丰登，生民实赖以休息。然夷狄性果，仁而不明，屡以非辜诛杀臣下。至于从荣父子之间，不能虑患为防，而变起仓卒，卒陷之以大恶，帝亦由此饮恨而终。

当是时，大理少卿康澄上疏言时事，其言曰："为国家者有不足惧者五，深可畏者六：三辰[5]失行不足惧，天象变见不足惧，小人讹言不足惧，山崩川竭不足惧，水旱虫蝗不足惧也；贤士藏匿深可畏，四民迁业深可畏，上下相徇深可畏，廉耻道消深可畏，毁誉乱真深可畏，直言不闻深可畏也。"识者皆多澄言切中时病。若从荣之变，任圜、安重诲等之死，可谓上下相徇，而毁誉乱真之敝矣。然澄之言，岂止一时之病，凡为国者，可不戒哉！

【注释】［1］伶官：乐官，五代时泛指供职宫廷的各种伎艺之人。［2］丹膘：可供涂饰的红色颜料。［3］武德司：五代时执掌宫禁周庐宿卫的官署。北宋时改名为皇城司。［4］蠹：蛀虫。［5］三辰：指日、月、星。

燕云十六州之失

后唐末年李从珂称帝，其与重臣石敬瑭渐生嫌隙。石敬瑭起初意在自保，后来萌生称帝之念，故而不惜拉拢契丹，借助其军力。石敬瑭以自称儿皇帝，并进献燕云十六州等条件换来契丹的出兵支持，尽管其如愿称帝，但为之后的中原王朝留下巨大隐患。燕云十六州处在中原地带与草原地带的重要分水岭，横跨今日之北京、河北、山西的北部地区，山势之雄、关隘之险尽在此处，自石敬瑭割让燕云十六州，北方无险可守，草原骑兵一马平川，故而后晋灭亡的悲剧，北宋征战的危机均与之密切相连。

《资治通鉴·后晋纪一》（节选）

石敬瑭遣间使求救于契丹，令桑维翰草表称臣于契丹主，且请以父礼事之，约事捷之日，割卢龙一道及雁门关以北诸州与之。刘知远谏曰："称臣可矣，以父事之太过。厚以金帛赂之，自足致其兵，不必许以土田，恐异日大为中国之患，悔之无及。"敬瑭不从。表至契丹，契丹主大喜，白其母曰："儿比梦石郎遣使来，今果然，此天意也。"乃为复书，许俟仲秋[1]倾国赴援。

……

契丹主作册书，命敬瑭为大晋皇帝，自解衣冠授之，筑坛于柳林。是日，即皇帝位。割幽、蓟、瀛、莫、涿、檀、顺、新、妫、儒、武、云、应、寰、朔、蔚十六州以与契丹，仍许岁输帛三十万匹。己亥，制改长兴七年为天福元年，大赦；敕命法制，皆遵明宗之旧。

【注释】［1］仲秋：秋季的第二个月，即八月。

《契丹国志·刘六符传》(节选)

契丹之祸,始于石晋割幽、燕,而石晋卒有少帝之辱。蔓延于我朝(宋朝),而我朝澶渊之好、庆历之盟,极而至于宣和之战,祸犹未歇也。何则?天下视燕为北门,失幽、冀则天下常不安,幽、燕视五关为喉襟[1],无五关则幽、蓟不可守。晋割幽、蓟并五关而弃之,此石晋不得不败,澶渊不得不盟,庆历之邀胁[2]亦不得不为,庆历也至于宣和则极矣!

【注释】[1]喉襟:咽喉与衣服的胸前部分,比喻要害之地。 [2]邀胁:要挟、威胁。

后晋出帝之掳

后晋高祖石敬瑭死后,石重贵即位,他在朝臣景延广的建议之下,对契丹不再称臣,决定替中原王朝重正名分。结果契丹发兵来攻,后晋终被攻灭,石重贵及后宫、臣僚多被押解赴契丹,法器仪物多被掳掠。石重贵血气方刚,虽战争准备不足,但摆脱契丹威胁成为此后中原王朝的重要走向。

《旧五代史·晋书七·少帝纪》(节选)

帝少而谨厚,高祖爱之。洎历方镇,尝遣从行,委以庶事,但性好驰射,有祖祢[1]之风。高祖镇太原,命琅琊王震以《礼记》教帝,不能领其大义,谓震曰:"非我家事业也。"及高祖受围于太原,亲冒矢石,数献可于左右,高祖愈重焉。高祖受契丹册,将入洛,欲留一子抚晋阳,先谋于戎王,戎王曰:"使诸子尽出,吾当择之。"乃于行中指帝谓高祖曰:"此眼大者可矣。"

【注释】[1]祖祢:先祖与先父,泛指祖先。

《资治通鉴·后晋纪》(节选)

帝之初即位也,大臣议奉表称臣告哀于契丹,景延广请致书称孙而不称臣。李崧曰："屈身以为社稷，何耻之有！陛下如此，他日必躬擐[1]甲胄，与契丹战，于时悔无益矣。"延广固争，冯道依违其间。帝卒从延广议。契丹大怒，遣使来责让，且言："何得不先承禀，遽即帝位？"延广复以不逊语答之。

契丹卢龙节度使赵延寿欲代晋帝中国，屡说契丹击晋，契丹主颇然之。（之四，卷二百八十三）

（齐王开运三年十二月）癸酉，未明，彦泽自封丘门斩关而入，李彦韬帅禁兵五百赴之，不能遏。彦泽顿兵明德门外，城中大扰。

帝于宫中起火，自携剑驱后宫十余人将赴火，为亲军将薛超所持。俄而彦泽自宽仁门传契丹主与太后书慰抚之，且召桑维翰、景延广，帝乃命灭火，悉开宫城门。帝坐苑中，与后妃相聚而泣，召翰林学士范质草降表，自称"孙男臣重贵，祸至神惑，运尽天亡。今与太后及妻冯氏，举族于郊野面缚待罪次。遣男镇宁节度使延煦、威信节度使延宝，奉国宝[3]一、金印三出迎。"太后亦上表称"新妇李氏妾"。

傅住儿入宣契丹主命，帝脱黄袍，服素衫，再拜受宣，左右皆掩泣。……

甲戌，张彦泽迁帝于开封府，顷刻不得留，宫中恸哭。帝与太后、皇后乘肩舆，宫人、宦者十余人步从，见者流涕。帝悉以内库金珠自随。彦泽使人讽之曰："契丹主至，此物不可匿也。"帝悉归之，亦分以遗彦泽，彦泽择取其奇货，而封其余以待契丹。彦泽遣控鹤指挥使李筠以兵守帝，内外不通。帝姑乌氏公主赂守门者，入与帝诀，相持而泣，归第自经[4]。帝与太后所上契丹主表章，皆先示彦泽，然后敢发。

帝使取内库帛数段，主者不与，曰："此非帝物也。"又求酒于李崧，崧亦辞以他故不进。又欲见李彦韬，彦韬亦辞不往。帝惆怅久之。（之六，卷二百八十五）

【注释】[1]擐：穿。 [2]国宝：国家宝器，一般特指传国玺。 [3]自经：上吊自杀。

耶律德光欲统中原

在后晋覆灭之际，契丹统领耶律德光亲自率军进入汴京，其斩杀张彦泽以平民愤，又分授官职笼络人心，终于在947年改元大同，意欲一统中原。但契丹部伍杀戮劫掠不断，民不聊生，后晋旧将刘知远顺势率众抵御契丹，一时多有呼应，耶律德光不得已北返。其北返途中悟得失败原因，但大势已去，未及返回而身死。

《辽史·太宗本纪下》（节选）

（契丹会同九年）十二月丙寅，杜重威、李守贞、张彦泽等率所部二十万众来降。上（即耶律德光）拥数万骑，临大阜[1]，立马以受之。授重威守太傅、邺都留守，守贞天平军节度使，余各领旧职。分降卒之半付重威，半以隶赵延寿。命御史大夫解里、监军傅桂儿、张彦泽持诏入汴，谕晋帝母李氏，以安其意，且召桑维翰、景延广先来。留骑兵千人守魏，自率大军而南。壬申，解里等至汴，晋帝重贵素服拜命，與母李氏奉表请罪。……

大同元年春正月丁亥朔，备法驾[2]入汴，御崇元殿受百官贺。……己丑，以张彦泽擅徙重贵开封，杀桑维翰，纵兵大掠，不道，斩于市。晋人脔[3]食之。辛卯，降重贵为崇禄大夫、检校太尉，封负义侯。癸巳，以张砺为平章事，晋李崧为枢密使，冯道为太傅，和凝为翰林学士，赵莹为太子太保，刘昫守太保，冯玉为太子少保。癸卯，遣赵莹、冯玉、李彦韬将三百骑送负义侯及其母李氏、太妃安氏、妻冯氏、弟重睿、子延煦、延宝等于黄龙府安置。仍以其宫女五十人、内宦三人、东西班五十人、医官一人、控鹤四人、庖丁七人、茶酒司三人、仪鸾三人、健卒十人从之。

二月丁巳朔，建国号大辽，大赦，改元大同。升镇州为中京。以赵延寿为大丞相兼政事令、枢密使、中京留守，中外官僚将士爵赏有差。辛未，河东节度使北平王刘知远自立为帝，国号汉。诏以耿崇美为昭义军节度使，高唐英为昭德军节度使，崔廷勋为河阳军节度使，分据要地。

三月丙戌朔，以萧翰为宣武军节度使，赐将吏爵赏有差。壬寅，晋诸司僚吏、嫔御、宦寺、方技、百工、图籍、历象、石经、铜人、明堂刻漏、太常乐谱、诸宫县、卤簿[4]、法物及铠仗，悉送上京。磁州帅梁晖以相州降汉，己酉，命高唐英讨之。

夏四月丙辰朔，发自汴州，以冯道、李崧、和凝、李浣、徐台符、张砺等从行。次赤冈，夜有声如雷，起于御幄，大星复陨于旗鼓前。乙丑，济黎阳渡，顾谓侍臣曰："朕此行有三失：纵兵掠刍粟，一也；括民私财，二也；不遽遣诸节度还镇，三也。"皇太弟遣使问军前事，上报曰："初以兵二十万降杜重威、张彦泽，下镇州。及入汴，视其官属具员者省之，当其才者任之。司属虽存，官吏废堕，犹雏飞之后，徒有空巢。久经离乱，一至于此。所在盗贼屯结，土功[5]不息，馈饷非时，民不堪命。河东尚未归命，西路酋帅亦相党附，夙夜以思，制之之术，惟推心庶僚、和协军情、抚绥百姓三者而已。今所归顺凡七十六处，得户一百九万百一十八。非汴州炎热，水土难居，止得一年，太平可指掌而致。且改镇州为中京，以备巡幸。欲伐河东，姑俟别图。其概如此。"戊辰，次高邑，不豫。丁丑，崩于栾城，年四十六。……

【注释】[1]阜：土山。[2]法驾：天子车驾（大驾、法驾、小驾）的一种。[3]胾：切成小块的肉。[4]卤簿：古代帝王驾出时扈从的仪仗队。[5]土功：指治水、筑城、建造宫殿等土木工程。

后汉高祖刘知远之兴

刘知远历仕后唐、后晋，多有功勋，声名渐起。值后晋为契丹所灭，中原混乱之际，刘知远在臣僚的建议下称帝改元，竖起抵御契丹的大旗，一时间众望所归。但正如《旧五代史》所评论之言，刘知远应运称帝，而御下无方，终未能成就霸业。

《旧五代史·汉书一·高祖纪》（节选）

高祖睿文圣武昭肃孝皇帝，姓刘氏，讳暠，本名知远，及即位改今讳。其先本沙陀部人也。……

帝弱不好弄[1]，严重寡言，及长，面紫色，目睛多白。初事唐明宗，列于麾下。明宗与梁人对栅于德胜，时晋高祖为梁人所袭，马甲连革断，帝辍骑以授之，取断革者自跨之，徐殿其后，晋高祖感而壮之。明宗践阼[2]，晋高祖为北京留守，以帝前有护援之力，奏移麾下，署为牙门[3]都校。应顺初，晋高祖镇常山，唐明宗召赴阙，会闵帝出奔，与晋高祖相遇于途，遂俱入卫州，泊于邮舍。闵帝左右谋害晋高祖，帝密遣御士石敢袖锤立于晋高祖后，及有变，敢拥晋高祖入一室，以巨木塞门，敢寻死焉。帝率众尽杀闵帝左右，遂免晋高祖于难。

……

开运元年正月，契丹南下，契丹主以大军直抵澶州，遣蕃将伟王率兵入雁门。朝廷以帝为幽州道行营招讨使，帝大破伟王于忻口。寻奉诏起兵至土门，军至乐平，会契丹退，乃还。三月，封太原王。七月，兼北面行营都统。二年四月，封北平王。三年五月，加守太尉。是月，帝诛吐浑[4]白承福等五族，凡四百人，以别部王义宗统其余众。九月，契丹犯塞，帝亲率牙兵[5]至朔州南阳武谷，大破之。十一月，契丹主率蕃汉大军由易、定抵镇州，杜重威等驻军于中渡桥以御之。十二月十日，杜重威等以全军降于契丹。十七日，相州节度使张彦泽受契丹命，陷京城，迁少帝于开封府。帝闻之大骇，分兵守境，以备寇患。

……戊辰，河东行军司马张彦威与文武将吏等，以中原无主，帝威望日隆，群情所属，上笺劝进，帝谦让不允。自是群官三上笺，诸军将吏、缁黄[6]耆耋，相次迫请，教答允之。庚午，陕府屯驻奉国指挥使赵晖、侯章、都头王晏杀契丹监军及副使刘愿，晖自称留后。契丹因授晖陕州兵马留后，侯章为本州马步军都指挥使，王晏为副都指挥使，晖等不受伪命。

辛未，帝于太原宫受册，即皇帝位，制改晋开运四年为天福十二年。甲戌，帝以晋帝举族北迁，愤惋久之。是日，率亲兵趋土门路，邀迎晋帝至寿阳，闻其已过，乃还。契丹闻帝建号，伪制削夺帝官爵。以通事耿崇美为潞州节度使，高唐英为相州节度使，崔廷勋为河阳节度使，以扼要害之地。丁丑，磁州贼帅梁晖据相州。己卯，帝遣都将史弘肇率兵讨代州，平之。初，代州刺史王晖叛归契丹，弘肇一鼓而拔之，斩晖以徇。庚辰，权晋州兵马留后张晏洪奏，军乱，杀知州副使骆从朗及括钱使、谏议大夫赵熙，以城归顺。时晋州留后刘在明赴东京，朝于契丹，从朗知军州事，帝方遣使张晏洪、辛处明等告谕登极，从朗囚之本城。大将药可俦杀从朗于理所，州民相率害赵熙，三军请晏洪为留后，处明为都监。辛巳，权陕州留后赵晖、权潞州留后王守恩，并上表归顺。癸未，澶州贼帅王琼与其众断本州浮桥，琼败，死之。时契丹以族人朗五为澶州节度使，契丹性贪虐，吏民苦之。琼为水运什长，乃构夏津贼帅张乙，得千余人，沿河而上，中夜窃发，自南城杀守将，绝浮航[7]，入北城，朗五据牙城[8]以拒之。数日，会契丹救至，琼败死焉。契丹主初闻其变也，惧甚，由是大河之南无久留之意，寻遣天雄军节度使杜重威归镇。（卷九十九）

史臣曰：在昔皇天降祸，诸夏无君。汉高祖肇起并、汾，遄临汴、洛，乘虚而取神器，因乱而有帝图，虽曰人谋，谅由天启。然帝昔莅戎藩，素亏物望，洎登宸极，未厌人心，徒矜拯溺之功，莫契来苏之望[9]。良以急于止杀，不暇崇仁。燕蓟降师，既连营而受戮；邺台叛帅，因闭垒以偷生。盖抚御以乖方，俾征伐之不息。及回銮辂，寻堕乌号[10]，故虽有应运之名，而未睹为君之德也。（卷一百）

【注释】[1]弱不好弄：幼年时不爱嬉戏。 [2]践阼：走上庙寝阼阶主位。此位供天子祭祀，故践阼指即位登基。 [3]牙门：古代主帅帐前竖牙旗以为军门，称作"牙门"。 [4]吐浑：即吐谷浑，西北少数民族政权。 [5]牙兵：卫兵、亲兵。 [6]缁黄：指僧道。僧人缁服，道士黄冠。 [7]浮航：并船而成的浮桥。 [8]牙城：主帅居所，按例当竖牙旗，特指唐以来卫护节度使住宅的内城。 [9]来苏之望：从疾苦中获得休养生息的希望。语出《尚书·仲虺之诰》："徯予后，后来其苏。" [10]乌号：称人死亡的敬辞。

郭威建后周

郭威出身行伍，日后为大将，仍与士卒共甘苦，屡获战功而不骄奢。昔军卒为防逃逸，往往刺墨于身，后汉高祖劝郭威去之，为郭威婉言拒绝，意在不忘发迹于微末。后汉隐帝即位后猜忌诸将，郭威起兵反抗，但因得不到宰辅的支持，初次兴兵即使攻入都城，亦未能顺势称帝。直至日后，借北伐契丹之机，再度率军入于都城，才得以称帝。

《新五代史·周本纪第十一》（节选）

太祖圣神恭肃文武皇帝，姓郭氏，邢州尧山人也。……

潞州留后李继韬募勇敢士为军卒，威年十八，以勇力应募。为人负气，好使酒，继韬特奇之。威尝游于市，市有屠者，常以勇服其市人。威酒醉，呼屠者，使进几割肉，割不如法，叱之，屠者披其腹示之曰："尔勇者，能杀我乎？"威即前取刀刺杀之，一市皆惊，威颇自如。为吏所执，继韬惜其勇，阴纵之使亡，已而复召置麾下。继韬叛晋附于梁，后庄宗灭梁，继韬诛死，其麾下兵悉隶从马直，威以通书算补为军吏。好读《阃外春秋》，略知兵法，后为侍卫军吏。汉高祖为侍卫亲军都虞候，尤亲爱之，后高祖所临镇，尝以威从。契丹灭晋，汉高祖起兵太原，即皇帝位，拜威枢密副使。

……

威居军中，延见宾客，褒衣博带[1]，及临阵行营，幅巾短后，与士卒无异；上所赐予，与诸将会射，恣其所取，其余悉以分赐士卒，将士皆欢乐。

威至河中，自栅其城东，思栅其南，文珂栅其西，调五县丁二万人筑连垒以护三栅。诸将皆谓守贞穷寇，破在旦夕，不宜劳人如此，威不听。已而守贞数出兵击坏连垒，威辄补之，守贞辄复出击，每出必有亡失。久之，城中兵食俱尽，威曰："可矣！"乃治攻具，为期日，四面攻之，破其罗城，守贞与妻子自焚死，思绾、景崇相次降。

……

是冬，契丹寇边，威以枢密使北伐，至魏州，契丹遁[2]。三年二月，师还。四月，拜威邺都留守、天雄军节度使，仍以枢密使之镇。宰相苏逢吉以谓枢密使不可以藩镇兼领，与史弘肇等固争。久之，卒以枢密使行，诏河北诸州皆听威节度。

隐帝与李业等谋，已杀史弘肇等，诏镇宁军节度使李弘义杀侍卫步军指挥使王殷于澶州，又诏侍卫马军指挥使郭崇杀威及宣徽使王峻于魏。诏书先至澶州，弘义恐事不果，反以诏书示殷，殷与弘义遣人告威。已而诏杀威、峻使者亦驰骑至，威匿诏书，召枢密使院吏魏仁浦谋于卧内。仁浦劝威反，教威倒用留守印，更为诏书，诏威诛诸将校以激怒之，将校皆愤然效用。

十一月丁丑，威遂举兵渡河，隐帝遣开封尹侯益、保大军节度使张彦超、客省使阎晋卿等率兵拒威……隐帝得威奏，以示业等，业等皆言威反状已白，乃悉诛威家属于京师。庚辰，威至滑州，义成军节度使宋延渥叛于汉来降。壬午，犯封丘。甲辰，及泰宁军节度使慕容彦超战于刘子陂，彦超败，奔于兖州。郭允明反，弑隐帝于赵村。丙戌，威入京师，纵火大掠。戊子，率百官朝太后于明德门，请立嗣君。太后下令：文武百寮、六军将校，议择贤明，以承大统。庚寅，威率百官诣明德门，请立武宁军节度使赟为嗣。遣太师冯道迎赟于徐州。辛卯，请太后临朝听政，以王峻为枢密使，翰林学士、尚书兵部侍郎范质为副使。

十二月甲午朔，威北伐契丹，军于滑州。癸丑，至澶州而旋。王峻遣郭崇以骑七百逆[3]刘赟于宋州，杀之，其将巩廷美、杨温为赟守徐州。戊午，次皋门，汉宰相窦贞固、苏禹珪来劝进。庚申，太后制以威监国。

广顺元年春正月丁卯，皇帝即位，大赦，改元，国号周。己巳，上汉太后尊号曰昭圣皇太后。

【注释】［1］褒衣博带：宽衣大带，古代儒者的装束。　［2］遁：逃跑。　［3］逆：迎战。

后周世宗之治

周世宗柴荣即位后，对内改革，革除积弊，限制佛教，均田减税；对外征战，整顿禁军，夺取了秦陇四州、南唐淮南地区，又北破三关，收回部分契丹所占土地。世宗在位数年间，中原地区的文治武功达到五代时期顶点，为后来北宋朝廷奠定了基础。

《资治通鉴·后周纪三》（节选）

初，宿卫之士，累朝相承，务求姑息，不欲简阅[1]，恐伤人情。由是羸老者居多，但骄蹇[2]不用命，实不可用，每遇大敌，不走即降，其所以失国亦多由此。帝因高平之战，始知其弊。癸亥，谓侍臣曰："凡兵务精不务多，今以农夫百未能养甲士一，奈何浚民之膏泽[3]，养此无用之物乎？且健懦不分，众何所劝？"乃命大简诸军，精锐者升之上军，羸[4]者斥去之。又以骁勇之士多为藩镇所蓄，诏募天下壮士，咸遣诣阙，命太祖皇帝选其尤者为殿前诸班，其骑步诸军，各命将帅选之。由是士卒精强，近代无比，征伐四方，所向皆捷，选练之力也。

【注释】[1]简阅：即检阅军队。 [2]骄蹇：傲慢，不顺从。 [3]浚民之膏泽：攫取民脂民膏。 [4]羸：即瘦弱，此处指老弱而缺乏战斗力的士兵。

《新五代史·周本纪第十二》（节选）

世宗区区五六年间，取秦陇，平淮右，复三关，威武之声震慑夷夏，而方内延儒学文章之士，考制度、修《通礼》、定《正乐》、议《刑统》，其制作之法皆可施于后世。其为人明达英果，论议伟然。即位之明年，废天下佛寺三千三百三十六。是时中国乏钱，乃诏悉毁天下铜佛像以铸钱，尝曰："吾闻佛说以身世为妄，而以利人为急，使其真身尚在，苟利于世，犹欲割截，况此铜像，岂其所惜哉？"由是群臣皆不敢言。尝夜读书，见唐元稹《均田图》，慨然叹曰："此致治之本也，王者之政自此始！"乃诏颁其图法，使吏民先习知之，期以一岁大均天下之田，其规为志意岂小哉！其伐南唐，问宰相李穀以计策；后克淮南，出穀疏，使学士陶穀为赞，而盛以锦囊，尝置之坐侧。其英武之材可谓雄杰，及其虚心听纳，用人不疑，岂非所谓贤主哉！其北取三关，兵不血刃，而史家犹讥其轻社稷之重，而侥幸一胜于仓卒，殊不知其料强弱、较彼我而乘述律之殆，得不可失之机，此非明于决胜者，孰能至哉？诚非史氏之所及也！

北宋时期

陈桥兵变

显德七年初，宋太祖赵匡胤于汴梁城外陈桥驿黄袍加身，建立宋朝，史称"陈桥兵变"。宋朝史书试图将赵匡胤登基塑造成天命使然、众人推举的一件盛事，但事实上，陈桥兵变应是赵匡胤及属下自导自演的一出精彩戏剧。

《续资治通鉴长编》[1]卷一（节选）

（建隆元年）春正月辛丑朔，镇、定二州言契丹入侵，北汉兵自土门东下，与契丹合。周帝命太祖领宿卫诸将御之。太祖自殿前都虞侯再迁都点检，掌军政凡六年，士卒服其恩威，数从世宗征伐，浔[2]立大功，人望固已归之。于是，主少国疑，中外始有推戴之议。壬寅，殿前司副都点检、镇宁军节度使太原慕容延钊将前军先发。时都下諠言[3]，将以出军之日策点检为天子，士民恐怖，争为逃匿之计，惟内庭晏然不知。癸卯，大军出爱景门，纪律严甚，众心稍安。军校河中苗训者号知天文，见日下复有一日，黑光久相磨荡，指谓太祖亲吏宋城楚昭辅曰："此天命也。"

是夕，次陈桥驿，将士相与聚谋曰："主上幼弱，未能亲政。今我辈出死力，为国家破贼，谁则知之，不如先立点检为天子，然后北征，未晚也。"都押衙上党李处耘，具以其事白太祖弟匡义。匡义时为内殿祗候供奉官都知，即与处耘同过归德节度掌书记蓟人赵普，语未竟，诸将突入，称说纷纭，普及匡义各以事理逆顺晓譬[4]之，曰："太尉忠赤，必不汝赦。"诸将相顾，亦有稍稍引去者。已而复集，露刃大言曰："军中偶语则族。今已定议，太尉若不从，则我辈亦安肯退而受祸。"普察其势不可遏，与匡义同声叱之曰："策立，大事也，固宜审图，尔等何得便肆狂悖！"乃各就坐听命。普复谓曰："外寇压境，将莫谁何，盍先攘却，归始议此。"诸将不可，曰："方今政出多门，若俟寇退师还，则事变未可知也。但当亟入京城，策立太尉，徐引而北，破贼不难。太尉苟不受策，六军决亦难使向前矣。"普顾匡义曰："事既无可奈何，政须早为约束。"因语诸将曰："兴王易姓，虽云天命，实系人心。前军昨已过河，节度使各据方面，京城若乱，不惟外寇愈深，四方必转生变。若能严敕军士，勿令剽劫，都城人心不摇，则四方自然宁谧，诸将亦可长保富贵矣。"皆许诺，乃共部分。夜，遣衙队军使郭延赟驰告殿前都指挥使浚仪石守信、殿前都虞候洛阳王审琦。守信、审琦，皆素归心太祖者也。将士环列待旦。

太祖醉卧，初不省。甲辰黎明，四面叫呼而起，声震原野。普与匡义入白太祖，诸将已擐甲执兵，直扣寝门曰："诸将无主，愿策太尉为天子。"太祖惊起披衣，未及酬应，则相与扶出听事，或以黄袍加太祖身，且罗拜庭下称万岁。太祖固拒之，众不可，遂相与扶太祖上马，拥逼南行。匡义立于马前，请以剽劫为戒。太祖度不得免，乃揽辔誓诸将曰："汝等自贪富贵，立我为天子，能从我命则可，不然，我不能为若主矣。"众皆下马，曰："惟命是听。"太祖曰："少帝及太后，我皆北面[5]事之，公卿大臣，皆我比肩之人也，汝等毋得辄加凌暴。近世帝王，初入京城，皆纵兵大掠，擅劫府库，汝等毋得复然，事定，当厚赏汝。不然，当族诛汝。"众皆拜。乃整军自仁和门入，秋毫无所犯。先遣客省使大名潘美见执政谕意，又遣楚昭辅慰安家人。殿前都点检公署在左掖门内，时方闭关，设守备。及昭辅至，石守信开关纳之。

宰相早朝未退，闻变，范质下殿执王溥手曰："仓卒遣将，吾辈之罪也。"爪入溥手，几出血。溥噤[6]不能对。天平节度使、同平章事、侍卫马步军副都指挥使、在京巡检太原韩通，自内廷惶遽奔归，将率众备御。散员都指挥使蜀人王彦升遇通于路，跃马逐之，至其第，第门不及掩，遂杀之，并其妻子。

诸将翊[7]太祖登明德门，太祖令军士解甲还营，太祖亦归公署，释黄袍。俄而将士拥质等俱至，太祖呜咽流涕曰："吾受世宗厚恩，为六军所迫，一旦至此，惭负天地，将若之何？"质等未及对，散指挥都虞侯太原罗彦瓌挺剑而前曰："我辈无主，今日必得天子。"太祖叱之，不退。质等不知所为，溥降阶先拜，质不得已从之，遂称万岁。太祖诣崇元殿行禅代礼。召文武百官就列，至晡[8]，班定，独未有周帝禅位制书，翰林学士承旨新平陶谷出诸袖中，进曰："制书成矣。"遂用之。宣徽使引太祖就龙墀[9]北面拜受。宰相扶太祖升殿，易服东序，还即位。群臣拜贺。奉周帝为郑王，太后为周太后，迁居西京。乙巳，诏因所领节度州名，定有天下之号曰宋。改元，大赦，常赦所不原者咸赦除之。内外马步军士等第优给。命官分告天地、社稷。遣中使乘传赍诏谕天下，诸道节度使，又别以诏赐焉。

【注释】[1]《续资治通鉴长编》是宋孝宗时期，李焘仿照司马光修撰《资治通鉴》首列长编的体例，记载北宋九朝史事的编年体史书。李焘在国史、实录等官修史书的基础上，博采家集、笔记等材料，多加考据，又宁失于繁，无失于略，凡说法不一者两存其说，保证了该书的文献价值。[2]涕：屡次、接连。[3]谨言：指众口嘈杂地传说。[4]晓譬：晓谕、开导。[5]北面：古代礼制，臣拜君，卑幼拜尊长，皆面向北行礼，因而居臣下、晚辈之位曰"北面"。[6]噤：咬紧牙关不作声。[7]翊：辅佐、帮助。此处指簇拥。[8]晡：申时，即现在午后三点至五点。[9]龙墀：宫殿内台阶上的空地，为皇帝所在的场所，故称龙墀。

杯酒释兵权

宋太祖即位后整体继承了后周的国家机器与官僚系统，禁军主要将帅均是支持自己的后周旧臣。随着宋朝政权的逐渐稳定，宋太祖采取晋升加赏赐的温和手段调整禁军人事结构，令禁军统帅石守信等人主动放弃了军权，史称"杯酒释兵权"。

《续资治通鉴长编》卷二（节选）

（建隆二年七月）时石守信、王审琦等皆上故人，各典禁卫。普数言于上，请授以他职，上不许。普乘间即言之，上曰："彼等必不吾叛，卿何忧？"普曰："臣亦不忧其叛也。然熟观数人者，皆非统御才，恐不能制伏其下。苟不能制伏其下，则军伍间万一有作孽者，彼临时亦不得自由耳。"上悟，于是召守信等饮，酒酣，屏左右谓曰："我非尔曹之力，不得至此，念尔曹之德，无有穷尽。然天子亦大艰难，殊不若为节度使之乐，吾终夕未尝敢安枕而卧也。"守信等皆曰："何故？"上曰："是不难知矣，居此位者，谁不欲为之。"守信等皆顿首[1]曰："陛下何为出此言？今天命已定，谁敢复有异心。"上曰："不然。汝曹虽无异心，其如麾下之人欲富贵者，一旦以黄袍加汝之身，汝虽欲不为，其可得乎？"皆顿首涕泣曰："臣等愚不及此，惟陛下哀矜，指示可生之途。"上曰："人生如白驹之过隙[2]，所为好富贵者，不过欲多积金钱，厚自娱乐，使子孙无贫乏耳。尔曹何不释去兵权，出守大藩[3]，择便好田宅市之，为子孙立永远不可动之业，多置歌儿舞女，日饮酒相欢以终其天年。我且与尔曹约为婚姻，君臣之间，两无猜疑，上下相安，不亦善乎！"皆拜谢曰："陛下念臣等至此，所谓生死而肉骨也。"明日，皆称疾请罢，上喜，所以慰抚赐赉之甚厚。庚午，以侍卫都指挥使、归德节度使石守信为天平节度使，殿前副都点检、忠武节度使高怀德为归德节度使，殿前都指挥使、义成节度使王审琦为忠正节度使，侍卫都虞侯、镇安节度使张令铎为镇宁节度使，皆罢军职。独守信兼侍卫都指挥使如故，其实兵权不在也。殿前副都点检自是亦不复除授云。

【注释】[1]顿首：旧时礼节之一，以头叩地而不停留。 [2]白驹之过隙：日影如白色的骏马飞快地驰过缝隙，形容时间过得极快。 [3]大藩：重要的藩镇。唐代中期以后在重要州级行政区设置节度使，掌管当地军政，后来权力扩大到掌握全部军政大权，形成地方割据性质的"藩镇"。后周世宗通过禁军改革，在很大程度上削弱了藩镇的权力，因此宋太祖希望收回诸将禁军军权，下放到藩镇。

《丁晋公谈录》[1]（节选）

（赵普）在相府，或一日奏太祖曰："石守信、王审琦皆不可令主兵。"上曰："此二人岂肯作罪过。"赵曰："然，此二人必不肯为过。臣熟观其非才，但虑不能制伏于下。既不能制伏于下，其间军伍忽有作孽者，临时不自由耳。"太祖又谓曰："此二人受国家如此擢用，岂负得朕？"赵曰："只如陛下，岂负得世宗？"太祖方悟而从之。

【注释】[1]《丁晋公谈录》，不著撰人名氏。该书记载真宗时期宰相丁谓的言谈等内容，晁公武疑为丁谓外甥潘延之所作。书中关于丁谓的内容有溢美之词，不可尽信，但经过审慎甄别，书中内容可作为了解当时史实的有益补充。

《王文正公笔录》[1]（节选）

太祖创业，在位历年，石守信、王审琦等犹分典禁兵如故。相国赵普屡以为言，上力保庇之。普又密启请授以他任。于是不得已，召守信等曲宴[2]，道旧相乐，因谕之曰："朕与公等，昔常比肩，义同骨肉，岂有他哉？而言事者进说不已，今莫若自择善地，各守外藩，勿议除替，赋租之入足以自奉，优游卒岁，不亦乐乎？朕后宫中有诸女，当约婚以示无间，庶几异日无累公等。"守信等咸顿首称谢。由是高、石、王、魏之族俱蒙选尚[3]，寻各归镇，几二十年贵盛赫奕，始终如一。前称光武能保全功臣，不是过也。

【注释】[1]王曾为宋真宗朝进士，累官执政，仁宗即位后晋升宰相。熟识朝廷典章制度。其所撰《笔录》一书主要记载宋初三朝典故，具有较高的史料价值，历来为学者重视。 [2]曲宴：私宴，多指皇帝在宫中举办的宴会。 [3]选尚：被选中与公主匹配。

宋初统一战争

自乾德元年开始，宋太祖与宋太宗利用十七年时间，先后平定湖南、荆南、西川、江南、岭南、吴越、河东等割据政权，结束了五代十国时期的分裂局面。之后，宋太宗又发动了两次北伐，试图收复燕云地区，但均以失败告终。宋初统一战争基本确立了北宋疆域，稳固了宋朝政权。

（一）假道收荆湖

《续资治通鉴长编》（节选）

（建隆三年十月）张文表闻周保权立，怒曰："我与行逢[1]俱起微贱，立功名，今日安能北面事小儿乎！"会保权遣兵更戍[2]永州，路出衡阳，文表遂驱以叛，伪缟素[3]，若将奔丧武陵者。过潭州，时行军司马廖简知留后，素轻文表，不为之备。方宴饮，外白文表兵至，简殊不介意，谓四座曰："文表至则成禽（即擒），何足虑也。"饮啖[4]如故。俄而文表率众径入府中，简醉，不能执弓矢，但箕踞[5]大骂，与座客十余人皆遇害。文表取其印绶，自称权留后事，具表以闻。保权即命杨师璠悉众御文表。……保权又遣使求援于荆南，且来乞师，文表亦上疏自理。（卷三）

（乾德元年正月）庚申，以山南东道节度使兼侍中慕容延钊为湖南道行营都部署，枢密副使李处耘为都监，遣使十一人发安、复、郢、陈、澶、孟、宋、亳、颍、光等州兵会襄阳，以讨张文表。

先是卢怀忠使荆南[6]，上谓曰："江陵人情去就，山川向背，我尽欲知之。"怀忠使还，报曰："高继冲甲兵虽整，而控弦[7]不过三万，年谷虽登，而民困于暴敛。南通长沙，东距建康，西迫巴蜀，北奉朝廷，观其形势，盖日不暇给，取之易耳。"于是上召宰相范质等谓曰："江陵四分五裂之国，今假道出师，因而下之，蔑不济矣。"

……（二月，李处耘至襄州）先遣阁门使临洺丁德裕谕继冲以假道之意，请具薪水给军。继冲与其僚佐谋，以民庶恐惧为辞，愿供刍饩[8]百里外。……兵马副使李景威说继冲曰："今王师虽假道以收湖湘，然观其事势，恐因而袭我。景威愿效犬马之力，假兵三千，于荆门中道险隘处设伏，候其夜行，发伏攻其上将，王师必自退却，回军收张文表以献于朝廷，则公之功业大矣。不然，且有摇尾求食之祸。"继冲曰："吾家累岁奉朝廷，必无此事，尔无过虑，况尔又非慕容延钊之敌乎？"景威又曰："旧传江陵诸处有九十九洲，若满百则有王者兴。自武信王[9]之初，江心深浪之中，忽生一洲，遂满百数，昨此洲漂没不存，兹亦可忧也。"光宪[10]谓继冲曰："景威，峡江一民尔，安识成败。且中国自周世宗时，已有混一天下之志。圣宋受命，凡所措置，规模益宏远。今伐文表，如以山压卵尔。湖湘既平，岂有复假道而去耶！不若早以疆土归朝廷，去斥堠[11]，封府库以待，则荆楚可免祸，而公亦不失富贵。"继冲以为然。

……遽闻大军奄至[12]，即惶恐出迎，遇处耘于江陵北十五里。处耘揖继冲，令待延钊，而率亲兵先入，登北门。比继冲与延钊俱还，则王师已分据冲要，布列街巷矣。继冲大惧，即诣延钊，纳牌印，遣客将王昭济等奉表以三州，十七县，十四万二千三百户来归。

王师既收荆南，益发兵，日夜趋朗州。周保权惧，召观察判官桂人李观象谋之，观象曰："凡所以请援于朝者，诛张文表耳。今文表已诛，而王师不还，必将尽取湖湘之地也。然我所恃者，北有荆渚，以为唇齿。今高氏束手听命，朗州势不独全，莫若幅巾归朝，幸不失富贵。"保权将从之，指挥使张从富等不可，乃相与为距守计。

……（辛亥）上遣使谕周保权及将校曰："尔本请师救援，故发大军以拯尔难，今妖孽既殄[13]，是有大造于汝辈也，何为反距王师，自取涂炭[14]，重扰生聚[15]！"保权为左右所制，执迷不复，遂进讨之。

三月，张从富等出军于澧州南，与王师遇，未及交锋，贼军望风而溃。李处耘逐北至敖山寨，贼弃寨走，俘获甚众。处耘择所俘体肥者数十人，令左右分食之，少健者悉黥[16]其面，令先入朗州。会暮，宿寨中。迟明，慕容延钊继至。所黥之俘得入城，悉言被擒者为王师啖食。贼众大惧，纵火焚州城，驱略居民，奔窜山谷。壬戌，王师入朗州，擒张从富于西山下，枭其首。贼将汪端劫周保权并家属亡匿江南岸僧舍。李处耘遣麾下将田守奇往捕之。端弃保

权走，守奇获保权以归。于是尽复湖南旧地，凡得州十四，监一，县六十六，户九万七千三百八十八。（卷四）

【注释】［1］行逢：即周行逢，周保权之父。［2］更戍：轮番戍守。［3］缟素：白色丧服。［4］饮啖：吃喝。［5］箕踞：一种轻慢、不拘礼节的坐姿，随意张开两腿坐着，形似簸箕。［6］荆南：荆南军。高氏在唐代被授予荆南节度使，又被后唐封为南平王，故其割据政权称荆南或南平，统治中心即在荆南军所在的江陵府。［7］控弦：操作弓箭，借指士兵。［8］刍饩：即粮草。［9］武信王：即南平政权的创立者高季兴，高继冲曾祖。［10］光宪：即荆南军节度判官孙光宪，后降宋为官。［11］斥堠：用以瞭望敌情的土堡。［12］奄至：突然到来。［13］殄：绝尽。［14］涂炭：泥淖和炭灰，比喻极困苦的境遇。此处指遭受蹂躏、摧残。［15］生聚：繁殖人口，聚积物力，借指人民。［16］黥：在人体上刺图文并上色。古代指在人脸上刺字并涂墨之刑，后亦施于士兵以防逃跑。

（二）收复西川

《续资治通鉴长编》（节选）

（乾德二年十一月）先是，蜀山南节度判官张廷伟说通奏使、知枢密院事王昭远曰："公素无勋业，一旦位至枢近，不自建立大功，何以塞时论？莫若遣使通好并门，令其发兵南下，我即自黄花、子午谷出兵应之，使中原表里受敌，则关右之地，可抚而有也。"昭远然其言，劝蜀主遣枢密院大程官孙遇、兴州军校赵彦韬及杨蠲等以蜡弹[1]帛书间行[2]遗北汉主，言已于褒、汉增兵，约北汉济河同举。遇等至都下，彦韬潜取其书以献。……上得彦韬所献书，览之笑曰："吾西讨有名矣。"

甲戌，命忠武节度使王全斌为西川行营凤州路都部署，武信节度使、侍卫步军都指挥使大名崔彦进副之，枢密副使王仁赡为都监。宁江节度使、侍卫马军都指挥使刘光义为归州路副都部署，内省使、枢密承旨曹彬为都监。合步骑六万，分路进讨。……蜀主闻有北师，以王昭远为北面行营都统，……帅兵拒战。蜀主谓昭远曰："今日之师，卿所召也。勉为朕立功。"昭远好读兵书，颇以方略自任。始发成都，蜀主命宰相李昊等饯之城外。昭远手执铁如意[3]指挥军事，自比诸葛亮。酒酣，攘臂[4]谓昊曰："吾此行何止克敌，当领此二三万雕面[5]恶小儿，取中原如反掌尔！"（卷五）

（乾德三年正月）蜀主知剑门已破，太子元喆亦奔还，惶骇不知所为，……蜀主叹曰："吾父子以丰衣美食养士四十年，一旦遇敌，不能为吾东向放一箭，今虽欲闭壁[6]，谁肯效死者？"司空兼武信节度使、平章事李昊劝蜀主封府库以请降，蜀主从之，因命昊草表。己卯，遣通奏使、宣徽北院使太原伊审徵奉降表诣军前。初，前蜀之亡也，降表亦昊所为。蜀人夜书其门，曰"世修降表李家"，当时传以为笑。……辛卯，王全斌等至升仙桥。蜀主备亡国之礼，见于军门，全斌承制释之。……自全斌等发京师至昶降，才六十六日。凡得州四十六，县二百四十，户五十三万四千二十九。（卷六）

【注释】[1]蜡弹：蜡制的丸状物。因能防湿保密，古代常用以内藏文字，以传递秘密书信、文件等，亦指用蜡封裹的书信、文件等。[2]间行：秘密行走。[3]铁如意：铁制的爪杖。[4]攘臂：捋起衣袖，伸出胳膊，常形容激奋貌。[5]雕面：比喻面目狰狞。[6]闭壁：关闭城门。

（三）收复岭南

《续资治通鉴长编》（节选）

（开宝元年九月）初，王师克郴州，获南汉内品十余人，有余延业者，……具言累世奢侈残酷之状，上惊骇曰："吾当救此一方之民。"于是，道州刺史王继勋言刘铱肆为昏暴，民被其毒，又数出寇边，请王师南伐。上犹未欲亟加以兵，乃命唐主谕意，令南汉主先以湖南旧地来献，唐主遣使致书，南汉不从。（卷九）

（开宝三年八月）唐主复令知制诰潘佑作书数千言谕南汉主以归款[1]于中国，遣给事中龚慎仪往使。南汉主得书，大怒，遂囚慎仪。驿书答唐主，甚不逊。唐主以其书来上，上始决意伐之。九月己亥朔，以潭州防御使潘美为贺州道行营兵马都部署，朗州团练使邺人尹崇珂副之，道州刺史王继勋为行营马军都监。仍遣使发诸州兵赴贺州城下。

（开宝四年二月）辛未，王师至白田，南汉主素服出降。潘美承制释之，遂入广州，俘其宗室、官属九十七人，与南汉主皆縻[2]于龙德宫。……美以露布[3]告捷，己丑，至京师。庚寅，群臣称贺，遂赐宴。凡得州六十，县二百十四，户十七万二百六十三。（卷十一）

【注释】［1］归款：投诚、归顺。 ［2］縻：拴、捆。此处指羁押。 ［3］露布：告捷文书。

（四）平定江南

《续资治通鉴长编》（节选）

（开宝五年二月）上既平广南，渐欲经理[1]江南，因郑王从善入贡，遂留之。国主大惧。……（闰二月）癸巳，以江南进奉使李从善为泰宁节度使，赐第京师。时国主虽外示畏服，修藩臣之礼，而内实缮甲募兵，阴为战守计。上使从善致书讽[2]国主入朝，国主不从，但增岁贡而已。南都留守兼侍中林仁肇有威名，朝廷忌之，赂其侍者窃取仁肇画像，悬之别室，引江南使者观之，问何人。使者曰："林仁肇也。"曰："仁肇将来降，先持此为信。"又指空馆曰："将以赐仁肇。"国主不知其间，鸩杀仁肇。（卷十三）

（开宝六年四月）遣卢多逊为江南生辰国信使。多逊至江南，得其臣主欢心。及还，舣舟[3]宣化口，使人白国主曰："朝廷重修天下图经，史馆独阙江东诸州。愿各求一本以归。"国主亟令缮写，命中书舍人徐锴等通夕雠对[4]，送与之，多逊乃发。于是江南十九州之形势，屯戍远近，户口多寡，多逊尽得之矣。归，即言江南衰弱可取状。上嘉其谋，始有意大用。（卷十四）

（开宝七年七月）卢多逊既还，江南国主知上有南伐意，遣使愿受封策，上不许。于是复遣阁门使梁迥使焉。迥从容问国主曰："朝廷今冬有柴燎之礼[5]，国主盍来助祭？"国主唯唯不答。迴归，上始决意伐之。……（九月）上已部分诸将，而未有出师之名，欲先遣使召李煜入朝，择群臣可遣者。……丁卯，遂遣（李）穆使江南。穆至，谕旨，国主将从之。光政使、门下侍郎陈乔曰："臣与陛下俱受元宗[6]顾命，今往，必见留，其若社稷何！臣虽死，无以见元宗于九泉矣。"清辉殿学士、右内史舍人张洎亦劝国主无入朝。时乔与洎俱掌机密，国主委信之，遂称疾固辞，且言："谨事大国者，盖望全济之恩。今若此，有死而已。"穆曰："朝与否，国主自处之。然朝廷兵甲精锐，物力雄富，恐不易当其锋也，宜孰计虑，无自贻后悔。"使还，具言其状。上以为所谕要切，江南亦谓穆言不欺己。……（十月）壬辰，曹彬等发荆南，赴金陵。（卷十五）

（开宝八年九月）及润州平，外围愈急，始谋遣使入贡，求缓兵。……（十一月）辛未，对于便殿。（徐）铉言李煜事大之礼甚恭，徒以被病，未任朝谒，非敢拒诏也，乞缓兵以全一邦之命。其言甚切至，上与反复数四，铉声气愈厉。上怒，因按剑谓铉曰："不须多言，江南亦有何罪，但天下一家，卧榻之侧，岂容他人鼾睡乎！"铉皇恐而退。……王师围金陵，自春徂[7]冬，居民樵采路绝，兵又数败，城中夺气[8]。……乙未，城陷。……十二月己亥朔，江南捷书至，凡得州十九，军三，县一百有八，户六十五万五千六十有五。群臣皆称贺。（卷十六）

【注释】[1]经理：处理。 [2]风：消息传闻，此处指传递消息。 [3]舣舟：停船靠岸。 [4]雠对：校对。 [5]柴燎之礼：祭天有烧柴仪式，此处指南郊祭天典礼。 [6]元宗：后唐第二位君主李璟，李煜之父。 [7]徂：往、至。 [8]夺气：挫伤锐气，丧失勇气。

（五）吴越献土

《续资治通鉴长编》（节选）

（开宝七年八月）先是，吴越王（钱）俶遣元帅府判官福人黄夷简入贡，上谓之曰："汝归语元帅，当训练兵甲。江南倔强不朝，我将发师讨之。元帅当助我，无惑人言，云皮之不存，毛将安傅[1]也。"特命有司造大第于薰风门外，连亘数坊，栋宇宏丽，储偫[2]什物，无不悉具。乃召进奏使钱文贽谓之曰："朕数年前令学士承旨陶谷草诏，比于城南建离宫[3]，今赐名礼贤宅，以待李煜及汝主，先来朝者赐之。"且以诏草示文贽，遂遣文贽赐俶羊马，谕旨于俶。戊寅，俶遣其行军司马孙承祐入贡。丁亥，辞归，上厚赐俶器币，且密告以师期。（卷十五）

（开宝八年十二月）先是，上尝召吴越进奏使任知果，令谕旨于其主俶曰："元帅克毗陵有大功，俟平江南，可暂来与朕相见，以慰延想之意，即当复还，不久留也。朕三执圭币[4]以见上帝，岂食言乎？"崔仁冀亦告俶曰："主上英武，所向无敌。今天下事势已可知，保族全民，策之上也。"俶深然之。丁卯，俶请赴长春节[5]朝觐，诏许之。（卷十六）

（开宝九年二月）己未，吴越王俶及其子镇海、镇东节度使惟濬等入见崇德殿，宴长春殿。……（三月）庚午，命吴越王俶剑履上殿，诏书不名。……上将西幸，俶恳请扈从，不许，乃留惟濬侍祠[6]，遣俶归国。（卷十七）

（太平兴国三年三月）己酉，俶见于崇德殿，宠赉甚厚，即日赐宴于长春殿，俶僚佐崔仁冀、黄夷简等皆预坐。……（五月）俶意求反国[7]，故厚其贡奉以悦朝廷。宰相卢多逊劝上留俶不遣。凡三十余进，不获命。……俶不知所为，崔仁冀曰："朝廷意可知矣，大王不速纳土[8]，祸且至。"俶左右争言不可，仁冀厉声曰："今已在人掌握中，去国千里，惟有羽翼乃能飞去耳。"俶独与仁冀决策，遂上表献所管十三州、一军。上御乾元殿受朝，如冬、正仪。俶朝退，将吏僚属始知之，千余人皆恸哭曰："吾王不归矣。"凡得县八十六，户五十五万六百八，兵十一万五千三十六。（卷十九）

【注释】[1]傅：附着、依附。[2]偫：储备。[3]离宫：正宫之外供帝王出巡时居住的宫室。[4]圭币：古代祭祀时用的圭玉和束帛。[5]长春节：宋太祖生日。[6]侍祠：陪从祭祀。[7]反国：归国。[8]纳土：献纳土地，指归附。

（六）亲征河东

《皇宋通鉴长编纪事本末·亲征河东》[1]**卷五（节选）**

（太宗太平兴国四年）春正月庚寅，帝议伐汉，薛居正等多以为不可，惟曹彬力赞之，帝意遂决。乃以潘美为北路都招讨使，帅崔彦进、李汉琼、刘遇、曹翰、米信、田重进军，分四面攻太原城。又以郭进为太原石岭关都部署，以断燕、蓟援师。

《续资治通鉴长编》卷二十（节选）

（太平兴国四年二月）甲子，车驾发京师。……（三月乙未）郭进言契丹数万骑入侵，大破之石岭关南。于是北汉援绝，北汉主复遣使间道赍蜡书走契丹告急，进捕得之，徇于城下，城中气始夺矣。……（四月）庚午，上至太原，驻跸[2]于汾水之东。辛未，幸城四面按视营垒攻具，慰劳诸将。以手诏谕北汉主继元，传诏至城下，守陴[3]者不敢受。……（五月）癸未，幸城南，督诸将急攻，士奋怒，争乘城，不可遏。上恐屠其城，因麾众少退。城中人犹欲固守，左仆射致仕马峰以病卧家，舁[4]入见北汉主，流涕以兴亡谕之，北汉主乃降。夜漏[5]上十刻，遣客省使李勋上表纳款。上喜，即命通事舍人薛文宝赍诏入城抚谕。夜漏未尽，幸城北，宴从臣于城台，受其降。甲申，迟明，刘继元率其官属素服纱帽待罪台下。诏释之，召升台劳问。继元叩头曰："臣自闻车驾亲临，即欲束身归命，致陛下銮舆暴露，尚敢以孤垒拒战，盖亡命卒惧死，劫臣不得降耳。"上令籍亡命者至，悉斩之。顾谓淮海国王钱俶曰："卿能保全一方以归于我，不致血刃，深可嘉也。"北汉平，凡得州十、军一、县四十一，户三万五千二百二十，兵三万。……毁太原旧城，改为平晋县，以榆次县为并州。

【注释】［1］《皇宋通鉴长编纪事本末》是南宋杨仲良根据李焘《续资治通鉴长编》一书，分门别类，按时间顺序编缀而成的纪事本末体史书。由于今本《长编》并非全本，尤其是徽、钦二帝时期内容完全散佚，《长编纪事本末》是对该书极为重要的补充，具有很大的文献价值。［2］驻跸：帝王出行，途中停留暂住。［3］陴：城上的矮墙。［4］舁：抬。［5］夜漏：夜间的时刻。漏，滴水计时的器具。

（七）高梁河之战

《续资治通鉴长编》卷二十（节选）

（太平兴国四年五月）会刘继元降，人人有希赏意，而上将遂伐契丹，取幽蓟，诸将皆不愿行，然无敢言者，殿前都虞候崔翰独奏曰："此一事不容再举，乘此破竹之势，取之甚易，时不可失也。"上悦，即命枢密使曹彬议调发屯兵。……（六月）庚申，车驾北征，发镇州。……庚午，迟明，次幽州城南，驻跸于宝光寺。契丹万余众屯城北，上亲率兵乘之，斩首千余级，余党遁去。……（七月）甲申，上以幽州城逾旬不下，士卒疲顿，转输[1]回远，复恐契丹来救，遂诏班师。车驾夕发，命诸将整军徐还。

《宋史·太宗本纪》[2]（节选）

（太平兴国四年七月）癸未，帝督诸军及契丹大战于高梁河，败绩。甲申，班师。

《辽史·景宗本纪下》[3]（节选）

（乾亨元年六月）己巳，宋主围南京。丁丑，诏谕耶律沙及奚底、讨古等军中事宜。

秋七月癸未，沙等及宋兵战于高梁河，少却；休哥、斜轸横击，大败之，宋主仅以身免，至涿州，窃乘驴车遁去。

【注释】[1]转输：周转运输。 [2]《宋史》：编著于元朝末年，脱脱作为元顺帝时丞相，奉旨领衔修史，宋朝、辽朝、金朝谁为正统曾争论不休，最后采用分别修撰的方式加以解决。《宋史》立足于国史、实录等大量史料，是对宋朝较为全面的反映，然失之于繁，且存在不少的谬误，当参照其他史料对比甄选。 [3]《辽史》：与《宋史》同为脱脱等组织修撰，但由于主要取材于辽、金史料，又站在辽国立场上叙事，在陈述同一事件时能为读者提供不同角度的信息。

（八）雍熙北伐

《续资治通鉴长编》卷二十七（节选）

（雍熙三年正月）先是，知雄州贺令图与其父……等相继上言："自国家伐太原，而契丹渝盟[1]，发兵以援，非天威兵力决而取之，河东之师几为迁延[2]之役。且契丹主年幼，国事决于其母，其大将韩德让宠幸用事，国人疾之，请乘其衅以取幽蓟。"上遂以令图等言为然，始有意北伐。

……

初曹彬与诸将入辞，上谓彬曰："但令诸将先趋云、应，卿以十余万众声言取幽州，且持重缓行，毋得贪利以要敌。敌闻之，必萃劲兵于幽州，兵既聚，则不暇为援于山后[3]矣。"既而潘美果下寰、朔、云、应等州，田重进又取飞狐、灵邱、蔚州，多得山后要害之地，而彬等亦连收新城、固安，下涿州，兵势大振。每捷奏至，上颇疑彬进军之速，且忧敌断粮道。……而彬所部诸将闻美及重进累战获利，自以握重兵不能有所攻取，谋画蜂起，更相矛盾，彬不能制，乃裹五十日粮，再往攻涿州。……彬虽复得涿州，时方炎暑，军士疲乏，所赍粮又不继，乃复弃之，还师境上。……五月庚午，至岐沟关北，敌追及之，我师大败。彬等收余军，宵涉巨马河，营于易水之南。……八月，初徙云、朔、寰、应四州民，诏潘美、杨业等以所部兵护送之，时契丹国母萧氏与其大臣耶律汉宁、南北皮室[4]及五押[5]、惕隐[6]，领众十余万，复陷寰州。……（杨业）乃引兵自石峡路趋朔州，将行，泣谓美曰："此行必不利，业太原降将，分当死，上不杀，宠以连帅，授之兵柄，非纵敌不击，盖伺其便，将立尺寸功以报国恩。今诸君责业以避敌，业当先死于敌。"……业既被禽，……乃不食三日而死。

【注释】[1]渝盟：背弃盟约。 [2]迁延：退却。 [3]山后：幽云十六州地区的专用名词，太行山西侧为山后地区，东侧为山前地区。 [4]皮室：契丹语"金刚"之义，指辽（契丹）御帐亲军。 [5]五押：五押军，辽（契丹）各部征集的一类军队。[6]惕隐：辽（契丹）掌管皇族内部事务的职官。

烛影斧声

宋朝正史中关于宋太祖去世和宋太宗即位的记载十分简略,但在私家著述中却有着"烛影斧声"的记载。学术界围绕这一记载,就宋太宗是否谋杀了兄长的问题展开激烈讨论,但囿于资料限制,并未达成一致意见。烛影斧声或者说是太宗即位的真相,依旧是一桩千古谜案。

《宋史纪事本末·金匮之盟》[1]卷十(节选)

(开宝九年)冬十月,帝有疾。壬午夜,大雪,帝召晋王光义,属以后事。左右皆不得闻,但遥见烛影下晋王时或离席,若有逊避之状。既而上引柱斧[2]戳地,大声谓晋王曰:"好为之!"俄而帝崩,时漏下四鼓矣。宋皇后见晋王愕然,遽呼曰:"吾母子之命皆托于官家[3]!"晋王泣曰:"共保富贵,无忧也。"甲寅,晋王光义即皇帝位,改名炅。

【注释】[1]《宋史纪事本末》是明人陈邦瞻集合冯琦、沈越二人未完之书,编撰而成的纪事本末体史书。该书将《宋史》分门别类,按时间顺序排列,从篇幅上看是原书的缩写本,但也有作者博采众书进行的补充,具有较为重要的史料价值。[2]柱斧:形制不明,有人认为是水晶制成的小斧子,有人认为是浮尘,也有人认为是金杖。[3]官家:古代对皇帝的称呼,以宋朝最为常见。

《湘山野录·续录》[1](节选)

祖宗潜耀[2]日,尝与一道士游于关河[3],无定姓名,自曰混沌,或又曰真无。每有乏则探囊金,愈探愈出。二人者每剧饮烂醉,生喜歌《步虚》[4]为戏,能引其喉于杳冥间作清徵[5]之声,时或一二句,随天风飘下,惟祖宗闻之,曰"金猴虎头四,真龙得真位。"至醒诘之,则曰:"醉梦语,岂足凭耶?"至膺图[6]受禅之日,乃庚申正月初四也。自御极不再见,下诏草泽遍访之,或见于辕辕[7]道中,或嵩、洛间。后十六载,乃开宝乙亥岁也,上已被禊[8]，驾幸西沼，生醉坐于岸木阴下，笑揖太祖曰："别来喜安。"上大喜，亟遣中人密引至后掖，恐其遁，急回跸与见之，一如平时，抵掌浩饮。上谓生曰："我久欲见汝决克一事，无他，我寿还得几多在？"生曰："但今年十月廿日夜，晴，则可延一纪；不尔，则当速措置。"上酷留[9]之，俾泊后苑。苑吏或见宿于木末鸟巢中，止数日不见。帝切切记其语，至所期之夕，上御太清阁四望气。是夕果晴，星斗明灿，上心方喜。俄而阴霾四起，天气陡变，雪雹骤降，移仗下阁。急传宫钥开端门，召开封王，即太宗也。延入大寝，酌酒对饮。宦官、宫妾悉屏之，但遥见烛影下，太宗时或避席，有不可胜之状。饮讫，禁漏三鼓，殿雪已数寸，帝引柱斧戳雪，顾太宗曰："好做，好做！"遂解带就寝，鼻息如雷霆。是夕，太宗留宿禁内，将五鼓，周庐者寂无所闻，帝已崩矣。太宗受遗诏于柩前即位。逮晓登明堂，宣遗诏罢，声恸，引近臣环玉衣以瞻圣体，玉色温莹如出汤沐。

【注释】[1]《湘山野录》是北宋僧人文莹撰写的一部记载宋初至神宗时期的笔记，内容涉及典制、轶闻等诸多领域。该书虽多为粉饰圣朝的内容，但也有不少揭露北宋上层群体阴暗面的内容，至宋徽宗时期被禁。 [2]潜耀：隐藏光辉，此处指太祖发达之时。 [3]关河：关山河川，此处应特指函谷等关与黄河之间的区域。 [4]《步虚》：道教唱经礼赞之词。 [5]清徵：清澄的徵音。徵，五音之一。 [6]膺图：承受瑞应之图，指帝王获得政权。 [7]辘辕：山名、关口名，在今河南登封西北。因山路有十二曲，盘旋往还得名。 [8]被禊：上巳日除恶祭祀之名。 [9]酷留：苦苦留下。

《涑水记闻》[1] 卷一（节选）

君倚[2]曰：太祖初晏驾，时已四鼓，孝章宋后使内侍都知王继恩召秦王德芳。继恩以太祖传位晋王之志素定，乃不诣德芳，而以亲事一人径趋开封府召晋王。见医官程德玄先坐于府门，问其故，德玄曰："去夜二鼓，有呼我门者，曰晋王召，出视则无人，如是者三。吾恐晋王有疾，故来。"继恩异之，乃告以故，叩门，与之俱入见王，且召之。王大惊，犹豫不敢行，曰："吾当与家人议之。"入久不出。继恩趣[3]之,曰:"事久将为他人有矣。"遂与王雪中步行至宫门,呼而入。继恩使王且止其直庐[4],曰:"王且待于此,继恩当先入言之。"德玄曰:"便应直前,何待之有?"遂与俱进。至寝殿,宋后闻继恩至,问曰:"德芳来邪?"继恩曰:"晋王至矣。"后见王,愕然,遽呼"官家",曰:"吾母子之命,皆托官家。"王泣曰:"共保富贵,无忧也。"德玄后为班行,性贪,故官不甚达,然太宗亦优容之。

【注释】[1]《涑水记闻》是司马光编写的一部语录体笔记,记载了北宋前期诸多时政内容,具有珍贵的文献价值。但因书中内容主要来自口述,不少事件并不准确,因此需要甄别对待。[2]君倚:指钱公辅。钱公辅,字君倚,与司马光同时代的官员、诗人。[3]趣:同"促",催促。[4]直庐:古代官员值宿场所。

金匮之盟

太平兴国六年,一份据说由杜太后签署的,规定太祖皇位兄终弟及的誓书被披露出来,史称"金匮之盟"。关于这份誓书的真假,学术界一般认为是赵普为掩饰太宗自立而伪造的,但近年来也有学者认为誓书是真实存在的。

《续资治通鉴长编》(节选)

(建隆二年)六月甲午,皇太后崩。……疾革,召普入受遗命。后问上曰:"汝自知所以得天下乎?"上呜咽不能对。后曰:"吾自老死,哭无益也,吾方语汝以大事,而但哭耶?"问之如初。上曰:"此皆祖考及太后余庆[1]也。"后曰:"不然。政由柴氏使幼儿主天下,群心不附故耳。若周有长君,汝安得至此?汝与光义皆我所生,汝后当传位汝弟。四海至广,能立长君,社稷之福也。"上顿首泣曰:"敢不如太后教。"因谓普曰:"汝同记吾言,不可违也。"普即就榻前为誓书,于纸尾署曰"臣普记"。上藏其书金匮[2],命谨密宫人掌之。

（太平兴国六年九月）太子太保赵普奉朝请累年，卢多逊益毁之，郁郁不得志。普子承宗，娶燕国长公主女。承宗适知潭州，受诏归阙成婚，礼未逾月，多逊白遣归任，普由是愤怒。会如京使柴禹锡等告秦王廷美骄恣，将有阴谋窃发。上召问普……因言昭宪顾命及先朝自诉之事。上于宫中访得普前所上章，并发金匮，遂大感悟，即留承宗京师，召普谓曰："人谁无过，朕不待五十，已尽知四十九年非矣。"辛亥，以普为司徒兼侍中。（卷二）

　　始太祖传位于上，昭宪顾命[3]也。或曰昭宪及太祖本意，盖欲上复传之廷美，而廷美将复传之德昭。故上即位，亟命廷美尹开封，德恭授贵州防御使，实称皇子，皆缘昭宪及太祖意也。德昭既不得其死，德芳相继夭绝，廷美始不自安，浸[4]有邪谋。他日，上尝以传国意访之赵普，普曰："太祖已误，陛下岂容再误邪！"于是普复入相，廷美遂得罪。凡廷美所以得罪，则普之为也。（卷二十二）

【注释】［1］余庆：留给子孙后代的德泽。　［2］金匮：用来收藏东西的铜柜。　［3］顾命：指帝王临终之命。　［4］浸：逐渐。

《涑水记闻》卷一（节选）

　　昭宪太后[1]聪明有智度，尝与太祖参决大政。及疾笃，太祖侍药饵[2]，不离左右。太后曰："汝自知所以得天下乎？"太祖曰："此皆祖考与太后之余庆也。"太后笑曰："不然，正由柴氏使幼儿主天下耳。"因戒敕太祖曰："汝万岁后，当以次传之二弟，则并汝之子亦获安矣。"太祖顿首泣曰："敢不如母教。"太后因诏赵普于榻前，约为誓书，普于纸尾自署名云"臣普书"，藏之金匮，命谨密宫人掌之。及太宗即位，赵普为卢多逊所潛[3]，出为河阳，日夕忧不测。上一旦发金匮得书，大悟，遂遣使急召之。普惶恐，为遗书与家人别而后行。既至，复为相。

【注释】［1］昭宪太后：即杜太后，太祖生母。　［2］药饵：药物。　［3］潛：说别人的坏话，中伤。

王小波、李顺起事

宋太宗淳化年间，王小波、李顺相继领导了四川境内的农民起事，提出了"均贫富"的主张。起事队伍占领成都，建立政权，但不久为官军镇压。起事的直接原因是以博买务为代表的朝廷赋敛过重，此事对北宋朝廷的赋税制度产生了一定的冲击。

《皇宋通鉴长编纪事本末·李顺之变》卷十三（节选）

淳化四年。蜀土富饶，丝帛所产，民织作冰纨绮绣[1]等物，号为冠天下。孟氏割据，府库益以充溢。及王师取之，其重货铜布，即载自三峡而下，储于江陵，调发舟船，转送京师；轻货纹縠[2]，即自京师至两川设传置[3]，发卒负担，每四十卒所荷为一纲，号为日进。不数年，孟氏所储之诸物悉归于内府矣。而言事者竞起功利，以惑人主。成都除常赋外，更置博买务[4]，诸郡课民织作，禁商旅不得私市帛，日进上供，又倍其常数。司计之吏，皆析秋毫。然蜀地狭民稠，耕稼不足以给，由是小民贫困，兼并者籴贱贩贵，以夺其利。青城县民王小波聚徒众起而为乱，谓众曰："吾疾贫富不均，今为汝均之！"贫民多来附者，遂攻劫邛、蜀诸县。是月，寇彭山，县令齐元振率兵拒之，为小波所杀。……

十二月，西川都巡检使、崇仪使张玘与小波斗于江原县，玘射中小波额，既而玘为小波所杀，小波亦病创卒，众遂推小波之妻弟李顺为帅。……

（淳化五年五月丁巳）王继恩至成都，引师攻其城，即拔之，破贼十余万，斩首三万，擒贼帅李顺及伪枢密使计词、吴文赏等，并甲铠、僭伪服用甚众。顺方欲索城中民，黥其面以隶军籍，前一日城破，民皆获免。戊辰，王继恩奏成都平，群臣称贺。……

（至道元年）十一月，以峰州团练使上官正及右谏议大夫雷有终并为西川招安使，召王继恩归阙。时余寇匿山谷，恃险结集，剽劫未已。继恩百计招诱不至。正既受任，益励兵政，宣布朝廷恩德，由是寇党悉出降。剑南以宁，正之力居多焉。

【注释】[1]冰纨绮绣：洁白的细绢和彩色丝织品。 [2]纹縠：绉纱。 [3]传置：

驿站。[4]博买务：宋朝垄断收购民间物产的机构。

《续资治通鉴长编》卷三十五（节选）

（淳化五年正月）先是，李顺引众攻成都，烧西郭门，不利，去，攻汉州、彭州，戊午、己未两日，连陷之。载既入城，贼攻愈急，己巳，城陷。载与运使樊知古斩关而出，帅余众奔梓州。

李顺入据成都，僭号大蜀王，改元曰应运，遣兵四出侵掠，北抵剑关，南距巫峡，郡邑皆被其害焉。

……上始闻李顺攻劫剑南诸州，命昭宣使、河州团练使王继恩为西川招安使，率兵讨之。

吕端拥立真宗

宋真宗虽于至道元年被立为太子，但其储君位置并不牢固。至道三年太宗去世，宦官王继恩欲另立皇子，为吕端等人阻止，真宗得以顺利登基。王继恩干涉皇位继承作为宦官干政最早的代表，反映了宋朝内臣权力过大的现实。

《续资治通鉴长编》（节选）

（至道元年八月）壬辰，制以开封尹寿王元侃为皇太子，改名恒。……

初，参知政事寇准自青州召还，入见，上足创甚，自发衣以示准曰："卿来何缓！"准曰："臣非召不得至京师。"上曰："朕诸子孰可以付神器者？"准曰："陛下诚为天下择君，谋及妇人宦官，不可也；谋及近臣，不可也。惟陛下择所以副天下之望者。"上俛首[1]久之，屏左右曰："元侃可乎？"对曰："非臣所知也。"上遂以元侃为开封尹，改封寿王，于是立为太子。（卷三十八）

（至道三年三月）壬辰，帝不视朝。癸巳，崩于万岁殿。参知政事温仲舒宣遗制，真宗即位于柩前。

初，太宗不豫，宣政使王继恩忌上英明，与参知政事李昌龄、知制诰胡旦谋立楚王元佐，颇间[2]上。宰相吕端问疾禁中，见上不在旁，疑有变，乃以笏书"大渐"[3]字，令亲密吏趣上入侍。及太宗崩，继恩白后至中书召端议所立。端前知其谋，即绐[4]继恩，使入书阁检太宗先赐墨诏，遂锁之，亟入宫。后谓曰："宫车宴驾[5]，立嗣以长，顺也，今将奈何？"端曰："先帝立太子政为今日，岂容更有异议！"后默然。上既即位，端平立殿下不拜，请卷帘，升殿审视，然后降阶，率群臣拜呼万岁。

……（四月）辛酉，兵部郎中、知制诰、史馆修撰胡旦，责授安远节度行军司马。旦与王继恩等邪谋既露，上新即位，未欲穷究之，而旦草行庆制词，颇恣胸臆，多所溢美，语复讪上，故先黜之。

……（五月）甲戌，户部侍郎、参知政事李昌龄，责授忠武节度行军司马；宣政使、桂州观察使王继恩，责授右监门卫将军、均州安置；安远节度行军司马胡旦，削籍流浔州。

太宗之即位也，继恩有力焉，太宗以为忠，自是宠遇莫比。继恩喜结党，邀名誉，乘间或敢言事，荐外朝臣，故士大夫之轻薄好进者辄与往来，每以多宝僧舍为期。潘阆得官，亦继恩所荐也。阆者，倾险士，尝说继恩乘间劝太宗立储贰，为它日计，且言："南衙[6]自谓当立，立之，将不德我。即议所立，宜立诸王之不当者。"南衙，谓上也。继恩入其说，颇惑太宗，太宗讫立上，阆寻坐狂妄黜。太宗疾革[7]，继恩与昌龄及旦更起邪谋，吕端觉之，谋不得逞。上既即位，加恩百官，继恩又密托旦为褒辞。旦已先坐黜，于是并逐三人者。诏以继恩潜怀凶慝[8]，与昌龄等交通请托，漏泄宫禁语言也。（卷四十一）

【注释】[1]俛首：低头，比喻沉思状。[2]间：挑拨使人不和。[3]大渐：病危。[4]绐：欺骗。[5]宫车宴驾：婉言帝王之死。[6]南衙：指开封府府衙。宋真宗为太子前曾做过开封府尹。[7]疾革：病情危急。[8]慝：邪恶。

澶渊之盟

景德元年，宋真宗在寇准等人的坚持要求下御驾亲征，与契丹签订了岁币换和平的盟约，史称"澶渊之盟"。订盟之后，宋辽之间维持了百余年的和平局面，对南北两大政权的经济、民生都有积极的影响。

《续资治通鉴长编》卷五十七（节选）

（景德元年九月）丁酉，上谓辅臣曰："累得边奏，契丹已谋南侵。国家重兵多在河北，敌不可狃，朕当亲征决胜，卿等共议，何时可以进发？"毕士安等曰："陛下已命将出师，委任责成可也。必若戎辂亲行，宜且驻跸澶渊。然澶渊郛郭[1]非广，久聚大众，深恐不易。况冬候犹远，顺动之事，更望徐图。"寇准曰："大兵在外，须劳圣驾暂幸澶渊，进发之期，不可稽缓。"王继英等曰："禁卫重兵，多在河北，所宜顺动以壮兵威，仍督诸路进军，临事得以裁制。然不可更越澶州，庶合机宜，不亏谨重。所议进发，尤宜缓图。若遽至澶州，必不可久驻。"诏士安等各述所见，具状以闻。……

（闰九月癸酉）契丹主与其母举国入寇……

先是，寇准已决亲征之议，参知政事王钦若以寇深入，密言于上，请幸金陵，签书枢密院事陈尧叟请幸成都。上复以问准，时钦若、尧叟在旁，准心知钦若江南人，故请南幸，尧叟蜀人，故请西幸，乃阳为不知，曰："谁为陛下画此策者？罪可斩也。今天子神武，而将帅协和，若车驾亲征，彼自当遁去，不然，则出奇以挠其谋，坚守以老其众。劳逸之势，我得胜算矣，奈何欲委弃宗社，远之楚、蜀耶！"上乃止，二人由是怨准。钦若多智，准惧其妄有关说，疑沮大事，图所以去之。会上欲择大臣使镇大名，准因言钦若可任，钦若亦自请行。乙亥，以钦若判天雄军府兼都部署、提举河北转运司，与周莹同议守御。

初，殿前都虞候、云州观察使王继忠战败，为敌所获，即授以官，稍亲信之，继忠乘间言和好之利。时契丹母老，有厌兵意，虽大举深入，然亦纳继忠说，于是遣小校李兴等四人持信箭[2]以继忠书诣莫州部署石普，且致密奏一封，愿速达阙下，词甚恳激。兴等言契丹主与母召至车帐前面授此书，戒令速至莫州送石帅，获报简即驰以还。是日，普遣使赍其奏至。上发视之，即继忠状，具言："臣先奉诏充定州路副都部署，望都之战，自晨达酉，营帐未备，资粮未至，军不解甲、马不刍秣二日矣，加以士卒乏饮，冒刃争汲[3]。翌日，臣整众而前，邀其偏将，虽胜负且半，而策援不至，为北朝所擒，非唯王超等轻敌寡谋，亦臣之罪也。北朝以臣早事宫庭，尝荷边寄[4]，被以殊宠，列于诸臣。臣尝念昔岁面辞，亲奉德音，唯以息民止戈为事。况北朝钦闻圣德，愿修旧好，必冀睿慈俯从愚瞽[5]。"

上谓辅臣曰："朕念往昔全盛之世，亦以和戎为利。朕初即位，吕端等建议，欲因太宗上仙，命使告讣。次则何承矩请因转战之后，达意边臣。朕以为诚未交通，不可强致。又念自古獯鬻[6]为中原强敌，非怀之以至德，威之以大兵，则犷悍之性，岂能柔服。此奏虽至，要未可信也。"毕士安等曰："近岁契丹归款者，皆言国中畏陛下神武，本朝雄富，常惧一旦举兵复幽州，故深入为寇。今既兵锋屡挫，又耻于自退，故因继忠以请，谅亦非妄。"上曰："卿等所言，但知其一，未知其二。彼以无成请盟，固其宜也。然得请之后，必有邀求。若屈己安民，特遣使命，遗之货财，斯可也。所虑者，关南之地曾属彼方，以是为辞，则必须绝议，朕当治兵誓众，躬行讨击耳。"遂以手诏令石普付兴等赐继忠曰："朕丕承大宝，抚育群民，常思息战以安人，岂欲穷兵而黩武。今览封疏，深嘉恳诚。朕富有寰区[7]，为人父母，傥谐偃革[8]，亦协素怀。诏到日，卿可密达兹意，共议事宜，果有审实之言，即附边臣闻奏。"继忠欲朝廷先遣使命，上未许也。

【注释】[1] 鄈郭：外城，泛指城郭。 [2] 信箭：作为凭证的令箭。 [3] 汲：打水。此处指饮水。 [4] 边寄：防守边疆的任务。 [5] 愚瞽：愚钝而昧于事理。多用于自谦。 [6] 獯鬻：匈奴的古名，此处指代北方游牧民族政权。 [7] 寰区：天下。 [8] 偃革：停止战争。

《续资治通鉴长编》卷五十八（节选）

（景德元年十一月）是日，车驾北巡，司天言日抱珥[1]，黄气充塞，宜不战而却，有和解之象。

曹利用至天雄，孙全照疑契丹不诚，劝王钦若留之。契丹既数失利，复令王继忠具奏求和好，且言北朝顿兵，不敢劫掠，以待王人。继忠又与葛霸等书，令速达所奏。是夕，奏入，上因赐继忠手诏，言已遣利用；又以手诏促利用往，并付继忠使告契丹，遣人自抵天雄迎援之。继忠寻亦闻利用留天雄不行，复具奏，乞自澶州别遣使者至北朝，免致缓误。辛未，车驾次长垣县，得其奏，遂以前意答焉。

壬申，次韦城县。……

寇益南侵，上驻跸韦城，群臣复有以金陵之谋告上宜且避其锐者，上意稍惑，乃召寇准问之。将入，闻内人谓上曰："群臣辈欲将官家何之乎？何不速还京师！"准入对，上曰："南巡何如？"准曰："群臣怯懦无知，不异于乡老妇人之言。今寇已迫近，四方危心，陛下惟可进尺，不可退寸。河北诸军，日夜望銮舆至，士气当百倍。若回辇数步，则万众瓦解，敌乘其势，金陵亦不可得而至矣。"上意未决。

准出，遇殿前都指挥使高琼门屏间，谓曰："太尉受国厚恩，今日有以报乎？"对曰："琼武人，诚愿效死。"准复入对，琼随入，立庭下，准曰："陛下不以臣言为然，盍试问琼等。"遂申前议，词气慷慨。琼仰奏曰："寇准言是。"且曰："随驾军士父母妻子尽在京师，必不肯弃而南行，中道即亡去耳。愿陛下亟幸澶州，臣等效死，敌不难破。"准又言："机会不可失，宜趋驾。"时王应昌带御器械[2]侍侧，上顾之，应昌曰："陛下奉将天讨，所向必克，若逗遛不进，恐敌势益张。或且驻跸河南，发诏督王超等进军，寇当自退矣。"上意遂决。……

上前赐王继忠诏许遣使，继忠复具奏附石普以达。普自贝州遣指使、散直张皓持诣行阙，道出敌寨，为所得，契丹主及其母引皓至车帐前，问劳久之，因令抵天雄，以诏促曹利用。王钦若等疑不敢遣，皓独还。契丹主及其母赐皓袍带，馆设加等，使继忠具奏，且请自澶州别遣使速议和好事。于是皓以其奏入，上复赐钦若诏，又令参知政事王旦与钦若手书，俾皓持赴天雄，督利用同北去，并以诏谕继忠。因谓辅臣曰："彼虽有善意，国家以安民息战为念，固许之矣。然彼尚率众兵深入吾土，又河冰且合，戎马可渡，亦宜过为之防。朕已决成算，亲励全师。若盟约之际，别有邀求，当决一战，剪灭此寇。上天景灵，谅必助顺。可再督诸将帅，整饬戎容，以便宜从事。"……

丙子……次南城，以驿舍为行宫，将止焉。寇准固请幸北城，曰："陛下不过河，则人心危惧，敌气未慑，非所以取威决胜也。四方征镇，赴援者日至，又何疑而不往？"高琼亦固以请，且曰："陛下若不幸北城，百姓如丧考妣[3]。"签书枢密院事冯拯在旁呵之，琼怒曰："君以文章致位两府，今敌骑充斥如此，犹责琼无礼，君何不赋一诗咏退敌骑耶？"即麾卫士进辇，上遂幸北城。至浮桥，犹驻车未进，琼乃执挝筑[4]辇夫背曰："何不亟行！今已至此，尚何疑焉？"上乃命进辇。既至，登北城门楼，张黄龙旗，诸军皆呼万岁，声闻数十里，气势百倍，敌相视益怖骇。上览观营壁，召见李继隆已下诸将，抚慰者久之，赐诸军酒食、缗钱[5]。……

曹利用自天雄赴契丹寨……共议和好事，议未决，乃遣左飞龙使韩杞持国主书与利用俱还。……

十二月，庚辰朔，韩杞入对于行宫之前殿，跪授书函于阁门使，使捧以升殿，内侍省副都知阎承翰受而启封，宰相读讫，命杞升殿，跪奏云："国母令臣上问皇帝起居[6]。"其书复以关南故地为请，上谓辅臣曰："吾固虑此，今果然，唯将奈何？"辅臣等请答其书，言："关南久属朝廷，不可拟议，或岁给金帛，助其军费，以固欢盟，惟陛下裁度。"上曰："朕守祖宗基业，不敢失坠。所言归地事极无名，必若邀求，朕当决战尔！实念河北居人，重有劳扰，倘岁以金帛济其不足，朝廷之体，固亦无伤。答其书不必具言，但令曹利用与韩杞口述兹事可也。"……

曹利用与韩杞至契丹寨，契丹复以关南故地为言，利用辄沮之，且谓曰："北朝既兴师寻盟，若岁希南朝金帛之资以助军旅，则犹可议也。"其接伴[7]政事舍人高正始遽曰："今兹引众而来，本谋关南之地，若不遂所图，则本国之人负愧多矣。"利用答以"禀命专对，有死而已。若北朝不恤后悔，恣其邀求，地固不可得，兵亦未易息也。"其国主及母闻之，意稍息，但欲岁取金帛。利用许遗绢二十万匹、银一十万两，议始定。

契丹复遣王继忠见利用，且言："南北通和，实为美事。国主年少，愿兄事南朝。"又虑南朝或于缘边开移河道，广浚壕堑，别有举动之意。因附利用密奏，请立誓，并乞遣近上使臣持誓书至彼。

甲申，利用即与其右监门卫大将军姚柬之持国主书俱还……

丙戌，柬之入辞，命西京左藏库使、奖州刺史李继昌假左卫大将军，持誓书与柬之俱往报聘[8]。金帛之数，如利用所许，其他亦依继忠所奏云。……

利用之再使契丹也，面请岁赂[9]金帛之数，上曰："必不得已，虽百万亦可。"利用辞去，寇准召至幄次，语之曰："虽有敕旨，汝往，所许不得过三十万。过三十万勿来见准，准将斩汝。"利用果以三十万成约而还。入见行宫，上方进食，未即对，使内侍问所赂，利用曰："此机事，当面奏。"上复使问之，曰："姑言其略。"利用终不肯言，而以三指加颊，内侍入曰："三指加颊，岂非三百万乎？"上失声曰："太多！"既而曰："姑了事，亦可耳。"宫帷浅迫，利用具闻其语。及对，上亟问之，利用再三称罪，曰："臣许之银绢过多。"上曰："几何？"曰："三十万。"上不觉喜甚，故利用被赏特厚。……

戊戌，车驾至自澶州。

【注释】[1]抱珥：太阳两旁半环形的光圈。 [2]带御器械：宋朝武官职名，在京为御前亲事官，在外为军中差遣所带职名。 [3]考妣：父母。 [4]筑：捣土的杵，此处指击打。 [5]缗钱：用绳穿连成串的钱。宋朝一般以一千文为一缗。 [6]起居：指饮食寝兴等一切日常生活状况，此处指问好。 [7]接伴：接伴使的简称，指接待外国使臣的官员。 [8]报聘：派使臣回访他国。 [9]赂：赠送财物。

《册府元龟》

《册府元龟》是北宋四大部书之一，属于政治百科型的类书。景德二年，宋真宗令王钦若、杨亿等人编修历代君臣事迹，赐名《册府元龟》，大中祥符二年上进。宋真宗希望通过修撰《册府元龟》能够教化后世，但修书更重要的作用是在澶渊之盟后标榜盛世祥和气象。

《续资治通鉴长编》（节选）

（景德二年九月）丁卯，令资政殿学士王钦若、知制诰杨亿修历代君臣事迹，钦若请以直秘阁钱惟演等十人同编修。初令惟演等各撰篇目，送钦若暨亿参详，钦若等又自撰集上进，诏用钦若等所撰为定，有未尽者奉旨增之。又令宫苑使、胜州刺史、勾当皇城司刘承珪,内侍高品监三馆秘阁图书刘崇超典掌其事,编修官非内殿起居当赴常参[1]者免之,非带职不当给实俸者特给之,其供帐[2]饮馔,皆异于常等。(卷六十一)

(景德三年正月)癸酉,赐编修君臣事迹官太仆少卿、直秘阁钱惟演等苁蓉[3]。旧制,方物之赐止及近臣,至是,优礼此职故也。……(四月)丙子,幸崇文院观四库图籍及所修君臣事迹,遍阅门类,询其次序,王钦若、杨亿悉以条对,有伦理未当者,立命改之。谓侍臣曰:"朕此书盖欲著历代事实,为将来典法,使开卷者动有资益也。"赐编修官金帛有差。(卷六十二)

(景德四年四月)丁丑,上谓王钦若等曰:"近览《唐实录》,敬宗即位,坐朝常晚,群臣班于紫宸殿,有顿踣[4]者。拾遗刘栖楚切谏,叩龙墀不已,宰臣宣谕,乃退。敬宗为动容,遣中使慰劳。谏臣举职,深可奖也。而史臣以逢吉之党,目为鹰犬,甚无谓也。今所修君臣事迹尤宜区别善恶,有前代褒贬不当如此类者,宜析理论之,以资世教。"(卷六十五)

(景德四年八月)壬寅,上幸崇文院观新编君臣事迹,王钦若、杨亿等以草本进御,上遍览之。(卷六十六)

(景德四年)十二月乙未,手札[5]赐王钦若曰:"编修君臣事迹官,皆出遴选。朕于此书,匪独听政之暇,资于披览,亦乃区别善恶,垂之后世,俾君臣父子有所监戒[6]。起今后,自初修官至杨亿,各依新式,递相检视,内有脱误,门目不类,年代、帝号失次者,并署历,仍书逐人名下,随卷奏知。异时比较功程,等第酬奖,庶分勤惰。委刘承珪专差人置历。"(卷六十七)

【注释】[1]常参:北宋前期群臣每日于正殿朝觐皇帝,称为常朝,亦称常参。参与常朝的官员称为常参官,简称朝官。 [2]供帐:供宴饮之用的帷帐、用具、饮食等物。 [3]苁蓉:药草。草苁蓉、肉苁蓉的统称。 [4]顿踣:跌倒在地。 [5]手札:手书、亲笔所写的文书。宋朝时为皇帝命令文书的一种形式。 [6]监戒:鉴察往事,警戒将来。

《皇宋通鉴长编纪事本末·王钦若等编修〈册府元龟〉事迹》卷十六（节选）

（大中祥符二年）八月庚午，枢密使王钦若等上新编修《君臣事迹》一千卷。上亲制序，赐名《册府元龟》，编修官并加赏赉。

祥符天书

大中祥符元年，宋真宗为掩饰澶渊城下之盟的困境，营造出天书祥瑞的神话，主导了迎奉天书的盛大仪式，从而衍生出东封西祀等一系列祭祀活动，形成其统治后期"神道设教"的时代特色。

《续资治通鉴长编》卷六十七（节选）

（景德四年十一月）庚辰，殿中侍御史赵湘上言请封禅，中书以闻，上拱揖不答。王旦等曰："封禅之礼，旷废已久，若非圣朝承平，岂能振举？"上曰："朕之不德，安能轻议。"

初，王钦若既以城下之盟毁寇准，上自是常怏怏。他日，问钦若曰："今将奈何？"钦若度上厌兵，即缪[1]曰："陛下以兵取幽蓟，乃可刷此耻也。"上曰："河朔生灵，始得休息，吾不忍复驱之死地，卿盍思其次。"钦若曰："陛下苟不用兵，则当为大功业，庶可以镇服四海，夸示[2]戎狄也。"上曰："何谓大功业？"钦若曰："封禅是已。然封禅当得天瑞，希世绝伦之事，乃可为。"既而又曰："天瑞安可必得，前代盖有以人力为之。若人主深信而崇奉焉，以明示天下，则与天瑞无异也。陛下谓《河图》、《洛书》果有此乎？圣人以神道设教[3]耳。"上久之，乃可，独惮王旦，曰："王旦得无不可乎？"钦若曰："臣请以圣意谕旦，宜无不可。"乘间为旦言之，黾勉[4]而从。然上意犹未决，莫适与筹之者。它日晚，幸秘阁，惟杜镐方直宿，上骤问之曰："卿博达坟典[5]，所谓河出图、洛出书，果何事耶？"镐老儒，不测上旨，漫应曰："此圣人以神道设教耳。"其言偶与钦若同。上由此意决，遂召王旦，饮于内中，欢甚，赐以尊酒曰："此酒极佳，归与妻孥[6]共之。"既归，发视，乃珠子也，旦自是不复持异。天书、封禅等事始作。

【注释】［1］缪：谋划、故意。 ［2］夸示：炫耀。 ［3］神道设教：利用神鬼之道进行教化。 ［4］黾勉：勉强。 ［5］坟典：三坟五典的并称，指代古代典籍。 ［6］妻孥：妻子和儿女。

《续资治通鉴长编》卷六十八（节选）

（大中祥符元年）春正月乙丑，上召宰臣王旦、知枢密院事王钦若等对于崇政殿之西序，上曰："朕寝殿中帘幕[1]，皆青绨[2]为之，旦暮间，非张烛莫能辨色。去年十一月二十七日，夜将半，朕方就寝，忽一室明朗，惊视之次，俄见神人，星冠绛袍，告朕曰：'宜于正殿建黄箓道场一月，当降天书《大中祥符》三篇，勿泄天机。'朕悚然[3]起对，忽已不见，遽命笔志之。自十二月朔，即蔬食斋戒。于朝元殿建道场，结彩坛九级。又雕木为舆，饰以金宝，恭伫[4]神贶[5]。虽越月，未敢罢去。适睹皇城司奏，左承天门屋之南角，有黄帛曳于鸱吻之上。朕潜令中使往视之，回奏云：'其帛长二丈许，缄一物如书卷，缠以青缕三周，封处隐隐有字。'朕细思之，盖神人所谓天降之书也。"旦等曰："陛下以至诚事天地，仁孝奉祖宗，恭己爱人，夙夜求治，以至殊邻修睦，犷俗请吏，干戈偃戢[6]，年谷屡丰，皆陛下兢兢业业，日谨一日之所致也。臣等尝谓天道不远，必有昭报。今者，神告先期，灵文果降，实彰上穹佑德之应。"皆再拜称万岁。又言："启封之际，宜屏左右。"上曰："天若谪示阙政，固宜与卿等祗畏改悔；若诚告朕躬，朕亦当侧身自修，岂宜隐之而使众不知也。"

上即步至承天门，焚香望拜，命内侍周怀政、皇甫继明升屋对捧以降。王旦跪进，上再拜受，置书舆上，复与旦等步导，却伞盖，彻警跸，至道场，授知枢密陈尧叟启封，帛上有文，曰："赵受命，兴于宋，付于恒。居其器，守于正。世七百，九九定。"既去帛启缄，命尧叟读之。其书黄字三幅，辞类《尚书·洪范》、老子《道德经》，始言上能以至孝至道绍世，次谕以清净简俭，终述世祚延永之意。读讫，藏于金匮。旦等称贺于殿之北庑。是夕，命旦宿斋中书，晚诣道场，旦趋往而上已先至矣。……

丙寅，群臣入贺于崇政殿，赐宴，上与辅臣皆蔬食。遣吏部尚书张齐贤等奏告天地、宗庙、社稷及京城祠庙。

丁卯，设黄麾仗于殿前，陈宫悬[7]、登歌，文武官、契丹使陪列，酌献[8]三清天书。礼毕，上步导入内，行避黄道。……

戊辰，大赦，改元，文武官并加恩。改左承天门为左承天祥符门，擢护门亲从官徐荣为十将，赐衣服银带、缗钱，荣先睹天书故也。

【注释】[1]帟幕：帐幕。 [2]青绌：青色的粗绸。 [3]悚然：肃然恭敬貌。 [4]恭伫：恭敬地站立等待。 [5]神贶：神灵的恩赐。 [6]偃戢：停息。 [7]宫悬：礼乐制度中皇帝使用的用乐规模，用六十四人。 [8]酌献：酌酒供神。

东封西祀

大中祥符元年，宋真宗东封泰山，四年，又西祀汾阴。东封西祀是真宗时期两次最具代表性的祭祀活动，也是真宗营造为民祈福、标榜盛世、鼓吹祥和的重要手段。

《续资治通鉴长编》（节选）

（大中祥符元年三月）甲戌，兖州父老吕良等千二百八十七人诣阙请封禅，对于崇政殿。上令引进使曹利用宣劳而谕之曰："封禅大礼，历代罕行，难徇所请。"良等进而言曰："国家受命五十年，已致太平。今天降祥符，昭显盛德，固宜告成岱岳，以报天地。"上曰："此大事，不可轻议。"……己卯，诸道贡举人兖州进士孔谓等八百四十六人伏阙下请封禅。……先是，宰相王旦等率文武百官、诸军将校、州县官吏、蕃夷、僧道、耆寿二万四千三百七十人诣东上阁门[1]，凡五上表请封禅。（四月）甲午，诏以今年十月有事于泰山。……丙午，诏于皇城西北天波门外作昭应宫以奉天书。（卷六十八）

（大中祥符元年五月）丙寅，命王旦、冯拯、赵安仁等分撰玉牒、玉册文。

上谕之曰："其文当首叙上天降鉴符瑞原委，次述为民祈福之意。"……六月壬辰，详定所上封禅仪注，上览之曰："此仪久废，非典礼具备，岂为尽美。"即手札疑互凡十九事，令五使[2]参议厘正而行之。（卷六十九）

（大中祥符元年十月）辛卯，有司宿设天书仗位于乾元门。昼漏未上三刻，自宫中奉天书出乾元门，升玉辂，黄麾仗、前后部鼓吹、道门威仪、扶侍使等导从而行，从臣望拜于殿下。有顷，上服通天冠、绛纱袍，御大辇发京师，次含芳园之行宫。……丙午，次翔鸾驿。……庚戌，昼漏未上五刻，上服通天冠、绛纱袍，乘金辂，备法驾，至山门，改服靴袍，乘步辇以登……辛亥，享昊天上帝于圜台，以太祖、太宗配。命群官享五方帝诸神于封祀坛，仪卫使奉天书于上帝之左。上服衮冕奠献……壬子，禅祭皇地祇[3]于社首山，如封祀之仪。……癸丑，上服衮冕，御坛上之寿昌殿受朝贺。……大赦天下，常赦所不原者咸赦除之。……令开封府及车驾所过州军考送服勤词学经明行修举人，其怀才抱器沦于下位及高年不仕德行可称者，所在以闻。……十一月戊午朔，上服靴袍诣文宣王庙酌献。……丁丑，车驾至自泰山，扶侍使丁谓奉天书归大内。……壬午，诏以正月三日天书降日为天庆节，休假五日。（卷七十）

（大中祥符三年七月）辛丑，文武官、将校、耆艾[4]、道释三万余人诣阙，请祀汾阴后土，不允。表既三上，八月丁未朔，诏以来年春有事于汾阴。先是，上命陈彭年等讨寻历代修废后土故事，出示宰相曰："前史谓郊天而不祀地，失对偶之义。朕既升中太山，雁上之祭，要不可阙，而河中父老亦再有斯请。然封禅甫毕，遽行此礼，得不以地远劳费耶？"咸曰："陛下为民祈福，不惮栉沐[5]，圣心始定，固已达于神明矣。"上曰："但冀民获丰稔，于朕固无所惮也。"……庚戌，命翰林学士晁迥、杨亿，龙图阁学士杜镐，直学士陈彭年、知制诰王曾与太常礼院详定祀汾阴仪注。……（十二月）乙卯，告太庙。奉天书，如东封之制。（卷七十四）

（大中祥符四年正月）乙酉，亲习祀后土仪于崇德殿。初，有司详定止习坛上仪。上崇重大祀，乃并庙庭及封石匮[6]仪遍习焉。……丁酉，车驾奉天书发京师，日上有黄气如匹素，五色云如盖，紫气翊仗。……（二月）丁巳，发永安镇，有黄云随天书辇，法驾入宝鼎县奉祇宫。……辛酉，具法驾诣脽[7]

坛,夹路燎火,其光如昼,甬道盘屈,周以黄麾仗。初,路由庙南,上以未修谒,不欲乘舆辇过其前,令凿路由庙后。至是从新路至坛次,服衮冕登坛,祀后土地祇,备三献[8],奉天书于神坐之左,以太祖、太宗并配,悉如封禅之礼。……少顷,改服通天冠,绛纱袍,乘辇诣庙,登歌奠献,省封石匮,遣官分奠诸神。……即日,还奉祇宫,鼓吹振作,紫气四塞,观者溢路。民有扶老携幼不远千里而至者,或感泣言曰:"五代以来,此地为战场,今乃获睹天子巡祭,实千载一遇之幸也。"……壬戌,御朝觐坛,受群臣朝贺,大赦天下,恩赐如东封例。……夏四月甲辰朔,车驾至自汾阴。(卷七十五)

【注释】[1]阁门:宋朝负责官员朝参、宴饮、礼仪等事宜的官署。[2]五使:唐宋行大典时所置五官,即大礼使、仪礼使、卤簿使、仪仗使、桥道顿递使。[3]皇地祇:对地神的尊称。[4]耆艾:老年人。[5]栉沐:梳洗。[6]石匮:石制的柜子,特指古代帝王祭祀用的石匣。[7]脽:特指汾阴后土祠的土丘,为汉武帝祭祀地祇的场所。[8]三献:古代祭祀时献酒三次(初献爵、亚献爵、终献爵),亦或指腥、爓、熟三种祭品。

朱能伪造天书

宋真宗崇奉祥瑞的喜好深为臣下所知,富有心机的官员往往投其所好,朱能即是其中的代表。天禧年间,朱能与前宰相寇准、掌权宦官周怀政相勾结,伪造天书祥瑞,获得了宋真宗的信任与奖赏。后周怀政因太子监国事被杀,寇准贬谪,朱能亦伏诛。宋真宗利用祥瑞刻意营造出的盛世景象不复存在。

《续资治通鉴长编》(节选)

(天禧三年三月)入内副都知周怀政日侍内廷,权任尤盛,附会者颇众,往往言事获从。同辈位望居右者,必排抑之。中外帑库[1],皆得专取,而多入其家。性识凡近，酷信妖妄。有朱能者，本单州团练使田敏家厮养[2]，性凶狡，遂赂其亲信得见，因与亲事卒姚斌等妄谈神怪事以诱之。怀政大惑，援引能至御药使，领阶州刺史，俄于终南山修道观，与殿直刘益辈造符命，托神灵，言国家休咎，或臧否大臣。时寇准镇永兴，能为巡检，赖准旧望，欲实其事。准性刚强好胜，喜其附己，故多依违之。是月，准奏天书降乾祐山中，盖能所为也。中外咸识其诈，上独不疑。夏四月辛卯，备仪仗至琼林苑迎导天书入内，太子右谕德鲁宗道上疏，略曰："天道福善祸淫，不言示化。人君政得其理，则作福以报之，失其道，则出异以戒之，又何有书哉？臣恐奸臣肆其诞妄，以惑圣听也。"知河阳孙奭上疏……又言："天且无言，安得有书？天下皆知朱能所为，独陛下一人不知尔！乞斩朱能以谢天下。"上虽不听，然亦不罪奭也。（卷九十三）

（天禧三年八月）丁亥，以天书再降于乾祐县，大赦天下。常赦不原者，咸除之。……戊申，自琼林苑迎奉天书入内。（卷九十四）

（天禧四年七月）甲戌，昭宣使、英州团练使、入内副都知周怀政伏诛。大中祥符末，上始得疾，是岁仲春，所苦浸剧，自疑不起，尝卧枕怀政股，与之谋，欲命太子监国。怀政实典左右春坊[3]事，出告寇准。准遂请间建议，密令杨亿草奏。已而事泄，准罢相。丁谓等因疏斥怀政，使不得亲近，然以上及太子故，未即显加黜责。怀政忧惧不自安，阴谋杀谓等，复相准，奉帝为太上皇，传位太子，而废皇后。与其弟礼宾副使怀信潜召客省使杨崇勋、内殿承制杨怀吉、阁门祗候杨怀玉议其事，期以二十五日窃发。前是一夕，崇勋、怀吉夕诣谓第告变，谓中夜微服乘妇人车，过曹利用计之，及明，利用入奏于崇政殿。怀政时在殿东庑，即令卫士执之。诏宣徽北院使曹玮与崇勋就御药院鞫讯[4]，不数刻，具引伏。上坐承明殿临问，怀政但祈哀而已。命载以车，赴城西普安佛寺斩之。谓等并发朱能所献天书妖妄事，亟遣入内供奉官卢守明、邓文庆驰驿诣永兴军，捕能及其党……。怀政既诛，有欲并责太子者，上意惑之。李迪从容奏曰："陛下有几子，乃为此计。"上大悟，由是东宫得不动摇，迪之力居多。丁丑，太子太傅寇准降授太常卿、知相州。……（八月）徙知相州、太常卿寇准知安州。初，李迪与准同在中书，事之甚谨，及准罢，丁谓意颇轻迪。于是谓等不欲准居内郡，白上欲远徙之，上命与小州，谓退而署纸尾曰："奉圣旨，除远小处知州。"迪曰："向者圣旨无远字。"谓曰："君面奉德音，欲擅改圣旨，以庇准耶？"二人忿斗，盖自此始。朱能闻使者至，自度不免，衷甲[5]以出，杀卢守明，帅所部兵，挈家属叛逸。……既而能众溃，势穷蹙，入桑林自缢死。……壬寅，太常卿、知安州寇准坐朱能叛，再贬道州司马……（卷九十六）

【注释】[1] 帑库：钱库。 [2] 厮养：供主人驱使的仆役。 [3] 左右春坊：太子东宫所属官署名，掌管东宫诸局。 [4] 鞠讯：审问。 [5] 衷甲：在衣服里面穿铠甲。

《湘山野录》卷中（节选）

寇忠愍罢相，移镇长安，惊恍牢落[1]，有恋阙之兴，无阶而入。忽天书降于乾祐县，指使朱能传意密谕之，俾公保明入奏，欲取信于天下。公损节遂成其事，物议已讥之。未几，果自秦川再召入相。将行，有门生者（忘其名）请独见，公召之，其生曰："某愚贱，有三策辄渎钧重。"公曰："试陈之。"生曰："第一，莫若至河阳称疾免觐，求外补以远害。第二，陛觐日，便以乾祐之事露诚奏之，可少救平生公直之名。第三，不过入中书为宰相尔。"公不悦，揖起之。后诗人魏野以诗送行，中有"好去上天辞将相，归来平地作神仙"之句，盖亦警之为赤松之游[2]。竟不悟，至有海康之往。

【注释】[1] 惊恍牢落：失意惆怅貌。 [2] 赤松之游：赤松子，上古神仙。张良在封侯后恳请汉高祖准许其追随赤松子之道修仙，后用来形容功成身退、遁迹仙道的行为。

雷允恭擅易皇堂[1]

乾兴元年,宋仁宗初即位,宦官雷允恭倚仗太后权势获得管理真宗山陵的差使。雷允恭刚愎自用,又不熟悉山陵制度,擅自更改墓室规划,被臣僚弹劾,最终伏诛。宰相丁谓亦受其牵连,遭受贬谪。

《续资治通鉴长编》卷九十八(节选)

(乾兴元年二月)戊午,上崩于延庆殿。仁宗即皇帝位。……

先是,辅臣请皇太后所御殿,太后遣内侍张景宗、雷允恭谕曰:"皇帝视事,当朝夕在侧,何须别御一殿也。"乃令二府[2]详定仪注。王曾援东汉故事,请五日一御承明殿,皇帝在左,太后坐右,垂帘听政。既得旨,而丁谓独欲皇帝朔望见群臣,大事则太后与帝召对辅臣决之,非大事悉令雷允恭传奏,禁中画可以下。曾曰:"两宫异处而柄归宦者,祸端兆矣。"谓不听。

癸亥,太后忽降手书,处分尽如谓所议。盖谓不欲令同列预闻机密,故潜结允恭使白太后,卒行其意。及学士草词,允恭先持示谓,阅讫乃进。……

(六月)庚申,西京作坊使、普州刺史、入内押班雷允恭伏诛。允恭既与丁谓交结,谓深德之,允恭倚谓势,日益骄恣无所惮。始,宦官以山陵[3]事多在外,允恭独留不遣,自请于太后,太后不许。允恭泣曰:"臣遭遇先帝,不在人后,而独不得效力于陵上,敢请罪。"太后曰:"吾非有所靳[4]于汝也,顾汝少而宠幸,不历外任。今官品已高,近下差遣难以使汝。若近上名目,汝不知法禁,妄有举动,适为汝累。"允恭泣告不已。时按行使副及修奉都监既受命逾旬矣,乃特命允恭与张景宗同管勾山陵一行事。

三月己亥,允恭驰至陵下,判司天监邢中和为允恭言:"今山陵上百步,法宜子孙,类汝州秦王[5]坟。"允恭曰:"如此,何不用?"中和曰:"恐下有石若水耳。"允恭曰:"先帝独有上,无他子,若如秦王坟,当即用之。"中和曰:"山陵事重,按行覆验,时日淹久,恐不及七月之期。"允恭曰:"第移就上穴,我走马入见太后言之,安有不从。"允恭素贵横,众莫敢违,即改穿上穴。及允恭入白太后,太后曰:"此大事,何轻易如此?"允恭曰:"使先帝宜子孙，何为不可？"太后意不然之，曰："出与山陵使议可否。"允恭见谓，具道所以。谓亦知其不可，而重逆允恭意，无所可否，唯唯而已。允恭不得谓决语，入诳太后曰："山陵使亦无异议矣。"

既而上穴果有石，石尽水出，工役甚艰，众议籍籍[6]。步军副都指挥使、威塞节度使夏守恩为修奉山陵部署，恐不能成功，中作而罢，奏以待命。时五月辛卯也。谓庇允恭，犹欲迁就成之，不敢以实闻。癸巳，入内供奉官毛昌达还自陵下，具奏其事。太后即使问谓，谓始请复遣按行使蓝继宗、副使王承勋往参定。乙未，太后又遣内侍押班杨怀玉与继宗等俱。丙申，又遣入内供奉官罗崇勋、右侍禁閤门祇候李维新就巩县劾允恭罪状以闻。允恭欲自持所画山陵图入奏，诏不许。四月辛丑，又遣内殿承制马仁俊同鞠允恭。癸卯，又遣龙图阁直学士权知开封府吕夷简、龙图阁直学士兼侍讲鲁宗道、入内押班岑保正、入内供奉官任守忠覆视皇堂，既而咸请复用旧穴，乃诏辅臣会谓第议。明日，特命王曾再往覆视，并祭告。谓请俟曾还，与众议不异，始复役。诏复役如初，唯皇堂须议定乃修筑。曾卒从众议。

允恭坐擅移皇堂，并盗库金三千一百一十两、银四千六百三十两、锦帛一千八百匹、珠四万三千六百颗、玉五十六两及当进皇堂犀带一、药金七十两，又坐尝令取玉带赐辅臣而窃取其三，于是杖死于巩县，籍其家，弟侍禁、寄班祇候允中决配郴州编管。邢中和贷命，决配沙门岛。坐决配者又七十人。

初，丁谓与雷允恭协比专恣，内挟太后，同列无如之何。太后尝以上卧起晚，令内侍传旨中书，欲独受群臣朝。谓适在告，冯拯等不敢决，请谓出谋之。及谓出，力陈其不可，且诘拯等不即言，由是稍失太后意。

允恭既下狱，王曾欲因山陵事并去谓，而未得间。一日，语同列曰："曾无子，将以弟之子为后，明日朝退，当留白此。"谓不疑曾有异志也。曾独对，具言谓包藏祸心，故令允恭擅移皇堂于绝地，太后始大惊。谓徐闻之，力自辨于帘前，未退，内侍忽卷帘曰："相公谁与语？驾起久矣。"谓皇恐不知所为，以笏叩头而出。癸亥，辅臣会食资善堂，召议事，谓独不与，知得罪，颇哀请。钱惟演遽曰："当致力，无大忧也。"冯拯熟视惟演，惟演踧踖[7]。

及对承明殿，太后谕拯等曰："谓身为宰相，乃与允恭交通[8]。"因出谓尝托允恭令后苑匠所造金酒器示之，又出允恭尝干谓求管勾皇城司及三司衙司状，因曰："谓前附允恭奏事，皆言已与卿等议定，故皆可其奏，近方识其矫诬。且营奉先帝陵寝，所宜尽心。而擅有迁易，几误大事。"拯等奏曰："自先帝登遐[9]，政事皆谓与允恭同议，称得旨禁中，臣等莫辨虚实。赖圣神察其奸，此宗社之福也。"太后怒甚，欲诛谓，拯进曰："谓固有罪，然帝新即位，亟诛大臣，骇天下耳目。且谓岂有逆谋哉？第[10]失奏山陵事耳。"太后少解，令拯等即殿隅议降黜之命。任中正言："谓被先帝顾托，虽有罪，请如律议功。"曾曰："谓以不忠，得罪宗庙，尚何议耶？"乃责谓为太子少保，分司西京。

【注释】［1］皇堂：皇帝山陵的墓室。 ［2］二府：宋朝指中书与枢密院。 ［3］山陵：帝、后的坟墓。 ［4］靳：吝惜。 ［5］秦王：宋太祖、太宗之弟赵廷美。 ［6］籍籍：众口喧腾貌。 ［7］跼蹐：恭敬而不安的样子。 ［8］交通：勾结串通。 ［9］登遐：登仙远去，婉言帝王之死。 ［10］第：只不过。

益州交子务

北宋时期，四川地区的商人创造出了中国古代最早的纸币形式——交子。宋仁宗天圣年间，北宋朝廷将交子收归官营，置交子务，以管理其制造、流通。交子在很大程度上解决了四川地区铁钱不便的问题，方便了经济交流，但受限于时代条件，这一纸币形式并没有形成完善的体系。

《宋朝事实·财用》（节选）[1]

始，益州豪民十余万户连保作交子，每年与官中出夏秋仓盘量[2]人夫及出修糜枣堰[3]丁夫物料。诸豪以时聚首，同用一色纸印造，印文用屋木人物，铺户押字各自隐密题号，朱墨间错，以为私记。书填贯不限多少，收入人户见钱，便给交子，无远近行用，动及万百贯。街市交易，如将交子要取见钱，每贯割落三十文为利。每岁丝蚕米麦将熟，又印交子一两番，捷如铸钱。收买蓄积，广置邸店、屋宇、园田、宝货。亦有诈伪者，兴行词讼不少。或人户众来要钱，聚头取索印，关闭门户不出，以至聚众争闹，官为差官拦约，每一贯多只得七八百，侵欺贫民。

【注释】［1］《宋朝事实》是李攸于南宋初年编撰的记载北宋典章制度的政书。李攸熟识宋朝掌故，书中所记可补充正史之不足。 ［2］盘量：计算盘点。 ［3］糜枣堰：又名九里堤，在今成都西北。

《续资治通鉴长编》卷一百一（节选）

（天圣元年十一月）初，蜀民以铁钱重，私为券，谓之交子，以便贸易，富民十六户主之。其后，富者赀稍衰，不能偿所负，争讼数起。大中祥符末，薛田为转运使，请官置交子务以榷其出入，久不报。寇瑊守蜀，遂乞废交子不复用。会瑊去而田代之，诏田与转运使张若谷度其利害。田、若谷议废交子不复用，则贸易非便，但请官为置务，禁民私造。又诏梓州路提点刑狱官与田、若谷共议。田等议如前。戊午，诏从其请，始置益州交子务。

《宋史·食货志·会子》（节选）

会子、交子之法，盖有取于唐之飞钱[1]。真宗时，张咏镇蜀，患蜀人铁钱重，不便贸易，设质剂[2]之法，一交一缗，以三年为一界而换之。六十五年为二十二界，谓之交子，富民十六户主之。后富民赀稍衰，不能偿所负，争讼不息。转运使薛田、张若谷请置益州交子务，以榷其出入，私造者禁之。仁宗从其议。界以百二十五万六千三百四十缗为额。

【注释】［1］飞钱：唐宪宗时出现的一种汇兑方式。 ［2］质剂：古代贸易券契质和剂的并称。长券叫质，用以购买马牛之属；短券叫剂，用以购买兵器珍异之物。

议正雅乐

景祐二年初,李照认为太常现用王朴所定律准不符合古法,主导改制大乐,但其理论一开始便遭到其他官员反对。次年,冯元又集阮逸、胡瑗、邓保信等人详定"黍尺钟律"。皇祐二年开始,胡瑗等人再定雅乐。至嘉祐元年,尽罢新乐,恢复宋初旧乐。景祐、皇祐两次议正雅乐,本是宋仁宗标榜盛世的重要活动,但景祐乐议受宋夏战争的影响暂时搁置,皇祐乐议又因仁宗染病而停罢,无果告终。

《续资治通鉴长编》(节选)

(景祐元年十月)壬午,命龙图阁待制燕肃、集贤校理李照、直史馆宋祁同按试王朴律准[1]。肃时判太常寺,建言旧太常钟磬皆设色,每三岁亲祠,则重饰之。岁既久,所涂积厚,声益不协,故有是命。帝亲阅视律准,题其背以属太常。肃等即取钟磬划涤[2]考击,用律准按试,其声皆合。(卷一百十五)

(景祐二年二月)燕肃等上考定乐器并见工人。戊午,御延福宫临阅,奏郊庙五十一曲。因问李照乐何如,照对乐音高。命详陈之,照乃进言:"王朴律准,视古乐高五律,视禁坊乐高二律……。愿听臣依神瞽[3]律法,试铸编钟一虡[4],可使度量权衡协和。"有诏许之,仍就锡庆院铸。……(四月)戊辰,命宰臣吕夷简、王曾都大管勾铸造大乐编钟,参知政事宋绶、蔡齐、盛度同都大管勾,集贤校理李照、勾当御药院邓保信专监铸造,仍以入内都知阁文应提举。始,照既铸成编钟一虡以奉御,遂建请改制大乐……(六月)辛未,御崇政殿,召辅臣观新乐。(卷一百十六)

(景祐二年七月)庚子,侍御史曹修睦言:"李照所改历代乐颇为迂诞,而其费甚广,请付有司按劾之。"帝以照所作钟磬颇与众音相谐,但罢其增造,仍诏谕修睦。(九月)丁酉,祠部员外郎、集贤校理李照为刑部员外郎,赐三品服;入内供奉官、勾当御药院邓保信为礼宾副使,以造新乐成也。自余修制官属诸工凡七百余人,悉迁补有差。初,照谓旧乐声高,乃以太府尺为法,实比古一尺二寸有奇。照独任所见,更造新器。……上时博求知音者,

听照所言。音官、乐工，虽知其不可，而不敢非之。又因入内都知阎文应推言其功，故特改官。（卷一百十七）

（景祐三年二月）丙辰，诏翰林学士冯元、礼宾副使邓保信与镇江节度推官阮逸、湖州乡贡进士胡瑗，较定旧钟律。……（三月丙申）翰林侍讲学士冯元等上秬黍[5]新尺，别为钟、磬各一架。……六月丙寅，礼宾副使邓保信上所制乐尺并龠[6]，且言其法本《汉志》，可用合律度量衡。（卷一百十八）

（景祐三年七月）己亥，命翰林学士丁度、知制诰胥偃、直史馆高若讷、直集贤院韩琦同详定黍尺钟律。……（八月甲戌）右司谏、直集贤院韩琦言："……伏自祖宗[7]已来，通用王朴之乐，未尝更易，以至天下无事，垂八十载。为乐之用，非不和也。顷燕肃妄加磨铘[8]，适会李照至阙，谓其音未谐，陛下再加练覈[9]，许之改作。洎逸、瑗继至，盛言照乐穿凿，再令造律，则又围径乖古。保信续上新法，亦复长广未合。窃以祖宗旧乐，遵用已久，属者徇一臣之偏议，变数朝之同律，赐金增秩，优赏其劳，曾未周岁，又将易制。臣虑后人复有从而非之者，不惟有伤国体，实亦虚费邦用。……请下有司，且记三家律法及所造管尺、钟磬、权量，存而未行，再访天下有精晓音律者，俾之详正，而后施用。一二年间，讫无至者，则将王朴、逸瑗、保信三法，别诏稽古之臣，取其中多合典志者，以备雅奏，固亦未晚。"诏丁度等速详定以闻。……（九月）壬辰，以镇江节度推官阮逸为镇安节度掌书记、知城父县，乡贡进士胡瑗试校书郎。初召逸、瑗作钟磬律度，按之虽与古多不合，犹推恩而遣之。（卷一百十九）

（宝元元年七月）右司谏韩琦言："前奉诏详定钟律，尝览《景祐广乐记》，睹李照所造乐，不合古法，皆率己意，别为律度，朝廷因而施用，识者久以为非。今将亲祀南郊，不可重以违古之乐上荐天地宗庙。窃闻太常旧乐见有存者，郊祀大礼，请复用之。"……（七月）乃诏太常旧乐悉仍旧制，李照所造勿复施用。（卷一百二十二）

（皇祐二年）十一月乙酉，召太子中舍致仕胡瑗赴大乐所，同定钟磬制度。先是，亲阅大乐，而言者以为镈钟[10]、特磬[11]大小与古制度未合。诏令改作，而太常言瑗素晓音律，故召之。（卷一百六十九）

（皇祐三年十二月甲辰）益州乡贡进士房庶为试校书郎。……既召赴阙，庶自言："……当以秬黍中者一千二百实管中，黍尽，得九十分，为黄钟[12]之长，九寸加一以为尺，则律定矣。"直秘阁范镇是之，乃为言曰："……今庶所言，实千二百黍于管，以为黄钟之长，就取三分以为空径，则无容受不合之差，校前二说为是。"……乃诏王洙与镇同于修制所如庶说造律、尺、龠。……是时胡瑗等制乐已有定议，特推恩而遣之。（卷一百七十一）

　　（皇祐五年九月）乙酉，御崇政殿，召近臣、宗室、台谏官、省府推判官观新乐。……庚寅，光禄寺丞、国子监直讲胡瑗为大理寺丞，复勒停[13]人阮逸为户部员外郎，内侍押班、左骐骥使、英州团练使邓保信为荣州防御使，入内供奉官贾宣吉为内殿承制，并以制钟律成，特迁之。（卷一百七十五）

　　（嘉祐元年八月）范镇言："臣伏见国家自废祖宗旧乐用新乐以来，及今四五年，日食星变，冬雷秋雹，大雨不时，寒暑不节，不和之气，莫甚此者。使乐无感动则已，乐而有所感动，则众异之至，未必不由是也。去年十二月晦[14]，大雨雪，大风，宫架[15]辄坏。元日大朝会，乐作而陛下疾作。臣恐天意以为陛下不应变祖宗旧乐而轻用新乐也。不然，何以方作乐之时，而陛下疾作？此天意警陛下之深也。自初议乐时，臣屡论新乐非是，其间书一通，最为详悉。今再具进呈，乞下执政大臣参详。臣书如有可采，伏乞且用祖宗旧乐，以俟异时别加制作。"丁丑，诏太常恭谢用旧乐。（卷一百八十三）

【注释】［1］律准：古人奏乐时，用以测定声调高低、使发音准确无误的乐器。［2］划涤：清除。［3］神瞽：上古乐官。［4］虡：量词，一组。［5］秬黍：特指生长于羊头山附近的黑黍，中国古人以中等大小秬黍为度量衡基准单位。［6］龠：古代乐器，行状像笛。［7］祖宗：有文德之祖，宋朝指宋太祖。［8］磨铘：磨光锉平。［9］练覈：精心考察。［10］镈钟：古乐器名，单独悬挂的钟，与编钟不同。［11］特磬：特悬磬，古代一种打击乐器。［12］黄钟：古代打击乐器，多为庙堂所用。黄钟律是古乐十二律第一律，即标准音。［13］勒停：勒令停职。［14］晦：农历每月最后一日。［15］宫架：宫廷中悬挂乐器的支架。

活字印刷术

北宋时期,雕版印刷术获得了长足的发展。在此基础上,宋仁宗庆历年间,毕昇发明了活字印刷术,进一步推动了中国古代印刷技术的发展。当时人已经总结出了活字印刷术的优点与缺点,反映了中国古人的智慧。

《梦溪笔谈·技艺》[1](节选)

版印书籍,唐人尚未盛为之,自冯瀛王[2]始印"五经"已后,典籍皆为版本[3]。庆历中,有布衣毕昇又为活版。其法用胶泥刻字,薄如钱唇,每字为一印,火烧令坚。先设一铁板,其上以松脂腊和纸灰之类冒之。欲印则以一铁范置铁板上,乃密布字印,满铁范为一板,持就火炀[4]之,药稍镕,则以一平板按其面,则字平如砥[5]。若止印三、二本,未为简易;若印数十百千本,则极为神速。常作二铁板,一板印刷,一板已自布字。此印者才毕,则第二板已具。更互用之,瞬息可就。每一字皆有数印,如之、也等字,每字有二十余印,以备一板内有重复者。不用则以纸贴之,每韵为一帖,木格贮之。有奇字素无备者,旋刻之,以草火烧,瞬息可成。不以木为之者,木理有疏密,沾水则高下不平,兼与药相粘,不可取。不若燔[6]土,用讫再火令药熔,以手拂之,其印自落,殊不沾污。昇死,其印为余群从所得,至今保藏。

【注释】[1]《梦溪笔谈》是北宋政治家、科学家沈括编纂的一部科技类笔记。该书涉及的科技门类众多,是对北宋以前中国古代科技水平的重要总结著作。同时,书中还对北宋朝廷的政事、典制有较为详细的记载,具有重要的文献价值。[2]冯瀛王:即五代宰相冯道。[3]版本:指雕版印刷过程中所刻底板。[4]炀:熔化金属。[5]砥:细的磨刀石。[6]燔:焚烧。

宋夏和战

宋仁宗宝元元年，元昊称帝，并与宋朝在西北展开了三川口、好水川、定川寨等数次交锋，北宋军队屡战屡败，但西夏军队也未能深入宋境。庆历四年，宋夏议和，北宋朝廷用岁赐与贸易优惠换取了夏国主向宋称臣的结果。但双方议和并没有达到宋辽澶渊之盟的效果，宋夏之间关系并不稳固。

《续资治通鉴长编》（节选）

（一）元昊称帝

（宝元元年十月）甲戌，赵元昊筑坛受册，僭号大夏始文英武兴法建礼仁孝皇帝，改大庆二年曰天授礼法延祚元年。（卷一百二十二）

（宝元二年正月）初，元昊遣使称伪官，抵延州，郭劝、李渭留其使，具奏元昊虽僭中国名号，然阅其表函[1]，尚称臣，可渐以礼屈，愿与大臣熟议。诏许使者赴京师。劝等令韩周与俱。使者及东华门，始去本国服，朝廷发函，读其表曰："……伏望陛下许以西郊之地，册为南面之君。"……朝廷虽知元昊决反，然犹善遇，其使者将行，不肯受诏及赐物。枢密院议数日不决，王德用、陈执中欲斩之，盛度、张观不可，卒遣之，但却其献物，周复送至境上。……（六月）壬午，诏削赵元昊官爵，除属籍[2]，揭榜于边。募人擒元昊，若斩首献，即以为定难节度使。元昊界蕃汉职员能帅族归顺者，等第推恩。（卷一百二十三）

（二）三川口之战

（康定元年）初，西贼自承平寨退，声言将攻延州。范雍闻之，惧甚，即奏疏言延州最当贼冲，地阔而寨栅疏远士兵寡弱，又无宿将[3]为用，请济师[4]。疏入，未报。而元昊诈遣人乞和，雍信之，不为备。元昊乃盛兵攻保安军，自土门路入。壬申，声言取金明寨，李士彬严兵以待之，夜分不至，士彬释甲而寝，翌日奄至，士彬父子俱被擒，遂乘胜抵延州城下。雍先以檄召鄜延、环庆副都部署刘平于庆州，使至保安，与鄜延副都部署石元孙合军趋土门。及是，雍复召平、元孙还军救延州。……有蕃官言贼已入寨，直指金明，而雍后檄寻到，平、元孙遂引还。乙亥，复至保安。平素轻贼，……因昼夜倍道兼行。……戊寅，旦，……至三川口，遇贼，时平地雪数寸，平与贼皆为偃月阵相向。……贼以轻兵薄战[5]，官军却引二十余步。黄德和居阵后，见军却，率麾下军走保西南山，众军随皆溃。……平率余众保西南山下，……己卯，……贼举鞭麾骑士自山四出，合击官军，平与元孙巡阵东偏，贼冲阵分为二，遂与元孙皆被执。贼围延州凡七日，及失二将，城中忧沮，不知所为。会是夕大雪，贼解去，城得不陷。（卷一百二十六）

（三）好水川之战

（庆历元年二月）先是，朝廷欲发泾原、鄜延两路兵讨贼，议未决，诏环庆副部署任福乘驿诣泾原计事。会经略安抚使韩琦行边，趋泾州，而谍者言元昊阅兵折姜会，谋寇渭州。己丑，琦亟趋镇戎军，尽出其兵，又募敢勇凡万八千人，使福将以击贼。泾原驻泊都监桑怿为先锋，……翌日，……与贼兵一溜战于张家堡南，斩首数百。贼弃马羊橐驼[6]佯北，怿引骑追之，福亦分兵自将踵其后。薄暮，福、怿合军屯好水川，……逻者传贼兵少，故福等轻之。路益远，刍粮不继，人马已乏食三日。福等不知贼之诱也，悉力逐之，癸巳，至龙竿城北，遇贼大军循川行，出六盘山下，距羊牧隆城五里，结阵以抗官军。诸将乃知堕贼计，势不可留，因前接战。怿驰犯其锋，福阵未成列，贼纵铁骑冲突，自辰至午，……士卒多堕崖堑相覆压，怿、肃战死。贼分兵数千断官兵后，福力战，身被十余矢。有小校刘进者劝福自免[7]，福曰："吾为大将，兵败，以死报国耳！"挥四刃铁简，挺身决斗，枪中左颊，绝其喉而死。（卷一百三十一）

（四）定川寨之战

（庆历二年闰九月）癸巳，泾原副都部署葛怀敏与元昊战没于定川寨。先是，元昊声言入寇，是月辛未朔，王沿命怀敏将兵御之。……庚寅，领大军自镇戎军西南，又先引从骑百余以前。走马承受赵政以为距贼近，不可轻进，怀敏乃少止。晚，趋养马城。……赵珣谓怀敏曰："贼远来，利速战，其众数倍，锐甚。为今之计，且以奇制之，宜依马栏城布栅，扼贼归路，固守镇戎以便饷道，俟其衰击之，可必胜。不然，必为贼所屠。"怀敏不听，命诸将分四路趣定川寨……（辛卯）日几午，怀敏入保定川寨。贼毁版桥[8]，断其归路，别为二十四道以过军环围之。又绝定川水泉上流，以饥渴其众。……是夕，贼聚火围城西隅，临西北谯[9]曰："尔得非部署厅上点阵图者耶？尔善屯军，入我围中，今将何往？"……至四鼓，……遂谋结阵走镇戎军。……鸡鸣，怀敏自谕亲军左右及在后者不得动，平明从吾往安西堡……听中军鼓乃得行。日加卯，鼓未作，怀敏先上马，而大军安堵未动。……怀敏骤马东南，驰行二里许，至长城壕，路已断，贼周围之，怀敏及曹英、李知和、赵珣……皆遇害，余军九千四百余人、马六百余匹悉陷于贼。怀敏子宗晟与郭京、走马承受王昭明、赵政等还保定川。……自刘平败于延州，任福败于镇戎，葛怀敏败于渭州，贼声益震。然所以复守巢穴者，盖鄜延路屯兵六万八千，环庆路五万，泾原路七万，秦凤路二万七千，有以牵制其势故也。（卷一百三十七）

（五）宋夏议和

（庆历四年十月）初，元昊以誓表来上，其词曰："两失和好，遂历七年，立誓自今，愿藏盟府。其前日所掠将校民户，各不复还。自此有边人逃亡，亦无得袭逐，悉以归之。臣近以本国城寨进纳朝廷，其栲栳、镰刀、南安、承平故地及它边境蕃汉所居，乞画中央为界，于界内听筑城堡。朝廷岁赐绢十三万匹，银五万两，茶二万斤，进奉乾元节[10]回赐银一万两，绢一万匹，茶五千斤，贺正[11]贡献回赐银五千两，绢五千匹，茶五千斤，仲冬赐时服银五千两，绢五千匹，及赐臣生日礼物银器二千两，细衣着一千匹，杂帛二千匹，乞如常数，无致改更，臣更不以它事干朝廷。今本国自独进誓文，而辄乞俯颁誓诏，盖欲世世遵承，永以为好。倘君亲之义不存，或臣子之心渝变，使宗祀不永，子孙罹殃。"庚寅，赐誓诏曰："朕临制四海，廓地万里，西夏之土，世以为阼[12]。今乃纳忠悔咎，表于信誓，质之日月，要之鬼神，及诸子孙，无有渝变。申复恳至，朕甚嘉之。俯阅来誓，一皆如约。所宜明谕国人，藏书祖庙。"（卷一百五十二）

【注释】［1］表函：上呈天子的函件。［2］属籍：宗室谱籍。元昊曾受赐姓赵，故入属籍。［3］宿将：久经战阵的将领。［4］济师：救援军队。［5］薄战：近战。［6］橐驼：骆驼。［7］自免：求得脱身，自求避灾免患。［8］版桥：用木板架设于城壕之上的桥。［9］谯：同"呼"，大声叫号。此处有恐吓的意思。［10］乾元节：宋仁宗生日。［11］贺正：祝贺元旦节庆。北宋时期，宋、辽、夏等政权之间有互相遣使祝贺元旦的惯例。［12］胙：帝王赐予臣下的封土。

范仲淹条奏十事

受内外交困局势的影响，宋仁宗任用范仲淹、富弼、韩琦等大臣施行新政，史称"庆历新政"。范仲淹于庆历三年九月所条奏"十事"是新政的施政纲领，除恢复府兵外，其余条目基本都得到施行，并对后来制度产生了重要影响。

《续资治通鉴长编》卷一百四十三（节选）

（庆历三年九月）上既擢范仲淹、韩琦、富弼等，每进见，必以太平责之，数令条奏当世务。……既又开天章阁，召对赐坐，给笔札使疏于前。仲淹、弼皆皇恐避席，退而列奏曰："……臣敢约前代帝王之道，求今朝祖宗之烈，采其可行者条奏。愿陛下顺天下之心，力行此事，庶几法制有立，纲纪再振，则宗社灵长，天下蒙福。

一曰明黜陟[1]。……今后两地[2]臣僚，有大功大善，则特加爵命；无大功大善，更不非时进秩。其理状循常而出者，祇守本官，不得更带美职。应京朝官，在台省、馆阁职任，及在审刑、大理寺、开封府、两赤县、国子监、诸王府，并因保举及选差监在京重难库务者，并须在任三周年，即与磨勘[3]；若因陈乞，并于中书、审官院愿在京差遣者，与保举选差不同，并须勾当[4]通计及五周年，方得磨勘。……其庶僚中有高才异行，多所荐论，或异略嘉谟为上信纳者，自有特恩进改，非磨勘之可滞也。（十月壬戌施行。）

二曰抑侥幸[5]。……今后两府并两省官等，遇大礼许奏一子充京官，如奏弟侄骨肉即与试衔[6]外，每年圣节更不得陈乞。如别有勋劳著闻中外，非时赐一子官者，系自圣恩。其转运使及边任文臣初除授后，合奏得子弟职事者，并候到任二年无遗阙，方许陈乞。如二年内非次移改者，即许通计三年陈乞。三司副使、知杂御史、少卿监已上并同两省，遇大礼各奏荐子孙。其正郎、带馆职员外郎并省府推判官，外任提点刑狱已上，遇大礼合该奏荐子孙者，须在任二周年方得陈乞。已上有该说不尽者，委有司比类闻奏。……今后进士三人内及等者，一任回日，许进陈教化、经术文字十轴，下两制看详，作五等品第，中第一第二等者，即赐召试，试入优等，即补馆阁职事。两府、两省子弟并不得陈乞馆阁职事及读书之类。御史台画时[7]弹劾，并谏院论奏。如馆阁阙人，即委两地举文有古道、才堪大用者，进名同举，并两制列署表章，仍上殿称荐，以充其职。（十一月癸未试馆职，丁亥减任子。）

三曰精贡举。……臣请诸路州郡有学校处，奏举通经有道之士，专于教授，务在兴行。其取士之科，即依贾昌朝等起请，进士先策论而后诗赋，诸科墨义[8]之外，更通经旨。……臣请重定外郡发解[9]条约，须是履行无恶、艺业及等者，方得解荐，更不弥封试卷。其南省考试之人，已经本乡询考履行，却须弥封试卷，精考艺业。……已上进士、诸科，并以优等及第者放选注官，次等及第者守本科选限[10]。（明年三月乙亥，施行贡举新制。）

四曰择官长。……臣请特降诏书，委中书、枢密院且各选转运使、提点刑狱共十人，大藩知州十人；委两制共举知州十人；三司副使、判官同举知州五人；御史台中丞、知杂、三院共举知州五人；开封知府、推官共举知州五人；逐路转运使、提点刑狱各同举知州五人，知县、县令共十人；逐州知州、通判同举知县、县令共二人。得前件所举之人，举主多者先次差补。仍指挥审官院、流内铨今后所差知州、知县、县令并具合入人历任功过，举主人数闻奏，委中书看详。委得允当，然后引对。（十月丙午施行。）

五曰均公田。……臣请两地同议外官职田，有不均者均之，有未给者给之，使其衣食得足，婚嫁丧葬之礼不废，然后可以责其廉节，督其善政。有不法者，可废可诛，且使英俊之流，乐于为郡为邑之任，则百姓受赐。又将来升擢，多得曾经郡县之人，深悉民隐，亦致化之本也。（十一月壬戌施行。）

六曰厚农桑。……臣请每岁之秋，降敕下诸路转运司，令辖下州军吏民各言农桑可兴之利、可去之害，或合开河渠，或筑堤堰陂塘之类，并委本州军选官计定工料，每岁于二月间兴役，半月而罢，仍具功绩闻奏。

七曰修武备。……如六军未整，须议置兵，则请约唐之法，先于畿内并近辅州府，召募强壮之人充京畿卫士，得五万人以助正兵，足为强盛。使三时务农，大省给赡之费，一时教战，自可防御外患。……候京畿近辅召募卫兵已成次第，然后诸道效此，渐可施行，惟圣慈留意。

八曰减徭役。……臣请依后汉建武六年故事，遣使先往西京，并省诸邑为十县，……所废公人，除归农外，有愿居公门者，送所存之邑，其所在邑中役人却可减省归农，则两不失所。候西京并省，稍成伦序，则行于大名府，然后遣使诸道，依此施行。仍先指挥诸道防团州[11]已下，有使州两院[12]者皆为一院，公人愿去者，各放归农。职官厅可给本城兵士七人至十人，替人力归农。其乡村耆保[13]地里近者，亦令并合。能并一耆保管，亦减役十余户，但少徭役，人自耕作，可期富庶。（明年五月己丑施行。）

九曰覃恩信[14]。……今后赦书内宣布恩泽有所施行，而三司、转运司、州县不切遵禀者，并从违制例，徒[15]二年断，情重者当行刺配[16]。……臣请降诏中书，今后每遇南郊赦后，精选臣僚往诸路安抚，察官吏能否，求百姓疾苦，使赦书中及民之事，一一施行。

十曰重命令。……臣请特降诏书，今后百官起请条贯，令中书、枢密院看详、会议，必可经久，方得施行。如事干刑名者，更于审刑、大理寺，勾明会法律官员参详起请之词，删去繁冗，裁为制敕，然后颁行天下，必期遵守。……上方信向仲淹等，悉用其说，当著为令者，皆以诏书画一，次第颁下。独府兵，辅臣共以为不可而止。

【注释】[1]黜陟：人才的进退、官吏的升降。 [2]两地：两府，指中书、枢密院。 [3]磨勘：唐宋时期考核官员的形式。 [4]勾当：主管。 [5]侥幸：非分企求。 [6]试衔：即试某某衔，宋朝为选人的一种。 [7]画时：即时。 [8]墨义：

565

科举考试中的一种形式，即默写经义。　[9] 发解：唐宋时，应贡举合格者，由所在州郡或国子监发遣解送至京参与礼部会试，称发解。　[10] 选限：守选期限。宋朝选人根据自身资历等条件有不同时间的选限，期满方可注拟官阙。　[11] 防团州：宋朝的府州除京府外，主要划分为都督府以及节度、观察、防御、团练、军事州。　[12] 使州两院：使院与州院。使院为幕职官办公场所，一般由节度留后管理；州院为州衙掾属办公场所，以录事参军为主管。　[13] 耆保：古代差役征集单位。　[14] 覃恩信：广施恩德和信义。　[15] 徒：徒刑，北周以后五刑（笞、杖、徒、流、死）之一，指将罪犯拘禁于一定场所，剥夺其自由，并强制劳动的刑罚。　[16] 刺配：刺字流配，即在犯人面部刺字，再发配到外地强制劳动。

《皇宋通鉴长编纪事本末·明黜陟》卷四十二（节选）

范仲淹等以天下为己任，谋致太平，然规模扩大，任子恩薄，磨勘法密，侥幸者不便，于是谤毁寖盛，而朋党之论滋不可解，然仲淹、弼等所议弗变。

濮　议

濮议是宋英宗时期北宋朝廷关于如何尊礼英宗生父赵允让的大讨论。宰辅大臣主张英宗称允让为"皇考"，而两制、台谏则主张尊仁宗为"皇考"。两个集团之间的濮议争论引起了治平年间一系列政治事件，产生了深远的影响。

《续资治通鉴长编》（节选）

（治平二年）夏四月戊戌，诏礼官及待制以上，议崇奉濮安懿王典礼以闻。宰臣韩琦等以元年五月奏进呈故也。（卷二百四）

初，议崇奉濮安懿王典礼，翰林学士王珪等相顾不敢先发，天章阁待制司马光独奋笔立议，议成，珪即敕吏以光手稿为案。其议曰："臣等谨按《仪礼·丧服》……为人后者为之子，不敢复顾私亲，圣人制礼，尊无二上，若恭爱之心分施于彼，则不得专壹于此故也。是以秦、汉以来，帝王有自旁支入承大统者，或推尊父母以为帝后，皆见非当时，取讥后世，臣等不敢引以为圣朝法。况前代之入继者，多宫车晏驾之后，援立之策或出母后，或出臣下。非如仁宗皇帝年龄未衰，深惟宗庙之重，祗承天地之意，于宗室众多之中，简拔圣明，授以大业。陛下亲为先帝之子，然后继体承祧[1]，光有天下。濮安懿王虽于陛下有天性之亲，顾复[2]之恩，然陛下所以负扆[3]端冕，富有四海，子子孙孙，万世相承者，皆先帝之德也。臣等愚浅，不达古今，窃谓今日所以崇奉濮安懿王典礼，宜准先朝封赠期亲尊属故事，高官大国，极其尊荣；谯国、襄国太夫人、仙游县君亦改封大国太夫人，考之古今，实为宜称。"

议上，中书奏："王珪等议未见详定濮王当称何亲，名与不名。"珪等议："濮王于仁宗为兄，于皇帝宜称皇伯而不名，如楚王、泾王故事。"议者或欲称皇伯考，天章阁待制吕公著曰："真宗以太祖为皇伯考，非可加于濮王也。"是月己酉，中书又奏："按《仪礼》'为人后者为其父母报'。及案令文与《五服[4]年月敕》并云：'为人后者为其所后父母斩衰[5]三年，为人后者为其父母齐衰期，即出继之子于所继、所生父母皆称父母。'又汉宣帝、光武皆称其父为皇考。今王珪等议称皇伯，于典礼未见明据，请下尚书省，集三省、御史台官议奏。"诏从之。执政意朝士必有迎合者，而台谏皆是王珪等，议论汹汹，未及上。太后闻之，辛亥，内出手书切责韩琦等以不当议称皇考，而琦等奏太后以珪等议称皇伯为无稽，且欲缓其事，须太后意解。

甲寅，降诏曰："如闻集议议论不一，宜权罢议，当令有司博求典故，务合礼经以闻。"

翰林学士范镇时判太常寺，即率礼官上言："汉宣帝于昭帝为孙，光武于平帝为祖，则其父容可以称皇考，然议者犹或非之，谓其以小宗而合大宗之统也。今陛下既考仁宗，又考濮安懿王，则其失非特汉宣、光武之比矣。凡称帝、称皇、若皇考，立寝庙[6]，论昭穆[7]，皆非是。"因具列《仪礼》及汉儒论议、魏明帝诏为五篇，奏之，执政得奏，怒，召镇责曰："诏书云当令检详，奈何遽列上耶？"镇曰："有司得诏书不敢稽留，即以闻，乃其职也，奈何更以为罪乎？"于是，台官自中丞贾黯以下各有奏，乞早从王珪等议。（卷二百五）

（治平三年正月）丙子，中书奏事垂拱殿，时韩琦以祠祭致斋[8]，上特遣中使召与共议。既退，外间言濮王已议定称皇，欧阳修手为诏草二通，一纳上前。日中，太后果遣中使赍实封文书至中书，执政相视而笑。诲等闻之即奏："臣等自去秋以来，相继论列中书不合建议加濮王非礼之号，不蒙开纳。又于近日三次弹劾欧阳修首启邪议，导谀[9]人君，及韩琦、曾公亮、赵概等依违傅会，不早辨正，乞下有司议罪，亦未蒙付外施行。盖由臣等才识浅陋，不能开悟圣心，早正典礼。又不能击去奸恶，肃清朝纲。遂至大议久而不决，中外之人谤论汹汹。若安然尸禄，不自引罪，则上成陛下之失德，下隳臣等之职业。因缴纳御史告敕，居家待罪，乞早赐黜责。"上以御宝封告敕，遣内侍陈守清趣诲等令赴台供职。诲等以所言不用。虽受诰敕，犹居家待罪。

丁丑，中书奏事，上又遣中使召韩琦同议。即降敕称准皇太后手书："吾闻群臣议请皇帝封崇濮安懿王，至今未见施行。吾再阅前史，乃知自有故事。濮安懿王、谯国太夫人王氏、襄国太夫人韩氏、仙游县君任氏，可令皇帝称亲，仍尊濮安懿王为濮安懿皇，谯国、襄国、仙游并称后。"又降敕称上手诏："朕面奉皇太后慈旨，已降手书如前。朕以方承大统，惧德不胜，称亲之礼，谨遵慈训，追崇之典，岂易克当。且欲以茔为园，即园立庙，俾王子孙主奉祠事，皇太后谅兹诚恳，即赐允从。"又诏濮安懿王子瀛州防御使岐国公宗朴候服阕[10]除节度观察留后，改封濮国公，主奉濮王祀事。……

壬午，诏罢尚书省集议濮安懿王典礼。（卷二百七）

【注释】[1] 承祧：继承宗庙，指承继为后嗣。 [2] 顾复：指父母的养育之恩。 [3] 负扆：背靠屏风，指皇帝临朝听政。 [4] 五服：古代以亲疏为差等的五种丧服，即斩衰、齐衰、大功、小功、缌麻。 [5] 斩衰：粗麻布，五服中最重的一种，守丧三年。 [6] 寝庙：古代宗庙的正殿称庙，后殿称寝。 [7] 昭穆：古代宗法制度，宗庙或宗庙中神主的排列次序，始祖居中，以下父子递为昭穆，左为昭，右为穆。 [8] 致斋：行斋戒之礼。 [9] 导谀：逢迎谄媚。 [10] 服阕：守丧期满，除去丧服。

《资治通鉴》

《资治通鉴》是司马光历时十九年编撰的一部编年体史书。宋神宗以其"鉴于往事，有资于治道"而命名为《资治通鉴》。司马光通过书写历代兴亡盛衰，试图宣扬自己追求治道的理想，对后世产生了深远的影响。

《续资治通鉴长编》（节选）

（治平三年四月）辛丑，命龙图阁直学士兼侍讲司马光编历代君臣事迹。于是光奏曰："自少已来，略涉群史，窃见纪传之体，文字繁多，虽以衡门专学之士，往往读之不能周浃[1]，况于帝王日有万几[2]，必欲遍知前世得失，诚为未易。窃不自揆，常欲上自战国，下至五代，正史之外，旁采他书，凡关国家之盛衰，系生民之休戚，善可为法，恶可为戒，帝王所宜知者，略依《左氏春秋传》体为编年一书，名曰'通志'，其余浮冗之文，悉删去不载，庶几听览不劳，而闻见甚博。私家区区，力不能辨，徒有其志而无成。顷臣曾以战国时八卷上进，幸蒙赐览。今所奉诏旨，未审令臣续成此书，或别有编集？若续此书，欲乞亦以'通志'为名。其书上下贯穿千余载，固非愚臣所能独修。伏见翁源县令广南西路经略安抚司勾当公事刘恕、将作监主簿赵君锡，皆习史学，为众所推，欲望特差二人与臣同修，庶使早得成书，不至疏略。"诏从之，而令接所进书八卷编集，俟书成取旨赐名。其后君锡父丧，不赴，命太常博士、国子监直讲，刘攽代之。（卷二百八）

（元丰七年十二月）戊辰，端明殿学士兼翰林侍读学士、太中大夫、提举崇福宫司马光为资政殿学士，降诏奖谕，赐银、绢、衣带、马；奉议郎范祖禹为秘书省正字；并以修《资治通鉴》书成也。《资治通鉴》自治平三年置局，光乞以韶州翁源县令刘恕、将作监主薄赵君锡同修。君锡以父丧不赴，太常博士国子监直讲刘攽代之。攽在局五年，通判泰州，知资州龙水县范祖禹代之。每修一代史毕，上之，至是上《五代纪》三十卷，总二百九十四卷，《目录》《考异》各三十卷。时攽出监衡州盐酒务而恕已前卒。上谕辅臣曰："前代未尝有此书，过荀悦《汉纪》远矣！"辅臣请观之，遂命付三省，仍令速进入。（卷三百五十）

【注释】［1］周浃：普遍深入。　［2］万几：指帝王日常处理的繁杂政务。

《皇宋通鉴长编纪事本末·编修〈通鉴〉》卷五十三（节选）

（治平四年）十月，诏翰林学士司马光权免著撰本院[1]文字，又诏五日一直，修《资治通鉴》故也。甲寅，司马光初读《资治通鉴》。上亲制序面赐光，赐名《资治通鉴》，令候书成日写入。

【注释】［1］本院：指学士院。

熙宁变法

宋神宗即位后，锐意进取，任用王安石等人改革法度，大兴富国强兵之法，史称"熙宁变法"。熙宁变法以理财为急务，又以青苗与募役为重点。变法在一段时间内为朝廷积累了大量财富，但也暴露出管理不善、急躁冒进的问题，引起了广泛的争论。

《皇宋通鉴长编纪事本末·三司条例司废置》卷六十六（节选）

熙宁二年二月甲子，命知枢密院陈升之参知政事。王安石取索三司[1]应于[2]条例文字看详，具合行事件闻奏，别为司，名曰同制置三司条例。……安石因请以吕惠卿为制置司检详文字，从之。……

（三月）戊子，两府同奏事，上即问王安石："制置条例如何？"安石曰："已检讨文字，略无伦绪，亦有待人而后可举者。然今欲理财，则须使能。天下但见朝廷以使能为先，而不以任贤为急；但见朝廷以理财为务，而于礼义教化之际有所未及，恐风俗坏，不胜其弊。陛下当深念国体有先后缓急。"上颔之。

【注释】［1］三司：唐宋以盐铁、度支、户部为三司，主管朝廷财赋。［2］应于：一切有关。

《宋史·食货志·役法上》（节选）

治平四年，诏曰："农，天下之大本也，间因水旱，颇致流离，殆[1]州郡差役之法甚烦，其诏中外臣庶条陈利害以闻。"先是，三司使韩绛言："闻京东民有父子二丁将为衙前役者，其父告其子曰'吾当求死，使汝曹免于冻馁'，遂自缢而死。又闻江南有嫁其祖母及与母析居[2]以避役者，又有鬻[3]田减其户等者。田归官户不役之家，而役并于同等见存之户。望博访利害，集议裁定，使力役无偏重之害。"役法更议始此。……后帝阅内藏库奏，有衙前越千里输金七钱，库吏邀乞，逾年不得还者。帝重伤之，乃诏制置条例司讲立役法。……条例司言："使民出泉雇役，即先王致民财以禄庶人在官者之意，愿以条目遣官分行天下，博尽众议。"于是条谕诸路曰："衙前既用重难分数，凡买扑[4]酒税坊场，旧以酬衙前者，从官自卖，以其钱同役钱随分数给之。其厢镇场务之类，旧酬奖衙前、不可令民买占者，即用旧定分数为投名[5]衙前酬奖。如部水陆运及领仓驿、场务、公使库之类，其旧烦扰且使陪备者，今当省使毋费。承符、散从官等旧苦重役偿欠者，今当改法除弊，庶使无困。凡有产业物力而旧无役者，今当出泉以助役。"

……乃诏责郡县，坊郭三年，乡村五年，农隙集众，稽其物产，考其贫富，察其诈伪，为之升降；若故为高下者，以违制论。

……为法既具，揭示一月，民无异辞，著为令。令下，募者执役，被差者得散去。开封一府罢衙前八百三十人，畿县乡役数千，遂颁其法于天下。

天下土俗不同，役重轻不一，民贫富不等，从所便为法。凡当役人户，以等第出钱，名免役钱。其坊郭等第户及未成丁、单丁、女户、寺观、品官之家，旧无色役而出钱者，名助役钱。凡敷[6]钱，先视州若县应用雇直多少，随户等均取；雇直既已用足，又率其数增取二分，以备水旱欠阁，虽增毋得过二分，谓之免役宽剩钱。

【注释】［1］殆：大概。 ［2］析居：分家。 ［3］鬻：卖。 ［4］买扑：宋朝的一种包税制度，即由官府计算应征收税额，买扑人付钱购得征税权。 ［5］投名：投递名帖，指自愿报名。 ［6］敷：摊派。

《皇宋通鉴长编纪事本末·青苗法上》卷六十八（节选）

熙宁二年九月，制置三司条例司请以常平广惠仓见在斛斗，遇贵量减市价粜，遇贱量增市价籴。其可以计会转运司用苗钱及钱斛，就便转易者，亦许兑换，仍以见钱，依陕西青苗钱例取。民情愿豫给[1]，令随税纳斛斗。内有愿请本色[2]，或纳市价贵愿纳钱者，皆许从便，务在优民。如遇灾伤，亦许以次科收熟日纳。若此行之，非惟足以待凶荒之患，又民既受贷，则于田作之时不患阙食。司马光在经筵，言青苗钱不便，与吕惠卿答难。

【注释】［1］豫给：预先支给。 ［2］本色：原定征收的实物田赋称本色，如改征其他实物或货币，称折色。

三经新义

宋神宗重视经术，故令王安石、吕惠卿等人负责修撰经义。熙宁八年，王安石进呈《诗》《书》《周礼》经义，统称为"三经新义"。修撰经义是宋神宗变法第二阶段的代表性成果，意味着变法由独重理财向统一意识形态的方向发展。

《续资治通鉴长编》（节选）

（熙宁四年）二月丁巳朔，中书言："古之取士皆本于学校，故道德一于上，习俗成于下，其人材皆足以有为于世。……今欲追复古制以革其弊，则患于无渐。宜先除去声病[1]偶对[2]之文，使学者得以专意经义。……今定贡举新制，进士罢诗赋、帖经、墨义，各占治《诗》《书》《易》《周礼》《礼记》一经，兼以《论语》《孟子》。……中书撰大义式颁行。(卷二百二十)

（熙宁五年正月）戊戌，王安石以试中学官等第进呈，且言黎伃、张谔文字佳，第不合经义。上曰："经术，今人人乖异，何以一道德？卿有所著可以颁行，令学者定于一。"安石曰："《诗》，已令陆佃、沈季长作义。"上曰："恐不能发明[3]。"安石曰："臣每与商量。"（卷二百二十九）

（熙宁六年三月庚戌）命知制诰吕惠卿兼修撰国子监经义，太子中允、崇政殿说书王雱兼同修撰。先是，上谕执政曰："今岁南省[4]所取多知名举人，士皆趋义理[5]之学，极为美事。"王安石曰："民未知义，则未可用，况士大夫乎！"上曰："举人对策，多欲朝廷早修经义，使义理归一。"乃命惠卿及雱，而安石以判国子监沈季长亲嫌，固辞雱命，上弗许。已而又命安石提举，安石又辞，亦弗许。（卷二百四十三）

（熙宁七年四月）丙戌，礼部侍郎、平章事、监修国史王安石罢为吏部尚书、观文殿大学士、知江宁府。……王雱为右正言、天章阁待制兼侍讲。雱以疾不能朝。又诏特给俸、免朝谢[6]，许从王安石之江宁，仍修撰经义。又诏王安石依旧提举详定国子监修撰经义，参知政事吕惠卿同提举。（卷二百五十二）

（熙宁七年九月庚子）命太子中允、馆阁校勘、崇政殿说书吕升卿兼同修撰经义。（卷二百五十六）

（熙宁八年六月）丁未，同修经义吕升卿言："《周礼》、《诗义》已奏尚书，有王雱所进议，乞不更删改。"从之。时升卿辄删改安石、雱《诗义》，安石、雱皆不悦，故升卿有是言，然亦不能解也。……中书言，《诗》、《书》、《周礼义》欲以副本送国子监镂板[7]颁行。从之。……辛亥，吏部尚书、平章事、昭文馆大学士王安石加左仆射、兼门下侍郎，右谏议大夫、参知政事吕惠卿加给事中，右正言、天章阁待制王雱加龙图阁直学士，太子中允、馆阁校勘吕升卿直集贤院，并以修《诗》、《书》、《周礼义解》毕，推恩也。……（甲寅）王安石上《诗》、《书》、《周礼义序》，诏付国子监置之《三经义解》之首。（卷二百六十五）

【注释】［1］声病：诗文声律上的毛病。［2］偶对：诗文的对偶。［3］发明：阐发义理。［4］南省：因尚书省在中书、门下之南，故称南省。此处指科举考试场所，特指礼部贡院。［5］义理：指儒家经典的经义道理。［6］朝谢：宋朝官员获得外任差遣后，在离京前经皇帝批准，择日上朝感谢委任的制度。［7］镂板：指雕版印刷。

元丰官制

元丰三年开始，宋神宗仿照《唐六典》记载的制度，结合宋朝实际，进行了一次职官制度改革。因北宋前期的职官制度行之已久，朝廷上下官员对新官制感到不便，也引发了广泛的争论。新官制也在争论中不断改变，逐渐形成了具有本朝特色的职官制度。

《续资治通鉴长编》（节选）

（元丰三年九月）详定官制所上《以阶易官寄禄新格》。（卷三百八）

（元丰四年十月）庚辰，诏："自今除授职事官，并以寄禄[1]官品高下为法。凡高一品以上者为行，下一品者为守，下二品以下者为试，品同者不用行、守、试。"（卷三百一十八）

（元丰五年四月）甲戌，诏中书五月朔行官制。（卷三百二十五）

（元丰五年六月）诏："自今事不以小大，并中书省取旨，门下省覆奏，尚书省施行。三省同得旨事，更不带'三省'字行出。"是日，辅臣有言中书省独取旨，事体太重。上曰："三省体均，中书省揆而议之，门下省审而覆之，尚书省承而行之。苟有不当，自可论奏，不当缘此以乱体统也。"先是，官制所虽仿旧三省之名，而莫能究其分省设官之意，乃厘中书门下为三，各得取旨出命，既纷然无统纪，至是，上一言遂定体统也。初，上欲仿《唐六典》修改官制，王珪、蔡确力赞之。官制：以中书造命，行无法式事；门下审覆，行有法式事；尚书省奉行。三省分班奏事，各行其职令，而政柄尽归中书。确先说珪曰："公久在相位，必拜中书令。"故珪不疑。一日，确因奏事罢留身[2]，密言：" 三省长官位高，恐不须设，只以左仆射兼门下侍郎，右仆射兼中书侍郎，各主两省事可也。"上以为然。已而确果独专政柄，凡除吏，珪皆不与闻。后累月，珪乃言：" 臣备位宰相，不与闻进退百官，请尚书省官及诸道帅臣许臣同议。"上许之。……王安礼初不预官制事，乃为上言曰：" 政畏多门，要当归于一，特所经历异耳。……臣以谓事无巨细，宣于中书，奉于门下，至尚书行之，则尽善矣。"诏从之。蔡确既为右仆射且兼中书侍郎，欲以自大，乃议尚书省关移[3]中书，当加 "上"字以重之。王安礼争曰：" 三省，天子攸司，政事所自出，礼宜均以一。确乃欲因人而为轻重，是法由人变也，非所以敬国家。"已而正色问上曰：" 陛下用确为宰相，岂以材术卓异有绝人者，抑亦叙次迁陟，适在此位耶？"上曰：" 适在此位。"又曰：" 固适在此位。"安礼顾谓确曰：" 陛下谓适在此位，何得自大如此！"（卷三百二十七）

【注释】［1］寄禄官：宋朝官类名，是官员升迁降黜、发放工资的依据。官制改革后特指阶官。 ［2］留身：宋朝群臣奏事毕退去，臣僚获准留下单独面奏的制度，留身者多为宰辅大臣。 ［3］关移：平级行政机构之间文书传递形式。关，关通其事；移，移其事于他司。

元祐更化

宋神宗去世后，高太后垂帘听政，任用司马光、吕公著等大臣，改废神宗变法条令，史称 "元祐更化"。新法中役法一项是涉及编户、财政等多个领域的系统工程，成为元祐臣僚变革的重点。当时及之后新旧两党政争不断，哲宗实录也因重修而分为《旧录》《新录》。新旧《实录》因作者立场不同而呈现出不同的主旨，从中可一窥历史事件的独特色彩。

《续资治通鉴长编》（节选）

（元丰八年四月）《旧录》云：" 先帝以浊流入汴，淀淤湍急，都人有水忧，乃导洛通汴，置司提举。又官司市物，迫行人[1]供应，吏并缘为奸，至逃亡破产，民患之，乃等第纳钱，免充行役，以钱募人供市，而官司禁不得市于民，民得不扰。至是奸臣欺罔帘帏[2]，以为非是。时先帝崩方逾月，变乱法度由此始，其后事无小大，悉改革，上未亲政也。"《新录》辩曰："神宗皇帝尝诘兴利之弊……凡所奉行，失其本旨，皆有意更去之。诏书具在，可考而知。通汴司本为救患，免行钱本为便民，其末在有司皆近于兴利之举，至是诏取索事目以定可否，亦推神宗之意而行之也。"……（甲戌）诏曰："……其申谕中外，自今已来，协心循理，奉承诏令，以称先帝更易法度、惠安元元之心，敢有弗钦，必底厥罪。……"《旧录》云："时蔡确等虑法寖改废，故降是诏，然卒弗能禁。"《新录》辩曰："蔡确知有司奉行新法，例皆失当，过为烦扰，实惠不孚，则不能不更法也。法少更，则身必不安于位，是诏诚确等有以启之矣。"（卷三百五十四）

（元祐元年正月）侍御史刘挚言："……神宗以仁圣之虑，达因革之数，凡政令制度，急弦慢轸，大解而更张之，故天下蒙其利。然至于今，殆二十年，所谓偏而不起、眊[3]而不行者，盖复有之矣。其事则非一，而其大者则役法是也。……"（卷三百六十四）

【注释】[1]行人：参加同业商行的人。 [2]帘帏：帘幕。此处指代垂帘听政的高太后。 [3]眊：眼睛看不清楚。

《宋史·食货志·役法上》（节选）

哲宗立，宣仁后垂帘同听政，门下侍郎司马光言：

"按因差役破产者，惟乡户衙前[1]。盖山野愚戆之人，不能干事，或因水火损败官物，或为上下侵欺乞取，是致欠折，备偿不足，有破产者。至于长名[2]衙前，在公精熟，每经重难，别得优轻场务酬奖，往往致富，何破产之有？又向者役人皆上等户为之，其下等、单丁、女户及品官、僧道，本来无役，今使之一概输钱，则是赋敛愈重。自行免役法以来，富室差得自宽，贫者困穷日甚，监司、守令之不仁者，于雇役人之外多取羡余，或一县至数万贯，以冀恩赏。又青苗、免役，赋敛多责见钱。钱非私家所铸，要须贸易，丰岁追限，尚失半价，若值凶年，无谷可粜，卖田不售，遂致杀牛卖肉，伐桑鬻薪，来年生计，不暇复顾，此农民所以重困也。

　　臣愚以为宜悉罢免役钱，诸色役人，并如旧制定差，见雇役人皆罢遣之。衙前先募人投充长名，召募不足，然后差乡村人户，每经历重难差遣，依旧以优轻场务充酬奖。所有见在役钱，拨充州县常平本钱，以户口为率，存三年之蓄，有余则归转运司。凡免役之法，纵富强应役之人，征贫弱不役之户，利于富不利于贫。及今耳目相接，犹可复旧名，若更年深，富者安之，民不可复差役矣。"

于是始诏修定役书，凡役钱，惟元定额及额外宽剩二分已下许著为准，余并除之。若宽剩元不及二分者，自如旧则。……

【注释】［1］衙前：宋朝职役之一，主要负责押运官物。损坏或丢失官物须赔偿，故常有服役人倾家荡产。［2］长名：宋朝官役的一种，由官府募人充衙前，因常年服役，故称长名衙前。

哲宗绍述

宋哲宗亲政后，改元"绍圣"，即绍述神宗之意。哲宗任用李清臣、章惇等新法派大臣，打击元祐臣僚，试图恢复熙丰变法的成果。两党争论最激烈的焦点是役法，哲宗绍述的核心举措便是将元祐差役法恢复为熙宁免役法。

《皇宋通鉴长编纪事本末·绍述》卷一百（节选）

绍圣元年二月丁未，资政殿学士、通奉大夫、守户部尚书李清臣特授正议大夫、守中书侍郎，端明殿学士、右正议大夫、守兵部尚书邓温伯特授右光禄大夫、守尚书左丞。清臣首昌绍述[1]，温伯和之。三月乙酉，上御集英殿试进士，策曰："朕惟神宗皇帝躬神明之德，有舜禹之学，凭几听断，十九年之间，凡礼乐、法度所以惠遗天下者甚备，朕思述先志，拳拳业业[2]，夙夜不敢忘。……夫可则因，否则革，惟当之为贵，夫亦何必焉？子大夫其悉陈之无隐。"中书侍郎李清臣之言也。……时初考官取答策者多主元祐，杨畏覆考，专取主熙宁、元丰者，故渐为之首。……上批："苏辙引用汉武故事比拟先帝，事体失当，所进入词语不着实[3]。朕进退大臣，非率易也，盖义不得已。可止散官、知汝州，仍别撰词进入。"……四月癸丑，御札："改元祐九年为绍圣元年，布告多方，使咸体朕意。"

【注释】［1］绍述：继承，特指宋哲宗时对神宗所实行的新法的继承。　［2］拳拳业业：勤恳危惧貌。　［3］着实：真实。

《宋史·食货志·役法下》（节选）

哲宗始亲政，三省言役法尚未就绪，帝曰："第行元丰旧法，而减去宽剩钱，百姓何有不便？"……

于是诏："复免役法，凡条约悉用元丰八年见制。乡差役人，有应募者可以更代，即罢遣之。许借坊场、河渡及封桩钱[1]以为雇直，须有役钱日补足其数。所输免役钱，自今年七月始。耆户长、壮丁召雇，不得已保正、保长、保丁充代，其他役色应雇者放此。所敷宽剩钱，不得过一分，昔常过数、今应减下者，先自下五等人户始。路置提举官一员，视提刑置司之州为治。如方俗利害不同，事有未尽未便而应更改增损旧法者，画一条疏，与转运、提刑司连奏。"

又诏：……凡钱额所敷，取三年雇直实支，而酌一年中数，立为岁额，以均敷取。此外所取宽余，不得过通额十分之一。……

七月，户部看详役法所言："……元丰令：在籍宗子及太皇太后、皇后缌麻[2]亲得免役。皇太妃宜亦如之。"诏皆如请。

……

是岁，以常平、免役、农田、水利、保甲，类著其法，总为一书，名《常平免役敕令》，颁之天下。……

【注释】［1］封桩钱：宋朝的一种财政制度。凡岁终用度之余，皆封存不用，以备急需，故称封桩。　［2］缌麻：细麻布，古代丧服名，五服中最轻者，服丧三月。

元祐党籍

崇宁元年，宋徽宗任用蔡京为相，崇奉神宗新法。蔡京将元祐中反对新法以及元符年间有过激言行的大臣定罪，打成奸党。徽宗亲自书写奸党姓名，刻于石上，称作元祐党籍碑。入籍者及其子孙受到的政治迫害，直至南宋年间才逐渐恢复。

《皇宋通鉴长编纪事本末·禁元祐党人》（节选）

崇宁元年五月乙丑，臣僚上言："……元祐党臣秉政……皆神考[1]之罪人也。……"又曰："今奸党姓名，具在文案甚明，有议法者，有行法者，有为之唱者，有从而和者。罪有轻重，情有浅深，使有司条析，区别行遣，使各当其罪，数日可毕，庶几得罪名者无所致怨，不忧后祸，观望者消于冥冥之中，天下忠臣良士，各得自尽，以悉心于上，不疑复有害之者，以显神考盛德大业，以成陛下继志述事之孝，而天下可以无为而治矣。伏望早赐施行。"诏……（安焘、王觌、丰稷、陈次升、吕仲甫、李清臣）夺职，追所赠官，并例外所得恩例指挥更不施行。……乙亥，诏……（司马光、吕公著、文彦博、吕大防、刘挚、梁焘、王岩叟、苏轼）其元追复[2]官告并缴纳。……诏：应元祐并元符末今来责降人韩忠彦、曾任宰臣安焘系前任执政官，王觌、丰稷见任从官外……（苏辙、范纯礼等五十七人）并令三省籍记，不得与在京差遣。……八月丙子，诏："司马光、吕公著、王岩叟、朱光庭、孔平仲、孔文仲、吕大防、刘安世、刘挚、苏轼、梁焘、李周、范纯仁、范祖禹、汪衍、汤戫、李清臣、丰稷、邹浩、张舜民子弟并不得与在京差遣；陆傅、吴储、吕好问、吕凝问、苏适、吕能问、王抚、张禹并与外任合入差遣。"九月乙亥，御批付中书省："应系元祐责籍并元符末叙复过当之人，各具元籍定姓名人数进入，仍常切契勘[3]，不得与在京差遣。"（文臣曾任执政官文彦博等二十二人，待制以上官苏轼等三十五人，余官秦观等四十五人，内臣张士良等八人，武臣王献可等四人）……

（崇宁二年）三月乙酉，诏："应元祐及元符之末党人亲子弟，不论有官无官，并令在外居住，不得擅到阙下，令开封府界各据地分觉察……"（四月）乙亥，诏三苏、黄、张、晁、秦及马涓文集，范祖禹《唐鉴》、范镇《东斋记事》、刘攽《道话》、僧文莹《湘山野录》等印板悉行焚毁。……九月壬午，诏宗室不得与元祐奸党人子孙及有服亲为婚姻，内已定未过礼[4]者并改正。（卷一百二十一）

（崇宁三年六月甲辰）诏："重定元祐、元符党人及上书邪等事者合为一籍，通三百九人，刻石朝堂，余并出籍，自今毋得复弹奏。"戊午，诏曰："朕嗣位之始，恭默未言，往岁奸朋，复相汲引，倡导邪说，实繁有徒。或据要路而务变更，或上封章而肆诋毁，同恶相济，非止一端。推原其心，岂胜诛殛[5]？比诏编类，具列姓名，乃下从班，博尽众议，仍为三等，各竭所闻，庶几金同，罔有漏失。惟邪慝之复起，盖源流之相承。迹其从来，于元祐得罪宗庙，宁分等差？悉皆亲书，通为一籍，载刊诸石，置在朝堂，为臣不忠，附见于末。所丽虽异，其罪惟均。朕方以仁恩遍覆天下，前既遣绌，弗忍再行，亦有可矜，出于籍外。自时厥后，已定不渝，群听式乎，毋复辄论。其元符末奸党并通入元祐籍，更不分三等。应系籍奸党已责降人，并各依旧。除今来入籍人数外，余并出籍，今后臣僚，更不得弹劾奏陈。"……七月壬申朔，诏应入籍人，父并不得任在京差遣。……（十一月）丙申，祀圜丘[6]，大赦天下，应系贬谪官员，除元祐奸党籍所别有指挥不许移放之人外，未量移者与量移[7]。（卷一百二十二）

【注释】[1]神考：特指宋神宗。[2]追复：为已故遭贬的大臣复官。[3]契勘：宋朝文书用语，即审查。[4]过礼：订婚时男方下聘礼。[5]殛：杀死。[6]圜丘：冬至日帝王在南郊祭天的场所。[7]量移：多指官吏因罪远谪，遇赦酌情调迁近处任职。

平定方腊

　　宣和二年，睦州清溪县摩尼教头领方腊率众起事，迅速占领两浙、江南多个州县。宋徽宗下诏悬赏，并派遣童贯领大军前往镇压，至宣和三年平定。

《皇宋通鉴长编纪事本末·讨方贼》卷一百四十一（节选）

　　宣和二年十月丁酉，睦州青溪县有洞曰帮源，广、深约四十余里，群不逞[1]往往囊橐[2]其间。方腊者因以妖贼诱之，凶党稍集。是月丙子，杀里正方有常，纵火大掠，还处帮源，遣其党四出侵扰，鼓扇星云、神怪之说以眩惑众听，从者几万人。十一月戊戌朔，方腊僭改元，号永乐，以其月为正月。……丙寅，方腊陷青溪县。十二月戊辰，方腊陷睦州，贼众二万，杀官兵千人。于是寿昌、分水、桐庐、遂安等县皆为贼据。……丙戌，方腊陷歙州……后四日，又陷富阳、新城，遂逼杭州。丁亥，通侍大夫、保康军承宣使、直睿思殿、在京神霄玉清万寿宫提刑、同知入内内侍省事谭稹提举措置捕捉睦州青溪县贼。

　　（宣和三年正月）乙未，方腊陷杭州……（癸卯）领枢密院事童贯为江浙淮南等路宣抚使……丁巳，御笔[3]处分："已立赏状：捕凶贼方十三及一行凶党，尚虑赏轻，诸色人未肯用命掩杀。今增立下项：一、生擒或杀获为首方十三，白身[4]特补横行、防御使，银绢各一万疋两、钱一万贯、金五百两；次用事人，每名白身特补武翼大夫，银绢五千疋两、钱五千贯、金三百两；有名目头首，每名白身特补敦武郎，银绢各一千疋两、钱三千贯、金一百两。已上愿补文官者听。一、如系官员、文武学生、公吏、将校、兵级等获到前项人，并拟比迁补官职，仍与支赐。一、系贼中徒伴[5]购杀前项人，将首级或能生擒赴官，并特与免罪，一切不问，亦依赏格推恩支赐。"是日，童贯至镇江。甲子，王禀等破贼于秀州城下，斩首数千级，秀州平。是月，方腊陷婺州，又陷衢州，守臣彭汝方死之。二月壬午，方腊陷旌德县。癸未，王禀等克杭州。……（四月）戊子，初，童贯与王禀、刘镇两路预约，会于睦、歙间，分兵四围，包帮源洞于中，同日进师。……王禀以奇兵斩贼五千四十六级，刘镇等兵斩贼五千七百八十余级，生擒四百九十七人，胁从老稚数万计，并释之。而未得伪酋方腊。翌日，搜山。庚寅，王禀、辛兴宗、杨惟忠生擒方腊于帮源山东北隅石涧中，并其妻孥、兄弟、伪相、侯王三十九人，振旅赴杭州宣抚司。方腊虽就擒，而支党[6]散走，浙东贼势尚炽。辛卯，童贯遣郭仲荀、刘光世、姚平仲等分路往讨。

【注释】［1］群不逞：泛指为非作歹或作乱之人。［2］囊橐：聚集，此处指勾结在一起。［3］御笔：皇帝亲笔书写，指皇帝亲自下达的圣旨。［4］白身：平民或已仕而未通朝籍者。［5］徒伴：同伙。［6］支党：党羽。

海上之盟

徽宗宣和年间，北宋遣使自京东登州涉海赴金国谈判，与金国签订了夹攻辽国的盟约，史称"海上之盟"。北宋要求的回报是收复燕地，但双方对燕地的界线有很大分歧。北宋作战不利，金国完全占据主导，最终收回的只是空城而已。海上之盟是宋、辽、金三个政权国运发展过程中的重要事件，对十二世纪前期东亚的政局产生了重要影响。

《三朝北盟会编》[1]（节选）

（宣和二年）三月六日丙午，诏中奉大夫、右文殿修撰赵良嗣由登州往使，忠训郎王瓌副之，议夹攻契丹、求燕云地、岁币等事。……赵良嗣《燕云奉使录》曰："……会女真已出师，分三路趋上京[2]。良嗣自咸州会于青牛山，谕令相随看攻上京。城破，遂与阿骨打相见于龙冈，致议约之意，大抵以燕京一带本是旧汉地，欲相约夹攻契丹，使女真取中京，本朝取燕京一带。阿骨打令译者言，云契丹无道，我已杀败，应系契丹州域，全是我家田地，为感南朝皇帝好意及燕京本是汉地，特许燕云与南朝，候三四日便引兵去。……遂议岁赐，良嗣许三十万，却云契丹时燕京不属南朝，犹自与五十万，如今与了燕京，如何只三十万？辨论久之，卒许契丹旧数。"……十一月二十九日丙寅，马政至女真。政等至女真，授以国书。及出事目示之，阿骨打不认所许西京之语，且言平、滦、营三州不系燕京所管。……帐前月余，议论不决。（卷四）

（宣和四年）十一月一日丙辰朔，阿骨打见赵良嗣，许燕京蓟、景、檀、顺、涿、易六州二十四县，每岁要依契丹银绢，遣李靖持书来。（卷一一）

【注释】 [1]《三朝北盟会编》全书二百五十卷，是宋徽宗、宋钦宗与宋高宗三朝有关宋金和战的史料汇编著作。作者徐梦莘以编年为体，网罗各家所记，是研究两宋之际历史不可或缺的资料。 [2]上京：辽上京，在今赤峰。初名皇都，辽太宗改名上京，并设临潢府。

《皇宋通鉴长编纪事本末·金盟下》卷一百四十三（节选）

（宣和四年十二月）辛卯，金人入燕。……（傅）良嗣曰："自古及今，税租随地，岂有与其地而不与租税者？可削去租税事。"黏罕曰："燕自我得之，赋税当归我。大国熟计[1]，若不见与，且速退涿州之师，无留吾疆。"于是复以国书，再遣良嗣及靖等。

……

（宣和五年四月）庚子，太师、剑南东川节度使、领枢密院事、陕西河东河北路宣抚司童贯，少傅、镇海节度使、河北河东路宣抚司蔡攸入燕山府。燕之金帛、子女[2]、职官、民户为金人席卷而东，朝廷损岁币数百万，所得者空城而已。……

【注释】 [1]熟计：周密地谋划。 [2]子女：男和女。

靖康之难

靖康元年末，金兵攻陷东京，大肆劫掠财富，次年又俘虏宋徽宗、钦宗以及宗室、后妃、朝臣等人北上，并建立傀儡政权，立张邦昌为帝，北宋灭亡。

《皇宋通鉴长编纪事本末·二圣北狩》卷一百四十九（节选）

靖康元年闰十一月丙辰，京城陷。……先是，李若水出使，留军中久之。及城陷，二帅令若水归报，趣何㮚来议事。若水入城，见上曰："二帅止欲得两河[1]地，别无他事。"乃遣㮚及济王栩为请命使。……又欲邀上皇[2]出郊。㮚回，道金人意。上曰："上皇惊忧已病，不可出。必欲坚要，朕当亲往。"……诏曰："大金坚欲上皇出郊，朕以宗庙生灵之故，义当亲往。咨尔众庶，无致惊疑。"辛酉，车驾诣青城……上过南薰门……上望斋宫门，即下马，步入一小位中。金人邀请，乘马而入。上不听，二帅相见。上与语，唯黏罕应答琅然，斡离不唯唯而已。都人自宣德楼至南薰门，立泥雪中，以候驾回。

十二月壬戌朔，车驾留青城。……癸亥，车驾自青城回……金人索金一千万锭、银二千万锭，缣帛如银之数，欲以犒军。朝廷令群臣献金帛，诸王、内侍、帝姬亦如之，又置局买金银，金价至五十千，银至三千五百。……又索京城骡马，诏除现任职事官留马一匹外，并限三日赴开封府纳，隐留者全家行军法，赏钱三千贯。于是自御马而下，得七千余匹，悉归之。甲戌，金人乞割河中府、解州，许之。……

（靖康二年春正月）庚子，车驾复幸青城。时敌索金银益急，欲纵兵入城。上以问萧庆，庆答云："须陛下亲见元帅乃可。"何㮚、李若水亦欲上亲行。上将从之，会黏罕致书，以诸国毕集，加上其主徽号[3]，请再幸营。……遂出城，㮚以下皆从。至晚，遣王孝竭归，传旨议事未毕，来日入城。……辛丑，车驾在青城……初，上幸金营，约五日必还。至是，民以为金银未足，各竭其家所有献之。……己酉，开封府言："根括[4]得金十三万八十两，银六百万两，衣缎一百万匹。"诏令权住纳。庚戌，大风雨。上遣中使还城。以阴雨，打毬之会未成，尚须少留。……

二月辛酉朔，车驾在青城。乙丑，都人传闻击毬军前，驾即日回，相率迎候者数万人。至晚，云来日入城。时括金帛已申了绝，会军前取过教坊人孟子著、周礼义、内侍蓝忻、医官周道隆等，称各有窖藏金银，乞差人搜取。

二帅大怒，遣金牙郎君来责云："少尹称已尽数发绝，何由尚有藏匿？"遂遣人荷锄入城，劚[5]取内侍郑珪及教坊诸工所窖，于是开封复根括，立赏限陈首[6]，京城大恐。丙寅，金兵堑南薰门路。……已而吴开、莫俦自金营持文书至，令依金主诏，推荐异姓堪为人主者，从军前备礼册命，仍邀太上皇帝出城。……丁卯，太上皇帝、太上皇后同诣青城，郓王以下三十余人、诸王妃、公主、都尉等皆从。……辛未，皇后、皇太子同诣青城，百官军民奔随号泣，太学诸生拥拜车前，哭声震天。……癸未，城内复以金七万五千八百两、银一百十四万五千两、衣缎四万八千四百匹纳军前。……乙酉，金人以金银不足，遣人来取，提举官以下八人受约束。……

三月辛卯朔，车驾在青城。金人令御史台报百官诣南薰门外迎拜邦昌……丁酉，金人奉册宝立邦昌，百官等会于尚书省。……金人持御衣、伞来，设于次外。邦昌出次，步至御街褥位，望金国振舞跪受。册略曰："咨尔张邦昌，宜即皇帝位，国号大楚，都金陵。"邦昌御红伞还次讫，金人揖上马出门，百官引导如仪。……乙巳，邦昌往青城谢金人。……道君皇帝北狩，宁德皇后及诸亲王妃嫔以下皆行。斡离不军护送，由滑州路进发。……

夏四月庚申朔，大风吹石折木。车驾北行，皇后、皇太子偕行。黏罕军护送，由郑州路进发。辛酉，金营始空，其行甚遽，以四方勤王兵大集故也。营中遗物甚多，令户部拘收，象牙一色[7]至二百担，他不急之物称是[8]。秘阁图书狼藉泥中，金帛犹多，践之如粪壤。

【注释】[1]两河：宋朝指河北与河东地区。 [2]上皇：指宋徽宗，时已禅位给钦宗，故称上皇。 [3]徽号：唐以后开始在皇帝前加上各种称号，又称尊号。 [4]根括：彻底搜求。 [5]劚：砍、斫。 [6]陈首：自己供认所犯罪行。 [7]一色：一种，一类。 [8]称是：相当。

南宋时期

高宗称帝始末

康王赵构本为徽宗赵佶第九子，靖康之变中，金人大举围困汴京，赵构作为人质亲赴金营，因遇事沉着而引起金人的猜忌，金人要求以其他皇子换回。伴随着徽钦二帝及皇室宗亲被金人押解北迁，赵构一时成为宋朝复兴的"独苗"，其在宗泽等人的支持下称帝，建立起南宋，时人称"靖康"为"十二月立康"，本是附会之语，未曾想真的实现。

《宋史·高宗本纪一》（节选）

靖康元年春正月，金人犯京师，军于城西北，遣使入城，邀亲王、宰臣议和军中。朝廷方遣同知枢密院事李棁等使金，议割太原、中山、河间三镇，遣宰臣授地，亲王送大军过河。钦宗召帝谕指[1]，帝慷慨请行。遂命少宰张邦昌为计议使，与帝俱。金帅斡离不留之军中旬日，帝意气闲暇。二月，会京畿宣抚司都统制姚平仲夜袭金人砦[2]不克，金人见责，邦昌恐惧涕泣，帝不为动，斡离不异之，更请肃王。癸卯，肃王至军中，许割三镇地。进邦昌为太宰，留质军中，帝始得还。……

闰月，耿南仲驰至相，见帝致辞，以面受钦宗之旨，尽起河北兵入卫，帝乃同南仲募兵勤王[3]。初，朝廷闻金兵渡河，欲拜帝为元帅。至是，殿中侍御史胡唐老复申元帅之议，尚书右仆射何㮮拟诏书以进，钦宗遣阁门祗候秦仔持蜡诏至相，拜帝为河北兵马大元帅，知中山府陈亨伯为元帅，汪伯彦、宗泽为副元帅。仔于顶发[4]中出诏，帝读之呜咽，兵民感动。

（建炎元年夏四月）癸亥，邦昌尊元祐皇后为宋太后，遣人至济州访帝，又遣吏部尚书谢克家来迎。耿南仲率幕僚劝进，帝避席流涕，逊辞不受。伯彦等引天命人心为请，且谓靖康纪元，为十二月立康之兆。帝曰："当更思之。"以知淮宁府赵子崧为宝文阁学士、元帅府参议官、东南道总管，统东南勤王兵。邦昌遣阁门宣赞舍人蒋师愈等持书诣帝，自言从权济事，及将归宝避位之意。帝亦贻[5]诸帅书，以未得至京，已至者毋辄入。闻资政殿大学士、领开封府事李纲在湖北，遣刘默持书访之。又谕宗泽等，以受伪命之人义当诛讨，然虑事出权宜，未可轻动。泽复书，谓邦昌篡乱踪迹，已无可疑，宜早正天位，兴复社稷，不可不断。门下侍郎吕好问亦以蜡书来，言帝不自立，恐有不当立而立者。丁卯，谢克家以"大宋受命之宝"至济州，帝恸哭跪受，命克家还京师，趣办仪物。戊辰，济州父老诣军门，言州四旁望见城中火光属天，请帝即位于济。会宗泽来言，南京乃艺祖兴王之地，取四方中，漕运尤易。遂决意趋应天[6]。……

【注释】[1]谕指：晓谕皇帝旨意。[2]砦：同"寨"，防御用的栅栏、营垒。[3]勤王：君主的统治受到威胁时，臣子起兵救援。[4]顶发：头发。[5]贻：赠给，留给。[6]应天：即今日之河南商丘，宋太祖发迹自归德军，继位后改之为应天府，奉为南京，与东京汴梁、西京洛阳、北京大名合称为北宋四京。

明受之变

高宗建立起南宋，其执政却并非一帆风顺，将领赏赐不均、宦官擅权成为重大隐患。苗傅、刘正彦作为先期渡江的将领，本想深受高宗器重，却无奈受到王渊的压制，怒气难消。于是，二人率所部发动兵变，逼迫高宗禅让于幼子，由孟太后垂帘听政，因其"伪"年号为"明受"，故称"明受之变"。后在吕颐浩、张浚的调兵遣将之下，韩世忠等将领的进攻追击之下，苗、刘被诛，高宗重掌朝政。

《宋史·高宗本纪二》(节选)

（建炎三年三月）……扈从统制苗傅忿王渊骤得君，刘正彦怨招降剧盗而赏薄。帝在扬州，阉宦[1]用事恣横，诸将多疾之。癸未，傅、正彦等叛，勒兵向阙[2]，杀王渊及内侍康履以下百余人。帝登楼，以傅为庆远军承宣使、御营使司都统制，正彦渭州观察使、副都统制。傅等迫帝逊位[3]于皇子魏国公，请隆祐太后垂帘同听政。是夕，帝移御显宁寺。甲申，尊帝为睿圣仁孝皇帝，以显宁寺为睿圣宫，大赦。以张澂兼中书侍郎，韩世忠为御营使司提举一行事务，前军统制张俊为秦凤副总管，分其众隶诸军。……张俊部众八千至平江，张浚谕以决策起兵问罪，约吕颐浩、刘光世招韩世忠来会。己丑，改元明受。张浚奏乞睿圣皇帝亲总要务。庚寅，百官始朝睿圣宫，以苗傅为武当军节度使，刘正彦为武成军节度使，刘光世为太尉、淮南制置使，范琼为庆远军节度、湖北制置使，杨惟忠加少保，张浚为礼部尚书，及吕颐浩并赴行在。[4]……甲午，有司请尊太后为太皇太后，不许。吕颐浩率勤王兵万人发江宁。乙未，再贬黄潜善镇东军节度副使，英州安置。刘光世部兵会吕颐浩于丹阳。丙申，韩世忠自盐城收散卒至平江，张俊假兵二千；戊戌，赴行在。辛丑，傅等以世忠为定国军节度使，张俊为武宁军节度使、知凤翔府，张浚责黄州团练副使，郴州安置。俊等皆不受。傅等遣军驻临平，拒勤王兵。壬寅，日中黑子没。卢益罢。吕颐浩至平江。水贼邵青入泗州。癸卯，太后诏：睿圣皇帝宜称皇太弟、天下兵马大元帅、康王，皇帝称皇太侄、监国。赐傅、正彦铁券。吕颐浩、张浚传檄中外讨傅、正彦，执黄大本下狱。乙巳，太后降旨睿圣皇帝处分兵马重事。张俊率兵发平江，刘光世继之。丙午，张浚同知枢密院事，翰林学士李邴、御史中丞郑毂并同签书枢密院事。吕颐浩、张浚发平江；丁未，次吴江，奏乞建炎皇帝还即尊位。朱胜非召傅、正彦至都堂议复辟，傅等遂朝睿圣宫。……

夏四月戊申朔，太后下诏还政，皇帝复大位。帝还宫，与太后御前殿垂帘，诏尊太后为隆祐皇太后。……乙卯，大赦。举行仁宗法度，应嘉祐条制与今不同者，自官制役法外，赏格从重，条约从宽。罢上供[5]不急之物。元祐石刻[6]党人官职、恩数追复未尽者，令其家自陈。许中外直言。丁巳，禁内侍交通主兵官及馈遗假贷[7]、借役禁兵、干预朝政。庚申，诏尚书左右仆射并带同中书门下平章事，改门下、中书侍郎为参知政事，省尚书左右丞。……

【注释】［1］阉宦：对宦官的贬称。 ［2］阙：皇宫门前两边供瞭望的楼，泛指皇帝居处，亦借指朝廷。 ［3］逊位：帝王让位、退位。 ［4］行在：行在所的简称，指皇帝巡幸所到之地。南宋初年，宋高宗四处流亡，每至一地即为行在，后定都于临安。因南宋朝廷有恢复之意，一直以开封为都城，故临安仍称行在。 ［5］上供：唐宋时所征赋税中解交朝廷的部分。 ［6］元祐石刻：即元祐党人碑，详见北宋部分"元祐党籍"。 ［7］馈遗假贷：赠与和借贷。

黄天荡大捷

南宋立足未稳，而金朝骑兵已南渡追击，掳掠甚多。待欲返回北方之际，韩世忠以水军顽强抗击，抓住金人不善水战的特点，反复牵制。黄天荡大捷阻挡金兵数十日，战果颇丰，虽金人先有凿渠脱身之举，后有攻破海舟之策，但此战过后金将兀术大惊失色，不敢轻言渡江。

《文献通考·兵考十》[1]（节选）

（建炎）四年夏四月，兀术入寇，自明州回归。韩世忠先屯焦山，以邀[2]其归路。兀术遣人约日会战，世忠伏兵击之，俘获甚众，及其舟千余艘，虏终不得济，复使致词，愿还所掠，益以名马，求假道。世忠不从，与相持于黄天荡。世忠以海舰进泊金山下，将战，世忠预命工锻[3]铁相连为长绠[4]，贯一大钩，以授士之骁捷者。平旦，虏以舟噪而前。世忠分海舟为两道，出其背，每缒一绠则曳一舟而入，虏竟不得济。乃求与世忠语，世忠酬答如响[5]，时于所佩金凤瓶传酒纵饮示之。兀术见世忠整暇，色益沮，乃求假道甚恭。世忠曰："是不难，但迎还两宫，复旧疆土，归报明主，足相全也。"兀术既为世忠所阨，欲自建康谋北归，不得去。或教以芦场地凿大渠二十余里，上接江口，在世忠之上流。遂傍治城西南隅凿渠，一夜渠成。次早出舟，世忠大惊，金人悉趋建康，世忠尾击败之，虏终不得济。乃揭榜募人献所以破海舟之策，有教其于舟中载土，以平版铺之，穴船板以擢桨，候风息则出江，有风则勿出，海舟无风，不可动也。以火箭射其篛篷[6]，则不攻自破矣。一夜造火箭成，是日引舟出江，其疾如飞，天霁无风，海舟皆不能动……世忠与余军至瓜步弃舟而陆，奔还镇江。

【注释】［1］马端临为南宋末丞相马廷鸾之子，有借鉴国史、实录的便利条件，南宋亡后潜心著书，所著《文献通考》依据田赋、典章等分门别类，蔚为大观，每一事项均从源头开始梳理而详论于宋代之时，《文献通考》是研究宋代社会情况的重要史料。［2］邀：阻留。［3］锻：原指保护颈项的铠甲，此处用作动词，意为将铁铸造为链条相贯连。［4］緪：原指一节一节的绳索，此处为一节一节相连的铁链。［5］酬答如响：比喻应答迅速，反应极快，如回声之应和。［6］篛篷：用箬叶编的船篷。

岳飞事迹

南宋初年的稳定离不开中兴四将的崛起，岳飞相较于张俊、韩世忠、刘光世，年纪虽轻然军功最为卓著。岳飞治军严明，敢打硬仗，金人惊呼为"撼山易，撼岳家军难"。每有南宋危难之际，岳飞总率军亲赴前线，"精忠岳飞"名震当时。而论及治国，岳飞更留下了"文不爱财，武不惜命，则天下太平"的至理名言。岳飞的事迹既是历史的记忆，更是精神的传承。

《宋史·岳飞传》（节选）

岳飞字鹏举，相州汤阴人。世力农。父和，能节食以济饥者。有耕侵其地，割而与之；贳[1]其财者不责偿。飞生时，有大禽若鹄，飞鸣室上，因以为名。未弥月[2]，河决内黄，水暴至，母姚抱飞坐瓮中，冲涛及岸得免，人异之。

少负气节，沈厚寡言，家贫力学，尤好《左氏春秋》、孙吴兵法。生有神力，未冠，挽弓三百斤，弩八石。学射于周同，尽其术，能左右射。同死，朔望设祭于其冢。父义之，曰："汝为时用，其徇国死义乎！"……

康王至相，飞因刘浩见……敌猝至，飞麾其徒曰："敌虽众，未知吾虚实，当及其未定击之。"乃独驰迎敌。有枭将[3]舞刀而前，飞斩之，敌大败。迁秉义郎，隶留守宗泽。战开德、曹州皆有功，泽大奇之，曰："尔勇智才艺，古良将不能过，然好野战，非万全计。"因授以阵图。飞曰："阵而后战，兵法之常，运用之妙，存乎一心。"泽是其言。……

　　诣河北招讨使张所，所待以国士，借补修武郎，充中军统领。所问曰："汝能敌几何？"飞曰："勇不足恃，用兵在先定谋，栾枝曳柴[4]以败荆，莫敖采樵[5]以致绞，皆谋定也。"所矍然[6]曰："君殆非行伍中人。"飞因说之曰："国家都汴，恃河北以为固。苟冯据要冲，峙列重镇，一城受围，则诸城或挠或救，金人不能窥河南，而京师根本之地固矣。招抚诚能提兵压境，飞唯命是从。"所大喜，借补武经郎。……

【注释】[1]贳：赊欠。　[2]弥月：满月。　[3]枭将：勇猛的将领。　[4]栾枝曳柴：晋大夫栾枝在晋楚城濮之战中利用马尾系柴佯装落荒而逃，引诱楚军进入包围圈的典故。　[5]莫敖采樵：楚国莫敖屈瑕攻打绞国，利用不设防的樵夫等役徒引诱绞国人开城门，乘机攻入的典故。　[6]矍然：惊惧貌。

　　（建炎三年）兀术趋杭州，飞要击至广德境中，六战皆捷，擒其将王权，俘签军首领四十余。察其可用者，结以恩遣还，令夜斫营[1]纵火，飞乘乱纵击，大败之。驻军钟村，军无见粮，将士忍饥，不敢扰民。金所籍兵相谓曰："此岳爷爷军。"争来降附。……

　　（建炎四年）金人再攻常州，飞四战皆捷；尾袭于镇江东，又捷；战于清水亭，又大捷，横尸十五里。兀术趋建康，飞设伏牛头山待之。夜，令百人黑衣混金营中扰之，金兵惊，自相攻击。兀术次龙湾，飞以骑三百、步兵二千驰至新城，大破之。兀术奔淮西，遂复建康。飞奏："建康为要害之地，宜选兵固守，仍益兵守淮，拱护腹心。"帝嘉纳。……

　　绍兴元年，张俊请飞同讨李成。时成将马进犯洪州，连营西山。飞曰："贼贪而不虑后，若以骑兵自上流绝生米渡，出其不意，破之必矣。"飞请自为先锋，俊大喜。飞重铠跃马，潜出贼右，突其阵，所部从之。进大败，走筠州。飞抵城东，贼出城，布阵十五里，飞设伏，以红罗为帜，上刺"岳"字，选骑二百随帜而前。贼易其少，薄之，伏发，贼败走。飞使人呼曰："不从贼者坐，吾不汝杀。"坐而降者八万余人。进以余卒奔成于南康。飞夜引兵至朱家山，又斩其将赵万。成闻进败，自引兵十余万来。飞与遇于楼子庄，大破成军，追斩进。……

（绍兴三年）秋，入见，帝手书"精忠岳飞"字，制旗以赐之。授镇南军承宣使、江南西路沿江制置使，又改神武后军都统制，仍制置使，李山、吴全、吴锡、李横、牛皋皆隶焉。……

（绍兴七年）飞数见帝，论恢复之略。又手疏言："金人所以立刘豫于河南，盖欲荼毒中原，以中国攻中国，粘罕因得休兵观衅[2]。臣欲陛下假臣月日，便则提兵趋京、洛，据河阳、陕府、潼关，以号召五路叛将。叛将既还，遣王师前进，彼必弃汴而走河北，京畿、陕右可以尽复。然后分兵濬、滑，经略两河，如此则刘豫成擒，金人可灭，社稷长久之计，实在此举。"帝答曰："有臣如此，顾复何忧，进止之机，朕不中制[3]。"又召至寝阁[4]命之曰："中兴之事，一以委卿。"命节制光州。……

十年，金人攻拱、亳，刘锜告急，命飞驰援，飞遣张宪、姚政赴之。帝赐札曰："设施之方，一以委卿，朕不遥度[5]。"飞乃遣王贵、牛皋、董先、杨再兴、孟邦杰、李宝等，分布经略西京、汝、郑、颍昌、陈、曹、光、蔡诸郡；又命梁兴渡河，纠合忠义社，取河东、北州县。又遣兵东援刘锜，西援郭浩，自以其军长驱以阚[6]中原。将发，密奏言："先正国本以安人心，然后不常厥居[7]，以示无忘复仇之意。"帝得奏，大褒其忠，授少保，河南府路、陕西、河东北路招讨使，寻改河南、北诸路招讨使。未几，所遣诸将相继奏捷。大军在颍昌，诸将分道出战，飞自以轻骑驻郾城，兵势甚锐。……

方指日渡河，而桧欲画淮以北弃之，风台臣请班师。飞奏："金人锐气沮丧，尽弃辎重，疾走渡河，豪杰向风，士卒用命，时不再来，机难轻失。"桧知飞志锐不可回，乃先请张俊、杨沂中等归，而后言飞孤军不可久留，乞令班师。一日奉十二金字牌，飞愤惋泣下，东向再拜曰："十年之力，废于一旦。"……

　　善以少击众。欲有所举，尽召诸统制与谋，谋定而后战，故有胜无败。猝遇敌不动，故敌为之语曰："撼山易，撼岳家军难。"张俊尝问用兵之术，（飞）曰："仁、智、信、勇、严，阙一不可。"（每）调军食，必蹙额[8]曰："东南民力，耗敝极矣。"荆湖平，募民营田，又为屯田，岁省漕运之半。帝手书曹操、诸葛亮、羊祜三事赐之。飞跋其后，独指操为奸贼而鄙之，尤桧所恶也。

　　……李宝自楚来归，韩世忠留之，宝痛哭愿归飞，世忠以书来谂[9]，飞复曰："均为国家，何分彼此？"世忠叹服。……好贤礼士，览经史，雅歌投壶，恂恂[10]如书生。每辞官，必曰："将士效力，飞何功之有？"然忠愤激烈，议论持正，不挫于人，卒以此得祸。

　　桧死，议复飞官。万俟卨谓金方愿和，一旦录故将，疑天下心，不可。及绍兴末，金益猖獗，太学生程宏图上书讼飞冤，诏飞家自便。初，桧恶岳州同飞姓，改为纯州，至是仍旧。中丞汪澈宣抚荆、襄，故部曲[11]合辞讼之，哭声雷震。孝宗诏复飞官，以礼改葬，赐钱百万，求其后悉官之。建庙于鄂，号忠烈。淳熙六年，谥武穆。嘉定四年，追封鄂王。

【注释】[1]斫营：偷袭敌营。　[2]观衅：窥伺敌人的间隙。　[3]中制：从中干预。　[4]寝阁：古代帝王日常处理政事的便殿。　[5]遥度：在远方规划。　[6]阙：望。　[7]不常厥居：不固定居住在一个地方。　[8]蹙额：皱眉。　[9]谂：规劝。　[10]恂恂：温顺恭谨貌。　[11]部曲：部属，部下。

顺昌之战

　　高宗误把南宋稳定的希望寄托在议和上，随着金朝内部的权力更迭，一场大战突如其来，南宋面临巨大的考验。刘锜作为新兴将领，此时所部仅有两万余人，面对十余万金兵，他巧妙运用计谋先后挫败金兵前锋与主力，使不可一世的"铁浮屠"黯然失色。此战后形势逆转，南宋稳定了局势，岳飞、吴璘等将领更从多线反攻。顺昌之战由新兴将领指挥，且能以少胜多，金人对南宋的威胁大为降低。

《宋史·刘锜传》（节选）

（绍兴十年）（刘）锜与（陈）规议敛兵入城，为守御计，人心乃安。召诸将计事，皆曰："金兵不可敌也，请以精锐为殿，步骑遮老小顺流还江南。"锜曰："吾本赴官留司，今东京虽失，幸全军至此，有城可守，奈何弃之？吾意已决，敢言去者斩！"惟部将许清号"夜叉"者奋曰："太尉奉命副守汴京，军士扶携老幼而来，今避而走，易耳。然欲弃父母妻子则不忍；欲与偕行，则敌翼而攻，何所逃之？不如相与努力一战，于死中求生也。"议与锜合。锜大喜，凿舟沉之，示无去意。置家寺中，积薪于门，戒守者曰："脱[1]有不利，即焚吾家，毋辱敌手也。"分命诸将守诸门，明斥堠，募土人为间探。于是军士皆奋，男子备战守，妇人砺刀剑，争呼跃曰："平时人欺我八字军[2]，今日当为国家破贼立功。"

时守备一无可恃，锜于城上躬自督厉，取伪齐所造砲车[3]，以轮辕埋城上；又撤民户扉，周匝蔽之；城外有民居数千家，悉焚之。凡六日粗毕，而游骑已涉颍河至城下。壬寅，金人围顺昌[4]，锜豫于城下设伏，擒千户阿黑等二人，诘之，云："韩将军营白沙涡，距城三十里。"锜夜遣千余人击之，连战，杀虏颇众。既而三路都统葛王褒以兵三万，与龙虎大王合兵薄城。锜令开诸门，金人疑不敢近。

初，锜傅城筑羊马垣，穴垣为门。至是，与清等蔽垣为阵，金人纵矢，皆自垣端铁[5]着于城，或止中垣上。锜用破敌弓翼以神臂、强弩，自城上或垣门射敌，无不中，敌稍却。复以步兵邀击，溺河死者不可胜计，破其铁骑数千。特授鼎州观察使、枢密副都承旨、沿淮制置使。

时顺昌受围已四日，金兵益盛，乃移砦于东村，距城二十里。锜遣骁将阎充募壮士五百人，夜斫其营。是夕，天欲雨，电光四起，见辫发者辄歼之。金兵退十五里。锜复募百人以往，或请衔枚[6]，锜笑曰："无以枚也。"命折竹为鼗[7]，如市井儿以为戏者，人持一以为号，直犯金营。电所烛则皆奋击，电止则匿不动，敌众大乱。百人者闻吹声即聚，金人益不能测，终夜自战，积尸盈野，退军老婆湾。

兀朮在汴闻之，即索靴上马，过淮宁留一宿，治战具，备糗粮[8]，不七日至顺昌。锜闻兀朮至，会诸将于城上问策，或谓今已屡捷，宜乘此势，具舟全军而归。锜曰："朝廷养兵十五年，正为缓急之用，况已挫贼锋，军声稍振，虽众寡不侔[9]，然有进无退。且敌营甚迩，而兀朮又来，吾军一动，彼蹑其后，则前功俱废。使敌侵轶[10]两淮，震惊江、浙，则平生报国之志，反成误国之罪。"众皆感动思奋，曰："惟太尉命。"

锜募得曹成等二人，谕之曰："遣汝作间，事捷重赏，第如我言，敌必不汝杀。今置汝绰路骑中，汝遇敌则佯坠马，为敌所得。敌帅问我何如人，则曰：'太平边帅子，喜声伎，朝廷以两国讲好，使守东京图逸乐耳。'"已而二人果遇敌被执，兀朮问之，对如前。兀朮喜曰："此城易破耳。"即置鹅车[11]砲具不用。翌日，锜登城，望见二人远来，縋而上之，乃敌械成等归，以文书一卷系于械，锜惧惑军心，立焚之。

兀朮至城下，责诸将丧师，众皆曰："南朝用兵，非昔之比，元帅临城自见。"锜遣耿训以书约战，兀朮怒曰："刘锜何敢与我战，以吾力破尔城，直用靴尖趯倒[12]耳。"训曰："太尉非但请与太子战，且谓太子必不敢济河，愿献浮桥五所，济而大战。"兀朮曰："诺。"乃下令明日府治会食。迟明，锜果为五浮桥于颍河上，敌由之以济。

锜遣人毒颍上流及草中，戒军士虽渴死，毋得饮于河者；饮，夷其族。敌用长胜军严阵以待，诸酋各居一部。众请先击韩将军，锜曰："击韩虽退，兀朮精兵尚不可当，法当先击兀朮。兀朮一动，则余无能为矣。"

【注释】[1]脱：倘若，或许。 [2]八字军：南宋初年将领王彦在北方组织的抗金部队，因面刺"赤心报国，誓杀金贼"而得名。 [3]痴车：一种搬运巨石大木的车。 [4]顺昌：今安徽阜阳。 [5]轶：越过。 [6]衔枚：横衔枚于口中，以防喧哗或叫喊。枚，形如筷子，两端有带，可系于颈上。 [7]鼗：一种古乐器，形似大埚。　[8]糗粮：干粮。　[9]不侔：不等。　[10]侵轶：侵犯。　[11]鹅车：攻城用的战车。　[12]趯倒：踢倒。

　　时天大暑，敌远来疲敝，锜士气闲暇，敌昼夜不解甲，锜军皆番休更食羊马垣下。敌人马饥渴，食水草者辄病，往往困乏。方晨气清凉，锜按兵不动，逮未、申间，敌力疲气索[1]，忽遣数百人出西门接战。俄以数千人出南门，戒令勿喊，但以锐斧犯之。统制官赵撙、韩直身中数矢，战不肯已，士殊死斗，入其阵，刀斧乱下，敌大败。是夕大雨，平地水深尺余。乙卯，兀术拔营北去，锜遣兵追之，死者万数。

　　方大战时，兀术被白袍，乘甲马，以牙兵三千督战，兵皆重铠甲，号"铁浮图"[2]；戴铁兜牟[3]，周匝缀长檐。三人为伍，贯以韦索，每进一步，即用拒马[4]拥之，人进一步，拒马亦进，退不可却。官军以枪标去其兜牟，大斧断其臂，碎其首。敌又以铁骑分左右翼，号"拐子马"，皆女真为之，号"长胜军"，专以攻坚，战酣然后用之。自用兵以来，所向无前；至是，亦为锜军所杀。战自辰至申，敌败，遽以拒马木障之，少休。城上鼓声不绝，乃出饭羹，坐饷战士如平时，敌披靡不敢近。食已，撤拒马木，深入斫敌，又大破之。弃尸毙马，血肉枕藉[5]，车旗器甲，积如山阜。

……

　　是役也，锜兵不盈二万，出战仅五千人。金兵数十万营西北，亘十五里，每暮，鼓声震山谷，然营中欢哗[6]，终夜有声。金遣人近城窃听，城中肃然，无鸡犬声。兀术帐前甲兵环列，持烛照夜，其众分番假寐[7]马上。锜以逸待劳，以故辄胜。时洪皓在燕密奏："顺昌之捷，金人震恐丧魄，燕之重宝珍器，悉徙而北，意欲捐燕以南弃之。"故议者谓是时诸将协心，分路追讨，则兀术可禽，汴京可复；而王师亟还，自失机会，良可惜也。

【注释】[1]气索：精神沮丧。　[2]铁浮图：浮图亦为浮屠，本意为佛塔，"铁浮图"意为形如铁塔，此处指重装铠甲之士。　[3]兜牟：头盔。　[4]拒马：一种可以移动的障碍物，用以防骑兵。　[5]枕藉：物体纵横相枕而卧，言其多而杂乱。　[6]欢哗：喧哗，大声叫喊。　[7]假寐：和衣打盹。

绍兴和议

在南宋军事有所转机之际,高宗不借以进取反而顺势议和。双方约定,南宋为臣属之国、奉岁币,南宋主战派备受打压,战功毁于一旦。岳飞等知名将领先是遭遇明升暗降,剥夺了军权,后又被编织罪名,冤屈而死。绍兴和议以一时之苟安,丧失了恢复中原之志向。

《宋史·高宗本纪六》(节选)

(绍兴十一年十一月)辛丑,兀术遣审议使萧毅、邢具瞻与魏良臣等偕来。……壬子,萧毅等入见,始定议和盟誓。乙卯,以何铸签书枢密院事,充金国报谢进誓表使。庚申,命宰执及议誓撰文官告祭天地、宗庙、社稷。辛酉,以张浚为检校少傅、崇信军节度使、万寿观使。是月,与金国和议成,立盟书,约以淮水中流画疆,割唐、邓二州畀[1]之,岁奉银二十五万两、绢二十五万匹,休兵息民,各守境土。诏川、陕宣抚司毋出兵生事,招纳叛亡。……

(十二月)甲戌,罢川、陕宣抚司便宜行事。乙亥,兀术遣何铸等如会宁见金主,且趣割陕西余地。遂命周聿、莫将、郑刚中分画京西唐邓、陕西地界。……癸巳,赐岳飞死于大理寺,斩其子云及张宪于市,家属徙广南,官属于鹏等论罪有差。

【注释】[1]畀:给与。

采石之战

高宗的苟且偷安,难以换来长久的和平,伴随着金主完颜亮执政,宋金之间重燃战火,完颜亮曾有"提兵百万西湖上,立马吴山第一峰"的豪言壮语,1161年其挥师南下,南宋处于生死攸关的艰难境地。采石,即今安徽马鞍山西南,为古代长江防线的主要渡口,南宋名臣虞允文的任务本为督视作战,但在将领未至、部队溃散的情况下临危受命,阻挡完颜亮大军渡江。此战不仅拯救南宋于危亡,也致使金主完颜亮阵脚大乱,最终为部下所杀。

《宋史·虞允文传》(节选)

(绍兴三十年)十一月壬申,金主率大军临采石,而别以兵争瓜洲。朝命成闵代(刘)锜、李显忠代(王)权,锜、权皆召。(叶)义问被旨,命(虞)允文往芜湖趣显忠交权军,且犒师采石,时权军犹在采石。丙子,允文至采石,权已去,显忠未来,敌骑充斥。我师三五星散,解鞍束甲坐道旁,皆权败兵也。允文谓坐待显忠则误国事,遂立招诸将,勉以忠义,曰:"金帛、告命皆在此,待有功。"众曰:"今既有主,请死战。"或曰:"公受命犒师,不受命督战,他人坏之,公任其咎乎?"允文叱之曰:"危及社稷,吾将安避?"

至江滨,见江北已筑高台,对植绛旗二、绣旗二,中建黄屋,亮踞坐其下。谍者言,前一日刑白黑马祭天,与众盟,以明日济江,晨炊玉麟堂,先济者予黄金一两。时敌兵实四十万,马倍之,宋军才一万八千。允文乃命诸将列大阵不动,分戈船[1]为五,其二并东西岸而行,其一驻中流[2],藏精兵待战,其二藏小港,备不测。部分[3]甫毕,敌已大呼,亮操小红旗麾数百艘绝江而来,瞬息,抵南岸者七十艘,直薄宋军,军小却。允文入阵中,抚时俊之背曰:"汝胆略闻四方,立阵后则儿女子尔。"俊即挥双刀出,士殊死战。中流官军亦以海鳅船冲敌,舟皆平沉,敌半死半战,日暮未退。会有溃军自光州至,允文授以旗鼓,从山后转出,敌疑援兵至,始遁。又命劲弓尾击追射,大败之,僵尸凡四千余,杀万户二人,俘千户五人及生女真五百余人。敌兵不死于江者,亮悉敲杀之,怒其不出江也。以捷闻,犒将士,谓之曰:"敌今败,明必复来。"夜半,部分诸将,分海舟缒上流,别遣兵截杨林口。丁丑,敌果至,因夹击之,复大战,焚其舟三百,始遁去,再以捷闻。既而敌遣伪诏来谕王权,似有宿约[4]。允文曰:"此反间也。"仍复书言:"权已置典宪[5],新将李世辅也,愿一战以决雌雄。"亮得书大怒,遂焚龙凤车,斩梁汉臣及造舟者二人，乃趋瓜洲。

【注释】［1］戈船：古代战船的一种，以戈矛为主要武器。　［2］中流：河水中央。　［3］部分：部署，安排。　［4］宿约：事先或旧时的约言。　［5］典宪：法典。置典宪即依法处置。

高宗朝军制构建

　　南宋得以确立，离不开军事上的调整与部署，"强干弱枝""部为之防、曲为之制"已不再适应动荡不安的局势。高宗前期以"中兴四将"为核心，诸多将领放手发展，江淮一带多有防区，蜀地边陲兵力日盛，这一调整使南宋根基稳固。而高宗中期开始猜忌武将，地方军权大为缩减，军力大不如前。

《建炎以来朝野杂记·甲集·御前诸军》[1]（节选）

　　御前诸军者，本高宗所收诸将部曲也。祖宗以来，内外诸军，惟厢、禁二色而已。禁军皆隶三衙[2]，而更戍於外；厢军者所在有之，以守臣节制。若禁军在边上，则文臣为经略使者统之，武臣但为总管。熙宁间，内外禁旅合五十九万人。神宗将有事于四夷，乃置百三十将，其法甚备。崇、观后，朝廷取其阙额之数以上供，故阙而不补者几半。军兴以来，所存无几。上在元帅府，始招溃卒、群盗以为五军。后又得王渊、杨惟忠等河北之兵，建炎元年五月，以为御营五军，然犹未大盛也。三年四月，又更置御前五军。而刘光世所领西兵，则谓之巡卫军，在五军之外。是岁，又改为神武五军。绍兴元（五）年十二月，又改为行营四护军，张俊称前军，韩世忠称后军，岳飞称左军，刘光世称右军，并杨沂中军入殿前司，而吴玠军如故。七年八月，光世军叛降伪齐，於是川、陕军更以右护军为号。十一年四月，三宣抚司罢，乃改其部曲称某州驻劄御前诸军。十八年，川、陕军亦如之，其军皆不隶三卫[3]，由是御前军又在禁军之外矣。御前军者，虽帅臣不可得而节制，得自达於朝廷。今禁兵但供厮役，大抵如昔之厢军，将官虽存，亦无职事，但以为武臣差遣而已。

【注释】［1］李心传为南宋前期著名史家，其所著《建炎以来系年要录》和《建炎以来朝野杂记》分别以时间、事件为脉络，成为了解南宋初年的重要史料。［2］三衙：宋朝以殿前司、侍卫亲军马军司、侍卫亲军步军司掌领禁军，谓之三衙。［3］三卫：三衙的别称。

《文献通考·兵考六》（节选）

建炎之后，诸大将之兵浸增，遂各以精锐雄视海内，而因时制变，随处立营，迁易靡定[1]，驻劄未有常所。有如刘光世军或在镇江、池州、太平，韩世忠军或屯江阴，岳飞一军或戍宜兴、蒋山，惟王彦八字军随张浚入蜀，而吴玠之兵多屯凤州、大散关、和尚原，大略可考矣。当是时，合内外大军十九万四千馀，而川、陕不与。及杨沂中将中军，专总宿卫，于是江东刘光世、淮东韩世忠、湖北岳飞、湖南王㟩四军通十二万一千六百，时亦未有常屯。绍兴五年，王㟩罢，以兵五千隶韩世忠，王彦以八字军赴行在。七年之秋，刘光世将郦琼叛，以七万人北降刘豫，[2]别将王德以八千人归张俊，由是三衙之外，惟张、韩、岳三军为盛。自三大将之外，八年五月，巨师古留兵三千屯太平州，而刘锜留兵屯镇江焉。至若四川之兵，曲端死，吴玠并将其兵，王庶、刘子羽有兴元，又招集流散，立成都伍。子羽罢，玠又并将其兵，故玠之兵十万。玠死，胡世将为宣抚，命吴璘以二万守兴州，杨政以二万守兴元，郭浩以八千人守金州。而玠之中部三万人，分屯仙人关内外，璘并将之，是以四川之兵，独偏重于兴州。

【注释】［1］靡定：不定。［2］刘光世……降刘豫：刘光世因罪免职，高宗本答应将所部交于岳飞，但终为流言所阻，不料刘光世手下郦琼率部投降盘踞中原的伪齐政权，朝野一片哗然。南宋白白损失精锐部队，淮河防线岌岌可危。

高宗朝礼制重建

南宋的立足，不仅仅是军事上的稳固，也在于制度上的恢复。南宋与北宋一脉相承，制度上多有继承、发扬之处，而制度的一个突出代表就是礼乐，在北宋末年法器仪仗悉数被掳掠的情况下，南宋初年进行了艰苦的制礼作乐过程，宋代的文明在坎坷中传承。

《建炎以来朝野杂记·甲集·总论南巡后礼乐》（节选）

绍兴元年，始作苍璧、黄琮[1]。十年，明堂始备大乐、饮福[2]用金爵。十二年，将逆太母[3]于临平，始制常行仪卫。十三年，始复朔日视朝之礼，又行孟飨[4]、备五辂，及建金鸡肆赦，祠祭始用牲。十四年，复教坊，建宗学，作浑天仪。十五年，初藉千亩，及行大朝会礼，作新祭器。十六年，始备八宝，铸景钟，建御书院，太庙祏室[5]，又赐讲毕御筵。十七年，始命太常行园陵，御史监视，及赐新进士闻喜宴[6]。十八年，始绘配飨功臣[7]像于景灵宫庭之两壁。十九年，始复蜡祭[8]及诸陵荐新[9]。二十七年，始复太庙功臣七祭及诸大祀。盖自息兵后，将二十年，而礼乐始备焉。

【注释】[1]苍璧、黄琮：据《周礼》记载，古人祭祀天地用礼玉，礼玉分为璧、琮、圭、璋、璜、琥六种。[2]饮福：祭祀完毕的酒肉，以求神赐福。[3]太母：高宗的生母韦太后。绍兴十一年宋金签订"绍兴和议"，其中一个重要的附加条款就是迎回韦太后。[4]孟飨：帝王于每年的四孟（孟春、孟夏、孟秋、孟冬）举行的宗庙祭礼。[5]祏室：宗庙中藏神主的石室。[6]闻喜宴：唐制，进士凑钱宴乐于曲江，称曲江宴，亦称闻喜宴。宋太宗端拱元年开始由朝廷置宴，皇帝及大臣赐诗以示宠异，遂为故事。[7]配飨功臣：指功臣祔祀于帝王宗庙。配飨，合祭。[8]蜡祭：祭名，年终合祭百神。[9]荐新：以时鲜的食品祭献。

高宗朝法制重建

如果说制礼作乐是王朝层面的，那么法制建设则是社会关注的。在北宋成文的刑名条例散失殆尽之后，南宋初年的社会治安格外堪忧，胥吏往往凭借记忆来复原法律条文，舛误极多，且主观意味极强。高宗时期重新汇编法令，对于稳定秩序意义重大。

《文献通考·刑考六》（节选）

绍兴初，张守等上《对修嘉祐政和敕令格式》一百二十卷，及《看详》六百四卷。诏以《绍兴重修敕令格式》为名颁行。于是熙宁、元祐、绍圣法制，无所偏循，善者从之。

自渡江以来，有司图籍散失，凡所施行，多出百司省记[1]，胥吏因得予夺。至是，监察御史刘一止奏曰："伏见尚书六曹，下逮百司，凡所用法令，初无画一之论，类以人吏省记，便为予夺。盖法令具存，奸吏犹得而舞之，今乃一切听其省记，顾欺弊何所不有！陛下圣明，灼见此弊，尝见处分，令左右司郎官以其省记之文刊定颁行。然左右司职事，号为最繁，窃恐于此不能专一，无由速成。伏望改差详定一司敕令所，立限刊定，镂版颁降施行。"诏如其请。……

先是，右司郎中汪应辰言："国家谨重用刑，是以参酌古谊[2]，并建官师[3]。在京之狱，曰开封，曰御史，又置纠察司以几其失。断者刑者，曰大理，曰刑部，又置审刑院以决其平。鞫之与谳[4]，各司其局，初不相关，是非可否，有以相济。及赦令之行，有罪者许之叙复，无辜者谓之湔洗[5]，内则命侍从馆阁之臣置司详定，而昔之鞫与谳者，皆无预焉。外之川、陕，去朝廷远，则委之转运、钤辖司，而提点刑狱之官亦无预焉。及元丰更定官制，始以大理兼狱事而刑部如故。然而大理少卿二人，一以治狱，一以断刑；刑部郎官四人，分为左右，或以详覆，或以叙雪，同僚而异事，犹不失祖宗分职之意。本朝比之前世，刑狱号为平治，盖其并建官师，所以防闲[6]考覈[7]，有此具也。中兴以来，务从简省，大理少卿止于一员，而刑部郎中，初无分异，则狱之不得其情，法之不当於理者，又将使谁平反而追改之乎？今虽未能尽复祖宗之旧，亦当遵用元丰旧制，庶几官各有守，人各有见，反覆详尽，以称钦恤之意。"上善其言，故有是旨。

【注释】［1］省记：回忆。此处特指南渡官吏通过回忆整理的典章制度。［2］古谊：同古义，古代典籍之义理。［3］官师：官吏之长。此处特指司法官。［4］谳：审判定罪。［5］湔洗：洗雪。［6］防闲：防，堤也，用于制水；闲，圈栏也，用于制兽。引申为防备和禁阻。［7］考覈：考察审核。

孝宗即位

明受之变后，高宗年仅三岁的独子赵旉因受惊吓而死。民间盛言，太祖死后太宗一脉相继为王，而靖康之变中太宗后人悉数北掳，仅剩赵构一人，此为应还政太祖后人之意。适逢孟太后也以自己梦中之事劝告高宗，于是高宗决定从太祖后人中选拔继承人。赵昚经历了多次考验，脱颖而出，日后更展现了过人的魄力，赵昚即为一代明君"孝宗"。

《宋史·孝宗本纪一》（节选）

及元懿太子薨，高宗未有后，而昭慈圣献皇后亦自江西还行在，后尝感异梦，密为高宗言之，高宗大寤。会右仆射范宗尹亦造膝[1]以请，高宗曰："太祖以神武定天下，子孙不得享之，遭时多艰，零落可悯。朕若不法仁宗，为天下计，何以慰在天之灵。"于是诏选太祖之后。同知枢密院事李回曰："艺祖不以大位私其子，发于至诚。陛下为天下远虑，合于艺祖，可以昭格天命。"参知政事张守曰："艺祖诸子，不闻失德，而传位太宗，过尧、舜远甚。"高宗曰："此事不难行，朕于'伯'字行中选择，庶几昭穆顺序。"而上虞丞娄寅亮亦上书言："昌陵[2]之后，寂寥无闻，仅同民庶。艺祖在上，莫肯顾歆，此金人所以未悔祸也。望陛下于'伯'字行内选太祖诸孙有贤德者。"高宗读之，大感叹。

绍兴二年五月，选帝育于禁中。……

三十年二月癸酉，立为皇子，更名玮。甲戌，诏下。丙子，制授宁国军节度使、开府仪同三司，进封建王。制出，中外大悦。……

先是，金人犯边，高宗下诏亲征，而两淮失守，朝臣多陈退避之计，帝不胜其愤，请率师为前驱。直讲史浩以疾在告[3]，闻之，亟入为帝言，太子不宜将兵，乃为草奏，因中宫[4]以进，请卫从以共子职[5]。……

三十二年五月甲子，立为皇太子，改名眘。初，高宗久有禅位之意，尝以谕帝，帝流涕固辞，会有边事不果。及归自金陵，陈康伯求去，高宗复以倦勤[6]谕之。中书舍人唐文若闻而请对，言不宜急遽[7]，故先下建储之诏，赐名炜。……

【注释】[1]造膝：谓对坐而膝相接近，多形容亲切交谈或密谈。 [2]昌陵：宋太祖陵墓永昌陵，借指宋太祖。 [3]在告：官员在休假中。 [4]中宫：指皇后。 [5]子职：儿子对父母应尽的责任。 [6]倦勤：谓帝王厌倦于政事的辛劳。 [7]急遽：仓促。

符离之战

孝宗即位后力主北伐，他先为岳飞平反昭雪，随后选拔将领、训练士卒，主战派的领袖张浚也亲自统领诸部，南宋北伐备受朝野期待。北伐起初进展顺利，捷报连连，但主持北伐的两位将领李显忠与萧宏渊因战功、统属等问题渐渐失和，最终在金军主力刚刚到来之际，宋军竞相溃逃，北伐无疾而终。

《齐东野语·张魏公三战本末略》[1]（节选）

（张）浚至扬州，合江淮兵八万人，实可用者六万，分隶诸将，号二十万。以李显忠为淮东招抚使，出定远。宏渊为副使，出盱眙，浚自渡淮视师。显忠复灵璧县，败萧琦。宏渊至虹县，金拒之。会显忠亦至，遂复虹县。知泗州蒲察徒穆、同知大周仁并降。二将遂乘胜进，克宿州。捷奏，显忠进开府仪同三司、淮南京畿京东河北招讨使，宏渊进检校少保、宁远军节度使、招讨副使。是时，显忠名出宏渊右。……

浚乃移书令宏渊听显忠节制，宏渊不悦。已而复令显忠、宏渊同节制，于是悉无体统矣。孝宗闻之，手书与浚曰："近日边报，中外鼓舞，十年来无此克捷。以盛夏人疲，急召李显忠等还师。"未达间，忽报金人副元帅纥石烈志宁大军且至，遇夜，军马未整，中军统制周宏先率军逃归。继逃归者，宏渊之子世雄，统制左士渊，二将皆不能制。于是显忠、宏渊大军并丁夫等十三万众，一夕大溃。器甲资粮，委弃殆尽。士卒皆奋空拳，掉臂[2]南奔，蹂践饥困而死者，不可胜计。二将逃窜，莫知所在。……

《刘氏日记》云："孝宗初立，张魏公用事，独付以恢复之任，公当之不辞，朝廷莫敢违。魏公素轻锐，是时皆以必败待之，特不敢言耳。及辟查龠、冯方为属，此二人尤轻锐，朝廷患之，遂以陈俊卿、唐文若参其军事，盖此二人厚重详审故耳。周益公时为中书舍人，文若来别，益公握文若手，使戒魏公不可轻举。后魏公知之，极憾益公，然卒以轻举败事。"

【注释】［1］周密为南宋末年的著名词人，和吴文英齐名，南宋灭亡后，周密怀着故国之思写下了不少作品，《武林旧事》回想临安昔日繁华，《齐东野语》梳理故事旧闻。［2］掉臂：甩动胳膊走开，表示不顾而去。

孝宗隆兴和议

面对军事上的失利，南宋只得重新议和，但此次并非在守势中议和，而是在攻势中议和，因而局面有所转变，金宋双方不再是君臣关系，而变为叔侄关系，岁币也有所缩减。但这种一时之安定，绝非孝宗君臣所愿意看到的，恢复中原为时代之强音，范成大奉命北使，不顾性命为南宋争取巩义、洛阳，让我们更有深刻的感触。孝宗此后留心军事、关注武备，始终未敢松懈。

《宋史·孝宗本纪一》(节选)

（隆兴二年十二月）丙申，制曰："比遣王抃，远抵颍滨，得其要约。寻澶渊盟誓之信，仿大辽书题之仪，正皇帝之称，为叔侄之国，岁币减十万之数，地界如绍兴之时。怜彼此之无辜，约叛亡之不遣，可使归正[1]之士咸起宁居之心。重念数州之民，罹此一时之难，老稚有荡析[2]之灾，丁壮有系累[3]之苦，宜推荡涤之宥，少慰凋残[4]之情。应沿边被兵州军，除逃遁官吏不赦外，杂犯死罪情轻者减一等，余并放遣。"遣洪适等贺金主生辰。……

【注释】[1]归正：宋朝称陷于外邦者返回本朝为归正。 [2]荡析：动荡离散。 [3]系累：战争、徭役牵连。 [4]凋残：指劫后余生的百姓。

《宋史纪事本末·隆兴和议》(节选)

初，（范）成大至金，密草奏具言受书式，并求陵寝地，怀之入。初进国书，辞气慷慨，金君臣方倾听，成大忽奏曰："两国既为叔侄，而受书礼未称，臣有疏。"摺笏[1]出之。金主大骇曰："此岂献书处耶？"左右以笏摽[2]起之，成大屹不动，必欲书达。既而归馆所，金庭纷然，其太子允恭欲杀成大，或劝止之。其复书略云："和好再成，界河山而如旧；缄音[3]遽至，指巩、洛以为言；既云废祀，欲伸追远之怀；止可奉迁，即俟克期之报。至若未归之旅榇[4]，亦当并发于行涂；抑闻附请之辞，欲变受书之礼，于尊卑之分何如，顾信誓之诚安在？"于是二事皆无成功。

【注释】[1]摺笏：插笏。古代君臣朝见时均执笏，用以记事备忘，不用时插于腰带上。 [2]摽：挥之使去，驱逐。 [3]缄音：书函音讯。 [4]旅榇：客死者的灵柩。

孝宗之治

孝宗的治理成就是多方面的，吏治清明、名臣云集是其最好的体现，众人所熟知的陆游、辛弃疾、杨万里等都汇聚此时，孝宗时期为南宋最盛之时。而孝宗本人既胸怀大志，又能妥善处理与高宗之间的关系，为世人所称道。

《宋史·孝宗本纪三》（节选）

赞曰：高宗以公天下之心，择太祖之后而立之，乃得孝宗之贤，聪明英毅，卓然为南渡诸帝之称首，可谓难矣哉。

即位之初，锐志恢复，符离邂逅失利，重违高宗之命，不轻出师，又值金世宗之立，金国平治，无衅可乘。然易表称书，改臣称侄，减去岁币，以定邻好，金人易宋之心，至是亦寖异于前日矣。故世宗每戒群臣积钱谷，谨边备，必曰："吾恐宋人之和，终不可恃。"盖亦忌帝之将有为也。天厌南北之兵，欲休民生，故帝用兵之意弗遂而终焉。

然自古人君起自外藩，入继大统，而能尽宫庭之孝，未有若帝；其间父子怡愉[1]，同享高寿，亦无有及之者。终丧三年，又能却群臣之请而力行之。宋之庙号，若仁宗之为"仁"，孝宗之为"孝"，其无愧焉，其无愧焉！

【注释】［1］怡愉：喜悦，和悦。

孝宗时期法制完善

孝宗之时已不再是南宋初年的粗线条，法令条文已大体明晰，此时的重点是量刑的适度与执行的规范。在君臣间的反复商议中，刑名条例大为合理，成为南宋法制的典范。

《文献通考·刑考六》(节选)

（乾道）四年正月，臣僚言："杖笞之制，著令具存，轻重大小之制，不得以私意易也。比年以来，吏务酷虐，浸乖仁恕之意。凡讯囚合用荆子[1]，一次不得过三十，共不得过二百，此法意也。今州县不用荆子，而用藤条，或用双荆，合而为一，或鞭股鞭足至三五百，刑罚冤滥，莫此为甚。愿戒有司，申严行下。凡守令与掌行刑狱之官，并令依法制大小杖，当官封押，乃得行用，不得增添、换易、过数讯囚，恣为惨酷。"从之。五月，臣僚言："民命莫重于大辟[2]。方锻炼[3]时，何可尽察。独在聚录之际，官吏聚于一堂，引囚而读示之。死生之分，决于顷刻，而狱吏惮于平反，摘纸疾读，离绝其文，嘈囋[4]其语，故为不可晓解之音，造次[5]而毕，呼囚书字，茫然引去，指日听刑。人命所干，轻忽若此！臣窃照聚录之法有曰：'人吏依句宣读，无得隐瞒，令囚自通重情，以合其款。'此法意盖不止于只读成案而已。臣谓当稽参'自通重情，以合其款'之文，于聚录时，委长贰点无干碍吏人，先附囚口责状一通，覆视狱案，果无差殊，然后亦点无干碍吏人依句宣读，务要详明，令囚通晓，庶几伏辜者无憾，冤枉者获伸。"从之。

【注释】[1]荆子：荆条，指行刑杖。 [2]大辟：死刑。 [3]锻炼：拷打折磨，指审讯，亦有罗织罪名之意。 [4]嘈囋，即为嘈杂之意。 [5]造次：仓促，轻率随便。

孝宗朝北伐之志

孝宗志在收复中原，虽时运不济，但壮志不衰。阅兵亦称讲武，为古代军礼中规模浩大、威武雄壮的仪式，这一传统延续至今。北宋真宗朝为抵御契丹，曾检阅诸军，当时的阅兵部队汇集二十万，绵延数十里，但澶渊之盟后承平日久，阅兵之礼不见踪迹，至孝宗时才重新具备规模，声震一时。阅兵不仅仅是一种礼仪，更是一种决心与气势，具有威慑性。而文士云集的科考，也因孝宗融入了武的元素——特命殿试举子参与射箭。孝宗北伐之志影响了这个时代。

《宋史·礼志·祃祭》（节选）

  乾道二年十一月，幸候潮门外大教场，次幸白石教场。应从驾臣僚，自祥曦殿并戎服起居，从驾往回。内管军、御带、环卫官从驾，宰执以下免从。就逐幕次赐食，俟进晚膳毕，免奏万福，并免茶，从驾还内。二十四日，幸候潮门外大教场，进早膳，次幸白石教场阅兵。三衙率将佐等导驾诣白石，皇帝登台，三衙统制、统领官等起居毕，举黄旗，诸军皆三呼万岁拜讫，三衙管军奏报取旨，马军上马打围教场。举白旗，三司马军首尾相接；举红旗，向台合围，听一金止。军马各就围地，作圆形排立。射生官兵随鼓声出马射獐兔，一金[1]止。叠金，射生官兵各归阵队。举黄旗，射生官兵就御台下献所获。帝遂慰劳，赐赍诸将鞍马金带，以及士卒。诸军欢腾，鼓舞就列。百姓观者如山。时久阴曀[2]，暨帝出郊，云雾解驳[3]，风日开霁。帝遣谕主管殿前司王琪等曰："前日之教，师律整严，人无哗嚣，分合应度，朕甚悦之，皆卿等力也。"琪等曰："此陛下神武之化，六军恭谨所致。臣愿得以此为陛下剿绝奸宄[4]。"

【注释】[1]金：钲、铙、锣等金属乐器。古代多用敲击金属乐器以表示军士进退的信号。[2]阴曀：天气阴晦。[3]解驳：散开。[4]奸宄：违法乱纪之人、之事，在外为奸，在内为宄。

《文献通考·选举考五》（节选）

  淳熙二年，御试。上尝谓辅臣，欲令文士能射御，武臣知诗书，命讨论殿最来上。至是，唱第后之二日，上御殿，引按文士詹骙以下一百三十九人射艺，新制也。翌日，又引文士第五甲及特奏名一百五十二人。其日，进士俱襕笏[1]入殿起居，易戎服，各给箭六，弓不限斗力。射者莫不振厉自献，多命中焉。凡三箭中帖[2]为上等，正奏第一人转一官，与通判，余循一资；二箭中帖为中等，减二年磨勘；一箭中帖及一箭上垛为下等，一任回不依次注官。上四甲能全中者取旨，第五甲射入上等注黄甲[3]，余升名次而已。特奏名第五等人射艺合格与文学，凡不中者并赐帛。

【注释】［1］襕笏：穿襕袍，执手板，即古代官吏朝会时的服饰。　［2］帖：箭靶。　［3］黄甲：进士及第者的名单。

辛弃疾事迹

辛弃疾为南宋著名词人。其词以豪放风格著称，而观其生平，则知豪放之词在于豪迈之志。青年时率领义军归赴南宋，首领耿京为部下所害，辛弃疾单枪匹马绑缚奸人，献俘临安；中年时几经谏言意欲北伐，虽一再为时局所误，终不改志向。朱熹因党禁郁郁而终，无人敢为之送葬，辛弃疾则慷慨激昂，作挽联："所不朽者，垂万世名。孰谓公死，凛凛犹生！"其豪迈之形象跃然纸上。

《宋史·辛弃疾传》（节选）

辛弃疾字幼安，齐之历城人。……

金主亮死，中原豪杰并起。耿京聚兵山东，称天平节度使，节制山东、河北忠义军马，弃疾为掌书记，即劝京决策南向。僧义端者，喜谈兵，弃疾间与之游。及在京军中，义端亦聚众千余，说下之，使隶京。义端一夕窃印以逃，京大怒，欲杀弃疾。弃疾曰："勾[1]我三日期，不获，就死未晚。"揣僧必以虚实奔告金帅，急追获之。义端曰："我识君真相，乃青兕[2]也，力能杀人，幸勿杀我。"弃疾斩其首归报，京益壮之。

绍兴三十二年，京令弃疾奉表归宋，高宗劳师建康，召见，嘉纳之，授承务郎、天平节度掌书记，并以节使印告召京。会张安国、邵进已杀京降金，弃疾还至海州，与众谋曰："我缘主帅来归朝，不期事变，何以复命？"乃约统制王世隆及忠义人马全福等径趋金营，安国方与金将酣饮，即众中缚之以归，金将追之不及。献俘行在，斩安国于市。仍授前官，改差江阴佥判。弃疾时年二十三。

乾道四年，通判建康府。六年，孝宗召对延和殿。时虞允文当国，帝锐意恢复，弃疾因论南北形势及三国、晋、汉人才，持论劲直，不为迎合。作《九议》并《应问》三篇、《美芹》[3]十论》献于朝，言逆顺之理，消长之势，技之长短，地之要害，甚备。以讲和方定，议不行。迁司农寺主簿，出知滁州。州罹兵烬，井邑凋残，弃疾宽征薄赋，招流散，教民兵，议屯田，乃创奠枕楼、繁雄馆。辟江东安抚司参议官，留守叶衡雅重之，衡入相，力荐弃疾慷慨有大略。召见，迁仓部郎官、提点江西刑狱。平剧盗赖文政有功，加秘阁修撰。调京西转运判官，差知江陵府兼湖北安抚。

……

弃疾豪爽尚气节，识拔英俊，所交多海内知名士。尝跋绍兴间诏书曰："使此诏出于绍兴之前，可以无事雠之大耻；使此诏行于隆兴之后，可以卒不世之大功。今此诏与雠敌俱存也，悲夫！"人服其警切。帅长沙时，士人或愬[4]考试官滥取第十七名《春秋》卷，弃疾察之信然，索亚榜《春秋》卷两易之，启名则赵鼎也。弃疾怒曰："佐国元勋，忠简一人，胡为又一赵鼎！"掷之地。次阅《礼记》卷，弃疾曰："观其议论，必豪杰士也，此不可失。"启之，乃赵方也。尝谓："人生在勤，当以力田为先。北方之人，养生之具不求于人，是以无甚富甚贫之家。南方多末作[5]以病农，而兼并之患兴，贫富斯不侔矣。"故以"稼"名轩。为大理卿时，同僚吴交如死，无棺敛，弃疾叹曰："身为列卿而贫若此，是廉介之士也！"既厚赙之，复言于执政，诏赐银绢。

弃疾尝同朱熹游武夷山，赋《九曲櫂歌》[6]，熹书"克己复礼"、"夙兴夜寐"，题其二斋室。熹殁，伪学禁方严，门生故旧至无送葬者。弃疾为文往哭之曰："所不朽者，垂万世名。孰谓公死，凛凛犹生！"弃疾雅善长短句，悲壮激烈，有《稼轩集》行世。绍定六年，赠光禄大夫。咸淳间，史馆校勘谢枋得过弃疾墓旁僧舍，有疾声大呼于堂上，若鸣其不平，自昏暮至三鼓不绝声。枋得秉烛作文，且且祭之，文成而声始息。德祐初，枋得请于朝，加赠少师，谥忠敏。

【注释】［1］匄，同"丐"：给与。 ［2］青兕：青兕牛，古代犀牛类兽名。凶兽。［3］美芹：比喻以微薄之物献给别人，但情意真挚。多为自谦之词。 ［4］愬：即诉，控诉。 ［5］末作：古代指工商业。 ［6］櫂歌：船夫划船时所唱的歌。

光宗即位

孝宗胸怀大志，但无奈身为太上皇的高宗主和，北伐之事终未有明显进展，后着意培养后人，希望维护南宋的繁盛。高宗去世时，孝宗已年过花甲，锐志难比当年，又适逢金朝年轻的章宗即位，按金宋叔侄之国的礼仪，孝宗礼节受损，故而孝宗顺势禅位于赵惇，赵惇即为"光宗"。

《宋史·光宗本纪》（节选）

光宗循道宪仁明功茂德温文顺武圣哲慈孝皇帝，讳惇，孝宗第三子也。母曰成穆皇后郭氏。绍兴十七年九月乙丑，生于藩邸。二十年，赐今名，授右监门卫率府副率，转荣州刺史。孝宗即位，拜镇洮军节度使、开府仪同三司，封恭王。

……

七年正月丙子朔，孝宗上两宫尊号册、宝[1]，礼成。丞相允文复以请，孝宗曰："朕既立太子，即令亲王出镇外藩，卿宜讨论前代典礼。"允文寻以闻。二月癸丑，乃立帝为皇太子；庆王恺为雄武、保宁军节度使，判宁国府，进封魏王。三月丁酉，受皇太子册。四月甲子，命判临安府，寻领尹事。帝之为恭王，与讲官商较前代，时出意表，讲官自以为不及。逮尹临安，究心民政，周知情伪。孝宗数称之，且语丞相赵雄曰："太子资质甚美，每遣人来问安，朕必戒以留意问学。"

……

（淳熙十四年）十一月，丞相周必大乞去，孝宗谕曰："朕比年病倦，欲传位太子，卿须少留。"会陈康伯家以绍兴传位御劄来上，十二月壬申，孝宗遣中使密持赐必大，因令讨论典礼，既又密以禅意谕参知政事留正。十六年正月辛亥，两府奏事，孝宗谕以倦勤，欲禅位皇太子，退就休养，以毕高宗三年之制。因令必大进呈诏草。

二月壬戌，孝宗吉服御紫宸殿，行内禅[2]礼，应奉官以次称贺。内侍固请帝坐，帝固辞。内侍扶掖至七八，乃微坐复兴[3]。次丞相率百僚称贺，礼毕，枢密院官升殿奏事，帝立听。班退，孝宗反丧服，御后殿，帝侍立，寻登辇，同诣重华宫。

帝还内，即上尊号曰至尊寿皇圣帝，皇后曰寿成皇后。寿皇圣帝诏立帝元妃李氏为皇后。甲子，帝率群臣朝重华宫。大赦，百官进秩一级，优赏诸军，蠲公私逋负[4]及郡县淳熙十四年以前税役。丙寅，帝率群臣诣重华宫，上尊号册、宝。以阁门舍人谯熙载、姜特立并知阁门事。庚午，诏五日一朝重华宫。辛未，尊皇太后曰寿圣皇太后。壬申，诏内外臣僚陈时政阙失，四方献歌颂者勿受。遣罗点等使金告即位。癸酉，诏戒敕将帅。赐前宰执、从官诏，访以得失。乙亥，诏两省官详定内外封章[5]，具要切者以闻。遣诸葛廷瑞等使金吊祭。丙子，诏戒敕官吏。己卯，诏官吏赃罪显著者，重罚毋贷。辛巳，以生日为重明节。丁亥，诏百官轮对。己丑，诏编《寿皇圣政》。庚寅，诏中书舍人罗点具可为台谏者，点以叶适、吴镒、孙逢吉、张体仁、冯震武、郑湜、刘崇之、沈清臣八人上之。

【注释】[1]册、宝：玉册和宝玺。 [2]内禅：帝王传位给内定的继承人。 [3]兴：起来。 [4]逋负：拖欠赋税、债务。 [5]封章：言机密事之章奏皆用皂囊等重封以进，故名封章，亦称封事。

光宗变故

光宗在孝宗的培养之下，处事稳重、治理有方，本来可成为有为之君。不料皇后李氏善妒，借光宗郊祀天地之时，对受宠的黄贵妃痛下杀手，适逢当日风雨大作，郊祀之礼难以完成，光宗心生疑惧，突然听闻黄贵妃之事更是震惊而成疾。之后光宗难以料理朝政，皇后李氏越发跋扈，引发朝野的不满。

《宋史·光宗本纪》(节选)

（绍熙二年十一月）辛未，有事于太庙。皇后李氏杀黄贵妃，以暴卒闻。壬申，合祭天地于圜丘，以太祖、太宗配，大风雨，不成礼而罢。帝既闻贵妃薨，又值此变，震惧感疾，罢称贺，肆赦[1]不御楼。寿皇圣帝及寿成皇后来视疾，帝自是不视朝。

【注释】[1]肆赦：缓刑，赦免。

《齐东野语·绍熙内禅》(节选)

绍熙二年辛亥，十一月壬申，光宗初祀圜丘。先是，贵妃黄氏有宠，慈懿李后妒之。至是，上宿斋宫，乘间杀之，以暴卒闻，上不胜骇愤。及行礼，值大风雨，黄坛[1]灯烛尽灭，不成礼而罢。上以为获罪于天，且惮寿皇谴怒，忧惧不宁，遂得心疾，归卧青城殿。寿皇知其事，轻舆径至幄殿，欲慰勉之。直上寐，戒左右使勿言。既寤[2]，小黄门奏知寿皇在此，上矍然惊起，下榻叩头请罪。寿皇再三开谕，终不怿。自是喜怒不常，不复视朝矣。至三年二月，疾稍平，诣重华宫起居。……四年九月重阳节，以疾不过宫。宰执、侍从，两省百僚及诸生皆有疏，乞过宫。甲申，上将朝重华，百官班立以俟。上已出至御屏，李后挽上回，曰："天色冷，官家且进一杯酒。"百僚、侍卫皆失色。时陈傅良为中书舍人，遂趋上引裾[3]，请毋再入，随上至御屏后。李后叱之曰："这里甚去处？你秀才们要斫了驴头。"傅良遂大恸于殿下。李后遣人问曰："此是何理？"傅良对曰："子谏父不听，则号泣随之。"后益怒，遂传旨："已降过宫[4]指挥，更不施行。"于是臣僚士庶纷纷之议竞起矣。

【注释】[1]黄坛：郊祀迎气的坛坫。 [2]寤：睡醒。 [3]引裾：拉住衣襟。 [4]过宫：指宋光宗赴孝宗重华宫朝拜请安。因李皇后从中作梗，光宗与孝宗父子不和，闹出过宫风波，直至孝宗去世也不再朝拜。

宁宗即位风波

光宗的难理朝政、皇后的权倾一时，引发大臣的不满，正值孝宗去世，光宗竟因身体不适不能行礼，于是宗室赵汝愚等人劝说皇太后行废立之事。后赵汝愚在孝宗灵柩之前宣读禅位诏书，赵扩即位，是为"宁宗"。

《宋史·宁宗本纪一》（节选）

（绍熙）五年六月戊戌，孝宗崩，光宗以疾不能出。壬寅，宰臣请太皇太后垂帘听政，不许；请代行祭奠之礼，从之。丁未，宰臣奏云："皇子嘉王，仁孝夙成[1]。宜正储位，以安人心。"越六日，奏三上，从之。明日，遂拟旨以进。是夕，御批付丞相云："历事岁久，念欲退闲。"

七月辛酉，留正以疾辞去。知枢密院事赵汝愚见正去，乃遣韩侂胄因内侍张宗尹以禅位嘉王之意，请于太皇太后，不获。遇提举重华宫关礼，侂胄因其问，告之。礼继入内，泣请于太皇太后，太皇太后乃悟，令谕侂胄曰："好为之！"侂胄出，告汝愚，命殿帅郭杲夜分兵卫南北内。

翌日禫祭[2]，汝愚率百官诣大行[3]柩前，太皇太后垂帘，汝愚率同列再拜，奏："皇帝疾，不能执丧，臣等乞立皇子嘉王为太子，以安人心。"乃奉御批八字以奏。太皇太后曰："既有御笔，卿当奉行。"汝愚曰："内禅事重，须议一指挥。"太皇太后允诺。汝愚袖出所拟以进，云："皇帝以疾，未能执丧，曾有御笔，欲自退闲，皇子嘉王扩可即皇帝位。尊皇帝为太上皇，皇后为太上皇后。"太皇太后览毕，曰："甚善。"

汝愚出，以旨谕帝，帝固辞曰："恐负不孝名。"汝愚曰："天子当以安社稷、定国家为孝，今中外忧乱，万一变生，置太上皇何地。"众扶入素幄，披黄袍，方却立未坐，汝愚率同列再拜。帝诣几筵殿，哭尽哀。须臾立仗讫，催百官班，帝衰服[4]出，就重华殿东庑素幄立，内侍扶掖，乃坐。百官起居讫，乃入行禫祭礼。诏建泰安宫，以奉太上皇、太上皇后。汝愚即丧次[5]请召还留正。乙丑，太皇太后命立崇国夫人韩氏为皇后。丙寅，大赦。百官进秩一级，赏诸军。诏车驾五日一朝泰安宫，百官月两朝。以即位告于天地、宗庙、社稷。

【注释】［1］夙成：早成。　［2］禫祭：除丧服之祭。　［3］大行：刚死而尚未定谥号的皇帝、皇后。　［4］衰服：丧服。　［5］丧次：停灵治丧的地方。

庆元党禁

宁宗即位之后，宗室赵汝愚与外戚韩侂胄互争拥立之功，赵汝愚宗室的身份为皇帝所猜忌，韩侂胄便借机攻讦，将朝中诸多大臣视为汝愚党羽，一场血雨腥风就此掀起。庆元四年（1198年）更是将义理之学视为伪学，将与赵汝愚颇有关联之人视为逆党，并编纂伪学逆党籍加以迫害，史称"庆元党禁"。

《宋史·奸臣四·韩侂胄传》（节选）

侂胄欲逐（赵）汝愚而难其名，谋于京镗，镗曰："彼宗姓，诬以谋危社稷可也。"庆元元年，侂胄引李沐为右正言。沐尝有求于汝愚不获，即奏汝愚以同姓居相位，将不利于社稷。汝愚罢相。始，侂胄之见汝愚，徐谊实荐之，汝愚既斥，遂并逐谊。朱熹、彭龟年、黄度、李祥、杨简、吕祖俭等以攻侂胄得罪，太学生杨宏中、张衟、徐范、蒋傅、林仲麟、周端朝等又以上书论侂胄编置[1]，朝士以言侂胄遭责者数十人。

已而侂胄拜保宁军节度使、提举佑神观。又设伪学之目，以网括汝愚、朱熹门下知名之士。用何澹、胡纮为言官。澹言伪学宜加风厉，或指汝愚为伪学罪首；纮条奏汝愚有十不逊，且及徐谊。汝愚谪永州，谊谪南安军。虑他日汝愚复用，密谕衡守钱鍪图之，汝愚抵衡暴薨。留正旧在都堂[2]众辱侂胄，至是，刘德秀论正引用伪党，正坐罢斥。吏部尚书叶翥要侍郎倪思列疏论伪学，思不从，侂胄乃擢翥执政而免思官。侂胄加开府仪同三司。时台谏迎合侂胄意，以攻伪学为言，然惮清议，不欲显斥熹。侂胄意未快，以陈贾尝攻熹，召除贾兵部侍郎。未至，亟除沈继祖台察。继祖诬熹十罪，落职罢祠。三年，刘三杰入对，言前日伪党，今变而为逆党。侂胄大喜，即日除三杰为右正言，而坐伪学逆党得罪者五十有九人。王沇献言令省部[3]籍记伪学姓名，姚愈请降诏严伪学之禁，二人皆得迁官。施康年、陈谠、邓友龙、林采皆以攻伪学久居言路，而张釜、张岩、程松率由此秉政。

四年，侂胄拜少傅，封豫国公。有蔡琏者尝得罪，汝愚执而黥之。五年，侂胄使琏告汝愚定策[4]时有异谋，具其宾客所言七十纸。侂胄欲逮彭龟年、曾三聘、徐谊、沈有开下大理鞫之，范仲艺力争乃止。其年迁少师，封平原郡王。六年，进太傅。婺州布衣吕祖泰上书言道学[5]不可禁，请诛侂胄，以周必大为相。侂胄大怒，决杖流钦州。言者希侂胄意，劾必大首植伪党，降为少保。一时善类悉罹党祸，虽本侂胄意，而谋实始京镗。逮镗死，侂胄亦稍厌前事，张孝伯以为不弛党禁，后恐不免报复之祸。侂胄以为然，追复汝愚、朱熹职名，留正、周必大亦复秩还政，徐谊等皆先后复官。伪党之禁寖解。

【注释】[1]编置：古代官吏被贬谪至边远地区，编户安置，受地方官管束。[2]都堂：尚书省仆射的办公场所，因总辖各部，又称都省。南宋时为宰相办公地。[3]省部：指朝廷。[4]定策：古时尊立天子，书其事于简策，以告宗庙，故称大臣等拥立天子为定策。[5]道学：儒家的道德学问，特指程朱理学。

开禧北伐

韩侂胄打压异己之后，想要建立不世功勋，借以平息议论，故而匆忙间兴起北伐之念。此次北伐规模极大，但考虑不周，蜀地将领吴曦更是公然投降金人，北伐局势急转直下，南宋江淮防线危机重重。轰轰烈烈的开禧北伐，以金人问罪、韩侂胄身死而告终。史弥远则借弹劾韩侂胄之机，开始了独霸相权之路。

《宋史·奸臣四·韩侂胄传》（节选）

或劝侂胄立盖世功名以自固者，于是恢复之议兴。以殿前都指挥使吴曦为兴州都统，识者多言曦不可，主西师必叛，侂胄不省。安丰守厉仲方言淮北流民愿归附，会辛弃疾入见，言敌国必乱必亡，愿属元老大臣预为应变计，郑挺、邓友龙等又附和其言。开禧改元，进士毛自知廷对，言当乘机以定中原，侂胄大悦。诏中外诸将密为行军之计。……

（开禧）二年，以薛叔似为京湖宣谕使；邓友龙为两淮宣谕使；程松为四川宣抚使，吴曦副之。徐邦宪自处州召见，以弭兵[1]为言，忤侂胄意，削二秩。于是左司谏易袚、大理少卿陈景俊、太学博士钱廷玉皆起而言恢复之计矣。诏侂胄日一朝。友龙、叔似并升宣抚使。吴曦兼陕西、河东招抚使，皇甫斌副之。时镇江武锋军统制陈孝庆复泗州及虹县，江州统制许进复新息县，光州孙成复褒信县。捷书闻，侂胄乃议降诏趣诸将进兵。

未几，皇甫斌兵败于唐州；秦世辅至城固军溃；郭倬、李汝翼败于宿州，敌追围倬，倬执统制田俊迈以遗敌，乃获免。事闻，邓友龙罢，以丘崈代为宣抚使。侂胄既丧师，始觉为（苏）师旦所误。侂胄招李壁饮酒，酒酣，语及师旦，壁微摘其过，侂胄以为然。壁乃悉数其罪，赞侂胄斥去之。翌日，师旦谪韶州，斩郭倬于京口，流李汝翼、王大节、李爽于岭南。

已而金人渡淮，攻庐、和、真、扬，取安丰、濠，又攻襄阳，至枣阳，乃以丘崈佥书枢密院事，督视江、淮军马。侂胄输家财二十万以助军，而谕丘崈募人持书币[2]赴敌营，谓用兵乃苏师旦、邓友龙、皇甫斌所为，非朝廷意。金人答书辞甚倨[3]，且多所要索，谓侂胄无意用兵，师旦等安得专。崈又遣书许还淮北流民及今年岁币，金人乃有许意。

会招抚使郭倪与金人战，败于六合；金人攻蜀，吴曦叛，受金命称蜀王。崈乞移书敌营伸前议，且谓金人指太师平章[4]为首谋，宜免系衔。侂胄忿，崈坐罢。曦反状闻，举朝震骇。侂胄亟遗曦书，许以茅土[5]之封，书未达而安丙、杨巨源已率义士诛曦矣。侂胄连遣方信孺使北请和，以林拱辰为通谢使。金人欲责正隆以前礼略，以侵疆为界，且索犒军银凡数千万，而缚送首议用兵之臣。信孺归，白事朝堂，不敢斥言，侂胄穷其说，乃微及之。侂胄大怒，和议遂辍。起辛弃疾为枢密都承旨。会弃疾死，乃以殿前副都指挥使赵淳为江、淮制置使，复锐意用兵。

自兵兴以来，蜀口、汉、淮之民死于兵戈者，不可胜计，公私之力大屈，而侂胄意犹未已，中外忧惧。礼部侍郎史弥远，时兼资善堂翊善，谋诛侂胄，议甚秘，皇子荣王入奏，杨皇后亦从中力请，乃得密旨。弥远以告参知政事钱象祖、李壁。御笔云："韩侂胄久任国柄，轻启兵端，使南北生灵枉罹凶害，可罢平章军国事，与在外宫观。陈自强阿附充位，不恤国事，可罢右丞相。日下出国门。"仍令权主管殿前司公事夏震以兵三百防护。象祖欲奏审，壁谓事留恐泄，不可。翌日，侂胄入朝，震呵止于途，拥至玉津园侧殛杀之。

【注释】[1] 弭兵：平息战事。 [2] 书币：泛指修好通聘问的书札礼单和财物。 [3] 倨：傲慢。 [4] 平章：同中书门下平章事的简称，指宰相。当时韩侂胄带平章军国事官衔，地位更在宰相之上。 [5] 茅土：指王侯的封爵。古天子分封王侯时，用代表方位的五色土筑坛，按封地所在方向取一色土，包以白茅而授之，作为受封者有国建社的表征。

吴曦之叛

吴曦为蜀地吴家军之统领，为名将吴璘之后，开禧北伐中吴曦的突然叛乱使南宋朝野震惊，蜀地之失不仅仅关乎北伐成败，更关乎南宋存亡，若真如吴曦所想，金人、蜀兵顺江而下，则南宋危矣。李好义、杨巨源等刺杀吴曦，挽救时局，吴曦之叛终于平息。

《宋史纪事本末·吴曦之叛》（节选）

（开禧二年）夏四月丁丑，吴曦叛。曦既得志，与其从弟晛及徐景望、赵富、米修之、董镇共为反谋。阴遣其客姚淮源献关外阶、成、和、凤四州于金，求封蜀王。……

三年春正月辛卯，吴曦自称蜀王，遣将利吉引金兵入凤州，以四郡付之，表铁山为界。曦即兴州为行宫，改元、置百官。遣董镇至成都治宫殿，欲徙居之。议行削发、左衽[1]之令，称臣于金。分其所部兵十万为统帅，遣禄祁等戍万州，泛舟下嘉陵江，声言约金人夹攻襄阳。……

乙亥未明，（李）好义帅其徒七十四人入伪宫。时伪宫门洞开，好义大呼而入，曰："奉朝廷密诏，以安长史[2]为宣抚，令我诛反贼，敢抗者，夷其族。"曦兵千余，闻有诏，皆弃梃[3]而走。（杨）巨源持诏乘马，自称奉使，入内户。曦启户欲逸，李贵即前执之，刃中曦颊，曦反扑贵仆于地。好义亟呼王换斧其腰，曦始纵贵，贵遂斫其首，驰告丙。宣诏，军民拜舞，声动天地。持曦首，抚定城中，市不易肆，尽收曦党，杀之。……

先是，韩侂胄闻曦反，大惧，与曦书，许以茅土之封，且召知镇江府宇文绍节问计。绍节云："安丙似非附逆者，或能讨贼。"侂胄乃密以帛书谕丙云："若能图曦报国，以明本心，即当不次推赏。"书未达，而诛曦露布已闻，朝廷大喜。曦首至临安，献于庙社，枭之市三日。诏诛曦妻子，家属徙岭南，夺曦父挺官爵，迁曦祖璘子孙出蜀，存璘庙祀，玠子孙免连坐。[4]

【注释】[1]左衽：衣襟向左，我国古代某些少数民族的服装，与汉人右衽相对。此处指女真族服饰。 [2]安长史：即吴曦手下之臣僚安丙。 [3]梃：棍棒。 [4]吴玠、吴璘均为北宋末、南宋初名将，与金人鏖战多年以守卫蜀地。

史弥远擅废立

史弥远历仕数朝，尤其擅权于宁宗、理宗之时，任丞相逾二十年，朝中权贵多出自史弥远的引见。宁宗无子，赵竑作为宗室子，原本被视为未来的继任者。但史弥远的擅权引发赵竑的不满，史弥远暗中扶持另一宗室子赵贵诚，终于将赵竑贬黜，拥立贵诚为帝，即理宗。

《宋史纪事本末·史弥远废立》（节选）

宁宗庆元四年八月，京镗等以帝未有嗣，请择宗室子育之。……十五年夏四月丁巳，进封子竑为济国公，以贵诚为邵州防御使。竑好鼓琴，史弥远买美人善鼓琴者纳诸竑，而厚抚其家，使睸[1]竑动息。美人知书，慧黠，竑嬖[2]之。时杨皇后专国政，弥远用事久，宰执、侍从、台谏、藩阃[3]皆所引荐，莫敢谁何，权势熏灼。竑心不能平，尝书杨后及弥远之事于几上，曰："弥远当决配八千里。"又尝指宫壁舆地图琼崖，曰："吾他日得志，置史弥远于此。"又尝呼弥远为"新恩"，以他日非新州则恩州也。弥远闻之大惧，思以处竑，而竑不知。真德秀时秉宫教[4]，谏竑曰："皇子若能孝于慈母，而敬大臣，则天命归之矣，否则深可虑也。"竑不听。一日，弥远为其父浩饭僧净慈寺，与国子学录郑清之登慧日阁，屏人语曰："皇子不堪负荷，闻后沂邸者甚贤，今欲择讲官，君其善训导之。事成，弥远之座即君座也。然言出于弥远之口，入于君之耳，若一语泄，吾与君皆族矣。"清之曰："不敢。"乃以清之兼魏惠宪王府学教授。清之日教贵诚为文，又购高宗御书，俾习焉。清之见弥远，即示以贵诚诗文翰墨，誉之不容口。弥远尝问清之曰："吾闻皇侄之贤已熟，大要究竟何如？"清之曰："其人之贤，更仆不能数[5]。然一言以断之曰：不凡！"弥远颔之再三，策立之意益坚。乃日媒孽[6]竑之失，言于帝，觊帝废竑立贵诚，而帝不悟其意。真德秀闻其事，力辞宫教，去位。……壬辰，帝疾笃，弥远称诏以贵诚为皇子，改赐名昀，授武泰军节度使，封成国公。

【注释】［1］睸：窥视，偷看。 ［2］嬖：宠幸。 ［3］藩阃：守卫国土的封疆大吏。阃，门槛。 ［4］宫教：宋朝宫学教授之职。 ［5］更仆不能数：形容事物繁多，数不胜数。 ［6］媒孽：酒曲。比喻借故诬罔构陷，酿成其罪。

《宋史·史弥远传》（节选）

初，弥远既诛韩侂胄，相宁宗十有七年。迨宁宗崩，废济王，非宁宗意。立理宗，又独相九年，擅权用事，专任憸壬。理宗德其立己之功，不思社稷大计，虽台谏言其奸恶，弗恤也。弥远死，宠渥犹优其子孙，厥后为制碑铭，以"公忠翊运，定策元勋"题其首。济王不得其死，识者群起而论之，而弥远反用李知孝、梁成大等以为鹰犬，于是一时之君子贬窜斥逐，不遗余力云。

霅川之变

理宗即位之后，史弥远仍然对赵竑心存芥蒂，适逢湖州人潘氏兄弟不满赵竑被废，借以起事，史弥远便以此罗织罪名，并逼迫赵竑自缢。而赵竑其实并无称帝之心，遣人告知朝廷并参与平叛，但仍然难逃厄运。"霅川之变"后，史弥远备受世人的抨击。

《宋史纪事本末·史弥远废立》（节选）

理宗宝庆元年春正月庚午，湖州人潘壬与其从兄甫、弟丙，以史弥远废立，不平，乃遣甫密告谋立济王意于李全，全欲坐致成败，阳[1]与之期日进兵应接，而实无意也。壬等信之，遂部分其众以待。及期，全兵不至，壬等惧事泄，乃以其党杂贩盐盗千人，结束[2]如全军状，扬言自山东来，夜入州城，求济王。王闻变，匿水窦[3]中。壬寻得之，拥至州治，以黄袍加王身。王号泣不从，壬等强之，王不得已，乃与约曰："汝能勿伤太后、官家乎？"众许诺，遂发军资库金帛、会子犒军。知州谢周卿率官属入贺。壬子，伪为李全榜，揭于门，数史弥远废立罪，且曰："今领精兵二十万，水陆并进。"人皆耸动，比明视之，则皆太湖渔人及巡尉兵卒耳。王知事不成，乃遣王元春告于朝，而帅州兵讨壬。壬变姓名走楚州，甫、丙皆死。元春至行在，史弥远惧甚，急召殿司将彭任帅师赴之，至则事平矣。壬至楚，将渡淮，为小校明亮所获，送临安，斩之。弥远忌竑，诈言竑有疾，令秦天锡召医入湖州视之。天锡至，谕旨，逼竑缢于州治，以疾薨闻。寻诏追贬为巴陵郡公，又降为县公，改湖州为安吉州。

【注释】[1]阳：表面上，假装。 [2]结束：装束，打扮。 [3]水窦：贮水的地窖。

李全之乱

南宋中期，黄淮一带处在金、宋、蒙古三股势力的交织之下，山东更是各方争夺的焦点，其独特的地理位置能实现多方位的战略钳制。而在战火纷飞之下，山东当地百姓不愿任人宰割，先后成立多支民间武装，李全所部就是极其知名的一支。李全先是依附南宋，力争恢复中原，后在与金、蒙古的对抗中渐觉自身强大的重要，故而同南宋之间貌合神离，直至冲突不断。李全最终南下江淮，与南宋正面作战，兵败身死。其后李全之子李亶延续其道路，成为山东的割据势力。

《宋史纪事本末·李全之乱》（节选）

（宁宗嘉定）七年十二月，金潍州李全兵起。全，潍州北海农家子，锐头蜂目[1]，权谲[2]，善下人，弓马矫捷，能运铁枪，人号"李铁枪"。开禧中，戚拱尝结之以复涟水。金主迁汴，赋敛益横。河北、山东遗民，保寨阻险，群聚为盗，寇掠州郡，皆衣红衲袄[3]以相识，时目为"红袄贼"。全与仲兄福亦聚众数千，钞掠山东，刘庆福、国安用、郑衍德、田四、于洋、于潭等皆附之。……十一年春正月壬午，李全率众来归，诏以全为京东路总管。……

（十二年九月）金张林以山东诸郡附李全来归。初，蒙古克益都，不守而去。益都府卒张林与其党复立府归金，以功为治中，凶险不逞。知府田琢在山东征求过当，失众心。林率其党逐之，琢战败，乃还汴。林遂据益都，山东诸郡皆附之。林欲归附以自固而未决，会李全自齐州还，揣知林意，乃薄兵青州城下，遣人陈说国家威德，劝林早附。林恐全诱己，犹豫未纳。全挺身入城，惟数人从，林乃开门纳之。相见甚欢，谓得所托，置酒结为兄弟。……

（十三年）十二月涟水忠义军统辖石珪，自以入涟水非贾涉本意，心怀不安。李全复请讨珪于涉，涉遂以全所统众列于楚州之南渡门，而移淮阴战舰于淮安，以示珪有备。因命一将招珪军，来者增钱粮，不至者罢支给，众心遂散。珪技穷，乃杀裴渊，而挟孙武正、宋德珍降于蒙古。珪既去，涟水之众未有所属，李全求并将之，涉不能却，遂以付全。……

（十五年）十二月，以李全为保宁军节度使、京东路镇抚副使。初，全有战功，史弥远欲加全官，贾涉止之。及加节钺，涉叹曰："朝廷但知官爵可以得其心，宁知骄则将至于不可劝耶！"……

（十六年）十二月，以许国为淮东制置使。……理宗宝庆元年二月，楚州军作乱。初，许国至镇，李全妻杨氏郊迓[4]，国辞不见，杨氏惭而归。国既视事，痛抑北军，有与南军竞者，无曲直偏坐之，犒赏十损八九。全自青州致书于国，国夸于众曰："全仰我养育，我略示威，即奔走不暇矣。"……（许）国晨起视事，忽露刃充庭，客骇走。国厉声曰："不得无礼。"矢已及颡[5]，流血被面而走。乱兵悉害其家人，纵火焚官寺，两司积蓄，尽为贼有。亲兵数十人翼国登城楼，缒城走，伏道堂中，宿焉。……

（理宗宝庆）二年六月，蒙古围李全于青州。全北瞯山东，南仰钱粮，且挟朝廷以疑蒙古。蒙古攻之，全大小百战，终不利，婴城[6]自守。蒙古筑长围，夜布狗寨，全粮援路绝，与兄福谋，福曰："二人俱死，无益也。汝身系南北轻重，我当死守孤城，汝间道南归，提兵赴援，可寻生路。"全曰："数十万勍敌[7]，未易支也，全朝出，城夕陷，不如兄归。"于是全留青，福还楚。……（三年）五月，李全以青州降蒙古。全被围一年，食牛马及人且尽，将自食其军。全欲降，惧众异议，乃焚香南向再拜，欲自经，而使其党郑衍德、田四救己，曰："譬如为衣，有身愁无袖耶！今北归未必非福。"全乃降蒙古。……

（绍定三年）十二月庚申，李全突至扬州湾头。扬州副都统丁胜拒之，全乃攻城南门。赵璡夫得史弥远书，许增万五千名粮，劝全归楚州，即遣刘易就全垒示之。全笑曰："史丞相劝我归，丁都统与我战，非相给耶？"掷书不受。璡夫恐，亟迎赵范于镇江，范亦刻日约（赵）葵，葵帅雄胜、宁淮、武定、强勇四军万四千赴之。时全引兵攻泰州，知州宋济迎降。全入坐郡治，尽收其子女、货币。将趋扬，闻范、葵已入扬城，乃鞭郑衍德曰："我计先取扬州渡江，尔曹劝我取通、泰，今二赵已入扬州矣，江其可渡耶？"既而曰："今惟有径捣扬州耳。"遂分兵守泰，而悉众攻扬州。至湾头，立寨，据运河之冲，使胡义将先锋驻平山堂，以俟三城机便[8]。全攻东门，葵亲搏战。全将张友呼城门请葵出，葵出，与全隔濠立马相劳苦，问全来何为。全曰："朝廷动见猜疑，今复绝我粮饷。我非背叛，索钱粮耳。"葵曰："朝廷待汝以忠臣孝子，汝乃反戈，攻陷城邑，朝廷安得不绝汝粮饷？汝云非叛，欺人乎？欺天乎？"全无以对，弯弓抽矢向葵而去。自是屡战，全兵多败。全每云："我不要淮上州县，渡江浮海径至苏杭，孰能当我？"然全志吞扬州三城，而兵每不得傅[9]城下，宗雄武献策曰："城中素无薪，且储蓄为总领所支借殆尽，若筑长围，三城自困。"全乃悉众及驱乡农凡数十万，列寨围三城，制司、总所粮援俱绝。范、葵命三城诸门，各出兵劫寨，举火为期，夜半，纵兵冲击，歼贼甚众。自是，全一意长围，以持久困官军，不复薄城。全张盖奏乐于平山堂，布置筑围。范令诸门以轻兵牵制，亲帅将士出堡塞西，攻之。全分兵诸门鏖战，自辰至未，杀伤相当。兵官王青力战，死之。明日，范出师大战，获全粮数十艘，葵亦力战败之。……

范、葵夜议，诘朝所向，葵曰："出东门。"范曰："西出尝不利，贼必见易，因其所易而图之，必胜。不如出堡塞西门。"全置酒高会[10]于平山堂，有堡塞候卒[11]识全枪垂双拂为号，以告范。范喜，谓葵曰："此贼勇而轻，若果出，必成擒矣。"乃悉精锐数千而西，取官军素为贼所易者，张其旗帜以易之。全望见，喜，谓李、宋二宣差曰："看我扫南军！"官军见贼突斗而前，亦不知其为全也。范麾兵并进，葵亲搏战，诸军争奋，贼始疑非前日军，欲走入土城，李虎军已塞其瓮门[12]。全窘，从数十骑北走。葵率诸将，以制勇、宁淮二军蹙之。全趋新塘，新塘自决水后，淖深数尺，会久晴，浮战尘如燥壤，全骑过之，皆陷淖中，不能自拔。制勇军追及，奋长枪三十余乱刺之。全呼曰："无杀我，我乃头目。"群卒碎其尸而分其鞍马、器甲，并杀三十余人，皆将校也。全死，余党欲溃，国安用不从，议推一人为首，莫肯相下，欲还淮安奉全妻杨氏。范、葵追击，大破之，乃散去。范还扬州，捷闻，加赵善湘江淮制置大使，范淮东安抚使，葵淮东提刑。善湘季子汝梅，史弥远婿也，奏请无阻，而善湘亦以范、葵进取有方，慰藉殷勤，故能成功。

（四年）五月，赵范、赵葵复帅步骑十万攻盐城，屡败贼众，遂薄淮安城，杀贼万计，焚二千余家，城中哭声震天。淮安五城俱破，斩首数千，烧寨栅万余家。淮北贼归赴援，舟师又剿击，焚其水栅，夷五城余址，贼始惧。王旻、赵必胜、全子才等移寨西门，与贼大战，又破之。全妻杨氏谓郑衍德曰："二十年梨花枪，天下无敌手，今事势已去，撑拄不行。汝等未降者，以我在故尔。"遂绝淮而去。其党即遣冯垍等纳款军门，赵范许之，淮安平。

【注释】［1］锐头蜂目：锐头，尖脑袋，形容性格刚毅。蜂目，眼睛像胡蜂，形容相貌凶悍。［2］权谲：权谋诡诈。［3］衲袄：一种斜襟的夹袄或棉袄。［4］郊迓：郊迎，至郊外迎接。［5］颡：额头。［6］婴城：环城。［7］勍敌：强敌。［8］机便：机会。［9］傅：逼近，靠近。［10］高会：盛大宴会。［11］候卒：军中巡逻的士兵。［12］瓮门：瓮城之门。瓮城，又称月城，城外所筑的半圆形的小城，作掩护城门、加强防御之用。

联元伐金

历史总是惊人的相似，北宋末年，金、宋联合一同灭辽，结果北宋转眼为金所灭；而南宋后期，蒙古、宋联合一同灭金，结果南宋不得不面对强势之蒙古，并最终为其所灭。但相似之下，北宋末年的军备松弛、不堪一击，却与南宋后期孟珙所部的骁勇顽强大相径庭，也正是灭金一战，使人们窥探到了日后宋蒙常年对峙的实力所在。

《宋史·孟珙传》（节选）

（绍定六年）大元兵遣宣抚王檝约共攻蔡，制置使谋于（孟）珙，珙请以二万人行，因命珙尽护诸将。金兵二万骑繇真阳横山南来，珙鼓行而前，金人战败，却走，追至高黄陂，斩首千二百级。倴盏遣兔花忒、没荷过出、阿悉三人来迓，珙与射猎，割鲜[1]而饮，驰入其帐。倴盏喜，约为兄弟，酌马湩[2]饮之。金兵万人自东门出战，珙遮其归路，掩入汝河，擒其偏裨[3]八十有七人。得蔡降人，言城中饥，珙曰："已窘矣，当尽死而守，以防突围。"珙与俦盏约，南北军毋相犯。决堰水，布虎落[4]。俦盏遣万户张柔帅精兵五千人入城，金人钩二卒以往，柔中流矢如猬，珙麾先锋救之，挟柔以出。拨发官宋荣不肃，将斩之，众下马罗拜以请，犹杖之。黎明，珙进逼石桥，钩致生俘郭山，战少却。金人突至，珙跃马入阵，斩山以徇，军气复张，殊死战，进逼柴潭立栅，俘金人百有二，斩首三百余级。翼日，命诸将夺柴潭楼。金人争楼，诸军鱼贯而上。金人又饰美妇人以相蛊，麾下张禧等杀之，遂拔柴潭楼，俘其将士五百三十有七人。蔡人恃潭为固，外即汝河，潭高于河五六丈，城上金字号楼伏巨弩，相传下有龙，人不敢近，将士疑畏。珙召麾下饮，再行，曰："柴潭非天造地设，楼伏弩能及远而不可射近，彼所恃此水耳，决而注之，涸可立待。"皆曰："隄坚未易凿。"珙曰："所谓坚者，止筑两隄首耳，凿其两翼可也。"潭果决，实以薪苇，遂济师攻城，擒其两将斩之，获其殿前右副点检温端，磔[5]之城下，进逼土门。……

【注释】[1]割鲜：割杀畜兽。 [2]马湩：马乳，亦指用马乳酿成的酒即马奶酒。 [3]偏裨：偏将与裨将，泛指将佐。 [4]虎落：古代用以遮护城邑或营寨的竹篱，亦作为边塞分界的标志。 [5]磔：古代一种酷刑，把肢体分裂。

端平入洛

灭金之战，宋军率先攻破城门，士气大振，而后以金哀帝尸骸进献太庙，更是一扫靖康前耻。在举朝欢腾之际，理宗决定顺势收复中原故地，却操之过急，大军并非败于战事，而是败于补给，且宋蒙之间由结盟迅速转为对立。端平入洛拉开了宋蒙之间长达数十年的对峙序幕。

《齐东野语·端平入洛》（节选）

端平元年甲午，史嵩之子申，开荆湖阃，遂与孟珙合辄兵夹攻蔡城，获亡金完颜守绪残骸以归。乃作露布以夸耀一时，且绘《八陵[1]图》以献，朝廷遂议遣使修奉八陵。时郑忠定丞相当国，于是有乘时抚定中原之意。会赵葵南仲，范武仲，全子才三数公惑于降人谷用安之说，谓非扼险无以为国，于是守河据关之议起矣。乃命武仲开阃于光、黄之间，以张声势，而子才合淮西之兵万余人赴汴。……

黄河南旧有寸金堤，近为北兵所决，河水淫溢。自寿春至汴，道路水深有至腰及颈处，行役良苦。幸前无敌兵，所以能尽进。至此，子才遂驻汴以俟粮夫之集。而颖川路钤樊辛、路分王安，亦以偏师下郑州。二十日，赵文仲以淮东之师五万由泗、宿至汴，与子才之军会焉。因谓子才曰："我辈始谋据关守河，今已抵汴半月，不急趣洛阳、潼关，何待邪？"子才以粮饷未集对，文仲益督趣之。遂檄范用吉提新招义士三千，樊辛提武安军四千，李先提雄关军二千，文仲亦以胡显提雄关军四千，共一万三千人，命淮西帅机徐敏子为监军，先令西上，且命杨义以庐州强勇等军一万五千人继之，各给五日粮。诸军以粮少为辞，则谕之以陆续起发。于是敏子领军以二十一日启行，且令诸军以五日粮为七日食，盖惧饷馈或稽[2]故也。

至中牟县，遂遣其客戴应龙回汴趣粮。且与诸将议，遣勇士谕洛。独胡显议为不合，敏子因命显以其所部之半，以扼河阴。二十六日，遣和州宁淮军正将张迪以二百人潜赴洛阳。至夜，逾城大噪而入，城中寂然无应者。盖北军之戍洛阳者，皆空其城诱我矣。逮晚，始有民庶三百余家登城投降。二十八日，遂入洛城。二十九日，军食已尽，乃采蒿和面作饼而食之。是晚，有溃军失道，奔进而至。云："杨义一军为北兵大阵冲散。今北军已据北牢矣。"盖杨义至洛东三十里，方散坐蓐食[3]，忽数百步外，山椒[4]有立黄红伞者，众方骇异，而伏兵突起深蒿中，义仓卒无备，遂致大溃。拥入洛水者甚众，义仅以身免。于是在洛之师闻而夺气。……

（八月）初二日黎明，北军以团牌拥进接战，我军分而为三，并杀四百余人，夺团牌三百余，至午不解。而军士至此四日不食矣，始议突围而东。……北军既知我遁，纵兵尾击，死伤者十八九。敏子中流矢，伤右胯几殆，所乘马死焉。徒步间行，道收溃散，得三百余人。结阵而南。经生界团结砦栅，转斗而前。凡食桑叶者两日，食梨枣者七日，乃抵浮光。樊显、张迪死焉。……

是役也，乘亡金丧乱之余，中原俶扰[5]之际，乘机而进，直抵旧京，气势翕合[6]，未为全失。所失在于主帅成功之心太急，入洛之师无援，粮道不继，以致败亡，此殆天意。后世以成败论功名，遂以贪功冒进罪之，恐亦非至公之论也。此事得之当时随军幕府日纪，颇为详确。

【注释】[1]八陵：北宋的八座皇陵，即宋宣祖赵弘殷至宋哲宗赵煦的陵墓。 [2]稽：停留，滞留。 [3]蓐食：早晨未起身，在床席上进餐。形容早餐时间很早。 [4]山椒：山顶。 [5]俶扰：动乱之意。 [6]翕合：协调一致。

孟珙守襄樊

蒙元攻宋曾进行了多种尝试，最终悟得攻克襄樊，顺江而下是关键所在。而早在宋蒙开战之初，名将孟珙就已注意到襄樊一带的重要性，并亲自驻守于此，理宗朝的稳定与此密不可分。灭金时，孟珙与蒙将把酒言欢，攻城之际先拔头筹；对峙时，孟珙令蒙军一筹莫展，双方在襄樊几经争夺。孟珙为南宋传奇名将，其事迹广为流传。

《宋史·孟珙传》（节选）

（端平三年）大元兵攻蕲州，（孟）珙遣兵解其围；又攻襄阳，随守张龟寿、荆门守朱杨祖、郢守乔士安皆委郡去，复州施子仁死之，江陵危急。诏沿江、淮西遣援，众谓无踰珙者，乃先遣张顺渡江，珙以全师继之。大元兵分两路：一攻复州，一在枝江监利县编筏窥江。珙变易旌旗服色，循环往来，夜则列炬照江，数十里相接。又遣外弟赵武等共战，躬往节度，破砦二十有四，还民二万。嘉熙元年，封随县男，擢高州刺史，忠州团练使兼知江陵府、京西湖北安抚副使。未几，授鄂州诸军都统制。

大元大将忒没䚟入汉阳境，大将口温不花入淮甸，蕲守张可大、舒州李士达委郡去，光守董尧臣以州降。合三郡人马粮械攻黄守王鉴，江帅万文胜战不利。珙入城，军民喜曰："吾父来矣。"驻帐城楼，指画战守，卒全其城，斩逗留者四十有九人以徇。御笔以战功赏将士，特赐珙金碗，珙益以白金五十两赐之诸将。将士弥月苦战，病伤者相属，珙遣医视疗，士皆感泣。

……

（嘉熙三年）初，诏珙收复京、襄，珙谓必得郢然后可以通馈饷[1]，得荆门然后可以出奇兵，由是指授方略，发兵深入，所至以捷闻。珙奏略曰："取襄不难而守为难，非将士不勇也，非车马器械不精也，实在乎事力之不给尔。襄、樊为朝廷根本，今百战而得之，当加经理，如护元气，非甲兵十万，不足分守。与其抽兵于敌来之后，孰若保此全胜？上兵伐谋，此不争之争也。"乃置先锋军，以襄、郢归顺人隶焉。

……

会谍知大元兵于襄樊随、信阳招集军民布种[2]，积船材于邓之顺阳，乃遣张汉英出随，任义出信阳，焦进出襄，分路挠其势。遣王坚潜兵烧所积船材，又度师必因粮于蔡，遣张德、刘整分兵入蔡，火其积聚。制拜宁武军节度使、四川宣抚使兼知夔州。招集麻城县、巴河、安乐矶、管公店淮民三百五十有九人，皆沿边经战之士，号"宁武军"，令璋领之。进封汉东郡侯兼京湖安抚制置使。

【注释】［1］馈饷：即粮饷。　［2］布种：播种。

理宗之政

北宋执政时间最长的皇帝是仁宗，而南宋为理宗，不同的是仁宗时名臣辈出，理宗则喜忧参半。理宗时适逢蒙古崛起，不得已常年对峙，能保持国祚延续已属不易。理宗当政时提倡理学，将之奉为正统，更是深远影响后世。

《宋史·理宗本纪五》（节选）

赞曰：理宗享国久长，与仁宗同。然仁宗之世，贤相相继，理宗四十年之间，若李宗勉、崔与之、吴潜之贤，皆弗究于用；而史弥远、丁大全、贾似道窃弄威福，与相始终。治效之不及庆历、嘉祐，宜也。

蔡州之役，幸依大朝以定夹攻之策，及函守绪遗骨，俘宰臣天纲，归献庙社，亦可以刷会稽之耻，复齐襄之仇矣；顾乃[1]贪地弃盟，入洛之师，事衅随起，兵连祸结，境土日蹙。郝经来使，似道讳言其纳币请和，蒙蔽抑塞，拘留不报，自速灭亡，吁，可惜哉！由其中年嗜欲既多，怠于政事，权移奸臣，经筵性命之讲，徒资虚谈，固无益也。

虽然，宋嘉定以来，正邪贸乱[2]，国是靡定，自帝继统，首黜王安石孔庙从祀，升濂、洛九儒，表章朱熹《四书》，丕变士习，视前朝奸党之碑、伪学之禁，岂不大有径庭也哉！身当季运[3]，弗获大效，后世有以理学复古帝王之治者，考论匡直辅翼之功，实自帝始焉。庙号曰"理"，其殆庶[4]乎！

【注释】[1]顾乃：反而。 [2]贸乱：混乱。 [3]季运：衰微的时运。 [4]殆庶：近似，差不多。

贾似道误国

贾似道为南宋名臣贾涉之子，其姐贾贵妃又深得理宗喜爱，故而贾似道在政坛上平步青云，终至宰辅。贾似道以鄂州之战取得功绩，实则机缘巧合：蒙哥汗死于蜀地，忽必烈回师争夺汗位，鄂州因而得以保全。贾似道借以博得虚名，朝野上下备加倚重。直至度宗之时战事危机，贾似道亲临指挥，终至贻误国事，身死异处。

《宋史·奸臣四·贾似道传》（节选）

贾似道字师宪，台州人，制置使涉之子也。少落魄，为游博，不事操行。

以父荫补嘉兴司仓。会其姊入宫，有宠于理宗，为贵妃，遂诏赴廷对……

开庆初，宪宗皇帝[1]自将征蜀，世祖皇帝[2]时以皇弟攻鄂州，元帅兀良哈鲐由云南入交趾，自邕州蹂广西，破湖南，传檄数宋背盟之罪。理宗大惧，乃以赵葵军信州，御广兵；以似道军汉阳，援鄂，即军中拜右丞相。十月，鄂东南陬[3]破，宋人再筑，再破之，赖高达率诸将力战。似道时自汉阳入督师。十一月，攻城急，城中死伤者至万三千人。似道乃密遣宋京诣军中请称臣，输岁币，不从。会宪宗皇帝晏驾于钓鱼山，合州守王坚使阮思聪踔[4]急流走报鄂，似道再遣京议岁币，遂许之。大元兵拔寨而北，留张杰、阎旺以偏师候湖南兵。明年正月，兵至，杰作浮梁新生矶，济师北归。似道用刘整计，攻断浮梁，杀殿兵百七十，遂上表以肃清闻。帝以其有再造功，以少傅、右丞相召入朝，百官郊劳如文彦博故事。

……

明年（景定元年），大元世祖皇帝登极，遣翰林侍读学士、国信使郝经等持书申好息兵，且征岁币。似道方使廖莹中辈撰《福华编》颂鄂功，通国皆不知所谓和也。似道乃密令淮东制置司拘经等于真州忠勇军营。

……

理宗崩，度宗又其所立，每朝必答拜，称之曰"师臣"而不名，朝臣皆称为"周公"。……除太师、平章军国重事，一月三赴经筵，三日一朝，赴中书堂治事。赐第葛岭，使迎养其中。吏抱文书就第署，大小朝政，一切决于馆客廖莹中、堂吏翁应龙，宰执充位署纸尾而已。

似道虽深居，凡台谏弹劾、诸司荐辟及京尹、畿漕一切事，不关白[5]不敢行。……

度宗崩。大兵破鄂，太学诸生亦群言非师臣亲出不可。似道不得已，始开都督府临安，然惮刘整，不行。明年正月，整死，似道欣然曰："吾得天助也。"乃上表出师，抽诸路精兵以行，金帛辎重之舟，舳舻[6]相衔百余里。至安吉，似道所乘舟胶[7]堰中，刘师勇以千人入水曳之不能动，乃易他舟而去。至芜湖，遣还军中所俘曾安抚，以荔子、黄甘遗丞相伯颜，俾宋京如军中，请输岁币称臣如开庆约，不从。夏贵自合肥以师来会，袖中出编书示似道曰："宋历三百二十年。"似道俛首而已。时一军七万余人，尽属孙虎臣，军丁家洲。似道与夏贵以少军军鲁港。二月庚申夜，虎臣以失利报，似道仓皇出，呼曰："虎臣败矣！"命召贵与计事。顷之，虎臣至，抚膺而泣曰："吾兵无一人用命也。"贵微笑曰："吾尝血战当之矣。"似道曰："计将安出？"贵曰："诸军已胆落，吾何以战？公惟入扬州，招溃兵，迎驾海上，吾特以死守淮西尔。"遂解舟去。似道亦与虎臣以单舸奔扬州。明日，败兵蔽江而下，似道使人登岸扬旗招之，皆不至，有为恶语慢骂之者。乃檄列郡如海上迎驾，上书请迁都，列郡守于是皆遁，遂入扬州。

……侍御史陈文龙乞俯从众言，陈景行、徐直方、孙嵘叟及监察御史俞浙并上疏，于是始谪似道为高州团练使，循州安置，籍[8]其家。

福王与芮素恨似道，募有能杀似道者使送之贬所，有县尉郑虎臣欣然请行。似道行时，侍妾尚数十人，虎臣悉屏去，夺其宝玉，彻轿盖，暴行秋日中，令舁轿夫唱杭州歌谑之，每名斥似道，辱之备至。似道至古寺中，壁有吴潜南行所题字，虎臣呼似道曰："贾团练，吴丞相何以至此？"似道惭不能对。嵘叟、应麟奏似道家畜乘舆服御物，有反状，乞斩之。诏遣鞫问，未至。八月，似道至漳州木绵庵，虎臣屡讽之自杀，不听，曰："太皇许我不死，有诏即死。"虎臣曰："吾为天下杀似道，虽死何憾？"拉杀之。

【注释】 [1]宪宗皇帝：指蒙古大汗蒙哥。忽必烈建成太庙，追尊其庙号为宪宗。 [2]世祖皇帝：元世祖忽必烈。 [3]陬：隅，角落。 [4]踔：跳跃，越过。 [5]关白：报告。 [6]舳舻：船头和船尾的并称，多泛指前后首尾相接的船。 [7]胶：黏住，指舟船搁浅。 [8]籍：即籍没。登记财产，予以没收。

文天祥事迹

南宋末年风雨飘摇，而文天祥凭借一身正气挽救政局。观其生平，文天祥历经坎坷，谈判被扣，脱身后组织武装，战败被俘后大义凛然。时局所限，文天祥未能重塑南宋，但浩然正气，一句"人生自古谁无死，留取丹心照汗青"名垂青史。

《宋史·文天祥传》(节选)

文天祥字宋瑞，又字履善，吉之吉水人也。体貌丰伟，美皙如玉，秀眉而长目，顾盼[1]烨然。自为童子时，见学宫所祠乡先生欧阳修、杨邦乂、胡铨像，皆谥"忠"，即欣然慕之。曰："没不俎豆[2]其间，非夫也。"年二十举进士，对策集英殿。时理宗在位久，政理浸怠，天祥以法天不息为对，其言万余，不为稿，一挥而成。帝亲拔为第一。考官王应麟奏曰："是卷古谊若龟鉴，忠肝如铁石，臣敢为得人贺。"寻丁父忧，归。

开庆初，大元兵伐宋，宦官董宋臣说上迁都，人莫敢议其非者。天祥时入为宁海军节度判官，上书"乞斩宋臣，以一人心"。不报，即自免归。后稍迁至刑部郎官。宋臣复入为都知，天祥又上书极言其罪，亦不报。出守瑞州，改江西提刑，迁尚书左司郎官，累为台臣论罢。除军器监兼权直学士院。贾似道称病，乞致仕，以要君，有诏不允。天祥当制，语皆讽似道。时内制相承皆呈稿，天祥不呈稿，似道不乐，使台臣张志立劾罢之。天祥既数斥，援钱若水例致仕，时年三十七。

咸淳九年，起为湖南提刑，因见故相江万里。万里素奇天祥志节，语及国事，愀然曰："吾老矣，观天时人事当有变，吾阅人多矣，世道之责，其在君乎？君其勉之。"十年，改知赣州。

德祐初，江上报急，诏天下勤王。天祥捧诏涕泣，使陈继周发郡中豪杰，并结溪峒[3]蛮，使方兴召吉州兵，诸豪杰皆应，有众万人。事闻，以江西提刑安抚使召入卫。其友止之，曰："今大兵三道鼓行，破郊畿，薄内地，君以乌合万余赴之，是何异驱群羊而搏猛虎。"天祥曰："吾亦知其然也。第国家养育臣庶三百余年，一旦有急，征天下兵，无一人一骑入关者，吾深恨于此。故不自量力，而以身徇之，庶天下忠臣义士将有闻风而起者。义胜者谋立，人众者功济，如此则社稷犹可保也。"

天祥性豪华，平生自奉[4]甚厚，声伎[5]满前。至是，痛自贬损，尽以家赀为军费。每与宾佐语及时事，辄流涕，抚几言曰："乐人之乐者忧人之忧，食人之食者死人之事。"八月，天祥提兵至临安，除知平江府。……

十月，天祥入平江，大元兵已发金陵入常州矣。天祥遣其将朱华、尹玉、麻士龙与张全援常，至虞桥，士龙战死，朱华以广军战五牧，败绩，玉军亦败，争渡水，挽全军舟，全军断其指，皆溺死，玉以残兵五百人夜战，比旦皆没。全不发一矢，走归。大元兵破常州，入独松关。……

明年正月，除知临安府。未几，宋降，宜中、世杰皆去。仍除天祥枢密使。寻除右丞相兼枢密使，使如军中请和，与大元丞相伯颜抗论皋亭山。丞相怒拘之，偕左丞相吴坚、右丞相贾余庆、知枢密院事谢堂、签书枢密院事家铉翁、同签书枢密院事刘岊，北至镇江。天祥与其客杜浒十二人，夜亡入真州。……

（至元十四年）天祥收残兵奔循州，驻南岭。黎贵达潜谋降，执而杀之。至元十五年三月，进屯丽江浦。六月，入船澳。益王殂[6]，卫王继立。天祥上表自劾，乞入朝，不许。八月，加天祥少保、信国公。军中疫且起，兵士死者数百人。天祥惟一子，与其母皆死。十一月，进屯潮阳县。潮州盗陈懿、刘兴数叛附，为潮人害。天祥攻走懿，执兴诛之。十二月，趋南岭，邹㵯、刘子俊又自江西起兵来，再攻懿党，懿乃潜道元帅张弘范兵济潮阳。天祥方饭五坡岭，张弘范兵突至，众不及战，皆顿首伏草莽。天祥仓皇出走，千户王惟义前执之。天祥吞脑子[7]，不死。邹㵯自到[8]，众扶入南岭死。官属士卒得脱空坑者，至是刘子俊、陈龙复、萧明哲、萧资皆死，杜浒被执，以忧死。惟赵孟溁遁，张唐、熊桂、吴希奭、陈子全兵败被获，俱死焉。唐，广汉张栻后也。

天祥至潮阳，见弘范，左右命之拜，不拜，弘范遂以客礼见之，与俱入崖山，使为书招张世杰。天祥曰："吾不能扞[9]父母，乃教人叛父母，可乎？"索之固，乃书所过《零丁洋诗》与之。其末有云："人生自古谁无死，留取丹心照汗青。"弘范笑而置之。崖山破，军中置酒大会，弘范曰："国亡，丞相忠孝尽矣，能改心以事宋者事皇上，将不失为宰相也。"天祥泫然[10]出涕，曰："国亡不能捄[11]，为人臣者死有余罪，况敢逃其死而二其心乎。"弘范义之，遣使护送天祥至京师。

天祥在道，不食八日，不死，即复食。至燕，馆人供张甚盛，天祥不寝处，坐达旦。遂移兵马司，设卒以守之。时世祖皇帝多求才南官，王积翁言："南人无如天祥者。"遂遣积翁谕旨，天祥曰："国亡，吾分一死矣。傥缘宽假，得以黄冠[12]归故乡，他日以方外备顾问，可也。若遽官之，非直亡国之大夫

635

不可与图存,举其平生而尽弃之,将焉用我?"积翁欲合宋官谢昌元等十人请释天祥为道士,留梦炎不可,曰:"天祥出,复号召江南,置吾十人于何地!"事遂已。天祥在燕凡三年,上知天祥终不屈也,与宰相议释之,有以天祥起兵江西事为言者,不果释。

……(至元十九年)天祥临刑殊从容,谓吏卒曰:"吾事毕矣。"南向拜而死。数日,其妻欧阳氏收其尸,面如生,年四十七。其衣带中有赞曰:"孔曰成仁,孟曰取义,惟其义尽,所以仁至。读圣贤书,所学何事,而今而后,庶几[13]无愧。"

【注释】[1] 顾盼:观望,指相貌。[2] 俎豆:古代祭祀、宴飨时盛食物用的两种礼器,借指祭祀、奉祀。[3] 溪峒:古代对南方苗族、侗族、壮族等少数民族聚居地区的统称。[4] 自奉:自己日常生活的享用。[5] 声伎:歌姬舞女。[6] 殂:死亡。[7] 脑子:龙脑香,一种香料。[8] 自刭:用刀割颈自杀。[9] 扞:保卫。[10] 泫然:流泪貌。[11] 捄:救。[12] 黄冠:道士服饰,亦指农夫野老服饰。[13] 庶几:差不多,近似。

崖山之战

崖山之战是南宋最为悲壮的一战。1276年南宋朝廷降于蒙元,之后的三年里,年幼的端宗与帝昺已属无力回天。崖山濒临海域,尽管南宋水军拼力一战,但实力悬殊,赴死难者众多,名臣陆秀夫见大势已去,背负年幼的小皇帝投身大海,南宋灭亡。

《宋史·瀛国公纪》(节选)

(至元)十六年正月壬戌,张弘范兵至崖山。庚午,李恒兵亦来会。世杰以舟师碇[1]海中,棋结巨舰千余艘,中舻外舳,贯以大索,四周起楼棚如城堞[2],居昺其中。大军攻之,舰坚不动。又以舟载茅,沃以膏脂,乘风纵火焚之。舰皆涂泥，缚长木以拒火舟，火不能爇[3]。

二月戊寅朔，世杰部将陈宝降。己卯，都统张达以夜袭大军营，亡失甚众。癸未，有黑气出西山。李恒乘早潮退攻其北，世杰以淮兵殊死战。至午潮上，张弘范攻其南，南北受敌，兵士皆疲不能战。俄有一舟樯旗仆，诸舟之樯旗遂皆仆。世杰知事去，乃抽精兵入中军。诸军溃，翟国秀及团练使刘俊等解甲降。大军至中军，会暮且风雨，昏雾四塞，咫尺不相辨。世杰乃与苏刘义[4]断维，以十余舟夺港而去，陆秀夫走卫王舟，王舟大，且诸舟环结，度不得出走，乃负昺投海中，后宫及诸臣多从死者，七日，浮尸出于海十余万人。杨太后闻昺死，抚膺大恸曰："我忍死艰关至此者，正为赵氏一块肉尔，今无望矣！"遂赴海死，世杰葬之海滨，已而世杰亦自溺死。宋遂亡。

【注释】[1]碇：系船的石墩。　[2]城堞：城上的矮墙，泛指城墙。　[3]爇：烧。[4]苏刘义：南宋荆湖人，曾随从吕文德守鄂州。

鹅湖之会

南宋之时，理学与心学竞相发展。名臣吕祖谦为调和两派观点，于江西上饶鹅湖寺，召集理学代表朱熹与心学代表陆九渊等前来讨论。鹅湖之会中，朱熹认为心学为简易功夫，陆九渊则认为理学为支离破碎之学，双方争论不已，最终不欢而散。尽管鹅湖之会并未分出胜负，但这次会面为理学、心学思想上的集中碰撞，在儒学发展史与古代思想史上占据着重要地位。

《象山先生全集·象山年谱》（节选）

（淳熙二年）朱亨道又云："鹅湖之会论及教人，元晦（即朱熹）之意，欲令人泛观博览，而后归之约；二陆（即陆九渊、陆九龄）之意，欲先发明人之本心，而后使之博览。朱以陆之教人为太简，陆以朱之教人为支离，此颇不合。先生更欲与元晦辩,以为尧舜之前何书可读,复斋止之。赵、刘(即刘子澄、赵景昭)诸公拱听而已。先发明之说,未可厚诬,元晦见二诗不平,似不能无我。"元晦书云:"某未闻道学之懿,兹幸获奉余论[1],所恨匆匆别去,彼此之怀,皆若有未既者。然警切之诲,佩服不敢忘也。还家无便,写此少见拳拳。"

《黄氏日钞·杂说》(节选)

先生(即吕祖谦)以理学朱张(即朱熹、张栻)鼎立为世师,其精辞奥义岂后学所能窥其万分一?然尝观之,晦翁与先生同心者,先生辨诘之不少恕;象山与晦翁异论者,先生容下之,不少忤。鹅湖之会,先生谓元晦英迈刚明,而工夫就实入细,殊未易量;谓子静亦坚实有力,但欠开阔。其后象山祭先生文,亦自悔鹅湖之会集,粗心浮气,然则先生忠厚之至,一时调娱[2]其间,有功于斯道何如耶?若其讲学之要,尤有切于今日者,学者不可不亟自思也,盖理虽历万世而无变,讲之者每随世变而辄易,要当常以孔子为准的耳,孔子教人以孝弟忠信,躬行为本,至子思则言诚,至孟子则言性,已渐发其秘,视孔子之说为已深;至濂溪则言太极,至横渠则言太虚,又尽发其秘。视子思、孟子之说为益深,一议论出,一士习变。至晦庵先生出,始会萃[3]濂洛之说,以上达洙泗[4]之传,取本朝诸儒议论之切于后学者,为《近思录》矣。

【注释】[1]余论:识见广博之论,宏论。 [2]调娱:调和。 [3]会萃:汇集精粹。 [4]洙泗:洙水与泗水,孔子在洙泗之间聚徒讲学,后指代孔子及儒家。

中庸章句序

朱熹潜心钻研儒家经典,从《礼记》中析出《大学》《中庸》两篇,创造性的将《论语》《孟子》《大学》《中庸》并称为"四书",从而形成了日后"四书五经"统治科考的局面。朱熹在儒家的尊崇地位,使得其所倡导的理学大行其道。《〈中庸〉章句序》是朱熹对儒家传承之道统的重要梳理。

《晦庵集·中庸章句序》(节选)

《中庸》何为而作也？子思子忧道学之失其传而作也。盖自上古圣神继天立极，而道统之传有自来矣。其见于经，则"允执厥中"者，尧之所以授舜也；"人心惟危，道心惟微，惟精惟一，允执厥中"者，舜之所以授禹也。尧之一言，至矣，尽矣！而舜复益之以三言者，则所以明夫尧之一言，必如是而后可庶几也。

盖尝论之：心之虚灵知觉，一而已矣，而以为有人心、道心之异者，则以其或生于形气之私，或原于性命之正，而所以为知觉者不同，是以或危殆而不安，或微妙而难见耳。然人莫不有是形，故虽上智不能无人心，亦莫不有是性，故虽下愚不能无道心。二者杂于方寸之间，而不知所以治之，则危者愈危，微者愈微，而天理之公卒无以胜夫人欲之私矣。精则察夫二者之间而不杂也，一则守其本心之正而不离也。从事于斯，无少间断，必使道心常为一身之主，而人心每听命焉，则危者安、微者著，而动静云为自无过不及之差矣。

夫尧、舜、禹，天下之大圣也。以天下相传，天下之大事也。以天下之大圣，行天下之大事，而其授受之际，丁宁[1]告戒，不过如此。则天下之理，岂有以加于此哉？自是以来，圣圣相承：若成汤、文、武之为君，皋陶、伊、傅、周、召之为臣，既皆以此而接夫道统之传，若吾夫子，则虽不得其位，而所以继往圣、开来学，其功反有贤于尧舜者。然当是时，见而知之者，惟颜氏、曾氏之传得其宗。及曾氏之再传，而复得夫子之孙子思，则去圣远而异端起矣。

子思惧夫愈久而愈失其真也，于是推本尧舜以来相传之意，质以平日所闻父师之言，更互演绎，作为此书，以诏后之学者。盖其忧之也深，故其言之也切；其虑之也远，故其说之也详。其曰"天命率性"，则道心之谓也；其曰"择善固执"，则精一之谓也；其曰"君子时中"，则执中之谓也。世之相后，千有余年，而其言之不异，如合符节。历选前圣之书，所以提挈纲维、开示蕴奥，未有若是之明且尽者也。

自是而又再传以得孟氏，为能推明是书，以承先圣之统，及其没而遂失其传焉。则吾道之所寄不越乎言语文字之间，而异端之说日新月盛，以至于老佛之徒出，则弥近[2]理而大乱真矣。然而尚幸此书之不泯，故程夫子兄弟者出，得有所考，以续夫千载不传之绪；得有所据，以斥夫二家似是之非。盖子思之功于是为大，而微[3]程夫子，则亦莫能因其语而得其心也。惜乎！其所以为说者不传，而凡石氏之所辑录，仅出于其门人之所记，是以大义虽明，而微言未析。至其门人所自为说，则虽颇详尽而多所发明，然倍其师说而淫于老佛者，亦有之矣。

熹自蚤[4]岁即尝受读而窃疑之，沉潜反复，盖亦有年，一旦恍然似有以得其要领者，然后乃敢会众说而折其中，既为定著章句一篇，以俟后之君子。而一二同志复取石氏书，删其繁乱，名以《辑略》，且记所尝论辩取舍之意，别为《或问》，以附其后。然后此书之旨，支分节解、脉络贯通、详略相因、巨细毕举，而凡诸说之同异得失，亦得以曲畅旁通，而各极其趣。虽于道统之传，不敢妄议，然初学之士，或有取焉，则亦庶乎行远升高之一助云尔。

淳熙己酉春三月戊申，新安朱熹序。

【注释】[1]丁宁：恳切地嘱咐、告诫。 [2]弥近：接近。 [3]微：非。 [4]蚤：早。

道统十三赞序

南宋自朱熹大力倡导理学之后，历经坎坷，直至理宗之时才将理学扶持为官方之学，南宋末直至元、明、清加以延续。《道统十三赞序》由理宗亲自撰写，为儒学传承明确道统，此文是理学成为官方之学的重要标志。

《宋史·理宗本纪二》（节选）

淳祐元年春正月庚寅朔，诏举文武才。庚子，雷。甲辰，诏："朕惟孔子之道，自孟轲后不得其传，至我朝周惇颐、张载、程颢、程颐，真见实践，深探圣域，千载绝学，始有指归。中兴以来，又得朱熹精思明辨，表里混融，使《大学》、《论》、《孟》、《中庸》之书，本末洞彻，孔子之道，益以大明于世。朕每观五臣论著，启沃[1]良多，今视学有日，其令学官列诸从祀，以示崇奖之意。"寻以王安石谓"天命不足畏，祖宗不足法，人言不足恤"，为万世罪人，岂宜从祀孔子庙庭，黜之。丙午，封周惇颐为汝南伯，张载郿伯，程颢河南伯，程颐伊阳伯。丁未，太阴入氐。戊申，幸太学谒孔子，遂御崇化堂，命祭酒曹豳讲《礼记·大学篇》，监学官各进一秩，诸生推恩锡帛有差。制《道统十三赞》，就赐国子监宣示诸生。

【注释】[1]启沃：竭诚开导、辅佐君王。此处指启发。

《（咸淳）临安志·御制御书道统十三赞并序》（节选）

朕获承祖宗右文之绪，祗遹[1]燕谋，日奉慈极，万几余闲，博求载籍。推迹道统之传，自伏羲迄于孟子，凡达而在上其道行，穷而在下其教明，采其大指，各为之赞，虽未能探赜[2]精微，姑以寓尊其所闻之意云尔。

伏羲　继天立极，为百王先。法度肇建，道德纯全。八卦成文，《三坟》不传。无言而化，至治自然。

尧　大哉帝尧，盛德巍巍。垂衣而治，光被华夷。圣神文武，四岳是咨。揖逊之典，万世仰之。

舜　于皇圣德，至孝尽伦。所以为大，乐善取人。惟精惟一，帝心之纯。垂拱无为，尧道是循。

禹　克勤于邦，烝民[3]乃粒。历数在躬，厥中允执。恶酒好言，九功由立。不伐不矜，振古莫及。

汤　顺天应人，本乎仁义。以质继忠，匪曰求异。盘铭一德，桑林六事。人纪肇修，垂于万世。

文王　道被南国，首正人伦。仁政一施，必先穷民。翼翼小心，秉兹德纯。丕显文谟，万邦仪刑。

武王　受天眷命，继志前人。遐迩悦服，偃武修文。惟贤是宝，法度彰明。建用皇极，爰叙彝伦。

周公　美哉公旦，翼辅成周。施兼四事，才艺俱优。制礼作乐，惠泽敷流。有大勋劳，宗社延休。

孔子　圣哉尼父，秉德在躬。应聘列国，道大莫容。六艺既作，文教聿崇。今古日月，万代所宗。

颜子　学冠孔门，德行科首。闻一知十，若虚实有。乐道箪瓢，不易所守。步趋圣师，瞠若其后。

曾子　守约博施，反躬三省。孝为德先，禄仕不忍。圣道正传，意会神领。一唯忠恕，门人深警。

子思　闲居请问，世业克昌。可离非道，孜孜力行。发挥中庸，体用有常。八德枢要，治道权衡。

孟子　生禀淑质，教被三迁。博通儒术，气养浩然。深造自得，亚圣之贤。高揖孔氏，独得其传。

【注释】　[1]祗遹：敬述。　[2]探赜：探索奥秘。　[3]烝民：百姓。

会子风波

北宋交子开启了纸币的时代，笨重的铜钱乃至铁钱被部分代替，但时至南宋，纸币与储备金的关系、纸币发行量的问题以及防伪的问题依然困扰着人们。纸币的贵贱影响着市场的稳定，纸币的信誉关系着时局的安危。南宋会子在探索中发展，市场的反馈与诸臣的热议成为后世的重要借鉴。

《文献通考·钱币考二》(节选)

自是(嘉定二年),岁月扶持,民不以信,特以畏耳。然籴本以楮[1],盐本以楮,百官之俸给以楮,军士支犒以楮,州县支吾无一而非楮,铜钱以罕见为宝。前日椿积之本,皆绝口而不言矣,是宜物价翔腾,楮价损折,民生憔悴,战士常有不饱之忧,州县小吏无以养廉为叹,皆楮之弊也。楮弊而钱亦弊。昔也以钱重而制楮,楮实为便;今也,钱乏而制楮,楮实为病。况伪造日滋,欲楮之不弊,不可得也。且国家建隆之初,赋入尚少,东征西伐,兵馈不绝于道,未尝藉楮以开国也。靖康以来,外攘夷狄,内立朝廷,左支右吾,日不遑暇,未尝藉楮以中兴也。至于绍兴末年,权以济用,至于孝宗,谋虑及此,未尝不曲尽其心焉。当时内有三宫之奉,外有岁币之费,而造楮惟恐其多,收换惟恐其不尽,而或无以示民信也。至于光、宁以来,造愈多而弊愈甚,其所幸者,恭俭节用,无土木之妖;动静有常,无锡予之泛,所以楮虽弊而有以养其原也。

【注释】[1]楮:楮币,即会子。会子多以楮皮纸制成,后多泛指纸币。

《鼠璞·楮券源流》(节选)

(真宗)祥符中,张咏镇蜀,患铁钱之重,设质剂法,一交一缗,以三年为界,使富民十六户主之,资产浸耗,不能即偿。薛田请官为置务。天圣元年,寇瑊守益,置益州交子务。绍兴间,钱端礼议令榷货务,给降诸军见钱,公据关子[1]三百万,及以分数给朝士俸。于市肆要闹处置五场,同见钱收换,每一千别输钱十,以为吏卒用,总不过四百余万。商贾入纳、外郡纲运[2]悉同见钱,无欠数贴偿脚乘之费,竞欲得之,有不止用官价者。其后所造稍多,价渐亏损。乾道三年,出内库银二百万两易楮币焚之。孝宗谓:"朕以会子,十年睡不着。"淳熙间,至二千四百万,令宰相叶衡用钱收换,曰:"会子少则重,多则轻。可谓讲究本末,详且悉也。"庆元后,券日增……终非令之所能禁。嘉定初,顿损其半,法禁并行,令既严而价未定,持空楮于市,无有肯售者，公私大弊。旱蝗求言，用太学生吴幼存等封事，还籍没富室之产，悉弛其禁，楮价反增。虽七百、六百诸处不等，不至十分折阅[3]，以楮稍损于开禧，自然而然也。后无以为廪给忠义及庆宝之费，且谓青齐皆可通用，遂广行印造。盱、楚、江、闽用兵所费日广……盖钱与楮皆本无用，可以贸有用之物，则人用之，使如古所谓粟易械器，械器易粟，有无可以相易，则何资于钱？如古所谓治田百亩，岁用千五百之类，小大粗足于日用，何资于楮？自物货难以阜通[4]，于是假圜法[5]以流转，故言钱则曰平准，所以见有是钱，必有是物，而后可准平也，钱多易得，则物价贵踊，此汉唐以后议论也。自商贾惮于般挈[6]，于是利交子之兑换，故言楮则曰秤提，所以见有是楮，必有是钱，以秤提之也。楮多易得，则金钱贵重。此绍兴以后议论也。准平、秤提，皆以权衡取义，而低昂有在于重轻明矣。陆贽谓钱多则轻，必作法以敛之；赵开谓楮多则轻，必用钱以收之。今日病在楮多，不在钱少，如欲钱与楮俱多，则物益重矣。且未有楮之时，诸物皆贱，楮愈多则物愈贵，计以实钱，犹增一倍。盖古贸通有无止钱耳，钱难得，则以物售钱而钱重；钱易得，则以钱售物而钱轻。复添楮以佐钱，则为贸通之用者愈多，而物愈贵。

【注释】［1］关子：南宋绍兴年间发行的一种纸币。［2］纲运：成批运送大宗货物，每批以若干车或船为一组，分若干组，一组称一纲。［3］折阅：商品减价销售。［4］阜通：使货物丰富，购销渠道畅通。［5］圜法：货币制度，流通货币的方法。［6］般挈：运输。

太学之议

　　北宋之初设立国子学，以其为最高学府，太学隶属之。而伴随着王安石变法中三舍法的提出与实施，太学的规模扩大，就读太学一时成为步入仕途的主要途径。南宋之时，重建太学，逐渐恢复其繁盛之貌。但太学的弊端日益显露，学子中追求真才实学者日少，而沽名钓誉者日多，仕途化、利益化着实堪忧。

《文献通考·学校考三》（节选）

朱子《学校贡举私议》曰："学校必选实有道德之人使为学官，以来实学之士，裁减解额、舍选谬滥之恩，以塞利诱之涂。盖古之太学主于教人，而因以取士，故士之来者为义而不为利。且以本朝之事言之，如李荐所记元祐侍讲吕希哲之言曰：'仁宗之时，太学之法宽简，国子先生必求天下贤士真可为人师者，就其中又择其尤贤者如胡翼之之徒，使专教导规矩之事。故当是时，天下之士不远万里来就师之，其游太学者端为道艺，称弟子者中心悦而诚服之。'盖犹有古法之遗意也。熙宁以来，此法浸坏，所谓太学者，但为声利之场，而掌其教事者，不过取其善为科举之文，而尝得隽[1]于场屋者耳。士之有志于义理者既无求于学，其奔趋辐辏而来者，不过为解额之滥、舍选之私而已。师生相视漠然如行路之人，间相与言，亦未尝开之以德行道艺之实，而月书[2]季考[3]者，又祇以促其嗜利苟得冒昧无耻之心，殊非国家之所以立学教人之本意也。欲革其弊，莫若一遵仁皇之制，择士之有道德可为人师者以为学官，而久其任，使之讲明道艺以教训其学者，而又痛减解额之滥以还诸州，罢去舍选之法，而使为之师者考察诸州所解德行之士与诸生之贤者，而特命以官，则太学之教不为虚设，而彼怀利干进之流，自无所为而至矣。如此，则待补之法固可罢去，而混补者又必使与诸州科举同日引试，则彼有乡举之可望者自不复来，而不患其纷冗矣。至于取人之数，则又严为之额，而许其补中之人从上几分，特赴省试，则其舍乡举而来赴补者，亦不为甚失职矣。其计会监试、漕试、附试之类，亦当痛减分数，严立告赏，以绝其冒滥。其诸州教官，亦以德行人充，而责以教导之实，则州县之学，亦稍知义理之教，而不但为科举之学矣。"……

叶适论学校曰："何谓京师之学？有考察之法而以利诱天下。三代、汉儒，其言学法盛矣，皆人耳目之熟知，不复论。若东汉太学，则诚善矣。唐初犹得为美观。本朝其始议建学，久而不克就，至王安石乃卒就之，然未几而大狱起矣。崇、观间以俊秀闻于学者，旋为大官，宣和、靖康所用误朝之臣，大抵学校之名士也。及诸生伏阙捶鼓以请起李纲，天下或以为有忠义之气，而朝廷以为倡乱动众者无如太学之士。及秦桧为相，务使诸生为无廉耻以媚己，而以小利啖[4]之，阴以拒塞言者。士人靡然成风，献颂拜表，希望恩泽，一有不及，谤议喧然，故至于今日，太学尤弊，遂为姑息之地。夫秉谊明道，以此律己，以此化人，宜莫如天子之学，而今也何使之至此？盖其本为之法，使月书季考，校定分数之毫厘，以为终身之利害，而其外又以势利招来之，是宜其至此而无怪也。何谓州县之学？无考察之法，则聚食而已。往者崇观、政和间，盖尝考察州县之学如天子之学，使士之进皆由此，而罢科举，此其法度未必不善，然所以行是法者，皆天下之下人也，故不久而遂废。今州县有学，宫室廪饩[5]无所不备，置官立师其过于汉、唐甚远，惟其无所考察而徒以聚食，而士之俊秀者不愿于学矣。州县有学，先王之余意幸而复见，将以造士，使之俊秀，而其俊秀者乃反不愿于学，岂非法度之有所偏而讲之不至乎？今宜稍重太学，变其故习，无以利诱，择当世之大儒久于其职，而相与为师友讲习之道，使源流有所自出，其卓然成德者，朝廷官使之，为无难矣。而州县之学，宜使考察，上于监司，闻于礼部，达于天子，其卓然成德者，或进于太学，或遂官之。人知由学，而科举之陋稍可洗去；学有本统，而古人文宪[6]庶不坠失。若此类者，更法定制，皆于朝廷非有所难，顾自以为不可为耳。虽然，治道不明，其纪纲度数不一一揭而正之，则宜有不可为者；陛下一揭而正之，如此类者虽欲不为，亦不可得也。"

【注释】［1］得隽：指进士及第。 ［2］月书：宋朝太学每月私试，孟月经义，仲月论，季月策，按文理优劣，逐月书于簿籍，以决升降。 ［3］季考：太学每季末举行的考试。 ［4］啖：以利益引诱。 ［5］廪饩：朝廷发给学生的膳食津贴。 ［6］文宪：礼法。

元明清时期

引 言

蒙元时代文献的最大特点是语言多样性，这体现在其历史文献记载除了汉文史料之外，还包括《史集》《世界征服者史》《马可·波罗游记》等多种语言文字史料。而汉文文献记载中又有明初所修《元史》，以及其他典制文献有《元典章》等，此外元人文集中也保留有大量一手记载，都是治元史者不可或缺的基础史料。

明代文献记载数量庞大，种类众多。官方史料就有《明实录》以及明代编撰的各种典制史书如万历《大明会典》《礼部志稿》等，再加上清初所修的《明史》，可谓十分丰富。而明代私家修史之风也十分盛行，从明中期到明末清初，私人所修史书有《名山藏》《国榷》《明史纪事本末》等，此外还有大量的野史笔记、方志文献传，以及难以枚举的明人文集，传世史料之丰富，在中国古代可谓只有清代可比拟。

清代文献不仅数量大、种类丰富，其另一大特点是其他民族语言文字文献占了很大比重，其中尤以满文、蒙文、藏文文献居多。清代也保留有大量汉文档案，这些档案是清史研究的第一手史料。除档案之外，还有清朝官方编撰的各种方略、《清实录》经史书以及《大清会典》等典制文献。而清代私家修史也十分发达，除了民国所修《清史稿》之外，也有像《碑传集》《清史列传》这等传记丛书。此外清代的野史笔记同样也是数量庞大，而存世的清人文集更是浩如烟海，至今尚不能统计其数量。

元　朝

国号大元

此篇目选自《元史·世祖本纪四》，为至元八年农历十一月十五日元世祖忽必烈发布改国号并且称帝的诏书。取《易经》"大哉乾元"之义，将国号"大蒙古国"改为"大元"，元世祖忽必烈从"大蒙古国皇帝"变为"大元皇帝"。由此忽必烈所建立的元朝，正式成为中国封建王朝的一部分，是承继了秦汉隋唐的又一大一统王朝。

《建国号诏》

（至元八年十一月，世祖）诏曰：

诞膺[1]景命[2]，奄[3]四海以宅尊；必有美名，绍[4]百王而纪统[5]。肇[6]从隆古[7]，匪独我家。且唐之为言荡[8]也，尧以之而著称；虞之为言乐也，舜因之而作号。驯至[9]禹兴而汤造[10]，互名夏大以殷中[11]。世降以还，事殊非古。虽乘时[12]而有国，不以利而制称。为秦为汉者，著从初起之地名；曰隋曰唐者，因即所封之爵邑[13]。是皆徇[14]百姓见闻之狃习[15]，要一时经制之权宜，概以至公，不无少贬。

我太祖圣武皇帝[16]，握乾符[17]而起朔土[18]，以神武而膺帝图[19]，四震天声，大恢[20]土宇[21]，舆图[22]之广，历古所无。顷者[23]，耆宿[24]诣庭，奏章申请，谓既成于大业，宜早定于鸿名[25]。

在古制以当然，于朕心乎何有。可建国号曰大元，盖取《易经》"乾元"[26]之义。兹大冶[27]流形[28]于庶品[29]，孰名资始[30]之功；予一人底宁[31]于万邦，尤切体仁[32]之要。事从因革[33]，道协[34]天人。於戏！称义而名，固匪为之溢美；孚[35]休[36]惟永，尚不负于投艰[37]。嘉与[38]敷天[39]，共隆大号。

【注释】[1]诞膺：承受。膺，接受，承当。 [2]景命：大命。指授予帝王之位的天命。 [3]奄：覆盖。 [4]绍：接续，继承。 [5]统：王统。 [6]肇：开始，开创。 [7]隆古：远古。 [8]荡：广大平坦的样子。 [9]驯至：逐渐达到。 [10]造：建立。 [11]互名夏大以殷中：意即"分别取有'大''中'之意的'夏''殷'以为国号"。 [12]乘时：利用机会。 [13]爵邑：爵位的食邑。 [14]徇：顺从，曲从。 [15]狃习：习惯，习俗。 [16]太祖圣武皇帝：元太祖铁木真，习称成吉思汗。 [17]握乾符：即帝位。乾符，指帝王受命于天的符瑞。 [18]朔土：北土。 [19]帝图：帝业。 [20]恢：扩大。 [21]土宇：疆域，国土。 [22]舆图：指疆域，疆土。 [23]顷者：近来。 [24]耆宿：年高而素有德望的人。 [25]鸿名：大名。 [26]乾元：出自《易经·乾卦》"大哉乾元"。 [27]大冶：造化。 [28]流形：变化成形。 [29]庶品：万物。 [30]资始：事物起始所凭借者。 [31]底宁：底定安宁。 [32]体仁：躬行仁道。 [33]因革：因袭，变革。 [34]协：协洽。 [35]孚：使信服。 [36]休：美善。 [37]投艰：赋予重任。 [38]嘉与：奖励优待。 [39]敷天：敷，通"溥"。敷天：溥天之下。

灭宋实现大一统

至元十年，元军攻占襄阳（今湖北襄樊）后，已打开南宋西北大门。阿术入朝奏捷，与参政阿里海牙建议乘胜灭宋。元世祖召姚枢、许衡等大臣商议，均认为灭宋时机已到。于是，至元十一年六月庚申，元世祖颁伐宋问罪之诏，以宋拘留元使郝经为口实，任命伯颜为全军统帅，分兵两路南征，最终灭亡南宋，实现全国大一统。此篇目选自《元史·世祖本纪五》中元世祖下令攻宋前发给南征将士的诏谕。

《灭宋前诏将士》（节选）

（至元十一年六月）庚申，问罪于宋，诏谕行中书省[1]及蒙古、汉军万户[2]千户[3]军士曰：

爰自太祖皇帝[4]以来，与宋使介[5]交通[6]。宪宗[7]之世，朕以藩职奉命南伐，彼贾似道[8]复遣宋京[9]诣我，请罢兵息民。朕即位之后，追忆是言，命郝经[10]等奉书往聘[11]，盖为生灵计也，而乃执[12]之，以致师出连年，死伤相藉[13]，系累[14]相属[15]，皆彼宋自祸其民也。襄阳既降之后，冀宋悔祸，或起令图[16]，而乃执迷，罔有悛心[17]，所以问罪之师，有不能已者。

今遣汝等，水陆并进，布告遐迩，使咸知之。无辜之民，初无预焉，将士毋得妄加杀掠。有去逆效顺，别立奇功者，验等第迁赏[18]。其或固拒不从及逆敌者，俘戮何疑。

【注释】[1]行中书省：元朝地方最高行政机构，并为一级行政区划名称，简称行省，或只称省。渊源于魏晋的行台。元世祖中统元年，遵用汉法，置中书省总理全国政务，因幅员辽阔，除腹里地区直隶于中书省、吐蕃地区由宣政院管辖外，又于河南、辽阳、四川、岭北等处设行中书省，以分管各地。明、清两代继续沿用该制度，逐渐衍变为今日的省制。[2]万户：成吉思汗建国后封授右、左、中三万户，分领所属军民。蒙古语作土绵。元代承袭，成为军制，在中枢及外路均设万户府，统千户所，置万户一员，由子孙承袭。[3]千户：成吉思汗建国后封功臣共九十九千户。千户又称千夫长，为世袭军职。入元以后，各路设千户所，置为长官，隶属于万户，下领百户，以统兵之数分为上、中、下三等。[4]太祖皇帝：即元太祖铁木真，又称成吉思汗。[5]使介：奉命出使的官员。[6]交通：往来，交往。[7]宪宗：即元宪宗蒙哥。[8]贾似道：南宋末权臣。台州天台人，字师宪。理宗宠妃贾贵妃之弟。开庆元年，蒙古攻鄂州时，领兵出援，私向忽必烈乞称臣纳币，兵退后诈称大胜。德祐元年，元军沿江东下，遂不得已出师至芜湖。及战，兵溃鲁港，逃入扬州。不久被贬，放逐循州，行至福建漳州木绵庵，为监送人郑虎臣杀死。［9］宋京：为元朝伐灭南宋前，南宋所遣议和罢兵使臣之一，后被忽必烈拘留。［10］郝经：蒙元时期儒士。字伯常，泽州陵川（今山西晋城）人。元宪宗时入忽必烈藩邸，条上数十事，深得信任。从忽必烈攻鄂州时得蒙哥死讯，建议撤军北还争取汗位，遂与贾似道议和退兵。忽必烈即位，他以翰林学士充国信使往宋议和。因贾似道谎报战功，害怕郝经到临安后泄露他的伎俩，遂把他羁留于真州，十余年后才得释北还，不久病死。［11］往聘：前往聘问。［12］执：拘执。［13］相藉：互相枕藉。［14］系累：捆绑，拘囚。［15］相属：连续不断。［16］令图：善谋。［17］悛心：悔改之心。［18］迁赏：升官赏赐。

元末大起义

元末吏治腐败，横征暴敛，百姓破产流亡，无以为生。至正十一年（1351年），元朝征发15万人修治黄河，北方白莲教首领韩山童及其教友刘福通等乘机发动起义，宣称明王出世，解救世人。义军头裹红巾，称为红巾军或红军。此后元朝陷入社会大动乱，逐渐形成了群雄割据混战的局面，最终从起义军士兵成长起来的朱元璋削平群雄，并于1368年攻破元大都（今北京），覆灭元朝，重新统一全国，结束战乱。关于元末大起义的文献记载较多，此处所选为权衡所著《庚申外史》中的一段记载，可以概括当时群雄纷起的动乱情况。

《庚申外史》(节选)

（辛卯至正十一年）五月，颍川颍上[1]红军起，号为香军，盖以烧香礼弥勒佛得此名也。其始出赵州滦城县韩学究[2]家，已而河淮襄陕之民翕然[3]从之，故荆、汉、许、汝、山东、丰、沛以及两淮红军皆起应之。颍上者推杜遵道为首，陷成皋[4]，据仓粟，从者数十万，陷汝宁、光、息、信阳。蕲黄者宗彭莹玉和尚，推徐真逸为首，陷德安、沔阳、安陆、江陵、江西诸郡。湘汉者推布王三、孟海马为首。布王三号北琐红军，奄有[5]唐、邓、南阳、嵩、汝、河南府；孟海马号南琐红军，奄有均、房、襄阳、归、峡。起丰、沛者，推芝麻李为首。芝麻李者，邳州人也，值岁饥，其家惟有芝麻一仓，尽以赈人，故得此名。贾鲁挑黄河，所在废民业，民心不安。芝麻李与邻人赵君用谋起事……芝麻李因得八人，歃血[6]同盟。于是年八月十日，佯为挑河夫，日夜仓皇[7]投徐州城。夜留城中，门卒拒之，则曰："我挑河夫也，借一宿何伤？"其半夜因突入，一半在外，一半在内。夜四更，城内四人爇[8]四火，城外四人亦爇四火应之，既而复合为一处。城内呐喊一声，城外接应，一时城中大乱，四人者遽[9]夺军器乱杀，外四人因而得入，同声叫杀。民久不见兵革，一时见乱杀，皆束手待命。天明，又树大旗募人为军，从之者亦十余万。浮桥四出掠地，亦奄有徐州近县及宿州、五河、虹县、丰、沛、灵璧，西并安丰、濠、泗。事闻朝廷，省吏抱牍题曰谋反事，至脱脱[10]前观其牍，改题曰河南人谋反事。识者知元朝不能有天下矣，河南汉人可尽诛乎？其后张士诚起于淮海，赵明远起于徐州，毛贵起于山东，明元帅起于四川。独本朝[11]龙兴[12]淮南，即以建康[13]为天下根本，东征西伐，南诛北讨，四海人心内附，皆有徯后来苏[14]之望，元朝之国祚[15]可尽矣。

【注释】[1]颍川颍上：即今安徽省阜阳市颍上县附近。[2]韩学究：即韩山童。[3]翕然：众人一致的样子。[4]成皋：在今荥阳市广武镇。[5]奄有：全部占有。[6]歃血：古代几方相会结盟时的一种仪式。口中含牲血表示忠诚。一说手指蘸血涂在口四周。[7]仓皇：仓促，慌张。[8]爇：燃烧。[9]遽：仓促，突然。[10]脱脱：即脱脱帖木儿，字大用，蒙古蔑儿乞部人，元末名相。[11]本朝：即明朝。[12]龙兴：比喻帝王或王朝崛起。[13]建康：即今江苏南京。[14]徯后来苏：典出《尚书·仲虺之诰》："徯予后，后来其苏。"徯：等候。后：君主。苏：拯救，解救。本句意为等待君主来解救。[15]国祚：国运。

元　曲

　　元曲在中国古代文学艺术史上占有重要地位，它包括散曲与戏曲。其中，散曲有小令和套数两种体裁，戏曲则又分为杂剧（北曲）和南戏（南曲）两个系统。杂剧在元代极为盛行，剧作名家辈出。这里所选的是王实甫的《西厢记》五剧第四本《草桥店梦莺莺杂剧》第三折中的开头选段，此段语句优美动人，艺术性极高。

《西厢记》（节选）

　　（夫人[1]、长老[2]上云）今日送张生赴京，就十里长亭安排下筵席。我和长老先行，早到长亭，不见张生[3]、小姐[4]来到。

　　（旦[5]、生[6]、红[7]同上）（旦云）今日送张生上朝取应[8]，早是离人伤感，况值暮秋天气，好烦恼人也呵[9]！悲欢离别一杯酒，南北东西万里程。

　　【正宫】[10]【端正好】碧云天，黄花[11]地，西风紧，北雁南飞。晓来谁染霜林醉，总是离人泪[12]。

【注释】[1]夫人：此处指崔莺莺之母。 [2]长老：这里指普救寺主持。 [3]张生：即张珙。 [4]小姐：即崔莺莺。 [5]旦：元杂剧中扮演女子角色的称谓，此处指崔莺莺。 [6]生：元杂剧中扮演男子角色的称谓，此处指张珙。 [7]红：即崔莺莺的侍女红娘。 [8]取应：应举，参加科举考试。 [9]也呵：语气助词，表感叹。 [10]正宫：正宫为北曲十二宫调之一，本文以下的"端正好""滚绣球""叨叨令"都为正宫的曲牌名。 [11]黄花：菊花。

　　【滚绣球】恨相见的迟，怨归去的疾。柳丝长玉骢难系[1]。恨不得倩[2]疏林挂住斜晖[3]。马儿迍迍[4]的行，车儿快快的随。却告了相思回避，破题儿又早别离[5]。听得道一声"去也"，松了金钏[6]；遥望见十里长亭，减了玉肌[7]。此恨谁知！

　　（红云）姐姐今日怎么不打扮？（旦云）你那知我的心里呵？

【叨叨令】见安排着车儿、马儿，不由人熬熬煎煎的气；有甚心情花儿、靥儿[20]，打扮的娇娇滴滴的媚；准备着被儿、枕儿，则索[21]昏昏沉沉的睡；从今后衫儿、袖儿，都揾[22]做重重叠叠的泪。兀的[23]不闷杀人也么哥[24]！兀的不闷杀人也么哥！久已后书儿、信儿，索与我恓恓惶惶[25]的寄。

【注释】［1］本句意为"离人带血的眼泪将秋天清晨的枫林染红了"。霜林醉：指枫林的树叶经霜变红，如同人醉酒脸红一样。　［2］本句意为"柳丝虽长却系不住玉骢马，情虽浓却留不住张生"。玉骢：青白色的马。　［3］倩：请人代己做事。　［4］斜晖：傍晚西斜的阳光。　［5］迍迍：行动迟缓的样子。　［6］本句意为"相思才了，便又别离"。却：此处相当于恰。回避：告退，消退。破题：起头，开始。　［7］松了金钏：指人因消瘦而使得手镯松脱。钏：臂环，手镯。　［8］减了玉肌：肌肤消瘦。　［9］花儿、靥儿：即花钿，女人妆饰之物。　［10］索：必须。　［11］揾：擦，拭。　［12］兀的：怎么，表感叹。　［13］也么哥：元明戏曲中常用的衬词，无义。　［14］恓恓惶惶：悲伤不安的样子。

明　朝

明太祖建国

元末土地高度集中，贫富矛盾激化，加之政治腐败，导致了农民大起义的爆发，形成了群雄割据的局面。朱元璋即为由下层起义军发展起来的割据势力之一，他最终削平群雄，推翻元朝，建立了明王朝。以下所选《皇陵碑》为朱元璋口述其出身、起义以及最终建国的人生过程，由文臣危素据此撰写而成，因为是朱元璋自述，对于我们了解元末明初这段动乱的历史以及朱元璋跌宕起伏的个人成长历程，提供了非常宝贵的一手资料，价值极大。此处所选篇目收录在明朝郎瑛所撰的《七修类稿》中。

《七修类稿·皇陵碑》

自古帝王之兴，皆位逼势敌，有以成其私志。汉祖虽微，亦为泗上[1]亭长[2]，岂特有如我太祖[3]不阶尺土[4]者耶？夫起自庶人[5]，贵为天子，富有四海[6]，莫不夸张先世，照耀将来，至有妄认其始祖者也，岂特有如我太祖特述其卑微者乎？此可见天生豪杰上圣之资，不可与常人等也。瑛[7]伏读御制集中皇陵碑文，未尝不三叹三颂而已，惜世人止知其事而又未知太祖先已命臣下为文，述亦详矣，仍以未称而自撰，此尤见圣睿[8]之益圣也。今故拜录二文于左，以示将来。

【注释】［1］泗上：泛指泗水北岸的地域。　［2］亭长：秦、汉时在乡村每十里设一亭，作为低于县一级的行政单位，亭长即其长官，汉高祖刘邦早年曾任亭长。［3］太祖：即明太祖朱元璋。［4］不阶尺土：即不凭借（祖上留下的）一尺土地，指白手起家。［5］庶人：在古代泛指无官爵的平民百姓。［6］富有四海：古时认为中国四面环海，所以常四海来泛指全国各地。富有四海，即统一天下的意思。［7］瑛：《七修类稿》一书的作者郎瑛。［8］圣睿：即圣哲睿智，古代多用作帝王颂词，此处代指朱元璋。

奉天承运，大建武功，以有天下，实由祖宗积德所致。兹欲撰文，词臣考摭弗周，则纪载弗称，敢以上请。于是上[1]手录大概，若曰：朕幼时，皇考[2]为朕言："先世居句容[3]朱家巷，尔祖先于宋季元初，我时尚幼，从父挈[4]家渡淮，开垦兵后荒田，因家泗州。"朕记不忘。皇考有四子，长兄讳某，生于津律镇[5]；仲兄讳某，生于灵璧；三兄讳某，生于虹县。皇考五十居钟离[6]之东乡而朕生焉，十年后复迁钟离之西乡，长兄侍亲，仲兄、三兄皆出赘[7]，既而复迁太平乡之孤村庄。岁甲申[8]，皇考及皇妣[9]陈氏俱亡弃，长兄与其子亦继殁[10]。时家甚贫，谋葬无所，同里刘大秀悯其孤苦，与地一方以葬皇考、皇妣，今之先陵是也。葬既毕，朕茕然无托[11]，念二亲为吾年幼有疾，尝许释氏[12]，遂请于仲兄，师事沙门[13]高彬于里之皇觉寺。邻人汪氏助之礼，九月乙巳也。是年蝗旱，十一月丁酉，寺之主僧岁歉不足以供众食，俾各还其家。朕居寺时甫两月，未谙释典[14]，罹[15]此饥馑，徬徨三思，归则无家，出则无学，乃勉而游食四方，南历金斗[16]，西抵无锡，北至颍州，崎岖[17]二载[18]。泗州盗起，剽掠杀人，时承平既久，列郡骚动，仍还皇觉寺。又四年，颍、濠、蕲、黄有警，濠城亦破，朕杂处兵间，与元兵相拒。期年[19]元兵败去，得其义兵三千人于定远，遂立帅之夜袭元将知枢密院事[20]老张，既遁，得其民兵男女七万人，攻逐元将参政[21]野先。乃移师淮州，转战和阳[22]，渡江击采石[23]、抚太平[24]，定业建康[25]。将相协心，贤能匡赞，西平陈友谅[26]，东翦张士诚[27]，南廓八闽[28]，百粤[29]奉款，中原顺服，兵进幽燕，元君弃宗社而去[30]，朕以十五年间遂成大业。仰惟先陵奇秀所钟，虽治葬之时厄于贫窭[31]，衣衾棺椁不能具备，赖天地之佑、祖宗之福也。今富有天下，顾无以惬人子之情，兹欲启坟改葬，虑泄山川灵气，使体魄不安，益增悲悼。姑积土厚封，势若冈阜，树以名木，列以石人石兽，以

658

备山陵之制而已。谨献陵曰皇陵，汝其据事直言无讳。臣善长[32]以上手所录付词撰文，臣善长等钦承明训，黾勉[33]论次，惟古先帝王若虞舜、汉高祖皆起自侧微，以成德业之盛。盖天将降大任于圣明，必先有以起之。今皇上述二亲之劬劳[34]与夙昔之出处，刻石以昭先烈，俾后世子孙知积累之厚、创业之难，思以继承无疆之基。《诗》云："永言孝思，孝思惟则[35]。"呜呼盛哉！谨拜手稽首[36]而为之铭曰：皇矣上帝，厥命煌煌[37]，监观[38]四方，有道者昌。惟今天子，奋迹田里，叱风驱霆，仗剑而起。汝颍始兵，蔓于濠梁，渊潜时晦，觐[39]其施张。元君既否[40]，紊乱政理，命将出师，反斁[41]人纪。贪残污秽，肆彼剽攘，战功败衄[42]，赏罚无章。猛士阴兵[43]，险平萃止[44]，总戎[45]惊奔，归者如水。滁和[46]来斗，形势莫当，江流浩浩，瞬息可航。采石破倾，当涂风靡，宣歙[47]畏威，耄倪[48]忻喜。经营建业[49]，实帝故乡，号令之行，肃如秋霜。乃伐僭王[50]，殲之彭蠡[51]，削平两浙，殪[52]彼蛇豕[53]。闽广既服，百粤来王，青齐[54]献款[55]，底平豫章[56]。师震幽燕，君臣北徙，空城尽开，图籍弗毁。乃作礼乐，乃垂衣裳，重译表献[57]，大开明堂[58]。永怀上世，原其本始，句容族居，川回山峙。载渡淮海，辟除榛荒，或濠或泗，奠处弗常。钟离之乡，卜葬如此，化家为国，灵秀钟美。积善弥久，天赐祯祥[59]，修之于己，惟德乃长。浚河之原，以达其委[60]，基岱之高，以观其止。奉天理物，君德是扬，丕扬大业，传叙无疆。尝敕相臣，申命国史，昭昭[61]后昆[62]，受天之祉[63]。

【注释】［1］上：君主帝王的敬称，此处亦指朱元璋。［2］考：亡父。［3］句容：地名，即今江苏省句容市。［4］挈：带领，携带。［5］津律镇：据学者考证，津律镇应为津里镇，即今安徽滁州市明光市东之津里镇。［6］钟离：即钟离县，在今凤阳县临淮镇东。［7］出赘：男子到女方家作赘婿。［8］岁甲申：即元顺帝至正四年（1344）。［9］妣：亡母。［10］殁：即死亡。继殁：相继死亡。［11］茕然：意为孤单的样子。茕然无托，即孤单而无所依托之意。［12］释氏：因佛祖名释加牟尼，所以常用释氏代指佛教。［13］沙门：即佛教僧侣。［14］谙：熟悉，知晓。释典：佛经。［15］罹：遭遇，遭受（苦难、不幸）。［16］历：经过。金斗：即金斗河，曾为流经合肥的肥水支流，今已不存。［17］崎岖：本意为高低不平的样子，这里作动词，意为奔波于崎岖的道路。［18］二载：即二年。［19］期年：过了一年。［20］知枢密院事：元代在中央也设立枢密院以掌管军事事务，知枢密院事即枢密院职官之一。［21］参政：即参知政事的简称，元代在中书省与各行省设置的职官之一。［22］和阳：即元代和州，今安徽省马鞍山市和县。［23］采石：即采石矶，位于今安徽省马鞍山市西南长江东岸，为江防要地。［24］太平：即元代太平路，包括当涂、芜湖、繁昌三县。［25］建康：即今南京。［26］陈友谅：湖北沔阳黄蓬人，元末群雄之一。［27］张士诚：原名张九四，今江苏兴化白驹场人，元末群雄之一。［28］八闽：即福建省的简称。［29］百粤：代指两广。［30］宗社：为宗庙和社稷的合称，此处借指国家。元君弃宗社而去：即指元顺帝逃回漠北，元朝灭亡。［31］贫窭：贫穷，贫困。［32］善长：即李善长，字百室，濠州定远人，明朝开国功臣，撰此文时任职宰相。［33］黾勉：努力，勉励。［34］劬劳：劳苦，苦累。［35］孝思惟则：出自《诗经·大雅·下武》，意为永远要孝亲敬老，此为人生准则。［36］拜手稽首：古代男子的一种跪拜礼。在下跪时，两手拱合，低头至手，与手心平。［37］煌煌：明亮光辉貌。［38］监观：观察，观览。［39］觑：看。［40］否：恶、坏。元君既否：指元顺帝不贤明。［41］斁：败坏。［42］败衄：溃败，挫败。［43］阴兵：此处作神兵讲。［44］萃止：聚集。止，语尾助词。［45］总戎：此处即军队统帅。［46］滁和：即滁州与和阳。［47］宣歙：即宣城与歙县。［48］耄：年老。倪：弱小，小孩。耄倪：即老少。［49］建业：即今南京市。［50］僭王：即越分称王之人，此处指陈友谅。［51］彭蠡：即鄱阳湖别称。殀之彭蠡：指朱元璋率军在鄱阳湖大战中击杀陈友谅。［52］殪：杀死。［53］蛇豕：此处用蛇豕代指盘踞江苏、浙江等地的张士诚集团。［54］青齐：山东在古代属于青州，山东的别称又叫齐，所以青齐即代指山东。［55］献款：投诚、归服。［56］豫章：此处代指江西。［57］重译：指路途遥远，语言不通。重译表献：意为呈送进贡表文要经过多次翻译，代指很远的地方都前来进贡。［58］明堂：古代天子朝会及举行庆典等活动的处所。［59］祯祥：吉祥。［60］委：原委。［61］昭昭：明亮，光明。［62］后昆：后嗣；子孙。［63］祉：福，吉祥。

孝子皇帝[1]谨述：洪武十六年夏四月，命江阴侯吴良[2]督工新造皇堂，予时秉鉴窥形[3]，但见苍头皓首[4]，忽思往日之艰辛，况皇陵碑记皆儒臣粉饰之文，不足以为后世子孙之戒，特述艰难以明昌运，世代见之。其辞曰：

昔我父王，寓居是方，农桑艰辛，朝夕傍徨。俄尔天灾流行，眷属罹殃[5]，皇考终而六十有四，皇妣五十有九而亡。孟兄[6]先逝，合家守丧。田主德不我顾[7]，呼叱昂昂[8]，既不得与葬地，邻里惆怅，忽伊郑兄之慷慨，惠此[9]黄壤。殡无棺椁，被体恶裳，浮掩三尺，奠何肴浆。既葬之后，家道惶惶[10]。仲兄少弱，生计不张；孟嫂携幼，东归故乡。值天无雨，遗蝗腾翔，里人缺食，草木为粮，予亦何有，心惊若狂，乃与兄计，如何是常。兄云去此，各度凶荒。兄为我哭，我为兄伤，皇天[11]白日，泣断心肠，兄弟异路，哀恸遥苍。汪氏老母，为我筹量，遣子相送，备礼馨香，空门礼佛，出入僧房。居无两月，寺主封仓，众各为计，云水飘扬。我何作为，百无所长，依亲自辱，仰天茫茫。既非可倚，侣影相将[12]。突朝烟而急进，暮投古寺以趋跄[13]，仰穹崖崔嵬[14]而倚壁，听猿啼夜月而凄凉。魂悠悠而觅父母无有，志落魄而徜徉，西风鹤唳，俄[15]淅沥[16]以飞霜，身如蓬逐风而不止，心滚滚乎若沸汤。一浮云乎又过三载，年方二十而强。时乃长淮盗起，民生攘攘[17]，予思亲之心明著，日遥盼乎家邦，已而既归，仍复业于皇[18]。住三载而有雄者跳梁[19]，初起汝颍，次及凤阳之南厢[20]。未几陷城，深高城隍[21]，拒守不去，号令彰彰[22]。友人寄书，云及趋降[23]，既忧且惧，无可筹详。傍有觉者，将欲声扬。当此之际，逼迫而无已，试与智者相商，乃告之曰："果束手以待罪，抑[24]奋臂而相戕[25]？"智者为我计画，且阴祷以默相[26]，如其言往卜去守之何祥[27]，神乃阴阴乎[28]有警，其气郁郁乎洋洋[29]，卜逃、卜守则不吉，将就凶而不妨。即起趋降而附城，几被无知而创[30]，少顷获释，身体安康。从遇朝暮，日夜戎行，元兵讨罪，将士扬扬[31]，一攫[32]不得，再攫再攘[33]，移营易垒，旌旗相望。已而解去，弃戈与枪，予脱侣队，驭马空强，去游南土，气舒而光。唱农夫以入伍，事业是匡，不逾月而众集，赤帜蔽野而盈冈，率渡清流，戍守滁阳。思亲询旧[34]，终日慨慷，知仲姊之已逝，独存驸马与甥双[35]。驸马引儿来接我，外甥见舅如见娘，此时孟嫂亦有知，携儿挈女皆从傍。次兄已殁数载，独遗寡妇野持筐。因兵南北，生计忙忙，一时聚会如再生，牵衣诉昔以难当。于是家有眷属，外练兵钢，群雄并驱，饮食不遑。暂宿和州，东渡大江。首抚姑孰[36]，礼义是尚。遂立建业，四守关防，砺兵秣马，静看颉颃[37]。群雄自为乎声教，戈矛天下铿锵。元纲不振乎彼世祖[38]之法，豪杰何有乎仁良。予乃张皇[39]六师，飞旗角亢，勇者效力，智者赞襄。亲征荆楚，将平湖湘，三苗尽服，广海入降。命大将军东平乎吴越，齐鲁耀乎其疆，西有乎伊洛崤函[40]，地险河湟[41]，入胡都[42]而市不易肆[43]，虎臣露锋刃而灿若星芒。已而长驱于井陉[44]，河山[45]之内外民庶咸仰，关中一日即定，市巷笙簧。玄菟、乐浪[46]以归板籍，南蕃十有三国而来王。以金陵而定鼎，托虎踞而仪凤凰，天堑星高而月辉沧海，钟山镇岳而峦接乎银潢[47]。欲厚陵之微葬，卜者乃曰不可而地且藏，于是祀事之礼已定，每精洁乎蒸尝[48]。惟劬劳罔极之恩难报，为此勒石铭于皇堂，世世承运而务德，必仿佛于殷商。泪笔以述难，谕嗣以抚昌。稽首顿首再拜，愿时时而来享。

【注释】[1]孝子皇帝：即朱元璋。 [2]吴良：初名国兴，定远人，明初功臣，洪武三年封为江阴侯。 [3]鉴：镜子。秉鉴窥形：即照镜观看自己的样貌。 [4]苍：青黑色。皓：洁白。苍头皓首：意为头发斑白。 [5]眷属：亲眷，亲属。罹殃：遭遇灾祸。 [6]孟兄：即长兄，大哥。 [7]德不我顾：即德不顾我，意为对我不仁德。 [8]昂昂：骄傲自负貌。 [9]惠此：此处作动词，意为赠送。 [10]惶惶：此处应指家道中落，生计紧迫。 [11]皇天：苍天。 [12]侣影相将：意为与影子作伴，相互扶持，表示孤单无依。 [13]趋跄：疾行貌。 [14]崔嵬：高耸的样子。 [15]俄：俄尔，不久。 [16]淅沥：形容下雨的声音，此处指秋天下雨。 [17]攘攘：乱纷纷的样子。 [18]皇：即皇觉寺。 [19]跳梁：跳跃，腾跃，此处形容跋扈。雄者跳梁：即指起义兵起。 [20]厢：靠近城的地区。 [21]隍：没有水的城壕。 [22]彰彰：昭著；明显。 [23]云及：言及。趋降：前去投降，此处指投靠起义军。 [24]抑：表选择，相当于或是、还是。 [25]戕：杀害。 [26]阴祷以默相：此句意为通过暗自占卜来帮助自己做决定。 [27]祥：吉凶的预兆。 [28]阴阴乎：幽暗貌，意为暗中。 [29]郁郁：气息浓厚之貌。洋洋：盛大的样子。 [30]创：此句指朱元璋前往参加起义军时，差点被不知情者误杀。［31］扬扬：得意貌。［32］攫：抓取，此处意为夺取。［33］攘：侵夺。［34］询：询问，征求。旧：亲旧。询旧：即寻访亲旧之交。［35］甥双：即双甥，两个外甥。驸马：即朱元璋姐夫。［36］姑孰：即姑孰城，今安徽省当涂县城。［37］颉颃：本意为鸟飞上飞下貌，此处指群雄割据，不相上下，互相抗衡。［38］世祖：即元世祖忽必烈。［39］张皇：张大，显扬。［40］伊洛：即伊水与洛水。崤函：即崤山与函谷关。［41］河湟：黄河与湟水的并称。［42］胡都：元大都，即今日之北京。［43］市：市场。肆：店铺。市不易肆：意为明军攻入北京，商业活动不受影响，百姓安居乐业。［44］井陉：即太行山要隘井陉口，又称土门关。［45］河山：即黄河与华山。河山内外：即黄河与华山内外，代指今陕西地区。［46］玄菟、乐浪：都为古郡名，汉武帝所置，此处指辽东地区。［47］银潢：天河，银河。［48］蒸尝：本指秋冬二祭，此处泛指祭祀。

修撰《元史》

洪武元年（1368）元朝灭亡，朱元璋当年便下诏编修《元史》。洪武二年（1369）二月正式开局编写，以左丞相李善长为监修，宋濂、王祎为总裁，征招汪克宽、胡翰、赵壎等十六人参加纂修，宋濂是实际的主要负责人。这次编写至秋八月结束，仅用了188天的时间，由于编纂的时间过于仓促，且缺乏元顺帝一朝的资料，所以全书此次没有完成。于是朝廷派人到全国各地搜集顺帝一朝的资料后，在洪武三年二月六日重开史局，仍命宋濂、王祎为总裁，征召赵壎、朱右、贝琼等十五人继续纂修，经过143天书成。然后将前后二书合为一书，并按本纪、志、表、列传厘分，共210卷。两次纂修，共历时331天，为时甚短，故后人对《元史》颇多疑议。此处所选的《进元史表》为第一次修撰《元史》上呈时所作，而《宋濂目录后记》则为第二次修撰后所作，两文颇能如实反映当时修撰《元史》的实情。

《进元史表》

伏以纪一代以为书，史法相沿于迁、固[1]。考前王之成宪，周家有监于夏、殷[2]。盖因已往之废兴，用作将来之法戒。惟元氏之有国，本朔漠以造家。事兵戈而争强，并部落者十世；逐水草而为食，擅雄长于一隅。逮至成吉思[3]之时，聚会斡难河[4]之上，方尊位号，始定教条。既近取于乃蛮[5]，复远攻于回纥[6]。渡黄河以蹙[7]西夏[8]，踰居庸[9]以瞰中原。太宗[10]继之，而金源为墟[11]。世祖[12]承之，而宋篆遂讫[13]。立经陈纪，用夏变夷。肆宏远之规模，成混一之基业。爰及成、仁[14]之主，见称愿治之君。唯祖训之式遵，思孙谋之是遗。自兹以降，亦[15]号隆平。丰亨豫大之言，鼓倡于天历之世；离析涣奔之祸，驯致于至正[16]之朝。徒玩细娱，浸忘远虑。权奸蒙蔽于外，嬖倖蛊惑于中。周纲遽致于陵迟，汉网实因于疏阔。由是群雄角逐，九域瓜分。风波徒沸于重溟[17]，海岳竟归于真主。臣善长等诚惶诚恐，顿首顿首。

【注释】［1］迁：即《史记》的作者司马迁。固：即《汉书》的作者班固。［2］周：即周朝。夏、殷：即周朝之前的夏朝与商朝。监：即"鉴"。此句意为周朝以夏、殷二代之史为鉴。［3］成吉思：即元太祖铁木真，又称成吉思汗。［4］斡难河：又称鄂伦河，为黑龙江上游支流。大会斡难河：指公元1206年成吉思汗大会部下，并即位于斡难河畔。［5］乃蛮：为蒙古统一之前的漠北强部，后为成吉思汗所灭。［6］回纥：后改名回鹘，曾统一草原，建立王朝，灭亡后部众大多西迁。此处以回纥代指西域。［7］蹙：通"蹙"，困迫。［8］西夏：中国历史上由党项族建立的王朝，因位于宋朝西北部，史称西夏，公元1227年为蒙古所灭。［9］居庸：即今北京西北的居庸关。［10］太宗：即元太宗窝阔台。［11］金源：代指金朝。金源为墟：指金国灭亡。［12］世祖：元世祖忽必烈。［13］篆：即所谓天赐的符命之书，作为御制天下的凭证。宋篆遂讫：意为宋朝灭亡。［14］成：元成宗铁穆耳。仁：元仁宗爱育黎拔力八达。［15］亦：古汉语助词，用在句首或句中。［16］至正：元顺帝第四个年号，也是元朝最后一个年号，时间为公元1341—1368年。［17］溟：大海。

钦惟皇帝陛下奉天承运，济世安民。建万世之丕图，绍百王之正统。大明出而爝火息，率土生辉；迅雷鸣而众响销，鸿音斯播。载念盛衰之故，乃推忠厚之仁。金言实既亡而名亦随亡，独谓国可灭而史不当灭。特诏遗逸之士，欲求论议之公。文辞勿致于艰深，事迹务令于明白。苟善恶瞭然在目，庶劝惩有益于人。此皆天语之丁宁，足见圣心之广大。于是命翰林学士臣宋濂[1]、待制臣王祎协恭刊裁，儒士臣汪克宽、臣胡翰、臣宋禧、臣陶凯、臣陈基、臣赵壎、臣曾鲁、臣赵汸、臣张文海、臣徐尊生、臣黄篪、臣傅恕、臣王锜、臣傅著、臣谢徽、臣高启分科修纂。上自太祖，下迄宁宗[2]，据《十三朝实录》之文，成百余卷粗完之史。若自元统以后，则其载籍靡存。已遣使以旁求，俟续编而上送。愧其才识之有限，弗称三长[3]；兼以纪述之未周，殊无寸补。臣善长忝司钧轴，幸睹成书。信传信而疑传疑，仅克编摩于岁月；笔则笔而削则削，敢言褒贬于《春秋》。仰尘乙夜之观[4]，期作千秋之鉴。所撰《元史》，本纪三十七卷，志五十三卷，表六卷，传六十三卷，目录二卷，通计一百六十一卷，凡一百三十万六千余字，谨缮写装潢成一百二十册，随表上进以闻。臣善长下情无任激切屏营[5]之至。臣善长等诚惶诚恐，顿首顿首，谨言。

【注释】［1］宋濂：字景濂，号潜溪，元末明初著名文学家、史学家，曾主持修撰《元史》。 ［2］宁宗：即元宁宗懿璘质班。 ［3］三长：出自《旧唐书·刘子玄传》："史才须有三长，世无其人，故史才少也。三长，谓才也，学也，识也。"后人用三长代指修史的才能。 ［4］乙夜：二更时候，约为夜间十时。乙夜之览：此处特指帝王夜间观览书史。 ［5］激切：激动感奋。屏营：惶恐，彷徨。

《宋濂目录后记》

洪武元年秋八月，上既平定朔方[1]，九州攸同，而金匮之书，悉入于秘府。冬十有二月，乃诏儒臣，发其所藏，纂修《元史》，以成一代之典，而臣濂、臣祎实为之总裁。明年春二月丙寅开局，至秋八月癸酉书成，纪凡三十有七卷，志五十有三卷，表六卷，传六十有三卷。丞相、宣国公臣善长[2]率同列表上，已经御览。至若顺帝[3]之时，史官职废，皆无实录可征，因未得为完书。上复诏仪曹[4]遣使行天下，其涉于史事者，令郡县上之。又明年春二月乙丑开局，至秋七月丁亥书成，又复上进，以卷计者，纪十，志五，表二，传三十又六。凡前书有所未备，颇补完之。其时与编摩者，则臣赵壎、臣朱右、臣贝琼、臣朱世濂、臣王廉、臣王彝、臣张孟兼、臣高逊志、臣李懋、臣李汶、臣张宣、臣张简、臣杜寅、臣俞寅、臣殷弼，而总其事者，仍臣濂与臣祎焉。合前后二书，复厘分而附丽之[5]，共成二百一十卷。旧所纂录之士，其名见于表中者，或仕或隐，皆散之四方，独壎能终始其事云。

昔者，唐太宗以开基[6]之主，干戈甫定，即留神于《晋书》，敕房玄龄[7]等撰次成编，人至今传之。钦惟皇上龙飞江左，取天下于群雄之手，大统[8]既正，亦诏修前代之史，以为世鉴。古今帝王能成大业者，其英见卓识，若合符节盖如是。於戏盛哉！第臣濂等以荒唐缪悠[9]之学，义例不明，文辞过陋，无以称塞诏旨之万一。夙夜揣分[10]，无任战兢[11]。今镂板讫功[12]，谨系岁月次第于目录之左，庶几博雅君子相与刊定[13]焉。

洪武三年十月十三日，史臣金华宋濂[14]谨记。

【注释】［1］朔方：北方。 ［2］善长：即李善长。 ［3］顺帝：即元顺帝妥懽帖睦尔。 ［4］仪曹：指礼部。 ［5］厘分：整理分类。附丽：附着。此句意为"将所编的前后两部书重新分类整理成一部书"。 ［6］开基：即开创基业，指开国。 ［7］房玄龄：名乔，字玄龄，唐初名相，曾主持修纂《晋书》。 ［8］大统：即一统国家，登基称帝。 ［9］缪悠：虚妄不实。 ［10］揣：揣度，揣测。分：职责的限度。 ［11］无任：敬词，即不胜。战兢：畏惧戒慎貌。无任战兢：形容自己职责所在，十分畏惧戒慎。 ［12］镂板：雕板印刷。镂板讫功：指所修《元史》已经完成，印刷成功。 ［13］刊定：修改审定。 ［14］金华宋濂：宋濂为浙江金华人，所以自称金华宋濂。

靖难之变

明太祖朱元璋建国后，为藩屏帝室，巩固统治，乃大封诸子侄为藩王，以镇守全国各要害之地。明初诸藩王拥有自己的护卫军队，一些重要的藩王还可以节制诸军，拥有强大的军事势力。朱元璋去世后，皇太孙朱允炆即位，即建文帝。因各藩王已成尾大不掉之势，建文帝用齐泰、黄子澄等大臣之计进行削藩，建文元年（1399）镇守北平的燕王朱棣遂以诛讨奸臣齐泰、黄子澄为名起兵，史称靖难之变。双方多次激战，战事一度陷入僵持，最终燕王朱棣于建文四年（1402）攻陷京师，建文帝下落不明，燕王即位，是为明成祖。此处所选即《明史》本纪中关于成祖朱棣靖难之变的部分。

《明史·成祖纪一》（节选）

成祖[1]启天弘道高明肇运圣武神功纯仁至孝文皇帝讳棣，太祖[2]第四子也。母孝慈高皇后[3]。洪武三年，封燕王。十三年，之藩[4]北平[5]。王貌奇伟，美髭髯[6]。智勇有大略，能推诚任人[7]。二十三年，同晋王[8]讨乃儿不花[9]。晋王怯不敢进，王倍道趋迤都山[10]，获其全部而还，太祖大喜。是后屡帅诸将出征，并令王节制沿边士马，王威名大振。

【注释】[1]成祖：朱棣死后被追尊的庙号。 [2]太祖：明太祖朱元璋。 [3]孝慈高皇后：即朱元璋正妻马皇后。 [4]之藩：到达所封的藩国作藩王。 [5]北平：即北京，当时以南京为都城，所以称为北平。 [6]髭：嘴上边的胡子。髯：两腮的胡子。 [7]推诚任人：以诚心相待并善于使用人才。 [8]晋王：即明太祖第三子朱㭎，称为晋王。 [9]乃儿不花：为当时盘踞漠北的元朝残余势力的将领之一。 [10]迤都山：当时的漠北山名，可能在今内蒙古二连浩特东北。

三十一年闰五月，太祖崩，皇太孙[1]即位，遗诏诸王临[2]国中，毋得至京师。王自北平入奔丧，闻诏乃止。时诸王以尊属[3]拥重兵，多不法。帝纳齐泰[4]、黄子澄[5]谋，欲因事[6]以次削除之。惮燕王强，未发，乃先废周王橚[7]，欲以牵引[8]燕[9]。于是告讦[10]四起，湘[11]、代[12]、齐[13]、岷[14]皆以罪废。王内自危[15]，佯狂称疾[16]。泰、子澄密劝帝除王，帝未决。

建文元年夏六月，燕山百户[17]倪谅告变，逮官校[18]于谅、周铎等伏诛[19]。下诏让[20]王，并遣中官[21]逮王府僚[22]，王遂称疾笃[23]。都指挥使[24]谢贵、布政使[25]张昺以兵守王宫。王密与僧道衍[26]谋，令指挥张玉、朱能潜纳勇士八百人入府守卫。

【注释】[1]皇太孙：即建文帝朱允炆。[2]临：监临。[3]尊属：辈分高的亲属，当时各藩王于建文帝为叔辈。[4]齐泰：明应天溧水人，初名德，字德洪，明太祖改名为泰。建文帝即位后，与黄子澄一同建议削夺藩王权力。[5]黄子澄：明江西分宜人，洪武年间进士。建文帝即位后，兼任翰林学士，与齐泰同参国政，建议削藩。[6]因事：借事为由。[7]周王橚：即朱橚，为明太祖朱元璋第五子，朱棣同母弟，封为周王。[8]牵引：牵连引罪。[9]燕：即燕王朱棣。[10]告讦：告发、揭发他人阴私、过失。[11]湘：即朱柏，明太祖朱元璋第十二子，封湘王。[12]代：即朱桂，明太祖朱元璋第十三子，封代王。[13]齐：即朱榑，明太祖朱元璋第七子，封齐王。[14]岷：即朱楩，明太祖朱元璋第十八子，封岷王。[15]自危：自感处境危殆。[16]佯狂称疾：装疯，称病。[17]百户：明代在全国各地设立卫所机构，百户为百户所长官。[18]官校：泛指低级官吏。[19]伏诛：被法律惩罚而受死刑。[20]让：责备。[21]中官：宦官。[22]王府僚：王府官僚。[23]称疾笃：谎称病重。[24]都指挥使：明代各都指挥使司及行都指挥使司长官。[25]布政使：明代各省承宣布政使司长官，别称藩司、藩台。[26]僧道衍：即姚广孝，明苏州长洲人，幼名天禧，字斯道。十四岁出家，法号道衍，为朱棣靖难之变功臣。

秋七月癸酉，匿壮士端礼门，绐[1]贵、昺入，杀之，遂夺九门。上书天子指泰、子澄为奸臣，并援《祖训》[2]"朝无正臣，内有奸恶，则亲王训兵待命，天子密诏诸王统领镇兵讨平之"。书既发，遂举兵。自署官属，称其师曰"靖难"。拔居庸关[3]，破怀来，执宋忠，取密云，克遵化，降永平。二旬[4]众至数万。

八月，天子以耿炳文[5]为大将军，帅师致讨。己酉，师至真定[6]，前锋抵雄县。壬子，王夜渡白沟河，围雄，拔其城，屠之。甲寅，都指挥[7]潘忠、杨松自鄚州[8]来援，伏兵擒之，遂据鄚州，还驻白沟。大将军部校张保来降，言大将军军三十万，先至者十三万，半营[9]滹沱河南，半营河北。王惧与北军战，南军且乘之也，乃纵保归，俾扬言王帅兵且至，诱其军尽北渡河。壬戌，王至真定，与张玉、谭渊等夹击炳文军，大破之，获其副将李坚、宁忠及都督顾成等，斩首三万级。进围真定，二日不下，乃引去。天子闻炳文败，遣曹国公李景隆[10]代领其军。九月戊辰，江阴侯吴高[11]以辽东兵围永平。戊寅，景隆合兵五十万，进营河间[12]。王语诸将曰："景隆色厉而中馁[13]，闻我在必不敢遽来，不若往援永平以致[14]其师。吴高怯不任战，我至必走，然后还击景隆。坚城在前，大军在后，必成擒矣。"丙戌，燕师援永平。壬辰，吴高闻王至，果走，追击败之。遂北趋大宁[15]。

【注释】［1］绐：欺骗。［2］《祖训》：即朱元璋所作训示子孙后代的《祖训》。［3］居庸关：在北京西北，重要关塞。［4］二旬：十日为一旬，二旬即二十日。［5］耿炳文：濠州人，明初功臣。［6］真定：即今河北省石家庄市正定县。［7］都指挥：明代卫所都指挥司的长官都指挥使、都指挥佥事等皆可简称都指挥。［8］鄚州：故城在今河北省任丘市鄚州镇。［9］半营：一半驻营于。［10］曹国公李景隆：明开国功臣李文忠之子。［11］江阴侯吴高：凤阳定远人，字尚志，明开国功臣吴良之子。［12］河间：在今河北省沧州市境内。［13］色厉而中馁：表面很神气，但内心缺乏勇气。馁：馁怯。［14］致：这里为使动用法，使……前来。［15］大宁：即大宁都指挥使司，简称大宁都司，治所原在大宁卫，即今内蒙古宁城西，后移治保定府。

冬十月壬寅，以计入其城。居七日，挟宁王权[1]，拔大宁之众及朵颜三卫[2]卒俱南。乙卯，至会州。始立五军：张玉将中军，郑亨、何寿副之，朱能将左军，朱荣、李浚副之；李彬将右军，徐理、孟善副之；徐忠将前军，陈文、吴达副之；房宽将后军，和允中、毛整副之。丁巳，入松亭关[3]。景隆闻王征大宁，果引军围北平，筑垒九门，世子[4]坚守不战。十一月庚午，王次孤山[5]。逻骑[6]还报曰白河流澌[7]不可渡。王祷于神，至则冰合，乃济师。景隆遣都督[8]陈晖侦敌，道左，出王军后。王分军还击之，晖众争渡河，冰忽解，溺死无算。辛未，与景隆战于郑村坝[9]。王以精骑先破其七营，诸将继至，景隆大败，奔还。乙亥，复上书自诉。十二月，景隆调兵德州，期以明年春大举。王乃谋侵大同，曰："攻大同，彼必赴救，大同苦寒，南军脆弱，且不战疲矣。"庚申，降广昌。

二年春正月丙寅，克蔚州。二月癸丑，至大同。景隆果由紫荆关[10]来援。王已旋军居庸，景隆兵多冻馁死者，不见敌而还。

夏四月，景隆进兵河间，与郭英、吴杰、平安[11]期会白沟河。乙卯，王营苏家桥。己未，遇平安兵河侧。王以百骑前，佯却，诱安阵动，乘之，安败走。遂薄景隆军，战不利。暝收军，王以三骑殿，夜迷失道，下马伏地视河流，乃辨东西，渡河去。庚申，复战。景隆横阵数十里，破燕后军。王自帅精骑横击之，斩瞿能父子。令丘福冲中坚，不得入。王荡其左，景隆兵乃绕出王后，大战良久，飞矢雨注。王三易马，矢尽挥剑，剑折走登堤，佯引鞭若招后继者。景隆疑有伏，不敢前，高煦[12]救至，乃解。时南军益集，燕将士皆失色。王奋然曰："吾不进，敌不退，有战耳。"乃复以劲卒突出其背，夹攻之。会旋风起，折景隆旗，王乘风纵火奋击，斩首数万，溺死者十余万人。郭英溃而西，景隆溃而南，尽丧其所赐玺书斧钺，走德州。五月癸酉，王入德州，景隆走济南。庚辰，攻济南，败景隆军城下。铁铉、盛庸[13]坚守，不克。

秋八月戊申，解围还北平。九月，盛庸代李景隆将，复取德州，与吴杰、平安、徐凯相掎角，以困北平。时徐凯方城沧州，王佯出兵攻辽东，至通州，循河而南，渡直沽[14]，昼夜兼行。

冬十月戊午，袭执徐凯，破其城，夜坑降卒三千人。遂渡河过德州。盛庸遣兵来袭，击败之。十一月壬申，至临清。十二月丁酉，袭破盛庸将孙霖于滑口。乙卯，及庸战于东昌，庸以火器劲弩歼王兵。会平安军至，合围数重，王大败，溃围以免，亡数万人，张玉战死。

【注释】[1]宁王权：即朱权，明太祖朱元璋第十子，封宁王。[2]朵颜三卫：又称兀良哈三卫，明代人对鞑靼以东、黑龙江以南的朵颜卫、福余卫、泰宁卫的合称。[3]松亭关：古关名，故址在今河北宽城县西南。[4]世子：朱棣长子朱高炽，当时为燕王世子，朱棣去世后继位，即明仁宗。[5]孤山：位于今河北省三河市西北。[6]逻骑：巡逻的骑兵。[7]流澌：江河解冻，冰水流动。[8]都督：明代都督府左右都督、都督佥事等官职皆可简称都督。 ［9］郑村坝：在今北京东二十里。 ［10］紫荆关：明代北京西面重要关塞。 ［11］平安：小字保儿，明太祖养子之一。 ［12］高煦：即朱棣次子朱高煦。 ［13］盛庸：籍贯不详。 ［14］直沽：在今天津市三汊口一带。

三年春正月辛酉，败吴杰、平安于威县，又败之于深州，遂还北平。二月乙巳，复帅师南下。三月辛巳，与盛庸遇于夹河，谭渊战死。朱能、张武殊死斗，庸军少却。会日暮，各敛兵入营。王以十余骑逼庸营野宿，及明起视，已在围中。乃从容引马，鸣角穿营而去。诸将以天子有诏，毋使负杀叔父名，仓卒相顾愕眙，不敢发一矢。是日复战，自辰至未，两军相胜负，东北风忽起，尘埃蔽天，燕兵大呼，乘风纵击，庸大败。走德州。吴杰、平安自真定引军与庸会，未至八十里，闻败引还。王以计诱之，杰、安出兵袭王。闰月戊戌，遇于藁城。己亥，与战，大风拔木，杰、安败走，追至真定城下。癸丑，至大名，闻齐泰、黄子澄已罢，上书请召还吴杰、平安、盛庸兵。天子使大理少卿[1]薛岩来报，谕王释甲，王不奉诏。

夏五月，杰、安、庸分兵断燕饷道，王遣指挥武胜上书，诘其故。天子怒，下胜狱。王遂遣李远略沛县，焚粮舟万计。

秋七月己丑，掠彰德。丙申，降林县。平安乘虚捣北平，王遣刘江迎战，安败走。房昭屯易州西水寨，攻保定，王引兵围之。

冬十月丁巳，都指挥花英援昭，败之峨眉山[2]下，斩首万级，昭弃寨走。己卯，还北平。十一月乙巳，王自为文祭南北阵亡将士。当是时，王称兵三年矣。亲战阵，冒矢石，以身先士卒，常乘胜逐北，然亦屡濒于危。所克城邑，兵去旋复为朝廷守，仅据有北平、保定、永平三府而已。无何，中官被黜者来奔，具言京师空虚可取状。王乃慨然曰："频年用兵，何时已乎？要当临江一决，不复返顾矣。"十二月丙寅，复出师。

四年春正月乙未，由馆陶渡河。癸丑，徇徐州。三月壬辰，平安以四万骑蹑王军，王设伏淝河，大败之。丙午，遣谭清断徐州饷道，还至大店，为铁铉军所围。王引兵驰援，清突围出，合击败之。

夏四月丙寅，王营小河，为桥以济，平安趋争桥，陈文战死。平安军桥南，王军桥北，相持数日。平安转战，遇王于北坂，王几为安槊所及。番骑王骐跃入阵，掖王逸去。王曰："南军饥，更一二日饷至，猝未易破。"乃令千余人守桥，夜半渡河而南，绕出安军后。比旦，安始觉，适徐辉祖来会。甲戌，大战齐眉山[3]下。时燕连失大将，淮土盛暑蒸湿，诸将请休军小河东，就麦观衅。王曰："今敌持久饥疲，遮其饷道，可以坐困，奈何北渡懈将士心。"乃下令欲渡河者左，诸将争趋左。王怒曰："任公等所之。"乃无敢复言。丁丑，何福等营灵璧，燕遮其饷道，平安分兵六万人护之。己卯，王帅精锐横击，断其军为二。何福空壁来援，王军少却，高煦伏兵起，福败走。辛巳，进薄其垒，破之，生擒平安、陈晖等三十七人，何福走免。五月己丑，下泗州，谒祖陵，赐父老牛酒。辛卯，盛庸扼淮南岸，朱能、丘福潜济袭走之，遂克盱眙。

癸巳，王集诸将议所向，或言宜取凤阳，或言先取淮安。王曰："凤阳楼橹完，淮安多积粟，攻之未易下。不若乘胜直趋扬州，指仪真，则淮、凤自震。我耀兵江上，京师孤危，必有内变。"诸将皆曰善。己亥，徇扬州，驻军江北。天子遣庆成郡主[4]至军中，许割地以和，不听。六月癸丑，江防都督金事陈瑄以舟师叛，附于王。甲寅，祭大江。乙卯，自瓜州渡，盛庸以海艘迎战，败绩。戊午，下镇江。庚申，次龙潭[5]。辛酉，天子复遣大臣议割地，诸王继至，皆不听。乙丑，至金川门[6]，谷王橞[7]、李景隆等开门纳王，都城遂陷。是日，王分命诸将守城及皇城，还驻龙江[8]，下令抚安军民。大索齐泰、黄子澄、方孝孺[9]等五十余人，榜其姓名曰奸臣。丙寅，诸王群臣上表劝进。己巳，王谒孝陵。群臣备法驾[10]，奉宝玺，迎呼万岁。王升辇，诣奉天殿即皇帝位。复周王橚、齐王榑爵。壬申，葬建文皇帝。丁丑，杀齐泰、黄子澄、方孝孺，并夷其族。坐奸党死者甚众。戊寅，迁兴宗孝康皇帝主于陵园，仍称懿文太子[11]。

【注释】[1]大理少卿：明代于大理寺设左右少卿，为副官。[2]峨眉山：此峨眉山又名齐眉山，在今河北省易县境内。[3]齐眉山：此齐眉山与上述齐眉山不同，在今安徽省宿州灵璧县西南。[4]庆成郡主：即庆阳公主，蒙城王朱重四之女，为明太祖朱元璋的侄女。[5]龙潭：在今南京市区。[6]金川门：是明南京城墙十三内城门之一，坐南朝北，因金川河由此出城而得名。［7］谷王橞：即朱橞，明太祖朱元璋第十九子，封谷王。［8］龙江：在今南京市内。［9］方孝孺：明浙江宁海人，字希直，一字希古，号逊志，人称正学先生。［10］法驾：天子车驾。［11］懿文太子：即朱元璋长子朱标，建文帝朱允炆之父。

郑和下西洋

明初由太监郑和率领的大规模远洋航行，始于永乐三年（1405）。是年，三宝太监郑和奉明成祖朱棣之命，率领船队从今江苏浏家港起航，出使西洋各地，到宣德八年（1433）为止，先后七次出使。共历经爪哇、苏门答腊、苏禄等30多个国家和地区，最远曾到达非洲东海岸与红海。郑和下西洋是中国古代规模最大、船只最多、海员最多、时间最久的海上航行，比欧洲大航海早半个多世纪，体现了当时明朝的强盛国力。关于郑和下西洋，有多种文献记载，其中对于下西洋的行程等信息，以马欢的《瀛涯胜览》、费信的《星槎胜览》等书所载最为详细、直接，但篇幅过长。此处选择《明史·郑和传》作为篇目，篇幅不但适中，而且叙述简要。

《明史·宦官一·郑和传》

郑和，云南人，世所谓三保太监者也[1]。初事燕王[2]于藩邸[3]，从起兵[4]有功，累擢太监。

成祖疑惠帝[5]亡[6]海外，欲踪迹[7]之，且欲耀兵异域[8]，示中国富强。永乐三年六月命和及其侪[9]王景弘等通使西洋[10]。将士卒二万七千八百余人，多赍[11]金币。造大舶[12]，修[13]四十四丈、广[14]十八丈者六十二。自苏州刘家河[15]泛海[16]至福建，复自福建五虎门[17]扬帆，首达占城[18]，以次遍历诸番国[19]，宣天子诏，因给赐其君长，不服则以武慑[20]之。五年九月，和等还，诸国使者随和朝见。和献所俘旧港[21]酋长。帝大悦，爵赏有差。旧港者，故三佛齐国也，其酋陈祖义，剽掠商旅。和使使[22]招谕，祖义诈降，而潜谋[23]邀劫。和大败其众，擒祖义，献俘，戮于都市。

【注释】［1］三宝太监：郑和，本姓马，名和，小名三宝，又作三保，所以又称之为三保太监或三宝太监。［2］燕王：即朱棣，被朱元璋封为燕王，靖难之变后即位称帝。［3］藩邸：藩王之府宅。［4］起兵：即参与靖难之变。［5］惠帝：即建文帝朱允炆，后被谥为恭闵惠皇帝，所以又称惠帝。［6］亡：逃亡。［7］踪迹：这里作动词，意为寻觅……的踪迹。［8］异域：此处意为外国、境外。［9］侪：同类之人。［10］西洋：当时对今南海以西海洋及沿海各地的称呼。［11］赍：赐予。［12］大舶：大船。［13］修：长。［14］广：宽。［15］苏州刘家河：即今江苏太仓市浏河镇。［16］泛海：乘船渡海。［17］福建五虎门：即今福州闽江口五虎门。［18］占城：古国名，故地在今越南中南部。［19］诸番国：当时境外各国与地区。［20］慑：威胁，威慑。［21］旧港：即三佛齐王国，又作室利佛逝等，是位于大巽他群岛上的古代王国，明代曾在其地设旧港宣慰使司。［22］使使：即派遣使者，第一个使作动词，意为派遣。［23］潜谋：暗中谋划。

六年九月再往锡兰山[1]。国王亚烈苦奈儿诱和至国中，索金币，发兵劫和舟。和觇[2]贼大众既出，国内虚，率所统二千余人，出不意攻破其城，生擒亚烈苦奈儿及其妻子官属。劫和舟者闻之，还自救，官军复大破之。九年六月献俘于朝。帝赦[3]不诛，释归国。是时，交趾[4]已破灭，郡县[5]其地，诸邦益震詟[6]，来者日多。

十年十一月复命和等往使，至苏门答剌[7]。其前伪王子苏干剌者，方谋弑主自立，怒和赐不及己，率兵邀击官军。和力战，追擒之喃渤利[8]，并俘其妻子，以十三年七月还朝。帝大喜，赍诸将士有差。

十四年冬，满剌加[9]、古里[10]等十九国咸遣使朝贡，辞还。复命和等偕往，赐其君长。十七年七月还。十九年春复往，明年八月还。二十二年正月，旧港酋长施济孙请袭宣慰使[11]职，和赍敕印[12]往赐之。比还[13]，而成祖已晏驾[14]。洪熙元年二月，仁宗命和以下番[15]诸军守备南京。南京设守备，自和始也。宣德五年六月，帝以践阼[16]岁久，而诸番国远者犹未朝贡，于是和、景弘复奉命历忽鲁谟斯[17]等十七国而还。

【注释】［1］锡兰山：古国名，也称僧伽罗国或狮子国，在今斯里兰卡岛。［2］觇：觇候，侦察。［3］赦：赦免。［4］交趾：古地名，指今越南北部。［5］郡县：作动词，以……为郡县。［6］震詟：震慑，畏惧。［7］苏门答剌：古国名，在今苏门答腊岛。［8］喃渤利：古地名，在今苏门答腊岛西部。［9］满剌加：古国名，十四至十五世纪马来亚封建王国，在今马来西亚马六甲州，今多译为马六甲。［10］古里：又作"古里佛"，是位于南亚次大陆西南部的一个古代王国。［11］宣慰使：明代宣慰使司长官。［12］敕印：敕文与印章。［13］比还：等到回还。［14］晏驾：古时帝王死亡的讳称。［15］下番：即下西洋。［16］践阼：即位，登基。［17］忽鲁谟斯：又译作霍乐木兹、和尔木斯，在今伊朗东南米纳布附近。

和经事[1]三朝，先后七奉使，所历占城、爪哇[2]、真腊[3]、旧港、暹罗[4]、古里、满剌加、渤泥[5]、苏门答剌、阿鲁[6]、柯枝[7]、大葛兰[8]、小葛兰[9]、西洋琐里、琐里[10]、加异勒[11]、阿拨把丹[12]、南巫里[13]、甘把里[14]、锡兰山、喃渤利、彭亨[15]、急兰丹[16]、忽鲁谟斯、比剌[17]、溜山[18]、孙剌[19]、木骨都束[20]、麻林[21]、剌撒[22]、祖法儿[23]、沙里湾泥[24]、竹步[25]、榜葛剌[26]、天方[27]、黎伐[28]、那孤儿[29]，凡三十余国。所取无名宝物，不可胜计，而中国耗废亦不赀[30]。自宣德以还，远方时有至者，要不如永乐时，而和亦老且死。自和后，凡将命海表[31]者，莫不盛称和以夸外番[32]，故俗传三保太监下西洋，为明初盛事云。

【注释】［1］经事：历事。［2］爪哇：古地名，位于今爪哇岛。［3］真腊：为中南半岛古国，在今柬埔寨境内。［4］暹罗：中国对东南亚国家泰国的古称。［5］渤泥：又称勃泥，为加里曼丹岛北部文莱一带的古国。［6］阿鲁：又名哑鲁，靠近满剌加。［7］柯枝：亦作"国贞"，或言即古盘盘国，在今印度西南部的柯钦一带。［8］大葛兰：又作大观喃等，可能即奎隆南面的阿廷加尔。［9］小葛兰：又作小葛兰山、俱蓝、故临等，可能即印度西南海岸的奎隆。［10］西洋琐里：又作锁里、锁俚，印度古国，在今印度东南科罗曼德尔海岸一带。［11］加异勒：又作加一、加益、加异城等，即今印度东南岸的卡异尔镇。［12］阿拨把丹：在今印度半岛南端，但确切位置尚不确定。［13］南巫里：在西南海中，具体位置待考。［14］甘把里：又作甘巴里，即今印度南部泰米尔纳德邦西部的科因巴托尔。［15］彭亨：又作彭坑、彭杭等，在今马来半岛东部。［16］急兰丹：古地名，即今马来西亚的哥打巴鲁。［17］比剌：其确切位置尚多争论，但不少学者认为在非洲，与孙剌相近。［18］溜山：又作溜山洋、溜洋、留山等，在今印度洋中的马尔代夫群岛和拉克代夫群岛。［19］孙剌：可能即今非洲莫桑比克的索法拉。［20］木骨都束：位于今非洲东岸索马里的摩加迪沙一带。［21］麻林：可能即今非洲肯尼亚的马林迪。［22］剌撒：古国名，可能在今也门亚丁附近。［23］祖法儿：可能即今阿曼的佐法儿一带。［24］沙里湾泥：可能在今印度半岛南端东海岸。［25］竹步：可能即今索马里南部的朱巴。［26］榜葛剌：又作榜葛兰、傍葛剌等，即今孟加拉国及印度西孟加拉邦地区。［27］天方：天方为天房之误，天房即麦加的克尔白圣殿，明代用天方国代指今沙特阿拉伯的麦加地区。［28］黎伐：大概在今印尼苏门答腊岛的洛克肖马韦与班达亚齐之间。［29］那孤儿：十五世纪古国名，在今苏门答腊岛西北部。［30］耗废亦不赀：耗费的钱财也不计其数。［31］海表：海外。［32］外番：当时各外国或境外地区。

土木之变

　　土木之变又称"土木堡之变"。英宗正统初年，明朝与瓦剌之间关系友好，双方多次互遣使节，往来贸易，但在友好交往中也逐渐产生了一些矛盾。到正统十四年（1449）七月，瓦剌也先以入贡索赏没有得到满足为由，率兵扰边，在当权太监王振的怂恿下，英宗御驾亲征。但因为仓促而行，未做好充分的军事准备，英宗率军到大同后，前军作战失利，不得不仓促回师。回师途中又因事迁延，在八月十三日行至土木堡（在今河北怀来东）时，被瓦剌军追及，围困。十五日明军传令移营，瓦剌军趁机四面围攻，明军大溃，太监王振及众多随行大臣被杀，英宗被俘，伤亡惨重。虽然后来明朝最终取得了北京保卫战的胜利，并未亡国，且迎回英宗，但土木事变无疑是对明朝统治的一次重大打击，影响深远。此处所选为清人谷应泰《明史纪事本末》中对"土木之变"一事的记述，其简明扼要地梳理了该事变的来龙去脉。

《明史纪事本末·土木之变》（节选）

英宗正统八年夏四月，瓦剌[1]太师[2]顺宁王[3]脱欢[4]死，子也先嗣。自脱欢杀阿鲁台[5]，并吞诸部，势浸[6]强盛，至也先益横，屡犯塞北，边境自此多事。

十二年春正月，巡抚宣大佥都御史[7]罗亨信上言："瓦剌也先专候衅端，图入寇，宜预于直北要害，增置城卫土城备之。不然，恐贻[8]大患。"奏闻，兵部尚书邝埜畏王振不敢主议。时参将[9]石亨欲以大同四州七县之民，三丁籍一兵[10]。又有敕令军余[11]尽拨屯种，量亩起科[12]。亨信奏言："瓦剌方骄，边民疲甚。兼以边地碱薄[13]，若如所言，是绝衣食而逼其窜[14]也。且当今事势，正宜布恩信以结人心，苟绝其衣食，未有得其心者。"诏从之。

十四年春二月，也先遣使二千余人进马，诈称三千人。王振[15]怒其诈，减去马价，使回报，遂失和好。先是，也先遣人入贡，通事[16]辈利其贿，告以中国虚实。也先求结婚，通事私许之，朝廷不知也。至是，贡马，曰："此聘礼也。"答诏无许姻意，也先益愧忿，谋寇大同。

夏六月丙辰，夜雷电大震，风雨骤作。谨身殿火起，延奉天、华盖二殿，奉天诸门皆毁。自王振擅权，灾异迭见，振略不警畏，狠恣愈甚，且讳言天变。时浙江绍兴山移于平地，官不敢闻。又地动，白毛遍生，奏入不省。陕西二处山崩，压没人家数十户，山移有声，三日不绝，移三里，不敢详奏。黄河改往东流于海，淹没人家千余户。又振宅新起，未逾时，一火而尽。南京宫殿火，是夜大雨，殿基上荆棘二尺高。始下诏赦天下。

【注释】[1]瓦剌：明代西部蒙古各部的总称。　[2]太师：本为汉族官号，元代时常作为宰相大臣加官，明时为蒙古族所沿用。　[3]顺宁王：脱欢之父马哈木在永乐年间曾被朱棣封为顺宁王，马哈木死后，脱欢继承该封号。　[4]脱欢：为瓦剌部马哈木之子，也先之父。　[5]阿鲁台：明代鞑靼部首领。　[6]浸：逐渐。　[7]巡抚宣大佥都御史：官名，即宣府、大同巡抚、佥都御史。　[8]贻：留下。　[9]参将：明代武官名，设于总兵官或副总兵下，无品级，无定员。　[10]三丁籍一兵：即每三名丁男选一人入籍当兵。［11］军余：又称余丁、家丁，明代卫所军士家属中成年男丁，以多人佐边军一人。边军正常死亡或老疾，即用军余补伍。［12］量亩起科：对农田计亩征收钱粮。［13］边地碱薄：边疆土地多为盐碱地，贫瘠。［14］窜：逃窜。［15］王振：今河北蔚县人，英宗初年专权之宦官。［16］通事：翻译。

秋七月，也先图犯边，其势甚张。侍讲徐珵[1]语其友刘溥曰："祸不远矣！"亟[2]命妻子南归，皆重迁[3]，有难色。珵怒曰："尔不急去，不欲作中国妇耶！"乃行。八日，也先大举入寇，兵锋锐甚。大同兵失利，塞外城堡，所至陷没。边报日至，乃遣驸马都尉[4]井源等四将，各率兵万人出御之。源等既行，太监王振劝上亲征。命下，二日即行，事出仓卒，举朝震骇。命太师[5]英国公张辅、太师成国公朱勇率师以从，户部尚书王佐、兵部尚书邝埜、学士曹鼐、张益等扈征。吏部尚书王直及大小群臣，伏阙恳留，不允。十七日，命太监金英辅郕王[6]居守，每旦于阙左门西面受群臣谒见。遂偕王振并官军五十余万人，至龙虎台驻营。方一鼓，众军讹相惊乱，皆以为不祥。明日，出居庸关，过怀来，至宣府。连日风雨，人情汹汹，声息愈急。随驾诸臣连上章留，振怒，悉令掠阵。未至大同，兵士已乏粮，僵尸满路。寇亦佯避，诱师深入。

八月戊申朔，至大同。振又欲进兵北行，邝埜请回銮，振矫旨令与王佐随老营。埜乘马蹀躞[7]而前，坠地几殆[8]。王佐竟日跪伏草中请还。钦天监正[9]彭德清斥振曰："象纬[10]示警，不可复前。若有疏虞，陷乘舆[11]于草莽，谁执其咎[12]？"学士曹鼐曰："臣子固不足惜，主上系天下安危，岂可轻进！"振怒曰："倘有此，亦天命也！"于是井源等报败踵至。会暮，复有黑云如伞罩营，雷雨大作，王振恶之。会前军西宁侯朱瑛、武进伯朱冕全军覆没，镇守大同中官郭敬密言于振，势决不可行，振始有还意。明日班师，大同总兵[13]郭登告学士曹鼐等，车驾入，宜从紫荆关，庶保无虞[14]。王振不听。振，蔚州人，因欲邀驾幸其第[15]；既又恐损其禾稼，行四十里，复转而东。还至狼山，追骑且及。十三日庚申，遣朱勇等率三万骑御之。勇无谋，进军鹞儿岭，敌于山两翼邀阻夹攻，杀掠殆尽。是日，驾至土木[16]，日尚未晡，去怀来仅二十里。众欲入保怀来，以王振辎重千余辆未至，留待之。邝埜再上章请车驾疾驱入关，而严兵为殿[17]。不报。又诣行殿力请，振怒曰："腐儒安知兵事！再妄言必死！"埜曰："我为社稷[18]生灵，何得以死惧我！"振愈怒，叱左右扶出。遂驻土木。旁无水泉，又当敌冲。十四日辛酉，欲行，敌已逼，不敢动。人马不饮水已二日，饥渴之甚，掘井深二丈不得水。其南十五里有河，已为也先所据。也先分道自土木傍麻谷口入，守口都指挥郭懋拒战终夜，敌益增。时杨洪总兵在宣府，或劝洪急以兵冲敌围，驾可突出，竟闭城不出。

【注释】［1］徐珵：即徐有贞，初名珵，字元玉，明苏州吴县人，后改名有贞。［2］亟：急切。［3］重迁：不愿迁居。［4］驸马都尉：官名，历代以来任职者多为公主之夫，简称驸马。［5］太师：明代三公官之一，正一品，多用作文武大臣的加官、赠官。［6］郕王：即当时封为郕王的朱祁钰，土木之变中英宗被掳，朱祁钰登基，是为景泰帝。［7］踸踔：小步走的样子。［8］几殆：几乎危殆，即险些丧命。［9］钦天监正：钦天监为明代职掌天文历算的官署，钦天监正即其长官。［10］象纬：即象数谶纬，这里指星象经纬。［11］乘舆：代指皇帝。［12］谁执其咎：意为谁担任过失后的责任。［13］总兵：即总兵官，明代总镇一方的武官。［14］无虞：没有忧患。［15］第：宅第，府第。［16］土木：即土木堡，在今河北省张家口市怀来县境内。［17］殿：殿后。［18］社稷：代指国家。

十五日壬戌，敌遣使持书来，以和为言。遂召曹鼐草敕与和，遣二通事与北使偕去。振急传令移营，逾堑而行，回旋之间，行伍已乱。南行未三四里，敌复四面攻围，兵士争先奔逸，势不能止。铁骑蹂阵而入，奋长刀以砍大军，大呼解甲投刀者不杀。众裸袒[1]相蹈藉死[2]，蔽野塞川，宦侍[3]、虎贲[4]矢被体如猬。上与亲兵乘马突围不得出，被拥以去。英国公张辅，尚书邝埜、王佐，学士曹鼐、张益而下数百人皆死。从臣得脱者萧惟祯、杨善等数人。军士脱者逾山坠谷，连日饥饿，仅得达关[5]。骡马二十余万，并衣甲器械辎重，尽为也先所得。太监喜宁降于也先，尽以中国虚实告之。初，师既败，上乃下马盘膝面南坐，惟喜宁随侍。有一胡[6]索衣甲，不与，欲加害，其兄来曰："此非凡人，举动自别。"拥出雷家站，见也先之弟赛刊王。上问曰："子其也先乎？其伯颜帖木儿乎？赛刊王乎？大同王乎？"闻

679

其语大惊，驰见也先，曰："部下获一人甚异，得非大明天子乎？"也先乃召使中国二人问是否，二人见，大惊曰："是也。"也先喜曰："我常告天，求大元[7]一统天下，今果有此胜。"问众何以为计，其中一人名乃公，大言曰："天以仇赐我，不如杀之。"伯颜帖木儿大怒，呼也先为"那颜"[8]，"那颜"者，华言大人也。曰："安用此人在傍！"摧其面，曰："去！"因力言："两军交战，人马必中刀箭，或践伤压死。今大明皇帝独不践压中刀箭，而问那颜，问我等，无惊恐怨怒。我等久受大明皇帝厚恩赏，虽天有怒，推而弃之地下，而未尝死之，我等何反天！那颜若遣使告中国，迎返天子，那颜不有万世好男子名乎？"众皆曰："者。"胡语云"者"，然辞也。于是也先以上送伯颜帖木儿营，令护之。时惟校尉袁彬[9]侍，命彬遣前使臣梁贵持手书，示怀来守臣，言被留状，且索金帛。城闭不可入，缒[10]之上。守臣遣人送至京，以是夜三更从西长安门入报。十七日，百官集阙下，颇闻败报，私告语，惊惧。出朝见败卒裹创[11]累累[12]至，讯之，皆不知上所在。是日，皇太后遣使赍[13]重宝文绮，载以八骑，皇后钱氏尽括宫中物佐之，诣也先营请还车驾。不报。

【注释】［1］裸袒：赤身露体。［2］相蹈藉死：相互践踏而死。［3］宦侍：宦官侍从。［4］虎贲：本指勇士，这里指禁卫军士兵。［5］达关：即到达明朝的关塞。［6］一胡：一个蒙古人。［7］大元：即元朝的国号。［8］那颜：为蒙古语，官名。［9］校尉：锦衣卫校尉。［10］缒：用绳索拴住将其拉上城。［11］裹创：包扎着伤口。［12］累累：接连成串的样子。［13］赍：赠送。

阳明心学

阳明即王守仁，幼名云，字伯安，浙江绍兴府余姚县人，因曾筑室于会稽山阳明洞，自号阳明子，所以学者称之为阳明先生，亦称王阳明。心学最早可追溯到孟子，北宋程颢开其端，南宋陆九渊大启其门径，成为与朱熹的理学分庭抗礼的学说。至明代，王阳明则首度提出"心学"两字，强调"心即是理",其宗旨在于"致良知",所以心学又称为阳明心学、阳明学、王学、心学。阳明心学对明代及以后的学术思想影响极大,被广泛传播,形成了清晰而独立的学术脉络。这里选取的是《王阳明文集》中王阳明为浙江稽山书院尊经阁所撰写的一篇题记文,文中着重阐明了他对传统儒家经典的观点,指出经与心、性、命实则为一,"六经者非他,吾心之常道也",要求见心求道,反对拘泥于经文,较能体现王阳明的学说。

《稽山书院尊经阁记》

经[1],常道[2]也,其在于天谓之命,其赋于人谓之性,其主于身谓之心。心也,性也,命也,一也。通人物,达四海,塞天地,亘古今,无有乎弗具[3],无有乎弗同,无有乎或变者也,是常道也。其应乎感也[4],则为恻隐[5],为羞恶,为辞让,为是非;其见于事也[6],则为父子之亲,为君臣之义,为夫妇之别,为长幼之序,为朋友之信。是恻隐也,羞恶也,辞让也,是非也;是亲也,义也,序也,别也,信也,一也。皆所谓心也,性也,命也。通人物,达四海,塞天地,亘古今,无有乎弗具,无有乎弗同,无有乎或变者也[7],是常道也。是常道也,以言其阴阳消息[8]之行焉,则谓之《易》;以言其纪纲政事[9]之施焉,则谓之《书》;以言其歌咏性情[10]之发焉,则谓之《诗》;以言其条理节文[11]之著焉,则谓之《礼》;以言其欣喜和平之生焉,则谓之《乐》;以言其诚伪邪正之辩焉,则谓之《春秋》。是阴阳消息之行也,以至于诚伪邪正之辩也,一也。皆所谓心也,性也,命也。通人物,达四海,塞天地,亘古今,无有乎弗具,无有乎弗同,无有乎或变者也,夫是之谓"六经"。

"六经"者非他,吾心之常道也。故《易》也者,志吾心之阴阳消息者也;《书》也者,志吾心之纪纲政事者也;《诗》也者,志吾心之歌咏性情者也;《礼》也者,志吾心之条理节文者也;《乐》也者,志吾心之欣喜和平者也;《春秋》也者,志吾心之诚伪邪正者也。君子之于"六经"也,求之吾心之阴阳消息而时[12]行焉,所以尊《易》也;求之吾心之纪纲政事而时施焉,所以尊《书》也;求之吾心之歌咏性情而时发焉,所以尊《诗》也;求之吾心之条理节文而时著焉,所以尊《礼》也;求之吾心之欣喜和平而时生焉,所以尊《乐》也；求之吾心之诚伪邪正而时辩焉，所以尊《春秋》也。

盖昔者圣人之扶[13]人极[14]、忧后世[15]而述[16]"六经"也，犹之富家者之父祖虑其产业库藏之积，其子孙者或至于遗忘散失，卒[17]困穷而无以自全[18]也，而记籍[19]其家之所有以贻[20]之，使之世守其产业库藏之积而享用焉，以免于困穷之患。故"六经"者，吾心之记籍也；而"六经"之实则具于吾心，犹之产业库藏之实积，种种色色[21]具存于其家。其记籍者，特[22]名状数目而已。而世之学者，不知求"六经"之实于吾心，而徒考索于影响[23]之间，牵制[24]于文义之末，硁硁然[25]以为是"六经"矣；是犹富家之子孙，不务[26]守视享用其产业库藏之实积，日遗忘散失，至于窭人匄夫[27]。而犹嚣嚣然[28]指其记籍，曰："斯吾产业库藏之积也！"何以异于是？

【注释】[1]经：对儒家典范著作的尊称。[2]常道：不变的义理和法则。[3]具：具有，具备。[4]其应乎感也：它反应在情感上。[5]恻隐：怜悯，同情，心中不忍。[6]其见于事也：它表现在事情上。[7]无有乎……变者也：这三句意为"没有不具备的，没有不相同的，没有任何改变的"。[8]消息：生息与衰减，泛指盛衰、生灭。阴阳消息：指阴阳盛衰变化。[9]纪纲政事：指国家的法纪政务。[10]歌咏性情：以诗歌吟咏情感。[11]条理节文：指礼节秩序。[12]时：适时，合乎时宜。[13]扶：匡扶，扶正。[14]人极：纲纪，纲常。[15]忧后世：为后世担忧、着想。[16]述：修纂，著述。[17]卒：最终。[18]自全：保全自己。[19]记籍：造册登记。[20]贻：遗留，留下。[21]种种色色：各种各样。[22]特：只是。[23]影响：没有根据的消息、踪影，这里应指关于六经的经训、注释。[24]牵制：拘泥，束缚。[25]硁硁然：浅薄固执的样子。[26]务：致力于。[27]窭人：穷苦人。匄夫：乞丐。[28]嚣嚣然：吵闹的样子。

呜呼！"六经"之学，其不明于世，非一朝一夕之故矣。尚功利，崇邪说，是谓乱经；习训诂[1]，传记诵，没溺[2]于浅闻小见，以涂[3]天下之耳目，是谓侮经；侈淫辞[4]，竞诡辩[5]，饰奸心，盗行逐世，垄断[6]而犹自以为通经，是谓贼经[7]。若是者，是并其所谓记籍者而割裂弃毁之矣，宁复知所以为尊经也乎？

越城[8]旧有稽山[9]书院，在卧龙[10]西冈，荒废久矣。郡守[11]渭南南君大吉[12]既敷政[13]于民，然慨然悼末学之支离[14]，将进之以圣贤之道。于是使山阴[15]令[16]吴君瀛拓[17]书院而一新[18]之；又为尊经之阁于其后。曰："经正，则庶民兴；庶民兴，斯无邪慝[19]矣。"阁成，请予一言以谂[20]多士[21]。予既不获辞，则为记之若是。呜呼！世之学者，得吾说而求诸其心焉，其亦庶乎知所以为尊经也矣。

【注释】[1]训诂：解释古代典籍字句。[2]没溺：沉迷。[3]涂：堵塞，蒙蔽。[4]侈淫辞：张扬邪僻荒诞的言论。[5]诡辨：辨，通"辩"，指貌似正确而实际上颠倒是非的言论。[6]垄断：独占把持。[7]贼经：即败坏经典。[8]越城：即今浙江绍兴，因古为越国之都而得名。[9]稽山：即会稽山。[10]卧龙：山名，因越大夫文种葬于此，所以又名种山。[11]郡守：此袭用旧称，称明代知府为郡守。[12]渭南南君大吉：南大吉，字元善，渭南（今陕西渭南市）人，正德年间进士，当时的绍兴知府。[13]敷政：施政。[14]支离：这里指经训注释烦琐而杂乱。[15]山阴：旧县名，亦指今浙江绍兴县。[16]令：县令。[17]拓：扩建。[18]一新：全部装饰如新。[19]邪慝：邪恶，邪念。[20]谂：规谏，劝告。[21]多士：贤士。

张居正改革

明中期以后，社会、政治、经济矛盾不断激化，财政危机、边疆危机日益严重，因此明朝政府急需进行改革，以缓解各种矛盾，度过危机。改革的动议此前已出现，而且不止来源于张居正一人，但一直未能得到大刀阔斧地施行。到明神宗万历皇帝即位，张居正与宦官冯保联合驱逐高拱后，出任内阁首辅。当时万历帝年幼，皇太后将大权委以张居正，万历帝也以师礼尊待之，因此张居正得以当国十年，大刀阔斧推行改革：政治上综合名实，整饬吏治，知人善用，裁汰冗员；军事上重用名将，整饬边防;经济上,于万历六年(1578)下令清丈全国田亩,九年(1581)推行一条鞭法,平均赋役。虽然万历十年(1582)张居正病卒,许多改革措施不再实行,或者有名无实,但经过改革后,明朝一度国库丰实,内外安谧,有效地缓解了统治危机。此处所选《陈六事疏》又称《直陈时政切要疏》,选自《张居正奏疏集》,是隆庆二年(1568)张居正所上的奏疏,其中系统地阐述了他的政治改革主张。这些主张在万历年间相继施行,因此可看作是张居正改革的纲领性文件。

《陈六事疏》

臣闻帝王之治天下,有大本,有急务。正心修身,建极以为臣民之表率者,图治之大本也。审几[1]度势,更化宜民[2]者,救时之急务也。大本虽立而不能更化以善治,譬之琴瑟不调,不解而更张[3]之,不可鼓[4]也。恭惟我皇上践阼以来,正身修德,讲学勤政,惓惓以敬天法祖[5]为心,以节财爱民为务:图治之大本既以立矣。但近来风俗人情,积习生弊,有颓靡不振之渐[6],有积重难反之几[7],若不稍加改易,恐无以新天下之耳目,一天下之心志。臣不揣愚陋,日夜思惟,谨就今时之所宜者条[8]为六事,开款上请[9],用备圣明[10]采择。臣又自惟,幸得以经术遭逢圣主[11],备位辅弼,朝夕与同事诸臣寅恭[12]谐协。凡有所见,自可随事纳忠[13],似不必更有建白[14]。但臣之愚昧,窃见皇上有必为之志,而渊衷[15]静默,臣下莫能仰窥;天下有愿治之心,而旧习因仍[16],趋向未知所适。故敢不避形迹,披沥上陈[17],期于宣昭主德而齐一众志,非有他也。伏乞圣慈[18]垂鉴,俯赐施行。天下幸甚,臣愚幸甚。

【注释】[1]几:时机。审几:审度时机。 [2]更化:即改革体制。宜民:使民众安辑。 [3]解:开解。更张:进行修正,调理。 [4]鼓:弹奏。 [5]法祖:即以祖宗为法。 [6]渐:指趋势。 [7]几:征兆。 [8]条:分条列述。 [9]开款上请:开列条款向皇上请示。 [10]圣明:代指皇帝。 [11]圣主:代指皇帝。 [12]寅恭:恭敬。 [13]纳忠:指尽忠进谏。 [14]建白:提出建议,陈述主张。 [15]渊衷:渊深的胸怀,多用以称颂皇帝。 [16]因仍:因袭,沿袭。 [17]披沥上陈:意为披肝沥胆，竭诚进谏。［18］圣慈：圣明慈祥，代指皇帝。

计开：
一、省议论
　　臣闻天下之事，虑之贵详，行之贵力，谋在于众，断在于独。汉臣申公[1]云："为治不在多言，顾力行如何耳。"[2]臣窃见顷年[3]以来，朝廷之间议论太多，或一事而甲可乙否，或一人而朝由暮跖[4]，或前后不觉背驰，或毁誉自为矛盾，是非淆于唇吻[5]，用舍决于爱憎，政多分更，事无统纪。又每见督抚[6]等官，初到地方，即例有条陈一疏。或漫言数事，或更置数官，文藻竟工，览者每为所眩[7]，不曰"此人有才"，即曰"此人任事"。其实莅位之始，地方利病，岂尽周知？属官贤否，岂能洞察？不过采听于众口耳。读其辞藻，虽若灿然，究其指归，茫未有效。比[8]其久也，或并其自言者而忘之矣。即如昨年，皇上以虏贼[9]内犯，特敕廷臣集议防虏之策。当其时，众言盈庭，群策毕举，今又将一年矣，其所言者果尽举行否乎？其所行者果有实效否乎？又如蓟镇之事[10]，初建议者曰"吾欲云云"，当事者亦曰"吾欲云云"，曾无几何，而将不相能[11]，士哗[12]于伍，异论繁兴，讹言踵至[13]，于是议罢练兵者又纷纷矣。
　　臣窃以为事无全利，亦无全害；人有所长，亦有所短。要在权[14]利害之多寡，酌[15]长短之所宜，委任责成，庶克[16]有济。今始则计虑未详，既以人言而遽行；终则执守靡定，又以人言而遽止。加之爱恶交攻，意见横出，逸言微中[17]，飞语流传，寻之莫究其端，听者不胜其眩。是以人怀疑贰，动见诪张[18]，虚旷岁时，成功难睹。语曰："多指[19]乱视，多言乱听！"此最当今大患也。
　　伏望皇上自今以后，励精治理，主宰化机[20]，扫无用之虚词，求躬行之实效。欲为一事，须审之于初，务求停当，及计虑已审，即断而行之。如唐宪宗之讨淮蔡[21]，虽百方阻之而终不为之摇。欲用一人，须慎之于始，务求相应；既得其人，则信而任之。如魏文侯之用乐羊[22]，虽谤书盈箧而终不为之动。
　　再乞天语叮咛部院[23]等衙门：今后各宜仰体朝廷省事尚实之意，一切奏章，务从简切，是非可否，明白直陈，毋得彼此推诿，徒托空言。其大小臣工，亦各宜秉公持正，以诚心直道相与，以勉修职业为务。反薄归厚，尚质省文，庶治理可兴，而风俗可变也。伏乞圣裁。

【注释】［1］申公：申培，西汉鲁人，鲁诗学大师。 ［2］为治……如何耳：出自《史记·儒林列传》。 ［3］顷年：近年。 ［4］由：即许由，传说中的远古隐士。跖：盗跖，春秋时大盗。朝由暮跖：形容早晚意见善变不一，变化很大。 ［5］唇吻：本意为嘴唇，这里借指言辞。 ［6］督抚：即总督与巡抚，在明代都为总制一方的大员。 ［7］眩：迷惑。 ［8］比：及。 ［9］虏贼：这里指北方蒙古部。 ［10］蓟镇之事：指隆庆元年（1567）九月，蒙古土蛮部纠众入寇蓟州镇，穆宗命群臣条议蓟州防御事宜。 ［11］不相能：不能彼此亲善和睦。 ［12］哗：哗变。 ［13］踵至：接踵而至。 ［14］权：权衡。 ［15］酌：考虑，度量。 ［16］庶：庶几。克：能够。 ［17］微中：暗地中伤。 ［18］诳张：欺骗，诓骗。 ［19］指：指手画脚。 ［20］化机：变化的枢机。 ［21］唐宪宗之讨淮蔡：指唐宪宗果断决定征讨叛乱之淮西（当时驻蔡州）节度使吴元济，并最终获胜一事。 ［22］魏文侯之用乐羊：指战国时魏文侯命乐羊攻打中山国，三年不克，诽谤之书堆满书箧，仍重用不辍，最终攻破中山国一事。 ［23］部院：即吏、户、礼、兵、刑、工六部与都察院的合称。

二、振纪纲

臣闻人主以一身而居乎兆民之上，临制[1]四海之广，所以能使天下皆服从其教令，整齐而不乱者，纪纲而已。纲如网之有绳，纪如丝之有总。《诗》曰："勉勉[2]我王，纲纪四方。"[3]此人主太阿[4]之柄，不可一日而倒持者也。

臣窃见近年以来，纪纲不肃，法度不行，上下务为姑息，百事悉从委徇[5]，以模棱两可谓之调停；以委屈迁就谓之善处。法之所加，唯在于微贱，而强梗[6]者虽坏法干纪，而莫之谁何[7]。礼之所制，反在于朝廷，而为下者或越理犯分[8]而恬不知畏，陵替[9]之风渐成，指臂之势[10]难使。贾谊[11]所谓跖戾者[12]，深可虑也。然人情习玩已久，骤一振之，必将曰："此拂[13]人之情者也。"又将曰："此务为操切[14]者也。"臣请有以解之，夫徇情之与顺情，名虽同而实则异；振作之与操切，事若近而用则殊。盖顺情者，因人情之所同欲者而施之，《大学》所谓"民之所好好之，民之所恶恶之"者也。若徇情则不顾理之是非，事之可否，而惟人情之是便而已。振作者谓整齐严肃，悬法以示民而使之不敢犯，孔子所谓"道[15]之以德，齐[16]之以礼"[17]者也。若操切，则为严刑峻法，虐使其民而已。故情可顺而不可徇，法宜严而不宜猛。

伏望皇上奋乾刚之断，普离照[18]之明，张法纪以肃群工，揽权纲而贞[19]百度[20]。刑赏予夺，一归之公道而不必曲徇乎私情；政教号令，必断于宸衷[21]而毋致纷更于浮议。法所当加，虽贵近不宥；事有所枉，虽疏贱必申。

仍乞敕下都察院[22]查照嘉靖初年所定宪纲事理，再加申饬。秉持公论，振扬风纪，以佐皇上明作励精之治。庶体统正，朝廷尊，而下有法守矣，伏乞圣裁。

【注释】[1]临制：临朝统治。[2]勉勉：勤勉不懈的样子。[3]勉勉我方，纲纪四方：出自《诗经·大雅·棫朴》。[4]太阿：古宝剑名，这里代指权力。[5]委徇：敷衍曲从。[6]强梗：指骄横跋扈、胡作非为之人。[7]莫之谁何：无可奈何。[8]犯分：超越本分。[9]陵替：即下陵上替，以下欺上，上下失序。[10]指臂之势：指手指要服从臂膀的支配，用以比喻下级必须服从上级的态势。[11]贾谊：西汉洛阳人，政论家、文学家。[12]跖：脚掌。盭：同"戾"，扭曲。跖盭：脚掌反转。语出贾谊《陈政事疏》："病非徒瘇也，又苦跖盭。"用以比喻上下失序。[13]拂：违背。[14]操切：处理事情过于急躁严厉。[15]道：通"导"，引导。[16]齐：约束。[17]道之以德，齐之以礼：出自《论语·为政》。[18]离照：比喻帝王的明察。[19]贞：端正。[20]百度：各种法度。[21]宸衷：帝王的心意。[22]都察院：明代中央监察机构，掌纠察内外百司，总领宪纲，弹劾百官，参与审理重大案件等。

三、重诏令

臣闻君者，主令者也，臣者，行君之令而致之民者也。君不主令则无威，臣不行君之令而致之民则无法，斯大乱之道也。臣看得旧规，凡各衙门章奏，奉旨有某部看了来说者，必是紧关[1]事情、重大机务；有某部知道者，虽若稍缓，亦必合行事务，或关系各地方民情利病。该衙门自宜恭酌缓急，次第题覆[2]。至于发自圣衷,特降敕谕者,又与泛常不同,尤宜上紧奉行,事乃无壅[3]。盖天子之号令,譬之风霆,若风不能动而霆不能击,则造化之机滞而乾坤之用息矣。

臣窃见近日以来,朝廷诏旨,多废格[4]不行,抄到各部,概从停阁[5]。或已题奉钦依,一切视为故纸,禁之不止,令之不从。至于应勘[6]应报,奉旨行下者,各地方官尤属迟慢。有查勘一事而数十年不完者,文卷委积[7],多致沉埋,干证之人[8],半在鬼录[9]。年月既远,事多失真,遂使漏网终逃,国有不伸之法,覆盆[10]自苦,人怀不白之冤。是非何由而明?赏罚何由而当?

伏望敕下部院等衙门:凡大小事务,既奉明旨,须数日之内即行题覆。若事理了然、明白易见者,即宜据理剖断[11],毋但诿之抚、按[12]议处,以致耽延。其有合行议、勘、问、奏者,亦要酌量事情缓急、道里远近,严立限期,责令上紧奏报,该部置立号簿,发记注销。如有违限不行奏报者,从实查参[13],坐[14]以违制[15]之罪。吏部即以此考其勤惰,以为贤否,然后人思尽职而事无壅滞也。伏乞圣裁。

【注释】 [1]紧关:关键紧要。 [2]题覆:用题本奏覆皇帝的垂询。 [3]壅:雍滞。[4]废格:亦作废阁,同搁、搁置。搁置而不实施。 [5]停阁:停搁。 [6]勘:勘查,审核。 [7]委积:堆积。 [8]干证之人:与讼案有关的证人。 [9]鬼录:指阴间死人的名簿。半在鬼录:谓半数已经死了。 [10]覆盆:覆置的盆。比喻社会黑暗,沉冤难雪。 [11]剖断:辨明是非,加以判处。 [12]抚、按:巡抚与巡按。 [13]查参:追查参奏。 [14]坐:定罪。 [15]违制:违反制度、命令。

四、核名实

臣闻人主之所以驭其臣者,赏罚用舍而已。欲用舍赏罚之当,在于综核名实[1]而已。臣每见朝廷欲用一人,当事者辄有乏才之叹。窃以为古今人才,不甚相远,人主操用舍予夺之权,以奔走天下之士,何求而不得?而曰世无才焉,臣不信也。惟名实之不核,拣择之不精,所用非其所急,所取非其所求,则上之爵禄不重,而人怀侥幸之心。牛骥[2]以并驾而俱疲,工拙以混吹而莫辨[3]，才恶得而不乏，事恶得而有济哉！

臣请略言其概。夫器必试而后知其利钝，马必驾而后知其驽良[4]。今用人则不然，称人之才，不必试之而以事；任之以事，不必更考其成；及至偾[5]事之时，又未必明正其罪。椎鲁[6]少文者，以无用见讥；而大言无当者，以虚声窃誉；倜傥伉直[7]者，以忤时[8]难合；而脂韦[9]逢迎者，以巧宦易容[10]。其才虽可用也，或以卑微而轻忽之；其才本无取也，或以名高而尊礼之。或因一事之善而终身借之以为资，或以一动之差而众口訾[11]之以为病。加以官不久任，事不责成，更调[12]太繁，迁转[13]太骤，资格[14]太拘，毁誉失实。且近来又有一种风尚，士大夫务为声称[15]，舍其职业而出位是思[16]。建白条陈，连篇累牍。至核其本等职业，反属茫昧[17]。主钱谷者不对出纳之数，司刑名者未谙[18]律例之文。官守既失，事何由举？凡此皆所谓名与实爽[19]者也。如此则真才实能之士何由得进？而百官有司之职何由得举哉？故臣妄以为，世不患无才，患无用之之道。如得其道，则举天下之士，唯上之所欲为，无不应者。

臣愿皇上慎重名器[20]，爱惜爵赏，用人必考其终，授任必求其当。有功于国家，即千金之赏、通侯[21]之印，亦不宜吝；无功于国家，虽颦笑[22]之微、敝袴[23]之贱，亦勿轻予。

【注释】［1］综核名实：全面考察人才的称说与事实是否相符。［2］牛骥：牛和骏马，比喻庸才与贤才。［3］工拙以……莫辨：本句化用滥竽充数的典故，谓善于吹奏之人与拙于吹奏之人因一起演奏而无法分辨。［4］驽：劣马。良：良马。［5］偾：败，坏。［6］椎鲁：鲁钝。［7］倜傥伉直：豪爽而刚直。［8］忤时：不合时俗。［9］脂韦：油脂和软皮，比喻世故圆滑。［10］以巧宦易容：因做官善于钻营谄媚而易受欢迎。［11］訾：毁谤，非议。［12］更调：官员调换。［13］迁转：官员升迁。［14］资格：官吏据年资升迁之制。［15］务为声称：致力于追求声誉。［16］舍其职业而出位是思：意为一门心思用在职分之外。［17］茫昧：糊涂不清。［18］谙：熟悉，精通。［19］爽：相差失，此处为违背之意。［20］名器：代表官员身份地位的爵号与车服仪制。慎重名器：即慎重官职的授予。［21］通侯：爵位名，原名彻侯，为二十等军功爵中最高者，后因避汉武帝刘彻名讳，改作通侯，又称列侯。［22］颦

689

笑：即皱眉与欢笑，借指厌恶与喜欢。［23］敝袴：破旧之裤。

仍乞敕下吏部严考课之法[1]，审名实之归。遵照祖宗旧制，凡京官及外官，三六年考满，毋得概引复职，滥给恩典，须明白开具称职、平常、不称职，以为殿最[2]。若其功过未大显著，未可遽行黜陟[3]者，乞将诰敕[4]、勋阶[5]等项酌量裁与[6]，稍加差等[7]，以示激劝。至于用舍进退，一以功实为准。毋徒眩于声名，毋尽拘于资格，毋摇之以毁誉，毋杂之以爱憎，毋以一事概其平生，毋以一眚[8]掩其大节。在京各衙门佐贰官[9]，须量其才器之所宜者授之，平居则使之讲究职业，赞佐长官；如长官有缺，即以佐贰代之，不必另索。其属官有谙练故事、尽心官守者，九年任满，亦照吏部升授京职，高者即转本衙门堂上官[10]。小九卿[11]堂官品级相同者，不必更相调用。各处巡抚官果于地方相宜久者，或就彼加秩[12]，不必又迁他省。布[13]、按[14]二司官，如参议[15]久者，即可迁参政[16]，佥事[17]久者，即可升副使[18]，不必互转数易，以滋劳扰。如此，则人有专职，事可责成，而人才亦不患其缺失矣。此外如臣言有未尽者，亦乞敕下该部，悉心请求，条列具奏。伏乞圣裁。

【注释】［1］考课之法：考核官吏的制度法令。［2］殿最：古代考核官吏，殿为最下等，最为最上等。［3］黜陟：官吏的升降。［4］诰敕：皇帝给大臣封官授爵所用文书，分诰命与敕命两种。明朝五品以上授诰命，六品以下授敕命。［5］勋阶：为荣誉称号的等级，明朝五品以上文官、六品以上武官历再考称职者，方可授予。［6］裁与：裁赐。［7］差等：等级，区别。［8］眚：过失。［9］佐贰官：副职官员。［10］堂上官：又称堂官，中央各衙门的长官。［11］小九卿：明清时期对中央某些卿寺衙门等主官的合称，至于具体哪九个衙门的长官，则说法不一。［12］秩：官吏的品级与俸禄。［13］布：即承宣布政使司，简称布政司，为明代一省的最高行政机构，其长官称布政使，别称藩司、藩台。［14］按：即提刑按察使司，简称按察司，为明代一省的最高司法监察机构，长官称按察使，又称臬台。［15］参议：明代各布政司官，因事而设，无定员，有左右之分，从四品。［16］参政：明代各布政司官，因事而设，无定员，有左右之分，从三品。［17］佥事：明代提刑按察使司官，因事设置，无定员，正五品。［18］副使：明代提刑按察使司官，正四品。

五、固邦本

臣闻帝王之治，欲攘外[1]者，必先安内[2]。《书》曰："民为邦本，本固邦宁。"[3]自古虽极治之时，不能无夷狄、盗贼之患。唯百姓安乐，家给人足，则虽有外患，而邦本深固，自可无虞[4]。唯是百姓愁苦思乱，民不聊生，然后夷狄、盗贼乘之而起。盖"安民[5]可以行义，而危民[6]易与为非"，其势然也。

恭惟皇上嗣登大宝，首下蠲恤之诏，黎元[7]忻忻[8]，方切更生。独昨岁以元年[9]，蠲赋[10]一半，国用不足，又边费重大，内帑[11]空乏，不得已差四御史[12]分道督赋[13]，三都御史[14]清理屯盐[15]，皆一时权宜，以佐国用之急，而人遂有苦其搜刮者。臣近日访之外论，皆称不便。缘各御史差出，目见百姓穷苦，亦无别法清查，止将官库所储，尽行催解[16]，以致各省库藏空虚。水旱灾伤，视民之死而不能赈；两广用兵，供饷百出而不能支。是国用未充而元气已耗矣。

臣窃以为天之生财，在官在民，止有此数。譬之于人，禀赋强弱自有定分。善养生者，唯撙节[17]爱惜，不以嗜欲戕[18]之，亦皆足以却病[19]而延寿。昔汉昭帝[20]承武帝[21]多事之后，海内虚耗，霍光[22]佐之，节俭省用，与民休息，行之数年，百姓阜安[23]，国用遂足。然则与其设法征求，索之于有限之数以病民，孰若加意省俭，取之于自足之中以厚下乎。

【注释】[1]攘外：排除外患。 [2]安内：安定内部。 [3]《书》：即《尚书》。此句出自《尚书·五子之歌》。 [4]虞：忧虑。 [5]安民：安定的民众。 [6]危民：危困的民众。 [7]黎元：百姓，民众。 [8]忻忻：欣喜、喜悦的样子。 [9]元年：即隆庆元年，公元1567年。 [10]蠲赋：免除赋税。 [11]内帑：国库。 [12]御史：明代都察院官员监察御史、巡按御史、巡漕御史等的总称。 [13]督赋：督办税收。 [14]都御史：明代都察院长官，掌纠劾百司，提督各道御史，常由总督兼任，以便行事。 [15]屯盐：即屯田与盐政。 [16]催解：催促押送。 [17]撙：节省。撙节：节省，节约。 [18]戕：杀害。 [19]却病：消除病患。 [20]汉昭帝：刘弗陵，为汉武帝幼子，西汉中兴之主，谥号孝昭皇帝。 [21]武帝：即汉武帝刘彻。 [22]霍光：字子孟，河东平阳人，霍去病异母弟，汉代权臣，历事汉武帝、昭帝、宣帝三朝。［23］阜安：富足安宁。

  仰惟皇上即位以来，凡诸斋醮[1]、土木[2]、淫侈之费，悉行停革，虽大禹之克勤克俭[3]，不是过矣。然臣窃以为矫枉者必过其正，当民穷财尽之时，若不痛加省节，恐不能救也。伏望皇上轸念民穷，加惠邦本，于凡不急工程，无益征办，一切停免，敦尚俭素，以为天下先。仍乞敕下吏部慎选良吏，牧养小民。其守令贤否殿最，惟以守己端洁[4]，实心爱民，乃与上考[5]称职，不次擢用[6]。若但善事上官[7]、干理[8]薄书，而无实政及于百姓者，虽有才能干局[9]，止与中考。其贪污显著者，严限追赃，押发各边，自行输纳，完日发遣发落，不但惩贪，亦可以为实边[10]之一助。再乞敕下户部悉心讲求财用之所以日匮[11]者，其弊何在？今欲措理[12]，其道何由？今风俗侈靡，官民服舍[13]俱无限制。外之豪强兼并，赋役不均，花分[14]、诡寄[15]，恃顽不纳田粮，偏累小民。内之官府造作，侵欺冒破，奸徒罔利，有名无实。各衙门在官钱粮，漫无稽查，假公济私，官吏滋弊。凡此皆耗财病民之大者。若求其害财者而去之，则亦何必索之于穷困之民，以自耗国家之元气乎？前项催督御史事完之后，宜即令回京，此后不必再差，重为地方之病。其屯监各差都御史，应否取回别用，但责成于该管抚按，使之悉心清理；亦乞敕下该部，从长计议，具奏定夺。以后上下唯务清心省事，安静不扰，庶民生可遂，而邦本获宁也。伏乞圣裁。

【注释】［1］斋醮：又称道场，道教的祭祷仪式。［2］土木：代指工程建设。［3］大禹之克勤克俭：语出《尚书·大禹谟》："克勤于邦，克俭于家。"勤俭之意也。［4］守己端洁：安守本分，正直廉洁。［5］上考：明代考核官吏分上中下三等，上考即考核成绩最上等，下文中的中考即第二等。［6］不次擢用：破格提升任用。［7］善事上官：善于侍奉上级官员。［8］干理：办理。［9］才能干局：办事有才干。［10］实边：充实边疆。［11］日匮：日渐缺乏。［12］措理：措置办理。［13］服舍：衣服与屋舍。［14］花分：田主将土地零星分散到亲邻、仆佃名下，以转嫁逃脱赋役。［15］诡寄：地主将土地寄附在官吏、僧道等享有免赋役特权的户名下，以逃脱服役。

六、饬武备

臣惟当今之事，其可虑者，莫重于边防；庙堂之上，所当日夜图画者，亦莫急于边防。迩年以来，虏患日深，边事久废。比者屡蒙圣谕，严饬边臣，人心思奋，一时督抚将领等官，颇称得人，目前守御，似亦略备矣。然臣以为虏如禽兽然，不一创之，其患不止；但战乃危事，未可易言，应从容审图[1]，以计胜之耳。

今之上策莫如自治，而其机要所在，惟在皇上赫然奋发，先定圣志，圣志定而怀忠蕴谋[2]之士，得效于前矣。今谭[3]者皆曰："吾兵不多，食不足，将帅不得其人。"臣以为此三者皆不足患也。夫兵不患少而患弱，今军伍虽缺而粮籍[4]具存，若能按籍征求，清查影占[5]，随宜募补，着实训练，何患无兵？捐[6]无用不急之费，并其财力，以抚养战斗之士，何患无财？悬重赏以劝有功，宽文法以伸将权，则忠勇之夫，孰不思奋，有何患于无将？臣之所患，独患中国无奋发励激之志，因循怠玩，姑务偷安，则虽有兵食良将，亦恐不能有为耳。故臣愿皇上急先自治之图，坚定必为之志，属任[7]谋臣，修举实政，不求近功，不忘有事，熟计而审行之，不出五年，虏可图矣。

至于目前自守之策，莫要于选择边吏，团练乡兵[8]，并守墩堡[9]，令民收保[10]。时简精锐，出其空虚以制之。虏即入犯，亦可不至大失。此数者，昨虽已经阁部[11]议行，臣愚犹恐人心玩愒日久[12]，尚以虚文塞责。伏乞敕下兵部，申饬各边督抚，务将前事着实举行。俟秋防[13]毕日，严查有无实效，大行赏罚，庶沿边诸郡，在在有备，而虏不敢窥也。

再照祖宗时，京营[14]之兵数十万，今虽不足，尚可得八九万人，若使训练有方，亦岂尽皆无用？但士习骄惰，法令难行，虽春秋操练，徒具文[15]耳。臣考之古礼及我祖宗故事，俱有大阅[16]之礼，以习武事而戒不虞[17]。今京城内外，守备单弱，臣常以为忧。伏乞敕下戎政大臣，申严军政，设法训练。每岁或间岁[18]季冬农隙之时，恭请圣驾亲临校阅，一以试将官之能否，一以观军士之勇怯。有技精艺熟者分别赏赉，老弱不堪者即行汰易[19]。如此，不惟使辇毂之下[20]常有数万精兵，得居重以驭轻之道，且此一举动，传之远近，皆知皇上加意武备，整饬戎事，亦足以伐狂虏之谋，销[21]未萌之患，诚转弱为强之一机也。伏乞圣裁。

【注释】［1］审图：仔细考虑，周密谋划。［2］怀忠蕴谋：心怀忠义，胸有谋略。［3］谭：同"谈"，谈论。［4］粮籍：发放粮饷的籍册。［5］影占：指将帅等虚报人数以多占粮饷。［6］捐：舍弃，抛弃。［7］属任：委任，任用。［8］团练乡兵：征募并训练地方军队。［9］墩堡：墩台与堡垒。［10］收保：令民众收缩在住地内，联保以自守。明代地方防御，以十家为甲，十甲为保。［11］阁部：指内阁与兵部。［12］玩愒日久：贪图安逸，旷费时日。［13］秋防：秋季防御。北方蒙古常在秋季南犯，故北方边镇尤重秋防。［14］京营：又称京军，明代保卫京师的精锐部队。［15］具文：指徒有形式而无实际作用的规章条文。［16］大阅：由皇帝主持的大阅兵。［17］不虞：意料不到的事。［18］间岁：隔一年。［19］汰易：淘汰更换。［20］辇毂之下：即皇帝车驾之下，代指京师。［21］销：同"消"，消除。

明末民变

在明末农民大起义爆发之前，明王朝的统治已经十分不稳定。万历年间，由于皇帝派出的矿监、税使横征暴敛，全国各地屡次发生"民变"，此后这种情况一直持续到明末，反映了当时统治的黑暗与人民的不满，标志着明王朝已经走到了垮台的边缘。此处选取的是明代著名文学家张溥的名篇《五人墓碑记》，注文对天启年间苏州市民反对逮捕东林党人周顺昌而爆发的"民变"事件有较为详细地叙述，不但体现了民众对明王朝的不满情绪，还反映了当时士绅阶层对该事件的看法。

《五人墓碑记》

五人者，盖当蓼洲周公[1]之被逮，激于义而死焉者也。至于今，郡[2]之贤士大夫请于当道[3]，即除[4]魏阉废祠[5]之址以葬之。且立石于其墓之门，以旌[6]其所为，呜呼，亦盛矣哉！夫五人之死，去[7]今之墓[8]而葬焉，其为时止十有一月耳。夫十有一月之中，凡富贵之子，慷慨得志之徒，其疾病而死，死而湮没[9]不足道者，亦已众矣；况草野[10]之无闻[11]者欤！独五人之皦皦[12]，何也？予犹记周公之被逮，在丁卯三月之望[13]。吾社[14]之行为士先者，为之声义[15]，敛资财以送其行，哭声震动天地。缇骑[16]按剑而前，问："谁为哀[17]者！"众不能堪[18]，抶而仆之[19]。是时以大中丞抚吴者[20]，为魏之私人[21]，周公之逮所由使也。吴之民方痛心焉，于是乘其厉声以呵[22]，则噪而相逐[23]，中丞匿于溷藩[24]以免。既而以吴民之乱请于朝，按诛[25]五人，曰：颜佩韦、杨念如、马杰、沈扬、周文元，即今之傫然[26]在墓者也。然五人之当刑也，意气扬扬，呼中丞之名而詈[27]之，谈笑以死；断头置城上，颜色[28]不少变。有贤士大夫发五十金，买五人之脰[29]而函[30]之，卒与尸合。故今之墓中，全乎为五人也。

【注释】［1］蓼洲周公：即周顺昌，字景文，号蓼洲，吴县人。［2］郡：即吴郡，今江苏省苏州市。［3］当道：执政当权者。［4］除：修治，修整。［5］魏阉：是对魏忠贤的贬称。魏阉废祠：即魏忠贤生祠，其倒台后多被废弃。［6］旌：表扬。［7］去：距。［8］墓：作动词，为……修墓。［9］湮没：埋没。［10］草野：乡野，引申为民间。［11］无闻：没有名声，不为人知。［12］皦皦：同"皎皎"，光洁，明亮。这里指光辉显赫。［13］丁卯三月之望：即明天启七年（1627）农历三月十五日。但此处应属作者笔误，该事件实际发生时间为丙寅天启六年（1626）。［14］吾社：即本文作者张溥所在的复社，为明末以江南士大夫为核心的政治、文学团体。［15］声义：伸张正义。［16］缇骑：穿橘红色衣服的朝廷护卫人员。明朝逮治犯人用缇骑，后世也用以称呼捕役。［17］哀：此处作哀鸣解。［18］堪：忍受。［19］抶：击。仆：使仆倒。抶而仆之：将其打倒在地。［20］大中丞抚吴者：此处指巡抚苏州的都察院官员，实际即毛一鹭。［21］魏之私人：魏忠贤的党羽。［22］呵：呵斥。［23］噪而相逐：大声吵嚷着追逐。［24］匿于溷藩：藏于厕所。［25］按：审查。按诛：追究案情而判定死罪。［26］傫然：重叠堆积的样子。［27］詈：骂。［28］颜色：脸色。［29］脰：本意为脖子、颈，这里指头颅。［30］函：本意为匣子，这里意为用匣子装殓。

嗟夫！大阉之乱[1]，缙绅[2]而能不易[3]其志者，四海之大，有几人欤？而五人生于编伍[4]之间，素不闻《诗》、《书》之训[5]，激昂大义，蹈死不顾，亦曷[6]故哉？且矫诏[7]纷出，钩党之捕[8]，遍于天下，卒以吾郡之发愤一击,不敢复有株治[9];大阉亦逡巡[10]畏义,非常之谋,难于猝[11]发。待圣人之出[12]而投缳道路[13]:不可谓非五人之力也!由是观之,则今之高爵显位,一旦抵罪[14],或脱身以逃,不能容于远近,而又有剪发[15]、杜门[16]、佯狂[17]不知所之者,其辱人贱行[18],视五人之死,轻重固何如哉?是以蓼洲周公,忠义暴[19]于朝廷,赠谥褒美[20],显荣于身后;而五人亦得以加其土封[21],列其姓名于大堤之上。凡四方之士,无有不过而拜且泣者,斯固百世之遇也!不然,令五人者保其首领[22],以老于户牖[23]之下,则尽其天年[24],人皆得以隶使之[25],安能屈[26]豪杰之流,扼腕[27]墓道,发其志士之悲哉!故予与同社诸君子,哀斯[28]墓之徒有其石也,而为之记,亦以明死生之大[29],匹夫[30]之有重于社稷[31]也。

贤士大夫者:冏卿[32]因之吴公[33]、太史[34]文起文公[35]、孟长姚公也[36]。

【注释】[1]大阉:即魏忠贤。[2]缙绅:也作"搢绅",古代多用以代指士大夫。[3]易:改变。[4]编伍:即平民。古代编制平民户口,以五家为一"伍"。[5]《诗》:即《诗经》。《书》:即《尚书》。不闻《诗》、《书》之训:意为不曾读书受教育。[6]曷:同"何",作什么解。[7]矫诏:假托君命而颁发的诏令。[8]钩党:指有牵连的同党。钩党之捕:指搜捕东林党人。[9]株治:株连惩治。[10]逡巡:迟疑不敢向前。[11]猝:突然。[12]圣人:指崇祯皇帝朱由检。圣人之出:指崇祯帝即位。[13]缳:绳圈,绞索。投缳:自缢。投缳道路:指天启七年(1627)魏忠贤在被贬路上上吊自杀。[14]抵罪:因犯罪而受相应的惩罚。[15]剪发:这里指剃发出家。[16]杜门:闭门不出。[17]佯狂:装疯。[18]辱人贱行:可耻的人格,卑贱的行为。[19]暴:暴露,显露,此处指被奏闻。[20]赠谥褒美:指崇祯帝追赠周顺昌"忠介"谥号一事。[21]加其土封:增修其坟墓。[22]首领:即头和颈。保其首领:即保全头颈,意为继续活命。[23]户:门。牖:窗。户牖:代指家中。[24]天年:人的自然寿命。尽其天年:这里意为老死。[25]隶:这里作状语,意为像对待奴仆那样。隶使之:即当作奴隶一样差使他们。[26]屈:这里作使动词,使屈服。[27]扼腕:用一只手握住自己另一只手的手腕,表示激动、惋惜等情绪。[28]斯:这,这个。[29]明死生之大:阐明死生的重大意义。[30]匹夫:

平民，这里指五位义士。　[31]社稷：代指国家。　[32]冏卿：《尚书·冏命序》："穆王命伯冏为周太仆正。"后遂称太仆寺卿为"冏卿"。　[33]因之吴公：即吴默，字因之。　[34]太史：明清时常称翰林院职官为太史。　[35]文起文公：即文震孟，字文起。　[36]孟长姚公：即姚希孟，字孟长。

明末农民起义

　　明末朝廷政治腐败，连年灾荒，农民生活困苦。天启七年（1627），陕西王二首先发动起义，次年王嘉胤起义。王嘉胤牺牲后，王自用代为首领，号为三十六营，高迎祥、张献忠等皆归其指挥。崇祯六年（1633），起义军进入中原。八年，各路首领会于荥阳，共商战略。此后，高迎祥，张献忠及李自成等率兵东下，转战河南、陕西、湖广等地。高迎祥牺牲后，李自成被推为闯王。十一年，起义军各部连遭失利，张献忠接受朝廷招抚。李自成于十三年率部入河南，提出"均田免赋"的口号，并攻占洛阳；次年，在襄阳称奉天倡义文武大元帅，占西安。十七年（1644）正月，李自成在西安称王，国号大顺，年号永昌；三月，率军攻入北京，推翻明朝。四月，清兵入关，李自成迎战失利，退出北京。十一月，张献忠在成都称帝，国号大西，年号大顺。次年，李自成牺牲。清顺治三年底（1647年初），张献忠阵亡。此处所选的《甲申传信录》由钱士馨撰写，其中讲到李自成进京始末。

《甲申传信录·赤眉寇略李闯始末》（节选）

　　李自成，初名鸿基，陕西延安府米脂县双泉堡人[1]，以万历丙午岁生[2]。曾祖世辅，祖海，父守忠，一名印。家颇饶[3]，世有里役[4]。熹庙时[5]，自成以里役征税。岁饥[6]，逋税者甚众[7]。称债以偿，犹不给[8]，官司督之[9]。其里艾同知又逼其债[10]，莫偿[11]，遂为寇[12]。劫人于秦晋间[13]。貌甚魁壮，而鼻纤齿黄[14]，短发蓬松。

　　崇祯改元[15]，戊辰[16]，正旦[17]大雪。自成与众饮山中。众有羡为官者，自成曰："若此世界，贿赂公行[18]。文官必由七篇文字，武士也由策论[19]。我辈不读书，不识字，安敢妄冀有此？或者取皇帝，未可知也！"时自成齿长[20]，皆跃然曰："愿哥为之！"自成曰："试卜之。"遂举骰一掷，得六红。大喜，饮过醉，众皆起作朝贺状。自成曰："还当问天。"因以箭戳雪中，拜而祝[21]曰："若可作皇帝，雪与矢齐[22]；不然，则否！"其雪适[23]与矢齐，遂自负焉。明年己巳[24]，贼渠高迎祥称闯王[25]，自成往依之，与其党刘良佐自结一队，曰闯将。

【注释】［1］延安府：地名，治所在今陕西省延安市。米脂县：地名，在陕西省北部，属榆林市。［2］万历丙午：万历三十四年，公元1606年。［3］饶：富有。［4］里役：指乡里差役之事。［5］熹庙：明熹宗朱由校代称。［6］岁：年成。饥：饥荒。［7］逋：逃。［8］犹：仍旧。［9］官司：指官府。［10］同知：明清定同知为知府、知州的佐官。［11］莫：不，不能。［12］寇：强盗。［13］秦晋之间：古代秦国与晋国交界处。［14］纤：细小。［15］崇祯：明代皇帝明思宗朱由检的年号。［16］戊辰：崇祯元年，即公元1628年。［17］正旦：农历正月初一。［18］公行：公然行动，公然进行。［19］策论：古代科举考试的一种方法，以儒家经义和政事为题，使考生因其意图阐发议论，提出对策，写成议论文。［20］齿长：年纪大。［21］祝：祷告。［22］矢：箭。［23］适：刚刚，正好。［24］明年：第二年。［25］高迎祥：明末农民起义领袖。

十年丁丑[1]，同高迎祥寇秦[2]，曹文诏、尤世威等与战，溃于潼关[3]。秦督卢象升率祖宽等大破之[4]；秦抚孙传庭又破之，杀高迎祥。自成窜西川[5]，穷走苗城。

十一年，自成只身潜返奔楚[6]，势遂孤。

是年，张献忠[7]、曹操[8]等九夥俱在房竹山中。自成遁去附献忠，不许。至竹溪，且谋杀之。自成遁去。

张献忠亦秦人，与高闯同时起事[9]，号称八大王。初在穀城受抚[10]，复行劫于路。洪承畴擒之，复纵焉[11]。

【注释】［1］十年：公元1637年。［2］秦：指陕西。［3］溃：溃败。潼关：地名，在今陕西省潼关县北。［4］卢象升：明末将领。［5］窜：逃窜。西川：地名，为今四川全境和陕西南部一带地区。［6］楚：地名，今湖北地区。［7］张献忠：明末农民起义将领，建立了大西政权。［8］曹操：本名罗汝才，明末农民起义军首领之一。［9］高闯：指闯王高迎祥。［10］穀城：今湖北。抚：招抚。［11］洪承畴：明朝降清大臣。

明末清初启蒙思想

　　明朝末年，随着思想的不断解放，出现了所谓的启蒙思想，一批思想家对传统的政治制度、经济主张、正统思想等方面的不合理部分进行激烈批判，其较为突出特点之一即具有鲜明的反君主专制的民主主张。这里所选取的为黄宗羲的《原君》这篇文章，即对传统的君主专制进行严厉批判的名篇。

《原君》

　　有生之初，人各自私也，人各自利也。天下有公利而莫或兴之，有公害而莫或除之。有人者出，不以一己之利为利，而使天下受其利；不以一己之害为害，而使天下释其害。此其人之勤劳，必千万于天下之人。夫以千万倍之勤劳，而己又不享其利，必非天下之人情所欲居也。故古之人君，量而不欲入者，许由、务光[1]是也；入而又去之者，尧、舜是也[2]；初不欲入而不得去者，禹是也[3]。岂古之人有所异哉？好逸恶劳，亦犹夫人之情也。

　　后之为人君者不然。以为天下利害之权皆出于我，我以天下之利尽归于己，以天下之害尽归于人，亦无不可。使天下之人不敢自私，不敢自利，以我之大私为天下之公。始而惭焉，久而安焉，视天下为莫大之产业，传之子孙，受享无穷。汉高帝所谓"某业所就，孰与仲多"[4]者，其逐利[5]之情，不觉溢之于辞矣。此无他，古者以天下为主，君为客，凡君之所毕世而经营者，为天下也。今也以君为主，天下为客，凡天下之无地而得安宁者，为君也。是以其未得之也，屠毒天下之肝脑[6]，离散天下之子女，以博我一人之产业，曾不惨然，曰："我固为子孙创业也。"其既得之也，敲剥天下之骨髓，离散天下之子女，以奉我一人之淫乐，视为当然，曰："此我产业之花息[7]也。"然则为天下之大害者，君而已矣！向使无君，人各得自私也，人各得自利也。呜呼！岂设君之道固如是乎？

【注释】［1］许由、务光：都为传说中逃避为君而甘愿归隐之人。［2］入而又去……是也：这里指尧、舜实行禅让制。［3］初不欲入……是也：这里指自禹开始实行家天下，传位于其子启。［4］某业所就，孰与仲多：出自《史记·高祖本纪》，其中载汉高祖刘邦登帝位后，曾对其父说："始大人常以臣无赖，不能治产业，不如仲（高祖兄刘仲）力，今某之业所就，孰与仲多？"［5］逐利：追逐利益。［6］肝脑：肝与脑，借指身体或生命。［7］花息：利息。

古者天下之人爱戴其君，比之如父，拟之如天，诚不为过也。今也天下之人，怨恶其君，视之如寇仇[1]，名之为独夫[2]，固其所也。而小儒[3]规规焉[4]以君臣之义无所逃于天地之间，至桀、纣[5]之暴，犹谓汤、武[6]不当诛之，而妄传伯夷、叔齐无稽之事[7]，乃兆[8]人万姓崩溃之血肉，曾不异夫腐鼠[9]。岂天地之大，于兆人万姓之中，独私其一人一姓乎？是故武王圣人也，孟子之言，圣人之言也。后世之君，欲以如父如天之空名，禁人之窥伺者，皆不便于其言，至废孟子而不立[10]，非导源[11]于小儒乎？

虽然，使后之为君者，果能保此产业，传之无穷，亦无怪乎其私之也。既以产业视之，人之欲得产业，谁不如我？摄缄縢[12]，固扃鐍[13]，一人之智力，不能胜天下欲得之者之众。远者数世，近者及身，其血肉之崩溃，在其子孙矣。昔人愿世世无生帝王家，而毅宗[14]之语公主，亦曰："若何为生我家！"[15]痛哉斯言！回思创业时，其欲得天下之心，有不废然摧沮[16]者乎？是故明乎为君之职分[17]，则唐、虞[18]之世，人人能让，许由、务光非绝尘也；不明乎为君之职分，则市井之间，人人可欲，许由、务光所以旷后世而不闻也。然君之职分难明，以俄顷[19]淫乐不易[20]无穷之悲，虽愚者亦明之矣。

【注释】［1］寇仇：仇敌。［2］独夫：指残暴无道为人民所憎恨的统治者。［3］小儒：浅陋狭猾的儒者。［4］规规焉：浅陋拘泥的样子。［5］桀、纣：夏桀与商纣，都为古代著名的暴君。［6］汤、武：商汤与周武王，为商、周的贤君。［7］伯夷、叔齐：《史记·伯夷列传》载叔齐与伯夷反对武王伐纣，在天下归周之后，耻食周粟，饿死于首阳山。无稽之事：无从查考、没有根据的事情。［8］兆：百万，代指万亿。［9］腐鼠：腐烂的死鼠，这里用来指代微贱之物。［10］废孟子而不立：指明太祖朱元璋见《孟子·尽心下》中有"民为贵，社稷次之，君为轻"的话，下诏废除祭祀孟子之事。［11］导源：发源，来源。［12］缄縢：绳索。摄缄縢：意为拿绳索捆好。［13］扃鐍：门闩锁钥。固扃鐍：意为加固门锁。［14］毅宗：即明崇祯帝朱由检，死后庙号怀宗，后改毅宗、思宗。［15］若何为生我家：传闻李自成军攻入北京后，崇祯帝曾叹息长平公主不该生在帝王家，以剑砍断其左臂，然后自缢。［16］摧沮：挫折沮丧。［17］职分：职务上应尽的本分。［18］唐、虞：即唐尧与虞舜。［19］俄顷：片刻，一会儿。［20］易：此处作换取解。

《徐霞客游记》

明代地理游记著作较多，其中以《徐霞客游记》最为著名。其作者为明代著名的旅行家、地理学家、文学家徐霞客（1587—1641），名弘祖（也作宏祖），字振之，别号霞客，江苏江阴人。该书是一部以日记体为主的详细记录所经地理景观的游记，文笔优美，叙述引人入胜，记载了许多重要的地理学知识。限于篇幅，此处仅选取了较能反映该书特色的篇目之一——《游黄山日记（后）》。

《游黄山日记（后）》

戊午九月初三日　　出白岳[1]榔梅庵，至桃源桥。从小桥右下，陡甚，即旧向黄山路也。七十里，宿江村。

初四日　　十五里，至汤口。五里，至汤寺，浴于汤池。扶杖望硃砂庵而登。十里，上黄泥冈。向时云里诸峰，渐渐透出，亦渐渐落吾杖底。转入石门[2]，越天都[3]之胁而下，则天都、莲花[4]二顶，俱秀出天半[5]。路旁一岐[6]东上，乃昔所未至者，遂前趋直上，几达天都侧。复北上，行石罅[7]中。石峰片片夹起[8]，路宛转石间，塞者凿之，陡者级[9]之，断者架木通之，悬者植梯接之。下瞰[10]峭壑阴森，枫松相间，五色纷披[11]，灿若图绣[12]。因念黄山当生平奇览，而有奇若此，前未一探，兹游快且愧矣！

时夫仆俱阻险行后[13]，余亦停弗上；乃一路奇景，不觉引余独往。既登峰头，一庵翼然[14]，为文殊院[15]，亦余昔年欲登未登者。左天都，右莲花，背倚玉屏风[16]，两峰秀色，俱可手擥[17]。四顾奇峰错列，众壑纵横，真黄山绝胜处！非再至，焉知其奇若此？遇游僧澄源至，兴其勇[18]。时已过午，奴辈适至，立庵前，指点两峰。庵僧谓："天都虽近而无路，莲花可登而路遥。只宜近盼天都，明日登莲顶。"余不从，决意游天都。挟澄源、奴子仍下峡路。至天都侧，从流石蛇行[19]而上，攀草牵棘，石块丛起则历块，石崖侧削则援崖。每至手足无可着处，澄源必先登垂接。每念上既如此，下何以堪？终亦不顾。历险数次，遂达峰顶。惟一石顶壁起犹数十丈，澄源寻视其侧，得级，挟予以登。万峰无不下伏，独莲花与抗耳。时浓雾半作半止，每一阵至，则对面不见。眺莲花诸峰，多在雾中。独上天都，予至其前，则雾徒于后；予越其右，则雾出于左。其松犹有曲挺纵横者，柏虽大干如臂，无不平贴石上，如苔藓然。山高风巨，雾气去来无定。下盼诸峰，时出为碧峤[20]，时没为银海[21]。再眺山下则日光晶晶，别一区宇[22]也。日渐暮，遂前其足，手向后据地，坐而下脱[23]。至险绝处，澄源并肩手相接。度险，下至山坳，暝色已合。复从峡度栈[24]以上，止文殊院。

【注释】［1］白岳：即白岳山。［2］石门：应指今之云巢洞。［3］天都：即黄山天都峰。［4］莲花：即黄山莲花峰，与天都峰相对。［5］天半：半天之中，即空中。［6］歧：歧路，岔路。［7］罅：缝隙，裂缝。［8］夹起：夹峙而起。［9］级：本意为台阶，此处作动词，意为修成台阶。［10］瞰：从高处往下看，俯视。［11］纷披：散乱张开的样子。［12］灿若图绣：形容景色如图画与锦绣一样绚烂美丽。［13］行后：为险地所阻，走在后面。［14］翼然：鸟展翅貌，此处用来形容山石或亭台等建筑物高耸开张之状。［15］文殊院：在天都、莲花两峰间，后毁于火。［16］玉屏风：即玉屏峰，为黄山三十六小峰之一。［17］擥：同"揽"，持、握。［18］兴其勇：此处指鼓舞起继续攀游的勇气。［19］蛇行：像蛇一样地爬行。［20］峤：尖而高的山。［21］银海：银白色的雾海。［22］区宇：境域。［23］坐而下脱：此处意为坐着往下滑行。［24］栈：即栈道。

初五日　平明，从天都峰坳中北下二里。石壁岈然[1]，其下莲花洞正与前坑石笋对峙，一坞[2]幽然。别澄源，下山至前岐路侧，向莲花峰而趋。一路沿危壁西行，凡再降升，将下百步云梯，有路可直跻莲花峰。既陟[3]而磴[4]绝，疑而复下。隔峰一僧高呼曰："此正莲花道也！"乃从石坡侧度石隙，径小而峻，峰顶皆巨石鼎峙，中空如室。从其中叠级直上，级穷洞转，屈曲奇诡，如下上楼阁中，忘其峻出天表也。一里，得茅庐，倚石罅中。方徘徊欲升，则前呼道之僧至矣。僧号凌虚，结茅于此者，遂与把臂陟顶。顶上一石，悬隔二丈，僧取梯以度。其巅廓然[5]，四望空碧，即天都亦俯首矣。盖是峰居黄山之中，独出诸峰上，四面岩壁环耸，遇朝阳霁色，鲜映层发[6]，令人狂叫欲舞。

久之，返茅庵，凌虚出粥相饷，嗓[7]一盂。乃下至岐路侧，过大悲顶[8]，上天门[9]。三里，至炼丹台[10]。循台嘴而下，观玉屏风、三海门诸峰，悉从深坞中壁立起。其丹台一冈中垂，颇无奇峻，惟瞰翠微之背，坞中峰峦错耸，上下周映，非此不尽瞻眺之奇耳。还过平天矼[11]，下后海，入智空庵，别焉。三里，下狮子林，趋石笋矼，至向年所登尖峰上。倚松而坐，瞰坞中峰石回攒，藻缋[12]满眼，始觉匡庐、石门[13]，或具一体，或缺一面，不若此之闳博富丽也！久之，上接引崖，下眺坞中，阴阴觉有异。复至冈上尖峰侧，践流石，援棘草，随坑而下，愈下愈深，诸峰自相掩蔽，不能一目尽也。日暮，返狮子林。

【注释】［1］岈然：高耸、向上突起的样子。［2］坞：四面高中间凹下的地方。［3］陟：登高。［4］磴：石头台阶。［5］廓然：空旷貌。［6］鲜映层发：焕发着层层清新的色彩。［7］嗓：喉咙或喉咙发出的声音，这里作喝讲。［8］大悲顶：即今黄山光明顶。［9］天门：黄山景点之一。［10］炼丹台：黄山景点之一，在炼丹峰下。［11］平天矼：即今黄山平天矼峰。［12］藻：文采。缋：同"绘"，彩画。藻缋：景色华丽。［13］匡庐：即庐山。石门：即石门山。

初六日　别霞光，从山坑向丞相原[1]。下七里至白沙岭[2]，霞光复至，因余欲观牌楼石，恐白沙庵无指[3]者，追来为导。遂同上岭，指岭右隔坡，有石丛立，下分上并，即牌楼石也。余欲逾坑溯涧，直造而下。僧谓："棘迷路绝，必不能行。若从坑直下丞相原，不必复上此岭；若欲从仙灯而往，不若即由此岭东向。"余从之，循岭脊行。岭横亘天都、莲花之北，狭甚，旁不容足，南北皆崇峰夹映。岭尽北下，仰瞻右峰罗汉石，圆头秃顶，俨然二僧也。下至坑中，逾涧以上，共四里，登仙灯洞。洞南向，正对天都之阴。僧架阁连板于外，而内犹穹然，天趣未尽刊也。复南下三里，过丞相原，山间一夹地耳。其庵颇整，四顾无奇，竟不入。复南向循山腰行五里，渐下，涧中泉声沸然，从石间九级下泻，每级一下有潭渊碧，所谓九龙潭[4]也。黄山无悬流飞瀑，惟此耳。又下五里，过苦竹滩[5]，转循太平县[6]路，向东北行。

【注释】［1］丞相原：在钵盂峰下，相传南宋右丞相程元凤曾在此读书，故名。［2］白沙岭：在丞相原西北。［3］无指：此处作没人指路讲。［4］九龙潭：黄山东隅罗汉峰与香炉峰之间，有飞流九折，称九龙瀑。［5］苦竹滩：即今安徽歙县苦竹溪。［6］太平县：即今安徽省太平县。

清　朝

清初复明运动

　　清初复明运动是指清朝初年旨在推翻清朝统治、恢复明朝的政治活动，学者大多认为"复明运动"是清初民族斗争的组成部分之一，是当时民族矛盾激化的产物。其参加者有着广泛的社会基础，目的是恢复汉族的衣冠文物制度。此处选取的为明末（南明）著名诗人以及复明运动领袖夏完淳（1631—1647）所写的《狱中上母书》，是夏完淳被清军抓获后在牢中所写的绝笔书，文词悲恸而又斗志昂扬，颇能表现这位抗清志士的胸襟与抱负。

《狱中上母书》

　　不孝完淳今日死矣！以身殉父，不得以身报母矣！

　　痛自严君见背[1]，两易春秋[2]，冤酷[3]日深，艰辛历尽。本图复见天日[4]，以报大仇，恤死荣生[5]，告成黄土[6]；奈天不佑我，钟虐先朝[7]，一旅才兴[8]，便成齑粉[9]。去年之举[10]，淳已自分必死，谁知不死，死于今日也。斤斤延此二年之命，菽水之养，无一日焉。致慈君托迹于空门，生母寄生于别姓。一门漂泊，生不得相依，死不得相问。淳今日又溘然先从九京：不孝之罪，上通于天！

　　呜呼！双慈在堂，下有妹女，门祚衰薄，终鲜兄弟。淳一死不足惜，哀哀八口，何以为生？虽然，已矣！淳之身，父之所遗；淳之身，君之所用。为父为君，死亦何负于双慈！但慈君推干就湿，教《礼》习《诗》，十五年如一日。嫡母慈惠，千古所难，大恩未酬，令人痛绝。——慈君托之义融女兄，生母托之昭南女弟。

淳死之后，新妇遗腹得雄，便以为家门之幸。如其不然，万勿置后！会稽大望，至今而零极矣！节义文章，如我父子者几人哉？立一不肖后，如西铭先生，为人所诟笑，何如不立之为愈耶！呜呼！大造茫茫，总归无后。有一日中兴再造，则庙食千秋，岂止麦饭豚蹄不为馁鬼而已哉！若有妄言立后者，淳且与先文忠在冥冥诛殛顽嚚[11]，决不肯舍！

兵戈天地，淳死后，乱且未有定期。双慈善保玉体，无以淳为念。二十年后，淳且与先文忠为北塞之举矣！勿悲，勿悲！相托之言，慎勿相负！

武功甥将来大器，家事尽以委之。寒食盂兰，一杯清酒，一盏寒灯，不至作若敖之鬼，则吾愿毕矣！新妇结缡二年，贤孝素著。武功甥好为我善待之，亦武功渭阳情也。语无伦次，将死言善，痛哉痛哉！

人生孰无死？贵得死所耳！父得为忠臣，子得为孝子。含笑归太虚，了我分内事。大道本无生，视身若敝屣。但为气所激，缘悟天人理。恶梦十七年，报仇在来世。神游天地间，可以无愧矣！

【注释】［1］严君：对父亲的敬称。见背：去世。［2］两易春秋：换了两次春秋，即过了两年。作者父亲在两年前（1645年）殉国。［3］冤酷：冤仇与惨痛。［4］复见天日：指恢复明朝。［5］恤死荣生：使死去的人（指其父）得到抚恤，使活着的人（指其母）得到荣封。［6］告成黄土：把复国成功的事向祖先的坟墓祭告。［7］钟：聚焦。虐：指上天惩罚。先朝：指明朝。［8］一旅：指吴易的抗清军队刚刚崛起。夏完淳参加了吴易的军队，担任参谋。［9］齑粉：碎粉末。这里比喻被击溃。［10］去年之举：指1646年起兵抗清失败事。吴易兵败后，夏完淳只身流亡。［11］顽嚚：顽固而愚蠢。此处指族党中人，不乏顽劣之徒。

女真起兵反明

万历四十四年（1616年），努尔哈赤在赫图阿拉建国，国号"大金"，史称"后金"，努尔哈赤自称金国汗。此篇选文为天聪四年（1634年），努尔哈赤之子皇太极入关攻打永平时发布的榜文，其中提到了努尔哈赤起兵攻明的"七大恨"誓词。该誓文被视为后金与明朝公开决裂，发起对明全面战争的重要宣言。这份档案是该誓词可见较早的版本。

《金国汗攻永平誓师安民谕》

金国汗[1]谕官军人等知悉：

我祖宗以来，与大明看边[2]，忠顺有年。只因南朝[3]皇帝高拱[4]深宫之中，文武边官欺诳[5]壅蔽[6]，无怀柔[7]之方略[8]，有势利之[9]机权，势不使尽不休，利不括尽不已，苦害侵凌，千态莫状，其势之最大最惨者，计有七件：

我祖宗与南朝看边进贡，忠顺已久，忽于万历年，明将我二祖无罪加诛[10]，此其一也。

【注释】[1]金国汗：即清太宗皇太极。[2]与大明看边：努尔哈赤先祖世居长白山下、松花江流域，从其六世祖猛哥帖木儿起，世代接受明朝册封为建州卫首领，听从明廷管辖，并定期至京师朝贡。[3]南朝：即明朝。[4]高拱：把双手高拢在袖中，比喻安坐而无所作为。[5]欺诳：欺骗，瞒哄。[6]壅蔽：隔绝蒙蔽。[7]怀柔：以温和的手段使远方的人来归附。[8]方略：方法谋略。[9]之：档案残缺，此处参照孟森先生在《清太祖告天七大恨之真本研究》一文中所录的文字增补。[10]明将我二祖无罪加诛：万历十一年，在辽东总兵李成梁攻打阿台的古勒寨之役中，努尔哈赤的祖父觉昌安和父亲塔克世进城劝降阿台，却不想城破后被明军误杀。

癸巳年间[1]，南关[2]、北关[3]、灰扒[4]、兀剌[5]、蒙古等九部[6]，会兵攻我，南朝休戚[7]不关，袖手坐视。仗庇皇天，大败诸部。后我国复仇，攻破南关，迁入内地，赘[8]南关吾儿忽答[9]为婿。南朝责我擅伐，逼令送回，我即遵依上命，复置故地。后北关攻南关，大肆掳掠，南朝毫不加罪。然我国与北关，同是外番[10]，事一处异，何以怀服[11]！所谓恼恨者，二也。

【注释】[1]癸巳年间：万历二十一年。[2]南关：明朝对女真海西四部之一的哈达部的代称，因其地理位置相较其他海西女真更为偏南，故名。万历二十七年，被努尔哈赤吞并。[3]北关：明朝对女真海西四部之一的叶赫部的代称，因其东西二城都在镇北关以北，故名。万历四十七年，为努尔哈赤破城灭亡。[4]灰扒：多作"辉发"，为女真海西四部之一，因其部在辉发河附近而得名，大体分布在今吉林省境内。万历三十五年，为努尔哈赤所灭。[5]兀剌：多作"乌拉"，为女真海西四部之一，因其部临近乌拉河而得名，大体分布在今吉林省境内，是四部中疆域最广且实力最强的一部。万历四十一年，被努尔哈赤攻灭。[6]九部：包括叶赫、辉发、乌拉、哈达，长白山女真朱舍里、讷殷，蒙古科尔沁、锡伯、卦尔察九个部落。万历二十一年九月，以叶赫为首的九部结盟，合三万兵力分三路攻打努尔哈赤的建州部，即历史上著名的古勒山之战。建州部以少胜多，努尔哈赤自此军威大震，远迩慑服。该战役也被视为明末女真统一战争的转折点。[7]休戚：喜乐和忧虑。[8]赘：招女婿。[9]吾儿忽答：亦作"武尔古岱""吴尔古代"，哈达部首领孟格布禄之子。万历二十七年，努尔哈赤攻破哈达，掠其部民。二十九年，以其女莽古济给武尔古岱为妻。[10]外番：称外国的或外族的。[11]怀服：心悦诚服。

先汗[1]忠于大明，心若金石，恐因二祖被戮，南朝见疑[2]，故同辽阳副将吴希汉，宰马牛祭天地，立碑界铭誓曰："汉人私出境外者，杀；夷人[3]私入境内者，杀。"后沿边汉人，私出境外，挖参采取。念山泽之利，系我过活，屡屡申禀上司，竟若罔[4]闻，虽有冤怨，无门控诉[5]。不得已，遵循碑约，始敢动手伤毁，实欲信盟誓，杜[6]将来，初非有意于欺背也。会值新巡抚[7]下马[8]，例应叩贺，遂遣千骨里[9]、方巾纳[10]等行礼。时上司不究出边招衅[11]之非，反执[12]送礼行贺之人，勒要十夷偿命。欺压如此，情何以堪！所谓恼恨者，三也。

北关与建州同是属夷，我两家结构[13]，南朝公直解分可也。缘何助兵马，发火器，卫彼拒我？觭[14]轻觭重，良可伤心！所谓恼恨者，四也。

北关老女[15]，系先汗礼聘之婚，后竟渝[16]盟，不与亲迎。彼时虽是如此，犹不敢轻许他人。南朝护助[17]，改嫁西房[18]。似此[19]耻辱，谁能甘心！所谓恼恨者，五也。

【注释】［1］先汗：即努尔哈赤。［2］见疑：怀疑。［3］夷人：对外族或外国人的称呼。［4］罔：没有。［5］诉：档案残缺，此处参照孟森先生在《清太祖告天七大恨之真本研究》一文中所录的文字增补。［6］杜：阻塞，堵塞。［7］新巡抚：指李维翰。万历四十四年，明朝任命李维翰为督察院右佥都御史、辽东巡抚。后因对后金防御不力被罢职。［8］下马：官吏到任。［9］干骨里：亦作"纲古里"。［10］方巾纳：亦作"方吉纳"。［11］衅：争端。［12］执：逮捕。［13］结构：结怨，交战。［14］觭：偏，偏向一边。［15］北关老女：即叶赫老女，叶赫部贝勒布寨之女，布扬古的妹妹。万历二十五年，布扬古将其许婚给努尔哈赤，并接受了聘礼。但之后叶赫悔婚，将此女一直留在叶赫多年未嫁。哈达、辉发、乌拉贝勒都曾求娶此女，皆为努尔哈赤藉由所灭。蒙古喀尔喀贝勒介赛觊觎此女，为其所拒，于是屡屡出兵攻打叶赫。万历四十三年，老女与喀尔喀贝勒莽古尔岱完婚，时年已33岁，婚后次年即过世。［16］渝：改变，违背。［17］助：档案残缺，此处参照孟森先生在《清太祖告天七大恨之真本研究》一文中所录的文字增补。［18］西房：指蒙古。［19］此：档案残缺，此处参照孟森先生在《清太祖告天七大恨之真本研究》一文中所录的文字增补。

我[1]部看边之人，二百年来，俱在近边住种。后南朝信北关诬言，辄发兵马，逼令我部远退三十里，立碑占地，将房屋烧毁，□禾丢弃，使我部无居无食，人人待毙。所谓恼恨者，六也。

我国素顺，并不曾稍倪不轨[2]。忽遣备御[3]萧伯芝，蟒衣玉带[4]，大作威福，秽言恶语，百般欺辱。文□之间，毒[5]不堪受。所谓恼恨者，七也。

【注释】［1］我：档案残缺，此处参照孟森先生在《清太祖告天七大恨之真本研究》一文中所录的文字增补。［2］不轨：不循法度。轨，车辙，引申为法度。［3］备御：明朝在总兵官之下设置有备御，为低级镇戍武官。［4］蟒衣玉带：绣有蟒的衣服，饰有玉石的腰带，是一种皇帝的赐服。蟒衣的纹饰、形制与皇帝所穿的龙衮服相似，是明朝内使监宦官、宰辅蒙恩特赏的赐服，获得这类赐服被视作极大的荣宠。　［5］毒：苦，恨。

　　怀此七恨，莫可告诉[1]。辽东上司[2]既已尊若神明，万历皇帝复如隔于天渊。踌躇徘徊，无计可施。于是告天兴师，收取[3]抚顺[4]，欲使万历皇帝因事询情，得申冤怀。遂详写七恨，多放各省商人，颙望[5]伫俟，不见回音。迨至七月，始克清河[6]。彼时南朝恃大矜[7]众，其势直欲踏平□地。明年二月，四路发兵[8]，漫山塞野。孰意众者败而寡者胜，强者伤而弱者全乎？嗣是而再取开、铁[9]，以及辽、沈[10]。既得河东[11]，发书广宁[12]，思欲讲和。当道[13]官员，若[14]罔闻之，竟[15]无回复，故再举兵而广宁下矣。逮至朕躬[16]，实欲罢兵戈享太平，故屡屡差人讲说。无奈天启、崇祯二帝，渺我益甚[17]，逼令退地，且教削去帝号，及禁用国宝[18]。朕以为天与土地，何敢轻与。其帝号国宝，一一遵依，易汗请印，委曲至此，仍复不允。朕忍耐不过，故吁天哀诉，举兵深入，渡陈仓阴平之道[19]，行[20]破釜沉舟之计。皇天鉴佑，势成破竹。顺者秋毫无犯，违者阵杀攻屠。席卷长驱，以至都下。朕又五次奉书，无一回音。是崇祯君臣，欺傲不悛[21]，而蔑辱更炽也。今且抽兵回来，打开山海，通我后路，迁都内地，作长久之计，尔等毋误谓我归去也。朕诸凡事宜，惟秉于公，成败利钝，悉委于天。今反覆告谕，不顾[22]谆谆[23]者，叙我起兵之由，明我奉天之意，恐天下人不知颠末[24]，怪我狂逞。因此布告，咸[25]宜知闻。特谕。

　　朕每战必胜，每攻必克，虽人事天意两在，朕毫不敢骄纵。今仗天攻下此城，是朕好生一念，实心养活。尔等当衔[26]我再生之恩，勿得惊惶，勿起妄念[27]。若皇天佑朕，得成大业，尔等自然安康。若朕大业不成，尔等仍是南朝臣子，朕亦毫不忌怪。尔等若不遵朕命，东逃西窜，祇自寻死亡，自失囊橐[28]，即至异乡别土，亦难过活。即行至天涯，朕果得成大业，尔等亦无所逃。推[29]诚相告，咸宜遵依。附谕。

天聪四年正月　日谕

【注释】［1］告诉：诉说，申诉。　［2］辽东上司：指明朝辽东巡抚、辽东总兵等地

710

方官员。［3］取：档案残缺，孟森先生在《清太祖告天七大恨之真本研究》一文中所录的文字为"聚"，中国第一历史档案馆编《御笔诏令说清史：影响清朝历史进程的重要档案文献》一书中识读的为"取"，此处取后者。［4］收取抚顺：万历四十六年，努尔哈赤计取抚顺，明李永芳降金。此役是努尔哈赤起兵35年，第一次同明军进行正面交锋。［5］颙望：盼望。［6］克清河：清河为辽沈屏障，万历四十六年，为努尔哈赤攻下。［7］矜：夸耀。［8］四路发兵：万历四十七年，明朝发四路大军攻打赫图阿拉。由杨镐坐镇沈阳指挥；总兵马林率军出开原，从北面进攻；总兵杜松担任主攻，由沈阳出抚顺关入苏子河谷，由西面进攻；总兵李如柏由西南面进攻；总兵刘綎率兵会合朝鲜军，经宽甸沿董家江北上，由南面进攻。但经萨尔浒一战，明军被各个击破，后金从此占据了辽东战场的主动权。［9］开、铁：开原、铁岭。［10］辽、沈：辽阳、沈阳。［11］河东：指辽河流域以东的土地。［12］广宁：今辽宁省北镇，是沟通辽阳和山海关的要冲之地。明朝在此设置广宁巡抚，受辽东经略节制。［13］当道：居要位，指掌握权力的人。［14］若：档案残缺，此处参照孟森先生在《清太祖告天七大恨之真本研究》一文中所录的文字增补。［15］竟：到底，终了。［16］朕躬：我身，皇帝自称。［17］益甚：更加。［18］国宝：国家宝玺。［19］渡陈仓阴平之道：天启二年，努尔哈赤攻下广宁后，再拿下宁远、锦州即可进取山海关，但宁远城由大将军袁崇焕镇守，后金久攻不下。因此，崇祯二年，皇太极亲率大军，绕过宁锦防线，取道内蒙古进军喜峰口，一度打到北京德胜门下。由于此举颇似韩信"明修栈道，暗度陈仓"之计，故此处以此做比。［20］行：档案残缺，此处参照孟森先生在《清太祖告天七大恨之真本研究》一文中所录的文字增补。［21］不悛：不悔改。［22］不顾：不顾虑。［23］谆谆：叮咛告谕，教诲不倦，反复多言的样子。［24］颠末：自始至终的事情经过情形。［25］咸：全，都。［26］衔：放在心里。［27］妄念：不正当的想法、念头。［28］囊橐：盛物的袋子，大的称囊，小的称橐。或谓有底面的叫囊，无底面的叫橐。指行李财物。［29］推：让出，献出。

八旗制度

八旗制度为清代满族的社会和军事组织。明万历二十九年（1601年），努尔哈赤在"牛录制"的基础上初建黄、白、红、蓝四旗。万历四十三年

（1615年），增建镶黄、镶白、镶红、镶蓝四旗，共为八旗。每旗设固山额真（都统）一人，辖五甲喇额真（参领），每甲喇额真辖五牛录额真（佐领）。凡满族成员分隶各个佐领，平时生产，战时从征。清朝建立后，八旗制度实际上成为单纯的军事制度，但作为行政机构，八旗各级衙署与州县系统并存，旗人归所在旗管辖，与州县民受清朝统治者不同形式的役使。入关后，旗人逐渐养成游惰习气，大多数旗人生活日益贫困。同治年间，清政府迫于"旗民生计维艰"，允许其往各省谋生，八旗制度逐渐解体。

《啸亭杂录》（节选）

我国家以神武开基[1]，龙兴之初[2]，建旗辨色，用饬戎行[3]。始建两翼[4]，其后归附日众[5]，乃析为八[6]。以本部所属者为满洲[7]，蒙古部落而迁入者为蒙古[8]，明人为汉军[9]，合为二十四旗，制度备焉[10]。每旗制，都统一人[11]，副都统二人[12]，参领五人[13]，佐领以百丁为率[14]，无定官，而每以骁骑校一人隶之[15]。镶黄、正黄居都北址[16]，次两白[17]，次两红[18]，次两蓝[19]，皆四周星拱以环禁城[20]。凡城池、衙署、仓库皆以骁骑马兵守之[21]，各于禁门外置公厅[22]，都统、副都统更番直夜[23]，以备不虞[24]。火灾则各往救之[25]，出境者不预焉[26]。禁城灾则并往视[27]，怠者绌之[28]。皇上巡狩则增街衢之守（俗名街堆子）[29]，归则撤之[30]。每三岁编审户口[31]，稽其幼壮[32]，除其逃亡[33]，书版藏于户部[34]，其有冒充滥入，以及隐匿不报者[35]，罪其有司焉[36]。阅选秀女[37]，以三年为率，届期，户部移文造籍申选[38]，有隐匿不报者罪之。旗人有所逃亡，递申刑部以督捕焉[39]。大阅士卒[40]，皇上亲御甲胄[41]，巡阅营队，八旗将士，简精蓄锐[42]，集于演所[43]，肃听军令。阵法：汉军火器、左翼四旗以次而东[44]，西上；右翼四旗以次而西[45]，东上。每旗鹿角二十[46]，步卒八十八[47]，引旗四人[48]，长枪手二十。鹿角傍列砲十[49]，鸟枪百，藤牌百[50]，矿夫三十人，御砲车夫百人。纛十[51]，执纛卒三十，小旗二十，负旗将士二十，红旗二十，麾旗二[52]。金五[53]，鼓一，金夫十，海螺五[54]。每旗参领三，散秩官十[55]，骁骑校十。每翼都统二，副都统每旗各一。

【注释】[1]开基：指开创基业，开国。 [2]龙兴：比喻新王朝的兴起。 [3]饬：

通"敕"，命令。戎行：行伍，军队。［4］两翼：左翼、右翼。［5］归附：投靠依附。［6］析：分。［7］满洲：清代满族自称，1635年清太宗下令改旧有族名"诸申"（女真）为满洲，辛亥革命后通称满族。［8］蒙古：此处指八旗蒙古。［9］明人：指入关前投降满洲或被俘的明代辽东汉人及其子孙。汉军：此处指八旗汉军。［10］备：完备。［11］都统：清军八旗兵领兵的最高将领，为一旗的统帅。［12］副都统：清代八旗组织中各旗副长官，协助都统掌本旗户籍、田宅、教养、操练等军政事务。［13］参领：武官名。初名甲喇额真，后改称甲喇章京，汉文名为参领，为八旗都统的属官，掌颁都统之政令以达于佐领，并审定各佐领应办一切事务。［14］佐领：武官名。属八旗都统，初名牛录额真，后改为牛录章京，汉文名为佐领，秩正四品。［15］骁骑校：武官名。清于八旗每佐领下置一人，秩正六品，掌佐领下之政令。隶：隶属。［16］镶黄：镶黄旗。正黄：正黄旗。都：即北京城。［17］两白：镶白旗、正白旗。［18］两红：镶红旗、正红旗。［19］两蓝：镶蓝旗、正蓝旗。［20］星拱：谓众星环绕北斗，比喻环绕卫护。禁城：即紫禁城，宫城。［21］守：守卫。［22］禁门：紫禁城大门。［23］更番：轮流替换。直：通"值"。［24］不虞：意料不到的事。［25］各：分别。［26］出境：离开出城。［27］并：一齐。往视：前往查看。［28］怠者：松懈、懒惰之人。绌：通"黜"，废弃，贬退。［29］巡狩：也作巡守，古代帝王出巡各地之举。街衢：街市，街道。［30］撤：撤回。［31］编审：编辑审定。［32］稽：稽查。［33］除：去除。［34］户部：六部之一，掌管户口、财赋的官署。［35］隐匿：隐瞒藏匿。［36］罪：降罪。有司：专司其事的各级各部门官吏。［37］秀女：清朝制度，每三年从八旗驻防以及在外任职旗员的女子中，凡十四岁以上符合条件者入宫以备妃嫔之选，或者配给近支宗室，谓之秀女。［38］移文：又称文移或移，是政府部门间使用的公文之一。造籍：编制户籍。［39］刑部：官署名，尚书省下属六部之一，掌刑法、狱讼、奏谳、赦宥、叙复之事。督捕：督察逮捕。［40］大阅：检阅军队，清制大阅三岁一举。［41］甲胄：铠甲和头盔，后成为中国古代防护装具的概称。［42］蓄锐：蓄养锐气。［43］演所：演习场所。［44］左翼四旗：镶黄、正白、镶白、正蓝四旗。［45］右翼四旗：正黄、正红、镶红、镶蓝四旗。［46］鹿角：兵士的一种。［47］步卒：步兵。［48］引旗：持旗引导之人。［49］傍：同"旁"。［50］藤牌：原指藤制的盾，后泛指盾。［51］纛：军中或仪仗中的大旗。［52］麾：通"挥"，指挥，发令调遣。［53］金：金钲，一种金属乐器，古代军中用来敲击以代替命令军队停止前进或停止进攻的号令。［54］海螺：指吹奏海螺战号之兵。［55］散秩官：清代一种随旗行走、无固定职事的官员。

满洲火器营左翼四旗在汉军左翼[1]，右翼如之。鸟枪夫百二十人，护军百二十人[2]，总统五人[3]。每旗纛二，执纛四，海螺十人，金五，鼓一，委传宣官八人[4]。金下麾旗者扬旗，鼓声大作，鹿角夫前进，分队而立，藤牌卒跳舞作斩虏状[5]，分合如法，三作而退。鼓声一起，鸟枪夫列队而进，枪声齐发，声乱声虚之地，子落者罪之[6]，麾旗者落旗，金声初奏，枪声顿止[7]。俄而擂鼓如前[8]，麾旗者扬旗枪进如前，如是者九。连环枪作，满洲前锋护军乘马者自两翼出[9]，彼此奔驰，烟雾冲天，三军作冲围状[10]，呼声如哗，盘旋者数，枪止乃已[11]。金声再奏[12]，八旗骁骑卒冲阵而出，海螺画角齐奏，旌旗耀日，队伍整暇[13]，传宣官呼收兵者三，军士咸顿首欢呼[14]，再叩而退。兵部臣告礼成，上还御营。翌日赏赉有差[15]。

【注释】［1］火器营：清代禁卫军之一，全营主要操练枪炮，分为鸟枪护军和炮甲护军两种：在城内的为内火器营，分枪、炮两营；在城外的为外火器营，专习鸟枪。［2］护军：守卫宫城的八旗兵。［3］总统：军官名，清代于火器、健锐、虎枪诸营均设总统，以王公大臣兼任。［4］传宣官：传达命令之人。［5］斩虏：斩杀俘虏。［6］子：子弹。罪：惩罚。［7］顿：忽然，立刻。［8］俄而：不久，瞬间，一会儿。擂：打。［9］前锋：先锋，先头部队。［10］冲围：冲出重围。［11］已：停止。［12］金声：敲击金钲之声。［13］整：严整。暇：不急迫。［14］顿首：叩头。［15］赏赉：赏赐。有差：有差别，即按级别、功劳进行赏赐。

每岁春秋咸集于仰山洼村（在德胜门外十里）。简练如仪，惟将士衣素服[1]，不著戎胄以别之[2]。演试火器砲石，岁以春秋用兵臣奏请，钦命大臣同汉军都统演砲于卢沟桥[3]，八旗以次演之，及牌者有赏，否则罪之。军政五载一举行[4]，有四：一操守[5]，曰廉、平、贪[6]；一才能，曰长、平、短[7]；一骑射[8]，曰优、平、劣[9]；一年岁，曰壮、中、老，以次定赏罚焉[10]。故其纪律详明，守职綦重[11]，仿《周礼·遂人》之制，举而为官，出而为伍，凡力能舞勺者[12]，无不持殳执锐[13]，为王御侮[14]。其较前代养抚市井之徒[15]，而徒糜费国帑[16]，得失不啻倍蓰矣[17]。但承平日久[18]，休养生息，甲兵有额，而生齿浩繁[19]，加以奸宄之徒冒滥其籍[20]，故使闲者日众，不事生业[21]，不无穷匮[22]。虽国家屡有厚赉，难以博济其众[23]。若在朝公卿，有为国家计久远者，宜仿《周礼》寓兵于农之策[24]，开垦塞上闲田[25]，以及京畿旗税官地[26]，使其各事南亩[27]，生有定业。三时务农[28]，暇以讲武，国家若有所调遣，可朝呼而夕至，则其体恤耆旧之制，益昭然从厚矣。

【注释】[1] 素服：日常穿的便服。[2] 戎胄：军装头盔。[3] 卢沟桥：位于北京西南永定河上。[4] 军政：清制，对武职的考察称为军政，每五年举行一次，以四格叙其功劳，以八法定其处分。[5] 操守：廉洁正直的品德。[6] 廉：廉洁。平：平常。贪：贪虐。[7] 长：优长。平：平常。短：短浅。[8] 骑射：骑马射箭。[9] 优：优秀。平：平常。劣：差。[10] 次：次序，等第。[11] 綦：极，甚。[12] 舞勺：古代文舞的一种。[13] 殳：中国古代一种用于撞击的长柄兵器。[14] 御侮：抵抗外来侵略。[15] 市井：做买卖的人，即商贾。[16] 糜费：浪费。国帑：国库的银钱。[17] 不啻：不止，不只。倍蓰：谓数倍。倍，一倍；蓰，五倍。[18] 承平：太平。[19] 生齿：家口、人口。[20] 奸宄：亦作"奸轨"，为非作歹、犯法作乱的人。冒滥：假冒而滥行。[21] 生业：指赖以生活的职业。[22] 穷匮：贫穷匮乏。[23] 博济：广泛救济。[24] 寓兵于农：中国古代兵民合一的军事组织制度，既当兵，又从事农业生产。[25] 塞上：通常指北方和西北长城一带。[26] 京畿：京指京城，畿指京城附近的地方。[27] 南亩：泛指农田。[28] 务农：从事农业生产。

顺治早亡

与两位皇后感情不睦的顺治帝对皇贵妃董鄂氏一片深情。董妃入宫后初封贤妃，月余即晋为皇贵妃，顺治甚至为她颁布册妃诏书并大赦天下，她生下的皇四子也被顺治视为"第一子"而倍受荣宠。可惜皇四子数月后夭折，顺治逾制追封其为和硕荣亲王。不久后，董鄂妃因病去世，顺治帝悲伤不能自已。此后半年左右，顺治帝随之撒手人寰，年仅二十四岁。此处所选为顺治帝亲撰《董妃行状》，其中记述董鄂妃孝、贤、谦、慈、俭的美德，言辞悲切，感人至深，哀恸之情毕现，为其早亡埋下伏笔。

《世祖自撰董妃行状》（节选）

顺治十七年八月壬寅[1]，孝献庄和至德宣仁温惠端敬皇后崩[2]。呜呼！内治虚贤，赞襄[3]失助，永言淑德，摧痛无穷。惟[4]后制行[5]纯备[6]，足垂范[7]后世。顾壸仪[8]邃密[9]，非朕为表著，曷[10]由知之？是[11]用[12]汇其平生懿[13]行，次[14]之为状[15]。

【注释】[1]八月壬寅：即八月十九日。[2]崩：帝王、太后、皇后等死亡。[3]赞襄：辅助，协助。[4]惟：想，思考。[5]制行：德行。[6]纯备：纯正完备。[7]垂范：做榜样。[8]壸仪：本指内宫后妃的端庄仪范，后来用以称颂尊贵妇女的端庄仪表和美好德操。壸，古代宫中的道路，借指宫内，进而代指女性。仪，仪容，仪范。[9]邃密：精深细密。[10]曷：什么，怎么。[11]是：这样。[12]用：因此。[13]懿：美好。[14]次：按序排列。[15]状：文体名，记叙文体的一种。

后董氏，满洲人也。父内大臣[1]鄂硕，以积勋封至伯[2]，殁[3]赠侯爵，谥[4]刚毅。后幼颖慧过人，及长娴[5]女工，修谨[6]自饬[7]，进止[8]有序，有母仪[9]之度，姻党[10]称[11]之。年十八，以德选入掖廷[12]，婉静循礼，声誉日闻，为圣母皇太后[13]所嘉与[14]。于顺治十三年八月，朕恭承懿命，立为贤妃。九月，复进秩[15]，册为皇贵妃[16]。

【注释】[1]内大臣：清朝武官名，属侍卫处，掌宿卫扈从之事，秩从一品。[2]伯：清制五等爵位（公、侯、伯、子、男）的第三等，伯爵。[3]殁：死。[4]谥：帝王、贵族、大臣等死后，根据其生前事迹所给予的称号。[5]娴：熟练。[6]修谨：行事或处世谨慎，恪守礼法。［7］自饬：自行整肃、儆戒。［8］进止：进退举止。［9］母仪：为人母的仪范。［10］姻党：有姻亲关系的各家族或其成员。［11］称：赞扬。［12］掖廷：本为正殿旁边的房舍，为宫中妃嫔居住的地方，也用来代指嫔妃。［13］圣母皇太后：指孝庄文皇后。［14］嘉与：奖励，优待。［15］进秩：晋升位分，增加俸禄。［16］皇贵妃：明清嫔妃名号，为诸妃最高之位，仅次于皇后。

后性孝敬，知大体，其于上下，能谦抑惠爱，不以贵自矜[1]。事[2]皇太后，奉养甚至[3]，伺颜色[4]如子女，左右趋走[5]，无异女侍。皇太后良安[6]之，自非后在侧，不乐也。朕时因事幸[7]南苑[8]，及适[9]他所，皇太后或少[10]违豫[11]，以后在，定省[12]承欢若朕躬，朕用[13]少释虑，治外务。即皇太后亦曰："后事我讵[14]异帝耶！"故凡出入必偕。朕前奉皇太后幸汤泉[15]，后以疾弗从，皇太后则曰："若[16]独不能强起一往，以慰我心乎？"因再四勉之，盖日不忍去后如此。其事朕如父，事今后[17]亦如母，晨夕候兴居[18]，视饮食，服御[19]曲体[20]罔不悉[21]。即朕返跸[22]晏[23]，后必迎问寒暑。或[24]意少乱，则曰："陛下归且晚，体得无倦耶？"趣[25]令具餐，躬[26]进之。居恒设食，未尝不敬奉勉食，至饫[27]乃已。或命之共餐，即又曰："陛下厚念，妾幸甚，然孰若与诸大臣，使得奉上色笑，以沾宠惠乎？"朕故频与诸大臣共食。朕值庆典，举数觞，后必频教诫侍者："若善侍上，寝室无过燠[28]。"已复中夜[29]，惴惴[30]起曰："渠[31]宁足恃耶？"更趋朕寝所伺候，心始安，然后退。

【注释】［1］自矜：自我夸耀。［2］事：服侍。［3］甚至：十分周到。［4］颜色：脸色。［5］趋走：小步快走，以示恭敬。［6］安：感觉满足合适。［7］幸：帝王到达某地。［8］南苑：皇家园囿，在北京城南，为清代帝室围猎之所。［9］适：去，往。［10］少：通"稍"，略微。［11］违豫：帝王有病的讳称。［12］定省：子女早晚向父母请安问好的礼节。［13］用：因此。［14］讵：无，非，不，难道。［15］汤泉：温泉。［16］若：你。［17］今后：指顺治第二任皇后，蒙古科尔沁贝勒绰尔济之女博尔济吉特氏。［18］兴居：起居。［19］服御：衣服车马。［20］曲体：原指弯腰，后多指深入体察。［21］罔不悉：没有不知道的。［22］跸：帝王出行返归。［23］晏：迟，晚。［24］或：有时。［25］趣：同"促"，催促，赶快。

717

[26]躬：亲自。　[27]饫：饱食。　[28]燠：热。　[29]中夜：半夜。　[30]忾忾：不安的样子。　[31]渠：他。

朕每省[1]封事[2]抵夜分[3]，后未尝不侍侧。诸曹[4]章有但[5]循往例[6]待报者，朕寓目[7]已，置之，后辄曰："此讵[8]非几务[9]，陛下遽[10]置之耶？"朕曰："无庸[11]，故事[12]耳[13]。"后复谏曰："此虽奉行成法，顾[14]安知无时变[15]需更张[16]，或且有他故宜洞瞩[17]者，陛下奈何忽之？祖宗贻[18]业良重，即身虽劳，恐未可已也。"及朕令后同阅，即复起谢[19]曰："妾闻妇无外事，岂敢以女子干[20]国政，惟[21]陛下裁察[22]。"固辞[23]不可。一日，朕览廷谳[24]疏[25]至应决者，握笔犹豫未忍下，后起问曰："是[26]疏安所云，致轸[27]陛下心乃尔[28]？"朕谕[29]之曰："此秋决[30]疏中十余人，俟朕报可，即置法矣。"后闻之泣下，曰："诸辟[31]皆愚无知，且非陛下一一亲谳者，妾度[32]陛下心，即亲谳，犹以不得情是惧，矧[33]但所司[34]审虑，岂尽无冤耶？陛下宜敬慎求可矜[35]宥者全[36]活之，以称好生之仁耳。"自是，于刑曹[37]爰书[38]，朕一经详览竟[39]，后必勉[40]朕再阅，曰："民命至重，死不可复生，陛下幸留意参稽[41]之，不然，彼将奚[42]赖耶？"且每曰："与其失入[43]，毋宁[44]失出[45]。"以宽大谏朕如朕心，故重辟获全，大狱末减者甚众。或有更令覆谳[46]者，亦多出后规劝之力。嗟夫！朕日御[47]万几[48]，藉[49]后内助，故得安意综理，今复何恃耶？宁有协[50]朕意如后者耶？

【注释】［1］省：看，阅览。　［2］封事：亦称"封章"，即密封的奏章。臣下给皇帝上书，为防止机密泄漏，以皂囊封板，谓之封事。始于汉代，此后历朝沿用。　［3］夜分：半夜。　［4］诸曹：泛指各曹。曹，古代分科办事的官署。　［5］但：只是。　［6］循往例：按照以往惯例。　［7］寓目：看一下，过目。　［8］讵：岂，怎。　［9］几务：机要的事务。　［10］遽：急，仓猝。　［11］无庸：无须，不必。　［12］故事：例行的事。　［13］耳：文言助词，而已，罢了。　［14］顾：但。　［15］时变：时势的变化。　［16］更张：改施弓弦，重新张设，比喻变更或改革。　［17］洞瞩：明察。　［18］贻：遗留，留下。　［19］谢：推辞。　［20］干：干涉。　［21］惟：希望。　［22］裁察：裁断审察。　［23］固辞：古礼以再次辞让为固辞，后指坚决推辞和谦让。［24］谳：审判定罪。［25］疏：大臣上奏皇帝的公文文体之一，多用于条陈政见。后世以奏疏作为群臣向君王进言文体的总称。［26］是：这。［27］轸：伤痛。［28］乃尔：如此。［29］谕：告诉，告知。［30］秋决：刑法制度。古时各省死罪人犯，皆于秋季由刑部覆核定罪，立秋后处决。［31］辟：罪，法，刑罚。［32］度：推测，揣度。［33］矧：况且。［34］所司：具体负责此事的相关部门。［35］矜：怜悯，怜惜。［36］全：使不受损伤，保全。［37］刑曹：指分管刑事的官署或属官。［38］爰书：记录囚犯供词的文书，或司法案件的审讯记录、报告书等。［39］竟：完毕，终了。［40］勉：鼓励，劝勉。［41］参稽：参酌稽考，对照查考。［42］奚：谁，什么。［43］失入：用法不当而将无罪判为有罪，或将轻罪判为重罪。［44］毋宁：不如，宁可。［45］失出：用刑不当而将有罪判为无罪，或将重罪判为轻罪。［46］覆谳：再议已经审定的案件。［47］御：治理，统治。［48］万几：指皇帝日常处理的纷繁政务。［49］藉：同"借"。［50］协：和洽，符合。

诸大臣有偶干[1]罪戾者，朕或不乐，后询其故，谏曰："斯事良非妾所敢预[2]，然以妾愚，谓诸大臣即有过，皆为国事，非其身谋。陛下曷[3]霁威[4]详察，以服其心。不则[5]诸大臣弗服，即何以服天下之心乎？"呜呼！乃心在邦国，系臣民如后，岂可多得哉！后尝因朕免视朝[6]，请曰："妾未谙[7]朝仪[8]何若[9]。"朕谕以祗[10]南面受群臣拜舞耳，非听政也。后进曰："陛下以非听政，故罢视朝。然群臣舍是日，容[11]更获觐[12]天颜耶？愿陛下毋以倦勤罢。"于是因后语，频视朝。后每当朕日讲[13]后，必询所讲，且曰："幸为妾言之。"朕与言章句大义，后辄喜。间[14]有遗忘不能悉[15]，后辄谏曰："妾闻圣贤之道，备[16]于载籍[17]，陛下服膺[18]默识[19]之，始有裨[20]政治，否则讲习奚益焉。"朕有时蒐狩[21]亲骑射，后必谏曰："陛下藉祖宗鸿业，讲武事，安不忘战，甚善。然马足安足恃？以万邦仰庇之身，轻于驰骋，妾深为陛下危之。"盖后之深识远虑，所关者切。故值朕骑或偶蹶[22]，辄怆然[23]于色也。

……

【注释】［1］干：触犯。［2］预：干预，参与。［3］曷：同"盍"，何不。［4］霁威：息怒。［5］不则：同"否则"。［6］视朝：天子临朝听政。［7］谙：知晓，熟

719

悉。[8]朝仪：皇帝临朝的礼仪制度。[9]何若：怎么样。[10]祇：只是，仅仅是。[11]容：难道，岂。[12]觐：朝见君主。[13]日讲：古代宫廷教育的仪制之一，由讲读官专为皇帝进讲经史，进行系统的经史及治道知识教学。[14]间：偶尔。[15]悉：详尽地叙述。[16]备：完备。[17]载籍：书籍。[18]服膺：牢固地记在心里。[19]默识：暗记而不忘。[20]裨：好处。[21]蒐狩：据《左传·隐公五年》记载，春猎为蒐，冬猎为狩。[22]蹶：跌倒。[23]怵然：惊恐的样子。

后持躬[1]谨恪[2]，翼赞[3]内治，殚竭心力，无微不饬[4]，于诸务孜孜[5]焉，罔弗周详。且虑父兄之有不率[6]，故忧劳成疾。上则皇太后慈怀轸恻[7]，今后悲悼逾常；下则六宫号慕[8]，天下臣民莫不感痛。惟朕一人，抚今追昔，虽不言哀，哀自至矣。

呜呼！是皆后实行，一辞无所增饰，非以后崩逝故，过于轸惜[9]为虚语。后嫕[10]素著[11]，笔不胜书。朕于伤悼中不能尽忆，特撮[12]其大略状之。俾[13]懿德[14]昭垂[15]，朕怀亦用少展云尔[16]！

【注释】[1]持躬：律己，要求自己。[2]恪：恭敬，谨慎。[3]翼赞：辅佐。[4]饬：修正，整治；谨慎，恭敬。[5]孜孜：勤勉不懈。[6]不率：不服从，不遵循。[7]轸恻：怜惜关心。[8]号慕：哀号父母之丧，表达怀恋追慕之情。[9]轸惜：哀痛惋惜。[10]嫕：同"媂"，容貌姿色美好。[11]著：显明。[12]撮：取，聚。[13]俾：使。[14]懿德：美德。[15]昭垂：昭示，垂示。[16]云尔：语气助词，如此罢了，如此而已。

修撰《明史》

《明史》为有明一代的纪传体断代史，记载了自朱元璋洪武元年（公元1368年）始至朱由检崇祯十七年（公元1644年）二百多年的历史。共三百三十二卷，包括本纪二十四卷，志七十五卷，列传二百二十卷，表十三卷。其卷数在二十四史中仅次于《宋史》。《明史》也是我国历史上官修史书中纂修时间最长的一部。如果从清顺治二年（1645年）开设明史馆起，到乾隆四年（1739年）正式由史官向皇帝进呈，前后历时九十四年。假如从康熙十八年（1679年）正式组织班子编写起至呈稿止，为时也有整整六十年之久，所以《明史》修撰还算精良，虽有一些曲笔隐讳之处，但仍得到后世史家的广泛好评。这里所选取的篇目出自《潜研堂集》，为乾嘉考据史学大师钱大昕所撰写的《万先生斯同传》一文，传主万斯同为康熙十八年正式修撰明史的实际总纂修人，最终修成的《明史》即以万斯同所主持撰写的《明史稿》为底稿修改而成，所以其传记颇能反映《明史》修撰的真实信息。

《万先生斯同传》

万先生斯同字季野，鄞人[1]。高祖表，明都督同知[2]。父泰，明崇祯丙子[3]举人[4]，鼎革[5]后以经史分授诸子，各名一家，先生其少子也。生而异敏，读书过目不忘。八岁在客坐中背诵扬子《法言》[6]，终篇不失一字。年十四五，取家所藏书遍读之，皆得其大意。余姚黄太冲[7]寓甬上[8]，先生与兄斯大[9]皆师事之，得闻蕺山刘氏[10]之学，以慎独为主，以圣贤为必可及[11]。是时，甬上有"五经"会，先生年最少，遇有疑义，辄片言析之[12]。束发[13]未尝为时文[14]，专意古学[15]，博通诸史，尤熟于明代掌故[16]，自洪武至天启实录[17]，皆能暗诵[18]。尚书徐公乾学[19]闻其名，招致之，其[20]撰《读礼通考》，先生予参定[21]焉。

【注释】[1]鄞：在今浙江省宁波市。 [2]都督同知：又称同知都督。原为从二品，后改为从一品。无定员。 [3]崇祯丙子：即崇祯九年，公元1636年。 [4]举人：明清时称乡试考取的人为举人。 [5]鼎革：改朝换代，这里指清朝取代明朝。 [6]扬子：扬雄。《法言》：扬雄模仿《论语》而作之书。 [7]余姚黄太冲：即黄宗羲，浙江绍兴府余姚县人，字太冲，一字德冰，号南雷，别号梨洲老人等，明清之际著名学者。 [8]甬：为浙江宁波市的别称。寓甬上：即寄住于宁波。 [9]斯大：即万斯同之兄万斯大，也为当时著名学者。 [10]蕺山刘氏：即刘宗周，明朝绍兴府山阴人，字起东，别号念台，为黄宗羲之老师。 [11]以圣贤为必可及：认为圣贤是能达到的。以：认为。 [12]辄片言析之：意为几句话就能把疑难辨析明白。片言：简短的语言。析：辨析，分析。 [13]束发：古代男孩成童时要束发为髻，用以指代成童。[14]时文：本意为时下流行的文体，此处特指八股文。[15]古学：研究古文经史之学。[16]掌故：本义为旧制、旧例，多指历史上的人物事迹、制度沿革等史实或传说。[17]洪武至天启实录：即明代自洪武朝至天启朝的十三朝实录。[18]暗诵：即默诵，背诵。[19]徐公乾学：即徐乾学，字原一，幼慧，号健庵，又号玉峰先生，江苏昆山人，曾主持修撰《明史》。[20]其：即徐乾学。[21]予参定：给予参酌商定。

会诏修《明史》，大学士徐公元文[1]为总裁，欲荐入史局，先生力辞，乃延主其家，以刊修委之[2]。元文罢，继之者大学士张公玉书、陈公廷敬、尚书王公鸿绪[3]，皆延请先生有加礼[4]。先生素以《明史》自任，又病[5]唐以后设局分修之失[6]，尝曰："昔迁、固[7]才既杰出，又承父学，故事信而言文[8]。其后专家之书，才虽不逮，犹未至如官修者之杂乱也。譬如入人之室，始而周其堂寝匽溷[9]，继而知其蓄产礼俗[10]，久之，其男女少长性质刚柔、轻重贤愚[11]无不习察[12]，然后可制[13]其家之事。若官修之史，仓卒[14]而成于众人，不暇择其材之宜与事之习[15]，是犹招市人[16]而与谋室中之事也。吾所以辞史局而就馆[17]总裁所者，唯恐众人分操割裂[18]，使一代治乱贤奸之迹暗昧而不明[19]耳。"又曰："史之难言久矣[20]！非事信而言文，其传不显[21]。李翱[22]、曾巩[23]所讥魏晋以后，贤奸事迹暗昧而不明，由无迁、固之文是也。而在今则事之信尤难，盖俗之偷久矣[24]，好恶因心[25]，而毁誉随之[26]，一家之事，言者三人，而其传各异矣，况数百年之久乎！言语可曲附而成[27]，事迹可凿空而构[28]。其传而播之者，未必皆直道之行也；其闻而书之者，未必有裁别之识也。[29]非论其世、知其人而具见其表里，则吾以为信而人受其枉者多矣。[30]吾少馆于某氏，其家有列朝实录，吾读而详识[31]之。长游四方，就故家长老[32]求遗书，考问往事，旁及郡志邑乘、杂家志传[33]之文，靡不网罗参伍[34]，而要以实录为指归[35]。盖实录者，直载其事与言[36]而无所增饰者也。因其世以考其事、核其言而平心察之，则其人之本末十得其八九矣。[37]然言之发或有所由，事之端或有所起，而其流或有所激，则非他书不能具也。[38]凡实录之难详者，吾以它书证之，它书之诬且滥[39]者，吾以所得于实录者裁之，虽不敢谓具[40]可信，而是非之枉于人者鲜矣。昔人于《宋史》已病其繁芜[41]，而吾所述将倍焉[42]，非不知简[43]之为贵也，吾恐后之人务博而不知所裁^[44]，故先为之极^[45]，使知吾所取者有可损，而所不取者，必非其事与言之真而不可益^[46]也。"

【注释】［1］徐元文：字公肃，号立斋，为徐乾学之弟，康熙十八年，出任《明史》总裁官。［2］以刊修委之：即将《明史》之修改工作委任给万斯同。［3］继之者：指在徐元文之后继续主持《明史》修撰工作的张玉书、陈廷敬与尚书王鸿绪等。［4］加礼：厚于常礼。［5］病：此处作不满解。［6］唐以后设局分修之失：唐代以后开设史馆、分头修撰史书造成的过失。［7］迁、固：即司马迁与班固。［8］故事信而言文：所以所述史实信实而语言富有文采。［9］堂：正堂，厅堂。寝：睡觉的寝室。匽：厕所。湢：浴室。［10］蓄产礼俗：积蓄产业与礼节风俗。［11］男女少长：男女老少。性质刚柔：性格气质的刚强柔弱。轻重贤愚：身份轻重和智能贤愚。［12］习察：熟悉省察。［13］制：掌握，主持。［14］仓卒：即仓猝，匆忙急迫。［15］不暇……之习：意为"参与修史的人无暇选择他们的才能是否适宜、对史事是否熟悉"。［16］市人：集市、街道上的陌生人。［17］就馆：赴治事之所。［18］分操割裂：因为分操修史之事，造成史实叙述互相割裂。［19］暗昧而不明：昏暗而不明了。［20］史之难言久矣：意为"史书之难修这种说法已是由来很久了"。［21］其传不显：其流传不广泛。［22］李翱：字习之，唐陇西成纪人，曾历任国子博士、史馆修撰等官，参与修史工作。［23］曾巩：字子固，为建昌军南丰人，北宋著名文学家、史学家。［24］盖俗之偷久矣：因为苟且马虎的风气已经由来很久了。偷，苟且。［25］好恶因心：喜好与厌恶随心所欲。［26］毁誉随之：诋毁和赞誉也就跟随喜好与厌恶而来了。［27］言语可曲附而成：意为"言论可以由歪曲附会来编造"。［28］事迹可凿空而构：意为"史实可以凭空虚构"。［29］其传而播……之识也：意为"那些被广泛传诵的人，不一定都是直道而行的正人君子；而那些依据传闻而进行记载的人，也未必有辨别真伪是非的识见"。［30］非论其世……枉者多矣：意为"不将历史人物放到具体的历史环境中去考察、不去了解其真实的品行从而完整地看到他的外表和内里，那么我所认为是历史事实但使别人被冤枉歪曲的例子就很多了"。［31］识：记住。［32］故家长老：旧时官宦人家的长者、老人。［33］郡志邑乘：即各地方志。杂家志传：即各家私撰的各种史书。［34］靡不：无不。网罗参伍：搜罗分类以相互参考。［35］指归：宗旨。［36］事与言：史事与言论。［37］因其世……八九矣：意为"根据历史人物所处的时代来考核其事迹、言论，并公平地考察这些言行，那么就对这个人的生平始末详情可以十分中得到八九分了"。［38］然言之发……不能具也：意为"但言论的发表或许另有缘故，事情的开端也许别有起因，而其流传则可能受到其他动因的影响，如此就非得依据其他书的记载，否则便不能得到详细解释"。［39］诬且滥：诬妄不实。［40］具：全，都。［41］病：不满，诟病。繁芜：繁多芜杂。［42］焉：表示结构，用于前置的宾语之后。倍焉：较（宋史）加倍。［43］简：简约。［44］务博：力求广博。不知所裁：不知有所裁减。［45］为之极：走极端，即将《明史》修撰得极为广博繁多。［46］益：增加。

建文一朝无实录[1]，野史[2]因有逊国出亡[3]之说，后人多信之，先生直断之曰："紫禁城[4]无水关[5]，无可出之理，鬼门亦无其地[6]。《成祖实录》称：'建文阖宫自焚[7]，上望见宫中烟起，急遣中使[8]往救，至已不及，中使出其尸于火中，还白上。'所谓中使者，乃成祖之内监[9]也，安肯以后尸诳[10]其主？而清宫之日，中涓嫔御[11]为建文所属意[12]者逐一毒考[13]，苟无自焚实据[14]，岂肯不行大索之令[15]耶？且建文登极[16]二三年，削夺亲藩，曾无宽假，以至燕王称兵犯阙，逼迫自殒。[17]即使出亡，亦是势穷力尽，谓之逊国可乎？"由是建文之书法[18]遂定。

【注释】［1］建文一朝无实录：因建文帝靖难之变被明成祖朱棣推翻，所以建文朝没有实录，其一朝史事附载于《明太祖实录》之中。［2］野史：民间私人编撰的史书。［3］逊国出亡：有传建文帝将国家让给朱棣而出逃流亡。［4］紫禁城：皇帝的宫城，这里指南京明皇宫。［5］水关：旧时穿城壁以通城内外水的闸门。［6］鬼门亦无其地：鬼门也没有这个地方。［7］阖宫自焚：关闭宫门自焚。阖：关闭。［8］中使：即宫中派出的使者，多指宦官。［9］内监：太监。［10］诳：欺骗，瞒哄。［11］中涓：古代君主亲近的侍从官，即宦官。嫔御：皇帝的侍妾与宫女。［12］属意：这里作亲信解。［13］逐一毒考：挨个严刑拷打。［14］实据：确实的根据。［15］大索之令：大肆搜捕追查的命令。［16］登极：帝王即位。［17］亲藩：即帝王宗室亲属被分封的藩王。自殒：自杀。［18］书法：这里指建文帝一朝历史的撰写规则。

在都门[1]十余年，士大夫就问[2]无虚日，每月两三会，听讲者常数十人。于前史体例贯穿精熟，指陈得失，皆中肯綮[3]，刘知幾[4]、郑樵[5]诸人不能及也。马、班[6]史皆有表，而《后汉》、《三国》[7]以下无之。刘知幾谓得之不为益，失之不为损。先生则曰："史之有表，所以通纪传[8]之穷。有其人已入纪传而表之者，有未入纪传而牵连以表之者，表立而后纪传之文可省，故表不可废。读史而不读表，非深于史者也。"

康熙壬午四月卒，年六十，所著《历代史表》六十卷、《纪元汇考》四卷、《庙制图考》四卷、《儒林宗派》八卷、《石经考》二卷，皆刊行。又有《周正汇考》八卷、《历代宰辅汇考》八卷、《宋季忠义录》十六卷、《六陵遗事》一卷、《庚申君遗事》一卷、《群书疑辨》十二卷、《书学汇编》二十二卷、《昆仑河源考》二卷、《河渠考》十二卷、《石园诗文集》二十卷，予皆未见也。乾隆初，大学士张公廷玉[9]等奉诏刊定《明史》，以王公鸿绪[10]史稿为本而增损之，王氏稿大半出先生手也。

【注释】[1]都门：京都城门，这里借指都城北京。 [2]就问：前往访问。 [3]肯綮：本意为筋骨结合的地方，这里比喻事物的关键之处。 [4]刘知幾：字子玄，彭城人，唐代著名史学家，《史通》等书的作者。 [5]郑樵：字渔仲，世称夹漈先生，南宋兴化军莆田人，宋代著名史学家、目录学家，撰有《通志》等书。 [6]马、班：即司马迁、班固。 [7]《后汉》：即《后汉书》。《三国》：即《三国志》。 [8]纪传：即本纪与列传。 [9]张公廷玉：即张廷玉，字衡臣，号砚斋，安徽桐城人，《明史》最终的修撰总裁官。 [10]王公鸿绪：即王鸿绪，字季友，号俨斋，别号横云山人，华亭人。曾任《明史》总裁官。

三藩之乱

清初吴三桂等的叛乱。吴三桂等原为明将，降清后竭力为清廷效劳，镇压农民起义军和抗清力量。清初分封吴三桂为平西王，守云南；尚可喜为平南王，守广东；耿继茂为靖南王，守福建。这被称为"三藩"。后来他们逐渐成为割据势力，其中以吴三桂势力最大。康熙十二年（1673年）清政府下令撤藩，吴三桂立即叛乱，自称天下都招讨兵马大元帅，次年为周王元年，攻陷四川、湖南，声势浩大。同时耿继茂之子耿精忠、尚可喜之子尚之信起兵响应，攻入浙江、江西等地，陕西、贵州等处督抚也相继反叛。这些叛乱，后来陆续被清兵击败，耿精忠、尚之信等先后降清。康熙十七年（1678年）吴三桂在衡州称帝，不久病死，由其孙吴世璠继位。在清军的攻击下，吴世璠军退出长沙、衡州。二十年（1681年），清军破吴世璠盘踞的昆明，吴世璠兵败自杀，延续八年的三藩之乱结束。平定"三藩"，使清政府进一步加强了对南方的统治和管理，巩固了全国的统一。

《圣武记·康熙戡定三藩记上》（节选）

国朝兵事大者曰前三藩、后三藩[1]。前三藩：明福王、唐王、桂王也[2]；后三藩：平西王吴三桂、平南王尚之信、靖南王耿精忠也[3]。语敌寇之名号，则前顺而后逆；语国家之兵力，则前甫新造而后乘全盛[4]；语戡定之战功[5]，则前若拉朽而后等摧山[6]。事倍功半，劳佚相百者何哉[7]？势重则藩镇剧于殷顽[8]，助少则守成劳于创业[9]。

【注释】[1]藩：藩王。[2]福王：南明皇帝，朱常洵之子朱由崧，后被拥立于南京，建立弘光政权，在位仅一年。唐王：朱聿键，南明皇帝，建隆武政权，后被俘绝食而死。桂王：即朱由榔，神宗孙，初封永明王，隆武时袭封桂王，隆武帝死后，在广东肇庆即位，改元永历，后为吴三桂所杀。[3]吴三桂：明末任辽东总兵，封平西伯，驻防山海关，后镇守云南，手握重兵，成为割据势力。尚之信：清初藩王，尚可喜长子，后投降吴三桂叛军，不久又悔罪自归，袭封平南王，镇守广东。耿精忠：耿仲明孙，袭靖南王，后在福建起兵助吴三桂叛乱，三藩叛乱平定后被处死。[4]甫：刚刚。[5]戡定：平定。[6]拉朽：即"摧枯拉朽"。摧，毁坏。枯，枯草。朽，烂了的木头。指摧毁腐朽的东西，比喻轻而易举，极易做到。[7]事倍功半：形容费力大，收效小。佚通"逸"。[8]殷：深厚。顽：固执。[9]守成：在事业上保持前人的成就或守住前人创立的事业。

初，世祖之定鼎也[1]，东南反侧未靖[2]，故命大学士洪承畴经略五省[3]，而定南王孔有德徇广西[4]，尚可喜、耿仲明徇广东，吴三桂徇四川、徇云南，皆以明故臣领所部绿旗兵[5]，外藉其招徕[6]，内以佐禁旅之不逮[7]。迨南方略定[8]，洪承畴偕宗室洛讬、信郡王多尼率禁旅还京师[9]。其时孔有德已遇害无后[10]，故惟留三桂王云南[11]，尚可喜王广东，耿仲明之子继茂王福建。继茂卒，子精忠袭封。耿、尚二藩所属各十五佐领[12]，绿旗兵各六七千，丁口各二万。三桂藩属五十三佐领，绿旗兵万有二千，丁口计数万，是为三藩并建之始。三藩中三桂功最高，兵最强，受朝廷恩礼亦最侈[13]。破流贼[14]，定陕，定川，定滇[15]，取永明王于缅甸[16]，又平水西土司安氏[17]，四方精兵猛将多归其部下。计五丁出一甲，甲二百设一佐领，积五十佐领，辖以左右都统。设前、后、左、右援剿四镇，分十营，每营兵千有二百。以吴应麒、吴国贵、夏国相、胡国柱等为都统，以马宝、王屏藩、王绪等十人为总兵。方其入滇之始，羽书旁午[18]，朝廷假以便宜[19]，云、贵督抚咸受节制，用人吏、兵二部不得掣肘[20]，用财户部不得稽迟[21]，其所除授号曰"西选"[22]，西选之官遍天下。

【注释】［1］世祖：指顺治皇帝爱新觉罗·福临。定鼎：鼎为传国重器，称建立王朝或建都为定鼎。［2］反侧：不安分顺服，也指反叛。靖：安定、平定。［3］洪承畴：明末清初将领，字彦演，号亨九，福建南安人。［4］孔有德：明清之际将领，原为明朝参将，清天聪六年叛明降清。徇：巡行。［5］绿旗：清军将收降的明军另行编组，旗帜概用绿色，因此被称为绿旗兵。［6］藉：通"借"。招徕：招引，招揽。［7］禁旅：皇帝的亲兵，指八旗。不逮：不及、达不到。佐：辅助。［8］迨：等。［9］洛讬：人名，满族宗室，庄亲王舒尔哈齐孙。多尼：努尔哈赤孙，多铎次子。［10］后：子嗣。［11］王：作动词，做王，成为王。［12］藩属：藩地领属。［13］侈：多。［14］流贼：流寇，是对起义农民的诬称，这里指李自成起义。［15］滇：云南。［16］缅甸：外国国名，位于东南亚中南半岛西北部。［17］土司：元、明、清王朝为加强对西北、西南地区少数民族的统治，在部分少数民族聚居区设置土官，又称土司。水西土司：在今贵州境内。［18］羽书：军书，插羽毛以示紧急。旁午：交错纷繁的样子。［19］假：借用。便宜：方便，便利。［20］掣：拉住胳膊，比喻在别人做事时牵制、阻挠。［21］稽迟：停滞。［22］除授：任命官职。

顺治十七年，部臣奏计云南省俸饷岁九百余万，除召还满兵外，议裁绿营兵五万之二。三桂谓边疆未靖，兵力难减，于是倡缅甸、水西各役以自固[1]。加以闽、粤二藩运饷[2]，岁需二千余万，近省挽输不给[3]，一切仰诸江南[4]，绌则连章入告[5]，既赢不复请稽核，天下财赋半耗于三藩。御史郝浴、杨素蕴，庆阳知府傅宏烈先后奏劾其不法，而朝廷固怀之以德，晋封亲王，子尚公主[6]。及康熙六年，三桂始以目疾疏辞总管[7]，罢其除吏之权[8]，而兵饷尚不赀[9]，又自以功高，朝廷终不夺我滇，益固根蒂为不可拔。踞桂王五华山旧宫为藩府[10]，增崇侈丽，尽括沐氏旧庄七百顷为藩庄[11]。通使达赖剌麻[12]，奏互市茶、马于北胜州[13]，于是西番、蒙古之马由西藏入滇者岁千万匹。假濬渠筑城为名[14]，广征关市，榷盐井[15]，开矿鼓铸，潜积硝、磺诸禁物，重敛土司金币，厚自封殖。散财结士，人人得其死力。专制滇中十余年，日练士马，利器械，水陆冲要徧置私人，各省提镇多其心腹[16]。子为额驸，朝政纤悉[17]，旦夕飞报[18]。诡称蒙古侵掠丽江中甸地[19]，及调兵往，又称寇遁，挟边防以自重。而尚可喜老病，以兵事属其子之信，以酗虐横于粤。耿精忠以税敛暴于闽。皆为三方患。

【注释】[1]固：巩固。[2]闽：福建。粤：广东。[3]挽：用皮革包裹帆和輓叫挽，挽输即运输。[4]仰：仰仗。江南：泛指长江下游以南地区，即江苏、安徽两省的南部和浙江省的北部。[5]绌：不够、不足。[6]尚：古代娶皇帝之女为妻称尚。[7]疏：大臣上奏皇帝的公文。[8]除：授予。[9]赀：同"资"，意为上交。[10]踞：占据。[11]沐氏：明代显族沐英家族。[12]达赖剌麻：又作达赖喇嘛，西藏喇嘛教格鲁派两大活佛之一，主管前藏宗教事务。[13]北胜州：地名，辖境相当于今云南省永胜县地。[14]濬：疏通。[15]盐井：产盐的坑井，即主要生产井盐。[16]提镇：清代提督军务总兵官、镇守总兵官连称。心腹：亲信。[17]纤：细小。悉：知悉。[18]旦夕：早晚。[19]丽江中甸：地名，在今云南省迪庆藏族自治州。

方是时，圣祖亲政数载[1]，春秋日富，习知中外利害与前代方镇得失[2]。而尚可喜适有归老辽东留子镇粤之请[3]，盖受制于其子之信，不得已用其客金光计[4]，冀见上得自陈[5]，时十二年三月也，部议遂令其尽彻藩兵回籍[6]。三桂及耿精忠闻之不自安，亦于是年七月疏请彻兵，以探朝旨[7]。上敕廷臣议[8]，皆言滇、黔、苗蛮反侧[9]，若徙藩[10]必遣禁旅驻防，劳费，不如勿徙，惟户部尚书米思翰、兵部尚书明珠、刑部尚书莫洛等力请徙藩[11]。命议政王、贝勒、大臣议之[12]，仍持两议。上念藩镇久握重兵，势成尾大[13]，非国家利，又三桂子、精忠诸弟皆宿卫京师，谅无能为变[14]，特允其请，徙藩山海关外[15]。

【注释】[1]圣祖：爱新觉罗·玄烨，即康熙皇帝。 [2]中外：朝廷与地方。 [3]归老：告老辞官。 [4]客：宾客，幕僚。 [5]冀：希望。 [6]彻：通"撤"，撤销。回籍：回到原籍。 [7]朝旨：朝廷旨意。 [8]敕：通"饬"，泛指上级对下级的警告、告诫和勉励。 [9]黔：贵州。苗蛮：对中国西南部四川、云南、贵州、西藏等省区除汉族以外其他少数民族的称呼。 [10]徙：迁徙。 [11]户部尚书：户部最高长官。米思翰：清朝大臣，满洲镶黄旗人。兵部尚书：官名，兵部最高行政长官。明珠：清朝大臣，满洲正黄旗人。刑部尚书：刑部最高行政长官。莫洛：清代大臣，满族正红旗人。 [12]议政王：官名，清帝任命宗室贵族以议军国之事。贝勒：满语，原为满族贵族的称号，复数为贝子，后用作爵位名。 [13]尾大：比喻下属势力过大，难以驾驭。 [14]谅：料想。 [15]山海关：长城的东端，今属河北省秦皇岛市。

时三桂冀朝廷慰留，如明沐英世守云南故事[1]，及命下，愕然[2]，即与其党聚谋，阴勒士马[3]，禁遏邮传[4]，惟许入不许出。及侍郎哲（可）[尔]肯、学士傅达礼至滇[5]，三桂阳拜诏[6]，而屡迁行期[7]。反谋益急，谅中朝诸将无足当己者[8]。惟难于举兵之名，欲立明后以号召天下，则缅甸之役无可自解；欲行至中原据腹心始举事[9]，复恐日久谋泄。遂于十一月二十一日发兵反，杀巡抚朱国治[10]，执按察使以下之不屈者[11]，移檄远近[12]，自称天下都招讨兵马大元帅，以明年为周元年，蓄发易衣冠[13]，旗帜皆白。贵州巡抚曹申吉、贵州提督李本深、云南提督张国柱皆从贼。云贵总督甘文焜在贵阳闻变[14]，欲拒守，而督标兵皆不为用，疾驰至镇远[15]，为贼党所遮[16]，死之。有郎中党务礼、萨穆哈在黔督理移藩舟马，疾驰十二日至阙告变[17]，湖广总督蔡毓荣亦奏至,举朝震动。大学士索额图请诛诸臣之建议彻藩者,上不许,惟驰诏止闽、粤两藩勿彻。先遣都统巴尔布等率满洲精骑三千由荆州守常德[18],命都统珠满以兵三千由武昌赴守岳州[19],命都督尼雅翰、赫业、席布、根特、穆占、修国瑶等分驰西安、汉中、安庆、兖州、郧阳、汝宁、南昌诸要地,听调遣。削吴三桂官爵,宣示中外,下其子应熊及家属于狱[20]。命顺承郡王勒尔锦为宁南靖寇大将军[21],统师至荆州。又以滇、蜀接壤,命西安将军瓦尔喀率骑兵赴蜀[22],而大学士莫洛经略陕西军事。三桂亦遣其将王屏藩犯四川[23]。马宝等出贵州、湖南,除夕陷沅州[24]。明年正月,贼将龚应麟、夏国相、张国柱等军至湖南[25]。提督桑额自澧州走夷陵[26],巡抚卢震弃长沙奔窜,巴尔布、硕岱、珠满等兵于二月初旬至荆州、武昌,畏贼势盛不敢进,于是常德、长沙、岳、澧、衡二三月间先后陷贼,且散布伪劄,四出诱煽[27]。襄阳总兵杨来嘉以襄阳应贼[28],广西将军孙延龄、提督马雄以桂林应贼,四川巡抚罗森,提督郑蛟麟,总兵谭弘、吴之茂以四川应贼,福建耿精忠闻之,亦同时反[29]。数月而六省皆陷。

【注释】[1]沐英:明初将领,字文英,朱元璋义子,洪武十四年,从傅友德取云南,留镇其地,沐氏从此世守云南,与明代相始终。故事:旧事。[2]愕然:表示吃惊的样子。[3]阴:暗暗地。[4]邮传:古时传递文书、供应食宿和车马的驿站。[5]学士:官名,清代内阁设学士,掌敷奏。[6]阳:表面上。[7]迁:改变。[8]当:通"挡",阻挡,阻拦。[9]举事:起兵夺取政权。[10]巡抚:官名,清代的省级长官。[11]按察使:官名,全称"提刑按察使司按察使",掌一省刑名按劾之事。[12]檄:古代用于晓谕、征召、声讨等的文书,特指声讨的文告。[13]蓄发:留发。易:改变。[14]变:指叛乱。[15]镇远:地名,为今贵州省地。[16]遮:阻拦。[17]阙:皇宫。[18]荆州:地名,治所在今湖北江陵县。常德:地名,为今湖南省北部。[19]武昌:地名,在今湖北鄂州市。岳州:地名,在今湖北孝感市。[20]下:关。[21]勒尔锦:清朝将领,清宗室礼亲王代善曾孙,顺承郡王勒克德浑子。[22]瓦尔喀:清初将领,完颜氏,满洲镶红旗人。[23]犯:进犯。[24]沅州:地名,治所在今湖南沅陵县。[25]将:率领。[26]走:败走。[27]诱煽:诱惑煽动。[28]应:响应。[29]反:反叛。

摊丁入亩

摊丁入亩为清代推行的一项重要的赋役制度。清初赋役之征收，沿袭明制，地有田赋，丁有丁税。实际上，仍然保留了前代的人丁税，而豪绅地主往往把自己的丁银转嫁到农民身上，成为农民的一项沉重负担。农民为了逃避丁银，有的隐匿丁口，有的向地主投献，有的逃亡，有的贫困农户无力交纳，使赋税收入受到影响。为了保证赋税来源的稳定，简化征收手续，康熙时清廷决定以康熙五十一年（1712）的人口数，"滋生人丁，永不加赋"。在这一前提下，雍正时实行摊丁入亩，将丁税全部并入田亩之中，征收"地丁银"。摊丁入亩的实行，废除了自秦汉以来的人口税，使人口急剧增加；赋税征银，促进了商品经济的发展；同时，简化了赋税手续，是中国古代赋役制度的一次重大变革。

《清史稿·食货二》（节选）

一曰役法[1]。初沿明旧制，计丁授役[2]，三年一编审[3]，嗣改为五年。凡里百有十户[4]，推丁多者十人为长，余百户为十甲[5]，甲十人。岁除里长一[6]，管摄一里事[7]。城中曰坊[8]，近城曰厢[9]，乡里曰里。里长十人，轮流应征[10]，催办钱粮[11]，句摄公事[12]，十年一周，以丁数多寡为次[13]，令催纳各户钱粮[14]，不以差徭累之[15]。编审之法，核实天下丁口，具载版籍[16]。年六十以上开除[17]，十六以上添注[18]，丁增而赋随之。有市民、乡民、富民、佃民、客民之分[19]。民丁外复有军、匠、灶、屯、站、土丁名[20]。

【注释】[1]役法：田租徭役制度。 [2]计：核算。丁：清代专指能承担赋役的成年男子。役：赋役。 [3]编审：编辑审查。 [4]里：清代征收赋役的基层组织，规定民户一百一十户为一里。 [5]甲：户口编制单位。 [6]除：任命。 [7]摄：代理、管理。 [8]坊：城镇中街道里巷的通称。 [9]厢：即近城的地区。 [10]应征：响应征求。 [11]钱粮：田赋所征银钱和粮食的合称。 [12]句：通"勾"。 [13]次：等级，次序。 [14]催纳：催促交纳。 [15]差徭：百姓每年应向官府承担无偿力役或钱银。 [16]版籍：又称"板籍"，指户口册或疆域书籍。 [17]开除：免除，豁免。 [18]添注：添入拟注。 [19]佃民：租种土地之民。客民：非当地籍贯而寄寓当地的外来依附者。［20］军：即军户，清代所编屯卫兵丁及充配为军者，其随配子孙及到配所生子孙皆入军籍，均称军户。匠：即匠户，被编入特种户籍的工匠人户。灶：即灶户，从事盐业生产的民户。站：即站户，指从事驿递之役的人户。

直省丁徭[1]，有分三等九则者，有一条鞭征者[2]，有丁随地派者[3]，有丁随丁派者[4]。其后改随地派，十居其七。都直省徭里银三百余万两，间征米豆。其科则最轻者每丁科一分五厘，重至一两有余。山西有至四两余，巩昌有至八九两者[5]。因地制宜，不必尽同也。三等九则之法，沿自前明，一条鞭亦同。其法将均徭均费等银，不分银力二差，俱以一条鞭从事。凡十甲丁粮，总于一里，各里丁粮，总于一州县，而府，而布政司[6]。通计一省丁粮，均派一省徭役，里甲与两税为一[7]。凡一州县丁银悉输于官，官为佥募[8]，以充一岁之役，民不扰而事易集。定内外各衙署，额设吏役[9]，以良民充之[10]。吏典由各处佥拨[11]，后改为考取，或由召募投充[12]。役以五年为满，不退者斥革[13]。其府州县额设祇候、禁子、弓兵[14]，免杂派差役。又有快手、皂隶、门卒、库子诸役[15]，皆按额召募。额外滥充者谓之白役，白役有禁。然州县事剧役繁，必藉其力，不能尽革也。又定州县铺司及弓兵之制[16]，禁止私役。禁人民私充牙行、埠头[17]。

……

【注释】［1］直省：各省，因省直属中央，故称直省。［2］一条鞭：明代田赋制度，其内容为以各州县田赋、杂款、均徭、力差、银差、里甲等编合为一，通计一省税赋，通派一省徭役，官收官解。除秋粮外，一律改收银两，计亩折合交纳，总为一条，称为一条鞭法。万历初推行于全国，清因之。［3］丁随地派：又称丁随田亩，清代一些地区按田派征丁徭的赋役法，即根据纳粮户的田产数量计算和派征丁徭。［4］丁随丁派：即按丁口数量派征丁银。［5］巩昌：今临潭、岷县以东，定西、会宁以南，通渭、甘谷以西和宕昌、西和以北地区。［6］布政司：承宣布政使司的简称，长官叫布政使，负责一省的民政和财政。［7］两税：分夏税、秋税两次征收的土地税。［8］佥：全、都。［9］额设：定员的设置。［10］良民：安分守己的百姓。［11］吏典：官衙里的吏员。佥拨：派拨。［12］投充：投往充当。［13］斥革：罢斥革退。［14］祇候：衙门中的小官。禁子：各级官府监狱的管狱人员，即狱卒。　[15]快手：专司缉捕的役卒。皂隶：官府的衙役。门卒：守门的隶卒。库子：官衙中掌官文案的小吏。　[16]铺司：邮驿的铺兵头目。　[17]牙行：旧时靠提供交易场所并撮合买卖成交，从中获取佣金的商号或个人。埠头：旧指自备船只，往来介绍买卖的人。

　　五十一年[1]，谕曰："海宇承平日久[2]，户口日增，地未加广，应以现在丁册定为常额[3]，自后所生人丁，不征收钱粮，编审时，止将实数查明造报[4]。"廷议[5]："五十年以后，谓之盛世滋生人丁[6]，永不加赋。仍五岁一编审。"户部议："缺额人丁[7]，以本户新添者抵补；不足，以亲戚丁多者补之；又不足，以同甲粮多之丁补之。"[8]

　　雍正初，令各省将丁口之赋，摊入地亩输纳征解[9]，统谓之"地丁"。先是康熙季年，四川、广东诸省已有行之者。至是准直隶巡抚李维钧请[10]，将丁银随地起征[11]，每地赋一两，摊入丁银二钱二厘，嗣后直省一体仿行[12]。于是地赋一两，福建摊丁银五分二厘七毫至三钱一分二厘不等；山东摊一钱一分五厘；河南摊一分一厘七毫至二钱七厘不等；甘肃、河东摊一钱五分九厘三毫，河西摊一分六毫；江西摊一钱五厘六毫；广西摊一钱三分六厘；湖北摊一钱二分九厘六毫；江苏、安徽亩摊一厘一毫至二分二厘九毫不等；湖南地粮一石，征一厘至八钱六分一厘不等。自后丁徭与地赋合而为一[13]，民纳地丁之外[14]，别无徭役矣。惟奉天、贵州以户籍未定[15]，仍丁地分征。又山西阳曲等四十二州县，亦另编丁银。

【注释】　[1]五十一年：即康熙五十一年，公元1712年。　[2]海宇：犹言海内、宇内，谓国境以内之地。承平：太平。　[3]丁册：又称"丁口册"，清代对户口册之称。　[4]造报：编制文件或表册向上级报告。　[5]廷议：廷臣议事。凡有大政及推举，文武大臣计议，然后具本奏闻，由皇帝裁决。　[6]滋生：增加、增长。　[7]缺额：空缺的名额，即现有人员少于规定人员的数额。　[8]同甲：同一甲内。　[9]摊入：并入。输纳：缴纳。征解：指赋税的征收解送。　[10]直隶：地名，清代直隶省。李维钧：清代大臣，雍正元年担任直隶总督。　[11]起征：征收。　[12]仿行：仿照实行。　[13]丁徭：人丁税、徭役。地赋：田租。　[14]地丁：地丁银。　[15]奉天：地名，今辽宁沈阳市。

军机处

清初沿袭旧制,设置议政王大臣会议,由议政王辅佐皇帝处理军国大事,成为清初的中枢权力机构。康熙时为了限制议政王的权力,设置南书房,选翰林文人入值,参与机务。雍正七年(1729),因与准噶尔部作战,为了军务,设立军机房,挑选内阁中谨慎可靠的中书办理机密事务,1732年,又改称军机处。乾隆后成为定制,并渐渐成为最高中枢机构。军机处的中枢地位和作用超过了内阁,但始终不是个独立的、正式的衙门。军机大臣无定员,由皇帝从内阁大学士、六部尚书、侍郎中特简任用。军机处设军机章京,各八人,轮流担任缮写诏旨、记载档案、查核奏议等具体工作;又有军机行走,入值办事。军机处设立后,议政王大臣会议被废止,标志着清代君主集权发展到了顶点。这些可从以下选文中一窥其貌。

《养吉斋丛录》(节选)

雍正十年,铸"办理军机处"印。乾隆初,换铸清、汉[1]篆,其文曰:"办理军机事务印记",印藏大内[2],印钥以领班之军机大臣佩之[3]。有事则直日章京至内奏事处请印[4],向军机大臣请钥,用印毕,即送入内。乾隆间,军报旁午[5],难于屡请屡缴[6],故请印出,则钤就数百封函[7],以备取用。自后遂习以为常。凡请印、钥,以金牌为验,牌广约五分,厚一分,修约二寸,镌"军机处"三字[8]。直日章京佩之,封印后[9],领班章京佩之。若有扈从之役[10],则先出都一日请印,交领班大臣管带。

旧时,初入军机者,谕旨为军机大臣上学习行走[11],一、二年后奉旨实授[12]。亦有行走年久未实授者。若即奉命在军机大臣上行走,不用学习字,特恩也。

【注释】[1]清:清文,满文。汉:汉文。 [2]大内:皇宫总称。 [3]印钥:印匣的钥匙。军机大臣:官职名。清代军机处的职官,自满汉大学士、尚书、侍郎、京堂等官中选用,或由军机章京升任,主要职掌为应皇帝召见议商政务,承旨起草下发谕旨,任免及考试重要文武官吏,奉旨以"钦差"的身份前往各地检查或处理重要事务等。 [4]直:

通"值"。章京：满语，意思是"管理""管理官"。［5］旁午：交错、繁杂。［6］缴：交出，交纳。［7］钤：加盖印章。函：古代称信封为函，后为书信的代称。［8］镌：雕刻。［9］封印：旧时官府封闭印信，停办公事。［10］扈从：皇帝出巡时的护驾侍从人员。［11］学习行走：凡以原官受命到不设专官的衙门或非专任官上见习供职，熟练其事，均称"学习行走"。［12］实授：官员任用类别之一，凡正式任命实缺官员称为实授。

乾隆间，满、汉大臣有命在军机章京上行走者[1]，如侍郎保公成[2]、松公筠[3]、博公清额[4]、索公淋、福公德[5]，府尹蒋公炳[6]，副宪胡公宝瑔、傅公显、刘公秉恬、孙公永清[7]，理正王公昶[8]，光正申公甫，仆正程公焘[9]，三品京堂袁公守侗[10]，皆是也。嘉庆间，始命满洲章京以内阁中书、六部理藩院郎中、员外、主事、笔帖式兼充[11]。汉章京以内阁中书、六部郎中、员外、主事由进士举人出身者及拔贡、朝考取用之小京官兼充[12]。咸丰后，复有京堂仍留章京上行走者。

嘉庆四年，仁宗亲政[13]，命成亲王入军机办事[14]，为前此未有。至十月，以与定制未符，即命出直[15]。咸丰初，命恭亲王入直，踵前事也[16]，旋亦出直。

【注释】［1］军机章京：军机处内办理文书事务的官员。［2］保成：清大臣，正红旗人。［3］松筠：清大臣、学者，蒙古正蓝旗人。［4］博清额：清大臣，满洲镶黄旗人。［5］福德：清朝官员，担任要职。［6］府尹：掌府政之长官，多设于京城府及陪都府。［7］副宪：清代都察院副长官左副都御史的别称。［8］理正：大理寺左、右寺寺正省称，正六品，分理京畿、十三布政司刑名公事。［9］仆正：官名，掌车马、厩牧、弓箭、鞍辔器物等事。［10］京堂：清制，对某些高级官员称京堂，一般指三四品官员。［11］内阁中书：内阁中书舍人的简称，此职由朝考后未选为庶吉士的一等者中选用，职掌撰拟、翻译、记载、缮写诰敕。六部：吏、户、礼、兵、刑、工各部总称。员外：明、清两代中央六部设有员外郎之职，简称员外，从五品。主事：分管枢密院诸房职事，从八品。笔帖式：满语文书官之称，秩七品至九品，专由满洲、蒙古和汉军旗人充任。［12］进士：明清两代举人经过会试及殿试登第者称进士。出身：通过科举所取得的做官的资格。拔贡:"拔贡生"的简称,明清贡生名目之一,为科举制度中贡入国子监的一种生员。朝考:科举考试的方式之一,清制在殿试传胪后三日于保和殿再进行一次考试,特派大臣阅卷,称为朝考。[13]亲政:幼年继位的帝王成年之后亲自处理政事。[14]成亲王:爱新觉罗·永瑆,乾隆皇帝第十一子。[15]直:通"值"。[16]踵:脚后跟,此处指因袭、追随。

章京改官御史,出军机处;官至通副、理少[1],亦出军机处。

军机处始设于乾清门外西偏,继迁于门内[2],与南书房邻[3],在隆宗门内之北。军机大臣入直于此。直庐初仅板屋数间[4],乾隆间命改建瓦屋。章京直房先在军机大臣直庐之西,仅屋一间半,后移于隆宗门内之南,屋五间。满汉两班分左右居之。圆明园则如意门内,御河之南,为军机堂。堂之右,为满章京直房,其前为汉章京直房。

谕旨之特降者[5],曰内阁奉上谕。因奏请而降者[6],曰奉旨。其因所奏请而宣示中外者[7],亦曰内阁奉上谕。交内阁传钞者[8],谓之明发。令军机处行,不由内阁传钞者,谓之寄信,外间谓之廷寄[9]。其式:行经略大将军[10]、钦差大臣[11]、参赞大臣[12]、都统[13]、副都统、办事[14]、领队大臣[15]、总督[16]、巡抚[17]、学政[18],曰军机大臣字寄。行盐政、关差、藩臬[19],曰军机大臣传谕。由军机处封交兵部捷报处递往[20],以事之缓急,酌邮递之迟速,日行若干里(自三百里至八百里),于封函注明。其封函之式:字寄者,右书办理军机处封,左书某处某官开拆。传谕者,居中大书办理军机处封,左之下方书传谕某处某官开拆。其封口及书年月日处,皆钤印。闻格式皆张文和所定[21]。

【注释】[1]通副:通政使司副使省称。理少:大理寺少卿省称。[2]迁:移动,搬移。[3]南书房:本是清康熙帝读书处,康熙十六年(1677年)始选翰林等官入内当值,除应制撰写文字外,还秉承皇帝旨意,拟进诏旨。[4]直庐:侍臣值宿之处。[5]谕旨:皇帝对于臣下的命令、文告。[6]奏请:臣下上书皇帝请求裁决的文体。[7]中外:中央和地方。[8]传钞:清抄写御批公文的一项制度,每日军机处、奏事处交发事件应传钞者,分别以满、汉文传到各处司员到阁钞出。[9]廷寄:

凡朝廷给地方官员的谕旨，不由内阁明寄，而由军机处封交兵部捷报处寄出，称"廷寄"。[10]经略：为朝中派出总制一方军务的重臣，称经略某地或某军务，后渐成官名。[11]钦差大臣：官名。始于明代，清沿用，系皇帝特派临时性外出专办某项重大事件的大员，通常简称钦使。[12]参赞大臣：官名，清朝在总统伊犁、新疆、塔尔巴哈台、乌什等处的将军下设参赞大臣，协理军政。[13]都统：清军八旗领兵的最高将领，为一旗的统帅。[14]办事：即办事大臣，为清朝派往新疆、外蒙古、青海、西藏地区的驻扎大臣，总理边疆事务。[15]领队大臣：清朝派往新疆地区的驻扎大臣，负责辅佐将军，分统游牧，兼管卡伦。[16]总督：清代地方高级军政长官，辖一省或二三省，总理军民要政，为正二品官。[17]巡抚：官名，清代的省级长官，会同总督总管一省军政、民政、吏治、刑狱等。[18]学政：官名，清代掌握省学校政令和岁科两试的提督学政的简称。[19]关差：清代总理钞关榷务的政府官员。藩臬：指藩司和臬司，明、清两代布政使和按察使的并称。[20]捷报处：清代兵部所属机构。掌递送文件，各省驿递奏折及批回的奏折和军机处寄发的谕旨，都经捷报处递送。[21]张文和，即张廷玉（1672—1755），字衡臣，号砚斋，安徽桐城人，康雍乾三朝重臣，卒谥文和。

旧制，军机大臣不同进见[1]。乾隆初年，惟讷公亲一人承旨[2]。迨傅文忠首揆席[3]，自陈不能多识，恐有遗忘，乞令军机诸大臣同见，于是遂为例。然文忠方被宠眷，晚膳后有所商榷，又独召进见，时谓之晚面。

乾隆间，寄信皆领班之军机大臣出名[4]。如领班者不在直，其应何人出名，临时请旨。亦有三四人同出名者，其式则书：某官某字寄某官，某年月日奉上谕云云，钦此。为此遵旨寄信前来。其后寄信皆不出名，但书：军机大臣字寄某官某。当是嘉庆四年后改定，廷寄之外有公启。尝于故牍中见乾隆间公启，用素纸折书，折面书"启"字[5]，折内书："启"者某月日奉旨云云，钦此云云，专此布达[6]，不一。后书：某某同启。但列姓名，不书官。今则不复有公启矣。

……

军机直房，每有部院官以启事画稿为名[7]，侦探消息，传播街市，目为新闻[8]。和相见法之后[9]，规制始严。凡军机大臣，止准在军机承本日所奉谕旨；部院稿案[10]，不准在军机处办理；司员不准至军机处启事[11]；军机章京办事处，不许闲人窥视[12]；王以下及文武大臣，不许至军机处与军机大臣谈论；至通谕王公大臣之事，在乾清门阶下传述，不许在军机处传述。并命科道官一人[13]，轮日至隆宗门内纠察[14]，俟军机退直方退。嘉庆二十五年十月，裁稽查军机处御史。

【注释】[1]进见：谒见，拜见。[2]讷亲：清朝大臣，满洲镶黄旗人，钮祜禄氏，曾任乾隆朝军机大臣。承旨：清代文书制度，军机大臣面受逐件将应下达的皇帝旨意。[3]傅文忠：即傅恒。百揆席：即百揆之席，指宰相。[4]出名：在文书上署名。[5]折：奏折。[6]布达：陈述、表达。[7]部院：官名，清代各省的巡抚有很多兼任兵部侍郎和兼都察院右副都御史衔，所以称为部院。启事：官名。画稿：负责人在公文稿上签字或批字表示认可。[8]新闻：新鲜的事实、消息。[9]和相：指和珅。[10]稿案：清朝地方官署中掌管收发公文的办事人员。[11]司员：明清六部、清朝理藩院及内务府等衙门的郎中、员外郎、主事的通称。[12]闲人：与事无关的人。[13]科道官：明代六科给事中和都察院各道监察御史的合称，负责弹劾、纠察百官。[14]纠察：即古代对官吏违法、失职等行为的举发检察。

雍正华夷观

清朝入主中原以后，民间反对的声音一直未曾停歇。统治者为此兴起了多桩文字狱，以镇压这些不利于统治的言论。雍正年间，很多士大夫在著作中仍表露憎恨清廷、思念明朝的思想感情，其中以"曾静投书案"最为著名。这一案件牵涉出的吕留良文字狱牵连甚广，杀人甚多，成为一桩著名的历史公案。雍正七年（1729年），雍正帝下令将他关于此案驳斥曾静等人观点的谕旨，以及对涉案人员的审讯记录等编辑在一起，后附曾静的认罪书《归仁说》，刊刻成《大义觉迷录》一书，发行全国各府州县进行宣传。本文选自该书开篇的御旨，从中可管窥雍正作为少数民族帝王的华夷正统观。

《大义觉迷录》(节选)

上谕[1]：自古帝王之有天下，莫不由怀保[2]万民，恩加[3]四海，膺[4]上天之眷命，协[5]亿兆之欢心，用[6]能统一寰区[7]，垂庥[8]奕世[9]。盖生民之道，惟有德者可为天下君。此天下一家，万物一体，自古迄今，万世不易之常经[10]。非寻常之类聚群分，乡曲[11]疆域之私衷[12]浅见[13]所可妄为同异者也。《书》[14]曰："皇天无亲，惟德是辅。"[15]盖德足以君天下，则天锡[16]佑之，以为天下君。未闻不以德为感孚[17]，而第[18]择其为何地之人而辅之之理。又曰："抚我则后，虐我则仇。"[19]此民心向背之至情，未闻亿兆之归心，有不论德而但择地之理。又曰："顺天者昌，逆天者亡。"惟有德者乃能顺天，天之所与[20]，又岂因何地之人而有所区别乎？

【注释】[1]谕：皇帝告令臣民。[2]怀保：安抚保护，抚养。[3]恩加：施恩。[4]膺：接受，承当。[5]协：符合，和睦。[6]用：因此。[7]寰区：全国，全天下。[8]庥：庇荫，保护。[9]奕世：累代。[10]常经：亘古不变的规律，固定不变的法律规章。[11]乡曲：乡里，亦指穷乡僻壤。形容识见寡陋。[12]私衷：个人内心的想法。[13]浅见：浅陋的见识、浅薄的看法。[14]《书》：即《尚书》，儒家经典"五经"之一。[15]皇天无亲，惟德是辅：语出《尚书·蔡仲之命》，指上天公正无私，只辅助品德高尚的人。[16]锡：同"赐"，赏赐。[17]感孚：感动信服。[18]第：但。[19]抚我则后，虐我则仇：语出《尚书·泰誓下》。意即"体恤我们的，就是我们的君主；残害我们的，就是我们的仇敌"。后，上古称君主。[20]与：给。

我国家肇基[1]东土，列圣相承，保乂[2]万邦，天心笃佑[3]，德教[4]弘敷[5]，恩施遐畅[6]，登生民于衽席[7]，遍中外而尊亲者，百年于兹矣。夫我朝既仰承天命，为中外臣民之主，则所以蒙抚绥[8]爱育者，何得以华夷而有殊[9]视？而中外臣民既共奉我朝以为君，则所以归诚[10]效顺[11]，尽臣民之道者，尤不得以华夷而有异心。此揆[12]之天道，验之人理，海隅[13]日出之乡，普天率土[14]之众，莫不知大一统之在我朝，悉[15]子悉臣罔敢越志者也。

【注释】[1]肇基：开始奠基，初创基业。[2]保乂：治理，安定。[3]笃佑：切实深厚的庇佑。[4]德教：道德教化。[5]弘敷：广为传布。[6]遐畅：远扬。[7]登生民于袵席：将民众放置于床上，比喻让百姓居有其所，太平安乐。登，升，上。袵席，床席。[8]抚绥：安抚。[9]殊：不同。[10]归诚：投诚。[11]效顺：投诚，归降。[12]揆：揣度。[13]海隅：沿海偏远的地方。[14]普天率土：语本《左传·昭公七年》"普天之下，莫非王土；率土之滨，莫非王臣"，形容全天下、四海之内。[15]悉：全，尽。

乃逆贼吕留良[1]，凶顽悖恶，好乱乐祸，俶扰[2]彝伦[3]，私为著述，妄谓"德佑[4]以后，天地大变，亘古[5]未经，于今复见"。而逆徒严鸿逵[6]等转相附和，备极猖狂，余波及于曾静，幻怪相煽，恣为毁谤，至谓"八十余年以来，天昏地暗，日月无光"。在逆贼等之意，徒谓本朝以满洲之君，人为中国之主，妄生此疆彼界之私，遂故为讪谤[7]詆讥[8]之说耳。不知本朝之为满洲，犹中国之有籍贯。舜[9]为东夷[10]之人，文王[11]为西夷[12]之人，曾何损于圣德乎？《诗》[13]言"戎狄是膺，荆舒是惩"[14]者，以其僭[15]王猾夏[16]，不知君臣之大义，故声其罪而惩艾[17]之，非以其为戎狄而外之也。若以戎狄而言，则孔子周游，不当至楚应昭王之聘。而秦穆之霸西戎，孔子删定之时，不应以其誓列于《周书》[18]之后矣。

【注释】[1]吕留良：明末清初著名的学者、思想家，浙江崇德县人。顺治十年应试为诸生，后隐居不出。康熙二十二年八月，因病与世长辞，终年五十五岁。由于崇奉其学说的曾静等人策动川陕总督岳钟琪反叛失败，雍正十年，吕留良被剖棺戮尸，子孙及门人等均受牵连，或死或流，吕留良著述亦多被毁，现仅存《吕晚村先生文集》《东庄诗存》等。[2]俶扰：扰乱。[3]彝伦：常道，伦常。[4]德祐：南宋恭帝年号。恭帝即位不满二年，宋廷就投降了元朝。[5]亘古：终古，永远。[6]严鸿逵：吕留良的学生，浙江湖州人。与曾静、张熙结交，反对清朝统治。雍正六年，因"曾静投书案"被捕。雍正十年定案，被戮尸枭示。其孙充军到宁古塔，给披甲人为奴。[7]讪谤：讥讪毁谤。[8]詆讥：詆毁讥讽。[9]舜：传说中上古时代部落联盟首领，姚姓，妫氏，名重华，字都君，谥曰"舜"，建立虞国，被后世尊为"五帝"之一。[10]东夷：古代夏族及后来汉族对东方诸民族或邦国的通称。"夷"是夏商周时期对周边各族的泛称。[11]文王：即周文王，姓姬名昌，商末周族领袖。建国于岐山之下，在位50

年。其子武王姬发灭商建立周朝后，追尊为文王。　［12］西夷：西方少数民族。古时对黄河流域上游、西方边远地区的泛称。　［13］《诗》：即《诗经》，儒家经典"五经"之一。　［14］戎狄是膺，荆舒是惩：出自《诗经·鲁颂·閟宫》，意即对于戎、狄、荆、舒等野蛮落后的国家，要去攻伐它，使它归服于我国。戎，西戎。狄，北狄。膺，击。荆，楚国。舒，楚的属国。　［15］僭：同"僭"。　［16］猾夏：侵乱中国。　［17］惩艾：惩罚，惩戒。　［18］《周书》：《尚书》的一部分，今存三十二篇，主要记载周代史迹。

　　盖从来华夷之说，乃在晋宋六朝偏安之时，彼此地丑德齐[1]，莫能相尚，是以北人诋南为岛夷[2]，南人指北为索虏[3]。在当日之人，不务修德行仁，而徒事口舌相讥，已为至卑至陋之见。今逆贼等于天下一统、华夷一家之时，而妄判中外，谬生忿戾，岂非逆天悖理，无父无君，蜂蚁不若之异类乎？

　　且以天地之气数言之，明代自嘉靖[4]以后，君臣失德，盗贼四起，生民涂炭[5]，疆圉[6]靡宁。其时之天地，可不谓之闭塞乎？本朝定鼎[7]以来，扫除群寇，寰宇[8]又安，政教兴修，文明日盛，万民乐业，中外恬熙[9]，黄童[10]白叟[11]，一生不见兵革。今日之天地清宁，万姓沾恩，超越明代者，三尺之童[12]亦皆洞晓，而尚可谓之昏暗乎？

【注释】　［1］地丑德齐：辖地相同，德行相等。比喻势均力敌，不相上下。丑，同。　［2］岛夷：泛指生活在东南沿海及附近岛屿中的民族。　［3］索虏：索指辫子，古代北方民族多有辫子，故被蔑称索虏。　［4］嘉靖：明朝第十一位皇帝明世宗朱厚熜的年号。嘉靖皇帝笃信道教，虽然其治下出现了改革与中兴的局面，但也发生了大礼议、壬寅宫变等重大历史事件。他任用严嵩为首辅，专国擅权二十年。在位期间，全国各地爆发过多起民变。　［5］涂炭：比喻极其困苦的境遇。　［6］疆圉：边疆，边陲。　［7］定鼎：传说夏禹收九州之金铸成九鼎，以其作为传授帝位的宝器，王都所在便是鼎的所在，故而称定都为定鼎，引申指建立王朝。　［8］寰宇：意同"寰区"，天下。　［9］恬熙：安乐。　［10］黄童：幼童头发色黄，故称儿童为黄童。　［11］白叟：白发老人。　［12］三尺之童：指年幼不懂事的儿童。

　　夫天地以仁爱为心，以覆载[1]无私为量。是以德在内近者，则大统[2]集于内近；德在外远者，则大统集于外远。孔子曰："故大德者必受命。"[3]自有帝王以来，其揆[4]一也。今逆贼等以冥顽狂肆之胸，不论天心之取舍、政治之得失，不论民物之安危、疆域之大小，徒以琐琐乡曲为阿私[5]，区区地界为忿嫉，公然指斥，以遂其昧弃彝伦、灭废人纪之逆意。至于极尽狂吠[6]之音，竟敢指天地为昏暗，岂皇皇[7]上天，鉴观有赫[8]，转不如逆贼等之智识乎？

且逆贼吕留良等，以夷狄比于禽兽，未知上天厌弃内地无有德者，方眷命我外夷为内地主。若据逆贼等论，是中国之人皆禽兽之不若矣，又何暇内中国而外夷狄也？自詈[9]乎？詈人乎？

且自古中国一统之世，幅员不能广远，其中有不向化[10]者，则斥之为夷狄。如三代以上之有苗[11]、荆楚[12]、玁狁[13]，即今湖南、湖北、山西之地也，在今日而目为[14]夷狄可乎？至于汉、唐、宋全盛之时，北狄、西戎世为边患，从未能臣服而有其地，是以有此疆彼界之分。自我朝入主中土，君临天下，并蒙古极边诸部落俱归版图，是中国之疆土开拓广远，乃中国臣民之大幸，何得尚有华夷中外之分论哉！

【注释】[1]覆载：天地养育及包容万物，恩泽普遍。[2]大统：帝位。[3]故大德者必受命：语出《中庸》。[4]揆：道理，准则。[5]阿私：偏私，不公道。[6]狂吠：狗狂叫，比喻疯狂地叫骂或攻击。[7]皇皇：伟大，美好。[8]鉴观有赫：语出《诗经·大雅·文王之什·皇矣》"皇矣上帝，临下有赫。监观四方，求民之莫"，意即监察人间洞然分明。[9]詈：骂。[10]向化：归顺，服从。[11]有苗：即三苗，我国古代部族名。[12]荆楚：即楚国。西周时楚立国于荆山一带，故有是称。[13]玁狁：古代民族名，又作猃狁、獯鬻、薰育等。相传黄帝时活动于华夏之北。西周时侵扰西北边境，周宣王筑城于朔方以御之。[14]目为：看作。

扶持黄教

为加强满蒙之间的联系，清朝历代统治者都采取扶持黄教的政策。乾隆五十三年至五十七年，清朝两次派兵进藏打击入侵后藏、抢掠扎什伦布寺的廓尔喀军。经过艰苦卓绝的战斗，最终艰难取胜。乾隆借此机会加强对西藏事务的管理，订立二十九条藏内善后章程，并亲撰《喇嘛说》，用满、汉、蒙、藏文书写，刻石立碑于皇家寺庙雍和宫。碑文提出"兴黄教，即所以安众蒙古"的治边策略，并建立金瓶掣签这一确定活佛转世灵童的重要制度。

《御制喇嘛说》

佛法始自天竺，东流而至西番[1]。即唐古特部[2]，其地曰三藏。其番僧又相传称为喇嘛。喇嘛之字，汉书不载。元明史中，或讹书为剌马。陶宗仪[3]《辍耕录》载，元时称帝师为剌马；毛奇龄[4]《明武宗外纪》[5]又作剌麻，皆系随意对音，故其字不同。予细思其义，盖西番语谓上曰喇，谓无曰嘛。喇嘛者，谓无上，即汉语称僧为上人之意耳。喇嘛又称黄教[6]，盖自西番高僧帕克巴[7]旧作八思巴，始盛于元，沿及于明，封帝师[8]、国师[9]者皆有之。元世祖初封帕克巴为国师，后复封为大宝法王[10]，并尊之曰帝师。同时又有丹巴者，亦封帝师，其封国师者不一而足。明洪武初，封国师、大国师[11]者不过四五人。至永乐中，封法王[12]、西天佛子者[13]各二，此外灌顶[14]大国师者九，灌顶国师者十有八。及景泰、成化间，益不可胜纪。我朝惟康熙年间，只封一章嘉国师，相袭至今。我朝虽兴黄教，而并无加崇帝师封号者。唯康熙四十五年，敕封章嘉呼土克图[15]为灌顶国师，示寂[16]后，雍正十二年，仍照前袭号为国师。其达赖喇嘛[17]、班禅额尔德尼[18]之号，不过沿元明之旧，换其袭敕[19]耳。黄教之兴，始于明。番僧宗喀巴[20]，生于永乐十五年丁酉，至成化十四年戊戌示寂。其二大弟子，曰达赖喇嘛，曰班禅喇嘛。达赖喇嘛位居首，其名曰罗伦嘉穆错，世以化身掌黄教。一世曰根敦珠巴，二世曰根敦嘉穆错，三世曰索诺木嘉穆错，即明时所称活佛[21]锁南坚错也，四世曰云丹嘉穆错，五世曰阿旺罗卜藏嘉穆错。我朝崇德[22]七年，达赖喇嘛、班禅喇嘛遣贡方物。八年，赐书达赖喇嘛及班禅呼土克图，盖仍沿元明旧号。及定鼎[23]后，始颁给敕印，命统领中外黄教焉。盖中外黄教，总司以此二人，各部蒙古一心归之。兴黄教，即所以安众蒙古，所系非小，故不可不保护之，而非若元朝之曲庇[24]谄敬[25]番僧也。元朝尊重喇嘛，有妨政事之弊，至不可问。如帝师之命，与诏敕[26]并行。正衙朝会[27]，百官班列，而帝师亦专席于坐隅[28]。其弟子之号司空、司徒、国公，佩金玉印章者前后相望。怙势恣睢[29]，气焰薰灼[30]，为害四方，不可胜言。甚至强市[31]民物，捽[32]捶留守，与王妃争道，拉殴堕车，皆释不问。并有"民殴西僧者截手，詈[33]之者断舌"之律。若我朝之兴黄教则大不然，盖以蒙古奉佛，最信喇嘛，不可不保护之，以为怀柔[34]之道而已。其呼土克图之相袭，乃以僧家无子，授之徒，与子何异，故必觅一聪慧有福相者，俾[35]为呼必勒罕[36]。即汉语转世化生人之义。幼而习之，长成乃称呼土克图。此亦无可如何中之权巧[37]方便[38]耳，其来已久，不可殚述。孰意近世，其风日下，所生之呼必勒罕，率出一族，斯则与世袭爵禄何异，予意以为大不然。盖佛本无生，岂有转世。但使今无转世之呼土克图，则数万番僧无所皈依[39]，不得不如此耳。从前，达赖喇嘛示寂后，转生为呼必勒罕，一世在后藏之沙卜多特地方，二世在后藏大那特多尔济丹地方，三世在前藏对陇地方，四世在蒙古阿勒坦汗家，五世在前藏崇寨地方，六世在里塘地方，现在之七世达赖喇嘛，在后藏托卜扎勒拉里冈地方。其出世且非一地，何况一族乎？自前辈班禅额尔德尼示寂后，现在之达赖喇嘛与班禅额尔德尼之呼必勒罕，及喀尔喀四部落[40]供奉之哲布尊呼土克图[41]，皆以兄弟、叔侄、姻娅[42]递相传袭。似此掌教之大喇嘛呼必勒罕，皆出一家亲族，几与封爵世职无异。即蒙古内外各札萨克[43]供奉之大呼必勒罕，近亦有各就王公家子弟内转世化生者。即如锡呼图呼土克图，即系喀尔喀亲王固伦额驸[44]拉旺多尔济之叔；达克巴呼土克图，即系阿拉善[45]亲王[46]罗卜藏多尔济之子；诺尹绰尔济呼土克图，即系四子部落[47]郡王[48]拉什燕丕勒之子；堪卜诺们汗札木巴勒多尔济之呼必勒罕，即系图舍图汗[49]车登多尔济之子。似此者难以枚举。又从前，哲布尊丹巴呼土克图圆寂后，因图舍图汗之福晋[50]有妊[51]，众即指以为哲布尊丹巴呼土克图之呼必勒罕。及弥月，竟生一女，更属可笑。蒙古资为谈柄[52]，以致物议沸腾[53]，不能诚心皈信。甚至红帽喇嘛沙玛尔巴[54]，垂涎札什伦布[55]财产，自谓与前辈班禅额尔德尼及仲巴呼土克图[56]同系弟兄，皆属有分，唆使廓尔喀[57]滋扰边界，抢掠后藏。今虽大振兵威，廓尔喀畏惧降顺，匍匐请命，若不为之剔除积弊，将来私相授受，必致黄教不能振兴，蒙古番众猜疑轻视，或致生事。是以降旨，藏中如有大喇嘛出呼必勒罕之事，仍随其俗。令拉穆吹忠[58]四人，降神诵经，将各行指出呼必勒罕之名书签，贮于由京发去之金奔巴瓶[59]内，对佛念经，令达赖喇嘛或班禅额尔德尼，同驻藏大臣[60]，公同签掣[61]一人，定为呼必勒罕。虽不能尽除其弊，而较之从前，各任私意指定者，大有间矣。又，各蒙古之大呼必勒罕，亦令理藩院[62]行文，如新定藏中之例，将所报呼必勒罕之名，贮于雍和宫[63]佛前安供之金奔巴瓶内，理藩院堂官[64]会同掌印之札萨克达喇嘛[65]等，公同签掣，或得真传，以息纷竞[66]。去岁，廓尔喀之听沙玛尔巴之语劫掠藏地，已其明验。虽兴兵进剿，彼即畏罪请降，藏地以安。然转生之呼必勒罕出于一族，是乃为私。佛岂有私，故不可不禁。兹予[67]制一金瓶，送往西藏，于凡转世之呼必勒罕，众所举数人，各书其名置瓶中，掣签以定。虽不能尽去其弊，较之从前一人之授意者，或略公矣。夫定其事之是非者，必习其事而又明其理，然后可。予若不习番经，不能为此言。始习之时，或有议为过兴黄教者，使予徒泥[68]沙汰[69]之虚誉，则今之新旧蒙古，畏威怀德，太平数十年可得乎？且后藏[70]煽乱之喇嘛即正以法，上年，廓尔喀侵掠后藏时，仲巴呼土克图既先期逃避，而大喇嘛济仲、札苍等遂托占词[71]为不可守，以致众喇嘛纷纷逃散，于是贼匪始敢肆行抢掠。因即令将为首之济仲拿至前藏[72]，对众剥黄正法，其余札苍及仲巴呼土克图等，具拿解至京，治罪安插。较元朝之于喇嘛，方且崇奉之不暇，致使妨害国政，况敢执之以法乎？若我朝虽护卫黄教，正合于王制所谓"修其教不易其俗，齐其政不移其宜"。而惑众乱法者，仍以王法治之，与内地齐民[73]无异。试问，自帕克巴创教以来，历元明至今五百年，几见有将大喇嘛剥黄正法及治罪者？天下后世，岂能以予过兴黄教为讥议乎！元明曾有是乎？盖举大事者，必有其时与其会，而更在乎公与明。时会[74]至而无公与明以断之，不能也；有公明之断，而非其时与会，亦望洋而不能成。兹之降廓尔喀，定呼必勒罕，适逢时会，不动声色以成之。去转生一族之私，合内外蒙古之愿。当耄[75]近归政[76]之年，复成此事，安藏辑[77]藩，定国家清平之基于永久，予幸在兹，予敬亦在兹矣。

乾隆五十有七年，岁次壬子，孟冬月[78]之上浣[79]，御笔。

【注释】［1］西番：亦作"西蕃"，指今西藏。［2］唐古特部：清代文献中对青藏地区及当地藏族的称谓。［3］陶宗仪：元末明初学者，黄岩（今属浙江）人。工文章，务古学，精书法。明初屡聘不赴。纂著之书甚多，有《说郛》《南村辍耕录》等。［4］毛奇龄：清代经学家、文学家。浙江萧山人。康熙时任翰林院检讨、明史馆纂修等职。工诗善书，通经史及音韵学，好持异说，敢于立言。著述极为丰富，后人编为《毛西河先生全集》。［5］《明武宗外纪》：系毛奇龄采撷《明武宗实录》中所载武宗的遗事而成，目的在于暴露明武宗为政昏庸、游幸无度、荒淫鲜耻、任用奸佞等败德失政之处，以与明史馆诸人所撰《明史·武宗本纪》相对照。［6］黄教：藏传佛教派别之一，即格鲁派。"格鲁"意为"善规"，即善守戒规。因该派僧人戴黄色僧帽，故俗称"黄教"。15世纪初，青海藏族僧人宗喀巴针对各教派戒律废弛、僧人追逐世俗权势财富的情况，倡导宗教改革，主张学行并举、显密兼重，僧人严持戒律，加强寺院组织和管理制度等。16世纪中期向蒙古地区发展，逐渐传遍蒙古，对其政治、经济、文化、生活习俗等方面产生了很大影响。［7］帕克巴：现常作"八思巴"，藏文的音译，意为"圣者"。本名罗追坚参，后藏萨迦人。藏传佛教萨迦派首领。元世祖忽必烈即位后，以之为国师，统领天下释教。后领总制院（后改为宣政院）事，统辖全国释教僧徒及吐蕃地区军政事务，成为西藏地方第一个政教合一的首领。受元世祖命创制蒙古新字，即八思巴文，进号"大宝法王"，升号为"帝师"。［8］帝师：佛教高僧赐号或最高职称，受皇帝供奉，是全国佛教的最高领袖，帝后妃主都从受灌顶（洗礼）。始设于西夏。元代由萨迦派的高级喇嘛充任，第一任为八思巴。帝师法旨与皇帝诏令并行于吐蕃地区，也行于内地寺院。明沿元制，改称国师、法王。［9］国师：皇帝赐给高僧的尊号或加官称号，意为"国人之师"。源自印度佛教，北齐时传入中国，隋至清均沿用。元代多授予吐蕃高僧，地位低于帝师而高于司空、司徒、国公等僧官。［10］大宝法王：元明两代授予藏传佛教领袖人物的最高封号。［11］大国师：明代名僧封号。并有加太常寺卿、礼部尚书及宫保衔者。为一时殊荣，非常制。［12］法王：原为佛陀尊号之一，自元明开始成为对西藏喇嘛教首领的封号。明代制定西藏僧官制度，法王为最高僧侣，行使地方权力。［13］西天佛子：明对乌斯藏高僧的封号，位列法王之后。内地僧徒偶亦得之。［14］灌顶：梵文的意译。原为古印度国王即位仪式，以四大海之水灌于国王顶上，表示祝贺。佛教密宗效仿此法，成为修习密法时必须经历的一种宗教入门仪式。［15］章嘉呼土克图：藏传佛教格鲁派在内蒙古地区最大的转世活佛,与达赖、班禅、哲布尊丹巴并称为蒙藏四大活佛。一世章嘉呼土克图生于青海一张姓之家,后康熙帝改张家为"章嘉"。"呼土克图"为蒙语,意为"圣者"。康熙四十四年,正式册封一世阿旺洛桑却丹为呼土克图,给予其"灌顶普善广慈大国师"封号,令其主管内蒙古地区佛教事务。 [16]示寂:佛、菩萨及高僧身死。又叫示灭、圆寂、涅槃等。本指显示出寂灭的样子或告诉僧徒们我将要寂灭了,表明乃是一种示现,并非真灭。 [17]达赖喇嘛:达赖,蒙语,意为海。喇嘛,藏语,意为上师。藏传佛教格鲁派最高领袖人物之一。历世达赖喇嘛都以嘉措(意为大海)为名,以哲蚌寺为母寺。清顺治十年,授予五世达赖"达赖喇嘛"称号,赐金册金印,正式确定达赖喇嘛为藏传佛教最高领袖。此后,历世达赖喇嘛必经中央政府册封,成为定制。乾隆十六年,授权七世达赖掌管西藏地方政权,达赖喇嘛遂成为西藏地方实力最大的政教领袖。 [18]班禅额尔德尼:班,梵语"班智达"一词的略称,意为博学之士;禅,藏语,意为大。班禅,意即大学者。额尔德尼,满语,意为宝。藏传佛教格鲁派两大活佛转世系统之一的称号。以扎什伦布寺为母寺。康熙五十二年,清朝册封五世班禅为"班禅额尔德尼",赐金册金印,正式确立其地位。此后,历世班禅转世,都必须经中央政府册封,成为定制。雍正六年,重新划定班禅在后藏的辖区,与达赖喇嘛同为西藏政教领袖。 [19]敕:帝王的诏令、诏书。清代分为敕书和敕命,主要用于典礼、纂修书史、任命官吏以及外藩封世职等。 [20]宗喀巴:藏传佛教格鲁派(黄教)创始人,著名佛学大师和宗教改革家。出生在今青海湟中县塔尔寺地方,这一带藏语称"宗喀",他成名后,其信徒遂尊称他为"宗喀巴",意为"宗喀地方的上人"。名罗桑扎巴,蒙古族。圆寂后,按照宗教说法,他的两个大弟子世世转生,称"呼毕勒罕",传其衣钵,即达赖喇嘛和班禅额尔德尼。 [21]活佛:藏语称"朱古",意为"神佛在世之化身"。藏传佛教中专指具有转世资格的喇嘛。始于噶举派,后为格鲁派所采用。 [22]崇德:皇太极年号。 [23]定鼎:建立政权,确定国都。 [24]曲庇:袒护。 [25]谄敬:阿谀奉承。 [26]诏敕:帝王的行政命令。 [27]正衙朝会:古代诸侯在正衙朝见天子,臣子在正衙朝见君主,以及天子、君主在正衙听政的制度,统称为正衙朝会。正衙,即正式朝会之所。 [28]坐隅:座旁。隅,角落。 [29]恣睢:放纵专横,任意胡为。 [30]薰灼:用烟、火熏烤,比喻以气势凌人。 [31]市:买。 [32]捽:揪,抓。 [33]詈:骂。 [34]怀柔:政治上用笼络的温和手段使其他民族或国家归附自己。［35］俾：使。［36］呼必勒罕：亦作"呼毕勒罕"，蒙古语音译，意为"自在转生"，或言"化身"。藏传佛教谓达赖喇嘛、班禅额尔德尼及诸呼土克图身故之后，皆能寄胎转世，复接前生之职位，遂称其转世者为呼必勒罕。［37］权巧：权宜变化，巧妙而又恰当。指佛度众生所用的方法，随时变化而又巧妙恰到好处。［38］方便：梵文的意译，为"方便善巧"或"方便胜智"的略称。即针对不同身份的听众，善于采取各种巧妙的教化方式使之领悟佛理、信仰佛教。［39］皈依：梵文的意译。原指佛教的入教仪式，意思是身心归向"三宝"，即信奉佛、法、僧，谓"三皈依"。后多指信奉佛教或参加其他宗教组织。［40］喀尔喀四部落：喀尔喀，蒙古部落名，因驻牧于喀尔喀河流域得名。喀尔喀四部，指外喀尔喀，包括土谢图汗部、车臣汗部、札萨克图汗部和后来从土谢图汗部分出的赛音诺颜汗部。［41］哲布尊呼土克图：全称哲布尊丹巴呼土克图，喀尔喀蒙古地区藏传佛教格鲁派最大转世活佛。哲布尊丹巴，藏语音译，意为"尊胜"。康熙三十年，受封为呼土克图大喇嘛，管理喀尔喀蒙古藏传佛教事务，以后各世哲布尊丹巴均受清廷册封。［42］姻娅：亲家和连襟，泛指姻亲。姻，女婿的父亲。娅，两婿互称。［43］札萨克：亦作"扎萨克"，蒙古语音译，意为"尊长""支配者"。清朝将蒙古聚居区分为许多旗，各设旗长，蒙古语称其为札萨克。隶属理藩院，受清廷节制。［44］固伦额驸：固伦公主之配偶。额驸，即驸马。［45］阿拉善：即阿拉善厄鲁特，蒙古旧部名。清代厄鲁特蒙古四部之一和硕特部一支。因不堪准噶尔部侵扰，于康熙二十五年上书求内附，三十六年编佐领建三旗。［46］亲王：蒙古爵位第一等。清朝的爵位授予分为三个系统：宗室爵位、异姓功臣爵位和蒙古爵位。其中，蒙古爵位一般按照宗室爵位例，同时保留原来的蒙古尊号，有时在亲王之上依旧设立汗号，世袭罔替。［47］四子部落：清内蒙古部名。成吉思汗弟哈撒儿后裔诺延泰有四子，四人分牧而处，遂成为部名。明时游牧于呼伦贝尔地区，后徙牧于阴山北。天聪四年归附后金，顺治八年设旗。［48］郡王：蒙古爵位第二等，地位仅次于亲王。［49］图舍图汗：多作"土谢图汗"，喀尔喀土谢图汗部最高首领。［50］福晋：满族贵族正妻之称。入关后，专用于贝子以上的配偶。［51］有妊：妊娠，即怀孕。［52］谈柄：原指谈话时手执麈尾，后泛指被人拿来做谈笑资料的言行。［53］物议沸腾：指舆论强烈。物议，众人的议论。亦作"物论沸腾"。［54］沙玛尔巴：藏语，意为红帽系。藏传佛教噶玛噶举派分红帽和黑帽二系，红帽系最早采取活佛转世相承制度，以第一世活佛扎巴僧格受元朝皇室赠予红色僧帽得名。该词也是此系第十世活佛却朱嘉措的专称。沙玛尔巴为六世班禅的兄弟。六世班禅于北京圆寂后，在京王公大臣及蒙古汗王等奉赠了大量财物。沙玛尔巴之弟仲巴呼土克图返藏后，将资财据为私有。为与其争夺班禅遗产，沙玛尔巴于清乾隆五十六年唆使廓尔喀军侵入后藏，劫掠扎什伦布寺。清廷派兵讨伐，并在击败廓尔喀后，降旨革除沙玛尔巴名号，停止转世，勒令红帽系僧人改宗黄教。沙玛尔巴本人畏罪自杀。［55］札什伦布：亦作"扎什伦布"，藏语音译，意为"吉祥须弥山"。喇嘛教格鲁派四大寺之一，位于西藏日喀则市尼色日山下。明正统十二年，由宗喀巴门徒根敦主（追认为达赖一世）修建。清初开始成为历世班禅住持寺院。［56］仲巴呼土克图：清代西藏扎什伦布寺总管，藏族。六世班禅罗桑贝丹意希之兄。班禅圆寂于北京后，他随舍利龛西归，将清廷大臣、蒙古王公等所赠班禅之金银绸缎据为私有。乾隆五十六年，廓尔喀侵藏至扎什伦布寺，他携资先逃，致该寺被掠。次年，被押解赴京治罪，另行安插。［57］廓尔喀：十八世纪中叶统一尼泊尔全境的王朝名。乾隆五十三年至五十六年，两度遣军侵入西藏，占领聂拉木、济咙并掠扎什伦布寺。五十七年，清廷命福康安统军抵藏逐其出境，且攻入尼泊尔，遂乞和，成为清廷之朝贡国。［58］吹忠：藏语音译，意为"降神人""护法"。藏族对专门从事作法降神的宗教职业者的称谓，男女兼有。旧时西藏地方大至活佛转世、认定，地方政府重大事件的抉择，以及求雨、祈福、预卜未来等，皆由其作法降神。［59］金奔巴瓶：即"金瓶掣签"的金瓶。奔巴，藏语，意为"瓶"。乾隆时，为防止蒙藏贵族操纵大活佛转世，特颁发两金瓶，一贮北京雍和宫，一贮拉萨大昭寺。凡蒙藏大活佛转世时，均须将所觅若干灵童名字署于象牙签上，置签瓶中，分别在雍和宫和大昭寺，由理藩院尚书或驻藏大臣监督掣定。［60］驻藏大臣：清朝派驻西藏的最高军政长官，全称"钦差驻藏办事大臣"，又称"钦命总理西藏事务大臣"。雍正五年设置，统掌前藏、后藏之军政。乾隆五十八年，确认其地位与达赖、班禅平等，有任免噶布伦以下僧俗官员等全面督办藏内事务之权，大活佛转世亦必须在其监督下，通过金瓶掣签确定。［61］签掣：即抽签。［62］理藩院：清代管理少数民族事务的机构。咸丰十一年前，兼办与俄罗斯、廓尔喀等国的交涉、通商及其入贡事宜。前身为崇德元年设置的蒙古衙门。光绪三十二年，改为理藩部。［63］雍和宫：北京现存藏传佛教的最大寺院。原是康熙第四子胤禛的府邸雍亲王府。胤禛即位后，将其一半改为黄教上院，一半为皇帝行宫。雍正三年，将上院改名为雍和宫。乾隆九年，正式改作喇嘛庙，成为清政府管理全国喇嘛教事务的中心。［64］堂官：明清对中央各部长官的通称，意为堂上之官。知府、知县等也称堂官。［65］达喇嘛：清代蒙古地区佛教寺庙的僧职名，为管理寺庙的喇嘛，地位在札萨克喇嘛之下，为上层喇嘛之一。达，满语"长官"之意。［66］纷竞：纷起竞进。［67］予：我。［68］泥：贪恋，拘执。［69］沙汰：原意为淘汰，佛教文献中常指朝廷对于僧尼的限制和打击。［70］后藏：西藏旧分康（喀木）、卫、藏、阿里四部。清雍正年间划康部宁静山以东地归四川省，以西与卫部合并称前藏。藏部称后藏，即指以扎什伦布寺所在地日喀则为中心的地区。［71］占词：占卜的文辞。［72］前藏：即指以布达拉宫所在地拉萨为中心的地区。［73］齐民：平民，百姓。［74］时会：时机，时运。［75］耄：年老，八九十岁的年纪。［76］归政：将政权移交他人。［77］辑：和睦。［78］孟冬月：冬季的第一个月，即农历十月。［79］上浣：上旬。唐制每十日一休沐，即在官九日，休息一日。休息日多行浣洗，故称每月第一个十天为上浣。

惩办贪官和珅

和珅，钮祜禄氏，满洲正红旗人，因富有才学，精明强干，深得乾隆帝喜爱，兼任多项要职。他利用职务之便，结党营私，打击异己，并疯狂聚敛钱财，可谓权倾天下，富可敌国。嘉庆四年正月初三，乾隆帝去世。第二天，嘉庆帝便削去和珅的职务。初八，下令将和珅及其党羽福长安逮捕入狱。十五日，嘉庆帝亲自宣布了和珅的二十条大罪，依律拟凌迟处死，但由于其胞妹、和珅儿媳和孝固伦公主以及刘墉等人的再三求情，改赐令和珅自尽。由于查抄出的和珅家财数量巨大，故而民间有谚语"和珅跌倒，嘉庆吃饱"。

《和珅罪状二十条》（节选）

庚午，谕内阁：和珅受大行[1]太上皇考[2]特恩，由侍卫荐擢[3]至大学士[4]，在军机处[5]行走[6]多年。叨沐[7]殊施[8]，在廷诸臣无有其比。朕亲承付托之重，兹猝遭皇考大故，苫块[9]之中，每思《论语》所云三年无改[10]之义，如我皇考敬天法祖勤政爱民，实心实政，薄海[11]内外，咸所闻知，方将垂示[12]万年，永为家法，何止三年无改。至皇考所简用[13]之重臣，朕断不肯轻为更易。即有获罪者，若稍有可原，犹未尝不思保全。此实朕之本衷，自必仰蒙昭鉴[14]。今和珅情罪重大，并经科道[15]诸臣列款参奏，实有难以刻贷[16]者。是以朕于恭颁遗诰[17]日，即将和珅革职拿问，胪列[18]罪状，特谕众知之。

……

【注释】［1］大行：一去不复返。天子初逝，未定谥号或停棺未葬时的婉言。［2］太上皇考：太上皇，由皇帝向其在世或死后的父亲所上的尊号。皇考，对亡父的尊称。［3］荐擢：荐举拔擢。［4］大学士：别称"相国""中堂"。唐代始设，相沿至清，但职权不一。雍正设军机处后，大学士的职权为军机大臣所替代，但仍位居文职之首，享有最高荣誉。宣统三年置责任内阁，大学士遂废。［5］军机处：全称办理军机事务处，或称办理军机处。雍正七年，因用兵西北，往返军报频繁，始设军机房于隆宗门内。此后历代相沿，成为辅佐皇帝的最高政务机构。职掌总汇机要，承旨出政，秉承皇帝意志，处理军国要务。宣统三年宣布成立责任内阁时撤废。［6］行走：初入军机处者称军机大臣上学习行走，行走积年者方称军机大臣上行走或军机处行走，简称军机大臣，俗称大军机。属僚有章京，初入军机处者称军机章京上学习行走，行走积年者方称军机章京上行走，简称军机章京，俗称小军机。军机大臣和军机章京冠以"行走"二字，即表示其为虚名而非实官，是所谓"内廷差使"。［7］叨沐：蒙受。叨，受人恩惠及礼物表示感谢的谦词。［8］殊施：极盛特异的施予。［9］苫块："寝苫枕块"的省语。古代孝子在为父母服丧时，要以草垫为席，土块为枕，以表示自己的悲哀之情。泛指居丧。［10］三年无改：语见《论语·学而》，"三年无改于父之道，可谓孝矣"。［11］薄海：本指到达海边，泛指广大地区。薄，迫近。［12］垂示：给后人示范。［13］简用：清代官员任用的批准等级，有特简、请简、简用、奏补、派充等。凡简用者，为皇帝亲批。［14］昭鉴：明鉴。［15］科道：明清时六科给事中与各道监察御史的合称。两者均以谏诤、监察为职，前者为科官、言官，后者为道官、察官。两者职务相类似，故常合称科道。［16］贷：宽恕，饶恕。［17］遗诰：遗训，遗诏。［18］胪列：列举，罗列。

（甲戌）又谕：昨经降旨，将和珅罪状宣谕各督抚[1]，令其议罪。兹据直隶总督胡季堂[2]奏称：和珅丧尽天良，非复人类。种种悖逆[3]不臣[4]，蠹国病民[5]，几同川楚贼匪[6]。贪黩[7]放荡，真一无耻小人。丧心病狂，目无君上。请依大逆[8]律凌迟处死。并查出和珅蓟州[9]坟茔僭妄[10]违制，及附近州县置有当铺资财，现饬[11]查办各等语。又据连日续行抄出和珅金银等物，特再行谕众知之。

朕于乾隆六十年九月初三日，蒙皇考册封皇太子。尚未宣布谕旨，而和珅于初二日即在朕前先递如意[12]，漏泄机密，居然以拥戴为功。其大罪一。

上年正月，皇考在圆明园召见和珅，伊竟骑马直进左门，过正大光明殿[13]，至寿山口。无父无君，莫此为甚。其大罪二。

【注释】［1］督抚：总督和巡抚的合称，二者均为明清地方最高行政长官。［2］胡季堂：河南光山人。侍郎胡煦之子。历官刑部员外郎、尚书，署兵部尚书、直隶总督。乾隆年间，屡出各省按审讼狱。嘉庆五年，上疏力主对白莲教采取剿抚兼施之策。卒后谥庄敏。［3］悖逆：悖乱忤逆，违背正道。［4］不臣：不合臣道，未尽臣职。［5］蠹国病民：危害国家和人民。［6］川楚贼匪：指嘉庆年间于四川、陕西、河南和湖北边境地区武装反抗清政府的白莲教徒。［7］贪黩：贪污。［8］大逆：指危害君王，或毁坏宗庙、宫阙等重大罪行。［9］蓟州：今天津市蓟县。［10］僭妄：越分而狂妄。［11］饬：上级命令下级，命令，告诫。［12］如意：一种象征吉祥的器物，用金、玉、竹、骨、珊瑚等制成，头呈灵芝形或云形，柄微曲，供赏玩。据说从搔痒的"爪杖"发展而来。人背上痒时手搔不到，用爪杖爬搔，如人之意，故得名。［13］正大光明殿：在圆明园二宫门（出入贤良门）内。殿中悬有清世宗题"正大光明"匾额。雍正至咸丰年间，皇帝凡住圆明园期间，大都在此朝会听政。咸丰十年，被英法联军纵火焚毁。

又因腿疾，乘坐椅轿[1]抬入大内[2]，肩舆[3]出入神武门[4]，众目共睹，毫无忌惮。其大罪三。

并将出宫女子娶为次妻[5]，罔顾廉耻。其大罪四。

自剿办教匪[6]以来，皇考盼望军书，刻紫宵旰[7]。乃和珅于各路军营递到奏报，任意延搁，有心欺蔽，以致军务日久未竣。其大罪五。

皇考圣躬[8]不豫[9]时，和珅毫无忧戚。每进见后，出向外廷人员叙说，谈笑如常，丧心病狂。其大罪六。

昨冬皇考力疾披章，批谕字画，间有未真之处。和珅胆敢口称不如撕去，竟另行拟旨。其大罪七。

前奉皇考谕旨，令伊管理吏部、刑部事务。嗣因军需销算，伊系熟手，是以又谕令兼理户部题奏[10]报销事件。伊竟将户部事务一人把持，变更成例，不许部臣参议一字。其大罪八。

上年十二月内，奎舒[11]奏报循化[12]、贵德[13]二厅[14]贼番[15]聚众千余，抢夺达赖喇嘛商人牛只，杀伤二命，在青海肆劫一案，和珅竟将原奏驳回，隐匿不办，全不以边务为事。其大罪九。

【注释】[1]椅轿：有靠椅的轿子。[2]大内：皇帝宫殿的总称。[3]肩舆：即轿子。[4]神武门：故宫北门。原名玄武门，为避康熙帝玄烨之讳，改名神武。清帝自热河或圆明园回宫，都从神武门入宫。也是后妃或皇室人员出入宫城的专用门。[5]次妻：妾。[6]教匪：指川楚白莲教起义军。[7]刻萦宵旰：刻萦，时刻萦绕心头。宵旰，"宵衣旰食"的略语，指天不亮就穿衣起身，天晚了才进食，形容帝王勤于国政，日夜辛劳。[8]圣躬：对帝王的尊称。[9]不豫：君主、天子有病的讳称。[10]题奏：向朝廷题本奏事。明清臣下章疏，有题本、奏本之别。军机处设立后，题本渐渐只用来奏报部门的例行公事。[11]奎舒：时任西宁办事大臣。[12]循化：在今青海省东部。[13]贵德：在今青海省东北部的黄河两岸。[14]厅：地方行政区名。清代在新开发区域设置，属地方行政机构，分直隶厅与散厅，直隶厅直隶于省，散厅隶于府。以同知或通判为长官。[15]番：中国对外国或外族的统称之一。

皇考升遐[1]后，朕谕令蒙古王公未出痘者，不必来京。和珅不遵谕旨，令已未出痘者，俱不必来京，全不顾国家抚绥[2]外藩之意，其居心实不可问。其大罪十。

大学士苏凌阿[3]，两耳重听[4]，衰迈难堪，因系伊弟和琳[5]姻亲，竟隐匿不奏。侍郎吴省兰[6]、李潢[7]，太仆寺[8]卿李光云[9]，皆曾在伊家教读，并保列卿阶，兼任学政[10]。其大罪十一。

【注释】［1］升遐：帝王逝世。　［2］抚绥：安定，安抚。　［3］苏凌阿：钮祜禄氏，满洲正白旗人。乾隆朝翻译举人，累官至两江总督、东阁大学士兼刑部尚书。嘉庆初，和珅伏诛，令其休致，不久过世。　［4］重听：听觉不灵敏。　［5］和琳：钮祜禄氏，满洲正红旗人，和珅之弟。乾隆五十七年为驻藏办事大臣，在任期间，积极协助福康安抗击廓尔喀入侵，并参与了《钦定藏内善后章程》的制订。嘉庆元年，率兵赴贵州从云贵总督福康安镇压石柳邓领导的苗民起义。次年继福康安为主帅，未几病死军中。谥忠壮。　［6］吴省兰：藏书家、学者。江苏南汇（今属上海）人。乾隆二十八年举人。曾任《四库全书》馆分校官，历官文渊阁校理、南书房直阁事、工部侍郎等。嘉庆四年，因攀附和珅之事降为编修，不久去职。　［7］李潢：清代数学家。湖北钟祥人。乾隆三十六年进士。作为翰林院编修，在四库馆中担任总目协纂官，参加了《四库全书》的编辑工作，对《算经十书》中的《九章算术》及刘徽、李淳风注，《海岛算经》和《缉古算经》进行了全面校注和研究。曾官至工部左侍郎。后受和珅株连，降为编修。　［8］太仆寺：掌管马政的机构。　［9］李光云：和珅案后，以痰疾，原品休致。　［10］学政：全称"提督学政"，俗称大宗师、学台。因兼考武生，故加提督衔。由中央派驻各省，掌一省的学校政令及岁、科两试。

军机处记名[1]人员，和珅任意撤去。种种专擅，不可枚举。其大罪十二。

昨将和珅家产查抄，所盖楠木[2]房屋，僭侈[3]逾制。其多宝阁，及隔段式样，皆仿照宁寿宫[4]制度。其园寓点缀，竟与圆明园蓬岛瑶台[5]无异，不知是何肺肠。其大罪十三。

蓟州坟茔，居然设立享殿[6]，开置隧道[7]，附近居民有和陵[8]之称。其大罪十四。

家内所藏珍宝，内珍珠手串，竟有二百余串，较之大内多至数倍。并有大珠，较御用冠顶尤大。其大罪十五。

【注释】［1］记名：官员有功，登记备考之例。凡文武官员著有勋绩，须交吏部或军机处存记其名，遇缺则奏请任用。　［2］楠木：产于四川、云南、湖南等地的一种高大树木，高者十余丈，巨者数十围，木材坚密芳香，是建筑与制作家具器物的良材。价格昂贵，为软木之首。　［3］僭侈：奢侈过度。　［4］宁寿宫：在故宫内奉先殿东，皇极殿北面。明代为妃嫔宫眷养老之所。乾隆决意在位满六十年即行禅位，预建此宫为禅位后颐养之所。乾隆三十六年修。　［5］蓬岛瑶台：圆明园四十景之一。建于雍正初年，时称蓬莱洲。乾隆初年定名蓬岛瑶台，取蓬莱仙山的传说，在福海中央作方丈、蓬莱、瀛洲大小三岛，象征东海三仙山，岛上建筑即为仙山楼阁之状。咸丰十年，英法联军火烧圆明园时劫后幸存，却在十年后的火灾中焚毁。　［6］享殿：帝王陵寝内供祭祀的殿宇和帝王祭天祀祖的殿堂。　［7］隧道：古代天子的墓道，四面密封，仅一通道通向墓穴。　［8］陵：本指大土山，汉以后引申指帝王的陵墓。

又宝石顶[1]并非伊应戴之物，所藏真宝石顶有数十余个，而整块大宝石不计其数，且有内府[2]所无者。其大罪十六。

家内银两及衣服等件，数逾千万。其大罪十七。

且有夹墙[3]藏金二万六千余两，私库藏金六千余两，地窖内并有埋藏银两百余万。其大罪十八。

附近通州、蓟州地方，均有当铺钱店，查计资本，又不下十余万。以首辅[4]大臣，下与小民争利。其大罪十九。

伊家人[5]刘全，不过下贱家奴，而查抄资产，竟至二十余万，并有大珠及珍珠手串。若非纵令需索，何得如此丰饶。其大罪二十。

其余贪纵狂妄之处，尚难悉数，实从来罕见罕闻者。著将胡季堂原折，发交在京文武三品以上官员，并翰詹[6]科道阅看，即著悉心妥议具奏[7]。此内如有自抒所见者，不妨另折封陈；若意见皆合，即连衔[8]具奏。

【注释】［1］宝石顶：清代赏赐功臣的帽珠，用宝石制成。　［2］内府：又称内库，即皇室的仓库。　［3］夹墙：即夹壁墙，双重而中空的墙壁。　［4］首辅：明代和清代对首席大学士的习称。　［5］家人：一种对奴仆的称谓。　［6］翰詹：翰林院、詹事府的连称。翰林院掌管编修国史，记载皇帝言行的起居注，进讲经史，起草有关典礼的文件，负责科举考试，为文官精华之选和贮才之地。长官为掌院学士，由大学士、尚书中特派。所属职官有侍读、侍讲、修撰、编修、检讨和庶吉士等，统称翰林。詹事府管理东宫事务，辅导太子。秘密立储制建立以后，成为翰林院辅佐机构，备翰林官迁转。长官称詹事，副长官称少詹事。　［7］具奏：备文上奏。　［8］连衔：两人以上连署官衔。

闭关政策

　　清朝政府担心国内人民与外国人频繁的交往，会威胁自己的统治，实行闭关锁国的政策。这一政策一方面限制中国人出洋贸易和居住，严格控制出洋船只的大小与装载货物的品种和数量，以及水手和客商的人数，另一方面还规定了严格的往返期限。中外贸易活动只限于广州一个口岸通商，外商的贸易及其他事务的交涉，都必须和清政府特许的行商进行，不得和官府与民众直接交往；外商在华必须住在城外指定的商馆，不得擅自出入城市；对外贸易的品种和数量也有相应的严格限制。乾隆五十八年（1793年）英国派遣使者马嘎尔尼来华，并提出通商要求。乾隆皇帝拒绝了通商请求，继续奉行闭关政策。闭关政策起到了一定的自卫作用，但不利于中国的对外贸易和航海事业，妨碍了中国向西方学习先进的思想文化和科学技术，对国家发展产生了不可估量的影响。鸦片战争以后，列国打破了中国的国门，闭关锁国政策被迫取消。

《清高宗实录》（节选）

　　又敕谕曰[1]："尔国王远慕声教[2]，向化维殷[3]，遣使恭赍表贡[4]，航海祝釐[5]。朕鉴尔国王恭顺之诚，令大臣带领使臣等瞻觐[6]，锡之筵宴[7]，赍予骈蕃[8]。业已颁给敕谕，赐尔国王文绮珍玩[9]，用示怀柔[10]。昨据尔使臣以尔国贸易之事，禀请大臣等转奏，皆系更张定制[11]，不便准行。向来西洋各国及尔国夷商，赴天朝贸易[12]，悉于粤门互市[13]，历久相沿，已非一日。天朝物产丰盈[14]，无所不有，原不藉外夷货物以通有无。特因天朝所产茶叶、磁器、丝觔[15]，为西洋各国及尔国必需之物，是以加恩体恤[16]，在粤门开设洋行[17]，俾得日用有资[18]，并沾余润。今尔国使臣于定例之外，多有陈乞[19]，大乖仰体天朝加惠远人、抚育四夷之道[20]。且天朝统驭万国[21]，一视同仁[22]，即在广东贸易者，亦不仅尔㖫咭唎一国[23]，若俱纷纷效尤[24]，以难行之事妄行干渎[25]，岂能曲徇所请[26]？念尔国僻居荒远，间隔重瀛[27]，于天朝体制原未谙悉[28]，是以命大臣等向使臣等详加开导，遣令回国。恐尔使臣等回国后，禀达未能明晰[29]，复将所请各条，缮敕逐一晓谕[30]，想能领悉。

【注释】[1]敕谕：皇帝对臣下和地方官员的训示或委任时发布的诏令。[2]声教：声威教化。[3]向化：仰慕德化，这里是归顺的意思。[4]赍：赠送。表贡：贡品、贡物。[5]祝釐：祈求福佑，祝福。[6]瞻觐：瞻仰觐见。[7]锡：通"赐"。[8]赉：赏赍、赏赐。骈蕃：多而丰厚。[9]文绮：华丽的丝织物。珍玩：珍贵的供玩赏的物品。[10]怀柔：怀：来。柔：安。指统治者用政治手段笼络其他的民族或国家，使之归附自己。[11]更张：比喻改变、变更。[12]西洋：元、明时把中国南海以西称为西洋，明末清初以后指大西洋两岸，即欧美各国为西洋。夷商：清代对与中国经营贸易之外国商人的称呼。[13]薁门：即澳门。互市：古代中国指称民族间、国家间的贸易活动。[14]天朝：清朝的自称。[15]勷：同"襄"。[16]体恤：同情、照顾。[17]洋行：澳门经营进出口业务的商号分类之一，与办馆、贸易行同属澳门经营进出口贸易的商号。[18]俾：使。[19]陈乞：陈述乞求。[20]乖：背离，违背。四夷：古代统治者对华夏以外各族的蔑称。[21]统驭：统率，控制。[22]一视同仁：对待人或事一律平等，不分亲疏厚薄。[23]嘆咭唎：即英吉利。[24]效尤：效仿。[25]干渎：指冒犯。[26]曲徇：顺从、曲从。[27]重瀛：重重的海洋。[28]谙悉：熟知。[29]禀达：回禀传达。[30]晓谕：明白地告诉。

据尔使臣称：尔国货船将来或到浙江宁波、珠山及天津、广东地方收泊交易一节[1]。向来西洋各国前赴天朝地方贸易，俱在薁门设有洋行，收发各货，由来已久。尔国亦一律遵行多年，并无异语。其浙江宁波、直隶天津等海口，均未设有洋行，尔国船只到彼，亦无从销卖货物。况该处并无通事[2]，不能谙晓尔国语言[3]，诸多未便。除广东薁门地方，仍准照旧交易外，所有尔使臣恳请向浙江宁波、珠山，及直隶天津地方泊船贸易之处，皆不可行。

又据尔使臣称：尔国买卖人要在天朝京城另立一行[4]，收贮货物发卖[5]，仿照俄罗斯之例一节[6]，更断不可行。京城为万方拱极之区[7]，体制森严，法令整肃，从无外藩人等在京城开设货行之事[8]。尔国向在薁门交易，亦因薁门与海口较近，且系西洋各国聚会之处，往来便益。若于京城设行发货，尔国在京城西北地方相距辽远，运送货物亦甚不便。从前俄罗斯人在京城设馆贸易，因未立恰克图以前[9]，不过暂行给屋居住，嗣因设立恰克图以后，俄罗斯在该处交易买卖，即不准在京城居住，亦已数十年。现在俄罗斯在恰克图边界交易，即与尔国在粤门交易相似。尔国既有粤门洋行发卖货物，何必又欲在京城另立一行。天朝疆界严明，从不许外藩人等稍有越境搀杂[10]，是尔国欲在京城立行之事，必不可行。

又据尔使臣称：欲求相近珠山地方小海岛一处，商人到彼，即在该处停歇，以便收存货物一节。尔国欲在珠山海岛地方居住，原为发卖货物而起，今珠山地方既无洋行，又无通事，尔国船只已不在彼停泊，尔国要此海岛地方，亦属无用。天朝尺土，俱归版籍[11]，疆址森然，即岛屿沙洲[12]，亦必划界分疆，各有专属。况外夷向化天朝，交易货物者，亦不仅尔嘆咭唎一国，若别国纷纷效尤，恳请赏给地方居住买卖之人，岂能各应所求？且天朝亦无此体制，此事尤不便准行。

又据称：拨给附近广东省城小地方一处，居住尔国夷商，或准令粤门居住之人，出入自便一节。向来西洋各国夷商居住粤门贸易，画定住址地界[13]，不得逾越尺寸[14]。其赴洋行发货夷商，亦不得擅入省城[15]。原以杜民夷之争论[16]，立中外之大防[17]。今欲于附近省城地方另拨一处给尔国夷商居住，已非西洋夷商历来在粤门定例，况西洋各国在广东贸易多年，获利丰厚。来者日众，岂能一一拨给地方分住耶？至于夷商等出入往来，悉由地方官督率洋行商人随时稽察[18]，若竟毫无限制，恐内地民人与尔国夷人间有争论，转非体恤之意。核之事理[19]，自应仍照定例在粤门居住，方为妥善。

【注释】[1]珠山：地名，今浙江省苍南县东北部。泊：停船靠岸。 [2]通事：指译员，鸦片战争前，通事奉海关之命充当译员，为外国领事呈送海关监督的禀帖。 [3]谙晓：熟悉明白。 [4]行：洋行。 [5]收贮：收存贮藏。 [6]俄罗斯：国名，又称沙俄、帝俄。 [7]京城：即京师，北京城。拱极：拱卫北极星，比喻四方依附中央。 [8]外藩：此处指外族、外国。 [9]恰克图：清北境中俄交界通商口岸。 [10]搀杂：混杂，使混杂。 [11]尺土：形容极为狭小的土地。版籍：指疆域。 [12]沙洲：江河、海滨或浅海中由泥沙堆积而成的大片地面。 [13]画：同"划"。 [14]踰越：超越，跨越。 [15]擅入：擅自进入。 [16]杜：杜绝。 [17]大防：重要的、原则性的界限。 [18]稽察：检查。 [19]核：查对，审查。

又据称噗咭唎国夷商自广东下澳门,由内河行走[1],货物或不上税[2],或少上税一节。夷商贸易往来,纳税皆有定则[3],西洋各国,均属相同。此时既不能因尔国船只较多,征收稍有溢额[4],亦不便将尔国上税之例,独为减少。惟应照例公平抽收[5],与别国一体办理。嗣后尔国夷商贩货赴澳门,仍当随时照料,用示体恤。

又据称:尔国船只请照例上税一节。粤海关征收船料[6],向有定例。今既未便于他处海口设行交易,自应仍在粤海关按例纳税,毋庸另行晓谕。至于尔国所奉之天主教[7],原系西洋各国向奉之教,天朝自开辟以来,圣帝明王,垂教创法[8],四方亿兆[9],率由有素[10],不敢惑于异说。即在京当差之西洋人等,居住在堂[11],亦不准与中国人民交结,妄行传教[12],华夷之辩甚严[13]。今尔国使臣之意,欲任听夷人传教,尤属不可。

以上所谕各条,原因尔使臣之妄说,尔国王或未能深悉天朝体制,并非有意妄干[14]。朕于入贡诸邦[15],诚心向化者,无不加之体恤,用示怀柔。如有恳求之事,若于体制无妨,无不曲从所请。况尔国王僻处重洋[16],输诚纳贡[17],朕之锡予优嘉,倍于他国。今尔使臣所恳各条,不但于天朝法制攸关[18],即为尔国代谋,亦俱无益难行之事。兹再明白晓谕,尔国王当仰体朕心,永远遵奉,共享太平之福。

【注释】[1]内河:一国之中的河流称为该国的内河。 [2]上税:交税、纳税。 [3]定则:固定的法则。 [4]溢额:超出的额数。 [5]抽收:征收。 [6]船料:明、清政府向内河(主要是运河)商船征收的一种船税。因是以商船头长大小和梁头广狭计算应纳的通过税,所以也叫"船料税",又称"梁头税"。 [7]天主教:基督教教派,与东正教、新教并称基督教三大教派。 [8]垂教:垂训、赐教。 [9]亿兆:庶民百姓。 [10]素:本、原。 [11]堂:教堂。 [12]传教:传播宗教。 [13]华夷之辩:区辨华夏与蛮夷。 [14]妄干:妄加干涉。 [15]诸邦:诸多邦国。 [16]僻处:置身于或处于偏远的地方。 [17]输诚:表明诚心,献出诚心。 [18]攸关:所关。

新疆设省

　　清代历经康雍乾三朝相继平定准噶尔、阿睦尔撒纳及大小和卓、霍占集的叛乱，结束了西域分裂的局面，建立起统一的多民族国家。但至嘉道时期，国力衰退、财政拮据，政治派系斗争尖锐，因此有人在张格尔之乱时提出放弃新疆的想法。为了反对这一"分裂"的潮流，龚自珍于1820年撰写此文，收录于《定庵文集》中。文中龚自珍明确反对"将新疆分裂出去"的观点，提出新疆设置行省的必要性，并且从政治、经济、军事诸方面讨论"变革"新疆的种种办法，如移民实边、奖励农业生产、限制"伯克"权力、解决土地问题等。龚自珍作为清代"西北史地学"及"经世派"的代表，他的改革建议虽然未能得到当权者的采纳，但他提出在新疆设置行省的方案，并从各个方面综合论证新疆设置行省的必然性和可行性，对当时及后世有积极影响。

《西域置行省议》

　　天下有大物，浑员曰海[1]，四边见之曰四海[2]。四海之国无算数，莫大于我大清。大清国，尧以来所谓中国也。其实居地之东，东南临海，西北不临海，书契[3]所能言，无有言西北海状者。今西极徼，至爱乌罕而止[4]；北极徼，至乌梁海总管治而止[5]。若干路，若水路，若大山小山，大川小川，若平地，皆非盛京、山东、闽粤版图尽处即是海比[6]。

【注释】[1]浑员：员通"圆"，浑员即很圆。 [2]四海：指中国四周的"海域"，因古代以为中国四周皆有海，遂称中国为海内，外国为海外。后人因文求实，以四海为环绕中国四周的海，于是东、南、西、北海，便有方域可指。 [3]书契：指文字。契：刻。古代文字多以刀刻，故名。 [4]徼：边界。爱乌罕：清代国名，地处巴达克山之西、布哈尔之南，故地为今阿富汗。 [5]乌梁海：中国古部落名，清代散居喀尔喀蒙古（今蒙古人民共和国）诸部之西，分为三部：唐努乌梁海、阿勒泰淖尔乌梁海、阿勒泰乌梁海，设总管管辖。 [6]盛京：清入关前都城，即今辽宁沈阳市。山东：古称太行山以东为山东，清代设山东行省。闽粤：指福建广东地区。

西域者，释典以为地中央[1]，而古近谓之为西域矣。我大清肇祖以来[2]，宅长白之山，天以东海畀大清最先[3]。世祖入关[4]，尽有唐尧以来南海，东南西北，设行省者十有八，方计二万里，积二百万里。古之有天下者，号称有天下，尚不能以有一海。博闻之士，言廓恢者摈勿信[5]，于北则小隃[6]，望见之；于西北、正西则大隃，望而不见。今圣朝既全有东南二海，又控制蒙古喀尔喀部落[7]，于北不可谓隃。高宗皇帝又应天运而生[8]，应天运而用武，则遂能以承祖宗之兵力，兼用东南北之众，开拓西边，远者距京师一万七千里，西藩属国尚不预[9]，则是天遂将通西海乎？未可测矣。然而用帑数千万[10]，不可谓费；然而积两朝西顾之焦劳，军书百尺，不可谓劳；八旗子弟，绿旗疏贱[11]，感遇而捐躯，不可谓折。然而微夫天章圣训之示不得已[12]，浅见愚儒，下里鄙生[13]，几几以耗中事边，疑上之智，蔫人之国，灭人之嗣，赤地千里，疑上之仁。否否。有天下之道，则贵乎因之而已矣。假如鄙儒言，劳者不可复息，费者不可复收，灭者不可复续，绝者不可复苏，则亦莫如以因之以为功，况乎断非如鄙儒言。因功而续加之，所凭者益厚，所藉者益大，所加者益密，则岂非天之志与高宗之志所必欲遂者哉？欲因功而续加之，则莫如酌损益之道[14]。何谓损益之道？曰：人则损中益西，财则损西益中，两言而已矣。

【注释】［1］释典：佛教的经典。［2］清肇祖：姓爱新觉罗，太祖努尔哈赤六世祖，史称猛哥帖木儿。［3］畀：给，给予。［4］世祖：即爱新觉罗·福临，皇太极第九子，顺治帝。［5］廓恢：扩大。摈：排除、抛弃。［6］隃：通"遥"，遥远。［7］喀尔喀：明清蒙古部落名，以驻牧于喀尔喀河流域得名。清时，旧喀尔喀、内喀尔喀、外喀尔喀蒙古相继归附。［8］高宗：即爱新觉罗·弘历，乾隆帝，号长春居士、信天主人，晚年号古稀天子、十全老人。［9］西藩：主要指除新疆以外向清朝内附朝觐的部落国家。［10］帑：指国库或国库里的钱财。［11］绿旗：清代军制。清朝入关后招募、收编的汉族武装，因以绿旗为标志、以营为建制单位而得名。［12］天章：帝王的诗文词章。圣训：皇帝诏敕的敬称。　［13］下里：乡里，乡野。　［14］损益："损"意为减损、减少，"益"意为增益、增加。

　　今中国生齿日益繁，气象日益隘，黄河日益为患。大官非不忧，主上非不谘，而不外乎开捐例、加赋、加盐价之议[1]。譬如割臀以肥脑，自啖自肉，无受代者[2]。自乾隆末年以来，官吏使民狼艰狈蹶[3]，不士、不农、不工、不商之人，十将五六，又或飱烟草[4]，信邪教，取诛戮，或冻馁以死[5]；终不肯治一寸之丝、一粒之饭以益人。承乾隆六十载太平之盛，人心惯于泰侈，风俗习于游荡，京师其尤甚者。自京师始，概乎四方，大抵富户变贫户，贫户变饿者，四民之首，奔走下贱，各省大局，岌岌乎皆不可以支日月，奚暇问年岁？嘉峪关以外[6]，镇将如此其相望也，戍卒如此其伙也，燧堡[7]如此其密也。地纵数千里，部落数十支，除砂碛外[8]，屯田[9]总计，北才二十三万八千六百三十二亩，南才四万九千四百七十六亩，合计才二十八万八千一百零八亩；田丁，南北合计才十万三千九百零五名，加遣犯有名无实者二百零四名[10]。若云以西域治西域，则言之胡易易？今内地贵州一省，每岁广东、四川皆解饷以给[11]。贵州无重兵，官糈兵粮，入不偿出，每岁国家赔出五六万两至八九万两不等，未尝食贵州之利。内地如此，新疆尚何论耶？应请大募京师游食非土著之民[12]，及直隶、山东、河南之民，陕西、甘肃之民，令西徙。除大江而南，筋力柔弱，道路险远，易以生怨，无庸议；云南、贵州、两湖、两广，相距亦远；四川地广人希，不宜再徙；山西号称海内最富，土著者不愿徙，毋庸议。虽毋庸议，而愿往者皆往。其余若江南省凤、颍、淮、徐之民[13]，及山西大同、朔平之民[14]，亦皆性情强武，敢于行路，未骄惯于食稻衣蚕，地尚不绝远，募之往，必愿往。江西、福建两省，种烟草之奸民最多，大为害中国，宜尽行之无遗类。与其为内地无产之民，孰若为西边有产之民，以耕以牧，得长其子孙哉！

【注释】［1］开捐：捐即捐纳，就是以钱买官。　［2］啖：吃。　［3］蹶：形容动物的跳跃。　［4］飱：晚餐。　［5］冻馁：受冻挨饿。　［6］嘉峪关：位于万里长城西端之终点，因城在嘉峪关市西南隅嘉峪山麓，故得此名。　［7］燧堡：即烽火台，古代边防举烽火报警的建筑物。［8］砂碛：指细小的石粒堆积成的浅滩。碛，沙石积成的浅滩。［9］屯田：西汉至明清历代政府为取得军队粮食供给、国家税粮，利用士兵、农民垦种属于国家的荒地和无主土地。［10］遣犯：被发遣到边远地区的囚犯。［11］解饷：押送粮饷。［12］游食：谓居处不定，到处谋食。土著：世代居住在本地的人。［13］凤、颍、淮、徐：凤为凤阳府，为今安徽省凤阳县。颍为颍州府，治所在今安徽省阜阳市。淮：淮安府，治所在今江苏省。徐：徐州府，治所在今江苏省徐州市。［14］大同：山西大同府。朔平：山西朔平府。

当行者，官给每户盘费若干[1]，每丁盘费若干。议闻。又各省驻防旗人，生齿日繁，南漕不给[2]，大率买米而食，买缎而衣，若遣令回旗，京师城内不能容，若再生育数年，本省费又无所底。驻防者[3]，所以卫天朝也。八旗子弟受恩久，忠义其所性成，苟有利于天朝者，必无异心，无异议也！各将军议酌[4]，每大省行若干丁，中、下省行若干丁，盘费宜视民人加重[5]，以示优厚。议闻。其迁政，暂设大臣料理之，七年停止。议闻。先期斩危崖、划厄岭、引淙泉、泻漫壑[6]，到西，分盇南北两路后，官给蒙古帐房一间，牛犁具、籽种备，先给大户如干丈，中户如干丈，下户如干丈，不得自占。旗民同例。除砂碛不报垦外，每年一奏开垦之数，十年再奏总数，二十年汇查大数。每年粟、面、稞、蔬，皆入其十分之一，贮于本地仓，以给粮俸；其地丁钱赋，应暂行免纳，俟二十年后，再如内地交谷外，另有丁赋例。有丁赋后，再定解部额。现在交粟面，暂勿折收银钱，亦俟二十年后，再如内地折银钱例。设兵部尚书、右都御史、准回等处地方总督一员[7]，兵部侍郎[8]、右副都御史、准回等处地方巡抚一员（或如直隶、四川例，以督兼抚、不立抚，似亦可。）、布政使一员[9]、按察使一员[10]、巡道三员[11]、提督一员[12]、总兵官三员、知府十一员[13]、知直隶州三员[14]、知州二员、知县四十员。府州之目十有四：曰伊东府，曰伊西府，伊犁东西路也；曰库州府，库尔喀喇乌苏也[15]；曰迪化府[16]，乌鲁木齐也（原设州）；曰镇西府，巴尔库勒也[17]（原设）；曰瓜州府，哈密也；曰塔州直隶州，塔尔巴噶台也[18]，以上北路。曰辟州府，辟展也；曰沙州府，哈拉沙拉及库车、沙雅尔也[19]；曰苏州府，阿克苏及赛喇木也[20]；曰羌州府，叶尔羌也[21]；曰和州府，和阗也[22]；曰吐蕃直隶州，乌什也[23]；曰砖房直隶州，喀什噶尔也[24]，以上南路。伊东府设县四：以府城为伊东县，以乌哈尔里克为绥定县[25]，以博罗塔拉为博县[26]，以斡珠罕为珠县，四至核议。伊西府设县四：以府城为伊西县，以库尔图为图县[27]，以古尔班萨里为絜县，以烘郭尔鄂笼为鄂县，四至核议。库州府设县三：以府为库县，以乌鲁雅苏图为旧营县，以晶河为丰润县[28]，四至核议。瓜州府设县四：以府城为瓜县，以苏木哈喇垓为旧堡县，以赛巴什达里雅为湖县[29]，以塔勒纳沁为土城县[30]，四至核议。塔州设县二：以州为塔县，以雅尔为肇丰县[31]，四至核议。其镇西、迪化两府，现在章程已善，毋庸改议。南路辟州府设六县，以府城为辟县，以纳呼为东辟县，以洪城为洪县，以鲁克察克为柳中县[32]，以哈喇和卓为高昌县[33]，以吐尔番为安乐县，四至核议。沙州府设州一县四：以府城为沙县，以库车为龟兹县，以硕尔楚克为旧城县，以讬和鼐为鼐县[34]，以沙雅尔为沙城县，四至核议。苏州府设州一县五：以府为苏县，以赛喇木为毗罗州，以帕尔满为帕县，以讬克三为四村县，以拜城为拜县[35]，以库什塔木为小城县，四至核议。羌州府设县五：以府为羌县，以巴尔楚克为新迁县[36]，以呼拉玛为玛平县，以哈喇古哲什为哲县，以裕勒里雅克为西夜县，四至核议。和州府设县四，以府城为球县，以皮什雅为琳县，以玉陇哈什为琅县，以博罗齐为玕县，四至核议。吐蕃州设县二：以州为明定县，以森尼木为森县。砖房州设县三：以州为砖房县，以塞尔门为塞门县，以英噶萨尔为依耐县[37]，四至核议。

【注释】［１］盘费：旅途费用，路费。［２］南漕：清代对所有运抵京、通各仓漕粮的总称。［３］驻防：军事名称。清军入关后，以满族八旗官兵分驻各省要地，坐镇地方，故有此称。［４］将军：清代的将军，一为驻防各地的八旗兵的最高将官，专由满人充任；一为临时派遣出征的统帅。［５］民人：清代未加入八旗的汉族和其他民族的人的总称。［６］仄岭：逼仄的山岭。［７］兵部尚书：官名，为兵部最高长官，负责全国军事。右都御史：明清都察院长官，与左都御史主管都察院的监察事务。准：准噶尔部，特指天山以北准噶尔地区。回：回部，指维吾尔族聚集的天山以南地区。［８］侍郎：官名，汉代本为宫廷的近侍。东汉以后，尚书的属官，初任称郎中。自唐以后，中书、门下二省及尚书省所属各部均以侍郎为长官之副，官位渐高。［９］布政使：明清时期一省的行政长官，主管民政和财政。［10］按察使：官名，清沿明制，全称"提刑按察使司"，掌一省刑名按劾之事。［11］巡道：官名，明清在提刑按察使司外，令副使、佥事分道巡察，称按察分司，副使、佥事所任之道员，称巡道。［12］提督：武官名，清朝设提督军务总兵官，简称提督，尊称军门。［13］知府：官名，为地方政权中府一级的行政长官。［14］直隶州：明清地方行政区域的名称，略次于府，有属县。省之下有府、州，州又有散州、直隶州之别。散州属于府，直隶州属于省而不属于府。［15］库尔喀喇乌苏：原为准噶尔布尔古特部游牧地，在今新疆乌苏县。［16］迪化：清代新疆地名，今为新疆乌鲁木齐市。［17］镇西府：即今新疆巴里坤哈萨克自治县。巴尔库勒：即巴里坤。［18］塔尔巴嘎台：即塔尔巴哈台，简称塔城，今新疆地区。［19］哈拉沙拉：疑为"哈拉沙尔"，故址在今新疆维吾尔自治区。库车：古龟兹国地，今新疆库车县。沙雅尔：即今新疆沙雅县。［20］赛喇木：一作赛里木，即今新疆拜城县东赛里木乡。［21］叶尔羌：地名，又作叶尔奇木，即今新疆莎车县。［22］和阗：又作于阗，故地在今新疆维吾尔自治区和阗县。［23］乌什：清代地名，今新疆乌恰县城。［24］喀什噶尔：又名疏勒、喀什、哈拉哈什等，今新疆喀什市。［25］绥定县：清代城名，在今新疆霍城县境。［26］博罗塔拉：在新疆伊犁东北，今博尔塔拉蒙古族自治州一带。［27］库尔图：今新疆乌苏市西境之古尔图，又作固尔图。［28］晶河：今新疆精河县城。［29］赛巴什达里雅：又作察巴什湖，在今新疆哈密石城子附近。［30］塔勒纳沁：在今新疆哈密沁城附近。［31］雅尔：清代新疆地名，故址在今吉尔吉斯斯坦伊塞克湖西南湖畔。［32］鲁克察克：即鲁克沁，在今新疆鄯善县西南九十里鲁克沁镇。［33］哈喇和卓：即哈喇火州，在今新疆吐鲁番市东六十余里高昌故城东北之三堡。［34］讬和鼐：今新疆库车县城之牙哈。［35］拜城：即今新疆拜城县。［36］巴尔楚克：地处喀什噶尔河南岸，即今新疆巴楚县。［37］英噶萨尔：即英吉沙尔，为今新疆英吉沙县。

武官副将以下[1]，文官同知以下[2]，应如干员，另议。总督驻劄伊东府，巡抚驻劄迪化府，提督驻劄迪化府。分巡安西北兵备道一员[3]，分镇安西北镇总兵官一员，同驻劄镇西府；分巡天山北兵备道一员，驻劄伊东府；分镇天山北镇总兵官一员，驻劄塔州；分巡天山南兵备道一员，驻羌州府；分镇天山南镇总兵官一员，驻吐蕃州。（非辟州属之安乐县）督抚必皆驻北路者[4]，北可制南，南不可制北。昔者回部未隶天朝，无不甘心为准夷役者，亦国势然也。设采办红铜事务监督一员，用内务府人员，三年更调，驻劄吐蕃州。其甘肃省嘉峪关设监督一员，专司内地往准、回贩易之税。除稻米、盐、茶、大黄、布绸外，一切中国奇淫之物[5]，不许出关，以厚其俗。除皮货、西瓜外，不许入关，以丰其聚。铜务、关务，皆所以剂官俸，给兵糈也[6]。其哈密、辟展两郡王，皆赏给协办府事官名号，朔望祭祀[7]，及大礼排班，在道府之下，同知之上；各回城伯克中，皆遴选一员，赏给协办县事名号，朔望祭祀，及大礼排班，在知县之下，县丞之上。甘肃省以安西南路为尽境，准、回省以安西北路为首境，立界石。新迁人等，及旗人回人等，未能知书，应请于三十年后，立学宫[8]，设生员[9]，举乡试[10]，现在毋庸议。其镇西、迪化，现已设立，姑仍旧交巡抚考试。戈壁无水草处，地方官踏看，有可簸采金屑之地，酌立条规奏闻。官缺在北路者，及临戈壁者，设风沙边缺[11]，如内地烟瘴边缺之例[12]，速其升调。凡近碛之郊，处处设立风神祠、泉神祠，岁时致祭[13]，仰祝上帝，地出其泉，风息于天，以宜蔬宜稷，颁祝文焉[14]。大郭勒[15]之在祀典者应几处，核议。大达巴之在祀典者应几处，核议。文移[16]官事，往来经戈壁，皆带泉水，应颁制西洋奇器，物小受多，利行者；又宜颁设高广护风之具，田中可用者（详萧山民人王锡议），令仿造。

【注释】[1]副将以下：副将隶属总兵，管理军务，副将以下为参将、游击、都司、守备、千总、把总等。[2]同知：明清定同知为知府、知州的佐官，分掌督粮、巡捕、海防、江防、水利、牧马等事，分驻指定地点。清代在新开发地区设厅一级的行政区，隶属省或府，则同知与通判又可为地方政权厅一级的长官。[3]兵备道：明清时设置的专职道员名，兼理民事、水利、屯田、海防、驿传、盐法、茶马等。[4]督抚：总督、巡抚的简称。[5]奇淫：奇技淫巧，泛指奇特而精巧的技艺。[6]剂：通"济"，接济，帮助。糈：粮食。[7]朔望：朔日和望日，通常指农历的初一日和十五日。[8]学宫：学校。[9]生员：科举时代入各级学校学习者。[10]乡试：明清时每三年在省城举行的科举考试，考中的人称举人。[11]边缺：边境官职的空额。[12]烟瘴：旧时用以指我国西南边远的地方。[13]岁时：一年四季。[14]祝文：举行祭祀典礼时宣读的祝辞。[15]郭勒：蒙古语对河流的称呼。[16]文移：公文，文书。

夫然而屯田可尽撤矣。屯田者，有屯之名，不尽田之力，三代既远，欲兵与农之合，欲以私力治公田，盖其难也。应将见在屯田二十八万亩零[1]，即给与见在之屯丁十万余人，作为世业，公田变为私田，客丁变为编户[2]，戍边变为土著；其遣犯毋庸释回，亦量予瘠地，一体耕种交纳。

既撤绿旗之屯，当撤八旗之戍。中国驻防旗人，往者别立册籍，以别于民户、回户，既有旗户名目，与回民有田籍者同，故撤之而不患无所归也，应请将将军、副都统、办事大臣、领队大臣、印房章京等一概裁撤[3]。其驻防之满洲、索伦、锡伯、蒙古弁丁等[4]，戍安西北路者，作为安西北路旗户；在天山北路者，作为天山北路旗户；南路者，作为南路旗户。伊犁将军所领兵最多，伊东、伊西地亦最大，出之行陈，散之原野，势便令顺，无不给之患，应与自内地驻防旗人新移到者，一体归地方官管辖。但有事不得受知县以下杖责[5]，交纳时，应比民户回户酌减十分之二，以偿世仆之劳。如是，则又虑其单也。应请设立办事大臣一员，驻南路极边羌、和二州之地，统领满洲兵九百名，蒙古、索伦兵七百名，锡伯兵四十名，绿旗兵六百名，共计二千二百四十名，以控藩部之布鲁特、哈萨克、那木干、爱乌罕各国[6]，掌各国之朝贡之务。铸总统西边办事大臣印一，敕文一[7]，秩正二品[8]，受准、回总督节制，与提督、巡抚互相节制。布政使以下，具申文[9]，总兵官以下，带刀见，以昭威重。其驻防兵丁，于现在议裁彻者，遴留至锐者，其军装器械月饷，应照内地江宁、荆州例[10]。岁一阅[11]，三岁总督一阅，十岁请旨派威重大臣来西一大阅。布鲁特、哈萨克之人咸侍，是为天朝中外大疆界处。

以上各议，现在所费极厚，所建极繁，所更张极大，所收之效在二十年以后，利且万倍。夫二十年，非朝廷必不肯待之事，又非四海臣民望治者不及待之事，然则一损一益之道，一出一人之政，国运盛益盛，国基固益固，民生风俗厚益厚，官事办益办，必由是也，无其次也。其非顺天心，究祖烈，剂大造之力，以统利夫东、西、南、北四海之民，不在此议。谨议。

（此议自珍筹之两年而成，恐尚有小疏略及小窒碍处，到之以呈教于当代大人长者，幸随句签驳为感。自记）

【注释】[1]见：通"现"。 [2]客丁：客民，从异乡迁来的民户。 [3]副都统：清代八旗组织中各旗副长官，协助都统掌本旗户籍、田宅、教养、操练等军政事务。办事大臣：清朝在西部边远地区特设的一种官员，掌管该地区的军事和行政。领队大臣：官名，清朝派往新疆地区的驻扎大臣，位在驻防将军、都统、参赞大臣、办事大臣之下，辅佐将军，分统游牧，兼管卡伦。印房章京：官名，清代八旗驻防将军或驻防都统属下有印房，置章京数人，一般以协领任之，掌管将军或都统衙门内各司文书事务。［4］索伦：清代将鄂温克、达斡尔、鄂伦春统称为"索伦"或"索伦部"。锡伯：我国少数民族之一，旧称"西伯""席伯"或"席北"，清政府将戍守新疆的锡伯人编为八个牛录，统称锡伯营。新中国成立后改定今名。弁：对低级武官的称呼。［5］杖责：以杖刑责罚。［6］藩部：清代指内外蒙古、新疆、青海、西藏等地，包括内札萨克蒙古49旗、外札萨克蒙古86旗、新疆回部、青海环海39族和西藏噶厦辖区，由理藩院和清廷派遣驻扎大臣管理。布鲁特：清代汉籍文献对柯尔克孜族之称呼。哈萨克：中国古代西北游牧民族的后裔，主要分布在新疆北部，也有小部分在青海、甘肃西部。那木干：清藩属浩罕属城，即今乌兹别克斯坦纳曼干。［7］敕文：指帝王诏书。［8］秩：古代官职级别。［9］申文：清代下级地方机关或官员向上级机关或官员请示、陈述所用之上行文书。［10］江宁：清代江宁府所在地，今江苏南京市。荆州：古地名，治所在今湖北江陵县。［11］阅：检阅。

太平天国

鸦片战争后，清政府背负了大量军费和巨额赔款，加剧了地方势力对农民的盘剥。外国的工业产品大量涌入，使得东南沿海地区的农民和手工业者纷纷失去生计。外加两广连年自然灾害，大量农民挣扎在垂死边缘。广东童生洪秀全在多次科举未中的刺激下，吸收基督教教义成立了拜上帝会，在此基础上，于1850年在广西金田村发动反抗清政府的农民武装起义，并建立起历时十四年的农民政权"太平天国"。1853年冬，太平天国定都天京后，颁布了建国纲领《天朝田亩制度》，幻想绝对平均，在分散的小农经济基础上实行均贫富。《天朝田亩制度》反映了农民阶级渴望自由、平等的强烈愿望。但在实际情况下，这一切根本无法实现，只能沦为空想。

《天朝田亩制度》(节选)

凡分田，照人口，不论男妇，算其家口多寡，人多则分多，人寡则分寡，杂以九等。如一家六人，分三人好田，分三人丑田，好丑各一半。凡天下田，天下人同耕，此处不足，则迁彼处，彼处不足，则迁此处。凡天下田，丰荒相通，此处荒，则移彼丰处以赈此荒处，彼处荒，则移此丰处以赈彼荒处。务使天下共享天父上主皇上帝[1]大福，有田同耕，有饭同食，有衣同穿，有钱同使，无处不均匀，无人不饱暖也。凡男妇，每一人自十六岁以尚[2]受田，多逾十五岁以下一半，如十六岁以尚分尚尚田一亩，则十五岁以下减其半，分尚尚田五分；又如十六岁以尚分下下田三亩，则十五岁以下减其半，分下下田一亩五分。

凡天下，树墙下以桑[3]。凡妇蚕绩[4]缝衣裳。凡天下，每家五母鸡，二母彘[5]，无失其时[6]。凡当收成时，两司马[7]督伍长[8]除足二十五家每人所食可接新谷外，余则归国库，凡麦、豆、苎麻、布帛、鸡、犬各物及银钱亦然。盖天下皆天父上主皇上帝一大家，天下人人不受私物，物归上主，则主有所运用，天下大家处处平均，人人饱暖矣。此乃天父上主皇上帝特命太平真主[9]救世旨意也。但两司马存其钱谷数于簿，上其数于典钱谷及典出入。

【注释】[1]天父上主皇上帝：太平天国正式文书中对天父上帝的全称。洪秀全既尊"上帝爷火华"为"天父""上主""皇上帝"，又合各种尊称给"天父"创造了一个全衔，即"天父上主皇上帝"。 [2]尚：即"上"。 [3]树墙下以桑：语出《孟子·尽心上》"五亩之宅，树墙下以桑，匹妇蚕之，则老者足以衣帛矣"，意即在墙下栽上桑树。 [4]蚕绩：蚕桑和纺绩。 [5]彘：猪。 [6]无失其时：语出《孟子·梁惠王上》"鸡豚狗彘之畜，无失其时，七十者可以食肉矣"，意即不错过家畜的繁殖时节。 [7]两司马：太平军基层军官，受卒长管辖。依东、南、西、北次序排列，每一卒长属下有四个两司马，每一两司马管五名伍长，共领兵25人。在太平天国统治区，地方行政组织仿军中编制，"两"为基层行政单位，在乡官中亦设两司马，管理26户（一说25户）事务，由当地人担任。 [8]伍长：太平军中最低一级带兵人员，受两司马管辖，按编制共带四名伍卒。伍长按序列分别冠以刚强、勇敢、雄猛、果毅、威武等字号。在太平天国统治区，地方行政组织仿军中编制，以五户为一伍，设一伍长管理。［9］太平真主：亦称"太平主"，指称洪秀全，取主宰太平之意。

  凡二十五家中，设国库一，礼拜堂一，两司马居之。凡二十五家中，所有婚娶弥月[1]喜事，俱用国库；但有限式，不得多用一钱。如一家有婚娶弥月事，给钱一千，谷一百斤，通天下皆一式。总要用之有节[2]，以备兵荒。凡天下婚姻不论财。凡二十五家中陶冶[3]木石等匠，俱用伍长及伍卒[4]为之，农隙治事。凡两司马办其二十五家婚娶吉喜等事，总是祭告天父上主皇上帝，一切旧时歪例尽除。其二十五家中童子，俱日至礼拜堂，两司马教读《旧遗诏圣书》[5]、《新遗诏圣书》[6]及《真命诏旨书》[7]焉。凡礼拜日，伍长各率男妇至礼拜堂，分别男行女行，讲听道理，颂赞祭奠天父上主皇上帝焉。

  ……

【注释】［1］弥月：婉指初生婴儿满月。［2］有节：有节制。［3］陶冶：制作陶器和冶金。［4］伍卒：太平军中士兵的称谓，由伍长带领，每一伍长管四名伍卒。伍卒按序列分别冠以冲锋、破敌、制胜、奏捷等字号。在太平天国统治区，每户出一名伍卒，平时务农或进行其他劳动，有警则守护乡里。［5］《旧遗诏圣书》：太平天国印书，系基督教圣经《旧约》的汉文译本，据英国传教士马礼逊和米邻的汉译本翻印。太平天国庚申十年以后出版洪秀全的改定本，更名《钦定旧遗诏圣书》，其中均有洪秀全的批注。［6］《新遗诏圣书》：太平天国印书，系基督教圣经《新约》的汉文译本，据英国传教士米邻的汉译本翻印。太平天国庚申十年后，洪秀全对之作了改定并加批注，更名为《钦定前遗诏圣书》。［7］《真命诏旨书》：太平天国印书，系对天父、天兄的圣旨和天王的诏令的选编，旨在确立洪秀全、杨秀清等人的神圣地位。始于太平天国己酉三月，迄于壬子八月。与《旧遗诏圣书》《新遗诏圣书》同为最重要印书和主要教材。

  凡内外诸官及民，每礼拜日听讲圣书，虔诚祭奠，礼拜颂赞天父上主皇上帝焉。每七七四十九礼拜日，师帅[1]、旅帅[2]、卒长[3]更番至其所统属两司马礼拜堂讲圣书，教化民，兼察其遵条命与违条命及勤惰。如第一七七四十九礼拜日，师帅至某两司马礼拜堂，第二七七四十九礼拜日，师帅又别至某两司马礼拜堂，以次第[4]轮，周而复始。旅帅、卒长亦然。

凡天下每一夫有妻子女三、四口，或五、六、七、八、九口，则出一人为兵。其余鳏寡孤独[5]废疾[6]免役，皆颁国库以养。

凡天下诸官，每礼拜日依职份虔诚设牲馔奠祭礼拜，颂赞天父上主皇上帝，讲圣书[7]，有敢怠慢者黜为农。钦此。

【注释】［1］师帅：太平军中级指挥官，职位低于军帅，高于旅帅。依前、后、左、右、中营次序排列，每军设五名师帅，每一师帅辖官兵2630人。在太平天国统治区，地方行政组织仿军中编制，在乡官中亦设师帅，管理2631户（一说2500户）政务。由当地人担任。［2］旅帅：太平军初级指挥官，职位低于师帅，高于卒长。依前、后、左、右、中营次序排列，每师设五名旅帅，每一旅帅按编制辖官兵525人。在太平天国统治区，地方行政组织仿军中编制，在乡官中亦设旅帅，管理526户（一说500户）政务。由当地人担任。［3］卒长：亦名百长。太平军基层军官，职位低于旅帅，高于两司马。依前、后、左、右、中，一、二、三、四、五次序排列，每旅设五名卒长，每一卒长按编制共辖官兵104人。在太平天国统治区，地方行政组织仿军中编制，在乡官中亦设卒长，管理105户（一说100户）政务。由当地人担任。［4］次第：次序。［5］鳏寡孤独：泛指老弱无依的人。老而无妻曰鳏，老而无夫曰寡，老而无子曰独，幼而无父曰孤。［6］废疾：指有较重生理缺陷及有较重残疾的人。［7］圣书：《圣经》的译称，即包括《旧遗诏圣书》《新遗诏圣书》和《真命诏旨书》。

辛酉政变

咸丰十一年（1861年），咸丰帝病逝于避暑山庄，六岁的载淳继承皇位。按照咸丰遗训，载垣、端华、肃顺等八人为赞襄政务大臣，总摄朝政，将实力较强的恭亲王奕䜣、顾命大臣僧格林沁和军机大臣文祥等人被排斥在最高权力之外，引起了这些权臣的极大不满。同时，载淳生母叶赫那拉氏暗中授意御史董元醇奏请由皇太后垂帘听政，也遭到了八大臣的反对。因此，慈禧太后秘密联合奕䜣等人，在回到北京后立即发动政变，解除了肃顺等人的职务，并拿问治罪。载淳登基后，改原定年号"祺祥"为"同治"，由两宫太后垂帘听政，由此开启了慈禧太后操纵清朝政权近五十年的历史进程。

《慈禧太后手拟密谕》

八月十一日，朕[1]召见载垣[2]等。虽董元醇[3]奏《敬陈管见》[4]一折，请皇太后暂时权[5]理朝正（政），数年后朕能亲裁庶务[6]，在（再）行归正（政）。又在亲王中简派[7]一二人，令其辅弼[8]。又在大臣中简派一二人，充[9]朕师傅之任。以上三端，正合朕议（意）。虽我朝向无太后垂帘之仪，朕受皇考[10]大行皇帝[11]付托之重，何敢违祖宗旧制，此所为（谓）是（事）贵从权[12]，面谕载垣等，著照所请传旨。该王大臣阳奉阴违，自行改写，敬（竟）敢抵赖，是成（诚）何心！该大臣看朕年幼，皇太后不明国是所至（致）。该王大臣如此胆大！又，上年圣驾巡幸[13]热河[14]之议，据（俱）是载垣、端华、肃顺等三人之议。朕仰体圣心左右为难所至（致），在山庄升遐[15]。该王大臣诳[16]驾垒垒（累累[17]），抗旨之罪不可近（尽）数。

求七兄弟[18]改写。

【注释】［1］朕：指同治帝。［2］载垣：康熙帝六世孙，怡贤亲王胤祥五世孙，世袭和硕怡亲王爵位的铁帽子王之一，咸丰帝拣选的八大顾命大臣之首。辛酉政变后，在北京被捕，赐令自尽，终年四十六岁。［3］董元醇：河南洛阳人，咸丰二年二甲十一名进士，授翰林，咸丰十年改授山东道御史。上疏朝廷，以皇帝年幼，请求由皇太后权理朝政，被八大臣驳回。［4］敬陈管见：恭敬地陈述自己的浅陋见解。管见，从管中看事物，比喻见识狭小。［5］权：暂且，姑且。［6］庶务：各种行政杂务。［7］简派：公家机关派用人员。［8］辅弼：辅佐。［9］充：充当。［10］皇考：对亡父的尊称。［11］大行皇帝：天子初逝，未定谥号或停棺未葬时的称号。大行，一去不复返。［12］从权：采取权宜的措施，变通办理。［13］巡幸：帝王巡视各地。［14］热河：今承德一带。［15］升遐：帝王逝世。［16］诳：欺骗。［17］累累：多次，众多的样子。［18］七兄弟：即醇郡王奕譞，道光帝第七子，咸丰帝异母弟，光绪帝生父。

清末革新

中日甲午战争后,德国出兵强占胶州湾,引发了列强瓜分中国的狂潮,致使民族危机空前严重。在民族资本主义获得初步发展的背景下,以康有为等为首的维新派积极寻找救国救民的新道路,主张对中国传统的政治、经济和思想文化进行全面的改革,把中国引向资本主义发展道路。为挽救民族危机,使国家臻于富强,康有为上书光绪帝,条陈了变法迫在眉睫之意,得到了光绪帝不愿做亡国之君的回复。光绪二十四年(1898年),光绪帝颁布改革纲领,即《明定国是》诏书,宣告了戊戌变法的正式开始。

《明定国是[1]谕》

光绪二十四年四月二十三日,内阁奉上谕[2]:数年以来,中外臣工,讲求时务,多主变法自强。迩者诏书数下,如开特科[3]、裁冗兵[4]、改武科制度[5]、立大小学堂,皆经再三审定,筹之至熟,甫议施行。惟是风气尚未大开,论说莫衷一是。或托于老成忧国,以为旧章必应墨守,新法必当摈除。众喙哓哓[6],空言无补。试问今日,时局如此,国势如此,若仍以不练之兵,有限之饷,士无实学,工无良师,强弱相形[7],贫富悬绝[8],岂真能制梃[9]以挞[10]坚甲利兵乎?

【注释】[1]国是:国家大计,重大方针政策。 [2]内阁奉上谕:清代皇帝颁发命令的文书种类很多,上谕是其中用来发布日常政令的文书。雍正设立军机处后,上谕统由军机处撰拟。经皇帝同意后,再通过两种途径发出:一种是明发上谕,即通过内阁公布,称作"内阁奉上谕",内容是需要中外臣民共知的国家重大政令;另一种是"寄信谕旨",是寄给外省高级官员的机密性谕旨,其内容只限于少数或个别臣工知晓。 [3]开特科:光绪二十三年,贵州学政严修上《奏请设专科以收实用折》,奏请开设"经济特科",以求专业人才。经商议,清廷同意在科举考试中加入经济科,分为常科和特科两种形式,考试内容包括内政、外交、理财、经武、格物、考工等六个方面,多考察西学本领。经济特科的开设,代表了科举考试的新方向,促进了废科举、兴学堂的历史转变。 [4]

裁冗兵：光绪二十三年三月初四，从户部奏，命各省裁冗兵，以节省饷银。冗，多余的。［5］改武科制度：经历了甲午战争和八国联军入侵等屈辱战败，清朝统治者感受到了枪炮的威力，传统武举考试中的弓、刀、石以及马、步射等内容已经完全不能适应战争的需要，因此，各朝廷要员不断上奏商议改革武科考试内容。《明定国是谕》发布前夕，署湖广总督谭继洵的奏章《遵议改试武科章程六条》正在部议之中。［6］哓哓：吵嚷，争辩。［7］相形：相互比较。［8］悬绝：相差很大。［9］梃：棍棒。［10］挞：用鞭棍等打人。

朕惟[1]国是不定，则号令不行，极其流弊，必至门户纷争，互相水火，徒蹈宋明积习，于时政毫无裨益。即以中国大经大法而论，五帝三王[2]不相沿袭，譬之冬裘夏葛[3]，势不两存。用[4]特明白宣示：嗣后中外大小诸臣，自王公以及士庶，各宜努力向上，发愤为雄。以圣贤义理之学，植其根本，又须博采西学之切于时务者，实力讲求，以救空疏迂谬[5]之弊。专心致志，精益求精。毋徒袭其皮毛，毋竞腾其口说。总期化无用为有用，以成通经济变之才。

京师大学堂[6]为各行省之倡，尤应首先举办。著军机大臣[7]、总理各国事务王大臣[8]会同妥速议奏。所有翰林院编检[9]，各部院司员[10]，大门侍卫，候补、候选道、府、州、县以下官，大员子弟，八旗世职，各省武职后裔，其愿入学堂者，均准入学肄[11]习，以期人材辈出，共济时艰。不得敷衍因循，徇私援引，致负朝廷谆谆告诫之至意。将此通谕知之。钦此。

【注释】［1］惟：想，思考。［2］五帝三王：有多种说法，一般以黄帝、颛顼、帝喾、尧、舜为五帝，夏禹、商汤、周文王为三王。［3］葛：表面有花纹的纺织品。［4］用：因此。［5］迂谬：迂腐，荒谬。［6］京师大学堂：中国近代最早的国立综合性大学。1898年12月成立，是当时的最高学府，也是最高的教育行政机关。1912年5月，改为北京大学。［7］军机大臣：官名，俗称大军机、枢臣。清军机处主官，无定额，均为兼职。其主要职掌为应皇帝召见议商政务，承旨起草下发谕旨、处理奏折等。军机大臣多为皇帝心腹，实际权力大于内阁大学士。咸丰以后设立总理各国事务衙门，亦由军机大臣兼充大臣。宣统三年，撤销军机处后，以军机大臣改为责任内阁总理大臣、协理大臣。［8］总理各国事务王大臣：总理各国事务衙门设立于咸丰十年，是清政府为办理洋务及外交事务特设的中央机构。主要办理外事交涉、派遣驻外使臣，兼管通商、海关、海防、训练新军、订购军火以及筑铁路、开矿山、制造机械、主办同文馆、派遣留学生等事务。编制主要有大臣和章京两级，由亲王、郡王总领，其他大臣则由军机大臣、大学士、尚书、侍郎中简派，统称总署大臣。［9］翰林院编检：史馆中编修、检讨官的统称，属翰林院。［10］各部院司员：六部、都察院、理藩院、翰林院、内务府等衙门的郎中、员外郎、主事等官员的通称。［22］肄：学习。

帝制终结

　　1911年武昌起义爆发后，全国十四省（市）相继宣布独立，革命军筹组北伐，清政府陷入了内外交困的境地。清廷不得不再次启用袁世凯，命其率兵南下围剿革命军。1912年1月1日，孙中山在南京就任中华民国临时大总统后，在内外反动势力的压迫下，被迫于1月22日表示，一俟清帝退位，袁世凯赞成共和，革命派就将推举袁世凯为大总统。袁在得到孙中山的保证后，便策动军队逼迫清帝退位。1月30日，隆裕皇太后召开御前会议，同意接受共和政体。2月10日，南北议和代表就清帝退位条件达成协议。清廷被迫接受了优待条件，于2月12日颁布了宣统退位诏书。至此，统治中国二百多年的清王朝宣告终结，在中国延续两千余年的帝制亦告结束。

《清帝退位诏》

　　奉旨：

　　朕钦奉隆裕皇太后［1］懿旨［2］：前因民军起事，各省响应，九夏［3］沸腾，生灵涂炭。特命袁世凯遣员与民军代表讨论大局，议开国会，公决政体。两月以来，尚无确当办法。南北暌隔［4］，彼此相持。商辍于途，士露于野。徒以国体一日不决，故民生一日不安。今全国人民心理，多倾向共和。南中各省，既倡议于前，北方诸将，亦主张于后。人心所向，天命可知。予亦何忍因一姓之尊荣，拂兆民之好恶。是用[5]外观大势，内审舆情[6]，特率皇帝将统治权公诸全国，定为共和立宪[7]国体。近慰海内厌乱望治之心，远协[8]古圣天下为公[9]之义。袁世凯前经资政院[10]选举为总理大臣，当兹新旧代谢之际，宜有南北统一之方。即由袁世凯以全权组织临时共和政府，与民军协商统一办法。总期人民安堵[11]，海宇[12]乂安[13]，仍合满、汉、蒙、回、藏五族完全领土为一大中华民国。予与皇帝得以退处宽闲，优游[14]岁月，长受国民之优礼，亲见郅治[15]之告成，岂不懿[16]欤！钦此[17]。

宣统三年十二月二十五日　盖用御宝
（法天大道）（印）

【注释】[1]隆裕皇太后：叶赫那拉氏，满洲镶黄旗人，都统桂祥之女，慈禧太后的侄女。光绪十四年被慈禧太后钦点成婚，次年立为皇后，但帝后感情一直不睦。溥仪即位后，尊为皇太后，上徽号"隆裕"。1913年2月22日薨逝。 [2]懿旨：皇太后或皇后的诏令。 [3]九夏：九州华夏。 [4]睽隔：分离，乖隔。 [5]是用：因此。 [6]舆情：大众的言论与意向。 [7]共和立宪：共和制度的一种。国家元首和其他官员都必须遵守宪法的条文，由宪法限制政府统治人民的权力。国家元首和其他官员都须经由人民选举选出，而不是通过世袭。而国家元首或官员作出的决策都必须接受司法机构的监督。 [8]协：符合。 [9]天下为公：儒家所提倡的一种社会理想和道德理想。语见《礼记·礼运》："大道之行也，天下为公，选贤与能，讲信修睦。" [10]资政院：清政府在宣布预备立宪后，于1907年下谕设立资政院，以为设立议院的基础。其职掌是议决国家岁入、岁出、法典朝章、公债税率及奉旨交议之事。由王公大臣中有勋劳通达治体者出任总裁，总理全院事务。清帝退位后，资政院也宣告结束。 [11]安堵：安居。 [12]海宇：天下。 [13]乂安：太平无事。 [14]优游：闲暇自得的样子。 [15]郅治：天下大治，清明太平到极点。 [16]懿：美好。 [17]钦此：象征皇帝亲临此地颁布诏书。钦：指皇帝亲自所做。

《西域同文志》

清乾隆朝是疆域扩展的重要时期，乾隆二十四年西域底定，为了巩固这一成果，乾隆帝令傅恒编纂《西域同文志》，以满、汉、蒙古、藏、托忒、回六种语言统一西域名称。《西域同文志》24卷，包括青海、新疆、西藏及部分境外地区的山名、地名、水名及各部统治者人名3111条。在编排方式上，每一名称均用6种文字标明，并注有汉字"三合切音"，以及汉文注释语源、含义及地方沿革、人物世系等。《西域同文志》既是乾隆皇帝为巩固西域统治而进行的文化工程，也是了解清代西北民族历史地理的重要资料。

《钦定西域同文志序》

岁庚午[1]，既定《同文韵统》[2]，序而行之。盖以梵音合国书《切韵》[3]，复以国书《切韵》叶华音字母[4]，于是字无遁音，书皆备韵，微特支那咒语，奥窔可探[5]，而且寰寓方言，拘墟尽释[6]。兹者西域既平[7]，不可无方略之书[8]，然准语、回文非纂辑文臣所晓[9]，是宜示之纲领，有所遵循，俾无踬驳舛讹之虞[10]。因以天山北路、天山南路，准部、回部[11]，并西藏、青海等地名、人名诸门，举凡提要，始以国书，继以对音汉文[12]，复继以汉字三合切音[13]，其蒙古、西番、托忒、回字以次缀书[14]。又于汉文下详注，其或为准语，或为回语，于是兀格蟀自之言，不须译鞮象寄[15]，而凡识汉字者，莫不通其文解其意，瞭若列眉[16]，易若指掌。书既成，名之曰《西域同文志》。同文云者，仍阐《韵统》之义，而特加以各部方言，用明西域纪载之实，期家喻户晓，而无鱼鲁毫厘之失焉[17]。然尝思之，天高地下，人位乎其中，是所谓实也。至于文，盖其名耳，实无不同，文则或有殊矣[18]。今以汉语指天则曰天，以国语指天则曰阿卜喀[19]，以蒙古语准语指天则曰腾格里[20]，以西番语指天则曰那木喀，以回语指天则曰阿思满。令回人指天以告汉人曰："此阿思满"，汉人必以为非[21]；汉人指天以告回人曰："此天"，则回人亦必以为非。此亦一非也，彼亦一非也，庸讵知孰之为是乎^[22]？然仰首以望昭昭之在上者^[23]，汉人以为天而敬之，回人以为阿思满而敬之，是即其大同也^[24]。实既同，名亦无不同焉，达者契渊源于一是^[25]，昧者滞名象于纷殊。是志也，将以纳方俗于会极^[26]，祛群疑之分畛^[27]，举一例凡，豹鼠易辨^[28]，即世道人心，岂云无裨益哉^[29]！

【注释】［1］庚午：1750年，即乾隆十五年。 ［2］《同文韵统》：《御制同文韵统》的简称，即用满汉两种文字翻译并拼写梵文和藏文经咒的文字学和音韵学著作。康熙第十六子允禄奉乾隆之命监纂，章嘉呼图克图纂修，刘统勋汇纂，1750年成书，共6卷。 ［3］梵音：梵语音韵，即天竺音韵。国语：即满语。《切韵》：隋代陆法言等撰，该书共5卷，考辨隋以前韵书，参酌群书，用平、上、去、入，分韵收字，按反切发声分音，收声分韵，故称《切韵》。 ［4］叶：叶音，读"协"音，也称叶韵，叶句。"叶"也作"协"，相合之意，指以改读字音的（错误）方式，来读诗经、楚辞等先秦的韵文。叶音这个称呼是由朱熹提出来的。南北朝以后的人读周秦两汉韵文感到不押韵，就临时改变其中一个或几个押韵字的读音，使韵脚和谐。 ［5］窔：比喻深奥的境界。华音：指汉语。 ［6］寰寓：全世界。拘墟：拘，限制；墟，指所居之地，比喻人孤居一隅，见闻狭隘。 ［7］西域：西汉以后对玉门关以西地区的总称。 ［8］方略：清代记载军事行动的史料，从康熙时起，每一次军事行动以后，清廷都下诏设馆，记其始末，纂辑成书，称《方略》或《纪略》。 ［9］准语：准噶尔的语言为托忒文。回文：维吾尔文。 ［10］踳驳：错乱，驳杂。 ［11］准部：又称天山北路。清初，今新疆天山山脉以北直抵俄罗斯鄂木河、西至巴尔喀什湖以南的地区，是准噶尔封建主统治下的厄鲁特蒙古人及其属部的辖地，故称这一地区为准部。回部：指维吾尔族聚集的天山以南地区。 ［12］对音：将各种方言或亲属语言的词或词素所构成的各个语音之间对应起来。 ［13］三合：三种语言。切音：汉语注音的一种传统方法，用两个字拼成另一个字的音。 ［14］西番：亦作"西蕃"，我国西部的少数民族居住区域，在这里指藏语。托忒：即托忒文，托忒文为卫拉特著名学者、僧人咱雅班第达于1648年在回鹘式蒙文基础上创制，与原来通用的蒙文相比，元音字母与辅音字母都有所增加，能更清楚地拼写卫拉特方言，故名托忒。缀：连结。 ［15］兀格蝉自："兀格"是"蒙古语"一词的音译，蝉自是"维吾尔语"一词的音译。译鞮象寄：本意为古代翻译四方少数民族语言的官名，后代指翻译人员。［16］瞭：清楚，明晰。列眉：表示所见极其真切，如人之眉毛那样明显易见。［17］鱼鲁：指文字因传抄或刊刻而出现的错讹。［18］殊：不同。［19］阿卜喀：满语"天"作"abka"。［20］腾格里：一作"腾吉里"，蒙古语音译，意为"天"。［21］非：不是，错误。［22］庸：疑问词，表示反问，岂。讵：表示疑问或反问的语气副词，岂，哪，难道。孰：谁。［23］昭昭：明白，显著；明亮，光明。［24］大同：儒家的政治理想。大者，太也；同者，和也，平也。大同就是太平，中国人的理想社会就是太平世界。［25］挈：用刀刻，在这里指书写之意。［26］方俗：地方风俗。［27］祛：除去，消除。分畛：区分界限、范围。［28］豹鼠：鼠之一种，身有豹文，也叫"豹鼠"，比喻当朝不重视儒术，造成众官员学识浅薄。［29］裨益：帮助、好处。

后　记

　　这一本资料集从2015年筹划编写至今，已经过了七个年头。历史是最好的教科书，也是清醒剂；尤其是光辉灿烂的中华文明，是现代中国人不能离别的精神家园。对于一般学习者，特别是历史学专业本科同学而言，系统学习中国古代历史，不仅需要讲义，也需要大量原始资料。但它们零碎、晦涩且数量大，遴选重点内容并加以注释的资料集就显得尤为重要。《新时代"一带一路"古文明资料萃编》旨在满足读者的需要，其中的《古代中国文明文献萃编》这一册搜集了大量的中国古代文献（包括出土文献），效法纪事本末体史书，围绕中国古代史中的重大事件展开，注释力图简洁明了。本册图书的具体编译分工为：夏商周部分由李凯、张子青、宣柳编写，秦汉部分由吴雪飞、王泽、白月编写，三国两晋南北朝隋唐部分由王溪编写，五代宋部分由乔楠、张楠编写，元明清部分由孙虎、刘惠、宋文汐编写，李凯、张子青负责统稿，华夏出版社的领导和编辑老师付出了大量的劳动，衷心希望读者朋友们提出宝贵意见。

编　者